平山县人大志

（1940—2023）

平山县人大志编纂委员会 编

方志出版社
Publishing House of Local Records

图书在版编目（CIP）数据

平山县人大志：1940—2023/ 平山县人大志编纂委员会编.-- 北京：方志出版社，2024.11.--ISBN 978-7-5144-6456-6

Ⅰ.D624.224

中国国家版本馆 CIP 数据核字第 2024BZ0254 号

责任编辑：高孟君
责任校对：张玉霞
责任印制：梅中英
出 版 者：方志出版社
地　　址：北京市朝阳区潘家园东里 9 号（国家方志馆 4 层）
邮　　编：100021
网　　址：http://www.zgfzcb.cn
发　　行：方志出版社图书营销中心（010-67110500）
印　　刷：石家庄海德印刷有限公司
开　　本：889 毫米 ×1194 毫米　1/16
印　　张：73.5
字　　数：1802 千字
版　　次：2024 年 11 月第 1 版
印　　次：2024 年 11 月第 1 次印刷
定　　价：850.00 元

平山县人大志编纂委员会

主　　任：武自军

副 主 任：周振海　魏尊一　李新海　孙丽娟

顾　　问：张　述　白云亭　郝书文　张大平　李海明　焦习军

委　　员：李建明　乔新伟　何立强　李明忠　于利朝　张肖肖　贾彦兵　闫庆芳

平山县人大志编辑部

主　　编：李建明　乔新伟

副 主 编：闫新华　何立强　张彦明　侯聪利

编　　辑：侯红旭　康　乐　邢铁柱　印力凝　程小娟　张　娜

邢梓轩　张聪慧　王嘉红　封雅欣　刘倩倩

平山县历届人民代表大会

1940 年，平山县民主选举会场一角

1943 年 8 月 10 日，平山县第二届县议会第一次会议召开。图为会议会场

1943 年 8 月 10 日，晋察冀四地委书记王昭在平山县第二届县议会第一次会议上发表讲话

1943年8月，平山县第二届县议会提案审查委员会在审查各项提案

1943年8月，平山县议员韩植庭在第二届县议会上提出提案

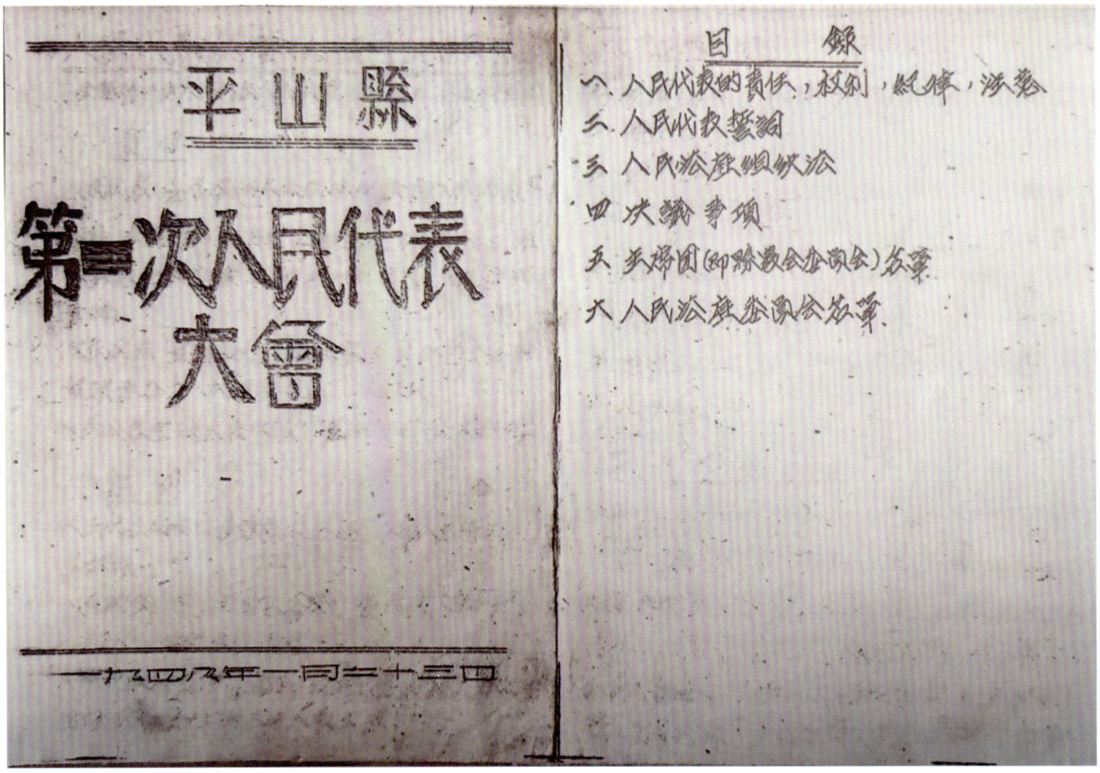

平山縣

第一次人民代表大會

一九四八年一月二十三日

目録

一、人民代表的責任，权利，紀律，注意
二、人民代表誓詞
三、人民政權組織法
四、决議事项
五、[illegible]（即縣[illegible]委員会）名单
六、人民政權委員会名单

1948 年 1 月，平山县第一次人民代表大会文件

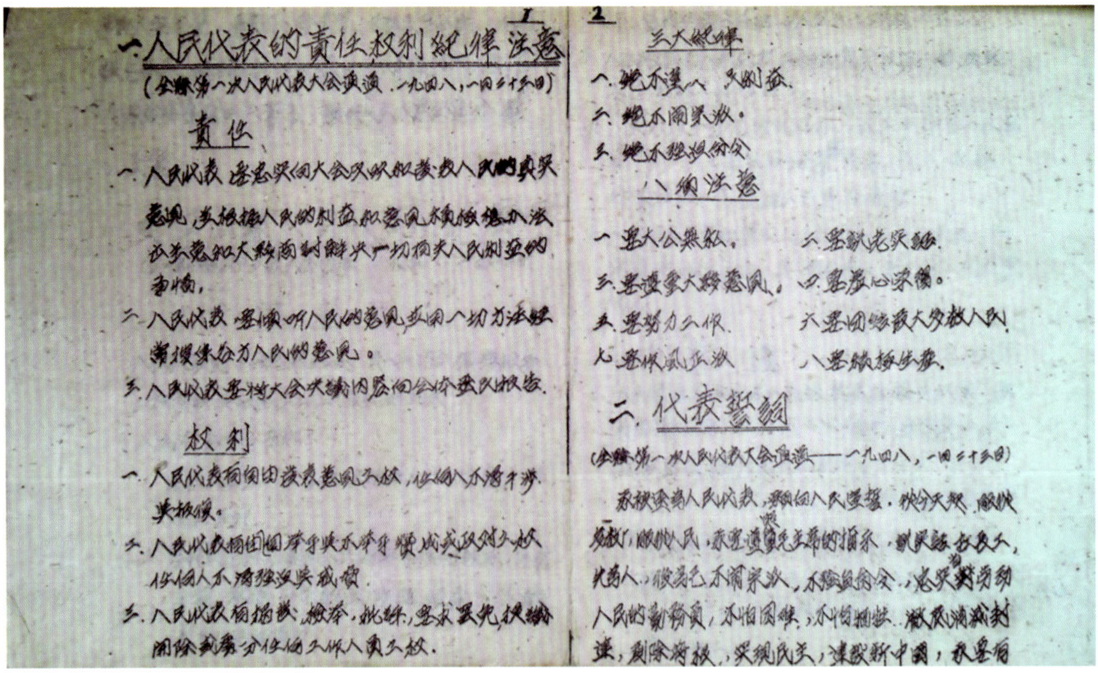

1

一、人民代表的責任权利紀律注意

（全縣第一次人民代表大会通過 一九四八，一月二十三日）

責任

一、人民代表要忠实的向大会反映和發表人民的真实意見，要根據人民的利益和意見[illegible]和大会商討解决一切有关人民利益的事情。
二、人民代表要傾听人民的意見，要用一切办法經常搜集分析人民的意見。
三、人民代表要将大会决議内容向全体選民报告。

权利

一、人民代表有自由發表意見之权，任何人不得干涉與压制。
二、人民代表有[illegible]之权，任何人不得强迫與威脅。
三、人民代表有揭發，檢舉，批評，要求罷免，撤換開除政府任何工作人員之权。

2

三大紀律

一、絕不損人民利益。
二、絕不[illegible]。
三、絕不[illegible]。

八項注意

一、要大公無私。 二、要联系群众。
三、要接受大家意見。 四、要虚心学習。
五、要努力工作。 六、要团結大多数人民。
七、要[illegible]。 八、要積極進步。

二、代表誓詞

（全縣第一次人民代表大会通過——一九四八，一月二十三日）

我被選為人民代表，[illegible]人民宣誓：[illegible]，我要遵守毛主席的指示，[illegible]，不[illegible]，[illegible]人民的勤務員，不怕困难，不怕[illegible]，徹底消滅封建，剷除特权，实現民主，建設新中國，我要[illegible]

1948 年 1 月，平山县第一次人民代表大会文件

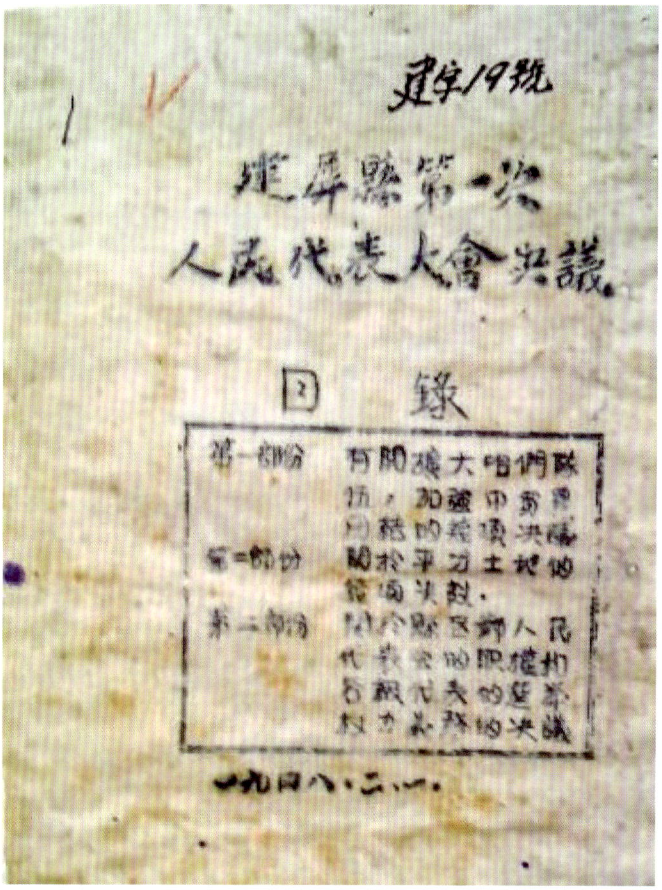

建字19號

建屏縣第一次
人民代表大會決議

目錄

第一部份 有關擴大咱們隊伍，加強中貧農團結的幾項決議
第二部份 關於平分土地的幾項決議
第三部份 關於縣區鄉人民代表會的職權和各級代表的選舉權力義務的決議

一九四八·二·一·

1948 年 1 月，建屏县第一次人民代表大会文件

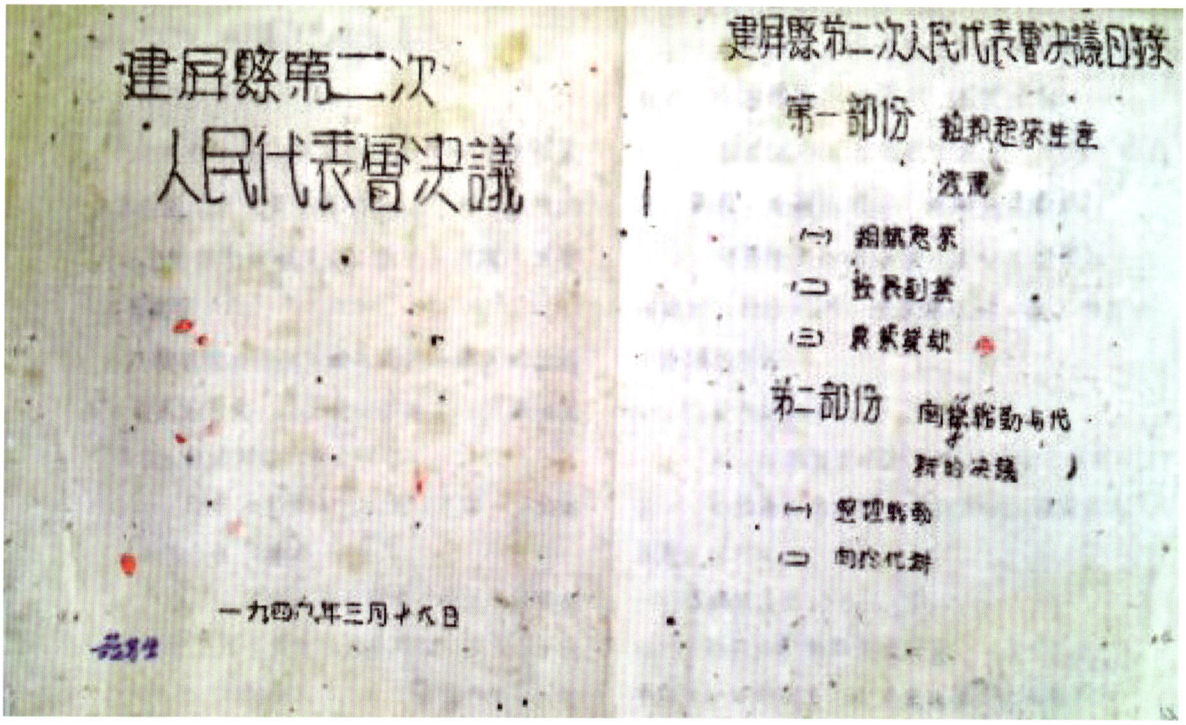

建屏縣第二次
人民代表會決議

一九四八年三月十六日

建屏縣第二次人民代表會決議目錄

第一部份 組織起來生產渡荒
(一) 組織起來
(二) 發展副業
(三) 農業貸款
第二部份 關於優抗勤務代耕的決議
(一) 整理勤務
(二) 關於代耕

1948 年 3 月，建屏县第二次人民代表大会文件

1949 年 11 月，平山县首次各界人民代表会议闭幕时合影

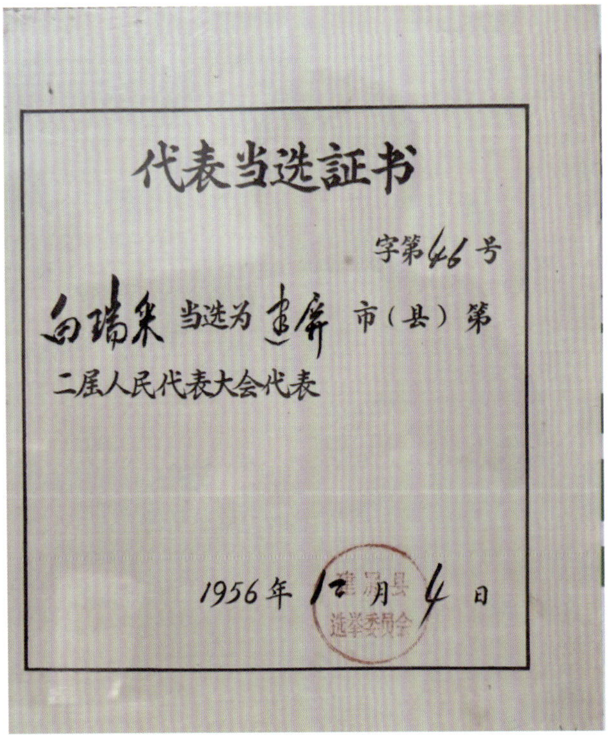

代表当选証书

字第46号

白瑞来 当选为 建屏 市（县）第

二屆人民代表大会代表

1956年12月4日

建屏县选举委员会

1956 年，建屏县人大代表当选证书

1981 年 12 月 22 日，平山县第七届人民代大会第一次会议召开。图为代表们走出会场

1983 年 3 月，平山县第七届人民代表大会第二次会议召开。图为会议会场

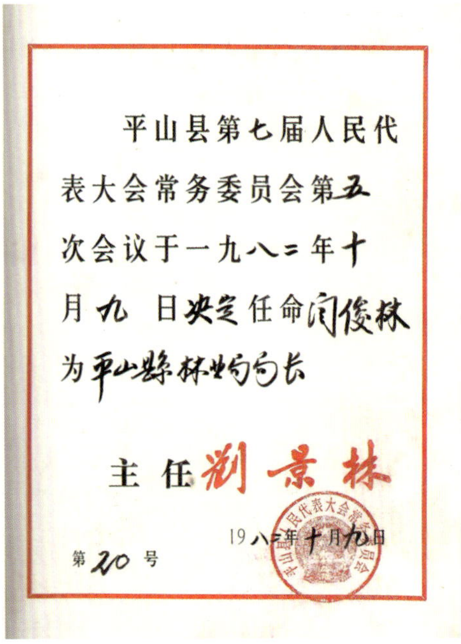
平山县第七届人民代表大会常务委员会第五次会议于一九八二年十月九日决定任命闫俊林为平山县林业局局长

主任 刘景林

19八二年十月九日

第20号

1982 年，平山县第七届人民代表大会常务委员会任命书

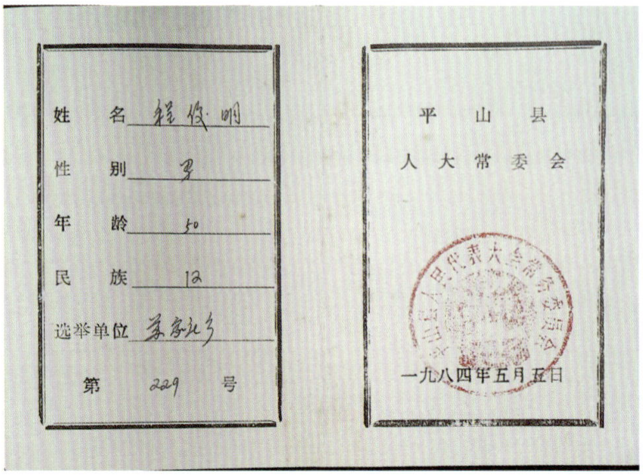
姓名 程俊明

性别 男

年龄 50

民族

选举单位

第 229 号

平山县

人大常委会

一九八四年五月五日

1984 年，平山县第七届人民代表大会常务委员会颁发的代表证

1984 年，平山县人大常委会主任安风元（右二）给商品书记张兵联颁发牌匾

1987 年 4 月，平山县第八届人大常委会全体人员合影

1990 年 4 月，平山县第九届人大常委会全体人员合影

1992 年，平山县人大常委会主任杨锡田（中）带队视察农业工作

1992 年，平山县人大常委会主任杨锡田（左三）带队视察农业工作

1996 年 4 月，平山县第十一届人民代表大会大第五次会议上张述当选为县人大常委会主任

1998 年 2 月，平山县第十二届人大常委会全体人员合影

2003 年 4 月，平山县第十三届人民代表大会第一次会议召开。图为会议会场

2003 年 4 月，平山县第十三届人民代表大会第一次会议召开。图为投票现场

2008年8月19日，平山县人大常委会主任郝书文（左三）带队视察公安工作

2008年11月22日，平山县人大常委会主任郝书文（前右二）带队视察电力工作

2016 年 1 月 27 日，平山县第十五届人民代表大会第六次会议召开。图为会议会场

2015 年 11 月 5 日，平山县人大常委会主任张大平（中）带队视察旅游工作

2015 年 10 月 9 日，平山县人大常委会主任张大平（左四）带队视察美丽乡村建设工作

2016 年 3 月 25 日，平山县人大常委会主任李海明（右二）在帮扶包联村南庄村调研

2016 年 9 月 30 日，平山县人大常委会组织平山县人民政府组成人员在新落成的宪法广场进行宪法宣誓

2016 年 12 月 27 日，开展平山县人大换届选举工作。图为县直第二选区投票站

2017年2月24日，平山县第十六届人民代表大会第一次会议召开。图为会议会场

2019年1月11日，平山县第十六届人民代表大会第三次会议召开。图为会议会场

2017 年 4 月 30 日，平山县第十六届人大常委会第二次会议召开。图为会议会场

2017 年 5 月 5 日，平山县人大常委会组织老干部视察旅发大会

2018 年 7 月，平山县人大常委会主任焦习军（左四）在西柏坡镇人大代表之家参加代表活动

2019 年 8 月，平山县人大常委会主任焦习军（右一）在回舍镇视察工作

温塘镇人大代表之家

李家庄人大代表联络站

2021 年 7 月 24 日，平山县第十七届人民代表大会第一次会议召开。图为会议会场

2022 年 1 月 27 日，平山县第十七届人民代表大会第二次会议召开。图为会议会场

2023 年 1 月 13 日，平山县第十七届人民代表大会第三次会议召开。图为会议会场

2023 年 4 月 11 日，平山县人大常委会主任武自军（左一）带队视察和美乡村建设工作

2023 年 9 月 27 日，平山县人大常委会主任武自军（右二）调研景区安全生产工作

2023 年 10 月 17 日，平山县人大常委会主任武自军（前一）带队视察县域经济发展工作

2023年10月，平山县人大常委会主任武自军（左排前三）主持县域经济发展工作座谈会

2023年11月14日，平山县人大常委会主任武自军（前右二）带队视察民生实事项目工作

平山县第十七届人大常委会机关全体人员合影

历届常委会主任

平山县第七届人大常委会主任刘景林

平山县第七、八、九届人大常委会主任安风元

平山县第十、十一届人大常委会主任杨锡田

平山县第十一届人大常委会主任张述

平山县第十二届人大常委会主任白云亭

平山县第十三、十四届人大常委会主任郝书文

平山县第十五届人大常委会主任张大平

平山县第十五届人大常委会主任李海明

平山县第十六届人大常委会主任焦习军

平山县第十六、十七届县人大常委会主任武自军

部分书籍

历届平山县人大常委会编印的部分书籍

编辑部工作掠影

2024 年 5 月，平山县人大常委会副主任魏尊一调度平山县人大志编纂工作

平山县人大志编纂人员
加班加点整理资料

平山县人大志编纂人员加班加点校对书籍

平山县人大志编辑部全体编纂人员合影

照片提供：闫新华　董新华
卢白子　唐安平

序

《平山县人大志（1940—2023）》既是对数十年县人大工作的翔实记录，又是对人大工作的历史总结，作为人大工作的专业志，具有较高的历史参考价值和社会收藏价值。

平山县地处冀西太行山东麓，不仅山清水秀，风光秀美，而且历史文化底蕴厚重，抗战时期曾是中共中央北方分局所在地，是著名的抗日模范县。解放战争时期，党中央、毛主席和中央军委移驻西柏坡，组织指挥了“三大战役”，召开了中共七届二中全会。平山县人民代表大会制度的发展历程，与其光荣历史紧密相联。1940 年 8 月至 1947 年，平山县先后选举三届县议会，这个阶段是平山县人民代表大会制度的最初探索。1945 年 10 月，平山县分为平山、建屏两个县；1958 年 9 月，平山、建屏两个县重新合并为平山县。1948 年 1 月至 5 月，当时的平山县和建屏县分别召开 5 次和 3 次人民代表大会。1949 年 11 月至 1954 年 6 月为各界人民代表会议阶段。应该说，从县议会到各界人民代表会议这段时间是平山县人民代表大会制度的初步探索发展时期。1954 年 6 月，根据《中央人民政府委员会关于召开全国人民代表大会及地方各级人民代表大会的决议》和《中华人民共和国全国人民代表大会及地方各级人民代表大会选举法》的规定，平山县第一届人民代表大会第一次会议召开，标志着平山县人民代表大会制度的正式确立推行。平山县人民代表大会制度的发展可谓历史悠久，在河北乃至全国是探索发展比较早的地区之一。长期以来，在中共平山县委的正确领导下，人民代表大会制度不断发展完善，人民当家做主的主人翁地位得到进一步巩固加强，人大工作在推进民主法治建设和经济社会发展中发挥着越来越重要的作用。

修志资治，继往开来。2024 年是全国人民代表大会制度建立七十周年，我们编纂出版《平山县人大志（1940—2023）》既是对这一重要节日的致贺献礼，同时又期望本志能为今后的人大工作提供有益借鉴。本志编纂期间，得到石家庄市人大和赞皇县、井陉县人大的热情指导，县人大老领导、老前辈和省市县档案部门的鼎力相助，宅北乡、王坡乡、两河乡、北冶乡、古月镇、下槐镇、杨家桥乡、苏家庄乡的大力支持，各乡镇党委、政府和县人大机关各科室全力配合，在此一并表示感谢！衷心祝愿平山县人大工作传承红色基因，赓续光荣传统，开拓进取，创新发展，不断取得新的更大成就！

平山县人大常委会主任、党组书记

2024 年 9 月

凡 例

一、本志以马克思列宁主义、毛泽东思想、邓小平理论、“三个代表”重要思想、科学发展观、习近平新时代中国特色社会主义思想为指导，坚持辩证唯物主义和历史唯物主义的立场、观点和方法，全面、系统、客观地记述平山县人民代表大会及其常务委员会在中共平山县委领导下坚持和完善人民代表大会制度、依法履行职责的历史与现状。

二、本志上限始于 1940 年 8 月平山县第一届县议会召开，下限至 2023 年 12 月。根据事件叙述完整性的需要，个别事件适当上溯或下延。

三、本志以平山县本级人大为主体，兼顾乡（镇）人大。原建屏县人大列篇专述。

四、本志体裁：采用述、记、志、图、表等形式，辅以链接，以志为主。采用记述体、语体文和第三人称。

五、本志层次结构：为体现人大工作特点，原则上以届立篇，逐届记述。各篇内，以人大各项职责和重要工作为章节横向展开。篇下设章，章下设节，节下以“一、二、三……（一）（二）（三）……”排序。

六、本志称谓机构、职务、地名、文件、会议、事件名称，均以历史原貌呈现，必要时加注。人民代表大会和人民代表大会常务委员会，原则上在每章第一次使用时用全称，以后用规范简称，不再加注，如“平山县第一届人民代表大会第一次会议”，简称为“县一届人大一次会议”。

七、本志数字用法、标点符号分别采用国家标准《出版物上数字用法》（GB/T15835—2011）、《标点符号用法》（GB/T15834—2011），计量单位采用国家技术监督局 1993 年 12 月发布的《量和单位》系列国家标准。书中“斤”“亩”等非法定计量单位，因年代问题及尊重历史事实，仍保持沿用原计量单位。

八、本志采用公元纪年，一般都记实际年、月、日。

九、本志资料来源于平山县人大常委会机关档案，河北省档案馆、河北省人大常委会档案室、石家庄市档案馆档案，《石家庄人大志（1949.07—2023.12）》，中共平山县组织史资料，《平山县志》《平山年鉴》《中共平山简史》《中共平山历史大事记》《中共平山党史资料》，各乡（镇）人大，均经核实后载入，一般不注明出处。

目 录

第三篇　平山县各界人民代表会议

第四篇　平山县第一至六届人民代表大会

第五篇　平山县第七届人民代表大会

第六篇　平山县第八届人民代表大会

第七篇　平山县第九届人民代表大会

第八篇　平山县第十届人民代表大会

第九篇 平山县第十一届人民代表大会

第十篇 平山县第十二届人民代表大会

第十一篇　平山县第十三届人民代表大会

第十二篇　平山县第十四届人民代表大会

第十三篇　平山县第十五届人民代表大会

第十四篇　平山县第十六届人民代表大会

第十五篇　平山县第十七届人民代表大会

第十六篇　建屏县人大

第十七篇　乡镇人大

概　述

平山县人民代表大会制度的形成发展，有先期的初步探索，有其中的持续推进，也有曾经的止步停歇，历史悠久，源远流长，应该说是一个在探索中前进、不断进步、不断完善的过程，同时也充分彰显了社会主义民主和法制建设在基层治理中的实践发展。

平山县人民代表大会制度探索起步早，历史跨度大。抗日战争时期，平山县是晋察冀边区根据地，也是著名的抗日模范县。1940 年 3 月，中共中央提出在政府机构和参政机构中实行“三三制”，即在抗日民主政权中，共产党员、党外进步分子及中间派各占三分之一。中共北方分局决定在各级政权初步改革的基础上，在晋察冀边区开展民主大选举运动。边区政府颁布《晋察冀边区县区村暂行组织条例》《晋察冀边区参议会暂行组织条例》《晋察冀边区暂行选举条例》三个重要文件，揭开了民主选举运动的序幕。1940 年 6 月，民主大选举区县选举阶段开始。平山县第一届县议会第一次会议于 1940 年 8 月 19 日至 23 日在李家口召开，至 1947 年先后选举三届。1948 年 1 月至 5 月，中共平山县委先后组织召开五次县人民代表大会。这一时期五次人民代表大会是在特定历史条件下召开的，具有一定的承上启下的历史作用。此后的 1949 年 11 月至 1953 年年底，平山县同全国各地一样实行各界人民代表会议制度，先后举行三届。1954 年 6 月 30 日召开的县第一届人民代表大会第一次会议，标志着人民代表大会制度的正式确立。

1940 年至 1958 年，平山县行政区划曾多次变动。1940 年，城东区划归新设立的建屏县（俗称东建屏）。1942 年营里、合河口、蛟潭庄 3 个区划归新设立的盂平县。1945 年 9 月盂平县撤销，原合河口、蛟潭庄、营里 3 个区回归平山建制，同年 10 月（东）建屏县撤销，原城东区回归平山，同时以青杨树、郭苏和柏里之间的自然岭为界又分为两个县，东部为平山县，西部称建屏县（俗称西建屏）。1958 年 9 月，平山县、建屏县重新合并为平山县。行政区划多次调整的特殊性，不仅增加了历史发展的多样性，而且更加丰富了人民代表大会制度的发展历程。

平山县人民代表大会制度从起步探索到正式确立，虽然各阶段存在形式不同，但围绕完成和实现各个时期的目标任务，都发挥了十分重要的作用。1940 年选举产生的县议会在推动执行《双十纲领》和补助抗日家属、增设完全小学、粉碎“治安强化运动”、盗毁坚壁清野财物罪等方面形成许多重要决议案，把各阶层中有威望的人士选到政权中来，极大加强了抗日民族统一战线。中华人民共和国成立前召开的五次县人民代表大会，为其他解放区提供了各方面经验，为各解放区完成土地改革与整党运动，进行政权建设以及中华人民共和国成立初期中共政权建设提供了宝贵经验，为人民代表大会制度的建设提供了思想来源，促进了人民代表会议制度的最终确立。各界人民代表会议根据中国人民政治协商会议共同纲领的规定代行县人民代表大会职权，在粮食征收分配、克服灾荒、民主建政、抗美援朝和开展“三反”“五反”运动、镇压反革命等方面，发挥了十分重要的作用。从1954年6月召开平山县第一届人民代表大会第一次会议到2023年1月的县第十七届人民代表大会第三次会议，县人民代表大会在不同时期、不同阶段聚焦中心任务、重点工作和重要问题，通过搞调研、听汇报、组织代表视察、适时作出决议决定、开展执法检查等，多途径、多方式促进问题解决和工作开展，在县域经济和社会事业发展中的地位和作用越来越突出、越来越重要。特别是从第七届人大设立常委会以来，县人大连续作出的《关于抵制和清除精神污染的决定》《关于加强社会治安工作的决议》《关于严厉打击刑事犯罪活动的公告》《关于加强防护林工程建设的决议》《关于五年内在全县基本普及法律常识的决议》《关于开展尊师重教活动的决定》《关于积极发展羊只生产的决议》《关于命名毛白杨、花椒树为“县树”的决定》《关于加强县城建设的决定》《关于批准减轻农民负担的决定》《关于大力开展农田水利基本建设的决定》《关于进一步加强村民会议代表制度促进农村民主政治建设的决议》等，在当时特定的历史条件下，对营造氛围、推动工作开展起到了举足轻重的作用。

平山县人民代表大会制度经过长期的实践探索，在不断发展中日臻完善。1966年5月至1976年10月“文化大革命”期间，县人民代表大会停止了一切活动，县人民代表大会、人民委员会被县“革命委员会”取代。1978年，党的十一届三中全会作出把党的工作重点转移到社会主义现代化建设上来的战略决策，提出把发展社会主义民主、健全社会主义法制作为社会主义现代化建设的根本任务之一。平山县人民代表大会制度进入全面恢复、全面发展时期。1981年12月召开县第七届人民代表大会第一次会议，设立县人大常委会并作为常设机构，决定自1982年1月1日起恢复县人民政府，取消县“革命委员会”，中断了16年的县人民代表大会恢复活动。县人大常委会在人民代表大会闭会期间决定全县重大事项，监督“一府两院”工作，任免国家机关工作人员，主持人民代表大会代表选举和召开人民代表大会会议，经常保持同人大代表和人民群众的联系，从根本上改变了以往县级人民代表大会因为没有常设机构而不能有效行使职权的状况，成为县人民代表大会制度建设的重要里程碑。县人大常委会新设之初，讨论通过《关于人事任免试行办法》《关于充分发挥人大代表作用试行办法》《关于认真做好代表提案工作试行办法》，为依法开展工作打下了基础；分片划分了代表活动小组，建立了代表联系制度；审议通过《关于改进领导作风和方法的几项制度的规定》《工作职责范围及其办事机构岗位责任制的规定》，使人大机关工作实现了制度化、正规化。自1954年6月县人大成立至2023年12月，共组织召开人民代表大会61次，人大常委会会议306次，审议通过决议决定593项，依法任免国家机关工作人员2112人，督办代表意见建议4876件，同时积极受理群众来信来访，组织开展执法检查和视察调研活动，对推动依法治县和促进社会主义民主法制建设发挥了重要作用。根据《中国人民政治协商会议共同纲领》规定，自1949年11月始，在县级实行各界人民代表会议制度的同时，乡级实行人民代表会议制度，乡级人民代表会议伴随中华人民共和国的成长一路走来，逐步发展成熟，成为加快农村经济社会发展的中坚力量。

2024年是全国人民代表大会制度建立七十周年，回首历史，人民代表大会制度从无到有，从初步探索到发展完善，从持续进步到重大跨越，人民当家做主的主人翁地位不断巩固，社会主义民主和法治建设大力加强，我们倍感光荣与自豪！展望未来，人民代表大会制度接续建设发展的任务依然繁重，有中共平山县委的正确领导，有全县人民的大力支持，有各位代表和全体人大工作者的共同努力，平山县人民代表大会制度建设一定会更加健全完善，在社会主义民主和法治建设征程上必将焕发出新的生机和更加磅礴的力量！

大 事 记

1937 年

12 月 27 日，平山县抗日民主政府在洪子店村成立。

1940 年

8 月 19 日至 23 日，平山县第一届县议会第一次会议在李家口村召开，议长韩一钧。

1941 年

6 月 6 日，平山县第一届县议会第三次会议在东黄泥村召开。

1942 年

1 月 17 日至 19 日，平山县第一届县议会第四次会议召开。

8 月，盂县 4 个游击区与平山县的王家岸、蛟潭庄、合河口 3 个区合并，组成盂平县。县政府驻康庄村。书记王维新，县长孙雨培。

1943 年

3 月 5 日至 11 日，平山县第一届县议会第六次会议召开。

8 月 10 日，平山县第二届县议会第一次会议在北庄村召开。韩一钧当选议长，封云甫当选县长。

1945 年

5 月 10 日，平山县第三届县议会第一次会议召开。栗从周当选议长，许怀玺当选县长。

9 月，盂平县撤销，原合河口、蛟潭庄、营里 3 个区回归平山建制。

10 月，以青杨树、郭苏和柏里之间的自然岭为界，将平山县划分为两个县，东部为平山县，县政府驻地城关；西部为建屏县，县政府驻秘家会，后迁洪子店镇。

1948 年

1 月 20 日，平山县第一次人民代表大会召开，代表 346 名。会议通过《人民法庭组织法》

《平分土地办法》及《平山县人民代表职权和纪律》。

1月28日，建屏县第一次人民代表大会在洪子店召开。

1月30日，平山县第二次人民代表大会召开。

1月，区划调整，原属井陉的东冶、里庄、寺庄、孟堡等村划入平山城东区。

3月5日，平山县第三次人民代表大会召开。

3月16日，建屏县第二次人民代表大会召开。

3月20日，平山县第四次人民代表大会召开。

5月8日，平山县第五次人民代表大会召开。

6月4日，建屏县第三次人民代表扩大会议召开。

1949年

10月1日，平山、建屏二县分别召开大会庆祝中华人民共和国成立。

11月16日至18日，建屏县首届一次各界人民代表会议召开。会议选举王植庭为建屏县第一届各界人民代表会议常务委员会主席，刘炯明、封智仙为副主席。

11月18日至21日，平山县首届一次各界人民代表会议在县城召开，会议选举产生平山县各界人民代表会议常务委员会，盖振德为主席，赵世芳、许应运为副主席。

1950年

1月30日至2月3日，平山县首届二次各界人民代表会议召开。

2月2日，建屏县第二届各界人民代表会议第一次会议在东柏坡大礼堂召开。

7月28日至31日，平山县第二届各界人民代表会议第一次会议召开，选举产生人民政府组成人员。

10月27日，平山县第二届各界人民代表会议第二次会议召开。

10月2日至6日，建屏县临时人民代表会议在洪子店召开。大会选举王植庭、刘炯明、韩骥、谷桂书、封智仙、刘中阳、王廷轩7人组成建屏县各界人民代表会议常务委员会。主席刘炯明，副主席王植庭、封智仙。

1951年

9月5日至8日，平山县第二届各界人民代表会议第三次会议召开，选举产生平山县第二届各界人民代表会议常务委员会，赵世芳为主席，许应运为副主席，委员7人。

11月18日至21日，平山县第二届各界人民代表会议第四次会议召开。

12月23日至27日，建屏县第三届各界人民代表会议第四次会议在洪子店召开，会议选举产生县人民政府委员会县长、副县长和各界人民代表会议常务委员会主席、副主席和委员。

1952年

3月17日至19日，建屏县第三届各界人民代表会议第二次会议召开。

3月18日至20日，平山县第三届各界人民代表会议第一次会议召开。

5月10日至11月，建屏县第三届各界人民代表会议第三次会议召开。

6月26日至27日，平山县第三届各界人民代表会议第二次会议召开。

9月12日至16日，平山县第三届各界人民代表会议第三次会议召开，选举产生县长1人、副县长2人，政府委员16人。

10月28日，建屏县第三届各界人民代表会议第四次会议召开。

1953年

1月25日至28日，建屏县第三届各界人民代表会议第五次会议召开。

2月20日至24日，平山县第三届各界人民代表会议第四次会议召开。

5月15日，建屏县共划分为96个乡。

5月21日，平山县共划分为79个乡。

7月，平山、建屏两县首次进行人口普查，两县共有人口27.14万人。

9月1日至3日，平山县第三届各界人民代表会议第五次会议召开。

11月30日至12月3日，平山县第三届各界人民代表会议第六次会议召开。

1954年

6月20日至7月4日，平山县召开首届人民代表大会一次会议。学习过渡时期总路线，选举政府县长、副县长和政府委员会，选举平山县出席河北省人民代表大会代表3名。

7月6日至11日，建屏县首届一次人代会在洪子店大礼堂召开。学习过渡时期总路线，选举政府县长、副县长和政府委员会；选举建屏县出席河北省人民代表大会代表2名。

1955年

1月17日至18日，平山县第一届人民代表大会第三次会议召开，会议选举产生县第一届人民委员会和法院院长。

12月19日至22日，平山县第一届人民代表大会第四次会议召开，会议补选人民委员会委员2名。

1956年

7月27日，平山县第一届人民代表大会第五次会议召开，听取和审议平山县人民委员会1956年上半年工作报告、关于撤区并乡工作方案，并作出相应决议。

12月25日至28日，建屏县第二届人民代表大会第一次会议召开。

12月27日至31日，平山县第二届人民代表大会第一次会议召开，选举产生第二届人民委员会委员、县长、副县长。

1957 年

6 月 2 日至 5 日，平山县第二届人民代表大会第二次会议召开。

9 月，井陉县的南西焦、北西焦、七亩、刘家会等村划归平山县。玉皇阁、要子岩、石家庄、井沟由井陉县划归建屏县。

1958 年

1 月 9 日至 12 日，平山县第二届人民代表大会第三次会议召开，听取和审议县政府工作报告、平山县 1958 年农业生产大跃进的意见、平山县政府与代表、代表与选民的联系制度，并作出相应决议。

5 月 23 日，平山县第三届人民代表大会第一次会议召开。会议选举县长、副县长和人民委员会委员及县法院院长。选举平山县出席河北省人民代表大会代表 2 名。

9 月 23 日，平山、建屏两县合并。县政府设在平山城。建屏县人民代表大会随之终止。

1959 年

7 月 30 日至 8 月 3 日，平山县第三届人民代表大会第二次会议召开。

1962 年

12 月 27 日至 29 日，平山县第四届人民代表大会召开第一次会议，会议听取和审议县人民委员会、财政、法院的工作报告，并作出相应决议。会议选举县长、副县长和县人民委员会委员 29 名。

1963 年

10 月 27 日至 30 日，平山县第五届人民代表大会召开第一次会议，会议听取和审议县人民委员会、财政、法院的工作报告，并作出相应决议。会议选举县长、副县长、法院院长和县人民委员会委员 29 名，选举产生平山县出席河北省人民代表大会代表 3 名。

1965 年

1 月 14 日，全国人大代表戎冠秀向县委代理常委会报告全国人大会议情况。

12 月 28 日至 30 日，平山县第六届人民代表大会第一次会议召开，会议听取和审议县人民委员会、财政、法院的工作报告，并作出相应决议。会议选举县长、副县长和县人民委员会委员 29 名。

1966 年

8 月 18 日，县委成立“文化大革命”领导小组。

1967 年

5 月 21 日至 23 日，召开平山县革命组织代表大会，选举产生一元化领导的平山县“革命委员会”，简称县“革委会”，统揽全县党政财文大权。

1970 年

9 月 10 日，县领导机关由城关迁往岗南办公。

1977 年

6 月 1 日，县领导机关由岗南迁往城关办公。

1981 年

10 月，成立岗南、黄壁庄两个经济特区，获鹿县的马山、黄壁庄，灵寿县的王角三个公社划归平山县。

12 月 22 日至 26 日，平山县第七届人民代表大会第一次会议举行，始设县人大常委会为常设机构，决定自 1982 年 1 月 1 日起恢复县人民政府，取消县“革命委员会”，中断了 16 年的县人民代表大会恢复活动。

1982 年

2 月 1 日，县第七届人大常委会第一次主任会议召开，成立人大党组，建立必要的工作制度，研究人大常委会办事机构的设置、人员编制，明确主任工作分工。

3 月 16 日，县第七届人大常委会第二次会议召开，审议通过《充分发挥人民代表作用的试行办法》《关于认真做好代表提案工作的试行办法》《关于人事任免试行办法》《人大常委会的会议制度》。

5 月 20 日，县第七届人大常委会召开第二次主任会议。

6 月 1 日至 2 日，县第七届人大常委会第三次会议召开，通过《平山县人大常委会关于加强中小学教育工作的决议》。

8 月 2 日，县第七届人大常委会召开主任会议。

9 月 13 日至 14 日，县第七届人大常委会举行第四次会议。

10 月 9 日，县第七届人大常委会举行第五次会议。审议并通过《平山县山区建设规划（1982 年至 1985 年）》、县人民政府《关于北大街修建方案的报告》。县政府提出的《公路管理暂行规定》和《县城管理暂行规定》。

12 月 13 日至 14 日，县第七届人大常委会召开第六次会议，学习讨论新宪法，组织参会委员到县城北大街工地进行视察。

是年，县人大常委会对平山县教育、卫生方面亟待解决的问题进行调查了解。

是年，常委会先后组织三期宣传骨干培训班，组织学习讨论《中华人民共和国宪法修改草案》。

1983 年

3 月 5 日，县第七届人大常委会召开第七次会议。

3 月 7 日至 10 日，县第七届人民代表大会第二次会议举行，会议选举产生平山县出席河北省第六届人民代表大会代表 6 名。会议通过《关于组织全县人民认真学习、执行〈中华人民共和国宪法〉的决议》。

4 月 29 日，县第七届人大常委会召开主任会议，并组织委员到东岗大队参观学习科技种田。

5 月 6 日至 7 日，县第七届人大常委会举行第八次会议，通过《关于加强社会治安工作的决议》和有关人事任命事项。

6 月 27 日至 28 日，县第七届人大常委会举行第九次会议，通过关于加强科技工作、商业工作、工商行政管理工作的三项决议和有关人事任免事项。

8 月 28 日，县第七届人大常委会举行第十次会议。

9 月 22 日，县第七届人大常委会举行第十一次会议，通过关于严厉打击刑事犯罪活动的公告。

11 月 30 日，县第七届人大常委会举行第十二次会议，通过《关于批准〈平山县农村中小学教育改革方案〉的决议》《关于抵制和清除精神污染的决定》。

12 月 2 日至 3 日，县第七届人民代表大会第三次会议举行，会议通过接受县人大刘景林、杨墨、韩尚英、王廷槐、齐显祥、郄振书等六位正、副主任辞职请求的决定。补选安风元为县人大常委会主任，刘永喜、左祥来、张玉良、李文才、程俊民为县人大常委会副主任。会议通过《多方捐资兴学全民关心教育平山县第七届人民代表大会第三次会议给全县人民的号召书》。

12 月 28 日至 29 日，县第七届人大常委会召开第十三次会议，审议批准县人民政府关于山区照顾生育二胎的报告。

是年，县常委会到税务局几个基层单位进行座谈，对征税率低的原因进行调查研究。

1984 年

1 月 17 日，县第七届人大常委会召开主任会议。

2 月 21 日至 22 日，县第七届人大常委会召开第十四次会议。

3 月 19 日，县第七届人大常委会召开第十五次会议，审议通过《灌区管理办法暂行规定》；通过全县各乡的选举委员会组成人员。

3 月下旬，县人大常委会在全县范围内进行落实林业政策的视察。

4 月 24 日，县第七届人大常委会召开第十六次会议。

5 月 20 日，县第七届人大常委会召开第十七次会议。

5 月 23 日至 26 日，县第八届人民代表大会第一次会议举行，选举产生县第八届人大常委会主任、副主任、委员。

5 月 27 日，县第八届人大常委会召开第一次会议。

6 月 13 日，县第八届人大常委会召开第二次会议。

7 月 27 日，县第八届人大常委会召开第三次会议。

7 月 30 日，县人大常委会对《中华人民共和国食品卫生法》贯彻执行情况进行视察。

9 月 26 日，县第八届人大常委会召开第四次会议，通过《平山县矿山管理试行办法》。

9 月，经省政府批准撤销黄壁庄区，所辖各公社恢复原隶属关系。

12 月 2 日，县第八届人大常委会召开第六次会议，讨论通过《关于开展宪法学习宣传旬的决定》。

12 月 22 日，县第八届人大常委会召开主任会议。

12 月 28 日，县第八届人大常委会召开第七次会议，通过《关于平山钢铁厂改造扩建的决定》。

1985 年

1 月 17 日，县人大常委会深入到南甸、岗南、回舍、古月、小觉、孟家庄、蛟潭庄七个地区，对各派出所、法庭的住房等情况进行详细的调查。

2 月上旬，县人大常委会在城关、回舍、岗南、南甸、古月、小觉 6 个主要集镇开展物价计量及市场供应管理情况的综合视察。

4 月 17 日，县第八届人大常委会召开主任会议。

4 月 18 日，县第八届人大常委会召开第八次会议。

5 月 5 日至 7 日，县第八届人民代表大会举行第二次会议。

5 月 8 日，县第八届人大常委会召开主任会议。

5 月 25 日至 26 日，县人大常委会组织开展乡镇企业情况调查。

6 月 8 日，县第八届人大常委会召开第九次会议，审议并通过《平山县人大常委会关于五年内在全县基本普及法律常识的决议》。

7 月 9 日和 11 日，县人大常委会会同司法局到孟贤壁、胜伏乡就执法情况进行调查。

8 月 10 日，县第八届人大常委会召开第十次会议，通过《关于开展尊师重教活动的决定》。

11 月 20 日，县第八届人大常委会召开第十一次会议，通过《关于进一步贯彻执行税法、加强税务工作的决议》。

1986 年

1 月 19 日，县第八届人大常委会召开第十二次会议。

3 月 24 日，县第八届人大常委会召开第十三次会议，通过《关于进一步贯彻执行＜河北省农作物种子条例＞的决议》。

4 月 17 日，县第八届人大常委会召开第十四次会议，补选栗战书为平山县出席河北省第六届人民代表大会代表。

5月18日，县第八届人大常委会召开第十五次会议。

5月19日至21日，县第八届人民代表大会举行第三次会议。

5月31日，县第八届人大常委会召开第十六次会议。

5月，县人大常委会组织对《河北省农作物种子条例》贯彻实施情况进行监督检查。

7月15日至20日，县人大常委会对《食品卫生法》《河北省食品卫生管理条例》的贯彻执行情况进行全面检查。

7月28日，县第八届人大常委会召开第十七次会议，通过《平山县人大常委会监督县人民政府、人民法院、人民检察院工作的试行办法》和《平山县人大常委会人事任免程序试行办法》。

9月20日，县第八届人大常委会召开第十八次会议。

11月25日至26日，县第八届人大常委会召开第十九次会议，通过《平山县人大常委会关于积极发展羊只生产的决议》。

1987年

1月7日至8日，县第八届人大常委会召开第二十次会议，决定成立平山县选举委员会，并通过县选举委员会组成人员名单。

2月10日，县人大常委会开展关于当前农业生产状况的调查。

3月4日，县第八届人大常委会召开第二十一次会议，作出《平山县人大常委会关于贯彻执行全国人大常委会〈关于加强法制教育维护安定团结的决定〉的决议》。

4月4日，县第八届人大常委会召开第二十二次会议，审议通过《平山县人大常委会关于进一步加强防护林工程建设的建议》。

4月21日，县第八届人大常委会召开第二十三次会议。

4月25日至28日，县第九届人民代表大会举行第一次会议，选举产生县第九届人大常委会组成人员和新一届政府领导机构和法检两长。

4月29日，县第九届人大常委会召开第一次会议。

5月，县内各乡镇普遍建立人大代表联络组。

6月8日，省人大常委会副主任郭志、王幼辉视察岗南、黄壁庄水库。

7月9日至10日，县第九届人大常委会召开第二次会议，通过《关于命名毛白杨、花椒树为“县树”的决定》《关于改革人事任免表决方式的决定》。

8月上旬，县人大常委会组织有关人员对企业资金外欠情况进行专题调查。

8月17日至20日，县人大常委会对县政府《食品卫生法》贯彻执行情况进行联合大检查。

9月16日至17日，县第九届人大常委会召开第三次会议。

11月18日，县第九届人大常委会召开第四次会议，认真学习中共十三大文件。

12月25日，县人大常委会在县招待所召开区、乡镇人大代表联组经验交流会。

1988 年

1 月 22 日，县第九届人大常委会召开第五次会议。

3 月 7 日，县第九届人大常委会召开第六次会议。

3 月 8 日至 10 日，县第九届人民代表大会举行第二次会议，选举栗战书、闫书章、郄德培、赵秀芳 4 人为平山县出席河北省第七届人民代表大会代表。

4 月 11 日至 14 日，省人大组织部分代表视察 WFP-2811 工程。

5 月 9 日，县第九届人大常委会召开第七次会议，学习《河北省人民代表大会常务委员会实施监督的规定》。

6 月 25 日，县人大常委会对县城自来水改建工程进行视察。

7 月 22 日，县第九届人大常委会召开第八次会议。

8 月，撤区并乡，全县由原 10 个区 52 个乡镇，改为 10 个镇 14 个乡。

9 月 14 日，县第九届人大常委会召开第九次会议，通过《关于在全县开展执法检查的决定》。

10 月 4 日，县人大常委会以平人大〔1988〕5 号文件发出《关于对选举和任命的干部进行述职考评的通知》。

10 月 21 日，县第九届人大常委会召开第十次会议。

11 月 4 日至 6 日，县人大常委会召集来自乡镇的 93 名县人大代表召开座谈会。

12 月 6 日至 7 日，县第九届人大常委会召开第十一次会议。

1989 年

2 月 28 日至 3 月 1 日，县第九届人大常委会召开第十二次会议，审议通过《关于加强农业生产的决议》。

3 月 14 日，县人大常委会在县政府招待所召开全县乡镇人大联组长工作座谈会。

4 月 13 日，县第九届人大常委会召开第十三次会议。

4 月 13 日至 15 日，县第九届人民代表大会举行第三次会议。

7 月 4 日，县第九届人大常委会召开第十四次会议，通过《平山县文物保护管理暂行办法》。

8 月 29 日，县第九届人大常委会召开第十五次会议。

10 月 25 日，县第九届人大常委会召开第十六次会议。

12 月 25 日，县第九届人大常委会召开第十七次会议。

1990 年

1 月 3 日，部分全国人大代表、省人大代表到平山视察。

3 月 22 日，县第九届人大常委会召开第十八次会议。

4 月 12 日，县第九届人大常委会举行第十九次会议。

4 月 13 日至 16 日，县第十届人民代表大会举行第一次会议，审议通过《关于动员全社会力量十年绿化平山大地的决定》，选举产生平山县第十届人大常委会主任、副主任、委员。

4月16日，县第十届人大常委会召开第一次会议。

4月23日，县第十届人大常委会召开主任会议。

4月，各乡镇人大联络组改设为乡镇人大主席团。

6月9日，县第十届人大常委会召开第二次会议。

7月3日，县第十届人大常委会召开主任会议。

7月6日至13日，县人大常委会对全县主要城镇的食品生产经营的厂、店、摊点的食品卫生状况进行联合检查。

7月31日，县第十届人大常委会召开主任会议，决定八月中旬召开乡镇人大主席团常务主席、副主席培训会议。

8月28日，县第十届人大常委会召开第三次会议，讨论通过《平山县人大常委会议事规则》。

10月25日，县第十届人大常委会召开第四次会议，通过《关于县人大代表联系选民工作的试行办法》。

11月29日，平山县第十届人大常委会召开主任会议。

12月27日，县第十届人大常委会召开第五次会议。

1991年

1月30日，县第十届人大常委会召开第六次会议。

3月25日，县第十届人大常委会召开第七次会议，通过《关于加强县城建设的决定》《关于加强畜牧工作的决定》，补选吕传赞为平山县出席河北省第七届人民代表大会代表。

3月26日至29日，县第十届人民代表大会举行第二次会议。

5月24日，县第十届人大常委会召开第八次会议，批准《平山县经济社会科技发展战略》。

6月20日至29日，县人大常委会组织代表委员对《河北省乡镇财政管理条例》的贯彻实施情况进行执法检查。

6月22日，县第十届人大常委会召开主任会议，组织学习相关讲话精神。

7月至8月，县人大常委会对全县10个乡镇企业的生产经营情况进行重点调查。

7月3日至10日，县人大常委会对县城及主要集镇的食品生产经营的重要厂家和部分商店、摊点、饭店，进行联合检查。

7月27日，县第十届人大常委会举行第九次会议。

8月1日，县人大常委会组织认真学习讨论江泽民同志《在庆祝建党七十周年大会上的讲话》。

9月20日，县第十届人大常委会召开第十次会议。

11月29日，县第十届人大常委会召开第十一次会议。

12月21日，县人大常委会副主任听取法院、工商局、卫生局、检察院、司法局5个单位的执法检查情况汇报。

1992 年

1 月 15 日，县第十届人大常委会召开第十二次会议。

2 月 8 日至 3 月 3 日，县人大常委会机关开展思想作风和纪律整顿。

3 月 24 日，县第十届人大常委会召开第十三次会议。

3 月 24 日至 27 日，县第十届人民代表大会举行第三次会议，通过《关于减轻农民负担的决定》《关于大力开展农田水利基本建设的决定》。

5 月至 8 月，县人大常委会组织部分县乡人大代表，对县法院、检察院、公安局的工作进行一次全面评议。

6 月 7 日至 11 日，县人大常委会先后对苏家庄、宅北、三汲等乡镇及所辖的 5 个农村对《河北省计划生育条例》执行情况进行检查。

6 月 12 日，县第十届人大常委会召开第十四次会议。

7 月 1 日至 10 日，县人大常委会对全县食品生产经营单位贯彻落实《中华人民共和国食品安全法》的情况进行重点检查。

8 月至 12 月，县人大常委会组织 11 个乡镇的县乡代表对所属基层“七所八站”工作进行评议。

8 月 17 日，县第十届人大常委会召开第十五次会议。

9 月 5 日、17 日，地区公安处副处长赵利海，地区卫生局副局长武胜海等分别到平山召开座谈会，通报今年 6 月地区人大工委组织全区人民代表评议地区公安处和卫生局工作的整改情况。

9 月 18 日，县人大常委会组织代表委员对平山县看守所进行视察。

10 月 28 日，县第十届人大常委会召开第十六次会议。

11 月 17 日，遵照省人大常委会办公厅和省政府办公厅关于开展计划生育条例执法检查的通知和地区会议精神，县人大常委会组织对《条例》的执行情况进行执法检查。

12 月 26 日，县第十届人大常委会召开第十七次会议。

1993 年

1 月 13 日，县第十届人大常委会召开第十八次会议。

2 月 10 日，县第十届人大常委会召开第十九次会议。

2 月 10 日至 13 日，县第十一届人民代表大会第一次会议在工人俱乐部和法院礼堂举行。杨锡田当选为县人大常委会主任，选举平山县出席河北省人民代表大会代表 5 名（闫书章、李文珊、张建新、吕传赞、王满秋）。

2 月 13 日，县第十一届人大常委会召开第一次会议。

4 月 15 日，石家庄地区人大工委主任闫书章、政协主席高步堂带领地区人大政协视察组到平山县视察林业生产情况。

4月22日，县第十一届人大常委会召开第二次会议。

7月1日，地、市合并后的新石家庄市诞生。平山县归其管辖。

7月，县人大常委会和各乡镇人大主席团分别组织本行政区域内县、乡代表进行视察，重点视察防护林工程管理情况和各乡镇奔小康规划落实情况。

7月29日，县第十一届人大常委会第三次会议召开。

8月14日，县第十一届人大常委会第四次会议召开。

8月23日至24日，县第十一届人民代表大会第二次会议在县供销大楼举行，选举产生出席石家庄市第九届人民代表大会代表28名，增选左更书为县人大常委会副主任。

10月28日，县第十一届人大常委会第五次会议召开，通过关于修改《平山县城总体规划》的决议。

11月，县人大常委会组织有关科、局，对平山县贯彻落实《中华人民共和国义务教育法》情况进行调查。

12月9日，县人大常委会邀请县委农工部，共同对古月镇、下槐镇的奔小康规划实施情况进行视察。

12月18日，县第十一届人大常委会第六次会议召开。

1994年

1月28日，县第十一届人大常委会第七次会议召开。

3月18日，县第十一届人大常委会第八次会议召开。

3月21日至24日，县第十一届人民代表大会第三次会议在法院礼堂举行。

5月25日，全国人大常委会副委员长倪志福在省人大常委会主任吕传赞、省总工会主席刘智生及市县领导的陪同下，参观西柏坡纪念馆。

6月2日，县第十一届人大常委会第九次会议召开。

8月19日，县第十一届人大常委会第十次会议召开，讨论审议《平山县法制教育中心管理办法》。

9月11日，全国人大常委会副委员长布赫在省、市领导的陪同下，就《农业法》实施情况到平山县进行视察。

10月19日，市人大常委会主任徐增厚在县领导张秋阳、杨锡田、郄贵庭陪同下视察扶贫开发工作。

10月28日，县第十一届人大常委会第十一次会议召开，通过《关于在“一府两院”各部门实行错案责任追究制和执法过错责任追究制的决定》。

12月31日，县第十一届人大常委会第十二次会议召开。

1995年

2月25日，县第十一届人大常委会第十三次会议召开。

3月25日，县第十一届人大常委会第十四次会议召开。

3月28日至31日，县第十一届人民代表大会第四次会议在法院礼堂举行，选举张述为县人大常委会副主任，梁爱平为县检察院检察长。

5月26日，县第十一届人大常委会第十五次会议召开。

7月20日，县第十一届人大常委会第十六次会议召开，通过县人大常委会关于组织人大代表评议工商行政管理工作的实施意见。

9月22日，县第十一届人大常委会第十七次会议召开。

12月6日，县第十一届人大常委会第十八次会议召开。

12月，县人大常委会组织各位主任及部分委员专题听取县政府关于1995年人代会通过的政府工作报告落实情况汇报。

1996年

1月17日，省人大常委会主任吕传赞、副主任张建新，市人大、省人大科教文委，省、市教委的负责人在县领导杨锡田、韩保深等陪同下到11所学校同教师代表进行座谈，详细了解他们的教学生活及工资待遇等问题。

2月2日，县第十一届人大常委会第十九次会议召开。

2月14日，县第十一届人大常委会第二十次会议召开。

4月1日，县第十一届人大常委会第二十一次会议召开，通过《代表资格审查委员会关于代表变动情况的说明》。

4月1日至4日，县第十一届人民代表大会第五次会议在工人俱乐部和法院礼堂举行，选举张述为县人大常委会主任。

4月25日，县第十一届人大常委会第二十二次会议召开，通过县人大常委会关于全县乡镇人民代表大会代表名额和换届时间的决定。

6月27日，县第十一届人大常委会第二十三次会议召开，通过《平山县人大常委会人事任免办法》。

7月17日，县人大常委会主任张述等到西柏坡视察万亩森林公园工程进展情况。

8月14日，省人大常委会主任吕传赞到平山县视察指导抗洪救灾工作。

9月5日，县第十一届人大常委会第二十四次会议召开。

10月30日，县第十一届人大常委会第二十五次会议召开。

12月19日，县第十一届人大常委会第二十六次会议召开。

1997年

1月14日，县第十一届人大常委会第二十七次会议召开。

1月14日至17日，县第十一届人民代表大会第六次会议在工人俱乐部和法院礼堂举行。

3月17日，县第十一届人人常委会第二十八次会议召开。

6月3日，县第十一届人大常委会第二十九次会议召开。

6月25日，石家庄市人大常委会召开命名表彰大会，授予平山县法院“执法楷模”荣誉称号，市人大常委会主任徐增厚向县法院授予锦旗。

7月23日，县第十一届人大常委会第三十次会议召开。

8月5日，县人大常委会主任张述带领部分主任、委员视察正在建设中的县名优热带水产苗种繁育基地。

9月24日，县第十一届人大常委会第三十一次会议召开。

10月9日，县第十一届人大常委会召开主任会议。

11月10日，县人大常委会组织部分县人大代表对县卫生局所属三家医院进行视察。

11月28日，县第十一届人大常委会第三十二次会议召开。

12月18日，县第十一届人大常委会召开主任会议。

1998年

2月15日，县第十一届人大常委会第三十三次会议召开。

2月16日至20日，县第十二届人民代表大会第一次会议在工人俱乐部举行，选举白云亭为平山县第十二届人民代表大会常务委员会主任。

2月20日，县第十二届人大常委会第一次会议召开。

3月24日，县人大常委会主任白云亭带领县人大部分主任、委员对土地管理工作进行视察。

4月28日，原全国人大常委会副委员长费孝通一行11人到平山镇考察甲鱼养殖业发展情况。

4月30日，县第十二届人大常委会第二次会议召开。

5月21日，县第十二届人大常委会第三次会议召开。

6月30日，县第十二届人大常委会第四次会议召开。

7月6日，石家庄市人民代表大会常务委员会公布《石家庄市岗南、黄壁庄水库水源污染防治条例》。

8月28日，县第十二届人大常委会第五次会议召开，通过《平山县人大常委会关于进一步推进依法治县的决议》。

10月29日，县第十二届人大常委会第六次会议召开。

12月23日，县第十二届人大常委会第七次会议召开，通过23个乡镇换届选举委员会成员名单。

1999年

1月8日，驻省会的全国人大代表13名和部分省人大代表到平山视察。

1月29日，县第十二届人大常委会第八次会议召开。

3月5日，全国人大代表、西柏坡乡党委书记王韶华到京参加九届全国人大代表二次会议。

3 月 9 日至 12 日，县人大十二届二次会议在县工人俱乐部和县法院礼堂举行。

3 月 30 日，县第十二届人大常委会第九次会议召开，会议通过梁海书辞去县人大常委会副主任职务的请求。

5 月 27 日，县第十二届人大常委会第十次会议召开。

7 月 29 日，县第十二届人大常委会第十一次会议召开。

9 月 17 日，县第十二届人大常委会第十二次会议召开，通过《关于建设县城文化商贸广场的决定》。

11 月 26 日，县第十二届人大常委会第十三次会议召开。

2000 年

1 月 21 日，县第十二届人大常委会第十四次会议召开。

2 月 16 日至 18 日，县第十二届人大三次会议在县法院礼堂举行。

3 月 2 日，县第十二届人大常委会召开主任会议。

3 月 30 日，县第十二届人大常委会第十五次会议召开。

4 月 19 日，县第十二届人大常委会召开主任会议。

4 月 25 日，县第十二届人大常委会召开主任会议。

6 月 5 日，县第十二届人大常委会第十六次会议召开，会议补选产生平山县出席石家庄市第十届人大代表 1 名。

6 月 29 日，县第十二届人大常委会召开主任会议。

7 月 7 日，县第十二届人大常委会召开主任会议。

7 月 25 日，县第十二届人大常委会召开主任会议。

7 月 28 日，县第十二届人大常委会第十七次会议召开，通过《平山县国家机关联系县人民代表大会代表办法》。

8 月 30 日，县第十二届人大常委会召开主任会议。

9 月 28 日，县第十二届人大常委会第十八次会议召开。

10 月 9 日，县第十二届人大常委会第十九次会议召开。

11 月 2 日，县第十二届人大常委会召开主任会议。

11 月 24 日，县第十二届人大常委会第二十次会议召开，补选产生平山县出席石家庄市第十届人民代表大会代表 1 名。

12 月 20 日，县第十二届人大常委会第二十一次会议召开，通过 7 名县人大代表的辞职请求，通过对石家庄市第十届人民代表大会代表刘秀田代表职务的罢免决议。

2001 年

1 月 4 日至 7 日，县第十二届人大四次会议在县法院礼堂举行。

2 月 4 日，县第十二届人大常委会第二十二次会议召开。

2月28日，县第十二届人大常委会第二十三次会议召开，通过《平山县生态示范区建设总体规划》。

4月27日，县第十二届人大常委会第二十四次会议召开，通过《平山县温泉度假区规划》。

6月26日，县第十二届人大常委会第二十五次会议召开。

8月30日，县第十二届人大常委会第二十六次会议召开。

10月30日，县第十二届人大常委会第二十七次会议召开。

12月21日，县第十二届人大常委会第二十八次会议召开，补选了市人大代表。

2002年

1月7日，县第十二届人大常委会第二十九次会议召开。

2月20日，县第十二届人大常委会第三十次会议召开。

3月1日至4日，县第十二届人大五次会议在县法院礼堂举行。

3月28日，县第十二届人大常委会召开主任会议。

4月26日，县第十二届人大常委会第三十一次会议召开，通过平山县乡镇换届选举委员会组成人员名单。

5月29日，县第十二届人大常委会召开主任会议。

6月2日，省人大常委会副主任李炳良、省水利厅厅长张凤林一行11人到平山检查水土保持执法工作。

6月28日，县第十二届人大常委会第三十二次会议召开，会议通过关于李三海辞去县人大常委会委员职务请求的决定。

7月25日，县第十二届人大常委会召开主任会议。

8月29日，县第十二届人大常委会第三十三次会议召开。

9月26日，平山县第十二届人大常委会召开主任会议。

10月22日，县人大常委会主任白云亭，副主任姜兵虎、孙文祥到中古月镇就撤校并点工作进行调研。

10月30日，县第十二届人大常委会第三十四次会议召开。

12月26日，县第十二届人大常委会第三十五次会议召开。

2003年

1月23日至24日，县第十二届人大六次会议在县法院礼堂举行。

4月22日，县第十二届人大常委会第三十六次会议召开。

4月23日，县第十二届人大常委会第三十七次会议召开。

4月27日至29日，县第十三届人民代表大会第一次会议在县法院礼堂举行。大会选举郝书文为县第十三届人大常委会主任。

5月2日，县人大常委会主任郝书文、副主任梁爱平带领部分委员及工作人员视察公路监测站、胜伏卫生院隔离点的运行情况。

5月3日至5月15日，县人大常委会主任郝书文，副主任郄贵庭、史军海、张志兵、梁爱平先后多次到营里、孟家庄、西柏坡、北冶、三汲、两河、岗南、古月等乡镇督导防治“非典”工作。

5月5日，县人大常委会副主任梁爱平在县电视台做了依法做好防治“非典”工作电视讲话。

5月13日，县人大常委会副主任郄贵庭到西柏坡石材工业园区调研。

5月14日，市人大常委会副主任张承禄带领有关人员到岗南镇东朱豪村检查防控非典工作。

5月16日，县人大机关全体会议学习县委书记赵新朝在县委七届一次会议上的讲话。

5月20日至30日，县人大常委会主任郝书文，副主任郄贵庭等到南盘石等11处水库现场检查防汛工作。

5月21日，县第十三届人大常委会召开主任会议。

5月27日，县人大召开人大机关全体党员防治“非典”生活会。

5月28日，县人大召开主任扩大会议，讨论《常委会议事规则》。

5月29日，县人大常委会主任郝书文带队，对教育系统防治“非典”工作情况进行视察。

6月10日上午，县人大常委会组织举行《地方组织法》报告会。

6月18日，县人大常委会主任郝书文带领部分委员对全县退耕还林等重点项目建设情况进行视察。

6月11日至20日，县人大常委会组织部分委员分三组调研检查退耕还林和重点项目建设。

6月24日，县第十三届人大常委会第一次会议，补选郝书文为石家庄市第十一届人民代表大会代表。

6月27日，县人大常委会召开对“一府两院”组成人员颁发任命书大会。

6月30日，县人大机关召开全体人员会议，讨论如何提高人大机关干部整体素质，以适应新形势发展的需要。

7月7日，县人大常委会主任郝书文、县政府副县长韩晓瑞等在教育局听取2003年高考情况汇报。

7月21日，县第十三届人大常委会召开主任会议。

7月24日，县人大召开关于如何进一步做好人大机关信息工作会议。

7月31日，省、市人大赴平山开展《中华人民共和国森林法》执法检查，县人大常委会副主任梁爱平陪同检查。

8月6日，县人大常委会主任郝书文带领部分人大常委会委员和工作人员对正在改建的蛟潭庄至合河口旅游路工程进行视察。

8月7日至12日，人大常委会组织部分委员对城镇建设和卫生管理工作情况进行调研。

8月14日，县人大组织部分主任、委员对县农业局工作进行视察。

8月15日、18日，县人大常委会组织部分委员和工作人员对县卫生工作进行调研。

8月19日，县人大常委会主任郝书文带领县人大常委会部分委员、城区部分县人大代表，对城区治安状况进行视察。

8月20日，县人大常委会主任郝书文带领部分人大常委会委员及代表和工作人员对重点工程建设情况进行视察。

8月20日至21日，县人大常委会副主任史军海等带领部分委员、代表对《工会法》贯彻落实情况进行执法检查。

8月22日，市人大常委会张书庭、市林业局杨树堂等领导对县政府《森林法》贯彻落实的自查自纠情况进行检查，县人大常委会副主任郄贵庭陪同检查。

8月28日，县第十三届人大常委会第二次会议召开。

9月9日，县人大组织部分委员到山开办调研山区开发情况。

9月12日至14日，县人大常委会副主任梁爱平陪同省、市人大对《河北省旅游业管理条例》贯彻落实情况开展执法检查。

9月23日，县人大组织部分委员调研奶牛小区建设情况。

9月25日，县第十三届人大常委会召开主任会议。

10月9日，县人大常委会召开代表评议国土资源局动员大会。

10月30日，县第十三届人大常委会第三次会议召开，通过齐清芳、刘军增委员的辞职请求。

11月4日，省人大常委会教科文卫工委、省卫生厅、省中医药管理局一行20余人，到平山县视察《中华人民共和国中医药条例》贯彻落实情况。

11月21日，县第十三届人大常委会召开主任会议。

12月19日，县第十三届人大常委会第四次会议召开。

12月31日，县第十三届人大常委会召开主任会议。

2004年

1月5日，县第十三届人大常委会第五次会议召开。

2月1日至4日，县十三届人大二次会议在县法院礼堂召开，选举王来泉、刘立涛为平山县第十三届人大常委会委员。

3月2日，县人大常委会主任郝书文带领部分委员和工作人员对县医院进行视察。

3月9日，县人大常委会主任郝书文带领部分委员及工作人员对扶贫办工作进行视察。

3月25日，县第十三届人大常委会召开主任会议。

4月6日，县人大常委会主任郝书文带领部分工作人员视察南西焦段公路改建工程。

4月14日，县人大常委会主任郝书文带领部分委员及工作人员视察矿山安全生产工作。

4月16日，县人大常委会副主任史军海等组织部分人大常委会委员对县计生工作进行视察。

4月20日，县人大常委会副主任史军海等带领部分委员和工作人员对县公安局工作进行视察。

4月28日，县第十三届人大常委会第六次会议召开，通过《平山县人大常委会组织代表进行工作评议试行办法》。

5月11日，县人大常委会主任郝书文带领部分工作人员走访看望部分县人大代表。

5月25日，县人大常委会副主任史军海等带领部分委员及人大代表视察正在开工建设的旅游项目。

5月28日，县第十三届人大常委会召开主任会议。

6月18日，县人大常委会组织乡镇人大主席团常务主席及部分人大代表在法院礼堂召开评议县法院工作动员大会。

6月25日，县第十三届人大常委会第七次会议召开。

6月30日，县人大常委会主任郝书文带领部分工作人员到教育局听取2004年高考情况汇报。

7月14日，县人大常委会主任郝书文带领部分工作人员视察奶牛养殖小区建设情况。

7月22日，县第十三届人大常委会召开主任会议。

8月18日，县人大常委会主任郝书文带领部分工作人员视察供电局城网改造工程。

8月24日，县第十三届人大常委会第八次会议召开。

9月29日，县第十三届人大常委会召开主任会议。

10月20日，县人大常委会主任郝书文带领部分委员、代表对平山县的交通工作进行视察。

10月26日，县第十三届人大常委会第九次会议召开。

11月9日，县委召开人大、政协工作会议。县委书记赵新朝就如何进一步加强人大政协工作做重要讲话。

11月25日，县第十三届人大常委会召开主任会议。

11月30日，县人大常委会主任郝书文带领部分委员和代表视察城区重点工程建设情况。

12月22日，平山县第十三届人大常委会第十次会议召开。

12月29日，县人大常委会副主任郄贵庭带领部分委员和人大代表视察县城农村水网改造工程。

2005年

1月5日，县第十三届人大常委会第十一次会议召开。

1月16日至18日，县十三届人大三次会议在县法院礼堂举行。

3月25日，县第十三届人大常委会召开主任会议。

4月8日，县人大常委会副主任史军海带领部分人大常委和人大代表视察县卫生工作。

4月25日，县第十三届人大常委会第十二次会议召开。

5月11日，县人大常委会主任郝书文带领部分委员、代表视察有线电视光纤“村村通”工程。

5月18日，县人大常委会主任郝书文带领部分委员、代表视察移民工作。

5 月 25 日，县第十三届人大常委会召开主任会议。

5 月 31 日，全国人大常委会委员许健民、省人大常委会副主任何少存率领全国人大及省人大水污染防治执法检查团到县对水污染防治工作进行检查指导。

6 月 10 日，县人大常委会主任郝书文带领部分委员、代表视察县重点工业项目建设及规模以上企业扩建、改建情况。

6 月 29 日，县第十三届人大常委会第十三次会议召开，审议通过《关于市、县人大代表述职评议工作试行办法》。

7 月 26 日，县第十三届人大常委会召开主任会议。

8 月 23 日，县第十三届人大常委会第十四次会议召开。

9 月 7 日，县人大常委会副主任郄贵庭带领部分委员和代表视察交通工作。

9 月 23 日，县第十三届人大常委会召开主任会议。

9 月 27 日，县人大常委会副主任张志兵等组织县工商局等有关部门对《食品卫生法》贯彻执行情况进行检查。

9 月 28 日，县人大常委会主任郝书文带领部分委员、代表视察城市建设工作。

11 月 30 日，县第十三届人大常委会召开主任会议。

12 月 26 日，县第十三届人大常委会第十五次会议召开。

12 月 27 日，县第十三届人大常委会第十六次会议召开，通过《关于加强和改进县人大代表议案工作的建设》《关于加强和改进县人大代表建议、批评和意见工作的意见》《关于加强和规范县人大代表在闭会期间活动的意见》。

2006 年

1 月 10 日，省人大常委会副主任王加林一行 5 人到平山县调研第三批保持共产党员先进性教育活动开展情况。

1 月 13 日，县人大常委会副主任史军海带领部分委员和卫生局等部门负责人，对城内部分食品经营摊点进行视察。

3 月 3 日，县第十三届人大常委会第十七次会议召开。

3 月 7 日至 9 日，县第十三届人大四次会议在县法院礼堂召开。

3 月 31 日，县第十三届人大常委会召开主任会议。

4 月 28 日，县第十三届人大常委会第十八次会议召开。

5 月 25 日，县第十三届人大常委会召开主任会议。

6 月 23 日，县第十三届人大常委会第十九次会议召开，审议通过《平山县新型农村合作医疗监管管理办法》。

7 月 22 日，县第十三届人大常委会召开主任会议。

7 月 28 日，县人大常委会主任郝书文带领部分委员和人大代表视察全县林业工作。

8 月 11 日，县第十三届人大常委会第二十次会议召开。

8月14日，县人大常委会主任郝书文带领部分委员和代表视察移民工作。

9月15日，县人大常委会主任郝书文带领部分委员、代表视察县城建设管理工作。

9月25日，县第十三届人大常委会召开主任会议。

10月25日，县第十三届人大常委会第二十一次会议召开。

10月31日，县人大常委会主任郝书文带领部分委员、代表视察全县工业项目建设情况。

11月1日，县人大常委会主任郝书文带领部分委员、代表视察全县电力工作。

11月3日，县人大常委会副主任梁爱平带领部分代表视察档案管理工作。

11月28日，县第十三届人大常委会召开主任会议。

12月29日，县第十三届人大常委会第二十二次会议召开。

2007年

3月12日，县第十三届人大常委会第二十三次会议召开。

4月10日，县第十三届人大常委会第二十四次会议召开。

4月11日至14日，县第十四届人民代表大会第一次会议在县法院礼堂举行，选举产生县十四届人大常委会组成人员25名。

5月31日，县第十四届人大常委会第一次会议召开。通过《县十四届人大常委会组成人员守则》《县十四届人大常委会会议议事规则》和《关于调整预算审查委员会组成人员的决定》。

6月12日，县第十四届人大常委会召开主任会议。

6月13日，县人大带领部分委员和人大代表视察煤炭市场建设情况。

6月27日，县第十四届人大常委会第二次会议召开，通过关于设立平山县第十四届人民代表大会常务委员会代表资格审查委员会的决议。

7月18日，县人大组织部分委员和人大代表视察全县土地开发整理工作。

7月27日，县第十四届人大常委会召开主任会议。

8月16日，县第十四届人大常委会第三次会议召开。

8月24日，县人大常委会带领部分委员和人大代表视察雨季造林工作。

9月20日，县人大带领部分委员和人大代表视察矿山地质灾害治理工作。

9月25日，县人大组织部分委员和人大代表视察“双节”市场管理情况。

9月27日，县第十四届人大常委会第四次会议召开。

10月31日，县第十四届人大常委会第五次会议召开。

11月25日，县人大带领部分委员和人大代表视察工业项目建设情况。

11月29日，县第十四届人大常委会召开主任会议。

12月6日，县人大组织部分委员和人大代表视察电力工作。

12月13日，县人大办公室和预算审查委员会部分成员调研县财政预算调整工作。

12月26日，县第十四届人大常委会第六次会议召开，审查批准县政府关于提请批准《平山县城总体规划》和《平山生态县建设规划》议案。

2008年

1月19日至21日，县第十四届人民代表大会第二次会议在县法院礼堂举行，选举平山县出席石家庄第十二届人民代表大会代表19名（其中市直到平山县参选3名）。

2月19日，县人大举办人大代表培训会。

3月20日，县人大带领部分委员和代表视察县城供水工作。

3月26日，县第十四届人大常委会召开主任会议。

3月31日，县人大常委会组织人大代表到孟家庄镇和上观音堂乡视察森林防火工作。

4月29日，县第十四届人大常委会第七次会议召开。

5月22日，县人大视察东回舍镇孟耳庄村饮水安全工程、岗南镇怀常峪村大口井工程、温塘镇温塘河段防洪工程和北马冢村微灌工程。

5月27日，县第十四届人大常委会召开主任会议。

6月30日，县人大带领部分委员和代表视察城乡低保工作。

7月2日，县第十四届人大常委会第八次会议召开。

7月8日，县人大带领部分委员和代表视察奥运安全保卫工作。

7月16日，县人大组织部分人大常委会成员视察西柏坡一级公路建设情况。

7月22日，县人大预算审查委员会和有关科室到县财政局调研财政税收工作。

7月24日，县人大组织部分委员和代表视察温塘小城镇建设。

7月31日，县第十四届人大常委会召开主任会议。

8月13日至14日，市人大常委会主任王增明，副主任许昆峥、李屏东、郭领域、张石峰，秘书长王志勇带领市人大视察团到平山视察县域经济与旅游产业发展。

8月20日，省人大专题调研组到平山游客服务中心和天桂山银河洞景区调研旅游产业发展情况。

8月26日，县第十四届人大常委会第九次会议召开。

9月3日，县人大组织部分委员和代表视察县城建设及城市管理工作。

9月27日，县第十四届人大常委会召开主任会议。

10月8日，县人大组织部分委员和机关科室人员视察新科技项目推广工作。

10月15日，县人大常委会组织部分委员和代表视察工业项目开工建设情况。

10月23日，县第十四届人大常委会第十次会议召开。

11月6日，县人大常委会组织部分委员和代表视察县城集中供热工作。

11月20日，县人大常委会带领部分委员和代表，视察县级中学建设管理情况。

11月25日，县人大常委会组织部分委员和代表视察县电力工作。

12月3日，县第十四届人大常委会召开主任会议。

12月9日，县第十四届人大常委会第十一次会议召开，选举王俊钟为平山县出席石家庄市第十二届人民代表大会代表。

12 月 29 日，县第十四届人大常委会第十二次会议召开，通过平山县人大常委会代表资格审查委员会关于对宋立新等人补选县人大代表资格的审查报告。

2009 年

1 月 5 日，县第十四届人大常委会第十三次会议召开。

2 月 13 日，县第十四届人大常委会第十四次会议召开。通过县人大常委会代表资格审查委员会补选县人大代表资格的审查报告。

2 月 14 日至 17 日，县第十四届人民代表大会第三次会议在县法院礼堂举行。

3 月 31 日，县第十四届人大常委会召开主任会议。

4 月 1 日，县人大常委会组织视察西柏坡一级路施工建设情况。

4 月 23 日，县人大组织部分委员和代表视察核桃基地建设情况。

4 月 27 日，县第十四届人大常委会第十五次会议召开。

5 月 22 日，县人大组织部分委员和代表视察新型农村合作医疗工作开展情况。

6 月 19 日，县第十四届人大常委会召开主任会议。

6 月 25 日，县第十四届人大常委会第十六次会议召开。

7 月 9 日，县人大常委会组织部分委员和代表视察县农业特色产业发展和规模养殖小区建设情况。

7 月 29 日，县第十四届人大常委会召开主任会议。

8 月 4 日，县人大常委会组织部分委员和代表深入孟家庄镇对地质灾害治理、项目建设和核桃基地建设管理等工作进行视察调研。

8 月 7 日，县第十四届人大常委会第十七次会议召开。

8 月 27 日，县第十四届人大常委会第十八次会议召开。

9 月 17 日，县人大带领部分委员和代表对县基层文化设施建设情况进行视察。

9 月 24 日，县第十四届人大常委会召开主任会议。

10 月 22 日，县人大常委会组织部分委员和代表视察县工业项目开工建设情况。

10 月 29 日，县第十四届人大常委会第十九次会议召开。

11 月 4 日，县人大常委会带领部分委员和代表，视察县集中供热工作。

11 月 18 日，县第十四届人大常委会召开主任会议。

12 月 16 日，县人大常委会带领部分委员到县建设局调研县城建设工作。

12 月 23 日，县人大常委会预算审查委员会组成人员到县财政局进行调研。

12 月 25 日，县第十四届人大常委会第二十次会议召开。

2010 年

2 月 4 日，县人大常委会组织部分委员和代表视察县春节食品市场管理工作。

2 月 25 日，县第十四届人大常委会第二十一次会议召开。

3月3日至5日，县第十四届人民代表大会第四次会议在县法院礼堂举行。

3月16日，县人大常委会组织视察冶河公园东岸建设和文昌苑工程项目施工建设情况。

3月16日，县人大常委会组织部分委员和代表，视察县有线电视建设发展情况。

4月29日，县第十四届人大常委会第二十二次会议召开。

5月18日，县人大常委会组织部分委员和代表，视察县计生服务工作。

6月8日，县第十四届人大常委会召开主任会议。

6月30日，县第十四届人大常委会第二十三次会议召开。

7月21日，县人大常委会组织视察县安全生产工作。

7月29日，县第十四届人大常委会召开主任会议。

8月12日，县人大常委会组织部分委员和代表，视察太行山绿化工程实施情况。

8月24日，县第十四届人大常委会第二十四次会议召开。

9月27日，县人大常委会组织视察县卫生工作。

10月9日，县人大常委会组织视察冶河东岸公园施工建设情况。

10月21日，县第十四届人大常委会召开主任会议。

10月26日，县人大常委会视察县城集中供热工作。

10月29日，县第十四届人大常委会第二十五次会议召开。

11月25日，县第十四届人大常委会召开主任会议。

12月2日，市人大常委会主任王增明，副主任许昆峥、王中联、傅世武、李屏东，秘书长王志勇及部分市人大代表到西柏坡华润希望小镇、西柏坡高速公路施工现场视察“大西柏坡”建设情况。

12月2日，县人大常委会组织视察县商务综合执法试点工作。

12月22日，县人大常委会预算审查委员会到县财政局进行调研。

12月30日，县第十四届人大常委会第二十六次会议召开。

2011年

2月11日，县第十四届人大常委会第二十七次会议召开，听取和审议县人大常委会代表资格审查委员会关于对崔习平补选县人大代表资格的审查报告。

2月13日至16日，县第十四届人民代表大会第五次会议在县法院礼堂举行。通过关于平山县国民经济和社会发展第十一个五年规划纲要及规划纲要报告的决议等。会议选举崔习平为县人大常委会副主任。

3月23日，县人大常委会视察县城乡低保工作。

4月1日，县第十四届人大常委会召开主任会议。

4月20日，县人大常委会组织视察全县项目建设工作。

4月29日，县第十四届人大常委会第二十八次会议召开。

5月26日，县人大常委会组织视察县红色人口文化传播基地建设工作。

6 月 1 日，县第十四届人大常委会召开主任会议。

6 月 15 日，县第十四届人大常委会第二十九次会议召开。

6 月 24 日，县第十四届人大常委会第三十次会议召开。

7 月 14 日，县人大建设研究会成立。郝书文任会长。

7 月 27 日，县第十四届人大常委会召开主任会议。

8 月 12 日，县第十四届人大常委会第三十一次会议召开。

8 月 29 日，县第十四届人大常委会第三十二次会议召开。

9 月 7 日，县第十四届人大常委会第三十三次会议召开。

10 月 10 日，县第十四届人大常委会召开主任会议。

11 月 2 日，市人大常委会党组书记杨志辉到平山调研，并与县领导和县人大科级以上干部进行座谈。

11 月 10 日，县第十四届人大常委会第三十四次会议召开。

11 月 17 日至 18 日，市人大常委会副主任傅世武带领部分市人大常委会委员、市人大民侨外委委员和市人大代表就大西柏坡红色旅游发展情况进行调研。

12 月 16 日，县第十四届人大常委会第三十五次会议召开。

12 月 20 日，县乡人大换届选举工作开始投票。全县 36 万名选民在 107 个县人大代表选区、721 个乡人大代表选区的 736 个投票站参加投票。

2012 年

2 月 3 日，县第十四届人大常委会第三十六次会议召开。

2 月 9 日至 12 日，县第十五届人民代表大会第一次会议在县法院礼堂举行，选举张大平为平山县第十五届人大常委会主任，选举产生县十五届人大常委会组成人员 27 名。

3 月 14 日，县第十五届人大常委会第一次会议召开，通过《关于设立平山县第十五届人民代表大会常务委员会代表资格审查委员会的决议（草案）》《关于调整预算审查委员会组成人员的决定》。

3 月 15 日，县人大常委会组织代表委员到法、检两院调研工作。

3 月 29 日，县人大常委会组织视察城市管理工作。

4 月 27 日，县第十五届人大常委会第二次会议召开。

5 月 18 日，县第十五届人大常委会召开主任会议。

6 月 7 日，部分著名革命老区和在建党建军史上具有重大影响的地方人大常委会主任到西柏坡参观考察。

6 月 26 日，县第十五届人大常委会召开第三次会议。

7 月 27 日，县第十五届人大常委会召开主任会议。

9 月 11 日，县第十五届人大常委会召开第四次会议。

9 月 18 日，县人大常委会组织视察县人口和计划生育工作。

10月11日，县第十五届人大常委会召开主任会议。

10月26日，县第十五届人大常委会第五次会议召开。

11月13日，县第十五届人大常委会召开主任会议。

12月24日，县第十五届人大常委会第六次会议召开。

12月24日，县人大预算审查委员会人员到县财政局调研。

12月29日，县第十五届人大常委会第七次会议召开。

2013年

3月21日，县第十五届人大常委会举行第八次会议。

3月24日至26日，县第十五届人民代表大会第二次会议在县法院礼堂举行。

3月29日，县人大、政协视察全县森林防火工作。

4月24日，县人大视察人口计生宣传工作。

4月28日，县第十五届人大常委会第九次会议召开。

5月23日，县第十五届人大常委会召开主任会议。

6月18日，县第十五届人大常委会举行第十次会议，通过县人大常委会关于对政府组成部门副科级、股级干部进行工作评议的决定、县人大常委会致全县人大代表的公开信、县人大常委会关于加强检察建议工作的决议。

6月20日至21日，县第十五届人民代表大会举行第三次会议。

7月5日，县人大常委会视察商务市场建设工作。

7月16日，县人大、政协视察水利工程建设及防汛准备工作。

7月24日，县第十五届人大常委会召开主任会议。

7月30日，县第十五届人大常委会召开第十一次会议。

8月29日，县第十五届人大常委会召开第十二次会议。

8月30日，市人大常委会副主任楚行宇带领调研组到平山督导县城建设。

9月29日，县第十五届人大常委会召开主任会议。

10月25日，县第十五届人大常委会第十三次会议召开。

10月29日，县人大、县政府组织带领驼梁景区管委会成员单位，对驼梁核心景区的环境综合整治工作逐工地、逐项目进行现场点评、检查督导，并听取成员单位工作汇报。

11月6日，县第十五届人大常委会召开主任会议。

12月2日，县第十五届人大常委会召开第十四次会议。

12月16日，县人大就2013年财政预算执行及2014年财政预算总体安排情况进行调研。

12月19日，县人大、政协组织视察县医院搬迁后运行情况。

12月20日，县第十五届人大常委会召开第十五次会议。

2014 年

1 月 15 日，县第十五届人大常委会召开第十六次会议。

1 月 21 日至 23 日，县第十五届人民代表大会第四次会议在老干部活动中心举行。

3 月 13 日，县人大常委会就全县人力资源社会保障工作和教育局中小学校规划问题进行调研。

3 月 27 日，县人大财经预算审查委员会到县财政局召开第一季度财税工作联席会，就今年一季度财税收入及预算执行情况进行调研。

4 月 3 日，县人大、政协联合视察春季森林防火工作。

4 月 26 日，县第十五届人大常委会召开第十七次会议。

5 月 28 日，县第十五届人大常委会召开主任会议。

7 月 1 日，县第十五届人大常委会召开第十八次会议。

7 月 24 日，县第十五届人大常委会召开第十九次会议。

7 月 29 日，县第十五届人大常委会召开主任会议。

8 月下旬，县人大常委会组织调研组，就乡镇人大的地位、作用、工作规范、存在问题及如何加强基层人大建设等问题进行全面调研。

8 月 28 日，县第十五届人大常委会召开第二十次会议。

9 月 7 日，县人大常委会机关部分人员参观著名画家陈承齐的大型摄影作品展和油画展。

9 月 25 日，县第十五届人大常委会召开主任会议。

11 月 24 日，县第十五届人大常委会召开第二十一次会议，听取县政府《关于提请批准平山县城乡总体规划议案的说明》，审查批准《平山县城乡总体规划（2013—2030）》。

12 月 23 日，县第十五届人大常委会召开第二十二次会议。

12 月 26 日，县第十五届人大常委会召开第二十三次会议。

2015 年

2 月 12 日，县第十五届人大常委会召开第二十四次会议。

3 月 1 日至 3 日，县第十五届人民代表大会第五次会议在老干部活动中心举行，会议选举周振海为平山县第十五届人大常委会副主任。

3 月 19 日，县人大组织视察气象服务工作。

4 月 20 日，县人大常委会组织视察王母文化园建设。

4 月 24 日，县第十五届人大常委会第二十五次会议召开。

5 月 11 日，县第十五届人大常委会召开主任会议。

5 月 20 日，县人大视察全县电梯质量安全工作。

5 月 25 日，县第十五届人大常委会召开主任会议。

5 月 28 日，县人大常委会组织财经委员会、预算审查委员会部分委员及相关单位在县人行召开全县金融工作座谈会。

6月16日，县第十五届人大常委会召开主任会议，通报省纪委查处的9起典型案件。

6月24日，县第十五届人大常委会召开第二十六次会议。

7月13日，县人大常委会在县人大会议室召开全县上半年财税工作座谈会。

7月13日，县第十五届人大常委会召开主任会议。

8月26日，县第十五届人大常委会召开第二十七次会议。

9月28日，县人大常委会组织部分委员代表视察西柏坡片区美丽乡村建设情况。

9月28日，县第十五届人大常委会召开主任会议。

9月30日，县第十五届人大常委会召开第二十八次会议。

10月26日，县第十五届人大常委会召开第二十九次会议。

11月27日，县第十五届人大常委会召开主任会议。会后，副主任周振海带领县人大农经委及相关工委负责人到两河乡视察特色产业发展情况。

12月24日，县第十五届人大常委会召开第三十次会议，补选李海明、左红江、李渊三人为石家庄市第十三届人民代表大会代表。

2016年

1月26日，县第十五届人大常委会召开第三十一次会议，通过县人大常委会关于接受王来泉、赵素江、陈素娟三人辞去县十五届人大代表职务的决定。

1月27日至30日，县第十五届人民代表大会第六次会议在老干部活动中心举行，通过张大平辞去县第十五届人大常委会主任职务的请求，选举李海明为县第十五届人民代表大会常务委员会主任，选举边金文、肖虎子为县第十五届人大常委会委员。

3月17日，县人大组织视察平山县城区学校布局建设情况。

3月18日，县第十五届人大常委会召开第三十二次会议。

4月18日，县第十五届人大常委会召开主任会议。

4月27日，县第十五届人大常委会召开第三十三次会议。

6月13日，县第十五届人大常委会召开主任会议。

6月22日，县人大常委会组织调研县财税工作并召开座谈会。

7月7日，县第十五届人大常委会召开第三十四次会议。

7月22日，县人大常委会主任李海明到东回舍镇督导灾后重建工作，并慰问受灾群众。

9月29日上午，在华北人民政府旧址举行宪法宣誓广场启用仪式，县四大班子主要领导参加。

10月11日至12日，市人大常委会副主任朱增海、市人大农业农村委主任何金录带领部分市人大代表到平山县视察脱贫攻坚工作推进情况。

10月25日，县第十五届人大常委会召开第三十五次会议，通过县人大常委会关于接受齐明贵辞去县第十五届人大常委会副主任职务请求的决定。

11 月 10 日，县第十五届人大常委会召开第三十六次会议。

11 月 15 日，县乡两级人大换届选举委员会工作会议召开。

12 月 3 日，县第十五届人大常委会召开主任会议，听取宪法基本知识讲座。

12 月 26 日，县第十五届人大常委会召开第三十七次会议。

2017 年

1 月 10 日，县人大组织开展专题培训，就县级财政预算管理业务操作规程、提升各级人大代表履职意识和履职水平、开好乡镇人代会进行培训。本次培训邀请市人大以及县财政部门相关负责人进行授课。

1 月 24 日，县第十五届人大常委会召开第三十八次、三十九次会议。

2 月 7 日，县第十五届人大常委会召开第四十次会议。

2 月 20 日，县第十五届人大常委会召开第四十一次会议，审议通过县第十五届人大常委会代表资格审查委员会关于平山县第十六届人民代表大会代表资格的审查报告和县第十六届人民代表大会第一次会议召开的相关事项。

2 月 24 日至 27 日，县第十六届人民代表大会第一次会议在老干部活动中心举行，表决通过县人大常委会各专门委员会人员名单，选举产生县第十六届人大常委会组成人员 35 名，选举焦习军为县人大常委会主任。

3 月 23 日，县第十六届人大常委会举行第一次会议，通过平山县人大常委会议事规则、平山县人大常委会主任会议议事规则、平山县人大常委会关于调整代表资格审查委员会组成人员的决议、平山县人大常委会 2017 年工作要点。

4 月 20 日，县第十六届人大常委会举行第二次会议。

4 月 25 日，县人大、政协参加春季造林绿化及森林防火工作视察。

5 月 4 日，省人大常委会党组书记、常务副主任范照兵一行就加强和改进新形势下人大工作，改善营商环境情况到平山县开展调研。

5 月 19 日，县人大、县政府、县政协联合召开人大建议、政协提案承办工作会议。

6 月 13 日，县第十六届人大常委会召开主任会议。通过《县人大常委会党组关于向县委报告重大事项工作制度》草案。

6 月 29 日，县第十六届人大常委会举行第三次会议。

7 月 3 日，市人大常委会主任司存喜到平山县就脱贫攻坚工作和人大代表之家创建工作进行调研。

7 月 13 日，县第十六届人大常委会举行第四次会议，通过《平山县人大常委会关于许可对县第十六届人大代表杨明华依法采取强制措施的决定》。

7 月 26 日，县人大常委会视察县防汛工作。

7 月 28 日，县人大常委会调研全县人大代表之家和代表联络站建设进展情况。

7 月 31 日，县第十六届人大常委会召开主任会议。

8月29日，县第十六届人大常委会第五次会议召开。

10月13日，县第十六届人大常委会召开主任会议。

10月17日，省市人大调研组到平山县就贯彻全省推进县乡人大工作和建设经验交流会精神有关情况进行专题调研。

10月23日，县第十六届人大常委会第六次会议召开，通过平山县人民代表大会代表工作办法（草案）、平山县人大常委会人事任免和监督办法（草案）。

10月26日，县人大常委会对西柏坡经济开发区项目建设工作进行视察。

12月29日，县第十六届人大常委会举行第七次会议。

2018年

1月26日，县第十六届人大常委会召开第八次会议。

2月1日至3日，县第十六届人民代表大会第二次会议在老干部活动中心举行。选举王晓辉为平山县监察委员会主任。

2月3日，县第十六届人大常委会召开第九次会议。

3月19日，县第十六届人大常委会召开主任会议。

5月10日，县人大常委会组织人大离退休老干部对重点项目建设和旅发大会筹备进展情况进行视察，并召开座谈会。

5月22日，桥西人大代表联络站在桥西办事处正式揭牌成立。

5月23日，县第十六届人大常委会召开第十次会议，审议并通过《关于对任命人员进行履职评议的暂行办法》。

5月29日，西柏坡镇梁家沟村人大代表联络站正式揭牌，县人大常委会副主任齐明国出席仪式为联络站揭牌，并带领部分县乡人大代表视察西柏坡镇家站建设情况及旅发大会项目建设情况。

6月21日，县第十六届人大常委会召开主任会议。

7月16日，县第十六届人大常委会召开第十一次会议。

7月27日，县第十六届人大常委会召开主任会议。

本月，县人大常委会到平山镇西水碾、西义羊、孟堡村，大吾乡南荣村、东大吾，回舍镇北西庄，西柏坡镇讲里、东柏坡等乡镇村，就全面推进乡村振兴工作进行调研。

8月31日，县第十六届人大常委会召开第十二次会议，通过《关于加强检察机关提起公益诉讼工作的决定》。

9月，省人大常委会常务副主任、省人大党组书记范照兵到平山调研、考察乡镇人大工作。

10月19日，周振海副主任带队到杨家桥乡就美丽乡村建设情况开展专题调研。

10月23日，县第十六届人大常委会召开主任会议。

10月30日，县第十六届人大常委会召开第十三次会议，通过关于批准齐坤梅等7人辞去县人大代表职务的请求的决定。

11月23日，市人大常委会主任司存喜带领市人大全体班子成员和21个县市区人大常委会主任，到平山召开现场会并实地考察代表家站建设工作。

12月19日，县第十六届人大常委会召开第十四次会议，通过赵胜利辞去县人大代表职务的请求，通过《中共平山县人大常委会党组关于进一步加强乡镇人大工作的意见》。

2019年

1月6日，县第十六届人大常委会召开第十五次会议。通过《关于决定年度利民惠民实事办理项目的试行办法》；通过关于接受王一平等3人辞去县人大代表职务请求的决定；通过关于接受赵会文辞去县人大常委会委员职务请求的决定。

1月10日至12日，县第十六届人民代表大会第三次会议在老干部活动中心举行，选举魏尊一、李新海为平山县第十六届人大常委会副主任，确定了县政府2019年度11件民生实事项目。

1月12日，县第十六届人大常委会召开第十六次会议。

1月18日，县第十六届人大常委会召开主任会议。

2月27日，县人大常委会组织部分委员、代表对县传统文化振兴及县剧团发展情况进行专题视察。

3月14日，县人大常委会组织视察全县春节森林防火工作。

3月20日，县第十六届人大常委会召开主任会议，通过县人大常委会2019年工作要点及安排和《平山县第十六届人大常委会组成人员守则》《平山县人大常委会关于平山县河北梆子剧团发展情况的调研报告》。

4月，县第十六届人大常委会召开主任会议，研究讨论《平山县人大常委会关于“河北发展人大尽责”主题实践活动的工作方案》，通过《平山县人大常委会关于2019年乡镇人大工作的指导意见》。

4月29日，县第十六届人大常委会召开第十七次会议，审议并通过《平山县第十六届人大常委会组成人员守则》。

5月21日，县人大常委会组织有关人员到石家庄市桥西区考察学习预算联网平台建设工作。

5月23日，县人大常委会主任焦习军组织部分委员、代表对县脱贫成效巩固情况和年初人代会票决的11件民生实事项目中的农村安全饮水工程、县城便民市场建设工程进行集中视察。

6月27日，县第十六届人大常委会召开主任会议，研究《平山县人大常委会专题询问暂行办法》，决定启动县城居民子女“入学难”专题询问。

6月27日，县第十六届人大常委会召开第十八次会议。

7月10日，县人大常委会组织部分委员代表视察全县防汛抗旱工作。

7月16日，县第十六届人大常委会召开第十九次会议，通过平山县人大常委会专题询问暂行办法和关于接受左小英辞职请求的决定。

8月8日，县人大常委会组织部分委员代表视察全县特色农业发展工作。

8月16日，县第十六届人大常委会召开主任会议。

8月28日，县第十六届人大常委会召开第二十次会议。

10月18日，县第十六届人大常委会召开主任会议，传达省市人大规范性文件备案审查视频会议有关精神。

10月30日，县第十六届人大常委会召开第二十一次会议。

12月6日，县第十六届人大常委会召开主任会议暨“不忘初心、牢记使命”主题教育专题民主生活会。

12月13日，县第十六届人大常委会召开第二十二次会议。

12月24日，县第十六届人大常委会召开主任会议。

12月25日，县第十六届人大常委会召开第二十三次会议，通过县人大常委会关于接受韩会军等辞去县第十六届人民代表大会代表职务的请求的决定，县十六届人大常委会代表资格审查委员会关于对靳军等9人补选县人大代表资格的审查报告。

2020年

1月18日至20日，县第十六届人民代表大会第四次会议在老干部活动中心举行，票决产生县政府2020年度11件民生实事项目，并作出相关决议。

3月6日，县第十六届人大常委会召开主任会议。

4月10日，县第十六届人大常委会召开主任会议，研究关于开展“6+1”联动监督工作的实施意见，安排部署人大代表家站建设工作。

4月24日，召开全县“6+1”联动监督动员部署及培训视频会议。

5月6日，县第十六届人大常委会召开主任会议。

5月9日，县第十六届人大常委会召开第二十四次会议。

6月5日，县第十六届人大常委会召开主任会议，集中学习省人大常委会党组书记、常务副主任范照兵在全省“6+1”联动监督工作典型经验交流会上的讲话精神，听取县人大“6+1”联动监督领导小组七个工作专班近期工作进展情况汇报。

6月，县第十六届人大常委会召开主任会议。

7月7日，县第十六届人大常委会召开第二十五次会议。

7月17日，县第十六届人大常委会召开主任会议。

7月21日，县第十六届人大常委会召开第二十六次会议，通过县人大常委会关于贯彻落实《中共中央关于建立国务院向全国人大常委会报告国有资产管理情况制度的意见》的三年规划（2020—2022）、县人大常委会关于持续深化“6+1”领域整改落实工作的决议。

7月30日，县人大常委会副主任周振海带领部分委员代表深入调研交通运输民生实事和人大建议办理工作。

8月20日，县第十六届人大常委会召开第二十七次会议，审议并通过县人大常委会关于接受柴国平辞去代表职务的决定。

9月3日，县第十六届人大常委会召开主任会议，听取县人大常委会办公室关于召开县第十六届人大常委会第二十八次会议的建议。

9月3日，县第十六届人大常委会召开第二十八次会议。

9月15日，县第十六届人大常委会召开主任会议。

9月22日，县第十六届人大常委会召开第二十九次会议。

9月22日至23日，县第十六届人民代表大会第五次会议在老干部活动中心举行，听取2020年全县经济发展形势及民生实事办理情况通报；选举张前锋为平山县人民政府县长，李立新为平山县监察委员会主任。

12月3日，县第十六届人大常委会召开主任会议。

12月16日，县第十六届人大常委会召开主任会议。

12月23日，县第十六届人大常委会召开第三十次会议。

2021年

2月5日，县第十六届人大常委会召开主任会议。

2月5日，县第十六届人大常委会召开第三十一次会议，听取县人大常委会2020年工作总结。

2月8日，河北省委书记、省人大常委会主任王东峰到平山县西柏坡镇北庄村，向该村全体党员传达习近平总书记给大家的重要回信，并主持召开座谈会，与大家一同学习领会贯彻习近平总书记重要回信精神。

2月14日，县第十六届人大常委会召开主任会议。

2月14日，县第十六届人大常委会举召开第三十二次会议，审议并通过关于接受李旭阳辞去石家庄市第十四届人大代表职务的决定，补选马宇骏、张前锋为石家庄市第十四届人大代表。

2月28日，县第十六届人大常委会召开主任会议。

3月5日，县第十六届人大常委会召开第三十三次会议。

3月8日至9日，县第十六届人民代表大会第六次会议在县城和部分乡镇举行，通过焦习军辞去县第十六届人大常委会主任职务的请求，选举武自军为县第十六届人民代表大会常务委员会主任。确定县政府2021年度10件民生实事项目，并作出相关决定。

3月23日，省委书记、省人大常委会主任王东峰在西柏坡作党史学习教育专题宣讲报告，同基层党员干部代表互动交流，并围绕开展党史学习教育、推进乡村全面振兴进行调研。

4月2日，县人大常委会组织人大代表对全县森林防火进行视察。

4月16日，县第十六届人大常委会召开主任会议。

4月30日，县第十六届人大常委会召开第三十四次会议。

5月1日，县人大常委会副主任魏尊一对宅北乡的重点工作进行督导检查，对疫情防控、安全生产、森林防火、信访工作、脱贫攻坚“两不愁三保障”等工作进行督导。

5月1日至4日，县人大常委会副主任齐明国到小觉镇对疫情防控、安全生产、森林防火、信访工作、脱贫攻坚“两不愁三保障”回头看等重点工作进行督导检查。

5月1日，县人大常委会副主任刘国英对两河村人流量较大场所的常态化疫情防控工作落实情况进行督导检查。

5月2日至3日，县人大常委会副主任刘国英督导两河乡森林防火情况。

5月2日、4日，县人大常委会主任武自军前往下槐镇，就疫情防控、安全生产、森林防火、信访工作、脱贫攻坚等重点工作进行督导检查。

5月3日至5日，县人大常委会副主任周振海到杨家桥乡，对该乡五一期间的疫情防控、安全生产、森林防火、信访工作、脱贫攻坚“两不愁三保障”回头看等重点工作进行督导落实。

5月4日至5日，县人大常委会副主任刘国英在合河口乡调研。

5月24日，县第十六届人大常委会召开主任会议。

5月25日，县第十六届人大常委会召开第三十五次会议。

6月4日，县第十六届人大常委会召开主任会议。

6月4日，县第十六届人大常委会召开第三十六次会议。

7月9日，县人大常委会副主任刘国英到分包的城建家属院检查指导文明县城创建工作。

7月9日，县人大常委会副主任周振海到分包点位平山镇督导创建文明县城工作。

7月11日，县人大办到平安家园二期、人大家属院小区督导检查文明城创建工作。

7月15日，县第十六届人大常委会召开第三十七次会议，审议并通过关于召开十七届人大一次会议的相关情况及县人大常委会工作报告（征求意见稿）。

7月23日至25日，县第十七届人民代表大会第一次会议在老干部活动中心举行，选举产生县十七届人大常委会组成人员35名，选举武自军为县人大常委会主任，选举靳军为县政府县长，表决通过县人大常委会各专门委员会组成人员名单。

7月27日，县第十七届人大常委会召开第一次主任会议。

7月30日上午，县人大常委会副主任魏尊一带队调研分包拆违工作。

8月3日上午，县人大常委会副主任孙丽娟、副县长赵文骥到下槐镇上西峪村、马洼村视察矿山卫片整治及南文都山洪灾害防御、水库安全度汛工作。

8月4日，县人大常委会主任武自军到两河乡督导检查违章建筑专项整治工作开展情况。

8月5日，县第十七届人大常委会举行第一次会议，通过平山县人大常委会关于调整代表资格审查委员会组成人员的决议。

8月11日，省委书记、省人大常委会主任王东峰到其基层党支部联系点平山县西柏坡镇北庄村调研检查。

8月30日，县第十七届人大常委会召开第二次主任会议，听取县政府推进四项联动监督和开展6+1”联动监督“回头看”的工作汇报。

9月9日，县第十七届人大常委会召开第三次主任会议，听取人大办公室关于召开县十七届人大常委会第二次会议的准备情况的汇报。

9月18日，县第十七届人大常委会召开第二次会议。

11月4日，县人大常委会主任武自军到北冶乡指导疫情防控工作。

11月17日，县第十七届人大常委会召开第四次主任会议。

12月8日，县第十七届人大常委会召开第五次主任会议，听取人大办关于召开十七届人大常委会第三次会议准备情况、与会单位对常委会所列议题完成情况、县政府2021年民生实事项目完成情况和代表建议办理情况的汇报。

12月17日，县人大常委会主任、党组书记武自军到大吾乡东大吾村就有关问题进行现场督导，并提出具体要求。

12月22日，县第十七届人大常委会召开第三次会议，通过县人大常委会关于召开十七届人大二次会议的决定。

12月22日，县人大常委会党组书记、主任武自军到北冶乡和下槐镇督导检查巩固脱贫成效攻坚迎查准备工作。

2022年

1月7日，县第十七届人大常委会召开第六次主任会议，研究召开县十七届人民代表大会第二次会议相关工作，听取人大办关于召开十七届人大常委会第四次会议准备情况的汇报。

1月18日，县第十七届人大常委会召开第四次会议，通过县第十七届人民代表大会第二次会议的相关事项。

1月26日至28日，县第十七届人民代表大会第二次会议在野生原度假村举行，听取和审议县政府、计划、财政预算、人大常委会、法院、检察院的6个工作报告，并通过相应的决议；票决产生10个民生实事项目。

2月9日，县人大常委会党组书记、主任武自军到北冶乡杜家庄村调研乡村振兴工作。

2月25日，县第十七届人大常委会召开第七次主任会议，研究组织县乡人大代表培训相关事宜。

3月25日，县人大常委会组织部分委员代表视察海天线平山段改造提升工程。

3月29日，县人大常委会副主任李新海带领部分委员代表视察春季森林防火工作。

3月30日，县第十七届人大常委会召开第八次主任会议，听取县政府关于社会养老保障工作汇报、新兴产业振兴工作汇报、选任代工委关于县十七届人大二次会议代表意见建议汇总情况，政府办关于代表建议交办情况的汇报，研究开展人大系统五项联动监督有关事项。

4月7日，县第十七届人大常委会召开第九次主任会议，关于召开十七届人大常委会第五次会议的说明。

4月7日，县第十七届人大常委会召开第五次会议。

4月12日，县人大常委会组织部分委员和人大代表，对垃圾焚烧发电项目进行视察。

4月14日至15日，县人大常委会副主任魏尊一、李新海组织部分人大代表对2022年人代会票决的10件民生实事项目开工建设情况进行集中视察。

4月21日，县人大常委会组织农村人居环境整治提升领域代表小组，深入乡村一线开展视察调研。

4月22日，县第十七届人大常委会召开第十次主任会议，研究召开县十七届人大常委会第六次会议相关事宜。

4月27日，县人大常委会组织五项联动监督代表小组视察地下水超采综合治理工作。

4月28日，平山县人大常委会组织重点项目建设联动监督代表小组，对省市重点项目建设情况进行视察。

4月29日，县第十七届人大常委会召开第十一次主任会议，听取五项联动监督工作进展情况汇报，研究关于开展"6+1"联动监督"回头看"工作。

4月29日，县第十七届人大常委会召开第六次会议。

5月6日，县第十七届人大常委会召开第十二次主任会议。

5月7日，县第十七届人大常委会召开第七次会议。

5月11日，县人大常委会周振海、孙丽娟副主任组织县人大优化营商环境领域代表小组对县政府优化营商环境工作情况进行视察。

5月20日，县第十七届人大常委会召开第十三次主任会议，关于五项联动监督代表视察报告和发现问题清单梳理情况、人大办关于召开十七届人大常委会第八次会议准备情况的汇报。

5月26日，县第十七届人大常委会召开第八次会议，听取和审议县人大五项联动监督5个领域代表小组视察报告、县政府县城建设提质升级报告、县监察委专项工作报告，并进行满意度测评；通过平山县人大常委会关于持续深化5个领域整改落实工作的决议。

5月31日，县人大常委会组织"6+1"联动监督代表小组对矿山治理"回头看"工作进行监督视察。

5月31日，市人大常委会副主任李志勇带领市人大常委会调研组一行到平山就乡村旅游发展情况进行调研。

6月22日，县第十七届人大常委会召开第十四次主任会议，听取县政府"6+1"联动监督"回头看"工作汇报及人大办关于召开第十七届人大常委会第九次会议准备情况的汇报。

6月27日，县人大常委会副主任周振海带领县人大财经委委员，对政府债券管理使用情况进行视察。

6月29日，县第十七届人大常委会召开第九次会议，通过县政府2022年新增地方政府债务限额分配及预算调整方案的决定，并对县政府关于"6+1"联动监督"回头看"整改落实情况的报告、县检察院公益诉讼工作报告进行满意度测评。

7月29日，县人大常委会组织部分委员和代表视察全县防汛工作。

8月10日，县人大常委会组织部分常委会委员和县人大代表对房地产解遗工作开展联动监督检查。

8月17日，县第十七届人大常委会召开第十五次主任会议，听取人大办关于召开十七届人大常委会第十次会议准备情况的汇报。

8月17日，县第十七届人大常委会召开第十次会议，听取和审议县政府、县法院的有关专项工作报告，通过关于罢免何某某的石家庄市第十五届人民代表大会代表职务的决议。

9月25日，县人大常委会主任武自军到建材街沿途药店、小区、社区等公共场所，检查指导疫情防控工作。

9月26日，县人大常委会副主任魏尊一到分包的文化街沿途药店、门市等公共场所调研指导疫情防控工作。

9月29日，县人大常委会副主任孙丽娟到分包的县标东街和下槐镇调研疫情防控、安全生产、乡村振兴等重点工作。

10月12日，县人大常委会副主任周振海带领县人大财经委委员和部分人大代表，对政府重点债券项目进行调研。

10月20日，县第十七届人大常委会召开第十六次主任会议，听取人大办关于召开十七届人大常委会第十一次会议准备情况的汇报和县人大常委会提请任免人员。

10月26日，县第十七届人大常委会召开第十一次会议，审议并测评县政府的7个工作报告。

10月27日，市人大常委会主任李雪荣、副主任李志勇带领市人大常委会视察组一行到平山就太行山区域旅游发展情况进行视察。

11月25日，县人大常委会主任武自军、副县长齐向前督导检查县城封控区疫情防控工作。

11月30日，县人大常委会主任武自军到北冶乡督导检查疫情防控工作。

12月30日，县第十七届人大常委会召开第十七次主任会议。

12月30日，县第十七届人大常委会举行第十二次会议。

2023年

1月11日，县第十七届人大常委会召开第十八次主任会议，研究召开县第十七届人大常委会第十三次会议相关事项与召开县十七届人大三次会议相关事项。

1月12日，县第十七届人大常委会召开第十三次会议，听取和审议《关于平山县第十七届人民代表大会第三次会议代表资格的审查报告》，审议县政府2022年度民生实事项目办理工作汇报，并对其进行满意度测评。

1月12日至14日，县第十七届人民代表大会第三次会议在野生原度假村举行，听取和审议县政府、财政预算、计划、人大、法院、检察院6个工作报告并通过相应的决议，决定产生10个民生实事票决项目，选举乔新伟、贾彦兵为平山县第十七届人大常委会委员。

1月28日，县第十七届人大常委会召开第十九次主任会议，研究召开县第十七届人大常委会第十四次会议相关事项。

1月28日，县第十七届人大常委会召开第十四次会议，通过关于补选苏风雷等2人为石家庄市第十五届人民代表大会代表的议案。

3月14日，县第十七届人大常委会召开第二十次主任会议，听取2023年城镇老旧小区改造项目开展情况的汇报。

3月15日，县域经济发展监督领导小组全体成员对县域经济发展工作推进情况进行督导检查。

4月11日，县人大常委会主任武自军带领省市县乡四级人大代表及部分人大机关干部视察农村“厕所革命”现场会筹备情况。

4月17日下午，县人大常委会党组副书记、副主任周振海率部分县人大财经委委员、县人大代表，对消费上台阶、促消费落实情况进行视察。

4月25日，县第十七届人大常委会召开第二十一次主任会议。

4月25日，县第十七届人大常委会召开第十五次会议，通过《关于平山县国土空间总体规划编制方案的决议》。

4月27日上午，县人大常委会副主任李新海率部分委员和人大代表视察退役军人服务保障工作。

5月9日，县人大常委会副主任周振海、魏尊一带领财经委委员和部分县人大代表对全县旅游行业优化营商环境情况进行调研。

6月1日，县人大常委会主任武自军到北冶乡检查防汛工作，到山洪灾害重点村官道峪村与杜家庄村开展实地调研。

6月15日上午，县人大常委会主任武自军、县政协主席杨允石带领县域经济发展监督指导小组全体成员，对县域经济发展三个领域的重点项目进展情况进行视察。

6月21日上午，县人大常委会组织科技成果转化、促进种业振兴联动监督代表活动小组和工作专班成员，对全县科技成果转化和促进种业振兴工作开展情况进行联动监督视察。

6月26日上午，县人大常委会副主任周振海、孙丽娟带领优化营商环境和旅游发展两个监督专班和部分人大代表视察优化营商环境和旅游发展工作情况。

7月13日，县第十七届人大常委会召开第二十二次主任会议。

7月14日，县第十七届人大常委会召开第十六次会议，通过县人大常委会关于四项联动监督视察情况的报告。

7月31日，县人大常委会主任武自军深入北冶乡暴雨受灾最严重的土岭村、南冶村实地查看受灾情况。

9 月 25 日，县第十七届人大常委会召开第二十三次主任会议。

9 月 25 日，县第十七届人大常委会召开第十七次会议。

9 月 27 日，县人大常委会主任武自军到北冶乡调研指导中秋、国庆期间安全生产工作。

10 月 17 日，县人大常委会主任、县域经济发展监督指导领导小组组长武自军带领领导小组全体成员和部分县人大代表、政协委员，对全县重点项目建设情况进行督导视察。

10月31日，县人大常委会主任武自军视察平山一号公路温塘至井子峪路段工程进展情况。

11 月 14 日，县人大常委会主任武自军带领人大常委会班子成员和部分县人大代表对县供热和民生实事进展情况进行视察。

11 月 23 日，县第十七届人大常委会召开第二十四次主任会议。

11 月 23 日，县第十七届人大常委会召开第十八次会议，通过《关于促进县域经济高质量发展的决定》，并对县政府的专项工作报告进行满意度测评。

11 月 28 日，石家庄市人大常委会基层立法联系点在城区人大代表之家挂牌成立，县人大常委会副主任孙丽娟参加挂牌活动。

11 月 29 日，县第十七届人大常委会召开第二十五次主任会议。

11 月 29 日，县第十七届人大常委会召开第十九次会议。

11 月 29 日，县人大常委会副主任周振海到王坡乡督导河北西柏坡发电有限责任公司平山县 100 兆瓦市场化光伏项目。

12 月 6 日上午，县人大常委会副主任周振海督导 2023 年十件民生实事项目，现场查看柏坡西路小学、冶河南岸公园、钢城路南延冶河大桥等，了解工程进度以及存在的问题。

12 月 15 日，县第十七届人大常委会召开第二十六次主任会议。

12 月 15 日，县第十七届人大常委会召开第二十次会议。

12 月 28 日，县第十七届人大常委会召开第二十一次会议，听取和审议县政府 2023 年度民生实事办理工作汇报。

第一篇　平山县议会

县议会是县级政权组织的权力机关。抗日战争时期，平山县为进一步加强根据地政权建设，在县政府之上设县政会议，它的职权是讨论地方兴革事宜，讨论并布置上级政府命令及交办的事项，检查工作。其时，县政会议开始带有权力机构的性质。

1940 年 3 月，中共中央提出在政府机构和参政机构中实行“三三制”，即在抗日民主政权中，共产党员、党外进步分子及中间派各占三分之一。4 月，中共北方分局召开扩大干部会议，决定在各级政权初步改革的基础上，在晋察冀边区开展民主大选举运动。6 月 15 日，边区政府颁布《晋察冀边区县区村暂行组织条例》《晋察冀边区参议会暂行组织条例》《晋察冀边区暂行选举条例》三个重要文件，揭开了民主选举运动的序幕。其任务是选举村民代表、区民代表、县议员、边区参议员、国大代表。边区参议员和国大代表将出席边区参议会和国民大会。县议员由公民直接普选产生，然后召开议会，选举产生议长，副议长，县长等政府人员。议会的主要职责：（1）选举罢免县政府县长，监察弹劾县级行政、司法人员；（2）督促监察同级政府对县议会决议案的执行；（3）批准县财政预算，审议县决算，决定地方财政收入事项，创制并复决县单行条例；（4）议决县政兴革等重要事项，审议县长及各方议请事项。

自 1940 年 8 月至 1947 年，平山县县议会先后共选举三届。

第一章　第一届县议会

第一节　县议员

一、议员的选举产生

1940年6月，平山县民主大选举区、县选阶段开始。县成立普选委员会，赵继昌为委员长，王文、韩一钧为副委员长，下设组织部、宣传部、研究部、秘书部和执委共23人。7月1日，召开县精神总动员大会，参加的县、区级干部300多人，布置全县的选举运动，首先是区选阶段。为掀起大选举宣传高潮，选委会创办普选小报《平山导报》，举办短期干部训练班221次，编印了宣传大纲，建立了识字路牌，搭牌楼，贴标语、对联，挂灯笼，还组织剧团213个，歌咏队537个。华北联大也派出大批人员帮助平山进行宣传发动工作。8月1日开始，大选举工作进入县议员和边区参议员选举阶段。在选举中，中共中央北方分局书记彭真，晋察冀四地委书记王昭和县委书记贾一波作为公开共产党员身份参加选举，受到广大群众的热烈欢迎，参选人数达148876名，占选民总数的93%。在全县参选的522个村中，有193个村100%的选民参选，95%～99%参选的有166个村，90%～94%参选的有89个村，85%～89%参选的有74个村。经选举，选出县议员67名，其中男51人，女16人。选出边区参议员7人。在县议员成份比例中，共产党员27人，占40.29%；进步分子33人，占49.25%；中间分子7人，占10.45%。选出边区参议员7人。大普选工作于8月15日结束。

二、议员名单

闫景清	白振华	李俊秀	张银柱	贾一波
何树森	刘永清（女）	何汗三	檀林芳（女）	封　哲
邢永秀	胡喜全	栗从周	曹　録	王成龙
齐清吉（女）	范有刚	段秀永	李振华	张吉通
齐仙云（女）	梁玉清	刘德林	邢过兵	丁一岚（女）
齐亚平	陈振刚	韩之廉	王振华（女）	王　祯
高秀书（女）	周隆南	曹正之	王风太	李树棠

田得馨（女）	杨拴庆	韩庆庚	贾桂芳	张清禄
康天祥	单鸿书	康秀庭（女）	康秀琴（女）	梁德保
闫景云（女）	王　昭	刘琴润	韩国栋	权进芳（女）
卢怀贞（女）	赵洁光	闫治国	周素孚	卢建梅（女）
范瑞全	李怀贞（女）	许竺生	崔民生	李巧巧（女）
张士林	张积财	韩一钧	安锡林	张秀琴（女）
赵凤藻	韩正太	谷受民	樊玉屏	李桂林
史受职	苏士雨	郎顺芳	齐泽华	朱五红
梁光怀	李二枝			

第二节　县议会会议

一、第一次会议

平山县第一届县议会第一次会议于 1940 年 8 月 19 日至 23 日在李家口召开。62 名正式议员参加会议，五专署、华北联大及县国民党部派员列席会议。韩一钧在会上致辞。晋察冀四地委副书记王昭做重要讲话。会上选举产生县议会议长、副议长、秘书及驻会议员，选举新县长及通过县政府各科、局、处、所长，选出国大代表，组织各种专门委员会，检查原任县长的三年总结报告，决定地方施政方针，通过本年度预决算以及通过重要提案 24 件。

（一）会议日程

8 月 19 日上午主要是：1. 开会；2. 推举临时主席团，由赵继昌、郭辛光、韩一钧、崔民生、韩之廉、丁一岚、梁得保 7 人组成；3. 选举委员会报告大会筹备经过与选举经过；4. 议员资格审查委员会报告审查结果；5. 推举议长、副议长、秘书、驻会议员及就职等。

8 月 19 日下午主要是：推举名誉主席团及大会主席团。主席致开幕词。各位来宾代表（边委会代表、五专署代表等）讲话。

8 月 20 日上午主要是：1. 通过政治报告；2. 原任县长报告三年来的工作并讨论；3. 选举新县长、就职；4. 选举国大代表。

8 月 20 日下午：主要是决定施政纲领和组织各种委员会。

8 月 21 日上午：新任县长报告 6 个月工作计划并讨论。

8 月 21 日下午：讨论县府各科、局、处、秘书长名单；县长提出本年度预算，讨论修正通过。

8 月 22 日上午：提案讨论，通过韩一钧、韩之廉、贾一波、崔秀英、许应运、丁一岚、曹正枝 7 人组成提案督查委员会。

8 月 23 日上午，临时动议及闭会仪式。

晚上举行庆祝晚会。

（二）大会选举结果

议　长：韩一钧

驻会议员：

韩一钧（议长）　韩之廉（副议长）　曹录（秘书）

崔民生　刘德林（驻会议长）

中共中央北方分局书记彭真被选为平山县出席国大的代表，晋察冀四地委副书记王昭被选为候补代表。

边区参议员：

彭　真　王　昭　姜占春　齐一丁　贾一波　崔民生　齐学韶

县议会各专门委员会设置及人数：

共设置5个委员会：民政委员会13人，教育委员会10人，财政委员会6人，实业委员会10人，地政委员会8人。

选举产生的县政府组织机构：

县　长：赵继昌　秘　书：郭辛光

民政科长曹正之，财政科长马应中，教育科长杜波，实业科长王雨时，司法科长段涌涛，公安局局长齐亚平，军用代办所长齐佩轩，县总队部总队长赵继昌（兼）、副大队长焦思林，指导员李华生。

二、第三次会议

平山县第一届议会第三次会议于1941年6月6日在东黄泥村召开。王昭作了形势报告，贾一波作执行《双十纲领》报告。大会通过关于财政制度，补助抗属，增设完小，粉碎敌治安强化运动和关于破坏坚壁清野治罪条例等议案，并选举李振华为驻会议员。

三、第四次会议

平山县第一届议会第四次会议于1942年1月17日至19日召开。参加会议的除全体县议员外，还邀请知名士绅和知识分子24人参加，其中有平山第一高级小学校长张平昌、平山第二高级小学校长李润章等。会议通过政府工作报告、财政报告和1942年财政预算，通过提案114项。

四、第六次会议

平山县第一届议会第六次会议于1943年3月5日至11日召开。边区参议会秘书长到会指导。会议就民政司法、公安武装、教育及游击区“反蚕食”等工作达成决议案19条。

第二章　第二届县议会

第一节　县议员

一、县议员的选举产生

1943年6月20日，第二届县议会选举开始。县成立选举委员会，并组织多种形式的宣传发动工作。7月5日正式选举，各区先搞示范村，总结经验。选举中，群众热情十分高涨，到7月20日，选举结束，选出县议员82名。这次县选，根据边区《双十纲领》精神，认真贯彻“三三制”，把各阶层中有威望的人士选到政权中来，大大加强抗日民族统一战线。

二、议员名单

彭　金	梁德宝	霍起祥	崔民生	何法章
封静波	赵耀堂	韩士林	栗从周	刘旭江
张思义	智　彬	白刀彩	刘　绅	贾一波
范　祥	王学凤	韩植庭	韩永年	韩　科
郑守义	段采藻	段庆录	石　慕	李振华
李美林	王文存	王　昭	赵凤藻	柴庆祥
杨　芳	多鸿儒	刘赓凯	张致远	周素孚
王前进	张伯涛	许丛生	赵天德	张云棋
李巧巧（女）	张云山	李芳林	武　恒	任荣绪
任守成	赵辑五	鲁之璠	韩云广	齐发明
封　玉	刘再兴	刘德林	阎雨田	杨瑞英
韩一钧	康廷玉	苏德义	韩祥云	王翠文
谷　诜	王家蒲	张序九	齐占文	田德馨（女）
齐伯希	封云亭	杜　波	安殿之	康兰甫
杨法涛	马捷三	刘　鸿	赵应祥	李思忠
史玉林	冀学文	史受职	樊金城	朱瑞林
任振德	孙桂林			

第二节 县议会会议

第一次会议于1943年8月10日至15日在北庄村召开，出席代表53人。王昭、于英川分别讲话。韩一钧、封云甫分别向大会报告工作，会议通过相应的报告和财政预算报告及有关决议案。选举第二届县议会正副议长和县长。韩一钧当选议长，赵采芬当选副议长，封云甫当选县长，大会就彻底执行土地政策、解决土地纠纷、解决在土地政策上的右倾问题进行讨论。议员们还一致提出对县司法科书记员李子春的弹劾。

第三章　第三届县议会

第一次会议于 1945 年 5 月 10 日至 14 日在北庄召开，选举议长、副议长和县长。会议决定成立县水利委员会和运输公司。议长：栗从周，副议长：赵采芬，县长：许怀玺。

第二篇

中华人民共和国成立前人民代表大会

1948年1月到5月，中共平山县委先后组织召开五次县人民代表大会。这一时期平山县的五次人民代表大会是在特定历史条件下召开的，具有一定的承上启下的历史作用。人民代表大会的胜利召开为其他解放区提供了各方面经验，为各解放区完成土改与整党任务，进行政权建设以及中华人民共和国成立前中共政权建设提供了宝贵经验，为人民代表大会制度的建设提供了思想来源，初步展示了人民代表会议制度的民主性和优越性，促进了人民代表会议制度的最终确立。1948年2月29日，《人民日报》刊载《平山老解放区土改经验》一文指出："平山把土地改革与整党民主运动结合起来以后，创造了老解放区发动群众平分土地的宝贵经验。"1948年3月12日，毛泽东《在晋绥干部会议上的讲话》中充分肯定了这项极宝贵的经验。

县区乡人民代表大会作为各级政府最高权力机关、人民民主政权的主体，其职权：一、选举和撤换政府委员会的委员；二、批评、监督、检举和嘉奖政府工作人员；三、遵照上级代表会和上级政府所规定的原则和任务审查和批准全县（区、乡）的收支预决算，规定征收公粮、税款的具体办法；四、在符合和不抵触上级代表会和上级政府决定的原则下，决定本县（区、乡）重大工作的方针；五、委派人民法庭的法官。各级人民代表大会均设主席团，内设常务委员会，处理代表会的日常事务。县区乡代表大会在县委、区委、乡党支部领导下进行自己的工作。

第一章　人民代表

人民代表由新农会会员直接选举。每 10 至 25 人选 1 名乡代表，每 100 人选 1 名区代表；每 230 至 300 人选正、副县代表各 1 人。二区在召开第一次代表会时，未按会员人数决定代表数额，而是每村选代表 2 人，大村 3 人（未建立新农会的由贫农团加上一部分中农选举代表）。

第二章　代表大会

第一节　第一次人民代表大会

平山县第一次人民代表大会于1948年1月20日至24日召开，参加会议的有全县6个区271个村庄的代表346名，会议共历时5天。大会选举了代表大会主席团，主席为冯文彬。县委副书记卢鹤年、县长赵宝秀、县委书记冯文彬及各区代表在会上讲话。大会要求集中精力，采取有效措施，在春耕前完成平分土地工作。

会议日程：

1月20日：召开小组会，预备会，选举主席团，讲话；

1月21日：大会交流经验。

1月22日：讨论通过《人民法庭组织法》。

1月23日：大会讨论平分土地、整顿队伍等各种问题。

1月24日：公审赵寿恒（地主），介绍封城平分土地办法，推选县农会委员、人民法庭委员会，通过代表的职责和权利、纪律、注意和誓词，并组织代表进行宣誓。

代表责任：（一）人民代表要忠实向大会反映和发表人民的真实意见，并根据人民的利益和意见积极想办法、出主意，和大伙商讨解决一切有关人民利益的事情；（二）人民代表要倾听人民的意见，并用一切方法经常搜集各方人民的意见；（三）人民代表要将大会决议内容向全体选民报告。

代表权利：（一）人民代表有自由发表意见之权，任何人不得干涉与报复；（二）人民代表有自由举手与不举手，赞成或反对之权，任何人不得强迫与威胁；（三）人民代表有揭发、检举、批评、要求罢免、提议开除或处分任何工作人员之权。

三大纪律：（一）绝不违反人民利益；（二）绝不闹宗派；（三）绝不强迫命令；

八项注意：（一）要大公无私；（二）要说老实话；（三）要尊重大伙意见；（四）要虚心学习；（五）要努力工作；（六）要团结最大多数人民；（七）要作风正派；（八）要积极生产。

会议对平分土地、整顿队伍的一些基本原则进行讨论：（一）关于平分土地，大会决定以村为单位平分，以乡为单位调剂；（二）关于对地主、富农的没收和征收问题；（三）关于转移浮财问题；（四）关于婚姻问题；（五）关于过年没吃或不够吃的贫雇农生活问题；（六）关于两村解决不了的问题，都做出了相应的决定。

代表大会主席团名单（即县农会委员）：

冯文彬　王扢拉　赵宝秀　卢鹤年　赵世芳　王振华（女）

张士林　盖振德　盖承文　郝振海　赵昌运

朱突中　孙三娃　刘保魁　郑瑞平　张风妮（女）

曹文元　张庆庆　贾素平

主　席：冯文彬

副主席：王扢拉

常委会：冯文彬　王扢拉　赵宝秀　卢鹤年　赵世芳　王振华（女）　张士林

人民法庭委员名单：

赵保秀　马西林　卢鹤年　赵世芳　王振华（女）

冯文彬　盖振德　盖承文　赵昌运　康林彬　陈喜魁

庭　长：赵保秀

副庭长：马西林　王振华

常　委：赵保秀　马西林　王振华（女）　卢鹤年　赵世芳

第二节　第二次人民代表大会

平山县第二次人民代表大会于 1948 年 1 月 30 日至 2 月 1 日召开，代表人数 310 人。会议着重讨论了以下问题：（一）关于平分土地的计划办法和一些具体问题；（二）关于移民问题；（三）关于债务问题。大会决定“一废三不”，即废除一切债务，但合作账目不变，商人之间的债务不变，长工的工资不能废；（四）关于地主工商业问题；（五）扩大农会奖处分会员的手续；（六）关于动员逃跑战士归队问题；（七）关于牙行问题；（八）关于征集道木问题；（九）关于修汽车路问题；（十）关于公粮不足问题；（十一）关于互助问题等。以上问题均做出了相应的决议。

第三节　第三次人民代表大会

平山县第三次人民代表大会于 1948 年 3 月 5 日至 8 日召开，会议作出关于平分土地、生产问题、学校、商业税、工人工资问题的决议。大会通过《关于战勤与参战问题的决议》，对近来普遍产生分配战勤困难，直至调派不动的情况进行检讨；决定开展“三查一算”（查地亩、查人口、查需要和算大账），进行抽补调剂。

第四节　第四次人民代表大会

平山县第四次人民代表大会于1948年3月21日召开，会议讨论通过关于平分土地、树木分配、组织生产、照顾烈军干担属和保障妇女权利等五项决议案和《区检察委员会组织法》《乡人民代表大会组织法》《乡政府暂行组织法》。

第五节　第五次人民代表大会

平山县第五次人民代表大会于1948年5月8日至11日召开，会议讨论通过以下决定：（一）关于地主、富农打反攻的决议案；（二）关于遵守民主法令与执行民主纪律的决定；（三）关于克服散漫无纪律的极端民主化现象问题；（四）关于督察阶级分配浮财的决定；（五）关于外村逃亡青壮年的决定；（六）关于代耕问题的补充决定；（七）关于工人参军的修正决定；（八）关于县区代表及村新干部的主要负责人开会的顶工问题；（九）关于战勤齐工制度的补充决定。会上县委书记冯文彬作讲话，县长张庆云对改正错误成分问题讲了意见。

第三篇

平山县各界人民代表会议

根据1949年中国人民政治协商会议通过的《共同纲领》规定，1949年11月至1954年6月，平山县先后举行三届各界人民代表会议。起初，县各界人民代表会议的职能为“打下民主建政的基础，加强政府与人民的联系，协助政府克服困难，推进各项建设事业的发展”。后各界人民代表会议代行人民代表大会职权。各界人民代表的产生，由各人民团体及党、政、军推荐选举，也可由政府邀请部分代表参加。代表中不同界别人士均占一定比例。

第一章　第一届各界人民代表会议

1949年，石门区行政督查专员公署指示，为打下民主建政基础，“各县（区）应以现有村农代会为基础，利用推选聘请方式产生各界代表，召开以县为单位的各界代表会议”。1949年10月，平山县政府着手筹备各界代表会议，经过选举、推选产生代表380名，于1949年11月平山县第一届各界人民代表会议第一次会议顺利召开。至1950年7月共举行二次会议。

第一次会议　1949年11月18日至21日在平山城召开，出席的代表包括中共党员、自由职业者、手工业者、荣残复员军人、开明士绅、职员380人。会议讨论通过县政府1949年粮食征收、分配依据及如何减灾三项原则。经过广泛发扬民主，顺利完成征收任务的分配。会议审查处理提案100多条，选举平山县各界人民代表会议常务委员会，盖振德为主席，赵世芳、许应运为副主席，常务委员会另设工作人员1人。

第二次会议　1950年1月30日至2月3日在平山城召开。会议根据中国人民政治协商会议《共同纲领》的规定，代行全县人民代表大会职权，听取并审查政府工作总结，通过评定产量、改定负担和1950年增产计划、克服灾荒的措施。

第二章　第二届各界人民代表会议

平山县第二届各界人民代表会议任期自1950年7月至1952年3月，其间共召开4次会议。

第一节　人民代表

第二届各界人民代表会议共选举产生199名各界人民代表会议代表：（1）男代表占绝大多数，女代表只占12%；（2）绝大多数是一般人民群众，干部只占20%；（3）壮年人最多，占77%，其次是老年，青年最少，还不到10%；（4）文盲达5%～6%，其次是粗通文化的初小程度为28%，高小者为13%，中学以上程度者还不及2%；（5）中农成分占74%，余为贫农，这正反映了老解放区经过土改以后的阶级情况；（6）个人出身，工商学合计仅占7%，其余全为农民出身。

第二节　代表会议

一、第一次会议

平山县第二届各界人民代表会议第一次会议于1950年7月28日至31日在县城召开。应到代表199人，开会时第一天实到53人，以后陆续增加，到30日选举时达177人。

（一）会议筹备

这次人代会，事前经过了充分准备，筹备会很早已成立，由前县长盖振德任主席，民政科长许桂林任副主席，主持日常筹备工作。由县府发出通知，经区送交各村县代表，并提议："事前搜集群众意见，将意见写出，以使大会共同研究讨论。"同时又通知各区公所，发动各县代表广泛搜集群众反映，届时协助代表，风雨不避踊跃参加大会。

大会筹备会之下，分设秘书处、总务处，分掌布置。宣传、资料、出刊、签到、住宿、伙食等工作，工作人员则由县直各机关抽调，共34人，主要干部由各机关首长亲自担任，以便顺利推进工作。

（二）大会过程

28日会议听取和审议前县长盖振德作的《一九五零年上半年政府工作报告》；29日下午，县政府民政科长许桂林作的《县人民政府组织通则》《平山县人民政府委员会选举办法草案》。

30日上午选举县长及政府委员，出席代表175名，选举了监选人6名，发票人6名，唱票人3名，计票人3名，代写票人10名（为帮助不会写票代表的），即开始选举县长。在竞选委员名单中，大会提出：盖振德、闫懋、许应运3人为县长竞选人，盖振德当选县长。继续选举政府委员，大会执行主席宣布：盖振德当选委员，代表们应再选举政府委员16名，闫懋、齐淑民、许桂林、苏文生、余清、吴建弼、赵世芳、韩庆明、檀伦、刘士俊、王黑妮、王东初、于从龙、王守昌、许应运、任其昌当选政府委员。

30日下午，新任县长盖振德向大会报告《继续完成评改负担草案》，县代表公安局局长闫懋作《肃匪、取缔道会门、巩固社会治安、保卫生产建议》的发言。

31日早晨和上午开小组会，讨论评改及治安工作。下午盖振德县长作综合发言。他把这次人代会上各村的提案，及讨论政府工作报告，评改及治安工作中反映出的问题及提出的意见，作了一个总结。

（三）代表提案

有13个村的代表，从村里带来书面代表提案共40余条，在讨论审查政府半年工作报告时，代表们提出的建议和批评，竟达百余件；以上两项合计共145条，有一半左右是带批评性的。

二、第二次会议

平山县第二届各界人民代表会议第二次会议于1950年10月27日在县城召开，主要是讨论通过《平山县1950年秋征工作决议案》。

三、第三次会议

平山县第二届各界人民代表会议第三次会议于1951年9月5日至8日在县城召开，出席代表169名（应到代表195名），缺席26人。

（一）会议筹备

7月31日县人民政府委员会召开时，建议召开平山县三次人代大会，接受过去的总结教训，为使各代表有充分准备，当即在人民政府委员会专刊（8月2日）上将会议时间（9月初）内容作了预告，县即开始准备材料呈送专署。

（二）大会过程

9月4日代表开始报到，在报到时发现有6名非正式代表参会，经审查为正式代表有事外出、外出工作、出嫁、去世等，有的是村干部特别派的，有的是村里选的，均让其列席会议。

9月5日大会正式开幕。首先成立了代表提案委员会，审查代表们所提交的报告，接着报告了政府上半年的工作和生产救灾草案，尔后进行小组和大会讨论。

9 月 8 日通过的三项决议：1. 通过半年来政府工作几个主要问题的报告；2. 通过生产救灾工作的报告；3. 通过提案处理意见的报告。

本次会议广泛地实行民主，投票圈选了县各界人民代表会议常务委员会，主席：赵世芳，副主席：许应运，7 人为委员。

1. 关于半年来政府工作几个主要问题的报告

主要内容：一、生产工作。半年来的生产工作，领导在各个生产季节当中是争取了主动，及时作了布置贯彻，并作了深入的检查。由于各级干部的努力及群众的积极行动获得了以下成绩。（1）植棉。完成 1951 年县植棉任务 8 万亩。耕耘前，召开了生产委员会，研究籽植、肥料等准备问题，同时抽出了一切可能抽出的力量，深入村、户，对植棉准备工作作了两次检查，并具体帮助村、户作计划，以扩大植棉面积。经过两次深入并耐心宣传解释，对解除群众思想顾虑及扩大棉田起了很大作用。（2）防除病虫害。一是治蚜，自 6 月中旬县棉花普遍受虫棉蚜，据 268 村统计后，面积达 4 万余亩，其严重的约占六分之一。县了解这个情况后，曾连续指示各区领导群众积极除治，哪里发生哪里消灭，否则追究责任。二是捕蝗，县在 6 月、7 月不少地区先后发现蝗虫，因面积不大，均得到及时消灭，没有蔓延成灾。其中以二区朱毫村东北之滩地内较为严重，面积约 1500 亩。

二、代耕工作。县 1951 年的代耕工作，是根据省府 1950 年颁发之代耕办法指示及石家庄专署 1951 年代耕工作中 9 个问题的原则精神，及接受 1950 年县工作的经验，首先提出了代耕草案，经县优抚委员会研究修改决议，又召开了区长、秘书等联席会议，作了详细的讨论后，在 2 月初各区普遍召开村干会议布置贯彻到村。

三、镇压反革命工作。自 1950 年 10 月中央指示坚决镇压反革命以来，在上级的密切指导下，在全体干部的努力工作与群众的积极帮助下，未出大的偏差，取得了很大成绩，1950 年 10 月至 1951 年春初步纠正了“宽大无边”与“麻痹思想”，采取了重点抓捕，正确执行镇压与宽大相结合的方式，基本上打退了地富反攻，与打击了谣言传播，大量清理了在押的反革命案犯，进行了取缔道会门工作，给 1951 年的镇压反革命工作打下了基础。

四、地方财政收支。半年来的地财工作，由于大家真正领会了地方财政是与各级建设事业直接联系的，尤其是管理的好坏，是会直接影响到人民的生产及各级建设的发展，所以领导及各地财干部甚为重视，县成立了地财委员会，各区成立了地财检查委员会，负责监查粮库，并推动地财工作，发扬了民主管理，因此做到了财政公开，克服了无组织无纪律的不良作风。同时克服了单纯的量入为出的缺点，并在取之合理用之得当的原则下，大量开辟财源，或增加收入。这样收入越多才会给群众办更多的事情，方能满足群众的迫切要求与需要，清理了 1948 年以后的公、地粮尾欠，整顿了工商税附加，整理了公产收入、契税留成收入、经营收入，及普遍进行了一次清理运动，增加了地财收入。

2. 关于抗旱备荒生产救灾工作的报告

主要内容：灾情情况，一是旱灾。县自 5 月下旬降了透雨，大秋作物完成播种后，至今已3月之久，中间天气干燥，天旱少雨，处暑连天，虽曾天阴，滴几点雨，但亦是杯水车薪（个别村庄落雨较多，但并未下透过）。总的来说，全县绝大部分村庄并未落过第二次的降雨，以致形成严重的旱灾。二是对今后抗旱备荒生产救灾的几点意见：（1）各级干部要明确认识到县普遍旱灾及四、五个村庄雹类的严重性，积极地领导，但又必须明确救灾工作要贯彻开展自救的方针，同时救灾工作是长期的艰巨的，是生产建设的重要一环，毛主席指示：必须认真执行对于灾民的救济工作；（2）继续进一步贯彻抗旱保苗节约备荒的指示；（3）发放救济粮。

（三）代表提案

此次大会有56村的代表带来提案114件，由提案审查委员会讨论研究，根据性质相近综合为12类，并提出初步处理意见供研究。灾情46件，抗旱度荒15件，购棉9件，秋征9件，对法院工作的意见3件，有关政策问题4件，有关代耕问题6件，有关查田定产问题5件，有关供销社问题4件，有关银行问题3件，学校修建问题1件，其他8件。

四、第四次会议

平山县第二届第四次人民代表大会1951年11月18日至21日召开，出席代表157人（应到195人）。收到提案175件。

（一）会议筹备

1. 此次会议经过了较长时间的筹备，自华北县长会议结束以后，即通知了代表，为了更广泛地征求群众的意见，统一印发了提案纸，由全县代表于所驻村，召开村代表会及群众大会，收集了群众的意见。2. 由上几次会议的经验，代表已深深体会到“人民代表大会”真正是各地真实的最高权力机关，代表均以主人翁的思想，对人民负责的态度，提出了不少的意见。3. 事先召开常务委员会议，检讨上次会议的缺点，并提出此次会议应注意的事项。

（二）会议内容

会议讨论了盖振德县长作的《民主建设》，赵世芳书记作的《继续深入抗美援朝运动的报告》，听取《政府1951年秋征布置》，研究讨论了175件提案，形成了以下具体文字决议案。

1. 民主建设。依据华北县长会议及省、专的指示精神及县具体情况，12月开始大选，为充分发扬民主，选举做得更好，特提出：必须充分认识国家政权是属于人民的，人民行使国家政权的机关就是人民代表会议与人民代表大会及其产生的人民政府，因此大家要好好学习文件，检查和总结经验，开展长久的深入的宣传运动，团结各界人民共同进行工作。

2. 继续深入抗美援朝运动。伟大的抗美援朝工作，已进行了一年多，打乱了美帝发动侵略战争的时间表，使它在军事、政治上都遭到了惨败。全县人民也毫无例外地投入到了这个浪潮，并取得了很大成绩。

3. 1951年征收工作。为胜利完成征收工作，根据中央及省的要求做的“依率计征，依法减免”废除任务包干达到进一步公平合理的原则，应根据县的联评及派员勘察的实况，所评定核实的地亩、人口、产量为基础，直接由县分配到户。全体代表要掌握此政策之精神，监督帮助政府向下贯彻，顺利完成征收工作。

（三）提案处理

这次大会收到提案79个村共计175件，其中征收类83件，供销社20件，司法7件，优抚类11件，民主建政类4件，税务类3件，教育类6件，贷款类6件，救灾类15件，水利3件，其他类17件。均由审查委员会慎重研究，并由盖振德县长作了详细答复。

（四）大会的主要收获

（一）认识了代表会议的职权；（二）通过四项具体决议（民主建设、继续深入抗美援朝运动、政府秋征计划草案、提案处理）；（三）对供销社提出了尖锐的意见，对改进干部作风起了鞭策作用。

第三章　第三届各界人民代表会议

平山县第三届各界人民代表会议任期1952年3月至1954年6月。其间共召开会议6次。

第一节　人民代表

县第三届各界人民代表会议共选举产生199名各界人民代表会议代表。

第二节　代表会议

一、第一次会议

平山县第三届第一次各界人民代表会议1952年3月18日至20日在县城召开，出席代表192名（全体代表总数240名），缺席48名。

会议内容

1．会议突出的中心议题是贯彻“三反”“五反”政策，解除顾虑，安定人心，广泛开展防汛抗旱救灾、春耕生产运动；2．此次会议成绩是较大的，经过此次会议后，大多数代表了解了“三反”“五反”的伟大政治意义，认识了1952年旱灾的严重性及目前生产工作的重点；3．此次会议收到提案308件，提案大体可分为请示、建设、询问、要求等四种。按部门可分为中心工作、民政、财政、文教、卫生、农田水利、工商、税务、金融、合作、公安、物资、司法、监察、其他等15类。在会议前及会议期间，经各部门紧张突击，均已提出处理意见。

二、第二次会议

平山县第三届第二次各界人民代表会议于1952年6月26日至27日召开，出席代表199人。主要研究讨论进一步贯彻各种政策、征求意见和群众见面，做好宣传工作，完成夏征小麦收购，做好事、查田定亩产和互助合作等几项工作。会议共收到、审查处理提案7件。

三、第三次会议

平山县第三届第三次各界人民代表会议1952年9月12日至16日召开，出席正式代表218名，缺席22名（主要是因事、因病未能到会），区村列席参加8名。会议收到提案105件。

（一）会议筹备

这次的会议时间虽短，但解决的问题较多，特别是要代行人代大会的职权，选举县长、副县长。因此，会前召开两次筹备会议，抽出了很大的力量，明确分工进行研究选举中的细节问题，并召集各机关部门的负责干部共同研究部署，这一选举工作，使大家首先在思想上取得了一致，强调：“只许把会开好，不许开坏”，在8月中旬即通知各代表搜集提案报县，县抽专人准备会议文件。自9月5日，常务委员会决定召开此次人民代表会议后，县即抽出专人负责搜集与整理提案，使会前与会议时的提案及时地得到适当的审查处理。

（二）主要议程

12日举行开幕式与政府前半年工作总结报告，下午讨论工作报告；13日报告与讨论政府9月、10月的生产救灾（包括三秋工作）工作计划，下午报告提案审查处理情况，并进行酝酿；14日报告关于调整乡村财政的意见与查田定产工作，并进行讨论，下午报告选举法、提候选名单进行讨论；15日进行选举；16日早晨大会通过决议，进行闭幕式。

大会采取无记名圈选办法，进行选举。郑瑞平当选为县长，宋子美、檀伦当选为副县长，赵世芳、许应运、王润昌等19人当选为政府委员会委员。赵世芳、许应运、王润昌、许桂林等23人当选为各界人民代表会议常务委员会委员。

（三）此次会议的成绩

会议审查与批准了政府前半年的工作报告，9月、10月生产秋收工作计划（包括三秋工作）和1952年查田定产工作报告，提案处理意见，又传达贯彻了调整乡村财政的意见，并将救灾（包括三秋工作）、查田定产，提案审查处理，经小组讨论，大会通过形成决议。代行人代会职权，选举了县长、副县长、政府委员、人民代表会议常务委员会委员。

《平山县各界人民代表会议常务委员会1952年冬三月工作总结报告》

（1952年12月30日）

第一次例会：在正式成立后随即召开，到会21人，缺席2人，会议内容：首先通过每月例会制度，传达中央人民政府政务院关于县各界人民代表会议常委会职权补充规定的命令。

第二次例会：10月12日召开，出席17人，因病因公和调动工作，缺席6人。会议内容：选举了有协商委员会的区域代表1人及准备专区复选的农民代表2人。通过常务委员会10月、11月、12月三个月的工作简要计划的决议，规定了组织代表小组具体办法。

第三次例会：11月28日召开，出席17人，因病因公和调动工作，缺席6人。此次会议主要内容是传达秋征、中苏友好月的活动，驻会委员工作报告，座谈会议（怎样当代表）。

第四次例会：12月27日召开，出席14人，因病因公调动工作者9人。主要内容是检查讨论生产救灾中的问题，贯彻婚姻法和民主建设工作，总结常委会1952年工作，讨论通过

1953 年工作计划。

在以上四次例会中，首先明确了常务委员会职权，讨论布置三个月的工作计划，组织起代表小组便于联系，给今后工作打下良好基础。

四、第四次会议

平山县第三届第四次各界人民代表会议于 1953 年 2 月 20 日至 24 日召开，时间 4 天，出席会议的正式代表 171 名，列席参加者 16 名，缺席正式代表 69 名。

（一）会议筹备

为了把会开好，所以首先召集了各部门的负责干部会议，抽出了很大的力量，组织了大会服务机构。决定大会设总秘书处，下设组织股、宣传股、总务股及管理提案委员会，这个组织健全以后，各负其责地去处理各股的事情，另外又召开政府委员会会议，研究大会程序和大会主席团成员及决定了提案委员会人员等事项。

（二）会议过程

大会于 2 月 20 日正式开幕，20 日上午由王润昌致开幕词，宋子美报告 1952 年爱国增产竞赛结论，21 日上午郑瑞平报告 1953 年全年农业生产计划及当前农业生产计划，22 日下午，赵世芳报告关于开展婚姻法运动，23 日上午，政府财政科李风昌报告 1953 年财政概算，檀伦报告提案处理情况，作《关于提案审查处理情况报告》，24 日早晨通过大会议案，后由郑县长致大会闭幕词。除以上每日大会报告时间外，其余时间都是小组讨论。

（三）通过的决议案

重点讨论与决议了 1953 年农业生产计划和开展贯彻婚姻法运动、1953 年财政收支总概算等三个主要工作。

郑瑞平在《关于 1953 年农业生产计划的决议》中指出：根据国家计划种植经济作物与粮食作物用五大措施实现生产任务：1. 进行爱国主义的宣传教育；2. 开展互助合作运动；3. 普遍掀起爱国增产竞赛运动；4. 继续加强防旱抗旱运动；5. 推广农业技术改良耕作法，同时要发展畜牧业和林木业。

赵世芳在《关于贯彻婚姻法的决议》中指出：要摧毁旧的婚姻制度，树立新民主主义的婚姻制度，使广大男女，特别是青年男女摆脱封建婚姻的束缚，实行婚姻自由，建立民主和睦、团结生产的美满家庭。这样就必须和几千年来祸国殃民的封建婚姻制度作坚决的斗争。因此全县人民都要坚决反对强迫包办、买卖婚姻和早婚及童养媳的恶习，男尊女卑三从四德的旧风俗，同时要支持男女社交公开，做到真正的婚姻自由。为了使全县人民达到家喻户晓、人人皆知，必须展开一个大张旗鼓的宣传教育。故 3 月为贯彻婚姻法运动月，以彻底做到新婚姻制度的贯彻与实现。

财政科长李风昌在《关于财政收支概算报告的决议》中指出：今年全国要开始大规模的有计划的经济建设和文化建设，这就必须加强国家经济计划与中央的统一和集中领导，实施中央规定的新财改体制，一切收入和支出均列入国家预算。经中央批准即起法律作用，必须切实遵照执行。1953 年的财政方针是：继续支援抗美援朝，充实国防建设，继续稳定物质，全面进行有计划的国家建设，重点是工业建设，必须在这个前提下提高人民的生活与文化水平，并应遵照毛主席所指示的："需要办有力量就一定要办，需要办力量不足就少办，可缓办的就缓办，现时不需要办的就不办"的方向。县各级政府，认真贯彻执行，保证预算的圆满实现。

（四）收到的效果

1. 各位代表对大会的三项决议有了相当的认识，一定能把这次会议的精神彻底地贯彻下去；2. 重视了这个会议的精神；3. 提高了人民政治觉悟，充分地发挥了民主，在这次会议中各个代表认真地搜集了群众意见，适当地批评了领导，进一步加强了群众与政府的联系。

（五）大会中取得的经验与教训

1. 取得的经验：（1）对处理人民提案要及时、慎重、适当，如有不了解的地方可向代表或人民进行访问，这样才能得到代表及人民信任。（2）对代表们可进行访问，使代表所反映的问题，更广泛而切合实际。（3）这次会议上，对代表住宿安置还算集中，对代表们的招待比较方便，所以他们对会议情绪很高，对各种问题的研究与讨论，也很虚心。

2. 受到的教训。（1）会前搜集代表提案应有一定截至日期，否则会终不能按期解答，同时应将收到的提案，分类进行登记以免遗失。（2）有的部门解答人民提案很重视，还有的部门推脱责任，这样是不对的，今后希望各有关部门应加强群众观点，以对人民负责的态度，慎重地处理人民提案。

（六）代表提案

这次共收到提案 146 件。按其性质大体可分为请示、建议、询问、申诉、检举、批评、要求 7 种，按部门性质可分为文教、司法、婚姻、财政、工商、民政、卫生、合作、税务、人民武装、人民福利、银行、监察、公安、农运、生产、其他等 17 类。其中文教 11 件、司法 8 件、婚姻 8 件、财政 10 件、工商 4 件、民政 26 件、卫生 4 件、合作 15 件、税务 5 件、人民武装 2 件、人民福利 1 件、银行 2 件、监察 2 件、公安 3 件、农建 23 件、生产 3 件、其他 3 件。

五、第五次会议

平山县第三届第五次各界人民代表会议于 1953 年 9 月 1 日召开，大会历时 3 天，出席会议的代表 122 人（列席参加者 38 人）。

（一）准备工作

这次会议在准备召开时间上比较仓促，在会前召开各部门负责干部会议，决定大会设总秘书处，下设组织股、宣传股、总务股，明确分工各股负责办理各股应负的责任，因为事先提案搜集得不够多，所以决定在大会上不作提案处理的事宜，抓紧时间会后进行处理，将处理意见再印成小册，分发给各个代表征求大家意见，如无意见即传达贯彻执行。

（二）会议内容

会议第一天由常务委员会王润昌副主席报告开会意义及主要解决的问题，郑瑞平报告

1953年上半年生产工作的总结报告，第二天檀伦报告做好秋收、种麦、秋耕工作的计划草案。第三天听取赵世芳关于选举法意义的简要报告。第四天早晨大会通过关于做好秋收、种麦、秋耕工作的计划草案的决议案，郑瑞平作了大会总结报告。在会议期间除报告时间外，其余都是小组进行讨论。

（三）会议的成绩

1. 会议中经大会审查讨论批准了政府前半年的生产工作总结报告，并将该报告与做好秋收、种麦、秋耕工作计划草案，经大会讨论通过形成决议传达贯彻执行；2. 各位代表对大会的两项决议讨论认真，发言热烈，象征着对会议的决议和报告精神领会深刻，定能传达贯彻到人民群众中去，并得到全部实现；3. 通过会议中讨论协商问题，提高了认识，沟通了政策思想。

六、第六次会议

平山县第三届第六次各界人民代表会议于1953年11月30日开始，12月3日结束。出席会议的代表138人（男120人，女18人），缺席102人。

（一）会议内容：

1. 关于国家在过渡时期的总路线；2. 粮食统购统销的实施方案及市场管理办法；3. 农业税征收工作。会议首先通过主席团名单，由主席致开幕词，并由赵世芳作国家在过渡时期的总路线的报告，由郑瑞平贯彻粮食统购统销及市场管理办法和农业税征收工作，均以区为单位进行讨论，在讨论中所呈现的问题，由主席团研究综合作了解答，在此会议上大家一致同意关于1953年大张旗鼓学习过渡时期总路线、粮食统购统销实施方案和农业税征收的两项决议，最后由郑瑞平致闭幕词。

（二）会议存在的问题

主要体现在学习与思想方面：1. 学习、讨论国家在过渡时期总路线时，绝大部分代表对此精神领会不足，故在讨论中情形低落，发言不热烈，经过小组反复贯彻，大家在思想上才初步地明确了一点，但在讨论粮食统购统销及市场处理方面，发言很热烈，并提出许多问题进行研究；2. 思想情况：在开始时大部分代表对粮食统购统销工作认识不到位，故在思想上存在顾虑。

（三）代表提案

这次代表会议上共搜集提案41件，其中有关农副业生产找销路，如黑枣的销路等，有关合作社在生产资料上的供应，如煤炭、肥料、棉花籽及面纱供应等，财政方面主要是减灾办法不恰当，并要求在征收时多征收经济作物，在建设方面提出主要是突修交通，以便利行走。处理方式：首先有关部门解答，后经大会审查处理、提案委员会审查研究进行答复。

第四篇

平山县第一至六届人民代表大会

第一章　第一届人民代表大会

根据《中央人民政府委员会关于召开全国人民代表大会及地方各级人民代表大会的决议》和《中华人民共和国全国人民代表大会及地方各级人民代表大会选举法》规定，1954 年 6 月 30 日，举行平山县第一届人民代表大会第一次会议。自此，平山县人民代表大会届次重新编序。

依照《中华人民共和国宪法》（以下简称《宪法》）和《中华人民共和国地方各级人民代表大会和地方各级人民委员会组织法》（以下简称《组织法》）规定，平山县人民代表大会在休会期间不设常设机构，由县人民委员会（县人民政府）负责各次会议的准备工作，县人民代表大会每年举行两次会议。县人民委员会如果认为必要或者有五分之一的代表提议，可以临时召集县人民代表大会会议。举行会议时，选举主席团主持会议。会议设秘书长 1 名，副秘书长若干名，秘书长人选由主席团提名，提交大会通过，副秘书长的人选由主席团决定。举行会议时，设立代表资格审查委员会，议案（提案）审查委员会和其他需要设立的委员会，在主席团领导下进行工作。

平山县第一届人民代表大会自 1954 年 6 月至 1956 年 12 月，共召开 5 次会议。

第一节　人大代表

一、县人大代表

按照1953年颁布的《选举法》和《河北省地方各级人民代表大会选举实施细则》（以下简称《河北省选举实施细则》），县人民代表大会代表通过乡镇人民代表大会选举产生。平山县第一届人民代表大会代表137人，在任期内认真履行职责。

平山县第一届人大代表一览表

（根据一届人大四次会议签到表整理）

表4-1

姓名	性别	政治面貌	单位	原选区
鲁玉林	男	中共党员	新安乡	新安乡
郑瑞平	男	中共党员	人民委员会	蒲吾乡
杨　敏	男	群众	东岗上村	泽营乡
祁会琴	女	群众	—	蒲吾乡
杨日新	男	群众	西冶乡	西冶乡
芦　英	男	中共党员	胜佛乡	—
陈印花	男	群众	城关乡	城关乡
董增录	男	中共党员	东白楼乡	东白楼乡
曹丑子	男	群众	中白楼乡	中白楼乡
李如芸	女	中共党员	—	王母乡
张锡琴	女	群众	孟堡乡	孟堡乡
王瑞堂	男	群众	北街村	城关乡
贾社会	男	中共党员	义羊村	义羊乡
李　庆	男	中共党员	县社	贾壁乡
孙忠义	男	中共党员	平山工会	一区
郜士选	男	中共党员	工商科	孟堡乡
姚隐录	男	群众	胜佛乡	胜佛乡

续表 4-1

姓名	性别	政治面貌	单位	原选区
檀秀芳	女	共青团员	烟堡村	烟堡乡
焦魁元	男	中共党员	河村	郑家庄乡
付家祥	男	中共党员	—	新安乡
张国忠	男	中共党员	宣传部	杨西冶乡
康鸣钟	男	中共党员	城关区	泽营乡
齐东林	男	群众	永乐乡	永乐乡
马付登	男	群众	孟陵村	烟堡乡
狄瑞敏	女	中共党员	中贾壁村	贾壁乡
左思敏	男	中共党员	马村	—
谷素翠	女	中共党员	北望楼村	二区北望楼乡
李子梁	男	群众	东回舍乡东回舍村	东回舍乡
李士乾	男	中共党员	—	—
封士英	男	中共党员	邢家沟村	温塘乡
郭　照	男	中共党员	闫常峪村	常峪乡
许银录	男	群众	封许大齐村	大齐乡
王荣昌	男	群众	回舍村	回舍乡
张南看	男	中共党员	西回舍村	西回舍乡
芦福德	男	群众	北荣村	荣村乡
刘　彦	男	群众	教育科	西回舍乡
郜吉庆	男	中共党员	法院	—
赵喜竹	男	群众	北泽英村	泽英乡
李百祥	男	中共党员	焦家庄村	中陈庄乡
范　铸	男	群众	朱豪村	朱豪乡
田瑞成	男	中共党员	封城村	郜家庄乡
高满姐	女	群众	郜家庄村	—
杨德忠	男	中共党员	北马冢村	—
王国俊	男	中共党员	冷泉村	冷泉乡

续表 4-1

姓名	性别	政治面貌	单位	原选区
刘国风	男	中共党员	朱豪村	朱豪乡
王风祥	男	中共党员	栲栳台村	栲栳台乡
张风祥	男	群众	东苏庄村	侯家庄乡
高风林	男	中共党员	民政科	七汲乡
刘换林	男	群众	两河乡	—
茹文尽	男	群众	茹家庄村	茹家庄乡
张吉拴	男	中共党员	秘家岸村	秘家岸乡
张式才	男	中共党员	平山初级师范	河渠乡
董太连	女	中共党员	南七汲村	七汲乡
森　林	男	中共党员	县社	田营乡
康云云	女	群众	田营乡	田营乡
王考琴	男	中共党员	王家庄村	王家庄乡
冀寿才	男	中共党员	胡村	胡村乡
刘瑞林	男	群众	胡家团村	—
郄二黑	男	群众	西李坡村	—
刘随庆	男	中共党员	胡家疃村	—
戴顺良	男	群众	蒲北村	河渠乡
茹成山	男	中共党员	人民委员会	王陈庄乡
杨言明	男	中共党员	南甸乡	南甸乡
赵国华	男	群众	东黄泥村	—
高风竹	男	中共党员	东王坡乡	—
史　亿	男	群众	史白雁村	—
刘金举	男	中共党员	桃林村	—
杨金拴	男	群众	魏家村	—
周部妮	男	中共党员	谷青炭村	—
李振荣	男	中共党员	塞上村	寒虎河乡
赵树起	男	群众	寺家庄村	—

续表 4-1

姓名	性别	政治面貌	单位	原选区
李恩忠	男	群众	南甸卫生所	相公庄乡
褚风岐	男	中共党员	邢家凹村	东庄乡
张士修	男	中共党员	农林局	寺家庄乡
武鹤明	男	群众	北策城村	东王坡乡
赵金玉	男	中共党员	郭苏乡	郭苏乡
许连德	男	群众	郭苏村	郭苏乡
赵善文	男	中共党员	郭苏区	郭苏乡
赵吉星	男	共青团员	宅北乡	宅北乡
史顺祥	男	中共党员	李家庄乡	李家庄乡
刘彦祥	男	群众	苏家庄乡	苏家庄乡
秦君正	男	共青团员	树石村	缑家庄乡
赵连才	男	中共党员	赵家庄村	石古洞乡
刘　梁	男	中共党员	苏家庄村	西红岭北
霍羊拴	男	中共党员	封家沟村	郜家庄乡
马吉德	男	中共党员	—	张家庄乡
郝福林	男	群众	庄子河村	付家沟乡
赵树风	男	中共党员	韩丁村	韩丁乡
张　林	男	中共党员	楼子涧村	马团乡
张福吉	男	中共党员	两界峰村	会口乡
解金蝶	女	共青团员	卫生院	—
王金华	男	中共党员	三区区公所	—
杜天庆	男	中共党员	四区公所	—
郜正吉	男	中共党员	税务局	—
杨新忠	男	中共党员	统计科	—
张法堂	男	中共党员	东回舍区公所	—
张朝羊	男	中共党员	会昌公司	—
赵明光	男	中共党员	—	—

续表 4-1

姓名	性别	政治面貌	单位	原选区
张至善	男	中共党员	—	—
贾复生	男	群众	文化科	—
郝金华	男	中共党员	卫生科	—
黄进福	男	群众	供销社	—
白鸿藻	男	中共党员	油脂公司	—
王　淮	—	—	—	—
杜　林	—	—	卫生院	—
魏淑香	—	—	—	—
杨其瑞	男	中共党员	书店	—
张式隆	男	中共党员	财办室	—
谷慰农	男	中共党员	师范	—

二、平山县出席河北省第一届人民代表大会代表

根据《选举法》和《河北省各级人民代表大会选举实施细则》规定："省辖市、镇和省境内重要工矿区，按人口每2万人选代表1人"，河北省委员会分配给平山县选举出席河北省第一届人民代表大会的代表名额3名。

平山县第一届人民代表大会第一次会议选举王文华、许应运、赵世芳为平山县出席河北省第一届人民代表大会代表。

第二节　代表大会

一、第一次会议

平山县第一届人民代表大会第一次会议于1954年6月30日至7月4日在平山县城召开，出席代表137人。

会议由选举产生的主席团领导，学习讨论了党在过渡时期的总路线和《中华人民共和国宪法（草案）》，选举郑瑞平为县长，许桂林为副县长，郑瑞平、吴振文、赵世芳、李庆、邢明哲、王润昌、王文华、史仁、卢子英、李汝芝（女）、许桂林、孙中飞、张士修、左思敏、

郜吉庆、李风昌、霍顺祥、康云云（女）、刘三连 19 人组成人民政府委员会。

这是中华人民共和国成立后，通过选举产生的第一届县人民政府（1954.7—1955.2）。1955 年 1 月增补白振国为副县长。

二、第三次会议

平山县第一届人民代表大会第三次会议于 1955 年 1 月 17 日至 19 日召开，会议代表 137 人，实到会人数 89 名，通过两项决议。

大会副秘书长：茹成山

（一）主要议程

会议先由大会副秘书长茹成山报告会议筹备的经过。然后由副县长许桂林致开幕词。

会议听取县长郑瑞平《政府关于一九五四年下半年几项重要工作的报告》，郑县长在工作报告中指出在粮食、棉花、油料的购销、互助合作、生产救灾三大任务中所获得的重要成绩，同时也指出了过去在工作中的许多缺点，对今后的工作也做了重要发言。

县委书记张荫昌在会上作《关于执行中央及河北省人民政府征集补充兵员命令的报告》。张荫昌在报告中指示：征集补充兵员就是义务兵役制的开始，实行义务兵役制是国军事制度上的一大改革，这一工作干部既没有经验，群众又没有习惯，同时上级要求必须开好头，因此这是一个光荣而艰巨的任务。张荫昌在报告中反复地将征集补充兵员的方针、目的、任务、重要意义、有利条件、困难问题以及征集政策都作了详尽的解释，这样使代表们对征集补充兵员的政策有了明确的认识，为完成这一光荣的任务，代表们进行详细的讨论。经过代表们充分的讨论，全体代表一致通过上述两个报告，并形成了决议。

会议认为，征集补充兵员，直接关系着解放台湾斗争的胜利，关系着国际和平的巩固，关系着义务兵役制的正确实施，更关系着国家社会主义建设事业的顺利进展。

大会选举县人民委员会县长、副县长、委员及县人民法院院长，听取许副县长关于选举意义及选举办法草案的报告以后，继由中共平山县委提出了县人民委员会、县长、副县长、委员及县人民法院院长等候选人名单（这个候选人名单是由中共平山县委邀请各人民团体和大会主席团协商提出的）并进行介绍。

第一届县人民委员会县长、副县长、委员及县人民法院院长当选人名单

表 4-2

当选职务	姓名	性别	年龄	籍贯	前任职务
县长	郑瑞平	男	33	平山二区近掌村	县长
副县长	许桂林	男	51	平山二区封许大齐村	副县长
	白振国	男	32	建屏	平山县委会秘书

续表 4-2

当选职务	姓名	性别	年龄	籍贯	前任职务
委员	张荫昌	男	30	晋县常营村	县委书记
	王文华	男	44	平山二区封城村	中学校长
	卢子英	男	55	平山一区东街村	工商联主任
	许应运	男	59	平山二区封许大齐村	在家务农
	王瑞堂	男	55	平山一区北街村	医生
	王润昌	男	57	平山二区东回舍村	常务委员会副主席
	郜吉庆	男	37	平山二区不开村	民政科长
	霍顺祥	男	30	行唐老照村	武装部部长
	李　庆	男	39	井陉洪河漕村	县社主任
	茹成山	男	37	平山三区茹家庄村	政府秘书
	李汝芝	女	46	平山二区霍西庄村	妇联副主任
	于顺祥	男	32	平山一区烟堡村	政府计统科长
	卢怀秀	男	34	平山二区霍宾台村	政府财政科副科长
	张士秀	男	32	平山四区湾子村	农林副局长
县人民法院院长	郜吉庆	男	37	平山二区不开村	政府民政科长

（二）会议通过的决议

1. 平山县人民代表大会第三次会议关于政府 1954 年下半年几项重要工作报告的决议

会议于 1955 年 1 月 17 日听取郑瑞平县长所做的关于政府 1954 年下半年几项重要工作的报告，经审查讨论，全体通过。会议一致认为，该报告是实事求是的，认真负责的有重点的对 1954 年下半年政府工作进行了总结。并对政府在党委统一领导下，各部门的积极配合下通过依靠群众、发动群众，半年来的努力和所取得的巨大成就，表示满意，对报告中的今后意见，认为是适时恰当的，会后人民委员会应认真贯彻执行。

2. 平山县首届人民代表大会第三次会议关于拥护和执行中央人民政府政务院所发布的征集补充兵员命令的决议

三、第四次会议

平山县第一届全县人民代表大会第四次会议于 1955 年 12 月 19 日至 22 日召开，代表总数 137 人，出席人数 92 人。

会议于12月19日上午正式开幕，会期历时4天，于22日晚胜利闭幕，全县代表总计137人，实际出席这次会议的有 92 人，因病因事请假的代表 14 人，因工作外调而不能出席的 1 人，逝世 1 人，尚有 29 位代表弄不清什么缘故而没有参加这次会议。县区各部门列席 21 名（区长科长以上负责人） 。

（一）会议内容

1. 会议认真审查并通过全县 5 个区年度征兵工作计划。

2. 会议审查通过对人民委员会一年来的工作和法院一年来的工作。

3. 会议听取张荫昌代表对地委四级会议精神的介绍，鼓舞了广大代表的走社会主义道路的热情，明确了行进目标，充实了各位代表领导全县人民建设社会主义的资本。

4. 会议还补选了县人民委员会委员：刘验、高风林。

（二）会议通过的决议

1. 平山县第一届全县人民代表大会第四次会议关于通过平山县人民委员会 1955 年工作报告和平山县人民法院 1955 年工作报告的决议

平山县第一届全县人民代表大会第四次会议，听取县长郑瑞平作的《平山县人民委员会 1955 年全年工作报告》和平山县人民法院院长部吉庆作的《平山县人民法院 1955 年全年工作报告》，经审查一致通过，并对平山县人民委员会和平山县人民法院一年来的工作认为满意。

2. 平山县第一届全县人民代表大会第四次会议关于通过平山县兵役委员会 1955 年度征兵工作计划的决议

平山县第一届全县人民代表大会第四次会议，审查了平山县兵役委员会 1955 年度征兵工作计划，一致通过。并认为这个计划符合兵役法规定，又符合全县具体情况；它是县征兵工作计划完成的基本保证，也是进一步巩固国防，保障国家社会主义建设的动力，会后人民委员会要认真贯彻执行。

3. 平山县第一届全县人民代表大会第四次会议为实现全县社会主义农业合作化、为实现五六年粮棉增产而奋斗的决议

平山县第一届全县人民代表大会第四次会议认为：全县农业合作化运动的发展是飞速的，并且是健康的，于 1956 年度实现全县社会主义农业合作化是肯定可能的，而在这种新的形势下，各级领导和全体干部应集中全部精力加强领导，并应将领导重点扭向办大、中社、半高级社方面，积极地创造经验，树立榜样。同时在办社中必须抓住生产，必须搞好生产。这是各项工作的中心，应大力地、多方面地、积极地起到支持作用，为实现全县社会主义农业合作化，为实现 1956 年粮棉增产而奋斗。

四、第五次会议

平山县第一届全县人民代表大会第五次会议于 1956 年 7 月 27 日至 29 日在县城人民礼堂隆重召开。出席代表 100 人，因事因病请假代表 7 人，没请假也没到会代表 27 人。

主席团（共 15 人）：

郑瑞平　　张荫昌　　许应运　　李　庆

张国忠　　周贵明　　李汝芝　　王瑞堂
张士修　　李振荣　　霍顺祥　　左思敏
王润昌　　康鸣钟　　高风林

大会秘书长：茹成山

大会副秘书长：张士修

提案处理委员会：7人

主　任：高吉庆　高风林

委　员：刘　验　李　庆　张士修

大会日程：会议三天。

（一）会议主要议程

27日预备会，上午通过主席团等会议方案，接着开幕，报告半年工作。28日，大会通过1956年上半年政府工作报告和关于撤区并乡工作方案（草案）。29日，通过决议，致闭幕词。

（二）会议通过的决议

1. 平山县第一届人民代表大会第五次会议关于通过平山县人民委员会1956年上半年工作报告的决议

平山县第一届人民代表大会第五次会议听取郑瑞平县长代表平山县人民委员会所做的《平山县人民委员会1956年上半年政府工作总结》的报告，经审查讨论全体通过。会议一致认为，这个总结报告是实事求是的、认真负责的，对1956年上半年政府工作进行了总结，并对半年来的工作成就表示满意。

会议还认为，继续整顿农业生产合作社，不断提高合作社的质量，深入发动农业增产竞赛运动，保证提前一年超额全面完成第一个五年计划的农业增产计划，是全县农村工作的中心任务。报告中对下半年工作的意见，是符合这个精神的，人民委员会应团结全县人民群众积极努力，为实现这个任务而奋斗。

2. 平山县第一届人民代表大会第五次会议关于撤区并乡工作方案的决议

（1956年7月29日平山县第一届人民代表大会第五次会议通过）

现在全县的小乡建制和区级组织机构，是在原来的小农经济基础上设立的，几年来他在上级党和政府的领导下，团结着广大人民，完成了各个时期的中心任务，起到了一定作用。但随着农业合作化的发展，农业面貌已发生了根本变化，分散的各个经济，已为社会主义的集体所有制的经济所代替。由于农村经济基础和生产关系的改变，使原有的区级组织形式和规模较小的乡建制，已不能适应农业经济发展的需要。因此，根据“全面规划，加强领导”的方针，适当扩大乡的行政区制，逐步撤销区级机构，健全与充实县和乡的组织，已成为加强农村工作和促进农业发展的一项重要措施。兹根据上级指示和全县具体情况提出该方案。

3. 平山县第一届人民代表大会第五次会议关于通过平山县第一届人民代表大会第五次会议提案审查处理委员会关于提案审查处理报告的决议

平山县第一届人民代表大会第五次会议，同意提案审查处理委员会关于提案审查处理的报告，会后人民委员会要认真监督各有关部门抓紧进行处理。

（三）代表提案及批评建议

这次大会实到100人，带来的提案42件，从提案的性质和内容上看，有关生产建设的（包括生产、生活资料的供应不及时，物价不合理等方面的意见）共15件，有关水利建设方面的意见7件，有关交通运输方面的5件，其他方面的15件。从这些提案的性质上分析，其中合理化建议有10件，批评建议8件，其余24件多是群众的呼声和要求。这些提案共涉及县级16个单位。

第二章　第二届人民代表大会

平山县第二届人民代表大会，任期自1956年12月至1958年5月，其间共召开3次会议。

第一节　人大代表

根据省、专的指示精神，平山县的第二届人民代表大会代表选举工作从11月1日开始。根据石家庄专署的批复精神，于1956年11月11日成立由11人组成的第二届人民代表大会选举委员会，主持全县的选举工作。县人大代表采取间接选举的办法产生。

主　席：许桂林

委　员：

郑瑞平	武庭元	马林书	高风林
苏明亮	郭锡武	武天彬	刘清太
刘　验	许应运		

各乡都相应建立选举委员会，领导本乡选举工作的具体事宜。全县的选举工作从11月初开始，到11月20日，基层民主选举基本结束。其间各乡在选举产生乡人代会代表的基础上，相应召开乡第二届代表大会第一次会议，选举产生本级人民委员会和出席平山县人民代表大会代表。全县选举产生县人大代表140名。

经县第二届人民代表大会第一次会议代表资格审查委员会审查，当选代表资格全部有效。

代表名单

张荫昌	左思敏	陈丕化	王瑞堂
郝香香（女）	马保寿	齐士真（女）	姚银禄
李化元	祁慧琴（女）	齐东林	郝慧琴（女）
曹兰芬（女）	李　庆	王克东	王润昌
贾红火	贾梦更	康明德	张锡琴（女）
张顺华	马福登	于瑞竹（女）	焦德照

郑瑞平	芦怀秀	张庆华	李明芳（女）
张玉崑	张秀琴（女）	刘三德	杨四新
杨　敏	杨紫竹（女）	曹丑子	芦作德
杜鹤文	张世修	王振林	李兆新
李尚斌	郜　同	郜满姐	曹回永
郝　林	盖哺头	赵喜琛	张风祥
柴润雨	丁　贵	尤素姚	周思明
郭士英	杜　林	闫盛靖	李克钊
贾金金	韩顺昌	张文英	王保三
邢贵生	张金金（女）	边禄祥	王怀林
李世廉	王文藻	许应运	封梦月
齐巧巧（女）	仇同开	李庭栋	齐一心（女）
芦福德	许桂林	刘焕林	王连贵
齐清祥	茹成山	张玉辉	张士文
康云云（女）	张九保	胡二蚕	赵六妮
单花枝（女）	赵永芽	杨竹竹	檀　朴
高风林	刘　骆	史建云	康鸣歧
齐思思（女）	解雪山	杨金拴	李殿臣
刘瑞林	马金来	郭喜庆	赵玉书
周美林	康福瑞	刘娥妮（女）	刘秋吉
聂风竹	邵国爱	李昌道	赵梦禄
高风池	吴全明	张酸庆	齐庆文
康美雪	闫庆甫	吴庆云	刘金书
郝时双	付积贤	任素芬	贾德生
米翠亭	于顺祥	刘云廷（女）	许连德
郜桂芬	韩同福	韩润清	谷风雪
谷更林	朱世佳	刘彦祥	赵德功
霍　标	霍广林	苏顺隆	罗风亭
张美林	吴振亭	齐俊元	高顺云

第二节　代表大会

县第二届人民代表大会共召开 3 次会议。

第一次会议

县第二届人民代表大会第一次会议于1956年12月27日至31日在职工俱乐部举行，会议应到代表140名，实到代表114名，因事因病请假26名。听取审议政府、法院、财政工作报告、县人民委员会的提案，并通过相应的决议。选举产生县级政府机构。

一、组织机构

大会预备会议选举产生主席团，通过秘书长名单、提案审查委员会、代表资格审查委员会名单和会议议程。

主席团（17名）：

郑瑞平	曹兰芬	李世谦	许桂林
焦德照	苏顺隆	王振林	康云云
郝香香	张荫昌	于顺祥	张士修
王瑞堂	王润昌	郭喜庆	许应运
王文藻			

秘书长：茹成山

副秘书长：张士修

提案审查委员会

主　任：李世谦

副主任：王润昌

委　员：张士修　刘验　王克东　李庆　王文藻

代表资格审查委员会

主　任：许桂林

委　员：檀朴　于顺祥　王振林　高风林

二、主要议程

12月27日早晨，在大会正式开幕前，大会筹备委员会主持召开预备会议，大会筹备委员会秘书长茹成山作关于大会筹备经过的报告。

12月27日上午，会议听取县长郑瑞平作《平山县两年来的政府工作报告》，指出：两年来国家投资共修成谷坊249座，小水库10个，小渠313条，打井1136眼，1955年全县粮食产量为6904.44万斤，比1954年粮食总产量5260.25万斤，提高了31.26%，1956年全县粮食产量8111.91万斤，又比1955年高了17.4%，并出现了许多高额丰收和大面积丰收的空前未有的新纪录，计有亩产千斤以上的玉米62.28亩，万斤以上的53.4亩，615斤～942斤的小麦21.1亩，700斤以上的花生42.3亩，1021斤的水稻1.68亩。

27日下午，县人民法院院长部吉庆作《平山县人民法院关于1955、1956年的工作报告》。

27日晚上，檀朴代表平山县人民委员会作《关于1955年财政决算和1956年财政预算执行情况的报告》，计划委员会尹德亮副主任受人民委员会23次会议委托，向大会宣讲了平山县人民委员会23次会议关于要求大会审议通过《中共平山县委关于执行一九五六年至一九六七年全国农业发展纲要草案的规划意见》的提案。

28日全天和29日中午以前小组讨论。29日下午、晚上和30日早晨大会发言。30日上午讨论大会发言，下午报告和通过大会选举法（许桂林代表），提出县长、副县长、人民委员会委员候选名单。

31日审议中共平山县委的提案。

会议分6个代表团对上述报告进行认真审议和审查，批准相应报告。根据各代表团对6个报告的审议情况，会议分别作出相应的决议。大会根据《中华人民共和国各级人民代表大会和地方各级人民委员会组织法》规定，并遵照国务院1956年选举工作指示精神，进行县级政府的选举，选举结果如下：

县　长：郑瑞平

副县长（3名）：王振林　李世谦　许应运

县人民委员会委员（17名）：

王振林	王瑞堂	王瑞昌	王克东
李世谦	茹成山	高风林	张荫昌
张士修	许应运	许桂林	曹兰芬（女）
焦德照	贾复生	郑瑞平	刘　验
芦怀秀			

三、代表提案及批评建议

会议期间，共收到代表提案116件，内容涉及交通、水务、文教卫生、林业、工业信息、城建、环保、供电、旅游、规划、城市管理、农牧、土地、食品安全、财政等方面。

第二次会议

平山县第二届人民代表大会第二次会议于1957年6月2日至5日在人民礼堂举行。会议应到代表142名（包括井陉来的2人），实到代表107名，因故请假的5人，没有报到也没有请假的代表30人。

一、组织机构

大会预备会议选举产生主席团，通过秘书长名单、提案审查委员会、代表资格审查委员会名单和会议议程。

主席团（19名）：

张荫昌	徐桂林	王振林	许应运
李世谦	李　庆	于顺祥	焦德照
左思敏	曹兰芬	王润昌	王文藻
苏顺隆	张士修	郝香香	康云云

高风林　　李庭栋　　王瑞堂

秘书长：茹成山

副秘书长：刘验

提案审查委员会

主　任：王润昌

副主任：张玉昆

委　员：李庆　刘验　王克东　贾复生

代表资格审查委员会

主　任：许桂林

委　员：檀　朴　于顺祥　高风林　马保寿

二、主要议程

6月2日上午，会议听取副县长王振林作的《关于兴修水利根除水患的意见》。李世谦作的《平山县关于1956年财政决算和1957年财政预算的报告》。下午，县委第二书记张荫昌作《关于正确认识和处理人民内部矛盾问题的报告》。

6月3日，会议认真讨论各项报告，发表许多修改和补充意见，特别是对全县水利工作进行认真研究，明确水利方针，研究今后措施，批判全县过去水利工作中思想上、行动上缺点和错误，这就使全县兴修水利根除水患的意见进一步丰富切实，为今冬明春水利大发展创造了条件。更重要的是，会议仔细地分析研究全县当前人民内部的主要矛盾，从而正确地解决了矛盾，并讨论了解决矛盾的方法，并将为推动全县各项事业的迅速发展产生重大力量。

6月5日，最后在大家思想统一、认识一致的基础上作出决议，给全县人民指出了奋斗方向。

三、通过的决议

1. 关于兴修水利根除水患的决议

（1957年6月5日平山县第二届人民代表大会第二次会议通过）

平山县第二届人民代表大会第二次会议，审查讨论了王振林副县长代表平山县人民委员会关于兴修水利根除水患意见的报告，一致认为这个意见提得很适时，并且基本上切实可行。全县今后水利工作可按照该意见认真贯彻执行，县、乡人民委员会应领导全县人民，按照各地区的具体情况，做好规划和各方面准备，领导全县人民在今秋和明春掀起一个全县范围的水利建设高潮，并把运动持续经常，为消减全县可能消减的旱地，根除水患，实现全国生产发展纲要中亩产粮食的要求而奋斗！

2. 关于积极拥护和认真贯彻执行“毛主席关于正确处理人民内部矛盾指示”的决议

（1957年6月5日平山县第二届人民代表大会第二次会议通过）

平山县第二届人民代表大会第二次会议，一致同意张荫昌代表根据毛主席关于正确处理人民内部矛盾指示精神，结合具体情况发言，并认为该发言可作为全县干部学习讨论的参考。

同时会议表示，一致拥护和认真执行“毛主席关于正确处理人民内部矛盾的指示”。会议认为，这个指示是非常切实和正确的，是马列主义理论一个新的重大发现，它不但有着深刻的现实意义，更有伟大的世界意义。因此全县干部和广大人民群众应该认真学习和学会正确处理人民内部矛盾，通过边学习、边检查、边解决的方法，使人民内部矛盾能及时正确地得到处理，以推动社会主义各项事业的迅速发展。

四、代表议案及批评建议

会议期间，共收到代表提案96件，内容涉及交通、水务、文教卫生、林业、工业信息、城建、环保、供电、规划、城市管理、农牧、土地、食品安全、财政等方面。

第三次会议

平山县第二届人民代表大会第三次会议于1958年1月9日至12日在人民礼堂举行。会议应到代表142名（包括井陉来的2名），实到代表103名，占代表总数的72%，因故请假的17名，没有报到也没有请假的代表22名。

一、组织机构

大会预备会议选举产生主席团，通过秘书长名单、提案审查委员会、代表资格审查委员会名单，通过会议议程。

主席团（17名）：

郑瑞平	许桂林	王振林	李世谦
李　庆	于顺祥	焦德照	康鸣岐
曹兰芬（女）	马保寿	张士修	高风林
王瑞堂	郝香香	康云云	张美林
苏顺隆			

秘书长：张士修

提案审查委员会

主任：王振林

副主任：王克东

委员：李庆　王美林　焦德照　齐岚风　张士修

代表资格审查委员会

主任：许桂林

委员：高风林　于顺祥　马保寿　檀　朴

二、主要议程

会议听取和审议《平山县人民委员会1957年工作总结报告》《平山县人民法院工作报告》《平山县1958年农业生产“大跃进”的意见》，讨论和制定《平山县政府与代表、代表与选民的联系制度》，听取和审查16个部门工作的汇报发言。

整个会议中，始终贯彻了整风精神，最后在各位代表思想一致、认识一致的基础上，作出四项决议，即《关于1957年政府工作报告的决议》《关于1957年法院工作报告的决议》《关于 1958 年农业生产“大跃进”的决议》和《关于建立健全政府与代表、代表与选民联系制度的决议》。

此次大会全体举手通过关于批准李世谦副县长到乡级工作的报告。

三、通过的决议

1. 关于 1958 年农业生产“大跃进”的决议

（平山县第二届人民代表大会第三次会议于 1958 年 1 月 12 日通过）

会议通过平山县人民委员会关于 1958 年农业生产“大跃进”的意见。

会议认为：这个“意见”中的各项跃进任务和实现任务的措施是先进可靠的，是和县条件相适应的，有把握可以实现，实现了这“意见”，将对实现全国农业发展纲要，将对实现第二个五年计划创造良好的开端。因此，全县人民应把这个“意见”作为 1958 年农业战线上的行动纲领。县、乡人民委员会，必须消除一切保守思想，集中一切积极因素，组织全县人民，在党的领导下，依靠农业生产合作和集体劳动的优越性，以愚公移山的劲头，用打鬼子斗地主的革命气魄，拼命地赶下去，为保证完成和超额完成各项跃进任务而奋斗。

2. 关于建立与健全政府与代表、代表与选民联系制度的决议

（平山县第二届人民代表大会第三次会议于 1958 年 1 月 12 日通过）

会议认为，建立这个“联系制度”是非常必要的。这个制度的建立与健全，将进一步扩大民主生活，将更进一步发挥广大人民群众对于国家机关的批评和监督作用，将使政府工作中的官僚主义现象得到进一步克服，将会更进一步地密切政群关系，增强政府在群众中的威信。总之，这个制度的建立与健全，将对国家社会主义建设事业的发展发挥出无穷的力量。

会议决议，县、乡人民委员会，县、乡人民代表，要认真执行这个制度，履行自己的光荣义务。

附：关于政府与代表、代表与选民联系制度

（平山县第二届人民代表大会第三次会议于 1958 年 1 月 12 日通过）

为了充分发挥各方面对政府工作的检查监督作用，来同脱离群众、脱离实际的官僚主义现象作斗争，进一步加强和改进县、乡政府工作，团结广大群众积极地进行社会主义建设，特制订如下制度。

一、认真执行各级人民代表大会和各级人民委员会组织法规定，坚持法定的会议制度。法定会议，任何人不得擅自改动和违背，必须定期召开

县人民代表大会会议，每年召开两次，一般应在 6 月和 12 月进行。乡人民代表大会会议，每年召开四次，一般在 1 月、4 月、7 月、10 月的上旬进行。不论县、乡人民代表大会会议的召开，必须有过半数代表出席，否则不得开会。会议随时将召开情况（时间、出席、缺席代表数、会议内容、所形成的决议等）总结上报上一级人民委员会。

县人民委员会会议每月一次，一般的在每月上旬进行。乡人民委员会会议每月两次，一般在每月 5 日、20 日进行。有关本级的重大工作，必须通过这个会议研究决定，不得以其他会议代替，必要时可召开扩大会议。

乡级各工作委员会会议，每半月一次，一般应在每次乡人民委员会会议后进行，贯彻执行乡人民委员会会议决议。

二、县要认真坚持每半年一次乡长会议制度。除此，县每半年要结合代表访问对乡政府工作进行一次全面的视察。乡人民委员会要每月向县报告工作

三、建立与健全政府与代表的联系制度。县、乡人民委员会，除定期召开本级人民代表大会会议以外，还必须树立和改进以下制度

1. 改进提案制度：为了加强与代表的联系和及时获取群众意见，县人民委员会每季度要搜集人民提案一次，在每季末月上旬发提案纸，中旬收回，组织有关部门认真及时地进行研究处理，并将处理意见印发，分别转告代表本人（如与人代会靠近时，可以合并处理）。

乡级人民代表会议提案，可随各次会议搜集（或随时收集）会议提出处理意见，在下次会议上公布通过。

2. 健全代表访问和代表座谈制度：县人民委员会每半年进行一次对县、乡代表的访问（重点是县代表），一般在每次人代会前进行。访问中要有重点，以充实人代会会议内容。每季有计划有目的的进行一次代表座谈（主要是对驻机关代表），了解机关代表所搜集的群众意见，督促机关代表加强对选区的联系。

乡级人民委员会对乡级代表的访问和座谈至少每月一次，可通过下乡工作及时进行，但必须有计划有目的。并由乡长及时组织汇报，接受、整理访问和座谈情况。

3. 健全与代表定期和随时的通信往来。县、乡人民委员会在每次人代会后，与缺席代表，普遍进行一次信件联系，以便全面地争取代表意见。在平时对代表要做到有来有往，或有计划的不来先往，以了解代表情况，征求代表意见。各代表也要主动地反映人民意见。

4. 为了加强与代表的联系，乡人民委员会必须加强对村代表主任的联系和领导，发挥他们的作用，以助乡人民委员会对代表意见的争取。

5. 县、乡人民委员会委员，要注意随时随地对代表的联系、访问和接待，特别是乡级政权干部，下乡工作时要注意发挥人民代表的组织作用和利用代表座谈、访问、争取代表意见，使用代表力量进行工作，以体现人民民主的政权实质。

6. 为了及时正确地处理人民意见，切实地把政权工作置于人民群众的检查监督之下，对人民意见，县、乡政府必须设立专人管理，及时整理，提供领导。县长、乡长要经常积累群众意见，用于改进工作。

四、建立、健全代表与选民（群众）的联系制度。其方法应多种多样，并且要适合选民生产、生活的要求

1. 代表访问选民：代表可利用生产或工作间隙，比如冬天的晚上、夏天的中午，及时地深入到选民家里进行访问，了解选民情况，征求选民意见，并及时地向乡人民委员会进行反映选民意见，以便及时解决选民所提出的问题。

2. 代表与选民座谈：代表要根据当前中心工作或重大问题，利用居民小组、生产小组，或是群众集会的场合，有计划有目的的和群众座谈，听取选民反映，征求选民意见。

代表对选民的意见，应及时向乡政府反映，并在处理后，给选民报告处理结果。

每次代表会议召开后，各代表应主动地、及时地，把会议情况向选民（或选区代表）进行传达报告。乡级人民委员会和村代表主任，对代表要进行大力帮助，做好对选民的组织动员工作。

五、加强访问工作

1. 坚持执行县长接待日，每月初二、十五，县长要在问事处接待群众来访。

2. 加强问事处和对问事工作的领导。县长、乡长要亲手领导信访工作，亲手办案。县、乡主管信访工作的干部，不得轻易更换，要使他们的工作稳定下来。主管信访工作的干部，至少每月要把信访工作中所发现的主要问题，综合分析报告领导。

3. 信访工作中要发挥群众力量。县要发挥各乡和县级各部门的作用，县问事处要主动加强对县、乡信访工作干部的业务指导，帮助他们树立制度和研究工作方法。乡级对信访工作必须由乡长亲自掌握处理，处理方法，主要依靠县里自办，有时也可使用下乡干部的力量。

4. 为满足人民群众的问事要求，县除组织执行各片原有的问事意见箱外，并在郭苏、东回舍建立两个问事站，每月定期上站一次。郭苏站责成郭苏办事处负责。在上站的当天晚上电话汇报问事处。

5. 各乡可设立意见箱，由乡及时开箱，及时处理答复群众。

以上制度自公布之日起执行。

四、代表议案及批评建议

这次会议期间，共收到代表提出的提案、意见 200 多条，经综合，除去重复外列入提案共有 132 件，分为 6 个类型：一、交通运输部分 10 件。二、政法部分有 17 件。三、粮食部分 10 件。四、农田水利方面 23 件。五、文化部分 17 件。六、财贸部分 55 件。以上提案，共涉及 27 个部门，各部门当会作出答复，现将处理意见发给各位代表和各有关部门，今后人民委员会要认真督办办理，并将这些提案作为指导工作、改进工作的依据。

第三章　第三届人民代表大会

1958年，县第二届人民代表大会任期已满，上半年，召开县第三届人民代表大会第一次会议。县第三届人民代表大会任期自1958年5月开始至1962年12月。其间共举行2次会议，处理代表提案和意见建议211件，圆满完成了会议预定的各项任务，促进了各项生产和建设事业。

1958年9月，平山、建屏二县合并，称为平山县。

第一节　人大代表

至县第三届人民代表大会第二次会议时，共有代表278名，县人大代表由间接选举产生（其余资料不详）。

第二节　代表大会

县第三届人民代表大会共召开2次代表会议。

第一次会议

县第三届人民代表大会第一次会议于1958年5月23日举行。根据《中华人民共和国地方各级人民代表大会和地方各级人民委员会组织法》规定，并遵照国务院1958年选举工作指示，进行县级政权、法院院长、省人民代表大会代表的选举，选举结果如下：

县　长：

郄振武

副县长（2人）：

王振林　许应运

县人民委员会委员（19人）：

于顺祥	王振林	王克东	王瑞堂
李　庆	郄振武	茹成山	孙德成
梁雨晴	许应运	张荫昌	张中和
张士修	曹兰芬	焦德照	贾复生
霍顺祥	刘　验	芦怀秀	

县人民法院院长：康锦文

出席省人民代表大会代表：张荫昌　许应运

第二次会议

平山县第三届人民代表大会第二次会议于1959年7月31日至8月3日在人民礼堂举行。县第三届人民代表有278人，病故1人，犯错误1人，会议应到代表276名，实到代表162名，因事因病请假114名。听取县委书记处书记高新华作的《平山县政府工作报告》、县财政局副局长李顺川作的《平山县关于1958年财政决算和1959年财政预算的报告》、县人民法院院长康锦文作的《平山县人民法院工作报告》，并通过相应的决议。

一、组织机构

大会预备会议选举产生主席团，通过秘书长名单、提案审查委员会、代表资格审查委员会名单和会议议程。

主席团（19名）：

梁雨晴	高新华	王振林	邢明哲
许桂林	白振国	张士修	李　杰
付　达	左思敏	高　会	何希贤
戎冠秀	李顺川	王瑞堂	齐尚贤
白瑞采	刘菊英	焦德照	

秘书长：张士修

主席团第一次会议决定贾鸣谦为大会副秘书长。

提案审查委员会

主　任：邢明哲

委　员：王克东　李　英　荣　集　芦怀祥　高　会

代表资格审查委员会

主　任：许桂林

委　员：李　杰　曹培元　戎冠秀　梁文秀

二、主要议程

7月31日，会议听取县委书记处书记高新华作的《平山县政府工作报告》，县财政局副局长李顺川作的《平山县关于1958年财政决算和1959年财政预算的报告》、县人民法院院长康锦文作的《平山县人民法院工作报告》。在会议中，与会代表均以主人翁的姿态，高涨的热情，负责的态度审查和讨论了大会各项报告。在讨论中，全体代表畅所欲言，提出许多宝贵的意见，进一步丰富充实了大会各项报告的内容，增强了准确性，使各项计划和指标更加切实和可靠。

8 月 2 日，大会根据《中华人民共和国各级人民代表大会和地方各级人民委员会组织法》规定，补选县长、副县长，改选县人民委员会委员，选举结果如下：

县　长：

高新华

副县长（4 人）：

邢明哲　许桂林　刘贝山　白振国

县人民委员会委员（25 人）：

梁雨晴	张之波	白郁文	张士修
韩万宝	曹培元	李　杰	齐尚贤
武廷元	付　达	刘菊英	许应运
何希贤	李顺川	李　庆	李志禄
戎冠秀	阎金山	高　会	左思敏
程明芳	焦德照	白瑞采	贾鸣谦
王瑞堂			

三、代表议案及批评建议

会议期间，共收到代表提案 211 件，内容涉及农林水利、工业交通、财经贸易、文教卫生等方面。所涉提案虽在会上已做处理，但比较粗糙，会后重新组织有关部门具体交办，并加强催办，并适时听取其办理进度，确保其办理效果。

第四章　第四届人民代表大会

平山县第三届人民代表大会期间，县域行政区划进行调整，建屏县与平山县合并。1962年，经济形势逐步好转。是年12月，县第四届人民代表大会举行，任期自1962年12月至1963年10月，仅举行一次会议。会议围绕贯彻落实党的八届十中全会精神，以全党、全民支援人民公社集体经济为核心，圆满完成各项预定任务。办理代表提案237件。

第一节　人大代表

根据选举法的规定，平山县第四届人民代表大会代表总名额为301名。

为做好县乡两级人大换届选举工作，经第三届县人民委员会讨论，1960年12月成立县选举委员会，报石家庄专署批复。1962年3月经河北省石家庄专署批复，由梁雨晴担任主席，下设选举办公室，办理具体事宜，由武天彬、盖祝三任办公室主任、副主任。各公社都相应成立选举委员会，组织和领导本地区人大代表选举。各生产大队在党支部领导下成立选举工作领导小组，具体负责选举工作。县人大代表由间接选举产生。

县选举委员会

主　席：梁雨晴

委　员：

高新华	王振林	梁　格	郄振武
霍顺祥	郄振书	李保运	贾鸣谦
李顺川	张士修		

平山县第四届人民代表大会第一次会议代表资格审查委员会对各公社选举产生的301名代表的代表资格进行审查，认为这301名代表的选举符合法律规定，代表资格全部有效。

代表名单

城关地区

城关公社：

苏明来	刘庆庆	马风果（女）	马　驹
董小拴	张达庭	焦德照	王江江
李　遂	贾玉姐（女）	王丽珍（女）	左思敏

孟贤壁公社：

张志波	刘菊英（女）	张春荣	刘正元
刘二娃	闫　义	李英竹（女）	付二仓

胜佛公社：

刘俊傑	白梦华	焦玉庭	齐兴林
郝香香（女）	郝叔修	贾建功	胡庆云
郝黑旦	贾鸣谦	盖虎祥	

里庄公社：

高新华	霍顺祥	张丕礼	郄继五
孙　显	齐世华	康增玉	李冬女
杨秀子（女）	齐命娃（女）		

西冶公社：

齐尚贤	张金屏	赵善文	逯风来
杜文成	张庆元		

回舍地区

东回舍公社：

周逢禄	盖付姐（女）	王增来	王巧巧（女）
闫苍山	于吉顺	蔡振英	赵同顺
赵牛成	柴翁如	杜令令	

西回舍公社：

侠锡春	杜银录	郝更娃	董成章
闫秀云	荣国华	胡梅梅	张绸女（女）

马塚公社：

郜　同	刘积元	郄振书（女）	任世贤

薛廷山

温塘公社：

郭士英	闫盛奎	李二和	王双珠
柴致明	刘秀英（女）		

田兴公社：

张新拴	李顺川	赵元中	安永兵
盖清风（女）	何银发	杜五山	闫五锡

大吾公社：

许桂林	王怀忠	陈耀祖	封士林
任银昌	王金祥	尤从善	尤　通

南甸地区

南甸公社：

齐应顺	刘经奎	张式才	解槐树
李风印	史顺子	杨兰拴	李明芳（女）
李保运			

王陈庄公社：

谷　国	焦世芳	李元庆	贾书庆
贾永枝（女）			

王坡公社：

王振林	武廷元	马青山	郜鹤林
田守禄	张书明	刘庆祥	康牛子
张士修			

相公庄公社：

李　庆	赵永芳	康瑞书（女）	薛　虎
王永堂			

两河公社：

刘清太	张志善	王专林	陈连增
智德群	曹青竹（女）	赵五庆	张连祥
史　章			

三汲公社：

李志禄	李　英	袁花枝（女）	孙美林
李不指	王瑞庆	杜春景（女）	赵九保
杨香林（女）	辛春英	韩瑞祥	

岗南地区

岗南公社：

杨　墨　　贾银林　　曹占泉　　焦玉瑞（女）
许连德　　谷书妮（女）　　王清太

霍宾台公社：

许更拴　　康　锡　　任炳风（女）　　白洁玉
齐士选　　刘贝山

苏家庄公社：

苏明亮　　赵　道　　韩五马　　赵良玉

中石殿公社：

张文英　　康际云　　史福山　　李连果（女）
张　林

宅北公社：

苏顺隆　　李金寿　　罗树梅（女）　　韩润清
霍　文　　霍玘祥

柏坡公社：

杨士元　　闫志庭　　韩润

缑家庄公社：

韩同福　　曹银树　　王金叶（女）

孟家庄地区

柏岭公社：

盛元志　　李法兵　　封家烈

唐家沟公社：

封法章　　李瑞庭（女）　　齐道金　　董志云
焦占林

刘家坪公社：

关梦显　　崔金斗　　刘国三　　高清江

六亩元公社：

李学书　　朱贵珍（女）　　安英法

秋卜洞公社：

高风川　　蔺青山　　安金阳

观音堂公社：

梁风堂	戎冠秀（女）	齐有政	

孟家庄公社：

封玉涛（女）	刘　侃	封良俊	王位位
刘清源			

古月地区

青杨树公社：

封云景	韩国从	刘润海	郭四香（女）

甘秋公社：

齐颜芳	张新文	尹吉子	

三家店公社：

孙　秀	尚吉胜	杨　吉	梁雨晴

西峪公社：

武润元	焦海林	付兴义	左吉昌

古月公社：

白瑞采	李庆瑞	韩万宝	郝崇善
刘建武	谷法堂	齐庆朝	赵福增
李全林			

北冶地区

下口公社：

芦福英	米　云	王　臣	芦顺星
魏贵子			

唐家会公社：

萧　信	赵清芳	范　瑞（女）	

管道峪公社：

关天佩	付　达	郭银子	李　瑞（女）

塔崖公社：

谢米容	封庆书（女）	姜　柱	赵学英
戎良竟			

北冶公社：

封玉润	王振宇	翟金堂	姚福金
梁兴汉			

建屏地区

建屏公社：

何希贤	邢光林	封立颜	韩林昌
张景忠	苏润学	何颜文	康士英

杀虎公社：

梁风广	燕佩英	王水全

十里坪公社：

王树根	罗润堂	李风林

店头公社：

芦　勇	任士山	张克耀

皂户地公社：

刘瑞停	刘生尧	袁文花

卸甲河公社：

付增寿	赵廷印	韩存林（女）

营里公社：

白玉忠	董如意	白玉珍

大坪公社：

韩德明	张南看	邢正英

瓦房头公社：

袁富明	康存怀	杨学义

杨家桥公社：

韩树昌	李铭英	杨永隆

蛟潭庄地区

龙窝公社：

杨怀志	崔文云	杨　增

蛟潭庄公社：

焦士学	李增寿	崔永秀（女）	封瑞珍

桑元口公社：

康锡福	崔永兵	刘连科

合河口公社：

张桂昌	马风兰（女）	李怀怀

王家坪公社：

刘开洋　　张保怀　　王存才

木厂公社：

崔福元　　裴三毛　　常四汉

第二节　代表大会

县第四届人民代表大会只召开一次会议。

平山县第四届人民代表大会第一次会议于1962年12月27日至29日在县城内举行。会议应到代表301名，实到代表163名，因事因病请假138名。会议围绕贯彻党的八届十中全会决定，审查通过县人民委员会工作报告、财政预决算报告和县法院工作报告，选举产生新一届县人民委员会组成人员，补选县法院院长。

一、组织机构

大会预备会议选举产生主席团，通过秘书长名单、提案审查委员会、代表资格审查委员会、预算审查委员会名单和会议议程。

主席团（17名）：

王振林	王丽珍（女）	左思敏	白瑞采
刘贝山	戎冠秀（女）	张志波	张春荣
张士修	郄振书（女）	高新华	梁雨晴
盖虎祥	盖付姐（女）	霍顺祥	韩瑞祥
韩万宝			

秘书长：张士修

主席团第一次会议决定李荣、茹成山为大会副秘书长。

提案审查委员会

主任：王振林

委员：史　章　左思敏　何希贤　杨永隆　柴翕如　马凤果（女）

代表资格审查委员会

主任：盖虎祥

委员：刘菊英（女）　李保云　焦士学　贾鸣谦

预算审查委员会

主任：刘贝山

委员：刘金奎　李顺川　萧　信　张春荣

二、主要议程

12月27日，会议听取副县长刘贝山作的《平山县政府工作报告》、县人民法院院长作的《平山县人民法院1959年至1962年工作报告》、县财政局局长作的《关于1959年至1961年财政决算和1962年财政预算执行情况的报告》。在会议中，与会代表均以热情百倍的精神和当家做主认真负责的态度审查和讨论了各项报告。在讨论中，全体代表本着从改进政府工作出发的精神和对人民事业负责的态度，使之更加符合客观实际，更加切实和可靠。

会议第三天，代表们在统一思想的基础上，满怀信心，以认真严肃的态度，一致通过三项决议，这就为全县人民提出了明确的奋斗方向，并有力地推动全县各项社会主义建设事业的发展，促进整个国民经济的新高潮。

12月29日，根据中华人民共和国地方各级人民代表大会和地方各级人民委员会组织法规定，并遵照省（人民委员会）、专（石家庄专员公署）有关选举的指示，进行县级政权的选举，选举结果如下：

县　长：高新华

副县长（3名）：

王振林　刘贝山　盖虎祥

县人民委员会委员（29人）：

王振林	王丽珍	左思敏	白瑞采
史　章	付　达	刘贝山	刘菊英
戎冠秀	闫五锡	齐尚贤	李保运
李顺川	吕庆瑞	何希贤	张之波
张士修	张春荣	张达廷	杨永隆
高新华	郄振书	梁雨晴	盖虎祥
焦德照	贾鸣谦	霍顺祥	韩万宝
韩瑞祥			

三、代表议案及批评建议

会议期间，共收到代表提案237件，内容涉及交通、水务、文教卫生、林业、工业信息、城建、环保、供电、旅游、规划、城市管理、农牧、土地、食品安全、财政等方面。

第五章　第五届人民代表大会

平山县第五届人民代表大会第一次会议是在国际形势对国家有利的情况下，是在国家国民经济开始全面好转的情况下，是在全县今年以来各个战线取得伟大成就的情况下，是在与暴雨造成的严重自然灾害做斗争取得实际胜利的情况下召开的。县第五届人大任期 1963 年 10 月至 1965 年 12 月，仅召开一次会议，围绕全县中心工作，圆满完成了预定的各项任务。会议处理代表提案 521 件。

第一节　人大代表

平山县第四届人民代表大会于 1963 年即将任期届满。经第四届县人民委员会讨论，报石家庄专署批复，平山县于 1963 年 4 月 3 日成立由 11 人组成的第五届人民代表大会选举委员会，主持全县的选举工作。县人大代表采取间接选举的办法产生。

县选举委员会主席：梁雨晴

委员：

高新华　王振林　梁　格　郄振武　霍顺祥

郄振书　李保运　贾鸣谦　李顺川　张士修

选举委员会下设办公室，吸收政府有关部门干部进行具体工作，已于 8 月 20 日开始工作。各公社也相应建立选举委员会，选举委员会下办公室，领导本公社选举工作的具体事宜。全县的选举工作从 3 月初开始，到 6 月底基层民主选举结束。其间，各公社都召开公社代表大会，选举产生本级人民委员会和出席平山县人民代表大会代表。全县选举产生县人大代表 314 名。其中党员 165 名占比 52.5%，群众 149 名，占比 47.5%。妇女代表 65 名，占比 20.7%。

平山县第五届人民代表大会第一次会议代表资格审查委员会对公社选举产生的 314 名代表的代表资格进行审查，认为这 314 名代表的选举符合法律规定，代表资格全部有效。

代表名单

城关地区

城关公社：

左思敏	焦群英	王东初	苏明来
郭书亭（女）	马　君	李永和	王振中
马保寿			

里庄公社：

王元吉	霍顺祥	焦德照	郄继五
康增义	田福铃（女）	齐墨喜	张顺元
王景兰（女）			

杨西冶公社：

张锦屏	赵善文	马凤果（女）	杨　敏
杨篓子			

胜佛公社：

郝香香（女）	张达廷	白梦华	梁银雪
郝三娃	王顺雨	李华元	王文秀（女）
韩瑞祥			

孟贤壁公社：

张之波	刘菊英（女）	刘振远	刘明月
李银祥	苏国文	李银竹（女）	闫　仪
张朵瑞（女）			

回舍地区

东回舍公社：

王增来	茹成山	王丽珍（女）	李　达
盖付妞（女）	田风枝	王佩群	刘金合
张庆来			

西回舍公社：

郜士选	檀　朴	杨孔晓	康生平
赵风亮	白焕彩	温非妮（女）	张明顺
王云妞（女）			

大吾公社：

郑美来	王毛子	李秀荣（女）	高新华
李太平	孙二成	王怀忠	尤存善
任联（女）			

马中公社：

张树英	郄振书（女）	郜法法	刘汗润
杨瑞清（女）			

温塘公社：

郄振武	王　维	刘景山	郭士英
王禄子	盖　祥	谷瑞香（女）	吴国瑞
李庆瑞（女）			

田兴公社：

闫五锡	李顺川	何风叶（女）	周逢禄
李志廷	任德庆	石守礼	李金柱
李喜秀（女）			

南甸地区

南甸公社：

李宝运	李　庆	齐银顺	苏寿法
刘经奎	张式才	杨永竹（女）	甄寿小
吴联平（女）			

三汲公社：

盖虎祥	孙德成	袁花枝（女）	栗岁吉
刘太治	李庆瑞	孙美林	李　英
施介介（女）			

相公庄公社：

贾金竹（女）	薛　虎	刘岁歧	马青山
郜振吉			

两河公社：

史　章	张春荣	田瑞太	智德祥
王专林	赵翠云（女）	封喜风（女）	李双保
王三果			

东王坡公社：

王振林	章　虎	何华斌	马元科

田寿禄	武六朵（女）	张玉枝（女）	焦玉山
高元合			

王陈庄公社：

李学文	杨考昌	贾永枝（女）	刘拴狗
张士修			

岗南地区

岗南公社：

李　傑（女）	高风林	潘建生	闫春山
许连德	曹永庆	王庆顺	任永奎
王清太			

中石殿公社：

贾鸣谦	张文英	王清珍	王　玺
赵增书（女）			

苏家庄公社：

白振国	秦克明	刘雪珍（女）	闫清明
赵良玉			

苏家庄公社：

朱士信	王金叶（女）	李　林	

霍宾台公社：

许更拴	刘贝山	王香竹（女）	史　芳
梁金奎			

柏坡公社：

刘振兴	杨君秀	闫逢香（女）	李寿三
韩　荣			

宅北公社：

焦君奎	刘春明	李全寿	尹德亮
张汗子	罗树梅（女）	李二妮（女）	罗歧祥
霍　稳			

孟家庄地区

孟家庄公社：

封玉涛	郝润林	刘清元	王化珍
张　云			

柏岭公社：

盛元志	封家烈	武占云	何希贤

刘家坪公社：

何云甫	关孟显	梁明瑞（女）	范增华
刘兵拴			

六亩元公社：

李春彦	李春云（女）	张风山

观音堂公社：

郭润喜	戎冠秀（女）	韩道文

秋卜洞公社：

崔志顺	牛吉怀	李桂忠

唐家沟公社：

王振宇	焦占林	齐树兵	封国珠
王永秀（女）			

古月地区

古月公社：

齐履祥	李荣章	谢正保	吕庆瑞
齐炳雪	赵　纲	王清书（女）	谷法堂
齐爱亭（女）			

三家店公社：

梁雨晴	杨　炯	李锦庭（女）	曹　禹

西峪公社：

封起福	刘金台	韩振礼	付保拴
付俊英（女）			

甘秋公社：

齐顺吉	张新文	李青书	张贵林

青杨树公社：

刘连锁	韩国存	封云锦

北冶公社：

韩万宝	高　会	郄怀明	王树才
付贵林（女）			

塔崖公社：

白瑞采	郑　约	赵士桢	赵学英

谢米荣

唐家会公社：

封玉润　赵清芳　张志联（女）　齐冠文

管道峪公社：

付　达　赵贵玉（女）　刘春秀

下口公社：

米　云　魏贵子　芦福英　齐连吉

石电琴（女）

小觉地区

小觉公社：

康二付　刘风仙（女）　韩英忠　韩起英

王万兴　付二毛　刘淑琴（女）　封为亮

王克让

十里坪公社：

张　华（女）　韩国林　赵文奎

杀虎公社：

刘瑞庭　袁正和　白玉花（女）　胡双全

罗治宽

杨家桥公社：

张泽三　王克华（女）　杨永隆

营里公社：

李铭英　马成旺　梁清槐　李良才

曹金梅（女）

瓦房头公社：

张知道　张玉贵　杨学义

店头公社：

芦　勇　张二果（女）　詹胜标　崔元和

卸甲河公社：

董树峰　齐尚贤　韩秀志　董梦奎

封德琴（女）

大坪公社：

韩德明　张培财　邢正银

蛟潭庄地区

蛟潭庄公社：

韩　昆　　展风瑞　　闫功旺　　康关来

刘淑芳（女）

上龙窝公社：

刘德明　　崔永华　　韩付联（女）

桑元口公社：

李振林　　白上金　　吕三妮（女）

木厂公社：

刘林双　　王如义　　来金才

王家坪公社：

张伏林　　高存生　　王贵元

合河口公社：

康金贵　　康喜红　　季焕联（女）　　梁金堂

第二节　代表大会

县第五届人民代表大会只召开一次会议。

平山县第五届人民代表大会第一次会议于1963年10月27日至30日在大礼堂举行。会议应到代表314名，实到代表256名，因事因病请假58名。会议审查通过政府工作报告、财政预决算工作报告和法院工作报告，选举产生新一届人民委员会组成人员和县人民法院院长、省人民代表大会代表。

一、组织机构

大会预备会议选举产生主席团，通过秘书长名单、议案审查委员会、代表资格审查委员会、预算审查委员会名单和会议议程。

主席团（21名）：

高新华　　王振林　　刘贝山　　盖虎祥

张之波　　郄振书　　王丽珍　　韩瑞祥

左思敏　　张春荣　　韩万宝　　霍顺祥

焦群英　　霍　文　　李　洁　　张达廷

戎冠秀　　闫五锡　　吕庆瑞　　盖付姐

张士修

秘书长：张士修

主席团第一次会议决定李荣、茹成山、贾鸣谦为大会副秘书长。

提案审查委员会

主任：王振林

委员：何希贤　　高风林　　李　庆

董树峰　　杨永隆　　左思敏

代表资格审查委员会

主任：盖虎祥

委员：刘菊英（女）　封家烈　　李保运　　孙德成

预算审查委员会

主任：刘贝山

委员：李顺川　　张春荣　　李双保　　韩　昆

王克华　　檀　朴

二、主要议程

10 月 27 日，会议听取县长高新华作的《平山县政府工作报告》、县人民法院院长韩云忠作的《平山县人民法院工作报告》、县财政局副局长李顺川作的《平山县人民委员会关于 1963 年财政预算一至九月执行情况和四季度收支计划安排的报告》。会议期间，全体与会代表都是以主人翁的姿态，以高度负责的精神，审查和讨论了大会各项报告，在讨论中大家提出了不少宝贵意见和有益的批评，使全县工作总结和今后工作安排更加全面更加切合实际，最后通过三项决议。

这次会议认真贯彻了党的方针政策，全面地分析了全县广大农村的形势，并指出了克服困难战胜自然灾害的有利条件。在全面总结今年以来各项工作所取得巨大成就的基础上，安排了今冬各项生产任务并提出了明年农业生产的奋斗指标。从而使全体与会代表对当前形势有了进一步正确的认识，鼓舞了全体与会代表奋发图强、自力更生克服困难战胜自然灾害的信心和决心。

10月30日，根据《中华人民共和国地方各级人民代表大会和地方各级人民委员会组织法》，以及省（人民委员会）、专（石家庄专员公署）有关选举的规定，进行县人民委员会组成人员、县人民法院院长、省人民代表大会代表的选举，选举结果如下：

县长：高新华

副县长（3 名）：

王振林　　刘贝山　　盖虎祥

县人民委员会委员（29 人）：

王振林　　王丽珍（女）　刘贝山　　刘菊英（女）

左思敏　　齐尚贤　　白瑞采　　戎冠秀（女）

吕庆瑞　　闫五锡　　李顺川　　李　达

李双保　　李保运　　郄振书（女）　张之波

张达廷	张春荣	封家烈	高新华
康二付	盖虎祥	焦德照	焦群英
贾鸣谦	霍顺祥	霍　稳	韩富恋（女）
韩万宝			

县人民法院院长：

韩云忠

省人民代表大会代表：

戎冠秀	张士文	陈子端

三、代表议案及批评建议

会议期间，共收到代表提案521件，其中属于农林畜牧水利方面的为87件，工业交通邮电方面的为142件，文教卫生方面的60件，财贸方面的109件，生产救灾方面的26件，移民迁建方面的38件，政治法律方面的43件，其他方面的16件。

第六章　第六届人民代表大会

1965年正值全国经济形势全面好转，平山县战胜了自古稀有的大旱灾，全县工农业总产值及各项社会事业都取得一定成就时，县第六届人民代表大会第一次会议胜利召开，县第六届人大仅召开一次会议，围绕全县中心工作，圆满完成了会议预定任务。会议处理代表提案302件。

第一节　人大代表

根据石家庄专署的批复精神，平山县于1965年8月31日成立由13人组成的第六届人民代表大会选举委员会，主持全县的选举工作。县人大代表采取间接选举的办法产生。

县选举委员会

主　席：张国忠

委　员：

盖虎祥	韩朝福	安风元	霍顺祥
李黑娃	赵　昆	曹锡琴	李　荣
闫　鑫	武贵才	王庆明	李顺川

选举委员会下设办公室。由盖虎祥任主任，韩朝福、王庆明、李荣任副主任。办公室抽调有关部门人员进行具体工作，于8月20日开始工作。各公社也相应建立选举委员会，选举委员会下设办公室，领导选举工作的具体事宜。全县的选举工作从9月中旬开始，到10月底基层民主选举结束。各公社都召开了公社代表大会，选举产生本级人民委员会和出席平山县人民代表大会代表。全县选举产生县人大代表315名，其中党员占比58.5%，群众占比41.5%，妇女代表占比23.8%。

代表名单

城关地区

城关公社：

张之波　王丽珍（女）　焦群英　焦德照
武廷元　赵景明　郜顺堂　张文中
李考林　左思敏　郭淑琴（女）　崔风琴（女）

杨西冶公社：

李学文　史　珍　宋录群　杨楼子
宋香菊（女）

孟贤壁公社：

王克东　马风果（女）　刘风仙（女）　封　祥
刘民汉　邢金成　闫　仪　苏国文
李天民

里庄公社：

王元吉　檀　朴　刘菊英（女）　郄继武
康增义　田福林　李花琴（女）　齐拴吉
孙谷昌

胜佛公社：

贾五多　张达庭　贡志峰　康惠阳
梁银雪　郝三娃　王顺雨　梁银书（女）
郄美兰（女）

回舍地区

东回舍公社：

茹成山　盖付妞（女）　闫苍山　李　达
侯习春　刘金文　张秀珍（女）　曹金玉
苏娥娥（女）

西回舍公社：

霍顺祥　孟良臣　杨孔晓　王树根
赵风良　杜书书（女）　张遂吉（女）　李文新
郄同子

大吾公社：

周子杰	李顺川	闫五锡	李增增
曹玉生	何风业（女）	芦青青（女）	李志华
桑金录			

马中公社：

关梦显	田　瑞	郭　瑞	杨拴吉
郄振书（女）			

温塘公社：

齐风鸣	刘锦山	王　维	郄振武
柴考明	张庭庭（女）	谷瑞香（女）	王拴吉
李根拴			

岗南地区

岗南公社：

张国忠	高风林	郭金成	贾拴庆
崔志胜	许连德	李金云（女）	曹兵考
杨连竹（女）	谷吉锁		

苏家庄公社：

封建春	张美俊（女）	李　林	吴淑海
曹增堂			

陈家峪公社：

刘正兴	李风林	盖清法	王　栋
陈景俊（女）			

霍兵台公社：

秦克敏	刘贝山	李瑞春	张金枝（女）
李银双			

宅北公社：

李全寿	李文茹（女）	马士英	罗树梅（女）
霍　稳	李　秀	何付联（女）	高存霞（女）
李金贵			

缑家庄公社：

李拴才	焦明礼	赵良玉	刘雪珍（女）
闫清明			

中石殿公社：

杜三魁	史破车	齐进芳	李太子
张联书（女）			

南甸地区

南甸公社：

李　庆	李保运	张士隆	张文基
杜建才	史梅梅（女）	杨花书（女）	安梅竹（女）
盖元元			

两河公社：

赵连祥	李双保	马桂芳	郄竹兵
张喜林（女）	康生平	史　章	刘增书（女）
芦培德			

王陈庄公社：

赵善文	杨考昌	张士修	张芬芬（女）
康林兵			

三汲公社：

盖虎祥	孙德成	白吉春	孙秀竹（女）
吴丑妮（女）	王迎春	李庆瑞	贾永福
田瑞太			

王坡公社：

张朋隆	马元科	田寿录	张春荣
章　虎（女）	王振林	武玉枝（女）	焦福海
张庆云			

孟家庄地区

孟家庄公社：

韩立夫	武文干	李跃明	白云庭（女）
刘俊瑞（女）			

观音堂公社：

崔志顺	戎冠秀（女）	武梦庆

秋卜洞公社：

梁清厚	韩道文	张毛妮（女）

刘家坪公社：

史过兵　　范岳琴（女）　梁孟庭　　王　志

芦根栓

六亩元公社：

安银法　　王庆明　　李春彦　　崔桂林

韩连瑞（女）

唐家沟公社：

孙英培　　齐尚贤　　王云秀（女）　齐俊明（女）

齐庆福

柏岭公社：

韩士修　　盛元志　　封家烈　　杨树秀

李俊书（女）

古月地区

古月公社：

吕庆瑞　　李　增　　李兰平（女）　史银书（女）

齐兵小　　谢正保　　吴　集　　齐　祥

周志文

唐家会公社：

杨　炯　　付　达　　付　华（女）　唐志平（女）

郑存录

甘秋公社：

齐顺吉　　张桂林　　王香子（女）　王　福

郭山山

青杨树公社：

李文秀　　王　勣　　齐清雪（女）

三家店公社：

梁雨晴　　王进法　　李景庭（女）　张长有

姜佔茹

塔崖公社：

芦福英　　谢米荣　　何希贤　　焦会联（女）

韩　华

北冶公社：

韩万保　　韩保贤　　王树才　　付桂林（女）

刘顺祥

下口公社：

芦付生　韩有金　何学瑞　郑　约
封玉润　张果枝（女）　白白女（女）　李东林
米　云

西峪公社：

檀祝华　封　伦　焦俊英（女）　李景文
左吉秀

小觉地区

小觉公社：

緱增福　韩运忠　康二付　康锦秀（女）
封昌伟（女）　王万春　何顺堂　王瑞云
韩启英

十里坪公社：

秘士录　韩国林　罗维书（女）　崔永昌
崔明歧

卸甲河公社：

董树峰　赵　云　李文风　万四毛
孙　英（女）

店头公社：

詹胜标　霍贵庭　崔墨才　张秀荣（女）
梁金堂

杨家桥公社：

段金祥　杨永隆　梁兵果（女）

大坪公社：

韩德明　韩林魚（女）　王根保

营里公社：

赵　芳　赵宝华　韩保成　张士文
张福端（女）

杀虎公社：

梁　格　刘瑞庭　白玉花（女）　马方林
张银锁

瓦房头公社：

康福栋　赵振新　韩英花（女）

蛟潭庄地区

蛟潭庄公社：

韩　昆　　展风瑞　　闫功旺　　康佔军
崔锁秀（女）

木厂公社：

张巨洋　　王如义　　戎秀梅（女）

桑元口公社：

刘生明　　贾吉祥　　王菊花（女）

龙窝公社：

付兴华　　苏吉学　　韩付联（女）　　付玉明

合河口公社：

梁文秀　　刘四玩（女）　　王吉太　　高存山
芦　勇

第二节　代表大会

平山县第六届人民代表大会第一次会议于 1965 年 12 月 28 日至 30 日在物资局举行。会议应到代表 315 名，实到代表 230 名，因事因病请假 85 名。会议审查通过政府工作报告、财政预决算工作报告和法院工作报告，选举产生新一届人民委员会组成人员。

一、组织机构

大会预备会议选举产生主席团，通过秘书长名单、议案审查委员会、代表资格审查委员会、预算审查委员会名单和会议议程。

主席团（26 名）：

王振林　　王庆明　　王　维
王丽珍（女）　　左思敏　　白云亭（女）
刘贝山　　吕庆瑞　　戎冠秀（女）
李全寿　　何希贤　　张之波
张国忠　　张春荣　　张达廷
郄振书（女）　　梁雨晴　　盖虎祥
盖付姐（女）　　闫五锡　　闫苍山
盛远志　　焦群英　　董树峰
韩万宝　　霍顺祥

秘书长：张士修

主席团第一次会议决定李荣、檀朴、王庆明为大会副秘书长。

提案审查委员会

主任：董树峰

委员：高风林　左思敏　何希贤　刘拴才
　　白云亭　王　维

代表资格审查委员会

主任：霍顺祥

委员：刘风仙　韩保成　孟良臣　齐进芳

预算审查委员会

主任：刘长贝

委员：李顺川　张春荣　韩　昆　李全寿
　　闫苍山　齐尚贤

二、主要议程

12 月 28 日，会议听取副县长盖虎祥作《平山县政府工作报告》、任风三作的《平山县人民法院工作报告》、县财政局副局长李顺川作《1964 年财政决算和 1965 年财政预算执行情况报告》。会议期间全体与会代表，以主人翁的姿态，以对全县人民高度负责的精神，认真审查和讨论了大会各项报告，通过相应的决议。

12 月 30 日，根据中华人民共和国地方各级人民代表大会和地方各级人民委员会组织法，以及省（人民委员会）、专（石家庄专员公署）有关选举工作的指示，进行第六届县人民委员会组成人员的选举。选举结果如下：

县长：

张国忠

副县长（3 名）：

盖虎祥　王振林　刘贝山

县人民委员（29 人）：

王振林　王庆明　王丽珍（女）　刘贝山
付玉明　白云亭（女）　左思敏　齐尚贤
闫五锡　戎冠秀（女）　吕庆瑞　孙　英（女）
李　达　李保运　李双保　李顺川
李全寿　郝振书（女）　张国忠　张达廷
张之波　张春荣　盖虎祥　焦群英
焦德照　董树峰　霍顺祥　霍　稳
韩万宝

三、代表议案及批评建议

会议期间，共收到代表提案302条，内容涉及交通、水务、文教卫生、林业、工业信息、城建、环保、供电、旅游、规划、城市管理、农牧、土地、食品安全、财政等方面。经大会提案审查委员会审查，由县人民委员会责成相关部门办理。

第五篇

平山县第七届人民代表大会

（1981 年 12 月至 1984 年 5 月）

平山县第七届人民代表大会任期自1981年12月至1984年5月。首次选举产生了平山县人民代表大会常务委员会。其间，共召开县人民代表大会3次，常委会会议17次，听取“一府两院”及所属17个单位工作汇报26次，作出涉及教育、财政、商业、城建、交通、公安、法院、检察院、林业、科技、工商等工作方面的决议、决定25项。对全县9个区、工委（片）的14个乡镇的教育工作和林业政策落实情况进行视察。深入基层调查研究90多次，联系人民代表120多次，审查立案代表议案354条并全部办理。依法任免人大常委会和“一府两院”干部。广泛组织宣传学习《中华人民共和国宪法》，促进了全县精神文明建设和社会风气好转。

第一章　人大党组织

中共平山县人大常委会党组

书　记：刘景林（1982.02—1983.11）
　　　　安风元（1983.12—1990.04）
副书记：杨　墨（1982.02—1983.11）
　　　　韩尚英（1982.02—1983.11）
　　　　刘永喜（1983.11—1993.10）
成　员：齐显祥（1982.02—1983.11）
　　　　郄振书（1982.02—1983.11）
　　　　王廷槐（1982.02—1983.11）
　　　　左祥来（1983.11—1987.04）
　　　　李文才（1983.11—1990.04）
　　　　程俊明（1983.11—1987.04）
　　　　张玉良（1983.11—1984.01）

第二章　人民代表大会

第一节　人大代表

一、县人大代表

（一）选举产生

平山县的选举工作，是根据省、地选举工作会议的部署，按照《中华人民共和国地方各级人民代表大会和地方各级人民政府组织法》和《中华人民共和国全国人民代表大会和地方各级人民代表大会选举法》以及《河北省县、社两级人民代表大会选举实施细则》的规定进行的。平山县第七届人民代表大会代表总名额为350人，其中男性265人，共分配到166个选区。1981年10月16日，县“革命委员会”建立县选举委员会。主任由王月明担任，副主任由焦国武、刘景林、安风元、齐文彦、杨墨、韩尚英担任，委员由赵利海、封黑贵、贾瑞峰、茹成山、王庆明、白瑞采、刘永喜、武贵才、马风果、韩瑞文担任。选举委员会下设办公室，主任由刘永喜兼任，副主任由王锡中、齐增志、杨维明担任。全县共划分166个选区，全县所有选区于12月16日前全部以无记名方式进行选举。

平山县第七届人大常委会代表资格审查委员会对各选区选举产生的350名代表的代表资格进行审查，认为这350名代表的选举符合法律规定，代表资格全部有效。在选举代表中，除5个选区因为工作失误进行二次选举，其他选区都是一次选举成功。全县共选出县人民代表350人。其中男265人，占代表总数的75.8%，女85人，占代表总数的24.2%；党员代表189人，占54%，群众代表161人，占46%。从各界人士看，农民代表204人，工人代表5人，商业职工代表6人，军人代表2人，社县干部代表115人，教育界代表8人，卫生界代表5人，科技人员代表2人，知名人士3人。

（二）代表名单

平山县第七届人民代表大会代表一览表

表 5-1

序号	姓名	工作单位	序号	姓名	工作单位
1	谢志义	县法院	25	杨其瑞	县轴承厂
2	闫　兴	县公安局	26	杨文杰	县工业局
3	梁雨晴	县委	27	刘锡珠	县水泥厂
4	陈中贵	县委	28	王克东	县建委
5	杨廷秀	县革委	29	盖淑珍	县林业局
6	刘永喜	县革委	30	史炳云	县公路站
7	王龙芝	51006 部队	31	张士修	县外贸局
8	单连庆	县武装部	32	袁荣贤	县粮食局
9	李志秀	县百货公司	33	王清河	县建委
10	杜银芳	县土产公司	34	霍献虎	黄壁庄公社
11	王廷槐	县商业公司	35	郝永顺	黄壁庄公社
12	郭秀芳	县染料公司	36	张　林	黄壁庄公社
13	白瑞采	县医院	37	宋民芳	黄壁庄公社
14	郄振书	县卫生局	38	崔顺平	黄壁庄公社
15	董　壳	县文化馆	39	徐焕昌	马山公社
16	封进志	县文教局	40	朱勤成	马山公社
17	韩尚英	县宣传部	41	马群成	马山公社
18	王立跃	县文教局	42	李风祥	马山公社
19	赵秀芳	南关中学	43	贡桂枝	马山公社
20	焦德昭	南关中学	44	常秀琴	马山公社
21	赵　刚	县水利局	45	王风华	马山公社
22	马新堂	县手工业公司	46	李富贵	马山公社
23	齐学彦	县交通局	47	徐连中	王角公社
24	康文成	县电力局	48	徐互旦	王角公社

续表 5-1

序号	姓名	工作单位	序号	姓名	工作单位
49	付金书	县邮电局	77	栾成珍	王角公社
50	赵一坦	县畜牧兽医站	78	张秀吉	王角公社
51	梁文达	县财政局	79	张全庆	王角公社
52	张　林	五金厂	80	贾黑娃	城关公社
53	赵树光	农业银行	81	马更五	城关公社
54	左祥来	县农机局	82	周国英	城关公社
55	陈清林	县革委	83	王子勤	城关公社
56	杨锡田	县革委	84	王子庭	城关公社
57	李　杰	县服装厂	85	刘考祥	城关公社
58	梁振霞	县化肥厂	86	李晚德	城关公社
59	何晓兰	县陶瓷厂	87	李炳虎	城关公社
60	贾海池	县磷肥厂	88	张志兵	孟贤壁公社
61	刘英英	县农机厂	89	武贵才	孟贤壁公社
62	张文祥	县设备企业局	90	杜建平	孟贤壁公社
63	陈跃全	孟贤壁公社	91	郭逢庭	四回舍公社
64	阎风英	孟贤壁公社	92	白寿寿	四回舍公社
65	刘林禄	孟贤壁公社	93	荣庄生	四回舍公社
66	刘虽禄	孟贤壁公社	94	胡增明	四回舍公社
67	付桂琴	孟贤壁公社	95	王跃宇	马中公社
68	董建仁	孟贤壁公社	96	康缺妮	马中公社
69	曹心元	孟贤壁公社	97	郄振武	马中公社
70	王锡华	胜伏公社	98	杨毛毛	马中公社
71	祁炳芳	胜伏公社	99	曹苍虎	马中公社
72	郝二庭	胜伏公社	100	齐玉华	马中公社
73	齐志庭	胜伏公社	101	李润生	东回舍公社
74	闫二降	胜伏公社	102	张玉春	东回舍公社
75	杜新拴	胜伏公社	103	裴学歧	东回舍公社
76	米秀兰	胜伏公社	104	焦金海	东回舍公社

续表 5-1

序号	姓名	工作单位	序号	姓名	工作单位
105	贾秋竹	胜伏公社	133	郜　向	东回舍公社
106	贾瑞朝	胜伏公社	134	王振林	东回舍公社
107	王清太	杨西冶公社	135	史镜清	东回舍公社
108	刘来书	杨西冶公社	136	赵桂明	东回舍公社
109	李新海	杨西冶公社	137	张国国	东回舍公社
110	李满祥	杨西冶公社	138	昌云芳	东回舍公社
111	张喜瑞	杨西冶公社	139	苏守法	东回舍公社
112	程跃明	杨西冶公社	140	赵新海	东回舍公社
113	王振家	里庄公社	141	刘同锁	东回舍公社
114	王占平	里庄公社	142	郭拴海	东回舍公社
115	安风元	里庄公社	143	曹考林	大吾公社
116	齐苍来	里庄公社	144	封学文	大吾公社
117	任均平	里庄公社	145	闫五锡	大吾公社
118	齐黑小	里庄公社	146	李二芳	大吾公社
119	邢逢林	里庄公社	147	刘玉互	大吾公社
120	肖德清	里庄公社	148	白银苍	大吾公社
121	杨连考	里庄公社	149	任为华	大吾公社
122	郭四头	里庄公社	150	李黑求	大吾公社
123	霍文琴	里庄公社	151	李新巧	大吾公社
124	谢双德	里庄公社	152	任同福	大吾公社
125	肖德章	里庄公社	153	刘风点	大吾公社
126	赵志芳	四回舍公社	154	王歧禄	大吾公社
127	丁狗石	四回舍公社	155	康锡顺	温塘公社
128	梁保庆	四回舍公社	156	李石保	温塘公社
129	李新梅	温塘公社	157	薛秋拴	南甸公社
130	杨平均	温塘公社	158	史二兵	南甸公社
131	王永来	温塘公社	159	张清太	南甸公社
132	王白旦	温塘公社	160	仇秋竹	南甸公社

续表 5-1

序号	姓名	工作单位	序号	姓名	工作单位
161	李树庭	温塘公社	189	杨素林	南甸公社
162	白三风	温塘公社	190	刘银贵	两河公社
163	韩锡金	王陈庄公社	191	任丑和	两河公社
164	刘景林	王陈庄公社	192	赵翠云	两河公社
165	郝云芳	王陈庄公社	193	秘玉海	两河公社
166	范平平	王陈庄公社	194	刘喜山	两河公社
167	张军华	王陈庄公社	195	王拴祥	两河公社
168	刘庆祥	王坡公社	196	苗喜祥	两河公社
169	许永莲	王坡公社	197	李淑明	两河公社
170	朱平均	王坡公社	198	冀双书	两河公社
171	康遂太	王坡公社	199	李全保	两河公社
172	康树庆	王坡公社	200	刘全贵	两河公社
173	张拴风	王坡公社	201	李文才	两河公社
174	张银祥	王坡公社	202	王新晶	两河公社
175	刘竹祥	王坡公社	203	齐清福	霍宾台公社
176	武金海	三汲公社	204	张金枝	霍宾台公社
177	盖金拴	三汲公社	205	张玉良	霍宾台公社
178	赵付叶	三汲公社	206	张计法	霍宾台公社
179	王涛罗	三汲公社	207	王木耐	霍宾台公社
180	张兵联	三汲公社	208	周风恋	霍宾台公社
181	张银芳	三汲公社	209	杨秀彬	岗南公社
182	王正书	三汲公社	210	史志堂	岗南公社
183	周逢娃	三汲公社	211	曹占全	岗南公社
184	孙顺福	三汲公社	212	曹拴柱	岗南公社
185	田玉竹	三汲公社	213	康保堂	岗南公社
186	曹二黑	三汲公社	214	谷文联	岗南公社
187	朱白娃	三汲公社	215	秦仙仙	岗南公社
188	韩秀琴	南甸公社	216	王明杰	岗南公社

续表 5-1

序号	姓名	工作单位	序号	姓名	工作单位
217	习文亭	南甸公社	245	封哲兵	岗南公社
218	李兆祥	南甸公社	246	贾润克	宅北公社
219	芦考竹	南甸公社	247	张林书	宅北公社
220	李明书	南甸公社	248	闵永平	宅北公社
221	刘昌贵	南甸公社	249	苏友书	宅北公社
222	王万珍	南甸公社	250	谷翠林	宅北公社
223	李占龙	宅北公社	251	李法旺	下口公社
224	张连顺	宅北公社	252	吕怀叶	下口公社
225	聂米贵	中石殿公社	253	文顺心	下口公社
226	史付山	中石殿公社	254	吕二毛	下口公社
227	樊风元	中石殿公社	255	高　润	甘秋公社
228	朱素平	中石殿公社	256	尹志祥	甘秋公社
229	李风山	中石殿公社	257	李新书	甘秋公社
230	韩拴才	缑家庄公社	258	王洪庆	三家店公社
231	刘荣雪	缑家庄公社	259	焦　树	三家店公社
232	霍银树	缑家庄公社	260	董何君	三家店公社
233	齐建林	柏坡公社	261	曹建林	三家店公社
234	李福福	柏坡公社	262	冯二芳	西峪公社
235	阎淑翠	柏坡公社	263	焦国武	西峪公社
236	刘景生	苏家庄公社	264	傅树芳	西峪公社
237	王淑平	苏家庄公社	265	焦海云	西峪公社
238	桑银续	苏家庄公社	266	王协和	塔崖公社
239	赵花书	苏家庄公社	267	白占先	塔崖公社
240	李　照	古月公社	268	刘占贤	塔崖公社
241	杨法法	古月公社	269	张九英	塔崖公社
242	齐显祥	古月公社	270	王风堂	塔崖公社
243	曹二俊	古月公社	271	杨振清	唐家会公社
244	齐兵雪	古月公社	272	李吉联	唐家会公社

续表 5-1

序号	姓名	工作单位	序号	姓名	工作单位
273	焦爱书	古月公社	301	侯　岳	唐家会公社
274	邢双合	古月公社	302	封锦林	唐家会公社
275	段爱庭	古月公社	303	李连广	唐家会公社
276	李文文	古月公社	304	齐玉亭	唐家会公社
277	李占林	古月公社	305	封士泽	小觉公社
278	齐尚贤	古月公社	306	杨士庭	小觉公社
279	尚克明	青杨树公社	307	董世明	小觉公社
280	王英国	青杨树公社	308	杨永隆	小觉公社
281	王习会	青杨树公社	309	韩成年	小觉公社
282	张　成	北冶公社	310	苏秋风	小觉公社
283	刘法瑞	北冶公社	311	董树峰	小觉公社
284	刘德高	北冶公社	312	赵文安	小觉公社
285	武　祥	北冶公社	313	陈善章	十里坪公社
286	高春联	北冶公社	314	韩　鑫	十里坪公社
287	刘春秀	下口公社	315	陈一秀	十里坪公社
288	李　荣	下口公社	316	韩士吉	十里坪公社
289	崔墨明	杨家桥公社	317	崔跃广	观音堂公社
290	梁计云	杨家桥公社	318	戎冠秀	观音堂公社
291	董二选	杨家桥公社	319	韩根怀	观音堂公社
292	武建年	大坪公社	320	韩锁林	秋卜洞公社
293	杨兰英	大坪公社	321	同银锁	秋卜洞公社
294	赵尚勇	营里公社	322	杨玉梨	秋卜洞公社
295	赵荣桃	营里公社	323	崔志顺	柏岭公社
296	梁清怀	营里公社	324	盛元志	柏岭公社
297	韩德祥	营里公社	325	封新书	柏岭公社
298	刘生明	瓦房头公社	326	杨狗妮	柏岭公社
299	韩文桃	瓦房头公社	327	李福和	蛟潭庄公社
300	崔兰拴	杀虎公社	328	刘全明	蛟潭庄公社

续表 5-1

序号	姓名	工作单位	序号	姓名	工作单位
329	张艳霞	杀虎公社	349	梁改枝	蛟潭庄公社
330	范四妮	杀虎公社	350	韩志平	刘家坪公社
331	韩润平	杀虎公社	351	崔昌命	刘家坪公社
332	何同明	卸甲河公社	352	刘华书	刘家坪公社
333	康二秃	卸甲河公社	353	白连运	六亩元公社
334	刘林云	卸甲河公社	354	申福怀	六亩元公社
335	杨连兵	店头公社	355	祁金秀	六亩元公社
336	崔树兰	店头公社	356	田宝元	蛟潭庄公社
337	霍桂庭	店头公社	357	梁林联	蛟潭庄公社
338	李四计	孟家庄公社	358	刘福拴	木厂公社
339	王振玉	孟家庄公社	359	马毛毛	木厂公社
340	杨　墨	孟家庄公社	360	韩同雪	合河口公社
341	刘二秃	孟家庄公社	361	梁杨槐	合河口公社
342	白风联	孟家庄公社	362	张小书	合河口公社
343	齐淑珍	孟家庄公社	363	刘吉元	合河口公社
344	白云云	唐家沟公社	364	姜　会	桑元口公社
345	范明才	唐家沟公社	365	梁喜怀	桑元口公社
346	唐建堂	唐家沟公社	366	梁黑妮	桑元口公社
347	史秋林	唐家沟公社	367	刘安庭	龙窝公社
348	焦占林	刘家坪公社	368	刘兵海	龙窝公社

（三）届中调整

1. 平山县第七届人民代表大会代表总名额为 350 人，第七届人民代表大会第一次会议时，实有代表 350 人。

2. 1981 年 10 月，根据工作需要，成立岗南、黄壁庄两个经济特区。获鹿县的马山、黄壁庄，灵寿县的王角 3 个公社划归平山县。后平山县人大代表名额增加，由 350 人增至 368 人。

3. 至 1983 年 3 月 7 日第七届人大二次会议时，实有代表 377 人。

4. 至 1983 年 12 月 2 日第三次会议时，实有代表 377 人。

二、平山县出席河北省第六届人民代表大会代表

1983 年 3 月，平山县第七届人民代表大会第二次会议选举焦国武、史坦生、郄德培、刘贺昌、戎冠秀、赵秀芳为平山县出席河北省第六届人民代表大会代表。

第二节　代表大会

县第七届人民代表大会共召开 3 次会议。

一、第一次会议

第一次会议于 1981 年 12 月 22 日至 26 日在旧礼堂举行。会议应到代表 350 名，实到代表 336 名，因事因病请假 14 名。县政府及所属单位的负责人列席了会议，邀请县委常委等领导参加了大会开幕式和闭幕式。县委各部委、人民团体的负责人应邀列席了会议。

（一）组织机构

大会预备会议选举产生主席团，通过秘书长名单，议案审查委员会、代表资格审查委员会名单和会议议程。

主席团（33 名）：

王廷槐	左祥来	白瑞采	安风元	闫五锡
刘永喜	齐尚贤	戎冠秀	齐显祥	刘景林
张玉良	李兆祥	李　杰（女）	谷翠玲	陈中贵
杨永隆	杨廷秀	单连庆	武贵才	陈清林
杨锡田	杨　墨	赵一坦	封进志	郄振书（女）
郄振武	盛远志	梁雨晴	焦国武	韩尚英
董树峰	焦德昭	裴学岐		

秘书长：刘永喜（兼）

主席团第一次会议决定韩英法、郄占魁、齐增志为大会副秘书长。

议案审查委员会

主　任：杨墨

副主任：谷翠玲

委　员：王廷槐　　白云运　　李　杰（女）　陈中贵

封进志　　盛元志　　曾海池

代表资格审查委员会

主　任：裴学岐

副主任：杨廷秀　　齐显祥

委　员：田宝元　　　齐学彦　　　阎　兴

　　　　李占林　　　郄振书（女）　杨其瑞

（二）主要议程

12 月 22 日下午，会议听取县长焦国武作《政府工作报告》。12 月 24 日上午，会议听取财政局局长檀朴作的《关于平山县 1981 年财政预算执行情况和 1982 年财政概算的报告》、县法院代院长武贵才作的《平山县人民法院工作报告》、县检察院副检察长韩志平作的《平山县人民检察院工作报告》。会议分 9 个代表团对上述报告进行认真审议和审查，批准相应报告。根据各代表团对 6 个报告的审议情况，会议分别作出相应的决议。

12 月 26 日上午，按照大会通过的选举办法，选举产生平山县第七届人大常委会主任 1 名，副主任 6 名，委员 9 名；平山县人民政府县长 1 名，副县长 6 名；平山县人民法院院长 1 名；平山县人民检察院检察长 1 名。选举结果如下：

平山县第七届人民代表大会常务委员会

主　任：刘景林

副主任（6 名）：

　　杨　墨　韩尚英　王廷槐　齐显祥　郄振书　白瑞采

委　员（9 名）：

　　戎冠秀　杨永隆　焦德照　齐尚贤　盛远志

　　赵一坦　杨其瑞　王克东　杨法法

平山县人民政府

县　长：焦国武

副县长（6 名）：

　　裴学岐　左祥来　刘永喜　陈清林　杨锡田　安风元

平山县人民法院

院长：武贵才

平山县人民检察院

检察长：闫五锡

（三）代表议案及批评建议

会议期间，共收到代表提案 387 条，内容涉及交通、水务、文教卫生、林业、工业信息、城建、环保、供电、旅游、规划、城市管理、农牧、土地、食品安全、财政等方面。

链接：县七届人大常委会主任简历

刘景林，男，汉族，1921 年 11 月出生，平山县王坡乡闫庄村人，初中学历，1943 年 1 月入党，1946 年 12 月参加工作。

1946—1947.10	南甸区抗联会秘书
1947.11—1948.08	南甸区管理员
1948.09—1948.11	南甸区公所财政助理

1948.11—1949.03	南甸区委会组织委员、副书记
1949.04—1950.01	平山县委组织部整党组织员
1950.02—1951.07	平山县委组织部干部
1951.08—1952.09	平山县委会县委秘书
1952.10—1957.04	石家庄地委办公室干事
1957.04—1957.06	灵寿县委会
1957.06—1960.04	灵寿、正定县委组织部部长
1960.04—1961.12	正定县委会书记处书记
1962.01—1966.10	灵寿县委副书记
1966.10—1969.07	“文化大革命”迫害
1969.08—1971.08	正定“五七干校”劳动
1971.09—1973.04	在灵寿县受审查未安排工作
1973.05—1980.09	无极县委副书记
1980.09—1981.11	平山县委副书记
1981.11—	平山县人大常委会主任

二、第二次会议

第二次会议于1983年3月7日至10日在县城举行。会议应到代表377名，实到代表249名，因事因病请假128名。县政府各部局室委办的主要负责人共35人列席会议。

（一）组织机构

大会预备会议选举产生主席团，通过秘书长、提案审查委员会、议案审查委员会名单和会议议程。

主席团（34名）：

李兆祥	刘景林	杨廷秀	杨　墨
韩尚英	齐显祥	王廷槐	郄振书
白瑞采	张玉良	李文才	张启程
王龙芝	梁雨晴	戎冠秀	盛远志
郄振武	王明杰	齐尚贤	焦德照
赵一坦	李　杰	杨永隆	董树峰
王立跃	王清太	韩锡金	李占林
王振玉	田宝元	朱平均	李润身
董世明	贾润科		

秘书长：韩尚英

主席团第一次会议推定李兆祥、刘景林、杨廷秀、杨墨、韩尚英、齐显祥、王廷槐、郄振书、白瑞采为主席团常务主席。

主席团第一次会议决定韩英法、高文存、杜华甫为大会副秘书长。

提案审查委员会

主　任：王廷槐

副主任：郄振书

委　员：杨永隆　赵一坦　李　杰

代表资格审查委员会

主　任：杨廷秀

副主任：齐显祥

委　员：董树峰　齐尚贤　盛远志

（二）主要议程

3 月 7 日下午，会议听取县长焦国武作的《平山县人民政府工作报告》《平山县关于一九八三年国民经济和社会发展草案的报告》；3 月 8 日下午，会议听取县人大常委会副主任杨墨作的《平山县人大常委会工作报告》、财政局局长檀朴作的《关于平山县 1982 年财政决算和 1983 年财政概算的报告》；3 月 9 日上午，会议听取县法院院长武贵才作的《平山县人民法院工作报告》、县检察院检察长闫五锡作的《平山县人民检察院工作报告》。

会议分 10 个代表团对上述报告进行认真审议和审查。根据各代表团对 6 个报告的审议情况，会议批准相应的报告，分别作出相应的决议。

3 月 10 日上午，会议选举产生平山县出席河北省第六届人民代表大会代表 6 名：焦国武、史坦生、郄德培、刘贺昌、戎冠秀、赵秀芳。会议通过《关于组织全县人民认真学习、执行〈中华人民共和国宪法〉的决议》。

（三）代表议案及批评建议

会议期间，共收到代表提出的提案 106 条，经审理立案的 106 条，内容涉及交通、水利、文教卫生、林业、城建、环保、供电、旅游、规划、城市管理、农牧、土地、食品安全、财政、扶贫等方面。

三、第三次会议

第三次会议于 1983 年 12 月 2 日至 3 日在平山县电影院举行。县人大常委会主任、副主任、委员和代表共 254 人出席会议。

（一）组织机构

大会预备会议选举产生主席团，通过秘书长名单和会议议程。

主席团（25 名）：

贡林庭	杨廷秀	刘景林	杨　墨
韩尚英	齐显祥	王廷槐	郄振书
白瑞采	张玉良	李文才	张启程
王龙芝	梁雨晴	戎冠秀	盛远志

郄振武	王明杰	齐尚贤	焦德昭
赵一坦	李　杰	杨永隆	董树峰
王立跃			

秘书长：韩尚英（兼）

主席团第一次会议推定贡林庭、杨廷秀、刘景林、杨墨、韩尚英、齐显祥、王廷槐、郄振书、白瑞采为主席团常务主席。

主席团第一次会议决定杜华甫、韩英法、高文存为大会副秘书长。

（二）主要议程

12 月 3 日上午，会议通过接受县人大常委会刘景林、杨墨、韩尚英、王廷槐、齐显祥、郄振书 6 位主任、副主任辞职请求的决定，通过《县人民政府县长焦国武提出免去三位副县长职务请求》的决定，通过《关于接受县人民检察院检察长闫五锡的辞职请求的决定》。

根据县委建议，会议通过无记名投票的方式，补选安风元为平山县人大常委会主任，刘永喜、左祥来、张玉良、李文才、程俊明为平山县人大常委会副主任，韩新书为平山县人民检察院检察长。会议通过《多方捐资兴学全民关心教育平山县第七届人民代表大会第三次会议给全县人民的号召书》。

链接：县七届人大常委会主任简历

安风元，男，汉族，1935 年 1 月出生，平山县王坡乡王陈庄村人，初师文化。1951 年 6 月入党。1953 年 2 月参加工作。1983 年 12 月任县人大常委会主任。

1953.02—1957.09	完小教师、校长、进修校教师
1957.09—1964	县委宣传部干事
1964—1968.05	县委代常委，宣传部副部长
1968.05—1972	胜伏、柏坡公社书记、主任
1972—1974.08	县革委会生产指挥部主任、县委常委
1974.08—1981.12	县委常委县“革委会”副主任
1981.12—1983.12	县委常委、县政府副县长
1983.12—	县人大常委会主任

第三章　人大常委会

第一节　人员组成

一、选举产生

平山县第七届人民代表大会常务委员会于 1981 年 12 月由平山县第七届人民代表大会第一次会议选举产生。

主　任：刘景林

副主任（6 名）：

杨　墨　韩尚英　王廷槐　齐显祥　郄振书　白瑞采

委　员（9 名）：

戎冠秀　杨永隆　焦德照　齐尚贤　盛远志

赵一坦　杨其瑞　王克东　杨法法

二、届中调整情况

1983 年 12 月，平山县第七届人民代表大会第三次会议接受县人大常委会刘景林、杨墨、韩尚英、王廷槐、齐显祥、郄振书六位正、副主任辞职请求，补选安风元为平山县人大常委会主任，刘永喜、左祥来、张玉良、李文才、程俊明为平山县人大常委会副主任。

三、工作机构及人员组成

根据《中华人民共和国地方各级人民代表大会和地方各级人民政府组织法》关于“常务委员会根据工作要设立办事机构”的规定，1981 年 12 月，平山县人大常务委员会成立后设办公室，负责草拟文件，接待群众来信来访，协助人大常委会主任、副主任处理日常工作等。1983 年 4 月，增设为“一室四科”，即办公室、经济科、文卫科、政法科、代表联系科，均为科局级单位。经济科主要负责财政、经济工作，研究经济政策，审查经济计划等。文卫科负责文化、教育、卫生、科学技术等方面的工作。政法科负责督促检察县法院、检察院、公安局、司法局等部门依法办案。代表联系科负责人事工作、考察县政府科局级干部和县法院检察院有关干部、办理干部任免手续等。

办公室

主　任：杜华甫（1983.04—1984.05）

副主任：杜华甫（1982.01—1983.04）

付立本（1982.03—1983.12）

张树增（1983.07—1984.05）

经济科

科　长：田永录（1983.04—1984.05）

文卫科

科　长：封景堂（1983.04—1984.05）

政法科

科　长：暂缺

代表联系科

副科长：李汝斌（1983.04—1983.12）

第二节　主任会议

县七届人大常委会召开主任会议5次（据档案记载）。其中，刘景林主持召开3次，安风元主持召开1次，杨墨主持召开1次。

平山县七届人大常委会主任会议情况一览表

表5-2

序号	时间	议题
1	1982年2月21日	学习人大常委会工作文件，研究以下几项工作：1. 人大常委会办事机构的设置、人员编制；2. 成立人大党组；3. 主任工作分工；4. 建立必要的工作制度；5. 第二次人大常委会召开的时间、内容
2	1982年5月20日	1. 传达省人大常委会十五次会议精神；2. 学习宪法修改草案；3. 研究人大常委会第三次会议召开的时间、内容；4. 研究提案办理结果；5. 讨论教育、外籍科技人员两个决议草稿

续表 5-2

序号	时间	议题
3	1982 年 8 月 2 日	1. 提案办理情况；2. 宪法学习讨论情况；3. 办公用具的制作；4. 下次常委会议主要内容
4	1983 年 4 月 29 日	一、确定第八次常委会于 5 月 4 日报到，5 日开会，预计两天，检察院、法院列席会议，议程为：1. 传达学习省六大会议文件；2. 听取政府《关于科技情况和社会治安情况的汇报》；3. 到东岗大队参观学习科技种田。二、议案处理情况。立案 96 条，涉及 20 个单位。其中政府办 16 条，交通局 30 条，水利局 8 条。已报结案 18 条。三、宣布组织部拟任命的 3 人的职务。四、研究各科与办公室的关系问题
5	1984 年 1 月 17 日	1. 副主任刘永喜汇报省六届人大五次会议精神；2. 提出县人大今后工作设想

第三节　常委会会议

平山县第七届人大常委会共召开常委会议 17 次。

常委会第一次会议经查阅档案史料，未找到相关会议资料。

第二次会议　1982 年 3 月 16 日召开，主任刘景林主持会议。县人大常委会主任刘景林，副主任杨墨、韩尚英和委员共 13 人出席会议。戎冠秀、王廷槐缺席。会议学习中共中央〔1981〕16 号文件、工作通讯第八项（1981）、地方组织法；讨论审议《充分发挥人民代表作用的试行办法》《关于认真做好代表提案工作的试行办法》《关于人事任免试行办法》《人大常委会的会议制度》；听取县人大常委会的机构编制汇报；讨论下次常委会议程；听取县医院、百货公司文明征税活动开展情况。

第三次会议　1982 年 6 月 1 日至 2 日召开，副主任杨墨主持会议。县人大常委会副主任杨墨、韩尚英和委员共 11 人出席会议。杜华甫、付立本、李汝斌、齐新奎列席会议。刘景林、赵一坦、戎冠秀、董树峰缺席会议。杨墨传达省五届人大第十五次会议精神；学习讨论《中华人民共和国宪法修改草案》；听取和审议卫生局局长工作汇报；听取和审议文教局副局长封进志的工作汇报；通过《平山县人大常委会关于加强中小学教育工作的决议》。

第四次会议　1982年9月13日至14日召开，主任刘景林主持会议。县人大常委会主任刘景林和委员共13人出席会议，因事因病请假2人。县人大办公室副主任付立本、法院院长武贵才、县检察院检察长闫五锡等7人列席会议。会议的主要议程是学习党的十二大文件。着重学习邓小平在中国共产党第十二次全国代表大会上的开幕词和胡耀邦同志的政治报告，叶剑英、陈云的重要讲话和李先念的闭幕词，并以此作为开好这次会议的指导思想。会议听取县人大常委办公室副主任付立本《关于组织全县人民学习讨论宪法修改草案》和县七届人代会第一次会议《关于代表提案办理情况的汇报》；听取审议县法院院长武贵才《关于一九八二年上半年工作情况的报告》、县检察院检察长闫五锡《关于平山县人民检察院工作报告》，通过相关决议。

第五次会议　1982年10月9日召开，主任刘景林主持会议。县人大常委会主任刘景林，副主任杨墨、齐显祥、王廷槐、郄振书、白瑞采和委员共11人出席会议。因事因病缺席4人。县人民政府副县长安风元等列席会议。会议的主要议题是：一、听取并审议县人民政府关于《平山县山区建设规划（1982年—1985年）》的报告；二、通过关于《平山县山区建设规划（1982年至1985年）》的决议、关于《北大街修建工程方案》的决定、关于批准《平山县公路管理暂行规定》的决议和关于《平山县县城管理暂行规定》的决议；三、会议通过县政府有关人事任免事项。

第六次会次　1982年12月13日至14日召开，主任刘景林主持会议。县人大常委会主任、副主任和委员共12人出席会议，因事因病请假3人。会议的主要议程是：一、学习讨论中华人民共和国新宪法；二、听取县财政局局长檀朴和县商业局局长张世隆《关于一九八二年以来工作情况的汇报》；三、通过县人大常委会《关于明年一季度召开平山县第七届人民代表大会第二次会议的决定》；四、听取县基本建设委员会副主任王克东《关于县城建设远景规划的情况介绍》。会后，委员们到县精神文明建设先进单位平山县人民银行进行参观座谈，而后到正在施工的县城北大街工地进行视察。

第七次会议　1983年3月5日召开，会议由主任刘景林主持。县人大常委会主任、副主任和委员共11人出席会议，因事因病请假4人。会议讨论七届人大二次会议的筹备情况；通过1983年开创人大工作新局面的安排意见；通过副主任杨墨在七届人大二次会议上的工作报告；通过县人民政府提出的《关于开展全民义务植树的几项规定》。

第八次会议　1983年5月6日至7日召开，主任刘景林主持会议。人大常委会主任刘景林和委员共11人出席会议。因事因病请假4人。县长焦国武和检察院、法院的负责人列席会议。会上学习代省长刘秉彦在省六届人大一次会议上作的《关于河北省第6个五年计划的报告》；听取县公安局局长许有新《关于1983年以来全县社会治安情况的工作汇报》，要求公安部门要进一步贯彻综合治理、积极治安的方针，充分发挥基层治保组织的作用，动员全社会都来搞治安，进一步加强干警队伍的思想建设和组织建设；进一步加强业务训练，提高办案质量和效率，进一步加强法制宣传教育，提高全民学法、守法、执法的自觉性。会议通过《关于加强社会治安工作的决议》和有关人事任命事项。会议对下次将要举行的人大常委会第九次会议的主要内容作了安排。

第九次会议 1983年6月27日至28日召开，主任刘景林主持会议。人大常委委员共11人出席了会议，因事因病请假4人。副县长陈清林、科委副主任王文华、工商行政管理局局长康生平、副局长陈振海、商业局副局长高培志等12人列席会议。学习全国六届人大的有关文件，热情称颂国家新的领导人；会议听取副县长陈清林代表县政府作的《关于全县科技工作的报告》；商业局副局长高培志作的《1983年1—5月份以来商业工作情况的报告》；工商局副局长陈振海作的《1983年以来工商管理工作情况的报告》。会议通过关于加强科技工作、商业工作、工商行政管理工作的三项决议和有关人事任免事项。

第十次会议 1983年8月28日召开，主任刘景林主持会议。县人大常委会主任刘景林和委员共10人出席会议，因事因病请假5人。县人民政府副县长刘永喜、文教局副局长张建庭、王德玉等有关人员列席会议。会议讨论视察农村中小学教育情况；会议还通过县人民法院和县人大办公室提请的任免名单。

第十一次会议 1983年9月22日召开，副主任韩尚英主持会议。县人大常委会副主任杨墨、韩尚英、王廷槐、郄振书、白瑞采和委员共8人出席会议。县委副书记、县长焦国武，县政法委员会、法院、检察院、公安局、司法局的负责人以及人大办公室的有关人员列席会议。会上认真学习省人大常委会第三次会议关于严厉打击刑事犯罪活动的决议和有关方针、政策，听取县人民法院、人民检察院、公安局、司法局负责人《关于当前严厉打击刑事犯罪活动情况的汇报》。会议要求，全县人民要坚决贯彻执行全国人大两个决定和省人大的决议精神。充分认识当前刑事犯罪活动的严重性和危害性，认识开展打击刑事犯罪活动的重要性和紧迫性。要不断提高干警队伍的政治素质和业务素质，充分发挥政法公安机关的职能作用，建立健全各级治保组织。会议一致通过平山县人大常委会《关于严厉打击刑事犯罪活动的公告》。

第十二次会议 1983年11月30日召开，主任刘景林主持会议。县人大常委会主任刘景林，副主任杨墨、韩尚英、齐显祥、王廷槐、郄振书、白瑞采和委员共11人出席会议，因事因病请假4人，县文教局副局长王德玉以及人大办公室的有关人员列席会议。这次会议的主要议程是：一、讨论关于县七届三次人代会筹备情况；二、通过平山县人大常委会关于批准《平山县农村中小学教育改革方案的决议》；三、讨论通过《关于抵制和清除精神污染的决定》；四、通过县人民政府有关人事任免事项。

第十三次会议 1983年12月28日至29日召开，主任安风元主持会议。左祥来、刘永喜、李文才、张玉良、程俊明、白瑞采、齐尚贤、盛远志、焦德昭、杨永隆、李杰、赵一坦出席会议。霍尚军、杜华甫、付立本、张树增、张智金、张百川列席会议。戎冠秀、董树峰缺席会议。会议议题：一、通过人事任免（1. 通过县长焦国武提请的任免名单；2. 通过县人民法院提请的任免名单；3. 通过县检察院提请的任免名单；4. 通过县人大常委会提请的任免名单）。二、审议批准县人民政府《关于山区照顾生育二胎的报告》。

第十四次会议 1984年2月21日至22日召开，主任安风元主持会议。主任安风元，副主任刘永喜、左祥来、李文才、程俊明、白瑞采和委员共11人出席会议，因事因病请假3人，副县长陈清林、靳自霞和教育、文化、广播、林业等四个局负责人及人大办公室的有关人员列席会议。会上副主任刘永喜传达省六届人大五次会议精神，研究讨论了县换届选举工作。总的要求是：时间要抓紧，一切工作向前赶，力争在今年五月底以前全部完成。会议听取县文化、教育、广播三局《关于清除精神污染情况的汇报》。县图书馆、文化馆共查出不健康的书刊1400多册，并将这些书刊一律封存。县文化局开展健康的文化活动，采取了十条措施，取得了突出的成绩。会议特别指出：对于超出允许活动范围内的宗教活动，政府和有关部门要认真调查研究，加强教育管理，按照政策办事。会议听取林业局关于林业政策落实情况的汇报。主管林业的副县长陈清林，就1984年如何发展林业生产落实林业政策的问题讲了十条意见，表示了政府把林业搞上去的决心。会议决定三月中下旬在全县范围内开展一次规模较大的林业视察活动。

第十五次会议　1984年3月19日召开，主任安风元主持会议。县人大常委会主任安风元，副主任左祥来、李文才、程俊明和委员共8人出席会议，因事因病请假6人，县水利局、人大办公室和选举办的有关人员列席会议。会议审议并通过县人民政府《灌区管理办法暂行规定》；通过县人民政府提请的任命事项和全县各乡的选举委员会组成人员。

第十六次会议　1984年4月24日召开，主任安风元主持会议。县人大常委会主任安风元和委员共8人出席会议，因事因病请假6人。县人民政府副县长杨锡田，县联社、税务局、电力局、胜伏乡政府和县多种经营委员会的负责人及县人大办公室的有关人员列席会议。会议以发展商品生产、梳理流通渠道为议题，听取县多种经营委员会、县联社和胜伏乡政府的汇报。为实现两个转化，会议建议，各级政府要进一步在全县人民中深入宣传1984年中央一号文件，真正做到家喻户晓，人人明白，充分认识发展商品生产与振兴平山经济，实现四化目标的深远意义，激发广大农民发展商品生产的积极性和自觉性。各级政府、各级领导要做发展商品生产的促进派，不能坐等别人送来的现成经验，要一切从实际出发创新路。会议还通过县人民政府和县人民检察院提请的人事任免事项，通过平山县第八届人民代表大会代表资格审查委员会的组成人员。

第十七次会议　1984年5月20日召开，主任安风元主持会议。左祥来、刘永喜、李文才、白瑞采、盛远志、焦德昭、杨永隆出席会议。杨廷秀、杜华甫、张树增列席会议。李杰、齐尚贤、戎冠秀、程俊明、董树峰、赵一坦缺席会议。会议主要议程：一、审议平山县人大工作报告；二、审议平山县第八届人民代表大会会议议程，主席团、秘书长名单；三、审议通过平山县第八届人民代表大会提案审查委员会名单。四、通过法院、计委的人事任免事项。

第四节　制度建设

一、制度规定

1. 平山县人大常委会关于充分发挥人民代表作用的试行办法

（1982 年 3 月 16 日平山县第七届人大常委会第二次会议通过）

2. 平山县人大常委会关于认真做好代表提案工作试行办法

（1982 年 3 月 16 日平山县第七届人大常委会第二次会议通过）

3. 平山县人大常委会关于人事任免试行办法

（1982 年 3 月 16 日平山县第七届人大常委会第二次会议通过）

4. 平山县人大常委会会议制度

（1982 年 3 月 16 日平山县第七届人大常委会第二次会议通过）

5. 平山县人大常委会关于改进领导方法和作风的几项制度规定（试行）

（1983 年 8 月 15 日平山县人大常委会发布）

6. 平山县人大常委会工作职责范围及其办事机构岗位责任制规定（试行）

（1983 年 8 月 15 日平山县人大常委会发布）

二、制度规定选介

1. 关于改进领导方法和作风的几项制度规定（试行）

一、请示报告制度。人大常委会每年年底向县委报告一次工作，凡属重大事项要及时请示报告，积极完成交给的任务。二、会议制度。县人民代表大会一年一次，人大常委会两月一次，主任会半月一次，主任办公会每周一次。三、代表联系制度。每半年与代表联系一次。联系方法可采取走下去、请上来、分片召开座谈会、个别走访、通信等形式。四、加强与政府、两院的联系。人大在召开会议研究工作时，根据其工作性质，分别邀请主管这方面工作的县长、院长、检察长。五、加强调查研究。有计划地组织人大常委会组成人员搞一些专题调查，要求驻会的主任、委员每年有三个月时间下去搞调查研究。六、组织视察活动。县人大常委会委员和代表的视察活动，每半年组织一次，事前要拟定好视察提纲，有准备有目的地进行。七、学习制度。驻会主任和机关工作人员，每周必须保证有半天时间业务学习（星期五下午）。政治学习可采取小集中和参加集训等办法。还要抽出业余时间自学。学习内容和召集由办公室一名副主任负责。八、民主生活会制度。驻会主任、副主任、机关工作人员，每季度分别召开一次民主生活会。通过民主生活会和谈心活动交流思想，互相帮助，团结一心，做好工作。

2. 平山县人大常委会工作职责范围及其办事机构岗位责任制规定（试行）

一、根据《地方组织法》的规定，平山县人大常委会的职责范围

（一）领导或者主持县人民代表大会的选举。

（二）召集县人民代表大会会议。

（三）讨论、决定全县的政治、经济、文化、教育、卫生、民政、民族等工作的重大事项。

（四）根据县人民政府的建议，决定全县范围的国民经济计划和预算的变更（整个国民经济计划和预算的审定权属于县人民代表大会）。

（五）监督县人民政府、人民法院和人民检察院的工作，联系县人民代表大会代表，受理人民群众对上述机关和国家工作人员的申诉和意见。

（六）改变或撤销公社（乡）人民代表大会的不适当的决议。

（七）在县人民代表大会闭会期间，决定副县长的个别任免；在县长、人民法院院长、人民检察院检察长因故不能担任职务时，依照法定程序决定其代理人选。

（八）决定县人民政府的局长、主任、科长的任免。

（九）按照人民法院组织法和人民检察院组织法的规定，任免县人民法院副院长、庭长、副庭长、审判委员会委员、审判员；任免或者通过任免县人民检察院副检察长、检察委员会委员、检察员。

（十）在县人民代表大会闭会期间，补选上一级人民代表大会空缺的代表和撤换个别代表。

（十一）决定授予荣誉称号。

二、各办事机构岗位责任制

办公室：（一）掌握县人大常委会全面工作情况，协调科室之间的工作并负责向县委、县人民代表大会及上级机关的工作报告、决议、决定的起草。（二）组织机关的政治和业务学习。（三）负责筹备召开县人民代表大会和人大常委会的工作。（四）负责办理人大常委会任免范围的工作人员的考察与任免的具体工作。（五）负责机关的行政管理和后勤事务：1. 人员内勤工作：①各类文件的收发、登记、清理、呈阅传递；②文书档案的整理保管；③做好保密工作；④坚守岗位，认真值班；⑤报纸刊物的整理保存。2. 文印工作：①按时按质完成任务；②厉行节约，杜绝浪费；③及时分发报纸和收发文件。3. 财物工作：①严格按财经制度办事；②账目清楚；节约开支，保障在指标内的后勤供应；③管好财物。4. 司机工作：①遵守交通规则，杜绝各类事故的发生；②提高驾驶和维修技术，保障车辆处于整洁、完好状态。节约开支，努力减少油耗和修理费。5. 服务工作：①坚守岗位履行职责；②搞好清洁卫生；③做好值班工作。

群工科：（一）负责对空缺上一级人民代表大会代表的补充人选和个别代表的撤换提出建议。（二）办理代表来信来访和代表议案的处理答复。（三）通过各种方式保持与人民代表的联系，按规定组织代表学习，征求代表意见。（四）受理人民群众对“一府两院”、人大常委会的工作人员、县人民代表的申诉、意见、表扬、批评、建议。

经济科：（一）负责掌握县国民经济计划和财政预决算的审理；对县全局性的经济体制的变更情况的审理与国计民生直接相关的其他事项的审理。(二)监督和督促有关工农业、财经、贸易等有关经济法律法规、法令和有关政策的贯彻执行。

政法科：（一）监督“一府两院”贯彻执行宪法以及其他有关法律、法规等各项方针政策的贯彻落实情况。（二）了解“一府两院”的执法工作情况，及时总结经验发现问题，提出解决意见。

文教卫生科：（一）负责全县范围内的文化、教育、科技、卫生、计划生育、环境保护等工作的重大事项。（二）监督上述各项工作有关方针政策、法律、法令的执行情况。

第四章　审议决定重大事项

第一节　决议决定

1. 关于加强中小学教育工作的决议

（1982年6月1日至2日平山县第七届人大常委会第三次会议通过）

2. 关于进一步加强县法院、检察院工作的决议

（1982年9月14日平山县第七届人大常委会第四次会议通过）

3. 关于平山县山区建设规划（1982年至1985年）的决议

（1982年10月9日平山县第七届人大常委会第五次会议通过）

4. 关于北大街修建工程方案的决定

（1982年10月9日平山县第七届人大常委会第五次会议通过）

5. 关于平山县公路管理暂行规定的决议

（1982年10月9日平山县第七届人大常委会第五次会议通过）

6. 关于平山县县城管理暂行规定的决议

（1982年10月9日平山县第七届人大常委会第五次会议通过）

7. 平山县人民政府公路管理暂行规定

（1982年10月9日平山县第七届人大常委会第五次会议通过）

8. 关于开展全民义务植树的几项规定

（1983年3月5日平山县第七届人大常委会第七次会议通过）

9. 关于组织全县人民认真学习、执行《中华人民共和国宪法》的决议

（1983年3月10日平山县第七届人民代表大会第二次会议审议通过）

10. 关于加强社会治安工作的决议

（1983年5月7日平山县第七届人大常委会第八次会议通过）

11. 关于加强科技工作的决议

（1983年6月28日平山县第七届人大常委会第九次会议通过）

12. 关于商业局工作报告的决议

（1983 年 6 月 28 日平山县第七届人大常委会第九次会议通过）

13. 关于工商局工作报告的决议

（1983 年 6 月 28 日平山县第七届人大常委会第九次会议通过）

14. 关于批准平山县农村中小学教育改革方案的决议

（1983 年 11 月 30 日平山县七届人大常委会第十二次会议通过）

15. 关于抵制和清除精神污染的决定

（1983 年 11 月 30 日平山县七届人大常委会第十二次会议通过）

16. 多方捐资兴学全民关心教育平山县第七届人民代表大会第三次会议给全县人民的号召书

（1983 年 12 月 3 日平山县第七届人民代表大会第三次会议一致通过）

17. 关于通过平山县人民政府灌区管理办法暂行规定

（1984 年 3 月 19 日平山县第七届人大常委会第十五次会议通过）

第二节　决议决定选介

1. 关于加强社会治安工作的决议

平山县第七届人民代表大会常务委员会第八次会议，听取县公安局局长许有新关于社会治安情况的工作汇报，通过《关于加强社会治安工作的决议》。主要内容是：为了进一步加强和巩固人民民主专政，保卫和促进社会主义物质文明和精神文明建设，保障国家长治久安，早日实现社会风气、社会治安的根本好转。一、必须加强法制宣传教育；二、必须加强公安队伍的思想建设和组织建设；三、必须实行综合治理、积极治安的方针。会议要求全社会各部门都要积极支持公检法部门的工作，不要干预，不要插手，保护法律的严肃性。

2. 关于加强科技工作的决议

平山县人大常委会第九次会议听取副县长陈清林关于科技工作的报告，会议认为，近几年，县科技工作在科技管理、农业技术推广、工业技术改进、科技人员推行技术承包责任制，到第一线直接为工农业生产服务等方面，受到了广大人民群众的欢迎，取得了很大成绩。为了进一步加强对科技工作的领导，推动科学技术的进步，发展生产，振兴经济，决议如下：一、切实加强对科技工作的领导，全面落实对知识分子的政策，实事求是地解决他们在工作和生活上的实际困难。为发挥他们的聪明才智创造必要的条件。二、加强对知识分子的思想政治教育，摆正为“四化”建设服务与个人成名成家的关系，发扬艰苦奋斗精神，毋忘团结奋斗，致力振兴中华，为县科学技术的进步贡献力量。三、要珍视科研成果的应用和推广，对科研新成果，要有远见卓识，不为眼前困难所动摇，尊重和爱护自学成才人员的劳动，重视对他们的使用、培养和深造，使他们为科学技术的进步，发挥更大的作用，创造更多的财富。四、科学技术是“四化”建设的战略重点之一。政府和各部门积极配合协同攻关，不能只看成科委的事，应该列入政府各有关部门的经常议事日程，定期研究，解决实际问题，真正树立起科学技术是生产力的思想观点。

3. 关于批准平山县农村中小学教育改革方案的决议

平山县七届人大常委会第十二次会议经过认真审议，批准县人民政府关于《平山县农村中小学教育改革方案》。会议指出，农村中小学教育改革的核心是：把农村中学划归民办，依靠社队集资改善办学条件，整顿好教师队伍，提高教师待遇和教育质量。这是农村中小学教育的一次重大改革，它不仅关系到整个教育事业的全局，而且还涉及到千家万户的长远利益。会议要求，要把整顿提高教师队伍作为这次改革的一项重要内容来抓。在搞好思想整顿的同时，采取有力措施，做好组织整顿，对个别不能胜任教学工作的，一定要调整下来，进一步落实党的知识分子政策，提高广大教师的政治地位、社会地位和工资待遇，要切实做好办学资金的筹集和管理工作。对筹集到的资金，必须管好、用好，不准随意挤占和挪用，一定做到专款专用。同时，要本着勤俭节约的原则，力争少花钱多办事。会议号召，全县人民要在县委和县政府的领导下，贯彻落实好《平山县农村中小学教育改革方案》，为开创平山县教育工作的新局面而奋斗。

4. 关于抵制和清除精神污染的决定

党中央决定，要在思想理论和文艺各条战线上抵制和清除精神污染。这一重大决策，充分反映了人民群众的意志和愿望。为了彻底清除精神污染，把这场反腐蚀的斗争进行到底，实现社会治安、社会风气和党风的根本好转。主要内容：一、精神污染危害极大。二、坚决彻底查禁和收缴黄色录音、录像、淫书、淫画和一切淫秽制品。三、采取果断措施，抵制和清除精神污染。四、把抵制精神污染的斗争同学习《邓小平文选》、反对和纠正不正之风结合起来；同打击刑事犯罪活动，推动社会风气进一步好转结合起来；同贯彻落实省委提出的“振作精神、振兴河北”的号召结合起来；同当前的机构改革结合起来；同“两个文明”建设结合起来。

5. 平山县人民政府灌区管理办法暂行规定

为了搞好、用好灌区工程，充分发挥工程效益，更好地为农业生产服务。特制定《灌区管理办法暂行规定》。主要内容包括：一、各灌区要在县委和县政府的领导下，切实加强灌渠管理工作。二、各灌区成立灌区管理委员会，由上级主管部门的负责人任主任，管理单位和主要受益乡的负责人任副主任，主要受益村的负责人任委员，定期召开会议，研究讨论本灌区的主要事务，形成决议后，分别贯彻执行。三、渠道工程由渠道管理部门统一管理，任何单位和个人不准在渠道上随意扒口或修建筑物，如确实需要修建，必须报请灌区管理部门批准。四、干渠填方或半挖半垫渠道的一渠两埂，其主权归渠道管理部门，任何单位、任何人不得干涉，渠道不予赔偿。五、灌渠两旁和建筑物周围，由灌区管理单位统一规划，植树造林。六、灌区管理要合理调配水量，实行计划用水，节约用水，科学用水，不断提高灌溉质量。七、灌区各受益单位，要发动群众制定护渠公约和用水公约，反对本位主义和无政府主义，严禁以种种借口给灌区管理摆难题、敲竹杠。八、灌区各受益单位必须服从渠道管理部门统一配水安排，根据配水时间，分配的用水时间和用水量由村统一组织浇地。九、受益单位应积极出工维修渠道，使其长期保持完好的技术状态，按规定缴纳水费，不得拖欠，逾期不交者要进行罚款。十、本规定由各灌渠管理委员会负责施行，灌区管理单位要实行岗位责任制，制定责任制细则。

第五章　人事任免

1982 年 9 月 14 日县第七届人大常委会第四次会议

任命：

杜华甫为县人大常委会办公室副主任

付立本为县人大常委会办公室副主任

1982 年 12 月 13—14 日县第七届人大常委会第六次会议

决定任命：

高文存为平山县人民政府办公室主任

齐进芳为平山县计划委员会主任

张文祥为平山县经济委员会主任

崔成才为平山县体育委员会主任

张世隆为平山县商业局局长

张士修为平山县外贸局局长

茹成山为平山县人事局局长

尤清为平山县广播事业局局长

檀朴为平山县财政局局长

王立耀为平山县文教局局长

康生平为平山县工商行政管理局局长

崔振亮为平山县司法局局长

封玉润为平山县物资局局长

李荣为平山县劳动局局长

李尚斌为平山县粮食局局长

王庆明为平山县民政局局长

王照月为平山县移民办公室主任

秘从喜为平山县税务局局长

齐学彦为平山县交通局局长

康文成为平山县电力局局长

马甲科为平山县卫生局局长
李志录为平山县社队企业局局长
韩德华为平山县农业局局长
阎俊林为平山县林业局局长
韩国林为平山县统计局局长
赵纲为平山县水利局局长
任命：
韩文彬为平山县人民检察院检察员
梁志为平山县人民检察院检察员
任国兵为平山县人民检察院检察员
康锦文为平山县人民检察院检察员
王新国为平山县人民检察院检察员
孙尚武为平山县人民检察院检察员
李贵寿为平山县人民检察院检察员
赵保贵为平山县人民检察院检察员
王根庭为平山县人民检察院检察员
李喜堂为平山县人民检察院检察员
李六德为平山县人民检察院检察员
李振文为平山县人民检察院检察员
李俊逸为平山县人民检察院检察员
魏海生为平山县人民检察院检察员
封秀惠为平山县人民法院副院长、审判委员会委员
刘明忠为平山县人民法院审判委员会委员
马三科为平山县人民法院审判委员会委员、刑事审判庭庭长
封积武为平山县人民法院经济审判庭副庭长
王庆晴为平山县人民法院刑事审判庭副庭长
王艮保为平山县人民法院孟家庄人民法庭庭长
李风瑞为平山县人民法院小觉法庭庭长
梁昌志为平山县人民法院小觉法庭副庭长
宋吉生为平山县人民法院回舍法庭副庭长
王清录为平山县人民法院城关法庭副庭长
王宝书为平山县人民法院岗南法庭副庭长
任玉清为平山县人民法院南甸法庭副庭长
岳伟学为平山县人民法院古月法庭副庭长
王文明为平山县人民法院审判员

尹兰凯为平山县人民法院审判员
康二喜为平山县人民法院审判员
崔河小为平山县人民法院审判员
刘惠为平山县人民法院审判员
白琪为平山县人民法院审判员
曹双庆为平山县人民法院审判员
刘国忠为平山县人民法院审判员

1983 年 3 月 5 日县第七届人大常委会第七次会议
决定任命：
霍尚军为平山县人民政府副县长
决定免去：
谷翠玲平山县人民政府副县长职务

1983 年 5 月 7 日县第七届人大常委会第八次会议
任命：
封金堂为平山县人大常委会文卫科科长
田永录为平山县人大常委会经济科科长
李汝斌为平山县人大常委会群工科副科长
批准任命：
闫五锡为平山县人民检察院检察长和平山县人民检察院检察委员会委员
韩治平、桑保海、韩新书为平山县人民检察院副检察长和平山县人民检察院检察委员会委员
刘建华、王永才、杨凤连、赵兴元为平山县人民检察院检察委员会委员

1983 年 6 月 28 日县第七届人大常委会第九次会议
任命：
杜华甫为平山县人大常委会办公室主任
决定任命：
阎鑫为平山县司法局局长
免去：
崔正良的平山县司法局局长职务

1983 年 8 月 28 日县第七届人大常委会第十次会议
任命：
张树增为平山县人大常委会办公室副主任

封锦福为平山县人民法院副院长、审判委员会委员
刘明忠为平山县人民法院副院长
马三科为平山县人民法院副院长
免去：
封秀惠平山县人民法院副院长、审判委员会委员的职务

1983 年 11 月 30 日县第七届人大常委会第十二次会议
决定任命：
靳自霞为平山县人民政府副县长
许有新为平山县公安局局长
刘杰明为平山县税务局局长
任树才为平山县司法局局长

1983 年 12 月 28—29 日县第七届人大常委会第十三次会议
决定任命：
高文存为平山县人民政府办公室主任
范顺田为劳动人事局局长
纪恩福为计划委员会主任
单双合为计划生育委员会主任
王德保为外贸局局长、外贸公司经理
封泽为工商行政物价管理局局长
封哲兵为商业局局长
左增五为粮食局局长
张述为财政局局长
齐学彦为交通局局长
李景春为县经济委员会主任
韩英法为水利局局长
李向朝为林业局局长
封进志为教育局局长
梁文达为审计局局长
郝建华为多种经营委员会主任
刘杰明为县税务局局长
王照月为县移民办公室主任
王世斌为县民政局局长
韩德华为县农业局局长

任命：

封锦福为县人民法院副院长

刘明忠为县人民法院副院长

段秀英为县人民法院副院长

批准任命：

马三科为县人民检察院副检察长，免去原人民法院副院长职务

魏峰山为县人民检察院副检察长

任命：

杜华甫为县人大办公室主任

张树增为县人大办公室副主任

1984 年 3 月 19 日县第七届人大常委会第十五次会议

任命：

薛军为平山县水利局局长

1984 年 4 月 24 日县第七届人大常委会第十六次会议

任命：

韩新书为平山县人民检察院检察委员会委员

马三科为平山县人民检察院检察委员会委员

魏峰山为平山县人民检察院检察委员会委员

1984 年 5 月 20 日县第七届人大常委会第十七次会议

决定任命：

封积武为县法院经济庭庭长、法院审判委员会委员、审判员

王秀芹为县法院民事庭庭长、法院审判委员会委员、审判员

王庆晴为县法院刑事庭庭长、法院审判委员会委员、审判员

王宝书为县法院岗南法庭庭长、审判员

孙吉生为县法院回舍法庭庭长、审判员

梁昌志为县法院小觉法庭庭长、审判员

李风瑞为县法院蛟潭庄法庭庭长、审判员

刘国忠为县法院黄壁庄法庭副庭长、审判员

崔河小为县法院城关法庭副庭长、审判员

王清录为县法院审判员

刘会为县法院审判员

决定免去：

纪恩福县计委主任职务

第六章 重点工作

1982 年

1982 年陆续选调 6 名干部和 3 名工勤人员，组建了人大常委会工作机构，任命了人大办公室负责人。组织全体委员和机关工作人员，学习中央 1981 年 16 号文件和《宪法》《地方组织法》《选举法》等法律法规，讨论县级人大常委会的性质、任务和职权，先后讨论通过平山县人大常委会《关于人事任免试行办法》《关于充分发挥人大代表作用试行办法》和《关于认真做好代表提案工作试行办法》，为依法开展工作奠定了基础。为提高机关的工作效率，在人大常委会第十次会议上通过了《关于改进领导作风和方法的几项制度的规定》和《工作职责范围及其办事机构岗位责任制的规定》，使机关工作制度逐步走向正规化。

4 月 1 日，县人大常委会办公室下发《关于建立代表小组的通知》，分片划分了代表活动小组。共设立 62 个代表小组，建立了代表联系制度。

5 月 22 日，县人大常委会下发关于组织全县人民讨论《中华人民共和国宪法修改草案》的通知，组织广大代表认真参加讨论，提出修改意见。

9 月 19 日，县人大常委会办公室下发了关于十二大文件的通知，要求全体人大代表认真学好十二大文件，认真执行十二大精神。

12 月 10 日，县人大常委会下发《关于学习宣传中华人民共和国新宪法的通知》，对全体代表的学习宣传活动做出具体安排部署。

12 月 14 日，县人大常委会组织委员到县精神文明建设先进单位平山县人民银行进行参观座谈，并到正在施工的县城北大街工地进行视察。

本年度，常委会组织到文教局、北关小学、温塘中学等地对《关于加强中小学校教育工作的决议》的贯彻执行情况进行检查督促。

本年度，常委会组织到平山、古月、孟贤壁等中小学和县医院、小觉、蛟潭庄等卫生分院召开教师、医务人员座谈会，调查了解平山县在教育、卫生方面亟待解决的问题；到文教局、人民法院、人民检察院、商业局、财政局、营里、温塘公社、平山中学、北关中学、南街小学、温塘中学等单位进行调查，检查督促有关单位执行决议的情况，向县委、县政府提出了抓紧师资力量培训、加强教师队伍建设、改善教学条件等书面建议。

本年度，人大常委会组织到税务局等基层单位进行座谈，调查了解征税率低的原因，指出应进一步贯彻执行上级文件精神，加强税务工作领导，充实税务力量，积极推行税收征管责任制，健全征管制度，建立正常的纳税秩序，认真执行税务征收、统一发货票、城乡零散税征收等管理办法，加强税法宣传，坚持依法治税，维护国家的税收法制，把平山县的税收工作更好地抓上去。

1983年

8月23日至26日，由人大常委会主任、副主任、委员和主管教育工作的副县长、文教局长参加的视察小组，对全县教育工作进行视察。视察结束后，针对存在问题，向县委写出专题报告，提出改进和加强教育工作的四条建议。县委向全县批转了这一报告，对改进平山县中小学办学条件、提高教育质量起到了促进作用，城关镇东街、西街都新建了教学楼，受到了广大干部群众的赞扬。

1984年

3月下旬，由人大常委会组织人大常委会主任、副主任、政府主管林业的副县长、林业局长等有关人员组成视察组，对全县9个区、工委（片）的9个乡（镇）、10个村的林业政策落实情况进行视察。针对视察情况给县委写出专题报告，提出三条加快林业发展的具体建议。

3月开始，全面开展县乡两级人代会换届选举工作，全县共选举产生第八届县人大代表400名，乡镇代表2929名。5月15日前，各乡镇全部召开了乡镇人代会。

本年度，人大常委会先后到唐家会乡、胜伏乡、温塘供销社、里庄乡、城关镇开展了关于发展商品生产和梳理流通渠道的调查，并将调查情况编印成《工作简报》印发各有关部门，供领导参考。

县第七届人民代表大会共收到议案460件，经审定共立案354条，已全部办理完结并答复本人。

第六篇

平山县第八届人民代表大会

（1984 年 5 月至 1987 年 4 月）

平山县第八届人民代表大会任期自1984年5月至1987年4月。其间共组织召开县人民代表大会3次、人大常委会会议23次。围绕工农业生产、防护林工程、羊只发展等问题，深入部分乡镇和厂矿调查研究，向政府提出意见建议，作出《关于进一步加强防护林工程建设的决议》《关于积极发展羊只生产的决议》《关于进一步贯彻执行〈河北省农作物种子条例〉的决议》等决议、决定，同时加强对《地方组织法》《食品卫生法》《义务教育法》《林业法》《渔业法》《计量法》《药品管理法》《统计法》等法律法规贯彻执行情况的监督检查，确保各项法律法规贯彻实施。把普法工作作为人大常委会主要工作内容，扎实推动全县普法活动开展。积极利用人大接待室受理群众来信来访，召开代表座谈会，开展代表普访活动，广泛征求代表批评、意见和建议，召集政府有关部门进行交办，做到件件有着落，条条有答复。

第一章　人大党组织

中共平山县人大常委会党组

书　记：安风元（1983.11—1990.04）
副书记：刘永喜（1983.11—1993.10）
成　员：程俊明（1983.11—1987.04）
　　　　左祥来（1983.11—1987.04）
　　　　李文才（1983.11—1990.04）
　　　　高文英（1984.05—1990.04）

第二章　人民代表大会

第一节　人大代表

一、县人大代表

（一）选举产生

根据省选举会议的要求和具体情况，平山县的县、乡两级换届选举工作，是在县委、县人大的领导下，按照“两法”和细则的要求，从 3 月初着手准备，在建立选举委员会及办事机构以后，立即制定方案，开展宣传，培训骨干，全面铺开了选举工作。全县共划为 179 个选区，其中县直选区 16 个。4 月 5 日张榜公布了选民名单，4 月 15 日（法定日）公告了提名推荐候选人名单，4 月 30 日（法定日）公告了确定的正式候选人名单，5 月 5 日（选举日）全县选民投票选举产生出席县、乡两级人民代表大会的代表。5 月 15 日前全县 55 个乡（镇）分别召开第一届人民代表大会第一次会议，选举乡长、副乡长。5 月 23 日召开县第八届人民代表大会第一次会议。全过程历时 80 天。全县共产生县正式代表候选人 614 人，选出县代表 400 人。在这些代表中，党员 246 人，占 61.5%，干部 116 人，占 29%，妇女 81 人，占 20%，知识分子 74 人，占 18.5%，工农 284 人，占 71%，农民中“两户一体”代表 52 人，占 15%，非党民主人士 5 人，占 1.25%，解放军 3 人。

（二）代表名单

平山县第八届人民代表大会代表一览表

表 6-1

姓名	性别	文化程度	政治面貌	工作单位及职务	籍贯
李虎子	男	初中	中共党员	马中乡乡长	柴庄村
李天华	男	大专	中共党员	马中乡副乡长	南甸乡史家庄村
张振远	男	初中	中共党员	南甸乡乡长	山头村

续表 6-1

姓名	性别	文化程度	政治面貌	工作单位及职务	籍贯
刘书明	男	初中	中共党员	南甸乡副乡长	郭家庄村
刘喜法	男	大学	中共党员	南甸乡副乡长	中贾壁村
李文昌	男	大专	群众	南甸乡副乡长	西岳村
刘国英	男	中专	群众	南甸乡副乡长	桃林村
聂米贵	男	高中	中共党员	两河乡乡长	觉石院村
张建明	男	中专	中共党员	两河乡副乡长	胡家咀村
史殿礼	男	大专	中共党员	两河乡副乡长	郭家庄村
李兵顺	男	初中	中共党员	两河乡副乡长	东回舍乡东回舍村
赵瑞英	女	大学	中共党员	王陈庄乡乡长	赵家岸村
李文国	男	大学	群众	王陈庄乡副乡长	孟贤壁乡东黄泥村
齐建明	男	中专	中共党员	王陈庄乡副乡长	平山镇寺庄村
刘清林	男	初中	中共党员	王坡乡乡长	中石殿乡中石殿村
李林魁	男	中专	中共党员	王坡乡副乡长	里庄乡里庄村
肖海吉	男	初中	中共党员	王坡乡副乡长	里庄乡孟堡村
王青堂	男	初中	中共党员	中石殿乡乡长	岗南乡西岗南村
杨延军	男	大学	群众	中石殿乡副乡长	岗南乡红草凹村
曹树考	男	高中	中共党员	中石殿乡副乡长	岗南乡西岗南村
韩联书	男	初中	中共党员	宅北乡乡长	岗南乡寺家沟村
韩金堂	男	初中	群众	宅北乡副乡长	苏家庄乡苏家庄村
孙树增	男	大专	中共党员	宅北乡副乡长	温塘乡乱泉村
李兵云	女	中专	中共党员	宅北乡副乡长	刘家坪乡上柳村
谷军山	男	中专	中共党员	缑家庄乡乡长	岗南乡李家庄村
霍兵忠	男	初中	中共党员	缑家庄乡副乡长	岗南乡石古洞村
杨来来	男	中专	群众	缑家庄乡副乡长	里庄乡烟堡村
王　平	男	大专	中共党员	霍宾台乡乡长	四角坑村
张兵秀	男	高中	中共党员	霍宾台乡副乡长	蛟潭庄乡天花梁村

续表 6-1

姓名	性别	文化程度	政治面貌	工作单位及职务	籍贯
于三珠	男	初中	中共党员	霍宾台乡副乡长	里庄乡烟堡村
郜玉廷	男	高中	中共党员	岗南乡乡长	中白楼村
齐宏杰	男	大学	群众	岗南乡副乡长	柏坡乡夹峪村
谷文海	男	初中	中共党员	苏家庄乡乡长	缑家庄乡缑家庄村
刘书平	男	中专	群众	苏家庄乡副乡长	朱坊村
霍明堂	男	初中	中共党员	苏家庄乡副乡长	缑家庄乡霍家沟村
刘晓亮	男	高中	中共党员	柏坡乡乡长	马峪村
曹梦海	男	初中	中共党员	柏坡乡副乡长	岗南乡尚家湾村
刘明芳	男	大专	群众	柏坡乡副乡长	柏坡乡夹峪村
杨四海	男	初中	中共党员	唐家沟乡乡长	六亩元乡刘家湾村
赵贵锁	男	初中	中共党员	唐家沟乡副乡长	孟家庄乡下庄村
王彦明	男	高中	中共党员	唐家沟乡副乡长	孟家庄乡北坪村
李法宝	男	初中	中共党员	柏岭乡乡长	十里坪乡东盘石村
李永兵	男	中专	群众	柏岭乡副乡长	霍宾台乡霍宾台村
韩卜文	男	高小	中共党员	柏岭乡副乡长	刘家坪乡下柳村
封平白	男	初中	中共党员	庞家铺乡乡长	柏岭乡柏岭村
左路青	女	中专	中共党员	庞家铺副乡长	店头乡古道村
王林林	男	高中	中共党员	庞家铺副乡长	北冶乡北冶村
吴墨军	男	中专	中共党员	古月乡乡长	南红岸寨村
齐建林	男	高中	中共党员	古月乡副乡长	景家庄村
杜吉牛	男	中专	群众	古月乡副乡长	西回舍乡北水村
韩　峰	男	中专	群众	古月乡副乡长	温墉乡韩台村
王军军	男	高中	中共党员	青杨树乡乡长	温塘乡冷泉村
王拴庆	男	高中	中共党员	青杨树乡副乡长	温塘乡鹿台村
席二平	男	初中	中共党员	青杨树乡副乡长	温塘乡温塘村
王协和	男	高中	中共党员	唐家会乡乡长	王岸乡观音堂村

续表 6-1

姓名	性别	文化程度	政治面貌	工作单位及职务	籍贯
王成槐	男	大专	群众	唐家会乡副乡长	下口乡盘口村
刘吉兵	男	初中	中共党员	唐家会乡副乡长	塔崖乡狮子坪村
封旭明	男	初中	中共党员	北冶乡乡长	塔崖乡黄安村
刘清明	男	中专	中共党员	北冶乡副乡长	两河乡秘家岸村
王　辉	男	中专	中共党员	北冶乡副乡长	温塘乡大陈庄村
付学和	男	初中	中共党员	塔崖乡副乡长	唐家会乡车辐安村
崔平文	男	中专	群众	塔崖乡副乡长	—
刘习平	女	中专	中共党员	塔崖乡乡长	北冶乡罗汉坪村
胡过刀	男	初中	中共党员	甘秋乡乡长	塔崖乡沕沕水村
白　哲	男	高中	中共党员	甘秋乡副乡长	马中乡马中村
王志学	男	初中	中共党员	王岸乡乡长	唐家会乡扶峪村
罗　云	男	初中	中共党员	王岸乡副乡长	北冶乡南冶村
卢根林	男	中专	群众	王岸乡副乡长	行唐县东安乡
封润德	男	初中	中共党员	下口乡乡长	北冶乡下寨村
焦社会	男	中专	中共党员	下口乡副乡长	杜家沟村
李树明	男	初中	中共党员	下口乡副乡长	唐家会乡柏树庄村
赵焕锋	男	高中	群众	下口乡副乡长	王岸乡上三家店村
付书芳	男	中专	中共党员	孟家庄乡乡长	庞家铺乡西黄泥村
韩增玉	男	初中	群众	孟家庄乡副乡长	观音堂乡下盘松村
范联军	男	初中	中共党员	刘家坪乡乡长	孟家庄乡南文都村
韩志明	男	大专	中共党员	刘家坪乡副乡长	观音堂乡沙坪村
韩贵锁	男	初中	中共党员	观音堂乡乡长	孟家庄乡元坊村
韩和平	男	初中	中共党员	观音堂乡副乡长	刘家坪乡下柳村
高更云	男	初中	中共党员	观音堂乡副乡长	刘家坪乡下刘家坪村
白连云	男	高中	中共党员	六亩元乡乡长	孟家庄乡曹家庄村
胡志贵	男	高中	中共党员	六亩元乡副乡长	观音堂乡上盘松村

续表 6-1

姓名	性别	文化程度	政治面貌	工作单位及职务	籍贯
崔洪俊	男	初中	中共党员	秋卜洞乡乡长	刘家坪乡下柳村
李俊兵	男	初中	中共党员	秋卜洞乡副乡长	刘家坪乡上刘家坪村
梁忠优	男	中专	中共党员	瓦房头乡乡长	营里乡万里村
卢国民	男	中专	群众	瓦房头乡副乡长	庞家铺乡罗家会村
康志强	男	初中	中共党员	瓦房头乡副乡长	小觉乡康家庄村
刘书祥	男	初中	中共党员	杀虎乡乡长	营里乡皂户地村
曹建华	男	初中	中共党员	杀虎乡副乡长	营里乡三岔村
王永春	男	中专	中共党员	杀虎乡副乡长	营里乡板桥口村
杨生明	男	初中	中共党员	营里乡乡长	瓦房头乡青里村
任三龙	男	初中	中共党员	营里乡副乡长	店头乡古道村
董士霞	男	中专	中共党员	营里乡副乡长	杨家桥乡鸡石村
崔兰拴	男	初中	中共党员	大坪乡乡长	店头乡店头村
平怀川	男	初中	中共党员	大坪乡副乡长	卸甲河乡上卸甲河村
刘汉杰	男	初中	中共党员	大坪乡副乡长	店头乡古道村
苏志英	男	高中	中共党员	杨家桥乡乡长	小觉乡庄窝村
杜兰涛	男	专科	中共党员	杨家桥乡副乡长	古月乡白家庄村
崔风杰	男	初中	中共党员	杨家桥乡副乡长	店头乡店头村
封向东	男	中专	中共党员	店头乡乡长	小觉乡郄家庄村
韩树元	男	中专	中共党员	店头乡副乡长	下口乡泥里河村
康士勇	男	大专	中共党员	店头乡副乡长	卸甲河乡宋家沟村
梁拴贵	男	中专	中共党员	小觉乡乡长	蛟潭庄乡蛟潭庄村
赵全有	男	初中	中共党员	小觉乡副乡长	店头乡白羊口村
田永芳	女	大专	群众	小觉乡副乡长	卸甲河乡下卸甲河村
韩瑞海	男	初中	中共党员	十里坪乡乡长	卸甲河乡前驮头村
封文星	男	初中	中共党员	十里坪乡副乡长	小觉乡秘家会村
李庆华	男	高中	中共党员	十里坪乡副乡长	瓦房头乡黑山关村

续表 6-1

姓名	性别	文化程度	政治面貌	工作单位及职务	籍贯
韩瑞祥	男	初中	中共党员	卸甲河乡乡长	小觉乡秘家会村
齐胜国	男	高中	中共党员	卸甲河乡副乡长	庞家铺乡罗家会村
韩梅玲	女	中专	中共党员	卸甲河乡副乡长	十里坪乡风山沟村
武文干	男	初中	中共党员	蛟潭庄乡乡长	柏岭乡下槐村
王志云	男	大专	中共党员	蛟潭庄乡副乡长	合河口乡郝家洼村
胡明耀	男	初中	中共党员	蛟潭庄乡副乡长	桑园口乡桑元口村
常振荣	男	初中	中共党员	龙窝乡乡长	合河口乡常峪村
赵廷辉	男	中专	群众	龙窝乡副乡长	卸甲河乡上卸甲河村
康士吉	男	初中	中共党员	龙窝乡副乡长	卸甲河乡宋家沟村
康士魁	男	高中	中共党员	桑园口乡乡长	小觉乡康家庄村
李秀来	男	中专	群众	桑园口乡副乡长	木厂乡前大地村
刘焕珍	女	中专	群众	桑园口乡副乡长	龙窝乡东元村
刘英录	男	大专	中共预备党员	合河口乡乡长	龙窝乡东苇元村
刘文秀	男	中专	群众	合河口乡副乡长	木厂乡木厂村
毛建荣	男	初中	中共党员	木厂乡乡长	合河口乡里大河村
牛中平	男	中专	中共党员	木厂乡副乡长	合河口乡合河口村
李淑英	男	中专	中共党员	城关镇镇长	南甸乡西相公庄村
张振兰	女	大专	中共党员	城关镇副镇长	张北县吕会乡
齐建军	男	大学	群众	城关镇副镇长	古月乡中古月村
赵占国	男	高中	中共党员	城关镇副镇长	缑家庄乡
侯四海	男	大专	中共党员	里庄乡乡长	城关镇东庄村
刘风书	男	高小	中共党员	里庄乡副乡长	古贤村
岳俊茹	女	高中	中共党员	里庄乡副乡长	柏岭乡岳家沟村
赵旭祥	男	中专	中共党员	孟贤壁乡乡长	三汲乡大康街村
韩树廷	男	大专	中共党员	孟贤壁乡副乡长	里庄乡南西焦村
杨庆秀	女	初中	中共党员	孟贤壁乡副乡长	龙窝乡下龙窝村

续表 6-1

姓名	性别	文化程度	政治面貌	工作单位及职务	籍贯
马艳芬	女	中专	群众	孟贤壁乡副乡长	榆林村
贾黑娃	男	高小	中共党员	杨西冶乡乡长	中义羊村
常二平	男	初中	中共党员	杨西冶乡副乡长	马山乡西邱陵村
焦风婷	女	中专	群众	杨西冶乡副乡长	—
秘造保	男	初中	中共党员	黄壁庄乡乡长	西洼村
马文堂	男	高中	中共党员	黄壁庄乡副乡长	城关镇新安村
王志祥	男	中专	中共党员	黄壁庄乡副乡长	小壁村
盖文瑞	男	中专	中共党员	黄壁庄乡副乡长	陈村
赵顺祥	男	初中	中共党员	马山乡乡长	黄壁庄乡沿村
檀增庆	男	大学	中共党员	马山乡副乡长	里庄乡烟堡村
史建英	女	中专	中共党员	马山乡副乡长	黄壁庄乡沿村
齐文庆	男	高中	中共党员	马山乡副乡长	孟堡村
贡同群	男	中专	中共党员	牛城乡乡长	马山乡新宅村
韩海庆	男	中专	中共党员	牛城乡副乡长	中倾井村
于同群	男	初中	中共党员	牛城乡副乡长	西鲍庄村
马明祥	男	初中	中共党员	胜伏乡乡长	获鹿县东头村
冯古平	男	高中	中共党员	胜伏乡副乡长	城关镇王子村
齐海书	男	中专	中共党员	胜伏乡副乡长	里庄乡南西焦村
谢大片	男	高中	中共党员	胜伏乡副乡长	里庄乡里庄村
封呈芳	男	初中	中共党员	三汲乡乡长	西李坡村
李海明	男	大学	群众	三汲乡副乡长	中石殿乡南石殿村
史泽清	男	中专	中共党员	三汲乡副乡长	北庄村
张从礼	男	高中	中共党员	三汲乡副乡长	孟贤壁乡王母村
邢政堂	男	初中	中共党员	东回舍乡乡长	北白楼村
武明山	男	初中	中共党员	东回舍乡副乡长	杨西冶乡杨西冶村
张钧海	男	初中	中共党员	东回舍乡副乡长	三汲乡下三汲村

续表 6-1

姓名	性别	文化程度	政治面貌	工作单位及职务	籍贯
杜学兵	男	中专	中共党员	西回舍乡乡长	孟贤壁乡孟贤壁村
任彦平	男	高中	中共党员	西回舍乡副乡长	城关镇北街村
范风录	男	初中	中共党员	西回舍乡副乡长	杨西冶乡范西冶村
焦良忠	男	大学	中共党员	西回舍乡副乡长	南甸乡吴白雁村
李锁勤	男	初中	中共党员	温塘乡乡长	西水碾村
王新堂	男	初中	中共党员	温塘乡副乡长	东回舍乡封城村
常文明	男	中专	中共党员	大吾乡乡长	马山乡西邱陵村
齐春照	男	初中	中共党员	大吾乡副乡长	杨西冶乡西黄壁村
温保录	男	中专	中共党员	大吾乡副乡长	西回舍乡张家庄村

（三）届中调整情况

平山县第八届人民代表大会第一次会议召开时，实有代表 399 名。

至 1985 年第二次会议时，实有代表 370 名；

至 1986 年第三次会议时，实有代表 365 名。

二、平山县出席河北省第六届人民代表大会代表

1986 年 4 月 17 日，平山县第八届人大常委会举行第十四次会议，补选栗战书为平山县出席省第六届人民代表大会代表。

第二节　代表大会

县第八届人民代表大会共召开 3 次会议。

一、第一次会议

第一次会议于 1984 年 5 月 23 日至 26 日在平山影院举行。会议应到代表 399 名，实到代表 357 名，因事因病请假 42 名。县人民政府及所属单位的负责人列席了会议，邀请县委常委等领导参加了大会开幕式和闭幕式。县委各部、委、人民团体的负责人应邀列席了会议。出席政协首届一次会议的全体委员也列席了会议。

（一）组织机构

大会预备会议选举产生主席团，通过秘书长名单、提案审查委员会名单和会议议程。

主席团（23 名）：

马风果（女）	王立跃	王鸿志	王富荣
左祥来	白瑞采	刘永喜	齐文彦
安风元	贡林庭	戎冠秀（女）	李文才
杨廷秀	吴延明	赵焕宝	赵秀芳（女）
郄德培	梁雨晴	高金法	高文英（女）
盛远志	程俊明	敦振祥	

秘书长：刘永喜（兼）

主席团第一次会议推定贡林庭、杨廷秀、安风元、刘永喜、左祥来、李文才、白瑞采、高文英、梁雨晴为主席团常务主席。

主席团第一次会议决定杜华甫、尤志华、霍六斤、张树增为大会副秘书长。

提案审查委员会

主　任：左祥来

副主任：李文才　白瑞采

委　员：赵焕宝　赵秀芳　郄德培　马风果（女）

（二）主要议程

5 月 23 日上午，会议听取县长焦国武作的《平山县人民政府工作报告》、县计委副主任齐拴录作的《关于 1983 年国民经济计划执行结果和 1984 年国民经济发展计划（草案）的报告》。5 月 24 日下午，会议听取县人大常委会副主任刘永喜作的《平山县人大常委会工作报告》、财政局局长张述作的《关于平山县 1983 年财政决算和 1984 年财政预算（草案）的报告》、县法院院长武贵才作的《平山县人民法院工作报告》、县检察院检察长韩新书作的《平山县人民检察院工作报告》。会议分 10 个代表团对上述报告进行认真审议和审查，批准相应报告。根据各代表团对 6 个报告的审议情况，会议分别作出相应的决议。

5 月 26 日上午，按照大会通过的选举办法，选举产生平山县第八届人大常委会主任 1 名，副主任 6 名，委员 8 名；平山县人民政府县长 1 名，副县长 4 名；平山县人民法院院长 1 名；平山县人民检察院检察长 1 名。选举结果如下：

平山县第八届人民代表大会常务委员会

主　任：安风元

副主任（6 名）：

左祥来	白瑞采	刘永喜	李文才
高文英（女）	程俊明		

委员（8 名）：

马风果（女）	戎冠秀（女）	赵秀芳（女）	赵焕宝
郄德培	高金法	盛远志	郭振祥

平山县人民政府

县　长：焦国武

副县长（4 名）：

杨锡田　陈清林　靳自霞　霍尚军

平山县人民法院

院　长：武贵才

平山县人民检察院

检察长：韩新书（须报经省人民检察院检察长提请省人大常委会批准）

（三）代表议案及批评建议

会议期间，共收到代表提案 197 条，经大会提案审查委员会审定，立案 126 条，内容涉及交通、水务、文教卫生、林业、工业信息、城建、环保、供电、旅游、规划、城市管理、农牧、土地、食品安全、财政等方面。

链接：县八届人大常委会主任简历

安风元，男，汉族，1935 年 1 月出生，平山县王坡乡王陈庄村人，初师文化。1951 年 6 月入党。1953 年 2 月参加工作。1983 年 12 月起任县人大常委会主任。

1953.02—1957.09	完小教师、校长、进修校教师
1957.09—1964	县委宣传部干事
1964—1968.05	县委代常委，宣传部副部长
1968.05—1972	胜佚、柏坡公社书记、主任
1972—1974.08	县“革委会”生产指挥部主任、县委常委
1974.08—1981.12	县委常委、县革委副主任
1981.12—1983.12	县委常委、县政府副县长
1983.12—1984.05	县第七届人大常委会主任
1984.05—	县第八届人大常委会主任

二、第二次会议

第二次会议于 1985 年 5 月 5 日至 7 日在县电影院举行。会议应到代表 370 名，实到代表 250 名，因事因病请假 120 名。县政府各部门的负责人和出席县政协首届二次会议的委员列席了会议；县委、群众团体各部门的负责人应邀列席了会议。

（一）组织机构

大会预备会议选举产生主席团，通过秘书长、提案审查委员会名单和会议议程。

主席团（23 名）：

贡林庭	杨廷秀	安风元	刘永喜
左祥来	李文才	程俊明	白瑞采
高文英（女）	高金法	赵焕宝	赵秀芳（女）
郑德培	敦振祥	戎冠秀（女）	盛远志

梁雨晴	马风果（女）	王鸿志	王富荣
吴延明	齐文彦	王立跃	

秘书长：刘永喜

主席团第一次会议推定贡林庭、杨廷秀、安风元、刘永喜、左祥来、李文才、程俊明、白瑞采、高文英、梁雨晴为主席团常务主席。

主席团第一次会议决定杜华甫、霍六斤、张树增为大会副秘书长。

提案审查委员会

主　任：李文才

副主任：程俊明

委　员：赵焕宝　高金法　郄德培

（二）主要议程

5 月 5 日上午，会议听取县长焦国武作的《平山县人民政府工作报告》、县计委主任封新堂作的《关于 1984 年国民经济计划执行结果和 1985 年国民经济发展计划（草案）的报告》；5 月 6 日上午，会议听取财政局局长张述作的《关于平山县 1984 年财政决算和 1985 年财政预算（草案）的报告》。县人大常委会副主任刘永喜作的《平山县人大常委会工作报告》、县法院院长武贵才作的《平山县人民法院工作报告》、县检察院检察长韩新书作的《平山县人民检察院工作报告》。

会议对上述报告进行认真审议和审查。根据各代表团对 6 个报告的审议情况，会议批准相应的报告，分别作出相应的决议。

（三）代表议案及批评建议

会议期间，共收到代表提出的提案 139 条，经审理立案的 116 条，内容涉及交通、水利、文教卫生、林业、城建、环保、供电、旅游、规划、城市管理、农牧、土地、食品安全、财政、扶贫等方面。

三、第三次会议

第三次会议于 1986 年 5 月 19 日至 21 日在法院小礼堂举行。会议应到代表 365 名，实到代表 235 名，因事因病请假 130 名。县政府各部门的负责人和出席县政协首届三次会议的全体委员列席会议，县委各部门、各人民团体负责人应邀列席会议。

（一）组织机构

大会预备会议选举产生主席团、秘书长、提案审查委员会。

主席团（20 名）：

贡林庭	杨廷秀	安风元	刘永喜
左祥来	李文才	程俊明	白瑞采
高文英（女）	高金法	赵焕宝	赵秀芳（女）
郄德培	敦振祥	戎冠秀（女）	马风果（女）

盛远志　　　　梁雨晴　　　　齐文彦　　　　王立跃

秘书长：刘永喜（兼）

主席团第一次会议推定贡林庭、杨廷秀、安风元、刘永喜、左祥来、李文才、程俊明、高文英、白瑞采、梁雨晴为主席团常务主席。

主席团第一次会议决定杜华甫、霍六斤为大会副秘书长。

提案审查委员会

主　任：左祥来

副主任：程俊明

委　员：赵焕宝　高金法　郄德培

（二）主要议程

5 月 19 日上午，会议听取县政府代县长李明才作的《平山县人民政府工作报告》、县计委主任封新堂作的《关于 1985 年国民经济计划执行情况和 1986 年国民经济发展计划（草案）的报告》。5 月 20 日上午，会议听取县财政局局长张述作的《关于平山县 1985 年财政决算和 1986 年财政预算（草案）的报告》、县人大常委会副主任刘永喜作的《平山县人民代表大会常务委员会工作报告》、县法院院长武贵才作的《平山县人民法院工作报告》、县检察院检察长韩新书作的《平山县人民检察院工作报告》。

会议分 9 个代表团认真审议和审查 6 个报告。根据各代表团的审议情况，会议批准相应报告，分别作出相应的决议。

5 月 21 日下午，按照《地方组织法》和《选举法》的有关规定，采用等额选举的办法，补选李明才为平山县人民政府县长。

（三）代表议案及批评建议

会议期间，共收到代表提出各种提案 120 条，经大会提案审查委员会审定，立案 118 条，内容涉及交通、农业农村、公安交警、工信、自然资源和规划、城管、城建、扶贫、发改、教育、卫生、环保等方面。

第三章　人大常委会

第一节　人员组成

一、选举产生

第八届人民代表大会常务委员会于 1984 年 5 月 23 日，由平山县第八届人民代表大会第一次会议选举产生，其中主任 1 人，副主任 6 人，委员 8 人。

主　任：安风元

副主任：刘永喜　白瑞采　左祥来

　　　　李文才　程俊明　高文英

常务委员：马风果（女）　戎冠秀（女）　赵秀芳（女）

　　　　　赵焕宝　郄德培　高金法　盛远志　敦振祥

二、代表资格审查委员会

平山县第八届人大常委会代表资格审查委员会名单

主任委员：刘永喜

副主任委员：李文才　白瑞采

委　员：齐尚贤　赵一坦　焦德昭　李杰

三、工作机构及人员组成

办公室

主　任：杜华甫（1984.05—1987.04）

副主任：高文生（1986.07—1987.04）

经济科

科　长：田永录（1984.05—1987.02）

文卫科

科长：封景堂（1984.05—1987.04）

政法科

科　长：暂缺

副科长：康跃华（1987.03—1987.04）

代表联系科

科　长：田永录（1987.03—1987.04）

副科长：齐新奎（1987.03—1987.04）

第二节　主任会议

县八届人大常委会共召开主任会议3次（据档案记载）。其中，安风元主持召开2次，刘永喜主持召开1次。

平山县八届人大常委会主任会议一览表

表6-2

序号	时间	议题
1	1984年12月22日	讨论研究边学边整改中的几个具体问题：1. 杜华甫汇报本办公室针对边学边整改工作提出的几条具体意见；2. 讨论；3. 关于其他几个问题的讨论
2	1985年4月17日	1. 讨论决定八届人大二次会议召开时间；2. 讨论决定八届人大常委会八次会议召开时间；3. 讨论通过八届人大二次会议议程安排、主席团名单等；4. 讨论通过八届人大二次会议《关于人大常委会工作报告》
3	1985年5月8日	1. 总结平山县第八届人民代表大会第二次会议召开过程中的经验和不足；2. 计划下一步工作

第三节　常委会会议

县第八届人大常委会共召开23次会议。

第一次会议　1984年5月27日召开，主任安风元主持了会议。县人大常委会主任安风元，副主任刘永喜、左祥来、李文才、高文英、白瑞采和委员共12人出席会议，因事因病请假3人。县人大办公室主任杜华甫以及办公室有关人员列席了会议。会议集中学习《地方组织法》、中央1984年八号、九号文件和省人大常委会主任刘秉彦在省六届一次会议上的讲话。初步确定下次常委会的议题，通过县人民法院提请的人事任免名单。

第二次会议　1984年6月13日召开，主任安风元主持会议。县人大常委会主任安风元，副主任刘永喜、左祥来、李文才、白瑞采及委员共10人出席会议，因事因病请假5人。张向云、杜华甫、封金堂、田进明列席会议。会议听取和审议城建局关于城镇建设规划；副主任刘永喜通报省六届人大常委会会议精神。

第三次会议　1984年7月28日召开，副主任刘永喜主持会议。县人大常委会副主任刘永喜、李文才、程俊明、白瑞采和委员共10人出席会议，因事因病请假5人。县卫生局、爱卫会、防疫站、畜牧局、工商局、商业局、县联社、城关镇以及县人大办公室的有关人员列席会议。会议内容：一、卫生局靳局长汇报食品卫生法落实情况。二、人事任免。

第四次会议　1984年9月26日召开，主任安风元主持会议。县人大常委会主任安风元，副主任刘永喜、李文才、程俊明、高文英、白瑞采及委员共12人出席会议，因事因病请假3人。县政府办公室、经委以及人大办公室的有关人员列席会议。会议内容：一是听取县经委《关于乡、村工业发展情况》的汇报；二是讨论《平山县矿山管理试行办法》；三是人事任免。

第五次会议　1984年10月21日召开，副主任刘永喜主持会议。县人大常委会副主任刘永喜、左祥来、程俊明、白瑞采及委员共8人出席会议，因事因病请假7人。张书增、齐新奎列席会议。会议审议通过县法院提请任命人员名单。

第六次会议　1984年12月2日召开，主任安风元主持会议。县人大常委会主任安风元，副主任刘永喜、左祥来、李文才、程俊明、高文英及委员共11人出席了会议，因事因病请假4人。副县长杨锡田，法院院长武贵才，检察院、公安局、司法局的领导以及人大办公室的有关人员列席会议。会议内容：会议听取公检法司汇报工作，讨论通过平山县第八届人大常委会第六次会议《关于开展宪法学习宣传旬的决定》；通过人事任免。

第七次会议　1984年12月28日召开，副主任刘永喜主持会议。县人大常委会副主任刘永喜、左祥来、程俊明、高文英、白瑞采和委员共8人出席会议。县政府副县长霍尚军以及县人大办公室、县经济委员会的负责人列席会议。会议首先参观现有13立方米高炉的生产情况，听取县经委《关于平山钢铁厂改造扩建的报告》，会议通过平山县人大常委会《关于平山钢铁厂改造扩建的决定》。

第八次会议　1985年4月18日召开，会议由主任安风元主持。县人大常委会主任安风元，副主任刘永喜、左祥来、李文才、程俊明、高文英、白瑞采及委员共11人出席会议，因事因病请假4人。县政府副县长靳自霞、城建局局长张向云及县人大办公室有关人员列席了会议。会议听取城建局局长张向云和县防疫站《关于县城自来水污染情况及改进意见的汇报》；讨论通过关于召开平山县第八届人民代表大会第二次会议的有关事项，决定5月5—7日在平山县城召开八届二次人代会，并原则通过平山县人大常委会的工作报告。会议通过县检察院提请的人事任免事项。

第九次会议　1985年6月8日召开，会议由主任安风元主持。县人大常委会主任安风元，副主任刘永喜、左祥来、李文才、程俊明、白瑞采及委员共10人出席会议，因事因病请假5人。县政府副县长霍尚军、电力局书记康文成、多种经营委员会副主任闫俊林、司法局副局长谢志义及人大办公室的有关人员列席会议。会议听取县多种经营委员会副主任闫俊林《关于光禄山至南西焦地方铁路情况调查的汇报》和当时铁路修建指挥部的负责人康文成的情况介绍及《全县乡镇企业发展情况的汇报》。会议审议并通过《平山县人大常委会关于五年内在全县基本普及法律常识的决议》。会议通过人事任免事项。

第十次会议　1985年8月10日召开，会议由主任安风元主持。县人大常委会主任安风元，副主任刘永喜、左祥来、李文才、高文英、白瑞采及委员共13人出席会议。因病因事请假2人。副县长杨锡田、法院院长武贵才、检察院检察长韩新书、财政局局长张述及人大办公室有关人员列席会议。会议听取和审议县法院和县检察院《关于八五年上半年工作情况的汇报》；听取县财政局局长张述《关于上半年财政预算执行情况的汇报》；讨论通过平山县人大常委会《关于开展尊师重教活动的决定》，并同意将决定印发各乡、村。会议通过人事任免名单。

第十一次会议　1985年11月20日召开，会议由主任安风元主持。人大常委会主任安风元，副主任刘永喜、李文才、白瑞采及委会共10人出席会议，因事因病请假5人。副县长杨锡田、靳自霞、税务局长刘杰明、民政局局长王世斌、教育局长封进志、林业局副局长吴梅生及人大办公室有关人员列席会议。会议听取民政局局长王世斌《关于1985年扶贫工作的汇报》和税务局局长刘杰明《关于税法贯彻执行情况的汇报》；听取教育局局长封进志《关于平山县尊师重教情况的汇报》；听取并通过林业局《关于平山县太行山绿化规划设计方案的报告》；讨论通过《关于进一步贯彻执行税法加强税务工作的决议》；通过人事任免事项。

第十二次会议　1986年1月19日召开，会议由主任安风元主持。县人大常委会主任安风元，副主任刘永喜、左祥来、李文才、高文英和委员共11人出席了会议，因事因病请假4人。县政府副县长霍尚军、城建局长张向云及人大办公室有关人员列席会议。会议听取县政府副县长霍尚军和城建局局长张向云《关于光禄山铁道路修复情况与县城自来水消除污染改建扩建情况的汇报》；人大常委会副主任李文才汇报省人大去年12月份召开的各市、县、市辖区人大常委会工作经验座谈会的情况；会议讨论通过平山县人大常委会1986年工作要点，审议通过县政府提请的人事任免事项。

第十三次会议　1986年3月24日召开，会议由副主任刘永喜主持。县人大常委会主任安风元，副主任刘永喜、左祥来、程俊明、高文英、白瑞采和委员共12人出席会议，因事因病请假3人。县人民政府调研员闫书章、政协副主席刘贺昌和县检察院、水利局、农业局、人大办公室有关人员列席会议。会议听取县检察院检察长韩新书《关于打击经济犯罪情况的汇报》；讨论通过平山县人大常委会《关于进一步贯彻执行〈河北省农作物种子条例〉的决议》。讨论通过县政府提请的人事任免事项。

第十四次会议　1986年4月17日召开，会议由副主任刘永喜主持。县人大常委会主任安风元，副主任刘永喜、程俊明、高文英、白瑞采和委员共11人出席会议，因事因病请假4人。县人大办公室有关人员列席会议。与会委员以举手表决的方式，选举栗战书为平山县出席省第六届人民代表大会代表。

第十五次会议　1986年5月18日召开，会议由副主任刘永喜主持。县人大常委会主任安风元，副主任刘永喜、左祥来、程俊明、高文英、白瑞采及委员共12人出席会议。因事因病请假3人，县人大办公室有关人员列席会议。会议首先由刘永喜向委员们汇报了《关于召开八届人大三次会议的各项工作的筹备情况》。通过拟向大会预备会提出的会议议程、主席团、秘书长建议名单，大会提案审查委员会建议名单和拟向大会主席团提出的会议日程安排和大会副秘书长建议名单。会议原则通过人大常委会向八届人大三次会议的工作报告。讨论通过县政府提请的人事任免事项。

第十六次会议　1986年5月31日召开，会议由主任安风元主持。县人大常委会主任安风元，副主任刘永喜、李文才、程俊明、高文英、白瑞采及委员12人出席会议，因事因病请假3人。县人大办公室的有关人员列席会议。会议两项内容：一、学习中央农村政策研究室主任杜润生关于学习宣传中央1986年一号文件应注意的几个问题的讲话摘要；学习吉林省委书记高狄在省委召开的全省人大工作会议上的讲话。二、通过县政府、县人大提请人大常委会任免的干部名单。

第十七次会议　1986年7月28日召开，会议由主任安风元主持。县人大常委会主任安风元，副主任刘永喜、左祥来、李文才、程俊明、高文英、白瑞采和委员共12人出席会议，因事因病请假3人。县政府副县长靳自霞、王三堂及教育局、司法局、审计局局长，防护林工程指挥部的负责人以及人大办公室的有关人员列席会议。会议听取县教育局局长封进志《关于平山县人民政府九年义务教育实施规划的汇报》；听取县司法局局长封锦福《关于全县普及法律常识情况的汇报》；听取副县长王三堂《关于实施防护林工程的汇报和县审计局局长梁文达关于当前审计工作情况的汇报》。副主任刘永喜传达地区人大工作经验交流会精神，共同学习省、地有关领导的重要讲话。会议讨论通过《平山县人大常委会监督县人民政府、人民法院、人民检察院工作的试行办法》和《平山县人大常委会人事任免程序试行办法》。讨论通过县政府提请的人事任免事项。

第十八次会议　1986年9月20日召开，会议由主任安风元主持。县人大常委会主任安风元，副主任刘永喜、左祥来、李文才、程俊明、高文英、白瑞采和委员共12人出席会议，因事因病请假3人。县政府副县长王三堂和县经委、林业局、人大办公室有关人员列席会议。会议听取县经委主任魏俊海《关于当前县办工业生产情况的汇报》和林业局局长李向朝《关于完善落实林业政策情况的汇报》。

第十九次会议 1986年11月25日至26日召开，会议由主任安风元主持。县人大常委会主任安风元，副主任刘永喜、左祥来、李文才、高文英和委员共10人出席会议，因事因病请假4人。县政府副县长闫书章、王三堂及政府办公室、电力局、交通局、水产局、外贸局、卫生局、畜牧局和人大办公室有关人员列席会议。会议听取电力局、交通局、卫生局、畜牧局、水产局、外贸局《关于1986年主要政绩和1987年工作设想的汇报》。会议通过《平山县人大常委会关于积极发展羊只生产的决议》

第二十次会议 1987年1月7日至8日召开，会议由主任安风元主持会议。县人大常委会主任安风元，副主任刘永喜、左祥来、李文才、程俊明、白瑞采和委员共11人出席会议，因事因病请假3人。县人民法院院长武贵才、人民检察院检察长韩新书、公安局局长杜文奎以及县人大办公室有关人员列席会议。会议听取县公安局、检察院、法院的工作汇报。会上，副主任刘永喜传达全省人大工作经验交流会和选举工作会议精神。学习省委副书记岳歧峰、省人大常委会主任孙国志在全省人大工作经验交流会上的讲话，以及省人大常委会副主任郭志在全省选举工作会议上的讲话。根据全国人大和省人大的决定，1987年要进行县、乡两级人代会的换届选举。会议决定成立平山县选举委员会，通过县选举委员会组成人员名单。会议通过人事任免事项。

第二十一次会议 1987年3月4日召开，会议由主任安风元主持。县人大常委会主任安风元，副主任刘永喜、左祥来、李文才、程俊明和委员共8人出席会议，因事因病请假6人。县政府领导冯书勤、县科委主任王文华、物价局局长焦拴海、统计局副局长刘明书及人大办公室的有关人员列席会议。会议听取县科委《关于贯彻执行〈中华人民共和国计量法〉情况的汇报》、县物价局《关于贯彻执行〈物价管理暂行条例〉情况的汇报》、统计局《关于贯彻落实执行〈中华人民共和国统计法〉情况的汇报》；认真学习全国人大常委会《关于加强法制教育、维护安定团结的决定》，并联系实际，作出平山县人大常委会关于贯彻执行全国人大常委会《关于加强法制教育、维护安定团结的决定》的决议，通过县人民政府和法院提请的人事任免名单。

第二十二次会议 1987年4月4日召开，会议由主任安风元主持。县人大常委会主任安风元，副主任刘永喜、左祥来、李文才、程俊明和委员共9人出席会议，因事因病请假5人。县政府办公室主任王金庭、县劳动人事局副局长田风英和县人大办公室有关人员列席会议。会议审议通过平山县人大常委会《关于进一步加强防护林工程建设的决议》和平山县人大常委会《关于召开平山县第九届人民代表大会一次会议的决定》及人事任免名单。

第二十三次会议 1987年4月21日召开，会议分别由主任安风元、副主任刘永喜主持。县人大常委会主任安风元，副主任刘永喜、左祥来、李文才、程俊明、高文英和委员共11人出席会议，因事因病请假3人。县人大办公室有关人员列席会议。会议听取县选举委员会副主任刘永喜关于县、乡两级换届选举工作进展情况和九届人大一次会议筹备工作情况的汇报；讨论通过平山县九届人大一次会议主席团、秘书长副秘书长名单；平山县九届人大一次会议常务主席、执行主席名单；平山县九届人大一次会议提案审查委员会名单和代表资格审查委员会名单；讨论通过县政府代理县长闫书章和县法院院长武贵才提请的人事任免名单。

第四节　制度建设

一、制度规定

1. 平山县矿山管理试行办法

（1984年9月26日平山县人大常委会第四次会议通过）

2. 平山县人大常委会监督县人民政府、人民法院、人民检察院工作的试行办法

（1986年7月29日县人大常委会第十七次会议通过）

3. 平山县人大常委会人事任免程序试行办法

（1986年7月29日八届人大常委会第十七次会议通过）

4. 平山县人大常委会同“一府两院”相互加强工作联系的试行办法

平人大（1985）3号文件

二、制度规定选介

1. 平山县矿山管理试行办法

矿山是国家的宝贵财富，为充分合理开发利用，防止乱采、乱建及其他破坏矿山资源现象的发生，根据国家有关政策法令，特制定本办法。

一、矿藏资源属国家所有。无论地表、地下，其所有制均不随土地使用权的转移而改变。对下放的自留山、承包山、自留地、承包地内的矿藏资源，一律不准占为已有。国家保证矿产资源的合理利用，严禁任何组织或个人用任何手段侵占和破坏矿产资源。

二、矿山开发实行分级管理。村以下开矿，由乡政府批准；乡及跨村联合开矿，由县经委批准。获准开矿者，由批准机关颁发开采证。任何单位、个人都不准无证开采，违者根据情况轻重处以罚款。

三、坚持合理开采。科学利用矿山资源，严禁掠夺性生产。获准开采者，按指定地点开矿，不准随意扩大范围，不准采富丢贫、采上埋下、采明弃暗、采近丢远、采易弃难、乱采乱挖。对不按规定采矿者，经批评教育无效，可吊销开采证。对破坏或造成大量资源浪费者，要追究法律责任。

四、开矿要注意水土保持。尽量少破坏或不破坏地貌和植被，严禁在铁路、公路、桥梁、水库、堤坝和名胜古迹、文物保护区内开矿，严禁在国家机关、工业场地和重要建筑场下开矿。

五、农民自留山、承包山、自留地、承包地内的矿藏资源，要首先服从开矿。村及村以下在本村开矿，需占用农民的自留山、承包山、自留地、承包地时，由村民委员会掌握，采取土地转让的办法解决。如占地过多需要调整的，必须由村民委员会拿出土地调整意见，经乡政府签注意见报区政府批准。乡及乡以上单位或跨村联合体开矿，需占用农民的自留山、承包山、自留地、承包地时，由开矿者和有矿的村民委员会联合协商，参照国家征地标准进行合理赔偿。凡有矿藏的地方都必须服从统一开发矿产资源的规划，不准要挟，不准敲竹杠。

六、鼓励国家、集体、个人之间以多种形式，联营采矿、建厂，国家保障其合法利益，对压制、打击、破坏联营者，要追究责任，严肃处理。

七、凡对大气、河流、农田有污染的矿点、工厂，必须采取有效措施，搞好废水、废气治理；对弃土、石沙和矿渣必须妥善存放，不准倒入水库，填塞河道，违者按环境保护法处理。矿开完后，必须采取工程措施，以防水土流失。

八、做好安全保护工作。矿山、矿井要装配通风、防尘设备。建立健全安全生产责任制，严格执行国家的有关安全规程，确保安全生产。杜绝重大恶性事故发生。要不断改善劳动条件，按规定发放必要的劳保用品。

九、抓好矿产质量。要制定质量验收标准，做到质量不过关，产品不下山、不销售。严禁弄虚作假，以次充好，坑害集体和国家。

十、征收矿山资源使用费。其数额为开矿者产品销售总额的3%。资源费上交县财政，部分用于资源调查、地质勘探、技术指导、聘请技术人员等项矿山管理和经销费用，其余作为县机动财力。具体征收办法由县经济委员会制定。

十一、矿山固定资产谁投资谁所有。凡属国家或集体所有的矿山固定资产，任何人未经批准，不得私自处理。

十二、县冶金矿山、建筑材料工业公司要成为服务性经济实体。负责为矿山开发提供技术指导、勘察设计、设备购置、质量检验、经销代销等项服务。

十三、县矿山管理的归口部门为县经济委员会，负责制定矿山开发规划，审批乡及跨村联营矿点、检查督促矿产开发计划的落实，依照县政府的指示，下达生产指令。有矿源的乡村要成立管理机构或设专人负责。

十四、县经委可依照本办法，制定具体管理细则，报县政府批准后实行。

十五、本办法如与国家法律、法令发生抵触时，应按国家的规定执行。

十六、本办法解释权归县经济委员会。

十七、本办法自公布之日起执行。

2. 平山县人大常委会监督县人民政府、人民法院、人民检察院工作的试行办法

为加强对县人民政府、人民法院、人民检察院的工作监督和法律监督，保障宪法、法律、行政法规、地方性法规、上级人民代表大会和本级人民代表大会及其常委会决议的遵守和执行。根据《中华人民共和国宪法》和《中华人民共和国地方各级人民代表大会和地方各级人民政府组织法》的规定精神，结合县的实际情况，特制定本办法。

一、按照《地方组织法》规定，县人大常委会每两个月至少举行一次会议。分别听取并审议县人民政府、人民法院和人民检察院的工作汇报或报告，履行工作监督和法律监督的职责。

二、县人民政府对涉及全县政治、经济、文化、教育、卫生、民政、民族工作的重大事项，对全县国民经济计划和财政预算的部分变更，县人民法院和人民检察院的各项执行工作或某项重大任务，均应向人大常委会作出报告。对县人大常委会听取报告后作出的决议、决定，提出的意见，有关部门应认真办理。

三、县人民政府、人民法院和人民检察院向人大常委会报告或汇报工作时，要有书面材料，并应由政府县长或分管副县长、法院院长、检察院检察长分别署名，按规定时间报送县人大常委会审议。

四、县人民政府、人民法院、人民检察院召开的涉及全县的重要问题的会议，应邀请人大常委会派员参加。

县人民政府规定的行政措施，发布的决议和命令，县人民法院、人民检察院及政府所属部门的工作计划、总结、情况简报，检查执行政策、法律的材料等均报送县人大常委会。

五、县人民政府、人民法院、人民检察院对县人大常委会转交的议案、代表的建议和批评意见，以及群众的申诉、控告信件要及时办理，不得推托，要求回复处理结果的，应及时办结答复，不得超过三个月，对个别特殊情况，不能按期办结的，应将办理情况报告人大常委会。

六、县人大常委会根据需要，对县人民政府及其部门，对公安、检察、法院以及司法行政机关贯彻执行方针、政策，执行宪法、法律的情况，进行视察和检查，对视察和检查中提出的意见，有关部门要认真研究办理，并报告结果。

七、县人民检察院必须切实履行法律监督的职责，对侦查、审判、监所、劳动改造机关的活动是否合法实行监督，发现违反宪法和法律的行为或者使用法律不当的，必须依法提请有关机关纠正或提出抗诉或依法直接处理，对执法中的重大问题，应及时报告县人大常委会。

八、县人民政府、人民法院和县人民检察院及其国家工作人员和司法人员，如有严重违宪违法行为的以及对申诉有理、控告有据的案件顶着不办，或对错案拒不纠正，情节严重的，县人大常委会调查核实后，按以下办法处理：

1. 责成有关部门和人员作出检查，写出报告；2. 由县人大常委会提出质询，有关负责人作出答复；3. 建议有关部门给予纪律处分；4. 按照县人大常委会人事任免范围，对有关人员免去其职务；5. 情节严重，构成犯罪的，责成司法机关依法追究刑事责任。

九、为保证本办法的执行。县人民政府、人民法院和人民检察院应组织有关人员认真学习《宪法》和《地方组织法》等有关法律的具体规定，要进一步增强法制观念，提高依法办事的自觉性，把本部门的工作切实置于人民群众及其代表机关的监督之下。

3. 平山县人大常委会人事任免程序试行办法

为了健全人事任免制度，搞好干部任免工作，根据《地方组织法》和有关法律规定，特制定人事任免程序如下：

一、根据《地方组织法》第二十八条和有关法律的规定，县人大常委会履行以下任免权限：

1. 决定代理县长、县人民法院代理院长、人民检察院代理检察长人选和个别副县长的任免；

2. 决定县人民政府办公室主任、各职能委、局主任、局长的任免；

3. 任免县人大常委会办公室主任、副主任、科长、副科长；

4. 任免县人民法院副院长、审判委员会委员、庭长、副庭长、审判员；

5. 任免县人民检察院副检察长、检察委员会委员、检察员。

二、凡提请县人大常委会任免人员，应分别由提请单位的县长、人大常委会主任、人民法院院长、人民检察院检察长提出任免案并在人大常委会举行会议前十天将任免干部材料和《人事任免呈报表》一式三份，报人大常委会办公室。

三、对提请任免和决定任免人员，县人大常委会应于会前认真考察。考察结果由主任会议汇总，并决定是否提交常委会会议审议。有的人选还可在审议通过前到人大常委会做施政演说。

四、县人大常委会审议任免案，采用举手表决方式，以全体组成人员过半数通过。在审议表决之前，提请任免单位的主要负责人或人事部门应将拟任免人员的理由和情况向常委会加以说明。

五、县人大常委会通过的任免事项，均以正式文件通知提请任免的机关并给被任职的人员填发《任命书》，对常委会决定的代理人选，县人大常委会只发通知，不发《任命书》。

六、凡提请县人大常委会任免人员，一般待通过任命并通知提请任命机关之后，任职人员再到职视事，在尚未履行法律手续之前不得对外公布，不能办理提职晋级手续。

七、凡经县人大常委会任命的人员，因犯错误需给予降职、撤职处分的，要报县人大常委会批准。给予其他行政处分的，报县人大常委会备案。

4. 平山县人大常委会同“一府两院”相互加强工作联系的试行办法

为了更好地贯彻执行宪法和《中华人民共和国地方各级人民代表大会和地方各级人民政府组织法》《中华人民共和国人民法院组织法》《中华人民共和国人民检察院组织法》，进一步加强县人大常委会与县人民政府、人民法院、人民检察院（以下简称“一府两院”）之间的工作联系，疏通工作渠道，坚持依法办事，做到互通情报，密切联系，不断协调互相间的关系，经县人大常委会和“一府两院”协商，特制定本工作联系试行办法。主要内容包括：1. 互相列席会议；2. 人大常委会例会；3. 文件与资料互送；4. 干部任免；5. 代表提案意见建议和信访案件的办理；6. 调查和视察。

第四章　审议决定重大事项

第一节　决议决定

1. 关于开展宪法学习宣传旬的决定

（1984年12月2日平山县第八届人大常委会第六次会议通过）

2. 关于平山县钢铁厂改造扩建的决定

（1984年12月28日平山县第八届人大常委会第七次会议通过）

3. 关于县财政局一九八四年财政决算和一九八五年财政预算草案报告的决议

（1985年5月7日第八届人民代表大会第二次会议通过）

4. 关于平山县一九八四年国民经济和社会发展计划执行结果和一九八五年国民经济和社会发展计划草案报告的决议

（1985年5月7日第八届人民代表大会第二次会议通过）

5. 平山县人大常委会关于五年内在全县基本普及法律常识的决议

（1985年6月8日平山县第八届人大常委会第九次会议通过）

6. 平山县人大常委会关于开展尊师重教活动的决定

（1985年8月10日县第八届人大常委会第十次会议通过）

7. 平山县人大常委会关于进一步贯彻执行税法加强税务工作的决议

（1985年11月20日平山县第八届人大常委会第十一次会议通过）

8. 关于进一步贯彻执行《河北省农作物种子条例》的决议

（1986年3月24日县第八届人大常委会第十三次会议通过）

9. 关于批准一九八五年财政决算和一九八六年财政预算草案报告的决议

（1986年5月22日县第八届人民代表大会第三次会议通过）

10. 关于批准平山县一九八五年国民经济计划执行情况和一九八六年国民经济发展计划草案报告的决议

（1986年5月22日县第八届人民代表大会第三次会议通过）

11. 关于进一步加强防护林工程建设的决议

（1987 年 4 月 4 日县八届人大常委会第二十二次会议通过）

12. 平山县人大常委会关于积极发展羊只生产的决议

（1986 年 11 月 26 日第八届人大常委会第十九次会议通过）

第二节　决议决定选介

1. 关于开展宪法学习宣传旬的决定

1984 年是《中华人民共和国宪法》颁布实施两周年，决定从 12 月 5 日至 15 日作为全县宪法学习宣传旬。为使宣传旬活动开展得扎扎实实，县人大常委会第六次会议讨论决定：

一、要提高对宪法学习宣传重要性的认识。宪法是国家的根本大法，具有最大的权威性和最高的法律效力，是新的历史时期治国安邦的总章程。进一步搞好对宪法的学习宣传，对于加强社会主义民主，健全社会主义法制，促进民风和社会风气的根本好转，保障以城市为重点的整个经济体制改革的顺利进行有着十分重要的意义。

二、要切实有效地组织宣传活动。在宣传旬内，县电台、影院、文化馆、站，乡、镇广播站、电影队和公、检、法、司等部门要积极利用广播、幻灯、墙报、宣传车、图片展览等形式宣传国家根本大法的基本内容和依法办事的模范人物和先进单位。机关、厂矿、企业、学校要组织广大干部职工、师生，认真学习宪法一、二两章，中小学要增设法制课，经常进行法制教育，使他们成为有理想、有道德、有文化、知法守法的社会主义一代新人。

三、在学习、宣传活动中，要紧密联系实际，讲求实效，解决问题，大力表扬本单位本部门遵纪守法的好人好事，发动群众检举揭发违法乱纪的坏人坏事，以实际行动维护宪法的尊严。

四、要充分发挥人民代表的作用。人民代表不仅要代表人民行使职权，而且还要带领人民遵纪守法，保障党的各项方针、政策的贯彻执行。在宣传旬中，各级人民代表都要以身作则为广大群众做出表率，在积极带头学习的同时充分利用一切机会和多种形式宣传宪法的基本条文，使全县人民充分认识宪法在国家政治生活中的地位和作用，提高遵守宪法的自觉性和维护宪法的责任感。

会议号召，全县人民要积极行动起来，迅速掀起一个学习、宣传、遵守、维护宪法的高潮，把社会主义民主和法制建设推向新阶段。

2. 关于五年内在全县基本普及法律常识的决议

为了实现五年内在全县人民中基本普及法律常识，促进县“两个文明”建设，平山县第八届人大常委会第九次会议特作决议如下：

一、充分认识普及法律常识的重大意义。普及法律常识是每个公民知法、懂法、守法的一项具有战略意义的政治工程，是加强社会主义民主与法制建设，实现依法治国的一个重要步骤。它不仅对于预防违法犯罪和减少违法犯罪，确保国家的长治久安会产生积极的作用，而且对于保障县经济体制改革的顺利进行，加速翻番致富奔小康的步伐具有十分重要的意义。

二、普及法律常识，要以国家的宪法、刑法、刑事诉讼法、民事诉讼法、婚姻法、兵役法、经济合同法、继承法、税法、森林法治安管理处罚条例以及与生产、工作、教育、科研、人民生活密切相关的其他法律、法规为主要内容，以《职工法律常识读本》《农民法律常识读本》为基本教材，通过学习使广大公民明确自己的权利和义务，做到人人知法、守法，提高依法办事的自觉性。

三、开动一切宣传机器，调动各方面的积极因素，开展学习宣传活动。宣传、文化、教育、广播、政法等部门要把普及法律常识列入业务活动的基本内容。积极发挥部门作用，相互配合、采取多种形式，广泛持久地开展法制宣传教育活动，使宣传内容达到家喻户晓，深入人心，真正收到实际效果。

四、各级各类学校要把法律常识教育列入教学计划，上好法制教育课，使广大青少年从小养成遵纪守法的良好习惯。

五、各级各部门要加强组织领导，建立普及法律常识领导小组，紧密结合本地区、本单位的实际情况，采取有力措施，搞好法制宣传教育。各级干部特别是领导干部更要以身作则，带头学法、守法，带头维护法律尊严，保证法律实施。司法部门要积极抓好此项工作，经常不断深入基层了解检查督促，及时总结典型经验，指导面上的工作，切实保证五年内在全县公民中达到基本普及法律常识的目的。

3. 关于开展尊师重教活动的决定

第六届全国人大常委会第九次会议决定：9 月 10 日为教师节。这一决定集中体现了全国人民的意志，体现了党和国家对教育工作的高度重视和对广大教师的亲切关怀。对于国家教育事业的发展和中华民族文化的振兴，对于实现党的总任务、总目标具有重要意义并将产生深远的影响。

人民教师是人类灵魂的工程师。他们肩负着为四化建设培养人才、传播现代文化科学知识的光荣使命。他们的劳动既辛苦又光荣，理应受到全社会的尊重。尊师必须重教，为了在全县范围内形成尊敬教师、重视教育、尊重知识、重视人才的新风尚，平山县第八届人大常委会第十次会议特作本决定。主要内容是：

一、提高认识，加强领导，在全县范围内开展广泛深入的尊师重教宣传活动。二、全面落实党的知识分子政策，积极为教师排忧解难。三、每年教师节前后、新年、春节期间，各级领导要亲自对教师进行慰问，征求他们的意见，并号召学生、家长、各行各业都要为教师送温暖，让方便，办好事。对发现有侮辱、殴打教师和依仗职权侵占学校财产以及扰乱教学秩序的现象，各有关部门要抓紧调查落实，并及时严肃处理。四、进一步改善办学条件，努力为教师创造良好的教学环境和进修学习条件。五、人民教师要自尊、自爱、自强，处处为人师表，不断提高政治素质和业务素质，加强组织纪律性，转变教学作风，提高教学质量。六、今年9月10日是第一个教师节，各级政府都要结合当地的实际情况，努力为教师多办实事、好事，并举行多种形式的宣传庆祝活动，使全县的尊师重教活动扎扎实实地开展起来。

4. 关于进一步贯彻执行税法加强税务工作的建议

平山县第八届人大常委会第十一次会议听取和审议县税务局关于贯彻执行税法情况的汇报。会议认为，近几年县税收工作取得了很大成绩，对税法的贯彻执行情况也是比较好的、但是在依法纳税和税法的宣传上还存在一些问题，应收的税金没有全收上来，群众中还没有养成依法纳税习惯，偷税、漏税以及抗税现象严重存在。同时，随着各项改革的进一步深入，税务工作的重要性将会越来越充分显示出来。为了切实保障税法在县的贯彻实施，使县税收工作做得更好，县八届人大常委会第十一次会议特作决议如下：

一、要充分认识税收在社会主义现代化建设中的重要作用。税收是国家财政收入的重要来源，是贯彻国家经济政策，调节生产消费、收入的一个重要手段。利改税后，税收已占国家财政收入的90%左右，因此税收工作完成的好坏对于平衡财政收支，保证国家重点建设和经济体制改革的资金需要具有决定性意义，当前随着各项改革的深入，个人和国家、中央和地方、局部和整体在经济利益方面的矛盾集中反映在税收这个问题上。因此，各级政府都要切实加强对税收工作的领导，列入重要议事日程，以保证县经济建设和各项建设事业的不断向前发展。

二、大力开展税法的宣传教育，增强广大干部群众依法纳税观念。税法是国家立法机关制定的税收基本法规，是国家法律的一个重要组成部分，任何单位和个人都必须严格遵守。目前县的税法宣传还不能适应新时期税收工作的需要，因此各级政府和司法、宣传、税务、工商等部门要进一步加强对税法的宣传教育工作，在全县范围内经常开展税法宣传活动，使全县人民都知道依法纳税是每个公民应尽的义务，自觉增强法制观念。努力营造一种依法纳税光荣，偷税、漏税、抗税犯法的社会风尚。

三、税务部门要进一步端正业务指导思想，加强税务干部的自身建设，保证税法在县的正确实施。税法贯彻落实的深入与否与税收人员的工做好坏有着极为密切的联系。因此，继续加强对税务干部的思想政治工作，建立一支有理想、守纪律、政治和业务素质较好的税收队伍，是提高县税收工作，保证税法正确实施的关键。税务部门和每个税务干部都要想到自己肩负的税务工作责任。树立从事税务工作的光荣感和责任感，树立全心全意为人民服务的思想，自觉抵制资产阶级的腐蚀，奉公守法，秉公执法，依法办事，不断提高业务素质，以适应新形势下税收工作的需要。

四、各部门要密切协作，齐心合力把好税收关。税收工作不仅需要税务部门自身的努力，而且需要商业、银行、工商、物价、政法、交通等有关部门的紧密配合，因此，要求各有关单位要积极协同税务部门打击各种经济犯罪活动，依法惩办抗税、偷税的不法分子，支持税务干部的正常工作，确保税法在县的贯彻执行。

5. 关于进一步贯彻执行《河北省农作物种子条例》的决议

平山县第八届人大常委会第十三次会议，听取县农业局关于贯彻执行《河北省农作物种子条例》（以下简称《种子条例》）的报告。会议认为，自1984年《种子条例》颁布实施以来，县政府及主管部门作了大量的工作，使县的种子工作初步纳入依法治种的轨道，发挥了巨大的经济效益，对促进县农业的高产稳产，提高人民生活水平、实现翻番致富奔小康的战略目标起到了积极的作用。但是，从目前情况来看，由于种种原因，县对《种子条例》的贯彻还不够有力，一些地方仍然存在着乱生产、乱经营、乱引进、乱提价的现象，以假冒真，以次充好，坑害农民。为尽快改变当前种子管理工作中的混乱局面，保障《种子条例》贯彻实施，县人大常委会第十三次会议特作如下决议：

一、各级政府要提高对贯彻执行《种子条例》重要性的认识。《种子条例》是河北省人大常委会制定颁布的地方性法规，是目前整个种子工作的总章程。种子工作涉及千家万户，事关农业的全局，农业作为经济建设的战略重点之一，直接关系到“四化”建设的成败。因此，只有坚决贯彻执行《种子条例》，才能使种子工作真正纳入法制轨道，从而为农业的进一步繁荣奠定坚实的基础。

二、要尽快制定切实可行的管理办法。当前种子工作混乱与管理工作跟不上有直接关系。对此，县政府要在不与《种子条例》相抵触的原则下，结合县的实际情况，尽快制定出切实可行的管理办法，并积极组织实施，使种子管理工作有章可循，杜绝乱生产、乱经营、乱引进和乱提价的违法现象。

三、要进一步完善种子管理、检疫、检验机构，加强种子质量监督和种子市场管理，利用各种手段保障《种子条例》的贯彻实施。同时，县农业种子部门要真正树立为农业服务的观念，积极帮助各区、乡、村建立健全种子服务体系，采取各种措施、及时提供服务，方便农民群众。

四、进一步做好《种子条例》的宣传工作是贯彻执行《种子条例》的必要前提，对整个农业生产发展有着十分重要的意义。因此，县农业种子部门要自觉地把《种子条例》的宣传工作作为一项重要任务，常抓不懈，宣传、广播、司法、工商、物价等部门也要积极配合，使《种子条例》的基本精神做到家喻户晓、人人明白，从而提高广大干部群众维护执行《种子条例》的自觉性。

五、各级政府要切实加强领导，把种子工作作为农业的战略重点，列入重要议事日程，定期研究，及时解决种子生产、经营上存在的问题，牢固树立领导就是服务的思想。工商、物价等单位要与种子管理部门相互配合，齐抓共管，切实保证《种子条例》在县的贯彻实施。

6. 关于积极发展羊只生产的决议

平山县人大常委会第十九次会议，听取县畜牧局关于畜牧生产情况的汇报。会议一致认为，发展羊只生产，是县一项重要致富门路。号召全县人民积极发展养羊，加快全县脱贫致富步伐，为此，特作如下决议：

1. 克服旧观念。过去几十年大家总把林牧业的发展对立起来。上林必须砍羊，养羊必须毁林，成了一种固有观念，这是很片面的。林牧有矛盾，但也有对立统一的一面，植树种草可为牧业提供粮食，畜牧业发展又为林草发展提供了肥料。林茂粮丰六畜兴旺，才是真正的生态平衡。

2. 改变旧的放牧习惯，在管理上、羊只品种上下功夫，统一规划。因地制宜、宜放则放、宜圈则圈、户养与群养，圈养与放养相结合，各乡都要指导总结一两个户养、圈养、联户放牧的典型作示范，逐步推开。

3. 积极扶持。各级领导特别是畜牧、供销、外贸、农业银行等部门，要积极支持发展养羊，从资金、技术、品种、管理、销售等环节上切实解决存在的实际问题。

会议号召，各级政府和全县人民要积极贯彻落实县政府《关于正确协调林牧关系，积极发展羊只生产的通知》和本决议精神，制定切实可行的计划，共同努力，为尽快实现一户两只羊而奋斗。

7. 关于进一步加强防护林工程建设的决议

WFP 中国 2811 项目是中国政府与世界粮食计划署签订的一项在平山县进行造林的工程项目，整个项目总投资 4300 多万元，五年完成造林种草总面积 24000 公顷，涉及 24 个乡镇 293 个村，此项目已于去年 10 月份正式开工，并取得了一定的进展，为切实保障和促进这一工程的圆满完工，县第八届人大常委会第二十二次会议特作如下决议：

一、防护林工程是平山县发展史上前所未有的重大的外援项目，它不仅是关系到振兴平山经济、从根本上改变平山面貌的宏大工程。而且又是一项关系到国家声誉的严肃的涉外政治工作，搞好此项工程具有重大的现实意义和深远的国际影响，是为民造福、为国争光的大事，任务艰巨、难度很大，因此，县政府要以为国争光的高度责任感将这一工程列入重要议事日程，切实加强领导，进一步深入地、认真地把思想政治工作摆在首位，做好组织发动工作，以保证工程项目的顺利实施。同时，要积极采取各种形式，利用各种宣传工具开展广泛深入的宣传，教育全县人民真正认识防护林工程的重要意义，以增强广大干部群众搞好防护林工程的责任感和自觉性。

二、县防护林指挥部，区、乡（镇）指挥所、组，要发扬艰苦奋斗的工作作风，深入实际，严格按照工程设计要求，明确责任，高标准、高质量地做好工程实施中各个环节的工作。决不可掉以轻心，疏忽大意。对确因玩忽职守造成损失的，必须给予严肃处理。

三、县直各部门都要给予大力支持，特别是有直接关系的部门，要识大体、顾大局，想工程之所想，急工程之所急，齐心协力，各尽所能。自觉地把支持、配合防护林工程建设作为自己的光荣义务和义不容辞的职责。

四、县、乡（镇）人大代表要做学习、宣传、贯彻执行防护林工程有关规定的模范。县人大常委会要随时组织委员或代表对此项工程进展情况进行视察，以促进工程的顺利完成。

会议号召，全县人民，特别是项目区内的广大干部群众要发扬光荣的革命传统和愚公移山精神，奋发图强，艰苦创业，为真正搞好防护林工程造福于子孙后代、振兴平山而努力奋斗。

第五章　人事任免

1984 年 5 月 27 日县第八届人大常委会第一次会议

任命：

封锦福为县人民法院审判委员会委员、审判员

张秀英为县人民法院审判委员会委员、审判员

1984 年 7 月 28 日县第八届人大常委会第三次会议

批准任命：

韩新书为平山县人民检察院检察长

任命：

韩文彬为平山县人民检察院检察委员会委员

任国兵为平山县人民检察院检察委员会委员

齐元平为平山县人民检察院检察员

免去：

闫五锡平山县人民检察院检察长职务

王永才平山县人民检察院检察委员会委员职务

赵兴元平山县人民检察院检察委员会委员职务

1984 年 9 月 26 日县第八届人大常委会第四次会议

任命：

范顺田为平山县劳动人事局局长

韩吉太为平山县卫生局局长

张向云为平山县城建局局长

张志良为平山县水产公司经理

谢书庆为平山县信访办公室主任

王子庭为平山县新能源办公室主任

1984 年 10 月 21 日县第八届人大常委会第五次会议

任命：
何庆祥为平山县法院审判员
王焕林为平山县法院审判员
崔海书为平山县法院审判员
梁锦霄为平山县法院审判员
陈岸堂为平山县法院审判员
贾庆昌为平山县法院审判员
齐宝祥为平山县法院审判员
李艮拴为平山县法院审判员
李顺祥为平山县法院审判员
陈旦旦为孟家庄法庭副庭长、审判员
薛国忠为古月法庭副庭长、审判员
秦福友为孟家庄法庭副庭长、审判员
王文明为孟家庄法庭副庭长
马竹山为平山县法院申诉执行庭副庭长、审判员
崔合小为平山县法院民事庭副庭长
王进忠为平山县法院经济庭副庭长、审判员
曹双庆为平山县法院申诉执行庭副庭长
免去：
任雨晴南甸法庭副庭长职务
崔合小城关法庭副庭长职务

1984 年 12 月 2 日县第八届人大常委会第六次会议
决定任命：
刘国忠为城关法庭庭长
免去：
刘国忠黄壁庄法庭副庭长职务
王银保孟家庄法庭庭长职务

1985 年 4 月 18 日县第八届人大常委会第八次会议
批准任命：
宗竹芹为平山县人民检察院副检察长、检察委员会委员、检察员

1985 年 6 月 8 日县第八届人大常委会第九次会议
免去：
王照月平山县移民办公室主任职务

1985 年 8 月 10 日县第八届人大常委会第十次会议
决定任命：
张树增为平山县物资局局长、物资公司经理
免去：
张树增平山县人大常委会办公室副主任职务

1985 年 11 月 20 日县第八届人大常委会第十一次会议
决定任命：
魏俊海为平山县经济委员会主任
阎俊林为平山县多种经营委员会主任
王文华为平山县科学技术委员会主任
谢建华为平山县农机公司经理
王德玉为平山县文化局局长
封锦福为平山县司法局局长
任树才为平山县移民办公室主任
任命：
刘惠为平山县人民法院副院长、审判委员会委员
檀晔甫为平山县人民法院审判员
马丙成为平山县人民检察院检察员
韩世义为平山县人民检察院检察员
曹华为平山县人民检察院检察员
李交指为平山县人民检察院检察员
田会祥为平山县人民检察院检察员
付君玉为平山县人民检察院检察员
王二良为平山县人民检察院检察员
赵柱子为平山县人民检察院检察员
李国锡为平山县人民检察院检察员
刘永斌为平山县人民检察院检察员
免去：
李景春平山县经济委员会主任职务

任树才平山县司法局局长职务

封锦福平山县人民法院副院长、审判委员会委员、审判员职务

1986 年 1 月 17 日县第八届人大常委会第十二次会议

决定任命：

封寿安为平山县广播电视局局长

焦拴海为平山县物价局局长

决定免去：

周丙辰平山县广播电视局局长职务

1986 年 3 月 24 日县第八届人大常委会第十三次会议

决定：

李明才为平山县人民政府代理县长

决定任命：

闫书章为平山县人民政府副县长

杜文奎为平山县公安局局长

免去：

许有新平山县公安局局长职务

1986 年 5 月 31 日县第八届人大常委会第十五次会议

决定任命：

王三堂为平山县人民政府副县长

王金庭为平山县人民政府办公室主任

高文生为平山县人大常委会办公室副主任

决定免去：

杨锡田平山县人民政府副县长职务

高文存平山县人民政府办公室主任职务

1987 年 1 月 8 日县第八届人大常委会第二十次会议

免去：

封泽平山县工商行政管理局局长职务

1987 年 4 月 4 日县第八届人大常委会第二十二次会议

决定任命：

闫书章为平山县人民政府代理县长

王银川为平山县人民政府副县长
白云亭为平山县人民政府副县长
任命：
祁逢书为统计局局长
何秀聪为土地管理局局长
郄占魁为劳动人事局局长
孙文祥为城建局局长
辛勤为民政局局长
樊士明为林业局局长
左更书为科委主任
康金风为工商局局长
周丙辰为外事旅游局局长
马经林为冶金矿山公司经理
李增增为建材公司经理
卢科为畜牧局局长
封新堂为经计委主任
魏俊海为工业局局长
王文华为文化局局长
李景春为二轻公司经理
闫俊林为乡镇企业局局长
李向朝为县人大常委会经济科科长
封金堂为县人大常委会文教卫生科科长
田永录为县人大常委会代表联系科科长
康跃华为县人大常委会政法科副科长
齐新奎为县人大常委会代表联系科副科长
免去：
范顺田劳动人事局局长职务
张向云城建局局长职务
魏俊海经委主任职务
王文华科委主任职务
李景春经协办主任职务
王德玉文化局局长职务
王世斌民政局局长职务
李向朝林业局局长职务
闫俊林多种经营委员会主任职务

1987年4月21日县第八届人大常委会第二十三次会议

任命：

张玉树为平山县水产公司经理（局长）

王清录为平山县人民法院审判委员会委员

马柱山为平山县人民法院审判委员会委员

王文明为平山县南甸法庭庭长

免去：

张志良平山县水产公司经理（局长）职务

王文明南甸法庭副庭长职务

第六章　重点工作

1984 年

7 月 27 日，县人大常委会组织代表、委员和卫生局、爱卫会、防疫站、工商物价、商业、计量等有关单位，分三个小组深入城关、回舍、岗南、南甸、古月等集镇对《中华人民共和国食品卫生法》贯彻执行情况进行视察。

8 月，以地区为单位，召开人大代表座谈会，交流发展商品生产经验。

本年度，县人大常委会会同县委宣传部向全县发出《开展宪法宣传活动》的通知。活动涉及全县 8 个区，52 个乡镇和县直各单位、厂矿、学校，受教育人数达 316000 多人，占全县总人数的 85%。

本年度，常委会领导围绕经济发展战略和与翻番密切相关的重点工作开展调查研究，根据调查情况，向县委写出专题报告，向政府提出合理建议，通过《人大工作简报》及时向领导提供情况。调查共涉及全县 8 个区、9 个镇、19 个乡、90 多个村。

本年度，十分重视加强对法律工作的监督。关于孟贤壁饭馆食物中毒一案，县卫生防疫站根据《食品卫生法》有关规定，做出了罚款处理决定，但长期执行不了。县人大常委会及时与法院取得联系，通过法庭审理，维持了县卫生防疫站的意见，维护了法律尊严。

本年度，组织开展“致人大代表一封信”的活动，号召代表做翻番致富的带头人。一年来，共印发《人大工作简报》12 期，除 7 月份用书信形式和全体代表普遍联系一次之外，还直接走访代表 250 多人次，占全体代表总数的 68%。

1985 年

1 月 17 日，县人大常委会组织两名副主任及法院、公安局、财政局的负责人，分两路深入到南甸、岗南、回舍、古月、小觉、孟家庄、蛟潭庄 7 个地区，对各派出所、法庭的住房等情况进行调研检查。

2 月上旬，县人大常委会组织有关单位划分小组利用集日分别到 6 个主要集镇听取有关单位关于物价和市场供应、管理等方面的汇报，对于在视察中发现的违法和违反政策的单位和个人要给予必要的经济处罚。参加单位有物价局、计量所、工商局、商业局、县联社、粮食局、税务局、卫生局等。

4月，县人大常委会组织针对县城居民生活用水污染的问题进行调查。

5月25日至26日，县人大常委会、县政府组织带领多经委开展乡镇企业情况调查，调查对象涉及5个区、8个乡。

6月，县人大常委会副主任李文才在县电视台发表关于推动全县宪法宣传周和普法活动开展的电视讲话。

7月9日和11日，县人大常委会会同司法局到孟贤壁、胜伏乡对旧案执法情况进行调查。

8月，县人大常委会在大吾乡走访代表时，就代表提出的王大齐村王贵书、王习芳的继承纠纷案及时协调县法院沟通处理，使这一长期争执不清的案件得到了解决。

本年度，围绕中央一号文件关于“改善农田水利，对已有工程进行维修、更新和配套”的要求，县人大常委会组织对全县农田水利基本建设进行调查。

本年度，县人大成立人大信访接待室，共接待来信来访60多件次，其中转交有关部门办理的24件。

本年度，常委会机关努力加强自身建设，人大机关被县委批准为党风好转达标单位。

1986年

1月，县人大常委会由四名正副主任带队深入到城关、南甸、回舍、宅北等乡镇对全县农业发展情况进行调查研究。

5月，县人大常委会组织县农业局和种子公司负责人，深入到城关、回舍、南甸、古月四个主要产粮区，对《河北省农作物种子条例》贯彻实施情况进行监督检查，并作出决议，要求县政府和有关部门要切实加强领导对种植质量的监督和市场管理，改变管理上的混乱局面，同时要进一步开展《种子条例》的宣传工作，提高广大干部群众遵法、守法的自觉性。

7月15日至20日，县人大常委会协同县政府食品卫生办公室、卫生局、工商局、畜牧局、商业局、县联社、标准计量所、个体协会等有关单位，对《食品卫生法》《河北省食品卫生管理条例》的贯彻执行情况进行全面检查。

8—10月，县人大常委会五名正副主任带队深入到全县的八区一镇对全县人大代表进行一次普访活动。

本年度，先后共召开代表座谈会22次，联系代表290余人次，占代表总数的78.4%，并始终坚持在每次例会前围绕议题走访各位代表，广泛征求代表的意见、建议。

本年度，县人大常委会把指导乡镇开好人代会列为1986年的主要任务之一。深入各乡镇进行具体指导，使全县52个乡镇普遍按期召开了人代会，补选乡、镇长30名，副乡、镇长29名。既纠正了违法现象，也使所有的乡镇干部普遍受到了一次法制教育。

本年度，县人大常委会把普法工作列为1986年的主要任务之一，积极投入到普法工作当中。组织代表委员深入到城关、回舍、岗南等6个区乡，对全县普法工作进行调查了解，并向县委写了专题报告。

本年度，常委会努力加强人大的自身建设，强化学习国家的方针政策和法律常识，严格依法办事，充分发扬民主。在整党的基础上加强组织建设，制定了同“一府两院”相互加强工作联系的试行办法。坚持每周星期二、五下午的政治业务学习时间。通过经常的思想政治工作和“四有”教育，提高了机关工作人员的思想觉悟和政策水平。

第七篇

平山县第九届人民代表大会

（1987 年 4 月至 1990 年 4 月）

平山县第九届人民代表大会任期自 1987 年 4 月至 1990 年 4 月，共组织召开人民代表大会 3 次、人大常委会会议 19 次。其间根据省委文件精神，结合平山实际，在全县 52 个乡镇全部建立代表联络组。认真做好人民代表和群众来信来访工作。开展走访代表活动，对代表提出的批评、意见和建议，召集“一府两院”及有关部门进行交办，限期做出答复。加强法律监督，有计划、有针对性听取有关部门执法情况汇报，受理信访案件并监督执法机关纠正错案。积极开展法治宣传。围绕重点工作、经济发展和人民生活的重要问题，组织人大常委会主任和县长、县长和人大代表、代表和有关职能部门开展对话活动，推动重点问题解决和政府工作开展。

第一章　人大党组织

中共平山县人大常委会党组

书　记：安风元（1983.11—1990.04）
副书记：刘永喜（1983.11—1993.10）
成　员：李文才（1983.11—1990.04）
武贵才（1987.04—1990.04）
高文英（1984.05—1990.04）

第二章　人民代表大会

第一节　人大代表

一、县人大代表

（一）选举产生

按照宪法规定，1987 年县、乡（镇）两级人代会要进行换届选举，为了加强对选举工作的领导，经县人大常委会第二十次会议决定，建立平山县选举委员会，具体领导县、乡（镇）选举工作。委员会组成人员如下。

主任由县委副书记杨锡田担任。副主任由人大常委会主任安风元，县委常委、副县长闫书章，人大常委会副主任刘永喜担任。委员由人大常委会副主任李文才，政协副主席、统战部部长王立跃，组织部副部长康建国，宣传部副部长康喜宽，公安局政委白云亭，县妇联主任马凤果，民政局副局长赵廷斌担任。

下设选举办公室，办公地点在县人大办公室。办公室主任由人大办公室主任杜华甫担任，副主任由人大常委会文卫科长封金堂、民政局副局长赵廷斌担任。4 月 5 日，法定选举日，全县共投票选举产生第九届人民代表大会代表 179 名。当选代表经县选举委员会审查合格后发给当选证书，并以公告形式公布。

（二）代表名单

代表 179 名，其中妇女代表 24 名。

平山县第九届人民代表大会代表一览表

表 7-1

姓名	性别	文化程度	政治面貌	工作单位及职务	籍贯
赵焕宝	男	大专	中共党员	教育局专职书记	三家店村
赵曙光	男	高小	中共党员	农行行长	十里坪村

续表 7-1

姓名	性别	文化程度	政治面貌	工作单位及职务	籍贯
白云亭	女	中专	中共党员	公安局政委	孟家庄乡曹家庄村
景乐文	男	大专	中共党员	卫生局副局长	河北省赤城县
马凤果	女	初中	中共党员	县妇联会主任	城关镇新安村
梁振霞	男	初师	中共党员	商业局总支书记	城关河村
谷银禄	男	大专	中共党员	县化肥厂	张齐村
李树刚	男	初中	中共党员	县水泥厂	东回舍村
张　林	男	中专	中共党员	五金一厂书记	天津市武清县
封哲斌	男	初中	中共党员	县社书记	通家口村
齐军军	男	高中	群众	县磷肥厂	东黄泥村
张文祥	男	初中	中共党员	经委	大庄村
齐学彦	男	中师	中共党员	交通局局长	东黄泥村
张向云	男	初中	中共党员	城建局书记	两河村
高文英	女	初中	中共党员	县纺织厂书记	盘松村
刘志群	男	初中	群众	县机床厂副厂长	辛集市
张玉亮	男	大专	—	县钢厂厂长	山东省陵县
谷二卯	男	初中	中共党员	县钢厂副厂长	平山县
李书英	男	中专	中共党员	城关镇镇长	西相公庄村
张振兰	女	大专	中共党员	城关镇副镇长	河北省张北县
李明才	男	大专	中共党员	县委书记	无极县
李晚德	男	高中	中共党员	西街村党支部书记	西街村
王喜珍	男	初中	群众	南街村村委主任	南街村
杜华甫	男	中专	中共党员	人大办主任	平山镇河村
左振霞	男	高中	群众	高村村委主任	高村
杜新拴	男	初中	中共党员	河村党支部书记	河村
闫二降	男	高小	群众	胜佛村村委会副主任	胜佛村
檀增庆	男	大学	中共党员	胜佛乡乡长	烟堡村
祁兵芳	女	初中	中共党员	西曲堤村妇女主任	西曲堤村

续表 7-1

姓名	性别	文化程度	政治面貌	工作单位及职务	籍贯
杨二旦	男	高中	群众	南义羊村村主任	南义羊村
马文堂	男	高中	中共党员	杨西冶乡乡长	城关镇新安村
杜成滩	男	初小	群众	东岗上村支委	西冶乡东岗上村
韩新书	男	—	中共党员	检察院	李家庄村
霍海元	男	高中	中共党员	刘家会村村主任	刘家会村
郄占魁	男	初中	中共党员	劳动人事局局长	西水碾村
于来全	男	小学	中共党员	烟堡村村主任	烟堡村
付向东	男	中专	中共党员	里庄乡乡长	小觉乡郄家庄村
杨竹祥	男	高小	中共党员	南西焦村村主任	南西焦村
郄德培	男	初中	中共党员	西水碾村党支部书记	西水碾村
范二朵	女	高小	中共党员	东冶村妇女主任	东冶村
孙常喜	男	高中	中共党员	寺庄村党支部书记	寺庄村
李金虎	男	中专	中共党员	孟贤壁乡乡长	两河乡东洞村
李兰顺	男	中专	中共党员	城关区区长	南甸镇北白雁村
程保堂	男	初小	群众	王平村村民	王平村
武贵才	男	中师	中共党员	法院院长	获鹿县
李彦芳	女	初中	中共党员	王母村妇女主任	王母村
王军军	男	初中	中共党员	南甸镇镇长	霍宾台乡冷泉村
刘喜德	男	大专	中共党员	南甸镇副镇长	孟贤壁乡中贾壁村
张文联	女	高中	中共党员	榆林小学教师	魏家院村
王金祥	男	初中	中共党员	南甸村村主任	南甸村
刁东明	男	高中	中共党员	北白雁村党支部书记	北白雁村
闫书章	男	高中	中共党员	县政府代县长	晋县
高银拴	男	初师	中共党员	南甸区区长	寺家庄村
刘冬昌	男	小学	中共党员	刘杨村党支部书记	上三汲乡刘杨村
王振书	女	初中	中共党员	上三汲村妇女主任	上三汲乡上三汲村
郎娄子	男	高小	群众	郎家村村主任	上三汲乡郎家村

续表 7-1

姓名	性别	文化程度	政治面貌	工作单位及职务	籍贯
盖金拴	男	高小	群众	田营大队会计	上三汲乡田营村
米辰海	男	初中	中共党员	河渠村党支部书记	上三汲乡河渠村
曹志增	男	大专	中共党员	上三汲乡乡长	岗南乡郭苏村
刘永喜	男	中师	中共党员	人大常委会副主任	两河村
刘美海	男	高中	中共党员	两河乡两河村村主任	两河村
齐明贵	男	中专	中共党员	两河乡乡长	里庄乡寺庄村
王春元	男	中专	中共党员	两河乡东李坡村党支部书记	两河乡东李坡村
范明亮	男	初中	群众	两河乡山头村村主任	山头村
李花兰	女	初中	群众	两河乡王家庄妇女干部	王家庄村
强书平	男	初中	中共党员	安里村党支部书记	安里村
封呈芳	男	初中	中共党员	王坡乡乡长	西李坡村
刘成元	男	中师	中共党员	王坡中学教育干部	南甸村
田六海	男	初中	中共党员	王坡乡东王坡村村主任	东王坡村
张振远	男	初中	中共党员	王陈庄乡乡长	两河乡山头村
孙风竹	女	初中	群众	—	王陈庄乡迪山北村
安风元	男	中师	中共党员	人大常委会主任	王陈庄乡王陈庄村
张军华	男	初中	中共党员	—	王陈庄乡王陈庄村
杨锡田	男	初中	中共党员	县委	东回舍村
狄联锡	男	初中	中共党员	东回舍村村主任	东回舍村
王兵联	女	高中	中共党员	—	封城村
曹贵福	男	高小	中共党员	—	南望楼村
赵军海	男	初中	群众	—	回舍镇北望楼村
李田来	男	高中	中共党员	孟耳庄村村民	孟耳庄村
马遂宁	男	—	—	东回舍乡乡长	—
李兵兵	男	初中	中共党员	回舍区	岗南镇西河沟村
李保平	男	中专	中共党员	回舍高中教师	北京市通县
李文才	男	中师	中共党员	人大常委会副主任	西大吾乡东荣村

续表 7-1

姓名	性别	文化程度	政治面貌	工作单位及职务	籍贯
李应堂	男	高小	群众	尤家庄村村委委员	西大吾乡尤家庄村
贾梅锡	男	初中	中共党员	夹峪村村主任	西大吾乡夹峪村
盖扩军	男	高中	中共党员	东沿兴村村主任	东沿兴村
李新巧	女	初中	中共党员	—	西沿兴村
马拴录	男	初中	群众	中荣村村主任	西大吾乡中荣村
李吉平	男	高中	中共党员	西大吾乡乡长	西回舍乡西苏庄村
康锁堂	男	小学	群众	温塘乡北红岸寨村村主任	北红岸寨村
王士兵	男	高中	中共党员	民政局局长	鹿台村
王平子	男	高中	中共党员	温塘乡温塘村村主任	温塘村
贾再钊	男	初中	中共党员	温塘乡乡长	灵寿县朱午村
荣庆生	男	初中	中共党员	东庄村村民	西回舍乡东庄村
王拴禄	男	初中	群众	四角坑村村民	西回舍乡四角坑村
赵文中	男	高中	中共党员	西回舍乡政府	宅北村
王国志	男	初中	中共党员	东回舍乡	柏坡村
白三风	女	初中	中共党员	西回舍乡政府	西回舍乡柴庄村
王　平	男	大学	中共党员	马中乡乡长	西回舍乡四角坑村
柴细庆	男	小学	群众	马中乡景家庄会计	景家庄村
高增增	男	小学	中共党员	马中乡北马冢村党支部书记	北马冢村
苏建章	男	高中	中共党员	小觉区区长	庄窝村
赵文安	女	中专	群众	小觉中学教师	上卸甲河村
杜兰涛	男	大专	中共党员	小觉镇镇长	白家庄村
陈吉子	男	初中	中共党员	黄连沟村党支部书记	黄连沟村
张玉书	男	高中	中共党员	岗南区区长	王坡乡湾子村
赵锡同	男	高中	中共党员	岗南乡乡长	西回舍乡西回舍村
王兵叶	女	小学	群众	韩庄村妇女主任	岗南乡韩庄村
陈　龙	男	初中	中共党员	上奉良村党支部书记	岗南乡上奉良村
王青堂	男	中专	中共党员	中石殿乡乡长	岗南乡

续表 7-1

姓名	性别	文化程度	政治面貌	工作单位及职务	籍贯
康风海	男	初中	中共党员	中石殿乡二线	王陈庄乡
王庆俊	女	大专	群众	子秀村村民	中石殿乡
霍黑妮	女	初中	中共党员	—	宅北乡陈家院村
贾荣科	男	初中	中共党员	宅北乡政府	苏家庄乡赵家庄村
刘学亮	男	高中	中共党员	宅北乡政府	马峪村
李新平	男	高中	中共党员	—	宅北乡宅北村
苏永平	男	初中	中共党员	苏家庄乡组干	宅北乡吊儿村
崔明堂	男	初中	中共党员	苏家庄乡乡长	霍家沟村
谷军山	男	中专	中共党员	缑家庄乡乡长	岗南镇李家庄村
杨习琴	女	初中	群众	缑家庄妇女主任	缑家庄村
赵增海	男	初中	中共党员	柏坡乡乡长	苏家庄乡赵家庄村
闫明权	男	初中	中共党员	柏坡乡西柏坡村村主任	柏坡乡西柏坡村
王跃文	男	初中	中共党员	霍宾台村党支部书记	霍宾台村
闫志初	男	中专	中共党员	闫常峪村党支部书记	闫常峪村
赵瑞英	女	大专	中共党员	霍宾台乡乡长	南甸镇苏白雁村
邢翠兰	女	高中	群众	菜树湾村村民	古月镇菜树湾村
吴墨军	男	中专	中共党员	古月镇镇长	温塘镇南红岸寨村
石芳录	男	小学	中共党员	北古月村村主任	古月镇北古月村
姜　辉	男	中专	中共党员	古月区区长	上西峪村
封平白	男	初中	中共党员	庞家铺乡乡长	柏岭乡柏岭村
封润和	男	小学	中共党员	庞家铺乡罗家会村村主任	庞家铺乡罗家会村
盖美芳	男	高中	中共党员	庞家铺乡西黄泥村村民	庞家铺乡西黄泥村
付桃生	男	高中	中共党员	庞家铺乡西沟村村民	庞家铺乡西沟村
郝崇波	男	中专	中共党员	王岸乡乡长	古月镇北古月村
高树生	男	初小	中共党员	王岸乡高洼村村主任	王岸乡高洼村
齐建国	男	初中	中共党员	柏岭乡柏岭村村主任	柏岭乡柏岭村
罗　云	男	初中	中共党员	柏岭乡乡长	南冶村

续表 7-1

姓名	性别	文化程度	政治面貌	工作单位及职务	籍贯
封旭明	男	初中	中共党员	北冶乡乡长	塔崖乡黄安村
王庭凯	男	初中	中共党员	北冶乡人大联络组组长	北冶村
赵锦林	男	高中	中共党员	下口乡乡长	唐家会乡米家庄村
闫惠生	男	小学	中共党员	下口村党支部书记	下口乡下口村
崔菊花	女	高中	群众	下口乡泥里河村妇女主任	下口乡泥里河村
张拴海	男	高中	中共党员	下口村村主任	下口乡下口村
王俊子	男	初中	中共党员	羊圈坪村村主任	下口乡羊圈坪村
王拴庆	男	高中	中共党员	青杨树乡乡长	鹿台村
崔儒敬	男	初中	中共党员	甘秋乡乡长	古月乡菜树湾村
王增考	男	初中	中共党员	石家庄村党支部书记	甘秋乡石家庄村
王二和	男	初中	中共党员	塔崖乡乡长	唐家会乡扶峪村
白占先	男	初中	群众	塔崖村村主任	塔崖村
白瑞采	男	中专	群众	人大常委会副主任	北冶乡
王协合	男	高中	中共党员	唐家会乡	王岸乡观音堂村
武秀金	男	小学	中共党员	—	哑杜村
温怀香	女	高中	群众	—	杜家庄村
付树芳	男	中专	中共党员	孟家庄乡乡长	庞家铺乡西黄泥村
封素平	女	高中	群众	上文都村妇联主任	孟家庄乡上文都村
白连云	男	高中	中共党员	孟家庄区区长	孟家庄乡孟家庄村
武文干	男	初中	中共党员	唐家沟乡乡长	柏岭乡下槐村
封彦平	男	初中	中共党员	王家沟村村主任	唐家沟乡王家沟村
韩贵锁	男	初中	中共党员	观音堂乡乡长	孟家庄乡元坊村
安兵法	男	耕大	中共党员	刘家坪乡乡长	六亩元乡南段峪村
张三春	男	高中	中共党员	刘家坪乡两岔村村主任	刘家坪乡两岔村
封兰吉	男	初中	中共党员	秋卜洞乡乡长	唐家沟乡
韩根祥	男	高中	中共党员	十里坪乡庄沟村村主任	十里坪乡庄沟村
郝竹山	男	中专	中共党员	十里坪乡乡长	杨家桥乡

续表 7-1

姓名	性别	文化程度	政治面貌	工作单位及职务	籍贯
张万福	男	初中	中共党员	大坪乡乡长	杨家桥乡工上村
韩瑞祥	男	初中	中共党员	上卸甲河乡乡长	小觉乡秘家会村
韩瑞军	男	高中	中共党员	前陀头村党支部书记	卸甲河乡前陀头村
康士魁	男	中师	中共党员	店头乡乡长	小觉乡康家庄村
霍桂亭	男	高小	中共党员	老坟沟村村主任	店头乡老坟沟村
任志龙	男	初中	中共党员	营里乡代乡长	古道村
崔存治	男	初中	中共党员	营里乡卜鸽崖村村主任	营里乡卜鸽崖村
魏锦明	男	初中	中共党员	杀虎乡乡长	营里乡西下庄村
刘六妮	男	小学	中共党员	杀虎乡沙洼村村主任	杀虎乡沙洼村
韩连顺	男	中专	中共党员	瓦房头乡副乡长	营里乡营里村
李廷录	男	高中	中共党员	杨家桥乡乡长	龙窝乡龙窝村
刘少保	男	初中	中共党员	河西头村村主任	河西头村
牛竹林	男	高中	中共党员	蛟潭庄区区长	小觉乡福鱼村
王志云	男	大专	中共党员	蛟潭庄乡乡长	合河口乡郝家洼村
胡明跃	男	初中	中共党员	合河口乡乡长	桑园口乡桑元口村
牛书琴	女	初中	群众	合河口村妇联主任	合河口乡合河口村
梁拴贵	男	中专	中共党员	木厂乡乡长	蛟潭庄村
李庆华	男	高中	中共党员	龙窝乡乡长	黑山关村

（三）届中调整情况

平山县第九届人民代表大会第一次会议召开时，实有代表 179 名。

至 1988 年第二次会议时，实有代表 179 名。

至 1989 年第三次会议时，实有代表 178 名。

二、平山县出席河北省第七届人民代表大会代表

1988 年 3 月 10 日平山县第九届人大二次会议，以无记名投票差额选举的方式，一致选举栗战书、闫书章、郄德培、赵秀芳为平山县出席河北省第七届人民代表大会代表。

第二节　代表大会

县第九届人民代表大会共召开 3 次会议。

一、第一次会议

第一次会议于 1987 年 4 月 25 日至 28 日在法院礼堂举行。会议应到代表 179 名，实到代表 173 名，因事因病请假 6 名。会议邀请县委、县政府、县政协领导及老干部代表出席了开幕式，邀请县委各部室委办负责人、各群众团体的负责人、县政府所属各部门的负责人和出席县政协二届一次会议的全体委员列席了会议。

（一）组织机构

大会预备会议选举产生主席团，通过秘书长名单，提案审查委员会、代表资格审查委员会名单和会议议程。

主席团（19 名）：

李明才	杨锡田	安风元	刘永喜	李文才
白瑞采	高文英（女）	武贵才	赵焕宝	王士兵
郄德培	杜华甫	祁兵芳	马风果（女）	李保平
刘志群	赵曙光	王希祯	邢翠联（女）	

秘书长：刘永喜

主席团第一次会议推定杨锡田、安风元、刘永喜、李文才、李明才、高文英、白瑞采为主席团常务主席。

提案审查委员会

主　任：李文才

副主任：白瑞采

委　员：赵焕宝　郄德培　王士兵

代表资格审查委员会

主　任：高文英

副主任：武贵才

委　员：杜华甫　马风果　李保平

（二）主要议程

4 月 25 日，会议听取代县长闫书章作的《平山县人民政府工作报告》、县计经委主任封新堂作的《关于 1986 年国民经济计划执行情况和 1987 年国民经济及社会发展计划（草案）的报告》《平山县国民经济和社会发展第七个五年计划（草案）》。4 月 26 日，会议听取财政局局长张述作的《关于平山县1986年财政决算和1987年财政预算（草案）的报告》、县人大常委会副主任刘永喜作的《平山县人大常委会工作报告》、县法院院长武贵才作的《平山县人民法院工作报告》、县检察院检察长韩新书作的《平山县人民检察院工作报告》。会议分9个代表团对上述报告认真审议和审查，批准相应报告。根据各代表团对6个报告的审议情况，会议分别作出相应的决议。

4月28日，大会根据《选举法》和《河北省选举细则》的有关规定，采用等额和差额两种办法选举产生平山县第九届人大常委会主任、副主任、委员；平山县人民政府县长、副县长；平山县人民法院院长；平山县人民检察院检察长。选举结果如下：

平山县第九届人民代表大会常务委员会

主　任：安风元

副主任（5名）：

白瑞采　刘永喜　李文才　高文英　武贵才

委　员（10名）：

杜华甫　王士兵　马风果　赵焕宝　赵曙光

刘志群　王希祯　李保平　郄德培　邢翠联

平山县人民政府

县　长：闫书章

副县长（5名）：

王三堂　王银川　冯书勤　白云亭　霍尚军

平山县人民法院

院　长：张风和

平山县人民检察院

检察长：李成虎

（三）代表议案及批评建议

会议期间，共收到代表各种提案98条，经大会提案审查委员会审定，立案89条。内容涉及交通、水务、文教卫生、林业、工业信息、城建、环保、供电、旅游、规划、城市管理、农牧、土地、食品安全、财政等方面。

链接：县九届人大常委会主任简历

安风元，男，汉族，1935年1月出生，平山县王坡乡王陈庄村人，初师文化。1951年6月入党。1953年2月参加工作。1983年12月任县人大常委会主任。

1953.02—1957.09	完小教师、校长、进修校教师
1957.09—1964	县委宣传部干事
1964—1968.05	县委代常委，宣传部副部长
1968.05—1972	胜伏、柏坡公社书记、主任
1972—1974.08	县“革委会”生产指挥部主任、县委常委

1974.08—1981.12	县委常委县“革委”副主任
1981.12—1983.12	县委常委、县政府副县长
1983.12—1984.05	第七届人大常委会主任
1984.05—1987.04	第八届人大常委会主任
1987.04—	第九届人大常委会主任

二、第二次会议

第二次会议于 1988 年 3 月 8 日至 10 日在县政府招待所举行。会议应到代表 179 名，实到代表 135 名，因事因病请假 44 名。会议邀请县委、县政协领导和县委各部门、群众团体的负责人列席了会议；县政府及所属各委、办、局的负责人以及各区、乡、镇人大联组长也列席了这次会议。

（一）组织机构

大会预备会议选举产生主席团，通过秘书长、提案审查委员会名单和会议议程。

主席团（18 名）：

李明才	安风元	杨锡田	刘永喜
李文才	武贵才	高文英（女）	白瑞采
杜华甫	赵焕宝	王士兵	郄德培
马风果（女）	李保平	刘志群	赵曙光
王希祯	邢翠联（女）		

秘书长：刘永喜

主席团第一次会议推定李明才、杨锡田、安风元、刘永喜、李文才、武贵才、高文英（女）、白瑞采为主席团常务主席。

主席团第一次会议决定杜华甫、王金庭、高文生为大会副秘书长。

提案审查委员会

主　任：武贵才

副主任：李文才

委　员：赵焕宝　郄德培　王士兵　马风果

（二）主要议程

3 月 8 日，会议听取县长闫书章作的《平山县人民政府工作报告》、县计经委主任封新堂作的《关于 1987 年国民经济计划执行情况和 1988 年国民经济、社会发展计划（草案）的报告》。3 月 9 日，会议听取财政局局长张述作的《关于平山县 1987 年财政决算和 1988 年财政预算（草案）的报告》、县人大常委会主任安风元作的《平山县人大常委会工作报告》、县法院院长张风和作的《平山县人民法院工作报告》、县检察院检察长李成虎作的《平山县人民检察院工作报告》。

会议分 9 个代表团对上述报告进行认真审议和审查。根据各代表团对 6 个报告的审议情况，会议批准相应的报告，分别作出相应的决议。

3 月 10 日下午，按照大会通过的选举办法，以无记名投票差额选举的方式，一致选举栗战书、闫书章、郄德培、赵秀芳为平山县出席河北省第七届人民代表大会代表。

（三）代表议案及批评建议

会议期间，共收到代表提出的提案 208 条，经大会提案审查委员会审定，立案 110 条，内容涉及交通、水利、文教卫生、林业、城建、环保、供电、旅游、规划、城市管理、农牧、土地、食品安全、财政、扶贫等方面。

三、第三次会议

第三次会议于 1989 年 4 月 13 日至 15 日在法院礼堂举行。会议应到代表 178 名，实到代表 143 名，因事因病请假 35 名。会议邀请县委、县政协领导和县委各部门、群众团体的负责人出席了开幕式；县“一府两院”及所属各委、办、局的负责人及各乡镇人大联组长列席了会议。

（一）组织机构

大会预备会议选举产生主席团，通过秘书长、提案审查委员会名单和会议议程。

主席团（18 名）：

李明才	安风元	杨锡田	刘永喜
李文才	武贵才	高文英（女）	白瑞采
杜华甫	赵焕宝	王士兵	郄德培
马风果（女）	李保平	刘志群	赵曙光
王希祯	邢翠联（女）		

秘书长：刘永喜（兼）

主席团第一次会议推定李明才、杨锡田、安风元、刘永喜、李文才、武贵才、高文英（女）、白瑞采为主席团常务主席。

主席团第一次会议决定杜华甫、王金庭、高文生为大会副秘书长。

提案审查委员会

主　任：武贵才

副主任：李文才

委　员：赵焕宝　郄德培　王士兵　马风果

（二）主要议程

4 月 13 日上午，会议听取县政府县长闫书章作的《平山县人民政府工作报告》；书面听取县计经委主任封新堂作的《关于 1988 年国民经济计划执行情况和 1989 年国民经济、社会发展计划（草案）的报告》、县财政局局长张述作的《关于平山县 1988 年财政决算和 1989 年财政预算（草案）的报告》。4 月 14 日上午，会议听取县人大常委会副主任刘永喜作的《平山县人民代表大会常务委员会工作报告》、县法院院长张风和作的《平山县人民法院工作报告》、县检察院检察长李成虎作的《平山县人民检察院工作报告》。

会议分七个代表团认真审议和审查了 6 个报告。根据各代表团的审议情况，会议批准相应报告，分别作出相应的决议。

（三）代表议案及批评建议

会议期间，共收到代表提出提案 134 条，内容涉及交通、农业农村、公安交警、工信、自然资源和规划、城管、城建、扶贫、发改、教育、卫生、环保等方面。

第三章　人大常委会

第一节　人员组成

一、选举产生

第九届人民代表大会常务委员会于1987年4月25日，由平山县第九届人民代表大会第一次会议选举产生，其中主任1人，副主任5人，委员10人。

主　任：安风元（1987.04—1990.04）

副主任：刘永喜（1987.04—1990.04）

李文才（1987.04—1990.04）

武贵才（1987.04—1990.04）

高文英（女，1987.04—1990.04）

白瑞采（1987.04—1990.04）

常务委员：马风果（女，1987.04—1990.04）

王世斌（1987.04—1990.04）

王希祯（1987.04—1990.04）

刘志群（1987.04—1990.04）

邢翠联（女，1987.04—1990.04）

杜华甫（1987.04—1990.04）

李保平（1987.04—1990.04）

郄德培（1987.04—1990.04）

赵焕宝（1987.04—1990.04）

赵曙光（1987.04—1990.04）

二、工作机构及人员组成

1987年4月到1990年4月，平山县人民代表大会常务委员会工作机构为四科一室，即人大常务委员会办公室、文教卫生科、财经科、代表联络科、政法科。编制19人。1989年5

月，增至 35 人。

办公室

负责人大常委会内勤事务、协调各科之间的关系，沟通情况、起草有关文件，为常务委员会及主任会议服务，负责文书档案整理和管理工作，抓好机关自身建设。

主　任：杜华甫（1987.04—1990.04）

副主任：高文生（1987.11—1989.07）

　　　　齐新奎（1989.01—1990.04）

文教卫生科

负责与政府有关文化教育医疗卫生部门的联系。

科　长：封金堂（1987.04—1990.04）

副科长：祁秀林（1989.07—1990.04）

财经科

负责与政府财经部门的联系。

科　长：李向朝（1987.11—1989.07）

　　　　高文生（1989.07—1990.04）

代表联络科

负责全县人大代表的联系工作。

科　长：田永录（1987.04—1990.04）

副科长：齐新奎（1987.04—1989.03）

政法科

负责公检法部门的联系和信访工作。

科　长：康跃华（1989.03—1990.04）

副科长：康跃华（1987.04—1989.03）

第二节　常委会会议

县第九届人大常委会共召开 19 次会议。

第一次会议　1987 年 4 月 29 日召开，主任安风元主持会议。县人大常委会主任安风元，副主任刘永喜、李文才、武贵才、高文英、白瑞采和委员共 16 人出席会议，县人大常委会各科室有关人员列席会议。会议认真学习《宪法》和《地方组织法》有关人大工作的规定，使大家进一步明确了人大常委会的性质、职权和作用。在此基础上，委员们就如何更好地发挥人大常委会作用进行认真讨论。一致认为，宪法和法律赋予人大常委会的主要职责就是保障宪法、法律在本行政区域内的贯彻实施，监督“一府两院”工作。要行使好这些职权，必须要加强调查研究，深入联系代表，加强自身建设。这是做好人大工作的基础。大家一致表示，决不辜负人民的期望，认真学习业务，尽快适应工作开展的需要。

第二次会议　1987 年 7 月 9 日至 10 日召开，人大常委会主任安风元主持。县人大常委会主任安风元，副主任刘永喜、李文才、武贵才、高文英、白瑞采和委员共 16 人出席会议。县人大党组顾问左祥来、县人民政府副县长王银川和县法院、检察院、财政局、林业局以及人大有关科室的负责人列席了会议。会议听取“两院”关于上半年工作情况的汇报和县财政局《关于一九八七年财政预算上半年执行情况的报告》。会上，林业局代表县政府做《关于毛白杨、花椒树在本县生长、发展、经济效益等情况的说明》。会议认为，毛白杨、花椒树是平山县优势树种，是加快山区建设振兴平山经济的短平快项目。为动员全县人民积极栽植毛白杨和花椒树，加速全县绿化，改善生态环境，加快全县致富步伐，会议通过平山县人大常委会《关于命名毛白杨、花椒树为县树的决定》。会议审议通过县政府提请的政府组成人员任免名单。通过县人大常委会《关于改革人事任免表决方式的决定》。

第三次会议　1987 年 9 月 16 日至 17 日召开，县人大常委会副主任李文才主持。县人大常委会主任安风元，副主任李文才、武贵才、高文英、白瑞采和委员共 14 人出席，因事因病请假 2 人。县人大顾问左祥来、县政府办公室主任王金庭、扶贫办公室主任辛勤、水利局副局长庞景兰、普法办公室副主任刁清太以及县人大有关科室人员列席会议。会议内容是：一、听取和审议县扶贫办公室《关于扶贫工作情况的汇报》；二、听取和审议县水利局《关于水利工作和抗旱情况的汇报》；三、听取和审议县普法办公室《关于全县普及法律常识情况的汇报》；四、讨论通过县人民政府和人民法院提请的人事任免事项。

第四次会议　1987 年 11 月 18 日召开，县人大常委会主任安风元主持。县人大常委会主任安风元，副主任刘永喜、李文才、武贵才、高文英、白瑞采和委员共 15 人出席了会议，因事请假 1 人。县人大党组顾问左祥来、县政府副县长王三堂、城建局局长孙文祥、移民办公室主任任树才及县人大各科室有关人员列席会议。上午，会议听取和审议县城建局局长孙文祥关于县城建设工作的汇报和县移民办公室主任任树才《关于岗南水库移民工作情况的汇报》。下午，全体委员认真学习十三大文件，投票通过县政府、县法院提请的人事任免事项。

第五次会议　1988 年 1 月 22 日召开，县人大常委会主任安风元主持。县人大常委会主任安风元，副主任李文才、武贵才、高文英、白瑞采和委员共 13 人出席会议，因病因事缺席 3 人。人大常委会党组顾问左祥来，县政府副县长王银川，县法院副院长刘明忠、刘惠，县检察院检察长李成虎、副检察长魏峰山，县工商局副局长尚福刚，县农业银行行长王科科，县劳动人事局副局长姚桐，县城建局负责人张向云，县新能源办主任王子庭和人大各科室负责人列席会议。会议听取并审议县农业银行《关于农贷工作的报告》、县城建局《关于县城自来水厂建设进展情况的汇报》、县新能源办公室工作情况的汇报。会议通过县政府、法院、检察院提请的人事任免名单，通过《关于召开县九届人大二次会议的决定》。

第六次会议　1988 年 3 月 7 日召开，县人大常委会主任安风元主持。县人大常委会主任安风元，副主任刘永喜、李文才、武贵才、白瑞采和委员共 11 人出席会议，因事请假 5 人。

会议通过县九届人大二次会议议程、县九届人大二次会议主席团和秘书长名单、常务主席和执行主席名单。会议通过《人大常委会向九届三次会议的工作报告》，听取这次会议选举省七届人大代表工作的筹备情况的说明。

第七次会议　1988年5月9日召开，县人大常委会主任安风元、副主任刘永喜分别主持会议。县人大常委会主任安风元，副主任刘永喜、李文才、武贵才、白瑞采、高文英和委员共13人出席会议，因事请假3人。县人大党组顾问左祥来，县政府副县长冯书勤，县法院、检察院、林业局、畜牧局、人事局及人大有关科室负责人列席会议。会议听取和审议县林业局《关于"县树"栽植情况的工作汇报及畜牧局关于畜牧工作的汇报》。会议通过县政府、法院、检察院提请的人事任免名单。县人大常委会委员、省七届人大代表郄德培传达省七届人大一次会议精神。共同学习《河北省人民代表大会常务委员会实施监督的规定》。

第八次会议　1988年7月22日召开，县人大常委会主任安风元主持。县人大常委会主任安风元，副主任刘永喜、李文才、武贵才、白瑞采、高文英和委员共15人出席会议，因事请假1人。县人大常委会党组顾问左祥来、县政府常务副县长王银川、县财政局、税务局、工商局以及人大有关科室负责人列席会议。会议听取县财政局《关于一九八八年财政预算上半年执行情况的报告》和县税务局《关于一九八八年上半年税法执行情况的汇报》并进行认真的讨论，听取县工商局《关于上半年贯彻工商法规情况的汇报》。

第九次会议　1988年9月14日召开，县人大常委会主任安风元主持会议。县人大常委会主任安风元，副主任刘永喜、李文才、高文英、白瑞采和委员共15人出席会议，因事缺席1人。县政府副县长白云亭、王三堂以及县教育局、县卫生局、县人民检察院、县总工会和人大各科室负责人列席会议。会议听取和审议县教育局《关于贯彻执行〈义务教育法〉和〈河北省普及义务教育条例〉情况的汇报》和县卫生局《关于深化卫生改革情况的汇报》，并进行认真的讨论。下午，听取副县长王三堂《关于1988年扶贫专项贴息贷款安排使用情况的汇报》。会议通过《平山县人大常委会关于在全县开展执法检查的决定》，通过县人民检察院提请的人事任免名单。

第十次会议　1988年10月21日召开，县人大常委会主任安风元主持。副主任刘永喜、李文才、武贵才和委员共11人出席会议，因事缺席5人。会议的主要议程是：一、通过县政府提请的人事任命事项，任命孙吉明为平山县人民政府副县长；二、刘永喜汇报上次会议《关于在全县开展执法检查的决定》落实情况和其他工作情况。

第十一次会议　1988年12月6日至7日召开，会议由县人大常委会主任安风元主持。县人大常委会主任安风元，副主任刘永喜、李文才、武贵才、高文英、白瑞采和委员共15人出席会议，因事请假1人。县政府副县长谢占海、白云亭，县总工会、劳动人事局、县委组织部以及人大有关科室负责人列席会议，县工业局、农机局、公安局、乡镇企业局、司法局、物资局、土地管理局、物价局、广播电视局的负责人和部分干部、群众代表列席会议。会议分别听取县工业局、乡镇企业局、物资局、土地管理局、农机局、广播电视局、公安局、司法局、物价局局长的述职报告，并采用背靠背的方式由各单位的干部、群众代表和委员对本单位负责人的述职报告进行认真的评议。会议讨论通过县政府提出的人事任免事项。

第十二次会议 1989年2月28日至3月1日召开，县人大常委会主任安风元主持。县人大常委会主任安风元、副主任刘永喜、李文才、武贵才、高文英和委员共11人出席会议，因事请假4人。县政府副县长王三堂，县总工会、县人大常委会各科室和县农业局、水利局、县联社、电力局、农机局、县农行的负责人列席会议。会议的主要议程：一、听取县农业局、水利局、县联社《关于如何做好今年支农工作的汇报》；二、审议通过县人大常委会《关于加强农业生产的决议》；三、传达全省人大工作会议精神和地区人大工作研讨会精神；四、通过人事任免。

第十三次会议 1989年4月13日召开，县人大常委会主任安风元主持。县人大常委会主任安风元，副主任刘永喜、李文才、武贵才和委员共11人出席会议。县人大常委会办公室副主任齐新奎和封新堂、刘明芳、康跃华列席会议。会议的主要议程：一、通过平山县九届三次人代会议议程；二、通过大会主席团、秘书长、常务主席和执行主席名单；三、通过提交大会审议的《人大常委会工作报告》。

第十四次会议 1989年7月4日召开，县人大常委会主任安风元主持。县人大常委会主任安风元，副主任刘永喜、李文才、武贵才、高文英和委员共13人出席了会议，因病因事请假3人。县政府副县长冯书勤，水利局、农业局、县联社、检察院、劳动人事局、文化局及人大有关科室负责人列席会议。上午，会议听取和审议县农业局、水利局、县联社今年以来贯彻落实县人大常委会《关于加强农业生产的决议》的情况汇报。下午，会议经过认真讨论，原则通过《平山县文物保护管理暂行办法》，并采用无记名投票表决的方式通过县政府、县检察院和县人大常委会提请的人事任免名单。最后，与会委员共同学习党的十三届四中全会公报、邓小平同志接见首都戒严部队军以上干部时的讲话和李鹏、姚依林同志在中共中央国务院召开的各部门负责人会议上的讲话。一致表示坚决拥护四中全会公报，坚决拥护邓小平、李鹏、姚依林等领导的重要讲话，并决心以实际行动落实公报提出的各项工作任务，为进一步加强民主与法制建设，推进县改革和建设事业的顺利发展做出积极贡献。

第十五次会议 1989年8月29日召开，县人大常委会主任安风元主持。县人大常委会主任安风元，副主任刘永喜、武贵才、高文英和委员11人出席会议，因事请假的副主任、委员5人。县政府副县长白云亭，县检察院、审计局监察局、县法院以及人大有关科室负责人列席会议。上午，会议分别听取县检察院、监察局、审计局关于清除腐败，惩治官倒，严肃法纪情况的汇报，并对三个部门的工作汇报进行认真审议。下午，会议讨论通过县政府、县法院提请的人事任免事项，学习《中共中央、国务院关于近期做几件群众关心的事的决定》和《中共中央关于加强宣传、思想工作的通知》。

第十六次会议 1989年10月25日召开，县人大常委会主任安风元主持。县人大常委会主任安风元，副主任武贵才、白瑞采和委员11人出席会议，因病因事请假5人。县政府副县长白云亭，县公安局、税务局、物价局及人大有关科室负责人列席会议。会议分别听取县公安局、税务局、物价局今年以来执法情况的汇报，并对三个部门的工作汇报进行审议。最后，会议以无记名投票的表决方式通过县政府提请的人事任免事项。

第十七次会议　1989年12月25日召开，人大常委会主任安风元主持会议。人大常委会主任安风元，副主任刘永喜、武贵才、高文英及委员共11人出席会议，因事因病请假5人。县土地管理局、工商局、矿产管理局、政府办公室负责人及人大各科室的负责人列席会议。上午，会议分别听取县土地管理局、工商局、矿产管理局《关于一年来执法情况的汇报》。委员们根据会前对三个部门执法情况的调查，对这3个部门的工作进行认真审议。下午，会议根据选举法、地方组织法、省选举实施细则等有关法律规定，为进一步加强对明年换届选举工作的领导，决定成立平山县选举委员会，任命县选举委员会组成人员；会议决定平山县第十届人民代表大会代表名额为240名，乡（镇）人民代表大会代表名额为1446名。会议接受闫书章辞去平山县人民政府县长职务的请求，任命张秋阳为平山县人民政府副县长、代理县长。

第十八次会议　1990年3月22日召开，人大常委会主任安风元主持会议。人大常委会主任安风元，副主任刘永喜、李文才、武贵才和委员王世斌、赵曙光、马风果、杜华甫共10人出席会议。闫五锡、刘明忠、王彦廷列席会议。会议讨论通过县政府、法院、检察院提请的人事任免事项。

第十九次会议　1990年4月12日召开，人大常委会主任安风元主持会议。人大常委会主任安风元，副主任刘永喜、武贵才、李文才、高文英、白瑞采及委员共13人出席会议，因事因病请假3人。康跃华、张晓涛列席会议。政法科汇报南甸镇人代会的几个问题，对此由常委会予以通报，刘永喜汇报县乡两级人代会换届选举工作，杜华甫汇报县十届人大一次会议筹备情况，通过县九届人大常委会向十届人大一次会议的工作报告。

第三节　制度建设

一、制度规定

1. 中共平山县委关于加强人大工作的决定

（中共平山县委1989年3月1日印发）

2. 平山县人大常委会关于县人大代表视察的暂行办法

（1987年5月4日印发）

3. 平山县人大常委会关于区乡镇人大代表联络组工作职责的规定

（1987年5月16日印发）

4. 平山县人大常委会关于“各科室工作职责范围”的规定

（1987年6月5日印发）

5. 平山县人大常委会关于改革人事任免表决方式的决定

（1987年7月10日平山县第九届人大常委会第二次会议通过）

6. 平山县文物保护管理暂行办法

（1989 年 7 月 4 日，平山县第九届人大常委会第十四次会议讨论通过）

二、制度规定选介

1. 中共平山县委关于加强人大工作的决定

为贯彻落实河北省人大工作会议精神，进一步加强全县的社会主义民主与法制建设，充分发挥人大及其常委会在治理整顿全面深化改革中的作用，特作本决定。主要内容为：1. 充分认识人大及其常委会在国家政治生活中的性质地位和作用。2. 人大常委会要认真行使宪法、法律赋予的职权。3. 县政府、法院、检察院要把接受人大及其常委会的监督作为一项必须履行的法定义务。4. 要加强人大常委会的班子建设。5. 人大常委会机关要加强思想建设和业务建设。6. 在人事任免工作上要严格依法办事。7. 进一步加强乡镇人大联组工作。

2. 平山县人大常委会关于县人大代表视察的暂行办法

为使人大代表更好地行使宪法、法律赋予的职权，有效地推动“一府两院”工作的开展。参照河北省人大常委会《关于省人大代表视察的暂行办法》的有关规定，结合实际，对县人大代表的视察办法作出规定，主要包括：1. 由县人大常委会办公室制发《县人大代表视察证》，自 1987 年 5 月开始，县人大代表可持证进行视察。2. 视察内容：主要是了解宪法、法律、法规、条例及各项决议、决定贯彻实施情况，国民经济和社会发展计划，财政预算执行情况，经济、教育体制改革情况及与人民群众生活密切相关的问题，听取群众的意见和要求。3. 视察方法、视察的具体内容、单位和日期由代表自行确定，代表可以个人持证单独视察，也可以几人联合视察。视察可以事先通知，也可以不事先通知。需要事先联系的，代表可直接与被视察单位商定。被视察单位由熟悉工作的干部或负责人介绍情况。4. 视察范围：代表一般应在本选区或工作、居住的区、乡（镇）范围内就地视察，也可以在全县范围内进行视察，直接同群众联系。5. 代表在视察中提出的问题属区、乡（镇）解决的，交当地区、乡政府研究处理。同时告知县人大常委会办公室。县解决的交县人大办公室转县有关部门研究办理，各承办部门要认真负责地研究解决，及时答复代表，并抄送县人大办公室。代表在视察中不直接处理问题。6. 县人大常委会根据工作需要和代表要求，可以组织有关代表进行专题视察。7. 代表在视察中要坚持实事求是，认真负责，依法办事，切实履行法律赋予自己的权力。要遵守国家的保密制度和所在单位的规章制度。积极主动地向干部群众宣传宪法、法律，以及党和国家的方针政策。自觉抵制任何形式的不正之风。8. 代表在视察时，被视察单位要主动热情接待。但要注意不搞欢迎，不搞层层陪同、不宴请、不赠送礼品。

3. 平山县文物保护管理暂行办法

平山县处古燕赵之地，历史悠久，地上地下文物极其丰富，经普查列入保护单位的达 108 处。革命圣地西柏坡、战国中山国灵寿故城西门外商代遗址等文物都是国家的宝贵财产，统属国家所有。保护好文物是全县人民的责任。为保护管理好县境内文物，根据《中华人民共和国文物保护法》《河北省文物保护管理条例》的规定，1989 年 7 月 4 日，平山县第九届人大常委会第十四次会议通过县政府制定的暂行办法。

第四章　审议决定重大事项

第一节　决议决定

1. 关于《平山县一九八六年国民经济计划执行情况和一九八七年国民经济发展计划（草案）报告》的决议

（1987 年 4 月 28 日县九届人大一次会议通过）

2. 关于《平山县国民经济和社会发展第七个五年计划》的决议

（1987 年 4 月 28 日县第九届人大一次会议通过）

3. 关于《平山县一九八六年财政决算和一九八七年财政预算情况报告》的决议

（1987 年 4 月 28 日县九届人大一次会议通过）

4. 关于命名毛白杨、花椒树为“县树”的决定

（1987 年 7 月 9 日平山县第九届人大常委会第二次会议通过）

5. 关于《平山县一九八七年国民经济计划执行情况和一九八八国民经济及社会发展计划（草案）报告》的决议

（1988 年 3 月 8 日县九届人大二次会议通过）

6. 关于《平山县一九八七年财政决算和一九八八年财政预算草案报告》的决议

（1988 年 3 月 9 日县九届人大二次会议通过）

7. 关于在全县开展执法检查的决定

（1988 年 9 月 14 日平山县第九届人大常委会第九次会议通过）

8. 关于《平山县一九八八年国民经济计划执行情况和一九八九年国民经济发展计划（草案）报告》的决议

（1989 年 4 月 15 日县九届人大三次会议通过）

9. 关于《平山县一九八八年财政决算和一九八九年财政预算（草案）报告》的决议

（1989 年 4 月 15 日县九届人大三次会议通过）

10. 关于加强农业生产的决议

（1989 年 2 月 28 日平山县第九届人大常委会第十二次会议通过）

第二节 决议决定选介

1. 关于命名毛白杨、花椒树为“县树”的决定

毛白杨属速生丰产树种，树姿挺拔雄伟，木材质地优良，经济价值较高，抗病虫害，并具有较强的适应性。花椒树是经济林中见效快、效益高的树种之一。群众称为“红金子，摇钱树”。目前全县共有花椒树256万棵。最高年产达到180万斤，居全国第三，全省第一位。县立地条件十分适宜毛白杨、花椒树的生长，县内已有较长栽植历史，群众积累了丰富的栽植经验。毛白杨、花椒树为县优势树种。近年来，一些乡村已靠毛白杨、花椒树走上了脱贫致富的道路。县有宜林山场232万亩，发展毛白杨、花椒树具有广阔的前景。

为动员全县人民积极栽植毛白杨和花椒树，加速实现全县绿化，改善生态环境，促进全县脱贫致富，平山县第九届人民代表大会常务委员会第二次会议特作如下决定：

一、将毛白杨、花椒树命名为“平山县县树”。

二、各级政府要深入广泛地发动群众，使人人为“县树”发展尽心尽力，要求到1990年达到人均10棵毛白杨，10棵花椒树。

三、县政府要加强领导，因地制宜，做好规划，制定有效措施搞好督促检查工作，以保证规划任务的完成。

四、各级政府及有关部门要切实加强对现有毛白杨、花椒树的管理和保护工作。普及管理技术，提高产量，增加效益。

五、在全县范围内开展栽植毛白杨、花椒树活动，农村、厂矿机关、学校都要在公路、渠道、房前屋后等一切适宜的地方，栽植毛白杨、花椒树，使“县树”扎根于全县山山水水，在山区开发建设中发挥更大的作用。

2. 关于加强农业生产的决议

平山县第九届人大常委会第十二次会议，听取审议县政府有关部门关于搞好今年农业生产的汇报。会议认为，党的十一届三中全会以来，全县的农业生产取得了很大进展，农民生活有了明显的改善。但是，近几年，粮食生产徘徊不前，棉花生产大幅度下降，农业后劲不足。为加强农业基础，夺取农业丰收，县人大常委会特作此决议。主要内容包括：1. 真正提高对农业基础地位的认识，深化农业改革，进一步稳固农村家庭联产承包责任制。2. 大力推广农业常规技术，增加资金投入，改善农业生产条件，发动群众，大搞农田基本建设。3. 搞好农业生产资料供给，各行各业都要大力支援农业，加强领导，强化监督。

第五章　人事任免

1987年9月17日县九届人大常委会第三次会议
决定任命：
孙书海为平山县农机公司经理（局长）
胡志军为平山县经济技术协作办公室主任
常二平为平山县物资局局长
封志国为平山县爱国卫生运动委员会办公室主任
任命：
秦付友为平山县人民法院行政审判庭庭长
李顺祥为平山县人民法院申诉执行庭副庭长
贾景昌为平山县人民法院行政审判庭副庭长
檀晔甫为城关法庭副庭长
王米贵为平山县人民法院审判员
盖国文为平山县人民法院审判员
郭庆为平山县人民法院审判员
李云雪为平山县人民法院审判员
张文增为平山县人民法院审判员
齐风联为平山县人民法院审判员
米福元为平山县人民法院审判员
高双兵为平山县人民法院审判员
韩新泉为平山县人民法院审判员
张文秀为平山县人民法院审判员
何庆山为平山县人民法院审判员
付云吉为平山县人民法院审判员
樊华明为平山县人民法院审判员
免去：
张树增平山县物资局局长职务
秦付友城关法庭副庭长职务

檀晔甫南甸法庭副庭长职务

1987 年 11 月 18 日县第九届人大常委会第四次会议
决定任命：
单双合为计量局局长
李增增为计划生育委员会主任
周丙辰为体育委员会主任
谢书庆为档案办公室主任
霍六斤为旅游局局长
张会明为信访办公室主任
梁爱平为工商局局长
刘哲亮为平山县人民法院审判员
免去：
单双合计划生育委员会主任职务
李增增建材局局长职务
周丙辰旅游局局长职务
谢书庆信访办公室主任职务
康金风工商局局长职务
薛军水利局局长职务

1988 年 1 月 22 日县第九届人大常委会第五次会议
决定任命：
辛勤兼任县扶贫办公室主任
马经林任县矿山开发管理局局长
封泽任县林业局局长
薛军任县监察局局长
庞景兰任县水利局局长
齐永平任县乡镇企业局局长
梁振霞任县烟草专卖局局长
陈振海任县商业局局长
任命：
李成虎任县检察院检察委员会委员
齐元平任县检察院检察委员会委员
王根庭任县检察院检察委员会委员
周明风任县人民法院审判员

免去：
马经林县冶金局局长职务
闫俊林县乡镇企业局局长职务
樊士民县林业局局长职务
马三科县检察院检察委员会委员职务
刘建华县检察院检察委员会委员职务
韩文彬县检察院检察委员会委员职务
杨风连县检察院检察委员会委员职务
梁昌志小觉法庭庭长职务

1988 年 5 月 9 日县第九届人大常委会第七次会议
决定任命：
谢占海为平山县人民政府副县长
侯慕英为县扶贫办公室主任
任命：
封积武为县法院刑事审判庭庭长
王进忠为县法院经济审判庭庭长、审判委员会委员
王文明为回舍法庭庭长
秦福友为县法院审判委员会委员
高双斌为南甸法庭副庭长
张文秀为小觉法庭副庭长
李银拴为县法院经济审判庭副庭长
梁金霄为县法院经济审判庭副庭长
张文增为县法院告诉申诉庭副庭长
李顺祥为县法院民事审判庭副庭长
胡玉生为平山县人民检察院检察员
免去：
辛勤县扶贫办公室主任职务
封积武县法院经济审判庭庭长职务
王进忠县法院经济审判庭副庭长职务
王清录县法院审判委员会委员职务
王庆晴县法院审判委员会委员、刑事审判庭庭长职务
宋吉生回舍法庭庭长职务
王文明南甸法庭庭长职务
李顺祥县法院告诉申诉庭副庭长职务

1988年9月14日县第九届人大常委会第九次会议
任命：
李振文为平山县人民检察院检察委员会委员
魏海生为平山县人民检察院检察员
赵保贵为平山县人民检察院检察员
张六保为平山县人民检察院检察员
李喜堂为平山县人民检察院检察员
崔怀兵为平山县人民检察院检察员
樊海山为平山县人民检察院检察员

1988年10月21日县九届人大常委会举行第十次会议
任命：
孙吉明为平山县人民政府副县长

1988年12月7日县九届人大常委会第十一次会议
决定任命：
赵志廉为平山县商业局局长
免去：
陈振海平山县商业局局长职务

1989年2月28日—3月1日县九届人大常委会第十二次会议
任命：
康跃华为县人大常委会政法科科长
齐新奎为县人大常委会办公室副主任
封寿福为县计划生育委员会主任
王米贵为县法院刑事审判庭副庭长
曹双庆为县法院行政审判庭副庭长
张进为县检察院检察员
免去：
康跃华县人大常委会政法科副科长职务
齐新奎县人大常委会代表联系科副科长职务
李增增县计划生育委员会主任职务
曹双庆县法院刑事审判庭副庭长职务

1989年7月4日县九届人大常委会第十四次会议
任命：
赵志廉为县政府办公室主任
李书歧为县政府经济研究室主任
郝玉法为商业局局长
王根庭为县检察院副检察长
齐元平为县检察院副检察长
高文生为县人大经济科科长
刘明芳为县人大办公室副主任
祁秀林为县人大文教卫生科副科长
免去：
王银川县政府副县长职务
王金庭县政府办公室主任职务
赵志廉县商业局局长职务
宗竹琴县检察院副检察长、检察委员会委员、检察员职务
李向朝县人大经济科科长职务
高文生县人大办公室副主任职务

1989年8月29日县九届人大常委会第十五次会议
决定任命：
刘秀田为平山县人民政府副县长
任命：
段英校为平山县法院审判员
秦海林为平山县法院审判员
吕志忠为平山县法院审判员
苗建国为平山县法院审判员
王廷君为平山县法院审判员
冀花保为平山县法院审判员
韩新会为平山县法院审判员
张月婷为平山县法院审判员
免去：
冯书勤平山县人民政府副县长职务
撤销：
霍丙丑平山县人民法院回舍法庭副庭长、审判员职务

1989 年 10 月 25 日县九届人大常委会第十六次会议

任命：

张文祥为平山县对外经济委员会主任

1989 年 12 月 25 日县九届人大常委会第十七次会议

任命：

张秋阳为平山县人民政府副县长、代理县长

1990 年 3 月 22 日县九届人大常委会第十八次会议

任命：

王金庭为平山县人民政府副县长

郄贵庭为平山县人民政府副县长

霍尚军为平山县人民政府副县长

马经林为平山县人民法院副院长、代理院长

高满岗为平山县人民检察院副检察长、代理检察长

第六章　重点工作

1987 年

4 月，九届人大一次会议期间，县人大组织部分人大代表视察县公安局看守所。

7 月上旬，县人大召开乡镇联组长会议，对乡镇联组长进行业务培训。

7 月上旬，主任办公会听取乡镇企业局“关于乡镇企业资金拖欠情况”的专题汇报，并深入到宅北乡磁选厂、胜伏乡造纸厂、南甸中山罐头厂、西回舍乡东庄采铁矿等 8 个企业对资金外欠情况进行专题调查。

8 月 3 日，县人大组织县政府领导和乡镇企业局、政法委、法院、检察院、公安局的负责人专题举行解决乡镇企业资金外欠问题协调会。会上大家根据乡镇企业资金外欠的原因、表现形式，结合部门特点进行认真讨论，提出具体解决意见。

8 月 17 日至 20 日，县人大常委会组织县食品工业办公室、商业局、卫生局、粮食局、工商局、标准计量局、乡镇企业局、县联社等有关部门的主管人员参加，对《食品卫生法》的贯彻执行情况进行联合大检查。

8 月 27 日，县人大常委会召开城关区、南甸区、里庄乡、孟贤壁乡、三汲乡、霍宾台乡、西回舍乡代表联组长座谈会。

9 月，县人大常委会副主任武贵才与普法办公室的有关人员一起到宅北乡召开代表座谈会，就该乡石板村发生的一起村干部非法拘禁致死命案，就案讲法，建议宅北乡政府要吸取教训，广泛开展法制教育，使群众受到了深刻的法制教育。

12 月 25 日，县人大常委会在县招待所召开区乡镇人大代表联组经验交流会，全县 8 区 52 个乡镇的人大联组长除个别因病请假外，有 48 名联组长参加会议。县委副书记杨锡田到会指导并讲话。

本年度，全县乡镇开始建立代表联组，县人大非常重视。一是督促指导各乡镇按期召开乡镇人民代表大会；二是采用以会代训方式对联组长进行业务培训。

本年夏季，县人大常委会两次组织县、乡代表，结合工商、物价、计量、卫生防疫等部门，重点围绕贯彻落实《食品卫生法》《计量法》《物价管理条例》等法律法规，深入城关、回舍、岗南、南甸、古月、小觉六大集镇，对 250 个国营、集体和个体的厂、店、摊点进行视察，查出 20 多起偷工减料、以次充好的违法行为。

本年度，县人大先后六次组织开展了主任与县长、代表与县长对话活动。常委会四名主任，深入到全县8个区，召开代表座谈会，开展调查研究。针对代表提出的问题，及时向县政府提出改进意见和建议。

本年度，共接待人民代表和群众的来信来访280件次，其中转办的185件，基本上做到了事事有答复，件件有着落。

本年度，常委会根据全县农业生产实际情况，深入到不同类型的10个村进行调查研究，初步摸清了农业生产上存在的主要问题及原因，对“三夏期间”农业用电、秋季灌溉等问题作出具体指导。

本年度，县人大常委会组织部分委员和“一府两院”执法检查领导小组的成员深入开展执法大检查。对公安局、法院、检察院、物价局、工商局、税务局等部门的执法检查情况进行重点抽查。全县共检查国营、集体企事业单位102个，查出违纪金额200万元。对现有的82个公司进行清理，其中有9个被收缴了营业执照，3个改换了名称，对11个需要和行政脱钩的公司提出了解决办法。

本年度，四名驻会主任带队深入全县走访代表210人次，对代表提出的259条批评意见建议，均认真填写卡片，由主任召集“一府两院”及有关部门负责人进行交办，并限期作出答复。

1988年

1月至2月，县人大常委会组织政府有关部门、法院、检察院对《企业法（草案）》进行讨论，征求意见。

4月上旬，县人大常委会组织县乡人大代表对“县树”发展情况进行视察。

4月，县人大常委会组织人大代表对《河北省乡镇人民代表大会条例（试行）》进行讨论。

6月25日，县人大常委会组织部分主任、委员对正在紧张施工中的县城自来水改建工程进行视察。

9月，县人大文教卫生科、县教育局，对全县贯彻实施《义务教育法》和《河北省普及义务教育条例》情况进行全面调查了解，重点调查大吾、柏坡两个乡。

10月4日，县人大常委会以平人大（1988）5号文件发出了《关于对选举和任命的干部进行述职考评的通知》，对这次干部述职考评的范围、内容、方法及时间要求作了具体规定。

10月14日召开县政府及所属各委、办、局，法院、检察院主要负责人会议，对干部考评工作进行安排部署。

10月15日，县人大向各乡镇人大联组发出通知，要求各乡镇人大联组召开县、乡人大代表座谈会，广泛征求人大代表对当前法律实施情况的意见、建议和对“一府两院”及所属各工作部门及其主要负责人的批评意见。

11月4日至6日，县人大三名正副主任带队，有关科室人员参加，以9个乡镇为点，召集23个乡镇、93名县人大代表召开座谈会，听取县、乡两级代表对社会治安、物资供应、执法情况、干部作风等方面的意见。

11月，县人大常委会在走访代表时，接到代表反映最强烈的是社会秩序混乱，较为突出的是“三多”，即割扬水站动力线的多、偷小猪的多、掏腰包的多。对此，县人大常委会一方面向县委领导反映，一方面向公安局提出建议。县公安局很快组织开展了以打击盗窃动力线和小偷、绺窃为主的专项打击，法院、检察院积极配合，使春节期间的社会治安状况有了明显好转。

12月17日至22日，县人大组织人大代表对粮棉生产乡镇和大川渠进行调研，并向县委提交调研报告。

12月24日，县人大组织全县人大联组会议，部署1989年乡镇人代会和撤区并乡后补选问题。

本年度，根据河北省人大常委会《关于在全省开展执法检查的决定》和上级政府、公检法部门进行执法检查的指示精神，全县的执法检查工作分别从6月份、9月份、10月份相继开始，于12月底结束。在这次执法检查中，“一府两院”各部门通过自查、互查、联查、抽查、总结5个阶段开展工作，取得显著成效。

1989年

3月14日，县人大常委会在县政府招待所组织召开全县乡镇人大联组长工作座谈会，县人大常委会主任安风元主持。

3月中旬，县人大常委会组织对全县春季义务植树造林活动进行视察。

4月底至5月上旬，县人大常委会组织部分委员、代表和乡镇人大联组对全县中小学校危房改造情况进行视察，全县24个乡镇人大联组共组织县、乡人大代表252人次，视察中小学校419所，占全县学校总数的一半以上。

4月中旬至5月上旬，县人大常委会在全县工矿企业组织开展了贯彻实施《企业法》检查活动，全县43个工矿企业中有35个参加活动，占单位总数的81.4%。

9月20日，根据县人大常委会办公室关于“认真组织县、乡（镇）人大代表座谈讨论关于清除腐败、查处官倒、严肃政纪”的通知精神，各乡镇人大联组采取分组、分片等方法，组织县、乡人大代表围绕廉政建设，广泛征求代表意见。县人大常委会深入王坡、北冶、宅北、孟贤壁等乡召开人大代表座谈会，认真听取代表的意见建议。

11月至12月，县人大联合县政府利用两个月的时间，对全县执行计划生育法规情况开展大检查。

本年度，县人大常委会和县政府联合下发《关于开展统计法规执行情况大检查的通知》，成立了以人大和县政府主要领导和县直35个有关部门领导参加的领导小组，并配备相应的办事机构，参加检查的达500余人，历时3个月，在自查、互查基础上重点抽查了5个局、12个乡、9个村、10个企业共计36个单位。全县共自查自纠迟报、误报、虚报、瞒报及技术性差错等不符合统计法规行为161项。

本年度，县人大常委会对县水资源办公室与第一钢铁厂因征收水资源费一案进行专题调研，成立由副主任武贵才牵头、有关科室参加的调查小组，分别向县水资源办公室、县第一钢铁厂、县法院、县政府进行调查，并向地区人大联络处提交了调查报告。

本年度，常委会狠抓机关自身建设，一是组织全体委员认真学习党十三届四中、五中全会公报以及党和国家领导人的重要讲话，把全体委员的思想真正统一到全会公报上来，提高了广大干部职工的政治觉悟。二是向全县各乡镇人大联组发出关于认真学习军委邓主席“在接见首都戒严部队军以上干部时的讲话”的通知，要求各乡镇人大联组在搞好自身学习的基础上积极组织县、乡人大代表进行学习。三是县人大常委会领导深入到基层召开县、乡人大代表座谈会，同广大代表一起学习座谈讨论，进一步加深了对全会精神的认识，从而增强了大家在政治上思想上同党中央保持一致的自觉性。四是围绕廉政建设，制定廉政守则，并严格遵守执行，自觉转变工作作风。

本年度，常委会把处理人民来信来访工作列入议事日程，明确一名副主任主抓，政法科长具体负责。四名驻会正副主任每月农历初五和二十，坚持定期轮流接待。一年来，共接待人民来信来访123人次，处理来信172件，其中办理要结果的10件，有8件得到妥善处理。

1990年

自2月始，开展县乡两级人大换届选举工作，历时两个半月，选举产生第十届县人大代表240名，乡镇人大代表1446名。

3月1日，县人大常委会下发通知，对1989年度执法先进集体和先进工作者进行通报表彰。

第八篇

平山县第十届人民代表大会

（1990 年 4 月至 1993 年 2 月）

平山县第十届人民代表大会任期自1990年4月至1993年2月。大会期间，共召开人民代表大会3次、人大常委会议19次。其间，组织开展执法大检查，对重点案件进行重点监督。组织视察利税大户，帮助企业解决实际问题。围绕群众关心的热点问题，加强对纠风工作监督。组织开展人大联系代表、代表联系选民“双联系”活动，广泛搜集人大代表和人民群众对人大常委会和“一府两院”的批评、意见和建议。加强对乡镇人大主席团工作的培训，扎实推进乡镇人大工作开展，圆满完成宪法和法律赋予的各项职责。

第一章　人大党组织

中共平山县人大常委会党组

书　　记：杨锡田（1990.04—1995.03）

副 书 记：刘永喜（1983.11—1993.10）

党组成员：齐学彦（1990.04—1993.10）

张敬哲（1990.04—1998.02）

高文存（1990.04—1998.02）

梁文达（1990.04—1993.10）

杜华甫（1990.04—1991.05）

齐新奎（1991.05—2001.04）

第二章　人民代表大会

第一节　人大代表

一、县人大代表

（一）选举产生

根据选举法规定和省、地人大的有关规定，县第十届人民代表大会总名额为 240 名，共分配到 134 个选区进行选举。为切实加强对 1990 年县、乡两级人代会换届选举工作的领导，县九届人大常委会第十七次会议于 1989 年 12 月 25 日决定成立平山县选举委员会，其组成人员任命如下：

主　任：杨锡田（县委副书记）

副主任：刘永喜（县人大常委会副主任）

　　　　武贵才（县人大常委会副主任）

　　　　刘秀田（县政府副县长）

　　　　魏之信（县委常委组织部部长）

委　员：杜华甫（县人大办公室主任）

　　　　康建国（县委组织部副部长）

　　　　张志平（县委宣传部副部长）

　　　　孟建东（县委统战部副部长）

　　　　薛根深（县政府办公室副主任）

　　　　辛　勤（县民政局局长）

　　　　杜文奎（县公安局局长）

　　　　郄占魁（县劳动人事局局长）

　　　　尤志华（县总工会主席）

　　　　罗英瑞（县妇联会主任）

　　　　韩学瑞（县团委副书记）

选举委员会下设办公室，地点设在县人大办公室。办公室主任由杜华甫兼任，副主任由封金堂和齐新奎担任。

按照法律规定和省、地换届选举会议精神，于4月16日前分别召开县、乡两级人民代表大会。在县人大代表的构成方面，妇女占21%，群众26.6%，党员占73.4%，基本符合上级要求。

（二）代表名单

代表240名，其中妇女代表50名。

平山县第十届人民代表大会代表一览表

表8-1

姓名	性别	文化程度	政治面貌	工作单位及职务	籍贯
闫书章	男	高中	中共党员	县委书记	晋县
杨锡田	男	初中	中共党员	人大党组书记	东回舍村
张秋阳	男	大专	中共党员	政府代县长	无极县
魏之信	男	大学	中共党员	县委副书记	藁城市
刘永喜	男	中专	中共党员	人大副主席	两河村
高文存	男	中专	中共党员	政协副主席	蛟潭庄镇宅北村
梁文达	男	中专	中共党员	审计局局长	蠡县
张敬哲	男	中专	中共党员	农业局局长	滦南县
刘秀田	男	大学	中共党员	政府副县长	赵县
马经林	男	中专	中共党员	法院代院长	怀安县
高满岗	男	高中	中共党员	检察院代检察长	灵寿县
程俊明	男	大专	群众	政协副主席	灵寿县
陈考书	女	中专	中共党员	工会副主席	南庄村
杜华甫	男	中专	中共党员	人大办公室主任	河村
马风果	女	初中	中共党员	人大专职委员	新安村
田永录	男	中专	中共党员	人大科长	卸甲河村
康跃华	男	中专	中共党员	人大科长	寺家庄村
郄占魁	男	初中	中共党员	人事局局长	水碾村
封宏志	男	初中	中共党员	县委办公室干部	城关镇蒲吾村
王清保	男	高中	中共党员	外贸局局长	苏家庄乡讲里村
董书庄	男	初中	中共党员	水泥厂书记	西大吾乡夹峪村

续表 8-1

姓名	性别	文化程度	政治面貌	工作单位及职务	籍贯
张　述	男	中专	中共党员	财政局局长	回舍镇部家庄村
王伯英	男	中专	中共党员	林业局主任	临西县
孙文祥	男	中专	中共党员	城建局局长	上三汲乡中七汲村
常春廷	男	初中	群众	县一建公司科长	平山镇西曲提村
齐学彦	男	中师	中共党员	交通局局长	东黄泥村
任文锁	男	大专	中共党员	51006 部队主任	江苏省昆山市
左增玉	男	初师	中共党员	粮食局局长	城关镇高村
王周孝	男	大学	群众	平山中学教师	福建省龙溪县
齐永平	男	大学	中共党员	企业局局长	城关镇东水碾村
郜珠珠	男	初中	群众	轻化公司副经理	东回舍乡封城村
焦庆生	男	初中	群众	博物馆干部	平山镇郑家庄村
阎淑芬	女	大专	中共党员	公安局副股长	西大吾乡西荣村
纪恩福	男	大专	中共党员	水库局长	涿县
韩吉太	男	高中	中共党员	卫生局局长	岗南石盆峪村
桂荣琴	女	大学	群众	县医院主治医师	获鹿县
孙树海	男	师范	中共党员	农机局局长	东王坡乡迪山北村
郝玉法	男	高中	中共党员	商业局局长	下口村
范晓动	男	大专	群众	飞龙公司	行唐县
赵海军	男	大专	中共党员	供销社主任	杜家庄村
康文祥	男	高中	中共党员	铁厂厂长	中石殿付家沟村
李英海	男	初中	中共党员	一钢干部	获鹿县丘陵村
魏俊海	男	大专	中共党员	审计局局长	柏坡乡西沟村
谷银录	男	大学	中共党员	化肥厂厂长	东回舍镇张齐村
李学敏	男	大专	中共党员	机械厂厂长	涿县
高文英	女	初中	中共党员	棉织厂书记	观音堂下盘松村
孙占涛	男	高中	中共党员	陶瓷厂工人	古月镇黑山口村
温细儒	男	高中	中共党员	温塘大理石厂科长	东回舍镇张家庄村
李书歧	男	大专	中共党员	经委主任	南甸镇坡头村

续表 8-1

姓名	性别	文化程度	政治面貌	工作单位及职务	籍贯
宋　英	女	初中	中共党员	轴承厂办公室主任	卸甲河村
张大平	男	大专	中共党员	平山镇镇长	西大吾乡
郜玉庭	男	高中	中共党员	平山镇人大组长	中白楼村
田玉珍	女	初师	中共党员	东关小学校长	—
王希祯	男	初中	群众	南街村村主任	南街村
郄德培	男	初中	中共党员	白云山水泥厂	西水碾村
左振霞	男	高中	中共党员	高村村主任	高村
李晚德	男	高中	中共党员	西街村党支部书记	西街村
马海元	男	高小	中共党员	王子村党支部书记	王子村
阎兰吉	男	高小	中共党员	郑家庄村党支部书记	郑家庄村
高书先	女	高小	中共党员	中贾壁村妇女主任	中贾壁村
阎二降	男	高小	群众	胜佛村副主任	胜佛村
康花琴	女	高小	中共党员	里庄村妇女主任	里庄村
张奋勇	男	高小	中共党员	东冶村党支部书记	东冶村
杨竹祥	男	初中	中共党员	南西焦组织委员	南西焦村
贾二更	男	初中	中共党员	西义羊村党支部书记	西义羊村
祁兵芳	女	初中	中共党员	西曲堤村妇女主任	西曲堤村
于来全	男	初小	中共党员	烟堡村村主任	烟堡村
胡云峰	男	初中	中共党员	南义羊村党支部书记	南义羊村
杜新拴	男	初中	中共党员	河村党支部书记	河村
周书祥	男	初中	中共党员	新安村村主任	新安村
郄贵庭	男	中专	中共党员	县政府副县长	新水碾村
高金法	男	中专	中共党员	孟贤壁乡乡长	东王坡乡东王坡村
张振远	男	初中	中共党员	孟贤壁乡人大组长	两河乡山头村
杜国良	男	高中	中共党员	孟贤壁村村主任	孟贤壁村
李彦方	女	完小	中共党员	孟贤壁乡组织委员	王母村
霍海元	男	高中	中共党员	刘家会村村主任	刘家会村
杜成滩	男	小学	群众	东岗上村村主任	东岗上村

续表 8-1

姓名	性别	文化程度	政治面貌	工作单位及职务	籍贯
齐超金	男	小学	中共党员	南黄泥村村主任	南黄泥村
张丛岩	女	中专	群众	孟贤壁乡教员	李家庄村
郜喜贵	男	高中	中共党员	中白楼村村主任	中白楼村
刘学亮	男	中专	中共党员	东回舍镇镇长	新安村
狄联习	男	初中	中共党员	东回舍村村主任	东回舍村
李兵兵	男	初中	中共党员	东回舍镇人大组长	西河沟村
荣庆生	男	完小	中共党员	东庄村村主任	东庄村
左明花	女	高中	群众	新柏坡村会计	新柏坡村
王拴录	男	初中	群众	四角坑村村主任	四角坑村
李天来	男	高中	中共党员	孟耳庄村村主任	孟耳庄村
史花书	女	初中	中共党员	中郭苏村妇女主任	中郭苏村
赵明海	男	初中	中共党员	北望楼村村主任	北望楼村
王贵平	男	高中	群众	南庄村村主任	南庄村
苏三全	男	初中	中共党员	南望楼村村主任	南望楼村
常永芳	女	初中	群众	南坡庄村妇女主任	南坡庄村
米细元	男	初中	中共党员	封城村村主任	封城村
李保平	男	中专	中共党员	回舍高中副校长	北京市通县
赵书子	男	初中	中共党员	东回舍村村主任	东回舍村
张林保	男	高中	中共党员	西大吾乡乡长	东关村
王　平	男	大学	中共党员	西大吾乡人大组长	四角坑村
封兵祥	男	初中	中共党员	封大齐村党支部书记	封大齐村
尤　同	男	小学	中共党员	尤家庄村村主任	尤家庄村
盖贵庭	女	初中	群众	东沿兴村妇女主任	东沿兴村
贾梅习	男	初中	中共党员	夹峪村村主任	夹峪村
曹五生	男	初中	中共党员	田兴村村主任	田兴村
安方方	女	高小	群众	西荣村村主任	西荣村
李元元	男	初中	群众	东荣村村主任	东荣村
李虎子	男	初中	中共党员	温塘镇镇长	柴庄村

续表 8-1

姓名	性别	文化程度	政治面貌	工作单位及职务	籍贯
常文明	男	大专	中共党员	温塘镇人大组长	获鹿县丘陵村
杨二拴	男	高小	中共党员	北马冢村村主任	北马冢村
王平子	男	高中	中共党员	温塘村村主任	温塘村
王白旦	男	初中	群众	鹿台村村主任	鹿台村
刘新海	男	小学	群众	抬头村副村主任	抬头村
李二毛	男	初中	群众	焦家庄村村主任	焦家庄村
李三梅	女	初中	群众	大陈庄村专业户	大陈庄村
颜美联	女	初中	中共党员	青杨树村妇女主任	青杨树村
王志文	男	高中	中共党员	岗南镇镇长	温塘镇
王兵叶	女	初中	群众	韩庄村村民	岗南镇韩庄村
刘银太	男	初中	群众	尚家湾村村主任	尚家湾村
武建中	男	大专	中共党员	蛟潭庄镇副书记	蛟潭庄镇
王跃文	男	初中	中共党员	党支部书记	霍宾台村
封二虎	男	高中	群众	教育干部	南甸村
王新海	男	小学	中共党员	党支部书记	冷泉村
齐改梅	女	初中	中共党员	妇女主任	霍南庄村
刘青林	男	高中	中共党员	人大联组长	中石殿村
王庆俊	女	小学	中共党员	马湾村村民	马湾村
王银山	男	初中	中共党员	王家窖村党支部书记	岗南镇王家窖村
韩联书	男	初中	中共党员	苏家庄乡人大组长	岗南镇寺家沟村
刘树明	男	中专	中共党员	苏家庄乡乡长	岗南镇郭家庄村
韩兰庆	男	初小	中共党员	苏家庄村村主任	苏家庄乡苏家庄村
杨习琴	女	初中	群众	缑家庄村妇女主任	苏家庄乡缑家庄村
王军军	男	高中	中共党员	宅北乡乡长	岗南镇冷泉村
谷军山	男	中专	中共党员	宅北乡人大组长	岗南镇李家庄村
李新平	男	高中	中共党员	宅北村党支部书记	宅北乡宅北村
李树堂	男	初中	中共党员	小北头村村主任	宅北乡小北头村
高华书	男	初中	中共党员	会口村副村主任	宅北乡会口村

续表 8-1

姓名	性别	文化程度	政治面貌	工作单位及职务	籍贯
霍黑妮	男	初中	群众	陈家院村村民	宅北乡陈家院村
阎明权	男	初中	中共党员	西柏坡村村主任	西柏坡乡西柏坡村
封翠书	女	高中	群众	柏坡乡中教员	西柏坡乡
樊联军	男	中专	中共党员	柏坡乡人大组长	下槐镇下文都村
张兵秀	男	大专	中共党员	柏坡乡乡长	蛟潭庄镇上马全村
姜俊生	男	大专	群众	—	北冶乡唐家会村
王增考	男	初中	中共党员	石家庄村党支部书记	古月镇石家庄村
邢锁林	男	大专	中共党员	古月镇镇长	蛟潭庄镇杏树湾村
邢翠联	女	初中	群众	菜树湾村妇联主任	古月镇菜树湾村
王会林	男	中专	中共党员	古月镇人大组长	古月镇沙沟村
盖玉成	男	初中	中共党员	西洪子店村村主任	古月镇西洪子店村
罗　云	男	初中	中共党员	古月镇副镇长	北冶乡南冶村
孙　哲	男	初中	群众	下三店村村主任	古月镇下三店村
刘炳华	女	大专	群众	南古月中学教员	古月镇南古月村
封润德	男	大学	中共党员	北冶乡人大联络组长	古月镇南家宅村
王拴庆	男	中专	中共党员	北冶乡乡长	北冶乡鹿台村
白占先	男	初中	群众	塔崖村村主任	—
王中堂	男	初中	群众	恶石村村主任	—
郄世才	男	中师	中共党员	北冶中学校长	—
董庆海	男	初中	中共党员	喱杜村村主任	—
郄世花	女	初中	中共党员	河坊村村民	—
温怀香	女	初中	中共党员	杜家庄村民	—
刘兰贵	男	高中	中共党员	北冶村村主任	—
齐海书	男	中专	中共党员	下口乡乡长	南西焦村
阎二秀	女	初中	群众	蒿田村妇女主任	下口乡蒿田村
王志学	男	中专	中共党员	下口乡人大组长	北冶乡扶峪村
阎惠生	男	初小	中共党员	下口村党支部书记	下口乡下口村
张志金	男	高中	中共党员	小觉镇联组长	杨家桥乡林峪村

续表 8-1

姓名	性别	文化程度	政治面貌	工作单位及职务	籍贯
邢西坡	男	高中	中共党员	小觉镇镇长	杨家桥乡杨圈村
秘文林	女	高中	中共党员	小觉镇妇联主任	小觉镇西漂村
封建国	男	高中	群众	西漂村村主任	小觉镇西漂村
贾兰怀	男	初中	中共党员	上卸甲河村村主任	小觉镇上卸甲河村
何贵凤	女	高中	群众	湾子村村民	小觉镇湾子村
封胜明	男	完小	中共党员	秘家会村副书记	小觉镇秘家会村
赵文安	女	师	群众	小觉中学教师	小觉镇庄窝村
张文会	男	中专	中共党员	杨家桥乡联组长	小觉镇三家庄村
刘书祥	男	初中	中共党员	杨家桥乡乡长	营里乡挑胡地村
霍贵廷	男	初中	群众	老坟沟村村主任	杨家桥乡老坟沟村
张秋忠	男	高中	中共党员	大庄村村主任	杨家桥乡大庄村
康昌瑞	女	初中	群众	王家峪村妇女主任	王家峪村
霍兰拴	男	中专	中共党员	营里乡乡长	杨家桥乡店头村
秘春法	男	中专	中共党员	营里乡人大组长	小觉镇西漂村
崔存志	男	初中	中共党员	卜谷崖村村主任	营里乡卜谷崖村
康秀荣	男	初中	群众	营里村妇联主任	营里乡营里村
梁开明	男	初中	群众	杀虎村村民	营里乡杀虎村
王风怀	男	初中	群众	新庄村村主任	新庄村
李吉平	男	高中	中共党员	南甸镇镇长	西苏庄村
史建社	男	高中	群众	史白雁村村主任	史白雁村
刘丑子	男	完小	群众	坡头村村主任	坡头村
薛秀竹	女	初师	群众	康庄村村民	康庄村
郭永欣	女	初师	群众	北庄村教员	北庄村
刘贵生	男	初中	中共党员	南甸镇人大主席	东岗上村
薛门山	男	高中	中共党员	寒虎河村村主任	寒虎河村
刘天青	女	初中	中共党员	史家庄村村民	史家庄村
焦习军	男	大专	中共党员	东王坡乡乡长	岗南镇石盆峪村
康风海	男	初中	中共党员	东王坡乡人大常务主席	东王坡乡小河北村

续表 8-1

姓名	性别	文化程度	政治面貌	工作单位及职务	籍贯
刘成元	男	中师	中共党员	东王坡乡教育干部	南甸镇南甸村
桑风廷	女	高中	群众	—	东王坡乡寺家庄村
张军华	男	高中	中共党员	—	东王坡乡王陈庄村
韩法云	男	中专	中共党员	副乡长	岗南镇北石殿村
田五兵	男	高中	中共党员	—	东王坡乡东王坡村
康文龙	男	高中	群众	—	东王坡乡上庄村
许永莲	女	高小	群众	—	东王坡乡西生沟村
刘大保	男	高中	中共党员	两河村村主任	两河村
刘秀书	女	高中	群众	胡村中学校长	东李坡村
李明果	女	高中	中共党员	秘家岸村会计	秘家岸村
曹孟海	男	大学	中共党员	乡长	尚家湾村
冀英庆	男	初中	群众	胡村村主任	胡村
郄吉海	男	初中	中共党员	山北头村党支部书记	山北头村
王军山	男	初中	群众	庄沟村村主任	庄沟村
王永春	男	大学	中共党员	两河乡人大联络组组长	—
杨文明	男	初中	中共党员	上三汲乡人大联络组组长	南甸镇西杨家庄村
刘军海	男	大专	中共党员	上三汲乡乡长	东王坡乡西生沟村
盖金拴	男	完小	群众	田营村村委会计	上三汲乡田营村
王振书	女	初中	中共党员	上三汲村支部委员	上三汲乡上三汲村
刘冬昌	男	初小	中共党员	刘杨村村民	上三汲乡刘杨村
杜文海	男	大学	群众	上三汲乡副乡长	东回舍镇东回舍村
安三太	男	文盲	群众	东庙头村村委主任	上三汲乡东庙头村
张秀庆	男	初中	中共党员	下三汲村支部书记	上三汲乡下三汲村
冯雪平	女	初中	群众	南七汲村村妇女主任	上三汲乡南七汲村
梁中原	男	中专	中共党员	蛟潭庄镇镇长	营里乡万里村
刘安婷	男	中专	中共党员	人大联络组组长	蛟潭庄村
刘兵梅	女	初中	群众	妇女主任	下龙窝村
梁三泥	男	初中	中共党员	村主任	桑元口村

续表 8-1

姓名	性别	文化程度	政治面貌	工作单位及职务	籍贯
刘兵锁	女	高小	中共党员	蛟潭庄村村主任	蛟潭庄村
胡明跃	男	初中	中共党员	合河口乡人大联络组组长	桑元口村
安金阳	男	初小	中共党员	根子会村村主任	根子会村
郝贵槐	男	高中	中共党员	合河口乡乡长	郝家凹村
牛书芹	女	完小	群众	合河口村妇女主任	合河口村
辛东录	男	大专	中共党员	孟家庄镇镇长	温塘镇台村
崔鸿俊	男	初中	中共党员	孟家庄镇人大联络组组长	下槐镇下村
芦拴吉	男	初中	中共党员	下寺村副书记	孟家庄镇下寺村
封素平	女	初中	群众	上文都村妇联主任	孟家庄镇上文都村
韩锁林	男	初中	中共党员	观音堂乡乡长	下槐镇东苍蝇沟村
李俊兵	男	初中	中共党员	观音堂乡人大联络组组长	上刘家坪村
牛福义	男	初中	中共党员	秋卜洞村村主任	—
赵兰云	女	初中	中共党员	下观音堂村妇女主任	—
冯彦明	男	中专	中共党员	下槐镇镇长	小觉镇十里坪村
白连云	男	中专	中共党员	下槐镇人大联络组组长	孟家庄镇曹家庄村
武文干	男	初中	中共党员	下槐镇人大联络组副组长	下槐镇下槐村
韩文学	男	初中	中共党员	下槐镇组织委员	小觉镇东盘石村
唐子琴	女	初中	群众	下槐镇计生站干部	下槐镇水渣沟村
焦振海	男	师范	中共党员	下槐镇教育干部	小觉镇东盘石村
张三春	男	初中	中共党员	两岔村村主任	下槐镇两岔村
杜喜桃	女	初中	群众	庞家铺村村民	下槐镇庞家铺村
王贵亭	女	初中	中共党员	柏岭村妇女主任	下槐镇柏岭村

（三）届中调整情况

平山县第十届人民代表大会第一次会议实有代表 240 名；

平山县第十届人民代表大会第二次会议实有代表 240 名；

平山县第十届人民代表大会第三次会议实有代表 239 名。

第二节　代表大会

县第十届人民代表大会共召开3次会议。

一、第一次会议

第一次会议于1990年4月13日至16日在工人俱乐部和法院礼堂举行。会议应到代表240名，实到代表224名，因事因病请假16名。会议邀请县委、县政协领导及离退休老干部代表和县委各部门、各人民团体的负责人出席了开幕式。县政府及所属各部门不是县第十届人大代表的负责人和出席县协三届一次会议的全体委员列席了会议。

（一）组织机构

大会预备会议选举产生主席团，通过秘书长名单，提案审查委员会、代表资格审查委员会名单和会议议程。

主席团（25名）：

闫书章	张秋阳	杨锡田	魏之信
刘秀田	刘永喜	高文存	齐学彦
梁文达	张敬哲	桂荣芹（女）	马经林
高满岗	纪恩福	任文锁	杜华甫
马风果（女）	田永录	康跃华	王希祯
郄德培	李保平	焦庆生	邢翠联（女）
陈考书（女）			

秘书长：刘永喜

主席团第一次会议推定闫书章、杨锡田、魏之信、刘永喜、高文存、齐学彦、梁文达、张敬哲、桂荣芹为主席团常务主席。

提案审查委员会

主　任：齐学彦

副主任：梁文达

委　员：田永录　郄德培　马风果

代表资格审查委员会

主任委员：刘永喜

高文存

副主任委员：高文存

张敬哲

委　员：杜华甫　王希祯　陈考书

（二）主要议程

会议听取代县长张秋阳作的《政府工作报告》、县计委主任封新堂作的《1989年国民经济计划执行情况和1990年国民经济、社会发展计划（草案）报告》和财政局局长张述作的《关于1989年财政决算和1990年财政预算（草案）的报告》。会议听取县人大常委会副主任刘永喜作的《平山县人大常委会工作报告》、县法院代院长马经林作的《平山县人民法院工作报告》、县检察院代检察长高满岗作的《平山县人民检察院工作报告》。会议分9个代表团对上述报告进行认真审议和审查，批准相应报告。根据各代表团对6个报告的审议情况，会议分别作出相应的决议。

4月16日上午，会议审议通过《关于动员全社会力量十年绿化平山大地的决定》。按照选举办法，会议采用等额和差额两种办法选举产生县第十届人大常委会主任、副主任、委员；县人民政府县长、副县长；县人民法院院长；县人民检察院检察长。选举结果如下：

平山县第十届人民代表大会常务委员会

主　任：杨锡田

副主任（6名）：

刘永喜　高文存　齐学彦　张敬哲　梁文达　桂荣芹

委员（10名）：

马风果　杜华甫　陈考书　田永录　康跃华

王希祯　郄德培　李保平　邢翠联　焦庆生

平山县人民政府

县　长：张秋阳

副县长（6名）：

白云亭　王金廷　孙吉明　刘秀田　郄贵庭　谢占海

平山县人民法院

院长：马经林

平山县人民检察院

检察长：高满岗

（三）代表议案及批评建议

会议期间，共收到代表各种提案88条，经大会提案审查委员会审定，立案83条。内容涉及交通、水务、文教卫生、林业、工业信息、城建、环保、供电、旅游、规划、城市管理、农牧、土地、食品安全、财政等方面。

链接：县十届人大常委会主任简历

杨锡田，男，汉族，1935年2月出生，平山县东回舍镇东回舍村人。1952年8月参加工作，1955年3月入党，1990年3月任县人大常委会主任。

1952.08—1969.05 历任县政府通讯员、县政府文印员、县委会文印员、县委机要档案员、县委办公室干事

1969.05—1971.12	县“革委”办公室副主任
1971.12—1974.10	县委常委、“革委会”办公室主任
1974.10—1981.12	县委常委、“革委会”副主任
1981.12—1983.11	县委常委、副县长
1983.11—1986.05	县委常委、常务副县长
1986.05—1989.06	县委副书记
1989.06—1990.04	县委副书记兼县委党校校长
1990.04—	第十届县人大常委会主任

二、第二次会议

第二次会议于1991年3月26日至29日在县工人俱乐部和县供销大楼大会议室举行。会议应到代表240名，实到代表221名，因事因病请假19名。这次会议邀请了不是十届人大代表的县委、县政协领导及离退休老干部代表和县委各部门、各人民团体的负责人参加了大会开幕式。县政府及所属各委、办、局和各乡镇不是县第十届人大代表的主任、局长、乡镇长、人大常务主席列席了会议。

（一）组织机构

大会预备会议选举产生主席团，通过秘书长、提案审查委员会名单和会议议程。

主席团（23名）：

闫书章	杨锡田	孙吉明	刘永喜
高文存	齐学彦	梁文达	张敬哲
桂荣芹	马经林	高满岗	纪恩福
任文锁	杜华甫	马风果（女）	田永录
康跃华	王希祯	郄德培	李保平
焦庆生	邢翠联	陈考书	

秘书长：刘永喜

主席团第一次会议推定闫书章、杨锡田、孙吉明、刘永喜、高文存、齐学彦、梁文达、张敬哲、桂荣芹为主席团常务主席。

提案审查委员会

主　任：齐学彦

副主任：梁文达

委　员：田永录　郄德培　马风果（女）

代表资格审查委员会

主任委员：刘永喜

副主任委员：高文存

委　员：杜华甫　王希祯　陈考书

（二）主要议程

3 月 28 日，会议听取县长张秋阳作的《政府工作报告》、县计委主任封新堂作的《关于 1990 年国民经济和社会发展计划执行情况与 1991 年国民经济和社会发展计划（草案）的报告》《平山县“八五”计划及十年规划纲要》和财政局局长薛根深作的《关于 1990 年财政决算和 1991 年财政预算（草案）的报告》。

会议听取县人大常委会主任杨锡田作的《平山县人大常委会工作报告》、县法院院长马经林作的《平山县人民法院工作报告》、县检察院检察长高满岗作的《平山县人民检察院工作报告》。

会议分 9 个代表团对上述报告进行认真审议和审查。根据各代表团对 6 个报告的审议情况，会议批准相应的报告，分别作出相应的决议。

（三）代表议案及批评建议

会议期间，共收到代表提出的提案 70 条，内容涉及交通、水利、文教卫生、林业、城建、环保、供电、旅游、规划、城市管理、农牧、土地、食品安全、财政、扶贫等方面。

三、第三次会议

第三次会议于 1992 年 3 月 24 日至 27 日在工人俱乐部和法院礼堂举行。会议应到代表 239 名，实到代表 206 名，因事因病请假 33 名。会议邀请了县委、县政协领导及离、退休老干部代表和县委各部门、各人民团体的负责人参加了大会开幕式。县政府及所属各委、办、局和各乡镇长、人大常务主席、县法院、县检察院的负责人列席了会议。

（一）组织机构

大会预备会议选举产生主席团，通过秘书长、提案审查委员会及代表资格审查委员会名单和会议议程。

主席团（21 名）：

闫书章	杨锡田	孙吉明	刘永喜
高文存	齐学彦	梁文达	张敬哲
桂荣芹	纪恩福	任文锁	杜华甫
马风果（女）	田永录	康跃华	王希祯
郄德培	李保平	焦庆生	邢翠联
陈考书			

秘书长：刘永喜（兼）

主席团第一次会议推定闫书章、杨锡田、孙吉明、刘永喜、高文存、齐学彦、梁文达、张敬哲、桂荣芹为主席团常务主席。

主席团第一次会议决定杜华甫、赵志廉、齐新奎为大会副秘书长。

提案审查委员会

主　任：齐学彦

副主任：梁文达

委　员：田永录　郄德培　马风果

代表资格审查委员会

主　任：高文存

副主任：张敬哲

委　员：杜华甫　陈考书　王希祯

（二）主要议程

3 月 25 日上午，会议听取县政府县长张秋阳作的《政府工作报告》，书面听取县计划局局长封新堂作的《关于 1991 年国民经济和社会发展计划执行情况与 1992 年国民经济和社会发展计划（草案）的报告》。

3 月 26 日上午，会议听取县财政局局长薛根深作的《关于平山县 1991 年财政预算执行情况和 1992 年财政预算（草案）的报告》、县人大常委会主任杨锡田作的《平山县人民代表大会常务委员会工作报告》、县法院院长马经林作的《平山县人民法院工作报告》、县检察院检察长高满岗作的《平山县人民检察院工作报告》。

会议分 9 个代表团认真审议和审查 6 个报告。根据各代表团的审议情况，会议批准相应报告，分别作出相应的决议。

3 月 27 日，会议通过《关于减轻农民负担的决定》《关于大力开展农田水利基本建设的决定》。

（三）代表议案及批评建议

会议期间，共收到代表提出提案 64 条，内容涉及交通、农业农村、公安交警、工信、自然资源和规划、城管、城建、扶贫、发改、教育、卫生、环保等方面。

第三章　人大常委会

第一节　人员组成

一、选举产生

第十届人民代表大会常务委员会于1990年4月13日由平山县第十届人民代表大会第一次会议选举产生，其中主任1人，副主任6人，委员10人。

主　任：杨锡田（1990.04—1993.02）

副主任：刘永喜（1990.04—1993.02）

齐学彦（1990.04—1993.02）

张敬哲（1990.04—1993.02）

高文存（1990.04—1993.02）

桂荣芹（女，1990.04—1993.02）

梁文达（1990.04—1993.02）

常务委员：马风果（女，1990.04—1993.02）

王希祯（1990.04—1993.02）

田永录（1990.04—1993.02）

邢翠联（女，1990.04—1993.02）

杜华甫（1990.04—1993.02）

陈考书（女，1990.04—1993.02）

李保平（1990.04—1993.02）

郄德培（1990.04—1993.02）

康跃华（1990.04—1993.02）

焦庆生（1990.04—1993.02）

二、工作机构及人员组成

人大常委会工作机构为四科一室，即办公室、文教卫生科、财经科、代表联络科、政法科。

办公室

负责人大常委会内勤事务、协调各科之间的关系，沟通情况，起草有关文件，为常务委员会及主任会议服务，负责文书档案整理和管理工作，抓好机关自身建设。

主　任：杜华甫（1990.04—1991.05）

　　　　齐新奎（1991.05—1993.02）

副主任：齐新奎（1990.04—1991.05）

　　　　刘明芳（1990.04—1991.05）

　　　　齐吉秀（1991.05—1992.12）

文教卫生科

负责与政府有关文化教育医疗卫生部门的联系。

科　长：封金堂（1987.11—1991.05）

　　　　李兵兵（1992.12—1993.02）

副科长：祁秀林（1989.07—1992.12）

　　　　韩良平（1991.07—1992.12）

财经科

负责与政府财经部门的联系。

科　长：李向朝（1987.11—1989.07）

　　　　高文生（1989.07—1990.09）

　　　　刘明芳（1991.05—1992.12）

副科长：马顺堂（1991.05—1992.12）

代表联络科

负责全县人大代表的联系工作。

科　长：田永录（1987.11—1991.05）

　　　　刘贵生（1991.05—1992.12）

副科长：齐新奎（1987.11—1989.03）

　　　　李细平（女，1991.05—1992.12）

政法科

负责公检法部门的联系和信访工作

科　长：康跃华（1989.03—1991.05）

副科长：康跃华（1987.11—1989.03）

　　　　谢志义（1990.06—1992.12）

　　　　张志金（1992.01—1992.12）

第二节 主任会议

县十届人大常委会共召开主任会议6次（据档案记载），均由杨锡田主持召开。

平山县十届人大常委会主任会议情况一览表

表8-2

序号	时间	议题
1	1990年4月23日	1. 办公室主任杜华甫向各位主任、副主任介绍人大机关机构设置、职责范围、干部配置情况。2. 研究主任、副主任内部分工：杨锡田主持全面工作，齐学彦负责政法工作，高文存负责文教卫生工作，梁文达、张敬哲负责财经工作，刘永喜负责办公室工作和代表联系工作。3. 研究讨论第十届人大常委会工作要点
2	1990年7月3日	会议听取四科一室关于地区召开的工作座谈会情况的汇报，并根据实际就今后如何搞好人大工作进行认真的讨论
3	1990年7月31日	人大党组顾问武贵才和人大一室四科的负责人列席会议。会议研究：1. 8月中旬召开乡镇人大主席团常务主席、副主席培训会议；2. 8月下旬举行人大常委会第三次会议，着重听取县政府《关于十件实事落实情况的汇报》；3. 8月20日前组织委员和部分代表对十件实事落实情况和全县工商企业利税大户的生产和经济效益情况进行视察
4	1990年11月29日	会议传达省人大常委会主任郭志、地委书记王满秋的讲话精神，全文学习地区人大联络处主任李国华的讲话和行唐县人大常委会“抓住重点行业重点问题，推动纠正行业不正之风”的经验，并围绕如何学行唐，使行唐经验在平山开花结果进行深入讨论
5	1991年5月30日	会议认真研究落实，积极为人大代表评议地区“两院”作准备
6	1991年6月22日	1. 齐学彦传达由省人大常委会主持召开的评议石家庄地区中级人民法院和地区检察分院会议精神。2. 根据省、地领导讲话精神，结合年初制定的县人大常委会工作要点，会议对下一步的几项工作进行安排部署

第三节　常委会会议

县第十届人大常委会共召开 19 次会议。

第一次会议　1990 年 4 月 16 日召开，会议由主任杨锡田主持。县人大常委会主任杨锡田，副主任刘永喜、高文存、齐学彦、梁文达、桂荣芹及委员共 11 人参加，因事因病请假 4 人。石家庄地区人大联络处办公室副主任胡海江参加会议，并在会上讲了话，对新的一届人大常委会提出了要求。到会的主任委员认真学习地方组织法中关于人民代表大会和县级人大常委会的有关章节，进行讨论。最后通过人事任免。

第二次会议　1990 年 6 月 9 日召开，会议由主任杨锡田主持。县人大常委会主任杨锡田，副主任齐学彦、梁文达、桂荣芹及委员共 11 人出席会议，因病因事请假的主任、委员 6 人。县政府副县长郄贵庭及劳动人事局、人大各科室的负责人列席会议。听取郄贵庭副县长《关于“三夏工作部署及棉花种植面积落实情况”的汇报》；决定任命十届人民政府部分组成人员及人大、法院提请任命的人员名单；听取乡镇换届选举工作情况的汇报；讨论县人大常委会《1990 年下半年工作要点的实施意见》。

第三次会议　1990 年 8 月 28 日召开，会议由主任杨锡田主持。县人大常委会主任杨锡田，副主任刘永喜、高文存、齐学彦、梁文达、张敬哲、桂荣芹和委员共 13 人出席会议，因病因事请假 4 人。县人大党组顾问武贵才、县法院副院长张秀英、检察院副检察长魏峰山，县政府办公室、财政局、城建局及人大各科室负责人列席会议。会议听取县政府在十届人大一次会议政府工作报告中明确提出的《关于今年所办“十件实事”进展情况的汇报》；听取和审议县财政局《关于 1990 年财政预算执行情况的汇报》；县城建局《关于县城建设规划执行情况和城镇管理情况的汇报》；法院《关于行政诉讼法实施准备情况及严打情况的汇报》；检察院《关于惩治腐败、打击经济犯罪情况的汇报》，讨论通过县检察院提请的人事任免名单和《平山县人大常委会议事规则》。

第四次会议　1990 年 10 月 25 日召开，会议由主任杨锡田主持。县人大常委会主任杨锡田，常务副主任刘永喜，副主任高文存、齐学彦、梁文达、张敬哲、桂荣芹和委员共 13 人出席会议，因病因事请假 4 人。县人大党组顾问武贵才、县税务局、物价局、土地管理局及人大各科室负责人列席会议。会议听取和审议县物价局关于物价管理条例执行情况的汇报，听取和审议县税务局《关于税法贯彻执行情况的汇报》；听取和审议县土地管理局《关于土地管理法和河北省土地管理条例执行情况的汇报》；审议县政府关于人大常委会视察工业生产和“十件实事”通报落实情况的书面汇报，讨论通过县人大常委会关于代表联系选民的试行办法，通过县人大常委会、县政府和县法院提请的人事任免事项。

第五次会议　1990 年 12 月 27 日召开，会议由主任杨锡田主持。县人大常委会主任杨锡田，常务副主任刘永喜、副主任高文存、齐学彦、梁文达、张敬哲、桂荣芹和委员共15人出席会议，因病因事请假2人。县人大党组顾问武贵才、县政府副县长王金庭，县公安局、民政局、三大检查办公室及人大各科室负责人列席会议。会议听取和审议县公安局关于《治安管理处罚条例》贯彻执行情况及当前社会治安情况的汇报；听取和审议县民政局关于《婚姻法》贯彻执行情况及优抚、救济情况的汇报；听取和审议县政府关于1990年财政、税收、物价三大检查情况的汇报。会议传达省委召开的全省人大工作会议精神。会议对县法院和县政府提请的任免名单进行审议，并以无记名投票方式通过上述任免事项。

第六次会议 1991年1月30日召开，会议由主任杨锡田主持。杨锡田、刘永喜、杜华甫、齐学彦、梁文达、张敬哲和委员共12人出席会议，因事因病请假5人，郄贵庭列席会议。会议通过人员任免名单。

第七次会议 1991年3月25日召开，会议由主任杨锡田主持。县人大常委会主任杨锡田，常务副主任刘永喜，副主任高文存、梁文达、张敬哲、桂荣芹和委员共14人出席会议，因事因病请假3人。县人大党组顾问李文才、武贵才和人大办公室有关人员列席会议。会议听取县人大常委会常务副主任刘永喜《关于县十届人大二次会议筹备情况的汇报》，通过向大会预备和提请审查的十届人大二次会议议程（草案），大会主席团、秘书长名单（草案），大会提案审查委员会名单（草案），讨论通过向大会提请审议的平山县人大常委会工作报告和《关于加强县城建设的决定（草案）》《关于加强畜牧工作的决定（草案）》。会议补选吕传赞为河北省第七届人民代表大会代表。

第八次会议 1991年5月24日召开，会议由主任杨锡田主持。县人大常委会主任杨锡田，常务副主任刘永喜，副主任高文存、齐学彦、张敬哲、桂荣芹和委员共14人出席会议，因事因病请假2人。县人大党组顾问武贵才，县政府副县长郄贵庭、谢占海，县教育局、司法局、科委、劳动人事局、检察院及县人大各科室负责人列席会议。会议听取和审议县政府《关于今年棉花、烟叶生产及“三夏”准备情况的汇报》；听取和审议县教育局《关于贯彻〈义务教育法〉和〈河北省义务教育条例〉情况的汇报》；听取和审议县司法局《关于制定第二个五年普法规划情况的汇报》。会议以无记名投票方式通过人事任免名单。

第九次会议 1991年7月27日召开，会议由主任杨锡田主持。县人大常委会主任杨锡田，常务副主任刘永喜，副主任高文存、齐学彦、张敬哲、桂荣芹和委员共14人出席会议，因事因病请假3人。县政府副县长张述、乡镇企业经委、县法院、财政局及人大各科室负责人列席会议。会议听取和审议县乡镇企业经委《关于全县乡镇企业发展情况的汇报》，听取和审议县法院《关于法律文书执行难情况的汇报》；听取和审议县财政局《关于预算外资金管理情况的汇报》；组织学习江泽民在庆祝建党七十周年大会上的讲话，最后通过人事任免。

第十次会议 1991年9月20日召开，会议由主任杨锡田、副主任刘永喜主持。县人大常委会主任杨锡田，常务副主任刘永喜，副主任高文存、齐学彦、张敬哲、桂荣芹和委员共13人出席会议，因事因病请假4人。县人大党组顾问武贵才，县政府副县长张述，县财政局、税务局、县政府办公室、县劳动人事局及县人大各科室负责人列席会议。会议听取和审议县财政局《关于1991年财政预算执行情况的汇报》；听取和审议县税务局《关于1991年财政预算执行情况的汇报》；听取和审议县政府《关于1991年财政预算执行情况的汇报》。会议通过县人大常委会和县政府提请的人事任免事项。

第十一次会议　1991年11月29日召开，会议分别由副主任刘永喜、高文存主持。县人大常委会主任杨锡田，常务副主任刘永喜，副主任高文存、齐学彦、梁文达、张敬哲、桂荣芹和委员共15人出席会议，因事因病请假2人。县人大常委会党组顾问武贵才，县政府副县长王金庭，县建委、计生委、畜牧局、水利局、政府办公室及人大常委会各科室负责人列席会议。会议听取和审议县建委、畜牧局关于贯彻执行十届人大二次会议通过的《关于加强县城建设的决定》和《关于加强畜牧工作的决定》情况的汇报；听取和审议县计划生育委员会《关于贯彻执行〈河北省计划生育条例〉情况的汇报》；听取县水利局《关于落实平山镇人大代表评议兴民渠所提批评意见和建议情况的汇报》。

第十二次会议　1992年1月15日召开，会议由县人大常委会主任杨锡田主持。县人大常委会主任杨锡田，常务副主任刘永喜，副主任齐学彦、张敬哲、桂荣芹和委员共11人出席会议，因事因病请假6人。县人大常委会党组顾问李文才、武贵才，县政府、经委、林业局、公安局及人大常委会部分科室负责人列席会议。会议听取县经委《关于1991年工业生产情况的汇报》；听取县林业局《关于防护林工程建设情况的汇报》；听取县公安局《关于当前治安情况的汇报》。会议以无记名投票方式通过人事任免事项。

第十三次会议　1992年3月24日召开，会议由主任杨锡田主持。县人大常委会主任杨锡田，常务副主任刘永喜，副主任高文存、梁文达、张敬哲、桂荣芹和委员共15人出席会议，因事因病请假2人。县人大党组顾问李文才、武贵才和人大办公室有关人员列席会议。会议听取县人大常委会常务副主任刘永喜《关于县十届人大三次会议筹备情况的汇报》；通过向大会预备会提请审查的十届人大三次会议议程（草案）、大会主席团、秘书长建议名单（草案）；讨论通过向大会提请审议的《平山县人大常委会工作报告》。会议通过有关人事任免名单。

第十四次会议　1992年6月12日召开，会议由副主任刘永喜主持。县人大常委会主任杨锡田，常务副主任刘永喜，副主任高文存、齐学彦、梁文达、张敬哲、桂荣芹和委员共15人出席会议，因事因病请假2人。县人大常委会党组顾问武贵才、县政府副县长王金庭，县卫生局、计生委及人大常委会各科室负责人列席会议。会议听取和审议县卫生局《关于卫生工作改革情况的汇报》；听取和审议县计划生育委员会《关于贯彻执行〈河北省计划生育条例〉情况的汇报》。会议还通过人事任免事项。

第十五次会议　1992年8月17日召开，会议由主任杨锡田主持。县人大常委会主任杨锡田，常务副主任刘永喜，副主任高文存、齐学彦、梁文达、张敬哲、桂荣芹和委员共14人出席会议，因事因病请假3人。县人大常委会党组顾问武贵才、县政府副县长张述，公安局、法院、检察院及人大常委会各科室负责人列席会议。会议听取和审议县财政局《关于1992年财政收支预算执行情况的汇报》和《关于预算外资金管理情况的汇报》；听取县法院、县检察院、县公安局《关于接受人大代表评议整改情况的汇报》。县政府副县长张述作了表态发言。

第十六次会议 1992年10月28日召开，会议由主任杨锡田主持。县人大常委会主任杨锡田，常务副主任刘永喜，副主任高文存、齐学彦、梁文达、张敬哲、桂荣芹和委员共11人出席会议，因事因病请假6人，县人大常委会各科室负责人列席会议。会上副主任高文存汇报省、地召开的换届选举工作会议精神。

第十七次会议 1992年12月26日召开，会议由主任杨锡田主持。县人大常委会主任杨锡田，副主任高文存、齐学彦、梁文达、张敬哲、桂荣芹和委员共12人出席会议，因事因病请假5人。县人大常委会党组顾问李文才、武贵才，县法院、县检察院、县劳动人事局及人大常委会部分科室负责人列席会议。会上高文存向与会主任、委员汇报全县、乡两级换届选举工作情况。会议以无记名投票的方式通过人事任免事项。

第十八次会议 1993年1月13日召开，会议由主任杨锡田主持。县人大常委会主任杨锡田，副主任刘永喜、高文存、齐学彦、梁文达、张敬哲、桂荣芹和委员共12人出席会议，因事因病请假5人。郄占奎、李新奎、齐吉秀、祁秀林、张志金、马顺堂、李习平列席会议。会议讨论人大常委会工作报告（征求意见稿），接受张秋阳的辞职报告。通过人事任免。

第十九次会议 1993年2月10日召开，会议由主任杨锡田主持。县人大常委会主任杨锡田，副主任刘永喜、高文存、齐学彦、梁文达、张敬哲、桂荣芹、杜华甫和委员共14人出席会议，因事因病请假3人。齐新奎列席会议。会议听取副主任张敬哲关于十一届人大代表资格审查情况的报告，副主任高文存汇报十一届人大一次会议的筹备情况，通过县人大常委会向十一届人大一次会议的工作报告。

第四节 制度建设

一、制度规定

1. 平山县人大常委会议事规则

（1990年8月28日平山县第十届人大常委会第三次会议通过）

2. 关于县人大代表联系选民工作的试行办法

（1990年10月25日平山县第十届人大常委会第四次会议通过）

二、制度规定选录

平山县人大常委会议事规则

第一章 总则

第一条：根据《中华人民共和国宪法》《中华人民共和国地方各级人民代表大会和地方各级人民政府组织法》的有关规定，结合平山县人民代表大会常务委员会工作实践，制定本议事规则。

第二条：平山县人民代表大会常务委员会对县人民代表大会负责并报告工作。

第三条：县人大常委会组成人员要依法履行职责，参加集体行使职权的活动。人大常委会审议议案，决定问题时要充分发扬民主，实行民主集中制和议政公开的原则。

第二章　会议的召开

第四条：人大常委会会议每两个月至少举行一次，如有特殊情况可以临时召开会议。

人大常委会会议由主任召集主持，主任因故不能出席时可以委托副主任主持会议。

第五条：人大常委会会议必须由常委会委员全体组成人员过半数出席，方能举行。人大常委会举行会议的时候，人大常委会组成人员除因病或其他特殊原因请假外，应当出席会议。会前应参加有关议题的视察、调查或座谈，以便在会上作审议发言。

第六条：人大常委会会议议程草案由主任会议拟定，提请人大常委会全体会议通过后执行。

第七条：人大常委会举行会议。应在举行会议前五至七天将开会的日期，建议会议讨论的主要事项通知人大常委会组成人员。临时召集的会议，可以临时通知。

第八条：人大常委会举行会议时，通知县政府、县法院、县检察院的负责人列席会议。

根据会议内容，可通知县人大常委会机关各科室负责人和县政府、县法院、县检察院的有关部门负责人列席会议。根据会议需要，主任会议还可确定其他列席人员。列席人大常委会议的人员可以在会议上就有关问题介绍情况、发表意见。

第三章　议案的提出和审议

第九条：主任会议可以向常委会提出属于常委会职权范围内的议案，由常委会会议审议。

县政府、县法院、县检察院以及县人大常委会组成人员三人以上联名可以向人大常委会提出属于常委会职权范围内的议案，由主任会议决定是否提请常委会会议审议，也可以将议案先交常委会有关工作科室进行研究，提出意见后，再经主任会议决定是否提请常委会会议审议。若不需要提请常委会会议审议时应向提议案机关或提议案人加以说明。

第十条：议案的提出。需要写明议题、理由和解决办法，以书面形式提交人大常委会主任会议。

对任免案，提请任免的单位应将任免报告及考察材料于会议召开前七天报送县人大常委会办公室，人大常委会开会研究任免时，提请任免单位负责人应到会介绍被任命人的简历、考察情况和任免理由，回答询问。

第十一条：人大常委会审议议案时，要充分发扬民主，认真讨论集思广益，认为必要时可以对重大议案做出决定。

第十二条：列入人大常委会会议的议案。在交付表决前，提议案机关或提议案人要求撤回的，经主任会议同意，对该议案的审议即行终止。

第四章　听取和审议工作报告

第十三条：人大常委会会议听取和审议县政府、县法院、县检察院向常委会的工作报告。县政府所属的室、委、办、局受县政府的委托，可以向人大常委会报告工作。

第十四条：人大常委会会议审议报告的时候，报告人要听取意见，回答询问。

人大常委会根据会议审议的主要议题，可以组织部分委员、有关人大代表或人大常委会有关科室人员到基层和有关单位进行视察、调查。“一府两院”及有关部门要积极配合。调查情况要口头或书面向常委会会议进行汇报，以便为常委会审议工作报告提供参考资料。

第十五条：人大常委会认为必要时，可以对工作报告作出决议、决定。

“一府两院”应按照人大常委会办公室的通知要求，把应审议的工作报告材料和需要提交常委会会议审议的重大事项的有关材料在会议召开前五天报送人大常委会办公室。

第十六条：人大常委会会议通过的决议、决定，县政府、县法院、县检察院应认真贯彻实施。人大常委会各有关科室要加强对决议、决定贯彻实施情况的监督检查。

第五章　质询

第十七条：在人大常委会会议期间，人大常委会组成人员三人以上联名，可以向常委会书面提出对县政府及其所属各有关职能部门、县法院、县检察院的质询案。

第十八条：质询必须写明质询的对象、问题和内容。质询案经主任会议研究同意后，可由受质询单位的负责人在人大常委会会议上进行口头或书面答复。

第十九条：质询案口头答复的，人大常委会组成人员可以提出询问发表意见。书面答复的，应当由受质询单位负责人签署，并印发人大常委会组成人员，常委会组成人员对书面答复提出意见时，经主任会议同意，受质询单位需要作补充答复。必要时人大常委会会议可以对质询案提出的问题作出决定。

第六章　发言和表决

第二十条：县人大常委会审议议案和决定问题，应当充分发扬民主，实行民主集中制的原则。人大常委会组成人员在常委会上的发言和表决不受法律追究。

第二十一条：表决议案由常委会全体组成人员的过半数通过方能生效。表决结果由会议主持人当场宣布。

第二十二条：交付表决的议案，有修正案的，先表决修正案。

人大常委会会议表决议案时，采用无记名投票方式或举手方式。

第二十三条：县人大常委会任免国家机关工作人员时，一律采用无记名投票方式。任免结果由会议主持人签字生效，会后颁发任免通知书。

第七章　附则

第二十四条：本规则自通过之日起试行。

第四章　审议决定重大事项

第一节　决议决定

1. 关于平山县1989年财政决算和1990年财政预算草案报告的决议

（1990年4月16日平山县第十届人民代表大会第一次会议通过）

2. 关于动员全社会力量十年绿化平山大地的决定

（1990年4月16日平山县第十届人民代表大会第一次会议通过）

3. 关于县政府1991年国民经济和社会发展计划草案报告的决议

（1991年3月28日平山县第十届人民代表大会第二次会议通过）

4. 关于平山县八五计划和十年规划纲要报告的决议

（1991年3月28日平山县第十届人民代表大会第二次会议通过）

5. 关于平山县1990年财政预算执行情况和1991年财政预算草案报告的决议

（1991年3月28日平山县第十届人民代表大会第二次会议通过）

6. 关于平山县经济社会科技发展战略的决议

（1991年5月24日平山县第十届人大常委会第八次会议通过）

7. 关于依靠科技进步发展平山经济的决议

（1991年5月24日平山县第十届人大常委会第八次会议通过）

8. 关于加强预算外资金管理的决议

（1991年7月27日平山县第十届人大常委会第九次会议通过）

9. 关于1991年国民经济和社会发展计划执行情况与1992年国民经济和社会发展计划的决议

（1992年3月27日平山县第十届人民代表大会第三次会议通过）

10. 关于平山县1991年财政预算执行情况和1992年财政预算的决议

（1992年3月27日平山县第十届人民代表大会第三次会议通过）

11. 关于减轻农民负担的决定

（1992年3月27日平山县第十届人民代表大会第三次会议通过）

12. 关于大力开展农田水利基本建设的决定

（1992 年 3 月 27 日平山县第十届人民代表大会第三次会议通过）

第二节　决议决定选介

1. 关于平山县经济社会科技发展战略的决议

1991 年 5 月 24 日平山县第十届人大常委会第八次会议，经过认真审议，决定批准《平山县经济社会科技发展战略》。

会议认为，平山县经济社会科技发展战略是在广泛听取各界人士意见、深入调查研究、全面收集整理资料、系统总结历史经验基础上通过综合分析、科学预测，进行反复论证而编制的。它根据全县计划商品经济发展的条件和特点，揭示和把握全县经济社会科技发展的基本矛盾，提出了具有地方特色的生产力布局和基本建设框架，制定了适合全县实际情况的经济社会科技发展方向、目标战略对策，将对全县的经济社会科技发展起到重大的指导作用。

会议要求，科技战线上的广大党员、干部、群众，要从全县的实际情况出发，遵循经济社会科技发展规律，认真贯彻改革开放、“科技兴冀”的战略方针，发挥优势、统筹兼顾、突出重点。加快开发和建设速度，充分调动各级干部和群众的积极性，使全县的经济社会科技发展战略尽快变为全县人民的愿望和现实。

会议号召，全县人民要积极行动起来，团结一致、同心同德、艰苦奋斗、开拓前进，为实现全县经济社会科技发展战略做出新的贡献！

2. 关于依靠科技进步发展平山经济的决议

1991 年 5 月 24 日平山县第十届人民代表大会常务委员会第八次会议，听取并审议县政府关于实施“科技兴县”战略工作情况的报告。会议认为，“科技兴县”战略是依靠科技进步发展经济的重大决策和必由之路，对于全县国民经济持续、稳定、协调发展具有重要意义。为了动员全县人民进一步贯彻实施“科技兴县”战略，特作出决议，主要内容包括：

一、继续强化全民科技意识，增强依靠科技进步发展平山经济的自觉性和紧迫感；

二、加强科技成果的推广应用和科学技术的研究开发；

三、加强科技组织和科技机构建设；

四、加强科技队伍建设，尊重知识，尊重人才，积极培养和合理使用人才；

五、增加科技资金投入；

六、切实加强对实施“科技兴县”战略的领导。

3. 关于加强预算外资金管理的决议

1991 年 7 月 27 日平山县第十届人大常委会第九次会议通过，听取平山县财政局《关于预算外资金管理情况的汇报》。据不完全统计，1990 年全县行政事业性收费达 1550 万元。

加上没有如实上报的数字及各乡镇的预算外收入，预计全县每年预算外资金额可达 1800 万元以上，接近全县的预算内收入。但近几年真正由财政代管资金每年累计仅 450 万元，大部分资金未交财政代管，致使全县的预算外资金管理和使用处于无政府状态。为了加强预算外资金管理，充分利用这部分资金更好地为经济发展服务，县人大常委会第九次会议特作此决议。

县政府应结合实际，尽快拿出关于进一步加强预算外资管理的实施办法。明确预算外资金的上交、管理、调度、使用等项定。采取有力措施，加强领导，组织落实。当前要下大力组织财政、计划、监察等有关部门，对各单位、各部门现有的预算外资金进行一次彻底清理，摸清底数，采取有力措施，把这部分资金统一交财政代管起来。县人大常委会要加强对本决议贯彻执行情况的监督，以使这项工作顺利进行，确保预算外资金的合理流向和正确使用。

4. 关于减轻农民负担的决定

目前，一些乡村农民负担较重，超出了农民的经济承受能力，甚至有的地方置农民利益和国家政策于不顾，乱集资、乱收费、乱摊派，在群众中造成了不良影响，不仅侵犯了农民群众的利益而且严重影响了干群关系。为了切实保护农民的合法权益，减轻农民负担，进一步调动农民发展生产的积极性，促进全县农村经济的持续、稳定、协调发展，特作如下决定：

一、坚持取之有度，用之合理，因地制宜，量力而行的原则，合理确定农民负担；

二、凡属农民负担的项目，不准超过农民的实际承受能力；

三、切实加强对乡（镇）统筹费和村集体提留的管理工作；

四、县、乡（镇）有关部门设置由农民负担的行政事业性收费集资项目及收费范围、标准，必须报经县政府审批方可施行；

五、各乡（镇）、村要积极兴办乡村集体企业，发展壮大集体经济实力，不断增加乡村集体对农民社会公益事业的投入，进一步减轻农民负担；

六、县有关部门应根据本决定精神制定出相应的实施细则或管理办法。

5. 关于大力开展农田水利基本建设的决定

中华人民共和国成立以来，全县的农田水利基本建设取得了巨大成就。现在全县已有各类水利设施 4600 余处，这些工程的兴建，有力地促进了农业生产的发展。但近年来，由于一些地方对农田水利基本建设重视不足，工程老化失修，设施管理不善，加之连年天旱少雨，水资源匮缺日趋严重，严重影响着县农业发展的后劲。为进一步发挥水利事业在农业生产中的积极作用，使全县的农田水利建设再上新台阶。县人大第三次会议特作出决定，主要内容包括：

一、充分认识农业的基础地位和水利的“命脉”作用；

二、要继续贯彻“巩固改造、适当发展、强化管理、提高效益”的方针；

三、因地制宜，综合治理；

四、认真落实和完善有关政策；

五、建立多元化的水利投入机制；

六、加强领导，搞好服务。

第五章　人事任免

1990年4月16日县第十届人大常委会第一次会议

决定任命：

康建国为平山县粮食局局长

霍六斤为平山县交通局局长

王贵明为平山县农业局局长

魏俊海为平山县审计局局长

李英海为平山县矿业局局长

1990年6月9日县第十届人大常委会第二次会议

决定任命：

封泽为平山县林业局局长

白顺位为平山县畜牧局局长

张玉树为平山县水产局局长

郜增增为平山县司法局局长

张文祥为平山县外经委主任

封守福为平山县计生委主任

刘清林为平山县宗教局局长

封进志为平山县教育局局长

齐文辉为平山县广播局局长

薛军为平山县监察局局长

庞景兰为平山县水利局局长

祁风书为平山县统计局局长

杜文奎为平山县公安局局长

封志国为平山县爱卫办主任

张惠明为平山县信访办主任

常二平为平山县物资局局长

王子庭为平山县新能源办主任

左更书为平山县科委主任
任树才为平山县移民办主任
焦拴海为平山县物价局局长
孙树海为平山县农机局局长
郄占魁为平山县劳动人事局局长
齐永平为平山县乡镇企业局局长
胡志军为平山县经协办主任
李书歧为平山县经委主任
封新堂为平山县计委主任
孙文祥为平山县城建局局长
韩吉太为平山县卫生局局长
赵志廉为平山县政府办主任
郝玉法为平山县商业局局长
梁爱平为平山县工商局局长
辛勤为平山县民政局局长
单双合为平山县计量局局长
何秀聪为平山县土地管理局局长
侯慕英为平山县扶贫办主任
梁振霞为平山县烟草局局长
王清保为平山县外贸局局长
谢书庆为平山县档案办主任
周丙辰为平山县体委主任
王文华为平山县文化局局长
张述为平山县财政局局长
封锦福为平山县法院副院长、审判委员会委员、审判员
谢志义为平山县人大常委会政法科副科长

1990年8月28日县第十届人大常委会第三次会议
任命：
张锦书为县人民检察院检察员

1990年10月25日县第十届人大常委会第四次会议
决定任命：
陶文华为县政府副县长
薛军为平山县水利局局长

郜新芳为平山县物资局局长
崔利华为平山县旅游局局长
张泊川为县政府地方志办公室主任
王树兵为平山县人民政府招待所所长（正局级）
任命：
马柱山为平山县人民法院副院长
尤新建为平山县人民法院告诉申诉庭庭长
王庭君为平山县人民法院小觉法庭庭长
刘哲亮为平山县人民法院古月法庭庭长
免去：
薛军平山县监察局局长职务
韩吉太平山县卫生局局长职务
庞景兰平山县水利局局长职务
常二平平山县物资局局长职务
高文生平山县人大常委会财经科科长职务
马柱山平山县人民法院告诉申诉庭庭长职务

1990 年 12 月 27 日县第十届人大常委会第五次会议
决定任命：
张树增为平山县卫生局局长
任命：
尤新建为县法院审判委员会委员
宋吉生为三汲法庭庭长
秦海林为孟家庄法庭庭长
陈安堂为营里法庭庭长
王文明为两河法庭庭长
薛国忠为下槐法庭庭长
张文秀为蛟潭庄法庭庭长
高双兵为温塘法庭庭长
李银拴为城关法庭庭长
王米贵为县法院刑事庭庭长
李顺祥为县法院执行庭庭长
刘国忠为孟贤壁法庭庭长
苗建国为回舍法庭副庭长
樊花明为城关法庭副庭长

何庆山为下槐法庭副庭长
王焕林为下口法庭副庭长
段英校为县法院经济庭副庭长
冀华保为县法院执行庭副庭长
赵兰鱼为回舍法庭副庭长、审判员
焦玉堂为北冶法庭副庭长、审判员
苏永平为县法院行政庭副庭长、审判员
周十月为岗南法庭副庭长、审判员
赵付亮为古月法庭副庭长、审判员
范风录为王坡法庭副庭长、审判员
刘晓华为南甸法庭副庭长、审判员
杨来来为宅北法庭副庭长、审判员
王　辉为大吾法庭副庭长、审判员
宋林林为温塘法庭副庭长、审判员
王雪元为孟贤壁法庭副庭长、审判员
陈旦旦为苏家庄法庭副庭长、审判员
魏贤堂为县法院审判员
杨晓义为县法院审判员
张振华为县法院审判员
李永生为县法院审判员
李林山为县法院审判员
杨剑平为县法院审判员
任树合为县法院审判员
刘国才为县法院审判员
马建忠为县法院审判员
董帅祯为县法院审判员
梁拴平为县法院审判员
张永生为县法院审判员
康志强为县法院审判员
周兴中为县法院审判员
张增芳为县法院审判员
孔文忙为县法院审判员
齐云兰为县法院审判员
张增芳为县法院审判员

免去：
王文明回舍法庭庭长职务
刘国忠城关法庭庭长职务
王宝书岗南法庭庭长职务
薛国忠古月法庭副庭长职务
张文秀小觉法庭副庭长职务
高双兵南甸法庭副庭长职务
陈旦旦孟家庄法庭副庭长职务
李银拴县法院经济庭副庭长职务
王米贵县法院刑事庭副庭长职务
李顺祥县法院执行庭副庭长职务

1991 年 1 月 30 日县第十届人大常委会第六次会议
决定任命：
张述任平山县人民政府副县长
封泽任平山县人民政府副县长
薛根深任财政局局长
姜兵虎任林业局局长
仇吉太任外贸局局长
卢锁英任外经贸委主任
牛竹林任监察局局长
免去：
孙吉明县人民政府副县长职务
张述财政局局长职务
封泽林业局局长职务
张文祥外经贸主任职务
王清保外贸局局长职务
李书歧经贸主任职务

1991 年 5 月 24 日县第十届人大常委会第八次会议
决定任命：
张志兵为平山县经济委员会主任
李书歧为平山县体制改革办公室主任
任树才为平山县水库移民管理局局长

任命：

齐新奎为平山县人大常委会办公室主任

刘明芳为平山县人大常委会财经科科长

刘贵生为平山县人大常委会代表联络科科长

齐吉秀为平山县人大常委会办公室副主任

马顺堂为平山县人大常委会财经科副科长

李习平为平山县人大常委会代表联络科副科长

孙自芳为平山县检察院检察员

范军为平山县检察院检察员

刘花平为平山县检察院检察员

武慧玲为平山县检察院检察员

王建云为平山县检察院检察员

免去：

杜华甫平山县人大常委会办公室主任职务

封金堂平山县人大常委会文卫科科长职务

康跃华平山县人大常委会政法科科长职务

田永录平山县人大常委会代表联络科科长职务

齐新奎平山县人大常委会办公室副主任职务

刘明芳平山县人大常委会办公室副主任职务

任树才平山县水库移民办公室主任职务

1991 年 7 月 27 日县第十届人大常委会第九次会议

决定免去：

陶文华平山县人民政府副县长职务

1991 年 9 月 20 日县第十届人大常委会第十次会议

决定任命：

王景方为平山县政府副县长

马福春为平山县公安局局长

孙文祥为平山县建设委员会主任

李三海为平山县卫生局局长

杨士庭为平山县交通局局长

马新维为平山县信访办公室主任

韩良平为平山县人大文卫科副科长

免去：
杜文奎平山县公安局局长职务
霍六斤平山县交通局局长职务
张惠明平山县信访办公室主任职务
张树增平山县卫生局局长职务
孙文祥平山县城建局局长职务

1992 年 1 月 15 日县第十届人大常委会第十二次会议
决定任命：
韩保深为平山县人民政府副县长（挂职）
任命：
张志金为平山县人大政法科副科长
决定免去：
谢占海平山县人民政府副县长职务

1992 年 3 月 24 日县第十届人大常委会第十三次会议
任命：
习建明为县法院民事庭副庭长
郭强为县法院执行庭副庭长
张增芳为南甸法庭副庭长
康志强为小觉法庭副庭长

1992 年 6 月 12 日县第十届人大常委会第十四次会议
任命：
常二平为平山县物价局局长
李树英为平山县房地产管理局局长
姜辉为平山县广播电视局局长
崔河小为平山县法院民事审判庭庭长
付云吉为平山县法院刑事庭副庭长
史志平、李更书、史增中、赵喜宗、郭强、习建明为平山县法院审判员
免去：
焦拴海平山县物价局局长职务
齐文辉平山县广播电视局局长职务
刘明忠平山县法院副院长、审判委员会委员职务
王秀琴平山县法院民事审判庭庭长、审判委员会委员职务

刘国忠平山县孟贤壁法庭庭长职务

1992年12月26日县第十届人大常委会第十七次会议
决定任命：
栗进路为平山县人民政府副县长
辛东录为县文化局局长
任命：
李兵兵为县人大文卫科科长
秦富友为县法院副院长
王进忠为县法院副院长
张慧民为县检察院副检察长
韩士义为县检察院检察委员会委员
缑岩峰、印习平、刘永生、封文生为县检察院检察员
免去：
王金庭平山县人民政府副县长职务
王文华县文化局局长职务
刘惠县法院副院长职务
王清录县法院审判员职务
杨来来苏家庄法庭副庭长、审判员职务

1993年1月13日县第十届人大常委会第十八次会议
任命：
刘秀田为平山县人民政府代县长
霍六斤为平山县人民政府副县长
武彦平为县工商局局长
免去：
李书歧平山县人民政府体改办主任职务
梁爱平平山县工商局局长职务

第六章　重点工作

1990 年

7 月 18 日上午，县人大常委会在县政府招待所会议室召开颁发任命书仪式。县人大常委会主任杨锡田、副主任刘永喜、高文存、齐学彦、梁文达，县政府县长张秋阳、副县长王金庭、白云亭、孙吉明及“一府两院”各部门的正副职参加了会议。

下半年，县人大常委会认真学习行唐县监督纠正粮食系统不正之风的经验，进一步加强了对纠正行业不正之风工作的监督。人大常委会副主任梁文达和财经科的工作人员一起到粮食系统参与纠风工作，听取基层粮站关于开展纠风整训工作的情况汇报，并针对粮食系统的实际情况，提出要在纠风整训中搞好“九查”活动的建议。

8 月 3 日至 15 日，为进一步推动全县乡镇人大工作的深入开展，县人大常委会在县政府招待所召开由各乡镇人大主席团常务主席、副主席参加的培训会议。

8 月，组织部分委员、人大代表 20 多人对十件实事中的液化气站、县医院门诊楼、邮电局电讯大楼、南甸至王坡油路路基工程进行重点视察。

8 月，常委会针对县工业生产滑坡、市场疲软等问题，组织常委会主任、委员和部分人大代表对县水泥厂、第一钢铁厂、地毯厂三个利税大户的生产情况进行视察。

11 月 30 日，县人大召开会议，常务副主任刘永喜主持。人大常委会常务副主任刘永喜，人大办公室副主任齐新奎传达在张家口市举行的华北五省市区人大工作宣传报道研讨会纪要和中共中央宣传部新闻局局长王福如在大会上的发言，并围绕目前县人大工作宣传报道的现状以及如何进一步加强进行广泛深入的讨论。

12 月 12 日，县人大常委会召开各乡镇人大主席团常务主席座谈会，人大常委会主任杨锡田、常务副主任刘永喜、副主任高文存、桂荣芹出席会议。

本年度，常委会先后组织人大代表和有关人员参与讨论和修改省人大常委制定的《渔业管理条例》《水利工程管理条例》《保护侨属的合法权益条例》等地方性法规，间接参与地方立法工作。

本年度，共接待人民代表和人民群众来访 132 人次，处理信件 110 件，对需要转办的信件均按照对口办案的原则转交有关部门办理。其中办理要结果的来信案件 11 件，已全部办结。

本年度，常委会 6 名正副主任分别深入到 17 个乡镇走访代表，召开不同类型的代表座谈会21次，常委会还两次向代表发公开信，广泛搜集人民群众对县人大常委会和“一府两院”的批评意见和建议。

本年度，年初人代会上共收到代表提案83条。会议期间采用了集中解答和个别接待解答两种方法，面对面向代表做了答复。会后又陆续收到代表提案169条，均转交有关部门进行办理，做到了事事有回音，件件有着落。

本年度，按照地区统一安排，组织了新到人大常委会工作的领导到赞皇县参加地区组织的业务培训学习。坚持机关内部每周二、五下午学习制度。制定了《平山县人大常委会议事规则》等工作制度，使人大工作逐步走上制度化、规范化的轨道。对科室人员进行调整和配备，各科室分别制定了与政府有关部门工作联系试行办法，各科室受人大常委会的委托参加了《土地管理法》《河北省职业技术教育》《食品卫生法》《计划生育条》等有关法律法规的检查，使各科室职能作用得到进一步发挥。

1991年

1月4日，县人大常委会召开县直人大代表座谈会，围绕一年来的人大、政府工作进行座谈。人大常委会副主任刘永喜主持会议，人大常委会主任杨锡田，副主任齐学彦、梁文达参加会议。

1月15日，县人大常委会主任杨锡田、副主任梁文达、县长张秋阳等到孟贤壁乡走访人大代表，就地召开由孟贤壁乡、平山镇、东回舍镇部分县人大代表参加的座谈会。

1月31日，县委召开常委扩大会议，专题研究人大工作。参加会议的有县委常委、人大正副主任、县政府正副县长、政协正副主席及办公室有关人员。县委书记闫书章主持会议。人大常委会主任杨锡田传达省委召开的人大工作会议精神，原原本本学习省委“关于加强人大工作的决定”，并认真组织讨论。

上半年，县人大常委会两名主任和县长张秋阳到孟贤壁乡走访人大代表，召开由孟贤壁乡、平山镇、回舍镇等部分人大代表参加的座谈会。

5月17日至20日，县人大常委会两位副主任和县政府主管县长带队，组织有关部门的11位分成两个检查小组。重点对下槐镇、合河口乡、东回舍镇、两河乡、平山镇等乡镇贯彻执行“一法一条例”情况进行检查。

6月20日至29日，县人大常委会组织人大财经科、财政局有关人员，重点对柏坡、古月等5个乡镇关于《河北省乡镇财政管理条例》发布五年来的贯彻实施情况进行检查。

7月3日至10日，县人大常委会组织卫生局、防疫站、工商局、计量局等有关单位对县城及主要集镇的食品生产经营的重要厂家和部分商店摊点、饭店，进行联合检查。

7月至8月，根据人大常委会主任会议安排，人大财经科牵头，组织乡镇企业经委、农行等有关部门对全县10个乡镇企业的生产经营情况进行重点调查。

8月1日，县人大常委会召开主任、委员及各科室负责人参加的扩大会议，认真学习讨论江泽民《在庆祝建党七十周年大会上的讲话》，紧密联系自己的思想和工作实际，结合全县经济建设和人民生活水平的变化情况进行热烈地讨论。

8月7日至8日，为深入贯彻江泽民“七一”讲话精神，进一步做好乡镇人大主席团工作，县人大常委会在县政府招待所召开各乡镇人大主席团常务主席参加的工作座谈会。县人大常委会主任杨锡田、常务副主任刘永喜、副主任高文存、齐学彦，张敬哲和部分委员出席了会议。县委副书记孙吉明、地区人大工委顾问刘根茂出席会议并做了重要讲话。

9月25日至27日，地区《中华人民共和国全民所有制工业企业法》（以下简称《企业法》）检查领导小组，对贯彻执行《企业法》情况进行检查。首先听取县对《企业法》贯彻执行情况的全面汇报，而后深入县水泥厂、陶厂、一钢厂及工商局，召开这些单位的书记、厂长、工人及有关人员参加的不同形式的座谈会。

11月，结合县委整顿“七所八站”，县人大常委会组织回舍、南甸、三汲、两河、孟贤壁、岗南、宅北等13个乡镇对本乡镇七所八站的工作进行评议。县人大四名正副主任先后深入到乡镇听取汇报，具体指导，帮助乡镇人大主席团解决评议中存在的问题。

12月5日，召开由部分乡镇党委副书记、人大主席参加的评议七所八站汇报会。

12月21日，县人大常委会副主任齐学彦主持，执法检查领导小组听取法院、工商局、卫生局、检察院、司法局等5个单位的执法检查情况汇报。

本年度，针对县直机关和企事业单位的干部职工子弟大量进入县城就学，造成平山镇校舍紧张，面临着1991年暑假后将有307名小学毕业生不能升入初中的严重状况，为贯彻落实《义务教育法》，人大常委会及时向县政府提出监督建议。县政府对此非常重视，立即召开有关部门参加的会议，研究解决存在的问题。先后从里庄、胜伏两所中学和农技校、教师进修学校筹措6个教室并备齐课桌，使300多名学生都按时入学上课。

本年度，县人大共接待人民代表和群众117人次，受理来信来访186件。对需要转办的信件均按照对口办案的原则转交有关部门进行处理。其中要结果的10个案件已全部办结。

本年度，县人代会上共收到代表提案70条，县人大常委会明确一名副主任及代表联络科具体负责代表提案的督查落实工作。由于各有关部门领导重视，措施得力，已全部办理完毕。

1992年

1月10日，地区人大工委主任李国华到平山县检查指导工作，县人大常委会主任杨锡田向李国华主任汇报关于如何落实地委人大工作会议精神、开好1992年度县乡人代会的想法和安排，县人大常委会副主任齐学彦汇报县组织人大代表评议乡镇七所八站情况。县委副书记孙吉明参加座谈汇报。

1月20日晚，下槐镇派出所干警查一辆拉货的三轮车，因车未停，干警追赶，车停后又开枪打坏了三轮车轮胎并罚款800元。评议中代表反映此事后，县公安局经过调查核实，领导不护短、不姑息，严厉批评了干警的特权思想，并同他们一起到当事人家里赔礼道歉，退回了800元罚款。

1月24日，县人大常委会召开由部分乡镇党委副书记、人大主席参加的上年度评议七所八站工作汇报会。

2月8日至3月3日，县人大常委会集中开展了机关思想作风和纪律整顿。整个人大机关，从主任到驻会委员，从科室领导到一般干部职工，层层进行动员，人人踊跃参加。

4月24日下午，平山县人大代表评议县法院、检察院和公安局（以下简称“两院一局”）动员大会在政府招待所举行。“两院一局”在机关的全体干警、各乡镇人大主席团常务主席、法庭庭长、派出所所长，县直有关单位负责人和部分县人大代表共计200余人参加了会议。

5月至8月，按照地区人大工委统一部署，县人大常委会组织县乡人大代表，对县法院、检察院、公安局的工作进行一次全面评议。

5月29日至31日，县人大常委会在县政府招待所召开人大代表评议“两院一局”大会。县人大常委会主任杨锡田，常务副主任刘永喜，副主任高文存、齐学彦，各乡镇人大主席团常务主席，部分县人大代表，公安局、法院、检察院股级以上干部，各乡镇派出所所长，法庭庭长及人大机关全体干部共100多人参加了大会。

6月7日至11日，遵照地区人大工委《关于对〈河北省计划生育条例〉执行情况进行检查》（以下简称《条例》）的通知精神，由主管教科文卫工作的人大常委会副主任带队，组织县人大教科文卫科、计划生育委员会及县乡人大代表8人参加，先后到苏家庄、宅北、三汲等乡镇及所辖的5个农村对《条例》执行情况进行检查。

6月23日，根据地区人大工委安排部署，县人大常委会组织部分省、县、乡人民代表分别深入各乡镇、县直机关召开不同类型、不同层次、不同范围的座谈会。座谈中代表们对地区“一局一处”（地区卫生局、地区公安处）的工作既肯定成绩，又指出问题，并提出了许多很好的建议。

6月30日，县评议县法院、检察院和公安局领导小组召开评议“两院一局”整改汇报会。参加会议的有县评议领导小组组长、县委副书记丁吉槐，副组长杨锡田、齐学彦、白云亭和领导小组其他成员。县人大常委会常务副主任刘永喜以及县人大科室的负责人参加，会议听取县法院、检察院和公安局的主要负责人汇报整改工作情况。

7月，县人大组织卫生、防疫、工商、计量、商业、县社、粮食等有关部门对全县食品生产经营单位贯彻落实《食品卫生法》的情况进行专题检查。重点检查城关、南甸、回舍、岗南、会口5个主要集镇，检查各类食品生产经营单位112个，查出有违法行为的单位19个，根据有关法律规定都进行了处理。

8月下旬至9月上旬，县人大常委会、县政府、土地管理局由主要领导带队，组织人员对14个乡镇、24个县直单位、11个乡镇下属单位、17个个体摊点的土地执法情况进行重点检查，并于9月5日、9日连续两次召开由30多个有关部门参加的土地执法自查自纠工作会议。

8月至12月，按照地区人大统一部署，组织第二批11个乡镇的县乡代表对所属基层“七所八站”进行评议。人大常委会4名主任分片包干抓七所八站评议，先后深入到温塘、小觉、古月、下槐等乡镇听取汇报具体指导。通过评议，七所八站工作有了很大的提高。下槐工商所、税务所筹集资金3万余元帮助下槐村修建面积达7亩的集贸市场，改变了集日摊点拥挤、车辆堵塞的状况，新建市场可增设摊点150多个。

9月8日，接到县人大群众反映的杨家桥干警曹根福乱收费、乱罚款、无手续问题后，政法科向领导作了汇报，经研究，决定由公安局牵头，检察院法纪科、人大政法科参加的联合调查。

9月18日，县人大常委会组织部分省、县人大代表以及县检察院、人大常委会有关科室的负责人，对县看守所进行视察。首先听取县公安局局长马福春和看守所所长齐风山的汇报，而后对犯人的食住情况进行视察，并召集4名人犯进行座谈。

本年度，常委会领导先后到北京、天津、山东、海拉尔、满洲里、石家庄等地，帮助粮食局、旅游局、卫生局、畜牧局、交通局、工商联、移民办、轴承厂、大理石厂等单位跑资金、跑项目。

本年度，县人大驻会主任分别深入到城关、孟贤壁、三汲、两河、南甸、下槐等19个乡镇走访代表和选民，召开各种类型的座谈会30多次，广泛征求人民代表的意见和建议，为常委会决策提供了可靠依据。

本年度，共接待人民代表和群众来访294人次，处理来信153件。对需要转办的均按照对口办案的原则转交有关部门办理。

本年度，在人代会上共收到代表提案69条，涉及交通、电力、城建、文教卫生、林业、农业、水利、社会治安等12个方面，15个部门。县人大常委会明确一名副主任及代表联络科主抓落实，做到了件件有着落，事事有回音。

第九篇

平山县第十一届人民代表大会

（1993 年 2 月至 1998 年 2 月）

平山县第十一届人民代表大会自1993年2月至1998年2月，任期五年。其间共召开人代会6次，常委会33次，围绕改革发展和民主与法制建设，作出涉及城建、旅游、文化和教育方面的专项决议、决定13项；围绕依法行政和开展法律监督，对94部法律法规的执法情况进行137次监督检查；围绕农业发展、财税管理和县政府确定的实事项目，开展监督检查；依法对293名国家机关工作人员进行任免，政府部门主要领导71名，法院、检察院工作人员111名；收到涉及工农业、交通、城建、电力、卫生教育和社会治安等方面代表议案和批评建议251条，接待群众来信来访1500多件次，全部落实。

第一章　人大党组织

中共平山县人大常委会党组

书　记：杨锡田（1993.04—1995.03）
　　　　张　述（1995.03—1998.02）
副书记：刘永喜（1983.11—1993.10）
　　　　高文存（1993.10—1998.02）
　　　　康文祥（1994.03—1998.02）
　　　　杨锡田（1995.03—1996.03）
成　员：齐学彦（1990.04—1993.10）
　　　　张敬哲（1990.04—1998.02）
　　　　梁文达（1990.04—1993.10）
　　　　齐新奎（1991.05—2001.04）
　　　　高文存（1990.04—1993.10）
　　　　李永进（1993.10—1998.02）
　　　　姜兵虎（1993.10—2003.04）
　　　　左更书（1993.10—2003.04）

第二章　人民代表大会

第一节　人大代表

一、县人大代表

（一）选举产生

根据选举法的规定和省、市人大常委会的有关规定，平山县第十一届人民代表大会代表总名额为245名，共分配到134个选区进行选举。为做好县乡两级人大换届选举工作，1992年10月成立平山县县乡人大换届选举工作委员会，主任由县委副书记孙吉明担任，副主任由县人大常委会主任杨锡田、常委组织部部长王玉国、县人大常委会副主任刘永喜、县人大常委会副主任高文存等担任，成员由各相关职能部门主要负责人担任。选举委员会下设办公室，地点设在县人大办公室。办公室主任由齐新奎兼任，副主任由李吉秀和马顺堂担任。全县各乡镇和县直工委都相应成立选举委员会，组织和领导本地区县乡人大代表选举。依照选举法和省选举实施细则的规定，各选区依法选举产生平山县第十一届人民代表大会代表共245名。

平山县第十届人大常委会代表资格审查委员会对各选区选举产生的245名代表的代表资格进行审查，认为这245名代表的选举符合法律规定，代表资格全部有效。新当选的245名代表具有广泛的代表性，其中党政干部代表101名，占代表总数的41.2%；工人代表20名，占代表总数的8.2%；农民代表110名，占代表总数的44.9%；文教卫生代表13名，占代表总数的5.3%；军人代表1名，占代表总数的0.4%。

（二）代表名单

平山县第十一届人民代表大会代表一览表

表9-1

姓名	性别	文化程度	政治面貌	工作单位及职务	籍贯
张秋阳	男	大专	中共党员	政府县长	无极县
刘秀田	男	大专	中共党员	副县长	赵县

续表 9-1

姓名	性别	文化程度	政治面貌	工作单位及职务	籍贯
王玉国	男	大专	中共党员	副书记	行唐县
栗进路	男	大专	中共党员	副县长	新乐县
杨锡田	男	初中	中共党员	人大常委会主任	东回舍镇回舍村
高文存	男	中专	中共党员	人大常委会副主任	蛟潭庄镇宅北村
张敬哲	男	大专	中共党员	人大常委会副主任	河北省滦南县
桂荣芹	女	大专	群众	人大常委会副主任	获鹿县
马经林	男	大专	中共党员	法院院长	河北省怀安县
高满岗	男	大专	中共党员	检察院检察长	灵寿县
刘明芳	男	大专	中共党员	人大财经科长	西大吾乡夹峪村
齐新奎	男	大专	中共党员	人大办公室主任	平山镇烟堡村
李兵兵	男	初中	中共党员	人大文卫科长	岗南镇西河沟村
刘贵生	男	中专	中共党员	人大代表联络科长	孟贤壁乡东岗上村
陈考书	女	大专	中共党员	县工会副主席	北庄村
焦庆生	男	大专	群众	博物馆	郑家庄村
封进志	男	大专	中共党员	教育局局长	下槐镇王家沟村
李永进	男	中专	中共党员	农工部部长	河北省深县
卢鹤斌	男	大专	中共党员	人行行长	西大吾乡
韩吉太	男	大专	中共党员	外贸局局长	石盆峪村
杨士亭	男	大专	中共党员	交通局局长	营里乡青里村
康建国	男	中专	中共党员	粮食局局长	岗南镇韩庄村
孙文祥	男	中专	中共党员	建委主任	上三汲乡中七汲村
崔永玲	女	高中	中共党员	市政公司经理	蛟潭庄
张成锡	男	中专	中共党员	商业局副局长	郜家庄
侯四海	男	中专	中共党员	飞龙公司经理	平山镇东庄村
崔利华	女	大学	中共党员	旅游局局长	蛟潭庄镇上龙窝村
姜兵虎	男	初中	中共党员	林业局局长	下槐镇上西峪村
赵志廉	男	大专	中共党员	政府办主任	东回舍镇白塔坡村

续表 9-1

姓名	性别	文化程度	政治面貌	工作单位及职务	籍贯
齐永平	男	大专	中共党员	乡镇经委主任	平山镇东水碾村
马福春	男	中专	中共党员	公安局局长	灵寿县
陈振海	男	高中	中共党员	县直工委书记	东关村
李三海	男	大专	中共党员	卫生局局长	温塘镇焦家庄村
孙树海	男	中专	中共党员	农机局局长	东王坡乡迪山北村
薛根深	男	高中	中共党员	财政局局长	平山镇东街村
李银海	男	初中	中共党员	矿产局局长	获鹿县马山乡永乐村
武二兵	男	高中	中共党员	电力局局长	孟贤壁乡杨西冶村
刘淑云	女	大学	群众	平山镇中教导主任	苏家庄乡
封六虎	男	大学	中共党员	平山中学教导主任	下槐镇罗家会村
任明锡	男	高中	中共党员	县联社纪检副书记	西大吾乡米家沟村
史联俊	女	高中	群众	棉织厂副主任	岗南镇中石殿村
王景芳	男	大学	群众	化肥厂厂长	两河乡王家庄村
张志兵	男	大专	中共党员	经委主任	西大吾乡夹峪村
闫秀增	男	中专	中共党员	陶瓷厂厂长	蛟潭庄镇四道凹村
董树庄	男	高中	中共党员	水泥厂厂长	西大吾乡夹峪村
商　平	女	高中	群众	阀门厂工人	古月镇古月村
杨秀瑞	女	大专	中共党员	四强公司工会主席	井陉县杨家沟村
孙　英	女	初中	中共党员	轴承厂副书记	小觉镇四龙沟村
康文祥	男	高中	中共党员	冶金集团经理	付家沟村
边和平	男	大专	中共党员	平山镇镇长	下口乡
左瑞书	女	初中	中共党员	平山镇人大主席	南甸镇西相公庄村
权贵山	男	初中	中共党员	派出所所长	岗南镇霍南庄村
商增怀	男	初中	中共党员	东庄村党支部书记	平山镇东庄村
康花琴	女	初中	群众	里庄村村民	平山镇里庄村
杨连树	男	高中	中共党员	平山镇职工	平山镇南西焦村
杨双计	男	初中	群众	南西焦村村民	平山镇南西焦村

续表 9-1

姓名	性别	文化程度	政治面貌	工作单位及职务	籍贯
郄德培	男	初中	中共党员	平山镇水泥厂厂长	平山镇西水碾村
范二拴	男	高中	群众	东冶村村主任	平山镇东冶村
郝立志	男	高中	群众	西庄村村民	平山镇西庄村
刘树婷	女	小学	群众	北贾壁村村民	平山镇北贾壁村
李晚德	男	高中	中共党员	西街村党支部书记	平山镇西街村
李兵虎	男	初中	群众	南关村村民	平山镇南关村
杜新拴	男	初中	中共党员	河村党支部书记	平山镇河村
白兰香	女	高中	群众	平山镇干部	平山镇
左振霞	男	高中	中共党员	高村村主任	平山镇高村
单平庆	男	高中	群众	川坊村村民	平山镇川坊村
常保廷	男	初中	中共党员	胜佛村党支部书记	平山镇胜佛村
祁兵芳	女	初中	中共党员	西曲堤村村民	平山镇西曲堤村
齐三旦	男	高中	中共党员	烟堡村党支部书记	平山镇烟堡村
胡云峰	男	小学	中共党员	南义羊村党支部书记	平山镇南义羊村
周树祥	男	初中	中共党员	新安村党支部书记	平山镇新安村
李吉平	男	中专	中共党员	孟贤壁乡乡长	东回舍镇西苏庄村
檀增庆	男	大学	中共党员	孟贤壁乡副乡长	平山镇烟堡村
杜国良	男	初中	中共党员	孟贤壁村村主任	孟贤壁乡孟贤壁村
付桂琴	女	初中	群众	北白楼村妇女主任	孟贤壁乡北白楼村
杨玉凯	男	小学	群众	洪子店村村主任	孟贤壁乡洪子店村
张振远	男	初中	中共党员	孟贤壁乡人大主席	两河乡山头村
焦艳婷	女	高中	中共党员	孟贤壁小学校长	孟贤壁乡孟贤壁村
范志江	男	初中	中共党员	范西冶村村主任	孟贤壁乡范西冶村
丁新琪	男	高中	中共党员	丁西冶村村主任	孟贤壁乡丁西冶村
孙树增	男	大专	中共党员	东回舍镇镇长	苏家庄乡乱泉村
谷录廷	男	初中	群众	西岗村村主任	东回舍镇西岗村
狄联习	男	初中	中共党员	东回舍村村主任	东回舍镇东回舍村

续表 9-1

姓名	性别	文化程度	政治面貌	工作单位及职务	籍贯
赵书子	男	初中	中共党员	西回舍村村主任	东回舍镇西回舍村
董拴锁	男	初中	中共党员	屯头村党支部书记	东回舍镇屯头村
常永芳	女	高小	群众	南坡庄村妇女主任	东回舍镇南坡庄村
赵彦平	男	初中	中共党员	白塔坡村村主任	东回舍镇白塔坡村
李二珠	男	初中	群众	东望楼村村主任	东回舍镇东望楼村
刘喜祥	男	小学	中共党员	南望楼村村主任	东回舍镇南望楼村
薛翠平	女	高中	群众	南庄村妇联主任	东回舍镇南庄村
史花书	女	初中	中共党员	中郭苏村会计	东回舍镇中郭苏村
赵军华	男	高中	群众	北望楼村村主任	东回舍镇北望楼村
杜兵山	男	初中	中共党员	北水村村主任	东回舍镇北水村
周习春	男	初中	中共党员	南水村村主任	东回舍镇南水村
吴墨军	男	中专	中共党员	东回舍镇人大主席	温塘镇南红岸寨村
何连山	男	初中	群众	科协理事长	东回舍村
张存礼	男	高中	中共党员	温塘镇镇长	孟贤壁乡王母村
梁保堂	男	大专	中共党员	温塘镇人大主席	东回舍镇东回舍村
李三梅	女	初中	群众	地区劳模	温塘镇大陈庄村
杨元林	男	高中	中共党员	北马冢村村主任	温塘镇北马冢村
杜吉牛	男	中专	中共党员	温塘镇副镇长	东回舍镇北水村
王更虎	男	中专	群众	小米峪村村主任	温塘镇小米峪村
侯喜牛	男	中专	中共党员	温塘村村主任	温塘镇温塘村
闫梅联	女	高中	中共党员	青杨树村妇女主任	温塘镇青杨树村
张胜才	男	初中	中共党员	板山村村主任	温塘镇板山村
赵芳芳	女	初中	群众	西荣村村民	西大吾乡西荣村
任彦平	男	中专	中共党员	西大吾乡乡长	平山镇北街村
王　平	男	大专	中共党员	西大吾乡人大主席	东回舍镇四角坑村
任联联	男	初中	中共党员	西大吾村党支部书记	西大吾乡西大吾村
刘双喜	男	高小	中共党员	尤家庄村村主任	西大吾乡尤家庄村

续表 9-1

姓名	性别	文化程度	政治面貌	工作单位及职务	籍贯
张细友	男	初中	群众	夹峪村村主任	西大吾乡夹峪村
宋细成	男	初中	中共党员	田兴村村主任	西大吾乡田兴村
盖润珍	女	初中	群众	东小齐村村民	西大吾乡东小齐村
封兵祥	男	初中	中共党员	封大齐村党支部书记	西大吾乡封大齐村
齐海书	男	中专	中共党员	南甸镇人大主席	平山镇南西焦村
习东明	男	高中	中共党员	南甸镇企办室主任	南甸镇北白雁村
樊兵书	男	完小	中共党员	江家河村村主任	南甸镇江家河村
杜建文	男	初中	群众	南策城村村主任	南甸镇南策城村
芦增元	男	初中	中共党员	寒虎河村村主任	南甸镇寒虎河村
田明书	女	初中	中共党员	南甸完小校长	南甸镇南甸村
刘丑子	男	高小	中共党员	坡头村村主任	南甸镇坡头村
崔欣元	男	大专	中共党员	南甸镇镇长	行唐县行唐镇庄头村
王书平	女	初中	群众	榆林村妇女主任	南甸镇榆林村
李赶坡	男	中专	中共党员	化工总厂厂长	两河乡西李坡村
刘秀书	女	高中	中共党员	胡村小学校长	两河乡东李坡村
张军海	男	初中	中共党员	张杨村村主任	两河乡张杨村
郄四傻	男	初中	中共党员	新水碾村党支部书记	两河乡新水碾村
郄金祥	男	初中	群众	山北头村村主任	两河乡山北头村
李明增	男	初中	中共党员	西岳村村主任	两河乡西岳村
马玉峰	男	中专	中共党员	两河乡人大主席	南甸镇榆林村
王元顺	男	中专	中共党员	两河乡乡长	上三汲乡西金山村
刘联琴	女	初中	群众	两河村妇女主任	两河乡两河村
刘军海	男	大专	中共党员	上三汲乡乡长	东王坡乡西胜沟村
杨文明	男	初中	中共党员	上三汲乡人大主席	南甸镇西杨庄村
杜金拴	男	中专	中共党员	上三汲乡副乡长	孟贤壁乡孟贤壁村
刘冬昌	男	小学	中共党员	刘杨村村主任	上三汲乡刘杨村
胡三林	男	初中	群众	坡底村专业户	上三汲乡坡底村

续表 9-1

姓名	性别	文化程度	政治面貌	工作单位及职务	籍贯
王振书	女	初中	中共党员	上三汲村妇女主任	上三汲乡上三汲村
盖金拴	男	完小	群众	田营村会计	上三汲乡田营村
王书风	女	初中	群众	访家庄村妇女主任	上三汲乡访家庄村
张兵联	男	初中	中共党员	上三汲乡貂厂厂长	上三汲乡下三汲村
康风海	男	初中	中共党员	东王坡乡人大主席	东王坡乡小河北村
刘兰贞	男	中专	中共党员	东王坡乡副书记	南甸镇坡头村
张军华	男	初小	中共党员	王陈庄村村主任	东王坡乡王陈庄村
王孟秋	男	中专	中共党员	东王坡乡乡长	平山镇东关村
焦　忠	男	中师	中共党员	东王坡乡人大副主席	东王坡乡下峪村
许永莲	女	初小	中共党员	西生沟村村民	东王坡乡西生沟村
桑风庭	女	初中	中共党员	寺家庄村妇女主任	东王坡乡寺家庄村
刘成元	男	中师	中共党员	东王坡乡中学校长	南甸镇南甸村
梁拴考	男	高中	中共党员	北策城村村主任	东王坡乡北策城村
王志文	男	高中	中共党员	岗南镇镇长	温塘镇小米峪村
武建忠	男	大专	中共党员	岗南镇人大主席	蛟潭庄镇杀反沟村
任志亮	男	高小	中共党员	岗南村党支部书记	岗南镇东岗南村
陈　龙	男	初中	中共党员	上奉良村党支部书记	岗南镇上奉良村
曹志军	男	初中	中共党员	西岗南村主任	岗南镇西岗南村
王兵叶	女	初中	中共党员	韩庄村村民	岗南镇韩庄村
王跃文	男	初中	中共党员	霍宾台村党支部书记	岗南镇霍宾台村
王瑞书	女	初中	群众	王常峪村村民	岗南镇王常峪村
张兵海	男	高小	中共党员	娄子涧顾问	岗南镇娄子涧村
刘喜竹	女	初中	群众	中石殿村村民	岗南镇中石殿村
梁　毓	男	大专	中共党员	岗南镇中学校长	岗南镇吾罗村
封庆考	男	—	群众	红土山村村主任	岗南镇红土山村
武录录	男	初中	群众	北石殿村村主任	岗南镇北石殿村
李锦隆	男	大专	中共党员	西柏坡乡乡长	北冶乡清风村

续表 9-1

姓名	性别	文化程度	政治面貌	工作单位及职务	籍贯
闫尚青	男	初中	群众	西柏坡村村主任	西柏坡乡西柏坡村
范联军	男	中专	中共党员	西柏坡乡人大主席	下槐镇南文都村
史明林	女	中专	中共党员	西柏坡乡中学教师	西柏坡乡北庄村
李吉明	男	中专	中共党员	苏家庄乡乡长	宅北乡宅北村
秦建兵	男	初中	群众	树石村村主任	苏家庄乡树石村
王青堂	男	中专	中共党员	苏家庄乡人大主席	岗南镇西岗南村
韩树海	女	初中	中共党员	苏家庄村妇女主任	苏家庄乡苏家庄村
王军军	男	高中	中共党员	宅北乡乡长	岗南镇冷泉村
霍黑妮	女	初中	群众	陈家院村村民	宅北乡陈家院村
李建忠	男	高中	中共党员	南滚龙沟村村主任	宅北乡南滚龙沟村
李秋英	男	高小	群众	北滚龙沟村村主任	宅北乡北滚龙沟村
谷军山	男	中专	中共党员	宅北乡人大主席	岗南镇李家庄村
高俊书	男	初中	中共党员	会口村村主任	宅北乡会口村
罗　云	男	高中	中共党员	古月镇镇长	北冶乡南冶村
王会林	男	中专	中共党员	古月镇人大主席	古月镇沙沟村
刘炳华	女	大专	群众	古月中学教师	北冶乡下寨村
齐建伟	男	大专	群众	古月医院医生	东黄泥村
李英刚	男	高中	中共党员	观音堂村党支部书记	古月镇观音堂村
邢翠联	女	高中	群众	菜树湾村专业户	古月镇菜树湾村
安秀文	男	初中	中共党员	桃科村党支部书记	古月镇桃科村
齐五妮	男	初中	中共党员	北古月村党支部书记	古月镇北古月村
崔海山	男	初中	中共党员	古月镇人大副主席	古月镇沙沟村
王增考	男	初中	中共党员	石家庄村党支部书记	古月镇石家庄村
王拴庆	男	初中	中共党员	北冶乡乡长	温塘镇鹿台村
封润德	男	中专	中共党员	北冶乡人大主席	北冶乡下寨村
杨树海	男	初中	中共党员	沕沕水村村主任	北冶乡沕沕水村
李秀林	女	初中	中共党员	科举村村主任	北冶乡科举村

续表 9-1

姓名	性别	文化程度	政治面貌	工作单位及职务	籍贯
刘兰贵	男	初中	中共党员	北冶村村主任	北冶乡北冶村
范庆堂	男	初中	群众	上古道村村主任	北冶乡上古道村
杨明英	女	初中	群众	柏树庄村妇联主任	北冶乡柏树庄村
郄士才	男	中专	中共党员	北冶中学校长	北冶乡河坊村
郑二堂	男	高中	中共党员	望南峪村村主任	北冶乡望南峪村
韩永兵	男	高中	中共党员	下槐镇人大主席	观音堂乡观音堂村
焦社会	男	大专	中共党员	下槐镇镇长	温塘镇杜家沟村
韩苍廷	男	大专	群众	下槐镇副镇长	平山镇南西焦村
张三春	男	初中	中共党员	两岔村村主任	下槐镇两岔村
武文奇	男	初中	中共党员	下槐村村主任	下槐镇下槐村
唐子琴	女	初中	群众	下槐镇计生站站长	下槐镇水渣村
封留子	男	初中	中共党员	罗家会村村主任	下槐镇罗家会村
封风书	女	初中	群众	王家沟村妇联主任	下槐镇王家沟村
武文干	男	初中	中共党员	下槐镇人大副主席	下槐镇下槐村
崔海明	男	高中	中共党员	下口乡乡长	古月镇沙沟村
封旭明	男	中专	中共党员	下口乡人大主席	北冶乡西下寨村
阎惠生	男	小学	中共党员	下口村党支部书记	下口乡下口村
韩录婷	女	高中	群众	下口村妇女主任	下口乡下口村
韩和平	男	中专	中共党员	孟家庄镇镇长	下槐镇下柳村
赵文生	男	大专	中共党员	孟家庄镇副书记	营里乡三岔村
齐二平	男	高中	中共党员	上文都村村主任	孟家庄镇上文都村
谷金联	女	高中	群众	上庄村妇女主任	孟家庄镇上庄村
韩锁林	男	初中	中共党员	观音堂乡乡长	下槐镇赵家庄村
李俊斌	男	中专	中共党员	观音堂乡人大主席	下槐镇上刘家坪村
牛富义	男	高中	中共党员	秋卜洞村党支部书记	观音堂乡秋卜洞村
戎贵枝	女	高中	群众	上观音堂村妇女主任	观音堂乡观音堂村
杨二军	男	高中	中共党员	小觉镇镇长	温塘镇北岸村

续表 9-1

姓名	性别	文化程度	政治面貌	工作单位及职务	籍贯
梁忠优	男	中专	中共党员	小觉镇人大主席	营里乡万里村
赵文安	女	中师	群众	小觉镇中学教师	小觉镇龙窝村
封建国	男	高中	群众	西源村村主任	小觉镇西漂村
张冬拴	男	初中	中共党员	龙耳清村党支部书记	小觉镇龙耳清村
韩成年	男	初中	中共党员	秘家会村村主任	小觉镇秘家会村
韩和平	男	初中	中共党员	上卸甲河村村主任	小觉镇上卸甲河村
封联婷	女	初中	群众	王家岸村妇女主任	小觉镇王家岸村
魏金明	男	初中	中共党员	营里乡人大主席	营里乡西下庄村
韩正秀	男	初中	群众	桑林口村村民	营里乡桑林口村
赵尚勇	男	高中	中共党员	营里乡乡长	营里乡脉道岭村
张二兵	男	初中	中共党员	脉道岭村村主任	营里乡脉道岭村
朱树琴	女	初中	群众	营里乡计生站统计员	营里乡白羊关村
张文会	男	中专	中共党员	杨家桥乡人大主席	小觉镇西王庄村
李庆华	男	大专	中共党员	杨家桥乡乡长	营里乡黑山关村
封文生	男	中专	中共党员	供销社主任	小觉镇郄家庄村
董二反	男	—	中共党员	鸡石村党支部书记	杨家桥乡鸡石村
张树云	女	中专	群众	林峪村小学教师	杨家桥乡林峪村
梁中原	男	大专	中共党员	蛟潭庄镇镇长	营里乡万里村
刘安庭	男	中专	中共党员	蛟潭庄镇人大主席	蛟潭庄镇蛟潭庄村
刘兵锁	男	小学	中共党员	蛟潭庄村村主任	蛟潭庄镇蛟潭庄村
韩美书	男	初中	群众	桑元口村村主任	蛟潭庄镇桑元口村
刘兵梅	女	初中	中共党员	下龙窝村妇女主任	蛟潭庄镇下龙窝村
胡明跃	男	初中	中共党员	合河口乡人大主席	蛟潭庄镇桑元口村
梁拴贵	男	中专	中共党员	合河口乡乡长	蛟潭庄镇蛟潭庄村
安金阳	男	初小	中共党员	柏枝会村村主任	合河口乡柏枝会村
牛书清	女	完小	群众	合河口村妇女主任	合河口乡合河口村

（三）届中调整情况

第十一届人民代表大会第一次会议实有县人大代表 245 名；到第二次会议实有县人大代表 247 名；到第三次会议实有县人大代表 247 名；到第四次会议实有县人大代表 249 名；到第五次会议实有县人大代表 251 名；到第六次会议实有县人大代表 249 名。

二、平山县出席河北省第八届人民代表大会代表

平山县第十一届人民代表大会第一次会议选举闫书章、李文珊、张建新、吕传赞、王满秋为平山县出席河北省第八届人民代表大会代表。

三、平山县出席石家庄市第九届人民代表大会代表

平山县第十一届人民代表大会第二次会议选举闫书章、冀剑波、郝宝柱、许昆峥、刘秀田、刘振刚、杨锡田、韩晓瑞、王景芳、孙文祥、张志兵、杨士庭、罗忠、王兰、史雪云、安文兵、李赶坡、范海庭、闫惠生、韩宝成、范俊琴、贾文祥、焦庆生、郝吉平、董花婷、康云联、韦应全、安增录为出席石家庄市第九届人民代表大会代表。

1996 年 12 月 19 日，平山县第十一届人大常委会，补选张述为平山县出席石家庄市第九届人民代表大会代表。

第二节　代表大会

县第十一届人民代表大会共召开 6 次会议。

一、第一次会议

第一次会议于 1993 年 2 月 10 日至 13 日在工人俱乐部和法院礼堂举行。会议应到代表 245 名，实到代表 232 名，因事因病请假 13 名。不是人大代表的县委常委、县政府副县长、政府各部门“一把手”、各乡镇党委书记、乡镇长、人大主席、出席政协四届一次会议的全体委员；县委各部门、各人民团体负责人列席会议，会议邀请部分老干部代表参加了开幕式。

（一）组织机构

大会预备会议选举产生主席团、秘书长及提案审查委员会。

主席团（29 名）：

张秋阳	杨锡田	刘秀田	王玉国
栗进路	高文存	张敬哲	李永进
姜兵虎	桂荣芹	马经林	高满岗
康文祥	齐新奎	李兵兵	刘明芳
刘贵生	王会林	郄德培	刘淑云

焦庆生　李晚德　陈考书　杜国良
李三梅　何连山　史联俊　闫惠生
部队 1 人

秘书长：高文存

主席团第一次会议推定张秋阳、杨锡田、王玉国、高文存、张敬哲、李永进、姜兵虎、桂荣芹为主席团常务主席。

主席团第一次会议决定齐新奎、赵志廉、张金泽为大会副秘书长。

提案审查委员会

主　任：李永进

副主任：姜兵虎

委　员：刘贵生　郄德培　刘明芳　王会林　李晚德

（二）主要议程

2 月 11 日上午，会议听取《平山县人民政府工作报告》，书面听取财政局局长薛根深作的《关于 1992 年财政预算执行情况和 1993 年财政预算草案的报告》。2 月 12 日上午，听取县人大常委会主任杨锡田作的《平山县人大常委会工作报告》、县法院院长马经林作的《平山县人民法院工作报告》、县检察院检察长高满岗作的《平山县人民检察院工作报告》。会议分 9 个代表团对上述报告进行认真审议，根据各代表团对 5 个报告的审议情况，会议分别作出相应的决议。

2 月 13 日下午，会议通过《关于加强县城建设的决议》《关于加快县旅游资源开发的决议》。按照选举办法，会议以无记名投票方式选举产生县十一届人大常委会组成人员 20 名；县政府县长、副县长 8 名；县法院院长 1 名；县检察院检察长 1 名。选举结果如下：

平山县第十一届人民代表大会常务委员会

主　任：杨锡田

副主任（5 名）：

高文存　张敬哲　李永进　姜兵虎　桂荣芹

委员（14 名）：

焦庆生　陈考书（女）　郄德培　齐新奎
刘贵生　李兵兵　刘明芳　康文祥
王会林　刘淑云（女）　李晚德　闫惠生
李三梅（女）　何连山

平山县人民政府

县　长：刘秀田

副县长（7 名）：

栗进路　霍六斤　白云亭　郄贵庭　张　述　封　泽　王景芳

平山县人民法院

院　长：马经林

平山县人民检察院

检察长：高满岗

平山县出席河北省第八届人民代表大会代表

闫书章　李文珊　张建新　吕传赞　王满秋

（三）代表议案及批评建议

会议期间，共收到代表提出的建议、批评和意见 50 条，内容涉及交通、水务、文教卫生、林业、工业信息、城建、环保、供电、旅游、规划、城市管理、农牧、土地、食品安全、财政等方面。

链接：县十一届人大常委会主任简历

杨锡田，男，汉族，1935 年 2 月出生，平山县东回舍镇东回舍村人。1952 年 8 月参加工作，1955 年 3 月入党，1990 年 3 月任县人大常委会主任。

1952.08—1969.05 历任县政府通讯员、县政府文印员、县委会文印员、县委机要档案员、县委办公室干事

1969.05—1971.12	县“革委会”办公室副主任
1971.12—1974.10	县委常委、“革委会”办公室主任
1974.10—1981.12	县委常委、“革委会”副主任
1981.12—1983.11	县委常委、副县长
1983.11—1986.05	县委常委、常务副县长
1986.05—1989.06	县委副书记
1989.06—1990.04	县委副书记兼县委党校校长
1990.04— 1993.02	第十届县人大常委会主任
1993.02—	第十一届县人大常委会主任

二、第二次会议

第二次会议于 1993 年 8 月 23 日至 24 日在县招待所举行。会议应到代表 247 名，实到代表 219 名，因事因病请假 28 名。

（一）组织机构

大会预备会议选举产生主席团、秘书长。

主席团（25 名）：

张秋阳	杨锡田	刘振刚	王玉国
高文存	张敬哲	桂荣芹	李永进
姜兵虎	左更书	张兴祥	王会林
刘明芳	刘贵生	刘淑云	闫惠生
齐新奎	李三梅	李兵兵	何连山

李晚德	陈考书	郄德培	康文祥
焦庆生			

秘书长：高文存

主席团第一次会议推定张秋阳、杨锡田、刘振刚、王玉国、高文存、张敬哲、李永进、姜兵虎、桂荣芹为主席团常务主席。

主席团第一次会议决定齐新奎、赵志廉、张金泽为大会副秘书长。

（二）主要议程

8月24日下午，按照大会通过的选举办法，会议选举左更书为县人大常委会副主任。会议选举产生平山县出席石家庄市第九届人民代表大会代表28名。

三、第三次会议

第三次会议于1994年3月21日至24日在法院礼堂举行。会议应到代表247名，实到代表229名，因事因病请假18名。不是人大代表的县委常委、县政府副县长、政府各部门一把手、各乡镇党委书记、乡镇长、人大主席、出席政协四届二次会议的全体委员；县委各部门、各人民团体负责人列席了会议，会议邀请部分老干部代表、各地老促会代表和京津冀发展联合会代表参加了开幕式。

（一）组织机构

大会预备会议选举产生主席团、秘书长。

主席团（25名）：

王玉国	王会林	左更书	刘明芳
刘贵生	刘振刚	刘淑云	齐新奎
李三梅	李永进	李兵兵	李晚德
张兴祥	张秋阳	张敬哲	何连山
杨锡田	陈考书	郄德培	姜兵虎
高文存	桂荣芹	康文祥	闫惠生
焦庆生			

秘书长：高文存

主席团第一次会议推定张秋阳、杨锡田、刘振刚、王玉国、高文存、张敬哲、李永进、姜兵虎、左更书、桂荣芹为主席团常务主席。

主席团第一次会议决定齐新奎、赵志廉为大会副秘书长。

（二）主要议程

3月22日上午，会议听取《平山县人民政府工作报告》；书面听取财政局局长薛根深作的《关于平山县1993年预算执行情况和1994年财政预算草案的报告》。

3月23日上午，会议听取县人大常委会副主任高文存作的《平山县人大常委会工作报告》、县法院院长马经林作的《平山县人民法院工作报告》、县检察院检察长高满岗作的《平山县人民检察院工作报告》。

会议分9个代表团对上述报告进行认真审议和审查。根据各代表团对6个报告的审议情况，会议批准相应的报告，分别作出相应的决议。

（三）代表议案及批评建议

会议期间，共收到代表提出的建议、批评和意见56条，内容涉及交通、水利、文教卫生、林业、城建、环保、供电、旅游、规划、城市管理、农牧、土地、食品安全、财政、扶贫等方面。

四、第四次会议

第四次会议于1995年3月28日至31日在法院礼堂举行。会议应到代表247名，实到代表217名，因事因病请假30名。不是人大代表的县委领导、离退休正县级领导、县政府副县长、县武装部政委、部分省市人大代表和外地特邀人员；出席政协四届三次会议的全体委员；不是人大代表的县委部门及各人民团体主要负责人、各乡镇党委书记和人大主席及乡镇长、县政府各部门党政主要负责人也参加了开幕式。

（一）组织机构

大会预备会议选举产生主席团、秘书长及议案审查委员会。

主席团（27名）：

王玉国	王风刚	王会林	左更书
刘明芳	刘贵生	刘振刚	刘淑云
齐新奎	李三梅	李永进	李兵兵
李晚德	张兴祥	张秋阳	张敬哲
何连山	杨锡田	陈考书	郄德培
姜兵虎	高文存	桂荣芹	康文祥
闫惠生	焦庆生	赵志廉	

秘书长：高文存

主席团第一次会议推定张秋阳、杨锡田、刘振刚、王玉国、高文存、张敬哲、李永进、姜兵虎、左更书、桂荣芹为主席团常务主席。

主席团第一次会议决定齐新奎、冯静辉、封明明、张金泽为大会副秘书长。

议案审查委员会

主　任：张敬哲

副主任：姜兵虎　左更书

委　员：王会林　李晚德　何连山　刘贵生

（二）主要议程

3月29日上午，会议听取《平山县人民政府工作报告》；书面听取县计划局局长封新堂作的《关于平山县1994年国民经济和社会发展计划执行情况与1995年国民经济和社会发展计划草案的报告》和县财政局局长薛根深作的《关于平山县1994年财政预算执行情况和

1995 年财政预算草案的报告》。听取县人大常委会主任杨锡田作的《平山县人民代表大会常务委员会工作报告》、县法院院长马经林作的《平山县人民法院工作报告》、县检察院代检察长梁爱平作的《平山县人民检察院工作报告》。

会议分 9 个代表团认真审议和审查 6 个报告。根据各代表团的审议情况，会议批准相应报告，分别作出相应的决议。

3 月 31 日上午，按照选举办法，会议以无记名投票方式选举张述为县人大常委会副主任；选举梁爱平为县人民检察院检察长。

（三）代表议案及批评建议

会议期间，共收到代表提出的建议、批评和意见 42 条，经大会议案审查委员会审定，转交县政府及有关部门办理共 35 条，内容涉及交通、农业农村、公安交警、工信、自然资源和规划、城管、城建、扶贫、发改、教育、卫生、环保等方面。

五、第五次会议

第五次会议于1996年4月1日至4日在工人俱乐部和法院礼堂举行。会议应到代表251名，实到 239 名，因事因病请假 12 名。不是人大代表的县委领导、离退休正县级领导、县政府副县长、县武装部政委、部分省市人大代表和外地特邀人员；出席政协四届四次会议的全体委员；不是人大代表的县委部门及各人民团体主要负责人、各乡镇党委书记和人大主席及乡镇长、县政府各部门党政主要负责人也参加了开幕式。

（一）组织机构

大会预备会议选举产生主席团、秘书长及议案审查委员会。

主席团（29 名）：

王玉国	王风刚	王会林	左更书
刘秀田	刘明芳	刘贵生	刘振刚
刘淑云	齐新奎	李三梅	李永进
李兵兵	李晚德	张　述	张兴祥
张敬哲	何连山	杨锡田	陈考书
郄德培	赵志廉	姜兵虎	高文存
桂荣芹	崔欣元	康文祥	闫惠生
焦庆生			

秘书长：高文存

主席团第一次会议推定杨锡田、刘振刚、王玉国、张述、高文存、张敬哲、李永进、姜兵虎、左更书、桂荣芹等为主席团常务主席。

主席团第一次会议决定齐新奎、闫国平、封明明、张金泽为大会副秘书长。

议案审查委员会

主　任：张敬哲

副主任：姜兵虎　左更书

委　员：王会林　李晚德　何连山　刘贵生

（二）主要议程

4月2日上午，会议听取县政府代县长韩保深作的《平山县人民政府工作报告》；书面听取县计划局局长封新堂作的《关于平山县1995年国民经济和社会发展计划执行情况与1996年国民经济和社会发展计划草案的报告》和县财政局局长薛根深作的《关于平山县1994年财政预算执行情况和1995年财政预算草案的报告》。听取县人大常委会副主任张述作的《平山县人民代表大会常务委员会工作报告》、县法院院长马经林作的《平山县人民法院工作报告》、县检察院检察长梁爱平作的《平山县人民检察院工作报告》。

会议分9个代表团认真审议和审查6个报告。根据各代表团的审议情况，会议批准相应报告，分别作出相应的决议。

4月4日下午，会议通过《关于尽快解决县深山区人民听广播看电视难问题的决议》。会议决定接受杨锡田辞去人大常委会主任职务的请求。按照大会通过的选举办法，会议选举张述为县人大常委会主任，选举韩保深为县人民政府县长。

（三）代表议案及批评建议

会议期间，共收到代表提出的建议、批评和意见45条，经大会议案审查委员会审定，转交县政府及有关部门办理的共42条，转交法院办理的2条，转交检察院办理的1条。内容涉及交通、农业农村、公安交警、工信、自然资源和规划、城管、城建、扶贫、发改、教育、卫生、环保等方面。

链接：县十一届人大常委会主任简历

张述，男，汉族，1939年2月出生，平山县东回舍部家庄村人，大专学历。1957年1月参加工作，1970年1月入党。1996年3月任县人大常委会主任。

1955—1956	平山县二区政府任协助员
1959—1972	广东省地质局工作
1972—1980	平山县团委副书记
1980—1991	平山县财政局局长
1991—1995	平山县政府副县长
1995—	县第十一届人大常委会主任

六、第六次会议

第六次会议于1997年1月14日至17日在工人俱乐部和法院礼堂举行。会议应到代表249名，实到代表236名，因事因病请假13名。不是人大代表的县委领导、离退休正县级领导、县政府副县长、县武装部政委；出席政协四届五次会议的全体委员；不是人大代表的县委部门及各人民团体主要负责人、各乡镇党委书记和人大主席及乡镇长、县政府各部门党政主要负责人列席会议。

（一）组织机构

大会预备会议选举产生主席团、秘书长及议案审查委员会。

主席团（29 名）：

王风刚	王会林	左更书	刘秀田
刘明芳	刘贵生	刘淑云	齐新奎
李三梅	李永进	李兵兵	李晚德
张　述	张大平	张兴祥	张敬哲
何连山	杨锡田	陈考书	郄德培
郝书文	赵志廉	姜兵虎	高文存
桂荣芹	崔欣元	康文祥	闫惠生
焦庆生			

秘书长：高文存

主席团第一次会议推定张述、郝书文、张大平、高文存、张敬哲、李永进、姜兵虎、左更书、桂荣芹等为主席团常务主席。

主席团第一次会议决定齐新奎、闫国平、封明明为大会副秘书长。

议案审查委员会

主　任：张敬哲

副主任：姜兵虎　左更书

委　员：王会林　李晚德　何连山　刘贵生

（二）会议议程

1 月 15 日上午，会议听取县政府县长韩保深作的《平山县人民政府工作报告》；书面听取县财政局局长权林山作的《关于平山县 1996 年财政预算执行情况和 1997 年财政预算草案的报告》。听取县人大常委会主任张述作的《平山县人民代表大会常务委员会工作报告》、县法院院长马经林作的《平山县人民法院工作报告》、县检察院检察长梁爱平作的《平山县人民检察院工作报告》。会议通过《关于 1997 年实现“普九”达标的决议》《关于建立下槐卫生院的决议》。会议认真审议和审查各项报告，根据各代表团的审议情况，会议批准相应报告，分别作出相应的决议。会议表彰了优秀代表。

（三）代表议案及批评建议

会议期间，共收到代表提出的建议、批评意见 61 条，代表 10 人以上联名提出的议案 5 件，内容涉及交通运输、农业农村、水利建设、自然资源、城市建设管理、发改、教育、卫生、环保等方面。

第三章　人大常委会

第一节　人员组成

一、选举产生

第十一届人民代表大会常务委员会于 1993 年 2 月 10 日，由平山县第十一届人民代表大会第一次会议选举产生，其中主任 1 人，副主任 5 人，委员 14 人。

主　任：杨锡田（1993.02—1996.04）
　　　　张　述（1996.04—1998.02）
副主任：高文存（1993.02—1998.02）
　　　　张敬哲（1993.02—1998.02）
　　　　李永进（1993.02—1998.02）
　　　　姜兵虎（1993.02—1998.02）
　　　　桂荣芹（女，1993.02—1998.02）
　　　　左更书（1993.08—1998.02）
　　　　张　述（1995.03—1996.04）
委　员：王会林（1993.02—1998.02）
　　　　刘明芳（1993.02—1998.02）
　　　　刘贵生（1993.02—1998.02）
　　　　刘淑云（女，1993.02—1998.02）
　　　　齐新奎（1993.02—1998.02）
　　　　李三梅（女，1993.02—1998.02）
　　　　李兵兵（1993.02—1998.02）
　　　　李晚德（1993.02—1998.02）
　　　　何连山（1993.02—1998.02）
　　　　陈考书（女，1993.02—1998.02）
　　　　郄德培（1993.02—1998.02）

康文祥（1993.02—1998.02）
闫惠生（1993.02—1998.02）
焦庆生（1993.02—1998.02）

二、届中调整情况

1993年2月，平山县第十一届人民代表大会第一次会议选举产生平山县第十一届人民代表大会常务委员会由主任1名、副主任5名、委员14名组成。在组成人员中连任7名，占35%；新进13名，占65%。新选举的正副主任年龄在36岁至55岁的5名，55岁以上的1名；大专以上学历的2名，中专学历的2名，中专以下学历的2名；党外人士1名。1993年8月补选副主任1名。1995年3月补选副主任1名。由于正主任已到退休年龄，1996年4月，选举主任1名。到1998年2月，有主任1名、副主任6名、委员14名。

三、代表资格审查委员会

平山县十一届人大常委会代表资格审查委员会成员名单
主　任：张敬哲
副主任：桂荣芹
委　员：刘贵生　陈考书　焦庆生

四、工作机构及人员组成

办公室	主　任：	齐新奎（1993.02—1998.02）
	副主任：	齐吉秀（1993.02—1995.02）
		武建忠（1994.04—1998.02）
		马顺堂（1995.02—1998.02）
		王淑贞（女，1995.02—1998.02）
文教卫生科	科　长：	李兵兵（1993.02—1998.02）
	副科长：	祁秀林（1993.02—1998.02）
		韩良平（1993.02—1998.02）
财经科	科　长：	刘明芳（1993.02—1995.02）
		傅占胜（1995.02—1996.09）
		左振江（1997.09—1998.02）
	副科长：	马顺堂（1993.02—1995.02）
		左振江（1995.02—1997.09）
代表联络科	科　长：	刘贵生（1993.02—1996.09）
		李习平（女，1997.09—1998.02）
	副科长：	李习平（女，1993.02—1997.09）

政法科　　科　长：谢志义（1995.02—1998.02）
副科长：谢志义（1993.02—1995.02）
信访科　　科　长：张志金（1995.02—1998.02）
副科长：赵会文（1995.02—1998.02）
农经科　　科　长：刘明芳（1995.02—1996.12）
齐吉秀（1997.09—1998.02）
副科长：齐吉秀（1995.02—1997.09）

第二节　主任会议

县十一届人大常委会召开主任会议 5 次（据档案记载）。

平山县十一届人大常委会主任会议情况一览表

表 9-2

序号	时间	议题
1	1997 年 4 月 27 日	听取供电局、邮电局工作汇报
2	1997 年 9 月 19 日	—
3	1997 年 10 月 9 日	—
4	1997 年 10 月 29 日	听取国税局、地税局汇报
5	1997 年 12 月 18 日	关于人大机关的人事问题

第三节　常委会会议

县第十一届人大常委会共召开 33 次会议。

第一次会议　1993 年 2 月 13 日召开，人大常委会主任杨锡田主持会议。人大常委会主任杨锡田，副主任高文存、张敬哲、李永进、姜兵虎、桂荣芹和委员共 19 人出席会议，因病请假 1 人。新当选的主任、副主任互相见面介绍了情况。县人大常委会主任杨锡田讲了话，要求大家努力做到以下几点：一、要加强对党的方针政策和法律法规的学习；二、深入调查研究，密切联系代表和选民，时刻倾听人民的呼声；三、要珍惜人民赋予的权力，尽职尽责，靠大家的努力做好人大常委会的工作，发挥好人大常委会的整体作用。主任杨锡田还就下一步如何督促指导没有召开新的一次人代会的乡镇开好人代会问题提出了要求。会上还初步拟定了下次例会的议题。

第二次会议 1993年4月22日召开，人大常委会主任杨锡田主持会议。人大常委会主任杨锡田，副主任高文存、张敬哲、桂荣芹、李永进、姜兵虎和委员18人出席会议，因事因病请假2人。县人大党组顾问齐学彦、梁文达及县政府副县长郄贵庭、劳动人事局和交通局有关人员列席会议。会议听取和审议县政府《关于减轻农民负担情况的汇报》；听取和审议县政府《关于十一届人大一次会议代表提案办理情况的汇报》；讨论通过《关于加强路政管理优化公路交通环境的决定》；通过平山县人大常委会代表资格审查委员会成员名单；通过平山县人大常委会《致全体代表的一封信》；通过县政府提请的人事任命事项。与会主任委员共同学习《地方组织法》等法律、法规和有关如何做好人大工作的文件资料。

第三次会议 1993年7月29日召开，人大常委会主任杨锡田主持会议。人大常委会主任杨锡田，常务副主任高文存，副主任张敬哲、桂荣芹、李永进、姜兵虎和委员共16人出席会议，因事因病请假4人。县人大常委会党组顾问武贵才、齐学彦、梁文达，县政府副县长霍六斤，县蚕桑管理局、建委，计生委负责人列席会议。

会议听取和审议县政府《关于1993年办理十件实事进展情况》和县桑蚕管理局《关于发展桑蚕生产情况》的汇报。

会议讨论通过平山县《城镇供水管理暂行办法》和县政府《关于落实〈河北省计划生育条例〉实施办法》。

第四次会议 1993年8月14日，人大常委会主任杨锡田主持会议。人大常委会主任杨锡田，常务副主任高文存，副主任桂荣芹、李永进和委员共12人出席会议。因事因病请假8人。县人大常委会党组顾问武贵才、齐学彦、梁文达和人大各科室负责人列席会议。人大常委会副主任高文存向与会的主任、委员汇报县第十一届人民代表大会第二次会议筹备情况。根据地、市合并后的新情况，按照法律有关规定，要重新召开人民代表大会选举产生石家庄市第九届人民代表大会代表。前一阶段在县委领导下，县人大常委会根据市人代会筹备领导小组的安排做了认真筹备，目前召开平山县第十一届人民代表大会第二次会议的准备工作已基本就绪，作出了《关于召开平山县第十一届人民代表大会第二次会议的决定》。会上通过拟向县十一届人大二次会议提出的建议议程和主席团、秘书长建议名单，并通报了对县出席石家庄市第九届人民代表大会代表候选人的推荐情况。会议还通过关于增加县第十一届人民代表大会代表名额的决定。

第五次会议 1993年10月28日召开，人大常委会主任杨锡田主持会议。人大常委会主任杨锡田，副主任李永进、姜兵虎、左更书、桂荣芹和委员共14人出席会议，因事因病请假7人。人大党组顾问武贵才、齐学彦，县政府常务副县长栗进路，县法院、检察院、监察局、县建委、劳动人事局和人大各科室负责人列席会议。会议听取和审议县检察院、法院、监察局关于反腐败情况的汇报。大家一致认为县检察院、县法院、县监察局在当前的反腐败斗争中廉洁自律、严格执法，做了大量工作并取得了明显的成果。会议讨论审议县建委关于对县城规划进行修改的建议报告，一致通过关于修改《平山县城总体规划》的决议。会议以无记名投票方式，通过人事任免名单。

第六次会议　1993 年 12 月 18 日召开，人大常委会主任杨锡田主持会议。会议对平山县检察院副检察长魏峰山关于县人大代表刘喜竹案件的汇报进行讨论研究。

第七次会议　1994 年 1 月 28 日召开，人大常委会主任杨锡田主持会议。人大常委会主任杨锡田，常务副主任高文存，副主任张敬哲、李永进、姜兵虎、左更书、桂荣芹和委员共 16 人出席了会议，因事因病请假 5 人。人大党组顾问武贵才、梁文达，县政府副县长张述，县法院、县经委、县财政局和人大各科室负责人列席会议。会议听取和审议县财政局《关于 1993 年财政决算和 1994 年收支预测情况的汇报》，县经委《关于 1993 年县办工业工作情况和 1994 年工作要点的汇报》。会议原则通过《平山县人民代表大会常务委员会议事规则》《平山县人民代表大会常务委员会组成人员守则》和《平山县人大常委会 1994 年工作要点》。会议以无记名投票方式，通过人事任免名单。

第八次会议　1994 年 3 月 18 日召开，人大常委会主任杨锡田主持会议。杨锡田、高文存、姜兵虎、李永进、左更书、张敬哲、桂荣芹、李皖德、焦庆生、康文祥、陈志书、刘满方、刘明芳、王会林、齐新奎、李三梅、李兵兵、何连山出席会议。齐学彦、梁文达、武贵才列席了会议。郄德培、闫惠生、刘贵生缺席会议。会议主要议题：一、听取和审议十一届人大三次会议筹备情况的汇报；二、通过拟向县十一届人大三次会议预备会提交的建议议程，主席团、秘书长建议名单和拟向主席团会议提交的有关建议事项；三、讨论通过拟向县十一届人大三次会议提交审议的《平山县人大常委会工作报告》。

第九次会议　1994 年 6 月 2 日召开，人大常委会主任杨锡田主持会议。县人大常务副主任高文存，副主任张敬哲、李永进、姜兵虎、左更书、桂荣芹和委员 15 人出席会议，因事因病请假 6 人。县人大常委会党组顾问武贵才、梁文达，县政府副县长白云亭、张述及县公安局、县乡镇企业经委、县财政局的负责人列席会议。会议听取并审议县公安局《关于开展“春季攻势”打击各种犯罪情况的汇报》；县乡镇企业经委《关于乡镇企业发展情况的汇报》；县财政局《关于财政收支预算安排情况的汇报》。

第十次会议　1994 年 8 月 19 日召开，人大常委会主任杨锡田主持会议。人大常委会主任杨锡田，副主任高文存、张敬哲、李永进、姜兵虎、左更书、桂荣芹和委员 16 人出席会议，因事因病请假 5 人。人大党组顾问武贵才、齐学彦、梁文达，县政府调研员封哲兵、县教育局、水利局、司法局和人大各科室负责人列席会议。会议的主要议程有四项：一、听取并审议县教育局《关于贯彻〈义务教育法〉〈教师法〉的情况汇报》；二、听取并审议县水利局《关于〈中华人民共和国水法〉贯彻情况的汇报》；三、听取并审议县政府在 1994 年办理八件实事的进展情况汇报；四、讨论审议《平山县法制教育中心管理试行办法》。

第十一次会议　1994 年 10 月 28 日召开，人大常委会主任杨锡田主持会议。人大常委会主任杨锡田、副主任高文存、张敬哲、李永进、姜兵虎、左更书、桂荣芹和委员共17人出席会议，因事因病请假4人。人大党组顾问武贵才、梁文达，县政府副县长张述，县法院、工商局、技术监督局和人大各科室负责人列席会议。听取和审议县工商局《关于全县个体私营经济发展情况的汇报》；听取和审议县法院实行错案责任追究制和县技术监督局《关于实行执法过错责任追究制情况汇报》。会议经过认真审议原则通过《关于在“一府两院”各部门实行错案责任追究制和执法过错责任追究制的决定》。会议通过人事任免名单。

第十二次会议 1994年12月31日召开，人大常委会主任杨锡田主持会议。人大常委会主任杨锡田，副主任张敬哲、李永进、姜兵虎、左更书和委员共16人出席会议，因事因病请假5人。人大党组顾问武贵才、齐学彦、梁文达，县政府副县长白云亭，县公安局、文化局和人大各科室负责人列席会议。会议议题有两项：一、听取和审议县公安局《关于全县社会治安情况汇报》；二、听取和审议县文化局《关于文化市场整顿和春节文化活动安排情况的汇报》。

第十三次会议 1995年2月25日召开，人大常委会主任杨锡田主持会议。人大常委会主任杨锡田，副主任高文存、张敬哲、李永进、姜兵虎、左更书、桂荣芹和委员共16人出席会议，因事因病请假5人。人大党组顾问武贵才、梁文达，县检察院、劳动人事局和人大办公室有关人员列席会议。会议的主要议程有四项：一、听取审议县人大办公室《关于县第十一届人民代表大会第四次会议筹备情况的汇报》；二、讨论《县人大常委会工作报告（草稿）》；三、讨论《平山县人大常委会1995年工作要点（草稿）》；四、人事任免。经过与会主任委员的共同审议，决定于1995年3月召开县第十一届人民代表大会第四次会议。

第十四次会议 1995年3月25日召开，会议由县人大常委会主任杨锡田主持。人大常委会主任杨锡田，副主任高文存、张敬哲、李永进、姜兵虎、左更书和委员共15人出席会议，因事因病请假6人。县人大党组顾问梁文达及县委组织部的负责人列席会议。会议讨论了人事任免事项。根据市委批示，经县人大各与会主任委员充分讨论，采用无记名投票表决方式，通过有关人事任免事项。会议对即将召开的十一届人大四次会议的有关筹备情况进行讨论研究。

第十五次会议 1995年5月26日召开，会议由县人大常委会主任杨锡田主持。人大常委会主任杨锡田，副主任张述、高文存、张敬哲、李永进、姜兵虎、左更书、桂荣芹和委员18人出席会议，因事因病请假4人。人大党组顾问武贵才、梁文达，县政府副县长张志兵及县农行、县扶贫办、人大各科室负责人列席会议。会议听取和审议县扶贫办《关于1994年以来扶贫情况工作汇报》和县农行《关于1994年度扶贫贴息贷款发放情况的汇报》。会议认为，县政府1995年扶贫工作安排计划是切实可行的，重点也比较明确突出，希望县扶贫办和县农行要认真落实好这项工作。会议通过县政府提请的人事任免事项。下午与会主任委员共同学习修改后的《地方组织法》。

第十六次会议 1995年7月20日召开，会议由县人大常委会主任杨锡田主持。人大常委会主任杨锡田，副主任张述、高文存、张敬哲、李永进、姜兵虎、左更书、桂荣芹和委员共18人出席会议，因事因病请假4人。人大党组顾问武贵才、齐学彦、梁文达，县政府常务副县长赵拴文，县财政局、县人大各科室负责人列席会议。会议首先听取和审议县财政局《关于1995年上半年财政预算执行情况和全年预算执行结果的汇报》。会议通过县人大常委会《关于组织人大代表评议工商行政管理工作的实施意见》。下午，与会主任、委员认真学习市人大工作培训班上有关领导关于人大常委会性质、地位、作用以及如何做好人大常委会监督工作的讲话精神，并结合实际进行深入讨论，深化了对人大工作的认识。

第十七次会议　1995年9月22日召开，会议由县人大常委会主任杨锡田主持。县人大常委会主任杨锡田，副主任张述、高文存、张敬哲、李永进、左更书、桂荣芹和委员共17人出席会议，因事因病请假5人。县人大党组顾问齐学彦、梁文达，县政府副县长郄贵庭及县检察院、县矿产管理局、县民政局和县人大常委会各科室负责人列席会议。会议首先听取和审议县检察院《关于今年以来反贪污贿赂工作情况的汇报》，听取和审议县矿产局《关于全县矿产资源开发管理情况的工作汇报》，听取和审议县民政局《关于全县村民代表会建立及发挥作用情况的汇报》。会议最后通过人事任免事项。

第十八次会议　1995年12月6日召开，会议由县人大常委会主任杨锡田主持。人大常委会主任杨锡田，副主任张述、高文存、张敬哲、李永进、姜兵虎、左更书、桂荣芹和委员共18人出席会议，因事因病请假4人。人大党组顾问武贵才、齐学彦、梁文达，县政府副县长霍六斤、郄贵庭、封泽，县委组织部干部组，文化局、农业局、乡镇经委、外经委和县人大各科室负责人列席会议。这次会议的议程是：听取和审议县文化局局长、农业局局长、乡镇企业经委主任、外经委主任的述职报告。

第十九次会议　1996年2月2日召开，人大常委会主任杨锡田主持了会议。人大常委会主任杨锡田，副主任高文存、张敬哲、李永进、姜兵虎、左更书、桂荣芹和委员共17人出席会议，因事因病请假5人。人大党组顾问武贵才、梁文达、齐学彦，县政府副县长白云亭、郄贵庭及县公安局、县环保局、人大各科室有关人员列席会议。会议首先听取并审议县公安局《关于当前治安形势及春节安全保卫工作情况的汇报》，县环保局《关于岗南、黄壁庄两水库污染及防治工作的汇报》。会议通过平山县人大常委会1996年工作要点和县政府提交的人事任免名单。

第二十次会议　1996年2月14日召开，人大常委会主任杨锡田主持会议。人大常委会主任杨锡田，副主任张述、张敬哲、李永进、姜兵虎、左更书、桂荣芹和委员共14人出席会议，因事因病请假8人。人大党组顾问武贵才、齐学彦、梁文达和县人大办公室、劳动人事局的负责人列席会议。会议经过认真讨论酝酿，决定同意接受刘秀田辞去平山县人民政府县长职务的请求。会议决定任命韩保深为平山县人民政府副县长、代理县长职务。

第二十一次会议　1996年4月1日召开，人大常委会主任杨锡田主持会议。会议通过县人大常委会向十一届人大五次会议提交的大会建议议程，主席团、秘书长建议名单及代表议案审查委员会建议名单；通过《代表资格审查委员会关于代表变动情况的说明》及提交大会审议的《平山县人大常委会工作报告》。

第二十二次会议　1996年4月25日召开，人大常委会主任张述主持会议。人大常委会主任张述，常务副主任高文存，副主任张敬哲、李永进、姜兵虎、桂荣芹和委员共14人出席会议，因事因病请假7人。人大党组顾问齐学彦、梁文达和人大各科室负责人列席会议。会议的主要议程有四项：一、张敬哲汇报全县乡镇人大换届选举总体安排情况；二、通过县人大常委会《关于全县乡镇人民代表大会代表名额和换届时间的决定》；三、任命各乡镇选举委员会组成人员；四、讨论县人大常委会1996年工作安排意见。

第二十三次会议　1996年6月27日召开，县人大常委会主任张述，常务副主任高文存，副主任张敬哲、李永进、姜兵虎、左更书、桂荣芹和委员共18人出席会议，因病因事请假3人。县人大党组顾问武贵才、县法院、县检察院、县公安局、县扶贫办、县人事局和县人大常委会各科室负责人列席会议。会议听取县扶贫办《关于1995年度扶贫专项贷款安排使用情况的汇报》和县公安局、法院、检察院《关于队伍建设情况的汇报》，之后与会人员在小组审议的基础上，由各组组长代表大家意见进行大会审议发言，会议听取并审议平山县乡镇换届选举办公室《关于乡镇换届选举工作的总结报告》，会议原则通过《平山县人大常委会人事任免办法》《平山县人大常委会对司法机关大案要案汇报制度的规定》。通过县政府、法院、检察院提交的人事任免事项。张述主任向被任命的两名政府组成人员颁发了任命书。

第二十四次会议　1996年9月5日召开，县人大常委会主任张述主持会议。县人大常委会主任张述，常务副主任高文存，副主任张敬哲、李永进、姜兵虎、左更书和委员共16人出席会议，因病因事请假5人。县政府常务副县长赵拴文，县财政局、信访局、卫生局、经贸委和人大常委会各科室负责人列席会议。会议听取和审议县财政局《关于1996年1—7月份财政预算执行情况及全年财政形势的汇报》，县信访局1995年以来信访工作的汇报，县卫生局《关于〈食品卫生法〉贯彻落实情况的汇报》，县经贸局《关于今年以来县办工业企业生产经营情况的汇报》。通过县人大常委会和县政府提交的人事任免事项。

第二十五次会议　1996年10月30日召开，县人大常委会主任张述，常务副主任高文存、副主任张敬哲分别主持会议。人大常委会主任张述、常务副主任高文存，副主任张敬哲、李永进、姜兵虎、左更书、桂荣芹及委员共19人出席会议，因事因病请假2人。县政府常务副县长赵拴文，副县长白云亭、杜文奎，县法院、检察院、公安局、民政局、粮食局、广播电视局及11个乡镇人大主席和人大常委会各科室负责人列席会议。会议听取和审议县政府关于县十一届人大五次会议代表所提批评意见、建议办理情况的汇报，县民政局《关于救灾款物发放和使用情况的汇报》，县广播电视局《关于落实县人代会尽快解决深山区人民听广播看电视难问题决议情况汇报》，县公安局局长赵风昌的述职报告，县粮食局局长康建国的述职报告。会议通过《关于认真贯彻实施〈中华人民共和国行政处罚法〉决议》和《关于开展法制宣传教育的决议》，通过县法院提请的人事任免事项。

第二十六次会议　1996年12月19日召开，会议由县人大常委会主任张述、常务副主任高文存主持。县人大常委会主任张述，常务副主任高文存，副主任张敬哲、李永进、姜兵虎、左更书、桂荣芹和委员共18人出席会议。县政府副县长李晓保、王景芳，县法院、检察院、县计划生育局、县水务局及12个乡镇人大主席和人大各科室负责人列席会议。会议听取和审议县政府《关于县人代会政府工作报告主要指标完成情况和十件实事办理情况的汇报》，县计生局长郝玉法的述职报告，县水务局局长杨明法述职报告。会议增补了张述为石家庄市第九届人民代表大会代表；通过平山县人大常委会《关于召开县十一届人民代表大会第六次会议的决定》和县政府提请的人事任免事项。

第二十七次会议　1997年1月14日召开，会议由主任张述主持。县人大常委会主任张述，常务副主任高文存，副主任张敬哲、李永进、姜兵虎、左更书、桂荣芹和委员共16人出席会议。会议通过县人大常委会向十一届人大六次会议提交的大会建议议程，主席团、秘书长名单，代表议案审查委员会建议名单，通过代表资格审查委员会关于代表变动情况的说明，通过提交大会审议的县人大常委会工作报告。

第二十八次会议　1997年3月17日召开，会议由县人大常委会主任张述、常务副主任高文存主持。县人大常委会主任张述，常务副主任高文存，副主任张敬哲、姜兵虎、左更书、桂荣芹和委员共15人出席会议。县政府副县长白云亭、县财政局、监察局、畜牧局负责人及县人大常委会各科室人员列席会议。会议听取和审议县政府《关于〈行政处罚法〉实施情况的汇报》，听取和审议县财政局《关于县内支出预算安排及一季度开门红情况的汇报》，听取和审议县监察局《关于治理“三乱”的工作汇报》，听取和审议县畜牧局《关于畜牧兽医工作汇报》。

第二十九次会议　1997年6月3日召开，会议由主任张述、副主任张敬哲主持。县人大常委会主任张述，副主任张敬哲、李永进、姜兵虎、左更书、桂荣芹和委员共17人出席会议。县政府副县长郄贵庭、封泽，县民政局、乡镇企业局、旅游局、农委负责人及县人大常委会各科室负责人列席会议。会议听取和审议县民政局《关于建立村民代表会及发挥作用情况的汇报》，听取和审议县乡镇企业局《关于县乡镇企业生产经营情况的汇报》，听取和审议县旅游局《关于平山县旅游资源开发情况的汇报》，听取和审议县政府《关于山区综合开发工作情况的汇报》。

第三十次会议　1997年7月23日召开，会议由主任张述、副主任高文存主持。县人大常委会主任张述，副主任高文存、李永进、姜兵虎、左更书、桂荣芹和委员共17人出席会议。县政府副县长王景芳，县财政局、经贸局、交通局、房产局、检察院、法院负责人及县人大常委会各科室负责人列席会议。会议听取并审议县政府《关于水毁耕地和水利设施修复情况的汇报》，听取和审议县经贸局《关于县办工业生产经营情况的汇报》，听取和审议县财政局《关于财政工作的汇报》，听取和审议县交通局局长杨士庭的述职报告，听取和审议县房产局局长李书英的述职报告。会议还以无记名投票和举手表决方式通过县政府、县法院、县检察院提交的人事任免名单。

第三十一次会议　1997年9月24日召开，会议由副主任高文存主持。县人大常委会副主任高文存、张敬哲、李永进、姜兵虎、左更书、桂荣芹和委员共16人出席会议。县政府副县长白云亭，县扶贫办、教育局、林业局、检察院、法院负责人及县人大常委会各科室负责人列席会议。会议听取和审议县政府扶贫办《关于“97”脱贫出列情况的汇报》，听取和审议县教育局《关于“普九”达标工作情况的汇报》，听取和审议县林业局局长冯书庆的述职报告。会议还通过人事任免事项。最后与会人员共同学习十五大报告，进行认真讨论。

第三十二次会议 1997年11月28日召开，会议由主任张述主持。县人大常委会主任张述，副主任高文存、张敬哲、李永进、姜兵虎、左更书、桂荣芹和委员共17人出席会议。县政府副县长赵拴文、霍六斤，县政府办公室、法院、检察院、卫生局、农业局负责人及部分乡镇人大主席和县人大常委会各科室负责人列席会议。会议听取和审议县政府在年初县人代会上政府工作报告中几项主要经济指标的完成情况和六件实事办理情况的汇报，听取和审议法院《关于案件执行情况的汇报》，听取和审议检察院《关于1997年反贪工作情况的汇报》，听取和审议县卫生局局长李三海的述职报告，听取和审议县农业局局长齐英的述职报告。

第三十三次会议 1998年2月15日召开，会议由主任张述主持。县人大常委会主任张述，副主任高文存、张敬哲、李永进、姜兵虎、左更书、桂荣芹和委员共19人出席会议。会议通过县十二届人大一次会议的有关安排建议，通过县人大常委会工作报告。主任张述在讲话中指出，第十一届人大常委会在五年中突出了5个意识，即核心意识、法制意识、大局意识、人民意识、团结意识，保证了工作的开展，取得了卓有成效的效果。

第四节 制度建设

一、制度规定

1. 平山县人民代表大会常务委员会议事规则

（1994年1月28日平山县第十一届人大常委会第七次会议通过）

2. 平山县人民代表大会常务委员会组成人员守则

（1994年1月28日平山县第十一届人大常委会第七次会议通过）

3. 平山县人大常委会人事任免办法

（1996年6月27日平山县第十一届人大常委会第二十三次会议通过）

4. 平山县人大常委会关于加强乡镇人大工作的意见

（平人常［1996］15号文件）

二、制度规定选介

1. 平山县人大常委会人事任免办法

根据《中华人民共和国地方各级人民代表大会和地方各级人民政府组织法》《中华人民共和国人民法院组织法》《中华人民共和国人民检察院组织法》的有关规定，结合实际情况，1996年6月27日县第十一届人大常委会第二十三次会议制定本办法。主要内容包括：任免范围、任免程序、审批手续、附则等内容。

2. 平山县人大常委会关于加强乡镇人大工作的意见

乡镇人大是人民代表大会制度的重要组成部分，是乡镇人民行使管理国家和社会事务权力的政权组织形式，也是国家权力的基础。加强乡镇人大工作充分发挥乡镇国家权力机关的作用，对加强基层民主政治建设，促进各项事业的发展，推广鱼水工程的实施具有十分重要的意义。目前，新的一届乡镇人大已经产生，新的一届开创新局面，加大其工作力度使之规范化、制度化、法制化更有现实意义。根据有关法律法规，结合实际提出本意见。主要内容包括：一、进一步明确镇人大工作的目标和任务；二、加强乡镇人大自身建设；三、县人大加强对乡镇人大的指导。

第四章　审议决定重大事项

第一节　决议决定

1. 关于加强县城建设的决议

（1993年2月13日平山县第十一届人民代表大会第一次会议通过）

2. 关于加快我县旅游资源开发的决议

（1993年2月13日平山县第十一届人民代表大会第一次会议通过）

3. 平山县城镇供水管理暂行办法

（1993年7月29日平山县第十一届人大常委会第三次会议通过）

4. 县政府关于落实《河北省计划生育条例》实施办法

（1993年7月29日平山县第十一届人大常委会第三次会议通过）

5. 关于修改《平山县城总体规划》的决议

（1993年10月28日平山县第十一届人大常委会第五次会议通过）

6. 平山县法制教育中心管理试行办法

（1994年8月19日平山县第十一届人大常委会第十次会议通过）

7. 关于在“一府两院”各部门实行错案责任追究制和行政执法过错责任追究制的决议

（1994年10月28日县第十一届人大常委会第十一次会议通过）

8. 关于进一步加强村民代表会议制度促进农村民主政治建设的决议

（1995年9月22日县第十一届人大常委会第十七次会议通过）

9. 关于尽快解决我县深山区人民听广播看电视难问题的决议

（1996年4月4日平山县第十一届人民代表大会第五次会议通过）

10. 关于国民经济社会发展“九五”计划和2010年规划草案的决议

（1996年4月4日平山县第十一届人民代表大会第五次会议通过）

11. 关于对司法机关大案、要案汇报制度的规定

（1996年6月27日平山县第十一届人大常委会第二十三次会议通过）

12. 关于1997年实现“普九”达标的决议

（1997年1月17日平山县第十一届人民代表大会第六次会议通过）

13. 关于建立下槐镇卫生院的决议

（1997年1月17日平山县第十一届人民代表大会第六次会议通过）

第二节　决议决定选介

1. 关于加强县城建设的决议

本决议于1993年2月13日平山县第十一届人民代表大会第一次会议通过。县城是全县政治经济文化的中心，县城建设直接反映着全县两个文明建设的水平，为进一步加强县城建设，特作此决议。主要包括以下内容：严格执行县城规划，坚持人民城市人民建的方针，多渠道筹集资金，切实加强县城管理。

2. 关于加快我县旅游资源开发的决议

本决议于1993年2月13日平山县第十一届人民代表大会第一次会议通过。平山县是山区大县旅游大县，旅游资源众多，为进一步加快旅游资源开发，经研究做出此决定。主要包括以下内容：提高认识，增强旅游开发的责任感；坚持多种形式一起上，动员全社会力量开发旅游资源；严格按规划建设，切实保护旅游资源；加强领导，形成合力抓开发。

3. 关于修改《平山县城总体规划》的决议

本决议由1993年10月28日平山县第十一届人大常委会第五次会议通过。平山县城规划自1984年经县八届人大常委会审议通过以来，县政府及主管部门认真贯彻实施取得了明显的成效。随着改革开放和社会主义现代化建设的要求，原有的县城规划已不能适应县城建设的需要。县政府及主管部门和省规划院经过一年多的努力通过专家论证，新的县城总体规划已经完成。会议经过认真审议认为此规划适合县情，具有科学、合理和权威性，决定予以批准。主要包括以下内容：一、搞好县城规划宣传工作，提高广大群众的城市思想意识，使广大群众认识到规划重要性和严肃性；二、县政府规划行政主管部门要根据总体规划分批分次尽快编制县城控制性详规，为县城建设和全县经济发展提供更好的依据；三、抓好规划实施工作，要依法管理规划；四、县政府主管部门要有超前思想，加紧城市基础设施建设，提高城区的生活质量和社会效益，增强县城的政治、经济，文化的凝聚力和辐射力；五、全县各级各部门和广大人民群众要树立全局观念，积极支持配合，保证县城总体规划的贯彻实施。

4. 关于进一步加强村民代表会议制度促进农村民主政治建设的决议

本决议由1995年9月22日县第十一届人大常委会第十七次会议通过。村民代表会议制度自1993年在一些较大村和居住分散的村建立以来，经过不断巩固和完善，在农村政治、经济和社会生活中发挥了重要作用。为使村民代表会议制度在全县开花结果，使农村民主政治建设再上新台阶，制定本决议。主要内容包括：一、提高对村民代表会议制度重要性的认识；二、充分发挥村民代表会议的职能和作用；3. 切实加强对村民代表会议工作的领导。

5. 关于尽快解决我县深山区人民听广播看电视难问题的决议

本决议 1996 年 4 月 4 日平山县第十一届人民代表大会第五次会议通过。近几年，在各级党委和政府的领导下，广播电视业得到较快发展提高，但仍有西部深山区近 60% 的面积 40% 的人口听不到广播看不到电视。为了更广泛地宣传贯彻党的路线、方针、政策，传播科技、文化知识、经济信息等，推动深山区经济发展，加快农村小康建设步伐，促进两个文明建设，特作此决议。主要包括：一、提高认识，加强领导；二、增加投入，加快建设；三、制定规划，分工负责等内容。

6. 关于 1997 年实现“普九”达标的决议

1997 年 1 月 17 日平山县第十一届人民代表大会第六次会议通过。普及九年义务教育是建设经济强县的基础工程，是推进社会进步，提高全民素质和劳动者技能的重大举措，是发展国民经济的重要保证。近年来，县乡两级政府认真实施“科技兴县、教育优先”的发展战略，采取多种方式，筹措资金，改善办学条件，为“普九”教育打下了坚实的基础。为落实国务院李鹏总理“到本世纪末基本普及九年义务教育”向全世界的庄严承诺，经研究，做出本决议。主要包括一、大力宣传，增强责任感和紧迫感；二、切实加强对做好工作的领导；三、加强对做好此工作的保障；四、做好协同配合等内容。

7. 关于在“一府两院”各部门实行错案责任追究制和行政执法过错责任追究制的决议

本决定于 1994 年 10 月 28 日县第十一届人大常委会第十一次会议通过，为保证宪法、法律、法规在本行政区域的遵守和执行，促进改革开放和市场经济建设的大局，县十一届人大常委会第十一次会议研究在司法机关、行政执法部门实行错案和执法过错责任追究制，特作出决定。主要包括如下内容：一、充分认识实行错案和执法过错责任追究制的重要意义；二、追究的范围和内容；三、加强教育，提高执法人员的素质；四、制定切实可行的追究制度；五、加强领导。

第五章　人事任免

1994 年 1 月 28 日县第十一届人大常委会第七次会议

任命：

刘国才为县人民法院行政庭副庭长

康志强为县人民法院孟贤壁法庭副庭长

刘明方、孙建敏、史雪平、阎华中、杨习文、焦仙果、范风军、李文军、卢国民、齐同平、马振堂、郄建华、霍文哲、曹花平、李龙龙、王树平、康永联为县人民法院审判员

免去：

高双斌平山县法院温塘法庭庭长职务

何庆山平山县法院下槐法庭副庭长职务

康志强平山县法院小觉法庭副庭长职务

1994 年 10 月 28 日县第十一届人大常委会第十一次会议

任命：

刘国才为平山县人民法院行政庭庭长

段英校为平山县人民法院经济庭庭长

李银拴为平山县经济第二审判庭庭长

赵喜宗为平山县岗南法庭庭长

习建明为大吾法庭庭长

刘晓华任南甸法庭庭长

王辉为古月法庭庭长

杨习文为平山县法院行政庭副庭长

王雪元为平山县经济庭副庭长

康志强为平山县法院民事庭副庭长

齐云兰为平山县法院经济第二审判庭副庭长

马建中为平山县法院经济庭副庭长

张增芳为岗南法庭副庭长

赵兰玉为孟贤壁法庭副庭长

霍文哲为小觉法庭副庭长
张增方为回舍法庭副庭长
王树平为城关法庭副庭长
齐同平为南甸法庭副庭长
赵付亮为城关法庭副庭长
免去：
刘国才平山县人民法院行政庭副庭长职务
段英校平山县人民法院经济庭副庭长职务
李银拴城关法庭副庭长职务
刁建明平山县法院民事庭副庭长职务
刘晓华南甸法庭副庭长职务
王辉大吾法庭副庭长职务
王雪元孟贤壁法庭副庭长职务
康志强孟贤壁法庭副庭长职务
张增芳南甸法庭副庭长职务
赵兰玉回舍法庭副庭长职务
陈旦旦苏家庄法庭副庭长职务
陈安堂小觉法庭副庭长职务
秦海林孟家庄法庭庭长职务
檀玉甫孟贤壁法庭副庭长职务
曹双庆平山县人民法院行政庭副庭长职务
王文明两河法庭庭长职务
梁锦霄平山县人民法院经济庭副庭长职务
何庆山平山县人民法院审判员职务

1995年3月25日县第十一届人大常委会第十四次会议
决定任命：
张志兵为平山县人民政府副县长
免去：
张志兵县经委主任职务

1995年9月22日县第十一届人大常委会第十七次会议
任命：
崔瑜芳为平山县人民检察院检察员
刘晓霞为平山县人民检察院检察员

郄和平为平山县人民检察院检察员
史星元为平山县人民检察院检察员
高元成为平山县人民检察院检察员
刘希文为平山县人民检察院检察员

1995年2月25日县第十一届人大常委会第十三次会议
决定任命
赵拴文任县政府副县长
李小保任县政府副县长
梁爱平任县检察院检察委员会委员、副检察长、代理检察长
任命：
曹美玺任县检察院检察委员会委员、副检察长
张志金任县人大信访科科长
谢志义任县人大政法科科长
付占胜任县人大财经科科长
刘明芳任县人大农经科科长
武建忠任县人大办公室副主任
马顺堂任县人大办公室副主任
王淑珍任县人大办公室副主任
齐吉秀任县人大农经科副科长
左振江任县人大财经科副科长
赵会文任县人大信访科副科长
决定免去：
栗进路县政府副县长职务
张志金县人大政法科副科长职务
刘明芳县人大财经科科长职务
马顺堂县人大财经科副科长职务
齐吉秀县人大办公室副主任职务
谢志义县人大政法科副科长职务

1995年5月26日县第十一届人大常委会第十五次会议
决定任命：
李文昌为县经委主任
郝玉法为计生委主任
赵二录为物价局局长

常二平为商业局局长
任命：
杨爱平为县检察院检察员
免去：
常二平物价局局长职务
封守福计生委主任职务
郝玉法商业局局长职务

1996 年 2 月 2 日县第十一届人大常委会第十九次会议
决定任命：
杜文奎为平山县人民政府副县长
任命：
赵风昌为公安局局长
王文辉为司法局局长
冯静辉为教育局局长
韩晓瑞为劳动人事局局长
左增寿为外贸局局长
邢锁林为矿产管理局局长
齐明贵为土地管理局局长
杨明法为水利局局长
赵文忠为畜牧局局长
免去：
马福春公安局局长职务
郜增增司法局局长职务
封进志教育局局长职务
郄占奎劳动人事局局长职务
韩吉太外贸局局长职务
李银海矿产管理局局长职务
何秀聪土地管理局局长职务
赵文忠水利局局长职务
白顺位畜牧局局长职务

1996 年 2 月 14 日县第十一届人大常委会第二十次会议
决定任命：
韩保深为平山县人民政府副县长、代理县长

1996年6月27日县第十一届人大常委会第二十三次会议
任命：
杨彦明为县畜牧局局长
李吉平为县能源办公室主任
杨来来为县法院岗南法庭庭长
张增芳为县法院下槐法庭庭长
赵喜俊为县法院执行庭庭长
焦玉堂为县法院西柏坡法庭庭长
宋林林为县法院西柏坡法庭副庭长
王树平为县法院经二庭副庭长
王庭君为县法院蛟潭庄法庭庭长
霍文哲为县法院城关法庭副庭长
苗建国为县法院两河法庭庭长
齐同平为县法院回舍法庭庭长
周十月为县法院大吾法庭副庭长
刘明芳为县法院下槐法庭副庭长
尹新国为县法院回舍法庭副庭长
马振堂为县法院小觉法庭庭长
史志平为县法院城关法庭副庭长
郄建华为县法院南甸法庭副庭长
高林为县法院小觉法庭副庭长
崔秀英为县法院审判员
段英校为县法院审判委员会委员
崔何小为县法院审判委员会委员
郄三来为县检察院检察员
免去：
赵文忠畜牧局局长职务
王子庭能源办公室主任职务
封志国爱卫会办公室主任职务
杨来来县法院苏家庄法庭庭长职务
张增芳县法院回舍法庭副庭长职务
赵喜俊县法院岗南法庭庭长职务
焦玉堂县法院下槐法庭副庭长职务
宋林林县法院大吾法庭副庭长职务

王树平县法院城关法庭副庭长职务
王庭君县法院小觉法庭庭长职务
霍文哲县法院小觉法庭副庭长职务
苗建国县法院回舍法庭庭长职务
齐同平县法院南甸法庭副庭长职务
周十月县法院苏家庄法庭副庭长职务
张文增县法院告审庭副庭长职务
范风录县法院两河法庭副庭长职务
李顺祥县法院执行庭庭长职务
薛国忠县法院下槐法庭庭长职务
刘惠县法院审判委员会委员职务
封积武县法院审判委员会委员职务

1996年9月5日县第十一届人大常委会第二十四次会议
决定任命：
齐英为平山县农业局局长
齐海书为平山县水产局局长
免去：
付占胜县人大财经科科长职务
刘贵生县人大代表联络科科长职务
王贵明平山县农业局局长职务
张玉树平山县水产局局长职务
孙振东平山县科委主任职务

1996年10月31日县第十一届人大常委会第二十五次会议
免去：
马柱山平山县法院副院长、审判委员会委员、审判员职务
王宝书平山县法院审判员职务
封积武平山县法院审判员职务
曹双庆平山县法院审判员职务
张文秀平山县法院审判员职务
檀华甫平山县法院审判员职务
高双兵平山县法院审判员职务
刘哲亮平山县法院审判员职务
尹兰凯平山县法院审判员职务

王文明平山县法院审判员职务
秦海林平山县法院审判员职务

1996 年 12 月 19 日县第十一届人大常委会第二十六次会议
决定任命：
权林山为平山县财政局局长
范国卿为平山县物资局局长
免去：
刘明芳县人大常委会农经科科长职务
郜新芳县物资局局长职务
薛根深县财政局局长职务

1997 年 3 月 27 日县第十一届人大常委会第二十八次会议
决定任命：
杨建秋为平山县人民政府副县长

1997 年 7 月 23 日县第十一届人大常委会第三十次会议
任命：
郝玉法为平山县科技局局长
张从礼为平山县计生局局长
杨英明为平山县城建局局长
杨新华为平山县人民法院审判员
齐金虎为平山县人民法院审判员
郝丽霞为平山县人民法院审判员
封文保为平山县人民法院审判员
焦国才为平山县人民法院审判员
刘春联为平山县人民法院审判员
齐建龙为平山县人民法院审判员
沈虹华为平山县人民法院审判员
尹新国为平山县人民法院审判员
李书亮为平山县人民法院审判员
范风军为平山县法院刑事庭副庭长
李永生为平山县法院两河法庭副庭长
孙建敏为平山县法院民事庭副庭长
焦玉堂为平山县法院孟家庄法庭副庭长

马建中为平山县法院经济第一审判庭庭长
刘明芳为平山县法院西柏坡法庭庭长
智增林为平山县检察院检察员
苏保国为平山县检察院检察员
郝四书为平山县检察院检察员
李新国为平山县检察院检察员
陈立朝为平山县检察院检察员
免去：
孙文祥县城建环保局局长职务
闫云鹏县科技局局长职务
郝玉法县计生局局长职务
段英校县法院经济第一审判庭庭长职务
焦玉堂县法院柏坡法庭庭长职务
刘明芳县法院孟家庄法庭庭长职务
任国兵县检察委员会委员职务
李振文县检察委员会委员职务

1997 年 9 月 24 日县十一届人大常委会第三十一次会议
决定任命：
梁中元为平山县计划局局长
刘清明为平山县粮食局局长
任命：
齐吉秀为平山县人大常委会农经科科长
左振江为平山县人大常委会财经科科长
李习平为县人大常委会代表联络科科长
周明风为平山县法院审判委员会委员
赵喜宗为平山县法院审判委员会委员
王米贵为平山县法院审判委员会委员
免去：
康建国县粮食局局长职务
封新堂县计划局局长职务
齐吉秀县人大常委会农经科副科长职务
左振江县人大常委会财经科副科长职务
李习平县人大常委会代表联络科副科长职务

第六章　重点工作

1993 年

4 月，为贯彻落实国务院《农民承担费用和劳务管理条例》和《河北省农民承担费用和劳务管理规定》，平山县人大常委会会同县农工部、县物价局，深入到平山镇、孟贤壁乡、两河乡进行调查研究。通过广泛的法律、法规宣传，农村干部和村民维护自己合法权益的法律意识进一步增强。

7 月，县人大常委会组织县乡人大代表围绕年初县、乡人代会政府工作报告中提出的工作目标进展情况进行视察，听取政府工作汇报，征求意见和建议。县人大常委会组织视察的重点：防护林工程管理情况、各乡镇奔小康规划落实情况。各乡镇人大主席团同步开展视察活动。

8 月 25 日至 9 月 5 日，县人大常委会组织县建委、林业局、政府办、环保、水利、公安、司法、工商等部门组成检查队，开展全县环境保护执法检查。

9 月，县人大常委会组织部分县人大代表，政府有关部门组成土地执法检查领导小组，就《中华人民共和国土地管理法》和《河北省土地管理条例》执行情况开展执法检查。

9 月 25 日至 10 月底，县人大常委会、县政法委员会，对今年以来部分案件进行检查，检查重点是：公安机关该报捕没有报捕，该劳教没有劳教和以罚款手段处理的刑事案件；检察院不批捕和免诉案件；法院判无罪和缓刑的案件，以及久拖未决，群众反映强烈，影响较大的案件。

10 月 19 日至 20 日，以市人大常委会委员、市人大农村经济委员会委员、中科院石家庄农业现代化研究所生态试验站站长王昭仁为组长的市人大、市土地局、市农委、市农业局联合检查小组一行，对县土地执法情况和发展“一优双高”农业情况进行检查。

10 月 21 日至 11 月 5 日，县人大常委会组织计生委、计生协等单位，对县政府贯彻实施《河北省计划生育条例》情况进行全面自查，对古月、岗南、三汲、柏坡、回舍、温塘 6 个乡镇进行抽查。

11 月，县人大常委会组织有关科、局，对县政府贯彻落实《中华人民共和国义务教育法》情况进行一次调查，采取听汇报与深入学校进行座谈调查相结合的方法，调查了 3 个乡镇 7 所学校。建议在县城内建一所职工子弟学校，争取及早投入使用。

12月9日，县人大常委会组织部分县人大代表、人大常委会组成人员、县政府有关部门，邀请县委农工部，对古月镇、下槐镇的奔小康规划实施情况进行视察。

本年度，县人大常委会6名正副主任先后分别深入平山镇、孟贤壁乡、古月镇、孟家庄镇、观音堂乡等15个乡镇走访代表，围绕全县经济建设和广大人民群众普遍关心的热点问题开展调查。县人大学习外地经验探索建立村民代表会制度，对加强基层民主政治建设发挥了积极的作用。

1994年

4月中旬，县人大常委会组成检查组，利用5天时间，对县、乡政府贯彻实施《农业法》《农业技术推广法》的具体情况进行执法检查。

5月上旬，县人大常委会开展环境保护执法大检查，主要检查《环境保护法》《野生动物保护法》《水污染防治法》《大气污染防治法》和《国务院关于加强乡镇、街道企业环境保护管理的规定》等法律法规执行情况。通过检查，广泛动员全社会积极参与环境保护，推动和促进法律法规全面实施。

5月16日至25日，县人大常委会组织教科文卫科、县政府有关部门，组成食品卫生监督检查活动领导小组，对《食品卫生法》贯彻执行情况进行检查，监督检查的重点范围是：街头食品及早夜市食品卫生、食堂卫生、中小餐厅卫生、副食调料卫生、冷饮卫生及冷饮生产和熟肉制品卫生。

6月27日至7月2日，县人大常委会组织人大财经科、县财政局等部门，对经委、乡镇企业、粮食、物资等系统及下属两个企业和古月、温塘两个乡镇的4个乡镇企业进行《会计法》和《注册会计师法》贯彻落实情况检查。

8月11日至18日，县人大常委会组织县科委、宣传部、经委、农、林、牧、水、司法等部门负责人组成执法检查领导小组，对《科技进步法》贯彻落实情况进行自查。在单位自查基础上，县执法检查领导小组对平山镇、两河乡、白云山水泥厂、化肥厂、化工厂等10个单位进行重点抽查。

8月，县人大常委会先后组织代表围绕畜牧养殖、高效农业、农田基本建设、石材开发等进行视察。

9月1日，县人大常委会在招待所召开全县村民代表会工作经验交流会，各乡镇人大主席和部分村民代表会主席参加会议，县人大常委会常务副主任高文存主持会议，会议交流了村民代表会工作经验，推动了全县村民代表会制度的健全和发展。

9月15日，县人大常委会在人大会议室组织部分县人大代表及部分乡镇人大主席团常务主席，举行人民代表大会成立四十周年座谈会。县委主管人大工作的常务副书记刘振刚，人大常委会主任杨锡田，副主任高文存、张敬哲、姜兵虎参加了座谈会。

9月，县人大常委会组织代表对法院和电力等部门的工作进行评议，通过评议促进了部门工作的开展。

11 月 22 日至 28 日，县人大常委会组织各乡镇结合计划生育突击活动对《河北省计划生育条例》贯彻落实情况进行自查，并对城关、南甸、回舍、古月、温塘、岗南等 6 个乡镇 12 个村进行重点抽查。

12 月 26 日至 28 日，县人大常委会副主任李永进、姜兵虎分别带领部分人大代表和有关部门主要领导，深入到水泥厂、五金一厂、人民银行、县医院等 12 个单位，对《石家庄市实施工会法办法》贯彻执行情况进行检查。

本年度，共接待代表和群众来信来访 200 多件（人）次，其中办理要结果的案件 8 件。

1995 年

5 月 25 日至 5 月底，县人大常委会组织有关部门对全县粮油、食品、蔬菜等与人民生活密切相关的重点商品和烟草专卖法实施情况进行重点监督检查。

7 月 4 日至 8 月 5 日，县人大常委会组织县人大财经科及政府有关部门组成环境保护执法检查领导小组，进行环保执法检查。重点检查《环境保护法》《大气污染防治法》《水污染防治法》和《野生动物保护法》等与生态环境保护有关的法律及国务院和省市关于环境保护的法规的落实情况。

7 月至 9 月，根据市人大统一安排，组织人大代表对工商行政管理工作进行评议。全县共有 238 名各级人大代表参加调查活动，共走访代表和选民 1200 多人，召开不同类型的座谈会 100 多次，走访工商企业 62 个，乡镇企业 58 个，个体私营企业 48 个，个体户 932 家。评议大会上有 11 位代表发言。根据评议会上 11 位代表发言、提出的意见和建议，县工商局采取有力措施，扎扎实实抓整改，取得了显著成效。通过评议，使工商工作实现了 6 个方面的新突破，也提高了人大在人民群众中的威信。

11 月，为充分发挥村民代表会的作用，县人大常委会作出关于加强村民代表会制度的决议。组织平山镇、南甸镇以及民政局到正定参观学习建立村民代表会的经验，在完善村民代表会制度，提高村民代表素质等方面做文章，有效地促进了农村经济建设和奔小康。

12 月，县人大常委会组织各位主任及部分委员专题听取县政府关于今年人代会通过的政府工作报告落实情况汇报，并对正在施工中的县职教中心、百万只甲鱼养殖亿元工程、平光路至康乐街拓宽改造工程等进行视察。

同月，县人大常委会组织对县交警队和看守所进行视察。

本年度，县人大常委会各位正副主任深入到 19 个镇走访代表和群众，召开不同类型的座谈会，围绕全县经济建设和群众普遍关心的工业、农业、乡镇企业、文教卫生、社会治安等热点问题开展调查研究，广泛收集代表和群众的意见和建议。

本年度，人代会上共收到批评意见和建议 42 条，之后又陆续收到代表批评意见 14 条。对代表的批评意见专门召集有关部门领导进行转办。

本年度，共接待和处理代表和群众来信来访 197 件，其中要结果的案件 19 件，已办结 16 件。

1996年

4月5日至8日，县人大常委会主任张述带队，组织财经科及人大代表，就《预算法》贯彻实施情况，对县财政局和三个乡的镇一级财政进行了全面深入检查。

5月5日至20日，县人大常委会组织部分组成人员及农经科、政府等有关单位负责人组成执法检查领导小组，在全县开展《农业技术推广法》执法检查。

5月13日至27日，县人大常委会组织县劳动人事局、审计局，邀请县工会等部门，在全县范围内开展《劳动法》执法检查，集中4天时间分3个检查组对县经贸、粮食、城建、交通、乡镇企业、县社等六大行业的12个下属企业落实《劳动法》情况进行重点抽查。

5月25日至6月30日，县人大常委会、县政府组织县人大政法科、县档案局、法制办、计委、编办、财政局、司法局组成检查组，就《河北省档案工作条例》贯彻执行情况，对县直各单位、各乡镇开展检查。

6月，县人大常委会组织常委会部分组成人员，就《消费者权益保护法》《反不正当竞争法》和《产品质量法》实施情况及今年以来全县的打击假冒伪劣商品活动情况进行检查。

7月2日至20日，《食品卫生法》颁布一周年之际，县人大常委会和乡镇人大主席团分别组织部分人大代表和有关单位，对《食品卫生法》的学习、宣传、执行情况在全县范围内进行大规模的检查活动。

7月17日，县人大常委会主任张述，副主任高文存、张敬哲、李永进、姜兵虎、左更书和人大党组顾问武贵才、齐学彦、梁文达到西柏坡视察万亩森林公园工程。

8月份，特大洪灾发生后，县人大常委会领导先后深入到温塘、古月、孟家庄、回舍、三汲、两河等乡镇看望受灾代表，鼓励他们树立战胜洪灾的信心，积极协助村干部开展生产自救、重建家园工作。全县掀起的募捐活动中，人大常委会全体积极响应县委号召，带头捐款捐物，为全县抗洪救灾和重建家园做出了积极贡献。

9月下旬至11月，县人大常委会组织在全县公检法机关开展就案查执法活动。

10月，县人大常委会、县政府组织人大教科文卫科、政府办公室、计生局、计生协、司法局、监察局、审计局等有关部门组成执法检查领导小组，就《河北省计划生育条例》贯彻落实情况，在全县范围内开展计划生育条例执法检查。

本年度，对县人大常委会例会的开展进行改革和完善：一、坚持了会前由主任、委员带队，根据会议议程深入基层调查研究，开展民意测评，掌握第一手材料，为大会审议做好准备；二、实行分组进行背靠背讨论审议，之后，由各小组长在大会上进行联组发言，解决了代表不愿面对面提意见的顾虑，使人人都有发表意见的机会；三、吸收法院院长、检察院检察长和乡镇人大主席列席会议，提高了会议质量；四、由人大常委会主任当场向被任命干部颁发任命书，体现了依法任命的严肃性。

本年度，指导乡镇人大认真搞好换届选举工作。共选出乡镇人大代表1185名，并顺利召开新一届乡镇人代会。

本年度，指导乡镇人大开展代表议政日活动，在古月镇召开代表议政日活动现场会。

本年度，各乡镇普遍制定了《人大主席团会议制度》《联系代表制度》《人大主席接待代表制度》等有关规章制度。在硬件建设上，做到了“五有”，即有牌子、有代表活动室、有国徽、有制度、有档案存放处。

本年度，县人大宣传报道工作由1995年在全市排位下游，一跃升为上游。

本年度，建立了信访工作制度、司法工作监督制度、主任接待日制度等规章制度，专门安装了信访电话，共接待代表和群众来访389人次，受理来信来访160件，均得到妥善处理，并监督有关部门解决和纠正了一些久拖不决的案件。1996年，县人大信访科被省市人大评为先进单位。

本年度，县人大发出通知，在县、乡人大代表中开展评选百名优秀代表的活动。

1997年

4月下旬，县人大常委会组织工商局和卫生局，对《食品卫生法》贯彻执行情况进行检查。针对检查情况，提出两条建议：一是进一步加大《食品卫生法》的宣传力度；二是对未经卫生部批准的保健食品要严格控制上市。

4月下旬至6月下旬，县人大常委会组织人大办、县人行、人大财经科组成“三法”检查领导小组，对《人民银行法》《商业银行法》和《票据法》开展执法检查，采取县检查组抽查与金融机构自查相结合，监督主体检查与执法主体检查相结合的方法进行。提出如下建议：一是在金融系统继续深入开展“三法”学习活动，真正使金融系统步入法制化经营；二是加强领导，建立组织，集中精力抓好清收贷款工作；三是在金融系统全面推行农村信用联社“贷款发放追究终身责任制”的做法；四是加强项目评估，规范风险管理；五是夯实基础；六是加大依法收贷力度；七是建立人大定期执法检查制度；八是人行要加大对金融机构的监管力度，确保金融系统信贷资产安全稳健运行。

6月至9月上旬，县人大常委会组织县人大办公室、县政府办公室、县财政局、县人大财经科组成“两法一条例”执法检查领导小组，对全县《会计法》《注册会计师法》和《河北省会计条例》开展情况进行执法检查。

8月5日，县人大常委会主任张述带领部分主任委员视察正在建设中的县名优热带水产苗种繁育基地，听取县水产局的工作汇报。

8月11日至9月上旬，县人大常委会组织财经科、县总工会、劳动人事局、经贸局、审计局组成执法检查组，在全县范围内开展以签订集体合同为重点内容的《劳动法》执法检查，并提出如下建议。一、依法加大对养老保险金和失业保险金的征收力度。二、政府有关职能部门要经常深入基层，一是帮助企业搞好职代会选举、建党等工作，使企业的职代会公正进一步规范化、制度化；二是加大《劳动法》在乡镇企业界宣传力度，规范乡镇企业的用工行为，使乡镇企业逐步步入法制化的管理轨道，依法维护企业和职工的合法权益。

11月10日，县人大常委会组织部分县人大代表对县卫生局所属县医院、妇幼院、中医院进行视察，县人大常委会主任张述对卫生工作提出要求：一要充分利用县政治优势，进一步加快全县医疗卫生事业发展，这要作为县政府及卫生行政部门考虑的一个大课题；二要继续抓好医护人员的医风医德教育，正确处理抓经济收入与为患者服务的关系；三要进一步端正卫生工作的指导思想，把医疗卫生工作的重点放到广大农村。同时要不断制定和完善各种制度，加大力度抓好地段医院和乡镇卫生院及村级医疗卫生机构的各项建设，真正让全县人民都能及时有效地得到医疗和保健。

本年度，召开由全体县人大代表和部分乡镇人大代表参加的百名优秀代表表彰会，省人大常委会副主任张建新、市人大常委会主任徐增厚专程到会指导，并向百名优秀代表颁发了荣誉证书。会后，又专门组织人员对优秀代表的先进事迹进行整理，编印了《人大代表风采录》一书；加强对县级人大换届选举工作的指导。成立了平山县选举委员会，办公地点设在县人大办公室，并设立联系电话，全县共分为94个选区进行选举。县人大加强指导和组织协调，各选区充分发挥民主，严格依法办事，共选出县人大代表217名，为县级人大换届选举的顺利进行奠定了基础。

本年度，县人大常委会接待代表和群众来信来访200多人次，处理来信来访120件，办清86件，其中办理要结果的案件5件，已办结3件，正在办理的2件。

本年度，常委会机关始终坚持每周五下午学习日制度，认真学习邓小平同志建设有中国特色社会主义理论，学习党的基本路线和方针政策，提高政治思想觉悟；先后制定实施《人大常委会议事规则》《人大常委会组成人员守则》《代表批评意见办理办法》等一系列工作制度，增强了人大工作的可操作性，人大宣传信息工作1997年在全市夺冠。

第十篇

平山县第十二届人民代表大会

（1998 年 2 月至 2003 年 4 月）

平山县第十二届人民代表大会自 1998 年 2 月至 2003 年 4 月，任期 5 年，其间共召开人代会 6 次，常委会 37 次。五年来，县人大坚持以邓小平理论和“三个代表”重要思想为指导，全面贯彻党的十五大、十六大精神，认真履行宪法和法律赋予的职责，大力推进民主法制建设，重点对农业法、土地管理法、矿产资源管理法、规划法、环保法、税收征管法等 10 多部法律法规进行宣传；对全县 21 个行政执法部门及法院，检察院落实执法责任制进行全程监督检查；对财政工作、人代会、人大常委会通过的决议决定，县政府办实事情况、支柱产业发展、市场秩序、重点项目实施、人民群众关心的热点、难点问题高度重视，积极推动落实和解决，对代表提出的批评意见和建议加强督办，做到了事事有着落，件件有回音。

第一章　人大党组织

中共平山县人大常委会党组

书　记：白云亭（女，1998.02—2003.04）
副书记：张晓涛（1998.02—2003.04）
成　员：梁海书（1998.02—1999.03）
　　　　姜兵虎（1993.10—2003.04）
　　　　左更书（1993.10—2003.04）
　　　　孙文祥（1998.02—2003.04）
　　　　齐新奎（1991.05—2001.04）
　　　　李三海（2001.04—2002.06）
　　　　杨彦明（2001.04—2002.11）
　　　　姜　辉（2002.06—2006.05）

第二章　人民代表大会

第一节　人大代表

一、县人大代表

（一）选举产生

根据选举法的规定和省、市人大常委会的有关规定，平山县第十二届人民代表大会代表总名额为217名，共分配到94个选区进行选举。为做好县乡两级人大换届选举工作，1997年12月成立平山县县乡人大换届选举工作委员会，主任由县委书记担任。副主任由县人大常委会主任张述、县政府县长韩保深、县委副书记、政府常务副县长赵拴文、县委常委、组织部部长王风刚、县委常委、宣传部部长张晓涛、县人大常委会副主任张敬哲担任，成员由各相关职能部门主要负责人担任。选举委员会下设办公室，地点设在县人大办公室。办公室主任由齐新奎兼任，副主任由马顺堂和李细平担任。

全县各乡镇和县直工委都相应成立选举委员会，组织和领导本地区县乡人大代表选举。依照选举法和省选举实施细则的规定，各选区依法选举产生平山县第十二届人民代表大会代表共217名。平山县第十一届人大常委会代表资格审查委员会对各选区选举产生的217名代表的代表资格进行审查，认为这217名代表的选举符合法律规定，代表资格全部有效。

（二）代表名单

平山县第十二届人民代表大会代表一览表

表10-1

姓名	性别	年龄	政治面貌	文化程度	籍贯	工作单位及职务
刘秀田	男	43	中共党员	大专	赵县	平山县委书记
杜文奎	男	50	中共党员	大专	平山镇	平山县政府副县长
何连山	男	50	群众	高中	东回舍村	东回舍村

续表 10-1

姓名	性别	年龄	政治面貌	文化程度	籍贯	工作单位及职务
张敬哲	男	55	中共党员	大专	河北省滦南县	县人大常委会副主任
李习平	女	41	中共党员	大专	温塘镇	县人大科长
张　述	男	56	中共党员	大专	郜家庄村	县人大常委会主任
齐新奎	男	40	中共党员	大专	烟堡村	县人大办主任
史林虎	男	43	中共党员	大专	平山镇	银星石材厂厂长
焦庆生	男	50	群众	大专	平山镇	县文化局副局长
王金竹	女	31	群众	大专	两河乡王家庄村	平山中学教师
白云亭	女	50	中共党员	中专	孟家庄镇	县政府副县长
齐吉秀	男	45	中共党员	中专	孟家庄镇	县人大科长
张全福	男	48	中共党员	大专	营里乡	县委副书记
郝书文	男	40	中共党员	大专	合河口乡	县委副书记
梁爱平	男	41	中共党员	大专	蛟潭庄村	县检察院检察长
韩良平	男	49	中共党员	大专	苏家庄村	县人大副科长
李永进	男	55	中共党员	中专	河北省深州市	县人大常委会副主任
左振江	男	38	中共党员	高中	平山镇高村	县人大科长
韩保深	男	38	中共党员	大学	深州市	县政府县长
李兵兵	男	51	中共党员	中专	西河沟村	县人大科长
李晓保	男	43	中共党员	大学	无极县	平山县组织部部长
张大平	男	42	中共党员	大专	大吾乡	平山县委副书记
康国平	男	40	中共党员	大专	新乐市	平山县委副书记
牛祯贵	男	40	中共党员	大专	新乐市	平山县委副书记
崔欣元	男	34	中共党员	大专	行唐县	平山县纪检委书记
卢长锁	男	44	中共党员	大专	无极县	平山县
张晓涛	男	49	中共党员	大专	回舍镇郜家庄村	县委宣传部部长
孙文祥	男	51	中共党员	中专	上三汲乡	县政协副主席
梁海书	男	46	中共党员	中专	下槐镇	灵寿县农工部部长
姜兵虎	男	50	中共党员	中专	下槐镇上西峪村	县人大常委会副主任

续表 10-1

姓名	性别	年龄	政治面貌	文化程度	籍贯	工作单位及职务
左更书	男	51	中共党员	大学	南甸镇	县人大常委会副主任
谢志义	男	41	中共党员	大专	平山镇西庄村	县人大科长
张志金	男	50	中共党员	中专	杨家桥乡林峪村	县人大科长
郄德培	男	48	中共党员	大专	平山镇西水碾村	白云山水泥厂厂长
李晚德	男	56	中共党员	—	平山镇西街村	西街村党支部书记
盖俊英	女	32	群众	大专	温塘镇楼斗岗村	经委企业开发副经理
闫俊慧	女	37	群众	大专	无极县	平山医院医生
马经林	男	48	中共党员	大专	河北省怀安县	平山法院院长
李三海	男	43	中共党员	大专	焦家庄村	卫生局局长
齐海书	男	40	中共党员	大专	南西焦村	水产局局长
闫国平	男	34	中共党员	大专	大吾乡	县委办副主任
权林山	男	44	中共党员	中专	岗南镇霍南庄村	财政局局长
刘金风	女	48	中共党员	中专	东王坡乡东胜沟村	国税局局长
辛　勤	男	50	中共党员	大专	温塘镇鹿台村	民政局局长
杨士亭	男	51	中共党员	大专	营里乡	交通局局长
杨明法	男	43	中共党员	大专	南甸镇魏家院村	水务局局长
盖淑珍	女	48	中共党员	大专	平山镇北义羊村	林业局副局长
韩晓瑞	女	44	中共党员	大专	营里乡桃园村	劳动人事局局长
卢鹤斌	男	56	中共党员	高中	平山镇北荣村	人行平山支行行长
王花庭	女	44	中共党员	大专	苏家庄乡	平山县粮食局副局长
赵海军	男	48	中共党员	大专	北冶乡杜家庄村	平山县供销社主任
张丛林	女	47	中共党员	中专	岗南镇朱豪村	五交化公司副经理
周政芳	男	37	中共党员	大专	平山镇新安村	平山中学教师
左增寿	男	44	中共党员	高中	东水碾村	平山县外贸局局长
武二兵	男	47	中共党员	大专	平山镇杨西冶村	平山县供电局局长
杨英明	男	42	中共党员	大专	大吾乡朱坊村	平山县建设局局长
崔利华	女	43	中共党员	大专	蛟潭庄乡上龙窝村	平山县旅游局局长

续表 10-1

姓名	性别	年龄	政治面貌	文化程度	籍贯	工作单位及职务
王汝燕	男	37	中共党员	大专	河北省沧州市	51006 部队副政委
卢建勋	男	45	中共党员	大专	河北省沧州市	平山县武装部部长
李文昌	男	37	中共党员	大学	北岳村	平山县经委主任
刘海涛	男	48	中共党员	大专	东王坡乡	四强公司经理
石志坚	男	40	中共党员	大学	田兴村	棉纺织厂厂长
崔卫平	男	40	中共党员	高中	西街村	平山县磷肥厂厂长
李永平	男	45	中共党员	高中	大吾乡东荣村	县水泥厂厂长
赵增平	男	36	中共党员	大学	孟贤壁村	县化肥厂厂长
杜增庭	男	45	中共党员	大专	平山镇胜伏村	冶金集团公司经理
吴建一	男	46	中共党员	大专	温塘镇温塘村	轴承厂厂长
陈振海	男	61	中共党员	中师	东关村	东关村党支部书记
李兵虎	男	51	中共党员	高中	南关村	南关村党支部书记
左振霞	男	40	群众	初中	高村	高村村长
刘淑婷	女	44	群众	高中	北贾壁村	妇女主任
樊彦敏	男	38	中共党员	大学	北冶乡	平山镇副镇长
范二拴	男	46	群众	初中	东冶村	东冶村村长
张林平	男	42	群众	高中	西水碾村	西水碾锁厂厂长
白兰香	女	40	中共党员	大专	苏家庄乡	平山镇宣传委员
周书祥	男	49	中共党员	初中	新安村	新安村党支部书记
康花婷	女	48	中共党员	初中	里庄村	里庄村妇女主任
于黑旦	男	50	中共党员	高中	烟堡村	铁矿矿长
杨增元	男	52	中共党员	初中	七亩村	七亩村党支部书记
张林志	男	42	中共党员	大专	平山县	平山镇人大主席
王占平	男	42	中共党员	初中	烟堡村	烟堡村党支部书记
谷林堂	男	41	群众	高中	东曲堤村	东曲堤村村长
常保廷	男	44	中共党员	初中	胜伏村	胜伏村党支部书记
谷树祥	男	48	中共党员	高中	李家庄村	李家庄村党支部书记

续表 10-1

姓名	性别	年龄	政治面貌	文化程度	籍贯	工作单位及职务
杨玉凯	男	66	群众	初中	洪子店村	洪子店村群众
杜国良	男	46	群众	中专	孟贤壁村	孟贤壁村村长
焦彦婷	女	49	中共党员	中专	孟贤壁村	孟贤壁小学校长
范志江	男	49	中共党员	初中	范西冶村	范西冶村党支部书记
霍自文	男	49	群众	初中	刘家会村	刘家会村村长
边和平	男	44	中共党员	大专	下口乡	平山镇党委书记
盖细海	男	43	中共党员	中专	张齐村	平山镇镇长
祁兵芳	女	46	中共党员	初中	西曲堤村	西曲堤村妇女主任
孙树增	男	38	中共党员	大学	乱泉村	东回舍镇党委书记
周振海	男	32	中共党员	大专	北白岸村	东回舍镇镇长
杜兵山	男	41	中共党员	高中	北水村	北水村党支部书记
杨明华	女	30	中共党员	高中	北望楼村	平山玻璃工艺厂厂长
贾文祥	男	44	中共党员	中专	南山坡村	东回舍镇人大主席
田建录	男	36	群众	高中	封城村	封城村村长
赵贵文	男	40	中共党员	高中	南望楼村	南望楼村党支部书记
张习兵	男	49	中共党员	高中	东回舍村	东回舍村党支部书记
温习联	女	36	群众	中学	西回舍村	西回舍村妇女主任
柴新海	男	44	中共党员	高中	柴庄村	柴庄村党支部书记
赵芳芳	女	41	群众	高中	西荣村	—
张艮堂	男	51	群众	高中	西大吾乡田兴村	田兴村
赵增寿	男	35	中共党员	高中	温塘镇	大吾乡乡长
任联联	男	56	中共党员	初中	西大吾乡	西大吾村党支部书记
武明山	男	43	中共党员	大专	杨西冶村	大吾乡人大主席
封兵祥	男	53	中共党员	初中	西大吾乡	封许大齐村党支部书记
侯通霄	男	43	中共党员	高中	西回舍镇西黄泥村	大吾乡党委书记
付立华	男	42	中共党员	大专	下槐镇	温塘镇人大主席
闫建国	男	41	中共党员	大专	营里乡	温塘镇镇长

续表 10-1

姓名	性别	年龄	政治面貌	文化程度	籍贯	工作单位及职务
李三梅	女	46	群众	初中	温塘镇大陈庄村	大陈庄村
侯　峰	男	44	中共党员	高中	温塘镇温塘村	温塘村村长
杨元林	男	39	中共党员	高中	温塘镇	温塘镇选矿厂厂长
李龙龙	男	43	群众	高中	温塘镇	焦家庄村村长
李文文	男	36	群众	初中	温塘镇	天井村村长
刘书英	男	48	中共党员	中专	王坡乡桃林村	两河乡人大主席
刘更海	男	49	群众	初中	两河乡东洞村	东洞村村民
张立平	女	39	群众	初中	两河村	两河村会计
陈二武	男	42	中共党员	大专	平山镇沿庄村	两河乡书记
卢增涛	男	38	中共党员	大专	古月镇白家庄村	两河乡乡长
张军海	男	42	中共党员	高中	张杨村	张杨村村民
杨烨明	男	37	中共党员	高中	温塘镇后沟村	三汲乡人大主席
王书风	女	47	中共党员	初中	三汲乡访家庄村	访家庄妇女主任
赵振芳	男	41	中共党员	中专	回舍镇东郭苏村	三汲乡乡长
曹存法	男	30	中共党员	大学	古月镇曹家庄村	三汲乡土地所长
杨联中	男	28	中共党员	中专	温塘镇北马冢村	三汲乡所长
曹明全	男	48	群众	初中	三汲乡河渠村	河渠村村长
康花芳	男	45	群众	高中	三汲乡康家庄村	康家庄村村长
杜花拴	男	39	中共党员	中专	孟贤壁村	南甸镇人大主席
康海平	女	35	群众	高中	南甸镇康庄村	南甸镇康庄村务农
王文全	男	42	群众	初中	南甸镇新庄村	南甸化工厂经理
左金方	男	38	中共党员	高中	西相公庄村	西相公庄村党支部书记
习东明	男	—	中共党员	初中	南甸镇北白雁村	南甸镇
曹竹亮	男	—	中共党员	初中	南甸镇魏家院村	魏家院村党支部书记
马文堂	男	41	中共党员	大专	平山镇新安村	南甸镇镇长
李赶坡	男	49	中共党员	大专	两河乡李家坡村	南甸化工厂总经理
闫文国	男	31	中共党员	大专	大吾乡西荣村	王坡乡政府乡长

续表 10-1

姓名	性别	年龄	政治面貌	文化程度	籍贯	工作单位及职务
韩法云	男	46	中共党员	中专	岗南镇马湾村	东王坡乡人大主席
康喜海	男	32	中共党员	高中	东王坡乡上庄村	上庄村村主任
刘发喜	男	60	群众	初中	东王坡乡下塔村	下塔村村主任
高美海	男	38	中共党员	中专	东王坡乡	东王坡乡计生委主任
赵瑞竹	女	37	群众	高中	东王坡乡	会计
王增法	男	42	中共党员	中师	东王坡乡	东王坡乡教育组组长
齐立年	男	34	中共党员	大学	下槐镇	岗南镇镇长
张小清	男	33	中共党员	中专	合河口乡	岗南镇人大主席
王兵叶	女	56	群众	初中	岗南镇	韩庄村妇女主任
霍文书	男	33	中共党员	大专	宅北乡	岗南教育组组长
陈英缺	女	45	群众	高中	岗南镇	西岗南村妇女主任
习树元	男	52	中共党员	高中	岗南镇	北石殿村村长
张兵海	男	65	中共党员	初中	岗南镇	娄子涧村
韩新平	男	38	中共党员	大专	小觉镇秘家会村	岗南镇党委书记
王习海	男	28	群众	高中	岗南镇	王常峪村村主任
王绍华	男	33	中共党员	大专	东回舍镇回舍村	西柏坡乡乡长
陈国旦	男	30	中共党员	高中	梁家沟村	梁家沟村村干部
范联军	男	49	中共党员	中专	下槐镇南文都村	西柏坡乡人大主席
权明琴	女	52	群众	中师	岗南镇朱豪村	西柏坡希望小学教师
杨满文	男	39	中共党员	中专	苏家庄乡	苏家庄乡人大主席
赵华全	男	37	中共党员	中专	宅北乡	苏家庄乡乡长
赵国海	男	45	群众	高中	苏家庄乡	韩丁村村长
韩树梅	女	44	中共党员	初中	苏家庄村	苏家庄村妇女主任
谷书俊	女	35	中共党员	大专	缑家庄村	宅北乡人大主席
王明长	男	51	中共党员	高中	宅北乡指角沟村	宅北乡选矿厂书记
封明亮	男	35	中共党员	中专	西柏坡乡西沟村	宅北乡乡长
李建忠	男	46	群众	高中	南滚龙沟村	南滚龙沟村村长

续表 10-1

姓名	性别	年龄	政治面貌	文化程度	籍贯	工作单位及职务
封海明	男	41	中共党员	中专	下槐镇柏岭村	古月镇副镇长
张海录	男	51	中共党员	中专	古月镇上三家店村	上三家店村村民
肖虎子	男	34	中共党员	大专	平山镇	古月镇镇长
王密风	女	45	群众	初中	古月镇甘秋村	甘秋村
王　辉	男	37	中共党员	大专	温塘镇陈家庄村	古月法庭庭长
刘跃进	男	42	中共党员	高中	古月镇刘家沟村	刘家沟村
彭　军	男	39	中共党员	大专	下口乡下口村	北冶乡乡长
黄庆海	男	52	中共党员	初中	北冶乡咂杜村	咂杜村党支部书记
印宝宝	男	39	中共党员	大专	古月镇井沟村	北冶乡人大主席
张民政	男	39	群众	初中	北冶乡土岭村	土岭村村长
胡贵书	女	30	群众	大专	北冶乡三家清村	三家清村小学
白书亭	男	44	中共党员	高中	北冶乡塔崖村	塔崖村村长
杨美平	男	30	中共党员	大专	营里乡	下口乡乡长
闫惠生	男	63	中共党员	初中	下口村	下口村党支部书记
封旭明	男	48	中共党员	中专	北冶乡西下宅村	下口乡人大主席
张花亭	女	45	群众	初中	下口乡车付沟村	车付沟村妇女主任
关文兰	男	36	中共党员	大专	下槐镇唐家沟村	孟家庄镇镇长
李七五	男	35	中共党员	中专	孟家庄镇下寺村	孟家庄镇人大主席
王苍竹	女	41	中共党员	高中	下槐镇南文都村	孟家庄镇副镇长
李四平	男	44	群众	高中	孟家庄上文都村	上文都村务农
李二锤	男	39	中共党员	高中	长桑村	长桑村村长
胡随林	男	39	中共党员	大专	上三汲乡	下槐镇镇长
封庆庆	男	33	—	大专	柏岭村	下槐中学教师
刘学亮	男	43	中共党员	中专	古月镇洪子店	下槐镇副书记
封风书	女	42	中共党员	高中	王家沟村	王家沟村副书记
张三春	男	38	—	高中	两岔村	两岔村
陈贵明	男	48	中共党员	初中	观音堂乡上盘松村	观音堂乡人大主席

续表 10-1

姓名	性别	年龄	政治面貌	文化程度	籍贯	工作单位及职务
胡存锁	男	42	中共党员	高中	蛟潭庄镇	观音堂乡乡长
李二白	女	34	群众	高中	下盘松村	下盘松村妇女主任
牛富义	男	41	群众	高中	秋卜洞村	秋卜洞村村长
何书明	男	39	中共党员	高中	小觉镇小觉村	小觉镇政府镇长
崔福禄	男	39	中共党员	大专	蛟潭庄镇	小觉镇人大主席
封树平	男	49	中共党员	初中	小觉镇	小觉电站站长
韩锦安	男	47	中共党员	高中	小觉镇秘家会村	秘家会村党支部书记
王金录	男	35	群众	高中	小觉镇	王家岸村村长
张朵叶	女	45	群众	初中	小觉镇	上卸甲河村妇女主任
乔金保	男	40	中共党员	高中	平山镇南西焦村	营里乡乡长
韩建英	女	21	群众	初中	三岔村	三岔村妇女主任
平怀川	男	49	中共党员	中专	小觉镇	营里乡人大主席
李存秀	男	44	中共党员	初中	鹁鸽崖村	鹁鸽崖村村长
韩江涛	男	35	中共党员	中专	小觉镇	杨家桥乡人大主席
齐　广	男	35	中共党员	中专	北冶乡	杨家桥乡乡长
何春梅	女	29	群众	高中	工尚村	平山虹桥公司经理
董二反	男	48	中共党员	初中	鸡石村	鸡石村党支部书记
韩连顺	男	34	中共党员	中专	营里乡	蛟潭庄镇镇长
董士霞	男	40	中共党员	大专	杨家桥乡	蛟潭庄镇人大主席
刘兵梅	女	50	群众	初中	下龙窝村	下龙窝村会计
刘兵锁	男	66	中共党员	初小	蛟潭庄村	蛟潭庄村村长
杨　兴	男	30	中共党员	中专	杨家桥乡	合河口乡乡长
梁会明	男	36	中共党员	大专	蛟潭庄镇	合河口乡人大主席
梁洋怀	男	52	群众	初中	合河口乡	常峪村
梁爱英	女	44	中共党员	高中	合河口乡	常峪村妇女主任

（三）届中调整情况

1. 第十二届人民代表大会第一次会议实有县人大代表 217 名；到第二次会议实有县人大

代表 215 名；到第三次会议实有县人大代表 214 名；到第四次会议实有县人大代表 216 名；到第五次会议实有县人大代表 214 名；到第六次会议实有县人大代表 213 名。

2. 平山县第十二届人大常委会第二十一次会议决定接受任联联、侯通霄、韩新平、卢增涛、孙树增、崔建国、边和平辞去县人大代表职务的请求。

二、平山县出席石家庄市第十届人民代表大会代表

（一）选举产生

平山县第十二届人大一次会议选举平山县出席石家庄市第十届人大代表 22 名：陈来立、彭造岭、马世光、齐瑞学、白云亭、冯书庆、付玉霞、刘秀田、刘霞霞、杨二喜、李跃增、张双平、卢庆忠、武二兵、罗忠、范海庭、闫惠生、康云联、韩保深、韩二秃、韩风海、焦庆生。

（二）届中调整情况

1. 平山县第十二届人民代表大会常务委员会第十六次会议，补选杨明华为石家庄市第十届人民代表大会代表。

2. 平山县第十二届人大常委会第二十次会议补选卢长锁为石家庄市第十届人民代表大会代表。

3. 平山县第十二届人大常委会第二十一次会议决定罢免刘秀田石家庄市第十届人民代表大会代表职务。

4. 平山县第十二届人大常委会第二十八次会议补选李遵英为石家庄市第十届人民代表大会代表。

三、平山县出席石家庄市第十一届人民代表大会代表

平山县第十二届人民代表大会第六次会议选举平山县出席石家庄市第十一届人民代表大会代表 19 名（其中市直来平山参选 4 名）：

王长敏　闫书章　赵悦贞　许风琴　王平子　卢长锁　卢庆忠
冯书庆　刘霞霞　杜林文　杨明华　李振英　李跃增　陈素娟
武二兵　赵新朝　高雪岭　崔习平　韩学文

第二节　代表大会

县第十二届人民代表大会共召开 6 次会议。

一、第一次会议

第一次会议于 1998 年 2 月 16 日至 20 日在县工人俱乐部举行。会议应到代表 217 名，

实到代表214名，因事因病请假3名。不是人大代表的县委常委、县政府副县长、政府各部门一把手；县委各部门、各人民团体负责人、部分老干部代表参加了开幕式。

（一）组织机构

大会预备会议选举产生主席团、秘书长及议案审查委员会。

主席团（35名）：

王金竹（女）	牛祯贵	白云亭（女）	左更书
左振江	史林虎	卢建勋	孙文祥
刘秀田	齐吉秀	齐新奎	张大平
张　述	张志金	张晓涛	张敬哲
李小保	李习平（女）	李永进	李兵兵
李晚德	何连山	杜增庭	郄德培
郝书文	封书平	姜兵虎	崔欣元
康国平	梁海书	盖俊英（女）	韩良平
韩保深	焦庆生	谢志义	

秘书长：姜兵虎

主席团第一次会议推定刘秀田、张述、韩保深、郝书文、张大平、牛祯贵、康国平、白云亭、张敬哲、李永进、张晓涛、姜兵虎、左更书、梁海书、孙文祥为主席团常务主席。

主席团第一次会议决定齐新奎、封明明、闫国平、张金泽为大会副秘书长。

议案审查委员会

主　任：左更书

副主任：张敬哲　孙文祥

委　员：李晚德　郄德培　李习平　何连山

（二）主要议程

2月17日上午，会议听取县长韩保深作的《政府工作报告》。书面听取计划局局长梁中原作的《关于平山县1997年国民经济和社会发展计划执行情况与1998年国民经济和社会发展计划草案报告》和财政局局长权林山作的《关于平山县1997年财政预算执行情况和1998年财政预算草案报告》。

2月18日上午，听取县人大常委会主任张述作的《平山县人大常委会工作报告》、县法院院长马经林作的《平山县人民法院工作报告》、县检察院检察长梁爱平作的《平山县人民检察院工作报告》。

会议分8个代表团对上述报告进行认真审议和审查，批准相应报告。根据各代表团对6个报告的审议情况，会议分别作出相应的决议。

2月20日上午，按照大会通过的选举办法，选举平山县出席石家庄市第十届人民代表大会代表22名。

2月20日下午，按照选举办法，会议以无记名投票方式选举产生县十二届人大常委会组成人员23名；县政府县长、副县长9名；县法院院长1名；县检察院检察长1名。选举结果如下：

平山县第十二届人民代表大会常务委员会

主　任：白云亭

副主任（5名）：

张晓涛　梁海书　姜兵虎　左更书　孙文祥

委　员（17名）：

王金竹	左振江	史林虎	齐新奎
齐吉秀	张志金	杜增庭	李习平
李兵兵	李晚德	何连山	郄德培
封树平	盖俊英	谢志义	韩良平
焦庆生			

平山县人民政府

县　长：韩保深

副县长（8名）：

卢长锁　霍六斤　郄贵庭　王景芳　杨建秋　张志兵　韩晓瑞　李文昌

平山县人民法院

院　长：马经林

平山县人民检察院

检察长：梁爱平

（三）代表议案及批评建议

会议期间，共收到代表提出的建议、批评和意见49件，内容涉及交通、水务、文教卫生、林业、工业信息、城建、环保、供电、旅游、规划、城市管理、农牧、土地、食品安全、财政等方面。

链接：县十二届人大常委会主任简历

白云亭，女，汉族，1945年3月出生，平山县孟家庄镇曹家庄村人，中专学历。1962年7月参加工作，1966年3月入党，1998年6月任县第十二届人大常委会主任。

1962.07—1968	下乡知青
1968—1970	孟家庄乡张家川村任教
1970—1971	正定师范学习
1971—1974	平山县平山镇北关中学任教
1974—1976	平山县妇联会工作
1976—1987	平山县公安局工作
1987—1998	平山县副县长
1998—	县第十二届人大常委会主任

二、第二次会议

第二次会议于1999年3月9日至12日在县工人俱乐部和县法院礼堂举行。会议应到代表215名，实到代表205名，因事因病请假10名。不是人大代表的县委常委、县政府副县长、出席政协六届二次会议的全体委员、政府各部门一把手、乡镇人大主席；县委各部门、各人民团体负责人、部分老干部代表参加了开幕式。

（一）组织机构

大会预备会议选举产生主席团、秘书长及议案审查委员会。

主席团（34名）：

王金竹	牛祯贵	白云亭	左更书
左振江	史林虎	卢建勋	孙文祥
刘秀田	齐吉秀	齐新奎	张大平
张　述	张志金	张晓涛	张敬哲
李小保	李习平	李永进	李兵兵
李晚德	何连山	杜增庭	郄德培
郝书文	封书平	姜兵虎	崔欣元
康国平	梁海书	盖俊英	韩良平
焦庆生	谢志义		

秘书长：张晓涛

主席团第一次会议推定刘秀田、白云亭、郝书文、张大平、牛祯贵、康国平、张晓涛、姜兵虎、左更书、梁海书、孙文祥为主席团常务主席。

议案审查委员会

主　任：孙文祥

副主任：李习平

委　员：李晚德　郄德培　何连山

（二）主要议程

3月10日上午，会议听取县长韩保深作的《政府工作报告》。书面听取计划局局长梁中原作的《关于平山县1998年国民经济和社会发展计划执行情况与1999年国民经济和社会发展计划草案报告》和财政局局长权林山作的《关于平山县1998年财政预算执行情况和1999年财政预算草案报告》。

3月11日上午，听取县人大常委会主任白云亭作的《平山县人大常委会工作报告》、县法院院长马经林作的《平山县人民法院工作报告》、县检察院检察长梁爱平作的《平山县人民检察院工作报告》。

会议分8个代表团对上述报告进行认真审议和审查，批准相应报告。根据各代表团对6个报告的审议情况，会议分别作出相应的决议。

（三）代表议案及批评建议

会议期间，共收到代表提出的建议、批评和意见44件，内容涉及交通、水务、文教卫生、林业、工业信息、城建、环保、供电、旅游、规划、城市管理、农牧、土地、食品安全、财政、扶贫、邮政等方面。

三、第三次会议

第三次会议于2000年2月16日至18日在县法院礼堂举行。会议应到代表214名，实到代表208名，因事因病请假6名。不是人大代表的县委常委、县政府副县长、出席政协六届三次会议的全体委员、政府各部门一把手、各乡镇人大主席；县委各部门、各人民团体负责人、部分老干部代表参加了开幕式。

（一）组织机构

大会预备会议选举产生主席团、秘书长及议案审查委员会。

主席团（32名）：

王金竹	牛祯贵	白云亭	左更书
左振江	史林虎	孙文祥	刘秀田
齐吉秀	齐新奎	张　述	张大平
张志金	张晓涛	张敬哲	李小保
李习平	李永进	李兵兵	李晚德
何连山	杜增庭	郄德培	郝书文
封书平	姜兵虎	崔欣元	梁海书
盖俊英	韩良平	焦庆生	谢志义

秘书长：张晓涛

主席团第一次会议推定刘秀田、白云亭、郝书文、张大平、牛祯贵、张晓涛、姜兵虎、左更书、孙文祥为主席团常务主席。

议案审查委员会

主　任：孙文祥

副主任：李习平

委　员：李晚德　郄德培　何连山

（二）主要议程

2月16日上午，会议听取县长韩保深作的《政府工作报告》；书面听取计划局局长梁中原作的《关于平山县1999年国民经济和社会发展计划执行情况与2000年国民经济和社会发展计划草案报告》和财政局局长权林山作的《关于平山县1999年财政预算执行情况和2000年财政预算草案报告》。

2月17日上午，听取县人大常委会副主任张晓涛作的《平山县人大常委会工作报告》，县法院院长马经林作的《平山县人民法院工作报告》，县检察院检察长梁爱平作的《平山县人民检察院工作报告》。

会议分8个代表团对上述报告进行认真审议和审查，批准相应报告。根据各代表团对6个报告的审议情况，会议分别作出相应的决议。

（三）代表议案及批评建议

会议期间，共收到代表提出的建议、批评和意见39件，内容涉及交通、水务、文教卫生、林业、工业信息、城建、环保、供电、旅游、规划、城市管理、农牧、土地、食品安全、财政、扶贫、邮政等方面。

四、第四次会议

第四次会议于2001年1月4日至7日在县法院礼堂举行。会议应到代表216名，实到代表206名，因事因病请假10名。不是人大代表的县委常委、县政府副县长、政府各部门一把手、乡镇人大主席、出席政协六届四次会议全体委员，县委各部门、各人民团体负责人、部分老干部参加了开幕式。

（一）组织机构

大会预备会议选举产生主席团、秘书长及议案审查委员会。

主席团（31名）：

王金竹	牛祯贵	白云亭	左更书
左振江	史林虎	孙文祥	齐吉秀
齐新奎	张大平	张志金	张晓涛
张敬哲	李小保	李习平	李永进
李兵兵	李晚德	何连山	杜增庭
郄德培	赵新朝	郝书文	封书平
姜兵虎	崔欣元	梁海书	盖俊英
韩良平	焦庆生	谢志义	

秘书长：张晓涛

主席团第一次会议推定赵新朝、白云亭、郝书文、张大平、牛祯贵、张晓涛、姜兵虎、左更书、孙文祥为主席团常务主席。

主席团第一次会议决定齐新奎、闫国平、封明明、齐清芳为大会副秘书长。

议案审查委员会

主　任：孙文祥

副主任：李习平

委　员：李晚德　郄德培　何连山

（二）主要议程

1月5日上午，会议听取代县长卢长锁作的《政府工作报告》。书面听取县发展计划局局长梁中原作的《关于平山县2000年国民经济和社会发展计划执行情况与2001年国民经济和社会发展计划草案报告》《平山县国民经济和社会发展第十个五年规划纲要草案》和县财政局局长权林山作的《关于平山县2000年财政预算执行情况和2001年财政预算草案报告》。

1月6日下午，听取县人大常委会主任白云亭作的《平山县人大常委会工作报告》、县法院院长马经林作的《平山县人民法院工作报告》、县检察院检察长梁爱平作的《平山县人民检察院工作报告》。

会议分8个代表团认真审议和审查7个报告。根据各代表团的审议情况，会议批准相应报告，分别作出相应的决议。

1月7日上午，按照大会通过的选举办法，选举卢长锁为平山县人民政府县长。

（三）代表议案及批评建议

会议期间，共收到代表提出的建议、批评和意见50条，内容涉及交通、农业农村、公安交警、工信、自然资源和规划、城管、城建、扶贫、发改、教育、卫生、环保等方面。

五、第五次会议

第五次会议于2002年3月1日至4日在县法院礼堂举行。会议应到代表214名，实到代表206名，因事因病请假8名。不是人大代表的县委常委、县政府副县长、政府各部门一把手、乡镇人大主席，县委各部门、各人民团体负责人、部分老干部参加了开幕式。

（一）组织机构

大会预备会议选举产生主席团、秘书长及议案审查委员会。

主席团（32名）：

王金竹	白云亭	左更书	左振江
田振堂	史林虎	孙文祥	齐吉秀
齐新奎	张大平	张志金	张晓涛
张敬哲	李三海	李小保	李习平
李永进	李兵兵	李晚德	杨彦明
何连山	杜增庭	郄德培	赵新朝
郝书文	封书平	姜兵虎	梁海书
盖俊英	韩良平	焦庆生	谢志义

秘书长：张晓涛

主席团第一次会议推定赵新朝、白云亭、郝书文、张大平、张晓涛、姜兵虎、左更书、孙文祥为主席团常务主席。

主席团第一次会议决定李三海、封明明、刘金海、齐清芳为大会副秘书长。

议案审查委员会

主　任：孙文祥

副主任：李习平

委　员：李晚德　郄德培　何连山

（二）主要议程

3 月 2 日上午，会议听取县长卢长锁作的《政府工作报告》，书面听取县发展计划局局长梁中原作的《关于平山县 2001 年国民经济和社会发展计划执行情况与 2002 年国民经济和社会发展计划草案报告》和县财政局局长权林山作的《关于平山县 2001 年财政预算执行情况和 2002 年财政预算草案报告》。

3 月 3 日下午，听取县人大常委会主任白云亭作的《平山县人大常委会工作报告》、县法院院长马经林作的《平山县人民法院工作报告》、县检察院检察长梁爱平作的《平山县人民检察院工作报告》。

会议分 8 个代表团认真审议和审查 6 个报告。根据各代表团的审议情况，会议批准相应报告，分别作出相应的决议。

3 月 4 日上午，按照大会通过的选举办法，选举李三海、杨彦明为平山县第十二届人大常委会委员。

（三）代表议案及批评建议

会议期间，共收到代表提出的建议、批评和意见36条，内容涉及交通、农业农村、公安交警、工信、自然资源和规划、城管、城建、扶贫、发改、教育、卫生、环保等方面。

六、第六次会议

第六次会议于 2003 年 1 月 23 日至 24 日在县法院礼堂举行。会议应到代表 213 名，实到代表 181 名，因事因病请假 32 名。不是人大代表的县委常委、县政府副县长、政府各部门一把手、乡镇人大主席，县委各部门、各人民团体负责人、部分老干部参加了开幕式。

（一）组织机构

大会预备会议选举产生主席团、秘书长及议案审查委员会。

主席团（31 名）：

白云亭	左更书	左振江	田振堂
史林虎	孙文祥	齐吉秀	齐新奎
张大平	张志金	张晓涛	张敬哲
李小保	李习平	李永进	李兵兵
李晚德	杨彦明	何连山	杜增庭
郄德培	赵新朝	郝书文	封书平
姜兵虎	姜　辉	梁海书	盖俊英
韩良平	焦庆生	谢志义	

秘书长：张晓涛

主席团第一次会议推定赵新朝、白云亭、郝书文、张大平、田振堂、李小保、张晓涛、姜兵虎、左更书、孙文祥为主席团常务主席。

主席团第一次会议决定封明明、姜辉、刘金海、齐清芳为大会副秘书长。

议案审查委员会

主　任：孙文祥

副主任：李习平

委　员：李晚德　郄德培　何连山

（二）主要议程

1月24日上午，按照大会通过的选举办法，选举平山县出席石家庄市第十一届人民代表大会代表19名（其中市直到平山县参选4名）。

王长敏　闫书章　赵悦枕　许风琴　王平子　卢长锁　卢庆忠

冯书庆　刘霞霞　杜林文　杨明华　李振英　李跃增　陈素娟

武二兵　赵新朝　高雪岭　崔习平　韩学文

第三章　人大常委会

第一节　人员组成

一、选举产生

第十二届人民代表大会常务委员会于 1998 年 2 月 17 日，由平山县第十二届人民代表大会第一次会议选举产生，其中主任 1 人，副主任 5 人，委员 17 人。

主　任：白云亭

副主任：左更书　孙文祥　张晓涛　姜兵虎　梁海书

委　员：王金竹　左振江　史林虎　齐新奎　齐吉秀

张志金　杜增庭　李习平　李兵兵　李晚德

何连山　郄德培　封树平　盖俊英　谢志义

韩良平　焦庆生　李三海　杨彦明

二、代表资格审查委员会

平山县十二届人大常委会

代表资格审查委员会成员名单

主 任 委 员：张晓涛

副主任委员：孙文祥

委　　　员：李习平　张志金　焦庆生

三、工作机构及人员组成

办公室　　主　任：齐新奎（1998.03—2001.04）

李三海（2001.04—2002.06）

姜　辉（2002.06—2003.04）

副主任：武建忠（1998.03—2002.08）

马顺堂（1998.03—2003.04）

王淑贞（女，1998.03—2003.04）
文教卫生科　科　长：李兵兵（1998.03—2001.04）
韩良平（2001.04—2003.04）
副科长：祁秀林（1998.03—2003.04）
韩良平（1998.03—2001.04）
财经科　科　长：左振江（1998.03—2003.04）
副科长：武建忠（2002.08—2003.04）
代表联络科　科　长：李习平（女，1998.03—2003.04）
副科长：王彦霞（女，1999.11—2003.04）
政法科　科　长：谢志义（1998.03—2003.04）
副科长：谷新革（1999.11—2003.04）
信访科　科　长：张志金（1998.03—2003.04）
副科长：赵会文（1998.03—2003.04）
农经科　科　长：齐吉秀（1998.03—2003.04）
副科长：齐跃强（1999.11—2003.04）

第二节　主任会议

县十二届人大常委会共召开主任会议12次，其中，白云亭主持召开12次。

平山县十二届人大常委会主任会议情况一览表

表10-2

序号	时间	议题
1	2000年3月2日	如何开好例会
2	2000年4月19日	听取农业局关于农业结构调整情况汇报；听取县环保局《关于岗黄水库污染问题的情况汇报》；听取县旅游局《关于旅游开发管理工作的情况汇报》
3	2000年4月25日	听取司法局《关于司法市场管理情况汇报》
4	2000年6月29日	听取县政府《关于人大代表建议承办工作情况的汇报》；听取公检法大案要案情况汇报

续表 10-2

序号	时间	议题
5	2000 年 7 月 7 日	三汲乡派出所汇报该乡教师被学生家长打伤一事;听取县公安局《关于赵建中被伤一案情况汇报》;听取县公安局《关于赵贵文参与妨碍公安民警依法执行职务的情况汇报》;听取县公安局《关于封五喜被伤害一案的情况汇报》
6	2000 年 7 月 25 日	研究下次常委会会议议题
7	2000 年 8 月 30 日	听取教育局《关于教育事业发展情况的汇报》;听取人事局《关于社会保险基金征缴工作情况的汇报》
8	2000 年 11 月 2 日	听取国税、地税、税收完成情况汇报;听取公检法关于队伍建设情况汇报
9	2002 年 3 月 28 日	听取县司法局《关于"四五"普法工作情况汇报》;听取县电信局电信工作情况汇报
10	2000 年 5 月 29 日	听取县政府《关于人大代表建议承办工作情况的汇报》;听取县审计局《关于 2001 年财政预算执行情况的审计报告》
11	2000 年 7 月 25 日	听取县旅游局《关于旅游工作情况的汇报》;听取畜牧水产局《关于水产工作情况的汇报》
12	2000 年 9 月 26 日	听取县地税局和国税局《关于税收情况的汇报》;听取县地质矿产管理办公室《关于贯彻执行〈中华人民共和国矿产资源法〉工作情况的汇报》

第三节　常委会会议

县十二届人大常委会共召开 37 次会议。

第一次会议　1998 年 2 月 20 日召开，会议由主任白云亭主持。县人大常委会主任白云亭，副主任张晓涛、梁海书、左更书、姜兵虎、孙文祥和委员共 23 人出席会议。会议学习《地方组织法》;座谈讨论下步工作，并就新一届人大常委会如何开展工作进行认真研究。

第二次会议　1998 年 4 月 30 日召开，会议由主任白云亭、副主任张晓涛主持。县人大常委会主任白云亭，副主任张晓涛、姜兵虎、左更书、孙文祥和委员共 20 人出席会议，因事请假3人。人大常委会原主任张述，原副主任张敬哲、李永进，县政府副县长郄贵庭、韩晓瑞，县法院、检察院、工商局、农业局负责人，各乡镇人大主席及县人大常委会各科室负责人列席会议。会议听取和审议县政府《关于农业产业化工作情况的汇报》；听取并审议县工商局《关于发展非公有制经济情况的汇报》；听取并审议县农业局《关于旱作农业新技术推广情况的汇报》。

第三次会议 1998年5月21日召开，会议由县人大主任白云亭主持。县人大常委会主任白云亭，副主任张晓涛、梁海书、姜兵虎、左更书、孙文祥和委员共20人出席会议。县人大常委会原主任张述，原副主任张敬哲、李永进，县政府县长韩保深，县劳动人事局局长张金泽及县人大常委会各科室负责人列席会议。这次会议的议程是通过县政府提请任命的政府组成人员名单。会议经过充分酝酿讨论，以无记名投票形式，通过人事任免名单。

第四次会议 1998年6月30日召开，会议由县人大主任白云亭、副主任张晓涛主持。县人大常委会主任白云亭，副主任张晓涛、梁海书、姜兵虎、左更书、孙文祥和委员共22人出席会议。县人大常委会原主任张述，原副主任张敬哲、李永进，县政府常务副县长卢长锁，副县长王景芳，县检察院、法院、卫生局、文化局、支铁办负责人及县人大常委会各科室负责人出席会议。会议听取并审议县政府《关于人大代表批评意见和建议办理情况的汇报》；听取并审议县卫生局《关于初级卫生保健工作情况的汇报》；听取并审议县文化局《关于〈文物保护法〉及〈河北省文物保护管理条例〉执行情况的汇报》；听取并审议县政府支铁、援电办公室《关于前段支铁工作情况的报告》。

第五次会议 1998年8月28日召开，会议由县人大常委会主任白云亭、副主任张晓涛主持。县人大常委会主任白云亭，副主任张晓涛、姜兵虎、左更书、孙文祥和委员共21人出席会议。县人大常委会原主任张述，原副主任张敬哲、李永进，县政府常务副县长卢长锁，县政协副主席薛根深，县法院院长马经林，县检察院检察长梁爱平及政府办、财政局、经贸局、土地局、司法局负责人和县人大常委会各科室负责人列席会议。会议听取并审议财政局《关于1998年1—6月份财政预算执行情况汇报》；听取并审议《预算外资金管理工作情况的汇报》；听取并审议县经贸局《关于企业改革情况的汇报》；听取并审议县土地管理局局长齐明贵的述职报告；听取和审议司法局局长王文辉的述职报告。会议通过《平山县人大常委会关于进一步推进依法治县的决议》和《平山县人大常委会关于加强初级卫生保健工作的决议》。

第六次会议 1998年10月29日召开，会议由县人大常委会主任白云亭、副主任张晓涛主持。县人大常委会主任白云亭，副主任张晓涛、姜兵虎、左更书、孙文祥和委员共20人出席会议。县人大常委会原副主任李永进，县政府副县长韩晓瑞，县政协副主席杜文奎，县法院、县检察院、县政府绿色食品办、交通局、物价局、畜牧局负责人及14个乡镇的人大主席列席会议。会议听取并审议县政府《关于发展绿色食品决定落实情况的汇报》；听取并审议交通局《关于地方路建设情况的汇报》；听取并审议县物价局局长赵二录、畜牧局局长杨彦明的述职报告。

第七次会议　1998 年 12 月 23 日召开，会议由主任白云亭、副主任张晓涛主持。县人大常委会主任白云亭，副主任张晓涛、姜兵虎、左更书、孙文祥和委员共 20 人出席会议。县人大常委会原主任张述，原副主任李永进，县政府常务副县长卢长锁，县政协副主席薛根深，县法院院长马经林，县检察院院长梁爱平及政府办、公安局、建设局、教育局负责人和县人大常委会各科室负责人列席会议。会议听取和审议 1998 年主要经济指标完成情况和六件实事办理情况；听取并审议县公安局关于社会治安和县检察院关于反贪工作及两单位两错追究情况的汇报；听取并审议县建设局局长杨英明、教育局局长冯静辉的述职报告。会议通过 23 个乡镇换届选举委员会成员名单和县法院提请的人事任免。

第八次会议　1999 年 1 月 29 日召开，会议由主任白云亭主持。县人大常委会主任白云亭，副主任张晓涛、梁海书、姜兵虎、左更书、孙文祥和委员共 20 人出席会议。县人大常委会原主任张述，原副主任李永进，县政府常务副县长卢长锁，县政协主席张全福，县法院、政府办、财政局负责人和县人大常委会各科室负责人列席会议。县委副书记郝书文到会指导。会议讨论通过《1999 年县人大常委会工作安排意见》；通过向县十二届人民代表大会第二次会议预备会提交的会议议程（草案）、主席团成员、秘书长名单（草案）、常务主席名单（草案）、议案审查委员会名单（草案）及有关事宜，并决定 1999 年 3 月 10 日在县城召开平山县第十二届人民代表大会第二次会议。

第九次会议　1999 年 3 月 30 日召开，会议由县人大常委会主任白云亭、副主任张晓涛主持。县人大常委会主任白云亭、副主任张晓涛、梁海书、姜兵虎、左更书、孙文祥和委员共 20 人出席会议。县人大常委会原副主任张敬哲、李永进，县政府副县长赵志廉，县政协副主席杜文奎，县法院院长马经林、县检察院检察长梁爱平及民政局、计生局负责人、20 个乡镇的人大主席和县人大常委会各科室负责人列席会议。会议听取并审议县政府《关于土地延期承包 30 年不变及确定发证情况的汇报》；听取并审议民政局《关于〈村民委员会组织法〉贯彻落实情况的汇报》；听取并审议县计生局局长张从礼的述职报告。会议还邀请全国人大代表王韶华向大家介绍了九届全国人大二次会议盛况；通过梁海书辞去县人大常委会副主任职务的请求；通过县政府和县检察院提请的人事任免事项。

第十次会议　1999 年 5 月 27 日召开，会议由县人大常委会主任白云亭、副主任张晓涛主持。县人大常委会主任白云亭，副主任张晓涛、姜兵虎、孙文祥和委员共 19 人出席会议。县人大常委会原主任张述，原副主任张敬哲、李永进，县政府副县长郄贵庭、县法院院长马经林、检察院副检察长张会民，县乡镇企业局、卫生局及县人大常委会各科室负责人列席会议。会议听取并审议县政府《关于非公有制经济发展情况的汇报》；听取并审议县政府《关于绿色食品发展情况的汇报》；听取并审议县卫生局局长李三海的述职报告。会议还通过人事任免。

第十一次会议　1999 年 7 月 29 日召开，会议由县人大常委会主任白云亭、副主任张晓涛主持。县人大常委会主任白云亭，副主任张晓涛、姜兵虎、左更书、孙文祥和委员共 21 人出席会议。县人大常委会原副主任张敬哲、李永进，县政府常务副县长卢长锁，副县长张志兵以及县法院、检察院、政府办、财政局、技术监督局负责人和县人大常委会各科室负责人列席会议。会议听取和审议县政府《关于人大代表建议承办情况的汇报》；听取和审议县财政局上半年预算执行情况汇报；听取和审议预算外资金管理工作情况的汇报；听取和审议县技术监督局局长赵瑞英的述职报告。会议通过县法院提请的人事任免事项。

第十二次会议　1999 年 9 月 17 日召开，会议由县人大常委会主任白云亭、副主任张晓涛主持。县人大常委会主任白云亭，副主任张晓涛、姜兵虎、左更书、孙文祥和委员共 20 人出席会议。县人大常委会原副主任张敬哲、李永进，县政府副县长赵志廉，检察院检察长梁爱平及法院、农委、计划局、商业局、科技局负责人和县人大常委会各科室负责人列席会议。会议听取和审议县政府《关于山区综合开发资金使用情况的汇报》；听取和审议县计划局《关于全县以工代赈资金安排使用情况的汇报》；听取和审议县商业局局长常二平的述职报告；听取和审议县科技局局长康为兵的述职报告。会议还通过《平山县人大常委会关于建设县城文化商贸广场的决定》和《平山县人大常委会实施个案监督办法》。

第十三次会议　1999 年 11 月 26 日召开，会议由县人大常委会主任白云亭、副主任张晓涛主持。县人大常委会主任白云亭，副主任张晓涛、姜兵虎、左更书、孙文祥和委员共 17 人出席会议。县人大常委会原主任张述，原副主任张敬哲、李永进，县政府副县长韩晓瑞、李文昌，县政协副主席杜文奎，县检察院检察长梁爱平及县法院、公安局、人事局负责人和县人大常委会各科室负责人列席会议。会议听取并审议县政府《关于 1999 年主要经济指标完成情况和实事办理情况的汇报》；听取并审议县政府《行政处罚法》执行情况的汇报；听取并审议县公安局局长赵风昌的述职报告；听取并审议人事局局长张金泽的述职报告。会议通过县政府和县人大常委会提请的人事任免。

第十四次会议　2000 年 1 月 21 日召开，会议由县人大常委会主任白云亭主持。县人大常委会主任白云亭，副主任张晓涛、姜兵虎、左更书、孙文祥和委员共 17 人出席会议。人大常委会原主任张述，原副主任张敬哲、李永进，县政府常务副县长卢长锁，县政协主席张全福，县检察院、法院、政府办、财政局、计划局负责人和县人大常委会各科室负责人列席会议。会议讨论通过 2000 年县人大常委会工作安排意见。对准备提交 2000 年县人代会的《政府工作报告》《1999 年国民经济计划执行情况与 2000 年国民经济和社会发展计划草案的报告》《1999 年财政预算执行情况和 2000 年财政预算安排报告》及《县人大常委会工作报告》初稿进行初步审议。会议通过拟向县十二届人民代表大会第三次会议预备会提交的会议议程（草案）、主席团成员、秘书长名单（草案）、议案审查委员会名单（草案）等有关事宜。表决并通过《关于 2000 年 2 月 16 日在县城召开平山县第十二届人民代表大会第三次会议的决定》。

第十五次会议　2000 年 3 月 30 日召开，会议由县人大常委会主任白云亭、副主任张晓涛主持。县人大常委会主任白云亭，副主任张晓涛、姜兵虎、左更书、孙文祥和委员共 19 人出席会议。县人大常委会原主任张述，原副主任李永进，县政府常务副县长卢长锁，县政协副主席杜文奎，县法院院长马经林，县检察院检察长梁爱平及政府办、经贸局、审计局、民政局、各乡镇人大主席和县人大常委会各科室负责人列席会议。会议听取并审议县经贸局《关于企业改革情况的汇报》；听取并审议县审计局《关于〈审计法〉贯彻执行情况的汇报》；

听取并审议民政局《关于第五届村民委员会换届选举工作情况的汇报》；听取并审议卢长锁副县长的述职报告。会议还通过县政府提请的人事任免。

第十六次会议　2000 年 6 月 5 日召开，会议由主任白云亭、副主任张晓涛主持。县人大常委会主任白云亭，副主任张晓涛、姜兵虎、左更书、孙文祥和委员共 20 人出席会议。县人大常委会原主任张述，原副主任张敬哲、李永进，县政府副县长郄贵庭、王景芳，县检察院检察长梁爱平，县法院副院长封锦福及旅游局、环保局和县人大常委会各科室负责人列席会议。会议听取并审议县政府《关于农业结构调整情况的汇报》；听取并审议县环保局《关于〈环境保护法〉和〈岗、黄水库水源污染防治条例〉执行情况的汇报》；听取并审议县政府《关于旅游工作的汇报》；听取并审议郄贵庭副县长的述职报告。会议还通过县法院提请的人事任免事项，补选产生石家庄市第十届人大代表 1 名（杨明华）。

第十七次会议　2000 年 7 月 28 日召开，会议由主任白云亭、副主任张晓涛主持。县人大常委会主任白云亭，副主任张晓涛、姜兵虎、左更书、孙文祥和委员共 22 人出席会议。县人大常委会原主任张述，原副主任张敬哲、李永进，县政府常务副县长卢长锁，副县长王景芳、李文昌，县法院院长马经林，县检察院检察长梁爱平及县财政局、建设局、矿产局、民政局和县人大常委会各科室负责人列席会议。会议听取并审议县财政局《关于上半年财政预算执行情况的汇报》；听取并审议县财政局《关于预算外资金管理情况的汇报》；听取并审议建设局《关于〈城市规划法〉实施情况和文化商贸广场建设情况的汇报》；听取和审议矿产局局长邢锁林的述职报告；听取和审议民政局局长辛勤的述职报告。会议还通过《平山县国家机关联系县人民代表大会代表办法》。

第十八次会议　2000 年 9 月 28 日召开，会议分别由主任白云亭、副主任张晓涛主持。县人大常委会主任白云亭，副主任张晓涛、姜兵虎、左更书、孙文祥和委员共 19 人出席会议，因事因病请假 3 人。县人大常委会原主任张述，原副主任张敬哲、李永进，县政府副县长郄贵庭、韩晓瑞，县法院院长马经林，县检察院检察长梁爱平及人大机关科室有关人员列席会议。会议听取和审议郄贵庭副县长《关于扶贫资金安排使用情况的汇报》；听取和审议韩晓瑞副县长《关于非公有制经济发展情况的汇报》；听取和审议法院主管执行工作的副院长何树林的述职报告；听取并审议县检察院主管反贪工作的副检察长刘书全的述职报告。

第十九次会议　2000 年 10 月 9 日召开，会议由副主任张晓涛主持。县人大常委会主任白云亭，副主任张晓涛、姜兵虎、左更书、孙文祥和委员共 22 人出席会议，人大常委会原副主任李永进，县法院院长马经林，县检察院检察长梁爱平及人大常委会各科室负责人列席会议。会议主要议程是：通过《关于接受韩保深辞去平山县人民政府县长职务请求的决定》；决定卢长锁为平山县人民政府代理县长。会议期间，主任委员共同学习县委书记赵新朝和卢长锁在全县中层以上领导干部会议上的重要讲话，并进行认真讨论，一致表示，要进一步团结在县委的周围，认真履行法律赋予的职权，在县委的领导下，积极开展工作，为平山的繁荣、进步、发展、稳定作出应有的贡献。

第二十次会议　2000 年 11 月 24 日召开，会议分别由主任白云亭、副主任张晓涛主持。

县人大常委会主任白云亭，副主任张晓涛、姜兵虎、左更书、孙文祥和委员共22人出席会议。人大常委会原主任张述，原副主任张敬哲、李永进，县政府代县长卢长锁、副县长李文昌，县法院院长马经林，县检察院检察长梁爱平及公安局、人事局、人大机关科室有关人员列席会议。会议听取和审议卢长锁代县长《关于县政府2000年主要经济指标完成情况和六件实事办理情况的汇报》；听取和审议公检法贯彻落实《刑法》《刑诉法》情况的汇报；听取和审议副县长李文昌的述职报告。会议还通过县政府《关于对年初财政预算进行调整的报告》。通过县政府提请的人事任免名单。补选产生石家庄市第十届人民代表大会代表一名（卢长锁）。

第二十一次会议 2000年12月20日召开，会议由主任白云亭主持。县人大常委会主任白云亭，副主任张晓涛、姜兵虎、左更书、孙文祥和委员共20人出席会议，因事请假2人。县政府代县长卢长锁，县政协主席张全福，人大常委会原副主任张敬哲、李永进，县检察院检察长梁爱平，法院副院长封景福，县政府办公室主任封明明及人大常委会各科室负责人列席会议。县委副书记郝书文到会指导。会议讨论通过平山县人民代表大会常务委员会《关于2001年1月5日召开平山县第十二届人民代表大会第四次会议的决定》；会议原则通过《平山县人大常委会2001年安排工作意见》。会议对拟提交平山县第十二届人民代表大会第四次会议讨论审议的县政府工作报告、县人大常委会工作报告进行初步审议，并提出一些修改意见和建议。会议通过7名县人大代表的辞职请求的决定。通过对石家庄市第十届人民代表大会代表刘秀田代表职务的罢免的决议。

第二十二次会议 2001年2月4日召开，会议由副主任张晓涛主持。县人大常委会主任白云亭，副主任张晓涛、姜兵虎、左更书、孙文祥和委员共19人出席会议，因事请假3人。县劳动人事局和人大办公室负责人列席会议。会议讨论通过县政府提请的人事任命事项。

第二十三次会议 2001年2月28日召开，会议分别由主任白云亭、副主任张晓涛主持。会议听取和审议高玉柱副县长《关于县政府贯彻实施〈行政复议法〉情况的汇报》；听取和审议计生局局长张从礼《关于〈计划生育条例〉执行情况的汇报》；听取和审议旅游局局长崔利华的述职报告；听取和审议统计局局长董国军的述职报告。会议还表决通过《平山县生态示范区建设总体规划》。

第二十四次会议 2001年4月27日召开，会议分别由主任白云亭、副主任张晓涛主持。县人大常委会主任白云亭，副主任张晓涛、姜兵虎、左更书、孙文祥和委员共20人出席会议，因事请假2人。县人大常委会原主任张述，原副主任张敬哲、李永进，县政府副县长霍六斤、韩晓瑞，县法院副院长闫玉良，县检察院检察长梁爱平及政府办、卫生局、支铁援电办、粮食局、人大机关科室负责人列席会议。会议听取和审议县政府《关于优化经济环境、治理“三乱”情况的汇报》；听取和审议县卫生局《关于医疗卫生改革情况的汇报》；听取并审议市人大代表韩风海的述职报告；听取并审议粮食局局长刘青明的述职报告。会议还表决通过《平山县温泉度假区规划》和县人大、县政府、县法院提请的人事任免事项。

第二十五次会议 2001年6月26日召开，会议分别由主任白云亭、副主任张晓涛主持。县人大常委会主任白云亭、副主任张晓涛、姜兵虎、左更书、孙文祥和委员共21人出席会议，因事请假1人。县人大常委会原主任张述，原副主任李永进，县人大党组成员、人大办公室主任李三海，县人大党组成员杨彦明，县政府副县长韩晓瑞，县政协副主席杨士亭，县法院院长马经林，县检察院检察长梁爱平及计划局、水务局、人大机关科室负责人列席会议。会议听取和审议县政府《关于项目资金安排使用情况的汇报》；听取和审议水务局工作情况汇报；听取和审议副县长韩晓瑞的述职报告。会议还通过县法院提请的人事任免事项。

第二十六次会议　2001年8月30日召开，会议分别由主任白云亭、副主任张晓涛主持。县人大常委会主任白云亭，副主任张晓涛、姜兵虎、左更书、孙文祥和委员共22人出席会议。县人大常委会原主任张述，县人大党组成员、人大办公室主任李三海，县人大党组成员杨彦明，县政府副县长郄贵庭、张志兵，县政协副主席杨士亭，县法院院长马经林，县检察院检察长梁爱平及财政局、人大机关科室负责人列席会议。会议听取和审议县政府《关于农业结构调整情况的汇报》；听取和审议县财政局《关于1—7月份预算执行情况和结算中心运行情况的汇报》；听取和审议张志兵副县长的述职报告；听取和审议检察院副检察长齐元平的述职报告。会议还通过县政府提请的人事任免事项。

第二十七次会议　2001年10月30日召开，会议由副主任张晓涛主持。县人大常委会主任白云亭，副主任张晓涛、姜兵虎、左更书、孙文祥和委员共19人出席会议，因事因病请假3人。县人大常委会原主任张述，原副主任李永进，县人大党组成员、人大办公室主任李三海，县人大党组成员杨彦明，县政府副县长王景芳、赵志廉，县政协副主席薛根深，县法院副院长闫玉良，县检察院副检察长齐元平及移民局、药品监督管理局、人大机关科室负责人列席会议。会议听取和审议县移民局《关于移民工作情况的汇报》；听取和审议药品监督管理局《关于〈药品管理法〉执行情况的汇报》；听取和审议王景芳副县长的述职报告；听取和审议县法院主管民事工作的副院长赵喜宗的述职报告。

第二十八次会议　2001年12月21日召开，会议分别由主任白云亭、副主任张晓涛主持。县人大常委会主任白云亭，副主任张晓涛、姜兵虎、左更书、孙文祥和委员共22人出席会议。县政府常务副县长王建海，县人大常委会原主任张述，原副主任李永进，县人大党组成员、人大办公室主任李三海，县人大党组成员杨彦明，县法院院长马经林，县检察院检察长梁爱平及县财政局、公安局、劳动人事局、人大机关科室负责人列席会议。会议听取和审议县政府《关于2001年主要经济指标完成和实事办理情况的汇报》；听取和审议县公安局《关于社会治安情况的汇报》；听取和审议县劳动人事局《关于〈劳动法〉贯彻执行情况的汇报》；听取和审议市人大代表冯书庆的述职报告。会议通过县政府提请的人事任免和补选了市人大代表。

第二十九次会议　2002年1月7日召开，会议由主任白云亭主持。县人大常委会主任白云亭，副主任张晓涛、姜兵虎、左更书、孙文祥和委员共20人出席会议。县人大常委会原主任张述，县人大常委会原副主任李永进，县人大党组成员、人大办公室主任李三海，县人大党组成员杨彦明及人大机关科室负责人列席会议。会议讨论平山县人大常委会2002年主要工作安排意见。会议还通过《平山县十二届人大常委会主任会议关于县十二届人大五次会议时间变更的意见》。

第三十次会议 2002年2月20日召开，县人大常委会主任白云亭、副主任张晓涛、姜兵虎、左更书、孙文祥和委员共18人出席会议，因事因病请假4人。县人大常委会原主任张述，县人大常委会原副主任李永进、县人大党组成员、人大办公室主任李三海，县人大党组成员杨彦明，县检察院检察长梁爱平及人大机关科室负责人列席会议。会议以举手表决的方式，通过平山县人大常委会《关于召开平山县第十二届人民代表大会第五次会议的决定》。通过《平山县十二届人大常委会关于表彰优秀人大代表的决定》。

第三十一次会议 2002年4月26日召开，会议由主任白云亭、副主任张晓涛主持。县人大常委会主任白云亭，副主任张晓涛、姜兵虎、左更书、孙文祥和委员共22人出席会议，因事因病请假2人。县人大常委会原主任张述，县人大常委会原副主任张敬哲、李永进，县政府副县长张志兵，县政协副主席杜文奎，县法院院长马经林，县检察院副检察长齐元平及县卫生局、民政局、人大机关科室负责人列席会议。会议听取和审议县政府《关于优化投资环境情况的汇报》，听取和审议县卫生局《关于改善边远山区医疗卫生条件情况的汇报》，听取和审议市人大代表卢庆忠的述职报告，听取和审议民政局局长刘联平的述职报告。会议还以举手表决的方式通过平山县乡镇换届选举委员会组成人员名单。

第三十二次会议 2002年6月28日召开，会议由主任白云亭、副主任张晓涛主持。县人大常委会主任白云亭，副主任张晓涛、姜兵虎、左更书、孙文祥和委员共24人出席会议。县人大常委会原副主任李永进，县政府副县长郄贵庭、赵志廉、县法院院长马经林、副院长闫玉良、县检察院检察长梁爱平、交通局局长霍文国及各乡镇人大主席团主席、人大机关科室负责人列席会议。会议听取和审议县政府《关于农业结构调整情况的汇报》，听取和审议县交通局《关于天桂山、驼梁旅游路改建工作的汇报》，听取和审议赵志廉副县长的述职报告，听取和审议县法院副院长闫玉良的述职报告。会议以举手表决的方式通过《关于李三海辞去县人大常委会委员职务请求的决定》。会议还以无记名投票的方式通过人事任免名单。会议对列席会议的各乡镇人大主席团主席如何做好今后的乡镇人大工作提出了具体要求。

第三十三次会议 2002年8月29日召开，会议由主任白云亭、副主任张晓涛主持。县人大常委会主任白云亭，副主任张晓涛、姜兵虎、左更书、孙文祥和委员共22人出席会议。县人大常委会原副主任李永进，县政府副县长霍六斤，县政协副主席杜文奎，县检察院检察长梁爱平及县法院、公安局、财政局、乡镇人大主席团主席及人大机关科室负责人列席会议。会议听取和审议县公安局《关于社会治安治理情况的汇报》，听取和审议县财政局1—7月份预算执行情况的汇报，听取和审议霍六斤副县长的述职报告，听取和审议检察院副检察长张慧民的述职报告。会议还通过县人大、县政府、法院、检察院提请的人事任免名单。

第三十四次会议 2002年10月30日召开，会议由主任白云亭、副主任张晓涛主持。县人大常委会主任白云亭，副主任张晓涛、姜兵虎、左更书、孙文祥和委员共19人出席会议。县人大常委会原副主任李永进，县政府副县长张志兵，县政协副主任杜文奎，县检察院检察长梁爱平及林业局、教育局、乡镇人大主席团主席及人大机关科室负责人列席会议。会议听取和审议县林业局《关于林业工作情况的汇报》；听取和审议县教育局《关于学校撤并情况的汇报》；听取和审议县政府《关于县办工业发展情况的汇报》；听取和审议高玉柱副县长的述职报告。

第三十五次会议　2002年12月26日召开，会议由主任白云亭主持。县人大常委会主任白云亭，副主任张晓涛、姜兵虎、左更书、孙文祥和委员共20人出席会议。县人大常委会原副主任李永进，县政府副县长王建海，县政协副主席杜文奎，县检察院检察长梁爱平及县法院、财政局和人大机关科室负责人列席会议。会议听取和审议县政府《关于2002年主要经济指标完成和实事办理情况的汇报》。会议讨论通过平山县人大常委会《关于召开平山县第十二届人民代表大会第六次会议的决定（草案）》。会议讨论通过平山县人民政府《关于2002年财政收支预算调整方案》。会议通过县政府、县法院提请的人事任免事项。

第三十六次会议　2003年4月22日召开，会议由主任白云亭主持。县人大常委会主任白云亭，副主任张晓涛、姜兵虎、左更书、孙文祥和委员共19人出席会议，因事因病请假3人。会议以举手表决的方式通过平山县人大常委会《关于召开平山县第十三届人民代表大会第一次会议的决定》；通过平山县人大常委会工作报告；通过平山县第十二届人大常委会《关于代表资格审查的报告》；通过平山县第十三届人大会议主席团成员建议名单；通过平山县人大常委会《关于接受马经林辞去平山县人民法院院长职务的请求的决定》和《关于接受梁爱平辞去平山县人民检察院检察长职务的请求的决定》。会议以无记名投票的方式通过人事任免事项。

第三十七次会议　2003年4月23日召开，会议由主任白云亭主持。县人大常委会主任白云亭，副主任张晓涛、姜兵虎、左更书、孙文祥和委员共17人出席会议，因事因病请假5人。会议以无记名投票的方式，通过县政府提请的人事任免事项。

第四节　制度建设

一、制度规定

1. 平山县人大常委会关于进一步做好人大代表议政日工作的意见

（平人常［1998］4号文1998年4月28日印发）

2. 平山县人民代表大会常务委员会议事规则

（1998年6月30日县十二届人大常委会第四次会议通过）

3. 平山县人民代表大会常务委员会组成人员守则

（1998年6月30日县十二届人大常委会第四次会议通过）

4. 平山县人大常委会关于进一步加强全县人大信访工作的意见

（平人常［1998］6号）

5. 平山县人民代表大会常务委员会实施个案监督办法（试行）

（1999 年 9 月 17 日县十二届人大常委会第十二次会议通过）

6. 平山县人大常委会受理人民群众申诉和意见的规定

7. 平山县乡镇人大工作目标责任

（平人常［1999］8 号文）

8. 关于在全县人大代表中开展“国徽在心责任在身”活动的意见

9. 平山县国家机关联系县人民代表大会代表办法

（2000 年 7 月 28 日平山县第十二届人大常委会举行第十七次会议通过）

二、制度规定选介

1. 平山县人大常委会关于进一步做好人大代表议政日工作的意见

根据省、市人大常委会关于进一步做好代表议政日活动的工作安排，县人大常委会为开展代表议政日活动提出如下意见。一、充分认识开展代表议政日活动的重要意义。开展人大代表议政日活动，是组织代表开展闭会期间活动，履行职责发挥作用的重要形式，有利于完善人民代表大会制度，促进基层民主政治建设；开展代表议政日活动，是各级人大的主要职责，也是做好人大工作的基础。二、议政的内容。(1) 例会议政。(2) 专题议政。(3) 大事议政。(4) 热点议政。(5) 自由议政。三、精心组织，使议政日活动规范化。四、切实加强领导，保证代表议政日活动深入开展。县人大常委会和乡镇人大主席团要把开展议政日活动作为今后代表工作的重点。每次议政日活动县人大派人参加。要主动争取同级党委的支持，要和政府领导沟通情况。要抓好典型，及时总结经验，不断提高代表议政日活动的质量和效果。

2. 平山县人民代表大会常务委员会实施个案监督办法

为了加强对司法机关的法律监督，保证宪法法律和法规的正确实施，促进公正司法，根据《中华人民共和国地方各级人民代表大会和地方各级人民政府组织法》和《河北省各级人民代表大会常务委员会监督工作条例》《河北省错案和执法过错责任追究条例》的有关规定，1999 年 9 月 17 日县十二届人大常委会第十二次会议通过本办法。全文共五章，十八条。主要内容包括：总则、个案监督的范围和案件来源、监督的方式和程序、法律责任、附录等。对个案监督工作的全流程做了详细的规定，可操作性很强。

3. 平山县人大常委会受理人民群众申诉和意见的规定

为保证县人大常委会依法行使监督职权，密切地方国家权力机关同人民群众的联系，维护人民群众的合法权益，根据《中华人民共和国宪法》《中华人民共和国地方各级人民代表大会和地方各级人民政府组织法》《河北省各级人民代表大会常务委员会监督工作条例》《河北省信访条例》和《石家庄市人大常委会受理人民群众申诉和意见的规定》等法律法规，结合实际，制定本规定。全文共五章三十一条。主要内容包括总则、受理范围、办理规程、办理要求、附录等 5 个方面，对人大受理人民群众申诉和意见的工作作出了具体明确的规定。

4. 平山县人大常委会关于在全体县人大代表中开展“国徽在心，责任在身”活动的意见

开展“国徽在心，责任在身”活动，要以邓小平理论和党的十五大精神为指导，以代表法为依据，以提高代表素质，增强代表意识，发挥代表作用为重点，充分调动全体县人大代表执行代表职务的积极性、主动性、创造性。通过这项活动的开展进一步激发代表参政的热情，提高议政水平，有效地发挥代表在国家政治生活中的参与决策作用，在实施依法治国和改进国家机关工作方面的监督协助作用，在密切联系群众、反映民意、化解矛盾方面的桥梁纽带作用，在各项工作中的模范带头作用。为县的经济建设、民主法制建设和其他各项事业的发展，做出积极的贡献。各级人大代表应做好以下几个方面的工作。一、认真学习邓小平理论，学习党的路线、方针和政策，学习国家的法律、法规，不断提高自身的政治思想水平、法律政策水平和议政水平。要熟悉地方组织法、代表法的有关规定，每年要结合代表工作的内容或本职工作有重点地学习掌握一至二部法律法规，并能够运用所学法律知识指导解决实际问题。二、按时出席县人民代表大会会议，在会议期间要集中精力认真审议大会的各项议案，充分发表自己的意见；积极正确地依法行使各项职权，在每年的人代会上，代表单独或与其他代表联名一般要提出一至两件建议、批评和意见。三、在闭会期间积极参加县人大常委会、乡镇人大安排组织的代表议政日和视察、调查、执法检查、评议等各项活动及代表小组活动，一般不请假。四、针对某一方面工作或某一个问题，代表持代表证单独或者约集其他代表一起，经常开展持证视察。五、采取多种形式，密切与人民群众的联系，倾听人民群众的呼声，认真负责地向有关国家机关及单位反映人民群众的意见和要求，努力为人民服务。六、积极宣传和模范遵守宪法、法律、法规，对发现的国家及工作人员在执法中存在的问题，敢于提出建议、批评和意见。七、努力做好本职工作，围绕改革、发展、稳定大局，在发展市场经济，深化企业改革，带领群众翻番致富奔小康等方面，充分发挥模范带头作用。八、主动接受原选举单位的监督，每年到原选举单位联系两次，汇报自己执行代表职务情况，回答原选举单位对代表工作和代表活动的询问，不断改进自己的代表工作。

开展“国徽在心，责任在身”活动，以全体县人大代表为主，由县人大常委会统一安排并负责指导，各乡、镇人大主席具体组织实施。一、建立代表执行代表职务情况登记、通报制度。二、实行代表向原选举单位述职制度。三、在代表中开展评选优秀代表活动。四、严格制约措施。

全县各级国家机关、人民团体及有关组织，都要按照有关法律、法规的规定，大力支持县人大代表开展这项活动，尊重和支持县人大代表依法执行代表职务，积极为他们创造条件，提供方便。要经常地向代表通报重要工作情况和重大事项，热情接待代表的视察和检查，认真负责地办理好代表提出的建议、批评和意见，积极帮助解决代表在执行职务中遇到的问题，保障这项活动的顺利进行。

5. 平山县国家机关联系县人民代表大会代表办法

为了加强国家机关同县人大代表的联系，充分发挥代表的作用，根据《中华人民共和国宪法》《中华人民共和国地方各级人民代表大会和地方各级人民政府组织法》《中华人民共和国全国人民代表大会和地方各级人民代表大会代表法》的规定，2000 年 7 月 28 日平山县第十二届人大常委会举行第十七次会议结合实际制定本办法。全文共六章三十八条，主要内容包括总则、县人大常委会同代表的联系、县人大常委会组成人员同代表的联系、县人民政府、县人民法院、县人民检察院同代表的联系、乡镇人大主席团同代表的联系、附则等。办法从不同角度规定了国家机关同代表的联系方法，具有很强的针对性。

第四章　审议决定重大事项

第一节　决议决定

1. 关于加快绿色食品产业发展的决定

（1998年2月20日平山县第十二届人民代表大会第一次会议通过）

2. 平山县人大常委会关于进一步推进依法治县的决议

（1998年8月28日平山县第十二届人大常委会第五次会议通过）

3. 平山县人大常委会关于加强初级卫生保健工作的决议

（1998年8月28日平山县第十二届人大常委会第五次会议通过）

4. 关于加强农业和农村工作的决议

（1999年3月12日平山县第十二届人民代表大会第二次会议通过）

5. 关于建设县城文化商贸广场的决定

（1999年9月17日平山县第十二届人大常委会第十二次会议通过）

6. 关于实施封山育林和林木禁伐的决定

（2001年1月5日平山县第十二届人民代表大会第四次会议通过）

7. 平山县生态示范区建设总体规划

（2001年2月28日平山县第十二届人大常委会举行第二十三次会议通过）

8. 平山县温泉度假区规划

（2001年4月27日平山县第十二届人大常委会举行第二十四次会议通过）

第二节　决议决定选介

1. 关于加快绿色食品产业发展的决定

县第十二届人民代表大会第一次会议对加快发展绿色食品产业问题进行认真讨论，认为，绿色食品是当今国际社会新兴食品产业发展的方向，随着人类社会对生活质量和生活水平要求的逐步提高，绿色消费已经成为一种新的时尚和追求。平山县生态环境良好，特色资源丰富，具有发展绿色食品得天独厚的优势。为了进一步加快绿色食品产业的发展步伐，会议作出本决定。主要内容包括：一、加大宣传力度。要充分利用各级报纸、电台、电视台及绿色食品橱窗，大力宣传绿色食品的资源优势和广阔的发展前景，让平山绿色食品在全省、全国叫响。二、强化政府行为。各级政府要将绿色食品产业提到事关农业增产和农民增收的高度来认识，列入政府重要议事日程。三、加大投入力度。各级政府要有计划地将山区综合开发资金、财政支农资金、扶贫资金、银行信贷资金及农口部门专项资金，集中投向有规模、有市场、效益显著的绿色食品开发项目。特别是要大力扶持具有平山特色的名、特、优、稀产品的开发，实现重点突破。四、实施大市场和名牌战略，加快绿色食品产业开发。要适应市场经济规律，实施大市场和名牌战略。发挥县特殊的地理和自然优势，加快基地建设，力争通过几年努力，在全县形成贸工农一体化，产供销一条龙，公司加农户的产业化格局，使平山的绿色食品开发成为强县富民的主导产业。

2. 关于加强初级卫生保健工作的决议

“2000年人人享有卫生保健”是世界卫生组织提出的全球性战略目标，中国政府已向全世界作出庄严承诺。省、市要求提前两年完成“初保”任务，1998年全部实现“初保”规划目标，必须在今年10月份通过市级评审验收，明年4月份通过省级复核验收。为进一步加大“初保”工作力度，确保“初保”目标如期实现。1998年8月28日平山县第十二届人大常委会第五次会议特作出本决议。主要内容包括：一、加大宣传力度。二、加强领导明确责任。三、充分发挥各部门职能作用。四、切实加大对“初保”工作投入。五、积极协调联动，加大配合力度。六、加大监督力度。要求县乡两级政府狠抓落实，发动全民参与，确保任务圆满完成。

3. 平山县人大常委会关于进一步推进依法治县的决议

为认真贯彻党的十五大关于依法治国的基本方略，落实县委提出的《依法治县规划》，进一步推进依法治县工作，特制定本决议。主要包括以下内容：进一步提高对依法治县重要性的认识；深入开展法治宣传教育；深化错案和执法过错责任制；推进基层和行业依法治理；人大及其常委会在依法治县中起主导作用。

4. 关于建设县城文化商贸广场的决定

为进一步加快县城建设步伐，树立平山对外新形象，平山县人大常委会第十二次会议对县政府关于建设县城文化商贸广场的规划进行认真审议和讨论，作出本决定。主要内容包括：一、要充分认识建设县城文化商贸广场的重要性。二、县政府要把建设县城文化商贸广场，作为当前工作的一项大事来抓，集中领导，确保该项工程的全面实施。三、县政府主管部门要严格按照《平山县城文化商贸广场实施方案》的要求，认真抓好落实。四、全县各级、各部门要树立人民城市人民建的意识，从全局利益出发，积极配合城建工作，确保县城文化商贸广场建设工程的顺利进行。

5. 关于实施封山育林和林木禁伐的决定

为认真贯彻落实《中华人民共和国森林法》，进一步提高森林资源增长的速度和质量，保护生态环境，促进县域经济的可持续发展。经平山县第十二届人民代表大会第四次会议审议，特作此决定。全县23个乡镇全部实施封山育林，所有林木一律禁伐；加大资金投入，在封山和禁伐期内，县政府要在资金和政策等方面向重点林区倾斜，扶持重点林区发展；坚持保护就是发展的原则，加大对森林资源的保护力度；加大宣传力度，使封山育林和林木禁伐工作成为人们的自觉行为。

第五章　人事任免

1998 年 4 月 30 日县第十二届人大常委会举行第二次会议
决定任命：
赵风昌为县公安局局长
封明明为县政府办公室主任
冯静辉为县教育局局长
武彦平为县工商局局长
杨英明为县建设局局长
董国军为县统计局局长
辛勤为县民政局局长
权林山为县财政局局长
齐永平为县乡镇企业局局长
李三海为县卫生局局长
马新维为县信访局局长
张从礼为县计划生育局局长
齐明贵为县土地局局长
梁中元为县计划局局长
魏俊海为县审计局局长
张金泽为县劳动人事局局长
刘清明为县粮食局局长
康为兵为县科技局局长
王文辉为县司法局局长
霍文国为县交通局局长
秘占军为县经贸局局长
赵瑞英为县技术监督局局长

1998 年 5 月 21 日县第十二届人大常委会第三次会议
决定任命：
齐英为平山县农业局局长

冯书庆为平山县林业局局长
杨彦明为平山县畜牧局局长
齐海书为平山县水产局局长
赵二录为平山县物价局局长
辛东录为平山县文化局局长
张兵秀为平山县档案局局长
姜辉为平山县广播电视局局长
崔利华为平山县旅游局局长
邢锁林为平山县矿产局局长
孙树海为平山县农机局局长
侯慕英为平山县扶贫办主任
牛竹林为平山县移民局局长
李书英为平山县房产局局长
封速强为平山县环保局局长
范国卿为平山县物资局局长
罗忠为平山县外贸局局长
常二平为平山县商业局局长
谷廷跃为平山县医药局局长
刘清林为平山县宗教局局长

1998 年 6 月 30 日县第十二届人大常委会第四次会议
任命：
刘金书为平山县人民检察院副检察长、检察委员会委员、检察员
闫玉良为平山县人民法院副院长、审判委员会委员、审判员
段英校为平山县人民法院副院长
赵喜宗为平山县人民法院副院长

1998 年 12 月 23 日县第十二届人大常委会第七次会议
任命：
史志平为平山县人民法院南甸法庭庭长
张增方为平山县人民法院城关法庭庭长
张增方为平山县人民法院刑事审判庭副庭长
范风军为平山县人民法院经济第二审判庭副庭长
齐建龙为平山县人民法院小觉法庭副庭长
韩心会为平山县人民法院经济第二审判庭副庭长

曹花平为平山县人民法院城关法庭副庭长
周兴中为平山县人民法院西柏坡法庭副庭长
史增中为平山县人民法院经济第一审判庭副庭长
刘拴海为平山县人民法院执行庭副庭长
马建忠为平山县人民法院审判委员会委员
齐金虎为平山县人民法院岗南法庭庭长
张振华为平山县人民法院审判委员会委员
樊花明为平山县人民法院审判委员会委员
免去：
王挺君平山县人民法院蛟潭庄法庭庭长职务
史志平平山县人民法院城关法庭副庭长职务
张增方平山县人民法院下槐法庭庭长职务
张增方平山县人民法院岗南法庭副庭长职务
范风军平山县人民法院刑事审判庭副庭长职务

1999年3月30日县第十二届人大常委会第九次会议
决定任命：
赵志廉为平山县人民政府副县长
韩二秃为平山县农委主任
任命：
闫镇国为平山县人民检察院检察员
张兰锁为平山县人民检察院检察员
免去：
杨建秋平山县人民政府副县长职务

1999年5月27日县第十二届人大常委会第十次会议
任命：
霍俊林为平山县人民检察院检察员
免去：
田惠祥平山县人民检察院检察员职务

1999年7月29日县第十二届人大常委会第十一次会议
任命：
康志强为平山县人民法院民事审判庭庭长
郄建华为平山县人民法院蛟潭庄法庭庭长

王米贵为平山县人民法院执行庭庭长
杨习文为平山县人民法院行政审判庭庭长
王树平为平山县人民法院经济第二审判庭庭长
尤新建为平山县人民法院刑事审判庭庭长
孙建敏为平山县人民法院大吾法庭庭长
高林为平山县人民法院下槐法庭庭长
马正堂为平山县人民法院刑事审判庭副庭长
刘明芳为平山县人民法院民事审判庭副庭长
王辉为平山县人民法院民事审判庭副庭长
张振华为平山县人民法院审判监督庭庭长
焦国才为平山县人民法院古月法庭副庭长
张永生为平山县人民法院行政审判庭副庭长
免去：
康志强平山县人民法院民事审判庭副庭长职务
郄建华平山县人民法院南甸法庭副庭长职务
王米贵平山县人民法院刑事审判庭庭长职务
杨习文平山县人民法院行政审判庭副庭长职务
王树平平山县人民法院经济第二审判庭副庭长职务
尤新建平山县人民法院告诉申诉审判庭庭长职务
孙建敏平山县人民法院民事审判庭副庭长职务
高林平山县人民法院城关法庭副庭长职务
马正堂平山县人民法院小觉法庭庭长职务
刘明芳平山县人民法院西柏坡法庭庭长职务
王辉平山县人民法院古月法庭庭长职务
李银拴平山县人民法院经济第二审判庭庭长职务
樊花明平山县人民法院城关法庭庭长职务
刘国才平山县人民法院行政审判庭庭长职务

1999 年 11 月 26 日县第十二届人大常委会第十三次会议
任命：
齐生锁为平山县审计局局长
王彦霞为平山县人大代联科副科长
谷新革为平山县人大政法科副科长
齐跃强为平山县人大农经科副科长

免去：
魏俊海平山县审计局局长职务
侯慕英平山县扶贫办主任职务

2000年3月30日县第十二届人大常委会第十五次会议
任命：
王拴庆为平山县扶贫办公室主任

2000年6月5日县第十二届人大常委会第十六次会议
任命：
何树林为平山县人民法院副院长、审判委员会委员、审判员

2000年9月28日县第十二届人大常委会第十八次会议
决定任命：
高玉柱为平山县人民政府副县长
任命：
李更书为平山县人民法院告诉庭庭长
焦国才为平山县人民法院古月法庭庭长
周兴中为平山县人民法院西柏坡法庭庭长
马占军、李建设为平山县人民法院审判员
赵剑、牛文国、白明彦、单娜芹为平山县人民检察院检察员
免去：
张秀英平山县人民法院副院长、审判委员会委员职务
秦福友平山县人民法院副院长、审判委员会委员职务
焦国才平山县人民法院古月法庭副庭长职务
周兴中平山县人民法院西柏坡法庭副庭长职务

2000年10月9日县第十二届人大常委会第十九次会议
接受韩保深辞去县长职务
决定任命：
卢长锁为代县长

2000年11月24日县第十二届人大常委会第二十次会议
决定任命：
陈玉为平山县人民政府副县长

2001 年 2 月 4 日县第十二届人大常委会第二十二次会议
决定任命：
王建海为平山县人民政府副县长
李熙宽为平山县人民政府副县长

2001 年 4 月 27 日县第十二届人大常委会举行第二十四次会议
任命：
李三海为平山县人大常委会办公室主任
韩良平为平山县人大常委会文卫科科长
刘联平为平山县民政局局长
王兰为平山县经贸局局长
齐英为平山县卫生局局长
苏锁斌为平山县监察局局长
薛青更为平山县信访局局长
刘英录为平山县人大常委会信访科副科长
焦永明为平山县人民法院审判员
崔国燕为平山县人民法院审判员
杨志峰为平山县人民法院审判员
免去：
辛勤平山县民政局局长职务
秘占军平山县经贸局局长职务
封明明平山县政府办公室主任职务
马新维平山县信访局局长职务
李三海平山县卫生局局长职务
齐新奎平山县人大常委会办公室主任职务
李兵兵平山县人大常委会文卫科科长职务

2001 年 6 月 26 日县第十二届人大常委会举行第二十五次会议
任命：
史志平为平山县人民法院经济一庭副庭长
齐金虎为平山县人民法院经济一庭副庭长
习建明为平山县人民法院民事庭副庭长
张永生为平山县人民法院民事庭副庭长
王辉为平山县人民法院行政庭副庭长

郭强为平山县人民法院行政庭副庭长
刘明芳为平山县人民法院审判监督庭副庭长
张增芳为平山县人民法院执行庭副庭长
高林为平山县人民法院执行庭副庭长
齐同平为平山县人民法院城关法庭庭长
付云吉为平山县人民法院执行庭副庭长
苗建国为平山县人民法院城关法庭副庭长
马占军为平山县人民法院回舍法庭庭长
韩新会为平山县人民法院大吾法庭庭长
尹新国为平山县人民法院南甸法庭庭长
郄建华为平山县人民法院两河法庭庭长
张增芳为平山县人民法院岗南法庭庭长
檀志强为平山县人民法院南甸法庭副庭长
郭吉海为平山县人民法院柏坡法庭副庭长
范风军为平山县人民法院下槐法庭庭长
王焕林为平山县人民法院蛟潭庄法庭庭长
史增中为平山县人民法院小觉法庭庭长
免去：
史志平平山县人民法院南甸法庭庭长职务
齐金虎平山县人民法院岗南法庭庭长职务
习建明平山县人民法院审判监督庭副庭长职务
张永生平山县人民法院行民政庭副庭长职务
王辉平山县人民法院民事庭副庭长职务
郭强平山县人民法院执行庭副庭长职务
刘明芳平山县人民法院民事庭副庭长职务
张增芳平山县人民法院城关法庭庭长职务
高林平山县人民法院下槐法庭庭长职务
齐同平平山县人民法院回舍法庭庭长职务
付云吉平山县人民法院刑事庭副庭长职务
苗建国平山县人民法院两河法庭庭长职务
韩新会平山县人民法院经济二庭副庭长职务
尹新国平山县人民法院执行庭副庭长职务
郄建华平山县人民法院蛟潭庄法庭庭长职务
张增芳平山县人民法院刑事庭副庭长职务
范风军平山县人民法院经济一庭副庭长职务

王焕林平山县人民法院下槐法庭副庭长职务
史增中平山县人民法院经济庭副庭长职务
范风录平山县人民法院行政庭副庭长职务
苏永平平山县人民法院执行庭副庭长职务
孙建敏平山县人民法院大吾法庭庭长职务

2001 年 8 月 30 日县第十二届人大常委会第二十六次会议
任命：
左增寿为平山县建设局局长
免去：
杨英明平山县建设局局长职务

2001 年 12 月 21 日县第十二届人大常委会第二十八次会议
任命：
刘金海为平山县人民政府办公室主任

2002 年 6 月 28 日县第十二届人大常委会第三十二次会议
决定任命：
李为军为平山县人民政府副县长
任命：
姜辉为平山县人大办公室主任
李三海为平山县计划局局长
韩二元为平山县计划生育局局长
齐明贵为平山县国土资源局局长
免去：
李三海平山县人大办公室主任职务
齐明贵平山县土地局局长职务
梁中源平山县计划局局长职务
张存礼平山县计划生育局局长职务

2002 年 8 月 29 日县第十二届人大常委会第三十三次会议
任命：
张金泽为平山县人事劳动和社会保障局局长
李三海为平山县发展计划局局长
崔习平为平山县水务局局长

韩新光为平山县农业局局长
乔金宝为平山县民族宗教事务局局长
崔锋为平山县公安局局长
武建忠为平山县人大财经科副科长
王国政为平山县人民检察院副检察长、检察委员会委员
陈宝良为平山县人民检察院副检察长、检察委员会委员
免去：
张金泽平山县劳动人事局局长职务
李三海平山县计划局局长职务
赵风昌平山县公安局局长职务
韩二秃平山县农业委员会主任职务
齐永平平山县乡镇企业局局长职务
武建忠平山县人大办公室副主任职务
郭强平山县人民法院行政审判庭副庭长职务

2002 年 12 月 26 日县第十二届人大常委会第三十五次会议
任命：
杨英明为平山县司法局局长
左小英为平山县人民法院审判员
免去：
王文辉平山县司法局局长职务

2003 年 4 月 22 日第十二届县人大常委会第三十六次会议
任命：
袁伟为平山县人民法院副院长、代院长
李景龙为平山县人民检察院副检察长、代检察长

2003 年 4 月 23 日县第十二届人大常委会第三十七次会议
决定任命：
封明明为平山县人民政府副县长
韩学军为平山县人民政府副县长

第六章　重点工作

1998年

2月20日，常委会第一次会议，将学习列入重要议程。通过学习邓小平理论和十五大精神，学习《宪法》《地方组织法》，认真开展解放思想大讨论，明确了人大工作的方向。在日常工作中，结合实际邀请有关部门长期从事执法工作的行家进行法律学习辅导，提高了大家的法律素质，为做好人大工作奠定了基础。

3月24日，县人大常委会主任白云亭带领县人大部分主任、委员对土地管理工作进行视察，听取局长齐明贵的工作汇报。一致认为，土地管理局对支铁援电、土地综合开发利用等工作，不仅思路清晰，目标明确，而且措施得力，成效显著。

5月21日，县人大常委会召开颁发任命书大会，人大常委会主任向新任命政府组成人员逐个颁发任命书。

1998年5月，县人大常委会组织开展《文物保护法》《河北省文物保护管理条例》执法检查，对全县境内的军工烈士纪念塔、水电站及中山国都城遗址等文化遗址的保护和管理情况进行检查。

5月下旬至7月上旬，县人大常委会开展《中华人民共和国审计法》执法检查，采取自查与重点抽查相结合的方法分两个阶段进行。第一阶段为自查阶段，5月下旬至6月中旬进行自查；第二阶段为重点抽查，6月下旬进行重点抽查。7月上旬迎接省市执法检查领导小组检查。

8月15日至23日，县人大常委会、县政府对城乡教育费附加征收管理工作及政府对教育拨款情况进行检查和审计。

8月17日至31日，县人大常委会开展《劳动法》《石家庄市城镇企业职工社会保险基金监督管理条例》执法检查。执法检查由县人大常委会负责组织、劳动部门配合，吸收工会组织参加，8月17日至26日为自查阶段，8月28日至31日为重点抽查阶段。

9月上旬，县人大常委会组织卫生、民政、公安等部门对《母婴保健法》《河北省母婴保健条例》执行情况进行检查调查。

9月初到月底，常委会组织部分人员深入到各乡镇进行调研，督促乡镇人大认真落实代表活动制度、代表联系选民制度、办理代表建议制度、主席团例会制度，研究探索如何开好乡镇人代会，指导各乡镇开展评议“七所八站”的活动。

本年度，在市以上信息及公开报刊发稿59篇，并实现了在《全国人大工作通讯》发大稿的新突破。

本年度，人大常委会会议专题听取县政府办理县十二届人大一次会议代表意见和批评建议情况的报告，对一些重点建议办理情况开展检查，十二届人大一次会议期间代表提出的47件意见、建议全部办结。

本年度，修订完善了《关于加强全县人大信访工作的意见》，共受理群众来信来访和申诉、控告案件237件950人次。在全市人大信访工作会议上，两次介绍经验，受到了市人大常委会领导的好评。

1999年

1月25日，乡镇换届选举日。全县共选举产生乡镇人大代表1181名，其中中共党员代表799名，非党员代表282名，妇女代表218名，分别占代表总数的67.7%、32.3%、18.5%。3月20日前，各乡镇相继召开新一届人民代表大会第一次会议，选举产生新一届乡镇人大和政府领导成员。全县304351名选民中有273619人参加了投票选举，参选率90%，其中直接投票人数243480人，占全体选民总数的80%。

5月10日至31日，县人大常委会组织人大财经科、县财政局、国税局、地税局、审计局等单位，在全县开展《税收征收管理法》执法检查。

同月，县人大常委会召开座谈会，强烈谴责以美国为首的北约对中国驻南使馆进行导弹袭击，造成使馆人员伤亡的恶劣行径，大家一致表示，坚决拥护中国政府反对霸权，维护主权的严正立场，同时要维护社会安定和稳定，搞好本职工作，为国家的繁荣昌盛做出更大贡献。

同月，县人大常委会组织部分人大代表对《烟草专卖法》贯彻实施情况进行视察。针对存在问题，提出进一步加大宣传力度，做到家喻户晓，人人皆知；进一步加大执法力度，严格进货手续，对销售摊点进行经常性监督检查，对制假、贩假、卖假的不法商贩，严肃处理等建议。

7月10日至23日，县人大常委会组织人大文卫科、县卫生局、工商局、商业局、技术监督局、县社、粮食局、畜牧局等单位，对全县范围内从事食品生产经营的单位和个人进行重点抽查，开展《食品卫生法》执法检查。

10月下旬，县人大常委会组织县总工会、经贸局、乡镇企业局、审计局，开展《工会法》《劳动法》执法检查。

本年度，县人大常委会在全体县人大代表中倡导开展了以增强职责意识为主题的“国徽在心，责任在身”活动。对全县的一些重点工作和重大工程项目开展视察，进一步密切了与代表的联系，拓宽了代表活动的渠道；在代表意见建议办理方面，县十二届人大二次会议期间提出的47件批评意见和建议，已全部办结并答复代表，其中代表所提建议已经解决和基本解决的23件，向代表进行解释说明的19件，5件已列入规划。还对闭会期间代表提出的关于县医院病房楼不能尽快投入使用问题，督促政府帮助解决提供资金 50 万元，促进了病房楼的尽快投入使用。

本年度，县人大机关共受理人民群众来信来访、信访电话 160 件次，发出建议 107 件，监督纠正错案 37 件，化解矛盾 46 件。县人大信访工作受到了省、市人大领导的肯定。

2000 年

3 月 21 日至 31 日，县人大常委会组织财经科、县工商局、县消费者协会等单位，对《消费者权益保护法》进行执法检查。

3 月，督促指导各乡镇召开乡镇人民代表大会，有补选任务的乡镇，均按法律程序进行补选。

4 月下旬至 6 月，县人大常委会组织有关部门开展义务教育和社会力量办学执法检查。

4 月下旬至 9 月，县人大常委会组织有关部门开展《环境保护法》执法检查。

5 月中旬，为促进各级政府依法做好“普九”教育工作，鼓励和支持社会力量办学，县人大常委会组织市县人大代表进行全面检查。

8 月 9 日，县人大常委会组织文化、公安、工商、广播电视、宣传部部门，对电子游戏经营场所进行执法检查。

8 月下旬，县人大常委会组织财经科、人大办、政法科，对有关部门进行重点抽查，就社会保障工作开展执法检查。

8 月 24 日至 9 月中旬，县人大常委会组织教科文卫科、卫生局、工商局、技术监督局、畜牧局、粮食局、商业局、教育局开展《食品卫生法》执法检查。

9 月，县人大常委会组织主任和部分委员，对古月镇桃科村、白家庄村和小觉镇西王庄村、田家旋村酸枣嫁接工程进行视察。

10 月，县人大常委会组织主任、委员深入到西庄村、上三汲村和南石殿村对药材种植情况进行视察。

11 月，县人大常委会组织代表对非公有制经济发展进行视察并针对存在的问题向县政府提出四点建议：一要进一步解放思想，加快发展步伐。立足实际，制定切实可行的优惠政策；二要进一步加强对执法人员的素质教育，建立健全执法监督机制；三要解决一些部门存在的收费养人的问题；四要加强对举报电话的管理；五要抓好对私营和个体工商企业主的思想教育和管理。

12 月，县人大常委会组织由主任带队，部分委员和县财政、统计部门的专业人员参加的专题调研组，深入到平山镇、王坡乡、下槐镇及部分村、户和县水泥厂、五金一厂、化工厂，调查了解今年国民经济和社会发展指标任务完成情况，为明年初县人代会审议平山县“十五”计划提供依据。

同月，县人大常委会开展《消法》执法检查工作，深入平山、回舍等乡镇进行现场检查。通过执法检查进一步促进了《消法》的落实，增强了消费者的维权意识。

本年度，组织部分乡镇人大主席到外地参观学习，建立健全有关工作制度；组织各乡镇人大与县人大常委会上下联动，共同开展对法律法规的宣传活动和执法检查活动。

本年度，人大机关共接待信访270人次。按照归口办案的原则，在向当事人做好解释说明的基础上，均转交有关部门办理。其中，办理省、市和领导交办的信访案件14件，要结果的案件8件，全部落实。通过信访渠道实施个案监督，纠正错案2件。

2001年

5月，县人大常委会组织主任、委员对县医院、中医院、妇幼院的卫生改革情况进行视察。

5月底前，各乡镇顺利召开乡镇人民代表大会，有补选任务的乡镇都按照法定程序进行选举。同时，组织县人大有关科室负责人对全县23个乡镇人大主席团制度建设情况进行检查。对5个乡镇人大主席团制度不健全的，提出改进意见进行完善，使乡镇人大逐步走上制度化、规范化轨道。

6月，县人大常委会组织主任和部分委员对小型水利工程设施产权制度改革情况进行视察。

8月中旬开始，县人大常委会组织部分委员及政府相关部门人员对下口、回舍、温塘等七个乡镇的乡级财政运行、落实《预算法》等情况进行调查。调查发现，个别乡镇在预算执行上存在着公用经费安排不足出现赤字预算，两税收入占财政总收入比例偏低，导致财政运行质量不高等问题。建议：一是今后县级财政在年初编制全县总预算时，对乡镇拨付到位的转移支付等资金应全部进入预算，确保乡级财政不出赤字；二是乡镇财政要优先保证公教人员的工资发放等。

10月，县人大常委会组织主任委员对县办工业改制情况进行视察和调研，并提出四点要求：一是摸清底数，制定出全县的改制方案；二是组织有关人员进行科学论证；三是企业改制方案要经企业职代会通过；四要把好核资清产关、产权界定关、职工安置关、债务债权处理关等。

同月，县人大常委会组织学习十五届六中全会精神，要求人大机关党员干部把学习贯彻全会精神，与学习江泽民总书记“七一”重要讲话精神、“三个代表”重要思想学习教育活动、做好当前重点工作结合起来，把贯彻《决定》精神与弘扬西柏坡精神有机结合，解决好人民群众关心的热点、难点问题。

11月，县人大常委会组织人员对供电工作进行视察。要求电力系统加强培训学习，不断提高整体素质，提高服务水平；加强依法治电，切实保护电力客户和广大群众的合法权益。

12月，县人大常委会组织部分委员和人大代表对县政府在人代会提出的八件实事的落实情况进行调查和视察。

本月，县人大组织部分省市县人大代表到县五金一厂、兴山楼商场等单位对《产品质量法》贯彻执行情况进行视察。提出五点建议。一是加大执法宣传力度，通过电视台、宣传车、平山报大力宣传法律法规。二是培训执法人员，提高执法人员的业务素质。三是加强与人民生产生活息息相关产品的质量管理。四是加大对执法正反两个方面典型的宣传力度。五是公布举报电话，扩大监督范围。

本年度，5月中旬到12月，县人大常委会利用半年多的时间，在全县开展《矿产资源法》执法检查。执法检查采取上下联动和集中打击相结合的办法，共查处无证矿点119个，破坏资源、环境的矿点25家，对其中的17家矿点，依法强行拆除，对两家干扰执行公务的采矿权人追究刑事责任。

本年度，继续组织代表深入开展“国徽在心，责任在身”活动，组织代表学习达1300多人次，重点学习《代表法》《选举法》《组织法》《河北省选举实施细则》等有关法律法规；组织代表先后到供电局正在施工的220千伏变电站和邮政大楼施工现场、五金一厂、兴山楼商场、水产养殖场、岗南鱼种场、通家口库湾养殖场等处进行视察，针对存在的问题提出意见和建议。通过听取汇报和参加视察活动，进一步提高了代表参政议政能力。

本年度先后在市级以上报刊上稿58篇，并有11篇稿件分别在《中国人大》《中国人大新闻导刊》《中国人大新闻网站》《人民代表报》和《人民之声报》刊登，扩大了县人大工作的对外宣传，提高了知名度。

本年度，责成专人对人大四次会议以来代表提出的74件批评意见和建议进行督办，并召开座谈会，听取9个部门汇报，深入到部分乡镇调查，掌握办理情况和效果，使74件意见和建议做到了事事有回音，件件有着落。

本年度，继续坚持主任接待制度和来信来访登记制度，共收到来信来访案件107件，接待来访者300多人次。对来访案件按照归口办案的原则，均转交有关部门明确专人办理。其中办理全国人大、省、市人大和上级领导交办的信访案件15件，要结果的案件6件已有5件落实。

2002年

4月下旬，县人大常委会组织人大办、文卫科及部分人大常委会委员，开展食品卫生执法检查。

4月下旬至5月底，县人大常委会组织人大财经科、部分人大常委会委员，对《河北省支持和鼓励个体工商户私营企业发展条例》《关于加快发展个体私营经济若干政策的意见》贯彻执行情况进行全面检查。

4月至6月，指导各乡镇做好第七届乡镇人民代表大会代表选举工作，召开各乡镇第七届人民代表大会第一次会议。

4月中旬至7月底，县人大常委会组织农经科及部分常委会委员对《中华人民共和国水土保持法》《中华人民共和国水土保持法实施条例》《河北省实施中华人民共和国水土保持法办法》和《石家庄市水土保持条例》贯彻实施情况的检查。

7月至8月，县人大常委会组织县、乡人大代表对县供电工作进行评议。

人大宣传报道工作连续五年在全市评为先进单位。先后在市级以上报刊上稿233篇，其中有51篇稿件分别在《中国人大》《中国人大新闻导刊》《中国人大新闻网站》《人民代表报》《人民之声报》刊登。

十二届人大以来，代表提出的271件批评、意见和建议已全部办结，办理结果均与代表见面，满意率达96%。在督办祁兵芳代表提出解决石闫路排水问题过程中，县人大主管主任和政府主管县长亲临现场多次召开协调会，责成有关部门解决久拖不决的问题，受到代表的好评。

第十一篇

平山县第十三届人民代表大会

（2003年4月至2007年4月）

县第十三届人民代表大会自2003年4月至2007年4月，任期四年。其间，共召开人大代表会议4次，召开常委会24次。牢固树立以“科学发展观为指导”的参政议政思想，始终坚持和依靠党的领导，坚持围绕大局、服务中心、突出重点、讲求实效的工作思路，着力完善人大工作制度，积极组织开展执行检查，认真办理人大代表批评意见和建议，扎实做好人大信访工作，圆满完成了预定的各项任务，为全县经济社会更好更快发展，推进和谐平山建设做出了积极贡献。

第一章　人大党组织

中共平山县人大常委会党组

书　记：郝书文（2003.04—2011.09）
副书记：郄贵庭（2003.04—2007.04）
成　员：史军海（2003.04—2007.04）
张志兵（2003.04—2007.04）
梁爱平（2003.04—2007.04）
姜　辉（2002.06—2006.05）
齐明国（2006.05—2007.04，2017.02—2021.07）
杨彦明（2003.04—2004.04）

第二章　人民代表大会

第一节　人大代表

一、县人大代表

（一）选举产生

根据《选举法》的规定和市人大党组〔2002〕2号通知，县第十三届人民代表大会的代表名额为219名，实际分配205名，机动名额14名，根据《选举法》《地方组织法》和《平山县换届选举工作实施方案》的规定，依法选举产生平山县第十三届人民代表大会代表200名，之后，由于工作需要调出已选代表3名，又补选代表6名，共计203名。平山县第十二届人民代表大会代表资格审查委员会，对上述代表的代表资格进行审查，认为这203名代表的选举符合法律规定，代表资格全部有效。在当选的203名代表中，党员144名，占70%；非党59名，占30%；妇女41名，占20%，非党和妇女代表比上届略有提高。代表的知识结构有了较大改善，具有大专以上文化程度的110名，占54%，比上届提高了9个百分点。代表年龄结构更趋合理，35岁以下19名，占9%；36岁至55岁169名，占83%；56岁以上15名，占7%。

（二）代表名单

平山县第十三届人民代表大会代表一览表

表11-1

姓名	性别	文化程度	政治面貌	工作单位及职务	籍贯
齐明贵	男	大专	中共党员	县政府副县长	平山镇
权林山	男	大专	中共党员	县政协副主席、财政局局长	岗南镇
吴桂雨	女	大专	中共党员	县直工委书记	温塘镇
刘军增	男	大学	中共党员	宣传部常委副部长	东王坡乡

续表 11-1

姓名	性别	文化程度	政治面貌	工作单位及职务	籍贯
左增寿	男	大专	中共党员	建设局局长	平山镇
梁利军	男	大专	中共党员	国税局局长	东王坡乡
康景忠	男	大专	中共党员	地税局局长	蛟潭庄镇
杨连树	男	大专	中共党员	技术监督局局长	平山镇
安剑平	男	大专	中共党员	人行行长	东王坡乡
赵俊新	女	初中	群众	城关粮站	深县
王　兰	男	大学	中共党员	经贸局局长	岗南镇
卢永兴	男	大专	中共党员	五洲实业公司经理	西大吾乡
赵彦平	女	中专	群众	塑胶公司总统计	西回舍镇
王翠书	女	高中	群众	商业大楼职工	孟家庄镇
霍文国	男	大专	中共党员	交通局局长	西回舍镇
武二兵	男	大学	中共党员	供电局局长兼书记	平山镇
刘联平	男	大专	中共党员	民政局局长	营里乡
冯书庆	男	大学	中共党员	林业局局长	邢台县
封志岚	女	大专	群众	县医院检验科副主任	下槐镇
郜风海	男	大专	群众	林业局森防站站长	温塘镇
赵彦玲	女	大专	群众	县教育局干部	行唐县
史林虎	男	大专	中共党员	银星石材公司经理	平山镇
杨志涛	男	大学	中共党员	社保局局长	下槐镇
康彩霞	女	大学	群众	水利局股长	平山镇
李永平	男	大专	中共党员	冶河水泥公司董事长	西大吾乡
杜增庭	男	大专	中共党员	西柏坡钢铁有限公司总经理	平山镇
梁拴云	男	大专	中共党员	教育局副局长	营里乡
杜英霞	女	大学	群众	平山中学教师	平山镇
赵新朝	男	大学	中共党员	县委书记	赞皇县
薛海青	男	大学	中共党员	县委常委组织部部长	灵寿县

续表 11-1

姓名	性别	文化程度	政治面貌	工作单位及职务	籍贯
卢庆忠	男	大专	群众	县人大常委会副主任 县医院副院长	两河乡
左振江	男	高中	中共党员	县人大财经科科长	平山镇
谢志义	男	中专	中共党员	县人大政法科科长	平山镇
齐清芳	男	大专	中共党员	县委组织部常务副部长	平山镇
李林奎	男	中专	中共党员	平山镇人大主席	平山镇
任国宏	男	大专	中共党员	平山镇副书记镇长	西大吾乡
马秋平	女	大专	中共党员	平山镇人大副主席	平山镇
高增山	男	高中	群众	西街铸造厂厂长	平山镇
刘国军	男	高中	群众	市政建筑公司经理	平山镇
薛拴虎	男	大专	中共党员	东街村党支部书记	平山镇
左三看	男	高中	中共党员	高村党支部书记	平山镇
左爱花	女	初中	中共党员	东水碾村党支部书记	平山镇
张林平	男	高中	群众	西水碾制锁厂厂长	平山镇
郄德培	男	高中	中共党员	西柏坡建材有限公司 董事长	平山镇
范二拴	男	初中	中共党员	东冶村党支部书记	平山镇
焦彦虎	男	初中	群众	汇源饭店经理	平山镇
白兰香	女	大专	中共党员	平山镇组宣委员	苏家庄乡
郝保寿	男	高中	中共党员	东曲堤村党支部书记	平山镇
齐增强	男	高中	群众	寺庄村村委会主任	平山镇
李二波	男	高中	群众	白云山水泥厂厂长	平山镇
张建明	男	大专	中共党员	平山镇党政办主任	小觉镇
焦彦婷	女	中专	中共党员	孟贤壁小学教师	平山镇
王增海	男	高中	中共党员	南贾壁村党支部书记	平山镇
范海庭	男	初中	中共党员	东方巨龟苑经理	平山镇
高玉柱	男	大学	中共党员	县政府常务副县长	井陉县
张志兵	男	高中	中共党员	县人大常委会副主任	西大吾乡

续表 11-1

姓名	性别	文化程度	政治面貌	工作单位及职务	籍贯
袁　伟	男	大学	中共党员	县法院院长	辽宁省营口市
封云霞	女	中专	中共党员	县妇联主任	下槐镇
杨明华	女	大专	中共党员	华莹玻璃制品有限公司董事长	西回舍镇
齐　广	男	中专	中共党员	西回舍镇党委书记	北冶乡
周素明	男	大专	中共党员	西回舍镇镇长	岗南镇
魏玉堂	男	中专	中共党员	东西回舍镇人大主席	平山镇
秦拴来	男	高中	中共党员	东回舍村党支部书记	西回舍镇
苏俊保	男	高中	群众	南望楼村村委委员	西回舍镇
杜兵山	男	高中	群众	北水村村委委员	西回舍镇
赵为书	女	高中	中共党员	西回舍村村民	西回舍镇
焦彦华	女	大专	群众	东回舍中学教师	温塘镇
卢长锁	男	大专	中共党员	县政府县长	无极县
郭双全	男	大学	中共党员	县政府副县长	岗南镇
李习平	女	大专	中共党员	县人大代联科长	温塘镇
智全海	男	大学	中共党员	温塘镇党委书记	两河乡
杜吉牛	男	中专	中共党员	温塘镇人大主席	西回舍镇
李增文	男	初中	群众	天井村村民	温塘镇
郝春艳	女	大学	群众	温塘管委会副主任	平山镇
闫春来	男	初中	群众	板山村村民	温塘镇
孙文祥	男	中专	中共党员	县人大常委会原副主任	上三汲乡
李立年	男	大学	中共党员	西大吾乡党委书记	下槐镇
武明山	男	大专	中共党员	西大吾乡人大主席	平山镇
武自军	男	大学	中共党员	西大吾乡乡长	平山镇
封兵祥	男	初中	中共党员	封许大齐村党支部书记	西大吾乡
张艮堂	男	初中	群众	田兴村村民	西大吾乡
安芳芳	女	初中	群众	西荣村村民	西大吾乡

续表 11-1

姓名	性别	文化程度	政治面貌	工作单位及职务	籍贯
耿富顺	男	大学	中共党员	县委副书记	鹿泉市
杜金拴	男	大专	中共党员	南甸镇人大主席	平山镇
任鸿亮	男	大学	中共党员	南甸镇镇长	西柏坡镇
李赶坡	男	中专	中共党员	河北敬业集团董事长	两河乡
樊喜平	男	中专	群众	南焦坡村村民	南甸镇
康海平	女	高中	群众	康庄村村民	南甸镇
曹竹亮	男	高中	中共党员	魏家院村村民	南甸镇
田振堂	男	大专	中共党员	县委副书记	藁城市
闫建国	男	大专	中共党员	上三汲乡党委书记	营里乡
谷树成	男	大专	中共党员	上三汲乡人大主席	平山镇
齐国利	男	大学	中共党员	上三汲乡乡长	平山镇
王淑风	女	初中	中共党员	访驾庄村村民	上三汲乡
张财妮	男	高中	群众	木家庄村村主任	上三汲乡
盖金拴	男	初中	群众	田营村村民	上三汲乡
霍六斤	男	高中	中共党员	县政协副主席	西回舍镇
刘巨洋	男	大学	中共党员	两河乡党委书记	合河口乡
赵秀峰	男	大专	中共党员	两河乡人大主席	上三汲乡
刘　辉	女	大学	中共党员	两河乡乡长	岗南镇
李增平	男	高中	群众	西洞村村委会副主任	两河乡
苗二增	男	高中	群众	山头村会计	两河乡
梁海书	男	中专	中共党员	县政协副主席	下槐镇
樊彦明	男	大学	中共党员	东王坡乡党委书记	北冶乡
杨志广	男	大学	中共党员	东王坡乡人大主席	温塘镇
李二文	男	大专	中共党员	东王坡乡乡长	南甸镇
康文虎	男	高中	群众	上庄村村干部	东王坡乡
仇增国	男	大专	中共党员	王坡中学教师	南甸镇
史兰平	女	高中	群众	闫庄村个体户	东王坡乡

续表 11-1

姓名	性别	文化程度	政治面貌	工作单位及职务	籍贯
马文刚	男	大学	中共党员	县委副书记	晋州市
赵同法	男	大学	中共党员	县委副书记	行唐县
姜兵虎	男	初中	中共党员	县人大常委会原副主任	下槐镇
李景龙	男	大学	中共党员	县检察院检察长	晋州市
韩风海	男	大专	中共党员	岗南镇党委书记	孟家庄镇
张小青	男	中专	中共党员	岗南镇人大主席	合河口乡
印宝宝	男	大专	中共党员	岗南镇镇长	古月镇
陈英缺	女	初中	群众	西岗南村村民	岗南镇
韩五太	男	高中	群众	石盆峪村村民	岗南镇
付习联	女	高中	群众	下奉良村村民	岗南镇
任拴录	男	中专	中共党员	东朱豪村党支部书记	岗南镇
史拴柱	男	高中	群众	红土山村村民	岗南镇
郄贵庭	男	中专	中共党员	县人大常委会副主任	两河乡
杨满文	男	中专	中共党员	苏家庄乡人大主席	苏家庄乡
张晓平	男	大专	中共党员	苏家庄乡乡长	西大吾乡
郭习平	男	初中	群众	上东峪村村长	苏家庄乡
刘翠联	女	高中	中共党员	缑家庄村村民	苏家庄乡
白云亭	女	中专	中共党员	县人大原主任	孟家庄镇
谷书俊	女	大专	中共党员	宅北乡人大主席	苏家庄乡
张文贵	男	大专	中共党员	宅北乡乡长	平山镇
康元元	男	高中	群众	陈家院村村民	宅北乡
霍来绪	男	初中	中共党员	陈家院村党支部书记	宅北乡
康顺堂	男	初中	中共党员	会口选矿厂厂长	宅北乡
杨彦明	男	中专	中共党员	县人大专职委员	孟家庄镇
周风茹	女	大学	中共党员	西柏坡镇人大主席	苏家庄乡
解建军	男	大学	中共党员	西柏坡镇镇长	苏家庄乡
陈利肖	女	高中	群众	夹峪村村民	西柏坡镇

续表 11-1

姓名	性别	文化程度	政治面貌	工作单位及职务	籍贯
陈国平	男	中专	中共党员	梁家沟村党支部书记	西柏坡镇
张大平	男	大学	中共党员	县政协主席	西大吾乡
付立华	男	大专	中共党员	古月镇党委书记	下槐镇
姜明芳	男	大专	中共党员	古月镇人大主席	下槐镇
樊世雄	男	大专	中共党员	古月镇镇长	北冶乡
梁建芳	男	大学	中共党员	古月中学校长	下槐镇
郝五旦	男	高中	群众	北古月村村民	古月镇
董清风	女	高中	群众	白家庄村村民	古月镇
张晓涛	男	大专	中共党员	县人大常委会原副书记	西回舍镇
田林广	男	大专	中共党员	北冶乡党委书记	温塘镇
韩会军	男	大专	中共党员	北冶乡人大主席	苏家庄乡
周海军	男	大学	中共党员	县团委书记	上三汲乡
陈风联	女	初中	群众	塔崖村村民	北冶乡
张生生	男	初中	群众	天桂山宾馆经理	平山镇
刘彦林	男	高中	中共党员	清风村党支部书记	北冶乡
苏　谦	男	高中	中共党员	下口镇人大主席	北冶乡
边金文	男	大专	中共党员	下口镇镇长	营里乡
王风书	女	高中	群众	下口村个体户	下口镇
付　惠	男	初中	中共党员	下口村党支部书记	下口镇
郝书文	男	大专	中共党员	县人大常委会主任	合河口乡
张兴祥	男	大专	中共党员	县武装部部长	山东莱州
韩江涛	男	大学	中共党员	下槐镇人大主席	小觉镇
刘书文	男	大专	中共党员	下槐镇镇长	东王坡乡
封风书	女	初中	群众	王家沟村村民	下槐镇
武文明	男	初中	中共党员	下槐村村民	下槐镇
张三春	男	高中	中共党员	两岔村党支部书记	下槐镇
封庆庆	男	大专	群众	下槐中学教师	下槐镇

续表 11-1

姓名	性别	文化程度	政治面貌	工作单位及职务	籍贯
赵志廉	男	大专	中共党员	县政协副主席	西回舍镇
韩学芝	女	大专	群众	农业局农艺师	孟家庄镇
韩双利	男	大专	中共党员	孟家庄镇人大主席	孟家庄镇
田明月	男	大专	中共党员	孟家庄镇镇长	温塘镇
杨俊雪	女	高中	群众	元坊村村民	孟家庄镇
王胜海	男	高中	中共党员	北坪村村民	孟家庄镇
史军海	男	大专	中共党员	县人大常委会副主任	岗南镇
韩正书	男	大专	中共党员	观音堂乡人大主席	蛟潭庄镇
王文革	男	大专	中共党员	观音堂乡乡长	古月镇
陈光明	男	初中	群众	上盘松村村民	观音堂乡
苏三梅	女	高中	群众	秋卜洞村村民	观音堂乡
左更书	男	大学	中共党员	县人大常委会原副主任	南甸镇
封树亚	男	大专	中共党员	县委办公室副主任	下槐镇
王树辉	男	中专	中共党员	小觉镇人大主席	孟家庄镇
杨剑平	男	大专	中共党员	小觉镇镇长	南甸镇
封树平	男	中专	中共党员	小觉电站站长	小觉镇
韩平朵	女	高中	群众	小觉医院职工	小觉镇
付同义	男	初中	中共党员	田家旋村党支部书记	小觉镇
康彦平	男	中专	群众	康家庄村村委主任	小觉镇
陈建庭	男	大学	中共党员	杨家桥乡党委书记	平山镇
韩世贵	男	大专	中共党员	杨家桥乡人大主席	蛟潭庄镇
高占军	男	大专	中共党员	杨家桥乡乡长	宅北乡
任树生	男	初中	群众	店头村村民	杨家桥乡
何春梅	女	高中	群众	电了科技公司总经理	杨家桥乡
梁中原	男	高中	中共党员	县总工会主席	营里乡
张锁成	男	大学	中共党员	营里乡党委书记	杨家桥乡
张保明	男	大专	中共党员	营里乡乡长	杨家桥乡

续表 11-1

姓名	性别	文化程度	政治面貌	工作单位及职务	籍贯
张雪花	女	大专	群众	营里乡干部	蛟潭庄镇
李存秀	男	高中	中共党员	鹁鸽崖村村民	营里乡
马风亭	男	初中	群众	脉道岭村村民	营里乡
梁爱平	男	大学	中共党员	县人大常委会副主任	蛟潭庄镇
姜　辉	男	大专	中共党员	人大办公室主任	下槐镇
张京林	男	大专	中共党员	蛟潭庄镇党委书记	杨家桥乡
常振峰	男	中专	中共党员	蛟潭庄镇人大主席	合河口乡
张建平	男	初中	群众	桑元口村村民	蛟潭庄镇
李秀林	女	高中	群众	蛟潭庄村村民	蛟潭庄镇
梁会明	男	大专	中共党员	合河口乡人大主席	蛟潭庄镇
梁中强	男	大专	中共党员	合河口乡乡长	营里乡
赵永峰	男	大专	群众	平山建筑公司工程师	合河口乡
张小树	女	高中	群众	合河口村村民	合河口乡

（三）届中调整

1. 平山县第十三届人民代表大会代表总名额为 203 人，第十三届人民代表大会第一次会议时，实有代表 203 人。

2. 十三届人大一次会议和二次会议以来，有 2 名代表调出（刘风林、武二兵工作调动），2 名人大常委会委员辞职，空缺 2 名人大常委会委员，应补选 4 名人大代表。根据《选举法》第五十一条之规定，由原选区进行代表补选。平山镇选区补选杨兴、杜英考为第十三届人大代表；岗南选区补选刘立涛、王来泉为第十三届人大代表。

3. 到 2004 年 2 月 1 日第十三届人民代表大会第二次会议时，实有代表 206 人。

4. 平山县第十三届人大常委会第十次会议，根据《中华人民共和国全国人民代表大会和地方各级人民代表大会选举法》的有关规定，因工作需要，增选刘怀明、赵会文、翟润兵 3 人为第十三届人大代表。

5. 到 2005 年 1 月 16 日第十三届人民代表大会第三次会议时，实有代表 209 人。

6. 2005 年 12 月 27 日在县十三届人大常委会十六次会议上，根据《选举法》有关规定和市人大关于人大代表辞职补选问题的意见，结合实际，11 名人大主席调离工作岗位，因工作需要辞去了县人大代表职务，营里乡 1 名代表病故，终止代表资格。现对 15 名新任人大主席和 2 名缺额代表在原乡镇进行补选：平山镇常国刚、大吾乡李彦文、南甸镇韩天骏、孟家庄镇刘贵平、小觉镇刘利平、杨家桥乡刘志平、营里乡谷全国、袁胜瑞、宅北乡刘建堂、西柏坡镇高成虎、古月镇刘海成、王坡乡盖明忠、三汲乡谷文利、北冶乡李炳贵、苏军、两河乡刘建文、下槐镇李勇进。17 人确认补选为县十三届人民代表大会代表。

7. 到 2006 年 3 月 7 日第十三届人民代表大会第四次会议时，实有代表 214 人。

二、平山县出席石家庄第十一届人民代表大会代表调整情况

平山县第十三届人大常委会第一次会议 2003 年 6 月 24 日补选郝书文为石家庄市第十一届人民代表大会代表。

第二节　代表大会

县第十三届人民代表大会共召开 4 次会议。

一、第一次会议

第一次会议于 2003 年 4 月 27 日至 29 日在县法院礼堂举行。会议应到代表 203 名，实到代表 199 名，因事因病请假 4 名。不是人大代表的县委常委、县政府副县长、政府各部门一把手；县委各部门、各人民团体负责人、部分老干部代表参加了开幕式。

（一）组织机构

大会预备会议选举产生主席团、秘书长及议案审查委员会。

主席团（38 名）：

马文刚	白云亭	左更书	左振江
田振堂	卢长锁	卢庆忠	付　会
史军海	孙文祥	齐清芳	刘军增
张大平	张兴祥	张志兵	张晓涛
李习平	李景龙	杨明华	杨彦明
杜金拴	范海庭	郄贵庭	赵同法
赵新朝	郝书文	封云霞	封树亚
姜　辉	姜兵虎	耿富顺	袁　伟
梁中原	梁爱平	康彩霞	韩学芝
谢志义	薛海青		

秘书长：郄贵庭

主席团第一次会议推定赵新朝、卢长锁、田振堂、耿富顺、马文刚、赵同法、白云亭、郝书文、郄贵庭、史军海、张志兵、梁爱平、卢庆忠为主席团常务主席。

主席团第一次会议决定姜辉、刘金海、齐清芳为大会副秘书长。

议案审查委员会

主　任：梁爱平

副主任：李习平

委　员：封云霞　杜金拴　付　会

（二）主要议程

4月27日上午，会议听取县长卢长锁作的《政府工作报告》。书面听取发展计划局局长李三海作的《关于平山县2006年国民经济和社会发展计划执行情况与2007年国民经济和社会发展计划草案报告》和财政局局长权林山作的《关于平山县2006年财政预算执行情况和2007年财政预算草案报告》。

4月28日上午，听取县人大常委会主任白云亭作的《平山县人大常委会工作报告》、县法院代院长袁伟作的《平山县人民法院工作报告》、县检察院代检察长李景龙作的《平山县人民检察院工作报告》。

会议分8个代表团对上述报告进行认真审议和审查，批准相应报告。根据各代表团对6个报告的审议情况，会议分别作出相应的决议。

4月29日下午，按照选举办法，会议以无记名投票方式选举产生县十三届人大常委会组成人员22名；县政府县长、副县长8名；县法院院长1名；县检察院检察长1名。选举结果如下：

平山县第十三届人民代表大会常务委员会

主　任：郝书文

副主任（5名）：

郄贵庭　史军海　张志兵　梁爱平　卢庆忠

委　员（16名）：

左振江	付　会	刘军增	齐清芳
杜金拴	李习平（女）	杨明华（女）	杨彦明
范海庭	封云霞（女）	封树亚	姜　辉
康彩霞（女）	梁中原	韩学芝（女）	谢志义

平山县人民政府

县　长：卢长锁

副县长（7名）：

高玉柱　韩晓瑞　陈　玉　韩学军　封明明　齐明贵　郭双全

平山县人民法院

院　长：袁　伟

平山县人民检察院

检察长：李景龙

（三）代表议案及批评建议

会议期间，共收到代表提出的建议、批评和意见 11 件，内容涉及交通、水务、文教卫生、林业、工业信息、城建、环保、供电、旅游、规划、城市管理、农牧、土地、食品安全、财政等方面。

链接：县十三届人大常委会主任简历

郝书文，男，汉族，1954 年 9 月出生，平山县合河口郝家洼人，大专学历。1971 年 9 月参加工作，1981 年 8 月入党，县第十三届人大常委会主任。

1971.09—1974.06　　平山县合河口中学任教

1974.06—1976.06　　正定师范学习

1976.06—1976.10　　平山县封城中学任教

1976.10—1979.11　　平山县三汲乡理论干部

1979.11—1986.07　　平山县公安局副局长

1986.07—1990.03　　平山县委组织部副部长兼组织员办主任

1990.03—1992.11　　平山县委常委、宣传部部长

1992.11—2003.04　　平山县委副书记

（其间：1993.09—1995.12 在河北省委党校学习）

2003.04—　　县第十三届人大常委会党组书记、主任

二、第二次会议

第二次会议于 2004 年 2 月 1 日至 4 日在县法院礼堂举行。会议应到代表 206 名，实到代表 200 名，因事因病请假 6 名。不是人大代表的县委常委、县政府副县长、出席政协六届二次会议的全体委员、政府各部门一把手、乡镇人大主席；县委各部门、各人民团体负责人、部分老干部代表参加了开幕式。

（一）组织机构

大会预备会议选举产生主席团、秘书长及议案审查委员会。

主席团（36 名）：

马文刚	王来泉	白云亭	左更书
左振江	田振堂	卢长锁	卢庆忠
付　会	史军海	孙文祥	刘立涛
张大平	张兴祥	张志兵	张晓涛
李习平	杨明华	杨彦明	杜金拴
范海庭	郄贵庭	赵同法	赵新朝
郝书文	封云霞	封树亚	姜　辉
姜兵虎	耿富顺	梁中原	梁爱平
康彩霞	韩学芝	谢志义	薛海青

秘书长：郄贵庭（兼）

主席团第一次会议推定赵新朝、郝书文、田振堂、耿富顺、郄贵庭、史军海、张志兵、梁爱平、卢庆忠为主席团常务主席。

主席团第一次会议决定姜辉、封树亚、刘金海、刘立涛、王来泉为大会副秘书长。

议案审查委员会

主　任：梁爱平

副主任：李习平

委　员：付　会　杜金拴　封云霞

（二）主要议程

2月2日上午，会议听取县长卢长锁作的《政府工作报告》。书面听取发展计划局局长李三海作的《关于平山县2003年国民经济和社会发展计划执行情况与2004年国民经济和社会发展计划草案报告》和财政局局长权林山作的《关于平山县2003年财政预算执行情况和2004年财政预算草案报告》。

2月3日上午，听取县人大常委会主任郝书文作的《平山县人大常委会工作报告》、县法院院长袁伟作的《平山县人民法院工作报告》、县检察院检察长李景龙作的《平山县人民检察院工作报告》。

会议分8个代表团对上述报告进行认真审议和审查，批准相应报告。根据各代表团对6个报告的审议情况，会议分别作出相应的决议。

2月4日上午，按照大会通过的选举办法，会议选举王来泉、刘立涛为平山县第十三届人大常委会委员。

（三）代表议案及批评建议

会议期间，共收到代表提出的建议、批评和意见31件，内容涉及交通、水务、文教卫生、林业、工业信息、城建、环保、供电、旅游、规划、城市管理、农牧、土地、食品安全、财政、扶贫、邮政等方面。

三、第三次会议

第三次会议于2005年1月16日至18日在县法院礼堂举行。会议应到代表209名，实到代表197名，因事因病请假12名。不是人大代表的县委常委、县政府副县长、出席政协六届三次会议的全体委员、政府各部门一把手、各乡镇人大主席；县委各部门、各人民团体负责人、部分老干部代表参加了开幕式。

（一）组织机构

大会预备会议选举产生主席团、秘书长及议案审查委员会。

主席团（36名）：

马文刚	王来泉	白云亭	左更书
左振江	田振堂	卢长锁	卢庆忠

付　会	史军海	孙文祥	刘立涛
张大平	张兴祥	张志兵	张晓涛
李习平	杨明华	杨彦明	杜金拴
范海庭	郄贵庭	赵同法	赵新朝
郝书文	封云霞	封树亚	姜　辉
姜兵虎	耿富顺	梁中原	梁爱平
康彩霞	韩学芝	谢志义	薛海青

秘书长：郄贵庭（兼）

主席团第一次会议推定赵新朝、郝书文、郄贵庭、史军海、张志兵、梁爱平、卢庆忠为主席团常务主席。

主席团第一次会议决定姜辉、封树亚、刘金海、刘立涛、王来泉为大会副秘书长。

议案审查委员会

主　任：梁爱平

副主任：李习平

委　员：付　会　杜金拴　封云霞

（二）主要议程

1月17日上午，会议听取县长卢长锁作的《政府工作报告》。书面听取发展计划局局长李三海作的《关于平山县2004年国民经济和社会发展计划执行情况与2005年国民经济和社会发展计划草案报告》和财政局局长权林山作的《关于平山县2004年财政预算执行情况和2005年财政预算草案报告》。

1月18日上午，听取县人大常委会主任郝书文作的《平山县人大常委会工作报告》、县法院院长袁伟作的《平山县人民法院工作报告》、县检察院检察长李景龙作的《平山县人民检察院工作报告》。

会议分8个代表团对上述报告进行认真审议和审查，批准相应报告。根据各代表团对6个报告的审议情况，会议分别作出相应的决议。

（三）代表议案及批评建议

会议期间，共收到代表提出的建议、批评和意见40件，内容涉及交通、水务、文教卫生、林业、工业信息、城建、环保、供电、旅游、规划、城市管理、农牧、土地、食品安全、财政、扶贫、邮政等方面。

四、第四次会议

第四次会议于2006年3月7日至9日在县法院礼堂举行。会议应到代表214名，实到代表201名，因事因病请假13名。不是人大代表的县委常委、县政府副县长、政府各部门一把手、乡镇人大主席、出席政协六届四次会议全体委员，县委各部门、各人民团体负责人、部分老干部参加了开幕式。

（一）组织机构

大会预备会议选举产生主席团、秘书长及议案审查委员会。

主席团（36 名）：

马文刚	王来泉	白云亭	左更书
左振江	田振堂	卢长锁	卢庆忠
付　会	史军海	孙文祥	刘立涛
张大平	张兴祥	张志兵	张晓涛
李习平	杨明华	杨彦明	杜金拴
范海庭	郄贵庭	赵同法	赵新朝
郝书文	封云霞	封树亚	姜　辉
姜兵虎	耿富顺	梁中原	梁爱平
康彩霞	韩学芝	谢志义	薛海青

秘书长：郄贵庭（兼）

主席团第一次会议推定赵新朝、郝书文、郄贵庭、史军海、张志兵、梁爱平、卢庆忠为主席团常务主席。

主席团第一次会议决定封树亚、姜辉、刘金海、刘立涛、王来泉为大会副秘书长。

议案审查委员会

主　任：梁爱平

副主任：李习平

委　员：付　会　杜金拴　封云霞

（二）主要议程

3 月 8 日上午，会议听取县长卢长锁作的《政府工作报告》。书面听取县发展计划局局长李三海作的《关于平山县 2005 年国民经济和社会发展计划执行情况与 2006 年国民经济和社会发展计划草案报告》《平山县国民经济和社会发展第十一个五年规划纲要草案》和县财政局局长权林山作的《关于平山县 2005 年财政预算执行情况和 2006 年财政预算草案报告》。

3 月 9 日下午，听取县人大常委会主任郝书文作的《平山县人大常委会工作报告》、县法院院长袁伟作的《平山县人民法院工作报告》、县检察院检察长李景龙作的《平山县人民检察院工作报告》。

会议分 8 个代表团认真审议和审查 6 个报告。根据各代表团的审议情况，会议批准相应报告，分别作出相应的决议。

（三）代表议案及批评建议

会议期间，共收到代表提出的建议、批评和意见 41 条，内容涉及交通、农业农村、公安交警、工信、自然资源和规划、城管、城建、扶贫、发改、教育、卫生、环保等方面。

第三章　人大常委会

第一节　人员组成

一、选举产生

第十三届人民代表大会常务委员会于2003年4月27日，由平山县第十三届人民代表大会第一次会议选举产生，其中主任1人，副主任5人，委员16人。

主　任：郝书文

副主任：郄贵庭　史军海　张志兵　梁爱平　卢庆忠

委　员：

左振江	付　会	刘军增	齐清芳
杜金拴	李习平（女）	杨明华（女）	杨彦明
范海庭	封云霞（女）	封树亚	姜　辉
康彩霞（女）	梁中原	韩学芝（女）	谢志义
王来泉	刘立涛		

二、届中调整

第十三届常委会由主任1名、副主任5名、委员16名组成。2003年10月因工作需要，调走2名常委。2004年2月县十三届人大二次会议补选委员2名（王来泉、刘立涛）。2006年6月因工作需要，1名常委辞去职务。到2007年4月，有主任1名、副主任5名、委员15名。

三、代表资格审查委员会

平山县第十三届人民代表大会常务委员会

代表资格审查委员会人员名单

主任委员：梁爱平

副主任委员：姜　辉　齐清芳

委　　　员：李习平　左振江

四、工作机构及人员组成

办公室	主　任：	姜　辉（2003.04—2006.06）
		齐明国（2006.06—2007.04）
	副主任：	王淑贞（2003.04—2005.07）
		贾彦兵（2006.03—2007.04）
文教卫生科	科　长：	韩良平（2003.04—2004.03）
		刘怀明（2004.10—2007.04）
	副科长：	周建婷（2003.08—2007.04）
财经科	科　长：	左振江（2003.04—2007.04）
	副科长：	李明忠（2006.03—2007.04）
代表联络科	科　长：	李习平（女，2003.04—2007.04）
	副科长：	王彦霞（女，2003.04—2007.04）
政法科	科　长：	谢志义（2003.04—2007.04）
	副科长：	谷新革（2003.04—2005.01）
		缺　职（2005.01—2007.04）
信访科	科　长：	张志金（2003.04—2004.04）
		赵会文（2004.04—2007.04）
	副科长：	赵会文（2003.04—2004.04）
		缺　职（2004.04—2006.03）
		茹秀海（2006.03—2007.04）
农经科	科　长：	齐吉秀（2003.04—2004.04）
		缺　职（2004.04—2004.10）
		李林奎（2004.10—2007.04）
	副科长：	齐跃强（2003.04—2005.11）
		缺　职（2005.11—2007.04）

第二节　主任会议

县十三届人大常委会共召开主任会议20次（据档案记载），均由郝书文主持召开。

平山县十三届人大常委会主任会议情况一览表

表11-2

序号	时间	议题
1	2003年5月21日	听取县政府及所属卫生局、工商局、物价局、公安局、药品监督管理局《关于“非典”防治工作情况的汇报》
2	2003年7月21日	听取县卫生局《关于宣传贯彻＜传染病防治法＞和＜突发公共卫生事件应急条例＞工作和汇报》；听取县审计局《关于平山县2002年度本级预算执行及其他财政收支情况的审计工作报告》；听取县质量技术监督局打假工作汇报
3	2003年9月25日	听取县政府《关于办理代表意见和建议情况的汇报》；听取县畜牧水产局《关于发展奶牛养殖情况的汇报》；听取县司法局《关于“四五”普法工作情况的汇报》；听取国税局、地税局《关于税收完成情况的汇报》
4	2003年11月21日	听取中国人民银行平山县支行、中国农业银行平山县支行、中国工商银行平山县支行、中国银行平山县支行《关于2003年度金融工作的汇报》；听取县公安局《关于2003年以来侦破大要案情况的汇报》
5	2003年12月31日	研究平山县第十三届人民代表大会第二次会议筹备工作，并草拟关于召开平山县第十三届人民代表大会第二次会议筹备工作的报告
6	2004年3月25日	听取扶贫办工作汇报；听取县检察院反贪局工作汇报
7	2004年5月28日	听取审计局《关于平山县2003年度县本级预算执行及其他财政收支情况的审计工作报告》；听取县卫生局《关于卫生院改革与发展的情况汇报》
8	2004年7月22日	分别听取国税局、地税局《关于2004年上半年税收收入情况汇报》和财政局《关于预算外资金管理情况汇报》

续表 11-2

序号	时间	议题
9	2004 年 9 月 29 日	听取平山县人民政府《关于人大代表建议承办工作汇报》；听取县工商局工作汇报
10	2004 年 11 月 25 日	听取平山县旅游局工作汇报；听取县国土资源局《关于农村宅基地清理及空心村治理情况汇报》
11	2005 年 3 月 25 日	听取卫生局《关于〈传染病防治法〉贯彻执行情况汇报》；听取社会保险局工作汇报；听取技术监督局工作汇报
12	2005 年 5 月 25 日	听取县政府《关于贯彻落实〈河北省预算审查监督条例〉〈河北省经济工作监督条例〉情况的汇报》；听取县地矿办《关于矿政管理工作情况的汇报》；听取县网通公司工作汇报
13	2005 年 7 月 26 日	分别听取国税局、地税局 2005 年上半年税收完成情况汇报；听取县审计局《关于平山县 2004 年度县本级预算执行及其他财政收支情况的审计工作报告》
14	2005 年 9 月 23 日	听取县政府《关于人大代表意见建议办理情况的汇报》；听取平山县工商局《关于市场准入的情况汇报》
15	2005 年 11 月 30 日	听取县财政局预算外资金管理和县监察局工作汇报
16	2006 年 3 月 31 日	听取县国土资源局和县扶贫办工作汇报
17	2006 年 5 月 25 日	听取县质量技术监督局工作汇报；听取县卫生局《关于新型农业合作医疗试点工作的汇报》
18	2006 年 7 月 22 日	听取县地税局上半年工作情况汇报；听取县审计局《关于 2005 年度县预算执行的审计工作报告》
19	2006 年 9 月 25 日	听取县政府关于人大代表意见建议办理情况的汇报；听取县教育局《关于民办学校发展及全县农村寄宿制学校建设情况的汇报》
20	2006 年 11 月 28 日	听取县医疗保险管理中心工作汇报；听取县法制办工作汇报

第三节　常委会会议

2003年6月至2007年4月，县第十三届常委会共召开24次会议。

第一次会议　2003年6月24日召开，会议由主任郝书文、副主任郄贵庭主持。县人大常委会主任郝书文，副主任郄贵庭、史军海、张志兵、梁爱平、卢庆忠和委员共22人出席会议。县政府县长卢长锁，副县长韩学军、封明明，县法院院长袁伟，县检察院检察长李景龙及县林业局、发展计划局、人大机关各科室负责人列席会议。会议听取平山县人民政府县长卢长锁《关于提请县十三届人大常委会第一次会议决定任命县政府组成人员的说明》，听取平山县人民法院院长袁伟《关于提请县十三届人大常委会第一次会议决定任免县人民法院工作人员的说明》，听取平山县人民检察院检察长李景龙《关于提请县十三届人大常委会第一次会议决定任命县人民检察院工作人员的说明》，听取县人大常委会副主任梁爱平《关于提请县十三届人大常委会第一次会议补选郝书文为市十一届人民代表大会代表的说明》，听取县人大常委会副主任梁爱平《关于设立平山县十三届人民代表大会常务委员会代表资格审查委员会的决议（草案）的说明》，会议听取和审议县林业局《关于退耕还林工作情况的汇报》，听取和审议县发展计划局《关于2003年重点项目规划与落实情况的汇报》。会议以举手表决的方式通过《平山县第十三届人民代表大会常务委员会议事规则》《平山县第十三届人民代表大会常务委员会组成人员守则》《平山县人大常委会人事任免办法》《平山县人大常委会组织代表评议办法》，通过设立平山县第十三届人民代表大会常务委员会代表资格审查委员会的决议。会议以无记名投票的方式补选郝书文为石家庄市第十一届人民代表大会代表。会议以无记名投票的方式通过县政府、县法院、县检察院提请的人事任免名单。

第二次会议　2003年8月28日召开，会议由主任郝书文、副主任郄贵庭主持。县人大常委会主任郝书文，副主任郄贵庭、史军海、张志兵、梁爱平、卢庆忠和委员共22人出席会议。县政府常务副县长高玉柱，副县长郭双全，县政协副主席权林山、黄超，县法院院长袁伟，县检察院检察长李景龙及建设局、农业局、卫生局、各乡镇人大主席、人大机关科室负责人列席会议。会议听取和审议县建设局《关于城镇建设与卫生管理情况的汇报》，听取和审议县财政局《关于上半年财政预算执行情况的汇报》，听取和审议县农业局局长韩新光的述职报告，听取和审议县卫生局局长齐英的述职报告，听取和审议县检察院副检察长曹美玺的述职报告。会议通过县政府提请的人事任免事项。

第三次会议　2003年10月30日召开，会议由县人大常委会副主任郄贵庭主持。县人大常委会主任郝书文，副主任郄贵庭、梁爱平、卢庆忠和委员共18人出席会议。县政府常务副县长高玉柱、副县长韩晓瑞、县法院院长袁伟、县检察院副检察长齐元平及民政局、各乡镇人大主席、人大机关科室负责人列席会议。会议听取和审议县政府常务副县长高玉柱《关于提请县第十三届人大常委会第三次会议任免县政府组成人员的说明》。会议听取和审议县民政局《关于社会救济和扶贫搬迁的工作情况汇报》，听取和审议韩晓瑞副县长的述职报告。会议以举手表决的方式，分别通过齐清芳、刘军增委员的辞职请求的决定和《平山县人大常委会关于规范行政执法行为维护社会主义市场经济秩序的决议》《平山县人大常委会关于平山县检法两院在民事行政诉讼中应用检察建议的暂行规定》。会议通过县政府提请的人事任免事项。

第四次会议　2003 年 12 月 19 日召开，会议由副主任史军海主持。县人大常委会主任郝书文，副主任郄贵庭、史军海、梁爱平、卢庆忠和委员共 19 人出席会议。县政府常务副县长高玉柱、县政协副主席权林山、县法院院长袁伟、县检察院检察长李景龙及乡镇人大主席、人大机关科室负责人列席会议。会议听取和审议县政府《关于 2003 年主要经济指标完成情况与实事办理情况汇报》，听取、审议并通过县政府《关于 2003 年财政收支预算进行调整的请示》，听取和审议县法院副院长段英校的述职报告。会议讨论通过《平山县人大常委会 2004 年工作要点》和《2004 年平山县人大常委会主要工作安排意见》。

第五次会议　2004 年 1 月 5 日召开，会议由县人大常委会副主任郄贵庭主持。县人大常委会主任郝书文，副主任郄贵庭、史军海、张志兵、梁爱平、卢庆忠和委员共 17 人出席会议。各乡镇人大主席和人大机关科室负责人列席会议。会议听取关于召开平山县第十三届人民代表大会第二次会议筹备工作的报告、平山县人大常委会代表资格审查委员会关于刘立涛、王来泉等 4 人补选人大代表资格审查的报告，会议审议通过举行平山县第十三届人大第二次会议的决定主席团、秘书长建议名单和会议议程。

第六次会议　2004 年 4 月 28 日召开，会议由人大常委会副主任郄贵庭主持。县人大常委会主任郝书文，副主任郄贵庭、梁爱平、卢庆忠和委员共 15 人出席会议。县政府副县长李熙宽、县法院院长袁伟、县检察院检察长李景龙、计生局局长韩二元和各乡镇人大主席及人大机关科室负责人列席会议。会议听取和审议县政府副县长李熙宽关于经济环境建设的工作汇报，听取和审议公安局工作汇报，听取和审议韩二元的述职报告。会议通过《平山县人大常委会组织代表进行工作评议试行办法》和《平山县人大常委会对选举和任命人员述职评议试行办法》。

第七次会议　2004 年 6 月 25 日召开，会议由县人大常委会副主任郄贵庭主持。县人大常委会主任郝书文，副主任郄贵庭、史军海、张志兵、梁爱平、卢庆忠和委员共 19 人出席会议。县政府常务副县长高玉柱、副县长韩学军、县法院院长袁伟、县检察院检察长李景龙、水务局局长张存礼和各乡镇人大主席及人大机关科室负责人列席会议。会议听取和审议平山县人民政府《关于提请任免政府组成人员和法院提请任免人员的说明》，并以投票表决的方式通过对 2 名政府组成人员的任免，通过对法院 51 名人员的任免，会议听取和审议县政府《关于工业园区建设和经济结构调整的工作汇报》，听取和审议水务局《关于旱庄饮水工作汇报》。会议以举手表决的方式通过《平山县人民代表大会常务委员会接待处理人民代表和人民群众来信来访的暂行办法》《平山县人民代表大会常务委员会重要信访案件办理办法》《平山县人民代表大会常务委员会实施个案监督办法》。

第八次会议 2004年8月24日召开，会议由县人大常委会副主任郄贵庭主持。县人大常委会主任郝书文，副主任郄贵庭、史军海、张志兵、梁爱平、卢庆忠和委员共21人出席会议。县政府副县长韩学军、检察院检察长李景龙、法院副院长闫玉良、计划局局长李三海、财政局副局长吴梅生和各乡镇人大主席及人大机关科室负责人列席会议。会议听取和审议县财政局《关于2004年上半年预算执行情况的汇报》，听取和审议县发展计划局《关于2004年上半年国民经济和社会发展计划执行情况的汇报》，听取和审议副县长韩学军的述职报告，会议听取和审议县检察院提请任命人员的说明，并以投票表决的方式通过对检察院1名人员的任命。

第九次会议 2004年10月26日召开，会议由县人大常委会副主任郄贵庭主持。县人大常委会主任郝书文，副主任郄贵庭、史军海、张志兵、梁爱平和委员共18人出席会议。法院院长袁伟、检察院副检察长齐元平、文化局局长辛东录、林业局局长冯书庆和各乡镇人大主席及人大机关科室负责人列席会议。会议听取和审议县政府《关于退耕还林工作汇报》，听取和审议县文化局《关于文化市场管理工作汇报》，听取和审议市人大代表杜林文的述职报告。

第十次会议 2004年12月22日召开，会议由县人大常委会副主任郄贵庭主持。县人大常委会主任郝书文，副主任郄贵庭、史军海、张志兵、梁爱平、卢庆忠和委员共19人出席会议。县政府副县长高玉柱、郭双全，财政局局长权林山，法院院长袁伟，检察院检察长李景龙和各乡镇人大主席及人大机关科室负责人列席会议。会议听取和审议县政府《关于2004年主要经济指标完成情况的汇报》，听取和审议县政府《关于2004年财政预算调整情况的请示》，通过县政府《关于2004年财政预算调整的请示》。会议听取和审议副县长郭双全的述职报告，听取审议并通过《第十三届人民代表大会第三次会议筹备工作汇报》。会议认真总结了2004年人大常委会的工作，明确了2005年平山县人大常委会工作的指导思想。会议听取和审议十三届人大常委会、县政府、县法院提请任免人员的说明，并通过十三届人大常委会、县政府、县法院9名人员的任免。通过平山县人大常委会成立平山县人大常委会预算审查委员会的决定；通过提交下一次人代会审议的2004年十三届人大常委会工作报告；通过十三届人民代表大会第三次会议主席团、秘书长建议名单；通过十三届人民代表大会第三次会议列席人员名单；通过2005年十三届人大常委会工作要点和工作安排；通过刘怀明等3名人员补选为县人大代表的审查报告。

第十一次会议 2005年1月5日召开，会议由县人大常委会副主任郄贵庭主持。县人大常委会主任郝书文，副主任郄贵庭、史军海、张志兵、梁爱平、卢庆忠和委员共19人出席会议。会议听取和审议县政府县长卢长锁关于提请第十三届人大常委会任免县政府组成人员的说明。会议以投票表决的方式任命黄超为平山县人民政府副县长。

第十二次会议 2005年4月25日召开，会议由县人大常委会副主任郄贵庭主持。县人大常委会主任郝书文，副主任郄贵庭、史军海、张志兵、梁爱平、卢庆忠和委员共20人出席会议。县政府副县长李熙宽、县法院院长袁伟、县检察院检察长李景龙、县水务局局长张从礼和各乡镇人大主席及人大机关科室负责人列席会议。会议听取和审议县政府《关于〈行政许可法〉贯彻执行情况汇报》，听取和审议县公安局《关于队伍建设工作汇报》。对提请任命的人民陪审员提出了要求。

第十三次会议　2005 年 6 月 29 日召开，会议由县人大常委会副主任郄贵庭主持。县人大常委会主任郝书文，副主任郄贵庭、史军海、张志兵、梁爱平、卢庆忠和委员共 19 人出席会议。县法院副院长何树林、县检察院副检察长焦静海、县司法局局长杨英明、安监局局长牛彦文、农业局局长韩新光和部分乡镇人大主席及人大机关科室负责人列席会议。会议听取和审议县安监局《安全生产工作汇报》，听取和审议县政府《关于农业结构调整工作汇报》，听取和审议杨英明的述职报告，审议通过《平山县人大常委会关于市、县人大代表述职评议工作试行办法》。

第十四次会议　2005 年 8 月 23 日召开，会议由县人大常委会副主任郄贵庭主持。县人大常委会主任郝书文，副主任郄贵庭、史军海、张志兵、梁爱平、卢庆忠和委员共 20 人出席会议。县法院副院长闫玉良、县检察院副检察长曹美玺、县财政局局长权林山、县计划局局长李三海、县教育局局长齐清芳、市人大代表杨明华、高雪岭和人大机关科室负责人列席会议。会议听取和审议县财政局《关于 2005 年 1—7 月份财政预算执行情况的汇报》，听取和审议县计划局《关于 2005 年上半年国民经济计划执行情况的汇报》，听取和审议县教育局局长齐清芳的述职报告，听取和审议市人大代表杨明华和高雪岭的述职报告。

第十五次会议　2005 年 10 月 26 日召开，会议由县人大常委会副主任郄贵庭主持。县人大常委会主任郝书文，副主任郄贵庭、张志兵、梁爱平、卢庆忠和委员共 18 人出席会议。县政府副县长李熙宽、县法院副院长马振堂、县检察院副检察长曹美玺、县交通局局长霍文国、县环保局副局长王国亮和各乡镇人大主席及人大机关科室负责人列席会议。会议听取和审议县环保局《关于环境保护法律法规执行情况汇报》，听取和审议县法院执行工作情况汇报，听取和审议县交通局局长霍文国的述职报告，听取和审议县政府、县检察提请任免人员的说明，并通过县政府、县检察院 8 名人员的任免。

第十六次会议　2005 年 12 月 27 日召开，会议由县人大常委会副主任郄贵庭主持。县人大常委会主任郝书文，副主任郄贵庭、史军海、卢庆忠和委员共 18 人出席会议。县政府副县长李熙宽、县财政局局长权林山、县法院副院长马正堂、县检察院副检察长曹美玺和各乡镇人大主席及人大机关科室负责人列席会议。会议听取和审议县检察院工作汇报，听取和审议平山县《关于 2005 年财政预算调整方案的报告》，听取和审议副县长李熙宽的述职报告。通过《平山县人大常委会关于加强和改进县人大代表议案工作的意见》《平山县人大常委会关于加强和改进县人大代表建议、批评和意见工作的意见》《平山县人大常委会关于加强和规范县人大代表在闭会期间活动的意见》，通过平山县人大常委会《关于补选常国刚等 17 名县人大代表的说明及代表资格审查报告》，通过平山县人大常委会 2006 年工作要点和主要工作安排。

第十七次会议　2006 年 3 月 3 日召开，会议由县人大常委会副主任郄贵庭主持。县人大常委会主任郝书文，副主任郄贵庭、张志兵、梁爱平、卢庆忠和委员共15人出席会议。各乡镇人大主席及人大机关科室负责人列席会议。会议听取《关于召开平山县第十三届人民代表大会第四次会议筹备工作的报告》，审议通过提交下一次人代会审议的人大常委会工作报告稿、代表资格审查报告、召开县十三届人大第四次会议的决定主席团、秘书长建议名单和会议议程。

第十八次会议 2006年4月28日召开，会议由县人大常委会副主任郄贵庭主持。县人大常委会主任郝书文，副主任张志兵、梁爱平和委员共17人出席会议。县政府副县长韩晓瑞、县检察院检察长李景龙、县法院副院长马正堂、县民政局局长刘联平、县畜牧水产局局长高忠、县环保局局长封速强和各乡镇人大主席及人大机关科室负责人列席会议。会议听取和审议县畜牧水产局《关于畜牧养殖业发展情况的汇报》，听取和审议县民政局《关于城乡居民最低生活保障工作汇报》，听取和审议县环保局局长封速强的述职报告，听取和审议县检察院提请任命人员的议案，并以投票表决的方式通过县检察院有关人员的任命。

第十九次会议 2006年6月23日召开，会议由县人大常委会副主任郄贵庭主持。县人大常委会主任郝书文，副主任郄贵庭、史军海、张志兵、梁爱平、卢庆忠和委员共16人出席会议。县政府常务副县长高玉柱、县法院副院长闫玉良和各乡镇人大主席及人大机关科室负责人列席会议。会议听取和审议县检察院反贪工作汇报，听取和审议市人大代表陈素娟、刘霞霞2名的述职报告，听取和审议县人大常委会、县政府提请任免人员的说明，并以投票表决的方式通过县人大常委会、县政府8名人员的任免。会议通过封树亚辞去十三届人大常委会委员职务的请求。会议以举手表决的方式通过《平山县新型农村合作医疗监督管理办法》。

第二十次会议 2006年8月11日召开，会议由县人大常委会副主任郄贵庭主持。县人大常委会主任郝书文，副主任郄贵庭、史军海、梁爱平、卢庆忠和委员共17人出席会议。县政府常务副县长高玉柱，县法院院长袁伟和县检察院检察长李景龙，各乡镇人大主席及人大机关科室负责人列席会议。会议听取和审议县财政局《关于2006年1—7月份预算执行情况汇报》，听取和审议县计划局《关于2006年上半年国民经济计划执行情况的汇报》，听取和审议县建设局局长左增寿的述职报告。

第二十一次会议 2006年10月25日召开，会议由县人大常委会副主任郄贵庭主持。县人大常委会主任郝书文，副主任史军海、梁爱平、卢庆忠和委员共13人出席会议。县政府副县长韩晓瑞、郭双全，县法院副院长闫玉良和县检察院副检察长焦静海，县公安局、县广电局负责人，各乡镇人大主席及人大机关科室负责人列席会议。会议听取和审议县公安局《关于扫黑除恶工作汇报》，听取和审议县广播电视局《关于光纤村村通工程建设情况汇报》。会议就如何加强监督法的宣传和学习提出了要求。会议还听取和审议县法院、县检察院提请任免人员议案的说明，并通过人事任免。

第二十二次会议 2006年12月29日召开，会议由县人大常委会副主任郄贵庭主持。县人大常委会主任郝书文，副主任郄贵庭、史军海、张志兵、梁爱平、卢庆忠和委员共20人出席会议。县政府副县长黄超、县法院院长袁伟、县财政局局长权林山、县法院副院长段英校和县检察院副检察长焦静海、各乡镇人大主席及人大机关科室负责人列席会议。会议听取和审议县政府《关于2006年财政预算调整方案的报告》，会议以举手表决的方式通过县政府《关于2006年财政预算调整工作报告》。会议听取和审议县法院《关于巡回法庭、便民服务工作汇报》。会议听取和审议副县长黄超的述职报告。

第二十三次会议　2007年3月12日召开，会议由人大常委会副主任郄贵庭主持。县人大常委会主任郝书文，副主任郄贵庭、史军海、张志兵、梁爱平、卢庆忠和委员共21人出席会议。县委副书记、代县长王俊英，县委常委、组织部部长薛海青，县法院副院长马正堂、县检察院副检察长曹美玺及人大机关科室负责人列席会议。会议听取和审议关于王俊英等任免职务的批复；举手表决通过县人大常委会《关于接受平山县人民政府县长卢长锁辞去平山县人民政府县长职务请求的决定》；决定任命王俊英为平山县人民政府副县长、代县长。

第二十四次会议　2007年4月10日召开，县人大常委会主任郝书文，副主任郄贵庭、史军海、张志兵、梁爱平、卢庆忠和委员共18人出席会议。县委常委、常务副县长高玉柱，县委常委、副县长韩学军，副县长刘辉，县法院副院长、代院长张庆民，县检察院副检察长、代检察长李新成和各乡镇人大主席及人大机关科室负责人列席会议。会议听取和审议县十三届人大常委会代表资格审查委员会《关于平山县第十四届人民代表大会代表资格的审查报告》；听取和审议《平山县第十四届人民代表大会第一次会议筹备工作报告》：举手表决通过县十三届人大常委会代表资格审查委员会《关于平山县第十四届人民代表大会代表资格的审查报告》《平山县第十四届人民代表大会第一次会议的筹备工作报告》，通过《关于召开平山县第十四届人民代表大会第一次会议的决定》、平山县第十四届人民代表大会主席团成员和秘书长、副秘书长建议名单、平山县第十四届人民代表大会第一次会议议案审查委员会成员建议名单、平山县第十四届人民代表大会第一次会议关于会议列席人员决定和平山县人大常委会工作报告（征求稿）。会议举手表决通过县人大常委会《关于接受平山县人民政府副县长张进良辞去平山县人民政府副县长职务的请求》；以投票表决的方式决定任命韩学军、刘辉两人为平山县人民政府副县长；任命张庆民为平山县人民法院副院长，并决定张庆民为县法院代理院长；任命李新成为平山县人民检察院副检察长，并决定李新成为县检察院代理检察长。

第四节　制度建设

一、制度规定

1. 平山县人大常委会组织代表评议办法

（2003年6月24日平山县第十三届人大常委会第一次会议通过）

2. 平山县人大常委会人事任免办法

（2003年6月24日平山县第十三届人大常委会第一次会议通过）

3. 平山县第十三届人民代表大会常务委员会组成人员守则

（2003年6月24日平山县第十三届人大常委会第一次会议通过）

4. 平山县第十三届人民代表大会常务委员会议事规则

（2003年6月24日平山县第十三届人大常委会第一次会议通过）

5. 平山县人大常委会对选举和任命人员述职评议试行办法

（2004年4月28日平山县第十三届人大常委会第六次会议通过）

6. 平山县人大常委会组织代表进行工作评议试行办法

（2004年4月28日平山县第十三届人大常委会第六次会议通过）

7. 平山县人民代表大会常务委员会接待处理人民代表和人民群众来信来访的暂行办法

（2004年6月25日平山县第十三届人大常委会第七次会议通过）

8. 平山县人民代表大会常务委员会重要信访案件办理办法

（2004年6月25日平山县第十三届人大常委会第七次会议通过）

9. 平山县人民代表大会常务委员会实施个案监督办法

（2004年6月25日平山县第十三届人大常委会第七次会议通过）

10. 平山县人大常委会关于市、县人大代表述职评议工作试行办法

（2005年6月29日平山县第十三届人大常委会第十三次会议通过）

11. 平山县人大常委会关于加强和改进县人大代表议案工作的意见

（2005年12月27日平山县第十三届人大常委会第十六次会议通过）

12. 平山县人大常委会关于加强和改进县人大代表建议、批评和意见工作的意见

（2005年12月27日平山县第十三届人大常委会第十六次会议通过）

13. 平山县人大常委会关于加强和规范县人大代表在闭会期间活动的意见

（2005年12月27日平山县第十三届人大常委会第十六次会议通过）

二、制度规定选介

1. 平山县人大常委会组织代表评议办法

2003年6月24日，平山县第十三届人大常委会第一次会议通过《平山县人大常委会组织代表评议办法》，主要内容包括：

一、评议原则。坚持依法评议的原则，坚持公开、公平、公正的原则，坚持实事求是的原则。

二、评议范围。对本级“一府两院”机关工作及执法、廉政等情况进行评议；对垂直管理部门的工作及执法、廉政等情况进行评议；对被任命干部进行述职评议。

三、评议内容。

（一）工作评议内容：依法行政情况，重点评议执行国家法律法规和政策情况，根据本单位职权范围，依法办事、依法管理情况；勤政廉洁情况，主要评议服务质量、办事效率、

工作业绩，贯彻廉洁自律规定情况；队伍建设情况；接受人大监督，落实人大决议，办理代表建议情况。

（二）述职评议内容：贯彻执行法律、法规和方针、政策及人大决议、决定，依法行政、公正司法方面的情况；依法履行职责，完成本职工作任务方面的情况；廉洁自律、勤政为民方面的情况；自觉接受人大监督，认真办理代表建议、批评和意见的情况；其他应当报告的情况。

四、评议程序。主要包括评议方案，调查视察，评议实施和评议整改。

五、其他。评议应提前通知被评议单位或述职人；工作评议时间安排一般不超过三个月；调查、视察情况应做制式卡（表），并备存；评议建议、意见及结果应报送县委，并通知县政府及被评议单位或述职人。

2. 平山县人大常委会人事任免办法

2003年6月24日，平山县第十三届人大常委会第一次会议根据《中华人民共和国宪法》《中华人民共和国地方各级人民代表大会和地方各级人民政府组织法》《中华人民共和国人民法院组织法》《中华人民共和国人民检察院组织法》和《中华人民共和国法官法》《中华人民共和国检察官法》的有关规定，制定了《平山县人大常委会人事任免办法》，全文共4章25条，主要包括总则、任免范围、任免程序、辞职撤职及附则等内容。

3. 平山县人民代表大会常务委员会接待处理人民代表和人民群众来信来访的暂行办法

2004年6月25日，平山县第十三届人大常委会第七次会议通过《平山县人民代表大会常务委员会接待处理人民代表和人民群众来信来访的暂行办法》，主要内容包括：人大信访工作的依据和根本任务；处理来信来访的原则；县人大常委会受理来信来访的专门机构；县人大常委会信访科应履行的职责；人民代表和人民群众的批评、意见和建议及检举或控告、申诉；重要案件或事项；信访登记与接待；转交与办理；立案种类；承办单位结案报告的审阅；回访；立卷归档；对信访工作人员的要求；信访科综合分析报告机制。

4. 平山县人民代表大会常务委员会重要信访案件办理办法

为进一步规范平山县人民代表大会常务委员会（以下简称县人大常委会）重要信访案件办理，提高工作效率，保证办理质量，根据《中华人民共和国地方各级人民代表大会和地方各级人民政府组织法》《河北省信访条例》《河北省各级人民代表大会常务委员会监督工作条例》《平山县人民代表大会常务委员会接待处理人民代表和人民群众来信来访暂行办法》，2004年6月25日，平山县第十三届人大常委会第七次会议制定了《平山县人民代表大会常务委员会重要信访案件办理办法》，全文共4章18条，主要包括总则、立案与办理、奖励与处罚、附则等内容。

第四章　审议决定重大事项

第一节　决议决定

1. 平山县人大常委会关于检法两院在民事行政诉讼中应用检察建议的暂行规定

（2003 年 10 月 30 日平山县第十三届人大常委会第三次会议通过）

2. 平山县人大常委会关于规范行政执法行为维护社会主义市场经济秩序的决议

（2003 年 10 月 30 日平山县第十三届人大常委会第三次会议通过）

3. 关于加强乡村公路养护管理的决定

（2005 年 4 月 25 日平山县第十三届人大常委会第十二次会议通过）

4. 关于 2005 年财政预算调整方案（草案）的报告

（2005 年 12 月 27 日平山县第十三届人大常委会第十六次会议通过）

5. 平山县新型农村合作医疗监督管理办法

（2006 年 6 月 23 日平山县第十三届人大常委会第十九次会议通过）

第二节　决议决定选介

1. 平山县人大常委会关于检法两院在民事行政诉讼中应用检察建议的暂行规定

2003 年 10 月 30 日，平山县第十三届人大常委会第三次会议通过《平山县人大常委会关于检法两院在民事行政诉讼中应用检察建议的暂行规定》，内容主要包括：

一、人民检察院履行民事、行政诉讼法律监督职能，对人民法院民事、行政诉讼实行全过程监督，认为人民法院在受理立案、审理、判决或裁定、执行等过程中存在需要纠正的问题，依法可以向人民法院提出检察建议书。人民法院对人民检察院的检察建议书应当接受。

二、县人大常委会将加强对各行政执法机关执法情况的监督，组织检察院渎职侵权检察部门和公安局经济犯罪侦查部门，每季度对各行政执法机关的行政处罚决定书进行一次全面的刑事司法审查。对于重大的、有影响的行政处罚案件随时进行审查。对于行政执法人员徇私舞弊不移交刑事案件的和涉嫌其他渎职犯罪的，将督促检察院渎检部门依法追究其刑事责任。

三、检察院渎检部门和公安局经侦部门要突出发挥“打击、预防和服务”职能中的“预防和服务”职能，采取多种形式和手段积极为经济建设服务，及时做好渎职犯罪和经济犯罪的预防工作，预防和杜绝经济犯罪和职务犯罪。同时，要积极为行政执法机关提供法律服务。

2. 关于加强乡村公路养护管理的决定

乡村公路建设是一项惠及全县人民群众的德政富民工程，加强乡村公路养护管理功在当代，利及子孙。近年来，全县乡村公路发展较快，极大地改善了群众的出行条件，促进了农村经济的快速发展。但由于乡村公路设计标准比较低，难以承受超载车辆的通行，加之养护不到位，致使一些路面乱堆乱放，排水不畅，影响了乡村道路的使用年限和整体效益的发挥。为了进一步搞好全县的乡村道路养护管理，根据《中华人民共和国公路法》的有关规定，2005 年 4 月 25 日，平山县第十三届人大常委会第十二次会议通过《关于加强乡村公路养护管理的决定》，主要包括以下内容：一、加强领导，健全组织；二、强化乡村公路养护管理职责；三、加强乡村公路路政管理；四、确定乡村公路养护管理费用的来源；五、要求县政府尽快制定农村公路养护管理办法，确保本决定的全面贯彻实施。

第五章　人事任免

2003 年 6 月 24 日县第十三届人大常委会第一次会议

任命：

刘金海为平山县人民政府办公室主任

李三海为平山县发展计划局局长

王兰为平山县经济贸易局局长

冯静辉为平山县教育局局长

康为兵为平山县科学技术局局长

乔金宝为平山县民族宗教事务局局长

崔峰为平山县公安局局长

薛青更为平山县监察局局长

刘联平为平山县民政局局长

杨英明为平山县司法局局长

权林山为平山县财政局局长

张金泽为平山县人事劳动与社会保障局局长

齐明贵为平山县国土资源管理局局长

左增寿为平山县建设局局长

霍文国为平山县交通局局长

韩新光为平山县农业局局长

崔习平为平山县水务局局长

辛东录为平山县文化局局长

齐英为平山县卫生局局长

韩二元为平山县计划生育局局长

齐生锁为平山县审计局局长

封速强为平山县环境保护局局长

董国军为平山县统计局局长

赵二录为平山县物价局局长

刘清明为平山县粮食局局长

崔利华为平山县旅游局局长
闫玉良为平山县人民法院副院长、审判委员会委员
段英校为平山县人民法院副院长、审判委员会委员
何树林为平山县人民法院副院长、审判委员会委员
周明风为平山县人民法院审判委员会委员
张振华为平山县人民法院审判委员会委员
樊花明为平山县人民法院审判委员会委员
马建中为平山县人民法院审判委员会委员
赵树勇为平山县人民法院审判员
张慧民为平山县人民检察院副检察长、检察委员会委员
齐元平为平山县人民检察院副检察长、检察委员会委员
曹美玺为平山县人民检察院副检察长、检察委员会委员
刘书全为平山县人民检察院副检察长、检察委员会委员
韩世义为平山县人民检察院检察委员会委员
封文生为平山县人民检察院检察委员会委员
史星元为平山县人民检察院检察委员会委员
高元成为平山县人民检察院检察委员会委员
免去：
王进中平山县人民法院副院长、审判委员会委员职务
赵喜宗平山县人民法院副院长、审判委员会委员、审判员职务
齐同平城关人民法庭庭长职务
宋林林岗南人民法庭副庭长职务
王焕林蛟潭庄人民法庭庭长职务

2003 年 8 月 28 日县第十三届人大常委会第二次会议
任命：
张存礼为平山县水务局局长
免去：
崔习平为平山县水务局局长职务

2003 年 10 月 30 日县第十三届人大常委会第三次会议
任命：
齐清芳为平山县教育局局长
冯静辉为平山县国土资源局局长

免去：
齐明贵平山县国土资源局局长职务
冯静辉平山县教育局局长职务

2004年6月25日县第十三届人大常委会第七次会议
任命：
秘占军为平山县统计局局长
王树平为平山县人民法院审判委员会委员
康志强为平山县人民法院审判委员会委员
马正堂为平山县人民法院审判委员会委员、刑事审判庭庭长
张增芳为平山县人民法院刑事审判庭副庭长
曹花萍为平山县人民法院刑事审判庭副庭长
马建中为平山县人民法院民事审判第一庭庭长
尹新国为平山县人民法院民事审判第一庭副庭长
习建明为平山县人民法院民事审判第一庭副庭长
李更书为平山县人民法院民事审判第二庭庭长
韩新会为平山县人民法院民事审判第二庭副庭长
王雪元为平山县人民法院民事审判第二庭副庭长
齐金虎为平山县人民法院民事审判第二庭副庭长
周兴中为平山县人民法院执行一庭庭长
刘拴海为平山县人民法院执行一庭副庭长
高林为平山县人民法院执行一庭副庭长
张增芳为平山县人民法院执行二庭庭长
王辉为平山县人民法院执行二庭副庭长
刘明芳为平山县人民法院立案庭庭长
郄建华为平山县人民法院立案庭副庭长
赵兰玉为平山县人民法院立案庭副庭长
苗建国为平山县人民法院立案庭副庭长
史增中为平山县人民法院审判监督庭庭长
焦国才为平山县人民法院行政审判庭副庭长
史志平为平山县城关人民法庭庭长
李永生为平山县城关人民法庭副庭长
高江河为平山县回舍人民法庭庭长、审判员
刘洁为平山县回舍人民法庭副庭长、审判员
霍文哲为平山县南甸人民法庭庭长

李文军为平山县南甸人民法庭副庭长
闫华中为平山县西柏坡人民法庭庭长
杨来来为平山县西柏坡人民法庭副庭长
赵树勇为平山县西柏坡人民法庭副庭长
李书亮为平山县古月人民法庭庭长
高素文为平山县古月人民法庭副庭长
李建设为平山县古月人民法庭副庭长
焦永明为平山县小觉人民法庭庭长
崔新民为平山县小觉人民法庭副庭长、审判员
张兴利为平山县人民法院审判员
杜静波为平山县人民法院审判员
免去：
董国军平山县统计局局长职务
王树平平山县人民法院经济第二审判庭庭长职务
康志强平山县人民法院民事审判庭庭长职务
马正堂平山县人民法院刑事审判庭副庭长职务
张增芳平山县岗南人民法庭庭长职务
曹花萍平山县城关人民法庭副庭长职务
马建中平山县人民法院经济第一审判庭庭长职务
尹新国平山县南甸人民法庭庭长职务
习建明平山县人民法院民事审判庭副庭长职务
李更书平山县人民法院告诉庭庭长职务
韩新会平山县大吾人民法庭庭长职务
王雪元平山县人民法院经济第二审判庭副庭长职务
齐金虎平山县人民法院经济第一审判庭副庭长职务
周兴中平山县西柏坡人民法庭庭长职务
刘拴海平山县人民法院执行庭副庭长职务
高林平山县人民法院执行庭副庭长职务
张增芳平山县人民法院执行庭副庭长职务
王辉平山县人民法院行政审判庭副庭长职务
刘明芳平山县人民法院审判监督庭副庭长职务
郄建华平山县两河人民法庭庭长职务
赵兰玉平山县人民法院告诉庭副庭长职务
高建国平山县城关人民法庭副庭长职务
史增中平山县小觉人民法庭庭长职务

焦国才平山县古月人民法庭庭长职务
史志平平山县人民法院经济第一审判庭副庭长职务
李永生平山县两河人民法庭副庭长职务
霍文哲平山县城关人民法庭副庭长职务
杨来来平山县岗南人民法庭副庭长职务
马占军平山县回舍人民法庭庭长职务
张永生平山县人民法院民事审判庭副庭长职务
范风军平山县下槐人民法庭庭长职务
檀志强平山县南甸人民法庭副庭长职务
郭吉海平山县西柏坡人民法庭副庭长职务
赵福亮平山县城关人民法庭副庭长职务
齐建龙平山县小觉人民法庭副庭长职务
焦玉堂平山县古月人民法庭副庭长职务
王米贵平山县人民法院执行庭庭长、审判委员会委员职务
尤新建平山县人民法院刑事审判庭庭长、审判委员会委员职务
付云吉平山县人民法院执行庭副庭长职务
张振华平山县人民法院审判监督庭庭长职务

2004 年 8 月 24 日县第十三届人大常委会第八次会议
任命：
焦静海为平山县人民检察院副检察长、检察委员会委员、检察员。

2004 年 12 月 22 日县第十三届人大常委会第十次会议
任命：
盖细海为平山县物价局局长
李林奎为平山县人大常委会农经科科长
刘怀明为平山县人大常委会文卫科科长
赵会文为平山县人大常委会信访科科长
马正堂为平山县人民法院副院长
免去：
赵二录平山县物价局局长职务
韩良平平山县人大常委会文卫科科长职务
张志金平山县人大常委会信访科科长职务
齐吉秀平山县人大常委会农经科科长职务

2005 年 1 月 5 日县第十三届人大常委会第十一次会议
任命：
黄超为平山县人民政府副县长
免去：
陈玉为平山县人民政府副县长职务

2005 年 4 月 25 日县第十三届人大常委会第十二次会议
决定任命：
闫军任平山县人民法院人民陪审员
李玉峰任平山县人民法院人民陪审员
徐秀英任平山县人民法院人民陪审员
赵建力任平山县人民法院人民陪审员
李明忠任平山县人民法院人民陪审员
齐文巧任平山县人民法院人民陪审员
高军伟任平山县人民法院人民陪审员
韩建桥任平山县人民法院人民陪审员
闫立章任平山县人民法院人民陪审员
孔艳阳任平山县人民法院人民陪审员
任命：
樊花明任平山县人民法院审判监督庭庭长
史增中任平山县人民法院民事审判第一庭庭长
左小英任平山县人民法院刑事审判庭副庭长
免去：
马建中平山县人民法院民事审判第一庭庭长职务
史增中平山县人民法院审判监督庭庭长职务
刘洁平山县回舍人民法庭副庭长职务

2005 年 10 月 26 日县第十三届人大常委会第十五次会议
任命：
刘巨洋任平山县审计局局长
赵华全任平山县宗教局局长
高元成任平山县人民检察院副检察长
张京生任平山县人民检察院副检察长、检察委员
会委员（挂职）

免去：
齐生锁平山县审计局局长职务
乔金保平山县宗教局局长职务
齐元平平山县人民检察院副检察长、检察委员会委员职务
张慧民平山县人民检察院副检察长、检察委员会委员职务

2006 年 4 月 28 日县第十三届人大常委会第十八次会议
任命：
梁林辉为平山县人民检察院副检察长、检察委员会委员、检察员

2006 年 6 月 23 日县第十三届人大常委会第十九次会议
任命：
齐明国为平山县人大办公室主任
封树亚为平山县教育局局长
冯书庆为平山县人事劳动和社会保障局局长
李占山为平山县监察局局长
免去：
姜辉平山县人大办公室主任职务
齐清芳平山县教育局局长职务
张金泽平山县人事劳动和社会保障局局长职务
薛青更平山县监察局局长职务

2006 年 8 月 11 日县第十三届人大常委会第二十次会议
任命：
张进良为平山县人民政府副县长
任玉芳为平山县人民政府挂职副县长
免去：
李熙宽平山县人民政府副县长职务（挂职）

2006 年 10 月 25 日县第十三届人大常委会第二十一次会议
任命：
左小英为平山县人民法院刑事审判庭庭长
崔新民为平山县人民法院小觉人民法庭庭长
赵树勇为平山县人民法院西柏坡人民法庭庭长
范风军为平山县人民法院执行庭副庭长

田建江为平山县人民法院审判员、小觉人民法庭副庭长
杜静波为平山县人民法院古月人民法庭副庭长
杨新华为平山县人民法院城关人民法庭副庭长
焦永明为平山县人民法院执行庭副庭长
闫华中为平山县人民法院审判监督庭副庭长
李建设为平山县人民法院回舍人民法庭副庭长
高素文为平山县人民法院审判员
高林为平山县人民法院民事审判第一庭副庭长
徐文元为平山县人民检察院检察员
免去：
马正堂平山县人民法院刑事审判庭庭长职务
左小英平山县人民法院刑事审判庭副庭长职务
崔新民平山县人民法院小觉人民法庭副庭长职务
赵树勇平山县人民法院西柏坡人民法庭副庭长职务
焦永明平山县人民法院小觉人民法庭庭长职务
闫华中平山县人民法院西柏坡人民法庭庭长职务
李建设平山县人民法院古月人民法庭副庭长职务
高素文平山县人民法院古月人民法庭副庭长职务
高林平山县人民法院执行一庭副庭长职务

2007 年 3 月 10 日县第十三届人大常委会第二十三次会议
决定任命：
王俊英为平山县人民政府副县长、代县长

2007 年 4 月 10 日县第十三届人大常委会第二十四次会议
决定任命：
韩学军任平山县人民政府副县长
刘辉任平山县人民政府副县长
任命：
张庆民任平山县人民法院审判员、审判委员会委员、副院长，并决定其为平山县人民法院代理院长
李新成任平山县人民检察院检察员、检察委员会委员、副检察长，并决定其为平山县人民检察院代理检察长

第六章　重点工作

2003 年

5月2日，县人大常委会主任郝书文、副主任梁爱平带领部分委员及工作人员到卫生局听取县政府关于加强“非典”防治工作汇报，视察公路监测站、胜伏卫生院隔离点运行情况，看望医务人员和一线工作人员。

5月3日至15日，县人大常委会主任郝书文，副主任郄贵庭、史军海、张志兵、梁爱平先后多次到营里、孟家庄、西柏坡、北冶、三汲、两河、岗南、古月等乡镇督导“非典”防治工作。

5月5日，县人大常委会副主任梁爱平在县电视台做依法做好防治“非典”工作电视讲话。

5月中旬，县人大常委会组织部分人大常委会委员对县政府贯彻实施《传染病防治法》《突发公共卫生事件应急条例》《价格法》《产品质量法》《药品管理法》情况进行调研和视察。

5月20日至30日，县人大常委会主任郝书文，副主任郄贵庭、史军海、张志兵、梁爱平先后到南盘石、西盘石、石盆沟、石羊沟、大陈庄、邢家沟、马冢、黑龙潭、树石、后沟、鹿台等11处水库现场检查指导防汛工作。

5月21日，主任会议听取县政府及卫生局、工商局、公安局、物价局、药监局“非典”防治工作专题汇报。

5月27日，人大机关全体人员召开人大机关全体党员防治“非典”生活会。

5月29日，县人大常委会主任郝书文、副主任梁爱平带领部分委员及工作人员对教育系统防治“非典”工作情况进行视察。

同月，县人大常委会副主任郄贵庭配合县委重点工作，先后协调解决敬业公寓和桥西供热工程在南贾壁占地问题；人大常委会副主任张志兵配合县委重点工作，积极筹划平山县西柏坡科技工业园区启动工作。

6月10日，县人大常委会组织举行《地方组织法》报告会。县人大常委会组成人员、省、市人大代表、乡镇人大主席、“一府两院”组成人员120多人参加会议，县人大常委会主任郝书文主持会议，县委副书记耿富顺到会讲话，市人大常委会秘书长王志勇、副秘书长何金录参加报告会。

6月11日至20日，县人大常委会组织部分委员分三组对全县退耕还林和重点项目建设工作进行视察。

6月24日，制定通过第十三届人大常委会《议事规则》《组成人员守则》《人事任免办法》等，推动人大常委会的各项工作进一步法制化、规范化。

6月27日，县人大常委会召开对“一府两院”组成人员颁发任命书大会，县人大常务副主任郄贵庭主持会议，副主任梁爱平宣读接受任命书人员名单，人大常委会主任郝书文颁发证书，政府组成人员李三海、韩新光作表态发言，“两院”组成人员集体宣誓，人大常委会主任郝书文提出四点要求。

6月30日，县人大机关召开全体人员会议，县人大常委会副主任梁爱平就如何提高人大机关整体素质，以适应新形势的需要提出三点要求。

6月底前，指导乡镇人大主席团召开镇人代会，23个乡镇有补选任务的20个，补选人大主席2人，副主席7人，乡（镇）长7人，副乡（镇）长32人。

7月7日，县人大常委会主任郝书文，副主任史军海、张志兵、梁爱平，县政府副县长韩晓瑞等在教育局听取2003年高考情况汇报。

7月24日，人大常委会召开关于人大机关信息工作会议。

7月31日，省、市人大对县府《森林法》贯彻落实情况进行执法检查，县人大常委会副主任梁爱平陪同，检查了南石殿河滩造林、岗南坝东造林工程。

8月6日，县人大常委会主任郝书文，副主任郄贵庭、史军海、张志兵、梁爱平带领部分人大常委会委员和工作人员对正在改建的蛟潭庄至合河口旅游路工程进行视察。

8月7日至12日，人大常委会部分委员对城镇建设和卫生管理工作情况进行调研。先后对桥西供热、阳光花园、冶河东路改建、污水处理泵站、新公路亮灯工程及古月、南甸小城镇建设进行调查，并召开城区村干部和办事处主任座谈会。

8月14日，县人大组织部分主任、委员对县农业局的工作进行视察。先后视察苜蓿草加工生产线、岗南坝东千亩苜蓿草生产基地、国家级应急防蝗站、平山农业制片中心、农业信息网站及快易通热线等。

8月15日、18日，县人大常委会组织部分委员和工作人员对县卫生工作进行调研。听取县卫生局局长齐英的述职报告并广泛征求干部职工的意见和建议。调研组还实地查看了古月医院、下槐等卫生院。

8月15日至18日，人大常委会部分委员对财政局预算执行情况调研。

8月19日，县人大常委会主任郝书文，副主任史军海、梁爱平带领县人大常委会部分委员、城区部分县人大代表，对城区治安状况进行视察。先后视察平安、工商两个居民小区及东关村、中国银行平山支行。

8月20日，县人大常委会主任郝书文，副主任郄贵庭、史军海、张志兵、梁爱平带领部分委员、代表和工作人员对县城桥西供热、桥西超市、冶河公路改造工程、污水处理厂以及温塘镇新开大街、温塘新村、中心广场等城镇建设情况进行视察。

8月20日至21日，人大常委会副主任史军海、梁爱平带领部分委员、代表到玻璃工艺厂和敬业集团对《工会法》贯彻落实情况进行执法检查。

8月22日，市人大张书庭、市林业局杨树堂等领导对《森林法》贯彻落实情况进行检查，常务副主任郄贵庭陪同检查了南石殿河滩造林、东杨庄杏扁基地、两河万亩经济林工程。

同月，县人大常委会对贯彻实施《中华人民共和国工会法》《河北省厂务公开条例》《河北省集体合同条例》情况进行视察。

9月9日，常委会组织部分委员到山开办调研山区开发工作。

9月12日至14日，县人大常委会副主任梁爱平陪同省、市人大到西柏坡、驼梁山、天桂山，对《河北省旅游业管理条例》贯彻落实情况进行执法检查。

9月23日，常委会部分委员到西柏坡奶牛场、西岗南、王平村调研奶牛小区建设情况。

10月9日，县人大常委会召开代表评议国土资源局动员大会，启动对国土资源局的评议工作。

本年度，共受理人民群众来信来访120余件、360多人次，均按分级负责归口办理的原则，转交有关部门明确专人办理。

本年度，在人代会期间，代表共提出意见和建议35条。人代会闭会后，及时转交县政府及有关部门办理。在35件代表建议中，有8件已经办结，10件正在办理，12件已列入规划，对不能办理的5件已向代表做了解释说明，代表满意率达到95%以上。

本年度，对全县23个乡镇人大制度建设进行全面督导检查，对代表活动登记和档案管理不完善的个别乡镇提出限期整改要求。

本年度，将全县市、县人大代表进行分组，建立阶梯式的代表联系网络，明确相互联系的代表名单，要求每位代表联系10名选民，每年至少联系两次，联系情况要有记录，重大问题要写出专题报告，并报送同级人大机关。

2004年

2月26日，县人大常委会组织全体机关干部认真学习市人大通知精神，听取县畜牧局兽医师关于动物防疫法和禽流感防疫的专题讲座。

3月2日，县人大常委会主任郝书文，副主任郄贵庭、史军海、梁爱平、卢庆忠带领部分委员和工作人员对县医院进行视察。

3月9日，县人大常委会主任郝书文，梁爱平带领部分委员和工作人员，对扶贫办工作进行视察。

3月10日至6月30日，在全县开展《消费者权益保护法》贯彻落实情况执法大检查。县人大常委会成立《消费者权益保护法》执法检查领导小组，县人大常委会副主任张志兵任组长。成员有县人大财经科、县工商局、县消费者协会、县技术监督局等单位。

3月30日，县人大常委会主任郝书文，副主任郄贵庭、梁爱平带领部分工作人员分别走访平山镇、西柏坡镇的县人大代表，并召开座谈会。

4月6日，人大常委会主任郝书文，副主任张志兵、梁爱平带领部分工作人员，在县交通局和平山镇有关人员的陪同下，视察南西焦段公路改建工程。

4 月 14 日，县人大常委会主任郝书文，副主任郄贵庭、史军海带领部分委员及工作人员，在地矿局和安监局有关人员的陪同下，视察全县矿山安全生产工作。

4 月 16 日，县人大常委会副主任史军海、张志兵、梁爱平组织带领部分人大常委会委员对县计生工作进行视察。

4 月 20 日，县人大常委会副主任史军海、梁爱平、卢庆忠带领部分委员和工作人员对县公安局工作进行视察。

5 月 11 日，县人大常委会主任郝书文、副主任史军海带领部分工作人员冒雨赶往回舍镇，走访看望该镇的县人大代表，并召开座谈会。

5 月 25 日，县人大常委会副主任史军海、张志兵、卢庆忠带领部分委员及人大代表冒雨到天桂山、沕沕水等景区视察正在开工建设中的旅游项目。

6 月 18 日，县人大常委会组织乡镇人大主席团主席及部分人大代表在法院礼堂召开评议县法院工作动员大会，县委副书记赵同法，人大常委会主任郝书文，副主任史军海、梁爱平出席会议。

6 月 30 日，县人大常委会主任郝书文，副主任史军海、梁爱平带领部分工作人员到教育局听取 2004 年高考情况汇报，并就教育事业的发展进行讨论。

7 月 14 日，县人大常委会主任郝书文、常务副主任郄贵庭带领部分工作人员在副县长齐明贵、畜牧水产局局长高忠及有关人员陪同下，视察奶牛养殖小区建设，并听取畜牧水产局工作汇报。

8 月 18 日，县人大常委会主任郝书文，副主任史军海、张志兵带领部分工作人员，在供电局有关人员的陪同下，视察县城城网改造工程。

10 月 20 日，县人大常委会主任郝书文，副主任郄贵庭、张志兵、梁爱平带领部分委员、代表在县交通局有关人员的陪同下，对交通工作进行视察。

11 月 30 日，县人大领导郝书文、郄贵庭、史军海、张志兵、梁爱平、卢庆忠带领部分委员和代表视察桥西集中供热、阳光花园、龙城花园、冶河公园、圣府怡苑等城区重点工程建设情况，城建局局长左增寿陪同视察。

12 月 29 日，县人大常委会副主任郄贵庭、史军海、梁爱平带领部分委员和人大代表视察县城农村水网改造工程。

同年，县人大组织代表委员对《河北省村镇规划建设管理条例》的贯彻落实情况进行执法检查。

本年度，常委会组成人员分组利用两个月时间，对人大代表进行走访，先后召开各种类型座谈会 10 多次，走访代表 150 人余次，收到代表反映的意见建议 30 多条。

本年度，重新修定《平山县人大常委会接待处理人民代表和人民群众来信来访暂行办法》《平山县人大常委会实施个案监督办法》，规范乡镇人大主席团信访工作制度。共接待群众来信来访 378 人次，转办、督办信访案件 175 件。在全省人大信访工作会议上，县人大做了典型发言。全国人大信访局带领部分全国人大代表和省、市人大常委会有关人员，视察观摩了县人大的信访工作，给予很高评价。

2005 年

4 月 1 日，根据市人大常委会安排部署，采取市、县两级人大常委会同步检查的方式，对贯彻实施《中华人民共和国促进科技成果转化法》和《河北省促进科技成果转化条例》情况进行执法检查。

4 月 8 日，县人大常委会副主任史军海、梁爱平带领部分委员和代表视察卫生工作。县卫生局局长齐英等陪同视察。

5 月 11 日，县人大常委会主任郝书文，副主任史军海、梁爱平带领部分委员、代表，在副县长韩晓瑞及县广播局负责人陪同下，视察县有线电视光纤“村村通”工程。

5 月 18 日，县人大常委会主任郝书文，副主任郄贵庭、史军海、梁爱平、卢庆忠带领部分委员、代表，在县移民办负责人陪同下，视察移民工作。

6 月 10 日，县人大常委会主任郝书文，副主任史军海、张志兵、卢庆忠带领部分委员、代表，在县经贸局有关人员陪同下，视察县重点工业项目建设及规模以上企业扩建改建情况。

9 月 7 日，县人大常委会副主任郄贵庭、张志兵、梁爱平、卢庆忠带领部分委员和代表，在县交通局局长霍文国的陪同下，视察县交通工作。

9 月 27 日，县人大常委会副主任张志兵、梁爱平组织县工商局、卫生局、技术监督局、商贸办等有关部门对县政府《食品卫生法》贯彻执行情况进行检查。

9 月 28 日，县人大常委会主任郝书文，副主任郄贵庭、张志兵、卢庆忠带领部分委员、代表视察城市建设工作，城建局、交通局、供水局、平山镇、爱卫会、交警大队负责人陪同。

12 月 27 日，县人大修改制订《平山县人大常委会关于加强和改进县人大代表议案工作的意见》《平山县人大常委会关于加强和改进县人大代表建议、批评和意见工作的意见》，为进一步规范代表活动，保障代表在闭会期间依法履职起到了积极作用。

本年度，县人大共受理群众来信来访 290 多件次，督促转办上级要结果的信访案件 20 件。

本年度，组织市人大代表到辛集进行异地考察学习。

本年度，主任会议专门听取县政府关于人大代表意见建议办理情况的汇报，要求政府及有关部门进一步加大办理力度，切实做好回访工作。截至年底，交办的 40 件代表建议中，12 件已经办结，13 件正在办理，代表满意率达到 90% 以上。

2006 年

1 月 13 日，县人大常委会副主任史军海带领部分委员和卫生局、技术监督局、工商局、商贸办负责人，对城内部分食品经营摊点进行视察。

3 月，县人大常委会组织政府有关部门开展农资打假执法检查，共查办各类违法案件 56 起。

7 月 28 日，县人大常委会主任郝书文，副主任郄贵庭、史军海、梁爱平、卢庆忠带领部分委员和人大代表视察全县林业工作。

7月，常委会组织对地矿办工作进行评议。

8月14日，县人大常委会主任郝书文，副主任郄贵庭、史军海、卢庆忠带领部分委员和代表在县移民办有关人员的陪同下，视察县移民工作。

9月15日，县人大常委会主任郝书文，副主任郄贵庭、史军海、梁爱平、卢庆忠带领部分委员、代表，在副县长郭双全和建设局、交警大队负责人陪同下，视察县城建设管理工作。

10月31日，县人大常委会主任郝书文，副主任张志兵、梁爱平、卢庆忠带领部分委员、代表，在县经贸局负责人的陪同下，视察县工业项目建设情况。

11月1日，县人大常委会主任郝书文，副主任郄贵庭、史军海、张志兵、卢庆忠带领部分委员、代表，在县电力公司负责人陪同下，视察县电力工作。

11月3日，县人大常委会副主任梁爱平带领部分代表，在县档案局负责人陪同下，视察档案管理工作。

第十二篇

平山县第十四届人民代表大会

（2007年4月至2012年2月）

平山县第十四届人民代表大会任期自2007年4月至2012年2月，任期五年。五年来，县人大常委会以党的十七大精神为指导，认真贯彻落实科学发展观和十七届四中、五中、六中全会精神，始终坚持党的领导，人民当家做主和依法治国的有机统一，认真履行宪法和法律赋予的职责，召开人民代表大会5次，召开常委会36次，依法任免国家干部17批次，法检干部180名。圆满完成了任内各项工作，为实现县委提出的“科学发展，富民强县”和建设“西柏坡市”的总目标做出了积极贡献。

第一章　人大党组织

中共平山县人大常委会党组

书　记：郝书文（2003.04—2011.09）

　　　　封明明（2011.09—2012.02）

副书记：史军海（2007.04—2012.02）

　　　　郝书文（2011.09—2015.01）

　　　　胡随林（2011.09—2015.01）

　　　　　　　（2016.04—2017.02）

成　员：梁爱平（2003.04—2012.02）

　　　　胡随林（2007.04—2011.09）

　　　　崔习平（2011.09—2012.02）

　　　　霍文国（2007.04—2017.02）

　　　　王来泉（2007.04—2017.02）

第二章　人民代表大会

第一节　人大代表

一、县人大代表

（一）选举产生

河北省十届人大常委会第二十三次会议确定县第十四届人民代表大会代表名额为219名。根据《选举法》《地方组织法》和《平山县县乡两级人大同步换届选举工作实施方案》的规定，依法选举出平山县第十四届人民代表大会代表212名。平山县第十三届人民代表大会代表资格审查委员会对上述代表资格进行审查，认为212名代表的选举符合法律规定，代表资格全部有效。在当选的212名代表中，党员153名，占72%；非党员59名，占28%；妇女48名，占23%，非党员和妇女代表比上届略有提高。代表的知识结构有了较大改善，其中大学学历59名，占28%；大专81名，占38%；中专、高中55名，占26%；初中以下17名，占8%；代表年龄结构为35岁以下22名，占10%；36～55岁174名，占82%；56岁以上16名，占8%。

（二）代表名单

平山县县直单位出席县十四届人代会代表一览表

表12-1

姓名	性别	年龄	民族	文化程度	政治面貌	工作单位及职务	籍贯
霍文国	男	50	汉	大专	中共党员	县人大常委会副主任	东回舍镇
冯书庆	男	50	汉	大学	中共党员	县政协副主席	邢台市
权林山	男	56	汉	大专	中共党员	县政协党组成员、财政局书记	岗南镇
崔　锋	男	49	汉	大专	中共党员	公安局局长	行唐县
齐　广	男	44	汉	大学	中共党员	县直工委书记	北冶乡
赵振芳	男	50	汉	大学	中共党员	政法委常务副书记	东回舍镇

续表 12-1

姓名	性别	年龄	民族	文化程度	政治面貌	工作单位及职务	籍贯
刘金海	男	45	汉	大学	中共党员	政府办公室主任	东王坡乡
刘巨洋	男	46	汉	大学	中共党员	审计局局长	合河口乡
封速强	男	49	汉	大专	中共党员	环保局局长	下槐镇
韩二元	男	48	汉	大专	中共党员	交通局局长	蛟潭庄镇
梁立军	男	43	汉	大专	中共党员	国税局局长	东王坡乡
杨连树	男	48	汉	大专	中共党员	技术监督局局长	平山镇
王　兰	男	43	汉	大学	中共党员	商务局局长	岗南镇
封树亚	男	48	汉	大学	中共党员	教育局局长	下槐镇
韩新光	男	49	汉	大专	中共党员	农业局局长	孟家庄镇
安建平	男	44	汉	大专	中共党员	人行行长	东王坡乡
封明亮	男	45	汉	大专	中共党员	建设局副书记、副局长	西柏坡镇
罗　忠	男	49	汉	大专	中共党员	商务局副局长	北冶乡
赵彦玲	女	43	汉	大学	群众	教育局干部	行唐县
何志芳	女	36	汉	大专	群众	国土资源局股长	小觉镇
孙增海	男	49	汉	大学	中共党员	平山中学校长	平山镇
李秋林	女	45	汉	大学	群众	平山县医院副主任医师	古月镇
赵俊新	女	49	汉	高中	群众	平山金城粮油购销公司	深县
卢永兴	男	36	汉	大专	中共党员	五洲饭店经理	西大吾乡
张立秋	男	52	汉	大学	中共党员	柏坡正元化肥有限公司总经理	藁城市
闫文萍	女	36	汉	高中	群众	雨润纺织公司总经理	柏坡镇
吕占民	男	50	汉	高中	群众	荣华服饰公司董事长	深泽县
杜增庭	男	59	汉	大专	中共党员	西柏坡钢铁公司总经理	平山镇
刘小红	女	41	汉	大专	群众	新华书店职工	山西省阳城县
康胜荣	女	43	汉	大专	群众	水务局干部	平山镇

平山镇出席县十四届人代会代表一览表

表 12-2

姓名	性别	年龄	民族	文化程度	政治面貌	工作单位及职务	籍贯
赵新朝	男	49	汉	本科	中共党员	平山县县委书记	赞皇县
薛海青	男	45	汉	本科	中共党员	县委常委、组织部部长	灵寿县
卢庆忠	男	50	汉	大专	群众	县人大常委会副主任	上三汲乡
左振江	男	49	汉	高中	中共党员	县人大财经科科长	平山镇
李林奎	男	54	汉	中专	中共党员	县人大农经科科长	平山镇
谢志义	男	50	汉	大专	中共党员	县人大政法科科长	平山镇
杨　兴	男	41	汉	本科	中共党员	人事劳动和社会保障局局长	杨家桥乡
常国刚	男	48	汉	大专	中共党员	建设局副局长	平山镇
任国宏	男	40	汉	大专	中共党员	平山镇党委书记	西大吾乡
马秋平	女	40	汉	大专	中共党员	平山镇人大副主席	平山镇
张俊花	女	30	汉	本科	群众	东街二小副校长	平山镇
张建明	男	43	汉	大专	中共党员	平山镇党政办主任	平山镇
齐文巧	女	45	汉	大专	群众	平山镇司法所所长	平山镇
范海庭	男	60	汉	初中	中共党员	东方巨龟苑经理	东冶村
左爱花	女	55	汉	初中	中共党员	东水碾村党支部书记	东水碾村
左三看	男	56	汉	高中	中共党员	高村党支部书记	高村
高增山	男	43	汉	高中	群众	西街铸造厂经理	西街村
李二波	男	42	汉	高中	群众	白云山水泥厂厂长	西街村
齐增强	男	31	汉	高中	中共党员	寺庄村党支部书记	寺庄村
薛拴拴	男	50	汉	大专	中共党员	东街村党支部书记	东街村
刘国军	男	47	汉	高中	群众	市政建筑队经理	东街村
郄德培	男	55	汉	初中	中共党员	西柏坡建材厂厂长	西水碾村
王增海	男	41	汉	高中	中共党员	南贾壁村支部委员	南贾壁村

续表 12-2

姓名	性别	年龄	民族	文化程度	政治面貌	工作单位及职务	籍贯
檀海琴	女	50	汉	高中	群众	烟堡村村委委员	烟堡村
焦彦虎	男	40	汉	高中	群众	汇源饭店经理	烟堡村
王三维	男	70	汉	中专	群众	圣源纺织厂厂长	行唐县
范二拴	男	55	汉	初中	中共党员	东冶村党支部书记	东冶村
郝保寿	男	51	汉	高中	中共党员	东曲堤村党支部书记	东曲堤村

东回舍镇出席县十四届人代会代表一览表

表 12-3

姓名	性别	年龄	民族	文化程度	政治面貌	工作单位及职务	籍贯
高玉柱	男	42	汉	大学	中共党员	县委常委、常务副县长	井陉县
张志兵	男	58	汉	大专	中共党员	人大常委会原副主任	西大吾乡田兴村
张庆民	男	41	汉	大学	中共党员	平山县法院院长	行唐县
魏尊一	女	42	汉	大学	中共党员	平山县妇联主席	深州市
杨明华	女	39	汉	大专	中共党员	华莹玻璃制品有限公司董事长	北望楼村
梁志彦	男	30	汉	大学	中共党员	东回舍镇党委副书记、镇长	下槐镇
梁晓彦	男	34	汉	大学	中共党员	东回舍镇人大主席	观音堂乡柏叶沟村
李吉宽	男	56	汉	高中	中共党员	东回舍村村主任	东回舍镇东回舍村
杜兵山	男	53	汉	高中	中共党员	北水村党支部书记	东回舍镇北水村
封明雪	女	50	汉	高中	群众	孟耳庄村妇女主任	东回舍镇孟耳庄村
苏俊保	男	45	汉	高中	中共党员	南望楼村党支部书记	南望楼村
焦彦花	女	44	汉	大学	群众	回舍高中教师	温塘镇
赵俊科	男	43	汉	大学	群众	正元化肥公司经理	藁城市

温塘镇出席县十四届人代会代表一览表

表 12-4

姓名	性别	年龄	民族	文化程度	政治面貌	工作单位及职务	籍贯
王俊英	男	48	汉	研究生	中共党员	县委副书记、县政府县长	赵县
王来泉	男	45	汉	大专	中共党员	县委宣传部常务副部长	温塘镇
李三海	男	53	汉	大专	中共党员	计划局局长	温塘镇
李习平	女	51	汉	大专	中共党员	县人大代联科科长	温塘镇
赵会文	男	45	汉	大学	中共党员	县人大信访科科长	苏家庄乡
智全海	男	41	汉	大学	中共党员	温塘镇党委书记、管委会主任	两河乡
齐立献	男	38	汉	大学	中共党员	温塘镇人大主席	平山镇
杨全有	男	42	汉	大专	中共党员	北马冢村党支部书记	温塘镇
郝春艳	女	32	汉	大学	群众	温塘镇副镇长、管委会副主任	平山镇
王银江	男	52	汉	大专	中共党员	温塘镇温塘村党支部书记	温塘村
赵小英	女	29	汉	大学	群众	温塘小学教师	东回舍镇

西大吾乡出席县十四届人代会代表一览表

表 12-5

姓名	性别	年龄	民族	文化程度	政治面貌	工作单位及职务	籍贯
张晓平	男	34	汉	大学	中共党员	团县委书记	西大吾乡田兴村
康彩霞	女	44	汉	大学	群众	水务局高工	平山镇
张保明	男	41	汉	大学	中共党员	西大吾乡党委书记	杨家桥乡大坪村
李彦文	男	42	汉	中专	中共党员	西大吾乡乡长	东回舍镇东回舍村
吴彦忠	男	42	汉	大专	中共党员	西大吾乡人大主席	岗南镇
谷二亮	男	37	汉	高中	群众	东李庄村村主任	西大吾乡东李庄村
张英堂	男	52	汉	高中	群众	田兴村村民	西大吾乡田兴村

续表 12-5

姓名	性别	年龄	民族	文化程度	政治面貌	工作单位及职务	籍贯
安香茹	女	50	汉	中专	群众	西大吾乡西荣村小学教师	西大吾乡西荣村
安芳芳	女	54	汉	高中	中共党员	西荣村村民	西荣村

南甸镇出席县十四届人代会代表一览表

表 12-6

姓名	性别	年龄	民族	文化程度	政治面貌	工作单位及职务	籍贯
胡随林	男	47	汉	大学	中共党员	县人大常委会副主任	上三汲乡坡底村
杜金拴	男	48	汉	大专	中共党员	南甸镇党委书记	平山镇孟贤壁村
韩天骏	男	42	汉	大学	中共党员	南甸镇镇长	观音堂乡沙坪村
李赶坡	男	58	汉	大专	中共党员	河北敬业集团董事长	两河乡西李坡村
樊喜平	男	46	汉	大专	中共党员	南甸镇南焦坡村党支部书记	南甸镇南焦坡村
康海平	女	44	汉	高中	群众	南甸镇康庄村村民	南甸镇康庄村
桑淑云	女	47	汉	大专	群众	南甸镇中学副校长	南甸镇南甸村

两河乡出席县十四届人代会代表一览表

表 12-7

姓名	性别	年龄	民族	文化程度	政治面貌	工作单位及职务	籍贯
郄贵庭	男	58	汉	中专	中共党员	县人大常委会原副主任	两河乡新水碾村
刘　辉	女	43	汉	大学	中共党员	县政府副县长	岗南镇胡家咀村
闫二平	男	38	汉	大专	中共党员	两河乡党委书记	观音堂乡
刘建文	男	44	汉	大专	中共党员	两河乡乡长	东王坡乡下峪村
乔伟真	男	49	汉	高中	中共党员	两河村党支部书记	两河乡两河村
张增喜	男	47	汉	高中	群众	两河乡张杨村会计	两河乡张杨村
刘秉奇	男	43	汉	大专	群众	两河乡两河中学教师	两河乡两河村

上三汲乡出席县十四届人代会代表一览表

表 12-8

姓名	性别	年龄	民族	文化程度	政治面貌	工作单位及职务	籍贯
齐国利	男	41	汉	大专	中共党员	上三汲乡乡长	平山镇孟堡村
谷文利	男	41	汉	大学	中共党员	上三汲乡人大主席	西大吾乡东李庄村
刘明海	男	43	汉	大专	群众	古中山陵园副主任	南甸镇盖家町村
刘联珍	女	38	汉	大专	中共党员	上三汲乡财政所所长	西大吾乡朱坊村
张文生	男	39	汉	高中	中共党员	上三汲乡下三汲村村民	上三汲乡下三汲村
曹素英	女	29	汉	大专	群众	上三汲乡教师	三汲蒲北村

东王坡乡出席县十四届人代会代表一览表

表 12-9

姓名	性别	年龄	民族	文化程度	政治面貌	工作单位及职务	籍贯
姜明芳	男	38	汉	大专	中共党员	东王坡乡党委副书记、乡长	下槐镇上西峪村
康素炜	男	31	汉	大专	中共党员	东王坡乡人大主席	西大吾乡
谷艳丽	女	27	汉	大专	群众	东王坡乡寺家庄完小教师	东王坡乡谷青炭村
康利青	女	27	汉	大学	群众	王坡中学	上三汲乡康家村
李更太	男	40	汉	高中	中共党员	西王坡村党支部书记	东王坡乡西王坡村
安玉廷	男	50	汉	初中	中共党员	王陈庄村党支部书记	东王坡乡王陈庄村

古月镇出席县十四届人代会代表一览表

表 12-10

姓名	性别	年龄	民族	文化程度	政治面貌	工作单位及职务	籍贯
张大平	男	51	汉	大专	中共党员	县政协主席	西大吾乡
盖明忠	男	34	汉	大学	中共党员	古月镇镇长	西大吾乡
刘海成	男	48	汉	大专	中共党员	计生局副局长	平山镇

续表 12-10

姓名	性别	年龄	民族	文化程度	政治面貌	工作单位及职务	籍贯
赵树林	男	49	汉	大专	中共党员	县第二医院院长	北冶乡
崔志霞	女	38	汉	高中	群众	个体	古月镇菜树湾村
齐树明	男	39	汉	高中	中共党员	平山县矿产品公司经理	中古月村
高星堂	男	45	汉	大专	中共党员	古月中学校长	东回舍镇
郝五旦	男	47	汉	初中	群众	北古月村村民	北古月村

北冶乡出席县十四届人代会代表一览表

表 12-11

姓名	性别	年龄	民族	文化程度	政治面貌	工作单位及职务	籍贯
茹云龙	男	42	汉	大学	中共党员	北冶乡党委书记	上三汲乡茹家庄村
李炳贵	男	45	汉	大专	中共党员	北冶乡人大主席	古月镇西洪子店村
王振海	男	39	汉	大专	中共党员	天桂山景区管理处副主任	上三汲乡
张生生	男	50	汉	初中	群众	平安旅游开发公司总经理、天桂山宾馆经理	平山镇
苏　军	男	48	汉	初中	中共党员	汤汤水风景区董事长	北冶乡
刘彦林	男	47	汉	高中	中共党员	北冶乡清风村党支部书记	北冶乡清风村
姚　理	男	45	汉	大专	中共党员	北冶村党支部书记	北冶乡北冶村
封丽霞	女	34	汉	大专	群众	北冶医院职工	北冶乡北冶村

下口镇出席县十四届人代会代表一览表

表 12-12

姓名	性别	年龄	民族	文化程度	政治面貌	工作单位及职务	籍贯
李世杰	男	32	汉	大专	中共党员	下口镇镇长	平山镇王坪村
王　一	男	30	汉	大学	中共党员	下口镇人大主席	北冶乡
付　会	男	61	汉	初中	中共党员	下口村党支部书记	下口村

续表 12-12

姓名	性别	年龄	民族	文化程度	政治面貌	工作单位及职务	籍贯
翟润兵	男	58	汉	初中	中共党员	抢风沟村党支部书记	抢风沟村
刘晓霞	女	29	汉	大专	群众	下口中学教师	下口镇泥里河村

岗南镇出席县十四届人代会代表一览表

表 12-13

姓名	性别	年龄	民族	文化程度	政治面貌	工作单位及职务	籍贯
马文刚	男	43	汉	大学	中共党员	县委副书记	晋州市
李新成	男	47	汉	大专	中共党员	县检察院检察长	晋州市
刘立涛	男	43	汉	大学	中共党员	组织部常务副部长	孟家庄镇
赵建林	男	38	汉	大学	中共党员	岗南镇党委书记	东回舍镇北望楼村
张小青	男	42	汉	高中	中共党员	岗南镇人大主席	合河口乡中台山村
王文忠	男	38	汉	大专	群众	河北温泉城房地产开发有限公司董事长	岗南镇马町村
任拴录	男	56	汉	中专	中共党员	东朱豪村党支部书记	岗南镇东朱豪村
陈英缺	女	56	汉	高中	群众	西岗南村妇女主任	岗南镇霍西庄村
郄三林	男	52	汉	中专	群众	南石殿村村长	南石殿村
付习联	女	44	汉	高中	群众	下奉良村妇女主任	岗南镇付家沟村
王翠平	女	29	汉	大学	群众	西岗南小学教师	北冶乡北冶村

西柏坡镇出席县十四届人代会代表一览表

表 12-14

姓名	性别	年龄	民族	文化程度	政治面貌	工作单位及职务	籍贯
齐明国	男	44	汉	大专	中共党员	县人大常委会办公室主任	下槐镇东黄泥村
李新海	男	39	汉	大学	中共党员	西柏坡镇党委副书记、镇长	平山镇东庄村
曹震平	男	35	汉	大专	中共党员	西柏坡镇人大主席	东王坡乡
王军旗	男	56	汉	大学	中共党员	西柏坡旅游纪念品开发总公司经理	石家庄市

续表 12-14

姓名	性别	年龄	民族	文化程度	政治面貌	工作单位及职务	籍贯
陈丽肖	女	34	汉	高中	群众	西柏坡镇西柏坡村村民	西柏坡村夹峪村
陈国平	男	39	汉	大专	中共党员	西柏坡镇梁家沟村党支部书记	梁家沟村

苏家庄乡出席县十四届人代会代表一览表

表 12-15

姓名	性别	年龄	民族	文化程度	政治面貌	工作单位及职务	籍贯
谷全国	男	39	汉	大学	中共党员	苏家庄乡乡长	东回舍镇张齐村
栗　磊	男	32	汉	大学	中共党员	苏家庄乡人大主席	南甸镇寒虎河村
郭习平	男	56	汉	初中	群众	上东峪村村主任	上东峪村
刘翠联	女	51	汉	高中	中共党员	缑家庄村村民	苏家庄乡缑家庄村

宅北乡出席县十四届人代会代表一览表

表 12-16

姓名	性别	年龄	民族	文化程度	政治面貌	工作单位及职务	籍贯
刘双印	男	40	汉	大学	中共党员	宅北乡党委书记	两河乡
刘建堂	男	37	汉	大学	中共党员	移民办副主任	平山镇
霍来绪	男	52	汉	高中	中共党员	陈家院村党支部书记、村主任	陈家院村
康顺堂	男	41	汉	高中	中共党员	会口选矿厂厂长	会口村
秦翠霞	女	48	汉	初中	群众	宅北村村民	宅北村

下槐镇出席县十四届人代会代表一览表

表 12-17

姓名	性别	年龄	民族	文化程度	政治面貌	工作单位及职务	籍贯
张兴祥	男	50	汉	大学	中共党员	县武装部部长	山东省莱州市
刘怀明	男	53	汉	大专	中共党员	县人大文卫科科长	蛟潭庄镇

续表 12-17

姓名	性别	年龄	民族	文化程度	政治面貌	工作单位及职务	籍贯
韩江涛	男	44	汉	大学	中共党员	下槐镇镇长	小觉镇
李勇进	男	41	汉	大专	中共党员	下槐镇人大主席	西柏坡镇
张三春	男	51	汉	高中	中共党员	两岔村党支部书记	下槐镇
吕俊平	男	45	汉	大专	中共党员	下槐镇教师	观音堂乡
杨青霞	女	52	汉	高中	群众	庞家铺村会计	下槐镇
封明生	男	58	汉	初中	群众	柏岭村村主任	下槐镇

小觉镇出席县十四届人代会代表一览表

表 12-18

姓名	性别	年龄	民族	文化程度	政治面貌	工作单位及职务	籍贯
郝书文	男	52	汉	大专	中共党员	县人大常委会主任	合河口乡
韩会军	男	40	汉	大专	中共党员	小觉镇镇长	苏家庄乡
刘立平	男	49	汉	本科	中共党员	小觉镇人大主席	杨家桥乡大庄村
付同玉	男	63	汉	初中	中共党员	小觉镇田家旋村村主任	田家旋村
田建婷	女	44	汉	初中	群众	小觉镇东王庄村村主任	东王庄村
封书平	男	59	汉	大专	中共党员	小觉镇小觉水电站负责人	郄家庄村
康彦平	男	37	汉	高中	中共党员	小觉镇康家庄村党支部书记	康家庄村

合河口乡出席县十四届人代会代表一览表

表 12-19

姓名	性别	年龄	民族	文化程度	政治面貌	工作单位及职务	籍贯
齐明贵	男	51	汉	大专	中共党员	县政协副主席、财政局局长	平山镇
刘国英	男	44	汉	大专	中共党员	老干部局局长	上三汲乡
秘书明	男	42	汉	本科	中共党员	合河口乡党委书记	观音堂乡

续表 12-19

姓名	性别	年龄	民族	文化程度	政治面貌	工作单位及职务	籍贯
任志公	男	36	汉	大学	中共党员	合河口乡乡长	两河乡
梁会明	男	45	汉	大专	中共党员	合河口乡人大主席	蛟潭庄镇
赵永峰	男	45	汉	大专	中共党员	合河口乡里大河村村民	里大河村
张红云	女	27	汉	大专	群众	合河口乡龙耳清村村民	龙耳清村

孟家庄镇出席县十四届人代会代表一览表

表 12-20

姓名	性别	年龄	民族	文化程度	政治面貌	工作单位及职务	籍贯
韩晓芝	女	40	汉	大专	群众	农业局高级农艺师	孟家庄镇元坊村
封志杰	男	30	汉	大专	中共党员	孟家庄镇镇长	西柏坡镇通家口村
刘贵平	男	44	汉	大专	中共党员	孟家庄镇人大主席	木口村
韩志刚	男	36	汉	大专	中共党员	元坊村党支部书记、村主任	元坊村
王六缺	女	40	汉	初中	群众	上文都村妇女主任	上文都村

杨家桥乡出席县十四届人代会代表一览表

表 12-21

姓名	性别	年龄	民族	文化程度	政治面貌	工作单位及职务	籍贯
陈建庭	男	44	汉	大学	中共党员	杨家桥乡党委书记	平山镇
刘志平	男	37	汉	本科	中共党员	杨家桥乡人大主席	东王坡乡闫庄村
何春梅	女	38	汉	高中	群众	杨家桥乡工上村个体户	工上村
任英海	男	49	汉	高中	中共党员	杨家桥乡前湾村党支部书记	前湾村
郝英平	男	39	汉	高中	群众	杨家桥乡东方齐村村主任	东方齐村

蛟潭庄镇出席县十四届人代会代表一览表

表 12-22

姓名	性别	年龄	民族	文化程度	政治面貌	工作单位及职务	籍贯
梁爱平	男	55	汉	大专	中共党员	县人大常委会原副主任	蛟潭庄镇
谷国华	男	42	汉	大专	中共党员	蛟潭庄镇党委书记	东王坡乡
高成虎	男	32	汉	大学	中共党员	蛟潭庄镇镇长	东回舍镇
李玉存	男	61	汉	初中	中共党员	木月村村主任	木月村
李秀林	女	42	汉	高中	群众	蛟潭庄村村委委员	蛟潭庄村
贾永平	男	39	汉	初中	中共党员	踏马村村主任	踏马村

观音堂乡出席县十四届人代会代表一览表

表 12-23

姓名	性别	年龄	民族	文化程度	政治面貌	工作单位及职务	籍贯
史军海	男	54	汉	大学	中共党员	县人大常委会副主任	岗南镇
李春林	男	34	汉	大学	中共党员	观音堂乡乡长	香河县
陈东亮	男	31	汉	大学	中共党员	观音堂乡人大主席	岗南镇
苏三梅	女	36	汉	高中	中共党员	观音堂乡干部	庄窝村
戎胜利	男	36	汉	高中	群众	上观音堂村村主任	上观音堂村

营里乡出席县十四届人代会代表一览表

表 12-24

姓名	性别	年龄	民族	文化程度	政治面貌	工作单位及职务	籍贯
韩晓瑞	女	53	汉	大专	中共党员	县政协副主席	营里乡桃园村
闫书怀	男	30	汉	大专	中共党员	营里乡人大主席	蛟潭庄镇腔子村
崔青风	女	37	汉	大专	群众	营里乡古都完小教师	营里乡瓦房头村
梁兰和	男	51	汉	高中	中共党员	营里乡白羊关村村民	白羊关村
燕建平	男	51	汉	高中	群众	营里乡沙洼村村主任	沙洼村

（三）届中调整情况

1. 县第十四届人民代表大会代表总名额为212人，第十四届人民代表大会一次会议时，实有代表212人。

2. 至2008年1月19日第十四届人民代表大会二次会议时，实有代表212人。

3. 至2009年2月14日第十四届人民代表大会三次会议时，实有代表216人。

4. 至2009年12月25日县第十四届人大常委会第二十次会议时，实有代表216名，县十四届人大常委会第二十次会议之后，因工作变动，有12人辞去县人大代表职务。他们是付会、张志兵、郄贵庭、梁晓彦、安明亮、王辉、赵树林、高星堂、李勇进、刘贵平、崔祝胜、梁会明，其代表资格终止；有14个选举单位根据《中华人民共和国全国人民代表大会和地方各级人民代表大会选举法》的有关规定，补选了14名县十四届人民代表大会代表，他们是：王强、韩学军、范文革、何桃林（女）、韩凤鸣、安建华、崔淑联（女）、李娜（女）、王文军、韩贵书、韩林忠、王海文、史永革、闫永强。至2010年3月3日第十四届人民代表大会四次会议时，时有代表218人。

5. 至2011年2月13日第十四届人民代表大会五次会议时，实有代表219人。

二、平山县出席石家庄市第十二届人民代表大会代表

2008年1月21日，平山县第十四届人民代表大会第二次会议选举平山县出席石家庄第十二届人民代表大会代表19名。选举结果如下：

王长敏	李和平	许凤琴	王俊英
赵新朝	郝书文	杜英考	杨全有
范花伟	徐贵林	韩二元	韩文瑞
韩普选	焦彦忠	王军旗	左小英
刘霞霞	康彩霞	卢庆忠	

2008年12月9日，平山县第十四届人大常委会第十一次会议选举王俊钟为石家庄市第十二届人民代表大会代表。

第二节　代表大会

县十四届人民代表大会到2012年2月共召开5次会议。

一、第一次会议

第一次会议于2007年4月11日至14日在县法院礼堂举行。会议应到代表212名，实到代表208名，因事因病请假4名。不是人大代表的县委常委、县政府副县长、政府各部门一把手、各乡镇党委书记、乡镇长、出席政协七届一次会议的全体委员；县委各部门、各人

民团体负责人、部分老干部代表参加了开幕式。

（一）组织机构

大会预备会议选举产生主席团、秘书长及议案审查委员会。

主席团（36 名）：

马文刚	王文忠	王来泉	王俊英
王振海	付　会	左振江	卢庆忠
史军海	刘立平	刘立涛	齐明国
李习平（女）	李新成	张大平	张生生
张兴祥	张庆民	张志兵	张晓平
杨全有	杨明华（女）	郄贵庭	范海庭
赵会文	赵彦玲（女）	赵新朝	郝书文
胡随林	梁爱平	康彩霞（女）	韩学芝（女）
谢志义	薛海青	霍文国	魏尊一（女）

秘书长：史军海（兼）

主席团第一次会议推定赵新朝、马文刚、郝书文、史军海、胡随林、卢庆忠、霍文国为主席团常务主席。

主席团第一次会议决定齐明国、刘金海、梁志明、刘立涛、王来泉为大会副秘书长。

议案审查委员会

主　任：史军海

副主任：李习平

委　员：左振江　王振海　魏尊一

（二）主要议程

4 月 12 日上午，会议听取《政府工作报告》。书面听取发展计划局局长李三海作的《关于平山县 2006 年国民经济和社会发展计划执行情况与 2007 年国民经济和社会发展计划草案报告》和财政局局长权林山作的《关于平山县 2006 年财政预算执行情况和 2007 年财政预算草案报告》。

4 月 13 日上午，听取县人大常委会主任郝书文作的《平山县人大常委会工作报告》、县法院代院长张庆民作的《平山县人民法院工作报告》、县检察院代检察长李新成作的《平山县人民检察院工作报告》。

会议分 8 个代表团对上述报告进行认真审议和审查，批准相应报告。根据各代表团对 6 个报告的审议情况，会议分别作出相应的决议。

4 月 14 日下午，按照选举办法，会议以无记名投票方式选举产生县十四届人大常委会组成人员 25 名；县政府县长、副县长 7 名；县法院院长 1 名；县检察院检察长 1 名。选举结果如下：

平山县第十四届人民代表大会常务委员会

主　任：郝书文

副主任（4名）：

史军海　胡随林　卢庆忠　霍文国

委　员（20名）：

王文忠	王来泉	王振海	付　会
左振江	刘立平	刘立涛	齐明国
李习平（女）	张生生	张晓平	杨全有
杨明华（女）	范海庭	赵会文	赵彦玲（女）
康彩霞（女）	韩学芝（女）	谢志义	魏尊一（女）

平山县人民政府

县　长：王俊英

副县长（6名）：

高玉柱　韩学军　封明明　郭双全　黄　超　刘　辉

平山县人民法院

院长：张庆民

平山县人民检察院

检察长：李新成

（三）代表议案及批评建议

会议期间，共收到代表提出的建议、批评和意见41条，内容涉及交通、水务、文教卫生、林业、工业信息、城建、环保、供电、旅游、规划、城市管理、农牧、土地、食品安全、财政等方面。

链接：县十四届人大常委会主任简历

郝书文，男，汉族，1954年9月出生，平山县合河口郝家洼人，大专学历。1971年9月参加工作，1981年8月入党。

1971.09—1974.06	平山县合河口中学任教
1974.06—1976.06	正定师范学习
1976.06—1976.10	平山县封城中学任教
1976.10—1979.11	平山县上三汲乡理论干部
1979.11—1986.07	平山县公安局副局长
1986.07—1990.03	平山县委组织部副部长兼组织员办主任
1990.03—1992.11	平山县委常委、宣传部部长
1992.11—2003.04	平山县委副书记

（其间：1993.09—1995.12在河北省委党校学习）

2003.04— 2007.04	县第十三届人大常委会党组书记、主任
2007.04—	县第十四届人大常委会党组书记、主任

二、第二次会议

第二次会议于2008年1月19日至21日在县法院礼堂举行。会议应到代表212名，实到代表202名，因事因病请假10名。不是人大代表的县委常委、县政府副县长、政府各部门一把手、各乡镇党委书记、乡镇长、人大主席、出席政协七届二次会议的全体委员；县委各部门、各人民团体负责人、部分老干部代表参加了开幕式。

（一）组织机构

大会预备会议选举产生主席团、秘书长及议案审查委员会。

主席团（34名）：

马文刚	王文忠	王来泉	王俊英
王振海	付　会	左振江	卢庆忠
史军海	刘立平	刘立涛	齐明国
李习平（女）	张大平	张生生	张兴祥
张志兵	张晓平	杨全有	杨明华（女）
郄贵庭	范海庭	赵会文	赵彦玲（女）
赵新朝	郝书文	胡随林	梁爱平
康彩霞（女）	韩学芝（女）	谢志义	薛海青
霍文国	魏尊一（女）		

秘书长：史军海（兼）

主席团第一次会议推定赵新朝、马文刚、郝书文、史军海、胡随林、卢庆忠、霍文国为主席团常务主席。

主席团第一次会议决定齐明国、武自军、梁志明、刘金海、刘明生、刘立涛、王来泉为大会副秘书长。

议案审查委员会

主　任：霍文国

副主任：李习平（女）

委　员：左振江　王振海　魏尊一（女）

（二）主要议程

1月20日上午，会议听取《政府工作报告》。书面听取发展改革局局长李三海作的《关于平山县2007年国民经济和社会发展计划执行情况与2008年国民经济和社会发展计划草案报告》和财政局局长齐明贵作的《关于平山县2007年财政预算执行情况和2008年财政预算草案报告》。

1月21日上午，听取县人大常委会主任郝书文作的《平山县人大常委会工作报告》、县法院院长张庆民作的《平山县人民法院工作报告》、县检察院检察长李新成作的《平山县人民检察院工作报告》。

会议分8个代表团对上述报告进行认真审议和审查，批准相应报告。根据各代表团对6个报告的审议情况，会议分别作出相应的决议。

1月21日下午，按照大会通过的选举办法，选举平山县出席石家庄第十二届人民代表大会代表19名，其中市直参选3名。

选举结果如下：

王长敏	李和平	许凤琴（女）	王俊英
赵新朝	郝书文	杜英考	杨全有
范花伟	徐贵林	韩二元	韩文瑞（女）
韩普选	焦彦忠	王军旗	左小英（女）
刘霞霞（女）	康彩霞（女）	卢庆忠	

（三）代表议案及批评建议

会议期间，共收到代表提出的建议、批评和意见58条，归纳为45条，内容涉及交通、水务、文教卫生、林业、工业信息、城建、环保、供电、旅游、规划、城市管理、农牧、土地、食品安全、财政、扶贫、邮政等方面。

三、第三次会议

第三次会议于2009年2月14日至17日在县法院礼堂举行。会议应到代表216名，实到代表207名，因事因病请假9名。不是人大代表的县委常委、县政府副县长、政府各部门一把手、各乡镇党委书记、乡镇长、出席政协七届三次会议的全体委员；县委各部门、各人民团体负责人、部分老干部代表参加了开幕式。

（一）组织机构

大会预备会议选举产生主席团、秘书长及议案审查委员会。

主席团（33名）：

王文忠	王来泉	王俊英	王振海
付　会	左振江	卢庆忠	史军海
刘立平	刘立涛	齐明国	李习平（女）
李彦明	张大平	张生生	陈军跃
张志兵	张晓平	杨全有	杨明华（女）
郄贵庭	范海庭	赵会文	赵彦玲（女）
郝书文	胡随林	梁爱平	康彩霞（女）
韩学芝（女）	谢志义	薛海青	霍文国
魏尊一（女）			

秘书长：史军海（兼）

主席团第一次会议推定王俊英、郝书文、史军海、胡随林、卢庆忠、霍文国为主席团常务主席。

主席团第一次会议决定齐明国、武自军、梁志明、刘金海、刘明生、刘立涛、王来泉为大会副秘书长。

议案审查委员会

主　任：霍文国

副主任：李习平（女）

委　员：左振江　王振海　魏尊一（女）

（二）主要议程

2月15日上午，会议听取《政府工作报告》；书面听取发展改革局局长李三海作的《关于平山县2008年国民经济和社会发展计划执行情况与2009年国民经济和社会发展计划草案报告》和财政局局长齐明贵作的《关于平山县2008年预算执行情况和2009年预算草案的报告》。

2月16日上午，会议听取县人大常委会主任郝书文作的《平山县人大常委会工作报告》、县法院院长张庆民作的《平山县人民法院工作报告》、县检察院检察长李新成作的《平山县人民检察院工作报告》。

会议分8个代表团对上述报告进行认真审议和审查。根据各代表团对6个报告的审议情况，会议批准相应的报告，分别作出相应的决议。

2月17日上午，按照大会通过的选举办法，会议选举李彦明为平山县人民政府县长。

（三）代表议案及批评建议

会议期间，共收到代表提出的建议、批评和意见59条，归纳为51条，内容涉及交通、水利、文教卫生、林业、城建、环保、供电、旅游、规划、城市管理、农牧、土地、食品安全、财政、扶贫等方面。

四、第四次会议

第四次会议于2010年3月3日至5日在县法院礼堂举行。会议应到代表218名，实到代表205名，因事因病请假13名。不是人大代表的县委常委、县政府副县长、县政府各部门一把手、各乡镇党委书记、乡镇长；出席政协七届四次会议全体委员；县委各部门、各人民团体负责人、部分老干部参加了开幕式。

（一）组织机构

大会预备会议选举产生主席团、秘书长及议案审查委员会。

主席团（31名）：

王文忠	王来泉	王俊英	王振海
王　强	左振江	卢庆忠	史军海
刘立平	刘立涛	李习平（女）	李彦明
张大平	张生生	陈军跃	张晓平
杨全有	杨明华（女）	范海庭	赵会文
赵彦玲（女）	郝书文	胡随林	梁爱平

康彩霞（女）　韩学芝（女）　韩学军　谢志义
薛海青　霍文国　魏尊一（女）

秘书长：史军海（兼）

主席团第一次会议推定王俊英、王强、郝书文、史军海、胡随林、卢庆忠、霍文国为主席团常务主席。

主席团第一次会议决定王来泉、武自军、刘金海、刘立涛、闫二平、梁志明为大会副秘书长。

议案审查委员会

主　任：霍文国

副主任：李习平（女）

委　员：左振江　王振海　魏尊一（女）

（二）主要议程

3 月 4 日上午，会议听取《政府工作报告》；书面听取县发展改革局局长齐明国作的《关于平山县 2009 年国民经济和社会发展计划执行情况与 2010 年国民经济和社会发展计划草案报告》和县财政局局长齐明贵作的《关于平山县 2009 年财政预算执行情况和 2010 年财政预算草案报告》。

3 月 5 日下午，听取县人大常委会主任郝书文作的《平山县人大常委会工作报告》、县法院院长张庆民作的《平山县人民法院工作报告》、县检察院检察长李新成作的《平山县人民检察院工作报告》。

会议分 8 个代表团认真审议和审查 6 个报告。根据各代表团的审议情况，会议批准相应报告，分别作出相应的决议。

（三）代表议案及批评建议

会议期间，共收到代表提出的建议、批评和意见 51 条，归纳为 47 条，内容涉及交通、农业农村、公安交警、工信、自然资源和规划、城管、城建、扶贫、发改、教育、卫生、环保等方面。

五、第五次会议

第五次会议于 2011 年 2 月 13 日至 16 日在县法院礼堂举行。会议应到代表 219 名，实到 198 名，因事因病请假 11 名。不是人大代表的县委常委、县政府副县长、县政府各部门一把手、各乡镇党委书记、乡镇长、人大主席；出席政协七届五次会议的全体委员；县委各部门、各人民团体负责人、部分老干部代表参加了开幕式。

（一）组织机构

大会预备会议选举产生主席团、秘书长及议案审查委员会。

主席团（32 名）：

王文忠　王来泉　王俊英　王振海
王　强　左振江　卢庆忠　史军海

刘立平	刘立涛	李习平（女）	李彦明
张大平	张生生	张晓平	陈军跃
杨全有	杨明华（女）	范海庭	赵会文
赵彦玲（女）	郝书文	胡随林	崔习平（女）
梁爱平	康彩霞（女）	韩学芝（女）	韩学军
谢志义	薛海青	霍文国	魏尊一（女）

秘书长：史军海（兼）

主席团第一次会议推定王俊英、王强、郝书文、史军海、胡随林、卢庆忠、霍文国为主席团常务主席。

主席团第一次会议决定王来泉、武自军、刘金海、刘立涛、闫二平为大会副秘书长。

议案审查委员会

主　任：霍文国

副主任：李习平（女）

委　员：左振江　王振海　魏尊一（女）

（二）主要议程

2 月 14 日上午，会议听取《平山县国民经济和社会发展第十二个五年规划纲要的报告》（政府工作报告）；书面听取县发展改革局局长齐明国作的《关于平山县 2010 年国民经济和社会发展计划执行情况与 2011 年国民经济和社会发展计划草案报告》和县财政局局长智全海作的《关于平山县 2009 年财政预算执行情况和 2010 年财政预算草案报告》。

2 月 15 日下午，听取县人大常委会主任郝书文作的《平山县人大常委会工作报告》、县法院院长张庆民作的《平山县人民法院工作报告》、县检察院检察长李新成作的《平山县人民检察院工作报告》。

会议分 8 个代表团认真审议和审查 6 个报告。根据各代表团的审议情况，会议批准相应报告，分别作出相应的决议。

2 月 16 日上午，按照大会通过的选举办法，会议选举崔习平为平山县人民代表大会常务委员会副主任。

（三）代表议案及批评建议

会议期间，共收到代表提出的建议、批评和意见 41 条，内容涉及交通运输、农业农村、水利建设、自然资源、城市建设管理、发改、教育、卫生、环保等方面。

第三章　人大常委会

第一节　人员组成

一、选举产生

平山县第十四届人民代表大会常务委员会由平山县第十四届人民代表大会第一次会议于2007年4月14日选举产生。

主　任：郝书文

副主任（4名）：

史军海　胡随林　卢庆忠　霍文国

委员（20名）：

王文忠	王来泉	王振海	付　会
左振江	刘立平	刘立涛	齐明国
李习平（女）	张生生	张晓平	杨全有
杨明华（女）	范海庭	赵会文	赵彦玲（女）
康彩霞（女）	韩学芝（女）	谢志义	魏尊一（女）

二、届中调整

2010年2月25日，县第十四届人大常委会第二十一次会议，接受付会辞去人大常委会委员职务。

2011年2月16日，平山县第十四届人民代表大会第五次会议选举崔习平为平山县人民代表大会常务委员会副主任。

三、代表资格审查委员会

平山县第十四届人大常委会

代表资格审查委员会名单

主 任 委 员：霍文国

副主任委员：齐明国　刘立涛

委　　　员：李习平　左振江

四、工作机构及人员组成

2007年4月至2012年2月，平山县人大常委会办事机构为1室6科，即办公室、文教卫生科、财经科、代表联络科、政法科、信访科、农经科。行政编制17人。

（一）办公室（2007.04—2012.02）

负责人大常委会内勤事务，协调各科之间的关系，上呈下达，起草有关文件、报告、汇报、决议、决定；负责文书档案、图书资料的保管整理，负责筹备召开人大常委会会议、主任会议的具体事宜；负责人大机关的行政事务等工作。

主　任：齐明国（2007.04—2009.03）

　　　　王来泉（2009.03—2012.02）

副主任：贾彦兵（2007.04—2011.03）

　　　　于淑平（2009.03—2012.02）

（二）文教卫生科（2007.04—2012.02）

负责了解掌握文化、教育、医疗卫生、防疫等方面的工作情况及有关法律法规的贯彻执行情况；负责审查文教卫生部门起草的有关法规、实施办法草案，提出建议和意见；组织人大代表对文教卫生等工作进行视察；对县人民代表大会和常务委员会通过的和与本科室有关的决议、决定的执行情况进行调查研究，并向县人大常委会提出报告。

科　长：张小青（2007.04—2012.02）

副科长：于利朝（2009.07—2012.02）

（三）财经科（2007.04—2012.02）

负责了解掌握县人民政府及其有关部门贯彻执行有关农业、工业、财政、贸易等经济方面的法律法规的情况；负责国民经济计划和财政预算审理工作的具体事宜；负责掌握全县经济体制、经济计划和预算变更情况；负责对人民代表大会及常务委员会通过的与本科有关的决议、决定的执行情况进行调查研究，并向人大常委会提出报告。

科　长：左振江（2007.04—2012.02）

副科长：李明忠（2007.04—2012.02）

　　　　卢鹏霞（2011.03—2012.02）

（四）代表联络科（2007.04—2012.02）

负责县人民代表大会代表提出的建议、批评并及时将办理结果转交提案人；负责人大常委会代表议案的审查调整，接待解答，办理人民代表和群众来信来访；负责联系人民代表和代表联系选民的工作；负责审查代表资格以及本级和上一级代表的罢免、补选具体工作；负责指导乡镇人代会的工作；组织乡镇人代会主席上站、学习、交流工作情况。

科　长：李习平（2007.04—2009.03）

王彦霞（2011.03—2012.02）

副科长：张鹏飞（2011.03—2012.02）

（五）政法科（2007.04—2012.02）

负责了解掌握“一府两院”贯彻执行宪法及有关法律法规情况；负责审查“一府两院”的决定、命令、指示、行政规章，乡镇人民代表大会及乡镇人民政府的决定、决议。如有与宪法、法律相抵触，及时向人大常委会提交报告；对县人民代表大会和常务委员会通过的与本科有关的决议、决定的执行情况进行研究，并向人大常委会提出报告。

科　长：谢志义（2007.04—2011.03）

贾彦兵（2011.03—2012.02）

副科长：马晓波（2009.03—2012.02）

（六）信访科（2007.04—2012.02）

受理下列信访事项：本级人民代表对本级人民代表大会及其常务委员会通过的决议、决定的批评和建议；对本级国家行政机关、审判机关、检查机关遵守执行宪法、法律、法规和本级人民代表大会及其常务委员会决议、决定的批评、建议和申诉；对本行政区域内的经济、文化、社会事务等行政事务的批评和建议；对本级人民代表大会代表、常务委员会及国家工作人员的批评和建议以及对上述人员违法失职行为的申诉、控告、检举；接受信访人法律、法规询问；应由县级人民代表大会及其常务委员会处理的其他信访事项。

科　长：赵会文（2007.04—2012.02）

副科长：茹秀海（2007.04—2009.03）

（七）农经科（2007.04—2012.02）

负责了解掌握县人民政府及其有关农、林、牧、畜、水等农业方面的法律法规，并对有关法律、法规的执行情况进行监督检查；负责对县人民代表大会及常务委员会通过的与本科有关的决议、决定的执行情况进行调查研究，并向人大常委会提出报告。

科　长：李林奎（2007.04—2009.03）

茹秀海（2009.03—2012.02）

副科长：刘国平（2009.03—2012.02）

第二节　主任会议

县十四届人大常委会共召开主任会议21次(根据档案记载)。其中,郝书文主持召开19次,史军海主持召开2次。

平山县十四届人大常委会主任会议一览表

表12-25

序号	时间	议题
1	2007年 6月12日	听取县工业促进局《关于工业项目建设情况汇报》,听取县公安局《关于队伍建设工作汇报》
2	2007年 7月27日	听取县国税局、地税局2007年上半年税收工作汇报,听取县旅游局《关于创建旅游强县的工作汇报》
3	2007年 11月29日	听取县政府《关于代表意见建议办理情况汇报》,听取县畜牧水产局工作汇报,听取县法院执行工作汇报
4	2008年 3月26日	听取县司法局《关于"五五"普法工作和县计划生育局工作汇报》
5	2008年 5月27日	听取和审议县教育局领导班子、教师队伍建设及教育质量提高情况和县水务局水利重点项目建设两个工作汇报
6	2008年 7月31日	听取县检察院《关于队伍建设工作汇报》,听取县国税局和县地税局《上半年税收工作情况汇报》
7	2008年 9月27日	听取县政府《关于代表意见建议办理情况汇报》,听取县地矿办《关于矿山整治和地质灾害防治工作汇报》
8	2008年 12月3日	听取县食品药品监督管理局和县质量技术监督局食品药品监管工作汇报
9	2009年 3月31日	听取县广播电视局工作汇报和县林业局工作汇报
10	2009年 6月19日	听取县旅游局工作汇报和县食品药品监督管理局工作汇报
11	2009年 7月29日	听取县国税局、地税局上半年税收工作汇报

续表 12-25

序号	时间	议题
12	2009 年 9 月 24 日	听取县政府关于人大代表意见建议办理工作汇报、县质量技术监督局 2009 年食品安全工作汇报
13	2009 年 11 月 18 日	听取县司法局人民调解工作汇报、县工商管理局工作汇报
14	2010 年 6 月 8 日	听取县联通公司工作汇报、县工业促进局工作汇报
15	2010 年 7 月 29 日	听取县旅游局《关于全县旅游环境综合治理的工作汇报》、县地税局和国税局上半年税收工作情况汇报
16	2010 年 10 月 21 日	听取县政府关于人大代表意见建议办理情况的工作汇报，听取县司法局《关于“五五”普法工作汇报》
17	2010 年 11 月 25 日	听取全县教育工作汇报、县监察局《关于全县行政效能监察工作汇报》
18	2011 年 4 月 1 日	听取县科技局工作汇报、县食品药品监督管理局工作汇报
19	2011 年 6 月 1 日	听取县司法局律师《关于工作情况汇报》、县文化广电新闻出版局工作汇报
20	2011 年 7 月 27 日	听取县国税局和县地税局《关于 2011 年上半年税收工作汇报》
21	2011 年 10 月 10 日	听取县政府《关于 2011 年人大代表建议办理情况工作汇报》，听取县公安局《关于交通管理工作汇报》

第三节　常委会会议

2007 年 5 月至 2011 年 9 月，共召开 36 次会议。

第一次会议　2007 年 5 月 31 日召开，会议由县人大常委会副主任史军海主持。县人大常委会主任郝书文，副主任史军海、卢庆忠、霍文国和委员共 22 人出席会议。县委常委、常务副县长高玉柱，县法院院长张庆民，县检察院检察长李新成和各乡镇人大主席及人大机关科室干部列席会议。会议听取和审议县政府《关于提请任免人员议案的说明》，并以投票表决的方式通过人事任免。会议以举手表决的方式通过《平山县第十四届人大常委会组成人员守则》《平山县第十四届人大常委会会议议事规则》和《平山县人大常委会关于调整预算审查委员会组成人员的决定》。

第二次会议　2007年6月27日召开，会议由县人大常委会副主任史军海主持。县人大常委会主任郝书文，副主任史军海、卢庆忠、霍文国和委员共21人出席会议。县政府副县长任玉芳、县检察院检察长李新成、县法院副院长闫玉良、县环保局局长封速强、县文化局局长辛东录和各乡镇人大主席及人大机关科室干部列席会议。会议听取和审议县环保局环保工作汇报，听取和审议县文化局《关于网吧整治工作汇报》，听取和审议县人大常委会副主任霍文国《关于设立平山县第十四届人民代表大会常务委员会代表资格审查委员会的决议(草案)的说明》，通过《关于设立平山县第十四届人民代表大会常务委员会代表资格审查委员会的决议》。

第三次会议　2007年8月16日召开，会议由县人大常委会副主任史军海主持。县人大常委会主任郝书文，副主任史军海、卢庆忠、霍文国和委员共24人出席会议。县法院院长张庆民、县检察院副检察长曹美玺、县财政局局长齐明贵、县发展改革局局长李三海、县审计局局长刘巨洋和各乡镇人大主席及人大机关科室干部列席会议。会议听取和审议县财政局《关于2006年财政决算及2007年1—7月份预算执行情况汇报》，听取和审议县发展改革局《关于2007年上半年国民经济计划执行情况汇报》，听取和审议县审计局《关于2006年县本级预算执行和其他财政收支情况的审计报告》。会议以举手表决的方式通过平山县人民代表大会常务委员会关于批准2006年县本级财政决算的决议。

第四次会议　2007年9月27日召开，会议由县人大常委会副主任史军海主持。县人大常委会主任郝书文，副主任史军海、卢庆忠、霍文国和委员共24人出席会议。县委常委、常务副县长高玉柱，县法院副院长马正堂，县检察院副检察长曹美玺及部分人大机关科室干部列席会议。会议听取和审议县政府和县法院《关于提请任免人员议案的说明》，并以投票表决的方式通过人事任免。

第五次会议　2007年10月31日召开，会议由县人大常委会副主任史军海主持。县人大常委会主任郝书文，副主任史军海、卢庆忠、霍文国和委员共22人出席会议。副县长郭双全，县法院副院长左小英，县检察院副检察长梁林辉和各乡镇人大主席及人大机关科室干部列席会议。会议听取和审议县建设局《关于城市规划建设管理工作汇报》，听取和审议县地矿办《关于矿山整治和地质灾害治理工作汇报》，还就如何进一步学习宣传贯彻十七大精神提出要求。

第六次会议　2007年12月26日召开，会议由人大常委会副主任史军海主持。县人大常委会主任郝书文，副主任史军海、卢庆忠、霍文国和委员共21人出席会议。县委常委、常务副县长高玉柱，县政协副主席、财政局局长齐明贵，县法院院长张庆民，县检察院检察长李新成，县环保局局长封速强，县移民办主任李七五，县建设局副局长李锁芳和各乡镇人大主席及人大机关科室干部列席会议。会议听取和审议县财政局2007年预算调整的报告，听取和审议县移民办《关于移民后期扶持资金使用情况汇报》，审查批准县政府《关于提请批准〈平山县城总体规划〉和〈平山生态县建设规划〉议案》；听取和审议《平山县十四届人民代表大会第二次会议筹备工作报告》，并以举手表决的方式，通过《关于召开平山县第十四届人民代表大会第二次会议的决定》、平山县第十四届人民代表大会第二次会议主席团成员建议名单、平山县第十四届人民代表大会第二次会议议案审查委员会成员建议名单、平山县第十四届人民代表大会第二次会议列席人员决定、平山县人大常委会工作报告稿、平山县人大常委会2008年工作要点和主要工作安排。会议以投票表决的方式通过县政府财政预算调整报告、县移民办工作汇报、县检察院提请任免人员。

第七次会议 2008年4月29日召开，会议由县人大常委会副主任史军海主持。县人大常委会主任郝书文，副主任史军海、卢庆忠、霍文国和委员共22人出席会议。副县长封明明，县卫生局局长齐英，县商务局局长王兰，县法院副院长马正堂，县检察院副检察长高元成和各乡镇人大主席及人大机关科室干部列席会议。会议听取和审议县商务局《关于酒类、生猪定点屠宰、成品油市场监管工作汇报》，听取和审议县卫生局卫生《关于事业发展规划、基层卫生网络普及工作汇报》，并听取和审议副县长封明明的述职报告。

第八次会议 2008年7月2日召开，会议由县人大常委会副主任史军海主持。县人大常委会主任郝书文，副主任史军海、卢庆忠、霍文国和委员共21人出席会议。副县长刘辉，县民政局局长刘联平，县农业局局长韩新光，县法院副院长闫玉良，县检察院副检察长梁林辉和各乡镇人大主席及人大机关科室干部列席会议。会议听取和审议县民政局城乡低保工作汇报，听取和审议县农业局《关于农业产业结构调整工作汇报》。会议要求，县农业局要进一步解放思想，更新观念，瞄准市场，发挥优势，突出特色，努力把农业产业做大做强。

第九次会议 2008年8月26日召开，会议由县人大常委会副主任史军海主持。县人大常委会主任郝书文，副主任史军海、卢庆忠、霍文国和委员共23人出席会议。县委常委、副县长韩学军，县政协副主席、财政局局长齐明贵，县发展改革局局长李三海，县审计局副局长胡二云，县法院副院长闫玉良，县检察院副检察长焦静海和各乡镇人大主席及人大机关科室干部列席会议。会议听取和审议县发展改革局《关于2008年上半年县国民经济计划执行情况汇报》，听取和审议县财政局《关于2007年财政决算和2008年1—7月预算执行情况汇报》，听取和审议县审计局《关于2007年县本级预算执行和其他财政收支情况的审计报告》。会议要求，审计部门要进一步强化抓审计就是抓发展的意识，全面加强审计工作。

第十次会议 2008年10月23日召开，县人大常委会主任郝书文，副主任史军海、卢庆忠、霍文国和委员共22人出席会议。县委常委、常务副县长高玉柱，县工业促进局局长韩风海，县建设局局长左增寿，县监察局局长李占山，县法院副院长马正堂，县检察院副检察长梁林辉和各乡镇人大主席及人大机关科室干部列席会议。会议听取和审议县工业促进局《关于煤炭市场建设管理工作汇报》，听取和审议县建设局城建工作汇报。会议要求，县建设局要充分认识城市建设管理的重要意义，以建设西柏坡市为目标，高标准建设，精细化管理，努力加快县城建设步伐。会议听取和审议县监察局局长李占山的述职报告。

第十一次会议 2008年12月9日召开，会议由县人大常委会副主任霍文国主持。县人大常委会主任郝书文，副主任史军海、卢庆忠、霍文国和委员共22人出席会议。会议听取和审议石家庄市委《关于提请王俊钟为石家庄市第十二届人民代表大会代表的议案说明》。会议选举王俊钟为石家庄市第十二届人民代表大会代表。

第十二次会议　2008年12月29日召开，会议由县人大常委会副主任史军海主持。县人大常委会主任郝书文，副主任史军海、卢庆忠、霍文国和委员共22人出席会议。县政协副主席、财政局局长齐明贵，县公安局局长崔峰，县法院院长张庆民，县检察院副检察长梁林辉和各乡镇人大主席及人大机关科室干部列席会议。会议听取和审议县财政局《关于平山县2008年财政预算调整方案（草案）的报告》；听取和审议县公安局《关于社会治理工作汇报》。会议以举手表决的方式通过平山县人大常委会代表资格审查委员会《关于对宋立新等补选县人大代表资格的审查报告》和《平山县人大常委会2009年工作要点和主要工作安排意见》。

第十三次会议　2009年1月5日召开，会议由县人大常委会副主任史军海主持。县人大常委会主任郝书文，副主任史军海、卢庆忠、霍文国和委员共23人出席会议。县委副书记、县政府副县长、代县长李彦明及人大机关科室工作人员列席会议。会议听取和审议关于李彦明的任职说明；举手表决通过县人大常委会《关于接受王俊英辞去平山县人民政府县长职务请求的决定》；决定任命李彦明为平山县人民政府副县长、代县长。

第十四次会议　2009年2月13日召开，会议由县人大常委会副主任史军海主持。县人大常委会主任郝书文，副主任史军海、卢庆忠、霍文国和委员共24人出席会议。县委常委、副县长韩学军，县法院副院长何树林，县检察院副检察长梁林辉和各乡镇人大主席及人大机关科室干部列席会议。会议听取和审议县十四届人民代表大会第三次会议筹备工作报告。会议通过平山县人大常委会代表资格审查委员会《关于对李彦明等补选县人大代表资格的审查报告（草案）》。会议以举手表决的方式，通过《关于召开平山县第十四届人民代表大会第三次会议时间的决定》《平山县第十四届人民代表大会第三次会议议程建议草案》、平山县第十四届人民代表大会第三次会议主席团成员建议名单、平山县第十四届人民代表大会第三次会议议案审查委员会成员建议名单、《平山县第十四届人民代表大会第三次会议列席人员决定》和《平山县人大常委会工作报告（征求意见稿）》。

第十五次会议　2009年4月27日召开，会议由人大常委会副主任史军海主持。县人大常委会主任郝书文，副主任史军海、霍文国和委员共20人出席会议。县政府副县长刘辉、县检察院检察长李新成、县法院副院长马正堂、县卫生局局长封速强、县公安局副政委杨彦鸣、交警大队大队长焦国勇和各乡镇人大主席及人大机关科室负责人列席会议。会议听取和审议县卫生局《关于全县卫生事业发展情况汇报》。听取和审议县人大常委会、县政府、县法院和县检察院提请任命人员的议案，并以投票表决的方式通过有关人员的任命。对新任命人员提出了要求。

第十六次会议　2009年6月25日召开，会议由人大常委会副主任史军海主持。县人大常委会主任郝书文，副主任史军海、霍文国和委员共21人出席会议。县委常委、县政府副县长韩学军、县法院院长张庆民、县检察院副检察长梁林辉和各乡镇人大主席及人大机关科室负责人列席会议。会议听取和审议县政府《关于节能减排工作汇报》。会议还对人大系统深入学习实践科学发展观活动提出了要求。

第十七次会议 2009年8月7日召开，会议由人大常委会副主任史军海主持。县人大常委会主任郝书文，副主任史军海、卢庆忠、霍文国和委员共20人出席会议。副县长邸庆欣及人大机关科室工作人员列席会议。会议听取和审议县政府关于人事任免议案的说明。会议以投票方式表决通过县政府关于人事任免的议案。决定任命邸庆欣为平山县人民政府副县长，决定免去高玉柱平山县人民政府副县长职务。

第十八次会议 2009年8月27日召开，会议由县人大常委会副主任史军海主持。县人大常委会主任郝书文，副主任史军海、卢庆忠、霍文国和委员共20人出席会议。县政府副县长刘辉、县法院副院长何树林、县检察院副检察长梁林辉和各乡镇人大主席及人大机关科室工作人员列席会议。会议听取和审议县发展改革局《关于2009年上半年国民经济和社会发展计划执行情况汇报》，听取和审议县财政局《关于2008年财政收支决算和2009年上半年预算执行情况汇报》，听取和审议县审计局《关于2008年县本级预算执行和其他财政收支情况审计工作报告》。

第十九次会议 2009年10月29日召开，会议由县人大常委会副主任史军海主持。县人大常委会主任郝书文，副主任史军海、卢庆忠、霍文国和委员共22人出席会议。县政府副县长邸庆欣、县检察院检察长李新成、县法院副院长何树林和各乡镇人大主席及人大机关科室工作人员列席会议。会议听取和审议县国土资源局《关于土地管理工作汇报》。会议对县人大常委会和各乡镇人大主席团深入学习党的十七届四中全会精神提出了要求。

第二十次会议 2009年12月25日召开，会议由县人大常委会副主任史军海主持。县人大常委会主任郝书文，副主任史军海、卢庆忠、霍文国和委员共19人出席会议。县政府副县长邸庆欣、县政协副主席、财政局局长齐明贵、县法院院长张庆民、县教育局局长封树亚、县检察院副检察长焦静海和各乡镇人大主席及人大机关科室工作人员列席会议。会议听取和审议平山县2009年财政预算调整方案（草案）的报告。听取和审议县教育局工作汇报，听取和审议平山县人民政府《关于向金融部门融资有关问题请示报告的说明》和平山县人民政府《关于将县医院整体新建所需资金列入县财政预算的说明》。会议以举手表决的方式通过《关于平山县2009年财政预算调整方案（草案）的报告》、平山县人民政府《关于城投公司向中信银行石家庄分行申请短期贷款有关情况的请示》、平山县人民政府《关于平山县冶河县城段综合整治项目建设资金有关问题的报告》、平山县人民政府《关于将县医院整体新建所需资金列入县财政预算的请示》和《平山县人大常委会2010年工作要点和主要工作安排》。

第二十一次会议 2010年2月25日召开，会议由县人大常委会副主任史军海主持。县人大常委会主任郝书文，副主任史军海、卢庆忠、霍文国和委员共19人出席会议。县委常委、副县长封明明，副县长袁淑梅，县检察院副检察长、反贪局局长高元成，县法院政治处主任孙建敏和各乡镇人大主席及人大机关科室工作人员列席会议。会议听取《平山县第十四届人大常委会第四次会议筹备工作报告》；听取和审议县人大常委会代表资格审查委员会《关于对王强等补选县人大代表资格的审查报告》；听取和审议平山县人民政府《关于袁淑梅任职议案的说明》，决定任命袁淑梅为平山县人民政府副县长（挂职）。会议以举手表决的方式通过平山县人大常委会《关于接受付会辞去县人大常委会委员职务请求的决定》《平山县第十四届人民代表大会第四次会议召开时间的决定》《平山县第十四届人民代表大会第四次会议议程建议草案》《平山县第十四届人民代表大会第四次会议主席团成员建议名单草案》《平山县第十四届人民代表大会第四次会议议案审查委员会成员建议名单草案》《平山县第十四届人民代表大会第四次会议关于会议列席人员建议草案》。

第二十二次会议　2010 年 4 月 29 日召开，会议由县人大常委会副主任史军海主持。县人大常委会主任郝书文，副主任史军海、霍文国和委员共 17 人出席会议。县政府副县长郭双全、县检察院检察长李新成、县法院副院长何树林和各乡镇人大主席及人大机关科室工作人员列席会议。会议听取和审议县检察院《关于开展法律监督工作的汇报》，听取和审议县林业局《关于核桃特色产业发展情况汇报》。

第二十三次会议　2010 年 6 月 30 日召开，会议由县人大常委会副主任史军海主持。县人大常委会主任郝书文，副主任史军海、卢庆忠、霍文国和委员共 20 人出席会议。县政府党组成员王拴庆、县检察院检察长李新成、县法院副院长何树林、县农业局、县民政局负责人和各乡镇人大主席及人大机关科室工作人员列席会议。会议听取和审议县《关于农业局农产品质量安全监管工作汇报》。听取和审议县民政局《关于城乡低保工作汇报》。

第二十四次会议　2010 年 8 月 24 日召开，会议由县人大常委会副主任史军海主持。县人大常委会主任郝书文，副主任史军海、卢庆忠、霍文国和委员共 18 人出席会议。县委常委、县政府常务副县长韩学军、县法院院长张庆民、县检察院副检察长高元成、县发展改革局局长齐明国、县财政局局长智全海、县审计局局长刘巨洋和各乡镇人大主席及人大机关科室工作人员列席会议。会议听取和审议县发展改革局《关于 2010 年上半年国民经济计划执行情况汇报》，听取和审议县财政局《关于 2010 年 1—7 月份财政预算执行情况和 2009 年财政决算报告》，听取和审议县审计局《关于 2009 年预算执行情况的审计报告》。会议举手表决通过县财政局《关于 2009 年财政决算报告》和县审计局《关于 2009 年预算执行情况的审计报告》。会议以投票表决的方式，依法任免县政府和县法院提请的任免人员。

第二十五次会议　2010 年 10 月 29 日召开，县人大常委会主任郝书文，副主任史军海、卢庆忠、霍文国和委员共 17 人出席会议。县委常委、县政府副县长封明明，县法院院长张庆民，县检察院副检察长焦静海，县人事劳动和社会保障局局长杨兴，各乡镇人大主席及人大机关科室工作人员列席会议。会议由县人大常委会副主任史军海主持。会议听取和审议县人事劳动和社会保障局《关于 2010 年劳动就业及社会保障工作汇报》，听取和审议县法院民《关于商事审判和人大常委会转办信访案件工作汇报》。

第二十六次会议　2010 年 12 月 30 日召开，会议由县人大常委会副主任史军海主持。县人大常委会主任郝书文，副主任史军海、卢庆忠、霍文国和委员共 21 人出席会议。县委常委、县政府副县长封明明，县法院院长张庆民，县检察院副检察长焦静海，县财政局局长智全海，县公安局副局长王彦平，各乡镇人大主席及人大机关科室工作人员列席会议。会议听取和审议《关于平山县2010年财政预算调整方案（草案）报告》，听取和审议县公安局《关于治安管理工作汇报》，举手表决通过《平山县2010年财政预算调整方案（草案）报告》和县人大常委会2010年工作要点和主要工作安排。会议投票表决通过县政府、县法院提请的人事任免议案。

第二十七次会议 2011年2月11日召开，会议由县人大常委会副主任史军海主持。县人大常委会主任郝书文，副主任史军海、卢庆忠、霍文国和委员共19人出席会议。县政府副县长郭双全，县检察院检察长李新成，县法院副院长何树林和各乡镇人大主席及人大机关科室工作人员列席会议。会议听取和审议《平山县第十四届人大常委会第五次会议筹备工作报告》；听取和审议《县人大常委会代表资格审查委员会关于对崔习平补选县人大代表资格的审查报告》。会议以举手表决的方式通过《平山县第十四届人民代表大会第五次会议召开时间的决定》《平山县第十四届人民代表大会第五次会议议程建议草案》《平山县第十四届人民代表大会第五次会议主席团成员建议名单草案》《平山县第十四届人民代表大会第五次会议议案审查委员会成员建议名单草案》《平山县第十四届人民代表大会第五次会议关于会议列席人员建议草案》。

第二十八次会议 2011年4月29日召开，会议由县人大常委会副主任史军海主持。县人大常委会主任郝书文，副主任史军海、崔习平、卢庆忠、霍文国和委员王来泉、王振海、左振江、刘立涛、张生生、李习平、赵会文、赵彦玲、谢志义、魏尊一、韩学芝共17人出席会议。县政府副县长黄超，县检察院检察长李新成，县法院副院长王树平，县环保局局长刘书文，各乡镇人大主席及人大机关科室工作人员列席会议。会议听取和审议县政府《关于转变经济发展方式工作汇报》，听取和审议县环保局《关于节能减排工作汇报》。

第二十九次会议 2011年6月15日召开，会议由副主任史军海主持。县人大常委会主任郝书文，副主任史军海、崔习平、霍文国和委员共19人出席会议。县委常委、县政府常务副县长韩学军，县法院副院长何树林，县检察院副检察长焦静海和人大机关负责人列席会议。会议听取和审议县政府《关于提请任免人员的议案》，以投票表决的方式通过县政府提请任免人员。任命李秀娟为平山县人民政府副县长，免去封明明副县长职务。

第三十次会议 2011年6月24日召开，会议由县人大常委会副主任史军海主持。县人大常委会主任郝书文，副主任史军海和委员共15人出席会议。县人大常委会党组书记封明明，县委常委、县政府副县长李秀娟，县法院副院长王树平，县检察院副检察长焦三海，县国土资源局局长李林仓，各乡镇人大主席及人大机关科室工作人员列席会议。会议听取和审议县国土资源局土地管理工作汇报。

第三十一次会议 2011年8月12日召开，会议由县人大常委会副主任史军海主持。县人大常委会主任郝书文，副主任史军海、崔习平、卢庆忠、霍文国和委员共16人出席会议。县委常委、县政府常务副县长韩学军、县法院副院长何树林、县检察院副检察长焦静海，县发展改革局局长齐明国，县财政局局长智全海、县审计局局长刘巨洋，各乡镇人大主席及人大机关科室工作人员列席会议。会议听取和审议县发展改革局工作汇报。听取和审议县财政局工作汇报。

第三十二次会议　2011年8月29日召开，会议由县人大常委会副主任史军海主持。县人大常委会主任郝书文，副主任史军海、崔习平、卢庆忠、霍文国和委员王来泉、王文忠、左振江、刘立涛、张生生、张晓平、李习平、赵会文、赵彦玲、谢志义、杨明华、范海庭、韩学芝、魏尊一共20人出席会议。县委常委、副县长李秀娟，县法院院长张庆民，县检察院检察长李新成和人大机关负责人列席会议。会议听取和审议县委组织部《关于提请任免县政府组成人员议案的说明》；会议以举手表决的方式通过《关于接受李彦明辞去平山县人民政府县长职务请求的决定》；会议以投票表决的方式通过县委组织部提请任免人员。

第三十三次会议　2011年9月7日召开，会议由县人大常委会副主任史军海主持。县人大常委会主任郝书文，副主任史军海、崔习平、卢庆忠、霍文国和委员共19人出席会议。县委常委、副县长李秀娟，县检察院检察长李新成，县法院副院长何树林，人大机关负责人及各乡镇人大主席列席会议。会议听取和审议县政府《关于提请任免县政府组成人员议案的说明》；会议以投票表决的方式通过县政府提请任免人员。

第三十四次会议　2011年11月10日召开，会议由副主任史军海主持。县人大常委会主任郝书文，副主任史军海、崔习平、卢庆忠、霍文国和委员共14人出席会议。县委常委副县长李秀娟、副县长刘金海、县法院院长张庆民、县检察院检察长李新成，县农牧局党组书记韩新光，各乡镇人大主席及人大机关科室工作人员列席会议。会议听取和审议县农牧局《关于特色农业发展工作汇报和县检察院关于惩治和预防职务犯罪工作汇报》。会议以举手表决的方式通过平山县县乡两级人大换届选举委员会名单、各乡镇人大换届选举委员会组成人员名单。听取和审议县政府和县法院关于提请任免人员议案的说明，并以投票表决的方式通过县政府和县法院提请任免人员。

第三十五次会议　2011年12月16日召开，会议由副主任史军海主持。县人大常委会主任郝书文，副主任史军海、崔习平、卢庆忠、霍文国和委员共18人出席会议。县委常委、县政府副县长李秀娟，县法院院长张庆民，县财政局局长智全海，县检察院副检察长焦静海，县公安局副局长武会明，各乡镇人大主席及人大机关科室工作人员列席会议。会议听取和审议并批准县财政局《关于预算调整工作报告》，听取和审议县公安局《关于大案、要案侦破情况工作汇报》。会议举手表决通过《县人大常委会2012年工作要点和主要工作安排》；通过《关于接受县、乡选举委员会为人大代表正式候选人的辞职请求决定的草案》。

第三十六次会议　2012年2月3日召开，县人大常委会主任郝书文，副主任崔习平、卢庆忠、霍文国和委员共18人出席会议。县委常委、组织部部长杨继平，副县长林树新，县法院副院长、代院长臧占刚，县检察院副检察长、代检察长王玉录，县法院副院长何树林、县检察院副检察长焦静海和人大机关科室负责人及各乡镇人大主席列席会议。会议听取和审议县十四届人大常委会代表资格审查委员会《关于平山县第十五届人民代表大会代表资格的审查报告》；听取和审议《平山县第十五届人民代表大会第一次会议筹备工作报告》；举手表决通过县十四届人大常委会代表资格审查委员会《关于平山县第十五届人民代表大会代表资格的审查报告》《平山县第十五届人民代表大会第一次会议的筹备工作报告》；通过《关于召开平山县第十五届人民代表大会第一次会议的决定》、平山县第十五届人民代表大会主席团成员和秘书长、副秘书长建议名单、平山县第十五届人民代表大会第一次会议议案审查委员会成员建议名单、《平山县第十五届人民代表大会第一次会议关于会议列席人员决定和平山县人大常委会工作报告（征求意见稿）》。会议举手表决通过县人大常委会关于接受张庆民辞去平山县人民法院院长职务的请求；通过县人大常委会关于接受李新成辞去平山县人民检察院检察长职务的请求；以投票表决的方式任命臧占刚为平山县人民法院副院长并决定代理院长；任命王玉录为平山县人民检察院副检察长并决定代理检察长。

第四节　制度建设

一、制度规定

1. 平山县第十四届人大常委会组成人员守则

（2007年5月31日平山县第十四届人大常委会第一次会议通过。）

2. 平山县第十四届人大常委会会议议事规则

（2007年5月31日平山县第十四届人大常委会第一次会议通过。）

二、制度规定选录

1. 平山县第十四届人大常委会组成人员守则

一、常务委员会组成人员必须自觉接受党的领导，全面、正确贯彻执行党的路线、方针、政策，模范遵守宪法、法律和法规，积极维护国家和人民群众的根本利益，坚持和完善人民代表大会制度，致力于社会主义民主和法制建设，推进依法治县进程。

二、常务委员会组成人员必须努力学习马列主义、毛泽东思想、邓小平理论和“三个代表”重要思想，学习宪法、法律和法规，熟悉有关人大工作运作的法律规定和各项程序，掌握行使职权所必备的知识，不断提高工作能力。

三、常务委员会组成人员必须以对国家和人民高度负责的精神，忠于职守，勤奋工作。常务委员会组成人员中的专职委员，要专心致志从事常务委员会的工作。常务委员会组成人员中的兼职委员，要尽职尽责，保证有一定的精力和时间从事人大常委会工作，其他社会活动要服从常务委员会工作需要。

四、常务委员会组成人员必须按时出席常务委员会会议，因病或其他特殊原因，确实不能出席会议的，应通过常务委员会办公室报经主任批准。每半年对常务委员会组成人员出席会议情况进行一次通报。

五、常务委员会组成人员在常务委员会会议举行之前应参加常务委员会组织的视察、检查、调查活动，也可根据分工结合实际工作自行调查研究，听取代表和群众意见，掌握有关资料和情况，为审议做好准备工作。

六、常务委员会组成人员应遵守人民代表大会常务委员会议事规则和有关规定。

七、常务委员会组成人员应积极参加常务委员会组织的各种会议，围绕会议议题积极发言，建言献策。

八、常务委员会组成人员要坚持民主集中制原则，积极参加对各项议案的表决，并服从依法表决的结果。

九、常务委员会组成人员按照规定参加常务委员会组织的各项活动，遇有重大情况和问题要及时向常务委员会反映，提出解决意见和建议，但不直接处理问题。

十、常务委员会组成人员要密切同人大代表和群众的联系，经常到原选举单位，听取群众意见、要求和呼声，及时向常务委员会反映情况。

十一、常务委员会组成人员要全心全意为人民服务，牢记两个务必，艰苦奋斗，廉洁自律，管好身边工作人员，管好配偶和子女，不贪污受贿，不铺张浪费，自觉遵守领导干部廉洁自律的各项规定，接受人大代表和社会的监督。

十二、常务委员会组成人员要自觉维护社会稳定和政治安定，切实履行监督职责，保障法律法规的统一正确实施。

十三、常务委员会组成人员要自觉维护常务委员会的权威性，维护常务委员会各项决议、决定的严肃性，维护常委会的团结和统一。

十四、常务委员会组成人员要严守保密纪律，凡属规定不应公开的内容，不得以任何方式传播。

2. 平山县第十四届人大常委会会议议事规则

一、议事内容。1. 讨论决定本行政区域内的政治、经济、教育、科学、文化、卫生、环境和资源保护、民政、民族等工作的重大事项，保证宪法、法律、行政法规、上级人民代表大会及其常务委员会和县人民代表大会及其常务委员会决议、决定的遵守和执行。根据县人民政府的建议，决定本区域内的国民经济和社会发展计划、预算的变更。审查和批准县人民政府编制的县本级决算。2. 任免、决定任免或者决定撤销本级国家机关工作人员的职务，以及从本级国家机关副职领导人中决定正职的代理人选。决定是否接受本级国家机关领导人员辞职。3. 听取和审议县人民政府、人民法院、人民检察院向常务委员会的工作报告及政府组成人员、法院、检察院负责人履行职责情况报告。监督县人民政府、人民法院、人民检察院的工作。4. 撤销县人民政府不适当的决定、命令、规章和各乡镇人民代表大会不适当的决议或决定。5. 决定向县人民检察院报请的检察长在重大问题上不同意检察委员会多数人的决定的报告。6. 补选市人民代表大会出缺的代表和罢免个别代表依法保障县人大代表执行职务。7. 决定县人民代表大会代表的选举和有关选举事项，决定设立常务委员会代表资格审查委员会并确认代表资格。决定召开和召集县人民代表大会会议。8. 决定授予县一级荣誉称号。

二、会议召开。1. 县人民代表大会常务委员会会议每两个月至少举行一次。常务委员会会议由常务委员会主任召集并主持。常务委员会主任可以委托副主任主持会议。2. 常务委员会举行会议的时候，常务委员会组成人员要出席会议，因故不能出席会议时，必须请假，常务委员会会议必须有常务委员会组成人员的过半数出席才能举行。3. 常务委员会会议议程草案，由主任会议拟定，提请常务委员会会议决定。4. 常务委员会举行会议，应当在会议举行第五日前，将开会日期、地点、建议会议讨论的主要事项，通知常务委员会组成人员，临时召集的会议临时通知。5. 常务委员会举行会议时，县人民政府、人民法院、人民检察院的负责人列席会议。县政协委员会的负责人应邀列席会议。其余列席人员，由主任会议决定。6. 常务委员会举行会议时，可以召开全体会议、分组会议和联组会议。7. 常务委员会会议发言时，县政府及有关部门、法检察院有关负责人应当到会，听取意见，回答询问。会议通过决议、决定、人事任免等，由新闻单位及时公布。

三、议案的提出和审议。1. 主任会议可以向常务委员会提出属于常务委员会职权范围内的议案，由常务委员会会议审议。县人民政府、人民法院、人民检察院可以向常务委员会提出属于常务委员会职权范围内的议案，由主任会议决定提请常务委员会会议审议。常务委员会组成人员三人以上联名，可以向常务委员会提出属于常务委员会职权范围内的议案，由主任会议决定是否提请常务委员会会议审议，不提请常务委员会会议审议的，应当向提案人说明，并向常务委员会会议报告。2. 向常务委员会会议提出议案，要以书面形式提出，并写明案由、案据和具体方案。列入常务委员会议程的议案，由提出议案的机关和提议案人向常务委员会全体会议作出说明，并提交有关资料。3. 对人事任免和撤销案、罢免案，提请任免和撤销、罢免的机关应当介绍被任免和撤销、罢免人员的基本情况和理由，有关负责人应当到会回答询问。必要时，被任免和被撤销、罢免职务的本人到会回答询问。4. 列入常务委员会会议议程的议案，在审议中如认为该议案需进一步研究，经主任或主任会议提出，全体会议同意，可以暂不交付表决，责成常务委员会有关工作部门进一步调查研究，并提出报告，由主任会议决定提请下次或以后的常务委员会会议审议。5. 列入常务委员会会议议程的议案，在交付表决前，提案人要求撤回的，经主任会议同意，对该议案的审议即行终止。6. 常务委员会认为必要的时候，可以组织关于特定问题的调查委员会。特定问题应属于违反宪法、法律、法规和国家方针、政策以及上级、本级人大及其常委会决议、决定的重大事项或重大事件；本级人民代表大会选举和常委会任命的国家工作人员的重大违法渎职事项；有重大影响的冤案、错案等。调查委员会应当向常务委员会提出调查报告，由常务委员会根据调查委员会的报告，作出相应的决议。

四、听取和审议工作报告。1. 常务委员会全体会议听取县人民政府、人民法院、人民检察院向常务委员会的工作报告。县人民政府所属委、办、局受人民政府委托，可以向常务委员会报告工作。县人民政府属于重大事项或综合性的工作报告，由县长或副县长到会报告；属于一个部门或专业性的工作报告，县人民政府可以委托所属委、办、局的正职向常务委员会报告，正职因特殊情况下不能到会报告时，经会议主持人同意，可以由副职到会报告。县人民法院、人民检察院向常务委员会所作的工作报告，应分别由院长、检察长到会报告；院长、检察长因故不能到会报告时，经会议主持人同意，可以委托副院长、副检察长到会报告。2. 县人民政府、人民法院、人民检察院向常务委员会会议报告工作，必须认真负责，如实反映情况。常务委员会组成人员半数以上不同意工作报告时，报告机关要重新报告。3. 常务委员会全体会议听取工作报告后，可以由分组会议和联组会议进行审议，必要时可作出相应的决议或决定。4. 县人民政府、人民法院或人民检察院应当在常务委员会举行会议的20日前，由其办事机构将专项工作报告送交县人民代表大会有关工作机构征求意见；人民政府、人民法院或人民检察院对报告修改后，在常务委员会举行会议的10日前送交常务委员会。常务委员会办事机构应当在常务委员会举行会议的7日前，将专项工作报告发给常务委员会组成人员。

五、质询和询问。1. 在常务委员会会议期间，常务委员会组成人员三人以上联名，可以向常务委员会书面提出对人民政府及其部门和人民法院、人民检察院的质询案。2. 提出的质询应属于违反宪法、法律、法规、行政规章和国家方针、政策的问题；违反上级和本级人大及其常委会决议、决定的问题；行政管理工作决策不当或工作失误造成不良后果的问题；国家工作人员失职、渎职和徇私枉法的行为以及人民群众反映强烈、要求解决等方面的问题。质询案必须写明质询对象、质询的问题和内容。3. 质询案由主任会议决定，交由被质询机关负责人在常务委员会会议上口头答复或者书面答复。4. 在常务委员会会议期间，常务委员会组成人员可以就会议议程内容有关的问题向列席会议的县人民政府及其所属部门和县人民法院、人民检察院负责人提出询问。

六、发言和表决。1. 常务委员会组成人员和列席会议的人员，在全体会议和联组会议上的发言，要突出重点，言简意赅。2. 常务委员会会议表决议案，一般采用举手方式，也可以采用无记名投票方式或其他方式。3. 任免或决定任免县人民政府组成人员、人民法院副院长、人民检察院副检察长和县人民代表大会常务委员会机关和部门负责人以及撤销案，采用无记名投票方式逐人表决，免去和决定免去职务时，也可以采用举手方式逐人表决，任免其他人员可以采用无记名投票方式逐一表决，也可以采用举手方式逐人表决或合并表决。4. 常务委员会会议的各项表决由常务委员会全体组成人员的过半数通过。5. 常务委员会组成人员在常务委员会会议上的发言和表决不受法律追究。

七、督促和落实。1. 常务委员会会议通过的决议、决定以常务委员会公报形式发布。常务委员会各科室按照职责分工督促落实。2. 督促和落实结果，分别由常务委员会有关科室向主任会议或常务委员会会议报告。

第四章 审议决定重大事项

第一节 决议决定

1. 关于设立平山县第十四届人民代表大会常务委员会代表资格审查委员会的决议

（2007 年 6 月 27 日平山县第十四届人大常委会第二次会议通过）

2. 关于批准平山县城总体规划的决定

（2007 年 12 月 26 日平山县第十四届人大常委会第六次会议通过）

3. 关于批准平山生态县建设规划的决定

（2007 年 12 月 26 日平山县第十四届人大常委会第六次会议通过）

4. 平山县人民政府关于城建投资公司向中信银行石家庄分行申请短期贷款有关情况的报告

（2009 年 12 月 25 日平山县第十四届人大常委会第二十次会议通过）

5. 平山县人民政府关于平山县冶河县城段综合整治项目建设资金有关问题的报告

（2009 年 12 月 25 日平山县第十四届人大常委会第二十次会议通过）

6. 关于平山县国民经济和社会发展第十二个五年规划纲要及纲要报告的决议

（2011 年 2 月 16 日平山县第十四届人民代表大会第五次会议通过）

7. 关于批准乡镇选举委员会组成人员的决定

（2011 年 11 月 10 日平山县第十四届人大常委会第三十四次会议通过）

第二节 决议决定选介

1. 关于批准平山县城总体规划的决定

2007 年 12 月 26 日，平山县第十四届人大常委会第六次会议审查批准了县政府关于提请批准《平山县城总体规划》和《平山生态县建设规划》议案。会议认为，规划是建设的基础和龙头，具有导向性和强制性。这次修编的《平山县城总体规划》是县 2006—2020 年县城建设发展的方向，会议决定批准《平山县城总体规划》。

一、要切实维护规划的严肃性。县城总体规划经县人大常委会依法审查批准后，就具有法律效力。县政府及相关部门必须严格按照规划方案组织实施。对于在实施中遇到的问题，需对规划进行调整时，要依法按程序审批，不得随意变更。

二、认真做好建设详规。政府主管部门在制定详细规划时要在坚持总体规划的原则下，坚持高起点、高标准，统筹考虑、合理布局。一是对于街头公园、行政办公区域、学校、医院、文化活动中心、公厕等市政公用设施要规划到位，做到有机衔接，相互协调。二是详规要有科学性、前瞻性。要做好历史风貌区、古树名木等具有地方特色的自然标志的保护，切实传承历史文化，防止盲目大拆大迁。三是对于确定的规划方案，要严格管理，坚守原则，防止人为、权力和其他因素的影响。

三、加大宣传力度。各相关部门要大力宣传《平山县城总体规划》，引导人们学法、守法，使城市建设管理逐步走上法制化轨道。规划所涉及的乡镇、村，要切实做好城市总体规划的监督管理，确保《平山县城总体规划》在本区域内的贯彻实施。

2. 关于批准平山县生态县建设的决定

2007年12月26日，平山县第十四届人大常委会第六次会议经过认真审议，决定批准《平山县生态县建设规划》。

3. 关于平山县国民经济和社会发展第十二个五年规划纲要及纲要报告的决议

2011年2月16日，平山县第十四届人民代表大会第五次会议通过《关于平山县国民经济和社会发展第十二个五年规划纲要及纲要报告的决议》（以下简称《纲要》）。《纲要》主要包括基础和背景、思路和目标、大西柏坡开发建设、推进中心城镇和新农村建设、“两型”社会建设、和谐社会建设、加强基础设施建设、深化改革和扩大开放、规划实施要求等内容。会议认为，过去的五年，在中共平山县委的正确领导下，县人民政府团结带领全县人民，以邓小平理论和“三个代表”重要思想为指导，深入贯彻科学发展观，紧紧围绕“科学发展、富民强县”和建设西柏坡市的总目标，同心同德、创新工作，胜利完成了“十一五”确定的目标任务。《纲要》和报告对县“十一五”时期工作的回顾实事求是，提出的“十二五”时期国民经济和社会发展的指导思想、目标任务和主要措施，体现了党的十七届五中全会精神，符合县实际，反映了全县人民的愿望。会议决定批准《平山县国民经济和社会发展第十二个五年规划纲要》，批准县长作的报告。

第五章　人事任免

2007年5月31日县第十四届人大常委会第一次会议

任命：

刘金海任平山县人民政府办公室主任

李三海任平山县发展改革局局长

封树亚任平山县教育局局长

康为兵任平山县科学技术局局长

赵华全任平山县民族宗教事务局局长

崔锋任平山县公安局局长

杨英明任平山县司法局局长

刘联平任平山县民政局局长

齐明贵任平山县财政局局长

杨兴任平山县人事劳动和社会保障局局长

冯静辉任平山县国土资源局局长

左增寿任平山县建设局局长

韩二元任平山县交通局局长

韩新光任平山县农业畜牧局局长

张存礼任平山县水务局局长

辛东录任平山县文化局局长

齐英任平山县卫生局局长

肖虎子任平山县人口和计划生育局局长

刘巨洋任平山县审计局局长

封速强任平山县环境保护局局长

秘占军任平山县统计局局长

刘清明任平山县粮食局局长

牛彦文任平山县安全生产监督管理局局长

王兰任平山县商务局局长

2007年9月27日县第十四届人大常委会第四次会议
决定任命：
杨大勇任平山县人民政府副县长（挂职）
任命：
王树平任平山县人民法院副院长
左小英任平山县人民法院副院长、审判委员会委员
尹新国任平山县人民法院行政审判庭庭长
杨习文任平山县人民法院审判监督庭庭长、审判委员会委员
檀志强任平山县人民法院审判员
郭吉海任平山县人民法院审判员
梁霞任平山县人民法院审判员
赵秀霞任平山县人民法院审判员
曹利伟任平山县人民法院审判员
李晓辉任平山县人民法院审判员
免去：
樊花明平山县人民法院审判监督庭庭长、审判委员会委员职务
尹新国平山县人民法院民事审判第一庭庭长职务
杨习文平山县人民法院行政审判庭庭长职务

2007年12月26日县第十四届人大常委会第六次会议
任命：
刘锡明任平山县人民检察院检察员
齐彦国任平山县人民检察院检察员

2009年1月5日县第十四届人大常委会第十三次会议
决定任命：
李彦明为平山县人民政府副县长、代县长

2009年4月27日县第十四届人大常委会第十五次会议
任命：
王来泉为平山县人大办公室主任
张小青为平山县人大文卫科科长
茹秀海为平山县人大农经科科长
任国宏为平山县建设局局长（兼）
刘书文为平山县环保局局长

封速强为平山县卫生局局长
张彦明为平山县科技局局长
齐明国为平山县发展改革局局长
陈建庭为平山县文化局局长
刘明生为平山县监察局局长
李占山为平山县水务局局长
李林仓为平山县国土资源局局长
马建中为平山县人民法院审判委员会专职委员
孙建敏为平山县人民法院审判委员会委员
马占军为平山县人民法院审判委员会委员
刘明芳为平山县人民法院审判委员会委员
孙涛为平山县人民检察院检察员
张新刚为平山县人民检察院检察员
王庆丽为平山县人民检察院检察员
免去：
齐明国平山县人大办公室主任职务
刘怀明平山县人大文卫科科长职务
李林奎平山县人大农经科科长职务
李习平平山县人大代表联络科科长职务
左增寿平山县建设局局长职务
封速强平山县环保局局长职务
齐英平山县卫生局局长职务
康为兵平山县科技局局长职务
李三海平山县发展改革局局长职务
辛东录平山县文化局局长职务
李占山平山县监察局局长职务
张存礼平山县水务局局长职务
冯静辉平山县国土资源局局长职务

2009年8月7日县第十四届人大常委会第十七次会议
决定任命：
邸庆欣为平山县人民政府副县长
决定免去：
高玉柱平山县人民政府副县长职务

2010 年 2 月 25 日县第十四届人大常委会第二十一次会议
任命：
袁淑梅为平山县人民政府副县长（挂职）

2010 年 8 月 24 日县第十四届人大常委会第二十四次会议
任命：
范世雄平山县工业和信息化局局长
周素明平山县民政局局长
智全海平山县财政局局长
田明月平山县交通运输局局长
焦彦虎平山县司法局局长
齐雪昭平山县人民法院人民陪审员
崔和平平山县人民法院人民陪审员
韩建桥平山县人民法院人民陪审员
孙海拴平山县人民法院人民陪审员
狄建国平山县人民法院人民陪审员
吕伟华平山县人民法院人民陪审员
李晓英平山县人民法院人民陪审员
焦孟圆平山县人民法院人民陪审员
张晓敏平山县人民法院人民陪审员
郝志强为平山县人民法院人民陪审员
免去：
刘联平平山县民政局局长职务
齐明贵平山县财政局局长职务
韩二元平山县交通局局长职务
杨英明平山县司法局局长职务

2010 年 12 月 30 日县第十四届人大常委会第二十六次会议
免去：
袁淑梅平山县人民政府副县长职务（挂职）
任命：
李更书为平山县人民法院刑事审判庭庭长
刘明芳为平山县人民法院民事审判第二庭庭长
史增中为平山县人民法院少年法庭庭长
赵树勇为平山县人民法院民事审判第一庭庭长

郄建华为平山县人民法院立案庭庭长
刘洁为平山县人民法院审判委员会委员
霍文哲为平山县回舍人民法庭庭长
杜静波为平山县小觉人民法庭庭长
李建社为平山县西柏坡人民法庭庭长
檀志强为平山县南甸人民法庭庭长
崔新民为平山县人民法院立案庭副庭长
焦国才为平山县人民法院审判监督庭副庭长
杨新华为平山县人民法院民事审判第一庭副庭长
田建江为平山县人民法院行政审判庭副庭长
李文军为平山县人民法院立案庭副庭长
王辉为平山县人民法院执行一庭副庭长
范风军为平山县人民法院执行二庭副庭长
张增芳为平山县人民法院民事审判第一庭副庭长
郭吉海为平山县人民法院执行二庭副庭长
高素文为平山县人民法院少年法庭副庭长
张兴利为平山县城关人民法庭副庭长
曹利伟为平山县回舍人民法庭副庭长
赵秀霞为平山县西柏坡人民法庭副庭长
李晓辉为平山县古月人民法庭副庭长
康云联为平山县审判监督庭副庭长
齐建龙为平山县城关人民法庭副庭长
封文保为平山县南甸人民法庭副庭长
梁霞为平山县小觉人民法庭副庭长
免去：
左小英平山县人民法院刑事审判庭庭长职务
李更书平山县人民法院民事审判第二庭庭长职务
刘明芳平山县人民法院立案庭庭长职务
史增中平山县人民法院民事审判第一庭庭长职务
赵树勇平山县西柏坡人民法庭庭长职务
崔新民平山县小觉人民法庭庭长职务
闫华中平山县人民法院审判监督庭副庭长职务
焦国才平山县人民法院行政庭副庭长职务
杨新华平山县城关人民法庭副庭长职务
田建江平山县小觉人民法庭副庭长职务

韩新会平山县人民法院民事审判第二庭副庭长职务
李文军平山县南甸人民法庭副庭长职务
王辉平山县人民法院执行二庭副庭长职务
范风军平山县人民法院执行一庭副庭长职务
张增芳平山县人民法院刑事审判庭副庭长职务
霍文哲平山县南甸人民法庭庭长职务
高江河平山县回舍人民法庭庭长职务
李永生平山县城关人民法庭副庭长职务
郄建华平山县人民法院立案庭副庭长职务
杜静波平山县古月人民法庭副庭长职务
李建社平山县回舍人民法庭副庭长职务

2011 年 4 月 29 日县第十四届人大常委会第二十八次会议
决定任命：
张宏君平山县人民政府副县长（挂职）
任命：
贾彦兵平山县人大常委会政法科科长
王彦霞平山县人大常委会代表联络科科长
免去：
谢志义平山县人大常委会政法科科长职务
任命：
赵蕾平山县人民法院人民陪审员
刘泓平山县人民法院人民陪审员
李林森平山县人民法院人民陪审员
张冬琴平山县人民法院人民陪审员
王亚弟平山县人民法院人民陪审员

2011 年 6 月 15 日县第十四届人大常委会第二十九次会议
决定任命：
李秀娟为平山县人民政府副县长
决定免去：
封明明平山县人民政府副县长职务

2011 年 8 月 29 日县第十四届人大常委会第三十二次会议
决定任命：
赵宏魁为平山县人民政府副县长、代县长

刘振乾为平山县人民政府副县长
刘金海为平山县人民政府副县长
决定免去：
韩学军平山县人民政府副县长职务
郭双全平山县人民政府副县长职务
刘辉平山县人民政府副县长职务
邸庆欣平山县人民政府副县长职务

2011 年 9 月 7 日县第十四届人大常委会第三十三次会议
决定任命：
李海明为平山县人民政府副县长（正县）
林树新为平山县人民政府副县长
祁军英为平山县人民政府副县长
决定免去：
黄超平山县人民政府副县长职务

2011 年 11 月 10 日县第十四届人大常委会第三十四次会议
任命：
周海军平山县人民政府办公室主任
茹云龙平山县住建局局长
闫军国平山县农牧局局长
免去：
刘金海平山县人民政府办公室主任职务
任国宏平山县住建局局长职务
韩新光平山县农牧局局长职务
任命：
刘二文平山县人民法院人民陪审员

2012 年 2 月 3 日县第十四届人大常委会第三十六次会议
任命：
臧占刚为平山县人民法院审判员、审判委员会委员、副院长并决定其为平山县人民法院代理院长
王玉录为平山县人民检察院检察员、监察委员会委员、副检察长并决定其为平山县人民检察院代理检察长

第六章　重点工作

2007年

6月13日，县人大常委会主任郝书文，副主任史军海、霍文国带领部分委员和人大代表视察县煤炭市场建设情况。视察组实地查看平山县润泓商贸有限公司、平山县双龙煤炭经销有限公司及公路沿线回舍、大吾、岗南地段的部分煤场，听取县工业促进局工作汇报。

7月18日，县人大常委会主任郝书文，副主任史军海、卢庆忠、霍文国带领部分委员和人大代表视察县土地开发整理工作。视察组实地查看东王坡乡杨土沟土地整理项目，听取县国土资源局工作汇报。

8月24日，县人大常委会副主任史军海、卢庆忠带领部分委员和人大代表视察全县雨季造林工作。视察组实地查看东王坡乡、宅北乡2007年太行山绿化工程，听取县林业局工作汇报。

9月20日，县人大常委会主任郝书文，副主任史军海、卢庆忠、霍文国带领部分委员和人大代表视察全县矿山地质灾害治理工作。视察组一行深入东王坡乡冷泉村矿山地质灾害治理现场视察，听取地矿办工作汇报。

9月25日，县人大常委会副主任史军海、卢庆忠、霍文国带领部分委员和人大代表视察县“双节”市场管理情况。视察组实地查看万利福超市、盐业超市、兴山超市、中山广场肉食品市场、虹宇超市，听取县工商局、技术监督局、商务局、卫生监督所工作汇报。

11月15日，县人大常委会主任郝书文，副主任史军海、卢庆忠、霍文国带领部分委员和人大代表视察县工业项目建设情况。视察组实地查看敬业集团污水处理厂、中厚板生产线、150吨转炉，正元化肥技改项目和华莹玻璃生产车间，听取县工业促进局重点工业项目进展情况汇报。

12月6日，县人大常委会主任郝书文，副主任史军海、霍文国带领部分委员和人大代表视察县电力工作。视察组实地查看回舍电管所、两河电管所，听取电力公司工作汇报。

12月13日，县人大常委会主任郝书文，副主任史军海带领人大办公室和预算审查委员会部分成员调研县财政预算调整工作。调研组听取县财政局《关于平山县2007年财政预算调整方案（草案）的报告》，全面分析2008年税收形势。

本年度，共接待来信来访82件，督办上级人大转办案7件。

本年度，人代会期间代表共提出意见建议38件。11月份，视察重点意见建议办理情况，主任会议专门听取县政府关于代表意见建议办理工作的情况汇报，针对部分代表建议办理不到位的实际情况，要求“一府两院”有关部门进一步加大办理力度，认真向代表说明情况，查明原因，努力取得代表谅解，落实12件，正在办理的14件。

2008年

3月20日，县人大常委会主任郝书文，副主任史军海、卢庆忠、霍文国带领部分委员和代表在县供水公司有关领导的陪同下视察县城供水工作。

3月31日，县人大常委会主任郝书文，副主任史军海、卢庆忠、霍文国，党组成员梁爱平带领部分委员和代表在县林业局陪同下，视察森林防火工作。

6月30日，县人大常委会副主任史军海、卢庆忠、霍文国带领部分委员和代表在县民政局有关人员陪同下视察县城乡低保工作。

7月8日，县人大常委会主任郝书文，副主任史军海、卢庆忠、霍文国带领部分委员和代表，在县公安局负责人陪同下，视察县奥运安全保卫工作。

7月16日，县人大常委会主任郝书文，副主任史军海、卢庆忠、霍文国带领部分委员和代表在县交通局和西柏坡路工程项目负责人陪同下，视察西柏坡一级路开工建设情况。

7月22日，县人大常委会主任郝书文，副主任史军海、卢庆忠、霍文国带领县人大预算审查委员会和有关科室到县财政局调研县财政税收工作。县政协副主席、县财政局局长齐明贵陪同调研。

7月24日，县人大常委会主任郝书文，副主任史军海、卢庆忠、霍文国带领部分委员和代表视察温塘小城镇建设，县委常委、农工委书记崔习平和温塘镇有关领导陪同视察。

9月3日，县人大常委会副主任史军海、卢庆忠、霍文国带领部分委员和代表在县建设局有关人员陪同下视察县城建设及城市管理工作。

10月8日，县人大常委会副主任霍文国带领部分委员和机关科室人员，在县科技局有关人员陪同下视察新科技项目推广工作。

10月15日，县人大常委会主任郝书文，副主任史军海、卢庆忠、霍文国带领部分委员和代表在县工业促进局有关人员陪同下，视察县工业项目开工建设情况。

11月6日，县人大常委会主任郝书文，副主任史军海、卢庆忠、霍文国、梁爱平带领部分委员和代表，在县集中供热办公室有关人员陪同下，视察县城集中供热工作。

11月20日，县人大常委会主任郝书文，副主任史军海、卢庆忠、霍文国、梁爱平带领部分委员和代表，在县教育局有关领导的陪同下，视察县级中学建设管理情况。

11月25日，县人大常委会主任郝书文，副主任史军海、卢庆忠、霍文国、梁爱平带领部分委员和代表，在县供电公司有关人员的陪同下，视察县电力工作。

本年度，县人大常委会以全市开展的“吸取教训、转变作风、重塑形象、科学发展”主题实践活动为契机，扎实抓好机关作风建设。常委会组成人员经常深入各自联系点，帮助5个后进村进行转化，解决了3个村行路难和吃水难的问题。

本年度，常委会领导定期到分包乡镇检查指导工作，积极开展大接访，人大信访科、政法科加强与信访局、法院等单位沟通联系。共接待上访群众278人次，转办督办信访案件78起。

本年度，人代会期间代表共提出意见建议42条。会上议案审查委员会对代表提出的意见建议进行梳理并集中交办。9月份，人大常委会主任会议听取县政府关于人大代表建议办理情况汇报，到年底，25件已经办结，10件列入有关部门工作计划。同时，注重收集闭会期间代表提出的意见建议，常委会在走访代表时，共征求代表意见建议11类50多条，均提交县政府办理。

2009年

4月1日，县人大常委会主任郝书文，副主任史军海、卢庆忠、霍文国带领部分委员和代表在县交通局负责人陪同下，视察西柏坡一级路施工建设情况。

4月23日，县人大常委会副主任史军海、霍文国，党组成员梁爱平带领部分委员和代表，在县林业局有关人员陪同下，视察县核桃基地建设情况。

5月22日，县人大常委会副主任史军海、霍文国带领部分委员和代表，在县卫生局有关人员陪同下，视察县新型农村合作医疗工作开展情况。

7月9日，县人大常委会主任郝书文，副主任史军海、梁爱平带领部分委员和代表，在县农业局和县畜牧水产局有关人员陪同下，视察县农业特色产业发展和规模养殖小区建设情况。

8月4日，县人大常委会主任郝书文，副主任史军海、霍文国，党组成员梁爱平带领部分委员和代表，冒雨深入孟家庄镇，对地质灾害治理、项目建设和核桃基地建设管理等工作进行视察调研。

9月17日，县人大常委会副主任史军海、卢庆忠、霍文国，党组成员梁爱平带领部分委员和代表在县文化局有关人员陪同下，对县基层文化设施建设情况进行视察。

10月22日，县人大常委会副主任史军海、霍文国，党组成员梁爱平带领部分委员和代表，在县工业促进局负责人陪同下，视察县工业项目开工建设情况。

11月4日，县人大常委会主任郝书文，副主任史军海、霍文国，党组成员梁爱平带领部分委员和代表，在县委常委、副县长封明明和供热办有关负责人陪同下，视察县集中供热工作。

12月16日，县人大常委会主任郝书文，副主任史军海、卢庆忠、霍文国，党组成员梁爱平带领部分委员到县建设局调研县城建设工作。

12月22日，县人大常委会主任郝书文，副主任史军海、卢庆忠、霍文国，党组成员梁爱平带领县人大常委会预算审查委员会组成人员到县财政局进行调研。县政协副主席、财政局局长齐明贵及国税、地税、审计、人行四个部门负责人参加调研。

本年度，人代会上代表提出的51件意见建议全部办复，答复规范率100%，代表满意率95%。

本年度，常委会领导主动参与信访接待，组织市人大代表开展“代表接访日”活动，共收到群众来信来访202件，转办上级人大交办案件12件。

本年度，县人大常委会结合省市开展的“干部作风建设年”活动，大力加强机关作风建设，积极协调上级人大和县直有关部门为3个村建立了图书室，帮助7个村实施了“万树进村”活动。

2010年

2月4日，县人大常委会副主任史军海、卢庆忠、霍文国带领部分委员和代表在县工商局、县质量技术监督局和县商务局负责人陪同下，视察春节食品市场管理工作。

3月16日，县人大常委会主任郝书文，副主任史军海、卢庆忠带领平山镇、建设局、北街村和项目施工方负责人，视察冶河公园东岸建设和文昌苑工程项目。

3月16日，县人大常委会主任郝书文，副主任史军海、卢庆忠，党组成员梁爱平带领部分委员和代表，在县广电局负责人及有关人员陪同下，视察县有线电视建设工作。

5月18日，县人大常委会副主任史军海、霍文国，党组成员梁爱平带领部分委员和代表，在县计生局有关人员陪同下，视察县计生服务工作。

7月21日，县人大常委会副主任史军海、卢庆忠、霍文国带领部分委员和代表，在县安监局有关人员陪同下，视察县安全生产工作。

8月10—11日，县人大常委会副主任卢庆忠、霍文国，党组成员梁爱平带领部分委员和代表，在县林业局负责人陪同下，视察县太行山绿化工程。

9月27日，县人大常委会副主任史军海带领部分委员和代表，在县卫生局负责人陪同下，视察县卫生工作。

10月9日，县人大常委会主任郝书文，副主任史军海、卢庆忠、霍文国，党组成员梁爱平，在县建设局负责人陪同下，到冶河东岸公园施工现场进行视察。

10月26日，县人大常委会副主任史军海、卢庆忠、霍文国、党组成员梁爱平，带领部分委员和代表，在县供热办和供热公司有关人员陪同下，视察县城集中供热工作。

12月2日，县人大常委会副主任史军海、卢庆忠、霍文国，党组成员梁爱平，在县商务局负责人陪同下，视察县商务综合执法试点工作。

12月22日，县人大常委会主任郝书文，副主任卢庆忠、霍文国，党组成员梁爱平，带领预算审查委员会成员到县财政局进行调研。

本年度，共受理代表和群众来信来访50多件次，转办上级要结的信访案件5件，重点督办案件11件。

本年度，组织市人大代表参加优秀市人大代表和优秀代表建议评选活动，左小英等两名代表被评选为市级优秀人大代表，《关于加强山区农业水利基础设施建设》的建议，被市人大评为2010年优秀代表建议。

本年度，9月组织委员和代表就“利用电厂余热供暖工程”“刘家会核桃种植基地建设”等重点意见建议办理情况进行视察。10月份，主任会议听取县政府代表意见建议办理情况汇报，人代会上，代表提出的47件意见建议全部办复，代表满意率达95%以上。

2011 年

3 月 23 日，县人大常委会副主任史军海、崔习平、卢庆忠、霍文国，党组成员梁爱平，带领部分委员和代表，在县民政局有关人员陪同下，视察城乡低保工作。

4 月 20 日，县人大常委会主任郝书文，副主任卢庆忠，党组成员梁爱平带领部分委员和代表，在县发展改革局有关人员陪同下，视察项目建设工作。

5 月 26 日，县人大常委会副主任史军海、卢庆忠、霍文国组织部分委员和市人大代表，在县人口和计划生育局有关人员陪同下，视察红色人口文化传播基地建设工作。

7 月 14 日，县人大建设研究会成立，郝书文任会长。

11 月，启动县乡人大换届选举工作。

12 月 20 日，法定选举日，正式选举。

第十三篇

平山县第十五届人民代表大会

（2012 年 2 月至 2017 年 2 月）

平山县第十五届人民代表大会自 2012 年 2 月至 2017 年 2 月，任期五年。五年来，县人大充分发挥职能作用，依法履行监督职责，其间共召开人代会 6 次，常委会会议 41 次。听取和审议“一府两院”专项工作报告 72 项，开展执法检查 15 次，视察调研 60 次，依法选举和任免国家机关工作人员 15 批次 118 人。对重大事项依法做出决议决定，着力完善规章制度，为促进全县经济社会持续健康发展做出了积极努力。

第一章　人大党组织

中共平山县人大常委会党组

书　记：张大平（2012.02—2016.03）
李海明（2016.03—2017.01）
焦习军（2017.01—2021.11）
副书记：郝书文（2011.09—2015.01）
缺　职（2015.01—2016.04）
胡随林（2011.09—2015.01）
（2016.04—2017.02）
成　员：史军海（2012.02—2017.02）
齐明贵（2012.02—2017.02）
霍文国（2007.04—2017.02）
周振海（2015.03—2017.02）
王来泉（2007.04—2017.02）
肖虎子（2015.03—2017.02）
杜林文（2017.02—2019.01）

第二章　人民代表大会

第一节　人大代表

一、县人大代表

（一）选举产生

根据选举法的规定和省、市人大常委会的有关规定，县第十五届人民代表大会代表总名额为219名，共分配到105个选区进行选举。为做好县乡两级人大换届选举工作，2011年11月成立平山县县乡人大换届选举工作委员会，主任由县人大常委会主任郝书文担任，副主任由县委常委、组织部部长杨继平和县人大常委会副主任霍文国担任，成员由各相关职能部门主要负责人担任。选举委员会下设办公室，地点设在县人大办公室。办公室主任由霍文国兼任，副主任由王来泉和王彦霞兼任。全县各乡镇和县直工委都相应成立选举委员会，组织和领导本地区县乡人大代表选举。2011年12月31日前，各选区依法选举产生平山县第十五届人民代表大会代表共217名。

平山县第十四届人大常委会代表资格审查委员会对上述代表的代表资格进行审查，认为217名代表的选举符合法律规定，代表资格全部有效。在当选的217名代表中，党员代表155名，占71%；非党员代表62名，占29%；妇女代表46名，占21%；连任代表108名，占50%。代表的知识结构有了较大的提高，具有本科及其以上文化的95名，占43%，比上届提高了15%，代表年龄更趋合理，35岁以下的20名，占9%；36～55岁178名，占82%；56岁以上19名，占9%。

（二）代表名单

平山县第十五届人民代表大会代表一览表

表13-1

姓名	性别	文化程度	政治面貌	工作单位及职务	籍贯
周海军	男	大学	中共党员	政府办公室主任	上三汲乡
张京林	男	大学	中共党员	县直工委书记	蛟潭庄镇

续表 13-1

姓名	性别	文化程度	政治面貌	工作单位及职务	籍贯
杨　兴	男	大学	中共党员	人社局局长	杨家桥乡
茹云龙	男	大学	中共党员	住建局局长	上三汲乡
齐明国	男	大学	中共党员	发展改革局局长	下槐镇
智全海	男	大学	中共党员	财政局局长	两河乡
刘巨洋	男	大学	中共党员	审计局局长	合河口乡
封速强	男	大专	中共党员	卫生局局长	下槐镇
李秋林	女	大专	群众	县医院副主任医师	古月镇
安剑平	男	大专	中共党员	人民银行行长	东王坡乡
王　兰	男	大学	中共党员	商务局局长	岗南镇
范世雄	男	大学	中共党员	工信局局长	北冶乡
盖俊英	女	大学	群众	工信局干部	温塘镇
卢永兴	男	大专	中共党员	五洲饭店经理	西大吾乡
冯向民	男	大学	中共党员	供电局局长	赞皇县
吕占明	男	大专	群众	石家庄荣华服饰公司董事长	深泽县
封树亚	男	大学	中共党员	教育局局长、技工学校书记	下槐镇
孙增海	男	大学	中共党员	平山中学校长	下槐镇
田明月	男	大学	中共党员	交通局局长	温塘镇
杜金拴	男	大学	中共党员	县社主任	平山镇
王　磊	男	大学	中共党员	公安局政委	正定县
左小英	女	研究生	群众	人民法院副院长	南甸镇
李占山	男	大学	中共党员	水务局局长	平山镇
关文兰	男	大学	中共党员	林业局局长	下槐镇
康胜荣	女	大学	群众	水务局干部	平山镇
工俊英	男	研究生	中共党员	县委书记	赵县
杨继平	男	大学	中共党员	县委常委组织部部长	永年县
崔习平	女	大专	中共党员	县人大常委会副主任	平山镇
卢庆忠	男	大专	群众	县人大常委会副主任	上三汲乡

续表 13-1

姓名	性别	文化程度	政治面貌	工作单位及职务	籍贯
左振江	男	高中	中共党员	县人大财经科科长	平山镇
贾彦兵	男	大学	中共党员	县人大政法科科长	平山镇
张生生	男	初中	群众	平山旅游开发公司经理	平山镇
周振海	男	大学	中共党员	平山镇党委书记	上三汲乡
马秋平	女	大专	中共党员	平山镇人大主席	平山镇新安村
梁晨东	男	大学	中共党员	平山镇镇长	蛟潭庄镇
张建明	男	大学	中共党员	平山镇党委副书记	小觉镇
左三看	男	初中	中共党员	高村党支部书记	平山镇高村
齐增强	男	中专	中共党员	寺庄村党支部书记	平山镇寺庄村
薛拴栓	男	大专	中共党员	东街村党支部书记	平山镇东街村
郄建雄	男	高中	中共党员	西柏坡建材厂经理	平山镇西水碾村
范二拴	男	初中	中共党员	东冶村党支部书记	平山镇东冶村
郝保寿	男	高中	中共党员	东曲堤村党支部书记	平山镇东曲提村
刘　军	男	大专	群众	河北隆顺德房地产开发公司总经理	平山镇
李二龙	男	大专	中共党员	烟堡村党支部书记	平山镇烟堡村
霍海元	男	高中	中共党员	刘家会村党支部书记	平山镇刘家会村
梁春梅	女	高中	群众	西义羊村村主任	平山镇西义羊村
张俊花	女	大学	群众	东街二小副校长	平山镇南西焦村
焦彦虎	男	高中	群众	汇源饭店经理	平山镇烟堡村
李素波	女	大学	群众	平山镇东庄小学副校长	西柏坡镇柏里村
缑正军	男	大专	中共党员	南贾壁村党支部书记	平山镇南贾壁村
范海庭	男	高中	中共党员	东方巨龟苑经理	平山镇东冶村
高增山	男	高中	群众	励百达房地产开发公司经理	平山镇西街村
谢素艳	女	大专	群众	平山镇胜佛办副主任	平山镇西庄村
刘振乾	男	大学	中共党员	平山县政府常务副县长	新乐市
张庆民	男	大学	中共党员	平山县法院院长	行唐县

续表 13-1

姓名	性别	文化程度	政治面貌	工作单位及职务	籍贯
霍文国	男	大专	中共党员	平山县人大常委会副主任	东回舍镇
杨明华	女	大专	中共党员	华莹玻璃公司董事长	岗南镇下丰良村
解建军	男	大学	中共党员	东回舍镇党委书记	苏家庄乡红岭北村
韩彦良	男	大学	中共党员	东回舍镇人大主席	下槐镇东苍蝇沟村
李吉宽	男	高中	中共党员	东回舍村党支部书记	东回舍镇东回舍村
杜文祥	男	高中	中共党员	孟耳庄村党支部书记	东回舍镇孟耳庄村
张立秋	男	大学	中共党员	正元化肥公司总经理	藁城市通安街 192 号
张秀平	女	高中	群众	东回舍村村民	东回舍镇东回舍村
赵素江	男	初中	群众	西柏坡轴承公司总经理	苏家庄乡赵家庄村
张玉鸿	女	大学	群众	东回舍小学教师	东回舍镇部家庄村
赵宏魁	男	大学	中共党员	县委副书记、代县长	无极县
王来泉	男	大学	中共党员	县人大办公室主任	温塘镇
王彦霞	女	大学	中共党员	县人大代联科科长	井陉县
杨晓军	男	大专	中共党员	温塘镇人大主席	孟家庄镇
王　浩	男	大专	中共党员	温塘镇镇长	南甸镇
刘晓东	男	大学	中共党员	平山县公安局温塘分局局长	平山镇
王银江	男	大专	中共党员	温塘镇温塘村党支部书记	温塘镇
王新满	男	高中	群众	温塘镇大陈庄村村主任	温塘镇
韩小农	男	大专	中共党员	温塘宾馆经理	小觉镇
智生发	男	大专	中共党员	西苑温泉度假村总经理	两河乡
王明霞	女	高中	中共党员	温塘霞菲服装有限公司总经理	温塘镇
多风书	女	高中	中共党员	温塘镇米家庄村村民	温塘镇
胡随林	男	大学	中共党员	县人大常委会副主任	上三汲乡
茹秀海	男	大专	中共党员	县人大农经科科长	上三汲乡
周梅海	男	大学	民建	实验中学副校长	上三汲乡
左彦山	男	大专	中共党员	上三汲乡人大主席	平山镇高村

续表 13-1

姓名	性别	文化程度	政治面貌	工作单位及职务	籍贯
李建明	男	大学	中共党员	上三汲乡乡长	孟家庄镇刘家湾村
张明奎	男	高中	中共党员	上三汲乡刘杨村党支部书记	刘杨村
张文生	男	高中	中共党员	上三汲乡下三汲村村民	下三汲村
胡利梅	女	大学	群众	上三汲中学教师	坡底村
刘明海	男	大专	群众	古中山陵园负责人	南甸镇盖家疃村
封立红	男	大专	群众	西柏坡酿酒有限公司董事长	西柏坡镇通家口村
武自军	男	大学	中共党员	平山县委办公室主任	平山镇
张晓平	男	大学	中共党员	平山县团县委书记	西大吾乡
梁振华	男	大专	中共党员	西大吾乡人大主席	下口镇
陈东亮	男	大学	中共党员	西大吾乡党委副书记、乡长	岗南镇
闫荣肖	女	高中	中共党员	西大吾乡西荣村村主任	西荣村
高振国	男	大专	中共党员	近掌村党支部书记	近掌村
闫金华	女	中专	群众	小学教师	东大吾村
谷二亮	男	初中	群众	东李家庄村村主任	东李家庄村
康素炜	男	大专	中共党员	东王坡乡人大主席	西大吾乡小齐村
郭会涛	男	大专	中共党员	东王坡乡乡长	东回舍镇
刘树林	男	高中	中共党员	东王坡乡闫庄村党支部书记	东王坡乡闫庄村
武振华	男	中专	中共党员	东王坡乡北策城村党支部书记	东王坡乡北策城村
张　丽	女	大专	群众	东王坡乡卫生院医生	两河乡张杨村
马平书	男	大专	群众	王陈庄小学教师	东王坡乡西王坡村
张建春	男	大学	中共党员	两河乡人大主席	西大吾乡田兴村
刘建文	男	大学	中共党员	两河乡乡长	东王坡乡下峪村
乔伟真	男	高中	中共党员	两河村党支部书记	两河乡两河村
任志飞	男	初中	群众	西李坡村村主任	两河乡西李坡村
缑月红	女	大学	群众	两河乡干部	平山镇南贾壁村
王文忠	男	大专	群众	河北温泉城房地产开发有限公司董事长	岗南镇

续表 13-1

姓名	性别	文化程度	政治面貌	工作单位及职务	籍贯
何桃林	女	大学	中共党员	南甸镇人大主席	小觉镇
王素龙	男	大学	中共党员	南甸镇党委副书记、镇长	岗南镇
樊喜平	男	大专	中共党员	南焦坡村党支部书记	南甸镇
桑淑云	女	大学	中共党员	南甸中心学校校长	南甸镇
刘志河	男	高中	群众	南甸盖家疃村村主任	南甸镇
王艳国	男	大专	群众	敬业集团职工	南甸镇
李慧明	男	大学	中共党员	敬业集团总经理	两河乡
王　强	男	研究生	中共党员	县委副书记	山西省
李新城	男	大学	中共党员	县检察院检察长	晋州市
刘立涛	男	大学	中共党员	县委组织部常务副部长	孟家庄镇
张小青	男	高中	中共党员	县人大文卫科科长	合河口乡
张志军	男	大专	中共党员	岗南镇人大主席	杨家桥乡
齐正平	男	大学	中共党员	岗南镇镇长	平山镇
任拴录	男	高中	中共党员	东朱豪村党支部书记	岗南镇
陈英缺	女	高中	群众	西岗南村村民	岗南镇
付习联	女	高中	群众	下奉良村村民	岗南镇
王翠平	女	大学	群众	西岗南村教师	北冶乡
郄三林	男	高中	群众	南石殿村村主任	岗南镇
韩连增	男	高中	中共党员	中石殿村村干部	岗南镇
赵会文	男	大学	中共党员	县人大信访科科长	水峪村
崔淑联	女	大专	中共党员	苏家庄乡人大主席	合河口乡
李国强	男	大学	中共党员	苏家庄乡乡长	小觉镇
韩吉龙	男	高中	群众	苏家庄乡上东峪村村主任	上东峪村
赵进礼	男	大专	中共党员	苏家庄小学校长	韩丁村
李　娜	女	大学	中共党员	宅北乡人大主席	平山镇西水碾村
谷文利	男	大学	中共党员	宅北乡党委书记	西大吾乡东里庄村
康顺堂	男	高中	群众	宅北乡会口村村民	宅北乡会口村

续表 13-1

姓名	性别	文化程度	政治面貌	工作单位及职务	籍贯
秦翠霞	女	高中	群众	宅北乡宅北村村民	宅北乡宅北村
霍来绪	男	高中	中共党员	宅北乡陈家院村党支部书记	宅北乡陈家院村
王军旗	男	大学	中共党员	西柏坡旅游纪念品开发总公司经理	石家庄市
曹震平	男	大学	中共党员	西柏坡镇人大主席	东王坡乡
李新海	男	大学	中共党员	西柏坡镇镇长	平山镇
陈利肖	女	初中	群众	西柏坡村村民	西柏坡镇
陈素娟	女	大学	中共党员	陈家峪村党支部书记	西柏坡镇
陈国平	男	大专	中共党员	梁家沟村党支部书记	西柏坡镇
张大平	男	大专	中共党员	平山县政协主席	西大吾乡
崔永利	男	大学	中共党员	古月镇人大主席	北冶乡
盖明忠	男	大学	中共党员	古月镇镇长	西大吾乡
梁平书	男	大专	群众	古月镇卫生院院长	下槐镇
郝五旦	男	高中	群众	北古月村村民	古月镇
崔志霞	女	初中	群众	石门水库职工	古月镇
齐素明	男	高中	中共党员	中古月村村民	古月镇
刘增山	男	大专	中共党员	北冶乡党委书记	东王坡乡
赵太平	男	大专	中共党员	北冶乡人大主席	北冶乡西湾村
苏　军	男	初中	中共党员	沕沕水景区董事长	北冶乡车辐安村
赵志刚	男	大学	群众	神华公司董事长	北冶乡恶石村
郝春艳	女	研究生	群众	天桂山管委会主任	平山镇
刘彦林	男	大专	中共党员	清风村党支部书记	北冶乡清风村
封利霞	女	大专	群众	北冶中心卫生院副院长	北冶乡北冶村
韩林忠	男	大学	中共党员	下口镇人大主席	营里乡
吴彦忠	男	大专	中共党员	下口镇镇长	岗南镇
闫润延	男	大专	中共党员	下口村党支部书记	下口镇
吕瑞平	女	大专	群众	下口镇中学教师	下口镇

续表 13-1

姓名	性别	文化程度	政治面貌	工作单位及职务	籍贯
康艳会	男	大专	中共党员	下口车辅沟选矿厂厂长	东王坡乡
史永革	男	大学	中共党员	杨家桥乡人大主席	南甸镇
刘志平	男	大学	中共党员	杨家桥乡乡长	东王坡乡
任英海	男	高中	群众	杨家桥乡前湾村村主任	杨家桥乡
何春梅	女	高中	群众	杨家桥乡工商个体户	杨家桥乡
韩树平	女	大专	中共党员	西柏坡冀银村镇银行副行长	杨家桥乡
郝英平	男	初中	中共党员	杨家桥乡东方齐村党支部书记	杨家桥乡
郝书文	男	大专	中共党员	县人大常委会主任	合河口乡
封明明	男	大学	中共党员	县人大党组书记	小觉镇
周素明	男	大学	中共党员	县民政局局长	岗南镇
王文怀	男	大学	中共党员	小觉镇人大主席	古月镇
齐丽献	男	大学	中共党员	小觉镇镇长	平山镇
封树平	男	初中	中共党员	小觉水电站负责人	郄家庄村
封录子	男	高中	中共党员	郄家庄村党支部书记	小觉镇
封联祥	男	高中	群众	西漂村村主任	小觉镇
魏平平	女	大学	群众	小觉镇扶峪村村民	小觉镇
陈军跃	男	大学	中共党员	平山县武装部部长	新乐市
韩贵书	男	大学	中共党员	下槐镇人大主席	营里乡
封志杰	男	大学	中共党员	下槐镇镇长	西柏坡镇
封树亮	男	高中	中共党员	下槐镇下柳村党支部书记	下槐镇
常俊光	男	大学	中共党员	下槐镇中心学校校长	合河口乡
焦军有	男	大学	群众	下槐镇庞家铺村村主任	下槐镇
封风书	女	高中	群众	下槐镇王家沟村妇女主任	下槐镇
齐军伟	男	大学	群众	下槐镇东黄泥村村民	下槐镇
魏尊一	女	大学	中共党员	西柏坡工业园区主任	深州市
闫永强	男	大学	中共党员	蛟潭庄镇人大主席	平山镇
高成虎	男	大学	中共党员	蛟潭庄镇党委副书记、镇长	东回舍镇

续表 13-1

姓名	性别	文化程度	政治面貌	工作单位及职务	籍贯
李玉存	男	初中	群众	蛟潭庄镇木月村村民	木月村
李秀林	女	初中	群众	蛟潭庄镇蛟潭庄村村民	蛟潭庄村
张兰锁	男	大专	中共党员	蛟潭庄镇拦道石村党支部书记	拦道石村
贾永平	男	中专	中共党员	蛟潭庄镇踏马村党支部书记	踏马村
白秀军	男	大专	中共党员	蛟潭庄镇塔上村村民	塔上村
史军海	男	大学	中共党员	县人大常委会副主任	岗南镇
秘书明	男	大学	中共党员	县扶贫办主任	上观音堂乡
宋立新	女	大专	中共党员	县妇联主席	上观音堂乡
王平东	男	大专	群众	观音堂乡人大主席	岗南镇
谷增书	男	大学	中共党员	观音堂乡乡长	南甸镇
梁聪明	男	高中	中共党员	了渔沟村村主任	上观音堂乡
霍亚平	女	大专	群众	观音堂乡小学教师	上观音堂乡
齐明贵	男	大专	中共党员	县政协副主席	平山镇寺庄村
史青国	男	大专	中共党员	合河口乡人大主席	岗南镇郭家庄
梁五平	男	大专	中共党员	合河口乡党委副书记	平山镇蒲吾村
韩志华	女	大专	群众	合河口乡完小教师	蛟潭庄镇西苇园村
牛天林	男	大学	中共党员	驼梁景区管委会主任	合河口乡桃红沟村
赵永峰	男	大专	中共党员	城乡建筑公司经理	合河口乡里大河村
周翠平	男	中专	中共党员	木厂村村主任	合河口乡里大河村
韩学芝	女	大学	群众	农业局高级工程师	孟家庄镇
王海文	男	大专	中共党员	孟家庄镇人大主席	平山镇
栗　磊	男	大学	中共党员	孟家庄镇镇长	南甸镇
封树花	女	大专	中共党员	孟家庄镇石板村党支部书记	石板村
张洪涛	男	大专	群众	孟家庄镇工会主席	岗南镇
张保明	男	大学	中共党员	县工会常务副主席	杨家桥乡
胡素海	男	大学	中共党员	营里乡人大主席	上三汲乡
张进彦	男	大学	中共党员	营里乡乡长	东回舍镇

续表 13-1

姓名	性别	文化程度	政治面貌	工作单位及职务	籍贯
刘二狗	男	高中	中共党员	石槽村党支部书记	营里乡
刘贵清	男	高中	群众	白羊关村村民	营里乡
董红霞	女	大专	群众	营里小学教师	营里乡

（三）届中调整情况

1. 平山县第十五届人民代表大会代表名额 219 名，至县第十五届人大常委会第一次会议时，实有代表 217 名。县十五届人大常委会第一次会议至第八次会议以来，因工作变动，王强、安剑平、赵宏魁、郝春艳、崔永利、王磊 6 人调出本行政区域，代表资格自行终止。根据《中华人民共和国全国人民代表大会和地方各级人民代表大会选举法》有关规定，温塘镇、平山镇、北冶乡 3 个选区，补选李旭阳、李二波、王振海 3 人为县十五届人民代表大会代表。

2. 至县十五届人大常委会第九次会议时，实有代表 214 名。县十五届人大常委会第九次会议之后，因工作变动，王俊英、冯向民 2 人调出本行政区域，代表资格自行终止。根据《中华人民共和国全国人民代表大会和地方各级人民代表大会选举法》有关规定，平山镇、岗南镇两个选区补选董晓航、李海明 2 人为县十五届人民代表大会代表。

3. 至县第十五届人民代表大会第四次会议时，实有代表 213 名。县十五届人民代表大会第四次会议之后，1 名代表调出本行政选区，1 名代表暂停代表职务，1 名代表死亡，代表资格终止。根据《中华人民共和国全国人民代表大会和地方各级人民代表大会选举法》《中华人民共和国全国人民代表大会和地方各级人民代表大会代表法》的有关规定，下槐镇选区补选郭军平为平山县十五届人民代表大会代表。

4. 至县第十五届人民代表大会第五次会议时，实有代表 211 名。县十五届人民代表大会第五次会议之后，有 8 名代表辞去代表职务，其代表资格终止。根据《中华人民共和国全国人民代表大会和地方各级人民代表大会选举法》《中华人民共和国全国人民代表大会和地方各级人民代表大会代表法》的有关规定，平山镇、古月镇、王坡乡、两河乡、大吾乡、柏坡镇选区补选肖虎子、李明忠、樊艳涛、刘明利、盖五彦、梁乃中为平山县十五届人民代表大会代表。

5. 至县第十五届人大常委会第二十九次会议时，实有代表 209 名，6 个乡镇选区代表出现缺额。根据《中华人民共和国全国人民代表大会和地方各级人民代表大会选举法》的有关规定和工作需要，平山镇、回舍镇、两河乡、温塘镇、岗南镇、北冶乡选区补选周英振、魏汉文、侯思明、康志国、李文平、闫习权、刘彦伟 7 人为平山县十五届人民代表大会代表。

6. 至县第十五届人大常委会第三十次会议时，实有代表 216 名。会后，有 3 名代表因身体和工作原因，辞去县代表职务，1 名代表调出本区域。根据《中华人民共和国全国人民代表大会和地方各级人民代表大会代表法》的有关规定，其代表资格终止。根据《中华人民共和国全国人民代表大会和地方各级人民代表大会选举法》的有关规定和工作需要，西柏坡镇、下槐镇、营里乡、回舍镇选区补选焦习军、付炳林、边金文、张冠军 4 人为平山县十五届人民代表大会代表。

二、平山县出席石家庄市第十三届人民代表大会代表

（一）选举产生

2013 年 3 月，平山县第十五届人民代表大会第二次会议，选举李屏东、赵新朝、刘国清、马提福、王俊英、李旭阳、张大平、王兰、王银江、刘书文、刘哲敏、齐利莎、关文兰、闫军国、李慧明、范花伟、梁晨东、智全海、王军旗、王景新、吴建敏、封宏江、赵亚平、韩玉涛、钱金平 25 人为出席石家庄市第十三届人民代表大会代表。

（二）届中调整情况

1. 2015 年 8 月 26 日，平山县第十五届人大常委会第二十七次会议接受马提福辞去市人大代表职务的请求。

2. 2015 年 12 月 24 日，平山县十五届人大常委会第三十次会议以投票表决的方式补选李海明、左红江、李渊 3 人为平山县出席石家庄市第十三届人民代表大会代表。

第二节　代表大会

县第十五届人民代表大会到 2017 年 2 月共召开六次会议。

一、第一次会议

第一次会议于 2012 年 2 月 9 日至 12 日在县法院礼堂举行。会议应到代表 217 名，实到 207 名，因事因病请假 10 人。不是人大代表的县委常委、县政府副县长、政府各部门一把手、各乡镇党委书记、乡镇长、出席政协八届一次会议的全体委员；县委各部门、各人民团体负责人列席会议，会议邀请部分老干部代表参加了开幕式。

（一）组织机构

大会预备会议选举产生主席团、秘书长及议案审查委员会。

主席团（40 人）：

马秋平（女）	王文忠	王玉录	王来泉
王彦霞（女）	王俊英	王　强	左振江
卢庆忠	史军海	齐明贵	刘立涛
刘振乾	杨明华（女）	杨继平	李慧明
张大平	张小青	张生生	张兰锁
张保明	张晓平	陈军跃	陈国平

宋立新（女）　武自军　周梅海　郝书文
郝春艳（女）　封明明　赵会文　赵宏魁
茹秀海　胡随林　贾彦兵　崔习平（女）
韩学芝（女）　臧占刚　霍文国　霍海元

秘书长：胡随林（兼）

主席团第一次会议推定王俊英、王强、郝书文、张大平、胡随林、齐明贵、卢庆忠、霍文国为主席团常务主席。

主席团第一次会议决定王来泉、周海军、刘立涛、闫二平、乔新伟为大会副秘书长。

议案审查委员会

主　任：霍文国

副主任：王彦霞（女）

委　员：左振江　贾彦兵　韩学芝（女）

（二）主要议程

2月10日上午，会议听取《平山县人民政府工作报告》。书面听取发展改革局局长齐明国作的《关于平山县2011年国民经济和社会发展计划执行情况与2012年国民经济和社会发展计划草案》的报告和财政局局长智全海作的《关于2011年财政预算执行情况和2012年财政预算草案报告》。2月21日上午，听取县人大常委会主任郝书文作的《平山县人大常委会工作报告》、县法院代院长臧占刚作的《平山县人民法院工作报告》、县检察院代检察长王玉录作的《平山县人民检察院工作报告》。会议分8个代表团对上述报告进行认真审议。根据各代表团对6个报告的审议情况，会议分别作出相应的决议。

2月12日下午，按照选举办法，会议以无记名投票方式选举产生县十五届人大常委会组成人员27名；县政府县长、副县长7名；县法院院长1名；县检察院检察长1名。选举结果如下：

平山县第十五届人民代表大会常务委员会

主　任：张大平

副主任（4名）：

卢庆忠　齐明贵　胡随林　霍文国

委　员（22名）：

马秋平（女）　王文忠　王来泉　王彦霞（女）
左振江　刘立涛　李慧明　杨明华（女）
宋立新（女）　张小青　张生生　张兰锁
张保明　张晓平　陈国平　周梅海
赵会文　郝春艳（女）　茹秀海　贾彦兵
韩学芝（女）　霍海元

平山县人民政府

县　长：赵宏魁

副县长（6 名）：

刘金海　刘振乾　祁军英　李秀娟　李海明　林树新

平山县人民法院

院　长：臧占刚

平山县人民检察院

检察长：王玉录

（三）代表议案及批评建议

会议期间，共收到代表提出的建议、批评和意见 59 件，内容涉及交通、水务、文教卫生、林业、工业信息、公安、城建、环保、广电网络、供电、旅游、工商、规划、城市管理、农牧、土地、食品安全、财政等方面。

链接：县十五届人大常委会主任简历

张大平，男，汉族，平山县大吾乡近掌村人，1956 年 10 月 15 日出生，1971 年 6 月参加工作，1976 年 9 月入党，中央广播电视大学专科学历。2012 年 2 月任平山县人大常委会主任。

1971.06—1974.12　平山县马中公社下乡知青

1974.12—1978.06　51195 部队服役，历任战士、副班长

1978.06—1982.06　平山县孟贤壁乡团委书记

1982.06—1988.08　平山县团委副书记、书记

（其间：1984.06—1987.06 在中央广播电视大学党政干部专修科学习）

1988.08—1990.04　平山县古月镇书记

1990.04—1992.12　平山县平山镇镇长、书记

1992.12—1996.06　平山县委常委（平山镇书记）

1996.06—2003.04　平山县委副书记

2003.04—2012.02　平山县政协主席

2012.02—　县第十五届人大常委会主任

二、第二次会议

第二次会议于 2013 年 3 月 24 日至 26 日在县法院礼堂举行。会议应到代表 214 名，实到 205 名，因事因病请假 9 名。不是人大代表的县委常委、县政府副县长、政府各部门一把手、各乡镇党委书记、乡镇长、人大主席、出席政协八届二次会议的全体委员；县委各部门、各人民团体负责人列席会议，会议邀请部分老干部代表参加了开幕式。

（一）组织机构

大会预备会议选举产生了主席团、秘书长及议案审查委员会。

主席团（36 名）：

王文忠　王来泉　王彦霞（女）　王俊英

王振海	左振江	卢庆忠	史军海
齐明贵	刘立涛	刘振乾	李旭阳
李吉宽	李慧明	杨明华（女）	杨继平
张大平	张小青	张生生	张兰锁
张保明	张晓平	陈军跃	陈国平
宋立新（女）	武自军	周梅海	郝书文
封明明	赵会文	茹秀海	胡随林
贾彦兵	韩学芝（女）	霍文国	霍海元

秘书长：胡随林（兼）

主席团第一次会议推定王俊英、张大平、封明明、胡随林、齐明贵、卢庆忠、霍文国为主席团常务主席。

主席团第一次会议决定王来泉、周海军、王一、刘立涛、闫二平、谷全国为大会副秘书长。

（二）主要议程

3月25日上午，会议听取代县长李旭阳作的《平山县人民政府工作报告》；书面听取发展改革局局长齐明国作的《关于平山县2012年国民经济和社会发展计划执行情况与2013年国民经济和社会发展计划草案的报告》和财政局局长智全海作的《关于2012年财政预算执行情况和2013年财政预算草案报告》。

3月26日上午，听取县人大常委会主任张大平作的《平山县人大常委会工作报告》、县法院院长臧占刚作的《平山县人民法院工作报告》、县检察院检察长王玉录作的《平山县人民检察院工作报告》。

会议分8个代表团对上述报告进行认真审议。根据各代表团对6个报告的审议情况，会议分别作出相应的决议。

3月26日下午，按照大会通过的选举办法，会议选举李屏东、赵新朝、刘国清、马提福、王俊英、李旭阳、张大平、王兰、王银江、刘书文、刘哲敏、齐利莎、关文兰、闫军国、李慧明、范花伟、梁晨东、智全海、王军旗、王景新、吴建敏、封宏江、赵亚平、韩玉涛、钱金平25人为出席石家庄市第十三届人民代表大会代表；选举李旭阳为平山县人民政府县长；选举王振海、李吉宽为平山县第十五届人民代表大会常务委员会委员。

（三）代表议案及批评建议

会议期间，共收到代表提出的建议、批评和意见73件，内容涉及全面建设小康社会，完善社会保障体系，交通路网建设，城镇基础设施建设，保护资源和生态环境，大力发展特色农业，着力促进教育均衡等方面。

三、第三次会议

第三次会议于2013年6月20日至21日在县法院礼堂举行。会议应到代表214名，实到196名，因事因病请假18名。

（一）组织机构

大会预备会议选举产生主席团、秘书长及议案审查委员会。

主席团（37 名）：

王文忠	王来泉	王彦霞（女）	王振海
左振江	卢庆忠	史军海	齐明贵
刘立涛	刘振乾	李旭阳	李吉宽
李海明	李慧明	杨明华（女）	杨继平
张大平	张小青	张生生	张兰锁
张保明	张晓平	陈军跃	陈国平
宋立新（女）	武自军	周梅海	郝书文
封明明	赵会文	茹秀海	胡随林
贾彦兵	韩学芝（女）	董晓航	霍文国
霍海元			

秘书长：胡随林（兼）

主席团第一次会议推定李旭阳、李海明、张大平、封明明、胡随林、齐明贵、卢庆忠、霍文国为主席团常务主席。

主席团第一次会议决定王来泉、周海军、王一、赵树芳、闫二平、谷全国为大会副秘书长。

（二）主要议程

6 月 21 日上午，按照大会通过的选举办法，会议选举董晓航为平山县人民政府县长。

四、第四次会议

第四次会议于 2014 年 1 月 21 日至 23 日在老干部活动中心举行。会议应到代表 214 名，实到代表 205 名，因事因病请假 9 名。不是人大代表的县委常委、县政府副县长、政府各部门一把手、各乡镇党委书记、乡镇长、人大主席、出席政协八届四次会议的全体委员；县委各部门、各人民团体负责人列席会议，会议邀请部分老干部代表参加了开幕式。

（一）组织机构

大会预备会议选举产生主席团、秘书长及议案审查委员会。

主席团（37 名）：

王文忠	王来泉	王彦霞（女）	王振海
左振江	卢庆忠	史军海	齐明贵
刘立涛	刘振乾	李旭阳	李吉宽
李海明	李慧明	杨明华（女）	杨继平
张大平	张小青	张生生	张兰锁
张保明	张晓平	陈军跃	陈国平
宋立新（女）	武自军	周梅海	郝书文

封明明	赵会文	茹秀海	胡随林
贾彦兵	韩学芝（女）	董晓航	霍文国
霍海元			

秘书长：胡随林（兼）

主席团第一次会议推定李旭阳、董晓航、李海明、张大平、封明明、胡随林、齐明贵、卢庆忠、霍文国为主席团常务主席。

主席团第一次会议决定王来泉、周海军、王一、边金文、闫二平、谷全国为大会副秘书长。

（二）主要议程

1 月 22 日上午，会议听取县政府县长董晓航作的《平山县人民政府工作报告》；书面听取发展改革局局长齐明国作的《关于 2013 年国民经济和社会发展计划执行情况与 2014 年国民经济和社会发展计划草案的报告》和财政局局长智全海作的《关于 2013 年财政预算执行情况和 2014 年财政预算草案报告》；听取县人大常委会主任张大平作的《平山县人大常委会工作报告》、县法院院长臧占刚作的《平山县人民法院工作报告》、县检察院检察长王玉录作的《平山县人民检察院工作报告》。

会议分 8 个代表团认真审议 6 个报告。根据各代表团的审议情况，会议分别作出相应的决议。

（三）代表议案及批评建议

会议期间，共收到代表提出的建议、批评和意见 77 件，内容涉及交通、水务、文教卫生、林业、工业信息、城建、环保、供电、旅游、规划、城市管理、农牧、土地、食品安全、财政等方面。

五、第五次会议

第五次会议于 2015 年 3 月 1 日至 3 日在老干部活动中心举行。会议应到代表 211 名，实到代表 198 名，因事因病请假 13 名。不是人大代表的县委常委、县政府副县长、县政府各部门一把手、各乡镇党委书记、人大主席、乡镇长；出席政协八届四次会议的全体委员；部分市人大代表；县委各部门、各人民团体负责人列席会议，会议邀请部分老干部代表和各地老促会代表参加了开幕式。

（一）组织机构

大会预备会议选举产生主席团、秘书长及议案审查委员会。

主席团（35 名）：

王文忠	王来泉	王彦霞（女）	王振海
左振江	卢庆忠	齐明贵	刘振乾
李旭阳	李吉宽	李海明	李慧明
杨明华（女）	杨继平	张大平	张小青
张生生	张兰锁	张保明	张晓平

陈国平	宋立新（女）	武自军	周振海
周梅海	封明明	赵会文	茹秀海
胡随林	郭军平	贾彦兵	韩学芝（女）
董晓航	霍文国	霍海元	

秘书长：霍文国（兼）

主席团第一次会议推定李旭阳、董晓航、李海明、张大平、封明明、齐明贵、卢庆忠、霍文国为主席团常务主席。

主席团第一次会议决定王来泉、周海军、王一、边金文、宗新福、谷全国为大会副秘书长。

（二）主要议程

3 月 2 日上午，会议听取县长董晓航作的《平山县人民政府工作报告》；书面听取发展改革局局长齐明国作的《关于 2014 年国民经济和社会发展计划执行情况与 2015 年国民经济和社会发展计划草案的报告》和财政局局长智全海作的《关于 2014 年财政预算执行情况和 2015 年财政预算草案的报告》。

3 月 3 日上午，听取县人大常委会主任张大平作的《平山县人大常委会工作报告》、县法院院长臧占刚作的《平山县人民法院工作报告》、县检察院检察长王玉录作的《平山县人民检察院工作报告》。会议分 8 个代表团对上述报告进行认真审议。根据各代表团对 6 个报告的审议情况，会议分别作出相应的决议。

3 月 3 日下午，按照大会通过的选举办法，会议选举周振海为平山县第十五届人民代表大会常务委员会副主任。

（三）代表议案及批评建议

会议期间，共收到代表提出的建议、批评和意见 68 件，内容涉及城乡基础设施建设、农村面貌提升、山区饮水安全、生态环境保护、社会劳动保障、文化教育卫生等方面。

六、第六次会议

第六次会议于 2016 年 1 月 27 日至 30 日在老干部活动中心举行。会议应到代表 216 名，实到代表 201 名，因事因病请假 15 名。不是人大代表的县委常委、县政府副县长、政府各部门一把手、各乡镇党委书记、乡镇长、人大主席、出席政协八届四次会议的全体委员；县委各部门、各人民团体负责人列席会议，会议邀请部分老干部代表参加了开幕式。

（一）组织机构

大会预备会议选举产生主席团、秘书长及议案审查委员会。

主席团（37 名）：

王文忠	王彦霞（女）	王振海	左振江
付炳林	卢庆忠	边金文	齐明贵
刘振乾	李旭阳	李吉宽	李海明
李慧明	肖虎子	杨明华（女）	杨继平

张大平	张小青	张生生	张兰锁
张保明	张晓平	陈国平	宋立新（女）
武自军	周振海	周梅海	封明明
赵会文	茹秀海	胡随林	贾彦兵
焦习军	韩学芝（女）	董晓航	霍文国
霍海元			

秘书长：霍文国（兼）

主席团第一次会议推定李旭阳、董晓航、焦习军、张大平、李海明、封明明、齐明贵、卢庆忠、霍文国、周振海为主席团常务主席。

主席团第一次会议决定肖虎子、周海军、王一、边金文、宗新福、马秋海为大会副秘书长。

（二）会议议程

1 月 28 日上午，听取县长董晓航作的《平山县人民政府工作报告》；书面审查《平山县第十三个五年规划纲要草案》；书面听取发展改革局局长齐明国作的《关于 2015 年国民经济和社会发展计划执行情况与 2016 年国民经济和社会发展计划草案的报告》和财政局局长智全海作的《关于 2015 年财政预算执行情况和 2016 年财政预算草案报告》。

1 月 29 日上午，会议听取县人大常委会主任张大平作的《平山县人大常委会工作报告》、县法院院长臧占刚作的《平山县人民法院工作报告》、县检察院检察长王玉录作的《平山县人民检察院工作报告》。会议分 8 个代表团对上述报告进行认真审议。根据各代表团对 7 个报告的审议情况，会议分别作出相应的决议。

会议以举手表决的形式，通过张大平辞去平山县第十五届人大常委会主任职务请求的决定。

1 月 30 日上午，按照大会通过的选举办法，会议选举李海明为平山县第十五届人民代表大会常务委员会主任；选举边金文、肖虎子为平山县第十五届人民代表大会常务委员会委员。

（三）代表议案及批评建议

会议期间，共收到代表提出的建议、批评和意见 86 件，内容涉及交通、水务、文教卫生、林业、工业信息、城建、环保、供电、旅游、规划、城市管理、农牧、土地、食品安全、财政等方面。

链接：县十五届人大常委会主任简历

李海明，男，汉族，平山县岗南镇中石殿村人，1959 年 7 月出生，1975 年 1 月参加工作，1984 年 1 月加入中国共产党，大学学历。2016 年 1 月任平山县人大常委会主任。

1975.01—1978.04	平山县中石殿乡广播站、南甸信用社工作
1978.04—1982.03	河北农业大学邯郸分校牧医系兽医专业学习
1982.03—1983.05	平山县畜牧局工作
1983.05—1984.01	平山县三汲乡经济联合社主任助理
1984.01—1984.09	平山县三汲乡副乡长、经济联合社主任
1984.09—1989.07	平山县委组织部干事、副组长、组长

1989.07—1990.05	平山县委组织部办公室副主任
1990.05—1993.10	平山县委宣传部副部长
1993.10—1998.02	平山县委宣传部常务副部长
1998.02—2000.01	平山县委宣传部部长
2000.01—2009.07	平山县委常委（宣传部部长），西柏坡纪念馆党委副书记
2009.07—2011.08	西柏坡纪念馆党委书记
2011.08—2011.09	平山县政府党组成员
2011.09—2013.03	平山县副县长（正县）
2013.03—2016.01	平山县委副书记
2016.01—	县第十五届人大常委会主任

第三章　人大常委会

第一节　人员组成

一、选举产生

第十五届人民代表大会常务委员会于2012年2月9日，由平山县第十五届人民代表大会第一次会议选举产生。

主　任：张大平

副主任（4名）：

胡随林　齐明贵　卢庆忠　霍文国

委　员（22名）：

马秋平	王文忠	王来泉	王彦霞
左振江	刘立涛	李慧明	杨明华（女）
宋立新（女）	张小青	张生生	张兰锁
张保明	张晓平	陈国平	周梅海
赵会文	郝春艳（女）	茹秀海	贾彦兵
韩学芝（女）	霍海元		

二、届中调整情况

2013年3月21日，县第十五届人大常委会第八次会议，郝春艳、马秋平辞去县人大常委会委员。

2013年3月26日，县第十五届人民代表大会第二次会议选举王振海、李吉宽为县第十五届人大常委会委员。

2015年2月12日，县第十五届人大常委会第二十四次会议，胡随林、刘立涛辞去县人大常委会委员。

2015年3月，县第十五届人民代表大会第五次会议选举周振海为县第十五届人大常委会副主任。

2016年1月，县第十五届人民代表大会第六次会议，张大平辞去县人大常委会主任职务，选举李海明为县第十五届人大常委会主任，选举肖虎子、边金文为县人大常委会委员。

2016年10月25日，县第十五届人大常委会第三十五次会议，齐明贵辞去县人大常委会副主任职务。

三、代表资格审查委员会

平山县第十五届人民代表大会常务委员会代表资格审查委员会人员名单

主任委员：霍文国

副主任委员：王来泉　刘立涛

委　　　员：王彦霞　左振江

四、工作机构及人员组成

2012年2月至2013年1月，平山县人大常委会办事机构为1室6科，即办公室、文教卫生科、财经科、代表联络科、政法科、信访科、农经科。

办公室：

主　任：王来泉（2012.02—2013.01）

副主任：于淑平（2012.02—2012.04）

　　　　梁　璐（2012.04—2013.01）

文教卫生科：

科　长：张小青（2012.02—2013.01）

副科长：于利朝（2012.02—2013.01）

财经科：

科　长：左振江（2012.02—2013.01）

副科长：李明忠（2012.02—2013.01）

　　　　卢鹏霞（2012.02—2013.01）

代表联络科：

科　长：王彦霞（2012.02—2013.01）

副科长：张鹏飞（2012.02—2013.01）

政法科：

科　长：贾彦兵（2012.02—2013.01）

副科长：马晓波（2012.02—2013.01）

信访科：

科　长：赵会文（2012.02—2013.01）

副科长：张肖肖（2012.02—2013.01）

农经科：

科　长：茹秀海（2012.02—2013.01）

副科长：刘国平（2012.02—2013.01）

2013年1月至2017年2月，平山县人大常委会办事机构为3室5委，即办公室、信访工作办公室、老干部服务办公室、教育科学文化卫生工作委员会、财政经济工作委员会、选举任免代表工作委员会、政法工作委员会、农业农村工作委员会。

办公室

主　任：王来泉（2013.01—2015.03）

　　　　肖虎子（2015.03—2017.02）

　　　　杜林文（2017.02—2017.02）

副主任：梁　璐（2013.01—2017.02）

教育科学文化卫生工作委员会

主　任：张小青（2013.01—2015.05）

　　　　张新国（2015.05—2017.02）

副主任：于利朝（2013.01—2015.05）

财政经济工作委员会

主　任：左振江（2013.01—2015.05）

　　　　于利朝（2015.05—2017.02）

副主任：李明忠（2013.01—2015.03）

　　　　卢鹏霞（2013.01—2017.02）

选举任免代表工作委员会

主　任：王彦霞（2013.01—2017.02）

　　　　张肖肖（2017.02—2017.02）

副主任：张鹏飞（2013.01—2017.02）

政法工作委员会

主　任：贾彦兵（2013.01—2017.02）

副主任：马晓波（2013.01—2017.02）

信访工作办公室

主　任：赵会文（2013.01—2017.02）

副主任：张肖肖（2013.01—2017.02）

　　　　闫庆芳（2017.02—2017.02）

农业农村工作委员会

主　任：茹秀海（2013.01—2017.02）

副主任：刘国平（2013.01—2017.02）

老干部服务办公室

主　任：李明忠（2015.03—2017.02）

第二节　主任会议

根据档案记载，县十五届人大常委会共召开主任会议 20 次。其中，主任张大平主持召开 6 次，主任李海明主持召开 3 次，副主任霍文国主持召开 4 次，副主任周振海主持召开 3 次。

平山县十五届人大常委会主任会议情况一览表

表 13-2

序号	时间	议题
1	2012 年 5 月 18 日	听取中国人民银行平山县支行《关于金融系统支持地方经济发展情况汇报》、平山县移民工作汇报
2	2012 年 7 月 27 日	听取县国税局和县地税局《关于 2012 年上半年税收工作汇报》
3	2012 年 10 月 11 日	听取平山县人民政府《关于人大代表建议办理情况汇报》、县文化广电新闻出版局工作汇报
4	2012 年 11 月 13 日	听取县扶贫办工作汇报、县商务局工作汇报
5	2013 年 5 月 23 日	听取县人力资源和社会保障局《关于城乡居民社会养老保险工作汇报》，听取县卫生局《关于乡村两级卫生事业发展及新建县医院搬迁进展情况汇报》，听取县广电网络公司经营情况汇报。会议听取县政府副县长刘金海述职报告
6	2013 年 7 月 24 日	听取县国税局和县地税局 2013 年上半年税收工作汇报
7	2013 年 9 月 29 日	听取县政府《关于人大代表建议办理情况汇报》、县教育局《关于学校建设工作汇报》
8	2013 年 11 月 6 日	传达学习孙瑞彬在平山调研时的主要讲话精神，通报县信访工作形势，传达市人大财经工作会议精神和市十三届人大常委会第五次会议精神
9	2014 年 5 月 28 日	传达学习李旭阳书记在全县党的群众路线教育实践活动工作会议上的讲话精神，书面听取县扶贫工作汇报、县农村能源推广利用情况汇报、县重大动物疫病防控工作汇报

续表 13-2

序号	时间	议题
10	2014 年 7 月 29 日	听取县国税局和县地税局 2014 年上半年税收工作汇报
11	2014 年 9 月 25 日	听取县政府《关于 2014 年人大代表建议办理情况的汇报》。书面听取县科技局工作汇报、县气象局工作汇报
12	2015 年 5 月 11 日	传达中办印发的《关于在县处级以上领导干部中开展“三严三实”专题教育活动方案》，学习县委书记李旭阳在全县领导干部会议上的讲话精神。研究进一步加强机关管理的有关问题。部署了 5 月份重点工作。明确《中山春秋》为县人大机关刊物；与“爱平山网”合作建立人大机关网站
13	2015 年 5 月 25 日	集中学习“三严三实”及《习近平谈治国理政》有关内容；研究进一步加强机关建设相关问题
14	2015 年 6 月 16 日	继续集中学习“三严三实”及《习近平谈治国理政》有关内容，检查了各位领导的学习情况；安排端午节放假有关事宜；通报省纪委查处的 9 起典型案件
15	2015 年 7 月 13 日	听取县财政局 2015 年上半年财政收入情况及全年经济形势分析和县国、地税局 2015 年上半年税收工作汇报
16	2015 年 9 月 28 日	听取西柏坡美丽乡村片区建设工作汇报，书面听取县文化市场整顿情况工作汇报
17	2015 年 11 月 27 日	传达学习省、市委党政机关秘书长（办公室主任）会议精神
18	2016 年 4 月 18 日	通过平山县第十五届人大常委会第三十三次会议议程草案。会议研究讨论《平山县人大常委会关于宪法宣誓工作实施办法》草案、《平山县人大常委会人事任免和监督办法》草案、《平山县人大常委会议事规则》草案、《平山县人大常委会主任会议议事规则》草案、《平山县人大常委会调研、视察、执法检查工作实施办法》草案、《平山县人大常委会关于对县人民法院法官和县人民检察院检察官开展履职评议的暂行办法》草案和《平山县人大常委会听取和审议“一府两院”专项工作报告》草案七个规范性文件；听取选任代工委关于县政府和县法院提请任免人员议案的情况介绍

续表 13-2

序号	时间	议题
19	2016 年 6 月 13 日	通过平山县第十五届人大常委会第三十四次会议议程草案。会议研究讨论《平山县人民代表大会议事规则》草案、《平山县人大常委会关于县人大代表建议、批评和意见的提出和办理的规定》草案、《平山县人大常委会受理人民群众申诉和意见的规定》草案。研究通过县人大常委会领导分工安排。通报县人大常委会机关党支部组成人员调整情况
20	2016 年 12 月 3 日	针对宪法基本知识，我国宪法的发展历程、指导思想和基本精神与内容以及我国宪法的实施予以重点讲解学习

第三节　常委会会议

2012 年 3 月至 2017 年 2 月，平山县第十五届人大常委会共召开 41 次会议。

第一次会议　2012 年 3 月 14 日召开，县人大常委会主任张大平，副主任齐明贵、卢庆忠、霍文国和委员王来泉、左振江、赵会文、张小青、茹秀海、王彦霞、贾彦兵、刘立涛、张晓平、宋立新、霍海元、杨明华、韩学芝、马秋平、张兰锁、陈国平、张生生、王文忠、周梅海、郝春艳、张保明等共 26 人出席会议。县委常委、常务副县长刘振乾，县法院院长臧占刚，县检察院检察长王玉录和各乡镇人大主席及人大机关科室干部列席会议。会议听取和审议县政府《关于提请任免人员议案的说明》，并以投票表决的方式通过人事任免。会议以举手表决的方式通过《关于设立平山县第十五届人民代表大会常务委员会代表资格审查委员会的决议（草案）》《平山县人大常委会关于调整预算审查委员会组成人员的决定》《平山县第十五届人大常委会组成人员守则》《平山县第十五届人大常委会会议议事规则》。

第二次会议　2012 年 4 月 27 日召开，县人大常委会主任张大平，副主任齐明贵、霍文国和委员王来泉、左振江、赵会文、张小青、王彦霞、贾彦兵、宋立新、霍海元、韩学芝、张兰锁、陈国平、张生生、王文忠、周梅海、郝春艳共 20 人出席会议。县委常委、县政府副县长李秀娟，县法院副院长何树林，县检察院副检察长梁林辉，县工信局局长范世雄，县教育局局长封树亚和各乡镇人大主席及人大机关科室工作人员列席会议。会议听取和审议县工信局《关于支持中小企业发展情况汇报》，县教育局《关于校园及校车安全保障工作汇报》。

第三次会议　2012 年 6 月 26 日召开，县人大常委会主任张大平，副主任齐明贵、卢庆忠、霍文国和委员王来泉、左振江、赵会文、张小青、王彦霞、贾彦兵、霍海元、茹秀海、刘立涛、韩学芝、张兰锁、张生生、周梅海、郝春艳、马秋平、张保明共 21 人出席会议。县政府副县长刘金海，县法院院长臧占刚，县检察院副检察长焦静海，县司法局局长焦彦虎，县公安局副局长王彦平和各乡镇人大主席及人大机关科室工作人员列席会议。会议听取和审议县公安局《关于治安管理工作汇报》、县司法局普法工作汇报，以投票表决的方式通过县法院提请任免人员。

第四次会议　2012年9月11日召开，县人大常委会主任张大平，副主任齐明贵、卢庆忠、霍文国和委员王来泉、左振江、赵会文、张小青、茹秀海、王彦霞、贾彦兵、刘立涛、宋立新、韩学芝、马秋平、张兰锁、陈国平、张生生、王文忠、周梅海、郝春艳、张保明等共23人出席会议。县委常委、常务副县长刘振乾，县检察院检察长王玉录，县法院副院长何树林，县财政局局长智全海，县发改局局长齐明国，县审计局局长刘巨洋和各乡镇人大主席及人大机关科室干部列席会议。会议听取和审议县发改局《关于2012年上半年国民经济计划执行情况汇报》，听取和审议县财政局《关于2012年1—7月份财政预算执行情况和2011年财政决算报告》，听取和审议县审计局《关于2011年预算执行情况的审计报告》，听取和审议县政府、县法院和县检察院《关于提请任免人员议案的说明》，并以投票表决的方式通过人事任免。

第五次会议　2012年10月26日召开，县人大常委会主任张大平，副主任齐明贵、卢庆忠、霍文国和委员王来泉、左振江、赵会文、张小青、茹秀海、王彦霞、贾彦兵、刘立涛、韩学芝、马秋平、张兰锁、霍海元、陈国平、张生生、周梅海、郝春艳、张保明等共22人出席会议。县委常委、副县长李秀娟，县法院副院长马正堂，县检察院副检察长高元成，县卫生局局长封速强，县人口计生局局长肖虎子，各乡镇人大主席及人大机关科室干部列席会议。会议听取和审议县卫生局《关于新型农村合作医疗工作汇报》、县人口计生局工作汇报、县政府副县长李秀娟的述职报告。

第六次会议　2012年12月24日召开，县人大常委会主任张大平，副主任齐明贵、卢庆忠、霍文国和委员王来泉、王文忠、左振江、赵会文、张小青、茹秀海、王彦霞、刘立涛、马秋平、宋立新、郝春艳、张保明、张生生、张兰锁、杨明华、陈国平、霍海元等共22人出席会议。县政府办公室主任周海军和人大机关负责人列席会议。会议听取和审议平山县委组织部《关于提请任免县政府组成人员议案的说明》；以举手表决的方式通过《关于接受赵宏魁辞去平山县人民政府县长职务请求的决定》；以投票表决的方式通过县委组织部提请任免人员。任命李旭阳为平山县人民政府副县长，决定代理县长。

第七次会议　2012年12月29日召开，县人大常委会主任张大平，副主任齐明贵、卢庆忠、霍文国和委员王来泉、左振江、赵会文、张小青、茹秀海、王彦霞、贾彦兵、刘立涛、宋立新、韩学芝、马秋平、张兰锁、陈国平、张生生、王文忠、周梅海、郝春艳、霍海元等共23人出席会议。县委常委、常务副县长刘振乾，县检察院检察长王玉录，县法院副院长何树林，县财政局局长智全海，县财政局党组书记刘双印，县公安局副局长王彦平，县食品药品监督管理局副局长孔文堂，各乡镇人大主席及人大机关科室干部列席会议。会议听取和审议县财政局《关于2012年财政预算调整报告》，听取和审议县食品药品监督管理局工作汇报，听取和审议县公安局工作汇报，听取和审议县政府《关于提请任免人员议案的说明》，并以投票表决的方式通过人事任免，会议以举手表决的方式通过县人大常委会2013年工作要点和主要工作安排。

第八次会议　2013年3月21日召开，县人大常委会主任张大平，副主任齐明贵、卢庆忠、霍文国和委员王来泉、左振江、赵会文、张小青、茹秀海、王彦霞、贾彦兵、刘立涛、张晓平、宋立新、张保明、韩学芝、周梅海、王文忠、张生生、张兰锁、陈国平、霍海元等共23人出席会议。县委常委、副县长李秀娟，县法院院长臧占刚，县检察院副检察长赵喜宗和人大机关科室负责人及各乡镇人大主席列席会议。会议听取和审议县十五届人大常委会代表资格审查委员会《关于平山县第十五届人民代表大会第二次会议代表资格的审查报告》；听取和审议《平山县第十五届人民代表大会第二次会议筹备工作报告》；举手表决通过县十五届人大常委会代表资格审查委员会《关于平山县第十五届人民代表大会第二次会议代表资格的审查报告》《平山县第十五届人民代表大会第二次会议的筹备工作报告》；通过《关于召开平山县第十五届人民代表大会第二次会议的决定》、平山县第十五届人民代表大会第二次会议主席团成员和秘书长、副秘书长建议名单、平山县第十五届人民代表大会第二次会议议案审查委员会成员建议名单、平山县第十五届人民代表大会第二次会议关于会议列席人员的决定。会议举手表决通过县人大常委会关于接受郝春艳、马秋平辞去平山县人大常委会委员职务请求的决定；通过县政府和县检察院提请任免人员。

第九次会议　2013年4月28日召开，县人大常委会主任张大平，副主任齐明贵、卢庆忠、霍文国和委员王来泉、王振海、王彦霞、左振江、赵会文、张小青、茹秀海、贾彦兵、韩学芝、周梅海、刘立涛、宋立新、张保明、李慧明、杨明华、张生生、李吉宽、霍海元等共23人出席会议。县委常委、常务副县长刘振乾，县政府党组成员、县政府办公室主任周海军和人大机关负责人列席会议。会议听取和审议县政府《关于提请县政府组成人员任免议案的说明》；听取和审议平山县委组织部《关于提请县政府组成人员任免议案的说明》；以举手表决的方式通过《关于接受李旭阳辞去平山县人民政府县长职务请求的决定》；以投票表决的方式通过县政府和县委组织部提请任免人员。会议决定任命董晓航为县政府副县长、代县长。

第十次会议　2013年6月18日召开，县人大常委会主任张大平，副主任齐明贵、卢庆忠、霍文国和委员王来泉、左振江、赵会文、张小青、茹秀海、王彦霞、贾彦兵、刘立涛、王振海、宋立新、张保明、韩学芝、周梅海、杨明华、张生生、张兰锁、陈国平、李吉宽、霍海元共24人出席会议。县法院副院长王树平，县检察院副检察长赵喜宗和人大机关科室负责人及各乡镇人大主席列席会议。会议书面听取和审议县政府副县长祁军英述职报告、县法院执行工作汇报和县检察院《关于预防和惩治职务犯罪工作汇报》；听取和审议县十五届人大常委会代表资格审查委员会《关于平山县第十五届人民代表大会第三次会议代表资格的审查报告》；听取和审议《平山县第十五届人民代表大会第三次会议筹备工作报告》；举手表决通过县十五届人大常委会代表资格审查委员会《关于平山县第十五届人民代表大会第三次会议代表资格的审查报告》》《平山县第十五届人民代表大会第三次会议的筹备工作报告》。通过《关于召开平山县第十五届人民代表大会第三次会议的决定》，通过平山县第十五届人民代表大会第三次会议主席团成员和秘书长、副秘书长建议名单，通过县人大常委会关于对政府组成部门副科级、股级干部进行工作评议的决定，通过县人大常委会致全县人大代表的公开信、县人大常委会关于加强检察建议工作的决议。

第十一次会议 2013年7月30日召开，会议由县人大常委会主任张大平主持。县人大常委会主任张大平，副主任齐明贵、卢庆忠、霍文国和委员王来泉、左振江、赵会文、张小青、茹秀海、王彦霞、贾彦兵、刘立涛、王振海、宋立新、韩学芝、周梅海、张兰锁、陈国平、李吉宽共20人出席会议。县检察院检察长王玉录列席会议。会议听取和审议平山县人民检察院《关于田某有关问题的说明》。根据《中华人民共和国全国人民代表大会和地方各级人民代表大会代表法》第三十二条规定，审查并许可平山县人民检察院关于对田某采取强制措施的申请；根据《中华人民共和国全国人民代表大会和地方各级人民代表大会代表法》第四十八条规定，决定暂时停止田某执行代表职务。

第十二次会议 2013年8月29日召开，县人大常委会主任张大平，副主任齐明贵、卢庆忠、霍文国和委员王来泉、左振江、赵会文、张小青、茹秀海、王彦霞、贾彦兵、刘立涛、宋立新、韩学芝、王文忠、张生生、陈国平、李吉宽、霍海元等共20人出席会议。县委常委、常务副县长刘振乾，县检察院检察长王玉录，县法院副院长何树林，县财政局局长智全海，县发改局局长齐明国，县审计局局长刘巨洋和各乡镇人大主席及人大机关各委室干部列席会议。会议听取和审议县发改局《关于2013年上半年国民经济和社会发展计划执行情况汇报》、县财政局《关于2013年上半年财政预算执行情况和2012年财政决算报告》、县审计局《关于2012年度县本级预算执行和其他财政收支情况的审计报告》，听取和审议县政府、县法院和县检察院《关于提请任免人员议案的说明》，并以投票表决的方式通过人事任免。

第十三次会议 2013年10月25日召开，县人大常委会主任张大平，副主任卢庆忠、霍文国和委员王来泉、左振江、赵会文、张小青、茹秀海、王彦霞、贾彦兵、刘立涛、王文忠、王振海、张生生、张兰锁、李吉宽、宋立新、霍海元、张保明、周梅海等共21人出席会议。县政府副县长林树新，县法院院长臧占刚，县检察院副检察长赵喜宗，县旅游局局长田林广，县文广新局局长陈建廷和各乡镇人大主席及人大机关各委室干部列席会议。会议听取和审议县旅游局《关于环境综合整治工作汇报》，县文广新局《关于“古都中山国·圣地西柏坡”文化品牌建设工作汇报》，听取和审议县政府副县长林树新述职报告。

第十四次会议 2013年12月2日召开，县人大常委会主任张大平，副主任卢庆忠、霍文国和委员王来泉、王振海、王彦霞、左振江、赵会文、张小青、茹秀海、贾彦兵、韩学芝、周梅海、刘立涛、宋立新、张生生、张兰锁、陈国平、李吉宽、霍海元共21人出席会议。县委常委、常务副县长刘振乾，县人大机关负责人列席会议。会议听取和审议县政府《关于提请县政府组成人员任免议案的说明》，以投票表决的方式通过县政府提请任免人员。

第十五次会议 2013年12月20日召开，县人大常委会主任张大平，副主任卢庆忠、霍文国和委员王来泉、左振江、赵会文、张小青、茹秀海、王彦霞、贾彦兵、刘立涛、宋立新、韩学芝、李吉宽、张兰锁、陈国平、张生生、张保明、王文忠、周梅海、王振海、霍海元等共23人出席会议。县委常委、常务副县长刘振乾，县检察院检察长王玉录，县法院副院长王树林，县财政局局长智全海，县农业局局长闫军国，各乡镇人大主席及人大机关各委室干部列席会议。会议听取和审议县财政局《关于2013年财政预算调整方案（草案）的报告》、县农业局《关于特色产业工作汇报》。会议听取和审议县法院《关于提请任免人员议案的说明》，并以投票表决的方式通过人事任免。会议以举手表决的方式通过县人大常委会2014年工作要点和主要工作安排。会议以举手表决的方式通过县人大常委会关于加强预算审查监督工作的决定。

第十六次会议　2014年1月15日召开，县人大常委会主任张大平，副主任卢庆忠、霍文国和委员王来泉、赵会文、张小青、王彦霞、贾彦兵、宋立新、韩学芝、李吉宽、张兰锁、陈国平、张生生、张保明、王文忠、周梅海、王振海、霍海元共20人出席会议。县委常委、常务副县长刘振乾，县法院院长臧占刚，县检察院检察长王玉录和人大机关各委室负责人及各乡镇人大主席列席会议。会议听取和审议县政府《关于提请任免人员议案的说明》；听取和审议《平山县第十五届人民代表大会第四次会议筹备工作报告》；举手表决通过《平山县第十五届人民代表大会第四次会议的筹备工作报告》；通过《关于召开平山县第十五届人民代表大会第四次会议的决定》，平山县第十五届人民代表大会第四次会议主席团成员和秘书长、副秘书长建议名单，平山县第十五届人民代表大会第四次会议议案审查委员会成员建议名单，平山县第十五届人民代表大会第四次会议关于会议列席人员决定。会议以投票表决的方式通过县政府提请任免人员。

第十七次会议　2014年4月26日召开，县人大常委会主任张大平，副主任齐明贵、卢庆忠、霍文国和委员王振海、左振江、赵会文、陈国平、张保明、王彦霞、贾彦兵、刘立涛、宋立新、韩学芝、王文忠、张生生、李吉宽共18人出席会议。县政府副县长刘书文，县法院副院长王树平，县检察院副检察长高元成，县住建局局长仇进忠，县供水办主任李世杰和各乡镇人大主席及人大机关各委室干部列席会议。会议听取和审议县政府《关于"两个环境"建设工作汇报》、县住建局《关于城建工作的汇报》、县供水办工作汇报。

第十八次会议　2014年7月1日召开，县人大常委会主任张大平，副主任齐明贵、卢庆忠、霍文国和委员王来泉、王彦霞、左振江、赵会文、张小青、茹秀海、贾彦兵、王振海、韩学芝、张保明、刘立涛、宋立新、周梅海、王文忠、张生生、李吉宽、霍海元共21人出席会议。县委常委、常务副县长刘振乾，县法院副院长马正堂，县检察院副检察长赵喜宗，县人大机关负责人列席会议。会议听取和审议县政府《关于提请任免政府组成人员议案的说明》，以无记名投票表决的方式通过县政府提请任免人员。

第十九次会议　2014年7月24日召开，县人大常委会主任张大平，副主任齐明贵、卢庆忠、霍文国和委员王来泉、左振江、赵会文、张小青、茹秀海、王彦霞、贾彦兵、张保明、王振海、宋立新、韩学芝、周梅海、张兰锁、陈国平、李吉宽、张生生、霍海元等共22人出席会议。县检察院检察长王玉录列席会议。会议听取和审议县人民检察院关于杨某有关问题的说明。根据《中华人民共和国全国人民代表大会和地方各级人民代表大会代表法》第三十二条规定，审查并许可平山县人民检察院关于对杨某采取强制措施的申请；根据《中华人民共和国全国人民代表大会和地方各级人民代表大会代表法》第四十八条规定，决定暂时停止杨某执行代表职务。

第二十次会议 2014年8月28日召开，县人大常委会主任张大平，副主任卢庆忠、霍文国和委员王来泉、左振江、赵会文、茹秀海、王彦霞、贾彦兵、刘立涛、张保明、王振海、韩学芝、周梅海、王文忠、张生生、陈国平、李吉宽等共19人出席会议。县委常委、常务副县长刘振乾，县法院副院长何树林，县检察院副检察长赵喜宗，县财政局局长智全海，县发改局局长齐明国，县审计局局长刘巨洋和各乡镇人大主席及人大机关各委室干部列席会议。会议听取和审议县发改局《关于2014年上半年国民经济和社会发展计划执行情况汇报》、县财政局《关于2014年上半年财政预算执行情况和2013年财政决算报告》，县审计局《关于2013年度县本级预算执行和其他财政收支情况的审计报告》。会议听取县人大常委会《关于“人大代表之家”创建工作的安排意见》。会议书面听取和审议县交通局局长梁志彦述职报告。

第二十一次会议 2014年11月24日召开，县人大常委会主任张大平，副主任齐明贵、卢庆忠、霍文国和委员王来泉、左振江、赵会文、茹秀海、王彦霞、张小青、贾彦兵、刘立涛、张保明、王振海、韩学芝、周梅海、宋立新、张生生、陈国平、李吉宽、张兰锁、霍海元共23人出席会议。副县长高永阁，县法院副院长马正堂，县规划局局长茹云龙，县城投公司总经理解建军及县人大机关委室干部列席会议。会议听取和审议县城投公司工作汇报，书面听取县农业局的工作汇报，听取县政府《关于提请批准平山县城乡总体规划议案的说明》，审查批准《平山县城乡总体规划（2013—2030）》，听取和审议县法院关于提请任免人民陪审员议案的说明，并以投票表决的方式通过人事任免。

第二十二次会议 2014年12月23日召开，会议在县人大会议室举行。会议表决通过《县人大常委会关于接受王俊英辞去石家庄市第十三届人民代表大会代表职务请求的报告》，并通过相应决议。

第二十三次会议 2014年12月26日召开，县人大常委会主任张大平，副主任卢庆忠、霍文国和委员王来泉、左振江、张小青、茹秀海、王彦霞、贾彦兵、刘立涛、宋立新、韩学芝、李吉宽、张生生、张保明、王文忠、周梅海、王振海等共19人出席会议。县委常委、常务副县长刘振乾，县财政局局长智全海，县财政局党组书记、副局长刘双印和人大机关各委室干部列席会议。会议听取和审议县财政局《关于2014年财政预算调整方案（草案）的报告》。会议书面听取和审议县文广新局局长述职报告，以举手表决的方式通过县财政局《关于2014年财政预算调整方案（草案）的报告》，通过《平山县人大常委会2015年主要工作安排（草案）》。

第二十四次会议 2015年2月12日召开，会议由县人大常委会副主任齐明贵主持。县人大常委会主任张大平，副主任齐明贵、卢庆忠、霍文国和委员王来泉、左振江、茹秀海、张小青、王彦霞、贾彦兵、宋立新、韩学芝、李吉宽、张生生、张保明、王文忠、周梅海、霍海元共18人出席会议。县委常委、常务副县长刘振乾，县法院副院长马正堂，县检察院副检察长赵喜宗和人大机关各委室负责人及各乡镇人大主席列席会议。会议听取和审议县政府《关于提请任免人员议案的说明》；听取和审议县十五届人大常委会代表资格审查委员会《关于平山县第十五届人民代表大会第五次会议代表资格的审查报告》；听取和审议《平山县第十五届人民代表大会第五次会议筹备工作报告》；举手表决通过《关于支持加快沿庄村棚户区改造等基础设施项目的决定》；通过《关于平山县第十五届人民代表大会第五次会议代表资格的审查报告》；通过《平山县第十五届人民代表大会第五次会议的筹备工作报告》；通过《关于召开平山县第十五届人民代表大会第五次会议的决定（草案）》、平山县第十五届人民代表大会第五次会议主席团成员和秘书长、副秘书长建议名单（草案）、《平山县第十五届人民代表大会第五次会议议案审查委员会成员建议名单（草案）》《平山县第十五届人民代表大会第五次会议关于会议列席人员的决定（草案）》。会议以举手表决的方式通过平山县人大常委会《关于接受胡随林辞职请求的决定》和《刘立涛辞去县人大常委会委员职务的决定》；以投票表决的方式通过县政府提请任免人员。

第二十五次会议　2015 年 4 月 24 日召开，会议由县人大常委会副主任齐明贵主持。县人大常委会主任张大平，副主任齐明贵、卢庆忠、霍文国、周振海和委员王来泉、王文忠、左振江、茹秀海、王彦霞、张小青、贾彦兵、张保明、王振海、韩学芝、宋立新、张生生、陈国平、李吉宽、霍海元共 20 人出席会议。县委常委、常务副县长刘振乾，副县长段春改，县人大办公室主任肖虎子及县人大机关委室干部列席会议。会议听取和审议县人大常委会、县政府关于提请任免人员议案的说明，并以投票表决的方式通过人事任免。会议以举手表决的方式，通过县人大常委会《关于接受封速强等 8 人辞去县十五届人大代表职务的决定草案》；通过县十五届人大常委会代表资格审查委员会《关于补选县十五届人大代表资格的审查报告》。会议书面听取和审议县移民办和县扶贫办工作汇报。

第二十六次会议　2015 年 6 月 24 日召开，会议由县人大常委会主任张大平主持。县人大常委会主任张大平，副主任齐明贵、卢庆忠、周振海和委员王来泉、王彦霞、茹秀海、张小青、贾彦兵、赵会文、张晓平、张保明、王振海、韩学芝、宋立新、周梅海、杨明华、张生生、李吉宽、霍海元共 20 人出席会议。县检察院检察长王玉录，县法院副院长王树平，县人大办公室主任肖虎子及县人大机关相关委室干部列席会议。会议听取和审议平山县人民检察院关于范某有关问题的说明。根据《中华人民共和国全国人民代表大会和地方各级人民代表大会代表法》第三十二条规定，审查并许可平山县人民检察院关于对范某采取强制措施的报告；根据《中华人民共和国全国人民代表大会和地方各级人民代表大会代表法》第四十八条规定，决定暂时停止范某执行代表职务。会议听取和审议县人大常委会、县法院关于提请任免人员议案的说明，并以投票表决的方式通过人事任免。

第二十七次会议　2015 年 8 月 26 日召开，会议由县人大常委会副主任周振海主持。县人大常委会副主任齐明贵、卢庆忠、霍文国、周振海和委员王来泉、赵会文、茹秀海、王彦霞、贾彦兵、张保明、宋立新、王振海、韩学芝、周梅海、王文忠、张生生、霍海元共 17 人出席会议。县委常委、副县长李秀娟，县人大办公室主任肖虎子，县审计局局长刘巨洋，县发改局副局长姜占杰，县财政局副局长任永亮及人大机关相关委室负责人列席会议。会议听取和审议县发改局《关于2015年上半年国民经济和社会发展计划执行情况汇报》、县财政局《关于2015年上半年财政预算执行情况和2014年财政决算报告》、县审计局《关于2014年度县本级预算执行和其他财政收支情况的审计报告》，会议以投票表决的方式通过县政府提请任免人员，以举手表决的方式通过《平山县政府2014年决算报告》；通过平山县人大常委会《关于接受马提福辞去市十三届人大代表职务请求的决议草案》。

第二十八次会议 2015年9月30日召开，会议由县人大常委会副主任齐明贵主持。县人大常委会主任张大平，副主任齐明贵、卢庆忠、霍文国、周振海和委员王来泉、王彦霞、左振江、赵会文、张小青、茹秀海、贾彦兵、韩学芝、张保明、宋立新、周梅海、张生生、陈国平、张兰锁、李吉宽、霍海元共21人出席会议。县委常委、常务副县长刘振乾，县人大机关相关委室负责人列席会议。会议听取和审议县政府《关于提请任免政府组成人员议案的说明》；会议以投票表决的方式通过县政府提请任免人员。

第二十九次会议 2015年10月26日召开，会议由县人大常委会副主任周振海主持。县人大常委会主任张大平，副主任齐明贵、卢庆忠、霍文国、周振海和王来泉、左振江、赵会文、茹秀海、王彦霞、贾彦兵、王振海、韩学芝、周梅海、王文忠、张生生、霍海元、李吉宽、陈国平共19人出席会议。县委常委、常务副县长刘振乾，县法院副院长马正堂，县检察院副检察长赵喜宗及人大机关相关委室负责人列席会议。会议听取和审议县政府《关于2015年代表建议办理情况汇报》，听取和审议部分市人大代表述职报告，书面听取和审议县卫生局《关于新型农村合作医疗工作汇报和县人社局城镇职工医疗保险工作汇报》，以投票的方式对市人大代表述职报告进行测评。

第三十次会议 2015年12月24日召开，会议由县人大常委会副主任周振海主持。县人大常委会主任张大平，副主任齐明贵、卢庆忠、霍文国、周振海和委员王来泉、左振江、茹秀海、张小青、贾彦兵、张保明、宋立新、韩学芝、王振海、周梅海、李吉宽、霍海元共17人出席会议。县领导李海明、县法院副院长马正堂，县检察院副检察长赵喜宗，县财政局党组书记、副局长刘双印和人大机关相关委室负责人列席会议。会议听取和审议县政府、县法院、县检察院关于提请任免人员议案的说明；听取和审议县人大常委会《关于补选市人大代表议案的说明》；听取和审议县人大常委会代表资格审查委员会《关于补选个别代表资格的审查报告》；听取和审议县财政局《关于2015年财政预算调整方案》；听取和审议县人大办公室《关于赴江西瑞金、井冈山考察的报告》。书面听取和审议《县城重点城建工程进展情况汇报》；书面听取和审议县畜牧水产办《关于畜产品质量安全情况汇报》；书面听取和审议县人大常委会2016年主要工作安排。会议要求，认真做好县十五届人大六次会议筹备工作。会议要求，要加快宪法主题广场建设步伐，尽快成立专门班子，抓紧做好宪法主题广场的选址、设计等前期准备工作，确保如期完工，为深入贯彻落实宪法宣誓制度打好基础。会议以投票表决的方式补选李海明、左红江、李渊3人为石家庄市第十三届人民代表大会代表。会议以投票表决的方式通过县政府、县法院、县检察院提请任免人员。会议以举手表决的方式通过县人大常委会代表资格审查委员会关于补选代表资格的审查报告；通过县财政局《关于2015年财政预算调整方案》；通过县人大常委会2016年主要工作安排。

第三十一次会议　2016年1月26日召开，会议由县人大常委会副主任周振海主持。县人大常委会主任张大平，副主任齐明贵、卢庆忠、霍文国、周振海和委员王来泉、左振江、茹秀海、张小青、王彦霞、贾彦兵、赵会文、宋立新、王振海、张保明、韩学芝、周梅海、王文忠、张生生、陈国平、李吉宽、霍海元共22人出席会议。县领导李海明和人大机关相关委室负责人列席会议。会议听取和审议县财政局《关于平山县2015年政府债务限额的报告》；听取和审议县十五届人大常委会代表资格审查委员会《关于平山县第十五届人民代表大会第六次会议代表资格的审查报告；听取和审议县第十五届人民代表大会第六次会议筹备工作报告》。举手表决通过县财政局《关于平山县2015年政府债务限额的报告》；通过县十五届人大常委会代表资格审查委员会《关于平山县第十五届人民代表大会第六次会议代表资格的审查报告》；通过《平山县第十五届人民代表大会第六次会议的筹备工作报告》；通过《关于召开平山县第十五届人民代表大会第六次会议的决定（草案）》《平山县第十五届人民代表大会第六次会议主席团成员和秘书长、副秘书长建议名单（草案）》《平山县第十五届人民代表大会第六次会议议案审查委员会成员建议名单（草案）》《平山县第十五届人民代表大会第六次会议关于会议列席人员决定（草案）》《平山县第十五届人大常委会工作报告（征求意见稿）》。会议以举手表决的方式通过平山县人大常委会关于接受王来泉、赵素江、陈素娟3人辞去县十五届人大代表职务的决定。

第三十二次会议　2016年3月18日召开，会议由县人大常委会主任李海明主持。县人大常委会主任李海明，副主任齐明贵、卢庆忠、霍文国和委员肖虎子、边金文、王彦霞、茹秀海、贾彦兵、张晓平、王振海、韩学芝、宋立新、周梅海共14人出席会议。县检察院检察长王玉录列席会议。会议听取和审议平山县人民检察院《关于提请对县人大代表韩某立案并采取强制措施的报告》。根据《中华人民共和国全国人民代表大会和地方各级人民代表大会代表法》第三十二条规定，会议以举手表决的方式通过平山县人民检察院《关于提请对县人大代表韩某立案并采取强制措施的报告》；根据《中华人民共和国全国人民代表大会和地方各级人民代表大会代表法》第四十八条规定，决定暂时停止韩某执行代表职务。

第三十三次会议　2016年4月27日召开，会议由县人大常委会副主任霍文国主持。县人大常委会主任李海明，副主任齐明贵、卢庆忠、霍文国、周振海，委员肖虎子、左振江、边金文、赵会文、王彦霞、茹秀海、贾彦兵、张小青、张保明、韩学芝、周梅海、张晓平、陈国平、霍海元、张生生共20人出席会议。县委常委、副县长李秀娟，县人民法院院长臧占刚，县人民检察院副检察长赵喜俊列席会议。列席会议的还有各乡镇人大主席和县人大机关相关委室负责人。会议听取和审议县政府《关于提请决定任免吴瑞峰等职务议案的说明》；听取和审议县法院《关于提请任免张兴利等职务议案的说明》；听取和审议县政府《关于落实县人大常委会关于县城学校布局与管理工作建议情况的报告》；听取和审议县国土资源局土地管理工作报告；听取和审议县卫生和计划生育局局长李淑珍述职报告；书面审议《平山县人大常委会关于宪法宣誓工作实施办法》《平山县人大常委会人事任免和监督办法》《平山县人大常委会调研、视察、执法检查工作实施办法》《平山县人大常委会会议事规则》《平山县人大常委会主任会议议事规则》《平山县人大常委会关于对县人民法院法官和县人民检察院检察官开展履职评议的暂行办法》和《平山县人大常委会听取和审议“一府两院”专项工作报告办法》七个规范性文件。县人大常委会委员韩学芝、周梅海作审议发言。会议以投票表决的方式通过县政府、县法院提请任免人员；县人大常委会主任李海明为新任职人员颁发了任命书，吴瑞峰、张明2人代表新任职人员作了表态发言。会议以投票测评方式通过县政府落实县人大常委会《关于县城学校布局与管理工作建议情况的报告》；通过县国土资源局《关于土地管理工作汇报》；通过县卫生和计划生育局局长李淑珍述职报告。会议以举手表决的方式通过县人大常委会七个规范性文件。

第三十四次会议 2016年7月7日召开，会议由县人大常委会副主任霍文国主持。县人大常委会主任李海明，副主任卢庆忠、霍文国、周振海，委员肖虎子、左振江、赵会文、王彦霞、茹秀海、贾彦兵、张小青、张保明、宋立新、韩学芝、王振海、周梅海、王文忠、张兰锁、陈国平、霍海元、李吉宽共21人出席会议。县政府副县长梁志彦，县人民法院院长臧占刚，县人民检察院检察长王玉录列席会议。列席会议的还有各乡镇人大主席和县人大机关相关委室负责人。会议听取和审议县政府副县长梁志彦述职报告；听取和审议县农牧局局长梁拴云述职报告；听取和审议县安监局《关于〈安全生产法〉执行情况报告》；听取和审议县水务局《关于〈水土保持法〉执行情况报告》；听取和审议县政府《2016年政府债券限额和新增地方政府债券安排及预算调整方案的报告》；书面审议《平山县人民代表大会议事规则》《平山县人大常委会关于县人大代表建议、批评和意见的提出和办理的规定》《平山县人大常委会受理人民群众申诉和意见的规定》三个规范性文件。县人大常委会委员张保明、宋立新和左振江作审议发言。会议以投票测评方式通过县政府副县长梁志彦述职报告；通过县农牧局局长梁拴云的述职报告；通过县安监局《关于〈安全生产法〉执行情况报告》；通过县水务局《关于〈水土保持法〉执行情况报告》。会议以举手表决的方式通过县人大常委会三个规范性文件；通过县政府《2016年政府债券限额和新增地方政府债券安排及预算调整方案的报告》。

第三十五次会议 2016年10月25日召开，会议由县人大常委会副主任霍文国主持。县人大常委会主任李海明，副主任卢庆忠、霍文国、周振海，委员肖虎子、左振江、赵会文、王彦霞、茹秀海、贾彦兵、张小青、张保明、宋立新、王振海、周梅海、王文忠、张生生、张兰锁、霍海元、李吉宽共20人出席会议。县委常委、常务副县长刘振乾，县人民法院院长臧占刚，县人民检察院副检察长焦静海列席会议。列席会议的还有各乡镇人大主席和县人大机关相关委室负责人。会议听取和审议县法院关于提请免去李梦阳职务议案的说明；听取和审议《关于平山县2016年上半年国民经济和社会计划执行情况报告》；听取和审议《关于平山县2016年上半年财政预算执行情况和2015年财政决算报告》；听取和审议平山县人民政府《关于2015年度县本级预算执行和其他财政收支的审计报告》；听取和审议平山县人民政府《关于平山县农村基础设施扶贫开发项目购买服务资金列入县级财政预算的议案》。县人大常委会委员左振江、赵会文、茹秀海作审议发言。会议以投票测评方式通过县发改局《关于2016年上半年国民经济和社会计划执行情况报告》；通过县财政局《关于2016年上半年财政预算执行情况报告》；通过县审计局《关于2015年度县本级预算执行和其他财政收支情况的审计报告》。会议以投票表决的方式通过县政府《关于平山县农村基础设施扶贫开发项目购买服务资金列入县级财政预算的议案》；通过县法院提请任免人员。会议以举手表决的方式通过《县政府2015年决算报告》；通过平山县人大常委会《关于接受齐明贵辞去平山县第十五届人大常委会副主任职务请求的决定》。

第三十六次会议　2016年11月10日召开，会议由县人大常委会副主任霍文国主持。县人大常委会主任李海明，副主任卢庆忠、霍文国，委员肖虎子、边金文、左振江、王彦霞、茹秀海、贾彦兵、张小青、宋立新、王振海、韩学芝、周梅海、王文忠、张生生、霍海元共17人出席会议。县人大机关各委室负责人列席会议。会议听取和审议《平山县县乡两级人民代表大会换届选举委员会名单（草案）》；听取和审议平山县换届选举委员会《关于县乡两级人民代表大会换届选举工作的实施方案（草案）》。县人大常委会主任李海明就全县县乡两级人大换届选举工作提出要求。会议以举手表决的方式通过平山县县乡两级人民代表大会换届选举委员会名单；通过《平山县换届选举委员会关于县乡两级人民代表大会换届选举工作的实施方案》。

第三十七次会议　2016年12月26日召开，会议由县人大常委会副主任霍文国主持。县人大常委会主任李海明，副主任霍文国、周振海，委员肖虎子、边金文、左振江、赵会文、茹秀海、贾彦兵、宋立新、张保明、王振海、韩学芝、周梅海、张生生、张兰锁、霍海元、李吉宽共18人出席会议。县财政局局长智全海以及县人大机关各委室负责人列席会议。会议听取和审议平山县人民政府《关于2016年财政预算调整方案的报告》；审议平山县人大常委会《关于接受选举委员会成员为人大代表正式候选人辞去担任职务请求的决定》；审议平山县人大常委会《关于接受回舍镇等14个乡镇选举委员会成员为人大代表正式候选人辞去担任职务请求的决定》。会议以举手表决的方式通过平山县人民政府《关于2016年财政预算调整方案的报告》；通过平山县人大常委会《关于接受选举委员会成员为人大代表正式候选人辞去担任职务请求的决定（草案）》；通过平山县人大常委会《关于接受回舍镇等14个乡镇选举委员会成员为人大代表正式候选人辞去担任职务请求的决定（草案）》。

第三十八次会议　2017年1月24日召开，会议由县人大常委会副主任霍文国主持。县人大常委会主任李海明，副主任卢庆忠、霍文国、周振海，委员肖虎子、左振江、边金文、赵会文、王彦霞、茹秀海、贾彦兵、宋立新、张保明、王振海、周梅海、张生生、张兰锁、霍海元共18人出席会议。县委常委、组织部部长杨继平，县政府党组成员、办公室主任周海军列席会议。会议听取和审议县政府《关于提请决定任免县政府组成人员议案的说明》；听取和审议县委组织部《关于提请任免人员议案的说明》。会议通过举手表决的方式通过《平山县人大常委会关于接受臧占刚、王玉录辞职请求的决定》。会议以投票表决的方式通过县政府提请任免人员。县人大常委会主任李海明对新任职人员颁发了任命书；新任职人员作了表态发言。

第三十九次会议 2017年1月24日召开，会议由县人大常委会副主任霍文国主持。县人大常委会主任李海明，副主任卢庆忠、霍文国、周振海，委员肖虎子、左振江、边金文、赵会文、王彦霞、茹秀海、贾彦兵、宋立新、张保明、王振海、周梅海、张生生、张兰锁、霍海元共18人出席会议。县政府党组成员、办公室主任周海军列席会议。会议听取和审议县政府《关于提请决定任免县政府组成人员议案的说明》。会议以投票表决的方式通过县政府提请任免人员。县人大常委会主任李海明对新任职人员颁发了任命书；新任职人员作了表态发言。

第四十次会议 2017年2月7日召开，会议由县人大常委会副主任周振海主持。县人大常委会主任李海明，副主任霍文国、周振海，委员肖虎子、左振江、赵会文、王彦霞、茹秀海、贾彦兵、宋立新、张保明、王振海、韩学芝、周梅海、张生生、李吉宽、霍海元共17人出席会议。县政府党组成员、办公室主任周海军列席会议。会议听取和审议县政府《关于提请决定任免县政府组成人员议案的说明》。会议以投票表决的方式通过县政府提请任免人员。县人大常委会主任李海明对新任职人员颁发了任命书；新任职人员作了表态发言。

第四十一次会议 2017年2月20日召开，会议由县人大常委会副主任霍文国主持。县人大常委会主任李海明，副主任卢庆忠、霍文国，委员肖虎子、左振江、赵会文、王彦霞、茹秀海、贾彦兵、宋立新、张保明、边金文、王振海、韩学芝、周梅海、张生生、李吉宽、霍海元、张兰锁、王文忠共20人出席会议。县人大党组书记焦习军，县政府副县长郝春艳、郭振清和法检两院负责人及各乡镇人大主席列席会议。会议通过县十五届人大常委会代表资格审查委员会《关于平山县第十六届人民代表大会代表资格的审查报告》；听取和审议《平山县第十六届人民代表大会第一次会议筹备工作报告》，通过《关于召开十六届人大一次会议的决定》、大会议程、主席团名单、议案审查委员会名单和大会列席人员的决定草案。会议以投票表决的方式通过县人大和县政府提请任免人员。县人大常委会主任李海明对新任职人员颁发了任命书；新任职人员作了表态发言。李海明主任就开好十六届人大一次会议的具体工作提出明确要求和指导意见。

第四节　制度建设

一、制度规定

1. 平山县第十五届人大常委会组成人员守则

（2012年3月14日平山县第十五届人大常委会第一次会议审议通过）

2. 平山县第十五届人大常委会会议议事规则

（2012 年 3 月 14 日平山县第十五届人大常委会第一次会议审议通过）

3. 平山县人大常委会关于宪法宣誓工作实施办法

（2016 年 4 月 27 日平山县第十五届人大常委会第三十三次会议举手通过）

4. 平山县人大常委会人事任免和监督办法

（2016 年 4 月 27 日平山县第十五届人大常委会第三十三次会议举手通过）

5. 平山县人大常委会调研、视察、执法检查工作实施办法

（2016 年 4 月 27 日平山县第十五届人大常委会第三十三次会议举手通过）

6. 平山县人大常委会会议事规则

（2016 年 4 月 27 日平山县第十五届人大常委会第三十三次会议举手通过）

7. 平山县人大常委会主任会议议事规则

（2016 年 4 月 27 日平山县第十五届人大常委会第三十三次会议举手通过）

8. 平山县人大常委会关于对县人民法院法官和县人民检察院检察官开展履职评议的暂行办法

（2016 年 4 月 27 日平山县第十五届人大常委会第三十三次会议举手通过）

9. 平山县人大常委会听取和审议“一府两院”专项工作报告办法

（2016 年 4 月 27 日平山县第十五届人大常委会第三十三次会议举手通过）

10. 平山县人民代表大会议事规则

（2016 年 7 月 7 日平山县第十五届人大常委会第三十四次会议举手通过）

11. 平山县人大常委会关于县人大代表建议、批评和意见的提出和办理的规定

（2016 年 7 月 7 日平山县第十五届人大常委会第三十四次会议举手通过）

12. 平山县人大常委会受理人民群众申诉和意见的规定

（2016 年 7 月 7 日平山县第十五届人大常委会第三十四次会议举手通过）

二、制度规定选介

1. 平山县第十五届人大常委会组成人员守则

为充分发挥地方国家权力机关作用，更好地履行宪法和法律赋予的职责，加强县人民代表大会常务委员会的自身建设，制定本守则。主要内容包括：自觉接受党的领导；必须努力学习马列主义、毛泽东思想、邓小平理论和“三个代表”重要思想，深入贯彻落实科学发展观，认真学习宪法、法律和法规，熟悉有关人大工作运作的法律规定和各项程序，掌握行使职权所必备的知识，不断提高工作能力；必须以对国家和人民高度负责的精神，忠于职守，勤奋工作；必须按时出席常务委员会会议，严守保密纪律等内容。

2. 平山县第十五届人大常委会会议议事规则

根据《中华人民共和国宪法》《中华人民共和国地方各级人民代表大会和地方各级人民政府组织法》《中华人民共和国全国人民代表大会和地方各级人民代表大会选举法》和《中

华人民共和国各级人民代表大会常务委员会监督法》等法律法规以及县人民代表大会常务委员会的工作实践，制定本规则。主要内容包括：总纲、议事内容、会议召开、议案的提出和审议、听取和审议工作报告、质询和询问、附则等7个方面内容。

3. 平山县人大常委会关于宪法宣誓工作实施办法

办法分不同类型人员规定了宪法宣誓的形式、组织程序等。主要内容包括：1. 县人民代表大会选举的国家工作人员宪法宣誓工作；2. 县人大常委会任命和决定任命的国家工作人员宪法宣誓工作（不包括决定任命新一届县政府组成人员宪法宣誓情况）；3. 县人大常委会决定任命的新一届县政府组成人员宪法宣誓工作；4. 县人民政府和县人民法院、县人民检察院任命的国家工作人员宪法宣誓工作；5. 乡镇人民代表大会选举的国家工作人员宪法宣誓工作；6. 宣誓仪式监誓人；7. 宣誓仪式的有关要求。

第四章　审议决定重大事项

第一节　决议决定

1. 关于批准平山县2011年县本级决算的决议

（2012年9月11日平山县第十五届人大常委会第四次会议通过）

2. 关于批准平山县2012年县财政预算调整方案的决定

（2012年12月29日平山县第十五届人大常委会第七次会议通过）

3. 关于批准平山县2012年县财政预算方案的决定

（2013年6月18日平山县第十五届人大常委会第十次会议通过）

4. 关于加强检察建议工作的决议

（2013年6月18日平山县第十五届人大常委会第十次会议通过）

5. 关于批准平山县2012年县本级决算的决议

（2013年8月29日平山县第十五届人大常委会第十二次会议通过）

6. 关于批准平山县2013年财政预算调整方案的决定

（2013年12月20日平山县第十五届人大常委会第十五次会议通过）

7. 关于加强预算审查监督工作的决定

（2013年12月20日平山县第十五届人大常委会第十五次会议通过）

8. 关于支持加快沿庄棚户区改造等基础设施项目的决定

（2015年2月12日平山县第十五届人大常委会第二十四次会议通过）

9. 关于批准平山县2015年财政预算调整方案的决定

（2015年12月24日县十五届人大常委会第三十次会议通过）

10. 关于批准《平山县人民政府关于农村基础设施扶贫开发项目购买服务列入县级财政预算的议案》的决定

（2016年10月25日县十五届人大常委会第三十五次会议通过）

11. 关于学习贯彻《河北省农村扶贫开发条例》的决定

（2016年10月25日县第十五届人大常委会第三十五次会议通过）

12. 关于加强大气污染防治工作的决议

（2016 年 11 月 10 日县第十五届人大常委会第三十六次会议通过）

第二节　决议决定选介

1. 关于加强检察建议工作的决议

为充分发挥人民检察院检察建议的法律监督职能作用，根据《中华人民共和国各级人民代表大会常务委员会监督法》《中华人民共和国人民检察院组织法》的规定，结合实际，做出本决议。决议对检察建议的界定、提出、适用情形和内容及办理程序做出了明确的规定，确保在全县法治社会建设中发挥应有作用。

2. 关于加强预算审查监督工作的决定

为进一步加强预算的审查监督，保障全县经济社会的健康发展，根据《中华人民共和国地方各级人民代表大会和地方各级人民政府组织法》《中华人民共和国各级人民代表大会常务委员会监督法》《中华人民共和国预算法》和《河北省各级人民代表大会常务委员会预算审查条例》及有关法律、行政法规的规定，结合实际，特作如下决定。

一、县级人民政府预算应当坚持保稳定、保民生、保发展，先有预算，后有支出，收支平衡的原则。

二、预算审查监督的范围包括：预算编制、预算执行、预算调整和决算；县级人民政府关于预算、决算的决定、规章和命令。

三、县人大常委会预算审查委员会至少一季度，组织财政、国税、地税等相关部门开展一次调研活动，及时掌握本季度的预算执行情况，并向常委会报告。

四、县人民政府财政部门，应当在每月上旬，将上月预算执行情况书面报告县人大常委会预算审查委员会

五、县人民政府财政部门，应加强财政资金预算的刚性，一般不走审批临时追加资金，特殊情况确需追加的，应将数额在 100 万元以下的，每季度末汇总，向县人大常委会报告备案；临时追加资金数额在 100 万元以上的，应及时向县人大常委会报告。

六、遇有严重的自然灾害及其他难以预见的紧急情况，因预备费不足，需要增加财政支出时，可以先由县人民政府决定执行，然后报本级人大常委会备案。

3. 关于支持加快沿庄棚户区改造等基础设施项目的决定

沿庄棚户区改造等基础设施项目位于平山镇沿庄村，处于平山新区商务核心地带，是全县重点改造的棚户区项目，并列为了国开行支持项目。平山县第十五届人大常委会第二十四次会议经审议认为，该项目对于完善基础环境，促进新区发展，加快县城城镇化步伐，促进旅游产业发展，转变全县经济发展方式具有重要意义，同意给予支持，并审查批准具体实施

方案，要求县人民政府按照审查批准的具体实施情况向县人大常委会报告。

4. 平山县人大常委会关于加强大气污染防治工作的决议

近年来，县政府对大气污染防治工作高度重视，不断加强组织领导，健全工作机制，广泛宣传教育，大气污染防治工作取得了一定成效，但是空气质量未实现根本好转，雾霾和区域性空气污染发生频繁，空气质量连续排名靠后。面对大气污染严峻形势，全县上下一定要充分认识大气污染防治工作的重要性、紧迫性和艰巨性，把思想和行动统一到中央和省、市委关于加强大气污染防治的重大决策部署上来，以时不我待的精神，以壮士断腕的勇气和决心打好大气污染防治攻坚战。根据有关法律法规，做出本决议。决议主要包括以下内容：1. 提高思想认识增强大气污染防治的紧迫感和责任感；2. 坚持多措并举，全面推进大气污染防治工作；3. 依法强化监管，切实保障大气污染防治取得实效；4. 推进全民参与，全力营造大气污染防治的良好氛围。

第五章　人事任免

2012 年 3 月 14 日县第十五届人大常委会第一次会议

决定任命：

周海军任平山县人民政府办公室主任

齐明国任平山县发展改革局局长

封树亚任平山县教育局局长

张彦明任平山县科学技术局局长

范世雄任平山县工业和信息化局局长

赵华全任平山县民族宗教事务局局长

崔锋任平山县公安局局长

刘明生任平山县监察局局长

周素明任平山县民政局局长

焦彦虎任平山县司法局局长

智全海任平山县财政局局长

杨兴任平山县人事劳动和社会保障局局长

李林仓任平山县国土资源局局长

刘书文任平山县环境保护局局长

茹云龙任平山县住房和城乡建设局局长

田明月任平山县交通运输局局长

李占山任平山县水务局局长

闫军国任平山县农业畜牧局局长

王兰任平山县商务局局长

封速强任平山县卫生局局长

肖虎子任平山县人口和计划生育局局长

刘巨洋任平山县审计局局长

赵建林任平山县统计局局长

牛彦文任平山县安全生产监督管理局局长

张云川任平山县食品药品监督管理局局长

2012 年 6 月 26 日县第十五届人大常委会第三次会议
任命：
刘洁为平山县人民法院民事审判第二庭庭长
周兴中为平山县人民法院审判监督庭庭长
崔新民为平山县人民法院执行一庭庭长
杜静波为平山县人民法院立案庭副庭长
赵秀霞为平山县人民法院回舍人民法庭副庭长
史增中为平山县人民法院审判委员会委员
范风军为平山县人民法院执行二庭庭长
曹利伟为平山县人民法院小觉人民法庭庭长
霍莉为平山县人民法院审判员
免去：
刘明芳平山县民事审判第二庭庭长职务
杨习文平山县人民法院审判监督庭庭长职务
周兴中平山县人民法院执行一庭庭长职务
崔新民平山县人民法院立案庭副庭长职务
杜静波平山县人民法院小觉人民法庭庭长职务
赵秀霞平山县人民法院西柏坡人民法庭副庭长职务
范风军平山县人民法院执行二庭副庭长职务
曹利伟平山县人民法院回舍人民法庭副庭长职务

2012 年 9 月 11 日县第十五届人大常委会第四次会议
决定任命：
王凤权任平山县人民政府副县长（挂职）
决定免去：
张宏君平山县人民政府副县长职务（挂职）
任命：
王文革任平山县国土资源局局长
免去：
李林仓平山县国土资源局局长职务
任命：
赵喜宗任平山县人民检察院副检察长、检察委员会委员、检察员
李新国任平山县人民检察院副检察长、检察委员会委员、检察员
孙自芳任平山县人民检察院检察委员会委员

徐文元任平山县人民检察院检察委员会委员
免去：
梁林辉平山县人民检察院副检察长、检察委员会委员职务
马占军平山县人民法院审判委员会委员职务

2012 年 12 月 24 日县第十五届人大常委会第六次会议
决定任命：
李旭阳为平山县人民政府副县长、代县长。

2012 年 12 月 29 日县第十五届人大常委会第七次会议
决定免去：
封速强平山县卫生局局长职务
刘明生平山县监察局局长职务
牛彦文平山县安监局局长职务
决定任命：
刘明生任平山县卫生局局长
梁拴云任平山县监察局局长
梁中强任平山县安监局局长

2013 年 3 月 21 日县第十五届人大常委会第八次会议
任命：
郭志丹任平山县公安局局长
杨爱萍任平山县人民检察院检察委员会委员
免去：
崔峰平山县公安局局长职务

2013 年 4 月 28 日县第十五届人大常委会第九次会议
决定任命：
董晓航为平山县人民政府副县长、代县长
决定免去：
李海明平山县人民政府副县长职务

2013 年 8 月 29 日县第十五届人大常委会第十二次会议
决定任命：
高永阁任平山县人民政府副县长

仇进忠任平山县住房和城乡建设局局长
刘国英任平山县教育局局长
关文兰任平山县商务局局长
决定免去：
祁军英平山县人民政府副县长职务
茹云龙平山县住房和城乡建设局局长职务
封树亚平山县教育局局长职务
王兰平山县商务局局长职务
任命：
史志平任平山县人民法院民事审判第一庭庭长
史增中任平山县人民法院城关人民法庭庭长
檀志强任平山县人民法院少年法庭庭长
曹利伟任平山县人民法院南甸人民法庭庭长
赵树勇任平山县人民法院刑事审判庭庭长
郄建华任平山县人民法院立案第一庭庭长
杨新华任平山县人民法院审判监督庭副庭长
曹花萍任平山县人民法院民事审判第一庭副庭长
封文保任平山县人民法院民事审判第一庭副庭长
康云联任平山县人民法院刑事审判庭副庭长
高素文任平山县人民法院刑事审判庭副庭长
焦国才任平山县人民法院行政审判庭副庭长
田建江任平山县人民法院执行一庭副庭长
韩新会任平山县人民法院执行一庭副庭长
李晓辉任平山县人民法院城关人民法庭副庭长
杜静波任平山县人民法院立案第二庭庭长
李文军任平山县人民法院小觉人民法庭庭长
免去：
史志平平山县人民法院城关人民法庭庭长职务
史增中平山县人民法院少年法庭庭长职务
檀志强平山县人民法院南甸人民法庭庭长职务
曹利伟平山县人民法院小觉人民法庭庭长职务
赵树勇平山县人民法院民事审判第一庭庭长职务
郄建华平山县人民法院立案庭庭长职务
杨新华平山县人民法院民事审判第一庭副庭长职务
曹花萍平山县人民法院刑事审判庭副庭长职务

封文保平山县人民法院南甸人民法庭副庭长职务
康云联平山县人民法院审判监督庭副庭长职务
高素文平山县人民法院少年法庭副庭长职务
焦国才平山县人民法院审判监督庭副庭长职务
田建江平山县人民法院行政审判庭副庭长职务
李晓辉平山县人民法院古月人民法庭副庭长职务
杜静波平山县人民法院立案庭副庭长职务
李文军平山县人民法院立案庭副庭长职务
任命：
魏强任平山县人民检察院检察员
任晓刚任平山县人民检察院检察员

2013年12月2日县第十五届人大常委会第十四次会议
决定任命：
刘书文为平山县人民政府副县长
茹云龙为平山县城乡规划局局长
刘增山为平山县城市管理综合执法局局长
梁志彦为平山县交通运输局局长
决定免去：
田明月平山县交通运输局局长职务

2013年12月20日县第十五届人大常委会第十五次会议
任命：
刘明生任平山县卫生局局长

2013年12月20日县第十五届人大常委会第十五次会议
任命：
张肖肖任平山县人民法院人民陪审员
马晓波任平山县人民法院人民陪审员
何艳光任平山县人民法院人民陪审员
韩鹏任平山县人民法院人民陪审员
曹国伟任平山县人民法院人民陪审员
孟珑任平山县人民法院人民陪审员
韩毅刚任平山县人民法院人民陪审员
侯小倩任平山县人民法院人民陪审员

于宁任平山县人民法院人民陪审员
李兴任平山县人民法院人民陪审员
李晓波任平山县人民法院人民陪审员
耿志娟任平山县人民法院人民陪审员
霍小丽任平山县人民法院人民陪审员
檀志红任平山县人民法院人民陪审员
王晟宇任平山县人民法院人民陪审员
范雪利任平山县人民法院人民陪审员
刘丽任平山县人民法院人民陪审员
刁会方任平山县人民法院人民陪审员
尤琼任平山县人民法院人民陪审员
武彦群任平山县人民法院人民陪审员
陈彦任平山县人民法院人民陪审员
陈苗任平山县人民法院人民陪审员
霍金花任平山县人民法院人民陪审员
董媛媛任平山县人民法院人民陪审员
张晓帆任平山县人民法院人民陪审员
李爱平任平山县人民法院人民陪审员
付淑强任平山县人民法院人民陪审员
刘慧勇任平山县人民法院人民陪审员
任全义任平山县人民法院人民陪审员
胡文然任平山县人民法院人民陪审员
苗辉任平山县人民法院人民陪审员
刘杰任平山县人民法院人民陪审员
王雪峰任平山县人民法院人民陪审员
付鹏飞任平山县人民法院人民陪审员
王雪舟任平山县人民法院人民陪审员
曹伟波任平山县人民法院人民陪审员
康丽聪任平山县人民法院人民陪审员
何文涛任平山县人民法院人民陪审员
李伟任平山县人民法院人民陪审员
王兴勃任平山县人民法院人民陪审员
张宏伟任平山县人民法院人民陪审员
许金华任平山县人民法院人民陪审员
王杰任平山县人民法院人民陪审员

马晓路任平山县人民法院人民陪审员
何利强任平山县人民法院人民陪审员
史朝龙任平山县人民法院人民陪审员
闫超任平山县人民法院人民陪审员
刘进杰任平山县人民法院人民陪审员

2014 年 1 月 15 日县第十五届人大常委会第十六次会议
决定任命：
任飞任平山县人民政府副县长（挂职）

2014 年 7 月 1 日县第十五届人大常委会第十八次会议
决定任命：
贾玉娥为平山县人民政府副县长（挂职）
决定免去：
王凤权平山县人民政府副县长职务（挂职）

2015 年 2 月 12 日县第十五届人大常委会第二十四次会议
决定免去：
刘书文平山县环境保护局局长职务
仇进忠平山县住房和城乡建设局局长职务
李占山平山县水务局局长职务
张云川平山县食品药品监督管理局局长职务
杨兴平山县人力资源和社会保障局局长职务
决定任命：
李占山任平山县住房和城乡建设局局长
李七五任平山县水务局局长
牛彦文任平山县食品药品监督管理局局长
姜明芳任平山县人力资源和社会保障局局长
卢占军任平山县环境保护局局长
刘立涛任平山县质量技术监督局局长

2015 年 4 月 24 日县第十五届人大常委会第二十五次会议
决定免去：
王来泉平山县人大办公室主任职务
梁拴云平山县监察局局长职务

闫军国平山县农牧局局长职务
肖虎子平山县人口和计划生育局局长职务
决定任命：
段春改任平山县人民政府副县长（挂职）
肖虎子任平山县人大办公室主任
李明忠任平山县人大老干部服务办公室主任
梁拴云任平山县农牧局局长
张锁成任平山县监察局局长
李淑珍任平山县人口和计划生育局局长

2015 年 6 月 24 日县第十五届人大常委会第二十六次会议
决定免去：
左振江平山县人大财经委主任职务
张小青平山县人大教科文卫委主任职务
决定任命：
于利朝任平山县人大财经委主任
张新国任平山县人大教科文卫委主任
免去：
左小英平山县人民法院副院长、审判员职务
郭吉海平山县人民法院二庭副庭长、审判员职务
曹利伟平山县人民法院南甸法庭庭长、审判员职务
任命：
张明任平山县人民法院审判员
尹艳丽任平山县人民法院审判员
刘伟任平山县人民法院审判员
李梦阳任平山县人民法院审判员
张春花任平山县人民法院审判员
刘燕霞任平山县人民法院审判员
史青霞任平山县人民法院审判员

2015 年 8 月 26 日县第十五届人大常委会第二十七次会议
决定免去：
范世雄平山县工业和信息化局局长职务
决定任命：
李淑珍任平山县卫生和计划生育局局长

韩江涛任平山县工业和信息化局局长
牛彦文任平山县市场监督管理局局长
王兰任平山县林业局局长

2015年9月30日县第十五届人大常委会第二十八次会议
决定免去：
梁志彦平山县交通运输局局长职务
刘增山平山县城市管理综合执法局局长职务
决定任命：
梁志彦为平山县人民政府副县长
盖明忠为平山县交通运输局局长
强增亮为平山县城市管理综合执法局局长

2015年12月24日县第十五届人大常委会第三十次会议
决定免去：
刘金海平山县人民政府副县长职务
决定任命：
康志强任平山县人民法院副院长
王庆丽任平山县人民检察院检察委员会委员
刘建卫任平山县人民检察院检察员
刘彦龙任平山县人民检察院检察员
王杰杰任平山县人民检察院检察员

2016年4月27日县第十五届人大常委会第三十三次会议
决定任命：
吴瑞峰为平山县人民政府副县长（挂职）
决定免去：
贾玉娥平山县人民政府副县长职务（挂职）
段春改平山县人民政府副县长职务（挂职）
任命：
张兴利为平山县人民法院南甸人民法庭庭长
田建江为平山县人民法院古月人民法庭庭长
焦国才为平山县人民法院行政审判庭庭长
张明为平山县人民法院回舍人民法庭副庭长
史青霞为平山县人民法院立案第一庭副庭长

赵树勇为平山县人民法院审判委员会委员
张永生为平山县人民法院审判委员会委员
周兴中为平山县人民法院审判委员会委员
李书亮为平山县人民法院执行一庭副庭长
赵秀霞为平山县人民法院刑事审判庭副庭长
杨新华为平山县人民法院民事审判第一庭副庭长
张增芳为平山县人民法院行政审判庭副庭长
焦永明为平山县人民法院执行二庭副庭长
韩新会为平山县人民法院执行二庭副庭长
免去：
张兴利平山县人民法院城关人民法庭副庭长职务
田建江平山县人民法院执行一庭副庭长职务
焦国才平山县人民法院行政审判庭副庭长职务
李书亮平山县人民法院古月人民法庭庭长职务
赵秀霞平山县人民法院回舍人民法庭副庭长职务
杨新华平山县人民法院审判监督庭副庭长职务
张增芳平山县人民法院民事审判第一庭副庭长职务
焦永明平山县人民法院执行一庭副庭长职务
韩新会平山县人民法院执行一庭副庭长职务

2016 年 10 月 25 日县第十五届人大常委会第三十五次会议
免去：
李梦阳平山县人民法院审判员职务

2017 年 1 月 24 日县第十五届人大常委会第三十八次会议
决定任命：
祁军英为平山县人民政府副县长
马爱军为平山县人民政府副县长、公安局局长
郝春艳为平山县人民政府副县长
决定免去：
刘振乾平山县人民政府副县长职务
李秀娟平山县人民政府副县长职务
林树新平山县人民政府副县长职务
郭志丹平山县公安局局长职务
李占山平山县住房和城乡建设局局长职务

任命：
于辉为平山县人民法院院长，决定其为代院长
王雷音为平山县人民检察院检察长，决定其为代检察长

2017 年 1 月 24 日县第十五届人大常委会第三十九次会议
决定任命：
解建军为平山县人民政府副县长
王瑞平为平山县人民政府副县长
梁晨东为平山县人民政府副县长
决定免去：
高永阁平山县人民政府副县长职务
刘书文平山县人民政府副县长职务
梁志彦平山县人民政府副县长职务

2017 年 2 月 7 日县第十五届人大常委会第四十次会议
决定任命：
谷全国为平山县住房和城乡建设局局长
边金文为平山县行政审批局局长
智全海为平山县文化和旅游发展局局长
焦彦虎为平山县财政局局长
陈建廷为平山县司法局局长
杨智欣为平山县规划局局长
赵建林为平山县工业和信息化局局长
张京林为平山县统计局局长
决定免去：
智全海平山县财政局局长职务
焦彦虎平山县司法局局长职务
陈建廷平山县文广新局局长职务
茹云龙平山县规划局局长职务
韩江涛平山县工业和信息化局局长职务
赵建林平山县统计局局长职务

2017 年 2 月 20 日县第十五届人大常委会第四十一次会议
决定任命：
郭振清任平山县人民政府副县长（挂职）

任命：

杜林文任平山县人大常委会办公室主任

张肖肖任平山县人大常委会选任代工委主任

第六章　重点工作

2012 年

3 月 1 日，县人大常委会主任张大平，副主任齐明贵、卢庆忠、霍文国带领部分委员和代表在县政府副县长李海明和县林业局负责人陪同下，视察森林防火工作。

3 月 15 日，县人大常委会副主任齐明贵带领机关科室负责人到法、检两院调研工作。齐明贵一行走访看望法检两院全体班子成员，听取县法院院长臧占刚、县检察院检察长王玉录的工作汇报。

3 月 29 日，县人大常委会主任张大平，副主任齐明贵、卢庆忠、霍文国带领部分委员在县住房和城乡建设局负责人陪同下，视察城市管理工作。

7 月，县人大常委会组织部分委员视察县城管理工作。视察组实地查看文昌公园停车场、神池商厦施工工地围挡、县标公厕改造、垃圾中转站、柏坡路及胜佛村口小游园建设管理情况，视察组对县住建局的工作给予了充分肯定。

8 月，县人大常委会组织全体机关干部集中学习市委人大工作会议精神。县人大主要领导就如何做好新时期人大工作提出五点意见：必须切实加强党的领导，找准人大工作方向；必须围绕中心，服务大局，严格依法履行职责；必须情系民心，关注民生，切实维护群众利益；必须进一步加强代表工作，充分发挥代表作用；必须不断学习，转变作风，进一步加强自身建设。

9 月 18 日，县人大常委会主任张大平，副主任齐明贵、霍文国带领部分市县人大代表，视察县人口和计划生育工作。实地查看西柏坡家庭人口文化中心、西柏坡独生子女父母创业园、西柏坡人口文化广场、县城家庭和睦主题公园、回舍镇计划生育服务站，听取县人口计生局工作汇报。

11 月 7 日，县人大常委会主任张大平、县政协主席封明明带领人大、政协全体班子成员和部分代表、委员在县供热办负责人陪同下，视察冬季集中供热准备工作。

12 月 24 日，县人大常委会主任张大平，副主任齐明贵、卢庆忠、霍文国带领预算审查委员会组成人员到县财政局进行调研。

本年度，共接待来信来访 212 件次，督办上级人大转办案 25 件。

本年度，焦彦忠、韩文瑞两名代表被评为石家庄市优秀人大代表。

本年度，10 月份主任会议听取县政府关于代表意见建议办理情况汇报。到 2012 年底，人代会上收到的 53 件意见建议已全部办复，代表满意率达 95% 以上。

本年度，协助市人大成功举办“全国部分在建党和建军史上具有重大影响的革命老区人大常委会主任联系会”；积极参加“加强基层建设年”活动，选派三名有乡镇基层工作经验的工作人员深入分包村，帮助排忧解难，荣获优秀驻村工作组称号。

2013 年

3 月 29 日，县人大常委会主任张大平、政协主席封明明带领人大、政协班子成员在副县长李海明和县林业局负责人的陪同下，视察全县森林防火工作。

4 月 24 日，县人大常委会副主任霍文国带领部分委员和代表，在县人口计生局负责人陪同下，视察全县人口计生宣传工作。

7 月 5 日，县人大常委会领导带领部分委员和代表，在县商务局负责人陪同下视察商务市场建设工作。

7 月 16 日，县人大常委会副主任、政协副主席冯书庆组织带领部分人大代表、政协委员，在县水务局负责人陪同下视察全县水利工程建设及防汛准备工作。

9 月份，协助市人大就如何发挥兼职委员作用进行专题调研。

9 月份，主任会议认真听取县政府关于代表意见建议办理情况汇报。建议县政府和承办部门进一步抓好建议督办，特别是抓好代表建议的落实和答复两个环节，彻底扭转重交办轻督办、重解释轻落实的不良局面。

11 月 1 日至 3 日，县人大常委会主任张大平、县政协副主席冯书庆带领县民政、移民等有关部门负责人，赴山西省灵石县看望平山移民村老乡，探访了解平山移民生活现状及迁徙历史，开展寻亲结亲活动。太原市委常委、纪委书记弓跃，晋中市委常委、统战部部长孙光堂，山西省冶金厅原巡视员、太原老促会会长王林平，河北省社科联党组书记、县专家咨询委员会主任张志平应邀参加活动。考察期间，还看望慰问了平山老乡、原晋中地委书记张子玉的家属。

11 月 6 日，县人大常委会召开党组会议，传达学习县委常委会及近期省、市人大一系列会议精神。县人大常委会主任张大平主持会议并讲话，副主任霍文国、党组成员王来泉等参加学习。

11 月 19 日，县人大常委会主任张大平、县政协主席封明明带领人大、政协班子成员和部分代表、委员，在县供热办负责人陪同下视察冬季集中供热运行工作。

12 月 16 日，县人大常委会主任张大平，副主任卢庆忠、霍文国带领预算审查委员会组成人员到县财政局就 2013 年财政预算执行及 2014 年财政预算总体安排情况进行调研。

本年度，共收到群众来信来访 156 件，省、市人大转办信访案件 14 件，重点督办案件 15 件次，协调解决东街村民与职教中心占地等一批涉法涉诉疑难案件。

本年度，组织市人大代表分 4 批参加市人大举办的代表培训班。坚持开展常委会领导走访代表活动，加强和乡镇人大主席团的联系。坚持组织代表参加相关视察调研活动，有重点地组织代表参与旁听法院庭审等活动。

本年度，在人代会上收到的72件建议已全部办复，答复规范化率100%，代表满意率达96%以上。

本年度，深入开展“三带三情”下访解难专项行动，帮助群众解决生产生活中的问题和困难。人大机关驻村干部刘国平被评为河北省基层建设年活动先进个人，马晓波被评为市级先进个人。

2014年

2月28日下午，县人大常委会党组召开党的群众路线教育实践活动动员大会，对人大机关的教育实践活动作了动员部署。

3月13日，县人大常委会副主任霍文国带领部分县人大常委会委员、市人大代表就全县人力资源和社会保障工作和教育局中小学校规划问题进行调研。

3月27日，县人大常委会领导带领县财经预算审查委员会组成人员到县财政局召开第一季度财税工作联系会，就一季度财税收入及预算执行情况进行调研。

4月3日，县人大常委会主任张大平、政协主席封明明带领人大、政协班子成员，在县林业局负责人陪同下联合视察全县春季森林防火工作。

8月下旬，县人大常委会组织调研组，对乡镇人大的地位、作用、工作规范、存在问题及如何加强基层人大建设等问题进行全面调研。

9月11日，县人大召开全体干部会议，传达学习习近平总书记在庆祝全国人大成立60周年大会上的讲话精神。县人大常委会主任张大平主持会议并讲话，副主任霍文国，党组成员王来泉等参加学习，县人大机关全体干部职工参加学习。

本年度，常委会坚持领导约访接访制度，充分发挥信访办公室的作用，热情接待来信来访，扎实做好息诉罢访工作。全年共转交督办群众来信来访73件次，省市人大转办案件24件次，重点督办20件次。主动邀请市人大信访办到平山实地调研、听取汇报、分析症结，解决了上级人大督办、跨时12年未能解决的郝某交通事故伤害案，达到案结事了，双方满意的效果。

本年度，参与市人大组织举办的纪念全国人大成立60周年征文活动和知识竞赛，部分代表的作品在全市获得一等奖。

本年度，常委会组织部分乡镇人大主席到晋州市、栾城县、长安区三个县市区考察学习“人大代表之家”活动室创建工作。全县23个乡镇创建工作基本完成，统一制作了“人大代表之家”“人大代表联络站”标志牌和代表公示牌，制定开展“人大代表之家”活动五项制度，为办好“人大代表之家”奠定了坚实基础。

本年度，9月组织部分代表对建议办理情况进行视察。主任会议听取县政府意见建议办理情况汇报。人代会上收到的77件建议已全部办复，答复规范化率100%，代表满意率达95%以上。

2015 年

3 月 19 日，县人大常委会副主任齐明贵、霍文国、周振海带领部分委员和代表，在县气象局负责人陪同下视察气象服务工作。

3 月份，组织部分代表参加市人大常委会城建环资委举办的有关法律法规、业务知识培训。

4 月上旬，组织县人大财经委负责人和部分市人大代表参加市人大组织的新《预算法》专题培训。

4 月 20 日，县人大常委会组织部分代表委员在县住建局负责人陪同下，视察王母文化园建设。

5 月 16 日，县人大常委会主任张大平、副主任霍文国到县助残日活动现场为残疾人家属免费发放轮椅 20 台、坐便椅 10 台及部分护腰护膝等助残辅具，并为两名孤独症儿童家庭送去慰问金和米面油等慰问品。

5 月 20 日，县人大常委会副主任卢庆忠、周振海带领部分委员和代表，在县质监局负责人陪同下视察县电梯质量安全工作。

5 月 28 日，县人大常委会组织财经委、预算审查委员会和部分委员在县人行召开全县金融工作座谈会，县人大领导周振海，县人行、工行、建行、中行、农行等 9 个金融部门负责人出席会议。

7 月 13 日，县人大常委会组织财经委、预算审查委员会和部分委员在县人大会议室召开上半年财税工作座谈会，县人大领导张大平、齐明贵、卢庆忠、周振海参加会议，县人大相关委室、县财税部门负责人列席会议。

7 月 15 日，县人大常委会组织部分委员代表对《行政许可法》在全县的贯彻实施情况进行检查。

9 月 28 日，县人大常委会组织部分委员代表视察西柏坡片区美丽乡村建设。县人大领导张大平、齐明贵、卢庆忠、霍文国、周振海及县人大各委办负责人参加视察。

10 月份，常委会改变以往由主任会议听取县政府代表意见办理情况的惯例，召开第二十九次会议听取和审议县政府代表意见建议办理情况报告，并以常委会文件形式将办理情况寄送至每位代表手中。

11 月 27 日，县人大常委会赴两河乡视察新能源项目，参加秋季植树造林。

12 月 4 日，县人大常委会组织司法局、工商局、药监局等 20 多个行政执法部门开展宪法日宣传活动。

本年度，共转交督办群众来信来访 168 件次，省市人大转办案件 8 件次，重点督办 20 件次。

本年度，从 5 月底开始根据省市县委要求，县人大常委会认真开展“三严三实”专题教育。

2016 年

3 月 17 日，县人大常委会组织部分人大代表，视察县城中小学校布局规划工作。县人大常委会主任李海明，副主任齐明贵、卢庆忠、霍文国、周振海参加视察，教育局、规划局、住建局、国土局、城管局、房管办负责人陪同。

3月28日，县人大常委会组织召开全县乡镇人大主席会议，对如何开好2016年乡镇人代会提出具体指导意见。县人大常委会主任李海明，县委常委、组织部部长杨继平，县人大常委会副主任霍文国，县人大机关相关委室负责人参加会议。

4月13日，县人大常委会组织部分委员代表，在县林业局负责人陪同下视察春季森林防火工作。

5月25日，县人大常委会组织部分委员和代表到县检察院进行专题调研。县人大常委会主任李海明，副主任齐明贵、卢庆忠、霍文国、周振海，县人大机关办公室和政法工委负责人参加调研。

6月21日，县人大常委会副主任周振海带领部分代表和委员对《中华人民共和国水土保持法》贯彻执行情况进行检查。县水务局的主要负责人陪同检查。

6月22日，县人大常委会组织预算审查委员会成员和财政、国税、地税等有关部门就全县上半年财税收入情况进行调研。县人大常委会主任李海明，副主任卢庆忠、周振海，县人大办公室和财经工委负责人参加调研。

6月，县人大常委会副主任周振海带领县人大农业农村委和部分委员代表对美丽乡村建设进行调研。调研组深入平山镇西义羊村、孟堡村，大吾乡南荣村、东大吾、东李家庄等乡镇村进行实地考察、走访群众，并组织乡镇村干部召开座谈会。

4月至7月，县人大常委会根据省市统一要求，成立执法检查组，对全县《安全生产法》落实情况进行执法检查。

7月5日，县人大常委会副主任周振海带领部分委员和代表对全县特色农业发展情况进行视察。县农牧局主要负责人陪同视察。

7月6日，县人大常委会主任李海明、副主任周振海带领部分委员和代表对滨河路冶河南桥至丽水湾段建设施工情况进行视察。县住建局、财政局、工商银行、供水公司、水文站等单位主要负责人陪同视察。

7月7日，市人大常委会调研组到平山就农产品质量安全进行调研。

7月，县人大常委会组成执法检查组，对《中华人民共和国律师法》贯彻落实情况进行执法检查。

7月下旬以来，平山县境内连续遭遇强降雨，多地遭受特大洪灾。常委会迅速向全县各级人大代表发出《防汛救灾倡议书》，县人大常委会领导班子和机关干部深入到分包乡镇帮助开展救灾工作。

7月下旬至8月上旬，根据市人大统一部署，县人大组成执法检查组，对全县实施石家庄市城乡规划条例情况进行执法检查。

9月29日，坐落在王子村华北人民政府旧址院内的宪法宣誓广场举行启用仪式，这是全省首个宪法宣誓广场。

11 月 2 日，县人大常委会召开党组扩大会议，专题学习党的十八届六中全会精神。

11 月 8 日，县乡人大换届选举工作启动。

本年度，组织举办乡镇人大主席、财政所长参加的《监督法》《预算法》培训班。平山镇、回舍镇“人大代表之家”被评为市“人大优秀代表之家”。

本年度，向回舍镇南庄村派驻扶贫工作队，抽调 15 名干部与贫困户一对一结对帮扶，利用自身的资源和优势，为贫困群众提供信息、技术等方面的支持和帮助。

第十四篇

平山县第十六届人民代表大会

（2017 年 2 月至 2021 年 7 月）

平山县第十六届人民代表大会任期自2017年2月至2021年7月，其间共召开6次人代会。在中共平山县委的领导下，坚持以习近平新时代中国特色社会主义思想为指导，坚持党的领导、人民当家做主、依法治国有机统一，认真履职尽责，主动担当作为，扎实开展“三项联动”、“6+1联动监督”、人大代表家站建设、搭建代表履职平台等特色工作，召开常委会会议37次、听取审议“一府两院”工作报告75项，组织代表视察调研51次，开展执法检查16次，配合省市人大开展调研19次，圆满完成了各项工作任务，为全县经济社会高质量发展做出了积极贡献。

第一章　人大党组织

中共平山县人大常委会党组

书　记：焦习军（2017.01—2021.11）
副书记：周振海（2017.02—　　　　）
成　员：刘国英（2017.02—2021.11）
　　　　齐明国（2006.05—2007.04）
　　　　　　　（2017.02—2021.11）
　　　　李新海（2018.12—　　　　）
　　　　魏尊一（2018.12—　　　　）
　　　　杜林文（2017.02—2019.01）
　　　　齐荣国（2019.01—2022.09）

第二章　人民代表大会

第一节　人大代表

一、县人大代表

（一）选举产生

根据选举法的规定和省、市人大常委会的有关规定，平山县第十六届人民代表大会代表总名额为 219 名，共分配到 105 个选区进行选举。为做好县乡两级人大换届选举工作，2016 年 11 月成立平山县县乡人大换届选举工作委员会，主任由县人大常委会主任李海明担任。副主任由县委常委、组织部部长杨继平和县人大常委会副主任霍文国担任，成员由各相关职能部门主要负责人担任。选举委员会下设办公室，地点设在县人大办公室。办公室主任由霍文国兼任，副主任由肖虎子和王彦霞兼任。全县各乡镇和县直工委都相应成立选举委员会，组织和领导本地区县乡人大代表选举。依照选举法和省选举实施细则的规定，各选区依法选举产生平山县第十六届人民代表大会代表共 219 名。

平山县第十五届人大常委会代表资格审查委员会对各选区选举产生的 219 名代表的代表资格进行审查，认为这 219 名代表的选举符合法律规定，代表资格全部有效。新当选的 219 名代表具有广泛的代表性，其中：工农代表 48 名，占代表总数的 22.3%；专业技术人员代表 21 名，占代表总数的 9.7%；干部代表 116 名，占代表总数的 52.9%；妇女代表 54 名，占代表总数的 24.7%，比上届提高了 3.3 个百分点；非中共党员代表 66 名，占代表总数的 30.7%；代表结构有了一定的改善和提高，具有本科、大专及其以上文化程度的 162 名，占 73.9%；连任代表 96 名，占代表总数的 44.65%。

（二）代表名单

平山县第十六届人民代表大会代表一览表

表 14-1

姓名	性别	文化程度	政治面貌	工作单位及职务	籍贯
贾彦兵	男	本科	中共党员	县人大政法工委主任	平山镇
刘彦伟	男	高中	中共党员	合河口乡驼梁景区清凉山庄董事长	平山镇
杨晓军	男	本科	中共党员	合河口乡党委副书记、乡长	孟家庄镇
康光辉	男	本科	中共党员	合河口乡人大主席	上三汲乡
赵永峰	男	大专	中共党员	城乡建筑公司经理	合河口乡
韩志华	女	大专	群众	合河口宅小教师	合河口乡
郝东风	男	大专	中共党员	合河口郝家洼村党支部书记、村主任	合河口乡
于利朝	男	大专	中共党员	平山县人大财经委主任	平山镇刘家会村
史　进	男	大专	中共党员	蛟潭庄镇党委副书记	南甸镇史白雁村
刘俊伟	男	本科	中共党员	蛟潭庄镇蛟潭庄村党支部书记	蛟潭庄镇蛟潭庄村
李爱云	女	初中	中共党员	蛟潭庄镇木月村党支部书记	蛟潭庄镇木月村
张志军	男	本科	中共党员	蛟潭庄镇镇长	杨家桥乡大坪村
张随红	男	高中	群众	平山县诚达农业专业合作社理事长	平山镇南西焦村
胡素海	男	本科	中共党员	营里乡党委副书记、乡长	平山镇
张伟刚	男	本科	中共党员	营里乡人大主席	平山镇
边金文	男	本科	中共党员	县委组织部常务副部长	平山镇
焦彦虎	男	大学	中共党员	县财政局局长	平山镇
甄开香	女	大专	群众	平山县国脉商业有限公司副董事长	黑龙江省尚志市
杜林文	男	大学	中共党员	县人大办主任	下槐镇
张展昭	男	本科	群众	黑山大峡谷副总经理	藁城区
张建春	男	本科	中共党员	杨家桥乡乡长	西大吾乡田兴村
史爱军	男	本科	中共党员	杨家桥乡人大主席	小觉镇黄连沟村
张保洞	男	大专	中共党员	杨家桥乡大坪村党支部书记	杨家桥乡大坪村

续表 14-1

姓名	性别	文化程度	政治面貌	工作单位及职务	籍贯
梁建军	男	中专	中共党员	杨家桥乡店头村党支部书记	杨家桥乡店头村
韩树平	女	大专	中共党员	平山县西柏坡冀银村镇银行	杨家桥乡南营村
何春梅	女	本科	群众	石家庄市亚视创业科技有限公司	杨家桥乡工业村
韩彦良	男	本科	中共党员	小觉镇镇长	下槐镇东苍蝇沟村
刘文涛	男	本科	中共党员	小觉镇人大主席	两河乡郭村
封树平	男	中专	中共党员	退休干部	小觉镇郄家庄村
刘二狗	男	初中	中共党员	营里乡石槽村党支部书记	平山镇
王巧燕	女	中专	群众	郄家庄村	小觉镇郄家庄村
陈建平	男	高中	中共党员	黄连沟村党支部书记	小觉镇黄连沟村
闫立章	男	本科	中共党员	观音堂乡乡长	—
秦志朝	男	本科	中共党员	观音堂乡人大主席	—
霍亚平	女	大专	群众	观音堂乡教师	—
张兵录	男	高中	中共党员	观音堂乡陈卜沟村党支部书记	—
史永革	男	大学	中共党员	孟家庄镇镇长	南甸镇
张洪涛	男	大专	群众	孟家庄镇工会主席	岗南镇
封树花	女	高中	中共党员	孟家庄镇石板村党支部书记	孟家庄镇
韩学芝	女	大学	群众	平山县农业局农机推广研究员	孟家庄镇
王金涛	女	大学	群众	平山县司法局副局长	上三汲乡
齐坤梅	女	大学	群众	下口信用社职工	北冶乡唐家会村
高　翠	女	大学	群众	下口镇中心学校教师	井陉县测鱼镇
曹震平	男	大专	中共党员	下口镇镇长	东王坡乡
杜建华	男	大专	中共党员	下口镇人大主席	东回舍镇
张东立	男	本科	中共党员	平山县纪检委副书记	平山镇
刘彦林	男	大专	中共党员	北冶乡清风村党支部书记	北冶乡清风村
李运强	男	中职	民主建国会	平山县食药局生产监管科稽查队长	北冶乡狮子坪村

续表 14-1

姓名	性别	文化程度	政治面貌	工作单位及职务	籍贯
侯思明	女	大专	群众	平山县沕沕水风景开发有限公司总经理	赵县
封栓中	男	高中	群众	小觉镇郄家庄村村主任	小觉镇郄家庄村
史新军	男	大学	中共党员	北冶乡人大主席	西柏坡镇
张明正	男	高中	中共党员	北冶乡土岭村党支部书记	北冶乡土岭村
韩贵书	男	大专	中共党员	北冶乡党委副书记、乡长	营里乡
韩志华	男	本科	中共党员	北冶中心学校校长	北冶乡下宅村
冀志芹	女	本科	民革党员	平山县电视台新闻制作部副主任	北冶乡下滩村
付炳林	男	大学	中共党员	县委常委、武装部政委	湖北省应城市
王雷音	男	本科	中共党员	平山县人民检察院检察长	井陉县
张彦丽	女	本科	中共党员	下槐镇镇长	南甸镇耿白雁村
张金国	男	大专	中共党员	下槐镇人大主席	东回舍镇屯头村
焦军友	男	大专	中共党员	下槐镇庞家铺村党支部书记	下槐镇庞家铺村
齐鹏飞	男	中专	中共党员	下槐镇东黄泥村党支部书记	下槐镇东黄泥村
梁彦军	男	中专	中共党员	下槐镇水渣沟村党支部书记	下槐镇水渣沟村
张　宁	男	本科	群众	河北柏胜农业开发有限公司董事长	内蒙古自治区赤峰市
封起发	男	大专	群众	下槐镇柏岭村小学校长	下槐镇留命沟村
梁红霄	女	本科	中共党员	下槐镇下柳村村民	下槐镇下柳村
闫永强	男	大学	中共党员	古月镇镇长	平山镇
李明忠	男	大学	中共党员	平山县人大老干部服务办公室主任	古月镇
王国林	男	大专	中共党员	古月中学校长	宅北乡
李　靖	男	大专	群众	平山县物价局副局长	宅北乡
齐素明	男	高中	中共党员	古月镇中古月村村民	古月镇
郝五旦	男	高中	群众	平山河东苗圃合作社法人	古月镇
张英霞	女	高中	群众	平山智忠苗圃合作社理事长	古月镇
李国强	男	大学	中共党员	西柏坡镇镇长	小觉镇蚕宅村

续表 14-1

姓名	性别	文化程度	政治面貌	工作单位及职务	籍贯
王利刚	男	大学	中共党员	西柏坡镇人大主席	东回舍镇洼里村
李新海	男	大学	中共党员	西柏坡镇党委书记	平山镇东庄村
梁乃中	男	大学	中共党员	河北泰宏集团董事长	桥西区
焦习军	男	大专	中共党员	平山县委副书记	岗南镇
陈利肖	女	初中	群众	—	西柏坡镇西柏坡村
周振海	男	本科	中共党员	县人大常委会副主任	上三汲乡
左彦山	男	大专	中共党员	宅北乡乡长	平山镇高村
范志勇	男	大学	中共党员	宅北乡人大主席	—
霍来绪	男	高中	中共党员	宅北乡陈家院村党支部书记	宅北乡陈家院村
康顺堂	男	初中	中共党员	宅北乡会口村村主任	宅北乡会口村
秦翠霞	女	高中	群众	宅北乡宅北村村民	宅北乡宅北村
赵树芳	男	大学	中共党员	平山县委组织部副部长	—
李志成	男	大学	中共党员	宅北乡党委副书记	岗南镇
赵胜利	男	大专	群众	河北阁美农业科技开发股份有限公司总经理	营里乡南下庄村
车彦平	女	本科	中共党员	苏家庄中心小学教师	平山县
赵会文	男	大学	中共党员	平山县人大信访办主任	苏家庄乡水峪村
齐军伟	男	本科	中共党员	苏家庄乡乡长	下槐镇东黄泥村
刘立飞	男	大专	中共党员	苏家庄乡人大主席	孟家庄镇北坪村
李海明	男	大学	中共党员	平山县人大常委会主任	岗南镇
郭双全	男	大学	中共党员	平山县委常委统战部部长	岗南镇
王进武	男	大学	群众	卓文房地产开发有限公司总经理	岗南镇
刘　华	男	大学	群众	平山县政府督查室副主任	—
刘志芳	男	大专	中共党员	岗南镇人大主席	南甸镇
任拴录	男	高中	中共党员	东朱豪村党支部书记	岗南镇
郄三林	男	高中	群众	南石殿村村主任	岗南镇

续表 14-1

姓名	性别	文化程度	政治面貌	工作单位及职务	籍贯
王翠平	女	大学	群众	岗南镇霍宾台小学校长	北冶乡
韩连增	男	高中	中共党员	中石殿村党支部书记	岗南镇
李建良	男	高中	中共党员	岗南镇南石殿村村民	岗南镇
闫习权	男	高中	中共党员	岗南渔政站站长	岗南镇
王淑艳	女	大专	群众	河北泓润林木种植有限公司副总经理	回舍镇
李　娜	女	研究生	中共党员	上三汲乡乡长	平山镇西水碾村
韩军国	男	本科	中共党员	上三汲乡人大主席	岗南镇中石殿村
竹文平	女	高中	中共党员	上三汲乡河渠村党支部书记	上三汲乡河渠村
盖彦军	男	大专	—	上三汲乡田营村村民	上三汲乡田营村
封立红	男	高中	中共党员	西柏坡镇酿酒公司董事长	西柏坡镇通家村
刘明海	男	大专	—	中山陵园负责人	南甸镇盖家疃村
胡随林	男	大学	中共党员	县人大党组副书记	上三汲乡
张新国	男	大学	—	县人大科教文卫委主任	上三汲乡
卢庆忠	男	大专	群众	平山县人大常委会副主任	两河乡
郄玉良	男	本科	中共党员	两河乡乡长	上三汲乡
刘岩青	男	大专	中共党员	两河乡人大主席	营里乡
刘明利	男	高中	群众	平山县鼎源建材有限公司总经理	两河乡
李　瑛	女	大学	群众	两河乡人大副主席	古月镇
马志兵	男	高中	群众	平山县众鑫小额贷款有限公司董事长	平山县
檀丽娟	女	大专	群众	平山县劳动就业局副局长	平山县
康素炜	男	大学	中共党员	东王坡乡乡长	西大吾乡东小齐村
赵永生	男	大学	中共党员	县委常委宣传部部长	石家庄市
刘海涛	男	大专	中共党员	葫芦峪农业开发公司董事长	东王坡乡下峪村
王明国	男	大专	群众	河北熟泥地农业科技开发有限公司董事长	东王坡乡东生沟村
刘书林	男	中专	中共党员	河北省西柏坡圣地柏英有限责任公司总经理	东王坡乡闫庄村

续表 14-1

姓名	性别	文化程度	政治面貌	工作单位及职务	籍贯
武振华	男	大专	中共党员	北策城村党支部书记	东王坡乡北策城村
樊彦涛	男	大专	群众	平山县丰吉商贸有限公司董事长	东王坡乡转角沟村
马莹巍	女	研究生	群众	县团委副主任科员	秦皇岛市
王彦霞	女	大学	中共党员	人大选任代工委主任	井陉县
王素龙	男	大学	中共党员	南甸镇党委书记	岗南镇
齐占军	男	大学	中共党员	南甸镇党委副书记、镇长	平山镇
刘林平	女	大学	群众	坡头完小副校长	东王坡乡
张云兵	男	高中	中共党员	雁子头村村主任	南甸镇
李慧明	男	研究生	中共党员	敬业集团总经理	两河乡
赵新平	女	大学	中共党员	南甸镇人大主席	东王坡乡
姜　宏	男	大专	中共党员	北国商城平山店总经理	山东省
茹秀海	男	大专	中共党员	人大农业农村委主任	上三汲乡
樊喜平	男	大专	中共党员	南甸镇党委委员、南焦坡村党支部书记	南甸镇
高成虎	男	大专	中共党员	温塘镇党委书记	—
王晓辉	女	研究生	中共党员	县委常委纪委书记	栾城区
刘伟平	男	本科	中共党员	温塘镇党委副书记、管委会常务副主任	—
田建文	男	高中	中共党员	温塘京西魏国宾馆有限公司董事长	—
多风书	女	高中	中共党员	温塘镇米家庄村村民	温塘镇米家庄村
王明霞	女	大学	中共党员	温塘村党支部书记	温塘镇温塘村
杨明华	女	大学	中共党员	白鹿集团董事长	—
赵志斌	男	高中	群众	平山县德欣家具城经理	—
刘和平	男	大专	中共党员	温塘镇大米峪村党支部书记	温塘镇大米峪村
宗雪梅	女	中专	群众	平山县疾控中心医师	—
梁五平	男	大学	中共党员	西大吾乡乡长	平山镇
王晓艳	女	大学	群众	西大吾乡大通希望小学校长	西大吾乡近掌村

续表 14-1

姓名	性别	文化程度	政治面貌	工作单位及职务	籍贯
盖五彦	男	高中	群众	西大吾乡东大吾村村民	西大吾乡
谷二亮	男	中专	群众	西大吾乡东李庄村村主任	西大吾乡
卢永兴	男	大专	群众	平山县五洲实业有限公司董事长	西大吾乡
盖明凯	男	大专	中共党员	西大吾乡东大吾村党支部书记	西大吾乡东大吾村
霍文国	男	大专	中共党员	县人大常委会副主任	东回舍镇东郭苏村
刘书文	男	大学	中共党员	县委常委、农工委书记	东王坡乡
祁军英	女	研究生	中共党员	县委常委、县纪委书记	灵寿县
乔新伟	男	大学	中共党员	东回舍镇镇长	平山镇东街村
商志辉	男	大学	中共党员	东回舍镇人大主席	平山镇南街村
李吉宽	男	高中	中共党员	东回舍镇东回舍村党支部书记	东回舍镇东回舍村
柴国平	男	大专	中共党员	东回舍镇柴庄村党支部书记	东回舍镇柴庄村
杜兵山	男	高中	中共党员	东回舍镇北水村党支部书记	东回舍镇北水村
张冠军	男	大专	中共党员	西柏坡轴承有限公司总经理	平山镇南泽营村
赵兰书	女	高中	群众	嘉阳商贸有限公司编织厂管理人员	东回舍镇东回舍村
赵翠云	女	大专	群众	东回舍镇北望楼小学校长	观音堂乡胡塔沟村
聂立新	男	大专	中共党员	柏坡正元化肥有限公司副总经理	河北省三河市
李旭阳	男	研究生	中共党员	县委书记、西柏坡管理局党工委书记	宁晋县
武自军	男	大学	中共党员	县委常委、县委办主任、宣传部部长	平山镇
杨继平	男	大学	中共党员	县委常委、组织部部长	邯郸市
肖虎子	男	本科	中共党员	县人大办公室主任	平山镇
马秋平	女	大专	中共党员	县妇联主席	平山镇新安村
闫　军	男	大学	中共党员	平山镇党委副书记、镇长	小觉镇
王立刚	男	本科	中共党员	平山镇人大主席	回舍镇
左志勇	男	中专	中共党员	胜佛村党支部书记	平山镇

续表 14-1

姓名	性别	文化程度	政治面貌	工作单位及职务	籍贯
郄志江	男	高中	中共党员	西水碾村党支部书记	平山镇
郝保寿	男	中专	中共党员	东曲提村党支部书记	平山镇
霍海元	男	高中	中共党员	刘家会村党支部书记	平山镇
李二龙	男	高中	中共党员	烟堡村党支部书记	平山镇
缑正军	男	大专	中共党员	南贾壁村党支部书记	平山镇
范海庭	男	初中	中共党员	东方巨龟苑旅游公司	平山镇
刘　军	男	大专	中共党员	平山县隆顺德房地产开发公司	平山镇
薛拴虎	男	大专	中共党员	东街村党支部书记	平山镇
李二波	男	中专	中共党员	兴山实业有限公司	平山镇
王文彦	女	大专	群众	平山县新东方彩色童年幼儿园园长	烟堡村
苗志梅	女	高中	群众	河北永辉电子商务有限公司负责人	新安村
李素波	女	本科	群众	东庄小学副校长	西柏坡镇柏里村
郭新芳	女	初中	群众	永恒核桃专业合作社经理	南西焦村
焦彦虎	男	高中	群众	汇源饭店经理	烟堡村
秦立戈	男	中专	群众	平山县隆和大酒店总经理	平山镇桥西大街
杨少娟	女	大专	群众	平山世纪佳人数码摄影有限责任公司	北街村
左大利	男	高中	中共党员	平山县凯龙机械有限公司	平山镇高村
王进勃	男	高中	中共党员	平山县汽车租赁公司	平山镇东关村
韩保贵	男	高中	中共党员	南西焦村党支部书记兼村委会主任	平山镇南西焦村
郭　义	男	高中	中共党员	李家庄村党支部书记兼村委会主任	平山镇李家庄村
左振江	男	高中	中共党员	人大专职委员	平山镇高村
赵正春	男	大专	群众	平山县坤锦爆破工程有限公司经理	平山镇
刘　敏	女	大专	群众	平山县体育局体育总会秘书长	平山镇
齐丽莎	女	大专	群众	平山镇孟堡村村民	平山镇孟堡村

续表 14-1

姓名	性别	文化程度	政治面貌	工作单位及职务	籍贯
张生生	男	高中	群众	平安旅游开发公司经理	平山镇
董晓航	男	研究生	中共党员	省商务厅副巡视员、县政府县长、西柏坡管理局局长	栾城县
刘国英	男	大学	中共党员	教育局局长、党组书记	上三汲乡
吴建敏	女	大专	群众	平山县交通局地方道路管理站财务科科长	—
韩玉涛	女	大学	群众	平山中学教师	—
王一平	男	本科	中共党员	共青团平山县委书记	古月镇
周　冉	男	大学	中共党员	平山县国税局局长	—
孙丽娟	女	本科	群众	平山县财政局副局长	—
王　兰	男	大专	中共党员	县林业局局长	岗南镇
李玉梅	女	大专	群众	国讯尚瑞电器董事长	—
韩会军	男	大学	中共党员	县直工委书记	苏家庄乡
范　民	男	大学	中共党员	平山县公安局交管大队教导员	—
于英丽	女	本科	群众	平山县卫生局医师	—
郄卫红	男	本科	群众	平山县人民医院副院长	—
郑光辉	男	研究生	中共党员	国网平山供电公司总经理	—
齐明国	男	大学	中共党员	平山县发展改革局局长	下槐镇东黄泥村
李占山	男	大学	中共党员	平山县城乡和住房建设局局长、书记	平山镇
封会明	男	大学	中共党员	平山县建筑工程质量监督站副站长	下槐镇
梁志彦	男	本科	中共党员	县委常委、县委办主任	下槐镇
于　辉	男	本科	中共党员	平山县人民法院院长	山东省莱阳市
张肖肖	女	大学	中共党员	县人大选任代工委主任	西大吾乡
高永阁	男	大学	中共党员	县委常委、政法委书记	元氏县
左小英	女	研究生	群众	县人大常委会副主任	南甸镇

（三）届中调整情况

自十六届人大一次会议至二次会议以来，因工作调整，11 名代表辞去县人大代表职务；

1 名代表辞去县人大常委会委员职务；4 名代表调离本行政区域。下口镇、孟家庄镇、苏家庄乡、两河乡、合河口乡、岗南镇、平山镇、西柏坡镇、县直选区补选李海波、魏尊一、李新海、梁国枫、齐荣国、周丽娟、齐建军、韩普选、郭建伟、范召军、张明雷、焦素军、张鹏飞 13 人为平山县十六届人民代表大会代表。

十六届人大三次会议至四次会议，因工作调整，2 名代表调离本行政区域，1 名县代表辞去县人大代表职务。平山镇、孟家庄镇选区补选张前锋、李立新 2 人为平山县第十六届人民代表大会代表。会议实有代表 217 名。

十六届人大四次会议至五次会议，代表陈注祥调离本行政区域，观音堂乡代表张洪涛辞去县十六届人民代表大会代表职务，回舍镇代表杜兵山因病去世。陈注祥、张洪涛、杜兵山的平山县第十六届人民代表大会代表资格终止。平山县第十六届人民代表大会第五次会议实有代表 216 名。

平山县第十六届人大常委会第十三次会议接受齐坤梅、韩志华、车彦平、刘伟平、商志辉、范志勇、郝东风 7 人辞去平山县第十六届人民代表大会代表职务的请求。李占山、李新海 2 人因调离本行政区域，县十六届人民代表大会代表资格自行终止。

平山县第十六届人大常委会第十四次会议接受赵胜利辞去平山县第十六届人民代表大会代表职务的请求。

平山县第十六届人民代表大会常务委员会第十五次会议接受赵会文辞去平山县第十六届人民代表大会常务委员会委员职务的请求。接受王一平、李海明、胡随林 3 人辞去平山县第十六届人民代表大会代表职务的请求，其平山县人民代表大会常务委员会委员职务相应终止。

平山县十六届人大常委会十八次会议至十九次会议，因工作需要，梁志彦、左小英、聂立新调离原选区。上述 3 人的平山县第十六届人民代表大会代表资格终止。平山县第十六届人民代表大会常务委员会第十八次会议实有代表 217 名。

平山县第十六届人大常委会第二十三次会议接受韩会军、王祝军、王明霞 3 人辞去平山县第十六届人民代表大会代表职务的请求。因工作调整，5 人调离本行政区域，县人大代表刘海涛因病去世，上述 9 人的代表资格终止。平山镇、温塘镇、南甸镇、古月镇、回舍镇、岗南镇、下口镇、大吾乡选区补选杨允石、陈注祥、卢占军、付红瑜、靳军、刘海龙、谷志飞、康素珍、曹利会为平山县第十六届人民代表大会代表。会议实有 217 名。

平山县十六届人大常委会第二十五次会议审议石家庄市公安局新华分局提请的《关于提请许可对樊某某采取刑事强制措施的报告》。决定许可公安机关对平山县第十六届人大代表、平山县第十六届人大常委会委员樊某某采取刑事强制措施。

平山县第十六届人民代表大会常务委员会第二十七次会议：接受柴国平辞去平山县第十六届人民代表大会代表职务的请求。

平山县第十六届人民代表大会常务委员会第三十次会议：接受张洪涛辞去平山县第十六届人民代表大会代表职务的请求。

二、平山县出席石家庄市第十四届人民代表大会代表

（一）选举产生

平山县第十六届人民代表大会第一次会议选举邓沛然、赵新朝、王红、李旭阳、董晓航、焦习军、马志彬、王文忠、曲海云、刘素军、孙伟、李伟国、李慧明、吴秋云、张兰锁、张寿岩、侯思明、梁乃中、王军旗、尤军联、吴建敏、范花伟、赵亚平、赵美书、郭英英、曹向青、韩玉涛、马雪年为出席石家庄市第十四届人民代表大会代表。

（二）届中调整情况

平山县第十六届人民代表大会常务委员会第一次会议补选吕军英、任建忠、刘国清为石家庄市第十四届人民代表大会代表。

平山县第十六届人大常委会第三十一次会议决定罢免邓沛然的石家庄市第十四届人民代表大会代表职务。

平山县第十六届人民代表大会常务委员会第三十二次会议接受李旭阳辞去石家庄市第十四届人民代表大会代表职务的请求。

补选马宇骏、张前锋为石家庄市第十四届人民代表大会代表。

第二节　代表大会

平山县第十六届人民代表大会自2017年2月到2021年7月共召开六次。

一、第一次会议

第一次会议于2017年2月24日至27日在老干部活动中心举行。会议应到代表219名，实到代表206名，因事因病请假13名。不是人大代表的县委常委、县政府副县长、政府各部门一把手、各乡镇党委书记、乡镇长、人大主席、出席政协九届一次会议的全体委员；县委各部门、各人民团体负责人列席会议，会议邀请部分老干部代表参加了开幕式。

（一）组织机构

大会预备会议选举产生主席团、秘书长及议案审查委员会。

主席团（51名）：

于利朝	于　辉	马秋平（女）	王一平
王进武	王晓辉（女）	王雷音	左小英（女）
左大利	付炳林	卢永兴	卢庆忠
齐明国	刘书文	刘　军	刘国英
刘树林	刘　敏（女）	刘彦伟	祁军英（女）
吴建敏	杜林文	李二波	李志成

李运强	李旭阳	李明忠	李海明
肖虎子	杨继平	张生生	张肖肖（女）
张新国	武自军	周振海	宗雪梅
赵会文	赵志斌	赵永生	赵树芳
茹秀海	梁志彦	胡随林	高永阁
贾彦兵	郭双全	焦习军	韩学芝（女）
董晓航	樊彦涛	霍文国	

秘书长：周振海（兼）

主席团第一次会议推定李旭阳、董晓航、武自军、李海明、焦习军、卢庆忠、霍文国、周振海、胡随林、左小英、刘国英、齐明国为主席团常务主席。

主席团第一次会议决定杜林文、周海军、栗磊、赵树芳、宗新福、马秋海为大会副秘书长。

议案审查委员会

主　任：霍文国

副主任：张肖肖（女）

委　员：左振江　贾彦兵　韩学芝（女）

（二）主要议程

2月25日上午，会议听取县长董晓航作的《平山县人民政府工作报告》，书面听取发展改革局局长齐明国作的《关于2016年国民经济和社会发展计划执行情况与2017年国民经济和社会发展计划草案的报告》和财政局局长焦彦虎作的《关于2016年财政预算执行情况和2017年财政预算草案的报告》。2月26日上午，听取县人大常委会主任李海明作的《平山县人大常委会工作报告》，县法院代院长于辉作的《平山县人民法院工作报告》，县检察院代检察长王雷音作的《平山县人民检察院工作报告》。会议分8个代表团对上述报告进行认真审议和审查，批准相应报告。根据各代表团对6个报告的审议情况，会议分别作出相应的决议。

2月26日下午，会议表决通过县人大常委会专门委员会人员名单。

县人大常委会专门委员会

（每个委设7人，其中主任委员1人，副主任委员2人，委员4人）

一、法制委员会

主任委员：左小英（女）

副主任委员：贾彦兵　范　敏

委　员：刘　华　左大力　闫习权　李运强

二、财政经济委员会

主任委员：周振海

副主任委员：于利朝　左振江

委　员：樊彦涛　李明忠　李二波　韩树平（女）

三、城乡建设和环境保护委员会

主任委员：齐明国

副主任委员：茹秀海　封会明

委　员：刘　军　刘彦伟　侯思敏（女）樊喜平

四、教育、科技、文化、卫生委员会

主任委员：刘国英

副主任委员：张新国　王彦霞（女）

委　员：马莹巍（女）　冀志芹（女）　刘　敏（女）　赵胜利

2 月 27 日上午，按照选举办法，会议以无记名投票方式选举产生县第十六届人大常委会组成人员 35 名；县政府县长、副县长 7 名；县法院院长 1 名；县检察院检察长 1 名。选举结果如下：

县第十六届人民代表大会常务委员会

主　任：焦习军

副主任（4 名）：

周振海　左小英（女）　刘国英　齐明国

委员（30 名）：

于利朝	马秋平（女）	王一平	王进武
左大利	卢永兴	刘　军	刘　敏（女）
刘彦伟	刘树林	杜林文	李二波
李运强	李志成	李明忠	李海明
肖虎子	吴建敏（女）	张生生	张肖肖（女）
张新国	宗雪梅（女）	赵会文	赵志斌
赵树芳	胡随林	茹秀海	贾彦兵
韩学芝（女）	樊彦涛		

平山县人民政府

县　长：董晓航

副县长（6 名）：

祁军英　马爱军　郝春艳　解建军　王瑞平　梁晨东

平山县人民法院

院　长：于辉

平山县人民检察院

检察长：王雷音

（三）代表议案及批评建议

会议期间，共收到代表提出的建议、批评和意见 87 件，内容涉及交通、水务、文教卫生、林业、工业信息、城建、环保、供电、旅游、规划、城市管理、农牧、土地、食品安全、财政等方面。

链接：县十六届人大常委会主任简历

焦习军，男，汉族，平山县岗南镇石盆峪人，1962 年 7 月出生，1981 年 9 月参加工作，1983 年 9 月入党，省委党委大专毕业。2017 年 1 月任平山县人大常委会党组书记。

1981.09—1985.07　　平山县霍宾台公社团委书记

（其间：1983.09—1985.07 省委党校共青团干部培训班学习）

1985.07—1987.04　　平山县团委干部

1987.04—1988.01　　平山县王坡乡党委副书记

1988.01—1991.08　　平山县王坡乡乡长

1991.08—1998.04　　平山县团委书记

1998.04—1999.10　　平山县国有资产管理局局长

1999.10—2001.04　　平山县平山镇镇长

2001.04—2002.01　　平山县东回舍镇党委书记

2002.01—2003.04　　平山县西柏坡镇党委书记

2003.04—2006.06　　平山县委常委（西柏坡镇党委书记）

2006.06—2010.04　　平山县委常委（县委办主任）

2010.04—2015.12　　平山县委常委（政法委书记）

2015.12—2016.04　　平山县委副书记

2016.04—2017.01　　平山县委副书记、县委党校校长

2017.01—2021.02　　平山县人大常委会党组书记

2017.02—　　县第十六届人大常委会党组书记、主任

二、第二次会议

第二次会议于 2018 年 2 月 1 日至 3 日在老干部活动中心举行。会议应到代表 219 名，实到代表 202 名，因事因病请假 17 名。不是人大代表的县委常委、县政府副县长、政府各部门一把手、各乡镇党委书记、乡镇长、人大主席、出席政协九届二次会议的全体委员；县委各部门、各人民团体负责人列席会议，会议邀请部分老干部代表、各地老促会代表和京津冀发展联合会代表参加了开幕式。

（一）组织机构

大会预备会议选举产生主席团、秘书长及议案审查 1 个委员会。

主席团（46 名）：

于利朝　　马秋平（女）　　王一平　　王进武

王晓辉（女）	左小英（女）	左大利	卢永兴
齐明国	刘书文	刘书林	刘　军
刘国英	刘　敏（女）	刘彦伟	祁军英（女）
吴建敏（女）	杜林文	李二波	李志成
李运强	李旭阳	李明忠	李海明
肖虎子	杨继平	张生生	张肖肖（女）
张新国	武自军	周振海	宗雪梅（女）
赵会文	赵志斌	赵永生	赵树芳
茹秀海	梁志彦	胡随林	高永阁
贾彦兵	郭双全	焦习军	韩学芝（女）
董晓航	樊彦涛		

秘书长：周振海（兼）

主席团第一次会议推定李旭阳、董晓航、武自军、焦习军、郭双全、周振海、左小英、刘国英、齐明国为主席团常务主席。

主席团第一次会议决定杜林文、栗磊、张进彦、赵树芳、宗新福、马秋海为大会副秘书长。

（二）主要议程

2月2日上午，会议听取县长董晓航作的《平山县人民政府工作报告》，书面听取发展改革局局长王兰作的《关于平山县2017年国民经济和社会发展计划执行情况与2018年国民经济和社会发展计划（草案）的报告》和财政局局长焦彦虎作的《关于平山县2017年预算执行情况和2018年预算（草案）的报告》。

2月3日上午，听取县人大常委会主任焦习军作的《平山县人民代表大会常务委员会工作报告》，县法院院长于辉作的《平山县人民法院工作报告》，县检察院检察长王雷音作的《平山县人民检察院工作报告》。

会议分8个代表团对上述报告进行认真审议和审查。根据各代表团对6个报告的审议情况，会议批准相应报告，分别作出相应决议。

2月3日下午，按照大会通过的选举办法，会议选举王晓辉为平山县监察委员会主任。

（三）代表议案及批评建议

会议期间，共收到代表提出的建议、批评和意见106件，内容涉及交通、水务、文教卫生、林业、工业信息、城建、环保、供电、旅游、规划、城市管理、农牧、土地、食品安全、财政、扶贫、邮政等方面。

三、第三次会议

第三次会议于2019年1月10日至12日在老干部局六楼举行。会议应到代表217名，实到代表195名，因事因病请假22名。不是人大代表的县委常委、县政府副县长、政府各部门一把手、各乡镇党委书记、乡镇长、人大主席、出席政协九届三次会议的全体委员；县委各部门、各人民团体负责人列席会议，会议邀请部分老干部代表、各地老促会代表和京津冀发展联合会代表参加了开幕式。

（一）组织机构

大会预备会议选举产生主席团、秘书长及议案审查委员会。

主席团（44 名）：

于利朝	马秋平（女）	王进武	王晓辉（女）
左小英（女）	左大利	卢永兴	齐明国
齐荣国	刘书文	刘书林	刘　军
刘国英	刘　敏（女）	刘彦伟	吴建敏（女）
杜林文	李二波	李志成	李运强
李旭阳	李明忠	李新海	肖虎子
杨继平	张生生	张肖肖（女）	张新国
武自军	周振海	宗雪梅（女）	赵志斌
赵永生	赵树芳	茹秀海	梁志彦
高永阁	贾彦兵	郭双全	焦习军
韩学芝（女）	董晓航	樊彦涛	魏尊一（女）

秘书长：周振海（兼）

主席团第一次会议推定焦习军、周振海、左小英、刘国英、齐明国为主席团常务主席。

主席团第一次会议决定齐荣国、栗磊、张进彦、赵树芳、宗新福、马秋海为大会副秘书长。

（二）主要议程

1 月 11 日上午，会议听取县长董晓航作的《平山县人民政府工作报告》，书面听取发展改革局局长刘志平作的《关于平山县 2018 年国民经济和社会发展计划执行情况与 2019 年国民经济和社会发展计划（草案）的报告》和财政局局长焦彦虎作的《关于平山县 2018 年预算执行情况和 2019 年预算草案的报告》。

1 月 12 日上午，会议听取县人大常委会主任焦习军作的《平山县人民代表大会常务委员会工作报告》，县法院院长于辉作的《平山县人民法院工作报告》，县检察院检察长王雷音作的《平山县人民检察院工作报告》。

会议分 8 个代表团对上述报告进行认真审议和审查。根据各代表团对 6 个报告的审议情况，会议批准相应报告，分别作出相应决议。

1 月 12 日下午，按照大会通过的选举办法，会议选举魏尊一、李新海为平山县第十六届人大常委会副主任。

会议探索试行县政府民心实事项目人大代表票决制，确定了县政府 2019 年度 11 件民生实事项目，并作出相关决定。

会议表决产生的县人大社会建设委员会组成人员

主 任 委 员：李新海

副主任委员：齐荣国　韩学芝（女）

委　　　员：张生生　卢永兴　王淑艳（女）　韩普选

（三）代表议案及批评建议

会议期间，共收到代表提出的建议、批评和意见54件，内容涉及交通、水利、文教卫生、林业、城建、环保、供电、旅游、规划、城市管理、农牧、土地、食品安全、财政、扶贫等方面。

四、第四次会议

第四次会议于2020年1月18日至20日在县城举行。会议应到代表217名，实到代表201名，因事因病请假16名。不是人大代表的县委领导、离退休正县级领导、县政府副县长、县武装部政委、部分省市人大代表和外地特邀人员；出席政协九届四次会议的全体委员；不是人大代表的县委部门及各人民团体主要负责人、各乡镇党委书记和人大主席及乡镇长、县政府各部门党政主要负责人也参加了开幕式。

（一）组织机构

大会预备会议选举产生主席团、秘书长及议案审查委员会。

主席团（45名）：

于利朝	马秋平（女）	王进武	王晓辉（女）
左大利	卢占军	卢永兴	付红瑜（女）
齐明国	齐荣国	刘书文	刘书林
刘　军	刘国英	刘　敏（女）	刘彦伟
吴建敏（女）	杜林文	李二波	李志成
李运强	李旭阳	李明忠	李新海
肖虎子	杨允石	张生生	张肖肖（女）
张新国	陈注祥	武自军	周振海
宗雪梅（女）	赵志斌	赵永生	赵树芳
茹秀海	贾彦兵	郭双全	焦习军
韩学芝（女）	董晓航	靳　军	樊艳涛
魏尊一（女）			

秘书长：周振海（兼）

主席团第一次会议推定李旭阳、焦习军、周振海、刘国英、齐明国、魏尊一、李新海为主席团常务主席。

主席团第一次会议决定齐荣国、康艳军、张进彦、赵树芳、安志宏、马秋海为大会副秘书长。

（二）主要议程

1月19日上午，会议听取县政府县长董晓航作的《平山县人民政府工作报告》，书面听取县发展改革局局长刘志平作的《关于平山县2019年国民经济和社会发展计划执行情况与2020年国民经济和社会发展计划草案报告》和县财政局局长焦彦虎作的《关于平山县2019

年财政预算执行情况和2020年财政预算草案报告》。听取县人大常委会主任焦习军作的《平山县人民代表大会常务委员会工作报告》，县法院院长于辉作的《平山县人民法院工作报告》，县检察院检察长王雷音作的《平山县人民检察院工作报告》。

会议分8个代表团认真审议和审查6个报告。根据各代表团的审议情况，会议批准相应报告，分别作出相应决议。

1月20日上午，全体人大代表通过票决的方式确定县政府2020年度11件民生实事项目，并作出相关决定。

（三）代表议案及批评建议

会议期间，共收到代表提出的建议、批评和意见60件，内容涉及交通、农业农村、公安交警、工信、自然资源和规划、城管、城建、扶贫、发改、教育、卫生、环保等方面。

五、第五次会议

第五次会议于2020年9月22日至23日在县老干部局举行。会议应到代表216名，实到196名，因事因病请假18名。

（一）组织机构

大会预备会议选举产生主席团、秘书长。

主席团（44名）：

于利朝	马秋平（女）	王进武	左大利
卢占军	卢永兴	付红瑜（女）	齐明国
齐荣国	刘书文	刘书林	刘　军
刘国英	刘　敏（女）	刘彦伟	吴建敏（女）
杜林文	李二波	李立新	李志成
李运强	李明忠	李新海	肖虎子
杨允石	张生生	张肖肖（女）	张前锋
张新国	陈注祥	武自军	周振海
宗雪梅（女）	赵志斌	赵永生	赵树芳
茹秀海	贾彦兵	郭双全	焦习军
韩学芝（女）	董晓航	靳　军	魏尊一（女）

秘书长：周振海（兼）

主席团第一次会议推定董晓航、焦习军、周振海、刘国英、齐明国、魏尊一（女）、李新海为主席团常务主席。

主席团第一次会议决定齐荣国、曹彦鹏、张进彦、赵树芳、郭会涛、李娜（女）为大会副秘书长。

（二）主要议程

会议听取2020年全县经济发展形势及民生实事办理情况通报。

按照大会通过的选举办法，会议选举张前锋为平山县人民政府县长；选举李立新为平山县监察委员会主任。

六、第六次会议

第六次会议于2021年3月8日至9日在县城和部分乡镇举行。会议应到代表213名，实到代表175名，因事因病请假38名。不是人大代表的县委领导、离退休正县级领导、县政府副县长、县武装部政委；出席政协九届五次会议的全体委员；不是人大代表的县委部门及各人民团体主要负责人、各乡镇党委书记和人大主席及乡镇长、县政府各部门党政主要负责人列席会议。

（一）组织机构

大会预备会议选举产生主席团、秘书长及议案审查1个委员会。

主席团（43名）：

于利朝	马秋平（女）	王进武	左大利
卢占军	卢永兴	付红瑜（女）	齐明国
齐荣国	刘书文	刘书林	刘　军
刘国英	刘　敏（女）	刘彦伟	吴建敏（女）
杜林文	李二波	李立新	李志成
李运强	李明忠	李新海	肖虎子
杨允石	张生生	张肖肖（女）	张前锋
张新国	武自军	周振海	宗雪梅（女）
赵志斌	赵永生	赵树芳	茹秀海
贾彦兵	郭双全	焦习军	韩学芝（女）
董晓航	靳　军	魏尊一（女）	

秘书长：周振海（兼）

主席团第一次会议推定董晓航、焦习军、周振海、刘国英、齐明国、魏尊一（女）、李新海为主席团常务主席。

主席团第一次会议决定齐荣国、曹彦鹏、张进彦、赵树芳、郭会涛、李娜（女）、康艳军为大会副秘书长。

（二）会议议程

3月9日上午，会议听取县政府县长董晓航作的《平山县人民政府工作报告》，书面审议《平山县国民经济和社会发展第十四个五年规划和2035年远景目标纲要草案》。书面听取县发展改革局局长刘志平作的《关于平山县2020年国民经济和社会发展计划执行情况与2021年国民经济和社会发展计划草案报告》和县财政局局长焦彦虎作的《关于平山县2020年财政预算执行情况和2021年财政预算草案报告》；听取县人大常委会主任焦习军作的《平山县人民代表大会常务委员会工作报告》，县法院院长于辉作的《平山县人民法院工作报告》，县检察院检察长王雷音作的《平山县人民检察院工作报告》。会议认真审议和审查各项报告。根据各代表团的审议情况，会议批准相应报告，分别作出相应的决议。

会议以举手表决的形式，通过焦习军辞去平山县第十六届人大常委会主任职务的请求。

3月9日下午，按照大会通过的选举办法，会议选举武自军为平山县第十六届人民代表大会常务委员会主任。

全体人大代表通过票决的方式确定了县政府2021年度10件民生实事项目，并作出相关决定。

（三）代表议案及批评建议

会议期间，共收到代表提出的建议、批评和意见59件，内容涉及交通运输、农业农村、水利建设、自然资源、城市建设管理、发改、教育、卫生、环保等方面。

链接：县十六届人大常委会主任简历

武自军，男，汉族，平山县平山镇杨西冶村人，1965年7月出生，1986年7月参加工作，1989年11月入党，大学本科学历。2021年3月任平山县人大常委会主任。

1984.08—1986.07	石家庄师范专科学校历史系历史专业学习
1986.07—1987.09	平山县回舍中学教师
1987.09—1990.07	平山县工商局干部
1990.07—1991.01	平山县宅北乡干部
1991.01—1994.08	平山县委办公室资料员，信息组副组长
1994.08—1999.10	平山县委办公室副科级资料员
1999.10—2002.06	平山县委办公室副主任
2002.06—2004.10	平山县大吾乡党委副书记、乡长
2004.10—2007.05	平山县大吾乡党委书记
2007.05—2011.08	平山县委办公室常务副主任
2011.08—2015.12	平山县委常委、县委办公室主任
2015.12—2017.01	平山县委常委、县委办公室主任、宣传部部长
2017.01—2021.02	平山县委副书记，三级调研员
2021.02—2021.03	平山县人大常委会主任候选人
2021.03—	县第十六届人大常委会主任

第三章　人大常委会

第一节　人员组成

一、选举产生

第十六届人民代表大会常务委员会于2017年2月27日，由平山县第十六届人民代表大会第一次会议选举产生，其中主任1人，副主任4人，委员30人。

主　任：焦习军（2017.02—2021.03）
　　　　武自军（2021.03—2021.07）
副主任：周振海（2017.02—2021.07）
　　　　左小英（2017.02—2019.07）
　　　　刘国英（2017.02—2021.07）
　　　　齐明国（2017.02—2021.07）
　　　　魏尊一（女）（2019.01—2021.07）
　　　　李新海（2019.01—2021.07）

委　员：

于利朝	马秋平（女）	王一平	王进武	左大利
卢永兴	刘　军	刘　敏（女）	刘彦伟	刘树林
杜林文	李二波	李运强	李志成	李明忠
李海明	肖虎子	吴建敏（女）	张生生	张肖肖（女）
张新国	宗雪梅（女）	赵会文	赵志斌	赵树芳
胡随林	茹秀海	贾彦兵	韩学芝（女）	樊彦涛
齐荣国				

二、届中调整情况

1.2018年县十六届人大常委会十四次会议接受赵胜利辞去人大代表职务。

2.2019年1月，平山县第十六届人民代表大会第三次会议选举魏尊一、李新海为县人大常委会副主任。

3. 2019 年 1 月，县十六届人大常委会十五次会议接受赵会文辞去县人大常委会委员职务，李海明、王一平辞去代表职务，其委员职务相应终止。

4. 2019 年 7 月 16 日县十六届人大常委会第十九次会议接受左小英辞去人大常委会副主任职务。

5. 2021 年 3 月平山县第十六届人民代表大会第六次会议接受焦习军辞去县人大常委会主任的请求，选举武自军为县人大常委会主任。

三、代表资格审查委员会

平山县第十六届人大常委会代表资格审查委员会名单

主任　委员：刘国英

副主任委员：杜林文　　　赵树芳

委　　　员：张肖肖（女）　于利朝　　　茹秀海　　　李明忠

四、工作机构及人员组成

1. 2017 年 2 月至 2019 年 11 月，平山县人大常委会办事机构为三室五委，即办公室、信访工作办公室、老干部服务办公室、教育科学文化卫生工作委员会、财政经济工作委员会、选举任免代表工作委员会、政法工作委员会、农业农村工作委员会。

2. 2019 年 11 月至 2021 年 7 月，平山县人大常委会办事机构为二室五委，即办公室、信访工作办公室、教育科学文化卫生工作委员会、财政经济工作委员会、选举任免代表工作委员会、政法工作委员会、农业农村工作委员会。

办公室

主　任：杜林文（2017.02—2019.01）

　　　　齐荣国（2019.01—2021.07）

副主任：梁　璐（2017.02—2021.07）

　　　　秘京京（2020.12—2021.07）

财政经济工作委员会

主　任：于利朝（2017.02—2021.07）

副主任：卢鹏霞（女 2017.02—2019.11）

信访办公室

主　任：赵会文（2017.02—2020.12）

　　　　闫庆芳（2020.12—2021.07）

副主任：闫庆芳（2017.02—2019.11）

教育科学文化卫生工作委员会

主　任：张新国（2017.02—2020.12）

何立强（2020.12—2021.07）

农业农村工作委员会

主　任：茹秀海（2017.02—2020.12）

李明忠（2020.12—2021.07）

副主任：刘国平（2017.02—2019.11）

政法工作委员会

主　任：贾彦兵（2017.02—2021.07）

副主任：马晓波（2017.02—2017.03）

选举任免代表工作委员会

主　任：张肖肖（2017.02—2021.07）

副主任：张鹏飞（2017.02—2019.11）

老干部服务办公室

主　任：李明忠（2017.02—2019.11）

第二节　主任会议

县十六届人大常委会共召开主任会议31次，其中，焦习军主持召开19次，周振海主持召开12次。

平山县十六届人大常委会主任会议情况一览表

表14-2

序号	时间	议题
1	2017年6月13日	听取县规划局县城规划工作汇报；县住建局《关于县城路网建设工作汇报》；县城管局《关于县城管理工作汇报》；县政府《关于大气污染防治工作汇报》；议定县人大常委会领导分组分片调研督导扶贫攻坚工作事项；通过《平山县十六届人大常委会第三次会议议程草案》；通过《平山县人大常委会党组关于向县委报告重大事项工作制度》草案
2	2017年7月31日	听取县财政局《关于2017年上半年财政收入情况汇报》；听取县国税局、地税局上半年收入情况汇报
3	2017年10月13日	听取县法院上半年工作汇报；听取县检察院上半年工作汇报及县政府《关于2017年人大代表建议办理情况汇报》

续表 14-2

序号	时间	议题
4	2018 年 3 月 19 日	听取县人大选任代工委《关于县十六届人大二次会议代表建议梳理归纳情况汇报》；听取县人大常委会《关于对县政府工作部门主要负责人开展履职评议的暂行办法》草案的起草和制定说明；听取县人大办公室《关于县人大常委会 2018 年工作要点的初步安排意见》、以及《关于县十六届人大常委会第十次会议议题的说明》
5	2018 年 6 月 21 日	研究中共平山县委办公室《关于健全县人大讨论决定重大事项、县政府重大决策出台前向县人大报告的工作规程》（征求意见稿）；听取县政府财《关于政预算执行、新增债券资金分配、国有资产管理工作汇报》；听取县交通局《关于旅游路网规划建设情况汇报》；传达中办秘书局关于严禁擅自发布、传播中央文件有关事项的通知；研究安装使用电子表决器相关问题；研究机关人员职责分工调整有关事宜；研究通过县十六届人大常委会第十一次会议议程（包括对“法、检两官”履职评议具体方案）
6	2018 年 7 月 27 日	研究讨论关于开展扶贫脱贫攻坚、大气污染防治、优化营商环境三项联动监督有关事项；研究召开县十六届人大常委会第十二次会议有关事项
7	2018 年 10 月 23 日	研究召开县十六届人大常委会第十三次会议事项；研究补选部分县级人大代表相关事项；研究宪法宣誓广场改造提升相关事项；研究人大常委会会议室改造设计相关事项；研究人大代表之家（站）建设工作；研究安装使用电子表决系统相关事项
8	2019 年 1 月 18 日	研究部署 2019 年重点工作；市十四届四次人代会相关准备工作及县人大常委会主任、副主任分工等其他事项
9	2019 年 3 月 20 日	听取县政府关于对平山县第十六届人民代表大会第三次会议代表建议分解交办情况汇报；讨论并原则通过县人大常委会 2019 年工作要点及安排、《平山县第十六届人大常委会组成人员守则草案》《平山县人大常委会关于平山县河北梆子剧团发展情况的调研报告》；研究关于召开县十六届人大常委会第十七次会议等相关事项
10	2019 年 4 月	研究召开县十六届人大常委会第十七次会议的相关事项；讨论《平山县人大常委会关于“河北发展人大尽责”主题实践活动的工作方案》；通过《平山县人大常委会关于 2019 年乡镇人大工作的指导意见》；研究县人大常委会主任、副主任分工调整事项

续表 14-2

序号	时间	议题
11	2019年6月27日	听取县政府《关于2019年度新增政府债务限额分配及预算调整方案（草案）的说明》；听取县政府《2019年度11件民生实事项目进展情况汇报》；听取县人大常委会《关于预算联网监督工作进展情况》；研究《关于何春梅同时担任两县人大代表相关问题的调查处理报告》；研究《关于举办2019年度人大代表培训班相关事项》，并决定于培训期间召开县十六届人大常委会第十九次会议；研究并原则通过《平山县人大常委会专题询问暂行办法》，决定启动县城居民子女“入学难”专题询问
12	2019年8月16日	研究召开县十六届人大常委会二十次会议建议相关事项；研究县十六届人大社会建设委员会工作规则、联系制度、工作机构等事项
13	2019年10月18日	研究召开县十六届人大常委会二十一次会议建议相关事项；传达省市备案审查视频会议精神
14	2019年12月6日	研究召开县十六届人大常委会二十二次会议建议相关事项；听取人大办公室2020年民生实事项目征集情况汇报；研究工会一日捐活动相关事项；召开“不忘初心、牢记使命”主题教育专题民主生活会
15	2019年12月24日	研究召开县十六届人大常委会第二十三次会议相关事项；研究召开县十六届人大四次会议相关事项
16	2020年3月6日	研究县人大常委会2020年工作要点；听取选任代工委关于县十六届人大四次会议代表意见建议汇总及交办督办情况汇报；研究贯彻县扶贫工作、重点项目建设、县城建设管理会议精神
17	2020年4月10日	听取县人大常委会办公室关于《中共平山县人大常委会党组关于开展“6+1”联动监督工作的实施意见（讨论稿）》的说明；研究《中共平山县人大常委会党组关于开展“6+1”联动监督工作的实施意见（讨论稿）》；安排部署代表家站建设工作
18	2020年5月6日	集中学习省委书记、省人大常委会主任王东峰在河北省人大常委会成立40周年座谈会上的讲话；研究召开县人大常委会第二十四次会议及听取县政府“6+1”联动监督各领域专题（自查自纠）报告相关事项；研究人大代表之家（站）建设工作及《西柏坡旅游景区管理条例》起草工作等事项

续表 14-2

序号	时间	议题
19	2020 年 6 月	听取石家庄市公安局新华分局提交的《关于提请许可对樊某某采取刑事强制措施的报告》
20	2020 年 6 月 5 日	集中学习省人大常委会党组书记、常务副主任范照兵在全省“6+1”联动监督工作典型经验交流会上的讲话精神；听取县人大“6+1”联动监督领导小组七个工作专班近期工作进展情况汇报
21	2020 年 7 月 17 日	研究关于召开县十六届人大常委会第二十六次会议相关事项
22	2020 年 9 月 3 日	听取县人大常委会办公室关于召开县十六届人大常委会第二十八次会议的建议
23	2020 年 9 月 15 日	听取县人大常委会办公室关于召开县十六届人大常委会第二十九次会议的建议；听取县人大《关于召开十六届人大五次会议筹备工作报告》
24	2020 年 12 月 3 日	研究召开县十六届人大常委会第三十次会议相关事项；听取选任代工委《关于部分代表辞职请求的说明》；书面听取县人大预算联网监督中心系列管理制度
25	2020 年 12 月 16 日	听取县政府及相关部门贯彻落实中共平山县委批转《县人大常委会党组贯彻落实〈河北省人大常委会办公厅关于推进县乡人大依法行使重大事项决定权的通知〉的意见》的情况汇报；听取县人大办关于县十六届人大六次会议初步日程安排方案；研究调整县十六届人大常委会第三十次会议议程及相关事项
26	2021 年 2 月 5 日	听取县委组织部《关于罢免邓沛然石家庄市第十四届人大代表职务的情况说明》；听取选任代工委《关于罢免邓沛然石家庄市第十四届人大代表职务的议案及决议起草情况汇报》
27	2021 年 2 月 14 日	研究召开县十六届人大常委会第三十二次会议相关事项；讨论《平山县十六届人大六次会议各项工作报告》
28	2021 年 2 月 28 日	研究召开县十六届人大六次会议相关事项及召开县十六届人大常委会第三十三次会议相关事项
29	2021 年 4 月 16 日	听取县十六届人大六次会议代表意见交办情况汇报；研究县人大常委会 2021 年工作要点；听取县乡人大换届选举准备情况汇报；讨论《关于做好县乡两级人民代表大会换届选举工作的意见》（草案）；听取召开全县换届选举动员会及三十四次常委会准备情况汇报

续表 14-2

序号	时间	议题
30	2021 年 5 月 24 日	听取县政府《关于提请任免人员议案的说明》；听取县委组织部《关于任免人员的情况说明》；听取县人大选任代工委《关于部分人员辞去县乡换届选举委员会委员的情况说明》；研究召开县人大常委会第三十五次会议相关事项
31	2021 年 6 月 4 日	研究召开县十六届人大常委会第三十六次会议的相关事项

第三节　常委会会议

2017 年 3 月至 2021 年 7 月，县第十六届常委会共召开 37 次会议。

第一次会议　2017 年 3 月 23 日召开，会议由县人大常委会副主任周振海主持。县人大常委会主任焦习军，副主任周振海、左小英、刘国英、齐明国，委员杜林文、肖虎子、张肖肖、贾彦兵、于利朝、茹秀海、张新国、赵会文、李明忠、赵树芳、王一平、马秋平、刘敏、宗雪梅、李运强、李志成、张生生、赵志斌、刘书林、李二波、左大利、刘军、韩学芝、樊彦涛、刘彦伟、王进武、吴建敏共 32 人出席会议。县政府副县长郝春艳和法检两院负责人及各乡镇人大主席列席会议。会议听取和审议关于《平山县人大常委会会议议事规则（草案）》《平山县人大常委会主任会议议事规则（草案）》的起草完善说明，县人大常委会副主任周振海作的《关于设立平山县第十六届人民代表大会常务委员会代表资格审查委员会议案的说明》，《平山县人大常委会 2017 年工作要点》，《平山县人大常委会代表资格审查委员会关于补选石家庄市第十四届人民代表大会代表的议案》。会议以举手表决的方式通过《平山县人大常委会议事规则》；通过《平山县人大常委会主任会议议事规则》；通过《平山县人大常委会关于调整代表资格审查委员会组成人员的决议》；通过《平山县人大常委会 2017 年工作要点》。

第二次会议　2017 年 4 月 20 日召开，会议由县人大常委会副主任周振海主持。县人大常委会主任焦习军，副主任周振海、左小英、刘国英、齐明国，委员杜林文、肖虎子、张肖肖、于利朝、张新国、赵会文、李明忠、赵树芳、王一平、马秋平、刘敏、宗雪梅、李运强、李志成、张生生、赵志斌、刘书林、李二波、左大利、刘军、韩学芝、樊彦涛、刘彦伟、王进武、吴建敏共 31 人出席会议。县政府副县长祁军英，法检两院负责人，全体政府组成人员及各乡镇人大主席列席会议。会议听取和审议县政府《关于提请任命新一届县政府组成人员议案的说明》。会议以投票表决的形式，依法决定任命 3 名挂职副县长，26 名政府组成人员。

第三次会议　2017 年 6 月 29 日召开，会议由县人大常委会副主任周振海主持。县人大常委会主任焦习军，副主任周振海、左小英、刘国英、齐明国，委员杜林文、肖虎子、张肖肖、于利朝、茹秀海、张新国、赵会文、李明忠、赵树芳、王一平、马秋平、刘敏、宗雪梅、李运强、李志成、张生生、赵志斌、卢永兴、刘书林、李二波、左大利、刘军、韩学芝、樊彦涛、刘彦伟、王进武、吴建敏共32人出席会议。县政府党组副书记卢占军，县法院院长于辉、县检察院检察长王雷音，县财政局局长焦彦虎、县教育局局长王文治、县农牧局局长梁拴云、县质监局局长刘立涛，各乡镇人大主席及县人大常委会相关委室负责人列席会议。会议听取和审议县教育局局长王文治作的《平山县教育工作汇报》、县质监局局长刘立涛作的《关于电梯运行管理工作的情况汇报》、县农牧局局长梁拴云作的《平山县农业畜牧局工作报告》，听取和审议县人大常委会《关于加强和规范人大代表之家建设的意见的说明》、县财政局局长焦彦虎作的《平山县2017年新增政府债务限额分配及基金预算调整方案》、县人民政府县长董晓航作的《关于提请审议2017年新增政府债务限额分配及基金预算调整方案（草案）的议案》。听取和审议县政府、县法院提请任免人员议案的说明。县人大常委会委员于利朝作《关于对“县政府关于2017年新增政府债务限额安排及其预算调整方案的报告”的初审意见》报告，茹秀海、张新国委员作审议发言。会议以投票测评的方式对县教育局教育工作汇报、县质监局电梯运行管理工作汇报、县农牧局工作汇报进行测评，以投票表决的方式对县政府、县法院提请的人员进行依法任免，以举手表决的方式通过县人大常委会《关于加强和规范人大代表之家建设的意见》《平山县人大代表之家活动制度》，通过县政府《关于2017年新增政府债务限额安排及其预算调整方案的报告》。

第四次会议 2017年7月13日召开，会议由县人大常委会副主任周振海主持。县人大常委会主任焦习军，副主任周振海、左小英、刘国英、齐明国，委员杜林文、肖虎子、张肖肖、贾彦兵、于利朝、茹秀海、张新国、李明忠、赵树芳、王一平、马秋平、刘敏、宗雪梅、李运强、李志成、张生生、赵志斌、卢永兴、李二波、左大利、韩学芝、樊彦涛、刘彦伟、王进武共29人出席会议。县政府副县长、公安局局长马爱军，县法院院长于辉、县检察院检察长王雷音，县公安局副局长樊彦平，市人大代表梁乃中、赵亚平、王文忠、范华伟、曲海云、李伟国、孙伟、侯思明、马雪年、韩玉涛、郭英英、曹向青及县人大常委会相关委室负责人列席会议。会议听取和审议县公安局副局长樊彦平作的《关于对县人大代表杨某某采取强制措施的申请》，以举手表决的方式通过《平山县人大常委会关于许可对县十六届人大代表杨某某依法采取强制措施的决定》。

第五次会议 2017年8月29日召开，会议由县人大常委会副主任周振海主持。县人大常委会主任焦习军，副主任周振海、左小英、刘国英，委员杜林文、肖虎子、张肖肖、贾彦兵、于利朝、茹秀海、张新国、李明忠、王一平、马秋平、宗雪梅、李运强、李志成、张生生、赵志斌、卢永兴、刘书林、李二波、左大利、刘军、韩学芝、樊彦涛、王进武、吴建敏共28人出席会议。县政府副县长郝春艳、郭振清，县法院副院长王树平、县检察院副检察长高元成，县财政局局长焦彦虎、县审计局局长刘双印、县发改局副局长冯立新列席会议。列席会议的还有各乡镇人大主席和县人大机关相关委室负责人。会议听取和审议县发展改革局局长王兰作的《关于2017年1—6月份国民经济和社会发展计划执行情况的报告》，县财政局局长焦彦虎作的《关于平山县2016年决算和2017年1—6月份预算执行情况的报告》，县审计局局长刘双印作的《关于2016年度县本级预算执行和其他财政收支的审计工作报告》。会议以投票测评方式通过县政府《2017年上半年国民经济和社会发展计划执行情况报告》、通过县政府《2017年上半年财政预算执行情况和2016年财政决算报告》、通过县政府《关于2016年度县本级预算执行和其他财政收支情况的审计报告》。会议以举手表决的方式通过县政府2016年决算报告。

第六次会议 2017年10月23日召开，会议由县人大常委会副主任周振海主持。县人大常委会主任焦习军，副主任周振海、左小英、刘国英、齐明国，委员杜林文、张肖肖、贾彦兵、于利朝、茹秀海、张新国、赵会文、赵树芳、王一平、马秋平、刘敏、宗雪梅、李运强、李志成、张生生、赵志斌、卢永兴、刘书林、李二波、左大利、韩学芝、樊彦涛、刘彦伟、吴建敏共29人出席会议。县政府副县长周海英、薛立志，县法院院长于辉、县检察院检察长王雷音，县司法局长陈建廷、县人社局局长姜明芳、县民政局局长周素明、县交通局局长盖明忠、县住建局局长谷全国、县国土资源局局长梁中强，各乡镇人大主席及县人大常委会相关委室负责人列席会议。会前组织代表进行脱贫攻坚知识培训。会议听取和审议县司法局普法工作汇报，县民政局《关于城乡低保工作汇报》，县人社局《关于社保资金发放工作汇报》，听取和审议县交通局、县住建局、县国土局三名局长述职报告。通过《平山县人民代表大会代表工作办法（草案）》《平山县人大常委会人事任免和监督办法》。韩学芝、贾彦兵、赵会文委员分别对审议的有关内容作了审议发言。会议以投票测评的方式对县司法局普法工作汇报、县民政局城乡低保工作汇报、县人社局社保资金发放工作汇报及县交通局、县住建局、县国土局三名局长述职报告进行测评。

第七次会议 2017年12月29日召开，会议由县人大常委会副主任周振海主持。县人大常委会主任焦习军，副主任周振海、左小英、齐明国，委员杜林文、肖虎子、张肖肖、贾彦兵、于利朝、茹秀海、张新国、李明忠、刘敏、宗雪梅、李运强、李志成、张生生、赵志斌、卢永兴、李二波、左大利、刘军、韩学芝、樊彦涛、刘彦伟、王进武、吴建敏共27人出席会议。县政府副县长王瑞平，县法院院长于辉、县检察院检察长王雷音，县财政局局长焦彦虎、县审计局局长刘双印，各乡镇人大主席及县人大常委会相关委室负责人列席会议。会议听取和审议县财政局局长焦彦虎作的《关于平山县2017年财政预算调整方案（草案）》的说明、县审计局局长刘双印作的《关于〈2016年度县本级预算执行和其他财政收支审计工作报告〉中有关问题整改情况的报告》、县人民政府副县长王瑞平作的《平山县人民政府大气污染综合治理工作报告》。于利朝、李明忠、茹秀海委员作审议发言。会议以投票测评的方式对县审计局《审计查出的突出问题整改情况汇报》《县政府大气污染治理工作汇报》进行测评，以举手表决的方式通过《平山县人大常委会关于批准平山县2017年财政预算调整方案的决定》。

第八次会议 2018年1月26日召开，会议由县人大常委会副主任周振海主持。县人大常委会主任焦习军，副主任周振海、左小英、刘国英，委员杜林文、肖虎子、张肖肖、贾彦兵、于利朝、茹秀海、赵会文、李明忠、马秋平、刘敏、宗雪梅、李运强、李志成、张生生、赵志斌、卢永兴、刘书林、李二波、左大利、刘军、樊彦涛、刘彦伟、王进武、吴建敏共28人出席会议。县政府副县长郭振清，县法院院长于辉、县检察院检察长王雷音，县政府办公室主任张进彦，各乡镇人大主席及县人大常委会相关委室负责人列席会议。会议听取和审议县政府2017年代表建议办理情况汇报、县人大常委会关于对县政府2017年代表建议办理情况的视察报告、平山县第十六届人民代表大会第二次会议筹备工作报告。通过县十六届人大常委会代表资格审查委员会关于平山县第十六届人民代表大会第二次会议代表资格的审查报告；通过关于召开十六届人大二次会议的决定、大会议程、主席团名单、议案审查委员会名单和大会列席人员的决定草案；通过平山县人大常委会工作报告（稿）。出席会议的28名常委会委员，以投票测评的方式对县政府2017年代表建议办理工作进行测评，满意票22张、基本满意票2张、不满意票4张，满意率78.6%。县人大常委会主任焦习军就代表建议办理工作和关于县十六届人大二次会议的筹备工作提出了明确要求和指导意见。

第九次会议　2018年2月3日召开，会议由县人大常委会副主任周振海主持。县人大常委会主任焦习军，副主任周振海、左小英、刘国英、齐明国，委员李海明、杜林文、肖虎子、张肖肖、贾彦兵、于利朝、茹秀海、张新国、赵会文、李明忠、赵树芳、王一平、马秋平、刘敏、宗雪梅、李运强、李志成、张生生、赵志斌、卢永兴、刘书林、李二波、左大利、刘军、韩学芝、樊彦涛、刘彦伟、王进武、吴建敏共35人出席会议。县委常委、纪委书记、县监察委员会主任王晓辉，县委常委、常务副县长祁军英列席会议。会议听取和审议县政府提请任免人员议案的说明、县监察委提请任免人员议案的说明。会议以投票表决的方式对县政府、县监察委提请任免人员进行依法任免。

第十次会议　2018年5月23日召开，会议由县人大常委会副主任左小英主持。县人大常委会主任焦习军，副主任周振海、左小英、刘国英，委员杜林文、肖虎子、张肖肖、贾彦兵、于利朝、张新国、赵会文、李明忠、宗雪梅、李运强、李志成、张生生、赵志斌、卢永兴、刘书林、左大利、刘军、韩学芝、樊彦涛、刘彦伟、王进武、吴建敏共26人出席会议。县政府副县长郝春艳，县检察院检察长王雷音，县监察委副主任张锁成，县法院副院长王树平，各乡镇人大主席及县人大机关全体干部列席会议。会议听取县政府《关于承办市第三届旅发大会相关情况的通报》，审议《平山县人大常委会关于对任命人员进行履职评议的暂行办法》。会前，集中学习《宪法修正案》。会议以举手表决的方式通过《平山县人大常委会关于对任命人员进行履职评议的暂行办法》。

第十一次会议　2018年7月16日召开，会议由县人大常委会副主任周振海主持。县人大常委会主任焦习军，副主任周振海、左小英、刘国英、齐明国，委员杜林文、肖虎子、张肖肖、贾彦兵、于利朝、茹秀海、张新国、赵会文、李明忠、赵树芳、王一平、马秋平、宗雪梅、李运强、李志成、赵志斌、卢永兴、李二波、左大利、刘军、韩学芝、樊彦涛、刘彦伟、王进武、吴建敏共30人出席会议。县政府副县长马爱军、王瑞平、梁晨东，县检察院检察长王雷音，县监察委副主任张锁成，县法院副院长何树林，县财政局局长焦彦虎、县水务局局长谷新革、县交通局局长盖明忠、县住建局局长谷全国、县国土局局长梁中强、县城管局局长强增亮，各乡镇人大主席，县人大机关全体干部列席会议。会议听取和审议县政府《关于提请任免人员议案的说明》，听取和审议县政府两名副县长的述职报告，听取和审议县扫黑除恶专项斗争汇报、县防汛工作汇报、县重点交通项目建设及交通方面代表建议办理情况汇报，听取和审议县财政局局长焦彦虎作的《平山县2018年新增政府债务限额分配及预算调整方案（草案）》的说明。会议以投票表决的形式通过县政府提请任免人员，决定免去薛立志、周海英平山县人民政府副县长（挂职）职务。会议以投票表决的形式对副县长述职报告和各项工作汇报进行满意度测评，以举手表决的方式通过《平山县2018年新增债务限额分配及预算调整方案》。

第十二次会议 2018年8月31日召开，会议由县人大常委会副主任周振海主持。县人大常委会主任焦习军，副主任周振海、刘国英、齐明国，委员杜林文、肖虎子、张肖肖、于利朝、茹秀海、张新国、赵会文、李明忠、马秋平、宗雪梅、李运强、张生生、赵志斌、卢永兴、李二波、左大利、刘军、韩学芝、樊彦涛、刘彦伟、王进武、吴建敏共26人出席会议。县政府副县长解建军，县法院院长于辉、县检察院检察长王雷音，县监察委副主任高元成，县政府办公室主任张进彦、县发改局局长王兰、县行政审批局局长边金文、县市场监管局局长鲁彦彬及扶贫办、开发区、环保局等相关部门负责人，各乡镇人大主席，县人大机关全体干部列席会议。会议听取和审议县发展改革局局长王兰作的《关于平山县2018年上半年国民经济和社会计划执行情况报告》，听取和审议县政府副县长解建军作的《关于贯彻落实扶贫脱贫攻坚、大气污染防治、优化营商环境工作汇报》，听取县人大常委会副主任齐明国作的《扶贫脱贫攻坚、大气污染防治、优化营商环境三项联动监督工作报告》。会议以投票表决的形式对县政府《2018年上半年国民经济和社会计划执行情况报告》、县政府扶贫脱贫攻坚、大气污染防治、优化营商环境工作报告进行满意度测评，以举手表决的形式通过《平山县人大常委会关于加强检察机关提起公益诉讼工作的决定》。

第十三次会议 2018年10月30日召开，会议由县人大常委会副主任周振海主持。县人大常委会主任焦习军，副主任周振海、左小英、齐明国，委员杜林文、肖虎子、张肖肖、贾彦兵、于利朝、茹秀海、张新国、赵会文、李明忠、李运强、李志成、张生生、卢永兴、刘书林、李二波、左大利、刘军、韩学芝、王进武、吴建敏共24人出席会议。县政府副县长郝春艳、王瑞平、郭连喜，县法院院长于辉、县检察院检察长王雷音，县监察委副主任张东立，县财政局局长焦彦虎、县审计局局长刘双印，县法院、县检察院部分法官、检察官，各乡镇人大主席，县人大机关全体干部列席会议。会议听取和审议县财政局局长焦彦虎作的《关于平山县2017年决算和2018年1—6月份预算执行情况的报告》，县审计局局长刘双印作的《关于2017年度县本级预算执行和其他财政收支的审计工作报告》、县政府关于代表建议办理情况汇报，听取和审议法检两院部分法官、检察官的履职报告，听取县人大常委会评议组关于对部分法官、检察官进行履职评议情况的报告。会议以投票测评的方式对县政府三个报告及部分法官、检察官履职报告进行满意度测评，以投票表决的形式通过县政府提请任免人员，决定任命郭连喜为平山县人民政府副县长（挂职），以举手表决的方式通过平山县2017年决算；通过齐坤梅等7人辞去县人大代表职务的请求。

第十四次会议　2018年12月19日召开，会议由县人大常委会副主任周振海主持。县人大常委会主任焦习军，副主任周振海、刘国英、齐明国，委员杜林文、肖虎子、张肖肖、贾彦兵、于利朝、茹秀海、张新国、王一平、马秋平、宗雪梅、李志成、张生生、赵志斌、卢永兴、刘书林、李二波、左大利、刘军、韩学芝、樊彦涛、刘彦伟、吴建敏共26人出席会议。县委常委、组织部部长杨继平、县政府副县长解建军，县法院院长于辉、县检察院检察长王雷音，县监察委副主任张东立，县财政局局长焦彦虎、县扶贫办主任秘书明，各乡镇党委书记、人大主席，县人大机关全体干部列席会议。会议听取和审议财政局局长焦彦虎作的《关于平山县2018年财政预算调整方案（草案）的说明》，听取和审议县政府扶贫脱贫攻坚工作报告，听取并讨论《中共平山县人大常委会党组关于进一步加强乡镇人大工作的意见》草案。会议以举手表决的形式通过县政府2018年预算调整方案、赵胜利辞去县人大代表职务的请求。以投票表决的形式对县政府扶贫脱贫攻坚工作报告进行满意度测评。

第十五次会议　2019年1月6日召开，会议由县人大常委会副主任周振海主持。县人大常委会主任焦习军，副主任周振海、左小英、刘国英、齐明国，委员肖虎子、张肖肖、贾彦兵、于利朝、茹秀海、张新国、李明忠、马秋平、宗雪梅、李运强、李志成、张生生、赵志斌、卢永兴、刘书林、李二波、左大利、刘军、韩学芝、樊彦涛、刘彦伟、王进武、吴建敏共28人出席会议。县政府党组副书记卢占军，县人大党组成员魏尊一、李新海，县法院院长于辉、县检察院检察长王雷音，县财政局局长焦彦虎，各乡镇人大主席及县人大常委会相关委室负责人列席会议。会议听取和审议平山县第十六届人民代表大会第三次会议筹备工作报告，县人大常委会工作报告起草说明，县十六届人大常委会代表资格审查委员会关于平山县第十六届人民代表大会第三次会议代表资格的审查报告。会议通过关于召开十六届人大三次会议的决定、大会议程、主席团名单、议案审查委员会名单和大会列席人员的决定草案以及《平山县人大常委会关于决定年度利民惠民实事办理项目的试行办法（草案）》。会议以投票表决的形式对县人大常委会、县政府、县法院提请任免人员进行任免，以举手表决的形式通过关于接受王一平等3人辞去县人大代表职务请求的决定，通过《关于接受赵会文辞去县人大常委会委员职务请求的决定》。

第十六次会议　2019年1月12日召开，会议由县人大常委会副主任周振海主持。县人大常委会主任焦习军，副主任周振海、左小英、刘国英、齐明国、魏尊一、李新海，委员齐荣国、肖虎子、张肖肖、贾彦兵、于利朝、茹秀海、张新国、赵会文、李明忠、赵树芳、马秋平、刘敏、宗雪梅、李运强、李志成、张生生、赵志斌、卢永兴、刘书林、李二波、左大利、刘军、韩学芝、樊彦涛、刘彦伟、王进武、吴建敏共34人出席会议。县政府党组副书记卢占军列席会议。会议听取和审议县政府提请任免人员议案的说明；听取和审议县人大常委会《关于调整代表资格审查委员会组成人员的决定（草案）》。会议以投票表决的方式对县政府提请任免人员进行依法任免，以举手表决的方式通过县人大常委会关于调整代表资格审查委员会组成人员的决定（草案）。

第十七次会议 2019年4月29日召开，会议由县人大常委会副主任周振海主持。县人大常委会主任焦习军，副主任周振海、刘国英、齐明国、魏尊一、李新海，委员齐荣国、肖虎子、杜林文、张肖肖、贾彦兵、于利朝、茹秀海、张新国、李明忠、马秋平、刘敏、宗雪梅、李运强、李志成、卢永兴、李二波、刘军、樊彦涛、刘彦伟、王进武、吴建敏共27人出席会议。县政府副县长王瑞平；县法院院长于辉，县检察院检察长王雷音，县监察委副主任张东立；县农业农村局党组书记周海军、县发改局局长刘志平、县住建局局长谷全国、县环保分局局长崔宁、县城办主任盖建波；县人大机关相关委室负责人和各乡镇人大主席列席会议。会议听取和审议县农业农村局党组书记周海军作的《关于筹备第四届省旅发大会情况报告》、县发改局局长刘志平作的《平山县产业转型攻坚工作报告》、县住建局局长谷全国作的《平山县县城建设管理工作汇报》、县环保分局局长崔宁作的《关于2018年环境状况和环保目标完成情况报告》，听取和审议县政府关于提请任免人员议案的说明，听取和审议县法院关于提请任免人员议案的说明，听取和审议《平山县第十六届人大常委会组成人员守则》的起草说明。会议以投票测评的方式对县政府各项工作报告进行满意度测评，以举手表决的方式通过《平山县第十六届人大常委会组成人员守则》，以投票表决的形式通过县政府、县法院提请任免人员。县人大常委会主任焦习军为新任职人员颁发任命书。县委常委、县政府常务副县长靳军代表新任职人员作表态发言。

第十八次会议 2019年6月27日召开，会议由县人大常委会副主任周振海主持。县人大常委会副主任周振海、刘国英、齐明国、魏尊一和委员共28人出席会议。县检察院检察长王雷音列席会议。会议听取和审议平山县人民检察院《关于提请许可对县人大代表王某某采取强制措施的报告》。

第十九次会议 2019年7月16日召开，会议由县人大常委会副主任周振海主持。县人大常委会主任焦习军，副主任周振海、刘国英、魏尊一、李新海，委员齐荣国、肖虎子、贾彦兵、于利朝、茹秀海、李明忠、马秋平、宗雪梅、李志成、张生生、赵志斌、卢永兴、刘书林、李二波、左大利、刘军、韩学芝、樊彦涛、刘彦伟、王进武、吴建敏共26人出席会议。县政府副县长郭连喜，县检察院检察长王雷音，县监察委副主任张东立，县法院党组成员刘明芳，县政府信息中心主任范会成、县财政局局长焦彦虎、县自然资源和规划局局长韩彦良，县人大机关相关委室负责人和各乡镇人大主席列席会议。会议听取和审议县政府信息中心主任范会成作的《关于全县优化营商环境工作报告》、县自然资源和规划局局长韩彦良作的《关于平山县资源性国有资产管理工作报告》、县财政局局长焦彦虎作的《关于平山县行政事业性国有资产、企业国有资产管理工作报告》、财政局局长焦彦虎作的《关于平山县2019年新增政府债务限额分配及预算调整方案（草案）的报告》；听取和审议县人民法院执行局长刘明芳作的《关于执行工作情况的报告》、县人民检察院检察长王雷音作的《2019年公益诉讼工作报告》。会议以投票表决的形式对各项工作报告进行满意度测评，以举手表决的方式通过县政府《2019年新增政府债务限额分配及预算调整方案》《平山县人大常委会专题询问暂行办法》《关于接受左小英辞职请求的决定》。

第二十次会议　2019 年 8 月 28 日召开，会议由县人大常委会副主任刘国英主持。县人大常委会主任焦习军，副主任刘国英、魏尊一、李新海，委员齐荣国、肖虎子、杜林文、贾彦兵、于利朝、茹秀海、李明忠、张新国、马秋平、宗雪梅、李志成、李运强、赵志斌、卢永兴、刘书林、李二波、左大利、刘军、刘敏、韩学芝、樊彦涛、刘彦伟、王进武、吴建敏共 28 人出席会议。县政府副县长解建军，县法院院长于辉、县检察院副检察长赵喜宗，县监察委副主任张东立，县财政局局长焦彦虎、县发改局局长刘志平、县审计局局长张晓平，部分省市人大代表、县乡人大代表，县人大机关各委室负责人和各乡镇人大主席列席会议。会议听取和审议县发改局局长刘志平作的《关于平山县 2019 年上半年国民经济和社会发展计划执行情况的报告》、县财政局局长焦彦虎作的《关于平山县 2018 年决算和 2019 年 1—6 月份预算执行情况的报告》、县审计局局长张晓平作的《平山县人民政府关于 2018 年度县本级预算执行和其他财政收支的审计工作报告》，表决通过县政府 2018 年决算报告。会议以投票测评的方式对三项工作进行满意度测评，以投票表决的方式通过县检察院提请任免人员。按照市人大要求，会议进行市人大常委会委员、市人大代表双评活动，对三项联动监督涉及的七个部门进行满意度测评。

第二十一次会议　2019 年 10 月 30 日召开，会议由县人大常委会副主任周振海主持。县人大常委会主任焦习军，副主任周振海、刘国英、齐明国、魏尊一、李新海，委员齐荣国、贾彦兵、于利朝、茹秀海、张肖肖、李明忠、张新国、李志成、赵志斌、卢永兴、李二波、左大利、刘军、刘敏、韩学芝、樊彦涛、刘彦伟、王进武、吴建敏共 25 人出席会议。县委常委、常务副县长靳军，县政府副县长马爱军，县法院院长于辉、县检察院检察长王雷音，县监察委副主任张东立，县应急局、县扶贫办、县卫生健康局、县公安局负责人，部分省市人大代表、县乡人大代表，县人大机关各委室负责人和各乡镇人大主席列席会议。会议听取和审议县应急管理局局长张志军作的《关于 2019 年以来全县安全生产工作报告》、县扶贫开发办公室主任秘书明作的《关于脱贫攻坚巩固提升工作情况的报告》、县卫生健康局党组书记、局长李淑珍作的《关于全县卫生健康工作报告》、县人民政府副县长、公安局局长马爱军作的《关于全县扫黑除恶专项斗争工作情况报告》；书面审议平山县人大常委会执法检查组关于《河北省扶贫开发条例》《河北省优化营商环境条例》和《大气污染防治“一法一条例”实施情况执法检查报告》。会议以投票测评的方式对相关工作进行满意度测评；以举手表决的方式通过县人大常委会执法检查组三个执法检查报告。同时，为进一步加强乡镇人大工作，专题听取西柏坡、岗南、王坡 3 个乡镇人大工作汇报。

第二十二次会议　2019 年 12 月 13 日召开，会议由县人大常委会副主任周振海主持。县人大常委会主任焦习军，副主任周振海、刘国英、齐明国、魏尊一、李新海，委员齐荣国、肖虎子、张肖肖、贾彦兵、于利朝、茹秀海、李明忠、李运强、李志成、张生生、赵志斌、卢永兴、刘书林、李二波、左大利、刘军、刘敏、樊彦涛、刘彦伟、王进武、吴建敏共 27 人出席会议。县委常委、常务副县长靳军，县政府副县长郝春艳；县法院院长于辉、县检察院副检察长赵喜宗，县监察委副主任张东立；县财政局、县发改局、县民政局、县行政审批局、县医疗保障局主要负责人；县人大机关各委室负责人和各乡镇人大主席列席会议。会议听取和审议县财政局局长焦彦虎作的《关于平山县2019年财政预算调整方案（草案）》的说明，县政府代表建议办理情况报告；听取和审议县政府副县长郝春艳、县发展和改革局局长刘志平、县民政局党组书记、局长周素明、县医疗保障局局长姜占杰、行政审批局党组副书记、局长边金文的述职报告，并进行满意度测评。会议以举手表决的形式通过县政府2019年预算调整方案，以举手表决的形式通过平山县人大常委会《关于召开平山县第十六届人民代表大会第四次会议的决定（草案）》。会上，魏尊一传达近期省市人大工作会议精神，于利朝委员就2019年财政预算调整方案作了审议发言。

第二十三次会议 2019年12月25日召开，会议由县人大常委会副主任周振海主持。县人大常委会主任焦习军，副主任周振海、刘国英、齐明国、魏尊一、李新海和委员出席会议。副县长、县监察委员副主任、县法院院长、县检察院检察长、各乡镇人大主席及县人大机关各委办负责人列席会议。会议听取和审议县第十六届人大常委会代表资格审查委员会《关于平山县第十六届人民代表大会第四次会议代表资格的审查报告》，听取和审议平山县第十六届人民代表大会第四次会议筹备工作；听取和审议关于调整平山县第十六届人民代表大会第四次会议召开时间的决定草案、主席团、秘书长和副秘书长成员建议名单草案、议案审查委员会成员名单草案和关于会议列席人员决定草案。通过投票表决的方式通过县检察院提请免去高元成等职务的报告；举手表决平山县人大常委会《关于接受韩会军等辞去平山县第十六届人民代表大会代表职务请求的决定》；举手表决县十六届人大常委会代表资格审查委员会《关于对靳军等九名补选县人大代表资格的审查报告》；举手表决《平山县第十六届人民代表大会第四次会议筹备工作报告》；举手表决《关于调整平山县第十六届人民代表大会第四次会议召开时间的决定草案》。

第二十四次会议 2020年5月9日召开，会议由县人大常委会副主任周振海主持。县人大常委会主任焦习军，副主任周振海、刘国英、齐明国、魏尊一、李新海，委员齐荣国、肖虎子、张肖肖、贾彦兵、于利朝、李明忠、马秋平、李志成、赵志斌、李二波、刘军、韩学芝、樊彦涛、刘彦伟、王进武、吴建敏、刘敏、宗雪梅共24人出席会议。县委常委、常务副县长靳军，县政府副县长赵文骥；县法院院长于辉、县检察院检察长王雷音，县监察委副主任张东立；县人大“6+1”各监督专班负责人、人大代表、政协委员；县自然资源和规划局、住建局、发改局、房管办、水利局、卫健局、公安局、生态环境分局、城投公司、新投公司主要负责人；县人大机关各委室负责人在主会场列席会议。各乡镇人大主席、副主席，参加联动监督的四级人大代表230人和14名政协委员在各乡镇分会场列席会议。会议听取和审议县委常委、常务副县长靳军作的《关于“6+1”领域清理规范、自查自纠专项工作的报告》，书面审议清理规范违法违规圈占土地、清理规范违规违建项目、清理规范资源能源项目、清理规范房地产开发项目、矿山综合治理、地下水超采综合治理、加强公共卫生管理7个领域自查自纠专项工作报告；听取和审议县公安局党委副书记、副局长郜军芳作的《关于县城机动车停放管理工作的汇报》、县城办常务副主任范会成作的《平山县县城道路建设情况汇报》、石家庄市生态环境局平山县分局局长崔宁作的《2019年度环境状况和环境保护目标完成情况报告》，并进行满意度测评。

第二十五次会议　2020年7月7日召开，会议由县人大常委会副主任周振海主持。县人大常委会主任焦习军，副主任周振海、刘国英、齐明国、魏尊一、李新海，委员齐荣国、肖虎子、张肖肖、贾彦兵、于利朝、茹秀海、李明忠、赵树芳、马秋平、李志成、张生生、卢永兴、刘书林、李二波、刘军、韩学芝、刘彦伟、王进武共24人出席会议。县委常委、组织部部长杨允石，县法院院长于辉，县检察院副检察长赵喜宗，县监察委副主任张锁成，县委组织部、县公安局负责人列席会议。会议听取和审议《关于提请许可对樊某某采取刑事强制措施的报告》的说明，听取和审议县法院《关于提请任免人员议案的说明》；听取和审议县检察院《关于提请任免人员议案的说明》；听取和审议县委组织部《关于提请任命李立新为平山县监察委副主任、代理主任议案的说明》；听取和审议平山县人大常委会《关于接受王晓辉辞去县监察委主任职务的决定（草案）》；听取和审议平山县人大常委会《关于任命李立新为县监察委员会副主任、代理主任的决定（草案）》；听取和审议平山县人人常委会《关于深入学习宣传和贯彻实施〈中华人民共和国民法典〉的决定（草案）》。以举手表决的形式通过平山县人大常委会《关于许可对樊某某采取刑事强制措施的决定》、平山县人大常委会《关于接受王晓辉辞去县监察委主任职务的决定》、平山县人大常委会《关于任命李立新为平山县监察委副主任、代理主任职务的决定》、平山县人大常委会《关于深入学习宣传〈中华人民共和国民法典〉的决定》。以投票表决的形式通过县法院、县检察院提请任免人员。

第二十六次会议　2020年7月21日召开，会议由县人大常委会副主任周振海主持。县人大常委会主任焦习军，副主任周振海、刘国英、齐明国、魏尊一、李新海，委员齐荣国、肖虎子、杜林文、张肖肖、贾彦兵、于利朝、茹秀海、李明忠、马秋平、赵志斌、卢永兴、刘书林、李二波、韩学芝、刘彦伟、王进武、刘敏、宗雪梅共24人出席会议。县政府副县长解建军；县法院副院长何树林，县检察院副检察长赵喜宗，县监察委副主任张锁成；县自然资源局、县住建局、县发改局、县房管办、县水利局、县卫健局负责人；参加联动监督的四级人大代表、部分政协委员及各乡镇人大主席列席会议。会议听取和审议县人大“6+1”联动监督各代表小组视察报告；听取和审议县退役军人事务局党组书记、局长刘晓东作的《关于2020年以来全县退役军人工作报告》。以投票的形式对“6+1”各领域工作进行全面评议；对县退役军人工作报告进行测评。会议以举手表决的形式通过平山县人大常委会关于贯彻落实《中共中央关于建立国务院向全国人大常委会报告国有资产管理情况制度的意见》的三年规划（2020—2022）、平山县人大常委会关于持续深化“6+1”领域整改落实工作的决议。

第二十七次会议　2020年8月20日召开，县人大常委会副主任刘国英主持会议。县人大常委会主任焦习军，副主任周振海、刘国英、齐明国、魏尊一、李新海，委员齐荣国、杜林文、肖虎子、茹秀海、贾彦兵、李明忠、于利朝、张新国、张肖肖、马秋平、李志成、卢永兴、李二波、左大利、刘军、韩学芝、刘彦伟、王进武、吴建敏、共25人出席会议。县委常委、常务副县长靳军，县法院副院长何树林、县检察院检察长王雷音，县监察委副主任张东立；县发改局、县财政局主要负责人；县人大机关各委室负责人列席会议。会议听取和审议 2020 年度民生实事及代表建议办理进展情况汇报、县发展和改革局局长刘志平作的《关于平山县 2020 年上半年国民经济和社会发展计划执行情况的报告》、县财政局局长焦彦虎作的《关于平山县 2020 年抗疫特别国债和新增地方政府债务限额分配及预算调整方案（草案）的报告》、县法院提请任免人员议案的说明；书面审议平山县人大常委会《关于接受柴国平辞去代表职务的决定（草案）》、平山县人大常委会《关于批准平山县 2020 年抗疫特别国债和新增地方政府债务限额分配及预算调整方案的决定（草案）》。会议以举手表决的方式通过《平山县人大常委会关于接受柴国平辞去代表职务的决定（草案）》、平山县人大常委会《关于批准平山县 2020 年抗疫特别国债和新增地方政府债务限额分配及预算调整方案的决定（草案）》。会议以投票测评的方式对县政府计划执行、民生实事及建议办理情况汇报进行满意度测评。会议以投票表决的方式通过县法院提请任免人员。

第二十八次会议 2020 年 9 月 3 日召开，县人大常委会副主任周振海主持会议。县人大常委会主任焦习军，副主任周振海、刘国英、齐明国、魏尊一、李新海，委员齐荣国、杜林文、肖虎子、茹秀海、贾彦兵、李明忠、于利朝、张新国、张肖肖、赵树芳、马秋平、刘敏、宗雪梅、李志成、赵志斌、卢永兴、刘书林、李二波、左大利、刘军、韩学芝、刘彦伟、王进武、吴建敏共 30 人出席会议。县委常委、常务副县长靳军，县法院院长于辉、县检察院检察长王雷音，县监察委副主任张东立；县委组织部、县人大机关各委室负责人列席会议。会议听取和审议县人大常委会《关于接受董晓航辞去平山县人民政府县长职务请求的决定（草案）》；听取和审议《关于提请任命张前锋为平山县人民政府副县长、代理县长的议案说明》；听取和审议平山县人大常委会《关于任命张前锋为县政府副县长、代理县长的决定（草案）》；听取和审议县全域旅游创建工作汇报。会议以举手表决的方式通过平山县人大常委会《关于接受董晓航辞去平山县人民政府县长职务请求的决定》，以投票表决的方式依法任命张前锋为平山县人民政府副县长；以举手表决的方式通过平山县人大常委会关于任命张前锋为县政府副县长、代理县长的决定。

第二十九次会议 2020 年 9 月 22 日召开，县人大常委会副主任周振海主持会议。县人大常委会主任焦习军，副主任周振海、刘国英、齐明国、魏尊一、李新海，委员齐荣国、杜林文、肖虎子、茹秀海、贾彦兵、李明忠、于利朝、张新国、张肖肖、赵树芳、马秋平、刘敏、宗雪梅、李志成、赵志斌、卢永兴、刘书林、李二波、左大利、刘军、韩学芝、刘彦伟、王进武、吴建敏共 30 人出席会议。县委常委、常务副县长靳军，县法院院长于辉、县检察院检察长王雷音，县监察委副主任张东立；县财政局、县审计局主要负责人、县人大机关各委室负责人、各乡镇人大主席列席会议。会议听取和审议县财政局局长焦彦虎作的《关于平山县 2019 年决算和 2020 年 1—6 月份预算执行情况的报告》、县审计局局长张晓平作的《关于 2019 年度县本级预算执行和其他财政财务收支的审计工作报告》、县人民政府常务副县长靳军作的《关于“6+1”联动监督各领域问题整改落实工作报告》。听取和审议县十六届人大常委会代表资格审查委员会关于平山县第十六届人民代表大会第五次会议代表资格的审查报告、县人大常委会办公室主任齐荣国作的《关于召开平山县第十六届人民代表大会第五次会议筹备工作的报告》、平山县人大常委会《关于批准平山县2019年决算的决议（草案）》、平山县人大常委会《关于召开平山县第十六届人民代表大会第五次会议的决定（草案）》《平山县第十六届人民代表大会第五次会议主席团、秘书长和副秘书长成员名单（草案）》。会议以投票的方式对县政府审计报告、“6+1”各领域问题整改工作报告进行满意度测评。会议以举手表决的方式通过平山县人大常委会《关于批准平山县2019年决算的决议》、县十六届人大常委会代表资格审查委员会《关于平山县第十六届人民代表大会第五次会议代表资格的审查报告》《县十六届人大五次会议筹备工作报告》《关于召开平山县第十六届人民代表大会第五次会议的决定》、平山县第十六届人民代表大会第五次会议主席团、秘书长和副秘书长成员名单。

第三十次会议　2020年12月23日召开，县人大常委会副主任周振海主持会议。县人大常委会主任焦习军，副主任周振海、刘国英、齐明国、魏尊一、李新海，委员齐荣国、肖虎子、杜林文、张肖肖、于利朝、李明忠、茹秀海、马秋平、赵志斌、李二波、张生生、卢永兴、刘军、韩学芝、刘彦伟、王进武、左大利、吴建敏、宗雪梅、张新国共26人出席会议。县政府常务副县长靳军，县监察委、县法院、县检察院负责人列席会议。会议听取和审议县财政局局长焦彦虎作的《关于平山县2020财政预算调整方案（草案）》的说明、县扶贫开发办公室主任周海军作的《关于扶贫开发工作的报告》，书面审议县“七五”普法工作情况报告、县财政局局长焦彦虎作的《平山县行政事业性国有资产管理工作报告》、县法院审判监督工作汇报、县检察院刑事检察工作汇报。以投票测评的方式对县政府及法检两院的5个工作报告进行满意度测评。会议以投票表决的形式通过县人大、县政府、县法院、县检察院提请任免人员。会议以举手表决的形式通过县人大常委会《关于召开县十六届人大六次会议的决定（草案）》；通过县人大常委会《关于批准2020年财政预算调整方案的决议》；通过县人大常委会关于接受部分代表辞去代表职务请求的决定。

第三十一次会议　2021年2月5日召开，县人大常委会主任焦习军主持会议。县人大常委会主任焦习军，副主任周振海、齐明国、魏尊一、李新海，委员齐荣国、杜林文、肖虎子、茹秀海、贾彦兵、李明忠、于利朝、张肖肖、赵树芳、马秋平、刘敏、李志成、张生生、赵志斌、卢永兴、刘书林、刘军、李二波、左大利、韩学芝、王进武、吴建敏共27人出席会议。会议听取和审议《关于罢免邓某某石家庄市第十四届人大代表职务的议案》、平山县人大常委会《关于罢免邓某某石家庄市第十四届人民代表大会代表职务的决议》。会议以投票表决的方式通过《关于罢免邓某某石家庄市第十四届人大代表职务的议案》；以举手表决的方式通过平山县人大常委会《关于罢免邓某某石家庄市第十四届人民代表大会代表职务的决议》。会议还听取县人大常委会2020年工作总结。

第三十二次会议　2021年2月14日召开，县人大常委会主任焦习军主持会议。县人大常委会主任焦习军，副主任周振海、刘国英、齐明国、魏尊一、李新海，委员齐荣国、肖虎子、杜林文、张肖肖、于利朝、李明忠、茹秀海、贾彦兵、马秋平、赵志斌、李二波、张生生、卢永兴、刘军、韩学芝、刘彦伟、王进武、左大利、吴建敏、宗雪梅、张新国共27人出席会议。县政府常务副县长靳军，县监察委、县法院、县检察院负责人列席会议。会议听取和审议县人大常委会《关于接受李旭阳辞去石家庄市第十四届人大代表职务的决定（草案）》；听取和审议县人大常委会《关于补选马宇骏、张前锋为石家庄市第十四届人大代表的议案》。会议以举手表决的形式通过县人大常委《关于接受李旭阳辞去石家庄市第十四届人大代表职务的决定》。会议以投票表决的形式补选马宇骏、张前锋为石家庄市第十四届人大代表。

第三十三次会议 2021年3月5日召开，县人大常委会主任焦习军主持会议。县人大常委会主任焦习军，副主任周振海、齐明国、魏尊一、李新海，委员齐荣国、杜林文、肖虎子、茹秀海、贾彦兵、李明忠、于利朝、张肖肖、赵树芳、马秋平、刘敏、李志成、张生生、赵志斌、卢永兴、刘书林、刘军、李二波、左大利、韩学芝、王进武、吴建敏共27人出席会议。会议听取和审议县人大常委会代表资格审查委员会主任魏尊一作的《关于平山县第十六届人民代表大会代表资格的审查报告》、县第十六届人民代表大会第六次会议筹备工作报告、关于调整平山县第十六届人民代表大会第六次会议主席团、秘书长和副秘书长成员名单（草案）、议案审查委员会成员名单（草案）、关于会议列席人员决定（草案）。会议以举手表决的方式通过县十六届人大常委会代表资格审查委员会《关于平山县第十六届人民代表大会第六次会议代表资格的审查报告》《会议筹备工作报告》、主席团、秘书长和副秘书长成员名单、议案审查委员会成员建议名单（草案）及关于会议列席人员决定（草案）。

第三十四次会议 2021年4月30日召开，县人大常委会副主任刘国英主持会议。县人大常委会主任武自军，副主任刘国英、齐明国、魏尊一，委员齐荣国、肖虎子、杜林文、张肖肖、于利朝、李明忠、马秋平、赵志斌、李二波、卢永兴、刘军、韩学芝、刘彦伟、刘书林、刘敏、王进武、左大利、吴建敏共22人出席会议。县政府副县长张添阁，县监察委、县法院、县检察院、县政府相关部门负责人及各乡镇人大主席列席会议。会议听取和审议《平山县县乡换届选举委员会组成人员建议名单（草案）》、平山县换届选举委员会《关于县乡两级人民代表大会换届选举工作的实施方案（草案）》、石家庄市生态环境局平山县分局崔宁作的《关于2020年环境状况和环境目标完成情况的报告》、县发展和改革局局长刘志平作的《关于产业转型升级及项目建设情况的报告》。会议以举手表决的方式通过《平山县县乡换届选举委员会组成人员建议名单（草案）》、平山县换届选举委员会《关于县乡两级人民代表大会换届选举工作的实施方案（草案）》。会议以投票测评的方式对县政府的两个工作报告进行满意度测评。

第三十五次会议 2021年5月25日召开，县人大常委会党组书记焦习军，主任武自军，副主任周振海、刘国英、齐明国、魏尊一、李新海，委员齐荣国、肖虎子、杜林文、张肖肖、于利朝、张新国、李明忠、赵树芳、马秋平、李志成、张生生、卢永兴、刘书林、李二波、刘军、韩学芝、刘彦伟、王进武、吴建敏、刘敏、宗雪梅共28人出席会议。县委常委、组织部部长杨允石，县政府副县长张添阁，县监察委、县法院、县检察院、县政府相关部门负责人及人大机关相关委室副主任列席会议。会议听取和审议县委组织部关于任免人员的情况说明；听取和审议县人大常委会《关于接受张前锋、于辉、王雷音辞职请求的决定（草案）》；听取和审议县人大常委会《关于任命靳军为平山县人民政府代理县长的决定（草案）》；听取和审议县人大选任代工委《关于部分人员辞去县乡换届选举委员会委员的情况说明》。会议以举手表决的方式通过县人大常委会《关于接受张前锋、于辉、王雷音辞职请求的决定》；通过县人大常委会《关于接受县选举委员会部分人员辞去担任职务请求的决定》；县人大常委会《关于接受两河乡等选举委员会部分人员辞去担任职务请求的决定》。会议以投票表决的方式依法任命崔勇为平山县人民政府副县长（公安局局长）刘平为平山县人民法院副院长、代理院长，张辉为平山县人民检察院副检察长、代理检察长。会议以举手表决的方式通过县人大常委会《关于任命靳军为平山县人民政府代理县长的决定》；县人大常委会《关于任命刘平为平山县人民法院副院长、代理院长的决定》；县人大常委会《关于任命张辉为平山县人民检察院副院长、代理检察长的决定》。

第三十六次会议　2021 年 6 月 4 日召开，县人大常委会党组书记焦习军，主任武自军，副主任周振海、刘国英、齐明国、魏尊一、李新海，委员齐荣国、张肖肖、贾彦兵、于利朝、张新国、李明忠、李志成、张生生、赵志斌、卢永兴、刘书林、李二波、刘军、刘彦伟、王进武、吴建敏、刘敏、宗雪梅共 25 人出席会议。县委常委、组织部部长李红旗，县监察委副主任张东立，法院副院长、代理院长刘平，检察院副检察长、代理检察长张辉，人大机关相关委室负责人列席会议。会议听取县委组织部关于任命人员的情况说明，以投票表决的形式，依法任命米锋、吴朝建为平山县人民政府副县长。

第三十七次会议　2021 年 7 月 15 日召开，县人大常委会副主任周振海主持会议。县人大常委会主任武自军，副主任周振海、刘国英、齐明国、魏尊一、李新海，委员齐荣国、张肖肖、贾彦兵、于利朝、李明忠、李志成、张生生、赵志斌、卢永兴、李二波、刘军、韩学芝、刘彦伟、吴建敏、刘敏共 21 人出席会议。县政府副县长梁晨东，县监委、县法院、县检察院负责人，各乡镇人大主席及人大机关相关委室负责人列席会议。会议听取和审议县十六届人大常委会代表资格审查委员会《关于平山县第十七届人民代表大会第一次会议代表资格的审查报告》《平山县第十七届人民代表大会第一次会议筹备工作报告》。书面审议《关于召开县第十七届人民代表大会第一次会议的决定（草案）》；主席团、秘书长和副秘书长成员建议名单（草案）；议案审查委员会成员建议名单（草案）；《关于会议列席人员决定（草案）》《县人大常委会工作报告（征求意见稿）》。会议以举手表决的方式通过县十六届人大常委会代表资格审查委员会《关于平山县第十七届人民代表大会第一次会议代表资格的审查报告》《会议筹备工作报告》《会议决定（草案）》《主席团、秘书长和副秘书长成员名单（草案）》《议案审查委员会成员名单（草案）》《会议列席人员决定（草案）》《县人大常委会工作报告（征求意见稿）》。

第四节　制度建设

一、制度规定

县第十六届人大常委会，针对人大机关在制度建设方面存在的创新不足，可操作性不强等问题。为了加强机关制度建设，推动人大工作发展，进行专题调研。通过调研认识到，要想把人大机关制度建设加强、做好，必须做到几点：一要以提高机关干部队伍素质为目的，创建学习型机关。二要以提高机关服务“三会”能力为目的，创建服务型机关。三要以适应新形势、新任务为切入点，创建创新型机关。以创建学习型、文明卫生型、纪律型机关为突破口，着力抓好制度建设。

1. 平山县人大常委会主任会议议事规则

（2017 年 3 月 23 日平山县第十六届人大常委会第一次会议通过）

2. 平山县人大代表之家活动制度

（2017 年 6 月 29 日平山县第十六届人大常委会第三次会议通过）

3. 平山县人民代表大会代表工作办法

（2017 年 10 月 23 日平山县第十六届人大常委会第六次会议通过）

4. 平山县人大常委会人事任免和监督办法

（2017 年 10 月 23 日平山县第十六届人大常委会第六次会议通过）

5. 平山县人大常委会关于对任命人员进行履职评议的暂行办法

（2018 年 5 月 23 日平山县第十六届人大常委会第十次会议通过）

6. 平山县人大及其常委会讨论决定重大事项暂行办法

（2018 年制定）

7. 县政府向县人大常委会报告国有资产管理情况办法

（2018 年制定）

8. 平山县人大常委会关于决定年度利民惠民实事办理项目的试行办法

（2019 年 1 月 6 日平山县第十六届人大常委会第十五次会议通过）

9. 平山县第十六届人大常委会组成人员守则

（2019 年 4 月 29 日平山县第十六届人大常委会第十七次会议通过）

10. 平山县人大常委会专题询问暂行办法

（2019 年 7 月 16 日平山县第十六届人大常委会第十九次会议通过）

11. 平山县人大常委会党组关于向县委报告重大事项工作制度

（2017 年 6 月 13 日平山县第十六届人大常委会主任会议研究通过）

二、制度规定选介

1. 平山县人大常委会关于对任命人员进行履职评议的暂行办法

为进一步加强对县人大常委会任命人员的工作监督，促进依法行政、公正司法，根据《中华人民共和国宪法》《中华人民共和国地方各级人民代表大会和地方各级人民政府组织法》、《中华人民共和国各级人民代表大会常务委员会监督法》的有关规定，结合人大工作实际，2018年5月23日，平山县第十六届人大常委会第十次会议制定本暂行办法。主要内容包括以下几个方面：一、指导思想。以邓小平理论、“三个代表”重要思想、科学发展观、习近平新时代中国特色社会主义思想为指导，全面贯彻党的十九大和十九届二中、三中全会精神，坚持党的领导、人民当家作主、依法治国有机统一，依法行使人大监督职权。二、履职评议的原则。履职评议工作应当坚持党的领导，坚持依法办事、集体行使职权的原则，坚持实事求是、民主公开、客观公正、讲求实效的原则。三、履职评议的内容：1. 遵守和执行宪法、法律、法规的情况；2. 落实人大及其常委会决议、决定的情况；3. 履行法定职责的情况；4. 办理人大代表议案及建议、批评和意见的情况；5. 自觉接受人大和社会监督的情况；6. 其他需要报告的事项。四、履职评议的对象和确定方式。五、履职评议的准备工作。六、履职评议的主要程序。七、履职评议结果的处理及整改。八、履职评议的组织领导。

2. 平山县人民代表大会代表工作办法

为保证县人民代表大会代表依法行使代表职权，履行代表义务，发挥代表作用，2017年10月23日，平山县第十六届人大常委会第六次会议通过本办法。主要内容包括：总则、代表在开会期间的工作、代表在闭会期间的工作、代表执行职务的保障、停止执行代表职务和代表资格终止、附则等共六章三十八条。

3. 平山县人大常委会人事任免和监督办法

本办法于2017年10月23日由县第十六届人大常委会第六次会议审议通过，对县人民代表大会常务委员会任免、决定任免、接受辞职、撤销职务和对县人民代表大会及其常委会选举、任命的国家机关工作人员进行监督等事项做出了具体规定。

4. 平山县人大及其常委会讨论决定重大事项暂行办法

为贯彻落实中办发〔2017〕10号文件精神和省、市委相关文件精神，进一步规范和保障县人大及其常委会依法行使讨论决定本行政区内重大事项的职权，推进科学决策、民主决策、依法决策。根据县委印发《关于健全县人大讨论决定重大事项、县政府重大决策出台前向县人大报告的工作规程》的通知要求，参照市人大相关办法，结合实际，制定本暂行办法。主要内容包括：1. 总体要求和遵循原则；2. 讨论决定重大事项的重点和范围；3. 讨论决定重大事项工作程序；4. 加强组织领导和工作保障。

5. 平山县人大常委会专题询问暂行办法

为进一步加强县人大常委会监督工作，保障县人大常委会组成人员依法行使询问权，促进县人民政府、县监察委员会、县人民法院、县人民检察院依法行政、公正司法，根据《中华人民共和国各级人民代表大会常务委员会监督法》等法律法规的有关规定，结合工作实际，制定本暂行办法，并于2019年7月16日平山县第十六届人大常委会第十九次会议审议通过。办法全文共十七条，就专题询问的原则、内容确定、议题选择、询问组织、答复等内容做了详细的规定。

6. 平山县人大常委会关于决定年度利民惠民实事办理项目的试行办法

为依法行使宪法和法律法规赋予的重大事项决定权，规范和保障每年度县政府利民惠民实事办理工作，体现实事办理以人民为中心、维护群众利益的宗旨，促进民主决策、科学决策、依法决策，根据宪法和有关法律法规的规定，结合实际，提出本试行办法，办法从指导思想，利民惠民实事项目的提出，利民惠民实事提出的原则、范围，利民惠民实事项目的决定，利民惠民实事办理工作的监督落实等5个方面做出了明确的规定，具有很强的可操作性。

第四章　审议决定重大事项

第一节　决议决定

1. 关于批准平山县 2017 年新增政府债务限额分配及基金预算调整方案的决定

（2017 年 6 月 29 日平山县第十六届人大常委会第三次会议通过）

2. 关于批准平山县 2016 年决算的决议

（2017 年 8 月 29 日平山县第十六届人大常委会第五次会议通过）

3. 关于全力推进脱贫攻坚工作的决议

（2017 年 10 月 23 日平山县第十六届人大常委会第六次会议通过）

4. 关于批准平山县 2017 年财政预算调整方案的决定

（2017 年 12 月 29 日平山县第十六届人大常委会第七次会议通过）

5. 关于批准平山县 2018 年新增政府债务限额分配及预算调整方案的决定

（2018 年 7 月 16 日平山县第十六届人大常委会第十一次会议通过）

6. 关于加强检察机关提起公益诉讼工作的决定

（2018 年 8 月 31 日平山县第十六届人大常委会第十二次会议通过）

7. 关于批准平山县 2017 年决算的决议

（2018 年 10 月 30 日平山县第十六届人大常委会第十三次会议通过）

8. 关于批准平山县 2018 年财政预算调整方案的决定

（2018 年 12 月 19 日平山县第十六届人大常委会第十四次会议通过）

9. 关于批准平山县 2019 年新增政府债务限额分配及预算调整方案的决定

（2019 年 7 月 16 日平山县第十六届人大常委会第十九次会议通过）

10. 关于批准平山县 2018 年决算的决议

（2019 年 8 月 28 日平山县第十六届人大常委会第二十次会议通过）

11. 关于批准平山县 2019 年财政预算调整方案的决定

（2019 年 12 月 13 日平山县第十六届人大常委会第二十二次会议通过）

12. 关于深入学习宣传《中华人民共和国民法典》的决定

（2020 年 7 月 7 日平山县第十六届人大常委会第二十五次会议通过）

13. 关于持续深化“6+1”领域整改落实工作的决议

（2020 年 7 月 21 日平山县第十六届人大常委会第二十六次会议通过）

14. 关于批准平山县 2020 年抗疫特别国债和新增地方政府债务限额分配及预算调整方案的决定

（2019 年 8 月 20 日平山县第十六届人大常委会第二十七次会议通过）

15. 关于批准平山县 2019 年决算的决议

（2020 年 9 月 22 日平山县第十六届人大常委会第二十九次会议通过）

16. 关于批准平山县 2020 年财政预算调整方案的决定

（2020 年 12 月 23 日平山县第十六届人民代表大会常务委员会第三十次会议通过）

第二节　决议决定选介

1. 关于批准平山县 2017 年新增政府债务限额分配及基金预算调整方案的决定

平山县第十六届人大常委会第三次会议听取《平山县 2017 年新增政府债务限额分配及基金预算调整方案（草案）》的说明，审查了《平山县 2017 年新增政府债务限额分配及基金预算调整方案（草案）》。会议同意县人大财经委员会的审查报告，决定批准 2017 年新增政府债务限额分配及基金预算调整方案。

2. 关于批准平山县 2018 年新增政府债务限额分配及预算调整方案的决定

平山县第十六届人民代表大会常务委员会第十一次会议听取县财政局局长焦彦虎受县政府委托作的《平山县 2018 年新增政府债务限额分配及预算调整方案（草案）》的说明，审查了《平山县 2018 年新增政府债务限额分配及预算调整方案（草案）》。会议决定：批准平山县 2018 年新增政府债务限额分配及预算调整方案。

3. 关于加强检察机关提起公益诉讼工作的决定

为贯彻落实习近平新时代中国特色社会主义思想，充分发挥检察机关法律监督职能，进一步加强和规范检察机关提起公益诉讼工作，切实加强对国家利益和社会公共利益保护，促进依法行政和法治政府建设，根据《中华人民共和国民事诉讼法》《中华人民共和国行政诉讼法》等有关规定，结合实际，就检察机关提起公益诉讼工作作出本决定。主要内容包括：1. 提高政治站位，充分认识公益诉讼在服务大局中的重要意义。2. 检察机关应依法履职，积极开展公益诉讼。县人民检察院要认真落实习近平总书记关于“检察机关作为公共利益代表”的重要论断，以科学发展的理念为指引，转变工作理念，创新方式方法，切实维护国家利益和公共利益。3. 探索创新工作机制，全面加强公益保护。建立公益诉讼线索举报机制，建立巡查制度，建立公益损害观察员制度，建立约谈制度。4. 行政机关积极配合，依法支持公益诉讼。5. 加强协调联动，形成保护公益合力。6. 县人大及其常委会加强对公益诉讼监督和支持。

4. 关于批准平山县 2019 年新增政府债务限额分配及预算调整方案的决定

平山县第十六届人民代表大会常务委员会第十九次会议听取平山县财政局局长焦彦虎受县政府委托作的关于《平山县 2019 年新增政府债务限额分配及预算调整方案（草案）》的说明，审查了《平山县 2019 年新增政府债务限额分配及预算调整方案（草案）》。会议决定批准平山县 2019 年新增政府债务限额分配及预算调整方案。

5. 关于批准平山县 2019 年财政预算调整方案的决定

平山县第十六届人民代表大会常务委员会第二十二次会议听取县财政局局长焦彦虎受县政府委托作的《关于平山县 2019 年财政预算调整方案（草案）》的说明，审查了《平山县 2019 年财政预算调整方案（草案）》。会议决定：批准平山县 2019 年财政预算调整方案。

6. 关于深入学习宣传《中华人民共和国民法典》的决定

《中华人民共和国民法典》于 2020 年 5 月 28 日由第十三届全国人民代表大会第三次会议通过，为了在全县进一步加强民法典的学习宣传，保证民法典的全面贯彻实施，特作本决定。共包括以下内容：提高政治站位，充分认识颁布民法典的重大意义；发挥代表示范表率作用，带头开展民法典学习宣传；通过各种形式渠道，广泛深入开展学习宣传；要列入代表学习培训计划；要发挥“家（站）”平台作用；要发挥法律界代表作用。

7. 关于持续深化“6+1”领域整改落实工作的决议

平山县第十六届人大常委会第二十六次会议听取和审议平山县人大联动监督各代表小组视察报告。会议认为，全省人大系统“6+1”联动监督工作开展以来，平山县认真贯彻落实省委王东峰书记关于“6+1”联动监督工作的重要批示和省市人大会议精神，坚持“党委领导、人大监督、政府主责、部门履职、分级负责、上下联动”的总要求，主动担当作为，聚力攻坚克难、精心组织、深入发动、强势开局、全力推进，推动解决了一批突出问题，有效促进相关工作改进提升，联动监督取得重要阶段性成果。

会议强调，开展重点领域清理规范和加强公共卫生管理，是全面贯彻习近平新时代中国特色社会主义思想和习近平总书记对河北工作的重要指示批示精神，认真落实党中央重大决策部署，聚焦重点领域和关键环节，解决突出问题、建立长效机制、推进法治平山建设、营造良好发展环境、推进平山创新发展、绿色发展、高质量发展的重大举措。要持续深化“6+1”领域整改落实工作，确保高质量完成整改任务、

会议要求，县政府要强化协调督导。坚持把“6+1”领域问题整改作为当前乃至今后一个时期的工作重点，持续督办盯办，定期督导通报，对难点问题专题研究会商，加强协调，凝聚合力，确保 9 月底高质量完成问题整改任务。要加大整改力度。坚持把联动监督作为推动政府工作的重要举措，进一步完善问题清单、责任清单、任务清单、效果清单。聚焦“削减存量”，对照清单台账，倒排时间节点，实行挂账销号，确保所有问题按时高质量整改到位；聚焦“严防增量”，加强监管，坚决避免类似问题再度发生。要依法依规推进。坚持尊重历

史、实事求是、依法依规的原则，对已有明确政策的问题，立行立改、彻底整改。对因历史原因形成的问题，认真分析研究，积极向上沟通，拿出有效举措，逐项清理整治到位。要建立长效机制。认真总结各领域整改整治经验，坚持举一反三，健全长效机制，强化日常监管，从源头解决问题，杜绝“屡改屡犯、边改边犯”现象。

8. 关于批准平山县 2020 年抗疫特别国债和新增地方政府债务限额分配及预算调整方案的决定

平山县第十六届人民代表大会常务委员会第二十七次会议听取平山县财政局局长焦彦虎受县政府委托作的《关于 2020 年抗疫特别国债和新增地方政府债务限额分配及预算调整方案（草案）》的说明，审查了《平山县 2020 年抗疫特别国债和新增地方政府债务限额分配及预算调整方案（草案）》。会议决定批准平山县 2020 年抗疫特别国债和新增地方政府债务限额分配及预算调整方案。

第五章　人事任免

县十六届人大常委会坚持以习近平新时代中国特色社会主义思想为指导，坚持法定程序，充分发挥民主，不断完善任前见面、民主酝酿、无记名票决、任后表态、颁发任命书等办法，严格选举任免工作。五年来，依法选举县长 1 名、监察委主任 1 名。依法任命国家机关工作人员 98 名、人民陪审员 171 人、检察官 7 人。

2017 年 4 月 20 日县第十六届人大常委会第二次会议

决定任命：

任飞为平山县人民政府副县长（挂职）

吴瑞峰为平山县人民政府副县长（挂职）

郭振清为平山县人民政府副县长（挂职）

张进彦为平山县政府办公室主任

马爱军为平山县公安局局长

王兰为平山县发展改革局局长

王文治为平山县教育局局长

赵建林为平山县工业和信息化局局长

周素明为平山县民政局局长

焦彦虎为平山县财政局局长

张锁成为平山县监察局局长

姜明芳为平山县人力资源社会保障局局长

梁中强为平山县国土资源局局长

崔宁为平山县环境保护局局长

杨智欣为平山县城乡规划局局长

谷全国为平山县住房和建设局局长

强增亮为平山县城市管理综合执法局局长

盖明忠为平山县交通运输局局长

智全海为平山县文化和旅游发展局局长

谷新革为平山县水务局局长

梁拴云为平山县农业畜牧局局长
周海军为平山县林业局局长
李淑珍为平山县卫生和计划生育局局长
刘双印为平山县审计局局长
刘志平为平山县安全生产监督管理局局长
张京林为平山县统计局局长
陈建廷为平山县司法局局长
牛彦文为平山县市场监督管理局局长
边金文为平山县行政审批局局长

2017 年 6 月 29 日县第十六届人大常委会第三次会议
决定免去：
吴瑞峰平山县人民政府副县长职务（挂职）
决定任命：
薛立志为平山县人民政府副县长（挂职）
周海英为平山县人民政府副县长（挂职）
任命：
丁少辉、刘照欣、卢鹏霞、马刚刚、秘京京、张鹏飞、郭胜杰、李航、樊晓阳、孙雪娟、张芬桃、张丽香、韩亚楠、王彦亮、封利鹏、齐洋、齐坤、苏哲、李达、马钊、刘佳、张楠、齐笑、韩峰、张越、王飞飞、韩旺旺、霍丁芳、郝国亮、焦月、曹立伟、史晓霞、聂亚伟、张丽娟、戴光环、闫巍、史剑虹、李树庆、左为民、丁彦伟为平山县人民法院人民陪审员。

2018 年 2 月 3 日县第十六届人大常委会第九次会议
决定免去：
梁拴云平山县农牧局局长职务
陈建廷平山县司法局局长职务
牛彦文平山县市场监督管理局局长职务
决定任命：
韩天骏为平山县农牧局局长
付岱为平山县司法局局长
鲁彦彬为平山县市场监督管理局局长
张锁成为平山县监察委员会副主任
张东立为平山县监察委员会副主任
秘海燕为平山县监察委员会委员
张力强为平山县监察委员会委员

高元成为平山县监察委员会委员

2018 年 7 月 16 日县第十六届人大常委会第十一次会议
决定免去：
薛立志平山县人民政府副县长职务（挂职）
周海英平山县人民政府副县长职务（挂职）

2018 年 10 月 30 日县第十六届人大常委会第十三次会议
决定免去：
任飞平山县人民政府副县长职务（挂职）
决定任命：
郭连喜为平山县人民政府副县长（挂职）

2019 年 1 月 6 日县第十六届人大常委会第十五次会议
决定免去：
祁军英平山县人民政府副县长职务
杜林文平山县人大常委会办公室主任职务
赵建林平山县工业和信息化局局长职务
付岱平山县司法局局长职务
鲁彦彬平山县市场监督管理局局长职务
张京林平山县统计局局长职务
决定任命：
齐荣国为平山县人大常委会办公室主任
刘志平为平山县发展和改革局局长
李世杰为平山县司法局局长
韩彦良为平山县自然资源和规划局局长
强增亮为平山县城市管理综合行政执法局局长
谷新革为平山县水利局局长
韩天骏为平山县农业农村局局长
智全海为平山县文化广电体育和旅游局局长
李淑珍为平山县卫生健康局局长
张志军为平山县应急管理局局长
谷增书为平山县统计局局长
秘书明为平山县扶贫开发办公室主任

任命：

檀志强为平山县人民法院审判委员会委员

2019年1月12日县第十六届人大常委会第十六次会议

任命：

赵文骥为平山县人民政府副县长（挂职）

刘晓东为平山县退役军人事务局局长

权志刚为平山县市场监督管理局局长

姜占杰为平山县医疗保障局局长

2019年4月29日县第十六届人大常委会第十七次会议

决定任命：

靳军为平山县人民政府副县长

张晓平为平山县审计局局长

王卫利为平山县文化广电体育和旅游局局长

王一为平山县工业和信息化局局长

决定免去：

刘双印平山县审计局局长职务

智全海平山县文化广电体育和旅游局局长职务

任命：

史志平为平山县人民法院审判委员会委员

梁霞为平山县人民法院立案第一庭副庭长

刘艳霞为平山县人民法院审判监督庭副庭长

张明为平山县人民法院城关人民法庭副庭长

史青霞为平山县人民法院回舍人民法庭副庭长

免去：

史青霞平山县人民法院立案第一庭副庭长职务

张明平山县人民法院回舍人民法庭副庭长职务

2019年8月28日县第十六届人大常委会第二十次会议

免去：

杨爱平平山县人民检察院检察委员会委员、检察员职务

任命：

刘晓霞为平山县人民检察院检察委员会委员

2019 年 12 月 25 日县第十六届人大常委会第二十三次会议
免去：
高元成平山县人民检察院副检察长、检察委员会委员、检察员职务
封文生平山县人民检察院检察委员会委员、检察员职务
刘永生平山县人民检察院检察员职务
范军平山县人民检察院检察员职务
牛文国平山县人民检察院检察员职务
刘锡明平山县人民检察院检察员职务
齐彦国平山县人民检察院检察员职务
魏强平山县人民检察院检察员职务
张新刚平山县人民检察院检察员职务

2020 年 7 月 7 日县第十六届人大常委会第二十五次会议
决定任命：
李立新为平山县监察委员会代理主任
免去：
焦静海平山县人民检察院副检察长、检察委员会委员、检察员职务
任命：
牛文国为平山县人民检察院副检察长、检察委员会委员、检察员
任命：
谷竹婷为平山县人民法院人民陪审员
杨国东为平山县人民法院人民陪审员
焦英杰为平山县人民法院人民陪审员
尹志平为平山县人民法院人民陪审员
李鹏飞为平山县人民法院人民陪审员
梁艺莎为平山县人民法院人民陪审员
檀英杰为平山县人民法院人民陪审员
肖伟丽为平山县人民法院人民陪审员
马成虎为平山县人民法院人民陪审员
米素朝为平山县人民法院人民陪审员
齐志鹏为平山县人民法院人民陪审员
张振河为平山县人民法院人民陪审员
狄利杰为平山县人民法院人民陪审员
赵文生为平山县人民法院人民陪审员
霍卫东为平山县人民法院人民陪审员

商国鹏为平山县人民法院人民陪审员
陈亚军为平山县人民法院人民陪审员
潘春勃为平山县人民法院人民陪审员
付会灵为平山县人民法院人民陪审员
梁丽娟为平山县人民法院人民陪审员
张小敏为平山县人民法院人民陪审员
郝丽芳为平山县人民法院人民陪审员
孟振海为平山县人民法院人民陪审员
宋虹宵为平山县人民法院人民陪审员
王建云为平山县人民法院人民陪审员
刘春芳为平山县人民法院人民陪审员
崔素芳为平山县人民法院人民陪审员
李楠为平山县人民法院人民陪审员
李志波为平山县人民法院人民陪审员
苏建平为平山县人民法院人民陪审员
刘晓建为平山县人民法院人民陪审员
刘俊英为平山县人民法院人民陪审员
牛婷婷为平山县人民法院人民陪审员
梁小丽为平山县人民法院人民陪审员
张东梅为平山县人民法院人民陪审员
李剑隆为平山县人民法院人民陪审员
魏晓雷为平山县人民法院人民陪审员
王鹏为平山县人民法院人民陪审员
史习友为平山县人民法院人民陪审员
封苏莉为平山县人民法院人民陪审员
闫国华为平山县人民法院人民陪审员
胡子君为平山县人民法院人民陪审员
李明花为平山县人民法院人民陪审员
何永丽为平山县人民法院人民陪审员
刘彦涛为平山县人民法院人民陪审员
贾彦芹为平山县人民法院人民陪审员
赵文珲为平山县人民法院人民陪审员
付建伟为平山县人民法院人民陪审员
袁雪娇为平山县人民法院人民陪审员
任敏为平山县人民法院人民陪审员

郝丽红为平山县人民法院人民陪审员
郭志辉为平山县人民法院人民陪审员
李晓霞为平山县人民法院人民陪审员
茹彦丽为平山县人民法院人民陪审员
韩利波为平山县人民法院人民陪审员
韩英贵为平山县人民法院人民陪审员
刘吉利为平山县人民法院人民陪审员
刘进肖为平山县人民法院人民陪审员
王会平为平山县人民法院人民陪审员
郄青书为平山县人民法院人民陪审员
王春雷为平山县人民法院人民陪审员
刘红萍为平山县人民法院人民陪审员
商秀丽为平山县人民法院人民陪审员
智娇为平山县人民法院人民陪审员
王晓雷为平山县人民法院人民陪审员
徐红卫为平山县人民法院人民陪审员
史江波为平山县人民法院人民陪审员
王鹏飞为平山县人民法院人民陪审员
谷爱芳为平山县人民法院人民陪审员
梁超为平山县人民法院人民陪审员
任少鹏为平山县人民法院人民陪审员
李娇娇为平山县人民法院人民陪审员
王志军为平山县人民法院人民陪审员
谷伟家为平山县人民法院人民陪审员
封高飞为平山县人民法院人民陪审员
梁永辉为平山县人民法院人民陪审员
李万军为平山县人民法院人民陪审员
史进丽为平山县人民法院人民陪审员
刘新龙为平山县人民法院人民陪审员
樊利强为平山县人民法院人民陪审员
刘鹏为平山县人民法院人民陪审员
郄克欧为平山县人民法院人民陪审员
康素慧为平山县人民法院人民陪审员
杜海涛为平山县人民法院人民陪审员
封四桃为平山县人民法院人民陪审员

王艳辉为平山县人民法院人民陪审员
孙红艳为平山县人民法院人民陪审员
赵志彦为平山县人民法院人民陪审员
韩东为平山县人民法院人民陪审员
齐戈龙为平山县人民法院人民陪审员
高占山为平山县人民法院人民陪审员
姚成云为平山县人民法院人民陪审员
谷国军为平山县人民法院人民陪审员
王二元为平山县人民法院人民陪审员
王军为平山县人民法院人民陪审员
卢二军为平山县人民法院人民陪审员
武占军为平山县人民法院人民陪审员
多志刚为平山县人民法院人民陪审员
郝晓霞为平山县人民法院人民陪审员
薛青叶为平山县人民法院人民陪审员
闫立朝为平山县人民法院人民陪审员
孙春波为平山县人民法院人民陪审员
何丽芳为平山县人民法院人民陪审员
康秀栓为平山县人民法院人民陪审员
谷新丽为平山县人民法院人民陪审员
崔丽芳为平山县人民法院人民陪审员
李红波为平山县人民法院人民陪审员
孙江伟为平山县人民法院人民陪审员
崔玉泉为平山县人民法院人民陪审员
王彩虹为平山县人民法院人民陪审员
檀英桃为平山县人民法院人民陪审员
李诗懿为平山县人民法院人民陪审员
张红岩为平山县人民法院人民陪审员
秘亚辉为平山县人民法院人民陪审员
魏兴中为平山县人民法院人民陪审员
杨卫红为平山县人民法院人民陪审员
曹兴彦为平山县人民法院人民陪审员
卢奋斌为平山县人民法院人民陪审员
杜丽霞为平山县人民法院人民陪审员
杜树堂为平山县人民法院人民陪审员

李二峰为平山县人民法院人民陪审员
盖春牛为平山县人民法院人民陪审员
史江利为平山县人民法院人民陪审员
焦志光为平山县人民法院人民陪审员
温占军为平山县人民法院人民陪审员
何二健为平山县人民法院人民陪审员
刘习军为平山县人民法院人民陪审员
刘会丽为平山县人民法院人民陪审员
焦子洧为平山县人民法院人民陪审员
孙立旺为平山县人民法院人民陪审员
燕青为平山县人民法院人民陪审员
李金芳为平山县人民法院人民陪审员
孙海栓为平山县人民法院人民陪审员
李晓冉为平山县人民法院人民陪审员
霍慧力为平山县人民法院人民陪审员
杨丽娟为平山县人民法院人民陪审员
康习虎为平山县人民法院人民陪审员
盖会霞为平山县人民法院人民陪审员
王新利为平山县人民法院人民陪审员
韩进河为平山县人民法院人民陪审员
安建勃为平山县人民法院人民陪审员
王庆兵为平山县人民法院人民陪审员
康会朝为平山县人民法院人民陪审员
李海英为平山县人民法院人民陪审员
杜会娟为平山县人民法院人民陪审员
白彦春为平山县人民法院人民陪审员
荣梅林为平山县人民法院人民陪审员
胡保生为平山县人民法院人民陪审员
刘华为为平山县人民法院人民陪审员
白秀军为平山县人民法院人民陪审员
李爱军为平山县人民法院人民陪审员
李华忠为平山县人民法院人民陪审员
杨志强为平山县人民法院人民陪审员
乔素梅为平山县人民法院人民陪审员
刘东彦为平山县人民法院人民陪审员

杨小平为平山县人民法院人民陪审员
李社强为平山县人民法院人民陪审员

2020 年 8 月 20 日县十六届人大常委会第二十七次会议
免去：
杜静波平山县人民法院立案第二庭庭长职务
刘洁平山县人民法院民事审判第二庭庭长职务
封文保平山县人民法院民事审判第一庭副庭长职务
杨新华平山县人民法院民事审判第一庭副庭长职务
齐金虎平山县人民法院民事审判第二庭副庭长职务
梁霞平山县人民法院立案第一庭副庭长职务
王树平平山县人民法院副院长、审判委员会委员、审判员职务
任命：
杜静波为平山县人民法院立案庭庭长
刘洁为平山县人民法院民事审判庭庭长
封文保为平山县人民法院民事审判庭副庭长
杨新华为平山县人民法院民事审判庭副庭长
齐金虎为平山县人民法院民事审判庭副庭长
梁霞为平山县人民法院立案庭副庭长

2020 年 9 月 3 日县第十六届人大常委会第二十八次会议
接受董晓航辞去平山县人民政府县长职务的请求。
决定任命：
张前锋为平山县人民政府副县长、代理县长

2020 年 12 月 23 日县第十六届人大常委会第三十次会议
决定免去：
赵会文平山县人大常委会信访工作办公室主任职务
茹秀海平山县人大常委会农业农村工作委员会主任职务
张新国平山县人大常委会教育科学文化卫生工作委员会主任职务
决定任命：
闫庆芳为平山县人大常委会信访工作办公室主任
李明忠为平山县人大常委会农业农村工作委员会主任
何立强为平山县人大常委会教育科学文化卫生工作委员会主任
秘京京为平山县人大常委会办公室副主任

决定免去：
秘书明平山县扶贫开发办公室主任职务
王一平山县工业和信息化局局长职务
李淑珍平山县卫生健康局局长职务
韩天骏平山县农业农村局局长职务
决定任命：
张添阁为平山县人民政府副县长
周海军为平山县扶贫开发办公室主任
高战军为平山县工业和信息化局局长
康艳军为平山县卫生健康局局长
韩贵书为平山县农业农村局局长
任命：
崔新民为平山县人民法院审判委员会委员
智增林为平山县人民检察院检察委员会委员
赵剑为平山县人民检察院检察委员会委员

2021 年 5 月 25 日县十六届人大常委会第三十五次会议
决定免去：
马爱军平山县人民政府副县长、公安局局长职务
决定任命：
靳军为平山县人民政府代理县长
崔勇为平山县人民政府副县长、公安局局长
刘平为平山县人民法院副院长、代理院长
张辉为平山县人民检察院副检察长、代理检察长

2021 年 6 月 4 日县十六届人大常委会第三十六次会议
决定免去：
王瑞平的平山县人民政府副县长职务
张添阁的平山县人民政府副县长职务
决定任命：
米锋为平山县人民政府副县长
吴朝建为平山县人民政府副县长

第六章 重点工作

2017 年

3 月 31 日，县人大常委会组织平山县出席石家庄市第十四届人民代表大会第一次会议的全体代表对全县大气污染防治、农村环境卫生整治及现代农业＋旅游发展情况进行会前视察。县人大常委会主任焦习军、副主任刘国英出席视察活动。环保局、美丽办、工信局、交通局、农业局、文旅局等部门主要负责人参加视察。

4 月 25 日，县人大常委会主任焦习军、县政协主席郭双全组织县人大、政协全体班子成员、相关委室负责人及部分人大代表、政协委员对全县春季造林绿化及森林防火工作进行视察。

5 月，县人大常委会主任焦习军、副主任周振海陪同县人大老干部 20 多人到中央统战部旧址李家庄参观学习。

7 月 3 日，县人大常委会副主任周振海、刘国英、齐明国及相关部门负责人陪同市人大常委会主任司存喜、县长董晓航就脱贫攻坚和代表之家工作进行调研。

7 月 24 日，全国人大法工委一行 7 人赴平山县就《农业专业合作社法（修订草案）》有关问题进行调研。

7 月 26 日，县人大常委会副主任周振海、左小英、齐明国组织带领部分人大代表视察全县防汛工作。

7 月 28 日，县人大常委会主任焦习军，副主任周振海、刘国英、齐明国调研全县人大代表之家和代表联络站建设工作。岗南镇、西柏坡镇主要领导及县人大相关委室负责人参加调研。

8 月，围绕预算审查工作，县人大组织开展《预算法》和《河北省预算审查监督条例》学习培训。

9 月 14 日，县人大常委会副主任齐明国组织带领县人大城建环资委全体成员及部分市、县人大代表，对县政府《中华人民共和国水污染防治法》和《河北省水污染防治条例》贯彻实施情况开展执法检查。

9 月 28 日，县人大常委会组织召开推进县乡人大工作和代表培训会议，县人大常委会主任焦习军、副主任刘国英出席会议，市、县人大代表共 200 余人参加会议。县人大机关全体干部和各乡镇人大主席列席会议。会议传达学习省、市推进县、乡人大工作和深化代表之家建设会议精神；邀请省人大选任委副主任李建军为全体代表详细讲解了《代表法》、人大制度概述及人大代表家、站建设相关知识。

10月25日，省市人大常委会组织旅游调研组到平山县就旅游发展情况进行调研，焦习军、周振海、刘国英等参加活动。

10月26日，县人大常委会组织部分委员、代表对西柏坡经济开发区项目建设工作进行视察。县人大常委会主任焦习军、副主任周振海、左小英、刘国英出席视察活动。县政府党组副书记、开发区管委会副主任卢占军及相关负责人陪同视察。

10月，省人大选任委一行20余人专门就全县“人大代表之家”和“代表联络站”工作到平山县进行调研。

11月15日，县人大常委会协调县医院组织义诊团队，携带心电图、血糖仪、血压计等设备到县人大办扶贫工作点回舍镇南庄村进行义诊。

12月，县人大常委会调研全县“七五”普法宣传工作。调研组实地查看普法教育基地，听取司法部门汇报。调研组要求，要创新普法载体，充分利用微信等现代化网络平台，扩大普法覆盖面，不断提升普法宣传的实际效果。

本年度，常委会各位主任积极分包贫困乡镇，指导制订脱贫规划，协调解决产业发展、基础设施建设中的具体问题。先后协调藁城区廉州镇为北冶乡黄安村筹措资金100万元；协调河北翼辰集团支持古月镇井沟村30万元，修建护村坝、出村道路等项目。派出帮扶工作组，协同回舍镇南庄村制订脱贫规划，全力打好南庄村脱贫攻坚战。全年共拓宽通村路830米，硬化村内街道15400平方米；新建避险解困用房60套，共计4200平方米，改善了贫困户居住环境。机关24名工作人员坚持结对帮扶，定期到贫困户家中了解生产生活情况，宣传脱贫政策，帮助解决生产生活中的实际困难。

本年度，县委成立驼梁环境整治专项领导小组，县人大常委会积极参与，认真谋划，协调相关部门对保护区所有违规项目，列出清单，建立台账，不断巡查，发现问题第一时间查处整改，圆满完成阶段性工作任务。

本年度，为促进县医院良性运行，县人大常委会副主任齐明国按照县委安排，主持县医院工作，积极推动县医院改革，于12月28日与省人民医院签订合作协议，组建省人民医院平山县医院医联体，进一步改善和提升县医院医疗服务能力和技术水平。

本年度，常委会各位主任按照县委安排，轮流进京信访值班；定期到分包乡镇检查指导工作；积极开展接访活动，全年共接待来信来访98件次，督办上级人大转办案10件，为维护全县社会稳定做出了积极贡献。

本年度，常委会坚持把督办代表建议与推动改进工作结合起来，于9月、12月组织部分代表对建议办理工作进行集中视察调研。主任会议和常委会会议分两次听取重点建议办理汇报，督促县政府及相关部门加大力度，抓紧落实。截至年底，县十六届人大一次会议提出的79件建议，56件已经办结，10件正在办理，3件列入部门计划，10件受客观条件限制，年内不能办理，已向代表解释说明，解决了一批代表和群众普遍关注的困难和问题。

本年度，组织部分乡镇人大工作人员到先进兄弟县市参观学习，打造了西柏坡镇人大之家和岗南镇李家庄代表联络站，并制作了专题宣传片和展牌；组织全县 23 个乡镇人大主席召开“人大代表之家”和“代表联络站”面貌提升工作现场会议，受到市人大领导的一致肯定，被评为基层人大工作“新典型”。

2018 年

4 月，县人大常委会由焦习军主任、左小英副主任分别带队，组织部分委员代表赴江苏省溧阳市、上海市静安区、四川省夹江县、重庆市奉节县、湖北省秭归县等地就人大机关建设、开展专题询问、政府工作评议、代表家站建设、民生实事票决制、生态环境保护、古文化遗产保护开发等方面进行考察学习。考察组认真听取各地人大相关情况介绍，进行深入广泛交流，详细了解各地不同的工作经验和特色做法。

5 月 10 日，县人大常委会组织人大离退休老干部对重点项目建设和旅发大会筹备进展情况进行视察并召开座谈会。县长董晓航参加座谈会，县人大常委会主任焦习军及全体班子成员全程陪同视察。

5 月 18 日，县人大常委会印发关于深入开展宪法学习宣传教育活动方案，组织机关全体人员认真学习宪法。

5 月 22 日，桥西人大代表联络站在桥西办事处正式揭牌成立，县人大常委会副主任刘国英出席仪式为联络站揭牌。县法院院长于辉、县检察院检察长王雷音，县人大机关相关委室负责人及部分人大代表参加了活动。揭牌仪式结束后，刘国英副主任和各位领导带领代表观摩桥西办代表联络站，并召开座谈会。会后，在县委宣传部常务副部长宗新福的陪同下，与会人员到康宁家园、冶河丽景小区现场视察文明县城创建工作。

5 月 29 日，西柏坡镇梁家沟村人大代表联络站正式揭牌，县人大常委会副主任齐明国出席仪式为联络站揭牌，并带领部分县乡人大代表视察西柏坡镇家站建设情况及旅发大会项目建设情况。后召开县乡人大代表座谈会，县人大机关相关委室负责人及部分人大代表参加了活动。

7 月至 12 月底，根据省人大常委会安排部署，县人大常委会组织本区域相关人大代表开展脱贫攻坚、大气污染防治、优化营商环境为主要内容的三项联动监督活动，以“统一安排，分组进行，综合检查，分片实施”的方式开展，深入了解县政府及相关部门贯彻实施《河北省农村扶贫开发案例》《中华人民共和国大气污染防治法》《河北省大气污染防治条例》《河北省优化营商环境条例》的基本情况，指出存在问题，提出了下步工作建议。

9 月 5 日，省人大常委会全域旅游视察组到平山县就全域旅游工作进行视察，县人大常委会副主任刘国英参加活动。

9 月 21 日，省人大常委会农村人居环境调研组到平山县进行调研，县人大常委会副主任齐明国参加活动。

10 月 16 日，省人大常委会党组书记、常务副主任范照兵到平山县，就学习贯彻全国人大深入学习贯彻习近平总书记关于坚持和完善人民代表大会制度的重要思想交流会精神、扎实推进三项联动监督工作、加强“人大代表之家”建设进行调研。

10 月 19 日，县人大常委会副主任周振海对杨家桥乡的美丽乡村建设情况开展了调研。先后走访大坪村、大庄村等行政村，分别召开村干部、乡镇主要负责人、驻村工作组等参加的交流会。

10 月，按照市、县人大主要领导的安排部署，县人大全力以赴做好全市人大家站现场会各项工作，在工作中着重突出了西柏坡红色历史特点，李家庄联络站的提升体现了美丽乡村建设和红色历史文化的特点，泓润生态园代表联络站的提升体现了县脱贫攻坚成果、农业科学技术推广的特点，温塘镇人大代表之家的提升体现了代表履职尽责、建设康养新城的特点。

11 月 23 日，市人大常委会组织各县、市、区人大常委会在西柏坡召开“学习习近平坚持和完善人民代表大会制度的重要思想交流会暨人大代表家站建设现场会”。上午观摩温塘镇、西柏坡镇“人大代表之家”和李家庄、泓润生态园“代表联络站”；下午举行学习交流。会上，李旭阳书记代表平山县委致辞，县人大常委会主任焦习军做交流发言。会议对县人大的该项工作给予了充分的肯定，作为全市样板，号召全市各县、市（区）学习。

11 月，县人大常委会深入平山镇西水碾、西义羊、孟堡村，大吾乡南荣村、东大吾，回舍镇北西庄，西柏坡镇讲里、东柏坡等乡镇村进行深入调研，并提交了调研报告。

本年度，坚持邀请乡镇人大主席列席常委会及其他重要会议、重要活动；定期组织召开乡镇人大主席工作座谈会，密切与乡镇人大的工作联系；分期分批组织乡镇人大干部参加各级各类培训学习；加强乡镇人大规范化建设，出台《关于加强乡镇人大工作的指导意见》，帮助建立健全乡镇人大的有关制度，促进了乡镇人大工作的规范化、制度化。

本年度，建立主任会议成员牵头督办、专门委员会和工作机构分类督办、代表工委统筹督办的工作机制，切实加强与“一府两院”的沟通协调，促进了代表建议的办理落实。县十六届人大二次会议以来，代表提出的 73 条建议，53 件已经办结，9 件正在办理当中，3 件列入部门计划，受客观条件限制不能办理的 8 件，已做了解释说明。

本年度，免费为代表订阅《中国人大》《石家庄人大》《人民代表报》等杂志，全县各级人大代表的综合素质和履职水平明显提高。深入开展“双联”活动，完善人大常委会组成人员联系代表和代表联系选民制度，建立代表履职档案。

本年度，认真办理群众来信来访 32 件、65 人次，协调解决了一批热点难点问题。

本年度，深入推进“两学一做”学习教育常态化，加强纪律作风建设，开展机关作风整顿，促进机关工作规范化，严格对照中央和省、市、县委巡视整改反馈问题清单，扎实做好问题整改；加强对外交流，组织机关干部、人大代表带着课题外出学习，吸收借鉴先进经验。先后赴上海静安、四川夹江、重庆奉节、江苏溧阳和晋州、正定、栾城等地进行考察，开阔视野，解放思想，从思想深处激发工作动力，提升干部队伍综合素质。

2019 年

2 月 19 日，平山县人大办公室“三深化三提升”及“效能革命”落实整改方案印发，此次活动从2019年2月19日开始，至12月31日结束，分四个阶段进行，强力推进机关“效能革命”，开展机关作风整顿，着力解决慵懒散问题；大兴调查研究之风，常委会主任会议成员带头开展调研，机关各部门深入基层群众，共完成调研报告12篇。

同月，县人大常委会组织部分代表委员深入县河北梆子剧团驻地、排练场、下乡演出现场等地，就县剧团的发展现状进行调查研究。

2月27日，县人大常委会组织部分委员、代表对传统文化振兴及县剧团发展情况进行专题视察。县人大常委会主任焦习军、副主任周振海、刘国英、魏尊一出席视察活动。县人大办公室主任齐荣国、县文旅局党组书记智全海、县人社局局长姜明芳、县财政局党组成员左肖岩、县文联原主席付锋明、平山通讯总编邢建军及相关负责人陪同视察。

3月14日，县人大常委会主任焦习军带领部分委员代表视察全县春节森林防火工作情况。县人大常委会副主任左小英、刘国英、齐明国、魏尊一、李新海及相关委室负责人参加视察活动；县政府副县长王瑞平及自然资源、应急管理等部门负责人陪同视察。

3月20日，县人大常委会在宪法宣誓广场（华北人民政府旧址院内）举行新任职国家机关工作人员集体宪法宣誓仪式。新当选的县人大常委会副主任、委员，政府机构改革后新任职人员以及县法院新任职人员共21人参加仪式。县人大常委会主任焦习军宣誓并讲话，县人大常委会副主任周振海主持宣誓仪式。

4月29日，县人大常委会组织全体常委会组成人员围绕全县产业转型攻坚、县城建设管理开展会前集中视察。视察组实地查看敬业集团增材制造等转型升级项目和县城滨河西路建设工程。

4月份，组织部分代表赴广东、浙江等地考察学习，开阔眼界，借鉴经验，提升进一步做好人大工作的能力。

4月，县人大印发《平山县人大常委会关于落实“河北发展、人大尽责”主题实践活动的工作方案》，对本年度此项工作进行安排部署。

5月21日，县人大常委会副主任周振海带领县人大常委会有关人员赴桥西区人大参观学习，重点学习预算联网平台建设方面的好经验、好做法，加强人大工作交流，更好地做好新时代人大工作。

5月23日，县人大常委会主任焦习军带领部分委员代表对脱贫成效巩固情况和年初人代会票决的11件民生实事项目中的农村安全饮水工程、县城便民市场建设工程进行集中视察，县人大常委会副主任周振海、齐明国、魏尊一参加视察活动，县政府副县长梁晨东及扶贫办、水利局、城管执法局、自然资源和规划局、财政局、移民办、平山镇负责人陪同视察。

6月14日，县人大常委会组织市、县人大代表“双联”活动。代表们参观泓润林木种植基地，并在泓润生态园人大代表联络站召开座谈会。市人大常委会委员刘国清，市人大代表李伟国、孙伟、梁乃中、马雪年，县人大常委会副主任周振海及部分县人大常委会委员、岗南镇人大代表参加活动。

7月10日，县人大常委会组织部分委员代表视察全县防汛抗旱工作。县人大常委会副主任周振海、刘国英、齐明国、魏尊一及相关委室负责人参加视察活动，县政府副县长解建军及应急局、水利局等部门负责人陪同视察。

7月16—18日，县人大常委会利用3天时间，组织举办2019年度人大代表培训班。常委会全体组成人员、市县乡人大代表、各乡镇人大主席、人大机关全体干部共108人参加培训。其间召开全县代表之家（站）建设现场会，各乡镇人大主席实地考察了西柏坡“人大代表之家”、李家庄人大代表联络站建设使用情况，增强了做好代表家（站）建设的主动性和自觉性。

8月8日，县人大常委会组织部分委员代表视察全县特色农业发展工作。县人大常委会副主任周振海、齐明国、魏尊一、李新海及相关委室负责人参加视察活动，县政府副县长梁晨东及农业农村局负责人陪同视察。

8月，县人大常委会对全县义务教育阶段县城子女入学难工作进行专题询问。

9月，县人大办公室按时间节点、步骤要求，基本完成预算和国有资产联网监督系统建设。

11月8日，县人大常委会组织人大代表对县政府民生实事项目建设情况进行视察。

11月，县人大常委会关于贯彻《石家庄市各级人民代表大会常务委员会规范性文件备案审查条例》的实施办法经县委转发实行。

本年度，坚持常委会组成人员联系代表制度，每位组成人员与3名以上基层人大代表建立直接联系，定期参加代表之家接待日活动，了解选举单位各方面工作情况，听取各个层级代表意见建议。全面落实代表联系选民制度，常态化直接倾听基层民众心声。31名市人大代表全部进行履职评议，常委会组成人员和县人大代表在本选区进行联系接待活动200多场次，面向基层群众征集意见建议900多条，解决了一批群众关心的热点问题。

本年度，对十六届人大三次会议期间提出的46件建议，由主任会议成员牵头，组织相关委办、相关代表进行视察督办；12月份听取县政府2019年人大代表建议办理情况报告，并进行满意度测评。交办的46件建议，37件已经办结，由于各种原因暂时不能办理的9件，已向代表做了解释说明。

本年度，接待群众来信来访、受理信访案件34件次，上级转办5件次，全部转交有关单位进行办理并答复本人。参加全市人大信访工作交流会，提升做好人大信访工作的能力和水平。

本年度，在《石家庄日报》《公民与法治》《河北人大通讯》《石家庄人大》等刊物发表信息文章20多篇，展现县人大工作的新风貌。

本年度，全年共接待全国各地人大考察学习团队30多批，共计485人次，扩大了平山的知名度、美誉度。

本年度，扎实开展“不忘初心、牢记使命”主题教育，深入开展学习教育、调查研究、检视问题、整改落实，主题教育期间，党组成员参加学习研讨9次，撰写心得体会12篇，完成调研报告6篇，讲党课6场，征求各方面意见建议1000余条，党组及党组成员共检视问题97个，制定整改措施97条，主题教育成效显著。

2020 年

1 月，针对新冠疫情，县人大按照县委统一部署，深入分包小区开展疫情防控。

2 月 8 日，加强新型冠状病毒感染的肺炎疫情防控工作，根据县应对疫情工作领导小组办公室《关于集中开展冬春季卫生环境整治活动的通知》，县人大办公室组织全体人员到人大家属院、平安家园二期两个小区开展爱国卫生运动。

3 月 26 日，县人大常委会组织对全县森林防火工作情况进行视察。县人大常委会主任焦习军，副主任周振海、刘国英、齐明国、魏尊一、李新海参加视察。

4 月 2 日，县人大常委会主任、各位副主任和部分委员视察县城建设管理工作。县政府副县长王瑞平、赵文骥及相关部门负责人陪同视察。

4 月 3 日，县人大常委会召开党组（扩大）会议，传达学习全县“振奋精神、改进作风、加强纪律”动员大会精神。

4 月开始，根据省人大要求，全省人大系统聚焦违法违规圈占土地、违规违建项目、资源能源项目、房地产开发项目、矿山综合治理、地下水超采综合治理等 6 个重点领域及加强公共卫生管理，集中开展“6+1”联动监督工作。

4 月 24 日，召开全县“6+1”联动监督动员部署及培训视频会议。

5 月 9 日，县第十六届人大常委会第二十四次会议听取和审议县政府关于“6+1”各领域清理规范、自查自纠工作全面汇报。

5 月 11—20 日，县人大常委会联动监督各工作专班对“6+1”联动监督各领域整改落实情况进行明察暗访，共视察督导 28 次。

6 月 17 日，市人大常委会副主任王丽君带领市人大常委会开展野生动物保护执法检查组对县政府贯彻《决定》和野生动物保护法实施情况进行执法检查，县人大常委会副主任齐明国参加活动。

7 月 21 日，召开县人大常委会第二十六次会议，听取和审议县人大常委会“6+1”联动监督各代表小组视察情况报告和对“6+1”联动监督工作进行全面客观评议，进行专题询问，并通过《平山县人大常委会关于持续深化“6+1”领域整改落实工作的决议》。

7 月 29 日，市人大常委会副主任李志宏带领市人大执法检查组到平山县就公共卫生管理联动监督工作开展执法检查。县委书记、县长董晓航，县人大常委会副主任周振海，副县长郝春艳参加活动。

7 月 30 日，县人大常委会副主任周振海带领部分委员代表调研交通运输民生实事和人大建议办理工作。调研组实地查看县道陈孟线敬业能源路至东王坡段改造工程、西柏坡至驼梁公路富岭沟段改建工程、国道海天线温塘至王岸大修工程、省道平涉线回舍街拓宽改造工程，听取县交通运输局关于 2020 年交通运输民生实事和人大建议办理工作汇报。

7 月 31 日，市人大常委会党组副书记、副主任楚行宇带领市人大执法检查组到平山县对矿山修复治理工作开展执法检查。执法检查组先后到古月镇、温塘镇治理点实地查看矿山转型利用、自然复绿工作，听取相关项目负责人工作汇报，详细了解工程概况和工作进展，与各相关部门负责人进行座谈，并就下一步矿山修复工作提出指导意见。

10月26日，全省乡镇人大工作规范化建设视频推进会议召开。县人大常委会副主任周振海、魏尊一，县人大机关各委室负责人，县委组织部、县编办负责人，各乡镇党委负责人、人大主席在县人大四楼会议室收听收看。

11月10日，县委第一巡察组巡察平山县人大办工作进驻动员会召开，人大办公室主任齐荣国主持。县委第一巡察组全体成员、机关全体人员参加会议。

12月3日，县人大常委会主任焦习军带领部分人大代表，对学校布局调整及县城中小学入学难问题进行实地调研，并召开座谈会，听取县政府及有关部门情况汇报，形成《关于学校布局调整及中小学入学难问题的调研报告》，报送县委。

12月17日，推进人大依法行使重大事项决定权座谈会在县人大机关二楼会议室召开，县人大常委会主任会议成员焦习军、周振海、刘国英、齐明国、魏尊一、李新海及县政府1名副县长参加会议。

本年度，坚持“双联双评”制度，常委会组成人员采取走访、调研等方式，联系基层代表120多人次。认真组织代表参加述职评议活动，215名县级人大代表通过不同方式，全部向原选区选民进行述职。开展人大代表接待日活动，广泛联系人民群众，使人大工作更接地气、更察民情。在疫情防控中，常委会积极倡导各级人大代表投身疫情防控工作一线，涌现出李慧明、孙伟、刘素军、李伟国等先进代表，各级代表积极捐款捐物，采购物资，全力支援防疫工作，诠释了“人民代表为人民”的深刻内涵。

本年度，常委会坚持把督办代表建议与解决民生实事相结合，建立常委会领导领衔督办代表建议机制，定期听取汇报，协调解决问题，切实做到事事有着落、件件有回音。于8月份听取县政府民生实事及建议办理情况汇报；对陈孟线敬业能源路至东王坡段改造工程、G338（原省道石闫线）温塘至王岸段中修工程进行视察，督促相关部门加大力度，抓紧落实。十六届四次人代会期间提出的46件建议已全部办复，其中，“丽水湾神水园接通天燃气”“提升改造孟南路县城段”“解决西阜高速建成通车后遗留问题”等36件已经办结或取得阶段性成果，6件正在办理当中；因受客观条件制约，暂时不能办理的4件，已向代表作了解释说明，答复规范化率100%。

本年度，全年共受理群众来信来访10件，20余人次，重点督办上级人大转办、交办的信访件，及时转交“一府两院”有关部门，并督促其做好办理工作，妥善解决了一批群众反映强烈的信访问题，促进了社会和谐稳定。

本年度，自觉接受县委第一巡查组全面巡查，对巡察反馈问题照单全收，积极整改，结合县委开展的“查问题、转作风、鼓干劲、争上游”行动，切实推进作风问题整改，有效促进人大机关干部作风好转；加大宣传工作，通过平山融媒、“圣地平山”微信公众号等新媒体，加强对人大重要会议、重要工作、重要活动的宣传报道，注重在上级刊物刊发工作动态、工作经验。先后在省市刊物上刊发稿件20余篇，特别是《传承红色基因发扬民主传统扎实做好人大代表之家建设工作》一文，在《河北人大通讯》刊发后，由全国人大常委会办公厅联络局印发各省市学习参考，扩大了平山人大工作的影响力。

2021年上半年

3月30日，印发县人大办关于开展党史学习教育的推进方案，党史学习教育工作启动，贯穿全年。

4月2日，县人大常委会组织委员对春季森林防火进行视察。

4月7日，省人大常委会党组副书记、副主任焦彦龙赴石家庄市平山县就开展党史学习教育进行专题调研座谈宣讲。

4月30日，印发平山县人大常委会关于开展四项联动监督的工作方案，组织开展优化营商环境、农业结构调整、地下水超采治理、公共医疗卫生服务四项联动监督。

4月，启动县乡人大换届选举工作，印发平山县选举委员会关于县乡两级人民代表大会换届选举工作的实施方案，做好对各乡镇换届选举工作的指导。

5月1日，县人大常委会副主任刘国英对两河村的商户等人流量较大场所的常态化疫情防控工作落实情况进行督导检查，并到乡卫生院对新冠疫苗接种情况进行调研。

5月1日至4日，县人大常委会副主任齐明国到小觉镇对疫情防控、安全生产、森林防火、信访工作、脱贫攻坚"两不愁三保障"回头看等各项重点工作进行督导检查。

5月2—3日，县人大常委会副主任刘国英实地督导两河乡防火工作。

5月2日、4日，县人大常委会主任武自军前往下槐镇，就疫情防控、安全生产、森林防火、信访工作、脱贫攻坚等重点工作进行督导检查。先后在唐家沟检查站、寺沟检查站、下槐镇卫生院、西岸村等地进行走访调研。

5月4日，县人大常委会副主任刘国英到合河口乡进行走访，与村干部和包村干部、信访人进行座谈，了解信访案件化解工作动态。

5月3—5日，县人大常委会副主任周振海赴杨家桥乡对该乡五一期间的疫情防控、安全生产、森林防火、信访工作、脱贫攻坚"两不愁三保障""回头看"等重点工作进行督导落实。

5月5日，县人大常委会副主任刘国英重点督导脱贫攻坚"两不愁三保障""回头看"工作的落实情况。重点走访了两河乡卢家庄村。

5月26日，市人大常委会副主任李志宏带队深入黄金寨景区就县政府旅游"一法一条例"贯彻落实情况进行执法检查。

5月，县人大常委会副主任魏尊一对宅北乡的重点工作进行督导检查，通过听取乡分管领导和主管领导的汇报以及实地走访查看的方式，对疫情防控、安全生产、森林防火、信访工作、脱贫攻坚"两不愁三保障"等工作进行察看。

7月9日，县人大常委会副主任刘国英到分包的城建家属院检查指导文明县城创建工作，参加环境卫生清扫活动。

7月9日上午，县人大常委会副主任周振海深入到分包点位平山镇，督导创建文明县城工作。周振海副主任详细询问了平山镇创城准备情况，并实地查看平山镇及镇周边环境卫生状况后指出，要求把创建文明县城当成平山镇的头等大事来抓。

7月11日，县人大办公室主任齐荣国带领人大办公室及人大科室人员赴平安家园二期、人大家属院小区督导检查文明县城创建工作。

本年度，常委会认真贯彻落实中央和省市县疫情防控工作部署，扎实做好分包的平安家园二期、人大家属院、纺织品小区3个社区疫情防控工作，定方案、设机构、明责任，严格落实各项防控措施。其间，共计发放宣传资料400余份，机关干部累计捐款5700元。常委会各位主任勇挑重担，奔赴一线，周振海、齐明国主任分别牵头西柏坡电厂、敬业集团防控专班；刘国英、魏尊一、李新海三位主任分别负责温塘会展中心、天富宾馆、红湾酒店隔离点服务保障工作。同时，深入北冶、杨家桥、两河、小觉、合河口等分包乡镇，进行疫情防控工作指导。

本年度，常委会各位主任，多次深入分包乡镇调研指导扶贫产业发展中存在的具体问题，积极协助跑办项目，争取资金支持，培育了回舍镇南庄村香椿种植、茶面加工等特色扶贫产业。机关干部认真落实帮扶责任，逐人逐户对接，明确帮扶措施，确保中央扶贫政策落到实处。人大驻南庄工作组，充分发挥自身优势，帮助南庄村硬化田间路1200米、通村路700米；争取投资405万元，对地下管网进行改造；建设1500平方米文化广场，安置健身器材10套（件）；安装太阳能路灯120盏；新上350千伏安变压器一台。对学校及全村的居民环境进行全面提升。

本年度，县人大常委会主要领导牵头负责驼梁环境整治工作，常委会副主任周振海、李新海积极参与，组成专班，综合协调相关部门对保护区所有违规项目，列出清单，建立台账，狠抓整改，经过三个多月的时间，拆除违规建筑8795.04平方米，驼梁区域违法违规项目彻底清零。

第十五篇

平山县第十七届人民代表大会

（2021 年 7 月至 2023 年 12 月）

平山县第十七届人民代表大会任期自2021年7月始，书至2023年12月，共举行3次代表大会，21次常委会，26次主任会议。县人大常委会，立足新发展阶段，贯彻新发展理念，努力将人民代表大会制度优势更多地转化为治理效能，为新时代平山建设发展作出新的更大贡献。其间，县人大围绕全县中心工作，以助力县域经济高质量发展为己任，围绕乡村振兴、民生福祉改善、生态环境保护、社会公平正义、监督检查疫情防控等重点工作，忠实履职，积极行使监督权、重大事项决定权，圆满完成了各项任务。其间共收到并处理代表建议88条，决定产生民生实事表决项目20个。

第一章　党的领导

人大党组织

中共平山县人大常委会党组

书　记：焦习军（2017.01—2021.11）
　　　　武自军（2021.11—　　　）
副书记：周振海（2017.02—　　　）
成　员：魏尊一（2018.12—　　　）
　　　　李新海（2018.12—　　　）
　　　　刘国英（2017.02—2021.11）
　　　　齐明国（2006.05—2007.04；2017.02—2021.11）
　　　　齐荣国（2019.01—2022.09）

第二章　人民代表大会

第一节　人大代表

一、县人大代表

（一）选举产生

根据《中华人民共和国全国人民代表大会和地方各级人民代表大会选举法》《河北省县乡两级人民代表大会选举实施细则》和省、市人大常委会的有关规定，县第十七届人民代表大会代表总名额为232名，共分配到105个选区进行选举。各选区依法选举产生平山县第十七届人民代表大会代表共225名。平山县第十六届人大常委会代表资格审查委员会对各选区选举产生的225名代表的代表资格进行审查。在审查期间，县纪委对两名当选代表作出了违纪处理的决定，县委组织部重新对该两人进行审查，建议县人大常委会确认以上两名代表当选资格无效，按照县委组织部审查报告的意见和《中华人民共和国全国人民代表大会和地方各级人民代表大会选举法》第四十七条的有关规定，县人大常委会代表资格审查委员会成员进行表决，一致同意确认该两人的代表当选资格无效，其余223名代表资格全部有效，报请县人大常委会确认。新当选的223名代表具有广泛的代表性，其中：工农代表84名，占代表总数的37.7%；专业技术人员代表43名，占代表总数的19.3%；干部代表96名，占代表总数的43%；妇女代表54名，占代表总数的24.2%；非中共党员代表47名，占代表总数的21.1%；代表结构有了一定的改善和提高，具有研究生学历的代表7名，本科、大专文化程度的181名，占代表总数的84.3%；连任代表87名，占代表总数的39%。

（二）代表名单

（代表223名，其中妇女代表54名）

平山县第十七届人民代表大会代表一览表

表15-1

姓名	性别	文化程度	政治面貌	工作单位及职务	籍贯
张前锋	男	大学	中共党员	中共平山县县委书记	张家口市
张添阁	男	研究生	中共党员	县委常委、县委办主任	石家庄市
李新海	男	大学	中共党员	县人大常委会副主任	平山镇
张洪海	男	高中	群众	平安旅游开发有限公司总经理	平山镇
刘　敏	女	大专	群众	县体育总会秘书长	平山镇
陈　龙	男	大学	中共党员	平山镇党委书记	西柏坡镇
唐立强	男	大专	中共党员	平山镇党委副书记、镇长	平山镇
曹少武	男	大学	中共党员	平山镇党委委员、人大主席	东回舍镇
郝保寿	男	中专	中共党员	东曲提村老干部	平山镇
李二龙	男	高中	中共党员	烟堡村党支部书记	平山镇
韩海珍	女	高中	群众	平山镇沿庄村村民	平山镇
冯晓宇	男	大学	中共党员	平山县消防大队大队长	石家庄
李二波	男	中专	中共党员	西街村党支部书记	平山镇
王文彦	女	大专	群众	平山县新东方彩色童年幼儿园园长	平山镇
刘　光	男	大专	群众	平山县温塘桃花源旅游度假有限公司总经理	平山镇
焦彦虎	男	高中	群众	汇源饭店经理	平山镇
秦立戈	男	中专	群众	平山县隆和大酒店总经理	平山镇
郭　义	男	高中	中共党员	李家庄村党支部书记兼村委会主任	平山镇
赵正春	男	大专	群众	平山县坤锦爆破工程有限公司经理	平山镇
齐丽莎	女	大专	群众	平山镇孟堡村村民	平山镇
王云涛	男	大专	中共党员	北街村党支部书记	平山镇
郭建卫	男	大专	中共党员	平山县惠达商贸有限责任公司经理	平山镇

续表 15-1

姓名	性别	文化程度	政治面貌	工作单位及职务	籍贯
曹彦波	男	大专	中共党员	城市管理综合行政执法局工程师	东回舍镇
苏艳超	男	大学	中共党员	生态环境分局工程师	深州市
左振江	男	高中	中共党员	县人大财经工委	平山镇
姜　宏	男	大专	中共党员	平山北国总经理	秦皇岛市
郄为红	男	大专	中共党员	平山县人民医院副院长	平山镇
李　召	男	中专	群众	老北京饭店经理	平山镇
杨文堂	男	初中	中共党员	平山县凯辉印刷厂董事长	温塘镇
岳瀛山	男	大专	中共党员	平山牙典口腔分公司总经理	上三汲乡
王笑冉	女	大专	群众	平山县南贾壁村民	平山镇
王　召	男	大专	群众	河北泽然建筑工程有限公司经理	平山镇
安林虎	男	本科	中共党员	平山县蒲吾草堂家庭农场总经理	平山镇
李国怀	男	中专	中共党员	石家庄煊洁物业服务有限公司经理	平山镇
陈　雷	男	本科	群众	博欧金属制品有限公司副总	井陉县
张彦龙	男	本科	中共党员	平山县康绿农业科技有限公司	东回舍镇
邢建军	男	本科	中共党员	石家庄市作协副主席、县作协主席	平山镇
刘　晨	男	大专	中共党员	平山镇南泽营村村民	平山镇
杨允石	男	大学	中共党员	县政协党组书记	—
强增亮	男	中专	中共党员	东回舍镇党委书记	东王坡乡
任建军	男	大专	中共党员	东回舍镇党委副书记、镇长	西大吾乡
杨晓雷	男	大专	中共党员	东回舍镇党委委员、人大主席	平山镇
李鹏龙	男	大专	中共党员	东回舍村党支部书记兼村主任	东回舍镇
魏晓丽	女	本科	群众	平山县东回舍镇东回舍小学教师	营里乡
赵胜男	女	本科	群众	东回舍镇初级中学教师	东回舍镇
李志波	男	大专	中共党员	洪子店村党支部书记兼村主任	东回舍镇
张冠军	男	本科	中共党员	石家庄西柏坡轴承厂总经理	平山镇
刘海龙	男	本科	中共党员	石家庄柏坡正元化肥有限公司党总支书记、董事长	两河乡

续表 15-1

姓名	性别	文化程度	政治面貌	工作单位及职务	籍贯
郜杰虹	女	本科	群众	华气清洁能源投资有限公司出纳	东回舍镇
米春刚	男	中专	中共党员	平山县恒达电脑有限公司总经理	东回舍镇
武自军	男	大学	中共党员	县人大常委会主任	平山镇
张肖肖	女	大学	中共党员	县人大常委会选任代工委主任	西大吾乡
张鹏飞	男	大学	中共党员	县人大常委会选任代工委副主任	平山镇
卢永兴	男	大专	中共党员	县五洲实业有限公司经理	西大吾乡
齐英霞	女	本科	中共党员	西大吾乡党委书记	平山镇
张金国	男	大专	中共党员	西大吾乡党委副书记、乡长	东回舍镇
曹利会	男	大专	中共党员	河北西柏坡运输有限公司总经理	西大吾乡
盖明凯	男	大专	中共党员	西大吾乡东大吾村党支部书记	西大吾乡
谷二亮	男	中专	群众	东李家庄村委副主任	西大吾乡
盖五彦	男	高中	群众	平山城乡建筑公司副经理	西大吾乡
王晓艳	女	本科	中共党员	西大吾乡中心学校副校长	西大吾乡
王美军	男	大学	中共党员	温塘镇党委副书记、镇长	两河乡
陈　飞	男	大学	中共党员	温塘镇党委委员、人大主席	东王坡乡
张　景	女	大专	中共党员	温塘镇邢家沟村党支部书记、村委会主任	晋州市
田建文	男	大专	中共党员	北马冢村村民	温塘镇
张　宁	女	大专	群众	花溪宾馆总经理	平山镇
卢占军	男	大学	中共党员	平山县委副书记	西大吾乡
王明霞	女	本科	群众	敬业集团总经理工作室副主任	南甸镇
李国强	男	本科	中共党员	南甸镇党委书记	小觉镇
王　晨	男	大学	中共党员	南甸镇党委副书记、镇长	南甸镇
王红艳	女	研究生	中共党员	南甸镇党委委员、人大主席	下口镇
樊喜平	男	大专	中共党员	南甸镇南焦坡村党支部书记	南甸镇
李慧明	男	研究生	中共党员	敬业集团有限公司总经理	两河乡
李文兵	男	大专	中共党员	南甸镇寒虎河村原党支部书记	南甸镇

续表 15-1

姓名	性别	文化程度	政治面貌	工作单位及职务	籍贯
刘林平	女	大专	群众	南甸中心小学副校长	东王坡乡
张　芳	男	大专	中共党员	平山县人民医院药学部主任	南甸镇
闫　军	男	大专	中共党员	王坡乡党委书记	小觉镇
韩　涛	男	大专	中共党员	王坡乡党委副书记、乡长	岗南镇
史　进	男	大专	中共党员	王坡乡党委委员、人大主席	南甸镇
梁云飞	男	大专	中共党员	杨土沟村党支部书记	上观音堂乡
王明国	男	中专	群众	河北熟泥地农业科技开发有限公司董事长	东王坡乡
吴素飞	女	中专	群众	下峪村村委委员	东王坡乡
曹　磊	男	中专	中共党员	曹土沟村党支部书记、村主任	东王坡乡
高志伟	男	大专	群众	平山县中浩建筑公司经理	东王坡乡
刘国英	男	大学	中共党员	县人大常委会副主任	上三汲乡
郄玉良	男	本科	中共党员	两河乡党委书记	两河乡
齐永波	男	大学	中共党员	两河乡党委副书记、乡长	两河乡
刘岩青	男	大专	中共党员	两河乡党委委员、人大主席	两河乡
李　瑛	女	本科	中共党员	两河乡人民政府副乡长	两河乡
张志勇	男	大专	中共党员	西岳村党支部书记	两河乡
马彦飞	男	本科	中共党员	蒲桃村党支部书记	两河乡
马志彬	男	高中	群众	平山县众鑫小额贷款有限公司经理	平山镇
刘会方	男	大专	中共党员	平山县总工会	两河乡
任志飞	男	中专	中共党员	两河乡西李坡村党支部书记、村主任	两河乡
周振海	男	本科	中共党员	县人大常委会副主任	上三汲乡
王立刚	男	大专	中共党员	上三汲乡党委书记	东回舍镇
刘立飞	男	大专	中共党员	上三汲乡党委副书记、乡长	孟家庄镇
白　希	女	大学	中共党员	上三汲乡党委委员、人大主席	石家庄市
刘程伟	男	大专	中共党员	上三汲乡刘杨村党支部书记村主任	上三汲乡

续表 15-1

姓名	性别	文化程度	政治面貌	工作单位及职务	籍贯
黄子强	男	本科	中共党员	中山国文物旅游管理处主任、中山国王陵陈列馆馆长	上三汲乡
张金虎	男	大专	中共党员	上三汲村党支部书记村主任	上三汲乡
檀彦娜	女	大专	群众	太平洋财产保险股份有限公司平山公司经理	平山镇
封进彦	女	本科	群众	上三汲西金山小学校长	西柏坡镇
齐　军	女	大学	中共党员	县委常委、统战部部长	—
齐荣国	男	本科	中共党员	县人大党组成员、办公室主任	故城县
史新军	男	本科	中共党员	岗南镇党委副书记、镇长	西柏坡镇
侯晓伟	男	本科	中共党员	岗南镇党委委员、人大主席	两河乡
韩占维	男	高中	中共党员	岗南镇石盆峪村党支部书记、村主任	岗南镇
闫习权	男	高中	中共党员	平山县渔政站站长	岗南镇
李建良	男	高中	群众	岗南镇南石殿村村民	岗南镇
王淑艳	女	大专	群众	河北泓润林木种植有限公司副总经理	东回舍镇
王翠平	女	大学	中共党员	岗南镇霍宾台小学校长	北冶乡
王文海	男	大专	中共党员	岗南镇王常峪村党支部书记、村主任	岗南镇
杨立山	男	大专	群众	岗南镇卫生院院长助理	平山镇
柴会琴	女	大学	中共党员	岗南镇睢常峪村党支部书记、村主任	岗南镇
韩普选	男	高中	中共党员	平山县华普食品有限公司董事长	岗南镇
刘辉刚	男	大专	中共党员	平山县中山医院党委书记	岗南镇
侯若颖	男	大学	中共党员	县委常委、宣传部部长	—
何立强	男	本科	中共党员	县人大常委会教科文卫委主任	西大吾乡
谢志平	男	本科	中共党员	河北西柏坡发电有限公司后勤事务部主任	磁县
封　川	男	大学	中共党员	苏家庄乡党委书记	小觉镇
胡和平	男	大专	中共党员	苏家庄乡党委委员、人大主席	营里乡
曹波琴	女	大学	群众	苏家庄乡卫生院	苏家庄乡
赵树芳	男	本科	中共党员	组织部常务副部长	宅北乡

续表 15-1

姓名	性别	文化程度	政治面貌	工作单位及职务	籍贯
赵新平	女	本科	中共党员	宅北乡党委书记	王坡乡
刘二宁	男	大专	中共党员	宅北乡党委委员、人大主席	北冶乡
焦慧英	女	本科	群众	宅北乡会口完全小学	宅北乡
康　飞	男	大专	中共党员	宅北乡会口村党支部书记	宅北乡
李素彦	男	中专	群众	宅北乡南滚龙沟村村主任	宅北乡
李佳伟	男	本科	中共党员	宅北乡卫生院职员	南甸镇
焦习军	男	本科	中共党员	县人大常委会党组书记	岗南镇
张　荣	女	研究生	中共党员	西柏坡镇党委副书记、镇长	山西省平遥县
王红梅	女	本科	中共党员	西柏坡镇党委委员、人大主席	西柏坡镇
张明雷	男	大专	中共党员	平山县富民光伏电力科技有限公司总经理	东回舍镇
米　锋	男	大学	中共党员	县人民政府常务副县长	新乐市
李明忠	男	本科	中共党员	县人大常委会农经委主任	古月镇
张平革	男	大学	中共党员	古月镇党委副书记、镇长	西大吾乡
张伟刚	男	大学	中共党员	古月镇党委委员、人大主席	南甸镇
齐素明	男	高中	中共党员	古月镇中古月村村民	古月镇
高俊杰	男	大学	中共党员	平山县福美佳购物广场有限公司总经理	平山镇
李地动	男	大专	中共党员	县疾控中心主治医师	古月镇
常俊光	男	大学	中共党员	古月中学校长	合河口乡
齐明国	男	本科	中共党员	县人大常委会副主任	下槐镇
李晓世	男	本科	中共党员	下槐镇党委副书记、镇长	鹿泉区
张永辉	男	大学	中共党员	下槐镇党委委员、人大主席	东回舍镇
梁红霄	女	大学	中共党员	下刘村村委委员、致富带头人	下槐镇
郝丽萍	女	大学	群众	下槐镇卫生院副院长	下槐镇
付平灵	女	大学	中共党员	卫健局科教科科长、高级经济师	下槐镇

续表 15-1

姓名	性别	文化程度	政治面貌	工作单位及职务	籍贯
封会明	男	大学	中共党员	平山县住建局质监站副站长	下槐镇
范邵鹏	男	本科	中共党员	北冶乡党委副书记、乡长	岗南镇
封宁宁	男	大学	中共党员	北冶乡党委委员、人大主席	西柏坡镇
赵腊月	男	高中	中共党员	杜家庄党支部书记	北冶乡
梁玉龙	男	大专	中共党员	燕尾庄党支部书记	北冶乡
侯思明	女	大学	群众	平山县沕沕水生态风景开发有限公司总经理	赵县
刘一凡	女	本科	群众	平山县北冶乡碾沟道慈中药坊有限公司创始人	定州市
闫庆芳	男	本科	中共党员	县人大常委会信访办主任	平山镇
李　波	男	大学	中共党员	下口镇党委书记	平山镇
刘文涛	男	本科	中共党员	下口镇党委副书记、镇长	两河乡
李海波	男	本科	中共党员	下口镇党委委员、人大主席	上三汲乡
高　翠	女	本科	群众	下口镇中心小学教师	井陉县
李红旗	男	大学	中共党员	县委常委、组织部部长	—
韩学芝	女	本科	群众	县农牧局高级经济师	孟家庄镇
耿香会	男	本科	中共党员	河北省总工会温塘疗养院院长	正定县
梁国枫	男	本科	中共党员	孟家庄镇党委委员、人大主席	营里乡
陈　晓	男	大专	中共党员	六西岸村党支部书记、村主任	孟家庄镇
王慧英	女	本科	群众	元坊小学教师	孟家庄镇
赵志斌	男	大专	群众	德欣家具城经理	平山镇
刘志芳	男	大专	中共党员	上观音堂乡党委书记	南甸镇
刘春燕	女	研究生	中共党员	上观音堂乡党委副书记、乡长	平山镇
高文会	男	大专	中共党员	上观音堂乡党委委员、人大主席	东王坡乡
宋海平	男	大专	中共党员	上观音堂乡下盘松村支部书记	上观音堂乡

续表 15-1

姓名	性别	文化程度	政治面貌	工作单位及职务	籍贯
霍亚平	女	大专	群众	上观音堂乡戎冠秀小学教师	上观音堂乡
李立新	男	大学	中共党员	县委常委、纪委书记	—
孙丽娟	女	大学	群众	县人大常委会副主任	平山镇
秘志科	男	大学	中共党员	小觉镇党委副书记、镇长	灵寿县
陈秀军	男	大专	中共党员	小觉镇党委委员、人大主席	小觉镇
陈建平	男	高中	中共党员	黄连沟村党支部书记、村委会主任	小觉镇
封彦军	男	大专	群众	小觉电站职工	小觉镇
王巧燕	女	中专	中共党员	秘家会电站职工	山西省吉县
李伟伟	女	本科	群众	小觉小学副校长	北冶乡
韩树平	女	大专	中共党员	西柏坡冀银村镇银行副行长	杨家桥乡
史爱军	男	本科	中共党员	杨家桥乡党委副书记、乡长	小觉镇
邢文奇	男	研究生	中共党员	杨家桥乡党委委员、人大主席	温塘镇
梁建军	男	中专	中共党员	杨家桥乡店头村党支部书记	杨家桥乡
邢德巍	男	中专	中共党员	杨家桥乡羊圈垴村党支部书记	杨家桥乡
张　全	男	大专	中共党员	杨家桥乡大坪村党支部委员	杨家桥乡
张吉峰	男	—	中共党员	县委常委、武装部政委	—
于利朝	男	本科	中共党员	县人大常委会财经委主任	平山镇
郭志鹏	男	大专	中共党员	营里乡党委书记	平山镇
马晓波	男	大学	中共党员	营里乡党委副书记、乡长	平山镇
康苏龙	男	大学	中共党员	营里乡党委委员、人大主席	平山镇
梁燕平	男	大专	中共党员	营里乡板桥口村党支部书记	营里乡
王鹏丽	女	本科	群众	平山县营里乡中心学校教师	平山镇
尹惠强	男	大学	中共党员	县委常委、政法委书记	—
魏尊一	女	本科	中共党员	县人大常委会副主任	深州市
高静南	女	研究生	中共党员	蛟潭庄镇党委副书记、镇长	宅北乡
秘明春	男	大学	中共党员	蛟潭庄镇党委委员、人大主席	下槐镇

续表 15-1

姓名	性别	文化程度	政治面貌	工作单位及职务	籍贯
李爱云	女	中专	中共党员	木月村党支部书记	蛟潭庄镇
李淑玲	女	本科	群众	蛟潭庄小学教师	平山镇
刘俊伟	男	本科	中共党员	蛟潭庄村党支部书记	蛟潭庄镇
白秀军	男	本科	中共党员	蛟潭庄镇塔上村党支部书记	蛟潭庄镇
刘　军	男	中专	中共党员	平山县隆顺德养殖专业合作社经理	平山镇
康光辉	男	大专	中共党员	合河口乡党委副书记、乡长	上三汲乡
张成亮	男	大专	中共党员	合河口乡党委委员、人大主席	南甸镇
赵永峰	男	大专	中共党员	平山县驼梁游客之家宾馆总经理	合河口乡
齐建军	男	中专	群众	平山县驼梁人大代表联络站站长	平山镇
郝东风	男	大专	中共党员	合河口乡郝家洼村党支部书记兼村主任	合河口乡
卢延利	男	大专	中共党员	合河口乡柏枝会村党支部书记兼村主任	合河口乡
靳　军	男	大学	中共党员	县委副书记、代县长	无极县
郭建国	男	大学	中共党员	平山中学校长	小觉镇
刘　平	女	大学	中共党员	县法院代院长	鹿泉区
张　辉	男	大学	中共党员	县检察院代检察长	唐山市
王一平	男	大学	中共党员	县纪委副书记	古月镇
高成虎	男	大学	中共党员	县直工委常务副书记	东回舍镇
焦彦虎	男	大学	中共党员	县交通局党组书记、局长	平山镇
张晓平	男	大学	中共党员	县审计局党组书记、局长	西大吾乡
刘志平	男	大学	中共党员	县财政局党组书记、局长	东王坡乡
李　娜	女	大学	中共党员	县信访局党组书记、局长	平山镇
王彦军	男	大学	中共党员	县国税局党委书记、局长	南宫市
范　民	男	大学	中共党员	县交警大队教导员	平山镇
赵林梅	女	大学	中共党员	县自然资源和规划局高级工程师	蛟潭庄镇
卞金花	女	大学	中共党员	县民政局经济师	平山镇
康素珍	女	大学	中共党员	东街二小校长	平山镇

（三）届中调整情况

自十七届人大一次会议以来，到第二次会议期间，代表尹惠强调离本行政区域，代表资格终止。蛟潭庄镇选区补选王勇为平山县第十七届人民代表大会代表，会议实有代表 223 名。

自十七届人大二次会议以来，到第三次会议期间，卢占军、白希 2 人调离本行政区域，其代表资格自行终止，任某某因涉嫌犯罪辞去代表职务，赵正春、郄玉良、齐永波、史爱军、高文会、李海波、刘志芳、郭志鹏 8 人辞去平山县第十七届人民代表大会代表职务。平山镇选区补选乔新伟，观音堂选区补选王卫利、秘京京，下口选区补选贾彦兵、康国伟，营里选区补选杨杰、辛少波，杨家桥选区补选韩鹏飞、王东会为平山县十七届人民代表大会代表。会议实有代表 221 名。

二、平山县出席石家庄市第十五届人民代表大会代表

（一）选举产生

2021 年 7 月，平山县第十七届人民代表大会第一次会议选举产生平山县出席石家庄市第十五届人民代表大会代表 28 名：刘军志、苑彦刚、马兆芹、何军恒、曹娜、张前锋、武自军、靳军、马志彬、曲海云、齐丽莎、安力军、孙丽娜、李伟国、李慧明、范召军、范花伟、封红卷、侯思明、曹利会、冯晓宇、周梅海、郭英英、曹向青、梁乃中、彭丽、韩玉涛、赵辉。

（二）届中调整情况

2022 年 5 月 7 日平山县第十七届人大常委会第七次会议罢免李某某的石家庄市第十五届人民代表大会代表职务；2022 年 8 月 17 日平山县第十七届人大常委会第十次会议罢免何某某的石家庄市第十五届人民代表大会代表职务；2023 年 1 月 28 日，平山县第十七届人大常委会第十次会议补选苏风雷、王建敏为石家庄市第十五届人民代表大会代表。

第二节　代表大会

县第十七届人民代表大会截至到 2023 年 12 月共召开三次会议。

一、第一次会议

第一次会议于 2021 年 7 月 23 日至 25 日在老干部活动中心举行。会议应到代表 223 名，实到代表 217 名，因事因病请假 6 名。不是人大代表的县委、县政府、县政协及其他县级领导；出席政协十届一次会议的全体委员；不是人大代表的县委部门及各人民团体主要负责人，县政府各部门党政主要负责人；不是本届代表的乡镇党委书记和人大主席及乡、镇长列席了会议，会议邀请部分离退休正县级老领导参加了开幕式。

（一）组织机构

大会预备会议选举产生主席团、秘书长及议案审查 1 个委员会。

主席团（47 名）：

于利朝	王云涛	王红梅（女）	王明霞（女）
尹惠强	卢占军	卢永兴	刘　平（女）
刘　军	刘　敏（女）	刘国英	齐　军（女）
齐明国	齐荣国	闫庆芳	米　锋
孙丽娟（女）	李立新	李红旗	李明忠
李鹏龙	李新海	杨允石	何立强
张　辉	张吉峰	张肖肖（女）	张前锋
张洪海	张冠军	张添阁	张鹏飞
武自军	周振海	赵志斌	赵树芳
侯若颖	耿香会	高俊杰	郭建国
黄子强	韩学芝（女）	韩树平（女）	焦习军
谢志平	靳　军	魏尊一（女）	

秘书长：周振海（兼）

主席团第一次会议推定张前锋、焦习军、武自军、周振海、刘国英、齐明国、魏尊一、李新海、孙丽娟为主席团常务主席。

主席团第一次会议决定齐荣国、韩军国、康艳军、赵树芳、郭会涛、李娜、张彦丽为大会副秘书长。

议案审查委员会

主　任：魏尊一（女）

副主任：张肖肖（女）

委　员：王红梅（女）　张鹏飞　韩学芝（女）

（二）主要议程

7月24日上午，会议听取和审议县政府代理县长靳军作的《政府工作报告》。7月24日下午，会议听取县人大常委会主任武自军作的《平山县人大常委会工作报告》、县法院代院长刘平作的《平山县人民法院工作报告》、县检察院代检察长张辉作的《平山县人民检察院工作报告》。会议分 8 个代表团对上述报告进行认真审议。根据各代表团对 4 个报告的审议情况，会议分别作出相应的决议。

7 月 25 日上午，会议表决通过县人大常委会专门委员会人员名单。

县人大常委会专门委员会人员名单

（每个委设 7 人，其中主任委员 1 人，副主任委员 2 人，委员 4 人）

一、法制委员会

主任　委员：孙丽娟（女）

副主任委员：张肖肖（女）　范　民

委　　　员：冯晓宇　　　　张鹏飞　　　　王红梅（女）　卞金花（女）

二、财政经济委员会

主任　委员：周振海

副主任委员：于利朝　　　　韩树平（女）

委　　　员：左振江　　　　封宁宁　　　　付平灵（女）　刘海龙

三、城乡建设和环境保护委员会

主任　委员：李新海

副主任委员：李明忠　　　　韩学芝（女）

委　　　员：曹彦波　　　　苏艳超　　　　高文会　　　　王淑艳（女）

四、教育、科技、文化、卫生委员会

主任　委员：魏尊一（女）

副主任委员：何立强　郭建国

委　　　员：刘辉刚　刘　敏（女）　邢文奇　邢建军

五、社会建设委员会

主任　委员：李新海

副主任委员：闫庆芳　卢永兴

委　　　员：刘　军　谢志平　康苏龙　李二波

7 月 25 日下午，按照选举办法，会议以无记名投票方式选举产生县十七届人大常委会组成人员 37 名；县政府县长、副县长 7 名；县监察委员会主任 1 名；县法院院长 1 名；县检察院检察长 1 名。选举结果如下：

平山县第十七届人民代表大会常务委员会

主　任：武自军

副主任（4 名）：周振海　魏尊一（女）　李新海　孙丽娟（女）

委　员（32 名）：

于利朝	王云涛	王红梅（女）	王明霞（女）
卢永兴	刘　军	刘　敏（女）	刘国英
齐明国	齐荣国	闫庆芳	李明忠
李鹏龙	何立强	张肖肖（女）	张洪海
张冠军	张鹏飞	赵志斌	赵树芳
耿香会	高俊杰	郭建国	黄子强
韩学芝（女）	韩树平（女）	焦习军	谢志平

平山县人民政府

县　长：靳　军

副县长（6名）：

王素龙	米　锋	吴朝建	郝春艳（女）
崔　勇	梁晨东		

平山县监察委员会

主任：李立新

平山县人民法院

院长：刘　平（女）

平山县人民检察院

检察长：张　辉

链接：县十七届人大常委会主任简历

武自军，男，汉族，平山县平山镇杨西冶村人，1965年7月出生，1986年7月参加工作，1989年11月入党，大学本科学历。2021年7月任平山县第十七届人大常委会主任，同年11月，任平山县人大常委会党组书记。

1984.08—1986.07	石家庄师范专科学校历史系历史专业学习
1986.07—1987.09	平山县回舍中学教师
1987.09—1990.07	平山县工商局干部
1990.07—1991.01	平山县宅北乡干部
1991.01—1994.08	平山县委办公室资料员，信息组副组长
1994.08—1999.10	平山县委办公室副科级资料员
1999.10—2002.06	平山县委办公室副主任
2002.06—2004.10	平山县大吾乡党委副书记、乡长
2004.10—2007.05	平山县大吾乡党委书记
2007.05—2011.08	平山县委办公室常务副主任
2011.08—2015.12	平山县委常委、县委办公室主任
2015.12—2017.01	平山县委常委、县委办公室主任、宣传部部长
2017.01—2021.02	平山县委副书记，三级调研员
2021.02—2021.03	平山县人大常委会主任候选人
2021.03—2021.07	县第十六届人大常委会主任
2021.07—	县第十七届人大常委会主任
2021.11—	平山县人大常委会党组书记

二、第二次会议

第二次会议于2022年1月26日至28日在野生原度假村举行。会议应到代表223名，实到代表204名，因事因病请假19名，不是人大代表的县委、县政府、县政协及其他县级领导；出席县政协十届二次会议的全体委员；不是人大代表的县委部门及各人民团体主要负责人县政府各部门党政主要负责人；不是本届代表的乡镇党委书记和人大主席及乡镇长列席了会议，会议邀请部分离退休正县级老领导参加了开幕式。

（一）组织机构

大会预备会议选举产生主席团、秘书长及议案审查1个委员会。

主席团（45名）：

于利朝	王云涛	王红梅（女）	王明霞（女）
王　勇	卢占军	卢永兴	刘　军
刘　敏（女）	刘国英	齐　军（女）	齐明国
齐荣国	闫庆芳	米　锋	李明忠
李鹏龙	孙丽娟（女）	李立新	李红旗
李新海	何立强	张吉峰	张肖肖（女）
杨允石	张鹏飞	张洪海	张冠军
张添阁	张前锋	武自军	周振海
赵志斌	赵树芳	侯若颖	郭建国
耿香会	高俊杰	黄子强	韩学芝（女）
靳　军	魏尊一（女）	谢志平	韩树平（女）
焦习军			

秘书长：周振海（兼）

主席团第一次会议推定张前锋、武自军、周振海、魏尊一（女）、李新海、孙丽娟（女）为主席团常务主席。

主席团第一次会议决定齐荣国、韩军国、康艳军、赵树芳、郭会涛、李娜（女）、张彦丽（女）为大会副秘书长。

（二）主要议程

1月27日上午，会议听取县长靳军作的《平山县人民政府工作报告》；书面审查县发展和改革局局长边金文作的《关于平山县2021年国民经济和社会发展计划执行情况与2022年国民经济和社会发展计划草案的报告》、县财政局局长刘志平作的《关于平山县2021年财政预算执行情况和2022年财政预算草案的报告》。

1月28日上午，听取县人大常委会主任武自军作的《平山县人大常委会工作报告》、县法院院长刘平作的《平山县人民法院工作报告》、县检察院检察长张辉作的《平山县人民检察院工作报告》。

会议分 8 个代表团对上述报告进行认真审议。根据各代表团对 6 个报告的审议情况，会议分别作出相应的决议。会议对县政府提交的平山县 2022 年民生实事备选项目进行票决，最终决定产生 10 个民生实事票决项目。

（三）代表议案及批评建议

会议期间，共收到代表建议 51 件。经议案审查委员会审理，由县人大常委会转交有关部门办理并答复办理。

三、第三次会议

第三次会议于 2023 年 1 月 12 日至 14 日在野生原度假村举行。会议应到代表 221 名，实到代表 198 名，因事因病请假 23 名。不是人大代表的县委、县政府、县政协及其他县级领导；出席县政协十届三次会议的全体委员；不是人大代表的县委部门及各人民团体主要负责人；县政府各部门党政主要负责人；不是本届代表的乡镇党委书记和人大主席及乡、镇长列席了会议，会议邀请部分离退休正县级老领导参加了开幕式。

（一）组织机构

大会预备会议选举产生主席团、秘书长及议案审查 1 个委员会。

主席团（46 名）：

于利朝	王云涛	王红梅（女）	王明霞（女）
王　勇	卢永兴	刘　军	刘　敏（女）
刘国英	齐　军（女）	齐明国	齐荣国
闫庆芳	米　锋	孙丽娟（女）	乔新伟
李立新	李红旗	李明忠	李鹏龙
李新海	何立强	张吉峰	张肖肖（女）
张前锋	张洪海	张冠军	张添阁
张鹏飞	杨允石	武自军	周振海
赵志斌	赵树芳	侯若颖	耿香会
贾彦兵	高俊杰	郭建国	黄子强
韩学芝（女）	韩树平（女）	焦习军	谢志平
靳　军	魏尊一（女）		

秘书长　周振海（兼）

主席团第一次会议推定张前锋、武自军、周振海、魏尊一（女）、李新海、孙丽娟（女）为主席团常务主席。

主席团第一次会议决定乔新伟、张平革、康艳军、赵树芳、郭会涛、李娜（女）、张彦丽（女）为大会副秘书长。

（二）主要议程

1 月 13 日上午，会议听取县长靳军作的《平山县人民政府工作报告》；书面审查县发展和改革局局长杜建华所作《关于平山县 2022 年国民经济和社会发展计划执行情况与 2023 年国民经济和社会发展计划草案的报告》、县财政局局长刘志平所做的《关于平山县 2022 年财政预算执行情况和 2023 年财政预算草案的报告》。

1 月 13 日下午，会议听取县人大常委会主任武自军作的《平山县人大常委会工作报告》、县法院院长刘平作的《平山县人民法院工作报告》、县检察院检察长张辉作的《平山县人民检察院工作报告》。

会议分 8 个代表团对上述报告进行认真审议。根据各代表团对 6 个报告的审议情况，会议分别作出相应的决议。会议对县政府提交的平山县 2023 年民生实事备选项目进行票决，最终决定产生 10 个民生实事票决项目。

1 月 14 日上午，按照大会通过的选举办法，会议选举乔新伟、贾彦兵为平山县第十七届人大常委会委员。

（三）代表议案及批评建议

会议期间，共收到代表建议 37 件。经议案审查委员会审理，由县人大常委会转交有关部门办理并答复办理。

第三章　人大常委会

第一节　人员组成

一、选举产生

第十七届人民代表大会常务委员会于 2021 年 7 月 24 日，由平山县第十七届人民代表大会第一次会议选举产生，其中主任 1 人，副主任 4 人，委员 28 人。平山县第十七届人民代表大会第三次会议于 2023 年 1 月 14 日选举乔新伟、贾彦兵为平山县第十七届人大常委会委员。

主　任：武自军

副主任：

周振海	魏尊一（女）	李新海	孙丽娟（女）

委　员：

于利朝	王云涛	王红梅（女）	王明霞（女）	卢永兴
刘　军	刘　敏（女）	刘国英	齐明国	齐荣国
闫庆芳	李明忠	李鹏龙	何立强	张肖肖（女）
张洪海	张冠军	张鹏飞	赵志斌	赵树芳
耿香会	高俊杰	郭建国	黄子强	韩学芝（女）
韩树平（女）	焦习军	谢志平	贾彦兵	乔新伟

二、代表资格审查委员会

平山县第十七届人大常委会代表资格审查委员会名单

主任　委员：孙丽娟（女）

副主任委员：齐荣国　赵树芳

委　　　员：张肖肖　李明忠　于利朝　张鹏飞

三、工作机构及人员组成

人大常委会机关办公室核定科级领导职数 1 正 2 副，其他 1 室 5 委核定正科级领导职数各 1 名。人员编制：行政编 27 名，协同可使用事业编 5 名。

办公室

主　任：齐荣国（2021.07—2022.09）

　　　　乔新伟（2022.09—2023.12）

副主任：梁　璐（2021.07—　　）

　　　　秘京京（2021.07—2022.07）

　　　　张鹏飞（2023.01—2023.07）

成　员：一级主任科员于淑平

　　　　四级主任科员刘倩倩

财政经济工作委员会

主　任：于利朝

副主任：卢鹏霞

信访办公室

主　任：闫庆芳

教育科学文化卫生工作委员会

主　任：何立强

农业农村工作委员会

主　任：李明忠

一级主任科员：刘国平

政法工作委员会

主　任：贾彦兵

选举任免代表工作委员会

主　任：张肖肖（女）

三级主任科员：张鹏飞

（2021.07—2023.01）

第二节 主任会议

截至 2023 年 12 月 31 日，县第十七届人大常委会共召开 26 次主任会议。其中，武自军主持召开 1 次，周振海副主任主持召开 24 次，魏尊一主持召开 1 次。

平山县十七届人大常委会主任会议情况一览表

表 15-2

序号	时间	议题
1	2021 年 7 月 27 日	研究县人大常委会主任、副主任分工，研究召开县十七届人大常委会第一次会议相关事项
2	2021 年 8 月 30 日	传达市“两会”会议精神；听取平山县人大常委会《关于推进四项联动监督和开展“6+1”联动监督“回头看”的工作方案说明的汇报》，听取政府办四项联动监督专班成立情况及《四项联动监督和“6+1”联动监督“回头看”工作开展情况的汇报》
3	2021 年 9 月 9 日	听取人大办《关于召开县十七届人大常委会第二次会议的准备情况的汇报》
4	2021 年 11 月 17 日	传达学习《中国共产党第十九届中央委员会第六次全体会议公报》；听取选任代工委城区人大代表联络站续建方案的汇报、网上代表之家建设情况的汇报
5	2021 年 12 月 8 日	听取人大办《关于召开十七届人大常委会第三次会议准备情况的汇报》；听取与会单位对常委会所列议题完成情况的汇报；听取县政府《2021 年民生实事项目完成情况和代表建议办理情况的汇报》
6	2022 年 1 月 7 日	研究召开县十七届人民代表大会第二次会议相关工作，听取人大办《关于召开十七届人大常委会第四次会议准备情况的汇报》，听取选任代工委《关于网上代表之家项目和城区代表联络站项目进展情况的汇报》
7	2022 年 2 月 25 日	研究平山县人大常委会 2022 年工作要点，研究组织县乡人大代表培训相关事宜

续表 15-2

序号	时间	议题
8	2022 年 3 月 30 日	听取县政府关于社会养老保障工作的汇报、新兴产业振兴工作的汇报，听取选任代工委《关于县十七届人大二次会议代表意见建议汇总情况的汇报》、政府办《关于代表建议交办情况的汇报》；研究开展人大系统五项联动监督有关事项，听取选任代工委《关于城区代表联络站项目进展情况汇报》
9	2022 年 4 月 7 日	听取和审议县公安局《关于提请对任某某有关问题的报告》的说明；听取和审议《关于召开十七届人大常委会第五次会议的说明》
10	2022 年 4 月 22 日	传达学习市委书记张超超、市长马宇骏在全市科技、教育、卫生健康事业高质量发展会议上的讲话精神，研究召开县十七届人大常委会第六次会议相关事宜
11	2022 年 4 月 29 日	听取五项联动监督工作进展情况汇报，研究关于开展“6+1”联动监督“回头看”工作
12	2022 年 5 月 6 日	听取县委组织部《关于罢免李某某市十五届人民代表大会代表职务的汇报》
13	2022 年 5 月 20 日	听取县生态环境分局《关于 2022 年生态环境保护工作开展情况汇报》，听取自然资源和规划局《关于 2022 年整治非法采矿（采砂）工作开展情况的汇报》，听取财经工委、农工委《关于五项联动监督代表视察报告和发现问题清单梳理情况的汇报》，听取人大办《关于召开十七届人大常委会第八次会议准备情况的汇报》
14	2022 年 6 月 22 日	听取县政府有关部门《关于“6+1”联动监督“回头看”七个领域整改落实情况的汇报》，听取县人大有关工委《关于“6+1”联动监督“回头看”监督工作开展情况的汇报》，听取县政府《关于 2022 年新增政府债务限额分配及预算调整方案的汇报》，听取县政府《关于 2022 年度城投工作开展情况汇报》，听取县政府、县法院、县检察院关于人事任免情况的汇报，听取人大办《关于召开十七届人大常委会第九次会议准备情况的汇报》
15	2022 年 8 月 17 日	听取农业农村局《关于农业特色产业发展情况的汇报》，听取人大办《关于召开十七届人大常委会第十次会议准备情况的汇报》，听取县政府办《人事任免情况汇报》，县委组织部就罢免何某某石家庄市第十五届人大代表职务的情况做了说明，选任代工委汇报关于罢免何某某石家庄市第十五届人大代表职务的议案及决议起草情况

续表 15-2

序号	时间	议题
16	2022 年 10 月 20 日	听取县政府《关于支持工业企业技术创新工作的汇报》，听取西柏坡镇《关于乡村振兴示范区配套基础设施建设情况的汇报》，听取《关于平光大街提升改造情况的汇报》，听取政府办《规范性文件备案情况的汇报》，听取人大办《关于召开十七届人大常委会第十一次会议准备情况的汇报》，听取《关于县人大常委会、县政府提请任免人员的议案及说明》。传达学习党的二十大报告主要精神
17	2022 年 12 月 30 日	研究召开县十七届人大常委会第十二次会议的相关事项
18	2023 年 1 月 11 日	研究召开县十七届人大常委会第十三次会议相关事项与召开县十七届人大三次会议相关事项
19	2023 年 1 月 28 日	研究召开县十七届人大常委会第十四次会议相关事项
20	2023 年 3 月 14 日	听取《2023 年城镇老旧小区改造项目开展情况的汇报》；听取县人大、县政府、县检察院关于人事任免情况的汇报；书面审议平山县人大常委会 2023 年工作要点
21	2023 年 4 月 25 日	听取县政府《2022 年环境状况和环境目标完成情况的报告》，听取《2022 年度国有资产管理情况的综合报告》，听取《平山县国土空间总体规划编制方案的汇报》，研究召开县十七届人大常委会第十五次会议相关事项
22	2023 年 7 月 13 日	听取《平山县 2023 年新增地方政府债券预算调整方案（草案）的报告》，听取县公安局《关于社会治安管理工作的汇报》，听取县政府人事任免情况的汇报，研究召开县十七届人大常委会第十六次会议相关事项。书面审议平山县人民政府《关于 2022 年地方政府债务情况的报告》、县人大常委会《关于四项联动监督视察情况的报告》、县政府《四项联动监督工作情况报告及各领域工作情况的报告》、县政府《关于全县养老服务体系建设工作情况报告》
23	2023 年 9 月 25 日	听取财政局、税务局《预算收入执行情况的汇报》，听取 2023 年上半年计划执行情况报告准备情况，听取 2023 年上半年预算执行情况报告准备情况，听取 2022 年决算情况报告准备情况，听取关于 2022 年预算执行情况的审计报告准备情况，听取农业特色产业基地建设和特色品牌培育情况报告准备情况，听取县政府人事任免情况汇报，研究召开县十七届人大常委会第十七次会议相关事项筹备情况

续表 15-2

序号	时间	议题
24	2023 年 11 月 23 日	听取县政府《县域经济高质量发展工作报告准备情况汇报》；听取县政府《优化营商环境工作专项报告准备情况汇报》；调度主题教育问题清单；研究召开县十七届人大常委会第十七次会议相关事项筹备工作
25	2023 年 11 月 29 日	听取公安局《关于李某某相关情况的汇报》；研究召开县十七届人大常委会第十九次会议相关事项筹备工作
26	2023 年 12 月 15 日	开展主题教育调研成果交流；听取审计查出的突出问题整改情况报告准备情况；听取县政府代表建议办理工作报告准备情况；听取县政府普法工作报告准备情况，听取县政府、县法院人事任免情况汇报；研究召开县十七届人大常委会第二十次会议相关事项筹备工作

第三节　常委会会议

截至 2023 年 12 月 31 日，县第十七届常委会共召开 21 次会议。

第一次会议　2021 年 8 月 5 日召开，会议由县人大常委会副主任周振海主持。县人大常委会主任武自军，副主任周振海、魏尊一、李新海、孙丽娟，委员齐荣国、李明忠、张肖肖、于利朝、闫庆芳、何立强、张鹏飞、王红梅、郭建国、张洪海、卢永兴、张冠军、韩树平、谢志平、韩学芝、王云涛、李鹏龙、黄子强、赵志斌、王明霞、耿香会、刘军共 27 人出席会议。县委常委、县纪委书记、县监察委主任李立新，县委常委县政府副县长米锋、副县长崔勇，县法院、县检察院负责人，人大机关相关委室负责人列席会议。会议听取和审议县政府县长靳军《关于提请任免人员的议案》、县监察委员会主任李立新《关于提请任免人员议案》、县人大常委会副主任魏尊一《关于调整代表资格审查委员会组成人员的议案》的说明，投票表决县政府、县监察委提请任免人员，以举手表决的方式通过平山县人大常委会关于调整代表资格审查委员会组成人员的决议。

第二次会议　2021 年 9 月 18 日召开，会议由县人大常委会副主任魏尊一主持。县人大常委会主任武自军，副主任周振海、魏尊一、李新海，委员齐荣国、李明忠、张肖肖、于利朝、闫庆芳、何立强、张鹏飞、王红梅、郭建国、韩树平、谢志平、刘敏、韩学芝、王云涛、李鹏龙、黄子强、赵志斌、耿香会、高俊杰、刘军共 26 人出席会议。县委常委、县政府副县长米锋，县监察委副主任王一平、县法院院长刘平、县检察院党组副书记傅建灵、财政局局长刘志平、审计局局长张晓平、乡村振兴局局长张建春、司法局局长付岱及人大机关相关委室负责人列席会议。听取和审议县发展和改革局局长边金文作的《2021年上半年计划执行情况报告》、县财政局局长刘志平作的《2021年上半年预算执行情况和2020年决算（草案）报告》《2021年新增地方政府债券限额分配及预算调整方案（草案）报告》、县审计局局长张晓平作的《关于2020年预算执行审计情况报告》、政府副县长米锋作的《关于“6+1”联动监督整改落实“回头看”和四项联动监督相关领域工作情况报告》，听取县人大常委会副主任周振海作的《关于“6+1”联动监督“回头看”和四项联动监督检查工作报告》。会议以举手表决的方式通过县政府《2021年上半年预算执行情况和2020年决算的决议（草案）》、县政府《2021年新增地方政府债券限额分配及预算调整方案的决定（草案）》；投票测评县政府《2021年上半年计划执行情况报告》、县政府《关于2020年预算执行的审计报告》、县政府《关于“6+1”联动监督整改落实“回头看”和四项联动监督相关领域工作情况报告及各项分报告》。

第三次会议 2021年12月22日召开，会议由县人大常委会副主任周振海主持。县人大常委会主任武自军，副主任周振海、李新海、孙丽娟，委员齐荣国、李明忠、张肖肖、于利朝、闫庆芳、张鹏飞、王红梅、郭建国、张洪海、卢永兴、张冠军、韩树平、谢志平、刘敏、韩学芝、王云涛、李鹏龙、黄子强、赵志斌、王明霞、耿香会、刘军共26人出席会议。县委常委、县政府副县长米锋，县监察委副主任王一平、县法院院长刘平、县检察院党组副书记傅建灵，人大机关相关委室负责人列席会议。会议学习党的十九届六中全会精神和省第十次党代会精神以及省委、市委人大工作会议精神。听取和审议县政府副县长米锋作的《关于2021年民生实事完成情况报告》《关于2021年人大代表建议办理情况的报告》、县审计局局长张晓平作的《关于2020年度县级预算执行和其他财政收支审计查出问题整改情况的报告》、县财政局刘志平作的《关于平山县2021年财政预算调整方案的说明》《平山县2021年财政预算调整方案》。听取和审议县人民政府县长靳军作的《关于提请任免人员议案》、县人民法院院长刘平作的《关于提请任免人员议案》的说明。审议县乡村振兴局局长张建春作的《关于2021年度巩固脱贫成果工作报告》、县财政局局长刘志平作的《关于平山县行政事业性国有资产、企业国有资产管理工作报告》、县人民法院院长刘平作的《民事执行工作报告》、县人大常委关于召开十七届人大二次会议的决定（草案）、县司法局关于《在全县开展法治宣传教育的第8个五年规划（2021—2025年）》的汇报。会议以举手表决的方式通过县人大常委会《关于召开十七届人大二次会议的决定》《关于批准2021年财政预算调整方案的决定》《关于在全县开展第8个五年法治宣传教育的决议》。会议投票测评了县政府2021年审计工作报告中查出问题整改情况的报告、民生实事项目完成情况和代表建议办理情况的报告、巩固脱贫成果工作报告、国有资产管理情况的专题报告，县法院民事执行工作报告。投票表决了县政府、县法院提请任免人员。

第四次会议 2022年1月18日召开，会议由县人大常委会副主任周振海主持。县人大常委会主任武自军，副主任周振海、魏尊一、李新海、孙丽娟，委员齐荣国、李明忠、张肖肖、于利朝、闫庆芳、何立强、贾彦兵、张鹏飞、张冠军、郭建国、韩树平、谢志平、韩学芝、王云涛、李鹏龙、黄子强、赵志斌、耿香会、高俊杰、卢永兴、张洪海共26人出席会议。县政府副县长崔勇，县监察委副主任王一平、县法院院长刘平、县检察院党组副书记傅建灵、各乡镇人大主席、县直工委负责人及人大机关相关委室负责人列席会议。会议听取和审议县人大常委会办公室主任齐荣国作的《关于召开县十七届人民代表大会第二次会议筹备工作报告》《关于平山县第十七届人民代表大会常务委员会工作报告的起草说明》、县人大常委会代表资格审查委员会主任孙丽娟作的《关于平山县第十七届人民代表大会第二次会议代表资格的审查报告》，审议通过县人大常委会政法工委主任贾彦兵作的《关于2021年规范性文件备案审查工作情况的报告》、县人大常委会工作报告（稿）、平山县第十七届人民代表大会第二次会议主席团、秘书长和副秘书长成员建议名单、议案审查委员会成员建议名单、会议列席人员建议。

第五次会议　2022年4月7日召开，会议由县人大常委会副主任周振海主持。县人大常委会主任武自军，副主任周振海、魏尊一、李新海、孙丽娟，委员齐荣国、李明忠、张肖肖、于利朝、闫庆芳、张鹏飞、王红梅、郭建国、张洪海、卢永兴、张冠军、韩树平、谢志平、刘敏、韩学芝、王云涛、李鹏龙、黄子强、赵志斌、王明霞、耿香会共26人出席会议。县公安局经侦大队大队长武广宁，人大机关相关委室负责人列席会议。会议听取和审议县公安局《关于任某某有关问题的说明》、选任代委《关于任某某请求辞去县十七届人民代表大会代表职务的说明》。会议通过《关于接受任某某辞去县十七届人民代表大会代表职务的决定》。

第六次会议　2022年4月29日召开，会议由县人大常委会副主任周振海主持。县人大常委会主任武自军，副主任周振海、魏尊一、李新海、孙丽娟，委员齐荣国、李明忠、张肖肖、于利朝、闫庆芳、何立强、张鹏飞、王红梅、卢永兴、张冠军、韩树平、谢志平、刘敏、韩学芝、王云涛、李鹏龙、赵志斌、王明霞、高俊杰共24人出席会议。县委常委县政府副县长米锋，县监察委副主任王一平、县法院院长刘平、县检察院检察长张辉、县司法局、县科工局、县发改局、县环保局、县乡村振兴局、县医保局、县市场监管局负责人及人大机关相关委室负责人列席会议。会议听取和审议县司法局党组书记付岱作的《关于社会治理的工作报告》、县发展和改革局负责人杜建华作的《关于钢铁产业转型升级的工作报告》、石家庄市生态环境局平山县分局局长赵立鹏作的《关于2021年环境状况和环保目标完成情况报告》，并以投票测评的方式对三个报告进行满意度测评；会议以投票表决的形式通过县政府、县监察委、县法院、县检察院提请任免人员。

第七次会议　2022年5月7日召开，会议由县人大常委会副主任周振海主持。县人大常委会主任武自军，副主任周振海、魏尊一、李新海、孙丽娟，委员齐荣国、赵树芳、李明忠、张肖肖、于利朝、闫庆芳、何立强、张鹏飞、王红梅、张洪海、卢永兴、张冠军、韩树平、谢志平、刘敏、韩学芝、王云涛、李鹏龙、黄子强、赵志斌、王明霞、高俊杰、刘军共28人出席会议。县委组织部负责人，人大机关相关委室负责人列席会议。会议听取县委组织部《关于罢免李某某的石家庄市第十五届人民代表大会代表职务的说明》，印发李某某申辩意见书，听取和审议《关于罢免李某某的石家庄市第十五届人民代表大会代表职务的议案》，投票表决《关于罢免李某某的石家庄市第十五届人民代表大会代表职务的议案》，听取和审议平山县人大常委会《关于罢免李某某的石家庄市第十五届人民代表大会代表职务的决议（草案）》，通过相应决议。

第八次会议 2022年5月26日召开，会议由县人大常委会副主任周振海主持。县人大常委会主任武自军，副主任周振海、魏尊一、李新海、孙丽娟，委员齐荣国、李明忠、张肖肖、于利朝、闫庆芳、何立强、张鹏飞、郭建国、卢永兴、张冠军、韩树平、刘敏、韩学芝、王云涛、李鹏龙、黄子强、耿香会、刘军共23人出席会议。县政府副县长杨波、县监察委主任李立新、县法院院长刘平、县检察院副检察长傅建灵，县政府办、县发展和改革局、县水利局、县农业农村局、县城市管理综合行政执法局、县人大常委会各委办负责人列席会议。会议听取和审议县人大常委会农业农村工委主任李明忠作的《关于农村人居环境整治提升领域代表小组视察报告》《关于城市生活垃圾分类管理领域代表小组视察报告》《关于地下水超采综合治理领域代表小组视察报告》、县人大常委会财经工委主任于利朝作的《关于重点项目建设领域代表小组视察报告》《关于优化营商环境领域代表小组视察报告》，听取和审议县监察委员会主任李立新作的《关于整治群众身边不正之风和腐败问题专项工作的情况的报告》、县人民政府副县长杨波作的《关于县城提质升级建设工作报告》。会议对五项联动监督5个领域代表小组视察报告、县政府县城建设提质升级工作报告、县监察委专项报告进行投票测评，以举手表决的形式通过平山县人大常委会《关于持续深化五个领域整改落实工作的决议》。

第九次会议 2022年6月29日召开，会议由县人大常委会副主任周振海主持。县人大常委会主任武自军，副主任周振海、魏尊一、李新海、孙丽娟，委员齐荣国、李明忠、张肖肖、于利朝、闫庆芳、何立强、张鹏飞、郭建国、张洪海、卢永兴、张冠军、韩树平、韩学芝、王云涛、黄子强、赵志斌、王明霞、刘军共23人出席会议。县政府常务副县长米锋、县监察委副主任高元成、县法院院长刘平、县检察院副检察长傅建灵，县财政局、县发展和改革局、县水利局、县房地产服务中心、县自然资源和规划局、县住房和城乡建设局、县卫生健康局、县人大常委会各委办负责人列席会议。会议听取和审议县政府副县长米锋作的《关于“6+1”联动监督“回头看”整改落实工作情况的报告》、县财政局局长刘志平作的《关于平山县2022年新增地方政府债务限额分配及预算调整方案的报告》、县人民检察院检察长张辉作的《平山县人民检察院公益诉讼工作报告》，听取和审议县政府县长靳军作的《关于提请任免人员的议案》、县法院院长刘平作的《关于提请任免人员的议案》、县检察院检察长张辉作的《关于提请任免人员的议案》的说明，书面审议县人大常委会副主任周振海作的《关于“6+1”联动监督“回头看”工作情况的报告》、县政府副县长米锋作的《关于“6+1”联动监督“回头看”整改落实工作情况的报告》。会议以举手表决的方式通过县政府《2022年新增地方政府债务限额分配及预算调整方案的决定》，并对县政府《关于“6+1”联动监督“回头看”整改落实情况的报告》、县检察院公益诉讼工作报告进行满意度测评。

第十次会议 2022年8月17日举行。县人大常委会主任武自军，副主任周振海、李新海、孙丽娟，委员齐荣国、赵树芳、李明忠、张肖肖、于利朝、闫庆芳、张鹏飞、郭建国、张洪海、卢永兴、张冠军、韩树平、谢志平、韩学芝、李鹏龙、黄子强、赵志斌、王明霞、耿香会、高俊杰、刘军共25人出席会议。县政府副县长梁晨东，县监察委副主任王一平、县法院院长刘平、县检察院副检察长徐文元，县发改局负责人及人大机关相关委室负责人列席会议。会议听取和审议县发展和改革局局长杜建华作的《关于2022年上半年国民经济和社会发展计划执行情况的报告》、县法院院长刘平作的《平山县人民法院民商事审判工作报告》、县政府县长靳军作的《关于提请任免人员议案》的说明。会议以投票测评的方式对县政府、县法院的报告进行满意度测评。会议以投票表决的形式通过县政府提请任免人员。会议听取县委组织部《关于罢免何某某的石家庄市第十五届人民代表大会代表职务的说明》，听取和审议《关于罢免何某某的石家庄市第十五届人民代表大会代表职务的议案》，举手表决了平山县人大常委会《关于罢免何某某的石家庄市第十五届人民代表大会代表职务的决议》。

第十一次会议　2022年10月26日召开，县人大常委会党组书记、主任武自军，副主任周振海、魏尊一、孙丽娟出席会议。会议听取和审议县财政局局长刘志平作的《关于平山县2021年决算和2022年1—9月份预算执行情况的报告》、县审计局局长张晓平作的《关于2021年度县本级预算执行和其他财政收支情况审计的工作报告》、县交通局局长焦彦虎作的《关于平山县交通运输工作的报告》、县市场监管局党组书记、局长齐军伟作的《关于市场监管的工作报告》、县水利局党组书记、局长谷新革作的《关于2022年水资源管理工作的情况汇报》、石家庄市生态环境局平山县分局局长赵立鹏作的《关于2022年水环境水生态的工作报告》。书面审议县财政局局长刘志平作的《关于2021年地方政府债务管理情况的报告》。听取和审议县人大常委会副主任孙丽娟作的《关于提请任免人员议案》、县政府县长靳军作的《关于提请任免人员议案》的说明。会议以投票测评的方式对县政府的报告进行满意度测评，会议还以投票表决的形式通过县人大常委会、县政府提请任免人员。

第十二次会议　2022年12月30日召开，县人大常委会主任武自军，副主任周振海、魏尊一、李新海、孙丽娟，委员齐荣国、李明忠、于利朝、闫庆芳、张鹏飞、张洪海、张冠军、韩树平、韩学芝、王云涛、李鹏龙、赵志斌、王明霞、耿香会、高俊杰共20人出席会议。县政府副县长梁晨东，县监察委副主任王一平、县法院院长刘平、县检察院检察长张辉，县财政局、县审计局负责人及人大机关相关委室负责人列席会议。会议听取和审议县政府预算调整情况汇报。书面审议县审计局局长张晓平作的《关于2021年度县本级预算执行和其他财政收支审计查出问题整改情况的报告》、县财政局局长刘志平作的《关于平山县2022年财政预算调整方案（草案）的说明》。会议以投票测评的方式对审计发现问题整改工作报告进行满意度测评，以举手表决的形式通过县人大常委会《关于平山县政府2022年度预算调整情况的决定》。

第十三次会议　2023年1月12日召开，会议由县人大常委会副主任周振海主持。县人大常委会主任武自军，副主任周振海、魏尊一、李新海、孙丽娟，委员齐荣国、赵树芳、李明忠、于利朝、闫庆芳、何立强、张鹏飞、王红梅、郭建国、卢永兴、张冠军、韩树平、韩学芝、王云涛、李鹏龙、黄子强、刘军共21人出席会议。县政府副县长王素龙，县监察委副主任王一平、县法院院长刘平、县检察院副检察长傅建灵，各乡镇人大主席及县人大常委会相关委室负责人列席会议。会议听取和审议平山县人大常委会代表资格审查委员会《关于平山县第十七届人民代表大会第三次会议代表资格的审查报告》、县人大常委会办公室主任乔新伟作的《关于平山县第十七届人民代表大会第三次会议筹备工作的报告》；听取和审议县政府副县长王素龙作的《关于2022年度民生实事项目办理工作汇报》《2023年民生实事征集工作汇报》《代表建议办理情况》，会议以投票测评的方式对县政府2022年度民生实事项目办理工作汇报进行满意度测评，以投票表决的形式通过县政府提请任免人员。

第十四次会议 2023年1月28日召开，会议由县人大常委会副主任周振海主持。县人大常委会主任武自军，副主任周振海、魏尊一、李新海、孙丽娟，委员焦习军、齐荣国、齐明国、乔新伟、赵树芳、李明忠、贾彦兵、于利朝、闫庆芳、何立强、张鹏飞、张肖肖、张洪海、王红梅、郭建国、卢永兴、韩树平、韩学芝、王云涛、黄子强、刘军共26人出席会议。会议听取和审议平山县人大常委会代表资格审查委员会《关于补选苏风雷等两人为石家庄市第十五届人民代表大会代表的议案》，以投票表决的形式补选了两名市人大代表（苏风雷、王建敏）。

第十五次会议 2023年4月25日召开，县人大常委会主任武自军，副主任魏尊一、李新海、孙丽娟，委员乔新伟、贾彦兵、闫庆芳、何立强、张肖肖、于利朝、张鹏飞、卢永兴、韩树平、谢志平、韩学芝、王云涛、赵志斌、高俊杰、刘军、王红梅、黄子强、耿香会共22人出席会议。县政府副县长杨波，县监察委副主任王一平、县法院副院长孙辉、县检察院副检察长傅建灵，县财政局、环保局、自规局负责人及人大机关相关委室负责人列席会议。会议听取和审议县自然资源和规划局局长韩彦良作的《关于〈平山县国土空间总体规划（2021—2035年）〉方案编制工作的报告》、县财政局局长刘志平作的《关于平山县行政事业性国有资产、企业国有资产管理工作报告》、石家庄市生态环境局平山县分局赵立鹏作的《关于2022年环境状况和环保目标完成情况报告》。会议以举手表决的方式通过《平山县国土空间总体规划编制方案的决议（草案）》，以投票测评的方式对县政府的两个专项报告进行满意度测评。

第十六次会议 2023年7月14日召开，会议由县人大常委会副主任周振海主持。县人大常委会主任武自军，副主任周振海、魏尊一、孙丽娟，委员乔新伟、李明忠、贾彦兵、何立强、张鹏飞、于利朝、张洪海、卢永兴、张冠军、韩树平、刘敏、韩学芝、王云涛、李鹏龙、黄子强、赵志斌、王明霞、高俊杰、刘军、王红梅共24人出席会议。县政府副县长王素龙、县监察委副主任高元成、县法院副院长赵树勇、县检察院副检察长牛文国，县财政局、县发改局、县水利局、县民政局、县农业农村局、县科工局、县文旅局及县人大常委会各委办负责人列席会议。会议书面学习习近平总书记在中共中央政治局第五次集体学习时的重要讲话精神和会议精神，听取和审议县民政局陈东亮作的《关于全县养老服务体系建设工作情况报告》、县公安局谢冬作的《社会治安管理工作汇报》、县财政局局长刘志平作的《关于2023年新增政府债券预算调整方案（草案）》的说明，听取和审议县政府关于提请任免人员议案的说明、县政府关于四项联动监督工作情况的报告，书面审议县财政局刘志平作的《平山县2022年政府债务情况工作报告》、县人大常委会关于四项联动监督视察情况的报告、县政府四项联动监督各领域工作情况的报告。会议以举手表决的方式通过平山县人大常委会《关于批准平山县 2023 年新增地方政府债券预算调整方案的决定（草案）》，以投票测评的方式对县政府的报告进行满意度测评。

第十七次会议　2023 年 9 月 25 日召开，会议由县人大常委会副主任周振海主持。县人大常委会主任武自军，副主任周振海、魏尊一、孙丽娟，委员乔新伟、李明忠、贾彦兵、闫庆芳、张鹏飞、于利朝、张洪海、卢永兴、张冠军、韩树平、谢志平、韩学芝、王云涛、李鹏龙、黄子强、赵志斌、王明霞、耿香会、高俊杰、王红梅共 24 人出席会议。县政府党组成员李楠，县监察委副主任高元成、县法院副院长孙辉、县检察院副检察长牛文国，县财政局、县农业农村局、县审计局、县发改局及县人大常委会各委办负责人列席会议。会议听取和审议县发展和改革局局长杜建华作的《关于平山县 2023 年上半年国民经济和社会发展计划执行情况的报告》、县财政局局长刘志平作的《关于平山县 2023 年上半年预算执行情况的报告》《关于 2022 年县级决算情况的报告》、县审计局局长张晓平作的《关于 2022 年度县本级预算执行和其他财政收支情况的审计工作报告》、县农业农村局孟靖凯作的《关于农业特色产业基地建设及特色品牌培育情况报告》。会议以举手表决的方式通过平山县人大常委会《关于批准平山县 2022 年县级决算的决议》，以投票测评的方式对县政府的报告进行满意度测评，会议还以投票表决的形式通过县政府提请任免人员。

第十八次会议　2023 年 11 月 23 日召开，会议由县人大常委会副主任周振海主持。县人大常委会主任武自军，副主任周振海、魏尊一、李新海、孙丽娟，委员乔新伟、贾彦兵、闫庆芳、何立强、张鹏飞、于利朝、张洪海、卢永兴、韩树平、谢志平、刘敏、韩学芝、王云涛、黄子强、赵志斌、王明霞、耿香会、高俊杰、王红梅共 24 人出席会议。县政府副县长梁晨东，县监察委副主任高元成、县法院副院长孙辉、县检察院副检察长牛文国，县发改局、农业农村局、文旅局、工信局、城管局及县人大常委会各委办负责人列席会议。会议听取和审议县政府副县长梁晨东作的《关于县域经济高质量发展工作报告》、县发展和改革局局长杜建华作的《平山县优化营商环境工作专项报告》。会议以投票测评的方式对县政府的两个专项报告进行满意度测评，以举手表决的方式通过平山县人大常委会《关于促进县域经济高质量发展的决定》。

第十九次会议　2023 年 11 月 29 日召开，会议由县人大常委会副主任周振海主持。会议听取公安局《关于对县人大代表李某予以行政拘留许可的请示》。听取和审议平山县人大常委会《关于依法许可平山县公安局对李某行政拘留的决定（草案）》。会议以举手表决的方式通过平山县人大常委会《关于依法许可平山县公安局对李某行政拘留的决定（草案）》。

第二十次会议　2023 年 12 月 15 日召开，会议由县人大常委会副主任周振海主持。县人大常委会主任武自军，副主任周振海、魏尊一、李新海、孙丽娟，委员乔新伟、贾彦兵、闫庆芳、何立强、于利朝、张洪海、卢永兴、张冠军、韩树平、韩学芝、王云涛、李鹏龙、赵志斌、高俊杰、刘军共 24 人出席会议。县委常委、县政府常务副县长张添阁，县法院院长刘平、县检察院副检察长牛文国，县审计局、司法局及县人大常委会各委办负责人列席会议。会议学习习近平总书记在北京、河北考察灾后恢复重建工作时的重要讲话精神和习近平总书记在中央金融工作会议上的重要讲话精神。听取和审议县审计局局长张晓平作的《关于2022年度县本级预算执行和其他财政收支审计查出问题整改情况的报告》、县常务副县长张添阁作的《关于2023年人大代表建议办理情况的报告》、县司法局党组书记马占军作的《关于全县“八五”普法中期工作情况的报告》。会议以投票测评的方式对县政府的三个专项报告进行满意度测评，以投票表决的形式通过县政府、县法院提请任免人员。

第二十一次会议　2023年12月28日召开，会议由县人大常委会副主任周振海主持。县人大常委会主任武自军，副主任周振海、魏尊一、李新海、孙丽娟，委员齐荣国、乔新伟、贾彦兵、闫庆芳、何立强、张鹏飞、于利朝、张洪海、黄子强、卢永兴、韩树平、谢志平、韩学芝、李鹏龙、赵志斌、王明霞、耿香会、高俊杰、刘军、王红梅共25人出席会议。县政府党组成员李楠，县监察委副主任王一平，县法院党组成员蒋海金、县检察院副检察长傅建灵，县财政局及县人大常委会各委办负责人列席会议。会议听取和审议县政府党组成员李楠作的《关于2023年民生实事完成情况报告》、县检察院检察长张辉作的《关于提请任免人员的议案》的说明。审查和批准县财政局局长刘志平作的《关于平山县2023年第二次财政预算调整方案》。会议以投票测评的方式对县政府2023年度民生实事办理工作进行满意度测评，以投票表决的形式通过县检察院提请任免人员。

第四章　审议决定重大事项

第一节　决议决定

1. 关于调整代表资格审查委员会组成人员的决定

（2021 年 8 月 5 日平山县第十七届人大常委会第一次会议通过）

2. 关于批准平山县 2020 年决算的决议

（2021 年 9 月 18 日平山县第十七届人大常委会第二次会议通过）

3. 关于批准平山县 2021 年新增地方政府债务限额分配及预算调整方案的决定

（2021 年 9 月 18 日平山县第十七届人大常委会第二次会议通过）

4. 关于批准平山县 2021 年财政预算调整方案的决定

（2021 年 12 月 22 日平山县第十七届人大常委会第三次会议通过）

5. 关于开展第 8 个五年法治宣传教育的决议

（2021 年 12 月 22 日平山县第十七届人大常委会第三次会议通过）

6. 关于持续深化 5 个领域整改落实工作的决议

（2022 年 5 月 26 日平山县第十七届人大常委会第八次会议通过）

7. 关于批准平山县 2022 年财政预算调整方案的决定

（2022 年 12 月 30 日平山县第十七届人大常委会第十二次会议通过）

8. 关于批准《平山县国土空间总体规划（2021—2035 年）》的决定

（2023 年 4 月 25 日平山县第十七届人大常委会第十五次会议通过）

9. 关于批准 2023 年新增地方政府债券预算调整方案的决定

（2023 年 7 月 14 日平山县第十七届人大常委会第十六次会议通过）

10. 关于批准平山县 2022 年县级决算的决议

（2023 年 9 月 25 日平山县第十七届人大常委会第十七次会议通过）

11. 关于促进县域经济高质量发展的决定

（2023 年 11 月 23 日平山县第十七届人大常委会第十八次会议通过）

12. 关于批准平山县2023年第二次财政预算调整方案的决议

（2023年12月28日平山县第十七届人大常委会第二十一次会议通过）

第二节　决议决定选介

1. 关于调整代表资格审查委员会组成人员的决定

按照《中华人民共和国地方各级人民代表大会和地方各级人民政府组织法》的有关规定，根据工作需要，在2021年8月5日，平山县第十七届人大常委会第一次会议上以举手表决的方式通过平山县人大常委会关于调整代表资格审查委员会组成人员的决议。

2. 关于开展第八个五年法治宣传教育的决议

2021年12月22日，平山县第十七届人民代表大会常务委员会第三次会议以举手表决的方式通过关于在全县开展第八个五年法治宣传教育的决议。“十四五”时期是开启全面建设社会主义现代化国家新征程的第一个五年，为深入学习贯彻习近平法治思想，发挥法治宣传教育在全面依法治国中的基础性作用，持续提升公民法治素养和社会治理法治化水平，加快建设现代化、国际化美丽省会城市，当好新时代全面建设现代化经济强省、美丽河北的排头兵和领头雁贡献平山力量，有必要从2021年至2025年在全县组织开展第8个五年法治宣传教育。主要内容包括：一、以习近平法治思想引领全民普法工作；二、突出法治宣传教育重点内容；三、持续提升公民法治素养；四、加强特色法治文化建设；五、增强普法工作的针对性和实效性；六、推进普法与依法治理有机融合；七、加强组织实施和监督检查。县人民代表大会及其常务委员会要加强对“八五”法治宣传教育的监督检查，促进本决议有效贯彻实施。

3. 关于批准《平山县国土空间总体规划（2021—2035年）》的决定

2023年4月25日，平山县第十七届人民代表大会常务委员会第十五次会议，听取和审议县政府作的《平山县国土空间总体规划（2021—2035年）》方案编制工作的报告，决定批准《平山县国土空间总体规划（2021—2035年）》。

4. 关于促进县域经济高质量发展的决定

在推进县域经济实现转型升级的关键时期，县委作出了全面推进县域经济高质量发展的决策部署。这是深入学习贯彻习近平新时代中国特色社会主义思想，推动平山实现高质量发展的战略之举，充分体现了县委高度的政治站位和强烈的使命担当，意义重大、影响深远。为促进县域经济高质量发展，特作出如下决定。

一、县人大及其常委会、县政府和监委、法院、检察院，全县人大代表和广大人民群众，要切实把思想和行动统一到县委重大决策部署上来，为建设产业振兴、生态宜居、和谐安定、充满活力的新平山贡献智慧和力量。

二、全面推进县域经济高质量发展，要以习近平新时代中国特色社会主义思想为指导，坚持新发展理念，要围绕优化空间布局，优化国土空间、园区发展、县城建设布局；围绕坚持绿色生态理念，建设快捷高效交通网、完善公共服务功能、推进产教城融合发展；围绕县城建设、工业项目、农旅项目强力攻坚，增强发展活力。

三、县人大及其常委会要紧紧围绕全面推进县域经济高质量发展要求，把推动县域经济高质量发展作为履职重点，依法行使职权，发挥好地方国家权力机关的作用。要综合运用听取审议专项工作报告、执法检查、专题询问、视察调研、履职评议等多种监督方式依法开展监督，强化跟踪问效，推动“一府一委两院”高质高效落实县委决策部署，促进全面推进高质量发展重点问题有效解决。要加强财政预算审查监督，确保县委支持高质量发展各项优惠政策落地见效。要及时依法讨论决定全面推进县域经济高质量发展的相关重大事项，把县委的决策主张通过法定程序转化为全县人民遵循的共同意志。要支持和保障人大代表依法履职，充分发挥人大代表在全面推进高质量发展中的参与决策、依法监督、桥梁纽带和模范带头作用。

四、县政府、监委、法院、检察院要围绕全面推进县域经济高质量发展依法履行职责。县政府要加快转变职能，深化“放管服”改革，优化营商环境，全面提升依法行政能力和水平。县监委要全面落实《监察法》，实现监察全覆盖，加强廉政建设和反腐败工作，营造风清气正良好环境。县法院、县检察院要严厉打击各种违法犯罪活动，调处化解社会矛盾，切实维护广大人民群众和投资者的合法权益，维护社会公平正义，为县域经济高质量发展提供有力的司法保障。

第五章　人事任免

县十七届人大常委会以习近平新时代中国特色社会主义思想为指导，坚持党的领导、充分发扬民主、严格依法办事，确保选举方向正确、风清气正，选举结果人民满意，为坚持和完善人民代表大会制度、推进国家治理体系和治理能力现代化、加快推进老区平山高质量发展打下坚实基础。先后任免153人次，补选市人大代表2名。

2021年8月5日平山县第十七届人大常委会第一次会议

决定任命：

崔勇为平山县公安局局长

康艳军为平山县政府办公室主任

边金文为平山县发展和改革局局长

张进彦为平山县教育局局长

高战军为平山县工业和信息化局局长

陈东亮为平山县民政局局长

李世杰为平山县司法局局长

刘志平为平山县财政局局长

姜明芳为平山县人力资源社会保障局局长

韩彦良为平山县自然资源和规划局局长

谷全国为平山县住房和城乡建设局局长

王平东为平山县城市管理综合行政执法局局长

焦彦虎为平山县交通运输局局长

谷新革为平山县水利局局长

韩贵书为平山县农业农村局局长

齐正平为平山县文化广电体育和旅游局局长

张彦丽为平山县卫生健康局局长

张东立为平山县退役军人事务局局长

张志军为平山县应急管理局局长

张晓平为平山县审计局局长

权志刚为平山县市场监督管理局局长
李志成为平山县统计局局长
张建春为平山县乡村振兴局局长
刘晓东为平山县行政审批局局长
姜占杰为平山县医疗保障局局长
决定任命：
王一平任平山县监察委员会副主任
高元成任平山县监察委员会副主任
郑志霄任平山县监察委员会委员
梁力伟任平山县监察委员会委员
梁彦龙任平山县监察委员会委员

2021 年 12 月 22 日平山县第十七届人大常委会第三次会议
决定免去：
赵文骥平山县人民政府副县长职务（挂职）
赵树勇平山县人民法院刑事审判庭庭长职务
张兴利平山县人民法院南甸人民法庭庭长职务
杜静波平山县人民法院立案庭庭长职务
刘洁平山县人民法院民事审判庭庭长职务
李文军平山县人民法院小觉人民法庭庭长职务
李晓辉平山县人民法院城关人民法庭副庭长职务
张明平山县人民法院城关人民法庭副庭长职务
决定任命：
杨波为平山县人民政府副县长（挂职）
张兴利为平山县人民法院立案庭庭长
杜静波为平山县人民法院民事审判庭庭长
刘洁为平山县人民法院刑事审判庭庭长
李晓辉为平山县人民法院南甸人民法庭庭长
张明为平山县人民法院小觉人民法庭庭长

2022 年 4 月 29 日平山县第十七届人大常委会第六次会议
决定免去：
张建春平山县乡村振兴局局长职务
边金文平山县发展和改革局局长职务
高战军平山县科学技术和工业信息化局局长职务

权志刚平山县市场监督管理局局长职务
姜占杰平山县医疗保障局局长职务
李世杰平山县司法局局长职务
免去：
何树林平山县人民法院副院长职务
马正堂平山县人民法院副院长职务
康志强平山县人民法院副院长职务
张振华平山县人民法院审判委员会委员、审判员职务
孙建敏平山县人民法院审判委员会委员、审判员职务
郄建华平山县人民法院立案第一庭庭长职务
齐金虎平山县人民法院民事审判庭副庭长职务
封文保平山县人民法院民事审判庭副庭长职务
史志平平山县人民法院民事审判第一庭庭长职务
崔新民平山县人民法院执行一庭庭长职务
范风军平山县人民法院执行二庭庭长职务
焦永明平山县人民法院执行一庭副庭长职务
霍文哲平山县人民法院回舍法庭庭长职务
李建社平山县人民法院西柏坡法庭庭长职务
史增中平山县人民法院城关法庭庭长职务
周兴中平山县人民法院审判监督庭庭长职务
檀志强平山县人民法院少年法庭庭长职务
史青霞平山县人民法院回舍法庭副庭长职务
田建江平山县人民法院古月法庭庭长职务
李晓辉平山县人民法院南甸法庭庭长职务
免去：
赵喜宗平山县人民检察院副检察长、检察委员会委员、检察员职务
李新国平山县人民检察院副检察长、检察委员会委员、检察员职务
史星元平山县人民检察院检察委员会委员、检察员职务
印习平平山县人民检察院检察员职务
刘彦龙平山县人民检察院检察员职务
决定任命：
张梦真为平山县乡村振兴局局长
权志刚为平山县科学技术和工业信息化局局长
齐军伟为平山县市场监督管理局局长
李建明为平山县医疗保障局局长

任命：
李然为平山县监察委员会委员
任命：
刘平为平山县人民法院审判委员会委员、审判员
孙辉为平山县人民法院副院长、审判委员会委员、审判员
蒋海金为平山县人民法院审判委员会委员、审判员
张兴利为平山县人民法院审判委员会委员
焦国才为平山县人民法院审判委员会委员
马跃雷为平山县人民法院审判员
霍文哲为平山县人民法院城关法庭庭长
李建社为平山县人民法院行政审判庭副庭长
史青霞为平山县人民法院西柏坡法庭庭长
田建江为平山县人民法院南甸法庭庭长
李晓辉为平山县人民法院古月法庭庭长
任命：
张辉为平山县人民检察院检察委员会委员、检察员
傅建灵为平山县人民检察院副检察长、检察委员会委员、检察员
苏保国为平山县人民检察院检察委员会委员
孙涛为平山县人民检察院检察委员会委员

2022 年 6 月 29 日平山县第十七届人大常委会第九次会议
决定免去：
张志军平山县应急管理局局长职务
李志成平山县统计局局长职务
免去：
张兴利平山县人民法院立案庭庭长职务
刘洁平山县人民法院刑事审判庭庭长职务
张明平山县人民法院小觉人民法庭庭长职务
决定任命：
杜建华为平山县发展和改革局局长
杨智欣为平山县应急管理局局长
宁欢欢为平山县司法局局长
马莹巍为平山县统计局局长
任命：
赵树勇为平山县人民法院副院长

梁霞为平山县人民法院立案庭庭长
张兴利为平山县人民法院刑事审判庭庭长
刘洁为平山县人民法院小觉人民法庭庭长
张永生为平山县人民法院立案庭副庭长
任命：
徐文元为平山县人民检察院副检察长

2022年8月17日平山县第十七届人大常委会第十次会议
决定免去：
米锋平山县人民政府副县长职务
王平东平山县城市管理综合行政执法局局长职务
决定任命：
齐向前为平山县人民政府副县长

2022年10月26日平山县第十七届人大常委会第十一次会议
决定免去：
刘晓东平山县行政审批局局长职务
免去：
齐荣国平山县人大常委会办公室主任职务
秘京京平山县人大常委会办公室副主任职务
任命：
乔新伟为平山县人大常委会办公室主任
决定任命：
刘晓东为平山县城市管理综合行政执法局局长
闫军为平山县行政审批局局长

2023年1月12日平山县第十七届人大常委会第十三次会议
决定任命：
张添阁为平山县人民政府副县长

2023年4月25日平山县第十七届人大常委会第十五次会议
决定免去：
韩贵书平山县农业农村局局长职务
免去：
孙自芳平山县人民检察院检察委员会委员、检察员职务

徐文元平山县人民检察院副检察长、检察委员会委员、检察员职务

决定任命：

孟靖凯为平山县农业农村局局长

任命：

张鹏飞为平山县人大常委会办公室副主任

任命：

刘建卫为平山县人民检察院检察委员会委员

韩欣为平山县人民检察院检察员

2023 年 7 月 13 日平山县第十七届人大常委会第十六次会议

决定免去：

杨智欣平山县应急管理局局长职务

谷新革平山县水利局局长职务

决定任命：

谷新革为平山县应急管理局局长

闫永强为平山县水利局局长

2023 年 9 月 25 日平山县第十七届人大常委会第十七次会议

决定免去：

王素龙平山县人民政府副县长职务

杨波平山县人民政府副县长（挂职）职务

决定任命：

张英杰为平山县人民政府副县长（挂职）

2023 年 12 月 15 日平山县第十七届人大常委会第二十次会议

决定免去：

崔勇平山县人民政府副县长、公安局局长职务

免去：

刘洁平山县人民法院小觉人民法庭庭长职务

李晓辉平山县人民法院古月人民法庭庭长职务

田建江平山县人民法院南甸人民法庭庭长职务

李建社平山县人民法院行政审判庭副庭长职务

赵秀霞平山县人民法院刑事审判庭副庭长职务

何树林平山县人民法院审判委员会委员职务

马正堂平山县人民法院审判委员会委员职务

康志强平山县人民法院审判委员会委员职务
决定任命：
宋佳毅为平山县人民政府副县长、公安局局长
任命：
张领军为平山县人民法院副院长、审判委员会委员、审判员
刘洁为平山县人民法院回舍人民法庭庭长
李建社为平山县人民法院小觉人民法庭庭长
霍莉为平山县人民法院古月人民法庭庭长
刘燕霞为平山县人民法院审判员、南甸人民法庭庭长
檀泽林为平山县人民法院审判员、民事审判庭副庭长
陈静为平山县人民法院审判员、回舍人民法庭副庭长
韩鹏飞为平山县人民法院审判员、城关人民法庭副庭长
杨婧为平山县人民法院审判员、南甸人民法庭副庭长

2023 年 12 月 28 日平山县第十七届人大常委会第二十一次会议
任命：
孙建敏为平山县人民检察院检察委员会委员、检察员
于柳杨为平山县人民检察院检察员

第六章　重点工作

2021 年

7 月 30 日上午，县人大常委会副主任魏尊一带队调研分包拆违工作。

8 月 3 日上午，县人大常委会副主任孙丽娟、副县长赵文骥到下槐镇上西峪、马洼视察矿山卫片整治及南文都山洪灾害防御、水库安全度汛工作。

8 月 4 日，县人大常委会主任武自军到两河乡督导检查违章建筑专项整治工作开展情况。实地查看两河乡私搭乱建、违章建筑整治情况，并对相关工作提出具体要求。

11 月 4 日，县人大常委会主任武自军到北冶乡指导疫情防控工作。

12 月 17 日上午，县人大常委会主任武自军到西大吾乡就东大吾村卫生室部分药品过期问题、脱贫户盖明其签订护林员聘用合同未参加相关工作问题进行现场督导，提出具体要求。

12 月 22 日上午，县人大常委会党组书记、主任武自军到北冶乡和下槐镇督导检查国家巩固脱贫攻坚迎查准备工作。

2022 年

2 月 9 日，县人大常委会党组书记、主任武自军深入北冶乡杜家庄村调度乡村振兴工作。

3 月 25 日，县人大常委会组织部分委员代表视察海天线平山段改造提升工程。县人大常委会副主任孙丽娟参加视察。

3 月 29 日，县人大常委会副主任李新海带领部分委员代表视察春季森林防火工作。

4 月 12 日，县人大常委会组织部分委员和人大代表对平山垃圾焚烧发电项目进行视察。县人大常委会副主任周振海参加。

4 月 14—15 日，县人大常委会副主任魏尊一、李新海组织部分人大代表对 2022 年人代会票决的 10 件民生实事项目进行集中视察。县教育局、卫生健康局、城管局和发改局等单位负责人陪同。

4 月 21 日，县人大常委会组织农村人居环境整治提升领域代表小组，深入乡村一线开展视察调研。县人大常委会副主任李新海参加视察活动，县农业农村局、两河乡、苏家庄乡和西柏坡镇负责人陪同视察。

4 月 27 日，县人大常委会组织五项联动监督代表小组视察地下水超采综合治理工作。县人大常委会副主任魏尊一参加。

4月28日，县人大常委会组织重点项目建设联动监督代表小组，对省市重点项目建设进行视察。县人大常委会副主任周振海参加视察，县发展改革局、县科技和工业信息化局等单位负责人陪同视察。

5月11日，县人大常委会副主任周振海、孙丽娟组织优化营商环境领域代表小组对县政府优化营商环境工作情况进行视察。

5月26日，县人大地下水超采综合治理监督专班组织有关代表委员对县政府地下水超采综合治理工作开展视察调研。

5月31日，县人大常委会组织“6+1”联动监督代表小组对矿山治理“回头看”工作进行视察。县人大常委会副主任李新海参加视察，县自然资源和规划局、岗南镇、西柏坡镇、宅北乡和北冶乡等部门和乡镇负责人陪同视察。

5月31日，市人大常委会副主任李志勇带领市人大常委会调研组一行到平山就乡村旅游发展进行调研，县长靳军、县人大常委会主任武自军、县人大常委会副主任魏尊一、副县长王素龙、县人大教科文卫工委及县文化广电体育旅游局负责人陪同调研。调研组深入西柏坡镇北庄村、西柏坡镇柏里水乡度假村、岗南镇李家庄村、北冶乡沕沕水村等地进行走访调研。对下一步发展提出了意见和建议。

6月27日，县人大常委会副主任周振海带领县人大财经委委员，对全县政府债券管理使用情况进行视察。县财政局负责人参加视察。

7月29日，县人大常委会组织部分委员和代表视察全县防汛工作。县人大常委会副主任李新海参加视察活动，水利局、应急管理局等部门主要负责人陪同视察。

8月10日，县人大常委会组织部分常委会委员和县人大代表对房地产解遗工作开展联动监督检查。县人大常委会副主任周振海、魏尊一参加监督检查，县解遗办、县行政审批局、县自然资源和规划局等部门负责人陪同检查。

9月1日上午，县人大常委会主任武自军深入铁西社区、隆和家园、聚贤居、人大家属院等小区，通过听取汇报、实地查看、翻阅工作台账等形式，检查指导疫情防控措施落实情况，看望慰问疫情防控一线人员，并对有关工作现场指导。

9月25日下午，县人大常委会主任武自军到建材街沿途药店、小区、社区等公共场所，检查指导疫情防控工作。县人大办、市场监管分包领导、市场监管局负责人陪同检查。

9月26日上午，县人大常委会副主任魏尊一到分包的文化街沿途药店、门市等公共场所调研指导疫情防控工作。

9月29日上午，县人大常委会副主任孙丽娟到分包的县标东街和下槐镇调研疫情防控、安全生产、乡村振兴等重点工作。

10月12日上午，县人大常委会副主任周振海带领县人大财经委委员和部分人大代表，对政府重点债券项目进行调研，实地查看中山广场人防工程、平光大街改造提升工程、桥东水厂一期工程、县蛋品交易中心建设工程和县特色林果园区提升工程等项目建设情况。

10月27日，市人大常委会主任李雪荣、副主任李志勇带领市人大常委会视察组一行支平山就太行山区域旅游发展情况进行视察，县人大常委会主任武自军、县人大常委会副主任魏尊一、县政府副县长杨波、县人大教科文卫工委及县文化广电体育旅游局负责人陪同视察。视察组深入驼梁景区进行重点视察，并在漫山花溪谷召开座谈汇报会。视察组肯定平山县旅游发展取得的成绩，对下一步发展提出意见和建议。

11月25日，县人大常委会主任武自军、副县长齐向前督导检查县城封控区疫情防控工作，人大办、纪检委、社区办主要负责人陪同检查。

11月30日，县人大常委会主任武自军到北冶乡督导检查疫情防控工作，听取乡主要领导汇报疫情防控工作情况。

2023年

3月15日下午，县域经济发展监督领导小组全体成员对当前县域经济发展工作推进情况进行督导检查。县人大常委会副主任魏尊一、孙丽娟，县政协副主席张保明、檀红艳，带领三个监督小组成员参加督导检查。

4月11日，平山县人大常委会主任武自军带领省市县乡四级人大代表及部分人大机关干部视察农村“厕所革命”现场会筹备工作。先后到北庄、西沟、南文都、讲里等村实地查看了村容村貌、厕所粪污处理站、厕具维修站建设等情况。

4月17日下午，县人大常委会副主任周振海率部分县人大财经委委员、县人大代表，对消费上台阶、促消费落实情况进行视察。视察组一行实地检查了北国商城平山分店、信誉楼等大型商超促消费活动开展情况，赴西柏坡柏里水乡视察柏里水乡商业街促消费及夜经济活动开展情况，同时召开座谈会，听取县发改局关于促消费落实情况的汇报，与会委员、代表提出了建设性意见建议。

4月27日上午，县人大常委会副主任李新海率部分委员和人大代表视察退役军人服务保障工作情况。视察组一行实地视察温塘镇、平山镇退役军人服务中心和县退役军人服务大厅，并在县退役军人事务局召开座谈会，听取有关工作情况汇报。

5月9日，县人大常委会副主任周振海、魏尊一带领财经委委员和部分县人大代表对全县旅游行业优化营商环境情况进行调研。调研组一行实地查看沕沕水生态旅游区、清风峡景区的经营发展情况，并召开座谈会，听取部分旅游企业对优化营商环境的意见建议。

6月1日，县人大常委会主任武自军到北冶乡山洪灾害重点村官道峪村与杜家庄村开展调研，实地查看了两村山洪地质灾害点及灾情转移安置点，群众转移路线，并指出不足，提出完善意见。

6月15日上午，县人大常委会主任武自军、县政协主席杨允石带领县域经济发展监督指导小组全体成员，对县域经济发展三个领域的重点项目进展情况进行视察。县人大常委会副主任周振海、魏尊一，县政协副主席谷国华、刘华，部分县人大代表、政协委员参加视察。

6月21日上午，县人大常委会组织科技成果转化、促进种业振兴联动监督代表活动小组和工作专班成员，开展科技成果转化和促进种业振兴联动监督视察活动。县人大常委会副主任魏尊一、李新海参加视察，县科工局、县农业农村局负责人陪同视察。视察组一行实地查看敬业集团科技成果转化项目、三汲乡田营村盛滨农业项目、育苗中心项目，视察平山县金禾农资门市，实地了解种子销售运营情况。

6月26日上午，县人大常委会副主任周振海、孙丽娟带领优化营商环境和旅游发展两个监督专班和部分人大代表视察优化营商环境和旅游发展工作。县发改局、文旅体局和行政审批局等单位负责人陪同视察。视察组一行实地查看中山国景区文旅结合及旅游商品创意工作情况，提出指导意见；到审批局行政综合服务大厅，现场听取行政审批，特别是在工程项目审批方面标准化、规范化、便利化，便利企业准入退出和政务服务事项“一件事一次办”工作开展情况；到不动产登记大厅，现场听取民营企业在土地要素获取、创新土地要素保障和优化营商环境工作情况，与办事窗口工作人员和办事群众深入交流，详细了解业务办理、项目审批及企业开办工作等情况。

7月31日上午，县人大常委会主任武自军深入北冶乡受灾最严重的土岭村、南冶村实地查看受灾情况。县人大办主任乔新伟、北冶乡党委书记王美军参加。在土岭村实地查看村内滑坡和户内进砂石情况，详细询问危险区16户村民转移安置情况。

8月15日，省人大常委会执法检查组到平山就《河北省人民代表大会常务委员会关于加强革命文物保护利用的决定》执行情况进行执法检查，对西柏坡中共中央旧址、沕沕水电站旧址进行重点检查，县人大常委会主任武自军、县人大常委会副主任魏尊一、县人大教科文卫工委及县文化广电体育旅游局负责人陪同检查。视察组对革命文物保护利用工作取得的成绩表示肯定，又指出了存在的困难和不足，对下一步工作提出了意见和建议。

9月13日，县人大常委会组织执法检查组在李新海副主任的牵头领导下，深入到各镇和县直部门进行实地检查，先后检查岗南镇楼子涧求进蔬菜基地、西河沟食用菌制菌中心、温塘镇杜家沟肉鸡养殖基地，查阅有关资料，分别听取县农业农村局、乡村振兴局关于贯彻实施《乡村振兴促进法》情况的汇报，进行座谈讨论，提出意见建议。

9月21日，县人大常委会组织执法检查组，在李新海副主任的牵头领导下，到县城管局、县住建局、县交通运输局等县直部门进行实地检查，分别听取县公安局、县城管局、县自然资源和规划局、县生态环境局、县住建局、县交通运输局、县水利局、县行政审批局关于贯彻实施石家庄市城市管理综合执法条例》情况的汇报，进行座谈讨论，提出意见建议。

9月27日上午，县人大常委会主任武自军到北冶乡调研指导“中秋”“国庆”期间安全生产工作。文旅局局长齐正平、北冶乡党委书记王美军、交通局副局长李国平等陪同调研。主任武自军在清风峡景区门口查看冲毁路段，在清风峡景区内对景区内部设施进行安全指导，在沕沕水景区听取景区工作人员“双节”安全工作汇报。

10月17日上午，县人大常委会主任、县域经济发展监督指导领导小组组长武自军带领领导小组全体成员和部分县人大代表、政协委员，对全县重点项目建设情况进行督导视察。实地查看桥西污水处理厂项目、大吾煤炭物流园煤炭储备中转站台项目、西柏坡镇西沟村食用菌种植基地项目和柏里水乡文旅项目，详细了解项目推进情况、成效和存在问题。

10 月 31 日上午，县人大常委会主任武自军视察平山一号公路温塘至井子峪路段。

11 月 14 日上午，县人大常委会主任武自军带领人大常委会班子成员和部分县人大代表对县供热和民生实事进展情况进行视察。县人大常委会副主任周振海、魏尊一、李新海、孙丽娟参加视察。武自军一行实地查看水悦龙庭小区换热站、县医院提标扩能项目、钢城路南延道路一期项目、人大家属院老旧小区改造、供热桥西注水站和跨冶河管网项目，通过实地看、现场问、互动交流等方式，详细了解平山县 2023 年度民生实事项目推进情况和供热准备情况。

11 月 14 日上午，县人大常委会主任武自军带领人大常委会班子成员和部分县人大代表对县供热和民生实事展开情况进行视察。县人大常委会副主任周振海、魏尊一、李新海、孙丽娟参加视察。

11 月 29 日上午，县人大常委会副主任周振海到王坡乡督导河北西柏坡发电有限责任公司平山县 100 兆瓦市场化光伏项目。

12 月 6 日上午，县人大常委会副主任周振海督导 2023 年十件民生实事项目，现场查看了柏坡西路小学、冶河南岸公园、钢城路南延冶河大桥，了解工程进度以及现阶段存在的问题。

在新冠肺炎疫情防控工作期间，县人大常委会各副主任主动抓好温塘九华山庄、西苑温泉、天富宾馆、太行善缘酒店等隔离点的服务保障工作；深入北冶、杨家桥、下槐、小觉、合河口、宅北等分包乡镇，督促疫情防控。县人大办公室扎实做好平安家园二期、人大家属院、纺织品小区等分包居民区疫情防控工作。根据县委统一安排部署，县人大常委会各主任深入分包街道和社区督导参与文明县城创建、卫生县城创建等工作。积极参与孟贤壁城中村改造征迁、冶河新区征迁以及时代城房地产遗留问题处理等县城建设重点工作。全力支持 3 个项目建设指挥部开展工作，选派 2 名副主任分别参与到工业、农旅指挥部中，主动担起重任，靠前协调推动。在筹办全国“厕所革命”现场会工作中，县人大按照县委安排，与县政府协同配合，精心做好各环节组织和保障工作，得到了农业农村部领导和与会嘉宾的一致好评。在平山一号公路建设中，县人大与县政府协同配合，召开多次指挥部会议，组织 7 次实地勘查，外出学习溧阳一号公路、邢台抗大路建设经验，与设计团队充分对接，强力推进项目实施。

2021 年县人大常委会制定了《关于开展县乡两级人大代表述职评议活动的实施方案》《关于在市人大代表中组织开展“双联”活动的实施方案》，定期开展代表向选民述职、代表联系群众活动。健全专项工作满意度测评机制，制定《关于开展专项工作满意度测评的指导意见》，组织部分代表述职，征求选民对代表履职情况的意见建议，提高人大代表为民服务的意识。35 名县人大常委会组成人员固定联系全县人大代表，186 名县人大代表固定联系 930 名群众，实现“两个密切联系”常态化、全覆盖。每月 18 日开展“代表活动日”集中活动，听取群众意见建议，解决群众生活中的“急难愁盼”问题 69 件。

三年来，认真组织代表参加乡村振兴知识培训、《预算法》《河北省预算审查监督条例》等有关知识专题培训；组织部分代表到石家庄市城市馆学习参观“首届人民代表大会历史陈列展”，到北庄村参加“团结就是力量”主题活动；邀请省人大选任委专家，为全体代表详细讲解《代表法》《人大制度概述》等相关知识，提高全县各级人大代表的履职意识、履职水平。

2021年制定《人大代表之家（站）建设管理办法》，续建城区人大代表联络站，建设网上“代表之家”，开通“网络直通车”，实现线上学习培训、联系群众、议政监督等功能。打造“诉求有码”工作新模式，代表联络站张贴二维码，把网上联系选民作为一项便民之举，打造人大代表履职网络“快车道”，密切代表与群众的联系。2022年，进一步完善《人大代表之家（站）建设管理办法》，将“网上人大”拓展到“掌上人大”，架起了代表联系群众的“数字桥梁”。大力开展“局长进代表联络站”，聆听选民之声，解决民众之忧。充分利用“家”“站”多平台合一技术，组织开展学习交流、参政议事、收集社情民意等活动，护航“全过程人民民主”。2023年12月，在城区人大代表之家设立“立法联系点”，搭建起了联系代表直通车。

三年来，采取组织代表集中视察调研建议办理工作，召开常委会听取重点建议办理情况等方式，督促县政府及相关部门加大代表意见建议的办理力度。至2023年12月，县第十七届人大共召开三次人民代表大会，共收到代表意见建议88件，其中73件办结完毕，9件正在办理中，6件受客观条件影响不能办结的，已向代表解释说明。

第十六篇

建屏县人大

（1945.10—1958.9.25）

抗日战争胜利后，为便于管理，实行小县制。1945 年 10 月，平山县以青杨树、郭苏、柏里之间的自然岭为界，分为两个县，东部为平山县，西部为建屏县。建屏县全部是山区，县级机关先驻秘家会村，后迁往东黄泥、南庄，最后定于洪子店镇。1958 年 9 月，经国务院批准，建屏县、平山县重新合并为平山县。

第一章 中华人民共和国成立前县人民代表大会

建屏县于1948年1月至6月，先后召开三次县人民代表大会。三次人民代表大会是在特定历史条件下召开的，具有一定的承上启下的历史作用。人民代表大会的胜利召开，为各解放区完成土改与整党任务，进行政权建设以及建国初期中共政权建设提供了宝贵经验，为人民代表大会制度的建设提供了思想来源，促进了人民代表会议制度的最终确立。县人民代表大会作为县政府最高权力机关和人民民主政权的主体，在县委领导下开展工作。

第一节　第一次人民代表大会

建屏县第一次人民代表大会于1948年1月28日至2月1日召开，出席代表357人。会议选举梁德宝为县长。

大会通过扩大队伍、加强中农贫农团结、平分土地与代表会职权义务等决议，修订了划定成分标准，规定富农的剥削收入应占总收入的四分之一以上，决定设乡级政府，成立新农会和青年团，扩大贫农团，新农会旁听支部大会，帮助整党，并明确人民代表大会是最高权力机关。

会议决定：全县人民目前最紧急的工作是平分土地，一切工作都是为了分好土地。大会对于平分土地、扩大队伍和代表会职权，人民法庭都作出决定，选举代表会的主席团，宣布成立建屏县新农会，选出新县长。

第一部分：有关扩大队伍，加强中贫农团结的几项决议

（一）扩大贫农团，成立和扩大新农会。

（二）有很多村定错了些成分，封错了些门，把朋友当作了敌人。咱们实事求是办事情，弄错了的应该立刻改正。

（三）划乡，大会决定各区划成几个乡，道理一是为了便利办事，便利区里领导；二是为了讲团结、穷富村互助；三是为了减轻人民和村里负担。

（四）号召全县贫农团、新农会帮助共产党整党。

（五）新干部要有新作风。

第二部分：关于平分土地的几项决议

（一）各乡农民分地，以各户现有土地为基础，抽肥补瘦，抽多补少，远近调剂，达到平分目的。

（二）分地以本村的地为基础，一乡之内穷富村适当调剂。

（三）地主、富农要和贫民一样，分到一份地。

（四）土地平分势必动到一部分中农的地，中贫农这里要好商好量，互相让步，绝不行强迫，要得到中农的同意。

（五）土地平分妇女也和男人一样分到一份地，不论媳妇、闺女和寡妇，他们有权自由处理他们自己的一份地，男人绝不行干涉强迫。

（六）县与县、区与区，都有些散地。解决的办法，一是照旧不动；二是重新划界；三是照界割齐。但是穷富村要调剂，具体进行要由交界的乡村相互商量，得到双方的同意。

（七）分地之前要三查，一是查黑地；二是查漏报人口；三是查谎报产量。

（八）分地以前，要好好积粪送粪，修渠垒坝。

（九）满足贫雇农要求的一个重要办法是发展副业。

（十）树木牲畜是农民的财产，有正当用途的要经新农会批准，别的一律不许随意砍和宰，乱砍乱宰就是犯罪。

第三部分：关于县区乡人民代表大会的职权和各级代表的选举权利义务的决议

（一）县人民代表大会是全县的最高权力机构，区人民代表大会是一个区的最高权力机关。

（二）县（区乡）人民代表大会的职权。

（三）各级代表的选举。

（四）各级代表的权利。

（五）各级代表的义务。

代表大会主席团名单：

主　席：钱俊瑞

副主席：梁德宝　阎世增　齐银翠　张美英　董玉书　张士吉
崔林叶　王毛毛

成　员：杨　均　刘庆生　武富成　郝　清　王　禄　韩同怀
韩保福　杨清芳　高瑞瑞　梁央涛　韩双红　刘五十
王兰虎　赵聚秀　李仲小　封月会　赵志全　李凤山
李贵照　吴为和

第二节 第二次人民代表大会

建屏县第二次人民代表大会于 1948 年 3 月 16 日召开。

会议讨论通过关于组织生产度荒、战勤与代耕问题的决议，提出在生产度荒中要在自愿和互利基础上成立变工和拨工小组，动员妇女儿童参加生产；大量采集染料作物、推销山货、发展纺织业、运输业、编织业、养殖业，开展植树造林活动，并决定发放农贷现金 2 亿元，粮食 1900 石。战勤方面，提出进一步加强战勤和抗勤组织，长缺工尽快完成找补工作。对军烈属，不论家庭成分高低，凡确实缺乏和没有劳力的，均由组织上帮助代耕，并保证产量。

会议决议：

第一部分：组织起来生产度荒

（一）组织起来。为了解决劳力和农具的困难，增加生产，提倡组织三户五户小型的变工拨工。组织时要自愿自由结组；要民主管理，有事大家商量；组织形式不拘；发动妇女儿童参加生产；改造合作社。

（二）发展副业。发展纺织业、运销业、提倡畜牧、推销编织品、山货、开展植树造林活动。

（三）农业贷款。为了帮助农民生产，解决一部分困难，政府今春农贷现款 2 亿元（当时币额），粮食 1900 石。

第二部分：关于战勤和代耕的决议

（一）整理战勤。加强战勤和抗勤组织，长缺工尽快完成找补工作。

（二）关于代耕。对军烈属，不论成分高低，凡确实缺乏和没有劳动力的，均有组织的帮助代耕，并保证产量。

第三节 第三次人民代表大会扩大会

建屏县第三次人民代表大会扩大会于 1948 年 6 月 4 日在洪子店召开。出席代表 254 人，列席 478 名。

会议首先打击和斗争向贫雇农进行反攻倒算的顽固分子，县法庭当场宣判处理，讨论通过关于团结一致打退坏分子向土改运动进行反攻、发展生产、加强支前和建立健全民主制度等决议。

会议决议：这次县代表会扩大会议，是号召全县老乡坚决打退地主、旧富农、坏分子反攻的大会，大会斗争了几个反攻分子（五区韩增芳、六区董锡荣、三区闫治安），县人民法庭当场判了韩增芳、董锡荣和杀人犯王树连。大会经过热烈的讨论，对彻底打退反攻和发展生产、支援前线、建立民族秩序与制度等重大问题，通过下面的决议。

（一）团结一致打退反攻。

（二）全力发展生产。

（三）加强支前打胜仗。

（四）建立和健全民主组织与制度。

（五）关于干部减免勤务的规定。

县代表扩大会议出席列席代表统计（1948 年 6 月 4 日）

（一）材料来源系开会时由各区工作队的出席代表亲自访问得来，一般还算正确。

（二）调查目的：了解代表的一般情况。

（三）这个调查里面，有下列问题值得研究。

1. 出席县代表 254 人中，只有妇女代表 3 人（一区北庄、三区小觉、四区孟家庄）占 1.5%，另外支书中有一区甘秋一女郭梅玉。

2. 县代表成分中贫农 196 人，中农 58 人，只占 23%，农会主任中，贫农 183 人，中农 49 人，占 21%，而支书中则有 -地主成分（二区营里张贵书）。

3. 县代表中有其他党派分子如洪子店张士林；在反特时已证明是国民党党员，又有二区咂杜村张亮，亦公开承认为国民党党员。

4. 县代表及新农会主任中，曾任委员以上干部的县代表中 69 人，占总数 24%，农会主任中有 64 人，占 25%，特别是七区，21 个县代表，有 8 个旧干部，占 40%，新农会主任中，也占了 30%，五区连非党员的旧干部一并计算，在县代表、农会主任中占 35%。

县代表和农会主任中，党员占 28% 至 29%，二区则占 40%，同时二区的支书中，曾任旧干部的占 96%，所以有人说新干部排斥党员、旧干部是不合事实的。

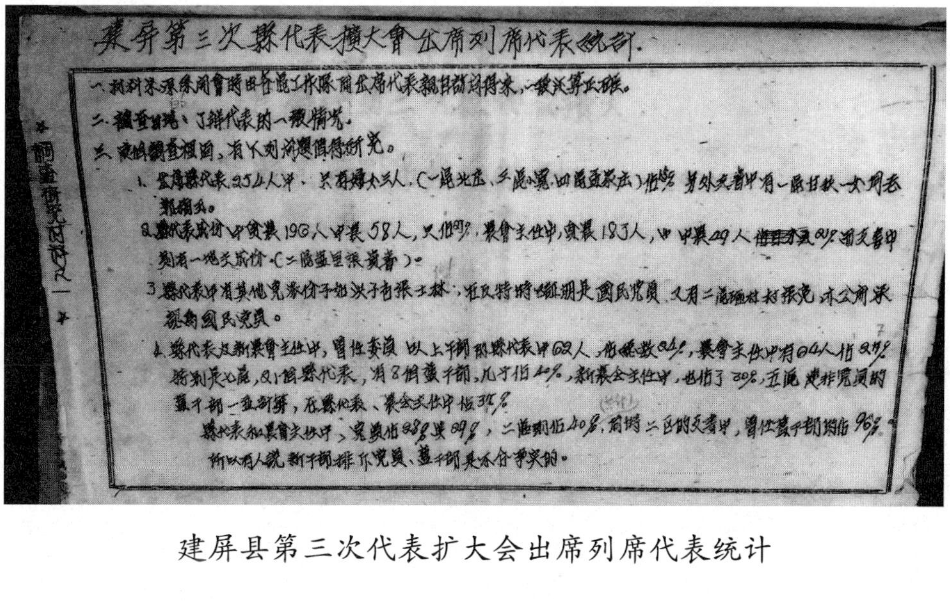
建屏第三次縣代表擴大會出席列席代表統計

建屏县第三次代表扩大会出席列席代表统计

第二章　各界人民代表会议

根据1949年中国人民政治协商会议通过的《共同纲领》，1949年11月至1954年7月，建屏县先后举行三届各界人民代表会议。起初，县各界人民代表会议的职能是“打下民主建政的基础，加强政府与人民的联系，协助政府克服困难，推进各项建设事业的发展”。第一届第二次会议起，各界人民代表会议代行人民代表大会职权。各界人民代表的产生，由各人民团体及党、政、军推荐选举，也可由政府邀请部分代表参加。代表中不同界别人士均占一定比例。

第一节　第一届各界人民代表大会

一、人民代表

第一届各界人民代表大会出席代表353人，男332人，女21人。其中：一区代表数50人，其中妇女代表1人，中农37人，贫农14人；二区代表数47人，其中妇女代表7人，中农29人，贫农18人；三区代表数58人，其中妇女代表3人，中农39人，贫农19人；四区代表数37人，其中妇女代表2人，中农31人，贫农6人；五区代表数48人，其中妇女代表3人，中农36人，贫农12人；六区代表数43人，其中妇女代表3人，中农33人，贫农11人；七区代表数34人，其中妇女代表2人，中农34人；八区代表数36人，其中妇女代表5人，中农27人，贫农9人。

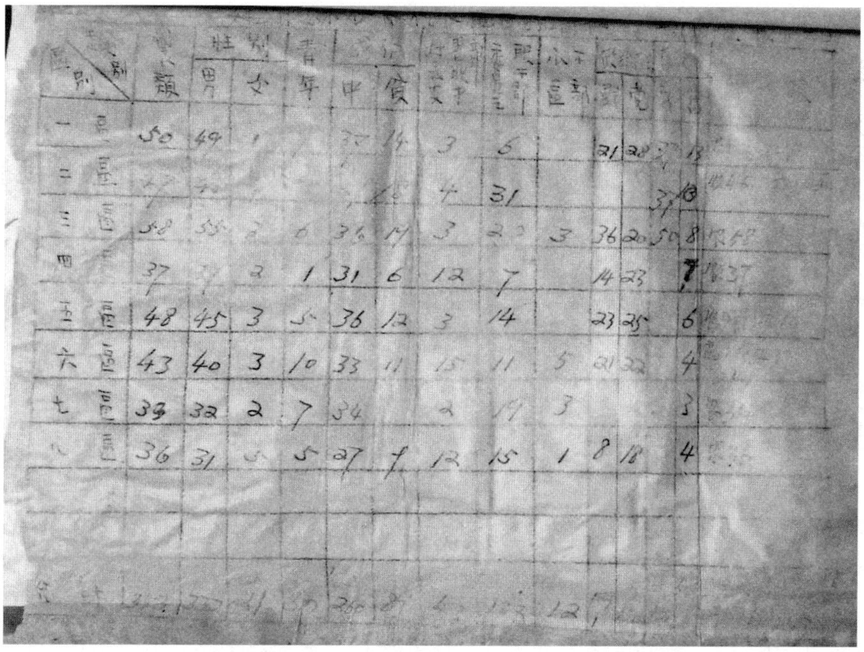

建屏县各界代表册（1949.10.23）

二、代表会议

建屏县第一届各界代表大会于1949年11月16日至19日召开，会期4天，实到各界代表354人，农民代表285人，教育代表32人，工商界代表12人，青年学生代表3人，妇女代表18人，英雄模范代表1人，县区党政干部42人，医生12人。在这354个代表中党员不包括区县干部占41%，群众占50%。大会设有总务股、生活指导股、人事股，并选出由县长1人、县书记1人、妇联主任1人、民主人士2人、农民代表2人、区干部2人组成的9人大会主席团。大会由9人组成的主席团领导。

（一）会议内容

会议的中心内容是布置征收公粮，并在会前召开县区干部扩大会议，传达今年的征收工作，做出公粮分配草案。

讨论1949年秋征，贯彻华北人民政府减灾办法，领悟了这一精神，发扬了民主，在大会上修正了公粮分配草案，修正了67个村，公平合理地把今年的公粮直接分配到村，全场异口同声通过，讨论四九年冬季生产计划，贯彻生产救灾的正确方针。

（二）会议进程

第一天上午代表报到，下午开会听取征收工作草案报告。第二天，开小组讨论会。第三天举行大会讨论，下午传达土改结束工作与冬季生产。第四天早晨作结论与选举。选出正主席：王植庭，第一副主席：刘炯明，第二副主席：封智仙。

选举毕散会。

（三）大会收获

合理的分配了公粮征收，贯彻了减灾办法。民主讨论修改与通过冬季生产草案。选举产生代表会主席、副主席三人。

（四）提案部分

共收到提案113件，其中婚姻政策14件，税收政策方面16件，征收公粮方面40件，代耕方面23件，群众生产5件，建议8件，其他7件，以上提案经过主席团长时间研究分别解决。

第二节　第二届各界人民代表大会

一、人民代表

一区代表数名额53人，实有53人；二区代表数名额33人，实有29人，缺额4人，其中妇女代表4人；三区代表数名额53人，实有51人，缺额2人，其中妇女代表14人；四区代表数名额32人，实有30人，缺额2人，其中妇女代表3人；五区代表数名额35人，实有30人，缺额5人，其中妇女代表5人。

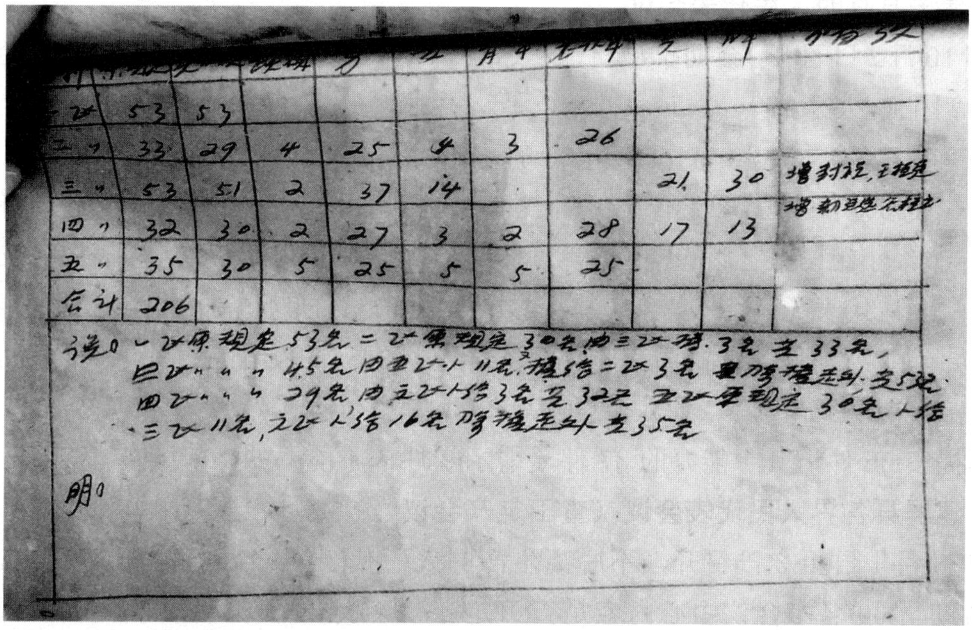

一区	53	53								
二〃	33	29	4	25	4	3	26			
三〃	53	51	2	37	14			21	30	
四〃	32	30	2	27	3	2	28	17	13	
五〃	35	30	5	25	5	5	25			
合计	206									

建屏县县代表名单统计表（1950年10月20日）

二、代表会议

（一）第一次会议

建屏县第二届第一次各界人民代表大会于1950年2月2日至2月8日的东柏坡大礼堂召开，代表人数220名，实到代表197人，实到列席村干部61人，其中商人2名，青年学生5名，工人1名，教育界1名，妇女代表7名，劳动模范12名，农村代表168名。

1. 会议筹备

照地委二次指示，县代表220名，因时间仓促没有进行大选，只在原有的330多名的代表内作了适当的调整，方法是80户以上的村庄原则上一村报1名代表出席，80户以下的村庄（但不一定是80户，只要两村距离很近，村中关系又很和睦，就算是90户也可）两村或是三村派1名代表出席，未能出席会议的代表可告诉轮流出席。

2. 会议内容

2月2日各界人民代表会议开始，2日、3日的主要内容是1950年传达大生产与生产度荒工作报告，4日代表会上报告评改负担，下午是小组讨论，5日评改负担大会讨论。6日上午代耕工作条例报告，下午是小组讨论。7日上午大会讨论，下午是中苏友好协会成立。

这次大会通过三个草案，一是评产草案，二是代耕条例草案，三是1950年大生产计划草案。大会以评改生产为中心，并解决了代耕等问题，会议上一度使用的是“心中有数，放手民主”即凡事都有准备有计划有领导，然后实行民主让群众自由地发表意见。

3. 会议提案

提案包括评产方面46件，代耕方面30件，共76件，可办的56件，缓办的15件，请示上级的5件。

（二）建屏县临时人民代表会议

1950年10月2日召开，会期5天。代表人数212名，实际到会人数185人。大会设主席团、秘书处。主席团11人。

1. 会议内容

研究讨论1950年秋征，冬季生产，代耕工作，选举常务委员会。秋征生产代耕都是先做出草案报告，经小组与大会讨论，由主席团报告大会发言总结修改，大会表决后交政府执行。常务委员会由全体代表无记名投票选出，票数最多与次多的为正副主席，选举各界人民代表会议常务委员会主席刘炯明，副主席王植庭、封智仙，委员王廷轩、韩骥、谷桂书、刘中阳。

2. 提案部分

共收到提案56件，其中能办的37件，请示9件，不能办的10件。

（三）建屏县各界人民代表会议（查田定产会议）

1951年8月1日至3日召开，不脱离生产的人民代表25名，机关代表7名，县区干部30余名，协助员30名。会议中心内容是查田定产。会议由各界人民代表会议常委会主持。查田定产委员会有王县委、刘县长、青委、农建科长、财政科长组成，委员有王县委、刘县长、封智仙、刘中阳、王廷轩、刘其东等。

会议内容：首先由各区调查研究，根据一年来群众反映、今年夏征中各村产量典型调查，提出本区调整意见，全县共需调整68村，县查田定产委员会研究，并经人民代表常委会讨论为66村，作出县向村调整产量初步要求草案，交县各界人民代表研究中心协助员并结合进行，经过大会与小组会讨论，提出修正意见，送交常委会审查研究，最后作出结论。县查田定产委员会，根据各区意见，原计划修正产量的66村，经过代表们深入讨论，增加了18村，全县共修正84村，这样使全县水旱地进一步取得平衡一致。

第三节　第三届各界人民代表会议

建屏县第三届各界人民代表会议任期1951年12月至1953年11月，其间共召开会议6次。

一、人民代表

第三届各界人民代表会议共选举产生260名各界人民代表会议代表。

二、代表会议

（一）第一次会议

建屏县第三届第一次各界人民代表会议于1951年12月23日在洪子店召开，会期6天。出席代表男195人，女45人，共340名，占代表总数的92%，缺席代表20名。

1. 会议内容

选举县长、副县长及政府委员；贯彻增产节约与生产救灾，并贯彻《婚姻法》及优抚代耕，审查政府1951年工作及地财决算；关于开展爱国增产运动和开展反贪污、反浪费、反对官僚主义的决议，以及关于在全县人民中开展生产自救运动的决议，妇女代表团提出关于进一步认真贯彻《婚姻法》坚决保障妇女及婴儿生命安全的决议。山区代表提出关于护林工作的决议，经过全体代表的酝酿讨论，一致通过，并将这五项决议印发各个代表向群众广泛宣传贯彻。

会议充分发扬民主，贯彻团结协商精神。选举县长、副县长及政府委员，选举产生建屏县第三届各界人民代表会议常务委员会委员。

建屏县第三届各界人民代表会议常务委员会名单

主　席：王植庭

副主席：郄俊升　傅达

秘　书：王怀忠

委　员：王增魁　耿天凤　李志录　邢云锦　王　栋　赵贵兰
齐黑保　刘贝山　王廷轩　封　金　齐迎祥　梁　格
张国良　靳金涛　李春山　李　太　封智先　白瑞采
焦　志　李起龙　齐尚钧　段採藻

2. 提案部分

大会收到提案217件，政法类43件、农建类116件、财政类25件、文教卫生类33件。能办的73件、缓办的45件，与政策法令抵触不能办理的90件，需要请示上级的9件。

（二）第二次会议

建屏县第三届第二次各界人民代表会议于1952年3月17日至19日召开，全县代表260人，实到191人，占总代表73.5%，妇女代表占参会总代表13%，其中党员代表4人、青年团代表 2 人、机关代表 8 人、武装部代表 3 人、工人代表 2 人、农民代表 102 人、商界代表 11 人、爱国民主人士代表 2 人、文教界代表 13 人、青年学生代表 11 人、医务界代表 4 人、荣复军代表 3 人，烈军工属代表 13 人、劳模代表 3 人、合作代表 2 人、中苏友好代表 1 人、区域代表 10 人、拥军优属模范代表 3 人、其他代表 1 人，共 191 人。

1. 会议筹备

为做好充分准备工作、保证按期召开会议，以常务委员会的专职干部为基础，进行筹备工作。经领导研究由政府副县长、民政科科长结合常务委员会秘书共同负责此次会议的准备工作，并根据当前干部力量抽调各部门人员组成秘书处、材料股、总务招待股分头负责进行准备。

2. 会议议程

会议时间定为两天：3 月 17 日正式开会。第一天上午大会报告、下午至第二天下午小组讨论，晚上解答提案，19 日上午通过大会决议，胜利闭幕。

3. 会议内容

根据上级指示与实际情况和广大群众的要求，着重讨论决议稳定人心、团结生产，解除群众顾虑，以及防旱春耕生产救灾植树造林。在讨论中充分发扬了民主，解决了人民群众迫切要求“防旱生产救灾”，提案中提出水利建设的提案 25 件、新修梯田 13 件，两案占总提案 28%，在植树方面，大家在讨论中提出把今年植树运动形成突击月，春分到谷雨，因为气候不一，在突击月中，各区因地制宜具体组织群众完成植树任务，并要求大会形成决议，这说明各代表认识了防旱工作的重要性。如五区农民代表团提出目前积极行动起来，组织进行耕耙土地、凿泉、挡汪，做好水土保持工作，坚决执行上级号召做好春耕播种的一切准备工作，保证按期播种。四区代表李海珠说：“这次会议开得很好，解除了思想顾虑。过去有的人说‘三反’和‘五反’不让吃好的，就和土改一样扔干部石头，这次开会，认清了‘三反’和‘五反’，回去好好地向群众宣传‘三反’和‘五反’的精神，不听造谣分子的话”。开门见山不搞形式，多开讨论会，少开大会，代表们均满意，大会报告时间占会议时间 25%，讨论时间长，能够充分发表自己的意见。

4. 提案部分

大会共收到提案 135 件，其中生产建设 58 件，占总提案 43%；优抚代耕生产救灾 30 件，占 22%；工商合作贸易 13 件，占 9.6%；政法建议 14 件，占 9.6%；文教类 12 件，占 9.1%；卫生 5 件，占 3.8%；财政类 3 件，占 2.2%，对所有提案做到有问必答，案案有交代。

（三）第三次会议

建屏县第三届第三次各界人民代表会议于 1952 年 5 月 10 日至 11 日召开。应到代表 260 人，实到 204 人，占总代表的 78%（妇女代表占 10%）告假的共计 27 人、调走 2 名、无故不到者 27 人，占总代表的 22%。

1. 会议内容

建屏县第三届第三次各界人民代表会议是在“三反”“五反”与全县正在轰轰烈烈进行

着防旱抗旱生产救灾工作的同时召开的，会议内容主要是将全县范围内男女劳力组织起来，开展爱国增产竞赛五比六查运动、实现毛主席指示“增加生产厉行节约，支持中国人民志愿军”的伟大号召，竞赛中使全县农民在生产上充分发挥革命的英雄主义、互相鼓励、互相督促、取长补短、交流经验、改进生产技术提高生产水平，改变山区贫困面貌、改善农民生活，使生产建设向前推进一步。

2. 会议进程

第一天上午大会报告，下午至第二天上午讨论，下午大会讨论，解答提案，通过决议最后结论。

1）会议开始由主席王植庭报告开展爱国增产的重要意义和开展比增产、比合作、比互助、比防灾救灾、比山林果木牧畜、比爱国、查产量、查收益、查救灾防灾、查优扶工作的“六比五查”运动及丰产组户六种作物丰产标准；向唐专迁西、通专密云、保专涞水三个山地县党政群领导机关及全县农民兄弟们在生产战线上展开革命友谊爱国增产竞赛。首先拟定草案经代表们讨论通过，成为正式决议。

2）继由石家庄专区郭地委报告国内外的目前形势，在国内开展土地改革、镇压反革命、抗美援朝、“三反、五反”四大运动的胜利，为大规模的经济建设打下了基础。在报告中他指出：“建屏县老区建党最早，是有着长久的革命传统，在河北、华北都属第一，又是毛主席住过的圣地，应把增产竞赛发动起来，要成为全省山地丰产的推动者，继承毛主席倡导的‘发扬革命传统，争取更大的光荣’”。报告后各代表团分小组讨论，主席团研究大会通过形成正式决议。

3. 会议收获

这次会议经过两天的时间，虽然仓促但收获是非常大的。

1）这次会议由于时间所限开得比较紧张，但各位代表都有抢着代表广大人民意志的信心，不辞劳苦地参加这一会议，所以情绪都很高涨，特别听了郭地委的报告后对生产的信心大大提高一步，鼓足了竞赛的勇气，大家一致同意向迁西县、密云县、涞水县三个山地丰产挑战的友谊竞赛。

2）在讨论中代表们发言较为普遍，并都推选了中心发言人以活生生的实例介绍了各种作物去年增产今年丰产的实地经验。

4. 提案部分

全县共收到提案 161 件，记政法类：优抚救灾 37 件、婚姻 2 件、政法 1 件。农建类：水利 21 件、交通 11 件、开矿 3 件、农业生产 11 件。财经类：金融贸易 32 件、农业税务 6 件。文教卫生类：文教 13 件、卫生 10 件、其他 5 件，对所有提案有问必答，件件有交代，并在大会上作了解答。

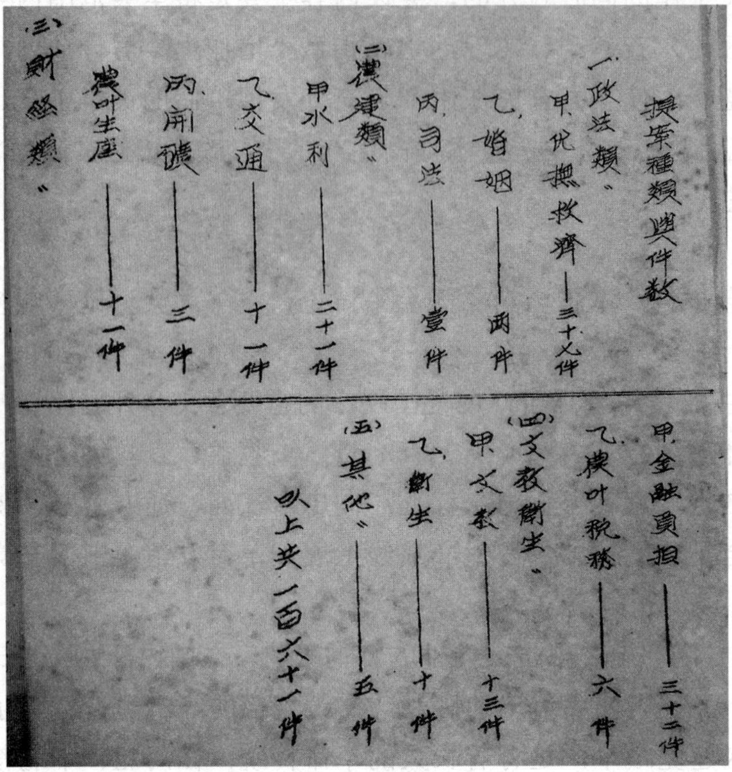

提案種類與件數
一、政法類：
甲、优撫救濟——三十七件
乙、婚姻——兩件
丙、司法——壹件
二、農建類：
甲、水利——二十一件
乙、交通——十一件
丙、開礦——三件
烟叶生產——十一件
三、財經類：
甲、金融負担——三十二件
乙、烟叶税務——六件
四、文教衛生：
甲、文教——十三件
乙、衛生——十件
五、其他——五件
以上共一百六十一件

建屏县第三届第三次各界人民代表会议提案（1952年5月11日）

（四）第四次会议

建屏县第三届第四次各界人民代表会议于1952年10月28日正式召开。全县代表260人。实到209人，占总代表数的80%。

1. 会议议程

第一天上午与第二天下午报告，其余讨论，30日晚上解答提案，大会通过建屏县1952年后半年山区建设，冬季生产救灾工作计划与乡村财政管理的各项决议，做到胜利闭幕。

2. 会议内容

这次会议是紧继劳模代表和物资交流展览大会召开的，其主要内容是讨论今年农业税秋征工作，着重研究今年棉田加征新政策新方针和1952年后半年山区建设工作、冬季生产救灾工作的计划，经过大会讨论，作出决议通过。其次是乡村财政的管理，并根据其方针原则、精神与县基本情况、提出有关禁止项目的各项规定也作出决议通过，最后将正进行的司法改革运动的目的精神和怎样开展在大会上作了解释，使每个代表回村作广泛的宣传，协助这一运动进行，普遍开展起来，改进思想工作。

3. 大会收获

1）征收方面：大家特别关心做了深入讨论解决了好多问题，如棉花加征群众反映不合理，很多代表也认为不合理，经过这次会议，大家领会了棉花加征主要是：平衡粮棉负担，对国家人民都有利，解除了群众的顾虑。教育界和学生界都提出要编快板，歌剧，组织宣传大队等不同的宣传队伍做好宣传和秋征工作。

2）山区建设方面：大家都知道了一年来政府对山区的领导与物质帮助，处处关怀山区人民解决人民的要求，同时也解决了不少问题：如发展合作造林，解决了交接纠纷，提倡合作修梯田，规定地主最多不超过25%分红，为长远利益打算，解除了群众愿做工不愿整修梯田的思想，贯彻了林木业合作政策精神，扭转了群众对合作牧场的错觉及五区沿沟大肆租卖牲口的严重现象。

4. 提案部分

政法类35件：优抚救灾34件、司法1件，占总提案19%；农建类60件：水利21件、交通做工21件、畜牧造林11件、贷款7件，占总提案24%；文教卫生类12件：文教11件、卫生1件，占总提案6%；财政经济类72件：财政49件、税工7件、合作16件，占总提案41%；其他2件：邮局2件，占1%，共计提案181件。

（五）第五次会议

建屏县第三届第五次各界人民代表会议于1953年1月25日正式开幕，历时4天。报告和讨论时间共计40小时（其中报告占7小时，讨论占23小时）。全县260名代表，实到186名，请假41名，未请假缺席33名。

1. 会议内容

第一天，向全体代表作1952年的政府工作报告，报告中肯定了全年工作成绩，也检讨了缺点，使代表们知道政府一年来做了什么工作。在讨论中全体代表以主人翁的态度批评政府工作，并提出建议；晚上报告建屏县1953年农业建设计划（草案）。让代表提出意见作了必要的修改。

第二天，报告春耕生产的准备工作。在这个报告中提出搞好生产救灾，加紧积肥，做好技术训练，整顿合作互助组织，防旱抗旱，保畜爱畜等问题。

第三天上午，代表工作报告，下午，贯彻《婚姻法》报告。

1月28日，大会进行各项提案处理情形的报告。

1月31日，形成关于开展大张旗鼓贯彻婚姻法运动的决议（草案）。

2. 会议收获

1）各位代表听了1952年的政府工作报告后，用热情负责的态度批评了领导和政府工作。如：1952年工作中，财政开支不适当，扫盲工作村中经费太少，应适当增加；银行信贷应改进手续，让贷款人代用村的章不妥当，要防止发生意外；教育上，调动教员太频繁，影响学生学习及教员不安心教学。校舍大部借占民房应发动群众进行修建。成立农高班来解决超龄生的学习问题；政府对大量发展林木业重视不够；群众生产的黑枣因烧锅太少，离洪子店路又远，有的达百里，价钱再低也卖不出去，就出现大量砍伐黑枣树的现象应解决；鸡瘟防疫注射技术差，解释工作也不够，好多病弱鸡被打死，引起群众不满；合作社收购棉花，不及时发款推迟20天耽误群众生产；领导上，布置工作多，开会多，重点不明确，使村干部抓不住重点，陷于忙乱。这些意见的提出将使今后工作有新的改进，政府为人民所做的事情会办得更好。

2）1953 年要开展大规模的经济建设，具体建设方针是：农业、林业、畜牧相结合的发展方针，为长期建设打算，要纠正往年偏重农业的偏向，只有使畜牧、林业发展起来才会彻底改变山区穷困面貌。代表们听了建屏县 1953 年的生产计划，他们以实事求是的态度提出了修改意见。

3）全县代表为将《婚姻法》贯彻好，作出四项决议，其主要内容是：一是全县各级干部要有系统地学习省《婚姻法》文件，以彻底领会《婚姻法》精神，并坚决执行，成为贯彻执行《婚姻法》的榜样；二是拥护上级提出的“今年三月为婚姻法宣传月”，拿实际行动在这一工作中起到模范作用；三是组织所有宣传力量，利用所有宣传工具开展大张旗鼓的《婚姻法》宣传运动；四是县文化馆村剧团教师学生，在春节即可进行《婚姻法》宣传活动，打下三月份宣传基础。

4）今年的新任务，代表们一致表示有信心、有把握来完成。如西下庄代表刘德荣、下卸甲河代表芦保禄、上卸甲河代表康守祥，为了把精肥工作推动起来，保证实现 1953 年的增产计划，回村后要自己拿钱制流动红旗。这种对工作负责的态度意味着会议的成功。

3. 提案部分

大会共收到提案 333 件。其中，民政 64 件、财经 33 件、农建 84 件、税务 7 件、银行 14 件、司法 2 件、文教 46 件、工商 43 件、合作 25 件、卫生 12 件、其他 3 件，提案共 11 个类型 333 件。大会的最后一天作了主要提案解答，解答后留出了时间让大家提意见，再作解答，做到了有问必答，案案有交代。

（六）第六次会议

会议内容报告 1953 年农业税征收工作。

第三章　第一至二届人民代表大会

根据《中央人民政府委员会关于召开全国人民代表大会及地方各级人民代表大会的决议》和《中华人民共和国全国人民代表大会及地方各级人民代表大会选举法》规定，1954 年 7 月 6 日，建屏县召开第一届人民代表大会第一次会议。自此，建屏县人民代表大会届次重新编序。截至 1958 年 10 月，平山、建屏二县合并，建屏县先后举行两届人民代表大会，首届人民代表大会自 1954 年 7 月至 1956 年 12 月，共召开 4 次会议；第二届人民代表大会自 1956 年 12 月至 1958 年 10 月，共召开 2 次会议。

第一节　首届人民代表大会

首届人民代表大会共召开 4 次会议。

一、第一次会议

建屏县首届一次人民代表大会于 1954 年 7 月 6 日召开，大会经过 6 天时间，到会代表 104 名。

会议内容：

会议听取和讨论政府半年以来的工作总结报告，山区建设，下半年生产建设计划。

会议根据目前全县具体情况，提出以下几点。

一、继续深入贯彻国家过渡时期总路线总任务，进一步发挥干部和广大人民群众热爱社会主义建设的劳动积极性，兴修农田水利，注意防洪防汛，同时广泛开展爱国生产竞赛运动，通过农业生产合作社、互助组掀起生产热潮，把生产竞赛贯彻到全年并保证胜利完成粮棉增产计划，努力实现增产粮食 1078 万斤的计划，以支援祖国建设。

二、在总路线光明灯塔照耀下，加强干部农民政治思想领导及前途教育，开展小农思想改造运动，并积极领导广大农民组织起来走合作化道路，在农业生产合作社方面，巩固提高现有的 111 个社，消灭白点乡，要求在今冬明春达到 350 个社，并要求新办大中社 14 个，各个可做重点试办。互助组方面，以现有 2907 个组为基础，结合当前工作大力整顿巩固提高与发展，具备条件可入社或转社，以实现对农业的社会主义改造，为完成组织起来农户达 70%

而努力，为消灭剥削，避免农村阶级分化，在实现 9 个社 3 个组的基础上，大量发展信用合作社，下半年发展到 45 个社 25 个组，达到 50% 的乡有信用合作社，争取早日实现国家工业化。

三、全县山多地少，林业建设是"穷山变富山"的必经之路，故需要争取完成全县封山育林，荒山播种，抚育成、幼林及育苗计划，并高度重视护林工作，加强护林防火及不法分子破坏、乱砍滥伐与烧山事件的发生，为供应"国需民要"的建设而努力。

（1）为加速实现对农业的社会主义改造，还要着重繁殖大型牲畜，开展母畜不空肚运动，努力完成配种计划，并加强对放牧工人教育和对牲畜防疫，逐渐减少和杜绝疫病传染，并努力实现四户三猪，提高人民生活，支援国家社会主义建设。

（2）巩固和保障人民已取得胜利果实和逐步摆脱贫困，大家过富裕生活，保证实现社会主义社会。宪法草案已经公布了，为使广大人民群众懂得国家根本大法，开展广泛的、大张旗鼓、雷厉风行的宪法草案宣传讨论运动，可通过人民团体社、组干组织讨论座谈，也可利用家长会、地头会等方式，并通过想想过去，看看现在，望望将来的方式开展自我教育工作，以便充分的发扬民主，发动广大群众懂得国家宪法拥护宪法。

（3）市场管理方面，自统购后市场上曾一度出现冷淡现象，其原因有三：1. 农民惜售粮。2. 私粮商乘机抬高价格。3. 粮贩仍有活动。根据以上情况明确：真正种粮户保证供应粮食，产多供应多，产少供应少，不产者坚决不供应。在总路线光明灯塔照耀下，教育农民树立天下农民是一家的思想，动员农民出售余粮，以克服因交通不便运输困难，并说明囤积粮食可耻，贩卖粮食犯法，以树立售粮爱国思想，为支持祖国建设和帮助种粮户能得到粮食吃，以进一步开展生产建设工作。

（4）粮食工作，目前由于阴雨连天，道路泥泞不堪，严重阻碍粮食调运，但这是暂时的，在国家建设时期，暂时买不上粗粮，就要求向广大人民开展细粮粗作，以克服粗粮不足的现象。

（5）为对农业实现社会主义改造，和消灭粮贩而不囤积不剥削，保证人人有饭吃，故粮食统购统销是一项长期工作，必须形成一种制度，为保证祖国建设有充分的物资供应，在中央的统一领导下，决定今年夏征时，采取随征带购简易累进的办法，除征购外另附加 3%，由省掌握使用，以发展地方上有利于群众生产生活的农田水利、交通运输、文化教育以及社会福利等公益事业。

会议选举：

大会选举出席省人民代表大会的代表：县委书记张子良、子弟兵的母亲荣冠秀。

建屏县人民法院院长当选一览表

表 16-1

姓名	性别	年龄	成分	出身	文化程度	籍贯	职业	职别	政治面貌
韩同隆	男	39	中农	学生	初中	建屏县秘家会村	职员	法院院长	中共党员

建屏县当选县长、副县长一览表

表 16-2

姓名	性别	年龄	成分	出身	文化程度	籍贯	职业	职别	政治面貌
王怀忠	男	44	中农	农	初中	建屏县东柏坡村	职员	县长	中共党员
焦国章	男	35	中农	农	高小	建屏县庞家铺村	职员	税务局长	中共党员
张臣才	男	31	中农	农	高小	建屏县合河口村	职员	副县长	中共党员
刘贝山	男	43	富农	农	初中	平山县朱豪村	职员	副县长	群众

建屏县人民委员会委员一览表

表 16-3

姓名	性别	年龄	成分	出身	文化程度	籍贯	职业	职别	政治面貌
张子良	男	37	中农	农	高小	平山县西回舍村	职员	县委书记	中共党员
张全题	男	33	中农	农	初中	河北省深县大寺家庄村	职员	县社副主任	中共党员
左序广	男	41	中农	农	初中	平山县王子村	职员	工会主席	中共党员
戎冠秀	女	60	贫农	农	文盲	建屏县下盘松村	农	全国人大代表	中共党员

续表 16-3

姓名	性别	年龄	成分	出身	文化程度	籍贯	职业	职别	政治面貌
封智仙	男	56	中农	学生	师范毕业	建屏县秘家会村	职员	中学教员	群众
白瑞采	男	47	地主	学生	大学生	建屏县塔崖村	乡间医生	医务代表	群众
李良才	男	45	中农	农	初中	建屏县下滩村	职员	民政科长	中共党员
靳景涛	男	27	地主	学生	初中	河北省新河县后办村	职员	政府副科长	共青团员
秘从喜	男	35	贫农	农	高小	建屏县秘家沟村	职员	税务代理局长	中共党员
张法治	男	36	贫农	农	高小	赞皇县南邢郭村	职员	公安局局长	中共党员
白建勋	男	33	贫农	农	初小三年级	建屏县曹家庄村	职员	兵役局副政委	中共党员
高中五	男	47	富农	学生	大学生	建屏县洪子店村	经商	县工商联主任	群众
傅达	男	50	富农	农	高小	建屏县车辐安村	职员	县各界人代会常委会副主席	群众

会议收到的提案

大会共收到提案 301 件，生产建设 42 件、农田水利 48 件，林木 14 件，政治 24 件，财经 69 件，粮食 48 件，文教卫生 21 件，供销合作 24 件，银行信贷 12 件，并逐件作了解答。

会议通过的决议

1. 关于拥护《中华人民共和国宪法草案》的决议

《中华人民共和国的宪法草案》已经公布了，在此次大会上听取报告，进行学习和讨论，与会代表了解到，这个宪法草案经过全国人民的讨论修改，再提到全国人民代表大会上通过后即为正式宪法，这是我国的根本大法，一切政策法令的制定，将以《中华人民共和国宪法》为依据，与会代表认识到制定宪法的基本意义是以国家的根本法律来巩固和保障已经得到的革命胜利果实和推动全国人民去创造更幸福更美满的生活，保障我国建设社会主义事业的胜利。全体代表一致表示衷心的拥护。为了在群众中广泛宣传学习讨论宪法草案和拥护宪法，特作如下决议。

一、大会一致认为，必须加强宪法草案的学习，每个代表才能认真的领会宪法草案的基本精神和内容，以使在提前学习的基础上很好的向人民群众进行宣传讲解和今后更好的按宪法管理国家大事。

二、大会一致认为，必须建议在中共党委的统一领导下，和宣传路线一样，在全县大张旗鼓的普遍深入的开展宪法草案的宣传工作，要大力组织宣传队伍，训练宣传力量，利用各种宣传形式来进行，并组织全县各界群众以主人翁的态度认真的参加讨论，有什么意见就发表出来，每个代表和干部，宣传员要成为宣传和组织群众讨论的骨干。

三、宪法草案经过全国人民代表大会通过就公布成为正式的宪法，要拥护宪法，并坚决按宪法办事，宪法上规定了的我们都要以实际行动保证执行，也要监督一切国家机关和一切国家干部按照宪法办事，要是有人违反宪法，不照宪法办事破坏宪法，就要批评他检举他，向其作坚决的斗争。

大会一致认识到，宪法是建设社会主义的宪法，要在中国共产党的领导下巩固工农联盟，加强全国人民的团结，并不断巩固与发展同伟大的苏联、同各人民民主国家的牢不可破的友谊，以巩固全世界爱好和平人民的友谊，为继续不断地胜利，为建设伟大的社会主义事业而奋斗。

2. 关于建屏县人民政府农业生产建设工作的决议

会议一致同意建屏县人民政府前半年工作总结及后半年农业生产建设计划的报告，认为建屏县前半年开展了轰轰烈烈的爱国增产运动，结合生产完成了普选（乡选、县选）以生产工作为压倒一切中心工作的中心任务下完成了部门工作，均获得了一定成绩。报告中所提今后生产工作方针与任务是在国家过渡时期路线总任务下，完全适合当前工作情况和广大人民的迫切要求的，为支援祖国经济建设供应足够的粮食和工业原料，必须强调切实贯彻掌握以下几点。

一、继续深入贯彻国家过渡时期的总路线，并加强干部和广大人民政治思想领导，开展小农思想改进运动，进一步发挥干部和广大人民群众热爱社会主义建设的劳动积极性，保证实现增产，支持祖国建设。

二、广泛开展爱国增产竞赛运动，通过农业生产合作社、互助组，掀起生产热潮，把生产竞赛运动贯彻全年，提高农业生产量，支持国家工业建设。

三、在总路线的光明灯塔照耀下，积极领导广大农民组织起来，走合作化的道路，以实现对农业的社会主义改造，努力实现互助合作计划，并提高单位面积产量和总产量，支援祖国建设，为实现增产1078万斤粮食而奋斗。

二、第三次会议

建屏县首届第三次人民代表大会于1955年1月17日至19日召开，出席代表67人，研究通过政府工作总结报告，逐步推行义务兵役制补充兵员的报告和选举法的报告，并协商候选人，总结常务委员会工作，着重强调常务委员会已完成任务。

第一，通过逐步推行义务兵役制的报告，经过小组讨论，明确地认识了补充兵员征集工作的伟大意义和方针政策，代表们表示：回乡后在这一艰巨复杂的工作中，一定要主动地协助党政开展大张旗鼓的宣传运动，保证做到家喻户晓、人人皆知，给春耕播种工作打好基础。

第二，听取1954年政府工作总结报告和当前工作安排，进行讨论，提出书面提案2件，在结合政府报告讨论中，又口头提出了各种类型的问题16件，在会议上联系各有关部门，即进行解答，做到代表满意，政府政策不能随时和代表群众见面，进一步加强了政府和群众的联系，给今后做好工作创造了良好条件。

第三，最突出的成绩是中共建屏县委、常务委员会、各人民团体联合提名，共同协商了候选人，经代表大会正式通过，进行选举，完成了选举任务，全体通过选举了县长、副县长4人，政府委员17人，法院院长1人。在会后又召开人民委员会会议，研究安排了当前工作，并确定人民委员会每月召开1次，如遇特殊情况，可随时召开，或有特别情况确不能召开时，必须通知各委员知道。以督促政府工作按时完成。

三、第四次会议

1956年3月1日至4日，建屏县召开第一届人民代表大会第四次会议，出席代表79人，听取并通过人民委员会1955年工作总结报告与1956年的工作计划，通过1955年的财政决算与1956年的财政预算。

会议通过的决议

1. 关于建屏县人民委员会1955年工作报告的决议

建屏县第一届人民代表大会第四次会议批准王怀忠县长代表建屏县人民委员会作的1955年的工作总结报告，并对于县人民委员在同级党委和上级政府的领导下，一年来所作的努力和取得的巨大成就表示满意。

2. 关于批准建屏县人民委员会1955年财政决算和1956年财政预算的决议

建屏县第一届人民代表大会第四次会议审查批准建屏县人民委员会1955年财政决算和1956年财政预算，认为预决算中掌握执行了增产节约、紧缩开支的财政方针，同时各项收支是符合国家利益和全县人民利益的，经大会讨论一致通过。

3. 关于通过建屏县人民委员会1956年工作计划的决议

全县1956年的中心任务是：整顿巩固农业社和实现农业高产化。这就必须广泛发动群众大量养猪积肥，加强技术管理。开展水土保持，兴修农田水利，战胜各种自然灾害，争取亩产达到725斤，增产粮5575万斤，同时要大量植树造林和发展畜牧业，以支持工业化建设和提高人民的生活，其他财政、文卫和政法等方面的工作也要相应地发展。各级人民委员会，必须认真贯彻执行，广泛发动群众，为如期或提前完成全县1956年工作任务而奋斗。

第二节　第二届人民代表大会

一、人大代表

建屏县第二届代表一览表

表 16-4

乡别	姓名	性别	年龄	籍贯	现任职务	政治面貌
洪子店	齐建雷	女	18	建屏一区中古月村	农业社会计	共青团员
	高中五	男	47	建屏洪子店镇	工商联主任	群众
	傅汉荣	男	37	建屏洪子店镇	—	群众
	郄贵财	男	48	建屏洪子店镇	—	中共党员
	郝清元	男	35	建屏一区下寨村	—	群众
	谢正宝	男	51	建屏一区洪子店村	—	中共党员
	史殿科	男	41	建屏一区下寨村	村主任	群众
东黄泥	刘苏智	男	33	—	县委副书记	中共党员
	齐尚贤	男	—	建屏一区东黄泥村	教育科副科长	共青团员
	齐永林	女	23	建屏一区东黄泥村	副乡长	—
	齐电凤	男	44	建屏一区东黄泥村	—	群众
	杨文质	男	50	建屏一区燕尾沟村	—	群众
米峪	傅文瑞	男	41	建屏一区天井村	—	中共党员
	岳富林	女	36	—	—	群众
	吕庆瑞	男	52	宁晋县侯家庄村	—	群众
甘秋	史文珍	男	37	建屏一区南杏元村	分管宣传	中共党员
	印吉子	男	39	建屏一区井沟村	社主任	群众
	黄贵兰	女	31	建屏一区石家庄村	妇联主任	群众
	焦汤铭	男	44	山西省阳县	县委书记	中共党员
桃科	齐启志	男	59	建屏一区桃科村	供销社主任	群众
	杨克明	男	58	建屏一区南古月村	南古月村	群众
	李子文	男	—	建屏一区上西峪村	—	—

续表 16-4

乡别	姓名	性别	年龄	籍贯	现任职务	政治面貌
白家庄	贾生玉	男	46	建屏一区贡库村	社主任	中共党员
	曹吉庆	男	49	建屏一区曹家庄村	—	群众
	李顺川	男	35	—	财政科副科长	群众
三家店	焦　志	男	53	建屏一区下三家店村	—	群众
	高风云	女	46	建屏一区上三家店村	—	中共党员
	靳景涛	男	27	—	副科长	共青团员
庞家铺	焦国章	男	36	建屏一区庞家铺村	副县长	中共党员
	韩金妮	女	65	建屏一区西黄泥村	民政委员	群众
	姜威喜	男	40	建屏一区上西峪村	副业股股长	群众
	封汉忠	男	50	建屏一区罗家会村	农业股股长	群众
柏岭	李　英	男	29	—	县团委书记	中共党员
	关天禄	男	52	建屏一区留命沟村	留命沟医生	群众
	赵顺德	男	42	建屏一区柏岭村	—	中共党员
柏坡	王国芝	男	60	建屏一区东柏坡村	东柏坡医生	群众
	王庚福	男	55	建屏一区南庄村	—	中共党员
	刘玉林	女	19	建屏一区夹峪村	—	共青团员
北冶	曹培元	男	36	平山岗南村	兵役局局长	中共党员
	王廷月	男	40	南冶村	乡财经主任	群众
	翟金堂	男	38	北冶村	保健站站长	中共党员
	王竹琴	女	22	北冶村	乡妇联主任	共青团员
	高　惠	男	42	罗汉坪村	乡文卫主任	群众
塔崖	李金生	男	58	清风村	务农	中共党员
	梁生福	男	47	庄旺村	医生	群众
	白瑞采	男	48	塔崖村	医生	群众
	李元妮	女	20	狮子坪村	务农	共青团员
下口	王锡昌	男	45	下口村	农业社主任	中共党员
	王　树	男	44	盘口村	农业股股长	群众
	芦二爱	女	19	泥里河村	—	共青团员

续表 16-4

乡别	姓名	性别	年龄	籍贯	现任职务	政治面貌
蒿田	张金远	男	36	—	县社主任	中共党员
	胡喜华	男	50	蒿田村	—	群众
	边国兴	男	53	十八岩村	十八岩	群众
桑黄铺	韩学喜	—	52	下瓦岔村	下瓦岔信用社主任	中共党员
	梁　富	男	33	桑黄铺村	乡民政	群众
官道峪	付　达	男	50	车辐安村	建屏县工会主席	群众
	赵银德	男	44	杜家庄村	县人民委员会卫生科长	中共党员
	李连福	男	52	大桥村	大桥农业股长	群众
	张银联	女	36	扶峪村	扶峪乡妇联主任	中共党员
唐家会	荣　聚	男	52	根林庄村	乡财经主任	群众
	赵青方	男	39	西湾村	乡党委副书记	中共党员
	张香白	女	36	唐家会村	唐家会村主任	群众
建屏	何学智	男	43	建屏镇	乡文卫主任	群众
	苏风昌	男	44	庄窝村	信用社主任	中共党员
	何希贤	男	43	建屏镇	水利科副科长	群众
湾子	李秀太	男	50	南桃杏村	分支教	中共党员
	杨立山	男	60	西王庄村	林业股长	群众
十里坪	封法明	男	—	通家口村	副书记	中共党员
	罗瑞祥	男	50	—	分书	中共党员
	韩清元	男	—	—	乡团副书记	共青团员
卸甲河	赵文星	男	42	上卸甲河村	农业社主任	中共党员
	刘桂金	女	40	铁沟村	农业社副主任	群众
	李　杰	女	39	王子村	县妇联主任	中共党员
漂里	封金太	男	53	西漂村	西漂小学教员	群众
	董儒三	男	35	东漂村	—	群众
清水口	王忠和	男	57	龙耳清村	民政	群众
	王二荣	女	38	康庄村	—	中共党员

续表 16-4

乡别	姓名	性别	年龄	籍贯	现任职务	政治面貌
杨家桥	杨增瑞	男	52	杨家桥村	—	群众
	张书元	男	52	河西头村	支宣	中共党员
大坪	张永庆	男	43	大庄村	社主任	中共党员
	张乃瑞	女	18	大庄村	—	群众
瓦房头	韩廷秀	男	41	桃园村	农业股股长	群众
	胡秉祥	男	40	黑山关村	村主任	群众
营里	侯成安	男	45	东坪村	乡长	中共党员
	董如意	男	40	南下庄村	农业股股长	群众
	胡梅花	女	34	皂户地村	妇联委员	群众
	韩万宝	男	43	营里村	副校长	群众
古道	崔林荣	男	42	店头村	—	中共党员
	屈林英	女	18	古道村	—	共青团员
牛居	付国彬	男	52	庄沟村	医生	中共党员
	韩士杰	男	53	秘家会村	—	群众
孟家庄	杨仕元	男	42	西白面红村	乡长	中共党员
	刘福荣	女	35	孟家庄村	—	群众
	王庆福	男	54	土岸村	军属代表	群众
	张法治	男	37	赞皇县南邢郭村	县公安局局长	中共党员
曹家庄	白如亮	男	49	曹家庄村		群众
	刘瑞亭	女	27	上庄村	农业社副主任	共青团员
	郭　忠	男	36	张家川村	区委书记	中共党员
光宇	李富保	男	61	上观音堂村	—	群众
	戎冠秀	女	57	光宇村	—	共青团员
	郭三秀	男	20	李台村	—	群众
刘家坪	韩文贵	男	56	蚕寨村	农业股股长	群众
	梁德忠	男	54	下刘家坪村	村主任	中共党员
	刘登瑞	女	31	下柳村	生产队长	群众

续表 16-4

乡别	姓名	性别	年龄	籍贯	现任职务	政治面貌
秋卜洞	倪虎虎	男	28	麻地沟村	村主任	群众
	周二皂	男	38	陈卜沟村	—	群众
	王述鉴	男	35	山西省荣自县	县民政科副科长	群众
六亩元	李永昌	男	39	杏树台村	分书	中共党员
	李忙忙	男	35	钓鱼台村	村主任	群众
蛟潭庄	韩玉即	男	40	黄家沟村	—	群众
	梁庆果	女	18	拦道石村	副乡长	共青团员
	闫发贵	男	43	土楼村	农社主任	中共党员
王家坪	赵存林	男	31	王家坪村	农业股股长	群众
	王炳钰	男	32	庙沟村	队会计	群众
梨树坪	梁　模	男	45	神堂关村	陪审员	群众
	范如如	男	41	梨树坪村	林业股股长	群众
沙凹	梁福志	男	38	杀虎村	乡长	中共党员
	胡秀妮	女	18	石榴沟村	村妇联主任	共青团员
合河口	梁文秀	男	45	陡岭村	县委农工队长	中共党员
	闫良万	男	26	陡岭村	—	共青团员
	王保昌	男	36	郝家凹村	—	中共党员
桑元口	梁文晋	男	42	桑元口村	—	中共党员
	刘德润	男	48	军岔沟村	—	群众
木厂	魏黑小	男	32	前大地村	生产队长	群众
	曲耀华	男	52	里大河村	社代会计	群众
	刘贝山	男	46	平山县朱豪村	县政府副县长	中共党员
龙窝	焦士孝	男	36	南苍蝇沟村	乡长	中共党员
	杨贵妮	女	18	下龙窝村村	村卫生员	群众
	韩　昆	男	31	四区寺沟村	镇长	中共党员

二、代表大会

第二届人民代表大会共召开两次会议。

（一）第一次会议

第一次会议于1956年12月25日至28日举行，会议应到代表129名，实到代表107名，因事因病请假22名。

1. 组织机构

主席团：焦汤铭　焦国章　刘贝山　戎冠秀　付　达
付汉荣　白瑞采　李　杰　赵良法　曹培元
李子文　郭　昆　韩万宝　印吉子　李　英
郭　忠　封法昭

秘书长：刘贝山

副秘书长：齐连科　何希贤

代表资格审查委员会

主任：张法治

委员：曹培元　郭　忠　赵文星　李　英　王立耀

提案审查委员会

主任：张金远　梁文秀

委员：封法昭　李　杰　齐尚贤　荣　聚　虞成安　王述贤　王竹琴

2. 主要议程

12月28日，会议听取《关于1956年的工作总结报告和1957年工作计划的决议》，会议搜集与处理代表议案。

会议选举县长、副县长和县人民委员会委员。

县长：李子文

副县长（2名）：刘贝山　梁文秀

县人民委员会委员（16人）：

焦汤铭	焦国章	张法治	曹培元	张金远
李顺川	付　达	靳景涛	戎冠秀	赵良法
王述贤	何希贤	高中五	白瑞采	高　会
齐尚贤				

3. 代表提案及批评建议

会议期间，共收到代表提案139件。大会对139件提案进行认真审查。基本上做到了“案案有交代，件件有着落”。

会议通过的决议

1. 关于建屏县人民委员会1957年工作计划的决议

根据“解决群众当前困难与长期建设相结合”的精神和省指示的山区建设方针，并结合全县具体情况，1957年总的工作任务应该是：大力提高农业生产，争取逐步达到粮食自给，同时要因地制宜地全面地发展畜牧、饲养、果树、林业以及多种多样的土特产生产，大力开展水土保持，积极稳步地推广技术改革，发展交通运输，做好产品推销和物资供应，相应地发展文教、卫生工作。各项建设事业的发展，应当紧紧地依靠农业社，在1957年内把全员农业社全部巩固下来，充分发挥群众力量，以逐渐改变山区面貌，提高全县人民的物质文化生活水平。

2. 关于对建屏县1956年工作总结报告和1957年工作计划的决议

建屏县第二届人民代表大会第一次会议，听取关于1956年的工作总结报告和关于1957年工作计划的报告，并进行认真的审查和讨论。

经过讨论，会议一致认为全县1956年在各项工作中是获得了很大成绩的，对存在的问题检查和批判也是符合事实的。并认为1957年主要的工作任务应该是大力提高农业生产，逐步达到粮食自给，同时要因地制宜地全面发展畜牧、草木、林业，以此多种多样的土特产生产，大力开展水土保持，积极稳步地推广技术改革，发展交通运输，做好产品的推销和物资供应，相应地发展文教、卫生等事业。

除计划中的生产指标需要经过自下而上和自上而下的反复讨论，再行商议外，其余全体一致同意上述总结报告和计划，对此，要由政府负责贯彻执行，与会代表要大力协助政府向群众开展宣传，把计划变成全县群众的实际行动，动员全县人民顺利完成1957年的工作任务，为尽早的改变全县面貌，逐步提高人民的物质文化生活而奋斗。

（二）第二次会议

第二次会议于1957年9月15日至18日举行，会议应到代表129名，实到代表94名，缺席35名，其中请假27名，无故不到8名。主要是有脱产干部开会受训，有的是合作社主任、会计、农业股长等，正忙着秋收分配；还有一些代表是各级党委书记，正在搞社会主义大辩论，故没有参加这次的会议。

1. 组织机构

秘书长：张法治

副秘书长：齐大夫　李顺明

2. 主要议程

9月15日，会议听取并通过李子文县长作的《政府工作报告》《1956年建屏县财政决算和1957年财政预算报告》；9月18日上午，传达河北省1957年秋季粮食统购统销油料统购统销和农业税征收工作方案；9月18日下午，关于提案审查报告，通过各项决议。

3. 代表提案及批评建议

会议期间，共收到代表提案30件。其中，农林水利方面9件，邮电交通方面7件，政法方面3件，财经粮食方面5件，文教卫生方面6件。经提案审查委员会详细审查，做到了案案有答复。

会议通过的决议

1. 关于政府工作报告的决议

建屏县第二届人民代表大会第二次会议，批准李子文县长作的《政府工作报告》，会议认为政府工作报告实事求是地说明了政府工作的巨大成绩，核查了缺点、错误，并且用铁的事实有力地驳斥了资产阶级右派分子的反动言行。到会的全体代表们经过听报告、讨论，批判了农村中的某些错误思想和认识，并且进一步提高了自己的思想认识，充实了工作中的资本。同时认为报告中提出的工作任务是正确的，也是适时的，全县人民应该在中国共产党和人民政府的领导下认真贯彻执行。

2. 关于建屏县 1956 年财政决算和 1957 年财政预算的决议

建屏县第二届人民代表大会第二次会议，审查批准了建屏县 1956 年财政决算和 1957 年财政预算，认为预决算中正确贯彻执行了“增产节约，紧缩开支，保证供给”的财政方针，基本上达到了“收入超过、开支节省、年终各有结余”的要求，保证了国民经济的正常发展，各项收支不但符合国家利益，同时也符合全县人民的利益，经过大家讨论，全体代表一致通过。

第十七篇　乡镇人大

第一章　平山镇人民代表大会

平山镇是平山县城所在地，是全县政治、经济、文化中心。镇域总面积96平方公里，辖63个行政村、22个社区，耕地面积6.3万亩，总人口近24万人。该镇区位优势明显，距石家庄主城区30公里，距北京260公里。朔黄铁路、大宋铁路、西电运煤铁路穿镇而过，西柏坡高速、海天线等国省干道贯穿镇区。

平山镇人民代表大会发展经历三个阶段：第一阶段，撤区并乡前人民代表大会时期；第二阶段，第二次并乡前人民代表大会时期；第三阶段，第二次并乡后人民代表大会时期。

第一节　撤区并乡前人民代表大会时期

一、平山镇人民代表大会

1. 平山镇第一届人民代表大会（1984—1987）

平山镇第一届人民代表大会于1984年召开，选举镇人民政府镇长、副镇长，此时镇人大工作由镇政府组织。

2. 平山镇第二届人民代表大会及人大联络组（1987.04—1988.08）

平山镇第二届人民代表大会第一次会议于1987年4月召开。会议选举产生平山镇第二届人民政府。1987年11月时，设镇长1名，副镇长5名。

人大联络组组长　缺　职（1987.11—1988.08）
镇　长　李书英（1987.11—1988.08）
副镇长　贾黑娃（1987.11—1988.08）
齐建军（1987.11—1988.08）
康　健（1987.11—1988.08）
张振兰（1987.11—1988.08）
赵占国（1987.11—1988.08）

二、里庄乡人民代表大会

1. 里庄乡第一届人民代表大会（1984—1987）

里庄乡第一届人民代表大会于1984年召开，选举乡人民政府乡长、副乡长，此时乡人大工作由乡政府组织。

2. 里庄乡第二届人民代表大会及人大联络组（1987.04—1988.08）

里庄乡第二届人民代表大会第一次会议于1987年4月召开。会议选举产生里庄乡第二届人民政府。1987年11月时，设乡长1名，副乡长3名。

人大联络组组长　王艮书（1987.11—1988.08）
乡　长　梁明堂（1987.11—1988.08）
副乡长　马彦芳（1987.11—1988.08）
刘喜法（1987.11—1988.08）
王雪院（1987.11—1988.08）

三、胜伏乡人民代表大会

1. 胜伏乡第一届人民代表大会（1984—1987）

胜伏乡第一届人民代表大会于1984年召开，选举乡人民政府乡长、副乡长，此时乡人大工作由乡政府组织。

2. 胜伏乡第二届人民代表大会及人大联络组（1987.04—1988.08）

胜伏乡第二届人民代表大会第一次会议于1987年4月召开。会议选举产生胜伏乡第二届人民政府。1987年11月时，设乡长1名，副乡长2名。

人大联络组组长　李平海（1987.11—1988.08）
乡　长　檀增庆（1987.11—1988.08）
副乡长　于兰国（1987.11—1988.08）
李林魁（1987.11—1988.08）

四、孟贤壁乡人民代表大会

1. 孟贤壁乡第一届人民代表大会（1984—1987）

孟贤壁乡第一届人民代表大会于1984年召开，选举乡人民政府乡长、副乡长，此时乡人大工作由乡政府组织。

2. 孟贤壁乡第二届人民代表大会及人大联络组（1987.04—1988.08）

孟贤壁乡第二届人民代表大会第一次会议于1987年4月召开。会议选举产生孟贤壁乡第二届人民政府。至1987年11月，乡政府正副职名额3名。

乡　长　李金虎（1987.11—1988.08）
副乡长　任彦平（1987.11—1988.08）
齐海书（1987.11—1988.08）

五、杨西冶乡人民代表大会

1. 杨西冶乡第一届人民代表大会（1984—1987）

杨西冶乡第一届人民代表大会于1984年召开，选举乡人民政府乡长、副乡长，此时乡人大工作由乡政府组织。

2. 杨西冶乡第二届人民代表大会及人大联络组（1987.11—1988.08）

杨西冶乡第二届人民代表大会第一次会议于1987年4月召开。会议选举产生杨西冶乡第二届人民政府。1987年11月时，设乡长1名，副乡长4名。

乡　长　马文堂（1987.11—1988.08）

副乡长　杜学彬（1987.11—1988.08）

　　　　杜军军（1987.11—1988.08）

　　　　肖海吉（1987.11—1988.08）

第二节　第二次并乡前人民代表大会时期

一、平山镇人民代表大会

1. 平山镇第二届人民代表大会及人大联络组（1988.08—1990.04）

1988年8月，全县实行撤区并乡。原里庄乡、胜伏乡并入平山镇。1988年8月至1990年4月，乡镇人代会仍在第二届任期内。

乡人大联络组组长　郜玉庭（1988.08—1990.04）

2. 平山镇第三届人民代表大会及人大主席团（1990.04—1992.12）

平山镇第三届人民代表大会第一次会议于1990年4月召开。出席会议的人大代表共90名。会议依照法律程序审议并通过《平山镇人民政府工作报告》《平山镇财政预决算报告》，会议依法选举产生平山镇第三届人民代表大会主席团（9名），选举产生平山镇第三届人民政府镇长1名，副镇长4名。

人大主席团常务主席　郜玉庭（1990.04—1990.09）

　　　　　　　　　　王锡华（1990.09—1992.05）

　　　　　　　　　　左瑞书（女，1992.05—1992.12）

　　　　　　副主席　盖增友（1992.06—1992.12）

　　　　　　镇　长　张大平（1990.04—1990.08）

　　　　　　　　　　边和平（1990.09—1992.12）

　　　　　　副镇长　李永庆（1990.04—1991.05）

　　　　　　　　　　齐　英（1990.04—1990.09）

于兰国（1990.04—1992.12）
王锡华（1990.04—1990.09）
赵占国（1990.04—1991.02）
盖增友（1990.04—1992.06）
任美川（1991.02—1992.12）
肖拴枝（女，1991.02—1991.12）
王梅婷（女，1992.05—1992.12）
张林保（1992.06—1992.12）
冯文才（1992.06—1992.12）
郭富廷（1992.06—1992.12）
邓晓林（女，1992.06—1992.12）

二、孟贤壁乡人民代表大会

1. 孟贤壁乡第二届人民代表大会及人大联络组（1988.08—1990.04）

1988 年 8 月撤区并乡后，至 1990 年 4 月，乡人代会仍在第二届任期内。

人大联络组组长　杨秀兵（1988.09—1989.01）
张振远（1989.01—1990.04）
副组长　任景林（1988.08—1989.12）

2. 孟贤壁乡第三届人民代表大会及人大主席团（1990.04—1992.12）

1990 年 4 月，孟贤壁乡第三届人民代表大会在乡政府会议室召开。出席会议的人民代表共 61 名，会议依照法律程序审议并通过《孟贤壁乡人民政府工作报告》和《孟贤壁乡财政预决算报告》，会议依法选举产生孟贤壁乡第三届人民代表大会主席团，选举产生孟贤壁乡政府乡长 1 名，副乡长 3 名。

乡　长　高金法（1990.04—1991.04）
李吉平（1991.04—1992.12）
副乡长　李林魁（1990.04—1992.12）
任彦平（1990.04—1991.02）
刘喜法（1990.05—1992.12）
刘　振（1990.09—1992.12）
张兰贞（1991.02—1992.11）
王文明（1992.01—1992.12）

第三节　第二次并乡后人民代表大会时期

一、平山镇第三届人民代表大会及人大主席团（1993.01—1993.03）

1993年1月至1993年3月，镇人民代表大会在第三届任期内。平山镇第三届人民代表大会主席团于1990年4月由平山镇第三届人民代表大会第一次会议选举产生。1996年2月，并乡扩镇时，原孟贤壁乡并入平山镇。1993年1月人大主席团设常务主席1名，副主席1名；镇长1名，副镇长7名。

常务主席　左瑞书（女，1993.01—1993.03）
副主席　盖增友（1993.01—1993.03）
镇　长　边和平（1993.01—1993.03）
副镇长　于兰国（1993.01—1993.03）
任美川（1993.01—1993.03）
王梅婷（女，1993.01—1993.03）
张林保（1993.01—1993.03）
冯文才（1993.01—1993.03）
郭富廷（1993.01—1993.03）
邓晓林（女，1993.01—1993.03）

二、平山镇第四届人民代表大会及人大主席团（1993.03—1996.06）

平山镇第四届人民代表大会第一次会议于1993年3月5日召开，出席代表90名。其中，女代表20名。会议依照法律程序审议并通过《平山镇人民政府工作报告》《平山镇财政预决算报告》《平山镇人大主席团工作报告》。依法选举产生平山镇第四届人民代表大会主席团常务主席1名，副主席1名；镇长1名，副镇长6名。此后增补副镇长3名。到1994年11月有镇长1名，副镇长7名。

常务主席　左瑞书（女，1993.03—1994.08）
副主席　盖增友（1993.03—1994.08）
郭富廷（1993.03—1994.08）
镇　长　边和平（1993.03—1994.11）
副镇长　冯文才（1993.03—1993.07）
王梅婷（女，1993.03—1994.05）
于兰国（1993.03—1994.11）
张林保（1993.03—1994.11）

任美川（1993.03—1994.11）

邓晓林（女，1993.03—1994.11）

杨青秀（女，1993.08—1994.11）

杨连述（1993.08—1994.11）

于俊华（1994.03—1994.11）

1994年11月，乡镇干部制度改革，实行党委书记聘用制，平山镇人大主席团设常务主席1名，镇长1名；副镇长4名，兼职副镇长4名（任美川、杨连述、齐建敏、刘巨洋），挂职镇长3名（刘跃全、檀庆福、贾瑞辰），此后增补副镇长17名（其中兼职5名：郝增录、刘二胖、刘习芳、韩润义、孟贵成，挂职3名：王彦生、杨素堂、秘树明）。到1996年6月有镇长1名，副镇长26名（其中兼职7名，挂职6名）。

常务主席　张林志（1994.11—1996.06）

镇　长　边和平（1994.11—1996.06）

副镇长　于俊华（1994.11—1996.06）

于兰国（1994.11—1996.06）

杨青秀（女，1994.11—1996.06）

邓晓林（女，1994.11—1996.06）

任美川（1994.11—1996.06）

杨连述（1994.11—1995.09）

齐建敏（1994.11—1996.06）

刘巨洋（1994.11—1996.06）

刘跃全（1994.11—1996.06）

檀庆福（1994.11—1996.06）

贾瑞辰（1994.11—1996.06）

封云婷（女，1995.06—1996.06）

王习芹（女，1995.09—1996.06）

王彦生（1995.09—1996.06）

杨素堂（1995.09—1996.06）

郝增录（1995.09—1996.06）

刘二胖（1995.09—1996.06）

刘习芳（1995.09—1996.04）

常国刚（1996.02—1996.06）

王文明（1996.02—1996.06）

樊彦明（1996.02—1996.06）

卢素芳（1996.02—1996.06）

孔秋良（科技，1996.02—1996.06）

韩润义（1996.02—1996.06）
秘树明（1996.02—1996.06）
赵拴保（1996.05—1996.06）
周建婷（女，1996.05—1996.06）
孟贵成（1996.05—1996.06）

三、平山镇第五届人民代表大会（1996.06—1999.03）

1996年6月11日，平山镇召开第五届人民代表大会第一次会议，出席代表92名。其中，女代表19名。大会依照法律程序审议并通过《平山镇人民政府工作报告》《平山镇财政预决算报告》《平山镇人大工作报告》。依照1995年2月修改的组织法规定，平山镇第五届人民代表大会选举产生主席1名，镇长1名，副镇长13名，另外不占领导职数的兼职副镇长6名（刘巨洋、任美川、郝增录、刘二胖、孟贵成、韩润义），挂职副镇长6名（刘跃全、贾瑞辰、檀庆福、杨素堂、秘树明、王彦生）。此后增补兼职副镇长4名（张晓平、张存锁、薛炳文、范志江）。之后经调整，到1999年3月换届，有主席、副主席各1名；镇长1名，副镇长8名。平山镇第五届人民代表大会召开2次会议。

主　席　张林志（1996.06—1998.03）
　　　　张林之（1998.03—1999.03）
副主席　封云婷（女，1999.01—1999.03）
镇　长　盖锡海（1996.06—1999.03）
副镇长　卢素芳（1996.06—1997.05）
　　　　赵拴保（1996.06—1997.05）
　　　　于兰国（1996.06—1997.08）
　　　　王文明（1996.06—1997.08）
　　　　邓晓林（女，1996.06—1999.03）
　　　　杨青秀（女，1996.06—1999.03）
　　　　于俊华（1996.06—1999.01）
　　　　常国刚（1996.06—1999.03）
　　　　周建婷（女，1996.06—1999.03）
　　　　樊彦明（1996.06—1999.03）
　　　　王习芹（女，1996.06—1999.03）
　　　　封云婷（女，1996.06—1999.01）
　　　　孔秋良（科技，1996.06—1999.03）
　　　　刘跃全（1996.06—1997.10）
　　　　贾瑞辰（1996.06—1997.10）
　　　　刘巨洋（1996.06—1996.11）

任美川（1996.06—1997.05）
檀庆福（1996.06—1998.04）
杨素堂（1996.06—1999.03）
秘树明（1996.06—1998.12）
王彦生（1996.06—1998.04）
郝增录（1996.06—1998.04）
刘二胖（1996.06—1998.04）
孟贵成（1996.06—1998.04）
韩润义（1996.06—1998.04）
张晓平（1996.10—1998.07）
张存锁（1997.08—1998.04）
薛炳文（1997.08—1998.04）
范志江（1997.08—1998.04）

四、平山镇第六届人民代表大会（1999.03—2002.06）

1999 年 3 月 9 日，平山镇召开第六届人民代表大会第一次会议，出席代表 91 名。其中，女代表 18 名。大会依照法律程序审议并通过《平山镇人民政府工作报告》《平山镇财政预决算报告》《平山镇人大工作报告》。大会以无记名投票方式等额选举产生平山镇人民代表大会主席 1 名，差额选举副主席 1 名，等额选举镇长 1 名，差额选举副镇长 8 名。之后经调整，到 2002 年 6 月换届，有主席 1 名，镇长 1 名，副镇长 4 名。平山镇第六届人民代表大会在此期间召开 3 次会议。

主　席　张林之（1999.03—1999.08）
于兰国（2000.01—2001.08）
缺　职（2001.09—2002.03）
张晓平（2002.04—2002.06）
副主席　封云婷（女，1999.03—2002.04）
镇　长　盖锡海（1999.03—1999.10）
焦习军（1999.10—2001.04）
刘风林（2001.04—2002.06）
副镇长　邓晓林（女，1999.03—2000.04）
杨青秀（女，1999.03—2001.12）
常国刚（1999.03—2002.06）
周建婷（女，1999.03—2002.06）
樊彦明（1999.03—1999.12）
王习芹（女，1999.03—2002.06）

孔秋良（科技，1999.03—2002.06）
杨素堂（1999.03—1999.12）

五、平山镇第七届人民代表大会（2002.06—2007.05）

2002年6月8日，平山镇召开第七届人民代表大会第一次会议，出席代表85名。其中，女代表15名。大会依照法律程序审议并通过《平山镇人民政府工作报告》《平山镇财政预决算报告》《平山镇人大工作报告》。依照组织法规定，以无记名投票方式等额选举产生平山镇人民代表大会主席1名，增补副主席1名，等额选举镇长1名，差额选举副镇长4名。到2007年5月，有主席、副主席各1名；镇长1名，副镇长3名。平山镇第七届人民代表大会在此期间召开5次会议。

主　席　李林奎（2002.06—2004.10）
　　　　常国刚（2004.10—2007.05）
副主席　马秋平（2002.10—2007.05）
镇　长　刘风林（2002.06—2003.05）
　　　　任国宏（2003.05—2007.05）
副镇长　常国刚（2002.06—2002.10）
　　　　周建婷（女，2002.06—2003.08）
　　　　王习芹（女，2002.06—2006.06）
　　　　孔秋良（2002.06—2003.08）
　　　　左朝平（科技，2002.07—2003.04）
　　　　任国宏（2002.08—2003.05）
　　　　左朝平（2003.04—2003.05，挂职）
　　　　樊二堂（2003.10—2007.05）
　　　　宋立新（2003.10—2007.05）
　　　　姜占杰（2003.10—2007.04）
　　　　王习芹（女，2006.06—2007.04）

六、平山镇第八届人民代表大会（2007.05—2012.02）

2007年5月8日，平山镇召开第八届人民代表大会第一次会议，出席代表98名。其中，女代表23名。大会依照法律程序审议并通过《平山镇人民政府工作报告》《平山镇财政预决算报告》《平山镇人大工作报告》。大会以无记名投票方式等额选举产生平山镇人民代表大会主席1名，副主席1名。之后经调整，到2012年2月，有主席1名、副主席1名。大会以无记名投票方式等额选举产生平山镇人民政府镇长1名，副镇长3名，之后经调整，到2012年2月，有镇长1名，副镇长2名。平山镇第八届人民代表大会在此期间召开5次会议。

主　席　宋立新（女，2007.05　2009.03）

马秋平（女，2009.03—2012.02）

副主席 马秋平（女，2007.05—2009.03）

王立刚（2009.3—2011.12）

闫金保（2011.12—2012.02）

镇　长 周振海（2007.05—2011.03）

梁晨东（2011.03—2012.02）

副镇长 张建明（2007.05—2009.07）

左彦山（2007.05—2011.12）

刘旭文（2009.07—2012.02）

王立刚（2011.12—2012.02）

李雪玲（女，2009.07—2011.03）

七、平山镇第九届人民代表大会（2012.02—2017.01）

2012年2月17日，平山镇召开第九届人民代表大会第一次会议，大会以无记名投票方式等额选举产生平山镇人民代表大会主席1名，副主席1名；镇长1名，副镇长2名。之后经过调整，到2017年1月，平山镇有人大主席、人大副主席各1名；镇长1名，副镇长3名。平山镇第九届人民代表大会在此期间召开5次会议。

主　席 马秋平（女，2012.02—2012.09）

齐军伟（2012.09—2013.03）

闫　军（2013.03—2015.03）

王立刚（2015.03—2017.01）

副主席 闫金保（2012.02—2015.03）

张进军（2015.03—2015.12）

马艳丽（女，2015.12—2017.01）

镇　长 梁晨东（2012.02—2015.03）

闫　军（2015.03—2017.01）

副镇长 刘旭文（2012.02—2017.01）

王立刚（2012.02—2013.07）

缺　职（2015.11—2015.12）

齐英霞（女，2013.08—2015.11）

李　洁（女，2014.08—2017.01）

梁　飞（2015.12—2017.01）

八、平山镇第十届人民代表大会（2017.01—2021.06）

2017年1月25日，平山镇召开第十届人民代表大会第一次会议，出席代表102名。其中，女代表27名。大会依照法律程序审议并通过《平山镇人民政府工作报告》《平山镇财政预决算报告》《平山镇人大工作报告》。大会以无记名投票方式等额选举产生平山镇人民代表大会主席1名，副主席1名；镇长1名，副镇长3名。之后经调整，到2021年6月，平山镇有人大主席1名，人大副主席1名；镇长1名，副镇长3名。

主　席　范邵棚（2017.01—2021.06）

副主席　马艳丽（女，2017.01—2021.06）

镇　长　王立刚（2017.01—2021.06）

副镇长　梁　飞（2017.01—2019.05）

　　　　梁春梅（女，2017.01—2019.04）

　　　　左志勇（2017.01—2021.06）

　　　　任　乐（2019.04—2021.06）

　　　　李永健（2021.01—2021.06）

九、平山镇第十一届人民代表大会（2021.06—2023.12）

2021年6月25日，平山镇召开第十一届人民代表大会第一次会议，出席代表83名。其中，女代表11名。大会依照法律程序审议并通过《平山镇人民政府工作报告》《平山镇财政预决算报告》《平山镇人大工作报告》。大会以无记名投票方式等额选举产生平山镇人民代表大会主席1名，副主席2名；镇长1名，副镇长3名。之后经调整，到2023年12月，平山镇有人大主席1名，人大副主席2名；镇长1名，副镇长3名。

主　席　曹少武（2021.06—2023.09）

　　　　马　朋（2023.09—2023.12）

副主席　王学娟（女，2021.06—2023.12）

　　　　肖二拴（2021.06—2023.12）

镇　长　唐立强（2021.06—2022.09）

　　　　王　晨（2022.09—2023.12）

副镇长　左志勇（2021.06—2023.12）

　　　　马艳丽（女，2021.06—2023.12）

　　　　李永健（2021.06—2022.06）

　　　　张建波（2022.06—2023.12）

第二章　东回舍镇人民代表大会

东回舍镇地处平山县东南部，东依平山镇，西接温塘，北连大吾，南邻井陉，是平山县重要的交通枢纽、人口大镇和工业重镇。全镇总面积 77.12 平方公里，耕地面积 4.5 万亩，辖 37 个行政村，4 万余人，每日流动人口高峰期可达 3000 ～ 5000 人。镇内交通便利、路网发达，国道海天线、省道平涉路贯通南北、西柏坡高速纵跨东西，朔黄铁路、敬业铁路专线、回马路穿插而过。

东回舍镇人民代表大会发展经历两个阶段：第一阶段，撤区并乡前人民代表大会时期；第二阶段，撤区并乡后人民代表大会时期。

第一节　撤区并乡前人民代表大会时期

一、东回舍镇人民代表大会

1. 东回舍镇第一届人民代表大会（1984—1987）

东回舍镇第一届人民代表大会于 1984 年召开，选举镇人民政府镇长、副镇长，此时镇人大工作由镇政府组织。

2. 东回舍镇第二届人民代表大会及人大联络组（1987.04—1988.08）

东回舍镇第二届人民代表大会第一次会议于 1987 年 4 月召开。会议选举产生东回舍镇第二届人民政府。1987 年 11 月时，设镇长 1 名，副镇长 2 名。

人大联络组组长　郭友明（1987.11—1988.08）
镇　长　马遂宁（1987.11—1988.08）
副镇长　杜吉牛（1987.11—1988.08）
范风录（1987.11—1988.08）

二、西回舍乡人民代表大会

1. 西回舍乡第一届人民代表大会（1984—1987）

西回舍乡第一届人民代表大会于 1984 年召开，选举乡人民政府乡长、副乡长，此时乡人大工作由乡政府组织。

2. 西回舍乡第二届人民代表大会及人大联络组（1987.04—1988.08）

西回舍乡第二届人民代表大会第一次会议于1987年4月召开。会议选举产生西回舍乡第二届人民政府。1987年11月时，设乡长1名，副乡长2名。

人大联络组组长　王志国（1987.11—1988.08）
乡　长　张振海（1987.11—1988.08）
副乡长　李兴华（1987.11—1988.08）
王开川（1987.11—1988.08）

第二节　撤区并乡后人民代表大会时期

1. 东回舍镇第二届人民代表大会及人大联络组（1988.08—1990.04）

1988年8月，全县实行撤区并乡。西回舍乡并入东回舍镇。1988年8月至1990年4月，东回舍镇人代会仍在第二届任期内。

人大联络组组长　李兵兵（1988.08—1990.04）
镇　长　刘学亮（1988.08—1990.04）
副镇长　韩焕来（1988.08—1990.04）
郝胜保（1988.08—1990.04）
孙新书（女，1988.08—1990.04）
盖增友（1988.08—1990.04）

2. 东回舍镇第三届人民代表大会及人大主席团（1990.04—1993.03）

东回舍镇第三届人民代表大会第一次会议于1990年4月召开。出席会议的人大代表共72名。会议依照法律程序审议并通过《东回舍镇人民政府工作报告》《东回舍镇财政预决算报告》，会议依法选举产生东回舍镇第三届人民代表大会主席团和主席团常务主席；选举产生东回舍镇第三届人民政府乡长1名，副乡长4名。1993年1月人大主席团设常务主席1名，镇长1名，副镇长7名。至1993年3月换届未做调整。

人大主席团常务主席　李兵兵（1990.04—1991.02）
吴墨军（1991.02—1993.03）
镇　长　刘学亮（1990.04—1991.02）
李兵兵（1991.02—1992.10）
孙树增（1992.10—1993.03）
副镇长　韩焕来（1990.04—1993.03）
郝胜保（1990.04—1990.09）

孙新书（女，1990.04—1990.08）

左路清（女，1990.04—1993.03）

贾文祥（1990.09—1993.03）

王海平（1991.02—1993.03）

王兴华（1991.05—1993.03）

刘二法（1992.06—1993.03）

康贵芳（1992.06—1993.03）

齐建林（1992.06—1992.10）

3. 东回舍镇第四届人民代表大会及人大主席团（1993.03—1996.04）

平山县东回舍镇第四届人民代表大会第一次会议于1993年3月12日召开，出席代表61名。其中，女代表11名。会议依照法律程序审议并通过《东回舍镇人民政府工作报告》《东回舍镇财政预决算报告》《东回舍镇人大主席团工作报告》。依法选举产生东回舍镇第四届人民代表大会主席团常务主席1名，镇长1名，副镇长7名。此后增补镇长1名，副镇长3名。到1994年11月，有镇长1名，副镇长8名。

常务主席　吴墨军（1993.03—1994.11）

镇　　长　孙树增（1993.03—1994.04）

副 镇 长　左路青（女，1993.03—1993.08）

康贵芳（1993.03—1994.04）

韩焕来（1993.03—1994.11）

贾文祥（1993.03—1994.11）

王海平（1993.03—1994.11）

李兴华（1993.03—1994.11）

刘二法（1993.03—1994.11）

增补成员：

镇　　长　付树方（1994.04—1994.11）

副 镇 长　董秀南（1993.08—1994.11）

董树龙（1993.08—1994.11）

卢伟文（1994.08—1994.11）

1994年11月，乡镇干部制度改革，实行党委书记聘用制，东回舍镇人大主席团设常务主席1名，镇长1名，副镇长4名，兼职副镇长2名（张二江、周素明），此后增补副镇长1名。到1996年4月，有镇长1名，副镇长7名（其中兼职2名）。

常务主席　吴墨军（1993.03—1994.11）

镇　　长　付树方（1994.11—1996.04）

副 镇 长　贾文祥（1994.11—1996.04）

刘二法（1994.11—1996.04）

董秀南（1994.11—1996.04）

董树龙（1994.11—1996.04）

张二江（1994.11—1996.04）

周素明（1994.11—1996.04）

增补成员：

副镇长　陈增庭（科技，1995.11—1996.04）

4. 东回舍镇第五届人民代表大会（1996.04—1999.03）

1996年4月5日，东回舍镇召开第五届人民代表大会第一次会议，出席代表63名。其中，女代表12名。大会依照法律程序审议并通过《东回舍镇人民政府工作报告》《东回舍镇财政预决算报告》《东回舍镇人大主席团工作报告》。依照1995年2月修改的组织法规定，东回舍镇第五届人民代表大会选举产生主席1名，副主席1名；镇长1名，副镇长5名，另外不占领导职数的兼职副镇长2名（张二江、周素明），此后增补兼职副镇长1名。周素明1997年8月以前为兼职副镇长，到1998年3月，有主席、副主席各2名；镇长1名，副镇长6名（其中兼职1名）。之后经调整。到1993年3月，有镇长1名，副镇长5名。

主　席　吴墨军（1996.04—1997.04）

贾文祥（1997.12—1999.03）

副主席　王海平（1996.04—1999.03）

镇　长　周振海（1996.04—1999.03）

副镇长　董树龙（1996.04—1996.08）

贾文祥（1996.04—1997.12）

刘二法（1996.04—1999.03）

董秀南（1996.04—1999.03）

陈增庭（科技，1996.04—1999.03）

周素明（1996.04—1999.03）

张二江（1996.04—1999.01）

赵拴保（1997.05—1999.03）

5. 东回舍镇第六届人民代表大会（1999.03—2002.05）

1999年3月15日，东回舍镇召开第六届人民代表大会第一次会议，出席代表64名。其中，女代表13名。大会依照法律程序审议并通过《东回舍镇人民政府工作报告》《东回舍镇财政预决算报告》《东回舍镇人大工作报告》。大会以无记名投票方式等额选举产生东回舍镇人民代表大会主席1名，镇长1名；差额选举副主席1名，副镇长5名。之后经调整，到2002年5月换届，有主席、副主席各1名；镇长1名，副镇长5名。东回舍镇第六届人民代表大会在此期间召开3次会议。

主　席　贾文祥（1999.03—2002.05）

副主席　王海平（1999.03—2000.12）

王武山（2002.04—2002.05）

镇　长　周振海（1999.03—2000.07）

周素明（2001.04—2002.05）

副镇长　周素明（1999.03—2001.04）

董秀南（1999.03—2002.05）

陈增庭（科技，1999.03—2001.10）

刘二法（1999.03—2002.05）

赵拴保（1999.03—2002.05）

刘荣跃（1999.06—2002.05）

张志国（1999.06—2002.05）

6、东回舍镇第七届人民代表大会（2002.05—2007.05）

2002年5月23日，东回舍镇召开第七届人民代表大会第一次会议，出席代表63名。其中，女代表12名。大会依照法律程序审议并通过《东回舍镇人民政府工作报告》《东回舍镇财政预决算报告》《东回舍镇人大工作报告》。依照组织法规定，设主席1名。以无记名投票方式等额选举产生东回舍镇人民代表大会主席1名，镇长1名；差额选举副主席1名，副镇长4名。东回舍镇第七届人民代表大会在此期间召开5次会议。到2007年5月，有镇长1名，副镇长3名。

主　席　贾文祥（2002.05—2002.08）

魏玉堂（2002.08—2006.03）

梁晓彦（2006.03—2007.05）

副主席　王武山（2002.05—2003.04）

任平泉（2003.04—2005.01）

缺　职（2005.01—2006.03）

张　彦（2006.03—2007.05）

镇　长　周素明（2002.05—2004.03）

梁志彦（2004.03—2007.05）

副镇长　刘二法（2002.05—2002.07）

董秀南（2002.05—2002.07）

赵拴保（2002.05—2003.06）

张二江（2002.05—2006.03）

梁晓彦（2002.11—2003.08）

刘　力（2002.07—2004.04，挂职）

商志辉（2003.09—2006.06）

张国伟（2002.10—2006.03）

韩彦良（2006.03—2007.05）

任平泉（2006.03—2007.05）

梁志会（2006.06—2007.05）

7. 东回舍镇第八届人民代表大会（2007.5—2011.3）

2007年5月7日，东回舍镇召开第八届人民代表大会第一次会议，出席代表52名，其中，女代表9名。大会依照法律程序审议并通过《东回舍镇人民政府工作报告》《东回舍镇财政预决算报告》《东回舍镇人大工作报告》。大会以无记名投票方式等额选举产生东回舍镇人民代表大会主席1名，副主席1名；镇长1名，副镇长2名。东回舍镇第八届人民代表大会在此期间召开5次会议。

主　席　梁晓彦（2007.05—2009.06）

范文革（2009.06—2011.03）

副主席　张　彦（女，2007.05—2009.06）

赵占国（2009.06—2011.03）

镇　长　梁志彦（2007.05—2009.06）

封美林（2009.06—2011.03）

副镇长　韩彦良（2007.05—2009.06）

任平泉（2007.05—2009.06）

何庆国（2009.06—2011.03）

8. 东回舍镇第九届人民代表大会（2011.03—2017.01）

2011年3月19日，东回舍镇召开第九届人民代表大会第一次会议，出席代表125名。其中，女代表25名。大会依照法律程序审议并通过《东回舍镇人民政府工作报告》《东回舍镇财政预决算报告》《东回舍镇人大工作报告》。大会以无记名投票方式等额选举产生东回舍镇人民代表大会主席2名，副主席2名；镇长2名，副镇长4名。之后经过调整，到2017年1月，东回舍镇有主席1名，副主席1名；镇长1名，副镇长1名。东回舍镇第九届人民代表大会在此期间召开5次会议。

主　席　范文革（2011.03—2011.12）

韩彦良（2011.12—2013.07）

李　娜（女，2013.07—2015.01）

商志辉（2015.01—2017.01）

副主席　赵占国（2011.03—2015.12）

王　晨（2015.12—2016.11）

镇　长　封美林（2011.03—2011.09）

谷新革（2011.09—2012.09）

乔新伟（2012.09—2017.01）

副镇长　何国庆（2011.03—2017.01）

薛永青（女，2011.03—2015.12）

缺　职（2015.12—2017.01）

9. 东回舍镇第十届人民代表大会（2017.01—2021.06）

2017年1月24日，东回舍镇召开第十届人民代表大会第一次会议，出席代表112名。其中，女代表24名。大会依照法律程序审议并通过《东回舍镇人民政府工作报告》《东回舍镇财政预决算报告》《东回舍镇人大工作报告》。大会以无记名投票方式等额选举产生东回舍镇人民代表大会主席1名，副主席1名；镇长1名，副镇长2名。之后经调整，到2021年6月，东回舍镇有人大主席1名，人大副主席1名；镇长1名，副镇长1名。

主　席　杨晓雷（2017.01—2021.06）

副主席　王军平（2017.01—2021.06）

镇　长　李　娜（女，2017.01—2019.01）

任建军（2019.01—2021.06）

副镇长　何国庆（2017.01—2018.01）

田江伟（2017.01—2021.06）

10. 东回舍镇第十一届人民代表大会（2021.06—2023.12）

2021年6月1日，东回舍镇召开第十一届人民代表大会第一次会议，出席代表64名。其中，女代表25名。大会依照法律程序审议并通过《东回舍镇人民政府工作报告》《东回舍镇财政预决算报告》《东回舍镇人大工作报告》。大会以无记名投票方式等额选举产生东回舍镇人民代表大会主席1名，副主席2名；镇长1名，副镇长2名。

主　席　杨晓雷（2021.06—2023.12）

副主席　王军平（2021.06—2023.12）

张志艳（2021.06—2023.12）

镇　长　任建军（2021.06—2022.01）

邢文奇（2022.01—2023.12）

副镇长　田江伟（2021.06—2023.12）

王　一（2021.06—2023.12）

第三章　温塘镇人民代表大会

温塘镇总面积98平方公里，其中山场面积12.2万亩，耕地面积25096.3亩。辖43个行政村，32个自然庄，户籍人口2.4万人，常住人口1.5万人。地处平山县中部丘陵地带，四季分明，冬暖夏凉。交通便利畅通，历史底蕴深厚，温泉资源独特，矿产资源富集，是河北省小城镇改革发展重点镇、中国旅游文化名镇、国家级旅游度假区。

温塘镇人民代表大会发展经历两个阶段：第一阶段，撤区并乡前人民代表大会时期；第二阶段，撤区并乡后人民代表大会时期。

第一节　撤区并乡前人民代表大会时期

一、温塘镇人民代表大会

1. 温塘镇第一届人民代表大会（1984—1987）

温塘镇第一届人民代表大会于1984年召开，选举镇人民政府镇长、副镇长，此时镇人大工作由镇政府组织。

2. 温塘镇第二届人民代表大会及人大联络组（1987.04—1988.08）

温塘镇第二届人民代表大会第一次会议于1987年4月召开。1987年11月至1988年8月，镇人代会在第二届任期内。会议选举产生温塘镇第二届人民政府。1987年11月，设镇长1名，副镇长2名。

人大联络组组长　赵志芳（1987.11—1988.08）

镇　长　张林保（1987.11—1988.08）

副镇长　白　哲（1987.11—1988.08）

齐春生（1987.11—1988.08）

二、马家乡人民代表大会

1. 马冢乡第一届人民代表大会（1984—1987）

马冢乡第一届人民代表大会于1984年召开，选举乡人民政府乡长、副乡长，此时乡人大工作由乡政府组织。

2. 马家乡第二届人民代表大会及人大联络组（1987.04—1988.08）

马家乡第二届人民代表大会第一次会议于1987年4月召开。会议选举产生马家乡第二届人民政府。1987年11月时，设乡长1名，副乡长2名。

人大联络组组长　闫荣海（1987.11—1988.08）
乡　长　王　平（1987.11—1988.08）
副乡长　王开亮（1987.11—1988.08）
李兴华（1987.11—1988.08）

三、青杨树乡人民代表大会

1. 青杨树乡第一届人民代表大会（1984—1987）

青杨树乡第一届人民代表大会于1984年召开，选举乡人民政府乡长、副乡长，此时乡人大工作由乡政府组织。

2. 青杨树乡第二届人民代表大会及人大联络组（1987.04—1988.08）

青杨树乡第二届人民代表大会第一次会议于1987年4月召开。会议选举产生青杨树乡第二届人民政府。1987年11月，设乡长1名，副乡长1名。

人大联络组组长　王跃宗（1987.11—1988.08）
乡　长　王栓庆（1987.11—1988.08）
副乡长　韩　峰（1987.11—1988.08）

第二节　撤区并乡后人民代表大会时期

1. 温塘镇第二届人民代表大会及人大联络组（1988.08—1990.05）

1988年8月，全县实行撤区并乡。原马家乡、青杨树乡并入温塘镇。1988年8月至1990年5月，乡镇人代会仍在第二届任期内。

乡人大联络组组长　赵习同（1988.08—1989.12）
常文明（1990.01—1990.05）
乡人大联络组副组长　闫荣海（1988.08—1990.05）
镇　长　史增山（1990.04—1990.08）
李虎子（1989.03—1990.05）
副镇长　刘晓亮（1988.08—1990.04）
王明塔（1988.12—1990.06）
谷军海（1988.08—1990.05）
白　哲（1988.08—1990.05）

2. 温塘镇第三届人民代表大会及人大主席团（1990.05—1993.03）

温塘镇第三届人民代表大会第一次会议于1990年5月15日召开。出席会议的人大代表共70名。会议依照法律程序审议并通过《温塘镇人民政府工作报告》《温塘镇财政预决算报告》，会议依法选举产生温塘镇第三届人民代表大会主席团，选举产生温塘镇第三届人民政府镇长、副镇长。

常务主席　常文明（1990.05—1992.05）
　　　　　梁宝堂（女，1992.05—1992.12）
镇　　长　张存礼（1990.05—1993.03）
副 镇 长　曹东友（1990.09—1993.03）
　　　　　谷军海（1990.05—1991.02）
　　　　　白　哲（1990.05—1991.02）
　　　　　梁宝堂（女，1990.05—1992.10）
　　　　　杜吉牛（1990.05—1993.03）
　　　　　齐春生（1991.02—1993.03）
　　　　　赵习同（1992.06—1993.03）
　　　　　杨美林（1992.10—1993.03）
　　　　　张树元（1992.11—1993.03）

3. 温塘镇第四届人民代表大会及人大主席团（1993.03—1996.05）

温塘镇第四届人民代表大会第一次会议于1993年3月3日召开，出席代表62名。其中，女代表10名。会议依照法律程序审议并通过《温塘镇人民政府工作报告》《温塘镇财政预决算报告》《温塘镇人大主席团工作报告》。依法选举产生温塘镇第四届人民代表大会主席团常务主席1名。

常务主席　梁宝堂（女，1993.03—1994.11）
　　　　　付力华（1994.11—1996.05）
镇　　长　张存礼（1993.03—1993.10）
　　　　　崔建国（1993.10—1994.04）
　　　　　侯通霄（1994.04—1996.05）
副 镇 长　齐春生（1993.03—1994.03）
　　　　　曹东友（1993.03—1996.05）
　　　　　杜吉牛（1993.03—1994.11）
　　　　　杨美林（1993.03—1994.11）
　　　　　张树元（1993.03—1996.01）
　　　　　赵增寿（1993.08—1994.08）
　　　　　贾梅梅（1994.03—1994.11）
　　　　　闫建国（1994.08—1996.05）

胡堂锁（1994.08—1996.05）
焦二新（1994.11—1996.05）
王平子（1994.11—1996.05）
李随海（1995.11—1996.05）
刘金发（1995.12—1996.05）
张翠文（1995.12—1996.05）

4. 温塘镇第五届人民代表大会（1996.05—1999.03）

1996年5月22日，温塘镇召开第五届人民代表大会第一次会议，出席代表52名。其中，女代表10名。大会依照法律程序审议并通过《温塘镇人民政府工作报告》《温塘镇财政预决算报告》《温塘镇人大工作报告》。依照1995年2月修改的组织法规定，温塘镇第五届人民代表大会选举产生主席1名，副主席1名；镇长1名，副镇长5名，另外不占领导职数的兼职副镇长3名（刘金发、张翠文、王平子），挂职副镇长1名（徐海中）。此后增补镇长1名。张翠文1996年10月以前为兼职。到1998年3月，有镇长1名，副镇长8名（其中，兼职2名，挂职1名）。温塘镇第五届人民代表大会召开2次会议。

主　席　付力华（1996.05—1999.03）
副主席　王明堂（1996.05—1997.05）
镇　长　侯通霄（1996.05—1997.05）
　　　　闫建国（1997.11—1999.03）
副镇长　曹东友（1996.05—1996.08；1997.08—1999.03）
　　　　闫建国（1996.05—1997.11）
　　　　胡堂锁（1996.05—1999.03）
　　　　焦二新（1996.05—1999.03）
　　　　李随海（科技，1996.05—1999.03）
　　　　刘金发（1996.05—1998.03）
　　　　张翠文（1996.05—1996.10；宗教，1996.10—1999.03）
　　　　徐海中（1996.05—1999.03）
　　　　王平子（1996.05—1999.03）
　　　　李文朝（1998.03—1999.03）

5. 温塘镇第六届人民代表大会（1999.03—2002.05）

1999年3月5日，温塘镇召开第六届人民代表大会第一次会议，出席代表54名。其中，女代表7名。大会依照法律程序审议并通过《温塘镇人民政府工作报告》《温塘镇财政预决算报告》《温塘镇人大工作报告》。大会以无记名投票方式等额选举产生温塘镇人民代表大会主席1名，等额选举镇长1名，差额选举副镇长5名。之后经调整，到2002年5月换届，有主席1名，镇长1名，副镇长3名。温塘镇第六届人民代表大会在此期间召开3次会议。

主　席　付力华（1999.03—2001.08）

杜吉牛（2002.04—2002.05）

镇　长　闫建国（1999.03—2001.07）

智全海（2001.07—2002.05）

副镇长　焦二新（1999.03—2000.04）

胡堂锁（1999.03—2002.05）

李随海（1999.03—2001.08）

张翠文（宗教，1999.03—2001.08）

李文朝（1999.03—1999.05）

梁　波（1999.06—2002.05）

王守成（1999.08—2002.05）

田林广（2000.01—2000.12）

6. 温塘镇第七届人民代表大会（2002.05—2007.03）

2002年5月26日，温塘镇召开第七届人民代表大会第一次会议，出席代表50名。其中，女代表4名。大会依照法律程序审议并通过《温塘镇人民政府工作报告》《温塘镇财政预决算报告》《温塘镇人大工作报告》。依照组织法规定，以无记名投票方式等额选举产生温塘镇人民代表大会主席1名，等额选举镇长1名，差额选举副镇长1名。之后经调整，到2007年3月，有镇长1名，副镇长3名。温塘镇第七届人民代表大会在此期间召开1次会议。

主　席　杜吉牛（2002.05—2007.03）

副主席　史忠义（2002.10—2007.03）

镇　长　智全海（2002.05—2003.04）

杜文海（2003.05—2007.03）

副镇长　胡堂锁（2002.05—2006.04）

张玉香（2002.07—2005.11）

齐丽献（2002.10—2003.05）

刘清平（2002.10—2007.03）

王明生（2003.05—2007.03）

郝春艳（女，2003.05—2007.03）

齐春生（2006.06—2007.03）

刘　红（2006.06—2007.03）

7. 温塘镇第八届人民代表大会（2007.03—2013.02）

2007年3月14日，温塘镇召开第八届人民代表大会第一次会议，出席代表56名，其中女代表11名。大会依照法律程序审议并通过《温塘镇人民政府工作报告》《温塘镇财政预决算报告》《温塘镇人大工作报告》。大会以无记名投票方式等额选举产生温塘镇人民代表大会主席1名，副主席1名；镇长1名，副镇长2名。之后经调整，到2013年2月，有人大主席1名，人大副主席1名；镇长1名，副镇长2名。温塘镇第八届人民代表大会在此期间召开5次会议。

主　席　齐丽献（2007.03—2010.06）

　　　　杨晓军（2010.06—2011.09）

副主席　盖建霞（2007.03—2009.06）

　　　　闫金保（2009.06—2011.12）

　　　　陈　飞（2011.09—2011.12）

镇　长　杜文海（2007.03—2009.04）

　　　　谷国华（2009.04—2011.03）

　　　　王　浩（2011.03—2013.02）

副镇长　郝春艳（2007.03—2009.06）

　　　　刘清平（2007.03—2011.12）

　　　　闫庆朝（2011.03—2013.02）

　　　　张俊彦（2011.12—2013.02）

8. 温塘镇第九届人民代表大会（2013.02—2016.12）

2013年2月，温塘镇召开第九届人民代表大会第一次会议，大会以无记名投票方式等额选举产生温塘镇人民代表大会主席1名，副主席1名；镇长1名，副镇长2名。之后经过调整，到2016年12月，温塘镇有人大主席1名，人大副主席2名；镇长1名，副镇长2名。温塘镇第九届人民代表大会在此期间召开5次会议。

主　席　杨晓军（2013.02—2013.03）

副主席　陈　飞（2013.02—2015.01）

增补成员：

主　席　张艳丽（女，2013.03—2015.10）

　　　　齐英霞（女，2015.10—2016.12）

副主席　谷　雨（2015.05—2016.12）

镇　长　王　浩（2013.02—2016.12）

副镇长　张俊彦（2013.02—2015.01）

　　　　闫庆朝（2013.02—2016.12）

增补成员：

副镇长　陈　飞（2015.01—2016.12）

9. 温塘镇第十届人民代表大会（2016.12—2020.07）

2016年12月，温塘镇召开第十届人民代表大会第一次会议，大会依照法律程序审议并通过《温塘镇人民政府工作报告》《温塘镇财政预决算报告》《温塘镇人大工作报告》。大会以无记名投票方式等额选举产生温塘镇人民代表大会主席1名，副主席1名；镇长1名，副镇长2名。之后经调整，到2020年7月，温塘镇有人大主席1名，人大副主席1名；镇长1名，副镇长2名。

主　席　齐英霞（女，2015.10—2016.12）

　　　　刘春燕（女，2017.01—2020.07）

副主席　谷　雨（2015.05—2020.07）

增补成员：

镇　长　王　浩（2016.12—2017.01）

副镇长　陈　飞（2016.12—2017.01）

　　　　闫庆超（2016.12—2017.01）

增补成员：

镇　长　刘伟平（2017.01—2017.02）

　　　　齐军伟（2017.02—2020.07）

副镇长　边彦丽（女，2017.01—2017.02）

　　　　孙平亮（2017.01—2020.07）

10. 温塘镇第十一届人民代表大会（2020.07—2022.04）

2020 年 7 月，温塘镇召开第十一届人民代表大会第一次会议，大会依照法律程序审议并通过《温塘镇人民政府工作报告》《温塘镇财政预决算报告》《温塘镇人大工作报告》。大会以无记名投票方式等额选举产生温塘镇人民代表大会主席 1 名，副主席 2 名；镇长 1 名，副镇长 2 名。

主　席　陈　飞（2020.07—2022.04）

副主席　孟四宝（2020.07—2022.04）

　　　　田江超（2020.07—2022.04）

镇　长　姜占杰（2022.04—2022.04）

增补成员：

副镇长　谷　雨（2020.07—2022.04）

　　　　郎利军（2020.07—2022.04）

11. 温塘镇第十二届人民代表大会（2022.04—2023.12）

2022 年 4 月，温塘镇召开第十二届人民代表大会第一次会议，大会依照法律程序审议并通过《温塘镇人民政府工作报告》《温塘镇财政预决算报告》《温塘镇人大工作报告》。大会以无记名投票方式等额选举产生温塘镇人民代表大会副主席 2 名；镇长 1 名，副镇长 2 名。

副主席　孟四宝（2022.04—2023.04）

　　　　田江超（2020.07—2023.04）

镇　长　姜占杰（2022.04—2023.12）

副镇长　李伟杰（2022.04—2023.12）

　　　　曹家伟（2023.07—2023.12）

第四章　西大吾乡人民代表大会

西大吾乡地处平山县城西北部，距平山县城6公里。乡域地势南高北低，平均海拔95米，滹沱河穿越全境，境内还有荣村河、郗坊河，大川灌渠贯穿全域。西大吾乡辖23个行政村，总面积39.19平方公里，户籍人口2.2万人，常住人口1.2万人。地理交通便利，境内有2条主要干道，孟岗路级贯东西，沙东路贯穿南北。西大吾乡主要产业为传统农业，历史上素有“米粮川”美称。

1. 西大吾乡第一届人民代表大会（1984—1987）

西大吾乡第一届人民代表大会于1984年召开，选举乡人民政府乡长、副乡长，此时乡人大工作由乡政府组织。

2. 西大吾乡第二届人民代表大会及人大联络组（1987.04—1990.05）

西大吾乡第二届人民代表大会第一次会议于1987年4月召开，会议选举产生大吾乡第二届人民政府。1987年11月时，设乡长1名，副乡长2名。

人大联络组组长　刘京生（1988.08—1990.03）
　　　　　　　　王　平（1990.04—1990.05）
副组长　齐春照（1988.08—1990.05）
乡　长　权文海（1987.11—1988.08）
　　　　魏新平（1988.08—1990.01）
　　　　张林保（1990.01—1990.05）
副乡长　温保录（1987.11—1988.08）
　　　　齐春照（1987.11—1988.08）
　　　　王　平（1988.08—1990.04）
　　　　习明竹（女，1988.08—1990.05）
　　　　王　辉（1988.08—1989.09）
　　　　谷占兵（1990.04—1990.05）

3. 西大吾乡第三届人民代表大会及人大主席团（1990.05—1993.03）

西大吾乡第三届人民代表大会第一次会议于1990年5月召开。出席会议的人民代表58名，会议依照法律程序审议并通过《西大吾乡人民政府工作报告》和《西大吾乡财政预决算报告》，会议依法选举产生西大吾乡第三届人民代表大会主席及主席团常务主席；选举产生西大吾乡第三届人民政府乡长 1 名，副乡长 3 名。

人大主席团常务主席　王　平（1990.05—1993.03）
副主席　齐春照（1990.05—1993.03）
乡　长　张林保（1990.05—1991.02）
任彦平（1991.02—1993.03）
副乡长　刘书英（1990.05—1993.03）
谷占兵（1990.05—1992.06）
习明竹（女，1990.05—1991.05）
胡遂林（1992.05—1993.03）
封二友（1992.06—1993.03）
齐建军（1992.06—1993.03）
安振兵（1990.09—1992.10）

4. 西大吾乡第四届人民代表大会主席团（1993.03—1996.04）

西大吾乡第四届人民代表大会第一次会议于 1993 年 3 月 5 日召开，出席代表 56 名。其中，女代表 12 名。大会依照法律程序审议并通过《西大吾乡人民政府工作报告》《西大吾乡财政预决算报告》《西大吾乡人大主席团工作报告》。依法选举产生西大吾乡第四届人民代表大会主席团常务主席 1 名，副主席 1 名；乡长 1 名，副乡长 4 名，此后增补副乡长 4 名。到 1994 年 11 月，有乡长 1 名，副乡长 4 名。

常务主席　王　平（1993.03—1994.11）
副主席　齐春照（1993.03—1994.11）
乡　长　王孟秋（1993.03—1994.11）
副乡长　封二友（1993.03—1993.08）
齐建军（1993.03—1994.03）
胡随林（1993.03—1994.04）
刘书英（1993.03—1994.08）

增补成员：

副乡长　曹金叶（女，1993.08—1994.11）
刘树太（1993.08—1994.11）
陈岳峰（1994.08—1994.11）
赵增寿（1994.08—1994.11）

1994 年 11 月，乡镇干部制度改革，实行党委书记聘用制，西大吾乡人大主席团设常务主席 1 名；乡长 1 名，副乡长 3 名。此后增补副乡长 1 名。到 1996 年 4 月，有乡长 1 名，副乡长 3 名。

常务主席　武明山（1994.11—1996.04）
乡　长　王孟秋（1994.11—1996.04）

副乡长　陈岳峰（1994.11—1996.04）
赵增寿（1994.11—1996.04）
刘树太（1994.11—1996.04）

增补成员：

副乡长　吴彦忠（科技，1995.09—1996.04）

5. 西大吾乡第五届人民代表大会（1996.04—1999.03）

1996 年 4 月 15 日，西大吾乡召开第五届人民代表大会第一次会议，出席代表 54 名。其中，女代表 11 名。大会依照法律程序审议并通过《西大吾乡人民政府工作报告》《西大吾乡财政预决算报告》《西大吾乡人大工作报告》。依照 1995 年 2 月修改的组织法规定，西大吾乡第五届人民代表大会选举产生主席 1 名；乡长 1 名，副乡长 3 名，不占领导职数的挂职副乡长 1 名（闫二杰），此后增补副乡长 4 名（其中，挂职 2 名：赵建林，兼职 1 名：石联兵）。到 1998 年 3 月，有乡长 1 名，副乡长 7 名（其中，挂职 2 名，兼职 1 名）。西大吾乡第五届人民代表大会召开 2 次会议。

主　席　武明山（1996.04—1999.03）
副主席　曹金叶（女，1996.10—1999.03）
乡　长　赵增寿（1996.04—1999.01）
卢增涛（1999.01—1999.03）
副乡长　刘树太（1996.04—1999.01）
陈岳峰（1996.04—1998.04）
吴彦忠（1996.04—1999.03）
闫二杰（1996.04—1998.07）

增补成员：

副乡长　赵建林（1996.10—1999.01）
刘建青（1997.05—1999.03）
刘巨峰（1997.11—1999.01）
石联兵（1997.05—1998.03）
卢素芳（1999.01—1999.03）

6. 西大吾乡第六届人民代表大会（1999.3—2002.6）

1999 年 3 月 18 日，西大吾乡召开第六届人民代表大会第一次会议，出席代表 56 名，其中女代表 11 名。大会依照法律程序审议并通过《西大吾乡人民政府工作报告》《西大吾乡财政预决算报告》《西大吾乡人大工作报告》。大会以无记名投票方式等额选举产生主席 1 名，差额选举产生副主席 1 名；等额选举产生乡长 1 名，差额选举产生副乡长 3 名。之后经调整，到 2002 年 6 月换届，有乡长 1 名，副乡长 4 名。西大吾乡第六届人民代表大会在此期间内召开 3 次会议。

主　席　武明山（1999.03—2002.06）

副主席　曹金叶（女，1999.03—2002.06）

乡　长　卢增涛（1999.03—2000.07）

副乡长　卢素芳（1999.03—2002.04）

　　　　刘建青（1999.03—2002.06）

　　　　吴彦忠（1999.03—2002.06）

增补成员：

乡　长　魏尊一（女，2000.07—2002.06）

副乡长　潘中雪（1999.06—2002.06）

　　　　霍会平（女，2001.08—2002.06）

7. 西大吾乡第七届人民代表大会（2002.06—2007.03）

2002 年 6 月 7 日，西大吾乡召开第七届人民代表大会第一次会议，出席代表 54 名，其中女代表 10 名。大会依照法律程序审议并通过《西大吾乡人民政府工作报告》《西大吾乡财政预决算报告》《西大吾乡人大工作报告》。依照组织法规定，大会以无记名投票方式等额选举产生主席 1 名，差额选举产生副主席 1 名；等额选举产生乡长 1 名，差额选举产生副乡长 3 名。

主　席　武明山（2002.06—2006.03）

　　　　李彦文（2006.03—2007.03）

副主席　曹金叶（女，2002.06—2006.03）

　　　　缺　职（2006.06—2007.03）

乡　长　武自军（2002.06—2004.10）

　　　　任鸿亮（2004.10—2007.03）

副乡长　刘建青（2002.06—2002.10）

　　　　霍会平（2002.06—2007.03）

　　　　吴彦忠（2002.06—2007.03）

　　　　李金刚（2002.10—2004.12）

8. 西大吾乡第八届人民代表大会（2007.03—2012.03）

2007 年 3 月，西大吾乡召开第八届人民代表大会第一次会议，大会以无记名投票方式选举产生西大吾乡人民代表大会主席 1 名，副主席 1 名；乡长 1 名，副乡长 2 名。之后经过调整，到 2012 年 3 月，西大吾乡有人大主席 1 名，副主席 1 名；乡长 1 名，副乡长 2 名。

主　席　吴彦忠（2007.03—2010.06）

　　　　梁振华（2010.06—2012.03）

副主席　强增亮（2007.03—2007.10）

　　　　李海波（2009.06—2012.03）

乡　长　李彦文（2007.03—2009.06）

　　　　缺　职（2009.06—2010.06）

副乡长　贾彦龙（2007.03—2012.03）

　　　　霍会平（女，2007.03—2009.06）

增补成员：

乡　长　陈东亮（2010.06—2012.03）

副乡长　周卫华（2009.06—2012.03）

9. 西大吾乡第九届人民代表大会（2012.03—2017.01）

2012年3月，西大吾乡召开第九届人民代表大会第一次会议，大会以无记名投票方式选举产生西大吾乡人民代表大会主席1名，副主席1名；乡长1名，副乡长2名。之后经过调整，到2017年1月，西大吾乡有人大主席1名，人大副主席1名；乡长1名，副乡长2名。

主　席　梁振华（2012.03—2015.05）

　　　　任建军（2015.05—2017.01）

副主席　李海波（2012.03—2012.09）

　　　　范邵棚（2012.09—2013.07）

　　　　高丽肖（女，2013.07—2015.01）

　　　　白艳龙（2015.12—2017.01）

乡　长　陈东亮（2012.03—2013.03）

副乡长　周卫华（2012.03—2012.05）

　　　　缺　职（2012.05—2013.07）

　　　　贾彦龙（2012.03—2014.08）

　　　　李海波（2012.09—2013.03）

　　　　缺　职（2014.08—2015.01）

增补成员：

乡　长　梁五平（2013.03—2017.01）

副乡长　曹慧娟（女，2013.07—2017.01）

　　　　谷宏杰（2015.01—2017.01）

10. 西大吾乡第十届人民代表大会（2017.01—2021.06）

2017年1月，西大吾乡召开第十届人民代表大会第一次会议，大会以无记名投票方式选举产生西大吾乡人民代表大会主席1名，副主席1名；乡长1名，副乡长2名。到2021年6月，西大吾乡有人大主席1名，人大副主席1名；乡长1名，副乡长2名。

主　席　任建军（2017.01—2019.01）

　　　　王　诏（2019.01—2021.06）

副主席　白艳龙（2017.01—2021.06）

乡　长　齐英霞（女，2017.01—2020.09）

副乡长　曹慧娟（女，2017.01—2021.06）

　　　　张　丽（女，2017.01—2021.06）

增补成员：

乡　长　张金国（2020.09—2021.06）

11. 西大吾乡第十一届人民代表大会（2021.06—2023.12）

2021年6月，西大吾乡召开第十一届人民代表大会第一次会议，大会以无记名投票方式选举产生西大吾乡人民代表大会主席1名，副主席1名；乡长1名，副乡长2名。到2023年12月，西大吾乡有人大主席1名，人大副主席1名；乡长1名，副乡长2名。

主　席　王　诏（2021.06—2023.12）

副主席　王家安（2021.06—2023.12）

乡　长　张金国（2021.06—2022.10）

副乡长　张　丽（女，2021.06—2023.12）

　　　　白艳龙（2021.06—2023.12）

增补成员：

乡　长　宫晓雷（2022.10—2023.12）

第五章　南甸镇人民代表大会

南甸镇地处平山县东部，距平山县城13公里，辖区总面积63.46平方公里，耕地面积3428.6公顷，农业人口2.5万人，南甸镇境内大部分为丘陵地带，地势北高南低、西高东低。241省道穿境而过，南甸河自康庄村北入境，由北向南，入黄壁庄水库，境内河道长4.8公里。

南甸镇是一二三产业高质量融合发展的标杆镇，辖区内有世界500强企业敬业集团，是平山县第一工业重镇。

1. 南甸镇第一届人民代表大会（1984—1987）

南甸镇第一届人民代表大会于1984年召开，选举镇人民政府镇长、副镇长，此时镇人大工作由镇政府组织。

2. 南甸镇第二届人民代表大会及人大联络组（1987.04—1990.04）

南甸镇第二届人民代表大会第一次会议于1987年4月召开。会议选举产生南甸镇第二届人民政府。

人大联络组组长　张文英（1987.11—1988.08）
高英拴（1988.08—1989.01）
刘贵生（1989.01—1990.04）
副组长　焦　忠（1988.08—1990.04）
镇　长　王军军（1987.11—1988.08）
韩秀庆（1988.08—1990.01）
李吉平（1990.01—1990.04）
副镇长　王永贵（1987.11—1990.04）
刘书英（1987.11—1990.04）
刘喜法（1987.11—1988.08）
赵秀峰（1988.08—1990.04）
马建中（1988.08—1988.12）
崔欣元（1989.01—1990.04）

3. 南甸镇第三届人民代表大会及人大主席团（1990.04—1993.03）

南甸镇第三届人民代表大会第一次会议于1990年4月召开。出席会议的人民代表共62名。会议依照法律程序审议并通过《南甸镇人民政府工作报告》《南甸镇财政预决算报告》，会议依法选举产生南甸镇第三届人民代表大会主席团，选举产生南甸镇第三届人民政府镇长、副镇长。

人大主席团常务主席　刘贵生（1990.04—1990.06）
齐海书（1990.06—1993.03）
副主席　焦　忠（1990.04—1990.08）
镇　长　张存礼（1990.04—1990.09）
齐　英（1990.09—1990.12）
闫爱国（1990.12—1991.09）
王明喜（1991.09—1992.05）
崔欣元（1992.05—1993.03）
副镇长　赵秀峰（1990.04—1993.03）
崔欣元（1990.04—1992.05）
高树庆（1990.09—1992.11）
弓建文（1990.06—1990.08）
于三珠（1990.06—1993.03）
闫爱国（1991.09—1992.12）
杜文海（1991.05—1993.03）

4. 南甸镇第四届人民代表大会及人大主席团（1993.03—1996.04）

南甸镇第四届人民代表大会第一次会议于1993年3月5日召开，出席代表63名。其中，女代表12名。会议依照法律程序审议并通过《南甸镇人民政府工作报告》《南甸镇财政预决算报告》《南甸镇人大主席团工作报告》。依法选举产生南甸镇第四届人民代表大会主席团常务主席1名；镇长1名，副镇长3名。此后增补镇长1名，副镇长3名。到1994年11月，有镇长1名，副镇长5名。

常务主席　齐海书（1993.03—1993.07）
杨文明（1993.10—1994.11）
镇　长　崔欣元（1993.03—1993.07）
副镇长　赵秀峰（1993.03—1994.03）
于三珠（1993.03—1994.11）
杜文海（1993.03—1994.11）

增补成员：

镇　　长　陈二武（1993.07—1994.11）
副 镇 长　王武山（1994.03—1994.11）
张建刚（1994.03—1994.11）
王三丑（1994.03—1994.11）

1994年11月，乡镇干部制度改革，实行党委书记聘用制，南甸镇人大主席团设常务主席 1 名；镇长 1 名，副镇长 4 名，此后增补副镇长 3 名（其中兼职 2 名：王增顺、王喜书）。到 1996 年 4 月，有镇长 1 名，副镇长 7 名（其中兼职 2 名）。

常务主席　习东明（1994.11—1996.04）
镇　　长　陈二武（1994.11—1996.04）
副 镇 长　王武山（1994.11—1996.04）
　　　　　王三丑（1994.11—1996.04）
　　　　　杜文海（1994.11—1996.04）
　　　　　樊惠中（1994.11—1996.04）
增补成员：
副 镇 长　王增顺（1995.09—1996.04）
　　　　　王喜书（1995.09—1996.04）
　　　　　许连庭（科技，1995.11—1996.04）

5. 南甸镇第五届人民代表大会（1996.04—1999.03）

1996 年 4 月 15 日，南甸镇召开第五届人民代表大会第一次会议，出席代表 60 名。其中，女代表 12 名。大会依照法律程序审议并通过《南甸镇人民政府工作报告》《南甸镇财政预决算报告》《南甸镇人大工作报告》。依照 1995 年 2 月修改的组织法规定，南甸镇第五届人民代表大会选举产生主席 1 名，选举产生南甸镇第五届人民政府镇长 1 名、副镇长 5 名。另外不占领导职数的兼职副镇长 2 名（王增顺、王喜书），挂职副镇长 1 名（孙金拴）。此后增补镇长 1 名，副镇长 4 名。到 1999 年 3 月换届，有主席 1 名，副主席 1 名；镇长 1 名，副镇长 4 名。南甸镇第五届人民代表大会召开 2 次会议。

主　席　习东明（1996.04—1997.04）
　　　　杜金拴（1997.12—1999.03）
副主席　王文军（1999.01—1999.03）
镇　长　彭　军（1996.04—1997.03）
副镇长　王武山（1996.04—1997.05）
　　　　王三丑（1996.04—1997.05）
　　　　樊惠中（1996.04—1997.05）
　　　　杜文海（1996.04—1999.01）
　　　　许连庭（科技，1996.04—1999.03）
　　　　孙金拴（1996.04—1998.03；1998.07—1999.03）
　　　　王增顺（1996.04—1998.12）
　　　　王喜书（1996.04—1998.12）
增补成员：
镇　长　马文堂（1997.03—1999.03）
副镇长　李顺国（1997.05—1999.01）

谷文利（1997.05—1999.03）

刘凤明（1997.05—1999.03）

刘书文（1997.05—1999.01）

6. 南甸镇第六届人民代表大会（1999.03—2002.06）

1999年3月17日，南甸镇召开第六届人民代表大会第一次会议，出席代表54名。其中，女代表11名。大会依照法律程序审议并通过《南甸镇人民政府工作报告》《南甸镇财政预决算报告》《南甸镇人大工作报告》。大会以无记名投票方式等额选举产生南甸镇人民代表大会主席1名，差额选举产生副主席1名；等额选举镇长1名，差额选举副镇长4名。之后经调整，到2002年6月换届，有主席1名，副主席1名；镇长1名，副镇长4名。南甸镇第六届人民代表大会在此期间召开3次会议。

主　席　杜金拴（1999.03—2002.06）

副主席　王文军（1999.03—2002.06）

镇　长　马文堂（1999.03—2000.07）

副镇长　谷文利（1999.03—2002.06）

刘凤明（1999.03—2002.06）

许连庭（科技，1999.03—2001.08）

孙金拴（1999.03—2002.06）

增补成员：

镇　长　李占山（2000.07—2002.06）

副镇长　韩全军（科技，2001.08—2002.06）

7. 南甸镇第七届人民代表大会（2002.06—2007.03）

2002年6月2日，南甸镇召开第七届人民代表大会第一次会议，出席代表52名。其中，女代表9名。大会依照法律程序审议并通过《南甸镇人民政府工作报告》《南甸镇财政预决算报告》《南甸镇人大工作报告》。依照组织法规定，以无记名投票方式等额选举产生南甸镇人民代表大会主席1名，差额选举产生副主席1名；等额选举镇长1名，差额选举副镇长4名。南甸镇第七届人民代表大会在此期间召开4次会议。

主　席　杜金拴（2002.06—2003.04）

韩天骏（2004.10—2007.03）

副主席　王文军（2002.06—2006.04）

任鸿亮（2002.11—2003.04）

镇　长　李占山（2002.06—2002.11）

任鸿亮（2003.04—2004.10）

杜金拴（2004.10—2007.03）

副镇长　谷文利（2002.06—2004.10）

刘凤明（2002.06—2004.10）

孙金拴（2002.06—2002.10）

韩全军（2002.06—2002.10）

齐正平（2002.10—2007.03）

李　波（2002.10—2007.03）

8. 南甸镇第八届人民代表大会（2007.03—2012.02）

2007年3月2日，南甸镇召开第八届人民代表大会第一次会议，大会以无记名投票方式等额选举产生南甸镇人民代表大会主席1名，副主席1名。之后经调整，到2012年2月，有主席1名，副主席1名。大会以无记名投票方式等额选举产生南甸镇人民政府镇长1名，副镇长2名，之后经调整，到2012年2月，有镇长1名，副镇长2名。

主　席　安明亮（2007.03—2009.07）

　　　　何桃林（女，2009.07—2012.02）

副主席　杜曙辉（2007.03—2012.02）

镇　长　杜金拴（2007.03—2007.06）

　　　　韩天骏（2007.06—2011.10）

　　　　王素龙（2011.10—2012.02）

副镇长　李　波（2007.03—2009.06）

　　　　何国庆（2007.03—2009.06）

　　　　李志宏（2009.06—2012.02）

　　　　霍会平（女，2009.06—2011.12）

　　　　张成亮（2011.12—2012.02）

9. 南甸镇第九届人民代表大会（2012.02—2017.01）

2012年2月17日，南甸镇召开第九届人民代表大会第一次会议，大会以无记名投票方式等额选举产生南甸镇人民代表大会主席1名，副主席1名；镇长1名，副镇长2名。之后经过调整，到2017年1月，南甸镇有人大主席、人大副主席各1名；镇长1名，副镇长2名。南甸镇第九届人民代表大会在此期间召开5次会议。

主　席　何桃林（女，2012.02—2017.01）

副主席　杜曙辉（2012.02—2017.01）

增补成员：

主　席　齐占军（2012.09—2015.01）

　　　　赵新平（女，2015.01—2017.01）

副主席　丁顺舟（2012.09—2015.10）

　　　　孙海栓（2015.10—2017.01）

　　　　郝玉朋（2017.01—2017.01）

镇　长　王素龙（2012.02—2015.01）

副镇长　张成亮（2012.02—2015.05）

李志宏（2012.02—2012.04）

增补成员

镇　长　齐占军（2015.01—2017.01）

副镇长　杨晓雷（2015.05—2017.01）

缺　职（2012.04—2012.11）

陈志峰（2012.10—2017.01）

10. 南甸镇第十届人民代表大会（2017.01—2021.06）

2017 年 1 月 24 日，南甸镇召开第十届人民代表大会第一次会议，出席代表 53 名。其中，女代表 10 名。大会依照法律程序审议并通过《南甸镇人民政府工作报告》《南甸镇财政预决算报告》《南甸镇人大工作报告》。大会以无记名投票方式等额选举产生南甸镇人民代表大会主席 1 名，副主席 1 名；镇长 1 名，副镇长 2 名。

主　席　刘军哲（2017.01—2021.06）

副主席　郝玉朋（2017.01—2021.06）

镇　长　齐占军（2017.01—2017.02）

闫立章（2017.02—2021.06）

副镇长　陈志峰（2017.01—2017.02）

刘二宁（2017.01—2021.06）

11. 南甸镇第十一届人民代表大会（2021.06—2023.12）

2021 年 6 月 1 日，南甸镇召开第十一届人民代表大会第一次会议，出席代表 83 名。其中，女代表 11 名。大会依照法律程序审议并通过《南甸镇人民政府工作报告》《南甸镇财政预决算报告》《南甸镇人大工作报告》。大会以无记名投票方式等额选举产生南甸镇人民代表大会主席 1 名，副主席 2 名；镇长 1 名，副镇长 3 名。之后经调整，到 2023 年 12 月，南甸镇有人大主席 1 名，人大副主席 2 名；镇长 1 名，副镇长 3 名。

主　席　王红艳（女，2021.06—2023.12）

副主席　李晓露（女，2021.06—2023.12）

高杰鹏（2021.06—2023.12）

镇　长　王　晨（2021.06—2022.09）

康苏龙（2022.09—2023.12）

副镇长　张建波（2021.06—2022.06）

王智霞（女，2021.06—2023.12）

杨晓静（2021.06—2022.06）

周胜龙（2022.06—2023.12）

第六章　上三汲乡人民代表大会

上三汲乡，地处平山县东部，东与灵寿县牛城乡接壤，南依黄壁庄水库，西连两河乡，西北接南甸镇，北邻灵寿县塔上镇，距县城15公里。全乡总面积42.58平方公里，辖27个行政村，31个自然庄，共7802户24698人（其中农业人口24205人）。

1. 上三汲乡第一届人民代表大会（1984—1987）

上三汲乡第一届人民代表大会于1984年召开，选举乡人民政府乡长、副乡长，此时乡人大工作由乡政府组织。

2. 上三汲乡第二届人民代表大会及人大联络组（1987.04—1990.04）

上三汲乡第二届人民代表大会第一次会议于1987年4月召开，1987年11月时，设乡长1名，副乡长3名，

乡　长　曹志增（1987.11—1988.08）

副乡长　刘晓华（1987.11—1988.08）

　　　　刘宝玉（1987.11—1988.08）

　　　　史泽清（1987.11—1987.12）

1988年8月，全县撤区并乡，上三汲乡保留，所辖范围无变化。1992年12月时，全乡人口增到2万多人，在册干部增至30名。乡机关驻地在上三汲村西。1988年8月至1990年4月，乡镇人代会仍在第二届任期内。

人大联络组组长　盖秋保（1988.08—1990.03）

　　　　乡　长　张振海（1988.08—1990.04）

　　　　副乡长　刘晓华（1988.08—1990.03）

　　　　　　　　刘二芳（1988.08—1990.04）

　　　　　　　　齐胜国（1988.08—1990.04）

　　　　　　　　杨铁锤（1988.08—1990.04）

3. 上三汲乡第三届人民代表大会及人大联络组（1990.04—1993.03）

上三汲乡第三届人民代表大会于1990年4月在本乡召开，出席会议的人民代表共58名。会议依照法律程序审议通过《上三汲乡人民政府工作报告》和《上三汲乡财政预决算报告》，会议依法选举产生上三汲乡人民代表大会主席团和人大主席团常务主席1名，选举产生上三汲乡第三届人民政府乡长1名，副乡长4名。

人大主席团常务主席　杨文明（1990.04—1993.03）
乡　长　刘军海（1990.04—1993.03）
副乡长　刘二芳（1990.04—1990.08）
马彦芹（1990.04—1993.03）
杜文涛（1990.04—1991.05）
梅书庭（1990.09—1991.05）
杨志广（1990.09—1993.03）
杨素堂（1991.04—1993.03）
胡占国（1992.06—1993.03）
杜金拴（1992.11—1993.03）

4. 上三汲乡第四届人民代表大会及人大主席团（1993.03—1996.05）

上三汲乡第四届人民代表大会第一次会议于1993年3月25日召开，出席代表56名。其中，女代表11名。大会依照法律程序审议并通过《上三汲乡人民政府工作报告》《上三汲乡财政预决算报告》《上三汲乡人大主席团工作报告》。依法选举产生上三汲乡第四届人民代表大会主席团常务主席1名；以无记名投票的选举方式，选举产生上三汲乡第四届人民政府乡长1名，副乡长6名。此后增补乡长1名，副乡长3名。到1994年11月，有乡长1名，副乡长5名。

常务主席　杨文明（1993.03—1993.10）
增补成员：
常务主席　杨铁锤（1993.10—1994.11）
乡　长　刘军海（1993.03—1993.07）
副乡长　杜金拴（1993.03—1993.08）
杨志广（1993.03—1993.08）
杨铁锤（1993.03—1993.10）
杨素堂（1993.03—1994.03）
马彦芳（1993.03—1994.11）
胡占国（1993.03—1994.11）
增补成员：
乡　长　史典礼（1993.07—1994.11）
副乡长　孙明全（1993.08—1994.11）
刘喜文（1993.08—1994.11）
盖彦龙（1993.08—1994.11）

1994年11月，乡镇干部制度改革，实行党委书记聘任制，上三汲乡设乡长1名，副乡长4名，另外不占领导职数的兼职副乡长1名（李援朝），此后增补副乡长1名。到1996年5月，有乡长1名，副乡长4名。

乡　长　张兵联（1994.11—1996.05）

副乡长　盖彦龙（1994.11—1995.09）

　　　　田明月（1994.11—1996.05）

　　　　孙明全（1994.11—1996.05）

　　　　安明亮（1994.11—1996.05）

　　　　李援朝（1994.11—1996.02）

增补成员：

副乡长　韩天骏（科技，1995.11—1996.05）

5. 上三汲乡第五届人民代表大会（1996.05—1999.03）

1996年5月28日，上三汲乡召开第五届人民代表大会第一次会议，出席代表53名。其中，女代表10名。大会依照法律程序审议并通过《上三汲乡人民政府工作报告》《上三汲乡财政预决算报告》《上三汲乡人大工作报告》依照1995年2月修改的组织法规定，上三汲乡第五届人民代表大会选举产生主席1名，副主席1名。以无记名投票的选举方式，选举产生上三汲乡第五届人民政府乡长1名，副乡长3名，另外不占领导职数的挂职副乡长2名（白和平、黄军虎）。之后增补乡长1名，副乡长7名（其中，兼职3名：李青书、姜潮、卢占军）。到1999年3月，有乡长1名，副乡长3名，上三汲乡第五届人民代表大会召开2次会议。

主　席　杨铁锤（1996.05—1997.04）

　　　　杨烨明（1997.04—1999.03）

副主席　孙明全（1996.05—1998.09）

　　　　姜　潮（1999.01—1999.03）

乡　长　张兵联（1996.05—1997.03）

　　　　缺　职（1997.03—1997.11）

　　　　赵振芳（1997.11—1999.03）

副乡长　田明月（1996.05—1999.01）

　　　　安明亮（1996.05—1999.03）

　　　　韩天骏（科技，1996.05—1999.03）

　　　　白和平（1996.05—1998.07）

　　　　黄军虎（1996.05—1999.01）

　　　　赵振芳（主持工作，1997.03—1997.11）

　　　　刘建堂（1996.10—1999.01）

　　　　卢素芳（1997.05—1999.01）

　　　　谷树成（1997.11—1999.03）

　　　　李青书（女，1997.05—1998.03）

　　　　姜　潮（1997.08—1999.01）

　　　　卢占军（1997.08—1999.01）

6. 上三汲乡第六届人民代表大会（1999.03—2002.05）

1999 年 3 月 20 日，上三汲乡召开第六届人民代表大会第一次会议，出席代表 55 名，其中，女代表 9 名。大会依照法律程序审议并通过《上三汲乡人民政府工作报告》《上三汲乡财政预决算报告》《上三汲乡人大工作报告》，大会以无记名投票方式等额选举产生主席 1 名，差额选举产生副主席 1 名；以无记名投票方式等额选举产生上三汲乡第六届人民政府乡长 1 名，差额选举产生副乡长 3 名。之后经调整，到 2002 年 5 月换届，有主席 1 名，乡长 1 名、副乡长 4 名。上三汲乡第六届人民代表大会在此期间召开 3 次会议。

主　席　杨烨明（1999.03—2002.05）

副主席　姜　潮（1999.03—2000.04）

乡　长　赵振芳（1999.03—2000.12）

副乡长　安明亮（1999.03—2002.05）

　　　　谷树成（1999.03—2002.05）

　　　　韩天骏（科技，1999.03—2002.05）

增补成员：

乡　长　马彦芳（2000.12—2002.05）

副乡长　杜海卿（1999.06—2002.05）

7. 上三汲乡第七届人民代表大会（2002.05—2007.03）

2002 年 5 月 21 日，上三汲乡召开第七届人民代表大会第一次会议，出席代表 56 名，其中，女代表 9 名。大会依照法律程序审议并通过《上三汲乡人民政府工作报告》《上三汲乡财政预决算报告》《上三汲乡人大工作报告》。依照组织法规定，大会以无记名投票方式等额选举产生主席 1 名。上三汲乡第七届人民代表大会在此期间召开 1 次会议。

主　席　杨烨明（2002.05—2002.11）

　　　　谷树成（2002.11—2004.10）

　　　　谷文利（2004.10—2007.03）

乡　长　赵振芳（1999.03—2000.12）

　　　　马彦芳（2000.12—2002.05）

　　　　齐国利（2003.04—2007.03）

副乡长　安明亮（1999.03—2007.03）

　　　　谷树成（1999.03—2002.05）

　　　　韩天骏（科技，1999.03—2000.07）

　　　　杜海卿（1999.06—2002.05）

　　　　王　默（2003.04—2005.04）

　　　　韩凤鸣（2006.04—2007.03）

8. 上三汲乡乡第八届人民代表大会（2007.03—2012.02）

2007 年 3 月 28 日，上三汲乡召开第八届人民代表大会第一次会议，应到代表 54 名，实出席代表52名，其中女代表9名。大会依照法律程序审议并通过《上三汲乡人民政府工作报告》《上三汲乡人大工作报告》，依照组织法规定，大会以无记名投票方式等额选举产生主席1名，差额选举产生副主席1名；以无记名投票方式等额选举产生乡长1名，差额选举产生副乡长2名。上三汲乡人民代表大会在此期间召开4次会议。

主　席　谷文利（2007.03—2009.03）
　　　　韩凤鸣（2009.03—2011.12）
　　　　左彦山（2011.12—2012.02）
副主席　赵新平（2007.03—2009.07）
　　　　贾惠辉（2009.07—2011.12）
　　　　陈建军（2011.12—2012.02）
乡　长　齐国利（2007.03—2009.03）
副乡长　安明亮（2007.03—2007.06）
　　　　韩凤鸣（2007.03—2009.03）
增补成员：
乡　长　李建明（2009.03—2012.02）
副乡长　刘志龙（2007.06—2012.02）
　　　　赵新平（2009.03—2012.02）
　　　　贾志辉（2011.12—2012.02）

9. 上三汲乡第九届人民代表大会（2012.02—2017.01）

2012年2月，上三汲乡召开第九届人民代表大会第一次会议，大会以无记名投票方式选举产生上三汲乡人民代表大会主席1名，人大副主席1名；乡长1名，副乡长2名。之后经过调整，到2017年1月，上三汲乡有人大主席1名，人大副主席缺职；乡长1名，副乡长2名。上三汲乡第九届人民代表大会在此期间召开5次会议。

主　席　左彦山（2012.02—2015.10）
　　　　韩军国（2015.10—2017.01）
副主席　陈建军（2012.02—2015.05）
　　　　缺　职（2015.05—2017.01）
乡　长　李建明（2012.02—2012.10）
副乡长　贾志辉（2012.02—2015.05）
　　　　刘志龙（2012.02—2015.12）
增补成员：
乡　长　韩贵书（2013.03—2015.03）
　　　　李　娜（女，2015.03—2017.01）
副乡长　李晓世（2015.05—2017.01）
　　　　杨凤云（女，2015.12—2017.01）

10. 上三汲乡第十届人民代表大会（2017.01—2021.06）

2017年1月25日，上三汲乡召开第十届人民代表大会第一次会议，出席代表102名。其中，女代表17名。大会依照法律程序审议并通过《上三汲乡人民政府工作报告》《上三汲乡财政预决算报告》《上三汲乡人大工作报告》。大会以无记名投票方式选举产生上三汲乡人民代表大会主席1名，副主席1名；乡长1名，副乡长2名。

主　席　秦志朝（2017.01—2021.06）

副主席　韩晶晶（女，2017.01—2021.06）

乡　长　韩军国（2017.01—2021.06）

副乡长　穆振国（2017.01—2021.06）

　　　　杨风云（女，2017.01—2021.06）

11. 上三汲乡第十一届人民代表大会（2021.06—2023.12）

2021年6月，上三汲乡召开第十一届人民代表大会第一次会议，出席代表103名。其中，女代表15名。大会依照法律程序审议并通过《上三汲乡人民政府工作报告》《上三汲乡财政预决算报告》《上三汲乡人大工作报告》。大会以无记名投票方式选举产生上三汲乡人民代表大会；乡长1名，副乡长2名。到2023年12月，上三汲乡有人大主席1名、副主席2名；乡长1名、副乡长2名。

主　席　白　希（女，2021.06—2022.12）

　　　　穆振国（2023.01—2023.12）

副主席　刘泽阳（2021.06—2023.12）

　　　　吴苗苗（女，2021.01—2023.12）

乡　长　刘立飞（2021.06—2023.12）

副乡长　任虹婷（女，2021.06—2023.12）

　　　　张　赟（2021.06—2023.12）

第七章　两河乡人民代表大会

两河乡位于平山县东部，县城西北部，南依滹沱河，东邻三汲乡，北连南甸镇，朔黄铁路横穿东部。南部地势平坦，北部属丘陵区。两河乡荒坡、荒山面积广阔，旱地面积较大，尤其是东北部丘陵地带，非常适合发展生态农业。全乡辖23个村，7628户22000余人，总面积56.7平方公里，粮食播种面积36897亩，林地实有面积11815亩。

1. 两河乡第一届人民代表大会（1984—1987）

两河乡第一届人民代表大会于1984年召开，选举乡人民政府乡长、副乡长，此时乡人大工作由乡政府组织。

2. 两河乡第二届人民代表大会及人大联络组（1987.04—1990.05）

两河乡第二届人民代表大会第一次会议于1987年4月召开。会议选举产生两河乡第二届人民政府。1987年11月时，设乡长1名，副乡长2名。

人大联络组组长　赵志芳（1988.08—1990.04）
盖秋宝（1990.04—1990.05）
乡　长　齐明贵（1987.11—1990.04）
曹孟海（1990.04—1990.05）
副乡长　张存礼（1987.11—1990.05）
李兵顺（1987.11—1988.08）
邢学军（1988.08—1990.05）
史典礼（1988.12—1990.05）

3. 两河乡第三届人民代表大会及人大主席团（1990.05—1993.03）

两河乡第三届人民代表大会于1990年5月在本乡召开，出席会议的人民代表60名。会议依照法律程序审议并通过《两河乡人民政府工作报告》和《两河乡财政预决算报告》；依法选举产生第三届人民代表大会主席团；选举产生两河乡第三届人民政府乡长1名，副乡长3名。

人大主席团常务主席　盖秋宝（1990.05—1990.07）
王永春（1990.07—1991.02）
马玉峰（1991.04—1993.03）
乡　长　曹孟海（1990.05—1991.04）

王永贵（1991.04—1992.05）

王元顺（1992.05—1993.03）

副乡长　邢学军（1990.05—1991.08）

史典礼（1990.05—1993.03）

谷　峰（1990.09—1992.10）

王永贵（1990.05—1991.04）

张兰庆（1990.09—1992.10）

曹孟海（1990.04—1991.04）

王元顺（1991.08—1992.05）

刘清文（1992.05—1993.03）

马文堂（1992.06—1993.03）

齐宏杰（1992.06—1993.03）

付　博（1992.10—1993.03）

陈岳峰（1992.11—1993.03）

4. 两河乡第四届人民代表大会及人大主席团（1993.03—1996.05）

两河乡第四届人民代表大会第一次会议于 1993 年 3 月 6 日召开，出席代表 52 名。其中，女代表 11 名。大会依照法律程序审议并通过《两河乡人民政府工作报告》《两河乡财政预决算报告》《两河乡人大主席团工作报告》。依法选举产生两河乡第四届人民代表大会主席团常务主席 1 名，乡长 1 名，副乡长 6 名。此后增补副乡长 1 名。到 1994 年 11 月，有乡长 1 名，副乡长 5 名。

常务主席　马玉峰（1993.03—1994.11）

乡　长　王元顺（1993.03—1994.11）

副乡长　史典礼（1993.03—1993.07）

刘清文（1993.03—1994.08）

马文堂（1993.03—1994.11）

齐宏杰（1993.03—1994.11）

陈岳峰（1993.03—1994.11）

付　博（1993.03—1994.11）

增补成员：

副乡长　刘书英（1994.08—1994.11）

1994 年 11 月，乡镇干部制度改革，实行党委书记聘用制，两河乡人大主席团设常务主席 1 名，乡长 1 名，副乡长 3 名，另外不占领导职数的兼职副乡长 2 名（李树明、刘习元）。此后增补副乡长 3 名（其中兼职 1 名：张建兵）。到 1996 年 5 月，有乡长 1 名，副乡长 5 名（其中兼职 2 名）。

常务主席　刘书英（1994.11—1996.05）

乡　长　王元顺（1994.11—1996.04）
副乡长　安英杰（1994.11—1995.04）
　　　　齐宏杰（1994.11—1996.05）
　　　　安增元（1994.11—1996.05）
　　　　李树明（1994.11—1996.05）
　　　　刘习元（1994.11—1995.04）

增补成员：

乡　长　卢增涛（1996.04—1996.05）
副乡长　贾兰英（女，1995.04—1995.08）
　　　　谷全国（科技，1995.11—1996.05）
　　　　张建兵（1995.06—1996.05）

5. 两河乡第五届人民代表大会（1996.05—1999.03）

1996年5月6日，两河乡召开第五届人民代表大会第一次会议，出席代表50名。其中，女代表9名。大会依照法律程序审议并通过《两河乡人民政府工作报告》《两河乡财政预决算报告》《两河乡人大工作报告》。依照1995年2月修改的组织法规定，两河乡第五届人民代表大会选举产生主席1名，乡长1名，副乡长4名，另外不占领导职数的兼职副乡长2名（李树明、张建兵）。此后增补副乡长4名（其中兼职2名：智盼来、刘海成）。到1999年3月换届，有主席1名，乡长1名，副乡长5名。两河乡第五届人民代表大会召开2次会议。

主　席　刘书英（1996.05—1999.03）
乡　长　卢增涛（1996.05—1999.01）
　　　　闫文国（1999.01—1999.03）
副乡长　安增元（1996.05—1997.05）
　　　　安林槐（1996.05—1999.03）
　　　　李春林（1996.05—1999.03）
　　　　谷全国（科技，1996.05—1999.03）
　　　　张建兵（1996.05—1997.05）
　　　　李树明（1996.05—1997.10）

增补成员：

副乡长　韩英霞（女，1997.05—1999.03）
　　　　梁兵山（1997.05—1999.01）
　　　　智盼来（1996.10—1999.01）
　　　　刘海成（1997.05—1999.03）

6. 两河乡第六届人民代表大会（1999.03—2002.05）

1999年3月18日，两河乡召开第六届人民代表大会第一次会议，出席代表50名。其中，女代表8名。大会依照法律程序审议并通过《两河乡人民政府工作报告》《两河乡财政预决算报告》《两河乡人大工作报告》。大会以无记名投票的方式等额选举产生主席1名，乡长1名；差额选举产生副乡长4名。之后经调整，到2002年5月换届，有主席1名，副主席1名；有乡长1名，副乡长4名。两河乡第六届人民代表大会在此期间召开3次会议。

主　席　刘书英（1999.03—2000.04）

　　　　赵秀峰（2002.04—2002.05）

副主席　刘海成（2000.01—2002.05）

乡　长　闫文国（1999.03—2001.08）

副乡长　李春林（1999.03—1999.10）

　　　　安林槐（1999.03—2000.11）

　　　　韩英霞（女，1999.03—2002.05）

　　　　谷全国（科技，1999.03—2002.05）

增补成员：

乡　长　刘　辉（女，2002.03—2002.05）

副乡长　刘　辉（女，2001.08—2002.03）

　　　　赵俊平（女，2001.08—2002.05）

　　　　邢光华（1999.06—2002.05）

7. 两河乡第七届人民代表大会（2002.05—2007.03）

2002年5月27日，两河乡召开第七届人民代表大会第一次会议，出席代表51名。其中，女代表9名。大会依照法律程序审议并通过《两河乡人民政府工作报告》《两河乡财政预决算报告》《两河乡人大工作报告》。依照组织法规定，大会以无记名投票方式等额选举产生主席1名，乡长1名；差额选举产生副主席1名，副乡长3名。之后经调整，到2006年6月，有主席1名，有乡长1名，副乡长3名。两河乡第七届人民代表大会在此期间召开4次会议。

主　席　赵秀峰（2002.05—2005.01）

　　　　刘建文（2005.01—2007.03）

副主席　刘海成（2002.05—2002.10）

乡　长　刘　辉（2002.05—2004.03）

　　　　李新海（2004.03—2006.05）

　　　　闫二平（2006.05—2007.03）

副乡长　谷全国（2002.05—2002.10）

　　　　赵俊平（女，2002.05—2005.01）

　　　　韩英霞（女，2002.05—2006.04）

　　　　张成亮（2002.10—2007.03）

　　　　李金刚（2005.01—2007.03）

　　　　朱联怀（2006.06—2007.03）

8. 两河乡第八届人民代表大会（2007.03—2012.03）

2007 年 3 月，两河乡召开第八届人民代表大会第一次会议，大会以无记名投票方式选举两河乡人民代表大会主席 1 名，副主席 1 名；乡长 1 名，副乡长 2 名。之后经过调整，到 2012 年 3 月，两河乡有人大主席 1 名，人大副主席 1 名；乡长 1 名，副乡长 2 名。

主　席　刘建文（2007.03—2007.06）
　　　　苏二梅（女，2007.06—2011.12）
　　　　张建春（2011.12—2012.03）
副主席　薛永青（女，2007.03—2009.06）
　　　　王超武（2011.04—2012.03）
乡　长　刘建文（2007.03—2007.06；2011.09—2012.03）
　　　　缺　职（2007.06—2011.09）
副乡长　张成亮（2007.03—2011.12）
　　　　李金刚（2007.03—2012.03）
　　　　刘增平（2011.09—2012.03）

9. 两河乡第九届人民代表大会（2012.03—2017.01）

2012 年 3 月，两河乡召开第九届人民代表大会第一次会议，大会以无记名投票方式选举两河乡人民代表大会主席 1 名，人大副主席 1 名；乡长 1 名，副乡长 2 名。之后经过调整，到 2017 年 1 月，两河乡有人大主席 1 名，人大副主席 1 名；乡长 1 名，副乡长 2 名。

主　席　张建春（2012.03—2015.10）
副主席　王超武（2012.03—2013.02）
乡　长　刘建文（2012.03—2012.09）
　　　　缺　职（2013.07—2015.01）
副乡长　李金刚（2012.03—2017.01）
　　　　刘增平（2012.03—2017.01）

增补成员：

主　席　刘岩青（2015.10—2017.01）
副主席　刘　哲（2013.03—2015.05）
　　　　郝　茂（2015.05—2015.12）
　　　　李　瑛（2015.12—2017.01）
乡　长　马秋平（2012.09—2013.07）
　　　　郄玉良（2015.01—2017.01）
副乡长　郄玉良（2013.07—2015.01）

10. 两河乡第十届人民代表大会（2017.01—2021.06）

2017 年 1 月，两河乡召开第十届人民代表大会第一次会议，大会出席代表 50 人。其中，女代表 10 人。大会依照法律程序听取并审议通过《两河乡人民政府工作报告》《两河乡财政预决算报告》《两河乡人大工作报告》。大会以无记名投票方式选举产生两河乡第十届人民代表大会主席1名，副主席1名；乡长1名，副乡长2名。之后经过调整，到2021年6月，两河乡有人大主席1名，人大副主席1名；乡长1名，副乡长2名。

主　席　刘岩青（2017.01—2017.02）

副主席　郄旺达（2017.01—2017.02）

乡　长　张志霞（女，2017.01—2017.02）

副乡长　董士珍（女，2017.01—2017.02）

　　　　李　瑛（女，2017.01—2017.02）

11. 两河乡第十一届人民代表大会（2021.06—2023.12）

2021年6月20日，两河乡召开第十一届人民代表大会第一次会议。出席大会代表103名，大会依照法律程序听取并审议通过《两河乡人民政府工作报告》《两河乡财政预决算报告》《两河乡人大工作报告》。大会以无记名投票方式选举产生第十一届人民代表大会主席1名，副主席2名；乡长1名，副乡长2名。到2023年12月，两河乡有主席1名，副主席2名；乡长1名，副乡长2名。

主　席　刘岩青（2021.06—2023.12）

副主席　侯红旭（女，2021.06—2023.12）

　　　　柴晓峰（2021.06—2023.12）

乡　长　齐永波（2021.06—2022.01）

　　　　李雷雷（2022.01—2023.12）

副乡长　刘军会（2021.06—2023.12）

　　　　李　瑛（女，2021.06—2023.09）

增补成员：

副乡长　马士超（2023.09—2023.12）

第八章　东王坡乡人民代表大会

东王坡乡位于平山县东北部，距县城25公里，东、北方向与灵寿县接壤，南邻南甸镇，西与岗南镇、苏家庄乡、宅北乡相连。乡政府驻地为东王坡村，辖35个行政村，总面积124平方公里，山场面积15余万亩，其中70%是岗坡次地，耕地面积3.69万亩，中小水库16座。

东王坡乡主导产业为种植业、养殖业、旅游业，富产核桃、寿桃、苹果等水果以及连翘等中药材。有王母山景区、藤龙山景区、黄金寨景区、迪山云顶风景区和民族风情园五大景区，旅游资源丰富。

东王坡乡人民代表大会发展经历两个阶段：第一阶段，撤区并乡前人民代表大会时期；第二阶段，撤区并乡后人民代表大会时期。

第一节　撤区并乡前人民代表大会时期

一、东王坡乡人民代表大会

1. 东王坡乡第一届人民代表大会（1984—1987）

东王坡乡第一届人民代表大会于1984年召开，选举乡人民政府乡长、副乡长，此时乡人大工作由乡政府组织。

2. 东王坡乡第二届人民代表大会及人大联络组（1987.04—1988.08）

东王坡乡第二届人民代表大会第一次会议于1987年4月召开。会议选举产生东王坡乡第二届人民政府。1987年11月时，设乡长1名，副乡长2名。

人大联络组组长　康风海（1987.11—1988.08）
乡　长　封呈芳（1987.11—1988.08）
副乡长　樊三保（1987.11—1988.08）
杨铁锤（1987.11—1988.08）

二、王陈庄乡人民代表大会

1. 王陈庄乡第一届人民代表大会（1984—1987）

王陈庄乡第一届人民代表大会于1984年召开，选举乡人民政府乡长、副乡长，此时乡人大工作由乡政府组织。

2. 王陈庄乡第二届人民代表大会及人大联络组（1987.04—1988.08）

王陈庄乡第二届人民代表大会第一次会议于1987年4月召开。会议选举产生王陈庄乡第二届人民政府。1987年11月时，设乡长1名，副乡长2名。

人大联络组组长　康青海（1987.11—1988.08）
乡　长　张振远（1987.11—1988.08）
副乡长　马建中（1987.11—1988.08）
任书合（1987.11—1988.08）

第二节　撤区并乡后人民代表大会时期

1. 东王坡乡第二届人民代表大会及人大联络组（1988.08—1990.05）

1988年8月，全县实行撤区并乡，原王陈庄乡并入东王坡乡。1988年8月至1990年5月，乡镇人代会仍在第二届任期内。

人大联络组组长　聂米贵（1988.08—1990.05）
乡　长　焦习军（1988.08—1990.05）
副乡长　韩法云（1988.08—1990.05）
郭昌海（1989.08—1990.05）
李兴华（1988.08—1988.12）
马建中（1988.12—1989.09）

2. 东王坡乡第三届人民代表大会及人大主席团（1990.05—1993.03）

东王坡乡第三届人民代表大会第一次会议于1990年5月在乡政府召开。出席会议的人民代表共69名。会议依照法律程序审议并通过《东王坡乡人民政府工作报告》《东王坡乡财政预决算报告》，会议依法选举产生东王坡乡第三届人民代表大会主席团、主席团常务主席；选举产生东王坡乡第三届人民政府乡长1名、副乡长3名。

常务主席　康风海（1990.05—1993.03）
副主席　焦　中（1993.01—1993.03）
乡　长　焦习军（1990.05—1991.09）
王孟秋（1991.09—1993.03）
副乡长　韩法云（1990.05—1992.06）
郭昌海（1990.05—1993.03）
史堂堂（1990.09—1991.02）

侯同霄（1990.09—1993.03）

王孟秋（1990.09—1991.09）

燕二拴（1990.09—1992.10）

安明亮（1991.09—1993.03）

马遂宁（1992.06—1993.03）

樊三保（1992.06—1993.03）

3. 东王坡乡第四届人民代表大会及人大主席团（1993.03—1996.04）

东王坡乡第四届人民代表大会第一次会议于1993年3月10日召开，出席代表53名。其中，女代表10名。会议依照法律程序审议并通过《东王坡乡人民政府工作报告》《东王坡乡财政预决算报告》《东王坡乡人大主席团工作报告》。依法选举产生东王坡乡第四届人民代表大会主席团常务主席1名，副主席1名；乡长1名，副乡长5名。此后增补乡长1名，副乡长2名。到1994年11月，有乡长1名，副乡长5名。

常务主席　康风海（1993.03—1994.11）

副主席　焦　中（1993.03—1994.11）

张金太（1993.08—1994.11）

乡　长　任彦平（1993.03—1994.04）

李江林（1994.04—1994.11）

副乡长　樊三保（1993.03—1993.08）

侯同霄（1993.03—1994.04）

郭昌海（1993.03—1994.11）

安明亮（1993.03—1994.11）

马遂宁（1993.03—1994.11）

安建华（1993.08—1994.11）

王明生（1993.08—1994.11）

1994年11月，乡镇干部制度改革，实行党委书记聘用制，东王坡乡人大主席团设常务主席1名，乡长1名，副乡长3名，此后增补乡长1名，副乡长3名（其中挂职1名：米全国）。到1996年4月，有乡长1名，副乡长6名（其中挂职1名）。

常务主席　韩法云（1994.11—1996.04）

乡　长　李江林（1994.11—1996.04）

副乡长　韩英霞（女，1994.11—1996.04）

王明生（1994.11—1996.04）

杨志广（1994.11—1996.04）

米全国（1995.06—1996.04）

刘书文（1995.11—1996.04）

茹秀海（1995.11—1996.04）

4. 东王坡乡第五届人民代表大会（1996.04—1999.03）

1996年4月15日，东王坡乡召开第五届人民代表大会第一次会议，出席代表53名。其中，女代表10名。大会依照法律程序审议并通过《东王坡乡人民政府工作报告》《东王坡乡财政预决算报告》《东王坡乡人大工作报告》。依照1995年2月修改的组织法规定，东王坡乡第五届人民代表大会选举产生主席1名，乡长1名，副乡长5名。另外不占领导职数的兼职副乡长1名（杨三国），挂职副乡长1名（米全国）。此后增补乡长1名，副乡长3名。之后经调整，到1999年3月换届，有主席1名，乡长1名，副乡长4名。

主　席　韩法云（1996.04—1999.03）
乡　长　刘习方（1996.04—1997.03）
　　　　缺　职（1997.03—1997.11）
　　　　阎文国（1997.11—1999.01）
　　　　赵增寿（1999.01—1999.03）
副乡长　韩英霞（1996.04—1997.05）
　　　　刘书文（1996.04—1997.05）
　　　　茹秀海（1996.04—1997.05）
　　　　王明生（1996.04—1998.07）
　　　　杨志广（1996.04—1999.03）
　　　　米全国（1996.04—1999.03）
　　　　杨三国（1996.04—1998.03）
　　　　阎文国（主持政府工作，1997.03—1997.11）
　　　　安增元（1997.05—1999.03）
　　　　王武山（1997.05—1999.03）

5. 东王坡乡第六届人民代表大会（1999.03—2002.05）

1999年3月26日，东王坡乡召开第六届人民代表大会第一次会议，应到代表54名，实出席代表47名。其中，女代表9名。大会依照法律程序审议并通过《东王坡乡人民政府工作报告》《东王坡乡财政预决算报告》《东王坡乡人大工作报告》。大会以无记名投票方式等额选举产生东王坡乡人民代表大会主席1名。等额选举乡长1名，差额选举副乡长4名。之后经调整，到2002年5月换届，有主席1名，乡长1名，副乡长4名。东王坡乡第六届人民代表大会在此期间召开3次会议。

主　席　韩法云（1999.03—2000.04）
　　　　杨志广（2002.04—2002.05）
乡　长　赵增寿（1999.03—2002.05）
副乡长　杨志广（1999.03—2002.04）
　　　　米全国（1999.03—2000.01）
　　　　安增元（1999.03—2001.06）

王武山（1999.03—2001.08）

李永志（1999.06—2002.05）

史永革（宗教，2000.01—2002.05）

栗　磊（试用，2001.07—2002.05）

姜兆杰（2001.08—2002.05）

6. 东王坡乡第七届人民代表大会（2002.05—2007.03）

2002年5月28日，东王坡乡召开第七届人民代表大会第一次会议，出席代表53名。其中，女代表8名。大会依照法律程序审议并通过《东王坡乡人民政府工作报告》《东王坡乡财政预决算报告》《东王坡乡人大工作报告》。依照组织法规定，以无记名投票方式等额选举产生东王坡乡人民代表大会主席1名，等额选举乡长1名，差额选举副乡长3名。到2007年3月，有主席1名，乡长1名，副乡长2名。

主　席　杨志广（2002.05—2004.03）

盖明中（2004.03—2007.03）

乡　长　赵增寿（2002.05—2002.10）

李二文（2002.11—2004.03）

姜明方（2004.03—2007.03）

副乡长　史永革（2002.05—2006.04）

栗　磊（2002.05—2003.09）

姜兆杰（2002.05—2004.03）

吴帅球（2002.07—2003.04）

闫庆方（2004.03—2007.03）

焦建中（2006.04—2007.03）

7. 东王坡乡第八届人民代表大会（2007.03—2012.02）

2007年3月29日，东王坡乡召开第八届人民代表大会第一次会议，应到代表54名，实出席代表52名，其中女代表8名。大会依照法律程序审议并通过《东王坡乡人民政府工作报告》《东王坡乡财政预决算报告》《东王坡乡人大工作报告》。大会以无记名投票方式等额选举产生东王坡乡人民代表大会主席1名，差额选举产生副主席1名；以无记名投票方式等额选举产生东王坡乡人民政府乡长1名，差额选举产生副乡长2名，之后经调整，到2012年2月，有人大主席1名，人大副主席缺职；乡长1名，副乡长2名。

主　席　康素炜（2007.03—2012.02）

副主席　杨三国（2007.03—2009.06）

齐彦勃（2009.06—2012.02）

乡　长　姜明方（2007.03—2009.03）

郭会涛（2009.03—2012.02）

副乡长　闫庆方（2007.03—2009.06）

焦建中（2007.03—2012.02）

曹振涛（2009.06—2012.02）

8. 东王坡乡第九届人民代表大会（2012.02—2017.01）

2012年2月28日，东王坡乡召开第九届人民代表大会第一次会议，大会以无记名投票方式等额选举产生东王坡乡人民代表大会主席1名，副主席1名；乡长1名，副乡长2名。之后经过调整，到2017年1月，东王坡乡有人大主席、人大副主席各1名；乡长1名，副乡长2名。

主　席　康素炜（2012.02—2015.01）

闫庆方（2015.05—2017.01）

副主席　齐彦勃（2012.02—2012.10）

缺　职（2012.11—2017.01）

乡　长　郭会涛（2012.02—2013.07）

吴彦忠（2013.07—2015.01）

康素炜（2015.01—2017.01）

副乡长　焦建中（2012.02—2015.05）

曹振涛（2012.02—2015.05）

张琴平（2015.05—2017.01）

李　磊（2015.05—2017.01）

9. 东王坡乡第十届人民代表大会（2017.01—2021.06）

2017年1月24日，东王坡乡召开第十届人民代表大会第一次会议，出席代表89名。其中，女代表24名。大会依照法律程序审议并通过《东王坡乡人民政府工作报告》《东王坡乡财政预决算报告》《东王坡乡人大工作报告》。大会以无记名投票方式选举产生东王坡乡人民代表大会主席1名，副主席1名；乡长1名，副乡长2名。之后经调整，到2021年6月，东王坡乡有人大主席1名，人大副主席缺职；乡长1名，副乡长2名。

主　席　史　进（2017.01—2021.06）

副主席　康冬艳（2017.01—2019.04）

缺　职（2017.02—2019.04）

乡　长　康素炜（2017.01—2020.09）

韩　涛（2020.09—2021.06）

副乡长　张琴平（2017.01—2017.02）

李增友（2017.02—2021.06）

樊习强（2017.01—2021.06）

10. 东王坡乡第十一届人民代表大会（2021.06—2023.12）

2021年6月，东王坡乡召开第十一届人民代表大会第一次会议，出席代表61名。其中，女代表19名。大会依照法律程序审议并通过《东王坡乡人民政府工作报告》《东王坡乡财政预决算报告》《东王坡乡人大工作报告》。大会以无记名投票方式等额选举产生东王坡乡第十一届人民代表大会主席1名，副主席2名；乡长1名，副乡长2名。到2023年12月，有主席1名，副主席2名；乡长1名，副乡长2名。

主　席　史　进（2021.06—2023.12）

副主席　孙晓敏（女，2021.06—2023.12）

程小娟（女，2021.06—2023.12）

乡　长　韩　涛（2021.06—2023.09）

曹少武（2023.09—2023.12）

副乡长　李增友（2021.06—2023.12）

樊习强（2021.06—2023.12）

第九章　岗南镇人民代表大会

岗南镇位于平山县中东部，属浅山丘陵区，西部、北部多山。东与南甸镇、两河乡交界，东南与西大吾乡、东回舍镇相邻，西南与温塘相连，西半部环岗南水库，北依苏家庄乡。石闫公路、平涉公路、沙东公路三条省道和滹沱河景观大道、西柏坡高速公路贯穿交会，交通十分便捷。总面积117平方公里，耕地面积35.7平方公里，宜林面积22.59平方公里，水域面积1222公顷。辖44个行政村，总人口3.3万人。水库移民村13个，占全县移民人口的十分之一。

岗南镇人民代表大会发展经历两个阶段：第一阶段，撤区并乡前人民代表大会时期；第二阶段，撤区并乡后人民代表大会时期。

第一节　撤区并乡前人民代表大会时期

一、岗南镇人民代表大会

1. 岗南镇第一届人民代表大会（1984—1987）

岗南镇第一届人民代表大会于1984年召开，选举镇人民政府镇长、副镇长，此时镇人大工作由镇政府组织。

2. 岗南镇第二届人民代表大会及人大联络组（1987.04—1988.08）

岗南镇第二届人民代表大会第一次会议于1987年4月召开。会议选举产生岗南镇第二届人民政府。1987年11月时，设镇长1名，副镇长2名。

人大联络组组长　李跃华（1987.11—1988.08）
镇　长　赵锡同（1987.11—1988.08）
副镇长　赵二锁（1987.11—1988.08）
谷占兵（1987.11—1988.08）

二、霍宾台乡人民代表大会

1. 霍宾台乡第一届人民代表大会（1984—1987）

霍宾台乡第一届人民代表大会于 1984 年召开，选举乡人民政府乡长、副乡长，此时乡人大工作由乡政府组织。

2. 霍宾台乡第二届人民代表大会及人大联络组（1987.04—1988.08）

霍宾台乡第二届人民代表大会第一次会议于 1987 年 4 月召开。会议选举产生霍宾台乡第二届人民政府。1987 年 11 月时，设乡长 1 名，副乡长 3 名。

人大联络组组长　缺　职（1987.11—1988.08）
乡　长　梁海书（1987.11—1988.08）
副乡长　霍兵中（1987.11—1988.08）
于三珠（1987.11—1988.08）
王明塔（1987.11—1988.08）

三、中石殿乡人民代表大会

1. 中石殿乡第一届人民代表大会（1984—1987）

中石殿乡第一届人民代表大会于 1984 年召开，选举乡人民政府乡长、副乡长，此时乡人大工作由乡政府组织。

2. 中石殿乡第二届人民代表大会及人大联络组（1987.04—1988.08）

中石殿乡第二届人民代表大会第一次会议于 1987 年 4 月召开。会议选举产生中石殿乡第二届人民政府。1987 年 11 月时，设乡长 1 名，副乡长 1 名。

人大联络组组长　缺　职（1987.11—1988.08）
乡　长　王清堂（1987.11—1988.08）
副乡长　刘树太（1987.11—1988.08）

第二节　撤区并乡后人民代表大会时期

1. 岗南镇第二届人民代表大会及人大联络组（1988.08—1990.04）

1988 年 8 月，全县实行撤区并乡，原中石殿乡、霍宾台乡及青杨树乡的马峪村并入岗南镇。1988 年 8 月至 1990 年 4 月，乡镇人代会仍在第二届任期内。

人大联络组组长　刘清林（1988.08—1990.04）

2. 岗南镇第三届人民代表大会及人大主席团（1990.04—1993.03）

岗南镇第三届人民代表大会第一次会议于 1990 年 4 月召开。出席会议的人民代表共 79 名。会议依照法律程序审议并通过《岗南镇人民政府工作报告》《岗南镇财政预决算报告》。会议依法选举产生岗南镇第三届人民代表大会主席团，选举产生岗南镇第三届人民政府镇长 1 名、副镇长 4 名。

常务主席　武建忠（1990.04—1993.03）

副主席　许贵海（1992.06—1993.03）

镇　长　李吉平（1988.08—1988.11）

崔儒敬（1988.11—1990.01）

王志文（1990.01—1993.03）

副镇长　李吉明（1988.08—1991.05）

李兴华（1988.08—1991.08）

苏永平（1988.08—1989.09）

赵增海（1988.08—1990.08）

付树芳（1990.01—1991.05）

赵二锁（1988.08—1993.03）

许贵海（1988.08—1990.08）

梁兵山（1991.08—1993.03）

张金芳（1991.05—1992.12）

梅树庭（1991.05—1991.08）

伍海书（1991.09—1992.12）

李建生（1992.06—1993.03）

张景芳（1993.01—1993.03）

任海书（1993.01—1993.03）

3. 岗南镇第四届人民代表大会及人大主席团（1993.03—1996.05）

岗南镇第四届人民代表大会第一次会议于 1993 年 3 月 5 日召开，出席代表 70 名。其中，女代表 13 名。大会依照法律程序审议并通过《岗南镇人民政府工作报告》《岗南镇财政预决算报告》《岗南镇人大主席团工作报告》。依法选举产生岗南镇第四届人民代表大会主席团常务主席 1 名，副主席 1 名。大会以无记名投票的选举方式，选举产生岗南镇第四届人民政府镇长 1 名，副镇长 5 名，此后增补镇长 1 名，副镇长 2 名。到 1994 年 11 月，有镇长 1 名，副镇长 6 名。

1994 年 11 月，乡镇干部制度改革，实行党委书记聘任制，岗南镇设镇长 1 名，副镇长 3 名，此后增补副镇长 2 名。到 1996 年 5 月，有镇长 1 名，副镇长 5 名，岗南镇人大主席团设常务主席 1 名。

常务主席　武建忠（1993.03—1994.04）

曹孟海（1994.04—1994.11）

张景芳（1994.11—1996.05）

副主席　许贵海（1993.03—1994.11）

镇　长　王志文（1993.03—1993.07）

聂增兵（1993.07—1994.11）

李树久（1994.11—1996.05）

副镇长　李建生（1993.03—1993.08）
　　　　赵二锁（1993.03—1994.11）
　　　　梁兵山（1993.03—1996.05）
　　　　张景芳（1993.03—1994.11）
　　　　任海书（1993.03—1994.11）
　　　　李树久（1993.08—1994.11）
　　　　李明书（女，1994.08—1996.05）
　　　　李顺国（1994.11—1996.05）
　　　　李兰怀（1995.11—1996.05）
　　　　齐立年（科技，1995.11—1996.05）

4. 岗南镇第五届人民代表大会（1996.05—1999.03）

1996年5月13日，岗南镇召开第五届人民代表大会第一次会议，出席代表58名，其中女代表11名。大会依照法律程序审议并通过《岗南镇人民政府工作报告》《岗南镇财政预决算报告》《岗南镇人大工作报告》。依照1995年2月修改的组织法规定，岗南镇第五届人民代表大会选举产生主席1名。大会以无记名投票的选举方式，选举产生岗南镇第五届人民政府镇长1名，副镇长5名，另外不占领导职数的挂职副镇长1名（常利国）。此后增补镇长1名，副镇长6名（其中挂职2名：霍文涛、周海军，兼职1名：张树增）。之后经调整，到1999年3月换届，有镇长1名，副镇长4名。

主　席　张景芳（1996.05—1997.08）
　　　　缺　职（1998.03—1999.03）
副主席　王明堂（1997.05—1999.03）
镇　长　李树久（1996.05—1997.03）
　　　　齐立年（1997.03—1998.03）
副镇长　李兰怀（1996.05—1996.10）
　　　　齐立年（科技，1996.05—1997.03）
　　　　梁兵山（1996.05—1997.05）
　　　　李顺国（1996.05—1997.05）
　　　　李明书（女，1996.05—1998.03）
　　　　常利国（1996.05—1998.07）
　　　　王三丑（1997.05—1999.01）
　　　　于林元（宗教，1997.05—1999.03）
　　　　范世雄（科技，1997.05—1999.03）
　　　　霍文涛（1996.10—1999.01）
　　　　周海军（1996.10—1999.01）
　　　　张树增（1997.08—1999.03）

5. 岗南镇第六届人民代表大会（1999.03—2002.05）

1999年3月13日，岗南镇召开第六届人民代表大会第一次会议，出席代表57名，其中女代表11名。大会依照法律程序审议并通过《岗南镇人民政府工作报告》《岗南镇财政预决算报告》《岗南镇人大工作报告》。大会以无记名投票方式等额选举产生主席1名，差额选举产生副主席1名；大会以无记名投票方式等额选举产生岗南镇第六届人民政府镇长1名，差额选举产生副镇长3名。之后经调整，到2002年5月换届，有主席1名；镇长1名，副镇长3名。岗南镇第六届人民代表大会在此期间召开3次会议。

主　席　张小青（1999.03—2002.05）

副主席　王明堂（1999.03—2001.08）

镇　长　齐立年（1999.03—2001.04）

副镇长　于林元（1999.03—2002.05）

　　　　李明书（女，1999.03—2002.05）

　　　　范世雄（1999.03—2000.11）

增补成员：

镇　长　印宝宝（2001.04—2002.05）

副镇长　王武山（2001.08—2002.04）

　　　　张翠文（2002.04—2002.05）

6. 岗南镇第七届人民代表大会（2002.05—2007.03）

2002年5月30日，岗南镇召开第七届人民代表大会第一次会议，出席代表52名，其中女代表10名。大会依照法律程序审议并通过《岗南镇人民政府工作报告》《岗南镇财政预决算报告》《岗南镇人大工作报告》。依照组织法规定，大会以无记名投票方式等额选举产生主席1名，差额选举产生副主席1名；大会以无记名投票方式等额选举产生岗南镇第七届人民政府镇长1名，差额选举产生副镇长2名。之后经调整，到2007年3月，有镇长1名，副镇长2名。

主　席　张小青（2002.05—2007.03）

副主席　李明书（女，2002.05—2007.03）

镇　长　印宝宝（2002.05—2003.09）

　　　　杨建平（2003.09—2004.02）

　　　　赵建林（2004.03—2007.03）

副镇长　于林元（2002.05—2007.03）

　　　　张翠文（2002.05—2007.03）

　　　　魏新宇（2002.07—2003.04）

　　　　韩林忠（2002.10—2003.04）

　　　　韩彦革（2003.04—2006.06）

7. 岗南镇八届人民代表大会（2007.03—2012.03）

2007年3月，岗南镇召开第八届人民代表大会第一次会议，大会以无记名投票方式选举岗南镇人民代表大会主席1名，副主席1名；镇长1名，副镇长2名。之后经过调整，到2012年3月，岗南镇有人大主席1名，人大副主席1名；镇长1名，副镇长2名。

主　席　张小青（2007.03—2010.02）
　　　　安建华（2010.02—2011.04）
　　　　强增亮（2011.04—2011.12）
　　　　张志军（2011.12—2012.03）
副主席　张树增（2007.03—2011.04）
　　　　张淑英（2011.04—2012.03）
镇　长　赵建林（2007.03—2007.06）
　　　　李淑珍（女，2007.06—2010.06）
　　　　齐正平（2010.06—2012.03）
副镇长　张翠文（2007.03—2009.06）
　　　　于林元（2006.06—2009.06）
　　　　曹晓慧（2010.02—2012.03）
　　　　朗海刚（2010.03—2012.03）

8. 岗南镇第九届人民代表大会（2012.03—2016.12）

2012年3月岗南镇召开第九届人民代表大会第一次会议，大会以无记名投票方式选举岗南镇人民代表大会主席1名，副主席1名。之后经过调整，到2016年12月，岗南镇有人大主席1名，人大副主席1名；镇长1名，副镇长2名。

主　席　张志军（2012.03—2015.01）
　　　　刘岩青（2015.05—2015.10）
　　　　刘志芳（2015.10—2016.12）
副主席　张淑英（2012.03—2015.01）
　　　　封立克（2015.01—2016.12）
镇　长　齐正平（2012.03—2013.07）
　　　　封习江（2013.07—2017.01）
副镇长　曹晓慧（2012.03—2015.12）
　　　　郎海刚（2012.03—2017.01）
　　　　朱成利（2015.12—2017.01）

9. 岗南镇第十届人民代表大会（2017.01—2021.06）

2017年1月24日岗南镇召开第十届人民代表大会第一次会议，出席代表55名。其中，女代表9名。大会依照法律程序审议并通过《岗南镇人民政府工作报告》《岗南镇财政预决算报告》《岗南镇人大工作报告》。大会以无记名投票方式选举岗南镇第十届人民代表大会主席 1 名，副主席 1 名；镇长 1 名，副镇长 2 名。到 2021 年 6 月，岗南镇人大主席、人大副主席缺职；镇长 1 名，副镇长 2 名。

主　席　刘文涛（2017.01—2020.05）

副主席　康素涛（2017.01—2019.04）

镇　长　刘志芳（2017.01—2021.06）

副镇长　朱成利（2017.01—2021.06）

　　　　梁伟杰（2017.01—2021.06）

10. 岗南镇第十一届人民代表大会（2021.06—2023.12）

2021 年 6 月 19 日，岗南镇召开第十一届人民代表大会第一次会议，出席代表 67 名。其中，女代表 11 名。大会依照法律程序审议并通过《岗南镇人民政府工作报告》《岗南镇财政预决算报告》《岗南镇人大工作报告》。大会以无记名投票方式等额选举产生岗南镇人民代表大会主席 1 名，副主席 2 名；镇长 1 名，副镇长 3 名。之后经调整，到 2023 年 12 月，岗南镇有人大主席 1 名，人大副主席 2 名；镇长 1 名，副镇长 3 名。

主　席　侯晓伟（2021.06—2023.12）

副主席　康学红（女，2021.06—2023.12）

　　　　李　伟（2021.06—2023.12）

镇　长　史新军（2021.06—2022.01）

　　　　李　洁（2022.01—2023.12）

副镇长　梁伟杰（2021.06—2022.04）

　　　　王　源（女，2021.06—2023.12）

　　　　孔雅儒（2021.06—2023.12）

　　　　韩　栋（2023.07—2023.12）

第十章　苏家庄乡人民代表大会

苏家庄乡位于平山县西北部，是滹沱河北岸咽喉要道，是通往革命圣地西柏坡、驼梁及西部山区的必经之路，西柏坡高速、西阜高速、207国道、平涉线贯穿全境，交通便利。全乡有15个行政村，3255户9345人，总面积88318.5亩，耕地面积11640亩，是传统山区农业乡镇。

苏家庄乡人民代表大会发展经历两个阶段：第一阶段，撤区并乡前人民代表大会时期；第二阶段，撤区并乡后人民代表大会时期。

第一节　撤区并乡前人民代表大会时期

一、苏家庄乡人民代表大会

1. 苏家庄乡第一届人民代表大会（1984—1987）

苏家庄乡第一届人民代表大会于1984年召开，选举乡人民政府乡长、副乡长，此时乡人大工作由乡政府组织。

2. 苏家庄乡第二届人民代表大会及人大联络组（1987.04—1988.08）

苏家庄乡第二届人民代表大会第一次会议于1987年4月召开。会议选举产生苏家庄乡第二届人民政府。1987年11月时，设乡长1名，副乡长2名。

人大联络组组长　缺　职（1987.11—1988.08）

乡　长　霍明堂（1987.11—1988.08）

副乡长　张金芳（1987.11—1988.08）

苏永平（1987.11—1988.08）

二、缑家庄乡人民代表大会

1. 缑家庄乡第一届人民代表大会（1984—1987）

缑家庄乡第一届人民代表大会于1984年召开，选举乡人民政府乡长、副乡长，此时乡人大工作由乡政府组织。

2. 缑家庄乡第二届人民代表大会及人大联络组（1987.04—1988.08）

缑家庄乡第二届人民代表大会第一次会议于1987年4月召开。会议选举产生缑家庄乡第二届人民政府。1987年11月时，设乡长1名，副乡长1名。

乡　长　谷军山（1987.11—1988.08）

副乡长　齐宏杰（1987.11—1988.08）

第二节　撤区并乡后人民代表大会时期

1. 苏家庄乡第二届人民代表大会及人大联络组（1988.8—1990.4）

1988年8月，全县实行撤区并乡，原缑家庄乡并入苏家庄乡。1988年8月至1990年4月，乡人代会仍在第二届任期内。

乡人大联络组组长　韩联书（1988.08—1990.04）

2. 苏家庄乡第三届人民代表大会及人大主席团（1990.4—1993.3）

苏家庄乡第三届人民代表大会第一次会议于1990年4月召开。出席会议的人民代表共49名。会议依照法律程序审议并通过《苏家庄乡政府工作报告》《苏家庄乡财政预决算报告》，会议还审议通过《苏家庄乡村规民约》，选举产生苏家庄乡第三届人民代表大会主席团，常务主席及苏家庄乡乡长、副乡长。

常务主席　韩联书（1990.04—1992.05）

王清堂（1992.05—1993.03）

乡　长　刘树明（1990.04—1991.09）

李吉明（1991.09—1993.03）

副乡长　霍兵中（1990.04—1992.05）

王清堂（1990.04—1992.05）

张金芳（1990.04—1991.05）

崔更绪（1990.06—1992.06）

赵付山（1991.04—1992.07）

李吉明（1991.05—1991.09）

杨满文（1992.05—1993.03）

陈颜方（1992.06—1993.03）

谷书俊（女，1992.06—1993.03）

赵华全（1992.11—1993.03）

3. 苏家庄乡第四届人民代表大会及人大主席团（1993.03—1996.05）

苏家庄乡第四届人民代表大会第一次会议于1993年3月16日召开，出席代表39名，其中女代表6名。大会依照法律程序审议并通过《苏家庄乡人民政府工作报告》《苏家庄乡财政预决算报告》《苏家庄乡人大主席团工作报告》。依法选举产生苏家庄乡第四届人民代表大会主席团常务主席1名，乡长1名，副乡长4名。此后增补乡长1名，副乡长2名。到1994年11月，有乡长1名，副乡长4名。

常务主席　王清堂（1993.03—1994.11）

乡　长　李吉明（1993.03—1993.10）

副乡长　杨满文（1993.03—1994.03）

陈颜方（1993.03—1994.03）

谷书俊（女，1993.03—1994.11）

赵华全（1993.03—1994.11）

增补成员

乡　长　郭双全（1993.10—1994.11）

副乡长　王联文（1994.03—1994.11）

杨军国（1994.03—1994.11）

1994年11月，乡镇干部制度改革，实行党委书记聘用制，苏家庄乡人大主席团设常务主席1名；乡长1名，副乡长4名。之后增补副乡长1名。到1996年5月，有乡长1名，副乡长5名。

常务主席　赵华全（1994.11—1996.05）

乡　长　郭双全（1994.11—1996.05）

副乡长　王联文（1994.11—1996.05）

谷书俊（女，1994.11—1996.05）

白爱庭（1994.11—1996.05）

杨军国（1994.11—1996.05）

增补成员：

副乡长　孙文兵（宗教，1995.11—1996.05）

4. 苏家庄乡第五届人民代表大会（1996.05—1999.03）

1996年5月17日，苏家庄乡召开第五届人民代表大会第一次会议，出席代表40名。其中，女代表6名。大会依照法律程序审议并通过《苏家庄乡人民政府工作报告》《苏家庄乡财政预决算报告》《苏家庄乡人大工作报告》。依照1995年2月修改的组织法规定，苏家庄乡第五届人民代表大会选举产生主席1名；乡长1名，副乡长5名，此后增补乡长1名（赵华全），副乡长2名（李永良、郭建海）。之后经调整，到1999年3月，有主席1名；乡长1名，副乡长5名。苏家庄乡第五届人民代表大会召开2次会议。

主　席　赵华全（1996.05—1996.11）

杨满文（1996.11—1999.03）

乡　长　郭双全（1996.05—1996.11）

赵华全（1996.11—1999.03）

副乡长　谷书俊（女，1996.05—1997.04）

杨军国（1996.05—1997.05）

白爱庭（1996.05—1997.05）

孙文兵（宗教，1996.05—1997.05）

王联文（1996.05—1999.03）

李永良（宗教，1997.05—1999.03）

郭建海（科技，1997.05—1999.03）

刘树太（1999.01—1999.03）

康素炜（1999.01—1999.03）

5. 苏家庄乡第六届人民代表大会（1999.03—2002.06）

1999 年 3 月 15 日，苏家庄乡召开第六届人民代表大会第一次会议，出席代表 38 名，其中女代表 9 名。大会依照法律程序审议并通过《苏家庄乡人民政府工作报告》《苏家庄乡财政预决算报告》《苏家庄乡人大工作报告》。大会以无记名投票方式等额选举产生苏家庄乡人民代表大会主席 1 名，等额选举乡长 1 名，差额选举副乡长 5 名。之后经调整，到 2002 年 6 月换届，有主席 1 名；乡长 1 名，副乡长 5 名。苏家庄乡第六届人民代表大会在此期间召开 3 次会议。

主　席　杨满文（1999.03—2002.06）

乡　长　赵华全（1999.03—2001.04）

秘书明（2001.04—2002.06）

副乡长　王联文（1999.03—2002.04）

康素炜（1999.03—2002.06）

郭建海（科技，1999.03—2002.06）

李永良（宗教，1999.03—2002.06）

刘树太（1999.03—2000.01）

刘　峰（1999.06—2002.06）

霍会平（女，2000.01—2001.07）

高占军（2000.01—2002.06）

秘书明（2000.11—2001.04）

张翠文（2000.08—2002.04）

6. 苏家庄乡第七届人民代表大会（2002.06—2007.03）

2002 年 6 月 6 日，苏家庄乡召开第七届人民代表大会第一次会议，出席代表 44 名，其中女代表 7 名。大会依照法律程序审议并通过《苏家庄乡人民政府工作报告》《苏家庄乡财政预决算报告》《苏家庄乡人大工作报告》。依照组织法规定，以无记名投票方式等额选举产生苏家庄乡人民代表大会主席 1 名，等额选举乡长 1 名，差额选举副乡长 3 名。之后经过调整，到2007年3月，有主席1名；乡长1名，副乡长2名。苏家庄乡第七届人民代表大会在此期间召开3次会议。

主　席　杨满文（2002.06—2005.07）
　　　　缺　职（2005.07—2006.04）
　　　　栗　磊（2006.04—2007.03）
乡　长　张晓平（2002.06—2004.10）
　　　　崔福禄（2004.10—2005.07）
　　　　卢占军（2005.07—2006.06）
　　　　谷全国（2006.06—2007.03）
副乡长　康素炜（2002.06—2004.10）
　　　　郭建海（科技，2002.06—2007.03）
　　　　李永良（宗教，2002.06—2006.06）
　　　　温占红（女，2004.10—2006.04）
　　　　陈东亮（2006.04—2007.03）

7. 苏家庄乡第八届人民代表大会（2007.03—2011.12）

2007年3月30日，苏家庄乡召开第八届人民代表大会第一次会议，出席代表45名，其中女代表10名。大会依照法律程序审议并通过《苏家庄乡人民政府工作报告》《苏家庄乡财政预决算报告》《苏家庄乡人大工作报告》。大会以无记名投票方式差额选举产生主席1名，副主席1名；乡长1名，副乡长2名。之后经调整，到2011年12月，有乡长1名，副乡长2名。苏家庄乡第八届人民代表大会在此期间召开5次会议。

主　席　栗　磊（2007.03—2009.03）
　　　　崔淑联（2009.03—2011.12）
副主席　刘立飞（2007.03—2009.06）
　　　　王彦琴（2009.06—2011.03）
　　　　刘　哲（2011.03—2011.12）
乡　长　谷全国（2007.03—2010.07）
　　　　李国强（2010.07—2011.12）
副乡长　郭建海（2007.03—2009.06）
　　　　封志明（2007.03—2011.12）
　　　　刘立飞（2009.06—2011.12）

8. 苏家庄乡第九届人民代表大会（2011.12—2017.01）

2011年12月20日，苏家庄乡召开第九届人民代表大会第一次会议，大会以无记名投票方式差额选举产生苏家庄乡人民代表大会主席1名，副主席1名；乡长1名，副乡长2名。

之后经过调整，到 2017 年 1 月，苏家庄乡有人大主席、人大副主席各 1 名；乡长 1 名，副乡长 2 名。苏家庄乡第九届人民代表大会在此期间召开 5 次会议。

主　席　崔淑联（2011.12—2013.03）

　　　　缺　职（2013.03—2015.03）

　　　　刘立飞（2015.03—2017.01）

副主席　刘　哲（2011.12—2013.03）

　　　　杜华龙（2013.03—2017.01）

乡　长　李国强（2011.12—2013.03）

　　　　齐军伟（2013.03—2017.01）

副乡长　封志明（2011.12—2015.05）

　　　　刘立飞（2011.12—2015.03）

　　　　缺　职（2015.03—2015.05）

　　　　刘义升（2015.05—2017.01）

　　　　胡和平（2015.05—2017.01）

9. 苏家庄乡第十届人民代表大会（2017.01—2021.06）

2017 年 1 月 23 日，苏家庄乡召开第十届人民代表大会第一次会议，出席代表 46 名，其中女代表 7 名。大会依照法律程序审议并通过《苏家庄乡人民政府工作报告》《苏家庄乡财政预决算报告》《苏家庄乡人大工作报告》。大会以无记名投票方式差额选举产生苏家庄乡人民代表大会主席 1 名，副主席 1 名；乡长 1 名，副乡长 2 名。之后经过调整，到 2021 年 6 月，苏家庄乡有人大副主席 1 名；乡长 1 名，副乡长 1 名。

主　席　刘立飞（2017.01—2020.06）

　　　　缺　职（2020.06—2021.06）

副主席　杨丽彦（2017.01—2021.06）

乡　长　封　川（2017.01—2021.06）

副乡长　刘义升（2017.01—2019.04）

　　　　胡和平（2017.01—2021.06）

10. 苏家庄乡第十一届人民代表大会（2021.06—2023.12）

2021 年 6 月 16 日，苏家庄乡召开第十一届人民代表大会第一次会议，出席代表 46 名，其中女代表 19 名。大会依照法律程序审议并通过《苏家庄乡人民政府工作报告》《苏家庄乡财政预决算报告》《苏家庄乡人大工作报告》。大会以无记名投票方式等额选举产生主席 1 名，副主席 1 名；乡长 1 名，副乡长 3 名。之后经调整，到 2023 年 12 月，苏家庄乡有人大主席 1 名，人大副主席 1 名；乡长 1 名，副乡长 3 名。

主　席　胡和平（2021.06—2023.12）

副主席　张聪慧（2021.06—2023.12）
乡　长　李　蕾（2021.06—2023.11）
　　　　冯　凯（2023.11—2023.12）
副乡长　姜　帆（2021.06—2023.12）
　　　　赵艳朝（2021.06—2023.12）
　　　　王军旭（2021.06—2023.12）

第十一章　宅北乡人民代表大会

宅北乡地处平山县西北部山区，北与灵寿县相邻，辖20个行政村，下设24个党支部，3228户13703人。总面积15万亩，山场面积13万亩，宜林荒山8万余亩，耕地1.04万亩，森林覆盖率72%，是典型的山区乡镇，也是平山县一类防火乡镇。

宅北乡地势北高南低，距县城50公里，距革命圣地西柏坡20公里，距省会饮用水水源地岗南水库（柏坡湖）12公里。207国道横穿全境，是通往驼梁、五岳宅、五台山等旅游区的重要路段，西阜高速途经本乡7个村。移动网、联通网覆盖全乡，交通通信条件便利。

1. 宅北乡第一届人民代表大会（1984—1987）

宅北乡第一届人民代表大会于1984年召开，选举乡人民政府乡长、副乡长，此时乡人大工作由乡政府组织。

2. 宅北乡第二届人民代表大会及人大联络组（1987.04—1990.04）

宅北乡第二届人民代表大会第一次会议于1987年4月召开。会议选举产生宅北乡第二届人民政府。1987年11月时，设乡长1名，副乡长2名。

人大联络组组长　韩金业（1987.11—1988.08）
　　　　　　　　谷军山（1988.08—1990.04）
副组长　韩金堂（1988.08—1990.04）
乡　长　刘学亮（1987.11—1988.08）
　　　　曹孟海（1988.08—1990.04）
副乡长　张秀明（1987.11—1988.08）
　　　　张牛牛（1987.11—1988.08）
　　　　谷占兵（1988.08—1990.04）
　　　　韩清亮（1988.08—1990.04）
　　　　刘书太（1988.08—1990.04）

3. 宅北乡第三届人民代表大会及人大主席团（1990.04—1993.03）

1990年4月4日，宅北乡第三届人民代表大会第一次会议在宅北乡政府召开，出席会议的人民代表52名，会议依照法律程序，审议并通过《宅北乡政府工作报告》和《宅北乡财政预决算报告》。会议依法选举产生宅北乡第三届人民代表大会主席团，选举产生宅北乡人民政府乡长1名，副乡长3名。

常务主席　谷军山（1990.04—1993.03）

副主席　韩金堂（1990.04—1993.03）

乡　长　王军军（1990.04—1990.09；1991.04—1993.03）

谷军山（1990.09—1991.04）

副乡长　韩清亮（1990.04—1992.06）

刘书太（1990.04—1993.03）

李彦波（1990.06—1993.03）

安抗美（1990.09—1991.11）

李庆明（1992.06—1993.03）

陈兰怀（1992.06—1993.03）

4. 宅北乡第四届人民代表大会及人大主席团（1993.03—1996.04）

宅北乡第四届人民代表大会第一次会议于1993年3月6日召开，出席代表43名，其中女代表9名。会议依照法律程序审议并通过《宅北乡人民政府工作报告》《宅北乡财政预决算报告》《宅北乡人大主席团工作报告》。大会依法选举产生宅北乡第四届人民代表大会主席团主席1名，副主席1名；乡长1名，副乡长4名。

主　席　谷军山（1993.03—1994.11）

副主席　韩金堂（1993.03—1993.08）

韩振昌（1994.03—1994.11）

乡　长　王军军（1993.03—1994.11）

副乡长　刘书太（1993.03—1993.08）

陈兰怀（1993.03—1994.03）

李彦波（1993.03—1994.11）

李庆明（1993.03—1994.11）

封明亮（1994.03—1994.11）

李永进（1994.03—1994.11）

解建军（1994.08—1994.11）

1994年11月，乡镇干部制度改革，实行党委书记聘用制，宅北乡人大主席团设常务主席1名；乡长1名，副乡长4名。之后增补兼职副乡长1名（边黑拴）。到1996年4月，有乡长1名，副乡长5名（其中兼职1名）。

常务主席　杨烨明（1994.11—1996.04）

乡　长　王军军（1994.11—1995.04；1995.08—1996.04）

缺　职（1995.04—1995.08）

副乡长　封明亮（1994.11—1996.04）

李永进（1994.11—1996.04）

解建军（1994.11—1996.04）

李新平（1994.11—1996.04）

边黑拴（1995.09—1996.04）

5. 宅北乡第五届人民代表大会（1996.04—1999.03）

1996年4月6日，宅北乡召开第五届人民代表大会第一次会议，出席代表45名，其中女代表9名。会议依照法律程序审议通过《宅北乡人民政府工作报告》《宅北乡财政预决算报告》《宅北乡人大工作报告》。依据1995年2月修改的组织法规定，选举产生宅北乡第五届人民代表大会主席1名；乡长1名，副乡长3名，另外不占领导职数的兼职副乡长1名（边黑拴）。之后经调整，到1999年3月换届，有主席1名；乡长1名，副乡长4名。

主　席　杨　明（1996.04—1997.04）

谷书俊（女，1997.04—1999.03）

副主席　张建设（1996.10—1999.01）

乡　长　封明亮（1996.04—1998.04）

杨智欣（1998.04—1999.03）

副乡长　李新平（1996.04—1997.05）

李永进（1996.04—1999.03）

解建军（1996.04—1999.03）

边黑拴（1996.04—1999.03）

安建霞（1996.10—1999.01）

白爱庭（1997.05—1999.03）

6. 宅北乡第六届人民代表大会（1999.03—2002.05）

1999年3月16日，宅北乡召开第六届人民代表大会第一次会议，出席代表41名，其中女代表8名。会议依照法律程序审议并通过《宅北乡人民政府工作报告》《宅北乡财政预决算报告》《宅北乡人大工作报告》。大会以无记名投票方式等额选举产生主席1名；以无记名投票方式等额选举产生乡长1名，差额选举产生副乡长3名。到2002年5月换届，有人大主席1名；乡长1名，副乡长2名。宅北乡第六届人民代表大会在此期间召开3次会议。

主　席　谷书俊（女，1999.03—2002.05）

乡　长　杨智欣（1999.03—2001.08）

张文贵（2001.08—2002.05）

副乡长　李永进（1999.03—2002.04）

解建军（1999.03—2001.08）

白爱庭（1999.03—2002.05）

王联文（2002.04—2002.05）

7. 宅北乡第七届人民代表大会（2002.05—2007.04）

2002年5月8日，宅北乡召开第七届人民代表大会第一次会议，出席代表43名，其中女代表6名。会议依照法律程序审议并通过《宅北乡人民政府工作报告》《宅北乡财政预决算报告》《宅北乡人大工作报告》。依据组织法规定，大会以无记名投票方式等额选举产生主席1名；以无记名投票方式等额选举产生乡长1名，差额选举产生副乡长2名。之后经调整，到2007年4月，有主席1名，副主席1名；有乡长1名，副乡长2名。

主　席　谷书俊（女，2002.05—2003.08）
　　　　刘建堂（2003.08—2007.04）
副主席　费建朝（2002.11—2005.01；2003.04—2005.01）
　　　　李永军（2005.01—2007.04）
乡　长　张文贵（2002.05—2003.08）
　　　　刘双印（2003.08—2007.04）
副乡长　白爱庭（2002.05—2006.06）
　　　　王联文（2002.05—2007.04）
　　　　范文革（2002.10—2005.01）
　　　　李建明（2002.10—2003.08）
　　　　白首钢（2003.08—2005.01）
　　　　武会龙（2005.01—2007.04）
　　　　李庆海（2003.08—2006.06）

8. 宅北乡第八届人民代表大会（2007.04—2011.12）

2007年4月3日，宅北乡召开第八届人民代表大会第一次会议，出席代表47名，其中女代表13名。大会依照法律程序审议并通过《宅北乡人民政府工作报告》《宅北乡财政预决算报告》《宅北乡人大工作报告》。大会以无记名投票方式等额选举产生宅北乡人民代表大会主席1名，副主席1名；等额选举产生宅北乡人民政府乡长1名，副乡长2名。之后经过调整，到2011年12月，宅北乡有人大主席1名，人大副主席1名；乡长1名，副乡长2名。

主　席　李建明（2007.04—2009.03）
　　　　李　娜（女，2009.03—2011.12）
副主席　李庆海（2007.04—2009.06）
　　　　薛素玲（女，2009.06—2011.03）
　　　　缺　职（2011.09—2011.12）
　　　　李进飞（2011.12—2011.12）
乡　长　封美林（2007.04—2009.03）
　　　　谷文利（2009.03—2011.12）
　　　　强增亮（2011.12—2011.12）
副乡长　武会龙（2007.04—2009.03）
　　　　王联文（2007.04—2011.03）
　　　　闫俊刚（2009.03—2011.12）
　　　　薛素珍（女，2011.03—2011.12）

9. 宅北乡第九届人民代表大会（2011.12—2017.01）

2011 年 12 月 20 日，宅北乡召开九届人民代表大会第一次会议，大会以无记名投票方式选举产生第九届人民代表大会主席 1 名，副主席 1 名；乡长 1 名，副乡长 2 名。之后经过调整，到 2017 年 1 月，宅北乡有人大主席 1 名，人大副主席缺职；乡长 1 名，副乡长 2 名。

主　席　李　娜（女，2011.09—2013.07）
　　　　范志勇（2013.07—2017.01）
副主席　李进飞（2011.12—2015.05）
　　　　缺　职（2015.05—2017.01）
乡　长　强增亮（2011.12—2015.09）
　　　　缺　职（2015.09—2015.10）
　　　　左彦山（2015.10—2017.01）
副乡长　闫俊刚（2011.12—2017.01）
　　　　薛素珍（女，2011.12—2012.10）
　　　　缺　职（2012.10—2013.02）
　　　　侯晓伟（2013.02—2017.01）

10. 宅北乡第十届人民代表大会（2017.01—2021.06）

2017 年 1 月 24 日，宅北乡召开第十届人民代表大会第一次会议，大会出席代表 44 名，其中妇女代表 7 名。大会依照法律程序审议并通过《宅北乡人民政府工作报告》《宅北乡财政预决算报告》《宅北乡人大工作报告》。大会以无记名投票方式选举产生第十届人民代表大会主席 1 名，副主席 1 名；乡长 1 名，副乡长 2 名。

主　席　李志成（2017.01—2020.09）
　　　　空　缺（2020.09—2021.05）
　　　　刘二宁（2021.05—2021.06）
副主席　韩二强（2017.01—2017.02）
乡　长　左彦山（2017.01—2018.01）
　　　　赵新平（2018.01—2020.09）
　　　　李志成（2020.09—2021.05）
　　　　胡颉儒（2021.05—2021.06）
副乡长　闫俊刚（2017.01—2019.04）
　　　　韩国强（2017.01—2019.04）
　　　　智　伟（2019.05—2021.06）
　　　　郝淑波（2019.05—2021.04）
　　　　解启航（2021.05—2021.06）

11. 宅北乡第十一届人民代表大会（2021.06—2023.12）

2021 年 6 月 18 日，宅北乡召开第十一届人民代表大会第一次会议，出席代表 44 名。其中，女代表7名。大会依照法律程序审议并通过《宅北乡人民政府工作报告》《宅北乡财政预决算报告》《宅北乡人大工作报告》。大会以无记名投票方式等额选举产生宅北乡人大主席1名；乡长1名，副乡长3名。

人大主席　刘二宁（2021.06—2023.06）
　　　　　张鹏飞（2023.09—2023.12）
乡　长　胡颉儒（2021.06—2023.12）
副乡长　智　伟（2021.06—2023.12）
　　　　解启航（2021.06—2022.09）
　　　　张　帅（2022.10—2023.12）

第十二章　西柏坡镇人民代表大会

西柏坡镇位于平山县中部，距平山县城 45 公里，距省会石家庄 90 公里，西柏坡高速直通镇区。辖 16 个行政村，28 个自然庄，镇域总面积 46.1 平方公里（含水域面积 16.1 平方公里），其中山场面积 36081 亩，耕地面积 4007 亩。2023 年末，全镇户籍人口 2482 户 7406 人。西柏坡镇呈东西狭长分布，207 国道横贯全境，地势北高南低，北部为山地，南部与岗南水库毗邻，自然资源丰富，生态环境优美，是全国乡村治理示范镇、河北省美丽乡村重点片区、省级首批特色小镇，全国五大革命圣地之一。

西柏坡镇，历史上经过两次改名，最初为柏坡乡。1988 年 3 月经石家庄地区行署研究，报省政府批准改为西柏坡乡。2002 年 5 月，改为西柏坡镇。

第一节　西柏坡乡人民代表大会

1. 柏坡乡第一届人民代表大会（1984—1987）

柏坡乡第一届人民代表大会于 1984 年召开，选举乡人民政府乡长、副乡长，此时乡人大工作由乡政府组织。

2. 柏坡乡第二届人民代表大会及人大联络组（1987.04—1990.04）

柏坡乡第二届人民代表大会第一次会议于 1987 年 4 月召开。1987 年 11 月时，设乡长 1 名，副乡长 2 名。1988 年 3 月，柏坡乡人民代表大会更名为西柏坡乡人民代表大会。1987 年 11 月至 1988 年 8 月，乡人代会在第二届任期内。

人大联络组组长　李四季（1987.11—1988.08）
乡　长　赵增海（1987.11—1988.08）
副乡长　李拴才（1987.11—1988.08）
陈建庭（1987.11—1988.08）

1988 年 8 月，全县实行撤区并乡，西柏坡乡得以保留。1990 年 1 月，经县委、县政府研究批准，将苏家庄乡所辖的霍家沟、讲里、西坡和下槐镇所辖的通家口、窑上、燕尾沟共 6 个行政村划归西柏坡乡。至此，西柏坡乡所辖范围扩大为 16 个行政村，人口 1992 年 12 月增到 6000 人。乡机关驻地设在陈家峪村。1988 年 8 月至 1990 年 4 月，乡人代会仍在第二届任期内。

人大联络组组长　李四季（1988.08—1990.04）
乡　长　梁海书（1988.08—1990.04）
副乡长　陈建庭（1988.08—1990.04）
齐鸿杰（1988.08—1990.04）

3. 西柏坡乡第三届人民代表大会及人大主席团（1990.04—1993.03）

西柏坡乡第三届人民代表大会第一次会议于 1990 年 4 月召开，出席会议的乡人大代表共 46 名。会议依照法律程序审议并通过《西柏坡乡政府工作报告》和《西柏坡乡财政预决算报告》，会议依据选举法选举产生西柏坡乡第三届人民代表大会主席团成员 7 名及主席团常务主席 1 名；选举产生西柏坡乡第三届人民政府乡长 1 名，副乡长 2 名。1993 年 3 月，人大主席团设常务主席 1 名，有乡长 1 名，副乡长 4 名。

人大主席团常务主席　范联军（1990.04—1993.03）
乡　长　张兵秀（1990.04—1992.10）
李锦龙（1992.10—1993.03）
副乡长　陈建庭（1990.04—1990.07）
张牛牛（1990.08—1993.03）
宋贵春（1990.09—1993.03）
王开亮（1990.08—1993.03）
李拴才（1992.06—1993.03）

4. 西柏坡乡第四届人民代表大会及人大主席团（1993.03—1996.06）

西柏坡乡第四届人民代表大会第一次会议于 1993 年 3 月 7 日召开，出席代表 46 名，其中女代表 9 名。会议依照法律程序审议并通过《西柏坡乡人民政府工作报告》《西柏坡乡财政预决算报告》《西柏坡乡人大主席团工作报告》。依法选举产生西柏坡乡第四届人民代表大会主席团常务主席 1 名；乡长 1 名，副乡长 5 名。之后增补副乡长 4 名（其中挂职 1 名：牛天林）。到 1994 年 11 月，有乡长 1 名，副乡长 7 名（其中挂职 1 名）。

常务主席　范联军（1993.03—1994.11）
乡　　长　李锦龙（1993.03—1994.11）
副 乡 长　王开亮（1993.03—1993.08）
张牛牛（1993.03—1994.08）
宋贵春（1993.03—1994.11）
李拴才（1993.03—1994.11）
王　兰（1993.03—1994.11）
齐明国（1993.11—1994.11）
刘立涛（1994.08—1994.11）

郝喜来（1994.08—1994.11）

牛天林（1994.03—1994.11）

1994年11月，乡镇干部制度改革，实行党委书记聘用制，西柏坡乡设常务主席1名；乡长1名，副乡长4名，挂职副乡长1名（牛天林）。之后增补乡长1名。到1996年5月，有乡长1名，副乡长5名（其中挂职1名）。

常务主席　范联军（1994.11—1996.06）

乡　长　李锦龙（1994.11—1995.12）

王韶华（1995.12—1996.06）

副乡长　李拴才（1994.11—1996.06）

王　兰（1994.11—1996.06）

张牛牛（1994.11—1996.06）

齐明国（1994.11—1996.06）

牛天林（1994.11—1996.06）

5. 西柏坡乡第五届人民代表大会（1996.06—1999.02）

1996年6月14日，西柏坡乡召开第五届人民代表大会第一次会议，出席代表44名，其中女代表9名。会议依照法律程序审议并通过《西柏坡乡人民政府工作报告》《西柏坡乡财政预决算报告》《西柏坡乡人大工作报告》《西柏坡乡关于发动全乡人民决战两三年，建设西柏坡森林公园的决议》。依照1995年2月修改的组织法规定，选举产生西柏坡乡第五届人民代表大会主席1名；乡长1名，副乡长5名，另外不占领导职数的挂职副乡长2名（封志平、韩全军）。之后增补副乡长5名（其中挂职2名：刘开彦、胡建辉，兼职2名：齐花书、陈永斌）。之后经调整，到1999年2月换届，有主席1名，副主席1名；乡长1名，副乡长6名。西柏坡乡第五届人民代表大会召开2次会议。

主　席　范联军（1996.06—1998.09）

李拴才（1999.01—1999.02）

副主席　张牛牛（1999.01—1999.02）

乡　长　王韶华（1996.06—1999.01）

刘明国（1999.01—1999.02）

副乡长　王　兰（1996.06—1996.10）

张牛牛（1996.06—1999.01）

李拴才（1996.06—1999.01）

刘立涛（1996.06—1999.01）

周风茹（女，1996.06—1999.02）

封志平（1996.06—1999.02）

韩全军（1996.06—1999.02）

胡建辉（科技，1996.06—1999.02）

李新平（1997.05—1999.02）
刘开彦（1996.10—1999.01）
齐花书（女，1996.10—1998.03）
陈永斌（1997.05—1999.02）

6. 西柏坡乡第六届人民代表大会（1999.02—2002.05）

1999 年 2 月 24 日，西柏坡乡召开第六届人民代表大会第一次会议，出席代表 44 名，其中女代表 10 名。会议依照法律程序审议并通过《西柏坡乡人民政府工作报告》《西柏坡乡财政预决算报告》《西柏坡人大工作报告》。大会以无记名投票方式等额选举产生主席 1 名，差额选举产生副主席 1 名；选举乡长 1 名，差额选举副乡长 5 名。之后经调整，到 2002 年 5 月换届，主席、副主席暂缺职，乡长 1 名，副乡长 4 名。西柏坡乡第六届人民代表大会在此期间召开 3 次会议。

主　席　李拴才（1999.02—2002.02）
副主席　张牛牛（1999.02—1999.10）
乡　长　齐明国（1999.02—1999.12）
刘立涛（1999.12—2001.08）
缺　职（2001.08—2002.03）
解建军（2002.03—2002.05）
副乡长　韩全军（1999.02—2001.08）
李新平（1999.02—2002.05）
胡建辉（1999.02—1999.04）
封志平（1999.02—2000.07）
周风茹（女，1999.02—2002.04）
赵永辉（1999.06—2002.05）
许连庭（2001.08—2002.05）
李随海（科技，2001.08—2002.05）
解建军（2001.08—2002.03）

第二节　西柏坡镇人民代表大会

1. 西柏坡镇第七届人民代表大会（2002.05—2007.03）

2002 年 5 月由西柏坡乡改称现名西柏坡镇，镇人民政府驻地陈家峪村。2002 年 5 月 31 日，西柏坡镇召开第七届人民代表大会第一次会议，出席代表 44 名，其中女代表 9 名。会议依照法律程序审议并通过《西柏坡镇人民政府工作报告》《西柏坡镇财政预决算报告》《西柏坡镇人大工作报告》《西柏坡镇人民政府关于动员全镇干部群众解放思想，真抓实干，加快小城镇建设步伐的决议》《西柏坡镇人民政府关于加强管理，提高教育质量的决议》《西柏坡镇人民政府关于镇村干部转变工作作风，增强公仆意识的决议》。依照组织法规定，大会以无记名投票方式等额选举产生主席1名，镇长1名，差额选举副镇长2名。其间西柏坡镇人民代表大会共召开5次会议。

主　席　周风茹（女，2002.05—2005.02）
　　　　高成虎（2005.02—2007.03）
副主席　李新平（2002.10—2006.06）
镇　长　解建军（2002.05—2005.07）
　　　　杜林文（2005.07—2006.05）
　　　　李新海（2006.05—2007.03）
副镇长　李新平（2002.05—2002.10）
　　　　许连庭（2002.05—2006.03）
　　　　何　平（科技，2002.07—2004.04）
　　　　李　娜（女，2002.10—2007.03）
　　　　崔军革（2002.10—2007.03）
　　　　杨晓军（2006.03—2007.03）

2. 西柏坡镇第八届人民代表大会（2007.03—2012.02）

2007年3月，西柏坡镇召开第八届人民代表大会，出席代表42名，其中女代表10名，请假5人。会议依照法律程序审议并通过《西柏坡镇人民政府工作报告》《西柏坡镇财政预决算报告》《西柏坡镇人大工作报告》。依照组织法规定，大会以无记名投票等额选举产生主席1名，差额产生副主席1名，镇长1名，差额选举副镇长1名。

主　席　曹震平（2007.04—2012.02）
副主席　马军彦（2007.04—2012.02）
镇　长　李新海（2007.04—2012.02）
副镇长　李　娜（女，2007.04—2007.05）
　　　　周联平（2007.04—2009.06）
　　　　王平东（2007.05—2011.03）
　　　　盖建霞（女，2009.06—2011.03）
　　　　刘爱民（2011.04—2012.02）
　　　　武喜龙（2011.04—2012.02）

3. 西柏坡镇第九届人民代表大会（2012.02—2017.01）

2012年2月16日，西柏坡镇召开第九届人民代表大会第一次会议，大会以无记名投票方式选举产生第九届人民代表大会主席1名、副主席1名。之后经过调整，到2017年1月，西柏坡镇有人大主席1名，人大副主席1名；镇长1名，副镇长2名。

主　席　曹震平（2012.02—2013.07）
　　　　王利刚（2013.07—2017.01）
副主席　马军彦（2012.02—2017.01）
镇　长　李新海（2012.02—2013.03）
　　　　李国强（2013.03—2017.01）
副镇长　刘爱民（2012.02—2015.05）
　　　　武喜龙（2012.02—2013.07）
　　　　韩军国（2013.07—2015.10）
　　　　李进飞（2015.05—2017.01）
　　　　陈国平（2015.10—2017.01）

4. 西柏坡镇第十届人民代表大会（2017.01—2021.06）

2017 年 1 月 24 日，西柏坡镇召开第十届人民代表大会第一次会议，大会出席代表 44 名，其中女代表 13 名。大会依照法律程序审议并通过《西柏坡镇人民政府工作报告》《西柏坡镇财政预决算报告》《西柏坡镇人大工作报告》。大会以无记名投票方式选举产生主席 1 名、副主席 1 名。到 2021 年 6 月，西柏坡镇有人大主席 1 名，人大副主席 2 名；镇长 1 名，副镇长 1 名。

主　席　王红梅（女，2017.01—2021.06）
副主席　王秀琴（女，2017.01—2019.04）
　　　　张德政（2019.04—2021.05）
　　　　王丽静（女，2021.05—2021.06）
　　　　王成龙（2021.05—2021.06）
镇　长　王利刚（2017.01—2020.10）
　　　　张　荣（女，2020.10—2021.06）
副镇长　陈国平（2017.01—2019.04）
　　　　韩永忠（2017.01—2017.02）
　　　　张　帅（2021.05—2021.06）

5. 西柏坡镇第十一届人民代表大会（2021.06—2023.12）

2021 年 6 月 20 日，西柏坡镇召开第十一届人民代表大会第一次会议，出席代表 47 名。大会依照法律程序审议并通过《西柏坡镇人民政府工作报告》《西柏坡镇财政预决算报告》《西柏坡镇人大工作报告》。大会以无记名投票方式等额选举产生西柏坡镇人民代表大会主席 1 名，副主席 2 名；镇长 1 名，副镇长 3 名。之后经调整，到 2023 年 12 月，西柏坡镇有人大主席 1 名，人大副主席 2 名；镇长缺职，副镇长 2 名。

主　席　王红梅（女，2021.06—2022.10）
　　　　吴江涛（2023.01—2023.12）
副主席　王丽静（女，2021.06—2023.12）

王成龙（2021.06—2023.12）
镇　长　张　荣（女，2021.06—2023.01）
缺　职（2023.01—2023.11）
副镇长　韩永忠（2021.06—2023.12）
张　帅（2021.06—2022.10）
李少春（2021.06—2022.04）
郎利军（2022.06—2023.12）

第十三章　古月镇人民代表大会

古月镇位于平山县西部山区，岗南水库上游，东与温塘镇交界，南与井陉县接壤，西连北冶乡，北邻下槐镇，与革命圣地西柏坡隔湖相望，直线距离不足5千米。镇政府驻中古月村，距平山县域34公里，全镇辖43个行政村，72个自然庄，总面积133平方公里，山场面积15.9万亩。境内有古月河、险溢河、甘秋河3条河流，水资源丰富；石闫路、207国道、朔黄铁路、天桂山旅游路横穿全境，是连接西柏坡、驼梁山、天桂山、沕沕水、温泉城五大旅游景点的黄金通道和晋煤东运的交通枢纽。古月镇是进入平山县西部山区的门户和商贸重镇，历史上是原建屏县城所在地。

古月镇人民代表大会发展经历两个阶段：第一阶段，撤区并乡前人民代表大会时期；第二阶段，撤区并乡后人民代表大会时期。

第一节　撤区并乡前人民代表大会时期

一、古月镇人民代表大会

1. 古月镇第一届人民代表大会（1984—1987）

古月镇第一届人民代表大会于1984年召开，选举镇人民政府镇长、副镇长，此时镇人大工作由镇政府组织。

2. 古月镇第二届人民代表大会及人大联络组（1987.04至1988.08）

古月镇第二届人民代表大会第一次会议于1987年4月召开，会议选举产生古月镇第二届人民政府。1987年11月时，设镇长1名，副镇长3名。

人大联络组组长　王会林（1987.11—1988.08）
镇　长　焦社会（1987.11—1988.08）
副镇长　尹五堂（1987.11—1988.08）
马志琴（1987.11—1988.08）
杜黑牛（1987.11—1988.08）

二、王岸乡人民代表大会

1. 王岸乡第一届人民代表大会（1984—1987）

王岸乡第一届人民代表大会于1984年召开，选举镇人民政府镇长、副镇长，此时乡人大工作由乡政府组织。

2. 王岸乡第二届人民代表大会及人大联络组（1987.04—1988.08）

1987年4月，王岸乡第二届人民代表大会第一次会议召开。会议选举产生王岸乡第二届人民政府，1987年11月时，设乡长1名，副乡长2名。

乡　长　郝春波（1987.11—1988.08）

副乡长　李法宝（1987.11—1988.08）

　　　　韩　明（1987.11—1988.08）

三、甘秋乡人民代表大会

1. 甘秋乡第一届人民代表大会（1984—1987）

甘秋乡第一届人民代表大会于1984年召开，选举乡人民政府乡长、副乡长，此时乡人大工作由乡政府组织。

2. 甘秋乡第二届人民代表大会及人大联络组（1987.04—1988.08）

1987年4月，甘秋乡第二届人民代表大会第一次会议在乡政府召开。会议选举产生甘秋乡第二届人民政府，1987年11月时设乡长1名，副乡长2名。

乡　长　崔儒敬（1987.11—1988.08）

副乡长　崔平文（1987.11—1988.08）

　　　　王新堂（1987.11—1988.08）

第二节　撤区并乡后人民代表大会时期

1. 古月镇第二届人民代表大会及人大联络组（1988.08—1990.05）

1988年8月撤区并乡后，甘秋乡和王岸乡全部并入古月镇。1988年8月至1990年5月古月镇人民代表大会仍在第二届任期内。

人大联络组组长　王会林（1989.09—1990.05）

　　　　镇　长　李　辉（1988.08—1990.05）

　　　　副镇长　罗　云（1988.08—1990.05）

　　　　　　　　刘吉兵（1988.08—1990.05）

　　　　　　　　韩　峰（1988.12—1990.04）

2. 古月镇第三届人民代表大会及人大主席团（1990.05—1993.03）

古月镇第三届人民代表大会第一次会议于1990年5月7日在镇会议室召开。出席会议的代表共82人。会议依照法律审议并通过《古月镇人民政府工作报告》《古月镇财政预决算报告》。会议依法选举产生古月镇第三届人民代表大会主席团（9名），常务主席1名；选举产生古月镇第三届人民政府镇长1名，副镇长4名。

常务主席　王会林（1990.05—1993.03）
副主席　崔海山（1990.05—1993.03）
镇　长　尹五堂（1988.08—1990.05）
邢锁林（1990.05—1990.06）
罗　云（1990.06—1993.03）
副镇长　罗　云（1990.05—1990.06）
刘吉兵（1990.05—1993.03）
刘晓亮（1990.05—1993.03）
韩树元（1990.05—1992.11）
姜俊生（1990.09—1993.03）
辛美录（1990.09—1992.11）
杨将将（1991.11—1993.03）
李锦龙（1992.06—1992.12）
王新堂（1992.06—1993.03）
李德庆（1992.06—1993.03）
韩受儒（1992.06—1992.12）
尹五堂（1992.06—1992.12）

3. 中古月镇第四届人民代表大会及人大主席团（1993.03—1996.06）

中古月镇第四届人民代表大会第一次会议于1993年3月7日召开，出席代表80名，其中女代表16名。大会依照法律程序审议并通过《中古月镇人民政府工作报告》《中古月镇财政预决算报告》《中古月镇人大主席团工作报告》。依法选举产生中古月镇第四届人民代表大会主席团常务主席1名，副主席1名；镇长1名，副镇长6名。此后增补镇长1名，副镇长1名。到1994年11月，有镇长1名，副镇长5名。

常务主席　王会林（1993.03—1994.11）
副主席　崔海山（1993.03—1994.11）
镇　长　罗　云（1993.03—1994.04）
副镇长　刘吉兵（1993.03—1993.08）
李德庆（1993.03—1993.08）
刘学亮（1993.03—1994.11）
姜俊生（1993.03—1994.11）

杨将将（1993.03—1994.11）

王新堂（1993.03—1994.11）

增补成员：

镇　长　胡随林（1994.04—1994.11）

副镇长　焦移民（1993.08—1994.11）

1994年11月，乡镇干部制度改革，实行党委书记聘任制，中古月镇人大主席团设常务主席1名；中古月镇设镇长1名，副镇长4名。此后增补副镇长3名（其中挂职2名：田林广、赵荣海）。到1996年6月，有镇长1名，副镇长7名（其中挂职2名）。

常务主席　王会林（1994.11—1996.06）

镇　长　胡随林（1994.11—1996.06）

副镇长　焦移民（1994.11—1996.06）

封海明（1994.11—1996.06）

李炳贵（1994.11—1996.06）

冀建平（1994.11—1996.06）

增补成员：

副镇长　姜兆杰（科技，1995.11—1996.06）

田林广（1995.11—1996.06）

赵荣海（1996.05—1996.06）

4. 中古月镇第五届人民代表大会（1996.06—1999.03）

1996年6月3日，中古月镇召开第五届人民代表大会第一次会议，出席代表82名。其中，女代表15名。大会依照法律程序审议通过《中古月镇人民政府工作报告》《中古月镇财政预决算报告》《中古月镇人大工作报告》。依照1995年2月修改的组织法规定，中古月镇第五届人民代表大会选举产生主席1名；镇长1名，副镇长5名。另外，不占领导职数的挂职副镇长2名（田林广、赵荣海）。此后增补镇长1名，副镇长5名（其中挂职2名：韩春明、周吉祥，兼职1名：韩彦荣）。中古月镇第五届人民代表大会召开2次会议。

主　席　王会林（1996.06—1997.04）

增补成员：

主　席　姜明芳（1998.04—1999.03）

副主席　刘学亮（1996.10—1997.05）

镇　长　胡随林（1996.06—1996.11）

副镇长　焦移民（1996.06—1997.05）

李炳贵（1996.06—1997.05）

冀建平（1996.06—1997.05）

封海明（1996.06—1999.03）

姜兆杰（科技，1996.06—1999.03）

田林广（1996.06—1999.03）

赵荣海（1996.06—1998.07）

增补成员：

镇　长　肖虎子（1996.11—1999.03）

副镇长　韩春明（1996.10—1997.05）

封来存（1997.05—1999.03）

冯　涛（1997.05—1999.03）

周吉祥（1997.05—1999.01）

韩彦荣（女，1997.05—1999.01）

5. 中古月镇第六届人民代表大会（1999.03—2002.05）

1999 年 3 月 19 日，中古月镇召开第六届人民代表大会第一次会议，出席代表 43 人，其中女代表 7 名。大会依照法律程序审议并通过《中古月镇人民政府工作报告》《中古月镇财政预决算报告》《中古月镇人大工作报告》。大会以无记名投票方式等额选举产生中古月镇人民代表大会主席 1 名；等额选举镇长 1 名，差额选举副镇长 5 名。之后经调整，到 2002 年 5 月换届，有主席、副主席各 1 名；镇长 1 名，副镇长 3 名。中古月镇第六届人民代表大会在此期间召开 3 次会议。

主　席　姜明芳（1999.03—2002.05）

增补成员：

副主席　王苍竹（2002.04—2002.05）

镇　长　肖虎子（1999.03—1999.08）

副镇长　封海明（1999.03—2002.05）

封来存（1999.03—2002.05）

冯　涛（1999.03—2002.05）

姜兆杰（科技，1999.03—2001.08）

田林广（1999.03—2000.01）

增补成员：

镇　长　樊彦明（1999.12—2000.11）

范世雄（2001.04—2002.05）

副镇长　范世雄（2000.11—2001.04）

6. 中古月镇第七届人民代表大会（2002.05—2007.03）

2002 年 5 月 27 日，中古月镇召开第七届人民代表大会第一次会议，出席代表 51 人，其中女代表 7 名。大会依照法律程序审议并通过《中古月镇人民政府工作报告》《中古月镇财政预决算报告》《中古月镇人大工作报告》。大会以无记名投票方式等额选举产生中古月镇人民代表大会主席 1 名，差额选举副主席 1 名；等额选举镇长 1 名，差额选举副镇长 3 名。到 2007 年 3 月，有主席 1 名，副主席 1 名；镇长 1 名，副镇长 4 名。

主　席　姜明芳（2002.05—2004.03）

　　　　刘海成（2004.03—2007.03）

副主席　王苍竹（2002.05—2007.03）

镇　长　范世雄（2002.05—2005.07）

　　　　任志公（2005.07—2007.03）

副镇长　冯　涛（2002.05—2007.03）

　　　　封海明（2002.05—2007.03）

　　　　封来存（2002.05—2007.03）

　　　　闫月华（2002.10—2007.03）

7. 古月镇第八届人民代表大会（2007.03—2012.03）

2007 年 3 月，古月镇召开第八届人民代表大会第一次会议，大会以无记名投票方式选举产生古月镇第八届人民代表大会主席 1 名，副主席 1 名；镇长 1 名，副镇长 2 名。到 2012 年 3 月，古月镇有人大主席 1 名，人大副主席 1 名；镇长 1 名，副镇长 2 名。

主　席　王　辉（2007.04—2009.07）

　　　　王文军（2009.07—2011.04）

　　　　缺　职（2011.04—2011.12）

　　　　崔永利（2011.12—2012.03）

副主席　刘志强（2007.03—2009.07）

　　　　胡素海（2009.03—2011.03）

　　　　封　超（2011.03—2012.03）

镇　长　盖明忠（2007.03—2012.03）

副镇长　闫月华（2007.03—2009.06）

　　　　王文军（2007.03—2009.06）

　　　　刘志强（2009.06—2012.03）

　　　　张俊彦（2009.06—2011.12）

　　　　陈小华（2011.12—2012.03）

8. 古月镇第九届人民代表大会（2012.03—2017.01）

2012 年 3 月，古月镇召开第九届人民代表大会第一次会议，大会以无记名投票方式选举产生古月镇第九届人民代表大会主席 1 名，副主席 1 名；镇长 1 名，副镇长 2 名。之后经过调整，到 2017 年 1 月，古月镇有人大主席 1 名，人大副主席 1 名；镇长 1 名，副镇长 2 名。

主　席　崔永利（2012.03—2012.12）

副主席　封　超（2012.03—2012.10）

增补成员：

主　席　缺　职（2012.12—2015.05）

　　　　刘清平（2015.05—2017.01）

副主席　闫明法（2012.10—2017.01）

镇　长　盖明忠（2012.03—2012.10）

副镇长　刘志强（2012.03—2015.05）

　　　　陈小华（2012.03—2017.01）

增补成员：

镇　长　闫永强（2012.10—2017.01）

副镇长　刘永亭（2015.05—2017.01）

9. 古月镇第十届人民代表大会（2017.01—2021.06）

2017年1月24日，古月镇召开第十届人民代表大会第一次会议，大会依照法律程序审议并通过《古月镇人民政府工作报告》《古月镇财政预决算报告》《古月镇人大工作报告》，大会以无记名投票方式选举产生古月镇第十届人民代表大会主席、副主席各1名；镇长1名，副镇长2名。

主　席　张伟刚（2017.01—2021.06）

副主席　曹战胜（2017.01—2021.06）

镇　长　杜建华（2017.02—2021.06）

副镇长　陈小华（2017.02—2021.06）

　　　　刘永亭（2017.02—2021.06）

10. 古月镇第十一届人民代表大会（2021.06—2023.12）

2021年6月25日，古月镇召开第十一届人民代表大会第一次会议。大会依照法律程序审议并通过了《古月镇人民政府工作报告》《古月镇财政预决算报告》《古月镇人大工作报告》。大会以无记名投票方式等额选举产生古月镇人民代表大会主席1名，副主席2名；镇长1名，副镇长2名。之后经调整，到2023年12月，古月镇有人大主席1名，人大副主席2名；镇长1名，副镇长2名。

主　席　张伟刚（2021.06—2023.12）

副主席　曹战胜（2021.06—2023.12）

　　　　邢梓轩（2021.06—2023.12）

镇　长　张平革（2021.06—2022.12）

　　　　曹晓光（2022.12—2023.12）

副镇长　刘永亭（2021.06—2023.12）

　　　　孔艳阳（2021.06—2023.12）

第十四章　北冶乡人民代表大会

北冶乡位于平山县西南部深山区，以喀斯特地貌为主，西南与山西省盂县接壤，西北部与下口镇、小觉镇、古月镇相邻，南与井陉县相连。总面积220平方公里，辖39个行政村，72个自然庄，5693户18236人，耕地面积21079亩，山场面积26万亩，滹沱河支流险溢河穿乡而过。

北冶乡人民代表大会发展经历两个阶段：第一阶段，撤区并乡前人民代表大会时期；第二阶段，撤区并乡后人民代表大会时期。

第一节　撤区并乡前人民代表大会时期

一、北冶乡人民代表大会

1. 北冶乡第一届人民代表大会（1984—1987）

北冶乡第一届人民代表大会于1984年召开，选举乡人民政府乡长、副乡长，此时乡人大工作由乡政府组织。

2. 北冶乡第二届人民代表大会及人大联络组（1987.04—1988.08）

北冶乡第二届人民代表大会第一次会议于1987年4月在乡政府召开。1987年11月至1988年8月，乡人代会在第二届任期内。会议选举产生北冶乡第二届人民政府。1987年11月时，设乡长1名，副乡长2名。

人大联络组组长　王廷开（1987.11—1988.08）
乡　长　王二和（1987.11—1988.08）
副乡长　胡过刀（1987.11—1988.08）
刘吉兵（1987.11—1988.08）

二、唐家会乡人民代表大会

1. 唐家会乡第一届人民代表大会（1984—1987）

唐家会乡第一届人民代表大会于1984年召开，选举乡人民政府乡长、副乡长，此时乡人大工作由乡政府组织。

2. 唐家会乡第二届人民代表大会及人大联络组（1987.04—1988.08）

唐家会乡第二届人民代表大会第一次会议于 1987 年 4 月在乡政府召开。1987 年 11 月至 1988 年 8 月，乡人代会在第二届任期内。会议选举产生唐家会乡第二届人民政府。1987 年 11 月时，设乡长 1 名，副乡长 2 名。

人大联络组组长　王　明（1987.11—1988.08）

乡　长　李　会（1987.11—1988.08）

副乡长　赵秀明（1987.11—1988.08）

韩树元（1987.11—1988.08）

三、塔崖乡人民代表大会

1. 塔崖乡第一届人民代表大会（1984—1987）

塔崖乡第一届人民代表大会于 1984 年召开，选举乡人民政府乡长、副乡长，此时乡人大工作由乡政府组织。

2. 塔崖乡第二届人民代表大会及人大联络组（1987.04—1988.08）

塔崖乡第二届人民代表大会第一次会议于 1987 年 4 月召开。会议选举产生塔崖乡第二届人民政府。1987 年 11 月时，设乡长 1 名，副乡长 2 名。

人大联络组组长　李　宽（1987.11—1988.08）

乡　长　封旭明（1987.11—1988.08）

副乡长　李德清（1987.11—1988.08）

王成怀（1987.11—1988.08）

第二节　撤区并乡后人民代表大会时期

1. 北冶乡第二届人民代表大会及人大联络组（1988.08—1990.05）

1988 年 8 月撤区并乡后，塔崖乡、唐家会乡并入北冶乡。1988 年 8 月至 1990 年 5 月，乡人民代表大会属第二届任期内。

人大联络组组长：封润德（1988.08—1990.04）

副组长：冯　山（1989.08—1990.05）

2. 北冶乡第三届人民代表大会及人大主席团（1990.05—1993.03）

北冶乡第三届人民代表大会第一次会议于 1990 年 5 月在北冶影院召开。出席会议的人大代表共 80 名。会议依照法律程序审议并通过《北冶乡政府工作报告》《北冶乡财政预决算报告》，会议依法选举产生北冶乡第三届人民代表大会主席团和人大主席团常务主席 1 名，还选举产生北冶乡第三届人民政府乡长 1 名，副乡长 3 名。

常务主席　封润德（1990. 05—1993. 03）

副主席　冯　山（1990. 05—1993. 03）

乡　长　王拴庆（1990. 05—1993. 03）

副乡长　赵秀明（1990. 05—1993. 03）

崔平文（1990. 05—1990. 08）

杜兰涛（1990. 08—1991. 04）

印宝宝（1991. 05—1993. 03）

马志卿（1991. 05—1993. 03）

王成怀（1992. 06—1993. 03）

3. 北冶乡第四届人民代表大会及人大主席团（1993. 03—1996. 05）

北冶乡第四届人民代表大会第一次会议于 1993 年 3 月 18 日召开，出席代表 67 名，其中女代表 13 名。会议依照法律程序审议并通过《北冶乡人民政府工作报告》《北冶乡财政预决算报告》《北冶乡人大主席团工作报告》。依法选举产生北冶乡第四届人民代表大会主席团常务主席 1 名，乡长 1 名、副乡长 4 名。此后增补乡长 1 名，副乡长 2 名。到 1994 年 11 月有乡长 1 名、副乡长 5 名。

常务主席　封润德（1993. 03—1994. 11）

乡　长　王拴庆（1993. 03—1993. 07）

副乡长　王成怀（1993. 03—1993. 08）

赵秀明（1993. 03—1994. 11）

印宝宝（1993. 03—1994. 11）

马志卿（1993. 03—1994. 11）

增补成员：

乡　长　冯文才（1993. 07—1994. 11）

副乡长　冯　涛（1993. 08—1994. 11）

刘吉兵（1994. 03—1994. 11）

1994 年 11 月，乡镇干部制度改革，实行党委书记聘用制，北冶乡人大主席团设常务主席 1 名，北冶乡设乡长 1 名、副乡长 3 名，之后增补副乡长 2 名（其中兼职 1 名：李国）。到 1996 年 5 月，有乡长 1 名，副乡长 5 名（其中兼职 1 名）。

常务主席　封润德（1994. 11—1996. 05）

乡　长　冯文才（1994. 11—1996. 05）

副乡长　冯　涛（1994. 11—1996. 05）

印宝宝（1994. 11—1996. 05）

马志卿（1994. 11—1996. 05）

增补成员：

副乡长　李　国（1995. 09—1996. 05）

董建国（科技，1995.11—1996.05）

4. 北冶乡第五届人民代表大会（1996.05—1999.03）

1996年5月23日，北冶乡召开第五届人民代表大会第一次会议，出席代表52名，其中女代表10名。大会依照法律程序审议并通过《北冶乡人民政府工作报告》《北冶乡财政预决算报告》《北冶乡人大工作报告》。依照1995年2月修改的组织法规定，北冶乡第五届人民代表大会选举产生主席1名，乡长1名、副乡长4名，另外不占领导职数的兼职副乡长1名（李国），挂职副乡长1名（牛天林）。1998年3月，设主席1名，乡长1名、副乡长6名。之后经调整，到1999年3月换届，有主席1名，乡长1名、副乡长4名。

主　席　封润德（1996.05—1997.04）
　　　　印宝宝（1997.12—1999.03）
乡　长　冯文才（1994.11—1996.05）
副乡长　马志卿（1994.11—1996.05）
　　　　冯　涛（1994.11—1996.05）
　　　　印宝宝（1996.06—1997.12）
　　　　董建国（科技，1996.05—1998.03）
　　　　牛天林（1996.05—1998.03）
　　　　李　国（1996.05—1998.03）

增补成员：
乡　长　彭　军（1997.03—1999.01）
　　　　韩风海（1999.01—1999.03）
副乡长　李炳贵（1997.05—1999.03）
　　　　韩春明（1997.05—1999.03）
　　　　刘成山（1997.05—1998.07）
　　　　董建国（1998.03—1999.03）
　　　　牛天林（1998.03—1998.07）
　　　　李　国（1998.03—1999.03）

5. 北冶乡第六届人民代表大会（1999.03—2002.05）

1999年3月24日，北冶乡召开第六届人民代表大会第一次会议，出席代表52名，其中女代表9名。大会依照法律程序审议并通过《北冶乡人民政府工作报告》《北冶乡财政预决算报告》《北冶乡人大工作报告》。大会以无记名投票方式等额选举产生主席1名，之后经调整，到2002年5月换届，有主席1名。

主　席　印宝宝（1999.03—2001.04）
　　　　韩会军（2002.04—2002.05）
乡　长　韩风海（1999.03—2000.11）
　　　　刘德珍（2001.04—2001.08）

缺　职（2001.09—2002.02）

周海军（2002.03—2002.05）

副乡长　董建国（1999.03—2001.12）

李炳贵（1999.03—2002.05）

韩春明（1999.03—2002.05）

马泽云（2000.01—2002.05）

刘德珍（2000.11—2001.04）

周海军（2001.08—2002.03）

6. 北冶乡第七届人民代表大会（2002.05—2007.05）

2002 年 5 月 28 日，北冶乡召开第七届人民代表大会第一次会议，出席代表 51 名，其中女代表 8 名。大会依照法律程序审议并通过《北冶乡人民政府工作报告》《北冶乡财政预决算报告》《北冶乡人大工作报告》。依照组织法规定，以无记名投票方式等额选举产生北冶乡人民代表大会主席 1 名，等额选举乡长 1 名，差额选举副乡长 3 名。之后经调整，北冶乡第七届人民代表大会在此期间召开 1 次会议。

主　席　韩会军（2002.05—2004.02）

杜林文（2004.02—2005.07）

李炳贵（2005.07—2007.05）

乡　长　周海军（2002.05—2003.05）

茹云龙（2003.05—2007.05）

副乡长　马泽云（2002.05—2003.04）

韩春明（2002.05—2003.10）

李炳贵（2002.05—2004.02）

齐红红（2006.04—2007.05）

张东立（2002.10—2003.10）

刘建新（2002.10—2007.05）

7. 北冶乡第八届人民代表大会（2007.05—2012.02）

2007 年 5 月 23 日，北冶乡召开第八届人民代表大会第一次会议，出席代表 52 名，其中女代表 10 名。大会听取并审议通过《北冶乡人民政府工作报告》《北冶乡财政预决算报告》《北冶乡人大工作报告》。大会选举产生北冶乡人民代表大会主席 1 名，北冶乡人民政府乡长 1 名，副乡长 2 名。北冶乡第八届人民代表大会在此期间召开 5 次会议。

主　席　李炳贵（2007.05—2007.10）

张东立（2007.10—2011.09）

缺　职（2011.10—2011.12）

赵太平（2011.12—2012.02）

副主席　张青双（女，2007.05—2012.02）

乡　长　茹云龙（2007.05—2007.07）

　　　　梁拴云（2007.07—2009.06）

　　　　缺　职（2009.07—2010.06）

　　　　刘增山（2010.06—2011.12）

　　　　张东立（2011.12—2012.02）

副乡长　齐红红（2007.05—2011.03）

　　　　刘建新（2007.05—2007.10）

　　　　郝春燕（2009.06—2012.02）

　　　　史新军（2009.06—2012.02）

　　　　张永辉（2011.03—2012.02）

　　　　张东立（2011.10—2011.12）

8. 北冶乡第九届人民代表大会（2012.02—2017.01）

2012年2月19日，北冶乡召开第九届人民代表大会第一次会议，大会以无记名投票方式等额选举产生北冶乡人民代表大会主席1名、副主席1名，乡长1名、副乡长3名。

主　席　赵太平（2012.02—2012.10）

　　　　杨朝晖（2012.10—2015.04）

　　　　史新军（2015.04—2017.01）

副主席　张青双（2012.02—2017.01）

乡　长　张东立（2012.02—2017.01）

副乡长　郝春燕（2012.02—2013.02）

　　　　史新军（2012.02—2013.02）

　　　　张永辉（2012.02—2015.01）

增补成员：

乡　长　韩贵书（2015.03—2017.01）

副乡长　王　诏（2015.03—2017.01）

　　　　盖　鹏（2015.01—2017.01）

9. 北冶乡第十届人民代表大会（2017.01—2021.06）

2017年1月23日，北冶乡召开第十届人民代表大会第一次会议，出席代表47名。其中，女代表12名。大会依照法律程序审议并通过《北冶乡人民政府工作报告》《北冶乡财政预决算报告》《北冶乡人大工作报告》。大会以无记名投票方式选举产生北冶乡人民代表大会主席1名、副主席1名，乡长1名、副乡长2名。

主　席　史新军（2017.01—2018.01）

副主席　高　超（2017.01—2019.04）

乡　长　赵新平（2017.01—2018.01）

副乡长　王　诏（2017.01—2019.01）

盖　鹏（2017.01—2019.04）

增补成员：

乡　长　左彦山（2018.01—2020.09）

王美军（2020.09—2021.06）

副乡长　王东会（2019.04—2021.06）

郝建华（2019.04—2021.06）

10. 北冶乡第十一届人民代表大会（2021.06—2023.12）

2021 年 6 月 25 日，北冶乡召开第十一届人民代表大会第一次会议，出席代表 57 名，其中女代表 15 名。大会依照法律程序审议并通过《北冶乡人民政府工作报告》《北冶乡财政预决算报告》《北冶乡人大工作报告》。大会以无记名投票方式等额选举产生北冶乡人民代表大会主席 1 名、副主席 1 名，乡长 1 名、副乡长 2 名。

主　席　封宁宁（2021.06—2023.12）

副主席　印力凝（2021.06—2023.12）

乡　长　范邵棚（2021.06—2023.12）

副乡长　米小龙（2021.06—2023.12）

王婴迪（2021.06—2023.12）

第十五章　下口镇人民代表大会

下口镇位于平山县西部深山区，西与山西省盂县接壤，晋煤东运的大通道207国道贯穿全镇，总面积121平方公里，耕地面积3700亩，其中水浇地218亩。境内群山纵横，层峦叠嶂，风景秀丽。辖区内最高峰林桃山，海拔1514米。辖20个行政村，2854户9011人。2002年5月，将下口乡改设为下口镇，机关驻地在下口村。

第一节　下口乡人民代表大会

1. 下口乡第一届人民代表大会（1984—1987）

下口乡第一届人民代表大会于1984年召开，选举乡人民政府乡长、副乡长，此时乡人大工作由乡政府组织。

2. 下口乡第二届人民代表大会及人大联络组（1987.04—1990.05）

1987年4月下口乡第二届人民代表大会第一次会议在乡政府召开。选举产生下口乡第二届人民政府乡长1名、副乡长1名。

人大联络组组长　王志学（1988.08—1990.05）
副组长　彭　庭（1988.08—1990.05）
张九会（1988.05—1990.05）
乡　长　王志学（1987.11—1988.08）
齐海书（1988.08—1990.05）
副乡长　焦玉堂（1987.11—1988.08）
崔海明（1988.08—1990.05）
封旭明（1988.08—1990.05）
崔儒敬（1988.08—1988.11）

3. 下口乡第三届人民代表大会及人大主席团（1990.05—1993.03）

下口乡第三届人民代表大会第一次会议于1990年5月召开，出席会议的乡人大代表60名，会议依照法律程序审议并通过《下口乡政府工作报告》和《下口乡财政预决算报告》；审议通过下口乡政府《关于加强改善办学条件的决议》；会议选举产生下口乡第三届人民代表大会主席团及主席团常务主席；选举产生下口乡第三届人民政府乡长1名，副乡长3名。

人大主席团常务主席　王志学（1990.05—1990.06）
赵旭明（1990.09—1992.12）
封旭明（1993.01—1993.03）

副主席　彭　庭（1990.05—1992.06）
张九会（1990.05—1990.08）

乡　长　齐海书（1990.05—1990.06）
焦社会（1990.06—1991.02）
赵占国（1991.02—1992.10）
崔海明（1992.10—1993.03）

副乡长　崔海明（1990.05—1990.08）
韩联顺（1990.05—1990.08）
胡过刀（1990.08—1993.03）
李书杰（1990.09—1991.02）
王军海（1991.08—1993.03）
董树龙（1991.09—1993.03）
赵全有（1992.06—1993.03）

4. 下口乡第四届人民代表大会及人大主席团（1993.03—1996.05）

平山县下口乡第四届人民代表大会第一次会议于1993年3月5日召开，出席代表60名，其中女代表12名。会议依照法律程序审议并通过《下口乡人民政府工作报告》《下口乡财政预决算报告》《下口乡人大主席团工作报告》。依法选举产生下口乡第四届人民代表大会主席团及常务主席1名。选举产生乡长1名，副乡长4名。此后增补副乡长2名。到1994年11月，有乡长1名，副乡长3名

常务主席　封旭明（1993.03—1994.11）

1994年11月，乡镇干部制度改革，下口乡人大主席团设常务主席1名。下口乡实行党委书记聘用制，设乡长1名，副乡长3名，之后增补乡长1名，副乡长4名（其中挂职1名：杨美平，兼职1名：梁兆杰）。到1996年5月，有乡长1名，副乡长6名（其中兼职1名）。

常务主席　封旭明（1994.11—1996.05）

乡　长　崔海明（1993.03—1994.11）
赵占国（1994.11—1995.12）
杨美平（1995.12—1996.05）

副乡长　胡过刀（1993.03—1993.08）
董树龙（1993.03—1993.08）
赵全有（1993.03—1994.03）

王军海（1993.03—1996.05）
韩仓庭（1993.08—1996.05）
傅　会（1994.03—1996.05）
杨美平（1995.06—1995.12）
郜军海（科技，1995.11—1996.05）
张元元（1996.02—1996.05）
梁兆杰（1996.02—1996.05）

5. 下口乡第五届人民代表大会（1996.05—1999.03）

1996 年 5 月 25 日，下口乡召开第五届人民代表大会第一次会议，出席代表 62 名，其中女代表 12 名。会议依照法律程序审议并通过《下口乡人民政府工作报告》《下口乡财政预决算报告》《下口乡人大工作报告》。依据 1995 年 2 月修改的组织法规定，选举产生下口乡第五届人民代表大会主席 1 名；选举产生下口乡第五届人民政府乡长 1 名，副乡长 5 名，另外不占领导职数的兼职副乡长 1 名（梁兆杰），之后增补副乡长 6 名（其中挂职 1 名：鲁彦彬，兼职 1 名：郭和平）。之后经调整，到 1999 年 3 月换届，有乡长 1 名，副乡长 6 名。下口乡第五届人民代表大会召开 2 次会议。

主　席　封旭明（1996.05—1999.03）
乡　长　杨美平（1996.05—1998.04）
　　　　陈跃峰（1998.04—1999.03）
副乡长　王军海（1996.05—1997.05）
　　　　韩仓庭（1996.05—1997.05）
　　　　傅　会（1996.05—1997.05）
　　　　郜军海（科技，1996.05—1997.05）
　　　　张元元（1996.05—1999.03）
　　　　梁兆杰（1996.05—1999.03）
　　　　阎书怀（1996.10—1999.01）
　　　　鲁彦彬（1996.10—1999.01）
　　　　冀建平（1997.05—1999.03）
　　　　梁忠强（1997.05—1999.03）
　　　　苏　谦（1997.05—1999.03）
　　　　郭和平（1997.05—1999.03）

6. 下口乡第六届人民代表大会（1999.03—2002.05）

1999 年 3 月 8 日，下口乡召开第六届人民代表大会第一次会议，出席代表 45 名，其中女代表 9 名。会议依照法律程序审议并通过《下口乡人民政府工作报告》《下口乡财政预决算报告》《下口乡人大工作报告》。大会以无记名投票方式等额选举产生主席 1 名；选举产生乡长 1 名，差额选举产生副乡长 4 名。之后经调整，到 2002 年 5 月换届，设主席 1 名，乡长 1 名，副乡长 2 名。下口乡第六届人民代表大会在此期间召开 3 次会议。

主　席　封旭明（1999.03—2000.04）

苏　谦（2002.04—2002.05）

乡　长　陈跃峰（1999.03—1999.12）

杨素堂（1999.12—2001.08）

边金文（2002.03—2002.05）

副乡长　张元元（1999.03—2002.05）

冀建平（1999.03—2002.05）

梁忠强（1999.03—2001.07）

苏　谦（1999.03—2002.04）

边金文（2001.08—2002.03）

第二节　下口镇人民代表大会

1. 下口镇第七届人民代表大会（2002.05—2007.03）

2002 年 5 月，下口乡改为下口镇。2002 年 5 月 20 日，下口镇召开第七届人民代表大会第一次会议，出席代表 44 名，其中女代表 9 名。会议依照法律程序审议并通过《下口镇人民政府工作报告》《下口镇财政预决算报告》《下口镇人大工作报告》。依据组织法规定，大会以无记名投票方式等额选举产生主席 1 名；选举产生下口镇第七届人民政府镇长 1 名，差额选举产生副镇长 2 名。到 2007 年 3 月，有主席 1 名，副主席 1 名；镇长 1 名，副镇长 2 名。下口镇第七届人民代表大会在此期间召开 5 次会议。

主　席　苏　谦（2002.05—2003.12）

缺　职（2004.12—2006.06）

王　一（2006.06—2007.03）

副主席　冀建平（2002.10—2007.03）

镇　长　边金文（2002.05—2005.07）

李世杰（2005.07—2007.03）

副镇长　张元元（2002.05—2006.06）

冀建平（2002.05—2002.10）

李明忠（2002.10—2007.03）

杨晓军（2002.10—2007.03）

2. 下口镇第八届人民代表大会（2007.03—2012.02）

2007 年 3 月 28 日，下口镇召开第八届人民代表大会第一次会议，出席代表 44 名，其中女代表4名。大会依照法律程序审议并通过《下口镇人民政府工作报告》《下口镇财政预决算报告》《下口镇人大工作报告》。大会以无记名投票方式等额选举产生下口镇人民代表大会主席1名，差额选举产生副主席1名。选举产生下口镇第八届人民政府镇长1名，差额选举产生副镇长2名。之后经过调整，到2012年2月，下口镇有人大主席1名、人大副主席1名，镇长1名、副镇长2名。

主　席　王　一（2007.03—2009.03）
　　　　韩林忠（2009.03—2012.02）
副主席　刘力勍（女，2007.03—2011.03）
　　　　刘军哲（2011.12—2012.02）
镇　长　李世杰（2007.03—2010.06）
　　　　吴彦忠（2010.06—2012.02）
副镇长　李明忠（2007.03—2009.06）
　　　　崔志强（2007.03—2012.02）
　　　　杜少波（2009.06—2012.02）

3. 下口镇第九届人民代表大会（2012.02—2017.01）

2012年2月，下口镇召开第九届人民代表大会第一次会议，大会以无记名投票方式选举第九届人民代表大会主席1名、副主席1名，镇长1名、副镇长2名。之后经过调整，到2017年1月，下口镇有人大主席1名、人大副主席1名，镇长1名、副镇长2名。

主　席　韩林忠（2012.02—2012.08）
　　　　杜建华（2013.02—2017.01）
副主席　刘军哲（2012.02—2015.01）
　　　　贾美林（女，2015.05—2017.01）
镇　长　吴彦忠（2012.02—2013.07）
　　　　曹震平（2013.07—2017.01）
副镇长　杜少波（2012.02—2013.02）
　　　　缺　职（2013.01—2015.05）
　　　　崔志强（2012.02—2015.10）
　　　　刘铁旦（2015.05—2017.01）
　　　　缺　职（2015.09—2017.01）

4. 下口镇第十届人民代表大会（2017.01—2021.06）

2017年1月24日，下口镇召开第十届人民代表大会第一次会议，出席代表39名，其中女代表6名。大会依照法律程序审议并通过《下口镇人民政府工作报告》《下口镇财政预决算报告》《下口镇人大工作报告》。大会以无记名投票方式等额选举产生下口镇人民代表大会主席1名，差额选举产生副主席1名；镇长1名，副镇长2名。到2021年6月，下口镇有人大主席1名，镇长1名、副镇长3名。

主　席　李海波（2017.01—2021.06）
副主席　武三龙（2017.01—2019.04）
镇　长　曹震平（2017.01—2019.01）
　　　　张元红（2019.01—2020.05）
　　　　刘文涛（2020.05—2021.06）
副镇长　刘铁旦（2017.01—2021.06）
　　　　范朝东（2017.01—2021.06）
　　　　李立刚（2020.06—2020.09）
　　　　梁立鹏（2020.09—2021.06）

5. 下口镇第十一届人民代表大会（2021.06—2023.12）

2021年6月18日至19日，下口镇召开第十一届人民代表大会第一次会议。大会依照法律程序审议并通过《下口镇人民政府工作报告》《下口镇财政预决算报告》《下口镇人大工作报告》。大会以无记名投票方式等额选举产生下口镇人民代表大会主席1名，差额选举产生副主席1名。选举产生镇长1名、副镇长2名。之后经调整，到2023年12月，下口镇有人大主席1名，镇长1名。

主　席　李海波（2021.06—2022.06）
　　　　康国伟（2022.06—2023.12）
副主席　孟靖凯（2021.06—2023.01）
镇　长　刘文涛（2021.06—2023.12）
副镇长　刘新阳（2021.06—2022.09）
　　　　梁立鹏（2021.06—2022.06）

第十六章　下槐镇人民代表大会

下槐镇位于平山县中西部，距县城50公里，东邻革命圣地西柏坡，南接古月镇，西与小觉镇、北与观音堂乡接壤。207国道、石闫公路贯穿全镇，滹沱河及其支流柳林河、文都河三条河流纵横分布。区域面积139.12平方公里，耕地面积18223亩，总人口17671人。

下槐镇为乡镇合并后成立的新镇，由原来的刘家坪乡、柏岭乡、庞家铺乡、唐家沟乡合并而成，原辖36个行政村，1989年4月，通家口、燕尾沟、窑上三个村划归西柏坡乡。现辖33个行政村，镇政府驻地长桑村。

下槐镇人民代表大会发展经历两个阶段：第一阶段，撤区并乡前下槐镇区域人民代表大会时期；第二阶段，撤区并乡后下槐镇人民代表大会时期。

第一节　撤区并乡前下槐镇区域人民代表大会时期

一、下刘家坪乡人民代表大会

1. 下刘家坪乡第一届人民代表大会（1984—1987）

下刘家坪乡第一届人民代表大会于1984年召开，选举乡人民政府乡长、副乡长，此时乡人大由乡政府组织。

2. 下刘家坪乡第二届人民代表大会及人大联络组（1987.04—1988.08）

下刘家坪乡第二届人民代表大会第一次会议于1987年4月召开。会议选举产生下刘家坪乡第二届人民政府。1987年11月时，设乡长1名，副乡长1名。

乡　长　安兵法（1987.11—1988.08）

副乡长　赵连昌（1987.11—1988.08）

二、柏岭乡人民代表大会

1. 柏岭乡第一届人民代表大会（1984—1987）

柏岭乡第一届人民代表大会于1984年召开，选举乡人民政府乡长、副乡长，此时乡人大由乡政府组织。

2. 柏岭乡第二届人民代表大会及人大联络组（1987.04—1988.08）

柏岭乡第二届人民代表大会第一次会议于1987年4月召开。会议选举产生柏岭乡第二届人民政府。1987年11月时，设乡长1名，副乡长1名。

乡　长　罗　云（1987.11—1988.08）

副乡长　芦更林（1987.11—1988.08）

三、庞家铺乡人民代表大会

1. 庞家铺乡第一届人民代表大会（1984—1987）

庞家铺乡第一届人民代表大会于1984年召开，选举乡人民政府乡长、副乡长，此时乡人大由乡政府组织。

2. 庞家铺乡第二届人民代表大会及人大联络组（1987.04—1988.08）

庞家铺乡第二届人民代表大会第一次会议于1987年4月召开。会议选举产生庞家铺乡第二届人民政府。1987年11月时，设乡长1名，副乡长1名。

乡　长　封平伯（1987.11—1988.08）

副乡长　付学合（1987.11—1988.08）

四、唐家沟乡人民代表大会

1. 唐家沟乡第一届人民代表大会（1984—1987）

唐家沟乡第一届人民代表大会于1984年召开，选举乡人民政府乡长、副乡长，此时乡人大由乡政府组织。

2. 唐家沟乡第二届人民代表大会及人大联络组（1987.04—1988.08）

唐家沟乡第二届人民代表大会第一次会议于1987年4月召开。会议选举产生唐家沟乡第二届人民政府。1987年11月时，设乡长1名，副乡长2名。

乡　长　武文干（1987.11—1988.08）

副乡长　王彦明（1987.11—1988.08）

　　　　韩和平（1987.11—1988.08）

第二节　撤区并乡后下槐镇人民代表大会时期

1. 下槐镇第一届人民代表大会及人大联络组（1988.08—1990.05）

下槐镇是1988年8月撤区并乡后的新设镇，由原来的下刘家坪乡、柏岭乡、庞家铺乡、唐家沟乡合并而成。下槐镇人民代表大会届次自1988年8月始开始排序。

人大联络组组长　白连运（1989.09—1990.05）

　　　　副组长　付学合（1988.08—1989.01）

武文干（1989.01—1990.05）

镇　长　赵景林（1988.08—1990.01）

冯彦明（1990.01—1990.05）

副镇长　王协合（1988.08—1990.05）

赵贵锁（1988.08—1990.05）

冯彦明（1988.11—1990.01）

赵连昌（1988.12—1990.03）

2. 下槐镇第二届人民代表大会及人大主席团（1990.05—1993.03）

下槐镇第二届人民代表大会第一次会议于1990年5月在本镇召开。出席会议的代表共68名，会议审议并通过《下槐镇人民政府工作报告》《下槐镇财政预决算报告》，依法选举产生下槐镇第二届人民代表大会主席团（8名），常务主席1名；选举产生下槐镇第二届人民政府镇长1名，副镇长4名。

人大主席团常务主席

白连运（1990.05—1990.09）

韩永兵（1990.09—1993.03）

副主席　武文干（1990.05—1993.03）

镇　长　冯彦明（1990.05—1991.02）

焦社会（1991.02—1993.03）

副镇长　王协合（1990.05—1990.09）

赵贵锁（1990.05—1991.05）

尹五堂（1990.05—1992.06）

李正山（1990.09—1992.10）

焦留洋（1991.02—1993.03）

韩仓庭（1991.09—1993.03）

付学合（1992.06—1993.03）

高明军（1992.05—1993.03）

3. 下槐镇第三届人民代表大会及人大主席团（1993.03—1996.05）

平山县下槐镇第三届人民代表大会第一次会议于1993年3月5日召开，出席代表68人。其中，女代表14人。大会审议并通过了《下槐镇人民政府工作报告》《下槐镇财政预决算报告》《下槐镇人大主席团工作报告》。依法选举产生下槐镇第三届人民代表大会主席团常务主席1名，副主席1名；选举产生镇长1名，副镇长4名。此后增补镇长1名，副镇长4名。到1994年11月，有镇长1名，副镇长7名。

常务主席　韩永兵（1993.03—1994.11）

副主席　武文干（1993.03—1994.08）

镇　长　焦社会（1993.03—1993.07）

副镇长　韩仓庭（1993.03—1993.08）

焦留洋（1993.03—1994.11）

付学合（1993.03—1994.11）

高明军（1993.03—1994.11）

增补成员：

镇　长　康风寿（1993.07—1994.11）

副镇长　胡过刀（1993.08—1994.11）

牛森林（1993.08—1994.11）

韩会军（1993.09—1994.11）

封永华（1994.03—1994.11）

1994年11月，乡镇干部制度改革，实行党委书记聘用制，下槐镇人大主席团设常务主席1名；镇长1名，副镇长3名，兼职副镇长1名（封定中），此后增补副镇长1名。到1996年5月，有镇长1名，副镇长5名（其中兼职1名）。

常务主席　焦留洋（1994.11—1996.05）

镇　长　康风寿（1994.11—1996.05）

副镇长　牛森林（1994.11—1996.05）

封永华（1994.11—1996.05）

韩会军（1994.11—1996.05）

封定中（1994.11—1996.05）

增补成员：

副镇长　李国平（1995.11—1996.05）

4. 下槐镇第四届人民代表大会（1996.05—1999.03）

1996年5月22日，下槐镇召开第四届人民代表大会第一次会议，出席代表50名。其中，女代表10名。大会依照法律程序审议并通过了《下槐镇人民政府工作报告》《下槐镇财政预决算报告》《下槐镇人大工作报告》。依照1995年2月修改的组织法规定，下槐镇第四届人民代表大会选举产生主席1名；选举产生镇长1名，副镇长4名，另外不占领导职数的兼职副镇长1名（封定中）。此后增补镇长1名，副镇长4名（其中兼职1名：杨树飞）。封定中1997年8月以前为兼职副镇长。到1999年3月，有镇长1名，副镇长6名（其中兼职1名）。

主　席　焦留洋（1996.05—1997.04）

增补成员：

主　席　刘学亮（1998.04—1999.03）

副主席　刘学亮（1997.05—1998.04）

镇　长　康风寿（1996.05—1997.03）

副镇长　牛森林（1996.05—1997.05）

封永华（1996.05—1997.05）

韩会军（1996.05—1999.01）
李国平（1996.05—1999.01）
封定中（1996.05—1999.01）

增补成员：

镇　长　胡随林（1997.03—1998.04）
韩风龙（1998.04—1999.03）

副镇长　秘春英（女，1997.05—1999.03）
马志卿（1997.05—1999.01）
杨树飞（1997.05—1998.03）
刘连平（1999.01—1999.03）

5. 下槐镇第五届人民代表大会（1999.03—2002.05）

1999 年 3 月 13 日，下槐镇召开第五届人民代表大会第一次会议，出席代表 69 人，其中女代表 7 名。大会依照法律程序审议并通过了《下槐镇人民政府工作报告》《下槐镇财政预决算报告》《下槐镇人大工作报告》。大会以无记名投票方式等额选举产生主席 1 名，等额选举产生镇长 1 名，差额选举副镇长 3 名。之后经调整，到 2002 年 5 月换届，有主席、副主席各 1 名，镇长 1 名、副镇长 2 名。下槐镇第五届人民代表大会在此期间召开 3 次会议。

主　席　刘学亮（1999.03—2001.08）

增补成员：

主　席　韩江涛（2001.10—2002.05）

副主席　韩贵书（2002.04—2002.05）

镇　长　韩风龙（1999.03—1999.08）

副镇长　封定中（1999.03—2002.05）
刘连平（1999.03—2002.05）
秘春英（女，1999.03—2002.04）

增补成员：

镇　长　陈跃峰（1999.12—2001.07）
刘书文（2001.07—2002.05）

6. 下槐镇第六届人民代表大会（2002.05—2007.03）

2002 年 5 月 26 日，下槐镇召开第六届人民代表大会第一次会议，出席代表 70 名，其中女代表 9 名。大会依照法律程序审议并通过《下槐镇人民政府工作报告》《下槐镇财政预决算报告》《下槐镇人大工作报告》。大会以无记名投票方式等额选举产生主席 1 名，差额选举副主席 1 名；等额选举产生镇长 1 名，差额选举副镇长 2 名。之后经调整，到 2007 年 3 月换届，有镇长 1 名，副镇长 2 名。

主　席　韩江涛（2002.05—2005.07）
李勇进（2005.07—2007.03）

副主席　韩贵书（2002.05—2007.03）

镇　长　刘书文（2002.05—2003.09）

　　　　卢占军（2003.10—2005.07）

　　　　韩江涛（2005.07—2007.03）

副镇长　刘连平（2002.05—2006.06）

　　　　刘红梅（女，2002.10—2007.03）

　　　　盖明忠（2002.10—2004.04）

　　　　封定中（2002.05—2003.09）

　　　　胡香忠（科技，2002.07—2004.01）

　　　　赵太平（2003.10—2007.03）

　　　　范瑞君（2004.10—2006.06，挂职）

7. 下槐镇第七届人民代表大会（2007.03—2012.03）

2007 年 3 月 17 日，下槐镇召开第七届人民代表大会第一次会议，出席代表 49 名，其中女代表 9 名。大会依照法律程序审议并通过了《下槐镇人民政府工作报告》《下槐镇财政预决算报告》《下槐镇人大工作报告》。大会以无记名投票方式等额选举产生下槐镇人民代表大会主席 1 名；等额选举产生镇长 1 名，差额选举副镇长 2 名。之后经过调整，到 2012 年 2 月下槐镇有人大主席 1 名、人大副主席 1 名；镇长 1 名、副镇长 2 名。下槐镇第七届人民代表大会在此期间召开 2 次会议。

主　席　李勇进（2007.03—2009.03）

　　　　韩贵书（2009.03—2012.03）

副主席　韩贵书（2007.03—2009.03）

　　　　焦江涛（2009.07—2011.03）

　　　　付彦堂（2011.03—2012.03）

镇　长　韩江涛（2007.03—2009.03）

　　　　封志杰（2009.03—2012.03）

副镇长　赵太平（2007.03—2009.07）

　　　　刘红梅（2007.03—2011.12）

　　　　张金国（2009.07—2012.03）

　　　　焦江涛（2011.12—2012.03）

8. 下槐镇第八届人民代表大会（2012.03—2017.01）

2012 年 3 月，下槐镇召开第八届人民代表大会第一次会议，大会以无记名投票方式选举第八届人民代表大会主席 1 名、副主席 1 名；镇长 1 名、副镇长 2 名。之后经过调整，到 2017 年 1 月，下槐镇有人大主席 1 名、人大副主席 1 名；镇长 1 名、副镇长 2 名。

主　席　韩贵书（2012.02—2013.03）

　　　　缺　职（2013.03—2015.05）

张金国（2015.05—2017.01）

副主席　付彦堂（2012.03—2017.01）

镇　长　封志杰（2012.03—2012.04）

高占军（2012.04—2015.09）

张彦丽（2015.10—2017.01）

副镇长　张金国（2012.03—2015.05）

焦江涛（女，2012.03—2017.01）

李静波（2015.05—2017.01）

9. 下槐镇第九届人民代表大会（2017.01—2021.06）

2017 年 1 月 24 日，下槐镇召开第九届人民代表大会第一次会议，大会以无记名投票方式选举下槐镇第九届人民代表大会主席 1 名、副主席 1 名，镇长 1 名、副镇长 2 名。之后经过调整，到 2021 年 6 月，下槐镇有镇长 1 名、副镇长 2 名。

主　席　张金国（2017.01—2020.09）

副主席　张二龙（2017.02—2021.06）

镇　长　张彦丽（女，2017.01—2017.10）

齐永波（2017.10—2021.6）

副镇长　李静波（2017.01—2021.06）

齐朋飞（2017.02—2021.05）

10. 下槐镇第十届人民代表大会（2021.06—2023.12）

2021 年 6 月 19 日，下槐镇召开第十届人民代表大会第一次会议。大会出席代表 55 名，其中妇女代表 18 名。大会依照法律程序听取并审议《下槐镇政府工作报告》《下槐镇财政预决算报告》《下槐镇人大工作报告》。大会以无记名投票方式选举产生下槐镇第十一届人民代表大会主席 1 名、副主席 1 名，镇长 1 名、副镇长 2 名。

主　席　张永辉（2021.06—2023.09）

缺　职（2023.09—2023.12）

副主席　张　娜（女，2021.06—2023.12）

镇　长　李晓世（2021.06—2023.12）

副镇长　李静波（2021.06—2023.12）

齐朋飞（2021.06—2023.12）

第十七章　孟家庄镇人民代表大会

孟家庄镇位于平山县西北部山区，距平山县城60公里，距革命圣地西柏坡15公里。东临宅北乡，西连观音堂乡，南依西柏坡镇，北与灵寿县接壤。孟家庄镇南北长达40公里，辖22个行政村，38个自然庄，山场面积15万亩，耕地面积7632亩，总人口2936户8284人。

1. 孟家庄镇第一届人民代表大会（1984—1987）

孟家庄镇第一届人民代表大会于1984年召开，选举镇人民政府镇长、副镇长，此时镇人大工作由镇政府组织。

2. 孟家庄镇第二届人民代表大会及人大联络组（1987.04—1990.03）

孟家庄镇第二届人民代表大会第一次会议于1987年4月召开，选举镇人民政府镇长、副镇长，1987年11月时，设镇长1名，副镇长1名。

人大联络组组长　崔鸿俊（1988.08—1990.03）
副组长　武文干（1988.08—1989.01）
镇　长　李吉明（1987.11—1988.08）
辛东录（1988.08—1990.03）
副镇长　范增庆（1987.11—1988.08）
韩和平（1988.08—1990.03）
封平伯（1988.08—1990.01）
芦根林（1988.12—1990.03）
付树芳（1988.08—1988.12）
韩富贵（1988.08—1990.03）

3. 孟家庄镇第三届人民代表大会及人大主席团（1990.03—1993.03）

孟家庄镇第三届人民代表大会第一次会议于1990年3月召开，会议先后审议并通过了《孟家庄镇人民政府工作报告》《孟家庄镇财政预决算报告》。会议依法选举产生孟家庄镇第三届人民代表大会主席团和主席团常务主席，并选举产生孟家庄镇第三届人民政府镇长、副镇长。1993年1月，有镇长1名，副镇长5名。常务主席、副主席缺职。至1993年3月换届未做调整。

人大主席团常务主席　崔鸿俊（1990.03—1992.05）
缺　职（1993.01—1993.03）
镇　长　辛东录（1990.03—1990.09）

韩富贵（1990.09—1991.02）
王永春（1991.02—1992.10）
韩和平（1992.10—1993.03）

副镇长　韩和平（1990.03—1992.10）
韩富贵（1990.03—1990.09）
王元庭（1990.09—1992.10）
高贵州（1990.09—1992.10）
韩会军（1991.02—1993.03）
谢志刚（1992.06—1992.12）
蔺润和（1992.06—1993.03）
关文兰（1992.11—1993.03）
韩树堂（1992.11—1993.03）

4. 孟家庄镇第四届人民代表大会及人大主席团（1993.03—1996.04）

孟家庄镇第四届人民代表大会第一次会议于1993年3月3日召开，出席代表40名。其中，女代表8名。大会审议并通过《孟家庄镇人民政府工作报告》《孟家庄镇财政预决算报告》《孟家庄镇人大主席团工作报告》。选举产生孟家庄镇第四届人民代表大会主席团；大会以无记名投票的选举方式，选举产生孟家庄镇第四届人民政府镇长1名，副镇长4名。此后增补副镇长4名（其中挂职1名：王其照）。到1994年11月，有镇长1名，副镇长6名（其中挂职1名）。

常务主席　缺　职（1993.03—1994.11）
镇　长　韩和平（1993.03—1994.11）
副镇长　蔺润和（1993.03—1993.08）
韩会军（1993.03—1993.09）
关文兰（1993.03—1994.11）
韩树堂（1993.03—1994.11）

增补成员：

副镇长　秘明会（1993.08—1994.11）
范青山（1993.08—1994.11）
王其照（1993.08—1994.11）
杨兰贵（1994.03—1994.11）

1994年11月，乡镇干部制度改革，实行党委书记聘任制，孟家庄镇设常务主席1名，镇长1名、副镇长3名，兼职副镇长1名（韩风海），挂职副镇长1名（王其照）。此后增补副镇长1名。到1996年4月，有镇长1名，副镇长4名（其中挂职1名）。

常务主席　封云平（1994.11—1996.04）
镇　长　韩树堂（1994.11—1996.04）

副镇长　关文兰（1994.11—1996.04）
秘明会（1994.11—1996.04）
韩风廷（1994.11—1996.04）
韩风海（1994.11—1996.02）
王其照（1994.11—1996.04）

增补成员：

副镇长　杨兰贵（科技，1995.11—1996.4）

5. 孟家庄镇第五届人民代表大会（1996.04—1999.04）

1996年4月20日，孟家庄镇召开第五届人民代表大会第一次会议，出席代表45名，其中女代表9名，大会审议并通过《孟家庄镇人民政府工作报告》《孟家庄镇财政预决算报告》《孟家庄镇人大工作报告》。依照1995年2月修改的组织规定，孟家庄镇第五届人民代表大会选举产生主席1名；以无记名投票的选举方式，选举产生孟家庄镇第五届人民政府镇长1名，副镇长5名，另外不占领导职数的挂职副镇长1名（王其照）。此后增补副镇长4名（其中挂职1名：柴更书，兼职1名：王苍竹）。之后经调整，到1999年4月换届，有副主席1名，镇长1名、副镇长4名。孟家庄镇第五届人民代表大会召开2次会议。

主　席　封云平（1996.04—1997.11）
李七五（1998.03—1998.04）

副主席　王苍竹（1999.01—1999.04）

增补成员

主　席　李七五（1997.12—1998.03）

镇　长　关文兰（1996.04—1999.04）

副镇长　秘明会（1996.04—1996.07）
韩双利（1996.04—1997.05）
刘贵平（1996.04—1997.08）
杨兰贵（科技，1996.04—1999.04）
韩风廷（1996.04—1999.04）
孙文兵（1998.03—1999.04）
封平平（1998.03—1998.07）
柴更书（1998.03—1999.01）
王苍竹（1998.03—1999.04）
王其照（1996.04—1997.05）

增补成员：

副镇长　孙文兵（1997.05—1998.03）
封平平（1997.08—1998.03）
王苍竹（1997.05—1998.03）

柴更书（1997.08—1998.03）

6. 孟家庄镇第六届人民代表大会（1999.04—2002.05）

1999 年 4 月 18 日，孟家庄镇召开第六届人民代表大会第一次会议，出席代表 56 名，其中女代表 6 名。大会审议并通过《孟家庄镇人民政府工作报告》《孟家庄镇财政预决算报告》《孟家庄镇人大工作报告》。大会以无记名投票方式差额选举产生孟家庄镇第六届人民代表大会副主席 1 名；以无记名投票方式等额选举产生孟家庄镇第六届人民政府镇长 1 名，差额选举产生副镇长 3 名。之后经调整，到 2002 年 5 月换届，有主席 1 名，镇长 1 名、副镇长 3 名。孟家庄镇第六届人民代表大会期间共召开 3 次会议。

副主席　王苍竹（1999.04—2002.04）

增补成员：

主　席　韩双利（2002.04—2002.05）

镇　长　关文兰（1999.04—2001.04）

副镇长　杨兰贵（科技，1999.04—2002.05）

孙文兵（1999.04—2002.05）

韩风廷（1999.04—2000.04）

增补成员：

镇　长　田明月（2002.03—2002.05）

副镇长　田明月（2001.04—2002.03）

李永进（2002.04—2002.05）

7. 孟家庄镇第七届人民代表大会（2002.05—2007.03）

2002 年 5 月 30 日，孟家庄镇召开第七届人民代表大会第一次会议，出席代表 45 名，其中女代表 8 名。大会依照法律程序审议并通过了《孟家庄镇人民政府工作报告》《孟家庄镇财政预决算报告》《孟家庄镇人大工作报告》。依照组织法规定，大会以无记名投票方式等额选举产生主席 1 名，镇长 1 名；差额选举产生副镇长 3 名。到 2006 年 6 月，有主席、副主席各 1 名，镇长 1 名，副镇长 2 名。

主　席　韩双利（2002.05—2005.06）

刘贵平（2005.06—2007.03）

副主席　封平平（2003.04—2007.03）

镇　长　田明月（2002.05—2005.06）

封志杰（2005.07—2007.03）

副镇长　杨兰贵（2002.05—2003.04）

孙文兵（2002.05—2007.03）

李永进（2002.05—2002.10）

高成虎（2002.10—2005.02）

封志杰（2002.10—2005.07）

李勇进（2003.04—2003.04）

张习梅（2006.06—2007.03）

8. 孟家庄镇第八届人民代表大会（2007.03—2011.12）

2007年3月，孟家庄镇召开第八届人民代表大会第一次会议，设主席1名、副主席1名；镇长1名，副镇长2名。之后经调整，到2011年9月，设镇长1名，副镇长2名。到2011年12月，有人大主席1名、人大副主席1名。

主　席　刘贵平（2007.03—2009.03）

王海文（2011.09—2011.12）

副主席　赵会强（2007.03—2009.06）

王志强（2011.09—2011.12）

增补成员：

主　席　王海文（2009.03—2011.09）

副主席　王志强（2009.07—2011.09）

镇　长　封志杰（2007.03—2009.03）

栗　磊（2011.09—2011.12）

副镇长　张习梅（女，2007.03—2011.03）

范志勇（2007.03—2007.08）

张玉海（2011.09—2011.12）

王志强（2011.09—2011.12）

增补成员：

镇　长　栗　磊（2009.03—2011.09）

副镇长　张玉海（2009.07—2011.09）

赵会强（2011.03—2011.09）

9. 孟家庄镇第九届人民代表大会（2011.12—2017.01）

2011年12月20日，孟家庄镇召开第九届人民代表大会第一次会议，大会以无记名投票方式选举产生第九届人民代表大会主席1名、副主席1名，镇长1名、副镇长2名。之后经过调整，到2017年1月，孟家庄镇有人大主席1名、人大副主席1名，镇长1名、副镇长2名。

主　席　王海文（2011.12—2012.04）

副主席　王志强（2011.12—2012.09）

增补成员：

主　席　李　波（2012.09—2017.01）

副主席　赵建力（2012.09—2015.05）

缺　职（2015.05—2017.01）

镇　长　栗　磊（2011.12—2012.09）

缺　职（2012.09—2013.07）

副镇长　张玉海（2011.12—2012.09）

赵会强（2011.09—2012.10）

缺　职（2012.10—2015.05）

增补成员：

镇　长　史永革（2013.07—2017.01）

副镇长　张彦春（2012.09—2013.04）

王志强（2012.09—2013.04）

王超武（2013.02—2017.01）

霍建利（2015.05—2017.01）

10. 孟家庄镇第十届人民代表大会（2017.01—2021.06）

2017 年 1 月 25 日，孟家庄镇召开第十届人民代表大会第一次会议。大会出席代表 44 名，其中妇女代表 7 名。大会依照法律程序审议并通过《孟家庄镇政府工作报告》《孟家庄镇财政预决算报告》《孟家庄镇人大工作报告》。大会以无记名投票方式选举产生孟家庄镇第十届人民代表大会主席 1 名、副主席 1 名，镇长 1 名、副镇长 2 名。

主　席　梁国枫（2017.01—2021.06）

副主席　陈　敏（2017.01—2019.05）

镇　长　商志辉（2017.01—2017.10）

缑静涛（2017.11—2021.06）

副镇长　王超武（2017.01—2021.06）

霍建利（2017.01—2017.10）

11. 孟家庄镇第十一届人民代表大会（2021.06—2023.12）

2021 年 6 月，孟家庄镇召开第十一届人民代表大会第一次会议。

人大主席　梁国枫（2021.06—2023.12）

人大副主席　李　贝（2021.06—2023.12）

镇　长　梁　策（2021.06—2023.12）

副镇长　霍建利（2021.06—2023.12）

第十八章　上观音堂乡人民代表大会

辖21个行政村，总面积约111平方公里，耕地面积2792亩。上观音堂乡人民代表大会发展经历两个阶段：第一阶段，撤区并乡前人民代表大会时期；第二阶段，撤区并乡后人民代表大会时期。

第一节　撤区并乡前人民代表大会时期

一、上观音堂乡人民代表大会

1. 上观音堂乡第一届人民代表大会（1984—1987）

上观音堂乡第一届人民代表大会于1984年召开，选举乡人民政府乡长、副乡长，此时乡人大工作由乡政府组织。

2. 上观音堂乡第二届人民代表大会及人大联络组（1987.4—1988.8）

上观音堂乡第二届人民代表大会第一次会议于1987年4月召开。会议选举产生上观音堂乡第二届人民政府。1987年11月时，设乡长1名，副乡长3名。

人大联络组组长　缺　职（1987.11—1988.08）
乡　长　韩贵锁（1987.11—1988.08）
副乡长　李俊兵（1987.11—1988.08）
赵贵锁（1987.11—1988.08）
韩书堂（1987.11—1988.08）

二、秋卜洞乡人民代表大会

1. 秋卜洞乡第一届人民代表大会（1984—1987）

秋卜洞乡第一届人民代表大会于1984年召开，选举乡人民政府乡长、副乡长，此时乡人大工作由乡政府组织。

2. 秋卜洞乡第二届人民代表大会及人大联络组（1987.04—1988.08）

秋卜洞乡第二届人民代表大会第一次会议于1987年4月召开。会议选举产生秋卜洞乡第二届人民政府。1987年11月时，设乡长1名，副乡长1名。

人大联络组组长　缺职（1987.11—1988.08）

乡　长　封兰吉（1987.11—1988.8）

副乡长　苏兵栓（1987.11—1988.8）

第二节　撤区并乡后人民代表大会时期

1. 上观音堂乡第二届人民代表大会及人大联络组（1988.08—1990.04）

1988年8月，全县实行撤区并乡。原秋卜洞乡的8个行政村并入上观音堂乡。1988年8月至1990年4月，乡人代会仍在第二届任期内。

人大联络组组长　韩锁林（1988.08—1989.08）

李俊兵（1989.08—1990.04）

乡　长　霍明明（1988.08—1989.08）

韩锁林（1989.08—1990.04）

副乡长　范增庆（1988.08—1990.04）

李俊兵（1988.08—1989.08）

付书芳（1988.12—1990.01）

2. 上观音堂乡第三届人民代表大会及人大主席团（1990.04—1993.03）

1990年4月，上观音堂乡第三届人民代表大会第一次会议召开，出席会议的人大代表39名。会议审议并通过《上观音堂乡政府工作报告》和《上观音堂乡财政预决算报告》，会议选举产生上观音堂乡第三届人民代表大会主席团，选举产生上观音堂乡第三届人民政府乡长、副乡长。1993年1月，人大主席团设常务主席1名。之后经调整，到1993年3月，上观音堂乡有常务主席1名，乡长1名、副乡长4名。

人大主席团常务主席　李俊兵（1990.04—1993.03）

乡　长　韩锁林（1990.04—1993.03）

副乡长　范增庆（1990.04—1993.03）

崔福录（1990.06—1990.08）

王彦明（1991.02—1993.03）

安兵法（1992.06—1992.12）

李庆光（1992.06—1993.03）

齐二忠（1992.11—1993.03）

3. 上观音堂乡第四届人民代表大会及人大主席团（1993.03—1996.06）

上观音堂乡第四届人民代表大会第一次会议于1993年3月7日召开，出席代表34名，其中女代表 6 名。会议通过《上观音堂乡人民政府工作报告》《上观音堂乡财政预决算报告》《上观音堂乡人大主席团工作报告》。依法选举产生上观音堂乡第四届人民代表大会主席团常务主席 1 名，乡长 1 名、副乡长 4 名。此后经过调整，到 1994 年 11 月，上观音堂乡有常务主席 1 名，乡长 1 名、副乡长 4 名。

常务主席　李俊兵（1993.03—1994.11）
乡　长　韩锁林（1993.03—1993.10）
副乡长　李庆光（1993.03—1994.03）
范增庆（1993.03—1994.11）
王彦明（1993.03—1994.11）
齐二忠（1993.03—1994.11）

增补成员：

常务主席　王树辉（1994.11—1996.06）
乡　长　卢　瑞（1993.10—1994.11）
王彦明（1994.11—1996.06）
副乡长　常润玉（女，1994.03—1996.06）
陈兰怀（1994.03—1994.11）
陈光明（1994.03—1994.11）
李秀平（1994.11—1996.06）
韩连怀（1994.11—1996.06）
崔祝胜（科技，1995.11—1996.06）

4. 上观音堂乡第五届人民代表大会（1996.06—1999.03）

1996 年 6 月 8 日，上观音堂乡召开第五届人民代表大会第一次会议，出席代表 36 名，其中女代表 6 名。大会依照法律程序审议并通过《上观音堂乡人民政府工作报告》《上观音堂乡财政预决算报告》《上观音堂乡人大工作报告》。依照 1995 年 2 月修改的组织法规定，上观音堂乡第五届人民代表大会选举产生主席 1 名，乡长 1 名、副乡长 4 名。之后经调整，到 1999 年 3 月换届，有主席 1 名，乡长 1 名、副乡长 4 名。上观音堂乡第五届人民代表大会召开 2 次会议。

主　席　王树辉（1996.06—1997.04）
乡　长　胡存锁（1996.06—1999.01）
副乡长　李秀平（1996.06—1997.05）
常润玉（女，1996.06—1999.03）
韩连怀（1996.06—1999.03）
崔祝胜（科技，1996.06—1999.03）

增补成员：

主　席　陈光明（1997.12—1999.03）

乡　长　韩连顺（1999.01—1999.03）

副乡长　齐青山（1997.05—1999.01）

　　　　崔存良（1997.08—1999.03）

5. 上观音堂乡第六届人民代表大会（1999.03—2002.05）

1999年3月14日，上观音堂乡召开第六届人民代表大会第一次会议，出席代表43名，其中女代表6名。大会审议并通过了《上观音堂乡人民政府工作报告》《上观音堂乡财政预决算报告》《上观音堂乡人大工作报告》。大会以无记名投票方式等额选举产生上观音堂乡人民代表大会主席1名，等额选举乡长1名，差额选举副乡长3名。之后经调整，到2002年5月换届，有主席1名，乡长1名、副乡长2名。上观音堂乡第六届人民代表大会共召开3次会议。

主　席　陈光明（1999.03—1999.10）

乡　长　韩连顺（1999.03—2000.11）

副乡长　常润玉（女，1999.03—2002.05）

　　　　韩连怀（1999.03—2002.05）

　　　　崔祝胜（科技，1999.03—2001.08）

增补成员：

主　席　韩正书（2002.04—2002.05）

乡　长　陈建庭（2001.04—2002.01）

　　　　王文治（2002.03—2002.05）

副乡长　陈建庭（2000.11—2001.04）

　　　　王文治（2002.01—2002.03）

6. 上观音堂乡第七届人民代表大会（2002.05—2007.03）

2002年5月8日，上观音堂乡召开第七届人民代表大会第一次会议，出席代表43名，其中女代表6名。大会审议并通过《上观音堂乡人民政府工作报告》《上观音堂乡财政预决算报告》《上观音堂乡人大工作报告》。依照组织法规定，以无记名投票方式等额选举产生上观音堂乡人民代表大会主席1名，等额选举乡长1名，差额选举副乡长3名。到2007年3月，有主席、副主席各1名，乡长1名、副乡长3名。上观音堂乡第七届人民代表大会在此期间共召开3次会议。

主　席　韩正书（2002.05—2007.03）

乡　长　王文治（2002.05—2006.05）

副乡长　常润玉（女，2002.05—2007.03）

　　　　韩连怀（2002.05—2006.06）

　　　　崔存良（2002.05—2007.03）

增补成员：

乡　长　李春林（2006.05—2007.03）

副乡长　高　鹏（2006.06—2007.03）

7. 上观音堂乡第八届人民代表大会（2007.03—2012.02）

2007 年 3 月 8 日，上观音堂乡召开第八届人民代表大会第一次会议，出席代表 21 名，其中女代表 2 名。大会依照法律程序审议并通过了《上观音堂乡人民政府工作报告》《上观音堂乡财政预决算报告》《上观音堂乡人大工作报告》。大会以无记名投票方式等额选举产生上观音堂乡人民代表大会主席 1 名，之后经调整，到 2012 年 2 月，有主席 1 名、副主席 1 名。大会选举产生上观音堂乡人民政府乡长 1 名，副乡长 2 名，之后经调整，到 2012 年 2 月，有乡长 1 名，副乡长 2 名。

主　席　陈东亮（2007.03—2009.03）
副主席　翟瑞军（2007.03—2011.09）
乡　长　李春林（2007.03—2009.03）
副乡长　崔存良（2007.03—2009.03）
　　　　高　鹏（2007.03—2009.03）
增补成员：
主　席　缺　职（2009.03—2011.03）
　　　　王平东（2011.03—2012.02）
副主席　缺　职（2011.09—2011.12）
　　　　侯晓伟（2011.12—2012.02）
乡　长　谷增书（2009.03—2012.02）
副乡长　高文会（2009.03—2011.12）
　　　　康光辉（2009.03—2011.03）
　　　　刘英龙（2011.03—2012.02）
　　　　翟瑞军（2011.12—2012.02）

8. 上观音堂乡第九届人民代表大会（2012.02—2017.01）

2012 年 2 月，上观音堂乡召开第九届人民代表大会第一次会议，大会以无记名投票方式等额选举产生上观音堂乡人民代表大会主席 1 名、副主席 1 名，乡长 1 名、副乡长 2 名。之后经过调整，到 2017 年 1 月，上观音堂乡有人大主席 1 名，人大副主席 1 名；乡长 1 名，副乡长 1 名。

主　席　王平东（2012.02—2012.09）
副主席　侯晓伟（2012.02—2013.02）
乡　长　谷增书（2012.02—2012.04）
副乡长　刘英龙（2012.02—2014.06）
　　　　翟瑞军（2012.02—2016.01）
增补成员：
主　席　缺　职（2012.09—2012.10）

闫立章（2012.10—2015.10）
缺　职（2015.10—2015.11）
秦志朝（2015.11—2017.01）
副主席　缺　职（2013.02—2013.07）
李志成（2013.07—2015.03）
缺　职（2015.03—2015.12）
王　亮（2015.12—2017.01）
乡　长　缺　职（2012.04—2012.08）
韩林忠（2012.08—2015.09）
缺　职（2015.09—2015.10）
闫立章（2015.10—2017.01）
副乡长　缺　职（2014.06—2015.12）
李志国（2015.05—2017.01）
缺　职（2016.01—2017.01）

9. 上观音堂乡第十届人民代表大会（2017.01—2021.06）

2017 年 1 月 23 日，上观音堂乡召开第十届人民代表大会第一次会议，出席代表 23 名，其中女代表 2 名。大会依照法律程序审议并通过了《上观音堂乡人民政府工作报告》《上观音堂乡财政预决算报告》《上观音堂乡人大工作报告》。大会以无记名投票方式等额选举产生上观音堂乡人民代表大会主席 1 名、副主席 1 名，乡长 1 名、副乡长 2 名。之后经调整，到 2021 年 6 月，上观音堂乡有人大主席 1 名、人大副主席缺职，乡长 1 名、副乡长 2 名。

主　席　高文会（2017.01—2021.06）
副主席　梁新科（2017.01—2019.04）
乡　长　闫立章（2017.01—2019.01）
副乡长　郄伍增（2017.01—2020.05）
张洪涛（2017.01—2021.06）
增补成员：
副主席　缺　职（2019.04—2021.06）
乡　长　王美军（2019.01—2020.09）
刘春燕（女，2020.09—2021.06）
副乡长　梁新科（2019.04—2021.06）
梁彦军（2020.06—2020.09）
白风灵（女，2020.09—2021.06）

10. 上观音堂乡第十一届人民代表大会（2021.06—2023.12）

2021 年 6 月 18 日至 19 日，上观音堂乡召开第十一届人民代表大会第一次会议。大会依照法律程序审议并通过了《上观音堂乡人民政府工作报告》《上观音堂乡财政预决算报告》《上观音堂乡人大工作报告》。大会以无记名投票方式等额选举产生乡第十一届人大主席1名、副主席1名，乡长1名、副乡长2名。之后经调整，到2023年12月，上观音堂乡有人大主席1名、人大副主席1名，乡长1名、副乡长1名。

主　席　高文会（2021.06—2022.06）

副主席　崔　超（2021.06—2023.12）

乡　长　刘春燕（女，2021.06—2023.01）

副乡长　梁新科（2021.06—2023.12）

　　　　白风灵（女，2021.06—2022.10）

增补成员：

主　席　秘京京（2022.06—2023.12）

乡　长　缺　职（2023.01—2023.06）

　　　　任增良（2023.06—2023.12）

第十九章　小觉镇人民代表大会

小觉镇地处平山县西部，东西南北分别与下槐镇、北冶乡、杨家桥乡、蛟潭庄镇接壤，行政区域面积179平方公里，耕地面积1.24万亩，辖41个行政村，总人口近1.9万人。石闫公路和滹沱河穿镇而过，是平山县西部山区重要的政治、经济、文化、交通、商贸中心。

小觉镇人民代表大会发展经历两个阶段：第一阶段，撤区并乡前人民代表大会时期；第二阶段，撤区并乡后人民代表大会时期。

第一节　撤区并乡前人民代表大会时期

一、小觉镇人民代表大会

1. 小觉镇第一届人民代表大会（1984—1987）

小觉镇第一届人民代表大会于1984年召开，选举镇人民政府镇长、副镇长，此时镇人大工作由镇政府组织。

2. 小觉镇第二届人民代表大会及人大联络组（1987.04—1988.08）

小觉镇第二届人民代表大会第一次会议于1987年4月召开，会议选举产生小觉镇第二届人民政府。1987年11月，设镇长1名，副镇长2名。

人大联络组组长　缺　职（1987.11—1988.08）
镇　长　杜兰涛（1987.11—1988.08）
副镇长　封志海（1987.11—1988.08）
左路青（1987.11—1988.08）

二、十里坪乡人民代表大会

1. 十里坪乡第一届人民代表大会（1984—1987）

十里坪乡第一届人民代表大会于1984年召开，选举乡人民政府乡长、副乡长，此时乡人大工作由乡政府组织。

2. 十里坪乡第二届人民代表大会及人大联络组（1987.04—1988.08）

十里坪乡第二届人民代表大会第一次会议于1987年4月召开。会议选举产生十里坪乡第二届乡人民政府。1987年11月时，设乡长1名，副乡长2名。

人大联络组组长　缺　职（1987.11—1988.08）
乡　长　邢锁林（1987.11—1988.08）
副乡长　芦国民（1987.11—1988.08）
张拴涛（1987.11—1988.08）

三、卸甲河乡人民代表大会

1. 卸甲河乡第一届人民代表大会（1984—1987）

卸甲河乡第一届人民代表大会于1984年召开，选举乡人民政府乡长、副乡长，此时乡人大工作由乡政府组织。

2. 卸甲河乡第二届人民代表大会及人大联络组（1987.04—1988.08）

卸甲河乡第二届人民代表大会第一次会议于1987年4月召开。会议选举产生卸甲河乡第二届人民政府。1987年11月时，设乡长1名，副乡长2名。

人大联络组组长　韩进成（1987.11—1988.08）
乡　长　韩瑞祥（1987.11—1988.08）
副乡长　王志云（1987.11—1988.08）
韩美林（女，1987.11—1988.08）

第二节　撤区并乡后人民代表大会时期

1. 小觉镇第二届人民代表大会及人大联络组（1988.08—1990.05）

1988年8月，全县实行撤区并乡，原十里坪乡、卸甲河乡并入小觉镇。1988年8月至1990年5月，镇人代会仍在第二届任期内。

人大联络组组长　牛竹林（1988.08—1989.01）
封守福（1989.01—1989.08）
张志金（1989.08—1990.05）
副组长　康士勇（1988.08—1990.05）

2. 小觉镇第三届人民代表大会及人大主席团（1990.05—1993.03）

小觉镇第三届人民代表大会第一次会议于1990年5月召开。出席会议的人民代表共65名。会议审议并通过《小觉镇人民政府工作报告》《小觉镇财政预决算报告》，会议选举产生小觉镇第三届人民代表大会主席团，选举产生小觉镇第三届人民政府镇长1名，副镇长4名。1993年1月人大主席团设常务主席1名，副主席1名；镇长1名，副镇长4名。

人大主席团常务主席

张志金（1990.05—1991.12）

梁忠优（1992.05—1993.03）

副主席　康士勇（1990.05—1993.03）

镇　长　邢玉波（1988.08—1990.06）

崔炳文（1990.07—1991.02）

杨二军（1991.02—1993.03）

副镇长　任志龙（1988.08—1990.05）

王志云（1988.08—1990.08）

韩连顺（1988.08—1990.05）

封志海（1988.08—1990.06）

郝竹山（1990.01—1990.05）

任慧龙（1990.05—1992.05）

杜兰涛（1990.05—1990.08）

王来顺（1990.08—1991.02）

杜海峰（1990.09—1992.10）

崔福录（1991.02—1993.03）

梁顺军（1992.05—1993.03）

何树明（1992.05—1993.03）

韩朝会（1992.06—1993.03）

3. 小觉镇第四届人民代表大会及人大主席团（1993.03—1996.05）

小觉镇第四届人民代表大会第一次会议于1993年3月5日召开，出席代表50名，其中女代表10名。会议审议并通过《小觉镇人民政府工作报告》《小觉镇财政预决算报告》《小觉镇人大主席团工作报告》。选举产生小觉镇第四届人民代表大会主席团常务主席1名，副主席1名；镇长1名，副镇长4名。此后增补镇长1名，副镇长1名。到1994年11月有镇长1名，副镇长4名。

常务主席　梁忠优（1993.03—1994.11）

副主席　康士勇（1993.03—1994.08）

镇　长　杨二军（1993.03—1994.04）

刘联平（1994.04—1994.11）

副镇长　何树明（1993.03—1994.08）

崔福录（1993.03—1994.11）

梁顺军（1993.03—1994.11）

封朝会（1993.03—1994.11）

封来存（1994.08—1994.11）

1994 年 11 月，乡镇干部制度改革，实行党委书记聘用制，小觉镇人大主席团设常务主席 1 名，镇长 1 名、副镇长 4 名。

常务主席　王志云（1994.11—1996.05）

镇　长　刘联平（1994.11—1996.05）

副镇长　梁顺军（1994.11—1996.05）

崔福录（1994.11—1996.05）

张彦庆（1994.11—1996.05）

封来存（1994.11—1996.05）

4. 小觉镇第五届人民代表大会（1996.05—1999.03）

1996 年 5 月 6 日，小觉镇召开第五届人民代表大会第一次会议，出席代表 48 名，其中女代表 10 名。大会审议并通过《小觉镇人民政府工作报告》《小觉镇财政预决算报告》《小觉镇人大工作报告》。依照 1995 年 2 月修改的组织法规定，小觉镇第五届人民代表大会选举产生主席 1 名，副主席 1 名；镇长 1 名，副镇长 4 名。此后增补主席 1 名，镇长 1 名、副镇长 4 名（其中兼职 1 名：崔英书）。到 1998 年 3 月，有主席、副主席各 1 名，镇长 1 名，副镇长 4 名（其中兼职 1 名）。小觉镇第五届人民代表大会共召开 2 次会议。

主　席　王志云（1996.05—1997.04）

崔福录（1997.12—1999.03）

副主席　张拴涛（1996.05—1998.09）

镇　长　刘联平（1996.05—1996.11）

何树明（1996.11—1999.03）

副镇长　梁顺平（1996.05—1996.11）

封来存（1996.05—1997.05）

张彦庆（1996.05—1997.05）

崔福录（1996.05—1997.12）

韩贵书（1997.05—1999.03）

郝建平（1997.05—1999.03）

封怀信（1997.05—1999.03）

崔英书（1997.05—1998.03）

5. 小觉镇第六届人民代表大会（1999.03—2002.05）

1999 年 3 月 5 日，小觉镇召开第六届人民代表大会第一次会议，出席代表 50 名。其中，女代表 10 名。大会审议并通过《小觉镇人民政府工作报告》《小觉镇财政预决算报告》《小觉镇人大工作报告》。大会以无记名投票方式等额选举产生小觉镇人民代表大会主席 1 名，等额选举镇长 1 名，差额选举副镇长 2 名。之后经调整，到 2002 年 5 月换届，有主席 1 名，镇长 1 名、副镇长 2 名。小觉镇第六届人民代表大会在此期间共召开 3 次会议。

主　席　崔福录（1999.03—2000.12）

王树辉（2002.04—2002.05）

镇　长　何树明（1999.03—2001.04）

田林广（2001.04—2020.05）

副镇长　韩贵书（1999.03—2002.04）

封怀信（1999.03—2002.05）

郝建平（1999.03—1999.05）

刘志平（2000.01—2002.05）

田林广（2000.12—2001.04）

6. 小觉镇第七届人民代表大会（2002.05—2007.03）

2002年5月28日，小觉镇召开第七届人民代表大会第一次会议，出席代表50名，其中女代表10名。大会审议并通过《小觉镇人民政府工作报告》《小觉镇财政预决算报告》《小觉镇人大工作报告》。依照组织法规定，以无记名投票方式等额选举产生小觉镇人民代表大会主席1名，增补副主席1名，等额选举镇长1名，差额选举副镇长4名。之后经过调整，到2006年6月，有主席、副主席各1名，镇长1名，副镇长3名。小觉镇第七届人民代表大会在此期间共召开5次会议。

主　席　王树辉（2002.05—2004.10）

刘立平（2004.10—2007.03）

副主席　封怀信（2002.10—2004.10）

缺　职（2004.10—2006.06）

卢竹平（2006.06—2007.03）

镇　长　田林广（2002.05—2002.06）

杨剑平（2002.06—2003.10）

韩会军（2003.10—2007.03）

副镇长　封怀信（2002.05—2002.10）

刘志平（2002.05—2002.10）

何桃林（女，2002.10—2007.03）

李国强（2002.10—2007.03）

王　一（2002.10—2007.03）

7. 小觉镇第八届人民代表大会（2007.03—2012.02）

2007年3月18日，小觉镇召开第八届人民代表大会第一次会议，出席代表52名，其中女代表3名。大会审议并通过《小觉镇人民政府工作报告》《小觉镇财政预决算报告》《小觉镇人大工作报告》。大会以无记名投票方式等额选举产生小觉镇人民代表大会主席1名，副主席1名；小觉镇人民政府镇长1名，副镇长2名。之后经调整，到2012年2月，有主席1名、副主席1名；镇长1名，副镇长2名。小觉镇第八届人民代表大会在此期间共召开5次会议。

主　席　刘立平（2007.03—2011.12）
　　　　王文怀（2011.12—2012.02）
副主席　卢竹平（2007.03—2009.07）
　　　　白淑平（2009.07—2011.12）
　　　　梁国枫（2011.12—2012.02）
镇　长　韩会军（2007.03—2009.03）
　　　　李春林（2009.03—2010.07）
　　　　齐丽献（2010.07—2012.02）
副镇长　何桃林（女，2007.03—2007.05）
　　　　李国强（2007.03—2009.07）
　　　　王　一（2007.03—2007.03）
　　　　封铁城（2007.05—2009.07）
　　　　刘文涛（2009.07—2012.02）
　　　　陈秀军（2011.03—2012.02）

8. 小觉镇第九届人民代表大会（2012.02—2017.01）

2012 年 2 月 22 日，小觉镇召开第九届人民代表大会第一次会议，大会以无记名投票方式等额选举产生小觉镇人民代表大会主席 1 名、副主席 1 名，镇长 1 名、副镇长 2 名。之后经过调整，到 2017 年 1 月，小觉镇有人大主席、人大副主席各 1 名，有镇长 1 名、副镇长 2 名。小觉镇第九届人民代表大会在此期间共召开 5 次会议。

主　席　王文怀（2012.02—2015.05）
　　　　刘文涛（2015.05—2017.01）
副主席　梁国枫（2012.02—2015.05）
　　　　缺　职（2015.05—2017.01）
镇　长　齐丽献（2012.02—2013.07）
　　　　韩彦良（2013.07—2017.01）
副镇长　刘文涛（2012.02—2015.05）
　　　　陈秀军（2012.02—2015.05）
　　　　梁国枫（2015.05—2017.01）
　　　　杨云云（女，2015.05—2017.01）

9. 小觉镇第十届人民代表大会（2017.01—2021.06）

2017 年 1 月 23 日，小觉镇召开第十届人民代表大会第一次会议，出席代表 45 名。其中，女代表 9 名。大会审议并通过《小觉镇人民政府工作报告》《小觉镇财政预决算报告》《小觉镇人大工作报告》。大会以无记名投票方式等额选举产生小觉镇人民代表大会主席 1 名、副主席 1 名；镇长 1 名、副镇长 2 名。之后经调整，到 2021 年 6 月，小觉镇有人大主席 1 名、人大副主席 1 名；镇长 1 名、副镇长 2 名。

主　席　李晓世（2017.01—2021.06）

副主席　崔彦平（2017.01—2021.06）

镇　长　范志勇（2017.01—2018.01）

　　　　史新军（2018.01—2021.06）

副镇长　杨云云（女，2017.01—2021.06）

　　　　秘志科（2017.01—2021.06）

10. 小觉镇第十一届人民代表大会（2021.06—2023.12）

2021 年 6 月 26 日，小觉镇召开第十一届人民代表大会第一次会议，出席代表 51 名，其中女代表 17 名。大会审议并通过《小觉镇人民政府工作报告》《小觉镇财政预决算报告》《小觉镇人大工作报告》。大会以无记名投票方式等额选举产生小觉镇人民代表大会主席 1 名、副主席 1 名；镇长 1 名、副镇长 2 名。之后经调整，到 2023 年 11 月，小觉镇有人大主席 1 名、人大副主席 1 名；镇长 1 名、副镇长 2 名。

主　席　陈秀军（2021.06—2023.12）

副主席　邢成利（女，2021.06—2023.12）

镇　长　秘志科（2021.06—2023.11）

　　　　缺　职（2023.11—2023.12）

副镇长　杨云云（2021.06—2023.12）

　　　　刘永进（2021.06—2023.12）

第二十章　营里乡人民代表大会

营里乡位于平山县西北部深山区，总面积248平方公里，约占全县总面积的十分之一，辖34个行政村，耕地面积1.1万亩，总人口10991人。营里乡林地面积36万亩，其中山场林地面积29万亩，植被主要以油松、杨树、刺槐为主，黑山关、梨树坪、高山寨等村林地资源接近原始森林状态，属天然氧吧。全乡34个村分布在3条沟沿线，每条沟均有河流穿过，自然环境优美。

营里乡人民代表大会发展经历两个阶段：第一阶段，撤区并乡前人民代表大会时期；第二阶段，撤区并乡后人民代表大会时期。

第一节　撤区并乡前人民代表大会时期

一、营里乡人民代表大会

1. 营里乡第一届人民代表大会（1984—1987）

营里乡第一届人民代表大会于1984年召开，选举乡人民政府乡长、副乡长，此时乡人大工作由乡政府组织。

2. 营里乡第二届人民代表大会及人大联络组（1987.04—1988.08）

营里乡第二届人民代表大会第一次会议于1987年4月召开，会议选举产生营里乡第二届人民政府。1987年11月时，设乡长1名、副乡长2名。

人大联络组组长　缺　职（1987.11—1988.08）
乡　长　任志龙（1987.11—1988.08）
副乡长　董士霞（1987.11—1988.08）
李拴锁（1987.11—1988.08）

二、瓦房头乡人民代表大会

1. 瓦房头乡第一届人民代表大会（1984—1987）

瓦房头乡第一届人民代表大会于1984年召开，选举乡人民政府乡长、副乡长，此时乡人大工作由乡政府组织。

2. 瓦房头乡第二届人民代表大会及人大联络组（1987.04—1988.08）

瓦房头乡第二届人民代表大会第一次会议于 1987 年 4 月召开，会议选举产生瓦房头乡第二届人民政府。1987 年 11 月时，设乡长 1 名、副乡长 1 名。

人大联络组组长　缺　职（1987.11—1988.08）
　　　　乡　长　张志金（1987.11—1988.08）
　　　　副乡长　韩联顺（1987.11—1988.08）

三、杀虎乡人民代表大会

1. 杀虎乡第一届人民代表大会（1984—1987）

杀虎乡第一届人民代表大会于 1984 年召开，选举乡人民政府乡长、副乡长，此时乡人大工作由乡政府组织。

2. 杀虎乡第二届人民代表大会及人大联络组（1987.04—1988.08）

杀虎乡第二届人民代表大会第一次会议于 1987 年 4 月召开，会议选举产生杀虎乡第二届人民政府。1987 年 11 月时，设乡长 1 名、副乡长 1 名。

人大联络组组长　缺　职（1987.11—1988.08）
　　　　乡　长　魏金明（1987.11—1988.08）
　　　　副乡长　赵兰鱼（1987.11—1988.08）

第二节　撤区并乡后人民代表大会时期

1. 营里乡第二届人民代表大会及人大联络组（1988.08—1990.05）

1988 年 8 月，全县实行撤区并乡。原瓦房头乡、杀虎乡并入营里乡。1988 年 8 月至 1990 年 5 月，乡人代会仍在第二届任期内。

乡人大联络组组长　赵尚勇（1988.08—1989.08）
　　　　　　　　　秘春法（1990.01—1990.05）
　　　　　副组长　曹建华（1988.08—1990.05）

2. 营里乡第三届人民代表大会及人大主席团（1990.05—1993.03）

营里乡第三届人民代表大会第一次会议于1990年5月召开，出席会议的人大代表共60名。会议审议并通过《营里乡政府工作报告》和《营里乡财政预决算报告》。会议还审议通过乡政府《加强教育、改善办学条件的决议》和《强化林果管理，搞好种植业，促进经济发展的决议》。会议按照选举法选举产生营里乡第三届人民代表大会主席团及主席团常务主席，选举产生营里乡第三届人民政府乡长 1 名、副乡长 3 名。

人大主席团常务主席　秘春法（1990.05—1992.05）

魏金明（1992.05—1993.03）

副主席　曹建华（1990.05—1993.03）

乡　长　崔兰拴（1990.05—1991.02）

赵尚勇（1991.02—1993.03）

副乡长　平怀川（1990.05—1993.03）

韩瑞祥（1990.05—1991.02；1992.06—1993.03）

韩生英（1990.05—1993.03）

康志强（1991.02—1992.11）

杨　兴（1991.09—1993.03）

韩振书（1992.06—1993.03）

3. 营里乡第四届人民代表大会及人大主席团（1993.03—1996.04）

营里乡第四届人民代表大会第一次会议于1993年3月6日召开，出席代表38名，其中女代表7名。会议依照法律程序审议并通过《营里乡人民政府工作报告》《营里乡财政预决算报告》《营里乡人大主席团工作报告》。依法选举产生营里乡第四届人民代表大会主席团常务主席1名、副主席1名，乡长1名、副乡长5名，之后增补乡长2名、副乡长2名。到1994年11月，有乡长1名、副乡长5名。

常务主席　魏金明（1993.03—1994.11）

副主席　曹建华（1993.03—1994.08）

乡　长　赵尚勇（1993.03—1993.10）

副乡长　韩瑞祥（1993.03—1993.10）

韩振书（1993.03—1994.08）

韩生英（1993.03—1994.11）

杨　兴（1993.03—1994.11）

平怀川（1993.03—1994.11）

增补成员：

乡　长　韩瑞祥（1993.10—1994.04）

王林林（1994.04—1994.11）

副乡长　张锁成（1994.03—1994.11）

韩贵书（1994.08—1994.11）

1994年11月，乡镇干部制度改革，实行党委书记聘用制，营里乡人大主席团设常务主席1名、乡长1名、副乡长2名，之后增补副乡长3名（兼职副乡长2名：罗国云、纪富锁）。到1996年4月，有乡长1名、副乡长4名（兼职2名）。

常务主席　平怀川（1994.11—1996.04）

乡　长　梁宝堂（1994.11—1995.04；1995.8—1996.04）

缺　职（1995.04—1995.08）

副乡长　杨　兴（1994.11—1996.04）

韩贵书（1994.11—1996.04）

增补成员：

副乡长　崔秀兵（科技，1995.11—1996.04）

罗国云（1995.09—1996.04）

纪富锁（1995.09—1996.04）

4. 营里乡第五届人民代表大会（1996.04—1999.03）

1996 年 4 月 22 日，营里乡召开第五届人民代表大会第一次会议，出席代表 44 名。其中，女代表 8 名。大会审议并通过《营里乡人民政府工作报告》《营里乡财政预决算报告》《营里乡人大工作报告》。依照 1995 年 2 月修改的组织法规定，选举产生营里乡第五届人民代表大会主席 1 名、乡长 1 名、副乡长 3 名，另外不占领导职数的兼职副乡长 1 名（纪富锁），之后增补副乡长 3 名（兼职 1 名：张建斌）。到 1999 年 3 月，有乡长 1 名、副乡长 5 名（其中兼职 2 名）。

主　席　平怀川（1996.04—1998.09）

缺　职（1998.10—1999.01）

张锁成（1999.01—1999.03）

乡　长　乔金宝（1996.04—1998.04）

李七五（1998.04—1999.03）

副乡长　韩贵书（1996.04—1997.05）

罗国云（1996.04—1997.05）

崔秀兵（科技，1996.04—1999.03）

纪富锁（1996.04—1999.03）

增补成员：

副乡长　牛森林（1997.05—1999.03）

张保明（1997.05—1999.03）

张建斌（1997.05—1999.03）

5. 营里乡第六届人民代表大会（1999.03—2002.05）

1999 年 3 月 9 日，营里乡召开第六届人民代表大会第一次会议，出席代表 38 名，其中女代表 7 名。会议审议并通过《营里乡人民政府工作报告》《营里乡财政预决算报告》《营里乡人大工作报告》。大会以无记名投票方式等额选举产生主席 1 名，等额选举产生乡长 1 名，差额选举产生副乡长 5 名。之后经调整，到 2002 年 5 月换届，有主席 1 名、乡长 1 名、副乡长 2 名。营里乡第六届人民代表大会在此期间共召开 3 次会议。

主　席　张锁成（1999.03—2001.04）

张保明（2002.04—2002.05）

乡　长　李七五（1999.03—2001.04）

副乡长　崔秀兵（1999.03—2000.04）

　　　　张保明（1999.03—2000.01）

　　　　纪富锁（1999.03—2000.01）

　　　　牛森林（1999.03—2001.08）

　　　　张建兵（1999.03—2002.05）

增补成员：

乡　长　张锁成（2001.04—2002.05）

副乡长　陈福会（2002.04—2002.05）

6. 营里乡第七届人民代表大会（2002.05—2007.03）

2002年5月6日，营里乡召开第七届人民代表大会第一次会议，出席代表46名，其中女代表8名。大会审议并通过《营里乡人民政府工作报告》《营里乡财政预决算报告》《营里乡人大工作报告》。依照组织法规定，以无记名投票方式等额选举产生主席1名，等额选举产生乡长1名，差额选举产生副乡长2名。

主　席　张保明（2002.05—2004.11）

　　　　谷全国（2004.11—2007.03）

乡　长　张锁成（2002.05—2004.10）

　　　　张保明（2004.10—2007.05）

副乡长　张建兵（2002.05—2003.04）

　　　　陈福会（2002.05—2006.04）

　　　　闫书怀（2002.10—2003.08）

　　　　张志军（2005.10—2007.05）

　　　　檀耀辉（2006.04—2007.05）

7. 营里乡第八届人民代表大会（2007.03—2012.02）

2007年3月28日，营里乡召开第八届人民代表大会第一次会议，大会审议并通过《营里乡人民政府工作报告》《营里乡财政预决算报告》《营里乡人大工作报告》。大会以无记名投票方式等额选举产生营里乡人民代表大会主席1名；以无记名投票方式等额选举产生营里乡人民政府乡长1名、副乡长2名。

主　席　闫书怀（2007.03—2011.03）

　　　　张志军（2011.03—2011.12）

　　　　胡素海（2011.12—2012.02）

副主席　关新强（2011.09—2012.02）

乡　长　谷新革（2007.05—2011.03）

副乡长　檀跃辉（2007.05—2011.03）

　　　　张志军（2007.05—2009.06）

增补成员：

乡　长　张进彦（2011.03—2012.02）

副乡长　刘文联（2009.06—2011.09）

张雪花（2011.03—2012.02）

关新强（2011.09—2012.02）

8. 营里乡第九届人民代表大会（2012.02—2017.01）

2012 年 2 月 17 日，营里乡召开第九届人民代表大会第一次会议，大会以无记名投票方式等额选举产生营里乡人民代表大会主席 1 名、副主席 1 名，乡长 1 名、副乡长 2 名。之后经过调整，到 2017 年 1 月，营里乡有人大主席、人大副主席各 1 名；乡长 1 名、副乡长 2 名。营里乡第九届人民代表大会在此期间共召开 6 次会议。

主　席　胡素海（2012.02—2012.10）

李明忠（2012.10—2015.10）

张伟刚（2015.10—2017.01）

副主席　关新强（2012.02—2012.09）

李海军（2012.09—2017.01）

乡　长　张进彦（2012.02—2012.10）

胡素海（2012.10—2017.01）

副乡长　关新强（2012.09—2017.01）

张雪花（女，2012.02—2017.01）

9. 营里乡第十届人民代表大会（2017.01—2021.06）

2017 年 1 月 23 日，营里乡召开第十届人民代表大会第一次会议，出席代表 47 名，其中女代表 1 名。大会审议并通过《营里乡人民政府工作报告》《营里乡财政预决算报告》《营里乡人大工作报告》。大会以无记名投票方式等额选举产生营里乡人民代表大会主席 1 名、副主席 1 名，乡长 1 名、副乡长 2 名。

主　席　康苏龙（2017.01—2021.06）

副主席　王依峰（2017.01—2021.06）

乡　长　谷武生（2017.01—2020.12）

马晓波（2020.12—2021.06）

副乡长　关新强（2017.01—2021.06）

缑月红（女，2017.01—2021.06）

10. 营里乡第十一届人民代表大会（2021.06—2023.12）

2021 年 6 月 25 日，营里乡召开第十一届人民代表大会第一次会议，出席代表 83 名，其中女代表 11 名。大会审议并通过《营里乡人民政府工作报告》《营里乡财政预决算报告》《营里乡人大工作报告》。大会以无记名投票方式等额选举产生营里乡人民代表大会主席 1 名、副主席 1 名，乡长 1 名、副乡长 1 名。之后经调整，到 2023 年 12 月，营里乡有人大主席 1 名、人大副主席 1 名，乡长 1 名、副乡长 1 名。

主　席　康苏龙（2021.06—2022.09）
　　　　辛少波（2022.09—2023.12）
副主席　梁晓红（女，2021.06—2023.12）
乡　长　马晓波（2021.06—2023.12）
副乡长　陈文敏（女，2021.06—2023.12）

第二十一章　杨家桥乡人民代表大会

杨家桥乡位于平山县西部深山区，东与小觉镇交界，南与下口镇相连，西与山西省盂县梁家寨乡接壤，北邻营里乡。石闫公路、朔黄铁路贯穿全境，交通便利。滹沱河、蒿田河流经全乡，水资源丰富。总面积135平方千米，其中耕地7127亩、山场18万亩，辖28个村。2023年底，全乡户籍总人口9277人。

杨家桥乡人民代表大会发展经历了两个阶段：第一个阶段，撤区并乡前人民代表大会时期；第二个阶段，撤区并乡后人民代表大会时期。

第一节　撤区并乡前人民代表大会时期

一、杨家桥乡人民代表大会

1. 杨家桥乡第一届人民代表大会（1984—1987）

杨家桥乡第一届人民代表大会于1984年召开，选举乡人民政府乡长、副乡长。

2. 杨家桥乡第二届人民代表大会及人大联络组（1987.04—1988.08）

杨家桥乡第二届人民代表大会第一次会议于1987年4月召开。会议选举产生杨家桥乡第二届人民政府。1987年11月时，设乡长1名、副乡长1名。

乡　长　李延录（1987.11—1988.08）

副乡长　平怀川（1987.11—1988.01）

　　　　赵文生（1988.01—1988.08）

二、大坪乡人民代表大会

1. 大坪乡第一届人民代表大会（1984—1987）

大坪乡第一届人民代表大会于1984年召开，选举乡人民政府乡长、副乡长。

2. 大坪乡第二届人民代表大会及人大联络组（1987.04—1988.08）

大坪乡第二届人民代表大会第一次会议于1987年4月召开。会议选举产生大坪乡第二届人民政府。1987年11月时，设乡长1名、副乡长1名。

乡　长　封更英（1987.11—1988.08）

副乡长　刘汉杰（1987.11—1988.08）

三、店头乡人民代表大会

1. 店头乡第一届人民代表大会（1984—1987）

店头乡第一届人民代表大会于1984年召开，选举乡人民政府乡长、副乡长。

2. 店头乡第二届人民代表大会及人大联络组（1987.04—1988.08）

店头乡第二届人民代表大会第一次会议于1987年4月召开。会议选举产生店头乡第二届人民政府。1987年11月时，设乡长1名、副乡长1名。

乡　长　康士奎（1987.11—1988.08）

副乡长　康士勇（1987.11—1988.08）

第二节　撤区并乡后代表大会时期

1. 杨家桥乡第二届人民代表大会及人大联络组（1988.08—1990.04）

1988年8月，全县实行撤区并乡。店头乡、大坪乡并入杨家桥乡。1988年8月至1990年4月，杨家桥乡人代会仍在第二届任期内。

人大联络组组长　张文会（1988.08—1990.04）

副组长　康士魁（1988.08—1990.04）

乡　长　邢锁林（1988.08—1990.04）

副乡长　韩瑞祥（1988.08—1990.04）

李双锁（1988.08—1990.04）

冯彦明（1988.08—1990.04）

胡二全（1988.08—1990.04）

2. 杨家桥乡第三届人民代表大会及人大主席团（1990.04—1993.03）

杨家桥乡第三届人民代表大会第一次会议于1990年4月召开。出席会议的人大代表共52名。会议审议并通过《杨家桥乡人民政府工作报告》《杨家桥乡财政预决算报告》，会议依法选举产生杨家桥乡第三届人民代表大会主席团，选举产生杨家桥乡第三届人民政府乡长、副乡长。

人大主席团常务主席

张文会（1990.04—1993.03）

副主席　康士魁（1990.04—1993.03）

乡　长　刘书祥（1990.04—1991.02）

李庆华（1991.02—1993.03）

副乡长　胡二全（1990.04—1993.03）

李双锁（1990.04—1993.03）

付立华（1990.09—1992.09）

苏新安（1991.02—1992.06）

韩江涛（1992.05—1993.03）

张保明（1992.06—1993.03）

3. 杨家桥乡第四届人民代表大会及人大主席团（1993.03—1996.06）

平山县杨家桥乡第四届人民代表大会第一次会议于1993年3月25日召开，出席代表40名，其中女代表8名。会议审议并通过《杨家桥乡人民政府工作报告》《杨家桥乡财政预决算报告》《杨家桥乡人大主席团工作报告》。依法选举产生杨家桥乡第四届人民代表大会主席团常务主席1名、副主席1名，乡长1名、副乡长4名。此后增补乡长1名、副乡长2名。到1994年11月有乡长1名、副乡长5名。

常务主席　张文会（1993.03—1994.11）

副主席　康士魁（1993.03—1994.11）

乡　长　李庆华（1993.03—1993.07）

傅立华（1993.07—1994.11）

副乡长　韩江涛（1993.03—1994.03）

李双锁（1993.03—1994.11）

胡二全（1993.03—1994.11）

张保明（1993.03—1994.11）

刘立平（1994.03—1994.11）

魏和平（1994.03—1994.11）

1994年11月，乡镇干部制度改革，实行党委书记聘用制，杨家桥乡主席团设常务主席1名、乡长1名、副乡长3名，之后增补兼职副乡长1名（张永生）。到1996年5月，有乡长1名、副乡长4名（其中兼职1名）。

常务主席　韩江涛（1994.11—1996.06）

乡　长　王林林（1994.11—1996.06）

副乡长　张保明（1994.11—1996.06）

魏和平（1994.11—1996.06）

常振峰（1994.11—1996.06）

4. 杨家桥乡第五届人民代表大会（1996.06—1999.03）

1996年6月23日，杨家桥乡召开第五届人民代表大会第一次会议，出席代表47名，其中女代表9名。大会审议并通过《杨家桥乡人民政府工作报告》《杨家桥乡财政预决算报告》《杨家桥乡人大工作报告》。依照1995年2月修改的组织法规定，杨家桥乡第五届人民代表大会选举产生主席1名、乡长1名、副乡长3名，另外不占领导职数的兼职副乡长1名（张永生）。

此后增补副乡长3名（其中挂职1名：周彦龙）。

主　席　韩江涛（1996.06—1999.03）

乡　长　齐　广（1996.06—1999.01）

　　　　胡志贵（1999.01—1999.03）

副乡长　张保明（1996.06—1997.05）

　　　　罗国云（1997.05—1999.03）

　　　　常振峰（1996.06—1997.05）

　　　　边金文（1997.05—1999.03）

　　　　魏和平（1996.06—1999.03）

　　　　张永生（1996.06—1998.03）

　　　　周彦龙（1996.10—1999.03）

5. 杨家桥乡第六届人民代表大会（1999.03—2002.05）

1999年3月30日，杨家桥乡召开第六届人民代表大会第一次会议，出席代表43名，其中女代表8名。大会审议并通过《杨家桥乡人民政府工作报告》《杨家桥乡财政预决算报告》《杨家桥乡人大工作报告》。大会以无记名投票方式等额选举产生杨家桥乡人民代表大会主席1名、乡长1名，差额选举副乡长3名。之后经调整，到2002年5月换届，有主席1名、乡长1名、副乡长3名。杨家桥乡第六届人民代表大会在此期间召开3次会议。

主　席　韩江涛（1999.03—2001.10）

　　　　缺　职（2001.11—2002.03）

　　　　韩世贵（2002.04—2002.06）

乡　长　胡志贵（1999.03—2000.05）

　　　　崔福录（2000.12—2002.01）

　　　　陈建庭（2000.01—2002.05）

副乡长　魏和平（1999.03—2002.05）

　　　　边金文（1999.03—2001.08）

　　　　牛森林（2001.08—2002.05）

　　　　罗国云（1999.03—2002.05）

6. 杨家桥乡第七届人民代表大会（2002.05—2007.03）

2002年5月29日，杨家桥乡召开第七届人民代表大会第一次会议，出席代表47名，其中女代表9名。大会审议并通过《杨家桥乡人民政府工作报告》《杨家桥乡财政预决算报告》《杨家桥乡人大工作报告》。依照组织法规定，以无记名投票方式等额选举产生主席1名，等额选举乡长1名，差额选举副乡长3名。之后经调整，到2007年3月，有主席、副主席各1名，乡长1名、副乡长2名。

主　席　韩世贵（2002.05—2005.10）

　　　　刘志平（2005.10—2007.03）

副主席　赵风平（女，2002.10—2006.04）

魏和平（2006.04—2006.06）

赵风平（女，2006.06—2007.03）

乡　长　陈建庭（2002.05—2002.11）

高占军（2002.11—2007.03）

副乡长　罗国云（2002.05—2006.04）

张东生（2006.04—2007.03）

魏和平（2002.05—2006.04）

闫永强（2006.04—2006.06）

牛森林（2002.05—2007.03）

闫永强（2002.11—2003.04）

7. 杨家桥乡第八届人民代表大会（2007.03—2012.02）

2007 年 3 月 28 日，杨家桥乡召开第八届人民代表大会第一次会议。大会以无记名投票方式选举第八届人民代表大会主席 1 名，副主席 1 名；乡长 1 名，副乡长 2 名。之后经调整，到 2012 年 2 月，有主席 1 名、副主席 1 名，乡长 1 名、副乡长 2 名。

主　席　刘志平（2007.05—2009.03）

史永革（2009.03—2012.02）

副主席　魏和平（2007.03—2011.12）

赵建军（2011.12—2012.02）

乡　长　高占军（2007.03—2009.03）

刘志平（2009.03—2012.02）

副乡长　张东生（2007.03—2009.06）

刘春波（2009.06—2011.03）

高彦军（2011.03—2012.02）

史爱军（2007.03—2012.02）

8. 杨家桥乡第九届人民代表大会（2012.02—2017.01）

2012 年 2 月 22 日，杨家桥乡召开第九届人民代表大会第一次会议，大会以无记名投票方式选举产生杨家桥乡人民代表大会主席 1 名、副主席 1 名，乡长 1 名、副乡长 2 名。之后经过调整，到 2017 年 1 月，杨家桥乡有人大主席、人大副主席各 1 名；乡长 1 名、副乡长 2 名。

主　席　史永革（2012.02—2013.07）

缺　职（2013.07—2015.05）

史爱军（2015.05—2017.01）

副主席　缺　职（2015.10—2017.01）

乡　长　刘志平（2012.02—2012.08）

缺　职（2012.08—2012.09）

王平东（2012.09—2015.10）

王建春（2015.10—2017.01）

副乡长　史爱军（2012.02—2015.05）

缺　职（2015.05—2015.10）

赵建军（2015.10—2017.01）

高彦军（2012.02—2017.01）

9. 杨家桥乡第十届人民代表大会（2017.01—2021.06）

2017年1月21日，杨家桥乡召开第十届人民代表大会第一次会议，出席代表47名，其中女代表9名。大会审议并通过《杨家桥乡人民政府工作报告》《杨家桥乡财政预决算报告》《杨家桥乡人大工作报告》。大会以无记名投票方式等额选举产生杨家桥乡人民代表大会主席1名、副主席1名；乡长1名、副乡长2名。之后经调整，到2021年6月，杨家桥乡有人大主席1名、人大副主席1名；乡长1名、副乡长3名。

主　席　史爱军（2017.01—2017.10）

邢文奇（2017.10—2021.06）

副主席　封艳芳（女，2017.01—2021.06）

乡　长　张建春（2017.01—2017.10）

史爱军（2017.10—2021.06）

副乡长　赵建军（2017.01—2021.06）

梁海燕（女，2017.01—2019.04）

郝永霞（女，2019.04—2021.06）

杨会志（2020.06—2020.09）

姚　赓（2020.09—2021.06）

10. 杨家桥乡第十一届人民代表大会（2021.06—2023.12）

2021年6月18日，杨家桥乡召开第十一届人民代表大会第一次会议，出席代表45名，其中女代表13名。大会审议并通过《杨家桥乡人民政府工作报告》《杨家桥乡财政预决算报告》《杨家桥乡人大工作报告》。大会以无记名投票方式等额选举产生杨家桥乡人民代表大会主席1名、副主席1名，乡长1名、副乡长3名。之后经调整，到2023年12月，杨家桥乡有人大主席1名、人大副主席2名；乡长1名、无副乡长。

主　席　邢文奇（2021.06—2022.01）

缺　职（2022.01—2022.04）

王东会（2022.04—2023.12）

副主席　王　静（女，2021.06—2023.12）
乡　长　史爱军（2021.06—2022.06）
　　　　梁力伟（2022.06—2023.12）
副乡长　梁钧强（2021.06—2022.11）
　　　　缺　职（2021.06—2021.07）
　　　　姚　赓（2021.06—2021.07）

第二十二章　蛟潭庄镇人民代表大会

蛟潭庄镇位于平山县西北部深山区，西与山西省五台山县耿镇相邻，总面积146平方千米，耕地面积6839亩，辖32个行政村，总人口2942户7387人。蛟潭庄镇曾是中共中央北方分局、晋察冀边区政府、晋察冀军区等边区党政军领导机关驻地，人杰地灵，山川秀丽，具有较好的红色和自然生态环境优势。

蛟潭庄镇人民代表大会发展经历两个阶段：第一阶段，撤区并乡前人民代表大会时期；第二阶段，撤区并乡后人民代表大会时期。

第一节　撤区并乡前人民代表大会时期

一、蛟潭庄镇人民代表大会

1. 蛟潭庄镇第一届人民代表大会（1984—1987）

蛟潭庄镇第一届人民代表大会于1984年召开，选举镇人民政府镇长、副镇长，此时镇人大工作由镇政府组织。

2. 蛟潭庄镇第二届人民代表大会及人大联络组（1987.04—1988.08）

蛟潭庄镇第二届人民代表大会第一次会议于1987年4月召开。会议选举产生蛟潭庄镇第二届人民政府。1987年11月时，设镇长1名、副镇长2名。

人大联络组组长　缺　职（1987.11—1988.08）
镇　长　王志勇（1987.11—1988.08）
副镇长　刘文秀（1987.11—1988.08）
吴怀锁（1987.11—1988.08）

二、上龙窝乡人民代表大会

1. 上龙窝乡第一届人民代表大会（1984—1987）

上龙窝乡第一届人民代表大会于1984年召开，选举乡人民政府乡长、副乡长，此时乡人大工作由乡政府组织。

2. 上龙窝乡第二届人民代表大会及人大联络组（1987.04—1988.08）

上龙窝乡第二届人民代表大会第一次会议于1987年4月召开，会议选举产生上龙窝乡第二届人民政府。1987年11月时，设乡长1名、副乡长2名。

人大联络组组长　缺　职（1987.11—1988.08）
乡　长　李庆华（1987.11—1988.08）
副乡长　胡存槐（1987.11—1988.08）
康世吉（1987.11—1988.08）

三、桑元口乡人民代表大会

1. 桑元口乡第一届人民代表大会（1984—1987）

桑元口乡第一届人民代表大会于1984年召开，选举乡人民政府乡长、副乡长，此时乡人大工作由乡政府组织。

2. 桑元口乡第二届人民代表大会及人大联络组（1987.04—1988.08）

桑元口乡第二届人民代表大会第一次会议于1987年4月召开。会议选举产生桑元口乡第二届人民政府。1987年11月时，设乡长1名、副乡长2名。

人大联络组组长　缺　职（1987.11—1988.08）
乡　长　梁中优（1987.11—1988.08）
副乡长　牛忠平（1987.11—1988.08）
刘焕珍（女，1987.11—1988.08）

第二节　撤区并乡后人民代表大会时期

1. 蛟潭庄镇第二届人民代表大会及人大联络组（1988.08—1990.05）

1988年8月，全县实行撤区并乡，原桑元口乡、龙窝乡并入蛟潭庄镇。1988年8月至1990年5月，镇人民代表大会仍在第二届任期内。

人大联络组组长　刘安廷（1988.08—1990.05）
副组长　张世斌（1988.08—1990.05）

2. 蛟潭庄镇第三届人民代表大会及人大主席团（1990.05—1993.03）

蛟潭庄镇第三届人民代表大会第一次会议于1990年5月召开。出席会议的人大代表共50名。会议审议并通过《蛟潭庄镇人民政府工作报告》《蛟潭庄镇财政预决算报告》，会议依法选举产生蛟潭庄镇第三届人民代表大会主席团、常务主席，选举产生蛟潭庄镇第三届人民政府镇长、副镇长。

人大主席团常务主席　刘安延（1990.05—1993.03）
副主席　张世斌（1990.05—1992.05）

镇　长　梁忠源（1990.05—1993.03）
副镇长　吴怀锁（1990.05—1990.06）
　　　　李秀来（1990.05—1990.06）
　　　　牛忠平（1990.05—1993.03）
　　　　刘焕珍（女，1990.06—1993.03）
　　　　韩联顺（1990.08—1993.03）
　　　　韩士广（1991.02—1993.03）
　　　　刘艮录（1992.06—1993.03）
　　　　胡存锁（1992.06—1993.03）
　　　　康世吉（1992.06—1993.03）
　　　　康兵吉（1992.06—1993.03）

3. 蛟潭庄镇第四届人民代表大会及人大主席团（1993.03—1996.06）

蛟潭庄镇第四届人民代表大会第一次会议于1993年3月4日召开，出席代表46名，其中女代表9名。会议审议并通过《蛟潭庄镇人民政府工作报告》《蛟潭庄镇财政预决算报告》《蛟潭庄镇人大主席团工作报告》。依法选举产生蛟潭庄镇第四届人民代表大会主席团常务主席1名、镇长1名、副镇长8名。此后增补镇长1名、副镇长1名。到1994年11月有镇长1名、副镇长7名。

常务主席　刘安延（1993.03—1994.11）
副主席　韩兵拴（1994.03—1994.11）
镇　长　梁忠源（1993.01—1993.07）
　　　　刘英录（1993.07—1994.11）
副镇长　刘英录（1993.03—1993.07）
　　　　韩联顺（1993.03—1993.08）
　　　　韩士广（1993.03—1994.11）
　　　　刘焕珍（女，1993.03—1994.11）
　　　　胡存锁（1993.03—1994.11）
　　　　康士吉（1993.03—1994.11）
　　　　康兵吉（1993.03—1994.11）
　　　　刘丑拴（1993.03—1994.11）
　　　　崔文贵（1994.03—1994.11）

1994年11月，乡镇干部制度改革，实行党委书记聘用制，蛟潭庄镇人大主席团设常务主席1名、镇长1名、副镇长3名。此后增补副镇长3名（其中兼职2名：胡平、梁林州）。到1996年6月，有镇长1名、副镇长6名（其中兼职2名）。

常务主席　韩联顺（1994.11—1996.06）
镇　长　刘英录（1994.11—1996.06）

副镇长　崔文贵（1994.11—1996.06）
　　　　韩士广（1994.11—1996.06）
　　　　刘焕珍（女，1994.11—1996.06）
　　　　边金文（科技，1995.11—1996.06）
　　　　胡　平（1995.09—1996.06）
　　　　梁林州（1995.09—1996.06）

4. 蛟潭庄镇第五届人民代表大会（1996.06—1999.03）

1996 年 6 月 25 日，蛟潭庄镇召开第五届人民代表大会第一次会议，出席代表 49 名，其中女代表 13 名。大会审议并通过《蛟潭庄镇人民政府工作报告》《蛟潭庄镇财政预决算报告》《蛟潭庄镇人大工作报告》。依照 1995 年 2 月修改的组织法规定，蛟潭庄镇第五届人民代表大会选举产生主席 1 名、镇长 1 名、副镇长 4 名，另外不占领导职数的兼职副镇长 2 名（胡平、梁林州）。此后增补镇长 2 名、副镇长 3 名（其中，兼职 1 名：张兰锁）。之后经调整，到 1999 年 3 月换届，有主席 1 名、镇长 1 名、副镇长 3 名。蛟潭庄镇第五届人民代表大会共召开 2 次会议。

主　席　韩联顺（1996.06—1997.03）
　　　　董世霞（1997.12—1999.03）
镇　长　刘英录（1996.06—1996.11）
　　　　刘巨洋（1996.11—1997.03）
　　　　韩联顺（1997.03—1999.01）
副镇长　崔文贵（1996.06—1997.05）
　　　　边金文（科技，1996.06—1997.05）
　　　　刘焕珍（女，1996.06—1997.08）
　　　　韩士广（1996.06—1999.03）
　　　　胡　平（1996.06—1998.03）
　　　　梁林州（1996.06—1998.03）
　　　　常振峰（1997.05—1997.12）
　　　　李秀平（1997.05—1999.03）
　　　　张兰锁（1997.05—1999.03）

5. 蛟潭庄镇第六届人民代表大会（1999.03—2002.05）

1999 年 3 月 12 日，蛟潭庄镇召开第六届人民代表大会第一次会议，出席代表 48 名，其中女代表 7 名。大会审议并通过《蛟潭庄镇人民政府工作报告》《蛟潭庄镇财政预决算报告》《蛟潭庄镇人大工作报告》。大会以无记名投票方式等额选举产生主席 1 名，等额选举镇长 1 名，差额选举副镇长 2 名。之后经调整，到 2002 年 5 月换届，有主席 1 名、镇长 1 名、副镇长 3 名。蛟潭庄镇第六届人民代表大会在此期间共召开 3 次会议。

主　席　董世霞（1999.03—2000.07）

刘焕珍（女，2002.04—2002.05）

镇　长　杨　兴（1999.03—2000.12）

张景林（2001.04—2002.05）

副镇长　韩士广（1999.03—1999.10）

李秀平（1999.03—2002.05）

张景林（2000.12—2001.04）

崔淑联（女，2000.01—2001.08）

崔祝胜（2001.08—2002.05）

秘春英（女，2002.04—2002.05）

6. 蛟潭庄镇第七届人民代表大会（2002.05—2007.03）

2002 年 5 月 20 日，蛟潭庄镇召开第七届人民代表大会第一次会议，出席代表 46 名，其中女代表 8 名。大会审议并通过《蛟潭庄镇人民政府工作报告》《蛟潭庄镇财政预决算报告》《蛟潭庄镇人大工作报告》。依照组织法规定，以无记名投票方式等额选举产生主席 1 名，增补主席 1 名，等额选举镇长 1 名、副镇长 3 名。到 2007 年 3 月，有主席 1 名、镇长 1 名、副镇长 2 名。蛟潭庄镇第七届人民代表大会在此期间共召开 1 次会议。

主　席　刘焕珍（女，2002.05—2002.10）

常振峰（2002.10—2007.03）

镇　长　张景林（2002.05—2003.05）

谷国华（2003.05—2007.03）

副镇长　李秀平（2002.05—2006.03）

崔祝胜（2002.05—2007.03）

秘春英（女，2002.05—2002.11）

于利朝（2002.10—2003.05）

刘国平（2003.05—2007.03）

7. 蛟潭庄镇第八届人民代表大会（2007.03—2011.12）

2007 年 3 月 28 日，蛟潭庄镇召开第八届人民代表大会第一次会议，大会以无记名投票方式选举产生主席 1 名、副主席 1 名；以无记名投票方式等额选举产生蛟潭庄镇人民政府镇长 1 名、副镇长 2 名。之后经过调整，到 2011 年 12 月，有主席 1 名、副主席 1 名；镇长 1 名、副镇长 2 名。

主　席　高成虎（2007.04—2007.05）

崔祝胜（2007.05—2009.06）

闫永强（2009.06—2011.12）

副主席　刘岩青（2007.05—2011.03）

刘腾飞（2011.03—2011.12）

镇　长　谷国华（2007.03—2007.05）

高成虎（2007.05—2011.12）

副镇长　刘国平（2007.03—2009.03）

谷武生（2007.05—2009.07）

闫立章（2009.07—2011.03）

王慧利（女，2009.07—2011.12）

商彦涛（女，2011.03—2011.12）

8. 蛟潭庄镇第九届人民代表大会（2011.12—2017.01）

2011 年 12 月 22 日，蛟潭庄镇召开第九届人民代表大会第一次会议，大会以无记名投票方式等额选举产生蛟潭庄镇人民代表大会主席 1 名、副主席 1 名，镇长 1 名、副镇长 2 名。之后经过调整，到 2017 年 1 月，蛟潭庄镇有人大主席、人大副主席 1 名，镇长 1 名、副镇长 2 名。

主　席　闫永强（2011.12—2012.10）

缺　职（2012.10—2013.02）

谷武生（2013.02—2017.01）

副主席　刘腾飞（2011.12—2015.03）

韩江涛（2015.03—2017.01）

镇　长　康艳军（2011.12—2015.01）

张志军（2015.01—2017.01）

副镇长　白淑平（2011.12—2013.02）

缺　职（2013.01—2015.03）

商彦涛（2011.12—2013.03）

缺　职（2013.03—2015.03）

王建军（2015.03—2017.01）

刘苏军（2015.03—2017.01）

9. 蛟潭庄镇第十届人民代表大会（2017.01—2021.06）

2017 年 1 月 24 日，蛟潭庄镇召开第十届人民代表大会第一次会议，出席代表 47 名，其中妇女代表 11 名。大会审议并通过《蛟潭庄镇人民政府工作报告》《蛟潭庄镇财政预决算报告》《蛟潭庄镇人大工作报告》。大会以无记名投票方式选举产生蛟潭庄镇人民代表大会主席 1 名、副主席 1 名；镇长 1 名、副镇长 2 名。之后经调整，到 2021 年 6 月，蛟潭庄镇有人大主席 1 名，镇长 1 名、副镇长 2 名。

主　席　秘明春（2017.01—2021.06）

副主席　韩江涛（2017.01—2019.05）

镇　长　李　波（2017.01—2021.06）

副镇长　刘苏军（2017.01—2021.06）

王建军（2017.01—2021.06）

10. 蛟潭庄镇第十一届人民代表大会（2021.06—2023.12）

2021 年 6 月 18 日，蛟潭庄镇召开第十一届人民代表大会第一次会议，出席代表 45 名，其中女代表 7 名。大会审议并通过《蛟潭庄镇人民政府工作报告》《蛟潭庄镇财政预决算报告》《蛟潭庄镇人大工作报告》。大会以无记名投票方式选举产生蛟潭庄镇人民代表大会主席 1 名、副主席 1 名；镇长 1 名、副镇长 2 名。之后经调整，到 2023 年 12 月，蛟潭庄镇有人大主席 1 名、人大副主席 1 名；镇长 1 名。

主　席　秘明春（2021.06—2023.12）

副主席　高会国（2021.06—2023.12）

镇　长　高静南（2021.06—2023.12）

副镇长　刘　伟（2021.06—2022.09）

　　　　田全保（2021.06—2022.06）

第二十三章　合河口乡人民代表大会

合河口乡位于平山县西北部，地处两省四县交会地带，西北与山西五台接壤，东北与灵寿和阜平县相连。乡驻地合河口村，距县城105千米，总面积156平方千米，耕地面积433.73公顷，辖21个行政村。截至2024年6月全乡总人口5575人。全乡境内主要资源为林木资源及旅游资源，“驼梁”海拔2281米，山势高耸，树木葱郁，气候宜人，是著名的旅游避暑胜地。

合河口乡人民代表大会发展经历两个阶段。第一阶段，撤区并乡前人民代表大会时期；第二阶段，撤区并乡后人民代表大会时期。

第一节　撤区并乡前人民代表大会时期

一、合河口乡人民代表大会

1. 合河口乡第一届人民代表大会（1984—1987）

合河口乡第一届人民代表大会于1984年召开，选举乡人民政府乡长、副乡长，此时乡人大工作由乡政府组织。

2. 合河口乡第二届人民代表大会及人大联络组（1987.04—1988.08）

合河口乡第二届人民代表大会第一次会议于1987年4月召开，会议选举产生合河口乡第二届人民政府。1987年11月时，设乡长1名、副乡长1名。

人大联络组组长　毛建荣（1987.11—1988.08）

乡　长　胡明耀（1987.11—1988.08）

副乡长　李秀来（1987.11—1988.08）

二、木厂乡人民代表大会

1. 木厂乡第一届人民代表大会（1984—1987）

木厂乡第一届人民代表大会于1984年召开，选举乡人民政府乡长、副乡长，此时乡人大工作由乡政府组织。

2. 木厂乡第二届人民代表大会及人大联络组（1987.04—1988.08）

木厂乡第二届人民代表大会第一次会议于1987年4月召开，会议选举产生木厂乡第二届人民政府。1987年11月时，设乡长1名，副乡长2名。

人大联络组组长　缺　职（1987.11—1988.08）

乡　长　郝贵怀（1987.11—1988.08）

副乡长　段玉鹏（1987.11—1988.08）

刘金柱（1987.11—1988.08）

第二节　撤区并乡后人民代表大会时期

1. 合河口乡第二届人民代表大会及人大联络组（1988.08—1990.04）

1988年8月，全县实行撤区并乡，原木厂乡并入合河口乡。1988年8月至1990年4月，乡人代会仍在第二届任期内。

人大联络组组长　常振荣（1988.08—1990.01）

乡　长　刘福拴（1988.08—1989.08）

郝贵怀（1989.08—1990.04）

副乡长　胡明耀（1988.08—1988.10）

刘金柱（1988.08—1989.04）

郝贵怀（1988.11—1989.08）

刘焕珍（女，1988.12—1990.04）

2. 合河口乡第三届人民代表大会及人大主席团（1990.04—1993.03）

合河口乡第三届人民代表大会于1990年4月在本乡召开，出席会议的人大代表46名，会议审议并通过《合河口乡政府工作报告》和《合河口乡财政预决算报告》，会议还审议通过乡政府《关于引进外贸的奖励办法》和《关于大力发展土豆生产的决议》。会议依法选举产生合河口乡第三届人民代表大会主席团和主席团常务主席；选举产生合河口乡第三届人民政府乡长、副乡长。

常务主席　胡明耀（1990.04—1993.03）

乡　长　郝贵怀（1990.04—1990.09）

梁拴贵（1990.09—1993.03）

副乡长　刘焕珍（女，1990.04—1990.06）

胡春怀（1990.04—1992.06）

李秀来（1990.07—1993.03）

韩士广（1990.08—1992.12）

韩二元（1990.10—1992.12）

刘丑拴（1991.02—1993.03）

张良锁（1992.06—1993.03）

王洋清（1992.06—1993.03）

3. 合河口乡第四届人民代表大会及人大主席团（1993.04—1996.04）

平山县合河口乡第四届人民代表大会第一次会议于1993年3月1日召开，出席代表46名，其中女代表9名。会议审议并通过《合河口乡人民政府工作报告》《合河口乡财政预决算报告》《合河口乡人大主席团工作报告》。依法选举产生合河口乡第四届人民代表大会主席团及常务主席1名；以无记名投票的选举方式，选举产生乡长1名、副乡长4名，之后增补乡长1名、副乡长2名。到1994年11月，有乡长1名、副乡长4名。

常务主席　胡明耀（1993.03—1994.11）

乡　长　梁拴贵（1993.03—1993.03）

空　缺（1993.03—1993.07）

副乡长　李秀来（1993.03—1993.08）

张良锁（1993.03—1993.08）

王洋清（1993.03—1994.11）

牛忠平（1993.03—1994.11）

增补成员：

乡　长　韩二元（1993.07—1994.11）

副乡长　梁兵成（1993.08—1994.11）

李秀平（1993.08—1994.11）

1994年11月，乡镇干部制度改革，实行党委书记聘用制，合河口乡人大主席团设常务主席1名、乡长1名、副乡长2名，之后增补副乡长1名。到1996年4月，有乡长1名、副乡长3名。

常务主席　吴怀锁（1994.11—1996.04）

乡　长　韩二元（1994.11—1996.04）

副乡长　梁兵成（1994.11—1996.04）

李秀平（1994.11—1996.04）

增补成员：

副乡长　陈富会（科技，1995.11—1996.04）

4. 合河口乡第五届人民代表大会（1996.04—1999.03）

1996年4月2日，合河口乡召开第五届人民代表大会第一次会议。出席代表44名，其中女代表8名。大会审议并通过《合河口乡人民政府工作报告》《合河口乡财政预决算报告》《合河口乡人大工作报告》。依照1995年2月修改的组织法规定，选举产生合河口乡第五届人民代表大会主席1名。以无记名投票的选举方式，选举产生合河口乡第五届人民政府乡长1名、副乡长3名，之后增补副乡长2名。合河口乡第五届人民代表大会召开2次会议。

主　席　吴怀锁（1996.04—1997.04）

乡　长　杨　兴（1996.04—1999.01）

副乡长　梁兵成（1996.04—1997.05）

　　　　李秀平（1996.04—1997.05）

　　　　陈富会（科技，1996.04—1999.03）

增补成员：

主　席　梁会明（1997.12—1999.03）

乡　长　胡存锁（1999.01—1999.03）

副乡长　郑永升（1997.05—1999.03）

　　　　崔文贵（1997.05—1999.03）

1998年3月，设主席1名，到1999年3月换届，人员未调整。

主　席　梁会明（1998.03—1999.03）

5. 合河口乡第六届人民代表大会（1999.03—2002.05）

1999年3月16日，合河口乡召开第六届人民代表大会第一次会议，出席代表43名，其中女代表10名。会议审议并通过《合河口乡人民政府工作报告》《合河口乡财政预决算报告》《合河口乡人大工作报告》。大会以无记名投票方式等额选举产生主席1名，以无记名投票方式等额选举产生乡长1名，差额选举产生副乡长3名。之后经调整，到2002年5月换届，有乡长1名、副乡长2名。合河口乡第六届人民代表大会在此期间召开3次会议。

主　席　梁会明（1999.03—2002.05）

乡　长　胡存锁（1999.03—2001.07）

副乡长　崔文贵（1999.03—2002.05）

　　　　郑永升（1999.03—2002.05）

　　　　陈富会（科技，1999.03—2002.04）

增补成员：

乡　长　梁中强（2002.03—2002.05）

副乡长　梁中强（2001.07—2002.03）

6. 合河口乡第七届人民代表大会（2002.05—2007.03）

2002年5月25日，合河口乡召开第七届人民代表大会第一次会议，出席代表44名，其中女代表11名。大会依照法律程序审议并通过《合河口乡人民政府工作报告》《合河口乡财政预决算报告》《合河口乡人大工作报告》。依照组织法规定，大会以无记名投票方式等额选举产生主席1名，以无记名投票方式等额选举产生乡长1名，从差额选举产生副乡长2名。之后未经调整，到2007年3月，有主席1名，副主席1名，乡长缺职，副乡长2名。

主　席　梁会明（2002.05—2007.03）

副主席　杜英起（2006.06—2011.03）

乡　长　梁中强（2002.05—2006.04）

　　　　空　缺（2006.04—2007.03）

副乡长　郑永升（2002.05—2007.03）

　　　　崔文贵（2002.05—2007.03）

　　　　康军平（2002.05—2003.04）

7. 合河口乡第八届人民代表大会（2007.03—2011.12）

2007 年 3 月 30 日，合河口乡召开第八届人民代表大会第一次会议，大会以无记名投票方式选举产生第八届人民代表大会主席 1 名、副主席 1 名，乡长 1 名、副乡长 2 名。之后经过调整，到 2011 年 12 月，合河口乡有人大主席 1 名，乡长缺职，副乡长 3 名。

主　席　梁会明（2007.03—2009.05）

　　　　杨三国（2009.05—2010.08）

　　　　史青国（2011.03—2011.12）

副主席　空　缺（2011.09—2011.12）

乡　长　任志公（2007.03—2009.03）

　　　　王　一（2009.03—2011.10）

副乡长　何金平（2011.09—2011.12）

　　　　康风明（2007.03—2011.12）

　　　　史青国（2007.03—2009.03）

　　　　梁中伟（2009.03—2011.03）

　　　　梁五平（2011.10—2011.12）

8. 合河口乡第九届人民代表大会（2011.12—2017.01）

2011 年 12 月 20 日，合河口乡召开第九届人民代表大会第一次会议，大会以无记名投票方式选举产生第九届人民代表大会主席 1 名、副主席 1 名；乡长 1 名、副乡长 2 名。之后经调整，到 2017 年 1 月，合河口乡有人大主席 1 名、人大副主席 1 名；乡长 1 名、副乡长 2 名。

主　席　史青国（2011.12—2013.03）

　　　　缺　职（2013.03—2015.03）

　　　　康光辉（2015.03—2017.01）

副主席　苏建海（2011.12—2015.03）

　　　　郄旺达（2015.03—2017.01）

乡　长　梁五平（2011.12—2013.03）

副乡长　何金平（2011.12—2015.03）

　　　　康风明（2011.12—2015.03）

增补成员：

乡　长　杨晓军（2013.03—2017.01）

副乡长　翟俊平（2015.03—2017.01）

卢亚军（2015.03—2017.01）

9. 合河口乡第十届人民代表大会（2017.01—2021.06）

2017 年 1 月 24 日，合河口乡召开第十届人民代表大会第一次会议。大会出席代表 38 名，其中妇女代表 10 名。大会依照法律程序审议并通过《合河口乡人民政府工作报告》《合河口乡财政预决算报告》《合河口乡人大工作报告》。大会以无记名投票方式选举产生第十届人民代表大会主席 1 名、副主席 1 名；乡长 1 名、副乡长 2 名。到 2021 年 6 月，合河口乡有人大主席 1 名、人大副主席 1 名；乡长 1 名、副乡长 1 名。

主　席　闫庆朝（2017.01—2021.06）

副主席　连文书（2017.01—2021.06）

乡　长　康光辉（2017.01—2021.06）

副乡长　翟俊平（2017.01—2019.04）

缺　职（2019.04—2021.06）

卢亚军（2017.01—2021.06）

10. 合河口乡第十一届人民代表大会（2021.06—2023.12）

2021 年 6 月，合河口乡召开第十一届人民代表大会第一次会议，大会以无记名投票方式选举产生第十一届人民代表大会主席 1 名、副主席 1 名；乡长 1 名、副乡长 2 名。到 2023 年 12 月，合河口乡有主席 1 名、副主席 1 名；乡长 1 名、副乡长 2 名。

主　席　张成亮（2021.06—2023.12）

副主席　连文书（2021.06—2023.12）

乡　长　康光辉（2021.06—2022.03）

李　伟（2022.03—2023.12）

副乡长　陈　伟（2021.06—2023.12）

张　聪（2021.06—2023.12）

附　录

一、子弟兵的母亲——戎冠秀

来源：《太行风骨　滹沱忠魂》

戎冠秀，1896年生于河北省平山县的一个穷苦家庭。1938年2月加入中国共产党。抗日战争时期，担任下盘松村妇女救国会会长、八路军伤病员转运站站长。

在残酷的对敌斗争中，她带领全村妇女，积极拥军支前，救护伤员。1941到1943年，日伪军对晋察冀边区连续发动多次惨绝人寰的大“扫荡”。在艰苦的岁月里，戎冠秀带领全村妇女给战士们送水、送饭，转运伤员。在严重缺医少药的条件下，为了救治伤员，她想尽一切办法，用温开水清洗创伤，用中草药敷伤口，用小勺一口一口地给伤员喂水、喂饭。在她的精心救护下，很多身负重伤、生命垂危的八路军指战员恢复了健康，重返了前线。

一次，一个八路军伤员跑到下盘松村边，日本鬼子的枪声越来越近，戎冠秀不顾个人安危，用力扶着伤员爬上山，想把伤员藏在山洞里，由于洞口离地面太高，脚无登处，伤员爬不上去，她就蹲在地上，让伤员踩着自己的双肩，硬是把伤员托了起来，伤员爬进了洞里，躲过了鬼子的搜查。

在一次“反扫荡”中，她听说来了两个伤员，想吃瓜果，她急忙找来8个大梨送到伤员手里。

有一次，村担架组抬来了一个头上有六七处伤的重伤员，浑身是血，双目紧闭，一只脚在担架边上垂着，鞋和袜子都丢了，脚冻成了黑紫色。戎冠秀用被子把伤员的脚盖好，用手摸摸鼻孔，还有一口气，晚上，戎冠秀主动要求护理伤员，她在伤员耳边轻轻呼唤：“孩子，孩子。”伤员一点反应也没有，她用手掰开伤员干裂的嘴唇，用小勺喂水，水都顺着嘴角流出来了。她又把伤员的头慢慢扶正，又灌，水流到喉咙，发出了微微的“呼噜”声。戎冠秀非常高兴，再问伤员：“你还想喝水吗？”借着微弱的灯光，她看见伤员的嘴唇微微地抖动，戎冠秀轻轻地把伤员上身扶起来，揽在怀里。又喂了伤员些温开水和蛋汤，伤员慢慢地恢复了知觉。从言谈中得知，伤员是某团一连的战士，在附近柏叶沟打了11天仗，已四五天没有吃东西了。戎冠秀找来一点白面，做成面片汤一勺勺地喂伤员。

她见伤员光着脚，又找不到合适的鞋给伤员穿，就随手将站在旁边的女儿身上的棉袄撕开，从衣襟上撕下一大块棉絮，把伤员的脚轻轻裹住。转运伤员的担架来了，她又在担架上铺上厚厚的谷秸，让伤员舒舒服服地躺在担架上。伤员感激地说：“我的好老人！我什么时候也忘不了你的恩情！”

她救护伤员的模范事迹数也数不清。她毫不吝惜地将家里的鸡蛋、少得可怜的白面、玉米面给伤员吃。多少伤员在转危为安时都情不自禁地向她行跪拜大礼，多少负伤的战士让戎冠秀从死神手里拉回来后，情不自禁地喊她“娘”。

无数次，为及时把重伤员送到后方医院，年近五旬的戎冠秀，带领妇女们，颠着小脚，抬着担架，奔跑在崎岖的山路上。她积极组织妇女做军鞋、送军粮，出色完成了各项支前任务。在她的带动下，晋察冀解放区涌现出一大批“戎冠秀小组”。在向抗日民主政府交公粮时，自己带头并动员群众多交粮，交好粮。她从这个碾子走到那个碾旁，检查米、面的质量。组织妇女做军鞋时，她每双都过目。妇女们给八路军做棉衣，她要求分量要足，絮得要匀。她们上交的军衣、军鞋数量和质量在区里都是头份。

1944 年 2 月，戎冠秀光荣地出席了在河北省阜平县北崖村召开的晋察冀边区第一届群英会，会上，她被授予“北岳区拥军模范——子弟兵的母亲”光荣称号。在 1944 年 12 月召开的晋察冀边区第二届群英会上，她荣获“劳动英雄”光荣称号。

在荣誉面前，戎冠秀更加谦虚谨慎，不骄不躁，把奖给她的骡子交给村里，让集体使用。她积极响应边区的号召，组织拨工队，变工组，代耕组，为烈军属解忧。带领群众开荒种地，多打粮食，再次投入到支援前线的大生产运动中。

也就是在第一届群英会上，被她救过的一个受伤战士与戎冠秀相遇，“母子”相逢，格外激动。原来这个战士叫邓世钧，由于作战勇敢，屡建战功，被晋察冀边区授予了“战斗英雄”称号。

1949 年，她作为华北区人民代表出席了中国人民政治协商会议第一届全体会议，并参加了开国大典，受到毛主席、周总理等老一辈无产阶级革命家的亲切接见。

1950 年 9 月，戎冠秀出席了中华人民共和国全国工农兵劳动模范代表大会。后又多次出席全国劳动模范会议和拥军优属表彰会议。先后当选为第一至五届全国人大代表；中华全国妇女联合会第三、第四届代表大会代表；全国妇联第四届执行委员会委员。曾荣获全国“三八”红旗手称号。

1989 年 8 月 12 日，戎冠秀老人因病逝世于石家庄白求恩和平医院，享年 93 岁，其骨灰安放在华北烈士陵园。

2009 年，戎冠秀被中宣部、中组部等 11 个部门评选为“100 位为新中国成立作出突出贡献的英雄模范人物”。

在晋察冀边区第一届群英会上颁发给戎冠秀“子弟兵母亲”的锦旗，现陈列在革命圣地西柏坡纪念馆。

二、传承红色基因发扬民主传统扎实做好人大代表之家建设工作

来源：《河北人大通讯》2019-05-16

近年来，平山县人大常委会坚持以习近平新时代中国特色社会主义思想为指导，把人大代表家站建设作为做好基层人大工作的重要抓手，把传承红色基因，发扬民主传统作为人大代表家站建设的重要突破口，不断提升家站建设的质量和水平，努力推动革命老区高质量发展。

一、传承红色基因，打造精品家站。平山是革命的土地，英雄的土地，新中国从这里走来。党中央在西柏坡时期不断探索新中国政权模式，形成了日渐成熟的理论体系，留下了光荣的革命传统。家站建设过程中，我们将红色基因融入代表家站建设，打造了温塘、西柏坡、李家庄、泓润生态园 4 个独具特色的代表家站。

一是注重传承红色基因。深入挖掘人民代表大会制度在平山县的理论渊源，在西柏坡设置了人大制度展陈室，对党中央和毛主席在西柏坡期间关于人民代表大会的重要论断、华北临时人民政府时期董必武的相关论述作为重点展出。温塘镇结合温泉旅游，重点突出了人大代表依法履职，助推旅游发展情况，特别是展出了第三届全国人大代表、平山县党组织早期创建人和杰出领导人王昭，被《人民日报》称为“调查研究的模范”的事迹。这些举措，传承了红色基因，发扬了民主传统，进一步丰富了家站建设的文化内涵。

二是注重宣传先进典型。制作家站建设宣传片，印制各具特色的宣传彩页，安装代表履职电子触控显示屏，既方便了群众知情知政，也宣传了人大工作。注重挖掘代表先进事迹，比如，西柏坡镇人大代表常俊光建立西柏坡慈善基金会、市人大代表李伟国对周边群众进行林果技术培训等先进事迹，展现了人大代表的优秀风采。

三是注重硬件设施建设。为更好地方便人大代表联系群众，平山县对西柏坡、温塘人大代表之家进行了改造，增设了代表阅览室、接待室等功能室，统一制作了代表活动、联系群众、建议办理等登记簿；建立学习交流、视察调研等制度；将联系选民一览表、年度工作计划、工作流程图等上墙公示，真正做到了有场地、有牌子、有制度、有活动、有台账。

二、依托家站平台，发挥代表作用。家站建设的根本目的是搭建履职平台、丰富代表活动、发挥代表作用。把家站作为联系群众、开展活动、学习培训的重要载体，不断提升代表履职水平、激活代表履职热情，有效助推县域经济高质量发展。

着力提升代表履职能力。乡镇人大主席团把人大代表家站作为代表学习提高的课堂，定期举办培训班，定期组织代表召开座谈会，定期抽查代表履职情况。特别是注重学习与活动

相结合。在活动前，组织代表学习相关知识，达到以学促用的目的。比如，平山镇去年开展的全镇部门评议活动中，首先组织代表进行会前学习，使代表“懂行”；其次安排代表调查研究，使代表“知情”；再次再进行座谈，请代表发言“挑刺”；最后打分测评，取得了良好效果。

助力推进重点工作开展。为做好承办2018年石家庄市第三届旅发大会工作，我县依托人大代表家站，组织各级人大代表通过视察调研、接待选民、召开座谈会等形式，积极为市第三届旅发大会各项筹备工作提出意见建议。特别是西柏坡、岗南、温塘三个人大代表之家和李家庄、梁家沟、泓润三个代表联络站的各级代表，自觉支持、积极参与旅发大会相关项目涉及的拆违拆建、环境整治等工作，并全力帮助解决项目建设中的各种疑难问题，形成了强大的工作合力，保证了旅发大会各项筹备工作顺利推进。

广泛参与三项联动监督。三项联动监督是省人大监督工作的创新之举。在三项联动监督走访调研阶段，充分利用家站平台，组织各级人大代表，精心设计表格，认真开展走访调研。共发放问卷调查400多份，收集各类问题线索373条，分类梳理归纳汇总21条，其中扶贫脱贫攻坚方面8条，大气污染防治方面7条，优化营商环境方面6条，有力推动了相关工作落实。

三、凝聚代表力量，共创美好明天。设备齐全、制度完善的人大代表家站为代表们提供了依法履职，建言献策的平台，凝聚起了建设生态、富裕、文明、和谐新平山的强大合力。西柏坡镇人大代表在游客服务中心建设和停车场外迁、商业摊点规范管理等景区整治工作中，主动介入、组织协调，实现了西柏坡景区环境容貌大提升。泓润生态园、李家庄人大代表联络站，组织开展送技术、农技培训等活动，积极协调解决乡村振兴过程中的土地流转、拆迁改造等问题，实现了对周边乡村的辐射带动。市人大代表、敬业集团总经理李慧明，积极为旅发大会、脱贫攻坚、捐资助教、乡村公路建设等公益事业捐资捐款共2882万元，用实际行动践行了“人民选我当代表，我当代表为人民”的庄严承诺。

新时代、新使命、新征程。我们要在习近平总书记关于坚持和完善人民代表大会制度重要思想指引下，不忘初心、牢记使命，加快节奏，提高效率，扎实抓好人大各项工作，形成真抓实干的浓厚氛围，为人民代表大会制度焕发新的生机和活力，为人大工作进一步迈上新台阶、取得新成就，做出应有贡献，以优异的成绩庆祝中华人民共和国成立70周年。

平山县人大常委会

三、推进基层人大工作守正创新

平山县人大常委会

人民代表大会制度是坚持党的领导、人民当家作主、依法治国有机统一的根本制度安排，它有效保证了人民广泛参加国家治理和社会治理。近年来，河北省平山县人大常委会深入学习贯彻习近平总书记关于坚持和完善人民代表大会制度的重要思想，准确把握新时期党和国家对人大工作的新要求、新任务，依法履行人大职能，不断促进人大工作守正创新。

切实提高政治站位始终坚持党的领导

党的领导是人民当家作主和依法治国的根本保证，是实行人民代表大会制度的内在要求。一是坚定不移坚持党的领导。新时期人大工作要始终坚持以习近平新时代中国特色社会主义思想为统领，始终同以习近平同志为核心的党中央保持高度一致，正确有效发挥人大职能作用，切实做到党和国家中心工作在哪里，人大工作就跟进到哪里。二是强化政治理论武装。要始终坚持把学懂弄通做实习近平新时代中国特色社会主义思想贯穿人大工作全过程，把学习贯彻习近平总书记关于坚持和完善人民代表大会制度的重要思想作为必修课和基本功，及时跟进学习习近平总书记重要讲话，更加自觉地用党的创新理论武装头脑，统领人大工作。三是坚决贯彻执行党的决策部署。人大要始终坚持自觉贯彻落实党中央路线方针政策和工作部署，紧紧围绕地方发展战略，履职尽责、勇于担当、主动作为，确保党的决策部署在基层人大不打折扣的贯彻落实。要紧密围绕地方党委中心，谋划部署人大每年的工作要点，切实做到从讲政治的高度研究谋划推进各项工作，不断助推区域各项事业高质量发展。

坚持以人民为中心积极回应社会关切

人大的一切工作都要坚持以人民为中心，要把为人民履职、为人民用权、为人民服务作为干好本职工作的出发点和落脚点。一是聚焦民生事项跟进监督。平山县人大常委会综合运用视察调研、专项报告审议等方式对群众关心的民生热点进行监督。听取和审议关于均衡教育发展、乡村振兴产业发展、人居环境提升等工作报告；对棚户区改造、道路交通设施、垃圾分类、农产品质量安全监管等工作进行视察，对基础教育提升三年行动计划、社区治理等工作进行调研，持续推动民生事业改善。二是全面建设忠诚履职的“工作机关”。平山县人大常委会积极组织专题培训、业务培训和法律知识培训，进一步提高人大系统干部队伍专业本领和履职保障服务水平，扎实抓好人大制度建设，注重研究新情况、积极探索新方式、及时总结新经验，将制度落实贯穿于人大工作的始终，不断增强人大工作的制度化、规范化。以提升“人大三会”质量为根本，注重调查研究，规范履职行为，切实履行好宪法赋予人大的职权。三是全面建设同人民群众密切联系的“代表机关”。加强代表履职培训。在“选”好代表的基础上，围绕代表能力提升，寓职于各项代表活动，综合运用代表小组学习、网络代表大讲堂、专家辅导、配发学习资料等形式，不断提升代表思想政治素质、法律政策水平和专业知识素养。织密代表联系群众网。坚持“民有所呼我有所应”，搭建常委会与代表人民群众的“连心桥”，努力实现基层人大常委会联系代表和群众的常态化、规范化。通过定期组织人大代表参加政情通报会，及时组织人大代表参加和列席政府重要会议，不断拓宽代表知情知政渠道，为代表履职尽责搭建工作平台。

加强民主法治建设推进全面依法治国

依法治国是党依照宪法和法律来治理国家，是人民当家作主的根本保证。新形势下，基层人大要认真履行宪法和法律规定的法定职责，全面推进和保证宪法、法律以及各项行政法规在本区域的有效实施和执行。一是大力弘扬宪法精神。全面贯彻实施宪法是全面依法治国、建设社会主义法治国家的首要任务和基础工作。多年来，平山县人大常委会以多种形式开展国家宪法日宣传活动，采取“中国宪法发展历程”走上机关党建文化墙、组织开展“学习宪法知识、弘扬宪法精神”专题培训讲座、在机关开展宪法条文诵读等方式，机关领导干部带头领学、党员积极参与，迅速掀起学习宪法的热潮。二是扎实开展执法检查。执法检查过程既是对法律法规实施情况、执法主体履职情况的信息收集过程，又是对法律法规的宣传和普及过程。作为基层人大，要紧密结合当地实际，对涉及经济社会发展、保障民众生产生活密切相关的法律、法规条例进行执法检查。平山县人大常委会坚持常态化、持续性对城乡规划法、环境保护法、食品安全法等法律法规贯彻落实情况进行执法检查，有效发挥了人大监督的刚性作用。三是扎实做好规范性文件备案审查。按照有件必备、有备必审、有错必纠的原则，以合法性审查为主线，突出抓好“备案、审查、纠正”三个环节，着力完善“主体、权限、内容、程序”四项审查标准，出台规范性文件备案审查办法。按年度列出计划，对规范性文件进行备案审查。积极开展“三个探索”即：探索规范性文件备案审查组织机制，做到有人管事，有人干事；探索规范性文件备案审查运行机制，做到有章可循，分级审查，集体把关；探索规范性文件备案审直纠错机制，做到应审尽审，及时纠错，保证规范性文件内容合法准确，禁止性条款界限清晰，依法有据，有效促进了党的政策贯彻落实，人大常委会依法履行监督职责、“一府一委两院”依法行使职权和公正司法水平不断提升。

该文原载于《人民代表报》

四、中共平山县委关于加强人大工作的决定

为贯彻落实河北省人大工作会议精神。进一步加强我县的社会主义民主与法制建设，充分发挥人大及其常委会在治理整顿全面深化改革中的作用，特作如下决定。

一、充分认识人大及其常委会在国家政治生活中的性质地位和作用。增强国家观念、法制观念和法律意识。地方人大及其常委会是地方国家权力机关。地方各级人民政府是国家权力机关的执行机关，人民法院是国家审判机关，人民检察院是法律监督机关。它们由权力机关产生，对权力机关负责，受它监督，并报告工作。人大的监督既是宪法和法律赋予的权力，也是必须履行的职责。人大和“一府两院”之间的监督与被监督关系，是由社会主义民主与法制决定的国家机关之间分工合作关系。实行和接受监督的根本目的都是为了更好地为人民服务，对人民负责。因此，监督者要敢于监督和善于监督，被监督者要主动自觉地接受监督。人大工作不是可有可无，而是必须坚持和加强，人大及其常委会的职能不仅不应削弱，而且还要随着改革和建设的不断发展进一步完善。县委要把人大工作列入重要议事日程，每半年至少研究一次人大工作。对人大报送的专题报告，要及时研究，作出具体处理意见。县委及各乡镇党委要支持人大及其常委会依法行使职权，要善于通过人大及其常委会把党的主张变为国家意志。

二、人大常委会要认真行使宪法、法律赋予的职权。人大常委会听取审议“一府两院”的工作报告，特别是贯彻实施法律、法规的情况报告，对其中不符合宪法和法律规定的问题要予以纠正，必要时作出相应的决议。围绕县委中心工作，由人大常委会提出要求汇报的，要在会议十天以前通知有关单位；由有关单位提请汇报的，也要在十天前报告人大常委会。因特殊情况，有关单位不能如期汇报时，需经人大常委会主任会议同意。多数委员对汇报不满意，有关单位要做出说明或修改，或在下次常委会会议上重新汇报。常委会受理人民代表和人民群众及有关单位对政府、法院、检察院及其组成人员违法行为的申诉和控告，一般的申诉、控告，批转“一府两院”调查处理，上述部门要认真办理并在一个月内向人大常委会报告办理结果。对重大的申诉、控告案件，人大常委会认为有必要时，可以调阅案卷，组织由人民代表、常委委员及有关部门参加的特定问题调查小组，并根据调查组的汇报做出相应的决议。调查小组进行调查时，有关机关、社会团体、公民都有义务向人大常委会如实反映情况，人大常委会要采取多种措施，努力解决有法不依、执法不严、违法不究、以言代法、执法犯法问题，以推动法律、法规在本行政区域的贯彻落实。

三、县政府、法院、检察院要把接受人大及其常委会的监督作为一项必须履行的法定义务。凡依法应由人大及其常委会讨论决定的事项要及时提交人大及其常委会讨论决定，对人大及其常委会的决议、决定要认真贯彻落实，对人民代表提出的批评意见建议要认真办理，进一步强化对人民负责，为人民服务的公仆意识。

四、要加强人大常委会的班子建设，逐步实现委员专职化。组织人事部门要逐步调配一些素质较好、有专业知识的中青年干部到人大工作，加强科室力量，使人大常委会真正成为富有朝气、充满活力的工作机关，以适应人大工作的进一步开展。

五、人大常委会机关要加强思想建设和业务建设。努力学习马克思主义理论，学习法律知识，学习党的方针政策，学习业务知识，密切联系代表，主动接受代表和人民的监督。要积极加强制度建设，坚持民主集中制，努力提高议事活动的民主化程度，逐步实现工作的规范化、制度化。

六、根据十三大报告中关于“实现干部人事的依法管理和公开监督”的要求，在人事任免工作上要严格依法办事，凡应提交人大常委会任免的干部，必须按照法定程序分别由“一府两院”的县长、院长、检察长正式提名，同时附有比较详细的考察材料，并到会议上作具体介绍，回答委员们的询问，对提请任命的干部，必要时人大常委会可进行考核，以加强对干部的依法管理和公开监督。对经人大常委会任命的干部，坚持逐个实行表决票的方法。凡由人大常委会任免的干部在未审议通过前，一律不准对外公布。对提职的干部，其工资待遇要从通过任命之日算起。对任命的干部，由人大常委会颁发任命书，必要时由主任或副主任进行谈话。人大党组要积极保证县委意见的实现，如有不同意见，要及时向县委汇报。年终对被任命的干部可结合组织人事部门共同进行政绩考评。

七、进一步加强乡镇人大联组工作。各乡镇至少要配备一名专职人大联络组长，享受正乡级待遇。要认真执行县委关于“乡镇人大联组长要列席同级党委会议”的规定。各乡镇要明确 1—2 名干部协助联组长开展工作，负责办理本乡镇人民代表大会闭会期间的日常工作和指导村代会的工作。县人大常委会要利用多种形式加强对乡镇人大联组工作的指导。乡镇党委要注意解决联组工作中的实际困难，在住房、用车、办公经费等方面给予适当安排，保证人大联组有一个较好的工作生活环境。

中共平山县委

1989 年 3 月 1 日

五、中共平山县委关于进一步加强人大工作的决定

〔2012 年 11 月 16 日九届县委第二十次常委（扩大）会议研究通过〕

为深入贯彻落实科学发展观，进一步加强和改进党对人大工作的领导，更好地发挥人大及其常委会的职能作用，推进我县社会主义民主法治建设，保障经济社会平稳健康发展，加快“科学发展、富民强县”，建设西柏坡市的步伐，根据市委人大工作会议精神，按照《中共石家庄市委关于进一步加强人大工作的决定》要求，结合我县实际，特作如下决定。

一、进一步提高对坚持和完善人民代表大会制度的认识

人民代表大会制度是我国的根本政治制度。人大及其常委会是国家权力机关。坚持和完善人民代表大会制度，做好新形势下的人大工作，是改善党的领导方式、加强党的执政能力建设的必然要求。各级党委要增强国家意识，善于通过国家形式实现党的领导，自觉在宪法和法律规定的范围内活动；各级人大及其常委会要增强职责意识，自觉在党委的领导下履行法定职责，积极开展工作；各级政府，以及法院、检察院要增强人大意识，认真执行人大决议、决定，自觉接受人大监督，做到依法行政、公正司法。

二、进一步加强和改进党委对人大工作的领导

1. 健全和完善党委领导人大工作制度。党委要从思想上、政治上、组织上进一步加强和改进对人大工作的领导。坚持在每届人大任期内召开一次人大工作会议，每年至少听取一次人大常委会党组工作汇报，全面了解和掌握人大工作情况，及时研究解决人大工作和自身建设中遇到的困难和问题。要明确一名副书记联系人大工作。坚持人大常委会主任列席党委常委会议制度。党委、政府召开的涉及全局性工作会议或组织的重大活动，要邀请人大常委会有关领导参加。人大及其常委会召开的重要会议和组织的重要活动，党委相关负责人要出席。

2. 协调好人大与政府、法院、检察院之间的关系。党委要按照“总揽全局、协调各方”的原则，积极支持人大及其常委会依法行使职权，保证国家权力机关和行政、审判、检察机关相互支持、协调一致的开展工作。政府、法院、检察院要忠实履行宪法和法律赋予的职责，主动向人大及其常委会报告工作，自觉接受人大监督，有关部门的负责人要按规定参加人大及其常委会有关会议，积极配合人大常委会开展执法检查、视察、调研等活动。

3. 加强人民代表大会制度的学习、宣传。党委要有计划地加强人民代表大会制度的理论

学习，不断增强人大意识和法制观念。组织部门要把人民代表大会制度的学习教育纳入干部培训内容，宣传部门和新闻单位要把人大制度和民主法制建设宣传纳入宣传工作的总体部署，加强和改进对人大有关活动的宣传报道，为人大及其常委会依法履行职责营造良好的舆论氛围。

三、进一步支持和保证人大及其常委会依法行使职权

4. 支持和保证人大及其常委会依法行使监督权。党委要重视和支持人大及其常委会依法履行监督职能，协调解决监督过程中遇到的重大问题。人大及其常委会要认真贯彻监督法和省实施监督法办法，加强和改进监督工作。要按照围绕中心、服务大局、突出重点、讲求实效的工作思路，把关系改革发展稳定大局和群众切身利益、社会普遍关注的突出问题作为监督重点，进一步加强对国民经济和社会发展计划执行、财政预决算、政府重点项目资金和财政预算专项资金使用情况的监督；进一步加强对行政执法和司法工作的监督；进一步完善细化各项具体监督措施，切实增强人大监督工作的力度和效果。要认真做好人大信访工作，维护公民、法人和其他组织的合法权益。政府、法院、检察院要积极研究处理人大及其常委会的审议意见，及时报告审议意见研究处理情况。具有行政管理职能的垂直管理部门要自觉接受人大及其常委会的监督。

5. 支持和保证人大及其常委会依法行使重大事项决定权。要按照科学执政、民主执政、依法执政的要求，健全完善党委决策，人大决定，政府、法院、检察院落实的决定重大事项工作运行机制。关于地方国家事务的重要决策，属于人大及其常委会职权范围、需由本行政区域全体人民共同遵循的，由党委向人大及其常委会提出建议，或由政府、法院、检察院依法向人大提请审议通过，使之成为人民群众的共同意志。人大及其常委会要抓住带有全局性、根本性和长远性的重大问题和人民群众普遍关注的热点难点问题，加强调查研究，广泛听取意见，并适时依法作出决议、决定。政府、法院、检察院要认真落实人大决议、决定，及时报告落实情况。

6. 支持和保证人大及其常委会依法行使选举任免权。党委要坚持把党管干部原则与人大依法行使选举任免权统一起来。党委推荐需由人大及其常委会选举、任命或决定任命的干部人选，应事先向人民代表大会临时党委或者人大常委会党组和人大常委会组成人员中的中共党员介绍党委的推荐意见及拟任职人选的现实表现情况。党委推荐拟任人大常委会组成人员、人大专门委员会成员的人选，应与人大常委会党组进行沟通。由人大及其常委会选举或任命的干部人选，必须在选举通过或作出任命决定之后方可对外公布。要把人大常委会对政府、法院、检察院专项工作报告的审议意见和满意度测评情况，作为党委考察使用干部的重要依据之一。人大及其常委会要认真贯彻党委对拟任职人选的推荐意图，严格依法办事，正确行使任免权。要不断完善拟任命人员任前法律知识考试、提交供职报告、颁发任命书等制度，增强被任命人员为民履职的使命感和责任感。

四、进一步加强人大代表工作

7. 着力提升代表综合素质和履职能力。党委要认真贯彻落实选举法，高度重视代表候选人提名推荐工作，把好代表“入口”关。要实行城乡按相同人口比例选举人大代表，注重优化代表年龄、知识和专业结构，保证来自基层的代表，特别是工人、农民和知识分子代表的比例。人大常委会要进一步完善代表培训制度，提高代表履职能力。健全和完善代表工作激励约束机制，认真落实代表履职登记、代表向选举单位或选民述职、评选优秀代表、代表罢免等制度，强化代表职务意识。

8. 努力为代表依法履职提供服务和保障。人大常委会和政府、法院、检察院应坚持向代表及时通报重要工作和重大事项，邀请代表列席人大常委会会议，拓宽代表知情知政渠道。完善人大常委会组成人员和政府、法院、检察院联系代表、代表联系选举单位和选民等制度，坚持开展代表接待日等活动，认真听取和采纳代表的意见和建议。要将代表活动经费列入本级财政预算，保证足额及时拨付，并根据地方财政一般预算收入实际增长比例逐年增加。代表依法执行代表职务，其所在单位应给予大力支持，提供时间和物质保障；对没有固定收入的代表，要按规定发放补贴；对妨碍代表履行职责或侵犯代表权益的行为，要依法严肃查处。

9. 提高代表议案、建议、批评和意见的提出及办理质量。人大及其常委会要加强对新当选人大代表的指导和培训，规范代表提出议案、建议、批评和意见的范围、程序，不断提高议案、建议、批评和意见的提出质量。要及时做好交办工作，切实加强跟踪督办，不断提高办理工作质量。要开展优秀代表建议评选活动，激发广大代表的履职积极性。政府、法院、检察院及有关部门要建立健全代表议案、建议、批评和意见的办理机制，强化领导协调，明确办理责任，创新办理方法，严格办理时限，不断提高办结率和代表满意率。

五、进一步加强人大及其常委会自身建设

10. 加强人大干部队伍建设。党委要把人大机关干部的配备、培养、选拔和交流纳入干部队伍建设总体规划，积极选拔年轻干部、专业人才充实人大干部队伍，不断增强人大机关的活力。要建立人大机关与党委、政府、司法机关之间的干部双向交流制度，每届要保证一定数量的干部交流，加强干部队伍多岗位、多方面能力素质锻炼，以更好地服务经济社会科学发展。要有计划、分期分批地选派优秀人大机关干部到基层挂职锻炼，并形成制度长期坚持。选择优秀的乡镇人大主席转任乡镇长或重用到其他岗位，调动基层人大干部的工作积极性。

11. 加强县和乡镇人大工作机构建设。根据工作需要，按照市委、市人大常委会要求，由编制管理部门负责，统一县人大常委会工作机构名称，除办公室和信访办外其他工作机构统一更名为“工作委员会”。要根据工作需要，适当调整增加县人大机关人员编制，切实解决县人大常委会人员编制和工作机构不适应形势、任务要求的问题。为进一步做好人大老干部服务工作，在人大常委会增设正科级老干部服务机构。要按照地方组织法的规定配备好乡镇人大主席、副主席。乡镇人大要配备一名专职工作人员。要探索建立农村人大代表联系点，

进一步加强代表与选民的联系交流。

12. 改善人大及其常委会工作条件。要切实解决人大及其常委会在议事设施、办公条件和工作经费等方面存在的困难和问题。足额及时拨付人民代表大会和人大常委会等法定会议经费，保证专门委员会、工作委员会工作经费，适当增加监督、选举、信访、调研和其他重要活动专项经费，并列入财政预算，严格管理，合理使用。加强办公自动化建设，提高人大机关工作质量和效率。

13. 加强各级人大常委会之间的联系和交流。县人大常委会要加强对乡镇人大工作的指导与联系。同时，要加强同各级人大常委会开展多种形式和途径的工作交流；乡镇人大之间也要开展多种形式和途径的工作交流，通过互相学习，推广经验，不断提高全县人大整体工作水平。

六、历年平山县人大常委会工作报告

平山县人民代表大会常务委员会工作报告

——1983年3月7日在第七届全县人民代表大会第二次会议上

杨 墨 人大常委会副主任

各位代表：

我受平山县人民代表大会常务委员会的委托，向大会报告工作。

本届人大常委会于1981年12月26日成立，在我县人大一次会议闭会一年多来，常委会的工作，在县委的直接领导和关怀下，边组建，边工作，规章制度已初步制定，工作也基本纳入轨道，现将工作开展情况报告如下。

（一）

《中华人民共和国组织法》明确规定，县级人大常委会的主要职权是：讨论决定本行政区域的政治、经济、文化、教育卫生、民政等方面的重大事项；监督本级人民政府、人民法院和人民检察院的工作，受理人民群众对上述机关和国家工作人员的申诉和意见，任免本级人民政府的组成人员和人民法院、人民检察院的工作人员。根据组织法赋予我们的职责和任务，一年多来，我们共举行了六次人大常委会，先后听取教育局、卫生局、人民法院、人民检察院、商业局、财政局等部门的工作汇报，审查批准了人民政府《关于一九八二年至一九八五年山区建设规划的报告》《关于县城北大街修建方案的报告》《关于县城管理暂行规定》《关于平山县公路管理暂行规定》，并分别作了相应的决议决定。一年多来，委员们还先后视察县医院、百货公司、人民银行等单位，深入公社、学校、厂矿、企业等基层单位召开了多种形式的座谈会，联系群众调查研究，征询多方面的意见，对调查了解的问题分别提出了处理意见和建议，交有关部门办理。

胡耀邦同志在党的十二大报告中明确指出，教育工作是我国社会主义建设事业的战略重点。因此，提高教育质量，多为国家培养人才是全县人民关心的一件大事。常务委员会于1982年6月2日专题听取县文教局关于中小学教育工作情况的汇报，经过认真讨论，做出了《关于加强中小学教育工作的决议》，通过决议的贯彻执行，对于加强教育工作的领导，进行体制改革，稳定教师队伍，加强师资培训，提高教师的政治责任心，合理解决民办教师的经济待遇，提高教学质量，改善教学条件等方面起到了促进作用。县政府召开了全县教育工作会议，真正把教育工作提高到社会主义建设的战略重点来抓，而且抓而有果。据 1982 年 6 月份统计，全县中小学缺少课桌 11972 张，到 11 月底已解决 11072 张，基本实现了学生人人有木制课桌。民办教师的待遇也有了一些改善，全县有 30 多个公社 818 名民办教师实行了工资制，民办教师思想稳定，工作积极，教学质量有明显的提高。对其他实行工分加补贴的社队正在抓紧解决中。

人大常委会第四次会议听取县人民法院、人民检察院的工作汇报，做出了《关于加强人民法院、人民检察院工作的决议》。通过实践，这个决议对加强法制教育，打击刑事犯罪，整顿社会治安，维护社会秩序，促进安定团结，保障社会主义精神文明和物质文明建设的顺利进行，起了积极的作用。

在代表提案处理方面，我们对七届人民代表大会第一次会议代表提案 413 件，分门别类进行了整理登记，根据有关法律文件规定，除对 115 件不应立案，转交有关部门外，其余 258 件交由“一府两院”办理，截至 1982 年 11 月底全部办理完结。从办理的实际情况看，效果还是比较好的，如人事局收到关于应当为公社配备林牧协助员的提案后，立即与林业局、畜牧局联系研究解决及时配备。粮食局接到关于应为西部深山区增加细粮指标提案后，立即采取措施，组织力量为西部深山区运送了一批大米，受到了群众的欢迎。电力局接到下瓦岔大队群众要求办电的提案后，局领导十分重视，派专门技术人员帮助该大队作计划、搞测量、筹措电料设备。对于办结的提案，打印成册，将办理结果转告提案人，基本做到了善始善终。

在法制教育方面，我们向全县人民发出学习讨论《宪法修改草案》和学习宣传执行新宪法的通知，全县共培训骨干 4850 人，印发宣传辅导材料 5000 多份，参加学习的 254850 人，占应参加学习的 80.7%。通过对宪法修改草案的学习讨论和新宪法的学习，提高了思想认识，增强了法制观念，大家一致认为，宪法修改草案记载了中国人民艰苦奋斗的成果，总结了建国以来的历史经验，明确地规定国家的根本制度和根本任务、奋斗目标，反映了全国各族人民的根本利益和意志，是我国的根本大法。同志们说，宪法把坚持四项基本原则写上，把生产责任制写上，这就坚定了我们走社会主义道路的信念，给人民吃了定心丸。在学习讨论中，全县人民还为宪法修改草案提出五 53 条修改意见和建议。

在任免干部方面，根据地方组织法和人民法院、人民检察院组织法的规定，人大常委会依法定程序，先后任命了人大常委，人民政府、人民法院、人民检察院共七十七名干部。使这些干部任职符合了法律要求。

在制定条例方面，我们按照法律的程序，先后讨论通过《平山县人大常委会关于人事任免试行办法》《平山县人大常委会关于充分发挥人民代表作用试行办法》和《平山县人大常委会关于认真做好代表提案工作的试行办法》。这些办法的制定，为依法开展工作打下了较好的基础。

（二）

一年多来，县人大常委会在县委直接领导下，依法行使职权，在讨论、决定本县重大问题，发挥国家权力机关的作用方面，有了一些初步进展。在边学习边工作的实践中我们体会到：

第一，坚持依靠党委领导是做好工作的根本保证。由于人大常委会是个新机构、新工作，人员都是从各方面抽调的，大家对业务都很生疏，如何开展工作，行使职权，缺乏实际经验。在这种情况下，我们始终紧紧依靠党的领导，坚持多请示勤汇报，取得县委的指导和帮助。做到了在政治上坚持同上级保持一致，在组织上自觉接受县委的领导，在工作上紧紧围绕党的中心开展工作，经常主动向县委汇报情况。重大问题都报请县委审定，取得县委的重视和支持，从而把人大常委会建成既是权力机关又是工作机关。

第二，搞好人大常委会一班人的自身建设是做好工作的基础。前面所说，由于人大常委会是个新机构、新工作，要完成法律赋予的职责和任务是有很大困难的，在这种情况下，一方面我们狠抓自身建设，提高思想认识和业务水平，一方面勇于实践，在工作中总结经验教训，锻炼、提高、前进。在自身建设上，我们先从健全机构，选配干部入手，本着机构要简，人员要精，因事设人，逐步配齐的原则，陆续选调了六名干部和三名工勤人员，使工作逐步开展起来；二是整顿思想，端正态度，提高认识。人大常委会成立后，很多人对这一新生事物不理解。有的人认为人大常委会，是“荣誉机构”“建议机关”“清谈场所”，是“安排老干部休息的地方”等等。这些说法是不对的，使一些对人大产生了错误看法，针对这些思想，我们组织全体委员和机关工作人员联系实际，学习讨论中共中央一九八一年十六号文件，学习了《宪法》《地方组织法》《选举法》，讨论了县级人大常委会的性质、任务和职权。同时，结合日常工作，学习上级和各地人大常委会的工作通讯和经验介绍，初步认识到人大常委会在国家政体中所发挥的重要作用，提高了政策水平，增长了法律知识。特别是经过学习十二大文件，对建设高度的社会主义民主有了新的认识，越学大家越感到人民赋予的任务越重，越学越感到自己政策水平太低，不勤奋学习，就不能适应人大工作的需要。因此，调入的同志，都能自觉地学政策、学各种法规，研究新情况，探讨新问题。大家认识到，地方设人大常委会是国家政治体制的一项重大改革，是健全社会主义民主与法制的需要，是加强政权建设，防止林彪、“四人帮”一类骗子篡党夺权事件重演的一项重大措施。人大常委会不是什么“清谈馆”“休养所”，而是权力机关，负有重任的工作机关。

第三，围绕党的中心工作，掌握正确的原则是做好工作的关键。一年多来的工作实践证明，只有紧紧围绕党的中心工作，抓住重大问题作出正确的决定，才能推动工作向前发展，才能取得党委的支持，得到人民群众的信任，建成有权威的工作机关。怎样围绕中心，作出正确的决定，我们坚持做到，一是要紧跟党的方针、政策，国家的法令法律，上级人大的决议决定；二是要实事求是，根据当前的具体情况和实际需要；三是依照国家、集体、个人利益三兼顾的原则，根据具体条件解决问题，作出决定；四是要有针对性，切实可行，作决议、决定前要反复征求有关部门的意见。

第四，搞好调查研究是搞好工作的前提。毛主席指出“没有调查研究，就没有发言权”。一年多来，我们围绕党的中心工作，有目的有计划地进行调查研究，每做出一项决议决定之前，首先深入实际、深入群众了解情况征询意见，掌握第一手材料，从而做出切实可行、行之有效的决议和决定。

第五，充分发挥人民代表的作用，是做好工作的首要条件。在实际工作中，我们始终把人民代表作为人大常委会联系群众的纽带来看待。人大常委会一成立就十分重视发挥各代表的作用。凡重大问题要组织代表学习讨论，征求意见，如制定了如何发挥代表作用的四项试行办法，号召代表带头学习“宪法”的通知；代表学习十二大文件的六条要求等等。从我们掌握的情况看，广大代表在各自的工作岗位上起到了一定的作用。

第六，搞好日常督促检查工作，是做好工作的重要方法。一年多来人大常委会，对于会议形成的决议、决定，除正式行文通知有关部门执行外，还通过宣传工具向全县人民进行宣传贯彻。为了决议决定的落实执行，我们还注意深入部门检查督促决议的执行情况，帮助部门一起研究落实的措施。

（三）

在第一次人民代表大会闭会期间，我们虽然做了一些工作。但用党对人大的要求，人民对人大的希望和人大常委会的职能来检查，还有很大差距：一是职能作用发挥得还不够充分，抓大事深入调查研究解决人民群众最关心的问题还不够多；二是人大的组织机构至今尚未健全起来，各方面的工作不能统筹安排，全面开展；三是工作人员政策水平和业务问题水平低，法律知识少，发现和解决不够及时，需要提高办事能力。

1983年，是十二大提出的全面开创现代化建设新局面的头一年，又是实施新宪法，为国家的长治久安奋斗的头一年，举国上下都希望，新的一年能有新的进展，能为我们的伟大事业增添新的光彩。

人大的工作也应继续在县委的领导下，振奋精神，开创新局面，做出新贡献。具体要求是：（1）继续深入学习十二大文件，进一步学习宣传新宪法，加深理解，全面贯彻，推动工作，使之成为全年工作的指导思想和强大动力。同时要继续宣传县级设立人大常委会的性质、任务和作用，提高广大干部群众的认识，增强民主观念和法制观念，使大家逐步认识到，县级设立人大常委会，是我国地方政权组织的一项重大改革，是我国国体和政体所决定的，这对健全社会主义民主和社会主义法制，加强政权建设都具有十分重要的意义。各部门各单位在工作上要给予大力支持，真正使人大常委会担负起人民赋予的重任。（2）围绕党的中心工作，开展调查研究。建立同人民代表定期联系的制度，及时准确地将人民的意愿、存在的问题向县委汇报。当前要着重了解农村实行责任制出现的新问题和商业改革工作。（3）认真行使人大常委会的各项职权，对“一府两院”实行监督。进一步加强代表的联系工作，充分发挥人民代表逐级监督作用，受理人民群众对国家机关和机关工作人员的申诉和意见，使我们的干部真正成为人民的公仆，而不是官老爷。（4）做好干部任免的审查工作，防止那些造反起家的人，帮派思想严重的人，打砸抢分子，反对三中全会以来中央路线的人，以及有各种严重违法乱纪行为的人，混进各级领导班子。（5）继续加强人大自身建设。办公室的人员要按照县委的规定抓紧配齐，按照分工做出1983年开展工作的具体计划，交人大常委会批准后，认真去做。要把人大常委会建成一个真正有权威的权力机关和工作机关，为完成党和人民交予的光荣任务而努力奋斗。

平山县人大常委会工作报告

——1984年5月24日在平山县第八届人民代表大会第一次会议上

平山县第七届人民代表大会常务委员会副主任　刘永喜

各位代表：

现在，我受平山县第七届人大常委会的委托，向第八届人民代表大会第一次会议报告第七届人大常委会的工作。

平山县第七届人大常委会自1981年12月26日成立到现在已有两年零五个月的时间了。两年多来，在县委的直接领导下，在全县人民的支持下，依照法律赋予的职权，讨论决定本县的重大事项，监督县人民政府、人民法院和人民检察院的工作，为促进我县两个文明建设，做了一些工作，初步地发挥了地方国家权力机关的作用。概括起来，主要做了以下几方面的工作。

——按照《地方组织法》的规定，共召开县人民代表大会三次，人大常委会17次，先后听取“一府两院”及所属17个单位的工作汇报26次，作出了涉及教育、财政、商业、城建、交通、公安、法院、检察院、林业、科学技术、工商等工作的决议和决定25项，这些决议或决定都对“一府两院”的工作起到了积极的促进作用。

——组织人大常委会主任、副主任、委员和政府有关人员对我县教育工作和林业政策的落实情况进行了视察。两次视察涉及全县9个区、工委（片）的14个乡、镇，通过视察，了解了情况，促进了工作，取得了较好的效果。我们还时刻注意发挥人大的参谋助手作用，将每次视察的情况和平时调查了解到的情况向县委写出专题报告，提出改进工作的意见和建议。两年多来，我们先后向县委写工作报告五次，向省人大写工作报告三次。

——根据《地方组织法》规定，任免人大常委会和“一府两院”的干部119名，使这些干部的任职符合了法律要求。选举产生了省六届人大代表六名，针对机构改革带来的变化，补选了县人大常委会主任1名，副主任5名，县人民检察院检察长1名。

——大兴调查研究，密切联系群众。每次例会之前都围绕重点议题，有的放矢地深入下去做一些调查，为开好会议做好准备。两年以来，我们先后深入到基层40多个单位，做调查研究九十多次，联系人民代表120多人次。两次人代会共提出议案460条，经审定共立案354条，截至去年6月份，这些提案已全部办理并答复了提案人。

——组织全县人民对《中华人民共和国宪法》进行了深入广泛的宣传学习。据统计，全县应参加学习讨论的315800人，实际参加的254850人，占80.7%。其中学生31000人，干部职工5700人，农民群众218150人。通过学习讨论，使全县人民受到了一次深刻的社会主义民主和法制教育，促进了精神文明建设，社会风气有了好转。

——今年以来，还狠抓了县、乡两级人代会的换届选举工作。

通过两年多的工作实践，我们逐步体会到：

第一，依靠党委领导，围绕党的中心开展工作，紧紧抓住全县范围内的重大事项对“一府两院”进行监督，是做好人大工作的根本保证。坚持党的领导，是四项基本原则的核心。在工作中我们主动争取党委领导，取得党委的支持和重视。一是主动向县委请示、汇报工作；二是围绕党的中心工作安排自己的活动；三是县委布置全面工作，讨论决定重大事项，需要人大常委会依法作出决议的，人大常委会主动要求县委作出指示，提出要求。县委对人大的工作很重视，多次批转人大常委会的报告，要求各级、各部门都要重视和支持人大常委会的工作。彭真同志讲：大事少一事不如多一事，小事多一事不如少一事，大事该抓不抓就是失职，小事不该抓而抓了就是越权，就是干预。因此，人大工作更强调抓大事，抓重点。在监督方法上，坚持对全县人民普遍关心的重大问题反复抓，认真议，努力提高监督效果，达到促进工作的目的。教育是四化建设的战略重点之一，它关系到整个中华民族的兴衰，涉及千家万户的长远利益。为了尽快使我县的教育工作适应四化建设的需要，县人大常委会成立时间不长，就在第三次常委会上听取县文教局的工作汇报，并做出了《关于加强中小学教育工作的决议》，提出了六条加强教育工作的意见和建议。会后，我们先后到文教局、北关小学、温塘中学等地对决议的贯彻执行情况进行了检查督促。我们又于去年8月份，组织了由人大常委会主任、副主任、委员、主管教育工作的副县长和文教局局长参加的视察小组，对全县的教育工作进行了视察。视察结束后，我们针对存在的问题，向县委写了专题报告，提出了改进和加强教育工作的四条建议。县委对此十分重视，向全县批转了这一报告，从而对改进我县中小学办学条件、提高教育质量起到了促进作用，城关镇东街、西街都新建了教学楼，受到了广大干部群众的赞扬。

我们还根据省委〔1983〕49号文件精神，结合我县具体情况，在去年12月召开的第十二次人大常委会上，批准通过《平山县农村中小学教育改革方案》，并为此做出决议。要求各级政府认真学习中央和省、地方有关文件，充分认识这场改革的重要性和必要性，尽快召开教育工作会议，研究实施意见。县人民政府根据决议精神，迅速将教改方案和宣传提纲印发到全县各乡、村，在全县范围内普遍开展了教育改革。根据教改方案，今年全县应集资1119778元，截至目前已筹集1058703元，占全年任务的百分之九十四点五。今年1月份，教育局对全县中小学教师进行了政治思想、教学业务、文化水平三方面的考核。一共有2038人参加了文化统考，对及格者已发准聘证，对不及格者分别作了安置处理。招聘教师的工作，3—4月在唐家会、温塘、孟贤壁三个乡搞试点，现正在总结试点经验，准备今年8月份在全县普遍实施。目前，全县乡、村两级都已组建了教育委员会，为教改方案的彻底实施打下了组织基础。

为了激发全民办学的积极性，动员全社会都来关心教育，我们在县第七届人民代表大会第三次会议上，向全县人民发出了“多方捐资兴学，全民关心教育”的号召书，号召全县各行政团体、企事业单位，各阶层人士，都来支援教育事业。号召书发出后，县委、县人大、县政府的领导带头捐款。在县级领导的带动下，从机关、学校到厂矿、农村，从干部、教师到职工、社员，很快形成了领导带头，领导、群众捐资兴学的生动局面。截至四月中旬，全县已有1518人踊跃捐资5700元。

我县是以林为主的县，林业是我县经济建设的重点，围绕这一中心，我县去年3月份县人大常委会第七次会议通过县人民政府《关于开展全民义务植树的几项规定》，县政府和林业局根据人大常委会的决议，作出了加快林业发展的十条规定，促进了植树造林运动的开展。据统计全县有24万人参加了春季义务植树活动，共植树158万棵，人均6.5棵，超过了人均3至5棵的规定指标。林业政策的落实是林业大发展的基础，为了进一步促进林业的大上，今年以来，我们先后到西回舍、卸甲河、里庄、苏家庄等乡开展了落实林业政策的摸底调查，并在今年2月召开的第十四次人大常委会会议上，听取县林业局的工作汇报。会议还决定在今年3月下旬，由人大常委会组织人大常委会主任、副主任、政府主管林业的副县长，林业局局长等有关人员组成视察组，对全县九个区、工委（片）的九个乡（镇）十个村的林业政策落实情况进行了视察。据视察的九个乡（镇）的统计，共有宜林面积318040亩，已下放155350亩，占49%，对过去划的责任山全部改成了自留山。九个乡镇共有144个村，已有92个村将四边树下放到户经营，占63.8%，共有17330户，林木所有证已发11887户，占69%，今春植树任务90.5万棵，已完成65.4万棵，占72%。造林任务16745亩，完成16975亩，占102%。十个村共有果园6个，已全部承包到户。我们针对视察情况给县委写了专题报告，提出了三条加快林业发展的具体建议，紧接着县政府在5月召开四十一个乡政府参加的落实林业政策的专题会议部署工作，促进了林业大上快上。5月份县委、县政府还进行了林业政策的大落实大检查。

发展商品生产，疏理流通渠道是1984年全党工作的重点。为了紧密配合党委的这一中心工作，我们先后到唐家会乡、胜伏乡、温塘供销社、里庄乡、城关镇开展了关于发展商品生产和疏理流通渠道的调查，并将调查情况编印成《工作简报》印发各有关部门，供领导参考。我们还以发展商品生产疏理流通渠道为议题，在人大常委会第十六次会议上听取县多种经营委员会、县联社、胜伏乡政府的工作汇报。参加会议的主任和委员们对此进行了热烈讨论，并结合我县生产的现实状况，提出了许多宝贵的意见和建议。

第二，密切联系人民代表，搞好调查研究，是做好人大工作的基础。

《宪法》规定，我们国家的一切权力属于人民，人民通过人民代表大会来管理国家。就一个县来说，人民是通过县人民代表大会来参加国家大事的管理的。人大常委会是人民代表大会的常设机关，只有和广大人民群众保持密切的联系，扎根于人民之中，才能得到人民的支持，才能更好地行使人大常委会的职权，对“一府两院”实行有效监督。在工作中，我们主要采取了以下几种形式。一是县直以片、农村以乡为单位设立了62个代表小组，建立了代表联系制度；二是认真办理代表提案，实事求是地解决人民群众普遍关心的问题；三是人大常委会成员和机关工作人员走下去，深入基层召开座谈会，调查研究，掌握第一手材料，力争使每次常委会都能解决一两个实际问题；四是邀请代表参加有关的视察活动，充分发挥代表作用。比如：在去年打击刑事犯罪活动中，一些代表建议县人大常委会应该向全县人民发出公告，提出要求，配合好这场斗争。我们及时召开了人大常委会，发出了《关于严厉打击刑事犯罪活动的公告》，提出了七点要求，收到了很好的效果。去年6月份，人大常委会第九次会议，听取县科学技术委员会的工作汇报。会议之前，我们首先深入到农业、林业、水利、畜牧等知识分子较多的部门，对知识分子政策的落实情况进行了调查。从调查中了解到，个别地方科技人员在工作和生活上确实存在着一些困难。如住房紧张，科技资料缺乏等，这些情况，不同程度地妨碍着他们聪明才智的发挥。针对这种情况，我们在常委会上做出了《关于加强科技工作的决议》，要求县政府和有关部门要切实加强对科技工作的领导，全面落实知识分子政策，实事求是地解决他们在工作和生活中的实际困难，为发挥他们的聪明才智创造必要的条件。要珍视科研成果的推广和应用，尊重自学成才人员的劳动，真正树立起科学技术是生产力的思想观点。今年春季，我们在进行商品生产的调查中，了解到有的群众反映：发展商品生产担心用电难，担心税收重。针对这种情况，我们召开常委会时邀请了县电力局和税务局的负责人列席会议，两局的同志一致表示，要大力支持社队、农户发展商品生产，为落实中央一号文件，改变平山的贫困面貌发挥积极作用。同时，会议还要求各级政府、各行各业都要为商品生产大开绿灯，对那些不利于商品生产和流通的老办法、旧框框，要敢于改革，勇于变通。这样很快就解除了广大群众的思想顾虑，使更多的人大胆放心地投入到了商品生产的热潮当中。

第三，搞好人大常委会一班人的自身建设，提高对人大常委会性质、职权、作用的认识，是做好人大工作的前提。

县级建立人大常委会，是我国政权建设的一项重要改革。由于是个新机构，大家对它都很生疏。为完成法律赋予的职责，把县人大常委会建成一个真正有权威的工作机关。我们采取了边工作学习，边组建的方法。一是组织人大常委会人员到建立人大较早的藁城、石家庄市井陉矿区、获鹿等地取经，虚心学习人家的工作方法；二是加强思想建设和业务建设。组织大家认真学习八一年中央十六号文件、彭真、杨尚昆、刘秉彦同志等关于人大工作的重要讲话和地委四十六号文件等，使大家认识到县级建立人大常委会的重要意义和做好人大工作的重要性，认识到人大常委会既是权力机关又是工作机关，是一线不是二线，从而进一步坚定了人大一班人做好工作的信心和决心。学习《宪法》《地方组织法》和《选举法》等各种法律法令，为依法监督，依法办事打下基础；三是搞好组织建设，健全办事机构。在县委的直接领导下，本着机构要简、人员要精、因事设人、逐步配齐的原则，陆续选调了8名干部和3名工勤人员，使工作逐步开展起来；四是制定条例，学会按民主程序办事，进一步建立健全各项规章制度。经过学习有关法律条文，我们先后讨论通过平山县人大常委会《关于人事任免试行办法》《关于充分发挥人大代表作用试行办法》和《关于认真做好代表提案工作试行办法》。办法的制定，为依法开展工作打下了基础。为了提高机关的工作效率，增强每个人的工作责任感和事业心，我们在人大常委会第十次会议上通过《关于改进领导作风和方法的几项制度的规定》和《工作职责范围及其办事机构岗位责任制的规定》，使机关工作制度化、正规化。

但是，用一分为二的观点来看，我们在工作中还存在不少缺点。由于人大常委会工作是新工作，还是摸索前进，经验还不足，有些应办的事，还未能办好，有些应把关的工作把得还不够严，有待今后解决。

各位代表：

平山县第八届人民代表大会第一次会议已经召开，第七届人大常委会已经完成了它的历史使命。在七届人大常委会任职期间，人大常委会的工作曾经得到了全县人民包括今天在座的各位同志的大力支持，在这里我代表平山县第七届人大常委会向全县人民及各位代表表示感谢。当前，一个全党全民齐动员，大力发展商品生产的热潮正在全县广大城乡兴起，让我们在县委的统一领导下，团结一致，振奋精神，为进一步开创我县“两个文明”建设新局面而努力奋斗！

以上报告，请各位代表审议。

平山县人大常委会工作报告

——1985年5月6日在平山县第八届人民代表大会第二次会议上

平山县人大常委会副主任　刘永喜

各位代表：

我受安风元主任和八届人大常委会的委托，向大会报告人大常委会的工作。

去年以来，人大常委会在县委的直接领导下，在各位代表和全县人民的大力支持下，紧紧围绕经济翻番这一总目标、总任务，依照宪法赋予的职权，对“一府两院”的工作依法行使监督，较好地发挥了地方国家权力机关的职能作用，得到了地委、省人大常委会的好评，印发了我们的典型材料。主要工作有以下几个方面。

一、按照《地方组织法》规定，听取和审议县政府各部门和法院、检察院的工作报告，讨论决定重大事项，这是常委会依法行使职权的重要方面

一年来，我们共召开人大常委会十次，听取县林业局、多种经营委员会、县联社、卫生局、经济委员会、法院、检察院、公安局、司法局等单位关于林业政策的落实情况、商品生产和乡村工业发展情况以及宪法和法律贯彻执行等情况的汇报。在听取汇报的基础上，委员们肯定了上述各部门的工作，同时对如何进一步加快林业政策落实，促进我县商品生产和乡村工业的发展，更加有效地贯彻执行宪法和法律、法令，提出了许多切实可行的建议，引起了有关部门的重视。常委会还通过《关于平山钢铁厂改造扩建的决定》《平山县灌渠管理暂行办法》和《矿山管理暂行条例》。所有这些，为充分发挥灌渠在农业生产中的作用，确保矿产资源的合理开发利用，提供了科学的管理依据。

去年以来，人大常委会特别注意加强了法律监督工作。这对保证政府各部门和法院、检察院依法办事起了重要作用。通过法律监督，许多部门，不少干部增强了法制观念，注意依法办事。对有些不依法办事的现象，人大常委会发现后都采取了措施，予以纠正。如在人事任命问题上出现的不经人大常委会任命通过就公布到职的不符合法律程序规定的现象，我们发现后及时地向有关部门提出意见，并采取相应措施予以纠正。对于在日常工作中发生的违法案件，我们也都依照法律程序监督解决。例如，关于孟贤壁刘五庆饭馆食物中毒一案。此案发生在去年4月，当时案情发生之后，县卫生防疫站根据《食品卫生法》的有关规定，做出了罚款处理决定，但长期执行不了。为了维护法律的尊严，我们及时与法院取得联系，通过法庭审理，维护了县卫生防疫站的意见，保证了法律的实施。

二、围绕经济翻番、人民致富这一中心，深入调查、视察，掌握第一手材料，为正确行使职权奠定基础

一年来，常委会坚持实践第一的观点，每次例会之前都围绕议题进行调查、视察活动。5名驻会正副主任平均四分之一的时间下乡走访人民代表，组织代表召开各种形式的座谈会，组织主任、委员、政府主管县长和部分人民代表进行视察。共涉及全县8个区、9个镇、19个乡、90多个村和6个主要集镇的164个厂店和个体摊点。具体做法：一是围绕经济发展战略搞调查；二是抓住与翻番密切相关的重点工作进行调查；三是吸收县政府负责人共同调查，现场解决问题；四是对有分歧的问题通过调查统一认识，再作决定。通过调查、视察，倾听了人民群众的呼声，了解了党的各项方针、政策和国家法律、法令的贯彻执行情况，并根据调查实际，向县委写出专题报告，向政府提出合理建议，或通过《人大工作简报》及时向领导提供情况，当好县委的参谋和助手，促进“一府两院”工作的开展。实践证明，召开人民代表座谈会，组织调查、视察活动，对代表更好地行使代表的职权，进一步加强人大常委会的监督作用是很有必要的。

在围绕会议议题进行调查的同时，5名驻会主任还受县委的委托分别到北京、上海、南京、太原、山东等地进行经济考察，为促进我县经济翻番作出了努力。

三、组织和领导了全县范围的县、乡两级人代会的换届选举工作

根据《中华人民共和国宪法》规定，并结合我县的实际，从去年3月份开始，我县全面开展了县、乡两级人代会的换届选举工作。为了切实保证这次选举任务的圆满完成，在县委的领导下，成立了县选举委员会，由一名人大常委会副主任具体负责，并健全了办事机构，制定方案，开展宣传，培训骨干。全县共划分为179个选区，按照县选举委员会的统一安排部署，5月5日全县选民投票，选举产生了县人民代表大会代表400名，乡人民代表大会代表2929名。5月15日前，全县各乡、镇分别召开了第一届人民代表大会第一次会议，听取和审议乡、镇政府的工作报告，选举产生了乡、镇长55名，副乡、镇长113名（包括已划归获鹿、灵寿的三个乡）。5月23日召开了县八届人大一次会议，全过程历时80天。全部参加投票选举的选民达271700人，占选民总数的96%。在选举过程中，人大常委会和选举机构的工作人员，经常深入基层和选区，总结交流经验，及时发现问题和解决问题，使选举工作顺利进展。通过这次选举，提高了广大选民对社会主义民主与法制的认识，增强了当家作主的责任感，加强了县、乡两级的领导力量、为我县商品经济的发展和实现翻番打下了组织基础。

四、大张旗鼓地开展了宪法宣传活动

抓好法制宣传教育，是实现依法治国的必要前提。一年来，我们把法制宣传列入人大常委会工作的重要议事日程。为纪念《中华人民共和国宪法》颁布实施两周年，我们与县委宣传部联系，向全县发出《开展宪法宣传活动》的通知，并在第六次人大常委会上通过《关于开展宪法宣传月活动的决定》。会后我们组织法院、检察院、司法局、公安局、文化局、教育局、青年团、妇联会、广播电视局等有关单位进行专题研究，布置了宣传活动的内容、方法和要求。这次活动涉及全县八个区，52个乡、镇和县直各单位、厂矿、学校，受教育人数达 316000 多人，占全县总人数的 85%。大家普遍反映，这次宪法宣传规模大、气氛浓、效果好，使全县人民普遍受到了一次生动的法制教育，进一步增强了法制观念，提高了知法、遵法、守法的自觉性，促进了三风的好转。

四、加强代表联系，发动代表做翻番致富的带头人

在这方面我们的主要做法是：①利用《人大工作简报》和致代表一封信的活动，号召代表做翻番致富的带头人；②深入基层召开代表发展商品生产经验交流会，促使代表做发展商品生产的模范。一年来，我们共印发《人大工作简报》十二期，除去年 7 月份用书信形式和全体代表普遍联系一次之外，还直接走访代表 250 多人次，占全体代表总数的 68%。通过致代表一封信活动和召开代表发展商品生产经验交流会，在广大代表中间引起了强烈的反响，许多代表给人大常委会写信，表示了自己要带头致富的决心，阐述自己带头致富的设想，并提出了许多对我县发展商品生产有参考价值的意见和建议。同时，我们还将比较好的有指导意义的典型事例用《人大工作简报》的形式反馈给各位代表。其中有不仅自己带头致富，还要带领全村人民致富的“商品书记”郄德培、李晚德，有围绕经济翻番，狠抓村办企业的姜朝；办好家庭养猪场，为实现翻番作贡献的赵顺心；积极发挥金融部门职能作用，为“两户一体”发展开绿灯的信用社干部李发先；发挥代表作用，全村成为运输专业村的张南小和多种经营、勤劳致富的牛四万，上述的典型事例进一步激发了广大代表翻番致富的热情。

一年来，县人大常委会虽然做了一定的工作，但职能作用发挥得还不够充分，还缺乏大胆的依法监督。存有多一事不如少一事的好人主义思想。对此，我们一定要通过这次整党加以彻底克服和纠正。

各位代表：

1985 年是务实创新、开拓突破之年，全县工作总的指导思想是：围绕翻番致富奔小康的战略目标，进一步解放思想，搞好全面改革，坚持两个文明一齐抓，加速商品生产步伐，提高经济效益。我们人大工作要在县委的领导下，紧紧围绕县委的工作重心，端正业务工作指导思想，积极发挥职能作用，为此，要做好以下几个方面的工作。

一、按照《地方组织法》的有关规定，开好人大常委会例会，依法行使决定权、监督权、任免权

今年要围绕经济建设这个中心，突出法律监督。有计划地听取县政府各部门和法院、检察院的工作汇报，监督“一府两院”对宪法法律和地方性法规以及县人大常委会的决议、决定的执行和落实情况。通过法律监督，维护法律的严肃性，使其做到有法必依、执法必严、违法必纠，达到依法办事的目的，促进经济发展。

二、进一步搞好调查研究，为正确行使职权提供可靠依据

要围绕法律监督的内容，今年重点调查乡镇企业发展及农村产业结构调整情况，经济合同法、税法的贯彻执行情况；调查解决县城民生活用水污染等问题。通过调查，及时总结推广先进经验，解决实际困难，纠正违法行为，促进工作开展。

三、进一步加强同代表的联系，努力把人大常委会建成民意信息中心

通过走访代表，组织专题讨论会，接待群众来信来访等方法，倾听人民群众的呼声和建议，广泛听取各方面的意见，及时掌握各方面的信息。通过代表联系，体察民情，了解民意，进一步发挥地方国家权力机关的职能作用。

四、继续搞好以宪法为主要内容的法制宣传教育，增强全县人民的法制观念，推动社会主义民主与法制建设的进一步发展

积极协同司法、工商、税务、卫生等部门根据不同的时期和季节，有计划地搞好对宪法、民法、税法、婚姻法、经济合同法、审计法、森林法、治安管理条例、食品卫生法等法律、法规的宣传工作，进一步提高全县人民知法、守法的自觉性。

各位代表：

1985 年是全面改革的一年，焦县长的政府工作报告为我们展示了 1985 年平山发展的光辉前景，振兴平山是历史赋予我们这一代人的光荣使命。让我们团结一致，同心同德，振奋精神，锐意创新，模范地遵守和执行宪法、法律、法令和党的各项方针、政策，为全面完成 1985 年的各项工作任务而努力奋斗！

以上报告是否妥当，请各位代表审查、批评、指正。

平山县人大常委会工作报告

——1986年5月20日在平山县第八届人民代表大会第三次会议上

县人大常委会副主任　刘永喜

各位代表：

我受人大常委会委托，向大会报告八届人大二次会议以来常委会的工作。

一年来，县人大常委会在省人大常委会的指导和县委的领导下，以党的全国代表会议精神为指导思想，紧紧围绕党的总目标、总任务，努力履行宪法、法律赋予的职责，认真执行县八届人大二次会以来的决议，依法监督“一府两院”的工作，加强民主与法制建设，对于推动我县两个文明建设的深入开展，起到了积极作用，得到了省人大的好评。去年十二月全省人大工作经验座谈会上，我县作了典型发言。一年来，我们主要做了以下几方面的工作。

一、端正业务指导思想，认真搞好执法监督

实践证明，要保证四化建设和各项改革的顺利进行，一定要有两手，即一手抓建设，一手抓法制。只有健全社会主义法制，真正做到有法可依、有法必依、执法必严、违法必究，建设高度的社会主义物质文明和精神文明才有保障。去年以来，通过整党，进一步端正了人大工作的业务指导思想，把工作重点逐步转移到对“一府两院”的执法监督上来。第一是深入基层调查了解宪法、法律的贯彻执行情况。一年来，我们先后深入到全县的21个乡镇进行有关执法情况的调查和座谈，内容涉及宪法、刑法、刑诉法、税法、食品卫生法、婚姻法、种子管理条例等，为搞好执法监督，提供了第一手材料；第二是通过听取“一府两院”关于执法情况的汇报，主动进行监督，促进各项法律、法令的贯彻实施。我们先后利用各种方式共听取“一府两院”关于执法情况的汇报16次，对汇报中提出的问题，严格按照“有法必依、执法必严、违法必究”的原则，严肃认真地向有关部门提出意见和建议。如人大常委会听取税务局关于税法贯彻执行情况的汇报后，委员们对税务部门的工作给予了肯定，并做出了《关于进一步贯彻执行税法、加强税务工作的决定》，对税法的贯彻实施起了积极作用。去年全县共完成各种税收8082000元，占全年任务的107%，同比1984年增收2278000元，增长39.2%，从资金上保证了全县四化建设的顺利进行；第三是对明显的违法案件，坚持讲真理，不讲面子，在弄清事实，弄懂法律的基础上，大胆进行监督，纠正违法现象。如去年我们监督的两起超期羁押案，均发生在1980年前后，逮捕起诉后，由于主要犯罪证据不足，一直没能结案。超过了《中华人民共和国刑事诉讼法》第九十二条关于羁押期限的规定，成了两起明显的超期羁押的违法案件，对此，早在1983年初七届人大常委会就依照《中华人民共和国刑事诉讼法》的规定，向有关部门提了出来，由于种种原因，没能纠正。1984年5月本届人大常委会成立后，又对这两起超期羁押案提出来讨论，当时有的同志认为，我们都是刚从政府部门过来的，还是明智些，相安无事为好，也有的同志认为多一事不如少一事。通过整党，提高了思想觉悟，进一步端正了业务工作指导思想。一致认为，作为权力机关最主要的职责就是依法监督，如果对明显的违法现象都不敢理直气壮地进行监督，那就是严重的失职。在认识统一的基础上，我们专门听取公安局、检察院对这两案的汇报。并明确表示，我们是监督这两案超期羁押，违反《刑诉法》第九十二条规定，不涉及两案的案情，如果案件再取不到充分证据，就应依照法律规定放人，不能再执法违法，搞无期限羁押了。在县委的支持下，使这两起长达5年的超期羁押违法案件得到了纠正；第四是对执法部门秉公执法坚决地给予支持，保障法律法令的贯彻实施。我们在基层调查和信访接待中，不断听到群众对个别公安干警办案中有违法行为的反映。针对这种情况，我们及时听取检察院关于法纪检察工作的汇报，对他们的工作给予支持，并要求他们既要坚持原则维护法律的尊严，又要讲究方法、实效，忠实履行法律赋予的职责，坚定了他们搞好法律监督的信心。去年他们共受理违纪案件7起，涉及公安干警7人，均已作了结案处理。

此外，在日常工作中，我们还按照一手抓建设，一手抓法制的要求，加强了对宪法和法律实施的监督。如按《地方组织法》的有关规定应由人大常委会任免的行政机关工作人员，有的部门未履行法律程序，就对外公布职务，我们发现这种违反《地方组织法》的行为后，及时作了纠正，对保证法律的实施，坚持依法办事，起到了促进作用。

二、围绕群众关心的重大问题对政府进行行政监督

对县人民政府的工作进行监督，是法律赋予人大常委会的重要职权。行使这项职权，一定要围绕全县范围内的重大事项，从人民的利益出发，真正起到支持和促进政府工作的作用。一年来，常委会先后听取县城建局、县经委、财政局、民政局、教育局、林业局、水利局等10个单位的12次工作汇报。并围绕乡镇企业的发展、尊师重教、农田水利等问题，深入到25个乡镇进行了调查、视察，在此基础上向县委写出专题报告或作出决议决定，促进和支持了政府工作的开展。

县城自来水污染是县城人民普遍关心的问题。去年4月份我们就此听取城建局和卫生防疫站关于县城自来水水源卫生学调查及改进意见的汇报。委员们一致认为，改变水源污染状况是关系县城人民身体健康和四化建设的百年大计，势在必行，刻不容缓。县政府及主管部门应当作为一件大事来抓，尽快解决。会后在县政府的直接领导下，城建局马上组织人员，筹措资金。现已在南关和桥西招待所北边打成新井两眼，筹集到款项25万元。

光禄山至南西焦地方铁路道岔是由石家庄地方铁路拨专款70万元，于1978年10月建成的，至今仍是我县唯一的一段铁路，全长7里，但因当时没有货台一直没能起用。七年来不仅没有为我县经济建设发挥效益，而且长期无人管理，使路段遭到严重破坏。针对这一问题，去年6月份常委会听取县政府及主管部门的专题汇报，并明确提出了三条要求：一是县政府要迅速研究，尽快修复，投入使用；二是政府牵头成立修复这段铁路的领导班子，具体抓这项工作；三是资金来源，可采用请地方铁路管理处帮助和集资筹建相结合的办法，使这段铁路尽快投入使用发挥效益。会后县政府很快组织有关部门成立机构，开始了铁路的修复和货台修建工作。今年1月份我们再次听取政府关于铁路修复进展情况的汇报，主管副县长表示千方百计筹措资金，争取尽快修复投入使用。

今年以来，我们还围绕中央一号文件关于“改善农田水利，对已有工程进行维修、更新和配套”的要求，对我县农田水利基本建设进行了调查，并听取县水利局的汇报，就当前水利工作情况和存在的问题，向县委写了专题报告。县政府对这一工作很重视，县委对这个报告进行了转发，在西回舍乡召开了水利工作现场会，对水利工作起到了促进作用。今春一开始全县各地狠抓农田水利建设，新上大小水利工程128项，整修渠道、机井等水利设施105项，各主要灌渠比去年提前9天放了水，使全县水地小麦比去年提前7天普浇了返青水。

常委会还对我县一些重大事项，及时作出了决议和决定。如为了贯彻执行全国人大常委会作出的关于教师节的决定，进一步提高人民教师的政治地位和社会地位，在我县形成一个尊师重教、尊重知识、重视人才的新风尚，在教师节前，常委会作出了关于开展尊师重教活动的决定。对每年教师节前后开展庆祝活动，节假日慰问教师活动，帮助教师解决工作、学习、生活中的实际问题，维护教师的合法权益等提出了明确要求。

三、密切联系人民代表，受理人民群众来信来访

人大常委会作为人民的权力机关，必须扎根于群众之中，密切联系人民代表，倾听人民的呼声，才能为依法开展工作奠定坚定的基础。一年来，我们先后深入到30个乡镇57个村召开代表座谈会，了解民情民意，联系代表一百八十余人次。对调查了解到的问题都及时和有关部门取得联系，尽量给予解决，既促进了党的方针政策、国家法律法令的贯彻实施，又为人民群众排忧解难，维护了当事人的合法权益。我们的主要做法是：（1）每次常委会例会前先向各委员发出通知，使他们有一定的时间围绕会议议题会前走访群众、联系代表，为开好常委会例会作准备。（2）深入基层走访代表，召开代表座谈会，倾听他们的呼声。去年8月份我们在大吾乡走访代表时，有的代表提出王大齐村王贵书、王习芳因继承纠纷1983年初就由回舍法庭受理了，由于种种原因一直没有结案，对此我们主动与县法院取得了联系，不到一个月时间就做出了判决，使这一长期争执不清的继承纠纷案得到了解决。（3）成立人大信访接待室，接待群众来信来访，为人民群众排忧解难。为了同代表和人民群众保持经常性的联系，随时反映人民群众的意见和要求，维护人民群众的主人翁地位和合法权益，去年建立了信访接待室。一年来，共接待来信来访60多件次，其中转交有关部门办理的24件。温塘乡温塘村王堂堂与赵石信因道路纠纷一案从1982年一直得不到解决，去年人大接待室接到此案后，立即批转到县法院，法院经过深入细致的调查了解，在事实清楚的基础上做出了判决，防止了矛盾的进一步激化。大吾乡代表安国朝因农村建房问题询问有关政策，找到人大接待室，我们就及时请县委农经部的工作人员当场为其作了明确的解释答复，使他满意而去。

四、深入开展法制宣传，推动我县普法活动的开展

普及法律常识，使每个公民知法守法，是一项具有战略意义的政治工作，是加强社会主义民主与法制建设，实现依法治国的基础。常委会作为法律监督机关，在法制宣传上有着义不容辞的责任。我们主要做了以下几方面的工作：（1）主动配合宣传、司法部门组织推动全县宪法宣传周和普法活动的开展。常委会及时作出了《关于五年内在全县基本普及法律常识的决议》，县人大常委会副主任李文才在县电视台发表了电视讲话，目前各级各部门都在抓落实，普及法律常识的活动正在全县逐步开展。（2）通过《人大工作简报》宣传依法办事的典型事例。胜伏乡由于领导重视，1984 年办起了法律服务站，依法治乡取得了明显效果。我们就及时利用《人大工作简报》向全县推广了他们的做法和经验，收到了很好的效果。（3）利用民间庙会人多受教育面广的特点，会同司法局到大吾、古月、东冶等庙会进行广播宣传和法律咨询，同时还翻印了 150 多份《中华人民共和国继承法》带到庙会上进行宣传。

五、努力加强自身建设

努力加强人大常委会的自身建设，是开创人大工作新局面的必要前提。在进一步加强社会主义民主与法制建设，进行改革、开放、搞活的新形势下，对人大常委会的工作提出了更高的要求。为了使人大常委会在组织、思想、作风和工作方法等各个方面都能够很好地适应新形势的要求，真正成为有权威的地方国家权力机关，完成法律赋予的各项任务，一年来，我们继续加强了人大常委会的自身建设，强调学习国家的方针政策和法律常识，严格依法办事，充分发扬民主。在整党的基础上我们加强了组织建设，制订了同“一府两院”相互加强工作联系的试行办法。为了提高人大常委会成员和部门工作人员的业务素质，加强了政治和法律的学习，一是充分利用常委会例会组织委员们学习有关的方针政策和法律法规，提高委员们的法律知识水平和参政议政能力，提高在政治上同中央保持一致的自觉性，增强了做好人大工作的信心；二是对人大机关工作人员规定每周星期二、五下午为政治业务学习时间。去年以来，我们除及时组织大家学习全国党代会、全国人代会文件及各项方针政策外，还有计划、有针对性地集中学习了宪法、刑法、刑诉法、经济合同法、婚姻法、民诉法、治安管理条例、民法通则、义务教育法等法律法规，提高了广大干部的法律知识水平，增强了执行政策和依法办事的自觉性。

通过经常的思想政治工作和进行有理想、有道德、有文化、有纪律的四有教育，引导机关工作人员树立全心全意为人民服务的思想，提高了思想觉悟和政策水平。按照县委关于争取党风根本好转，县直机关要作表率的要求，人大机关被批准为党风好转的达标单位之一。

总地说，在过去的一年里，县人大常委会做了一些工作，取得了一定成绩。但是，按照法律赋予的职权和新形势对人大常委会工作的进一步要求，还有很大差距，人大的职能作用发挥得还很不够，主要是有法不依，执法不严，监督不力的现象仍然存在；联系代表工作还要进一步加强，人民代表的作用发挥得还不够充分；对本级常委会的决议、决定的贯彻执行情况检查督促不力，常委会例会的质量还需要进一步提高。

各位代表：

1986年是继续深入改革的一年，也是党风和社会风气根本好转的关键年，党的全国代表会议向全国人民发出了“团结奋斗，再展宏图”的伟大口号，六届人大四次会议批准的“七五”计划和“七五”计划报告的决议，为我们指明了前进的方向。在新的一年里，我们人大常委会的工作要继续以党的代表会议精神为指导思想，认真按照“七五”计划的报告和“七五”计划中提出的方针、任务和要求，紧密围绕1986年中央一号文件，在县委的领导下着重做好以下几项工作。

一、继续加强对“一府两院”的执法监督和工作监督。今年要围绕刑法、刑诉法、民诉法、税法、食品卫生法、种子管理条例、义务教育法等法律法令的贯彻执行情况，对“一府两院”进行监督，着重解决有法不依、执法不严的问题，发现违法事件，及时协同有关部门进行处理。工作监督上要紧密围绕贯彻全国党代会、人代会精神和1986年中央一号文件，抓住改革这一中心环节，集中力量解决群众关心的重大问题。

二、进一步开好常委会例会。要加强会议的计划性，紧紧围绕党的工作中心，选好会议内容，做好会议的准备工作，不断提高会议质量，进一步使会议切实起到审议、决定重大事项，监督县政府、法院、检察院工作的作用。

三、进一步加强代表联系，制定和完善代表联系制度。一是以乡为单位建立代表活动小组，定期走访联系；二是完善接待代表来信来访制度，对重大的问题领导要亲自出面过问；三是组织代表参加视察、调查活动，提高县代表的参政议政能力。

四、指导乡镇召开人民代表大会，进一步完善社会主义民主制。《地方组织法》规定：地方各级人民代表大会会议每年至少举行一次。但我县自1984年召开第一届乡镇人代会后，1985年各乡镇都没有召开会议，这不符合《地方组织法》的规定，也不利于加强和完善人民代表大会这个根本政治制度，不适应发展社会主义民主，健全社会主义法制，建设高度文明、高度民主的社会主义现代化强国的要求，对此我们向县委写了专题报告，要求今年各乡镇都要普遍召开人代会，县委已批转了我们的报告并搞了试点。这次会后，各乡镇将陆续召开人代会，我们将协同有关部门进行具体指导，真正发挥乡镇人代会的职能作用，搞好乡、镇政权建设。

五、在县委领导下积极配合宣传、司法部门，组织推动我县普法工作的开展。人大常委委员和机关工作人员要严格按县委的普法要求继续学好有关法律、法令，同时要不断组织人民代表进行学习，充分发挥人民代表在普法工作中的带头作用。

各位代表：

今年是全面执行“七五”计划的第一年，我县又被列为全省经济体制综合改革试点县，在这一年里我们要继续全面深入贯彻全国党代会、人代会精神，认真履行宪法、法律赋予的各项职权，认真执行党和国家的方针、政策，坚持把改革开放放在首位，团结奋斗，扎实工作，大力推进我县的两个文明建设，为实现“七五”计划，全面完成今年的各项工作任务而努力奋斗！

以上报告，请各位代表审议。

平山县人大常委会工作报告

——1987年4月26日在平山县第九届人民代表大会第一次会议上

县人大常委会副主任　刘永喜

各位代表：

我受八届人大常委会的委托，向九届人大一次会议报告八届人大三次会议以来人大常委会的工作，请予审议。

一年来，我县人大常委会在省人大常委会的指导和县委的领导下，以县八届人大三次会议决议为指导，努力履行宪法、法律赋予的职责，连续三年在全省人大工作经验交流会上作了典型发言，受到了上级领导的好评。具体说来，主要做了以下几个方面的工作。

一、加强法律监督，保证宪法、法律的贯彻实施

认真监督宪法、法律和各项行政法规、地方法规的贯彻实施，是法律赋予人大常委会的重要职责。随着民主与法制建设的不断发展，法律监督也必须不断强化。一年来，我们重点围绕刑法、刑诉法、地方组织法、选举法、食品卫生法、义务教育法、森林法、渔业法、计量法、药品管理法、统计法以及物价管理暂行条例、河北省农作物种子条例、河北省公路管理条例等法律、法规的贯彻执行情况，深入到全县29个乡镇进行调查研究，听取“一府两院”执法汇报15次，并组织配合执法部门进行了必要的检查督促指导，保证了各项法律、法规的贯彻实施。

《地方组织法》是地方各级人民代表大会和地方各级人民政府活动的根本准则，严肃认真地贯彻执行《地方组织法》是健全人民代表大会制度、加强地方政权建设的重要环节。我县52个乡镇，自1984年选举产生首届人代会以后，由于种种原因，1985年普遍没有召开乡镇人代会，对这个问题我们一致认为，按期召开乡镇人代会是法律规定，县人大常委会作为法律监督机关，要在本行政区域内保证宪法和法律的贯彻实施，就必须对违反《地方组织法》的做法给予纠正。在此基础上，我们自觉地把指导乡镇开好人代会列为1986年的主要工作任务之一重点抓好。第一在全县范围内开展了广泛深入的调查研究，根据调查情况向县委写出专题报告，取得县委的支持；第二在胜伏乡进行试点，取得经验，推广全县；第三，召开区长、乡镇长会议，对如何开好乡镇人代会进行具体部署；第四，深入各乡镇进行具体指导，发现问题及时纠正。使全县52个乡镇普遍按期召开了人代会，补选乡、镇长30名，副乡、镇长29名。既纠正了违法现象，也使所有的乡镇干部普遍受到了一次法制教育。我们这个做法得到了省人大领导的好评，《建设日报》《中国法制报》刊登了我们的做法，中央人民广播电台进行了广播，去年7月和12月分别在全区和全省人大工作经验交流会上作了典型发言。

《食品卫生法》是直接关系到人民群众身体健康的基本法律之一。在《食品卫生法》颁布实施三周年之际，我们积极协同县政府相关部门对《食品卫生法》和《河北省食品卫生管理条例》的执行情况进行检查，共涉及全县8区1镇14个乡324个摊点，对发现的违法单位责成有关部门进行了处理。如县工商行政管理局，利用集日召开近两万人的群众大会，公开处理了三汲乡坡底村胡国忠面粉掺杂滑石粉案件，维护了法律的尊严。

在围绕国家法律实施监督的同时，我们还对省人大制定的一些地方法规、条例的执行情况进行监督。如针对《河北省农作物种子条例》的贯彻执行情况，深入到城关、回舍、南甸、古月等主要产粮区进行调查，发现我县种子管理上存在着乱经营、乱生产、乱引进、乱提价的“四乱”现象。针对这些现象，常委会及时听取县农业局的汇报，并做出了《关于进一步贯彻执行〈河北省农作物种子条例〉的决议》。会后，县政府积极行动采取了三条措施：一是向全县颁发了《关于加强农作物种子管理的布告》；二是制定了《农作物种子管理暂行办法》；三是进一步充实和完善了种子管理、检疫、检验机构，对《河北省农作物种子条例》的贯彻实施起到了推动作用。

在依法进行执法监督的过程中，我们还积极组织“一府两院”有关部门参与地方性法规的修改讨论。既为上级人大常委会正确行使立法权提供了科学依据，又及时了解了上级的立法意图，为依法办事打下了基础。

二、围绕重大事项，实施行政监督，促进政府工作的开展

对县政府的工作实行监督是法律赋予人大常委会的又一重要职责，行使这项职权一定要围绕全县范围的重大事项，从人民的利益出发，寓监督于支持之中，真正起到促进和推动政府工作的作用。一年来我们先后听取县水利局、农业局、审计局、林业局、交通局、电力局、教育局、司法局、水产局、畜牧局、外贸局、卫生局、公安局、统计局、物价局、科委和防护林工程指挥部等19个部门的工作汇报。并重点围绕工农业生产、防护林工程、羊只发展等问题，深入到全县的20个乡镇和部分厂矿进行调查研究。在此基础上向政府提出意见、建议或做出决议、决定，促进和推动了政府工作的开展。

农业是国民经济的基础，粮食又是基础的基础。近年来，由于重工轻农、重商轻粮思想的影响，加之连年干旱，农业生产上存在的矛盾越来越突出：一是需要进一步真正认识农业的基础地位；二是水利成了广大干部群众反映最强烈的问题；三是种植结构需要调整；四是服务工作赶不上去，向农民要得多，给得少，要征购是平价，给化肥是高价，农民负担相对加重。基于上述情况，今年1月份，常委会由4名正副主任带队深入到城关、南甸、回舍、宅北等乡镇进行调查研究，根据存在的问题，向县委写了专题报告，同时抄送政府各位县长，提出了5条建议，引起了政府的重视。第一先在全县范围内组织群众掀起了兴修水利的热潮；第二是积极作出了调整种植结构的计划，仅东部四个区今年播种耐旱高产的山药作物就有一万亩；第三是对今年定购合同内供应的平价化肥、柴油，由粮食部门制发票证，尽快落实到农户。

同时，我们还及时把农民和代表们反映最强烈的小化肥随风涨的问题和县长交换了意见，提出了改进的措施。县政府立即召有关部门共同研究制定了县内小化肥（碳铵）供应计划，根据全县耕地面积和每亩需肥量，实行限价供应（均按190元一吨），由乡镇和供销社制发票证，发给农民凭票购买。

为促进全县工业生产的发展，去年9月份常委会听取县经委关于工业生产情况的汇报。会议对去年1至8月份工业生产在电力不足、资金缺乏、原材料不足的情况下超额完成产值、利润任务表示满意，同时也针对工业生产上存在的发展不平衡，个别企业基础管理混乱、销售渠道不畅、个别产品积压严重的问题，提出了三条要求，县经委根据常委会的建议，采取四条措施：（1）抓改革，继续开放搞活；（2）抓管理上等级，不断增强企业内部的消化吸收能力；（3）抓联合，加快现有企业的改造挖潜；（4）抓协调服务，当好企业后勤兵。由于及时采取了措施，去年经委系统完成的产值、实现的利润分别比去年同期增长14.3%和27%，地区考核的七项质量稳定提高率达到100%，使工业生产出现了稳步向上的好局面。

在听取审议政府工作的同时，常委会还注意及时围绕全县范围内重大事项，对政府工作给予大力支持和积极配合。防护林工程是联合国粮食计划署与我国政府签订的一项在我县进行造林的工程项目，整个项目总投资合人民币4300多万元，五年完成造林种草总面积24000公顷，涉及24个乡镇，293个村。这项工程是为民造福，为国争光的大事。为了配合工程的开展，去年9月份常委会专门听取防护林工程指挥部的工作汇报，提出了许多建设性的意见建议。今年4月，常委会又做出了《关于加强防护林工程建设的决议》。其间人大常委会主任、副主任也不断深入到乡村进行现场指导，有效地配合了工程的开展。养羊是山区脱贫致富的重要门路，我县发展羊只生产有着得天独厚的自然条件，前几年由于林牧矛盾处理不当，一直发展比较缓慢，去年春季，县政府专门为此发出通知，要求各区、乡、村要正确协调林牧关系，发展羊只生产。为了支持配合县政府这一决定，常委会认真听取畜牧局的工作汇报，并作出了大力发展羊只生产的决议，对发展我县的羊只生产起到了积极的作用。

三、发挥职能作用，组织推动全县普法活动的开展

邓小平同志指出："加强法制重要的是解决教育问题，根本问题是教育人"。中央提出的五年内普及法律常识是一项宏大的社会工程，是精神文明建设的重要方面。全国人大、省人大领导多次提出人大常委会有组织、推动和促进普法工作开展的任务。为此，我们自觉地把普法工作当成人大常委会的主要工作之一，积极投身到普法活动之中。我们的指导思想是：对县委既提建议当参谋，又出主意抓落实；对政府既实施监督提要求，又积极协助和配合。为了较好地发挥人大常委会在普法中的作用，当好县委的参谋助手，除人大常委会本身及时做出学法"决议"，发表学法演说，向学生做学法报告，总结推广各地学法、用法典型经验外，我们还先后深入到城关、回舍、岗南等6个区乡，调查了解普法工作，根据调查情况向县委写出专题报告。县委对此非常重视，及时把报告批转全县，要求县直各单位和各区、乡、镇要真正作为一件大事，列入重要议事日程，坚持不懈地抓下去。对遇到重大的宣传活动，我们都主动给县委有关部门提建议抓落实。如在今年学习、宣传、贯彻全国人大常委会《关于加强法制教育维护安定团结的决定》的活动中，我们先后3次主动和县政法委进行具体研究，从如何培训骨干到怎样以点带面，从如何利用各种宣传工具到是否由县领导出面做报告，以及如何逐步把学习宣传活动引向深入等问题都作了具体部署。

与此同时，常委会还及时听取县司法局普法工作汇报，针对报告中提出的：个别单位领导不重视，措施不力，效果不明显的问题，会议进行了认真讨论，提出了一些建议和要求，会后人大常委会帮助司法局召开有关单位参加的会议，进行了专题研究，采取了四条措施：一是采用多种形式办培训班，共培训普法宣传骨干8500人次；二是根据学习进度，及时拟定自学提纲，发到大家手中，供平时自学；三是分段进行考核，并向全县公布考核结果；四是深入到学校厂矿作法制教育报告达10多次，参加听讲的达10000多人次，促进了全县普法工作向纵深发展。

四、深入联系人民代表，接待群众来信来访

联系代表是人大常委会的基础工作之一，只有密切联系代表，倾听人民的呼声，才能为依法监督奠定基础。一年来，我们时刻注意与人民代表保持经常的联系，先后共召开代表座谈会22次，联系代表290余人次，占代表总数的78.4%。并始终坚持在每次例会前围绕议题走访各位代表，广泛征求代表的意见、建议。去年8至10月份，由5名正副主任带队深入到全县的8区1镇进行了一次代表普访活动。对普访中代表们提出的批评、意见和建议，经归纳整理，共涉及教育、交通、水利、税务、电力、防护林工程等14个方面，分为38条。对此，一方面以党组名义向县委写出报告，一方面召集政府有关部门进行交办，并提出办理具体要求。县直各部门对此都很重视，对代表提出的批评、意见和建议，做到了件件有着落，条条有答复，都与本人见了面。县公安局接到反映下槐集市赌博成风的批评、意见后，立即协同古月派出所连续4个集日在下槐集市开展禁赌和《治安管理处罚条例》的宣传，初步刹住了赌博风。县税务局接到反映孟家庄税务所一名税收员有索取民财现象的批评意见后，立即派出专人，由局长带队深入有关乡、村进行调查。很快查清了问题，并根据有关情况对有关人员做了适当处理。孟家庄乡元坊村代表韩二秃提出关于本村用电问题的批评、建议后，我们立即转交电力局解答并转交本人，韩接到电力局的办理结果后，立即交给了村委会，村委会及时召开社员大会，宣布办理结果，干部群众群情激奋，一致要求村委会给县人大回信，并要写上元坊村500多人感谢你们。不仅密切了政府和群众的关系，促进了政府的工作，也提高了人大常委会在人民心目中的威信，发挥了人民代表的监督作用。

在联系代表的同时，我们还积极利用人大接待室接待来信来访，为群众排忧解难。一年来，我们共接待人民群众来信来访130件次，其中转办的55件。三汲乡茹家庄村茹二玉，1958年县法院判处富农反攻罪，判有期徒刑15年，退出侵夺农民的一切东西。去年七月份，茹二玉以原判事实不实为由提起申诉。县人大常委会接到申诉后，很快批转到县法院，经法院审判委员会研究决定，重新组成合议庭再审，经过深入细致的调查，法院重新作出判决，撤销了原判决书，宣告原审被告茹二玉无罪，使这起近30年的错判得到了平反纠正，重新确认了当事人的合法权益。

五、认真搞好县、乡两级人代会换届选举工作

根据宪法和全国人大常委会的决定，我县今年春季全面开展了县乡两级人代会换届选举工作。为了切实保障选举工作的顺利进行，县人大常委会抽出3名正、副主任参加县选举委员会的领导工作。在县委的统一领导下，制定了选举方案，建立了办事机构。从培训骨干开展宣传到选民登记、提名协商代表候选人和选举产生县、乡代表，历时60余天。这次选举，据统计共有选民265661人，有245309人参加了投票选举，占全体选民的92.2%。共选举产生县第九届人民代表大会代表180名，乡、镇人民代表大会代表1829名。截至目前，大部分乡镇已召开了人代会，听取并审议乡、镇政府工作报告。选举产生乡、镇政府新的领导成员，提名通过代表联组长和陪审员。在整个选举过程中，常委会的领导经常深入基层和各选区了解选举情况。发现问题及时解决，从根本上保证了县、乡两级换届选举工作的顺利进行。在整个选举过程中，常委会的领导经常深入基层和各选区了解选举情况，发现问题及时解决，从根本上保证了县、乡两级换届选举工作的顺利。

总之，一年来，八届人大常委会在全县人民和各位代表的支持配合下，做了一些工作，对我县的两个文明建设起到了积极的推动作用，但是用一分为二的观点来衡量，仍然存在一些不足，主要表现：一是有法不依、执法不严、监督不力的现象仍然存在，特别是对本级人大常委会的决议、决定的贯彻执行情况检查督促不够；二是联系代表还没有形成制度，代表的作用发挥得还不够充分。

各位代表：

九届人大一次会议已经召开，八届人大常委会已经完成了它的历史使命，新的一届常委会即将产生，让我们在县委的领导下团结一致、同心同德，为振兴平山而努力奋斗！

平山县人大常委会工作报告

——1988年3月9日在平山县第九届人民代表大会第二次会议上

县人大常委会主任　安风元

各位代表：

我受县九届人大常委会的委托，向九届人大二次会议报告县人大常委会一年来的工作，请予审议。

一年来，人大常委会在省人大、地区联络组的指导和县委的领导下，在全县干部和人民代表的密切配合和支持下，依照宪法和法律赋予的职责，积极探索，勇于实践，对“一府两院”的工作进行了有效的监督，推动了我县经济建设及各项事业的发展。发挥了人大常委会的职能作用，受到了上级领导的好评。具体来说，主要做了以下几方面的工作。

一、积极开展法律监督，努力加强法制建设

对各项法律法规的贯彻实施实行有效监督，是宪法赋予人大常委会的重要职责，是完善和加强社会主义民主与法制建设的重要内容。一年来，我们在法制建设中主要抓了以下几点。

（一）有计划有针对性地听取有关部门的执法情况汇报，开展执法检查，使法律监督经常化、制度化。一年来，我们先后六次听取法院、检察院、公安局、物价局、统计局、计量局、普法办、城建局等单位的执法汇报，针对发现的问题，及时向“一府两院”的有关部门提出建议并监督落实。还通过视察、调查、走访代表等活动深入基层了解执法情况，抓住典型事例纠正违法现象。今年夏季，我们曾两次组织县、乡人民代表联合工商、物价、计量、卫生防疫等部门，重点围绕《食品卫生法》《计量法》《物价管理条例》等法律、法规，深入到城关、回舍、岗南、南甸、古月、小觉六大集镇，对250个国营、集体和个体的厂、店、摊点的执法情况进行了视察，查出了20多起偷工减料以次充好的违法行为。在人民代表的监督和我们的支持下，有关部门对这些违法户当场进行了严肃处理。既维护了法律的尊严，又维护了消费者的利益。

（二）通过受理信访案件监督执法机关，纠正错案。人大常委会作为权力机关，对违法案件就要理直气壮地进行监督和纠正。去年4月县人大代表刘成元来信反映，王坡乡桃林村康林娃与王二昌因宅基地发生纠纷上诉到南甸法庭，南甸法庭为双方进行了调解，但迟迟执行不了。我们接到来信后，责成县法院依照法律和政策规定，尽快处理此案。县法院及时组织人员，经过深入细致的调查研究发现，平山县人民法院（1986）法南民调字49号民事调解书的调解结果侵犯了第三者的利益，故原调解书不能执行。为此，县法院依照审判监督程序另行组成合议庭，对此案进行了重新审理。很快做出判决，使一个拖了两年之久的案件得到了公正的处理。

（三）积极组织参与国家制定法律、法规的讨论修改。县人大常委会积极参与国家制定法律、法规的讨论修改，并及时将改进意见整理成文字材料上报。如今年1月，省人大要求各地组织关于《企业法》（草案）的讨论，我们接到通知后，有3名副主任积极领导参与了这一工作，四次深入到县法院、检察院、工业局及较大的工矿企业，召开了座谈会，广泛征求和听取省、县人大代表、全民所有制工业企业负责人和职工代表的意见，并将这些意见进行了综合整理，上报到省人大。为加强法制建设，做出了应有的努力。

（四）发挥职能作用，积极开展法制宣传。全国人大常委会关于《加强法制教育维护安定团结的决定》颁布以后，县人大常委会及时作出了《关于贯彻执行全国人大常委会〈关于加强法制教育，维护安定团结的决定〉的决议》，并积极带头进行学习宣传。5名主任曾8次深入到重点乡、镇、村、工厂、学校宣讲，直接参加听讲的人数达10000多人。为了使《决定》的学习宣传活动逐步深入，总结推广了县农技学校结合学生的年龄特点，采取分专题、分班次、深入课堂进行宣讲的经验，推动了这一工作的开展。

去年9月，宅北乡石板村发生了一起村干部非法拘禁致死案，县人大常委会副主任武贵才与普法办公室的有关人员一起到宅北乡召开了代表座谈会，就案讲法，使大家一致认识到发生这样严重的违法案件，纯属部分党员干部法制观念淡薄所致。建议宅北乡政府要吸取教训，广泛开展法制教育。乡政府及时到县普法办购回法律书籍300多本，发至各村组织学习。乡广播站结合具体案例每天向群众宣传法律常识，使群众受到了深刻的法制教育。

二、深入基层调查研究，积极开展工作监督，促进全县经济建设的发展

一年来，我们围绕全县的经济建设工作积极开展工作监督，解决群众关心而又迫切需要解决的问题，推动我县经济建设事业的发展。

（一）开展对话活动，促进政府工作。民主对话是人大常委会、人民代表积极参政议政、促进政府工作的新形式，它可以减少不必要的环节，提高工作效率。一年来，我们在对政府实施监督时，大胆开辟多种对话渠道，由人大常委会主任和县长、县长和人民代表、代表和有关职能部门正面接触，面对面提问题，开展直接对话来促进问题的解决。我们先后围绕农业、水利、林业、电力、交通、教育、卫生、公安等方面的问题，曾6次开展主任和县长、代表与县长对话活动，扩大民主范围，密切了人民代表和政府的关系，从而有力地推动了政府工作的开展。如针对基层物价管理混乱、缺乏管理机构的问题，一方面向政府提出书面建议，一方面又由主任与县长直接对话，很快引起县政府的重视。经县长办公会研究决定，以乡为单位设立了物价监督检查站，加强了物价管理工作，政府、职能部门和群众都满意。

（二）改变监督方式，理顺与政府的关系。一年来，我们本着监督工作也必须不断深化、提高、逐步适应新形势的原则，对开展工作监督的方法进行了大胆改革。在重视对政府职能部门的监督的同时，及时同县政府理顺关系，提高了监督质量，同时也及时沟通了人大常委会与县政府工作的联系，有效地促进和推动了政府工作和全县经济建设事业的顺利发展。如解决乡镇企业资金拖欠问题。近几年，全县的乡镇企业有了很大发展。但是，由于多种原因，乡镇企业的资金拖欠问题越来越严重。据不完全统计，截至去年7月，拖欠乡镇企业的资金已达812万元。其中县内拖欠达512万元，县外拖欠300万元。大量的资金拖欠，给乡镇企业造成严重后果，有的发不了工资，有的停工停产，解散倒闭。对这个事关全县经济建设大局的问题，我们在多方面调查研究、弄清原委的基础上，同县政府主要领导通气。县政府对此很重视，由县长责成常务副县长和主管副县长召集有关部门共同研究，制定了解决拖欠资金的办法。特别是对县内重点拖欠大户第一钢铁厂等单位提出了明确要求，很快促进了这项工作的落实。截至去年11月份，已收回外欠资金350万元，占县内拖欠总数的68.4%，使一些濒临下马的企业又重新恢复了活力，有效地推动了乡镇企业的发展。

（三）对关系国民经济发展和人民生活的重大问题连续监督，常抓不懈，善始善终。一年来，我们注重和加强了工作监督的连续性，在工作方法上，尽量防止出现忽冷忽热、虎头蛇尾的现象。其主要做法：一是对常委会和主任办公会决定的重大问题加强检查督促，定期听取有关部门的汇报，了解工作的进展情况，进行连续监督。如：县城自来水的改建问题。我县县城自修建自来水以来，一直是抽取冶河水，由于冶河水域的污染严重，影响着全城人民的身体健康。针对这一问题，县人大常委会曾在1985、1986年，先后两次听取县城建局关于改建县城自来水的工作汇报。在我们的督促下，城建局积极行动，组织技术力量勘查水源，筹措资金打成水井，改建工作有了初步进展。今年1月，常委会再次听取县城建局关于县城自来水改建工程进展情况的汇报，在会上县政府常务副县长当场表示政府要把自来水建设列为1988年为全县人民办好十五件大事之一，保证今年6月1日让全城人民吃上净化水。二是针对农业生产上不同时期出现的不同问题，进行长期监督。农业是国民经济的基础，粮食是基础的基础。农业的兴衰直接关系着全县经济建设的大局。近几年来，由于受重工轻农思想的影响，加之连年干旱，农业生产上的矛盾越来越突出。粮食，棉花、油料等农作物的产量都有不同程度的下降，针对这一情况，主任办公会研究决定，把农业生产作为人大常委会对县政府进行工作监督的重点，常抓不懈。4名主任，经常深入到全县的八个区，召开代表座谈会，进行调查研究。针对人民代表提出的问题，及时向县政府提出改进意见和建议。去年伏季，由于连续干旱无雨，加之渠道管理跟不上去，浇水成了农业生产和群众反映最强烈的问题。对此，我们及时组织召开了县长与人大代表对话会，会上，县政府领导诚恳地承认了前段县政府在农业生产上的失误，并当场宣布从政府领导力量上进行调整，由过去的一名副县长主抓农村工作，调整为正县长的主要精力抓农村工作，两名副县长主抓农业，大大增强了县政府对农业生产的领导。去年秋季种麦期间，县长闫书章、副县长王三堂和人大的主要领导深入到滹北渠、小觉电站、北跃渠、下观水库等地，帮助解决实际问题。县水利局狠抓各渠道的班子建设和用水管理，使去年种麦期间浇地情况好于往年。到去年10月15日前，全县6大灌渠内的17万亩耕地全部种上了小麦，为今年的粮食生产奠定了一个良好的基础。

在深入调查研究搞好工作监督的同时，我们还注意从多方面配合和支持政府工作，比如为了发展林业生产，县人大常委会及时作出了关于命名毛白杨、花椒树为“县树”的决定，并配合县政府在全县开展了酸枣接大枣、常峪岭的绿化，对 2811 工程督促指导等工作，支持和促进了政府工作。

三、进一步扩大和加强社会主义民主建设

发挥人民代表的作用，是加强社会主义民主建设，健全人民代表大会制度的重要组成部分。一年来，我们在民主政治建设中主要抓了三点。

（一）广泛联系代表，发挥人民代表的监督作用。我们把联系代表作为发扬民主、履行监督职责的一条重要渠道。一年来，我们曾多次深入到全县 36 个乡镇走访代表。两次对县代表进行了普访，召开了不同形式的代表座谈会 23 次，广泛搜集代表们的建议和意见。如去年三夏期间，我们到南甸、岗南、柏坡等乡镇调查时，部分代表反映，电力供应很不正常，停电频繁，有的线路连续停电长达五六天，给粮食生产带来了一定的损失。县人大及时和县政府及电力部门通了气。县政府和电力部门很快拿出了解决问题的具体办法，致使夏收工作进行得比较顺利，群众对此比较满意。一年来，我们共接待人民代表和群众的来信来访 280 件次，其中，转办的 185 件，基本上做到了事事有答复，件件有着落。如今年 1 月份，下口乡卫生院有的反映，近几年来，乡镇卫生院在吃粮、住房、医疗器械、人员培训等方面都存在不同程度的问题，严重影响了乡镇卫生院工作的正常开展和人民群众的就医治病。据此，县人大文卫科于今年 1 月结合卫生局组织有关人员利用 5 天时间，对全县 8 个分院和 52 个乡镇卫生院进行了一次认真调查，并就调查发现的问题，向县政府提出 4 条建议，要求尽快解决。为了使人民代表更好地行使宪法和法律赋予的职权，去年 5 月，我们向全县代表制发了“代表视察证”，制定了县人民代表持证视察办法，并两次组织部分县代表进行了视察活动。县政府自觉接受人民代表的监督，专门发出通知，要求政府各部门要做好人大代表的视察接待工作，保证人民代表依法行使职权。

（二）认真行使任免权，依法考察和任命干部。县九届人大常委会组成后，对八届人大常委会任命的政府组成人员进行了全面考察，依法给予重新任命，并举行了颁发任命书仪式。在此基础上，县九届人大常委会第二次会议决定，将人事任免的表决方式由过去的举手表决改为无记名投票表决，为各委员充分行使自己的职权提供了保证。

（三）检查代表提案的办理落实情况，推动政府及各职能部门的工作。为了充分发扬民主，发挥人民代表参政议政管理国家大事的作用，县九届人大一次会议召开前，我们就把代表提案卡片发到代表手中，广泛征求了代表们的意见。会议期间又把电力、交通、公安、教育等职能部门组织起来，开展县长和人民代表、代表和政府职能部门对话活动。代表们提出的 89 条提案当场答复近期解决的 31 条。为了检查这些提案的落实情况，今年 2 月 5 日我们又召开了有办理代表提案任务的 14 个单位的负责人会议，专门听取这些单位对人代会代表提案的办理落实情况的汇报。从汇报情况看，在 89 条提案中，已经得到解决或列入今年计划正在着手解决的有 57 条，占提案总数的 63%，使人民代表的合法权利受到了尊重。

四、积极指导乡镇人大联组开展工作

根据省委〔1986〕33 号文件精神，去年全县 52 个乡镇普遍建立了代表联组，为了发挥乡镇代表联组的职能作用，我们主要从以下三个方面对乡镇联组进行了指导。

（一）制定工作办法，明确职责任务。乡镇代表联组建立后，我们首先根据宪法和《地方组织法》的有关规定，结合我县的实际情况，制定了《关于乡镇人大代表联组工作试行办法》。去年 7 月上旬，召开了各乡镇联组长会议，会上刘永喜作了乡镇人大联组如何开展工作的报告，使联络组的同志们初步解决了“做什么”和“怎么做”的问题。并及时建议县委进一步完善了乡镇联组的组织机构，使乡镇联组真正成了一个工作实体。

（二）运用多种形式进行具体指导。我们深入到两河乡、温塘镇具体帮助指导代表联组开展视察、调查活动。他们组织本乡镇的部分县、乡代表，听取乡镇政府、供销社、粮站等职能部门的工作汇报，实地视察供销社支农门市、粮站食品厂。通过视察既发挥了人民代表参政议政的作用，又增强了代表的光荣感。在深入基层进行指导的同时，我们还注意吸收乡镇联组，适当参加县人大的一些活动，使其从中学到方法，受到启示。去年 9 月召开的县长与人大代表对话会上，我们主动吸收部分乡镇联组的同志参加，会后一些乡镇组织了乡长与人大代表对话活动，收到了良好的效果。

（三）总结推广经验，推动全县联络组工作的开展。去年 8 月下旬，召开由了城关、回舍、南甸、岗南等八个区、乡镇代表联组参加的工作座谈会，与会同志交流了工作情况。我们利用《人大工作简报》将城关区、里庄乡等乡镇联组一些较好的做法及时向全县进行了推广，使其他乡镇的代表联组受到了一定的启发。在此基础上，去年 12 月 25 日，我们又召开了全县乡镇联组工作经验交流会。有八个区、乡镇联组长做了典型发言，介绍了他们的先进经验。他们的发言使其他乡镇联组的同志受到了很大启示，对进一步促进全县乡镇联组的工作起到了积极的作用。据统计，1987 年各乡镇联组，组织召开乡镇人代会 142 次，讨论决定重大事项 105 件，补选正副乡镇长 22 人，组织对话活动 63 次，专题调查 70 次，视察 23 次，组织代表学习 139 次，提出批评意见 563 条，乡镇政府采纳 368 条。

总之，一年来，我们在全县人民和各位代表的支持和密切配合下，在加强社会主义民主与法制建设中，在发挥职能作用对“一府两院”实施有效的监督中，做了一些工作，取得了一些成绩，对我县的经济建设事业起到了积极的推动作用。但是，也还存在一些问题。主要表现在：有法不依、执法不严、监督不力的现象仍然存在；人大常委会的自身建设还需要进一步加强，政治素质和业务素质还需要进一步提高；各科工作还在探索阶段，职能还没有真正发挥出来。

各位代表：

1988 年是全面贯彻十三大路线的第一年，改革将在更深更广的层次和领域展开。今年县人大常委会工作的指导思想是：在县委的领导下，以十三大精神为指导，紧紧围绕一个中心、两个基本点，认真行使宪法、法律赋予的职权，积极开展法律监督，为进一步发展社会主义民主政治，推动全面改革的顺利进行发挥积极作用。

代表同志们，龙年伊始，让我们大家在新的一年里，团结一致，锐意创新，为繁荣平山经济而共同努力奋斗！

平山县人大常委会工作报告

——1989年4月14日在平山县第九届人民代表大会第三次会议上

县人大常委会副主任　刘永喜

各位代表：

我受县九届人大常委会的委托向大会报告九届人大二次会议以来人大常委会的工作，请予审议。

自去年3月县九届人大二次会议以来，县人大常委会在县委的领导和省人大常委会、地区人大联络组的指导下，在各位代表的积极支持配合下，经过常委会全体工作人员的共同努力，较好地履行了法律赋予的职责，并取得了一定的成绩。概括起来，主要有以下几个方面。

一、依法行使监督权

依法“监督本级人民政府、人民法院和人民检察院的工作”“在本行政区域内，保证宪法、法律、行政法规和上级人民代表大会及其常务委员会决议的遵守和执行”是《地方组织法》赋予县人大常委会的重要职权，也是人大常委会依法监督的主要内容。根据这一职权，一年来，常委会共听取县政府、法院、检察院工作汇报20次，对促进全县的法制建设和对“一府两院”实行有效监督和合理制约方面都起到了积极作用。

在法律监督方面：一是监督经济法规的贯彻实施。一年来，我们先后围绕经济合同法、森林法、税法、义务植树条例、借款合同条例等15个经济法规的贯彻实施情况，深入调查研究，听取主管部门汇报，提出建议和要求。如第八次人大常委会在听取县税务局贯彻执行税法情况汇报时，听到平山镇北街村王少田偷税案久拖不决，即建议政府有关部门及法院、检察院尽快依法进行了处理，将其判刑一年，补交税款14449.87元。在听取县工商局关于贯彻执行工商行政管理法规情况的汇报时，根据代表反映大吾、霍宾台等地供销社销售假农药，坑害农民，我们就建议县工商局认真查处。工商局按照人大常委会的建议要求及时查处了县生产资料公司倒卖假冒、伪劣农药案件，销毁假农药19吨，没收非法所得及罚款123594.35元。上述两个建议的落实，对税法和工商管理法规的正确实施均起到了积极作用。二是深入开展执法大检查。根据省人大常委会《关于在全省开展执法检查的决定》要求，常委会第九次会议及时做出在全县开展执法检查的决定，并组织召开了“一府两院”及所属各工作部门的主要负责人会议，对执法检查工作，做了安排部署。检查期间，我们先后七次听取“一府两院”关于执法检查情况的汇报，并组织部分委员和“一府两院”执法检查领导小组的对公安局、法院、检察院、物价局、工商局、税务局等部门的执法检查情况进行了重点抽查。通过这次执法检查：

——促进了法律法规的正确实施。如政府系统对全县1987、1988两年共处理的798起违法违纪案件进行了复查，按性质分，属不符合法律、行政法规的占40%，对此均重新进行了处理。

——推动了治理整顿工作的开展。全县共检查国营、集体企事业单位102个，查出违纪金额200万元。并对现有的82个公司进行了清理，其中有9个被收缴了营业执照，3个改换了名称，对11个需要和行政脱钩的公司提出了解决办法。

——促进了各项工作的开展。金融系统针对一些单位制度不健全、管理较混乱的情况，建立了10项稽核审计综合管理制度，物价部门制定了8项稳定物价措施，检察院设立了群众监督、举报信箱，税务局实行了四公开一监督，增强了税收工作的透明度。

在法律监督的同时，进行了工作监督：一是及时听取县政府有关建设和改革方面重大事项的汇报；二是针对某一时期工作中存在的带倾向性问题开展调查研究，提出意见建议；三是对人民群众反映强烈的、迫切要求解决的问题，征求代表意见，组织进行视察。防护林工程建设是我县经济建设中的一件大事，为促进工程的顺利实施，常委会听取工程指挥部关于工程进展情况的汇报，并针对存在的问题，提出改进意见。县城自来水污染改建工程，是县城人民普遍关心的问题。为此，人大常委会1985年以来曾经三次听取政府及有关部门的汇报。在改建过程中，常委会组织部分委员进行视察，提出建议，促进工程的进展。去年政府下决心筹集资金80万元，加快了工程进度，终于使县城人民吃上了净化水。

二、认真行使决定权

《地方组织法》赋予县人大常委会“讨论、决定本行政区域内的政治、经济、教育、科学、文化、卫生、民政、民族工作的重大事项”的职权。一年来，我们主要抓了两点。

一是立足我县实际，围绕重大事项，适时做出决议、决定。如，常委会根据我县农业生产的实际情况，深入到全县不同类型的10个村进行调查研究，初步摸清了农业生产上存在的主要问题及原因，然后召开常委会听取县政府有关部门关于如何做好今年支农工作汇报，为使各级政府加强对农业生产的领导，常委会作出了关于加强农业生产的决议，印发各级政府贯彻落实，引起了各级政府对农业的重视。

二是督促政府及有关部门认真执行县人大常委会的决议、决定。县人大常委会的决议、决定代表着人民的利益，“一府两院”要认真贯彻执行；县人大常委会也要及时加以督促，才能进一步促进决议贯彻实施。比如，常委会根据我县山场面积广阔，发展林业生产条优越和群众喜爱种植毛白杨、花椒树的传统习惯，于1987年7月做出了命名毛白杨、花椒树为“县树”的决定。为了掌握“决定”的贯彻实情况，在人大常委会的统一安排部署下，各乡镇人大联组组织县、乡人大代表普遍进行了视察调查，县人大常委会组织部分委员和代表重点视察三个乡，在此基础上，常委会又听取林业局贯彻落实“县树”决定的汇报，针对存在问题，提出了意见和建议，对“县树”的发展起到了推动作用。

三、依法行使任免权

选举和任免干部是法律赋予人大及其常委会的一项重要职权，认真行使这一职权，对于全面贯彻十三届三中全会精神，建设廉洁高效、务实创新的国家机关，实现干部人事制度的依法管理和民主监督具有重要的现实意义。过去在这个问题上，我们一直是只管任免，不参与考核，形成了任免与监督脱节，不仅使法律赋予人大常委会的任免权流于形式，而且使任免工作缺乏科学依据。为了适应社会主义民主政治建设的新形势，去年以来，我们在行使任免权方面进行了改革。把选举和任命干部的述职考评，作为完善人事任免程序和加强监督的重要措施来抓。从去年 11 月份起，常委会对由县人大选举和常委会任命的“一府两院”正局级以上的干部（包括县长、副县长、法院院长、副院长、检察院检察长、副检察长）进行了述职考评。全县 61 名被选举和任命的干部，除两名刚上任外，59 名都向人大常委会送交了书面述职报告。对不按时送交的个别同志进行了通报批评，令其作出书面检查。在第十一次常委会会议上有公安局、土地管理局、工业局、物价局等九个局长作了口头述职报告。在听取口头述职报告时，除邀请县长、县委组织部、劳动人事局和县总工会的领导参加外，还吸收述职者所在局及下属单位的干部职工代表参加，共同进行民主评议。通过民主考评，进一步增强了广大干部的工作责任心和公仆意识，为常委会做到知人善任、更好地行使任免权提供了依据。

一年来，县人大常委会共依法任免“一府两院”的副县长、主任、局长、庭长、审判员、检察员 60 人次。在任免表决过程中，始终坚持采用无记名投票方式，充分发扬民主，使每个委员自主行使民主权利。

四、密切联系代表，做好来信来访工作

密切联系代表，为人民群众排忧解难，是人大常委会的性质所决定的，也是我们民主意识和公仆意识的具体体现，在这个方面，我们主要抓了三点。

一是走访代表初步形成制度化。一是一年来 4 名驻会主任亲自带队深入全县普访代表 210 人次，对代表提出的 259 条批评意见建议，均认真填写卡片，由主任亲自召集“一府两院”及有关部门负责人进行交办，并限期作出答复；二是坚持每次例会前围绕议题走访代表，倾听代表呼声，为审议“一府两院”工作提供了科学依据。

二是认真做好人民群众来信来访工作。接待来信来访 320 人次，对需要转办的，均按照归口办案的原则转交有关部门进行了查处。其中，办理要结果的信访案件 8 件，对重大疑难信访案件，我们还听取有关部门的查处汇报，促其尽快解决。

三是努力解决群众关心的热点。人大常委会作为人民的权力机关，必须从人民利益出发，努力解决人民群众普遍关心的问题，才能真正提高人大工作的威信。去年 11 月份走访代表时，代表反映最强烈的是社会秩序混乱，较为突出的是“三多”，即：割扬水站动力线的多、偷小猪的多、掏腰包的多。对此，我们一方面向县委领导反映，一方面向公安局提出建议。县公安局很快组织开展了以打击盗窃动力线和小偷、绺窃为主的专项打击，法院、检察院积极配合，使春节期间的社会治安状况有了明显好转。

五、努力做好对乡镇人大联组工作的指导

加强对乡镇人大联组工作的指导，是县人大常委会一项义不容辞的职责。去年我们主要抓了两点：一是督促、指导按期召开乡镇人民代表大会。去年年初，我们以常委会名义发文，对全县乡镇人代会的召开进行了安排部署。会议召开期间，人大常委会领导多次深入到部分乡镇进行指导，对一些好的做法和经验及时利用《人大工作简报》向全县推广。年底又针对撤区并乡后补选任务的实际情况，专门就开好 1989 年乡镇人代会进行了具体安排，保证了各乡镇人代会的顺利召开。二是采用以会代训方式对联组长进行业务培训。去年 9 月，全县撤区并乡后，各乡镇人大联组长大都易人。对此，我们及时组织他们学习有关法律法规，并就乡镇人大联组的性质、地位、工作任务、工作方法与大家进行了研究探讨。今年 3 月又召开了乡镇人大联组长工作座谈会，互相交流了自去年 9 月份以来联组工作的经验，推动了全县乡镇人大联组工作的正常开展。

在做好上述工作的同时，我们还积极组织有关部门参与了对省人大常委会制定的地方性法规的讨论修改工作。为努力当好县委的参谋助手，我们还先后组织科室人员围绕全县教育事业发展情况、教育集资使用情况、农业生产状况等问题进行专题调查。同时完成了县委交办的各项工作。为配合党委中心起了一定的作用。

总之，一年来，虽然我们的工作又有新的进展，但是距法律的要求和人民的希望还有很大差距，工作中还存在不少缺点和问题。主要是：法律赋予人大常委会的职权还没有得到全面行使；有法不依、执法不严、违法不究、监督无力、执法犯法的现象依然存在，监督工作如何进一步做到程序化、制度化，还需要在实践中继续总结经验加以改进，常委会机关的自身建设还不能完全适应新形势的要求，需要进一步加强。

各位代表：

为进一步加强人大工作，今年 1 月省委召开了全省人大工作会议，省委副书记吕传赞同志明确指出“我省各级人大及其常委会在推动各级政府决策的民主化、科学化、制度化，促进全省法制建设以及对同级其他国家机关实行有效监督和合理制约方面都是起到了重要作用的。无论从当前和今后长远看，人大工作不是可有可无，而是必须坚持和加强，人大常委会的职能不仅不应削弱，而且要随着改革和建设的发展不断完善起来。”为贯彻落实全省人大工作会议精神，县委及时做出了《关于加强人大工作的决定》，这为我们进一步做好人大工作提供了更加有利的条件。我们决心在今后的工作中更加努力积极进取，以实实在在的工作，去树立人大工作的权威。

平山县人大常委会工作报告

——1990年4月14日在平山县第十届人民代表大会第一次会议上

县人大常委会副主任　刘永喜

各位代表：

我受九届人大常委会的委托，向十届人大一次会议报告九届人大三次会议以来人大常委会的工作，请予审议。

1989年是很不寻常的一年，在严重的政治斗争中，在治理整顿、深化改革中，县人大常委会在县委的领导下，在省人大、地区人大联络处的指导下，坚持以党的基本路线为指导，认真履行宪法和法律赋予的职责，使各方面工作取得了新的进展，为推动我县经济工作和改革开放的顺利进行起到了一定的促进作用，取得了一定的成绩。具体说来，主要做了以下五方面的工作。

一、认真学习党的十三届四中、五中、六中全会文件，在政治思想上同党中央保持一致

过去的一年，是我国历史上不平凡的一年，在不到一年的时间里，党中央连续召开了十三届四中、五中、六中全会，认真总结了去年北京发生反革命暴乱的深刻教训，对经济改革中的一些重大政策问题作了调整，并作出了"关于加强党同人民群众联系"的决定。在这种新的历史条件下，我们一方面坚持依法履行职责，一方面利用各种形式组织机关工作人员，学习党的十三届四中、五中、六中全会文件，学习邓小平、江泽民、李鹏等党和国家领导人的重要讲话以及省、地、县领导同志的讲话，统一思想，统一认识。县人大常委会先后三次召开主任办公会议，对学习贯彻问题进行认真研究并做出具体安排部署。我们的主要做法有四点：一是自始至终狠抓了常委会全体干部职工的学习，使大家深刻认识这场动乱和反革命暴乱的性质和危害性，提高了广大干部职工的政治觉悟。因此，在动乱期间全体干部职工始终坚守工作岗位，没有出现一个参加、声援游行示威的现象。二是及时召开人大常委会议，组织全体委员认真学习党十三届四中、五中全会公报以及党和国家领导人的重要讲话，把全体委员的思想真正统一到全会公报上来。三是向全县各乡镇人大联组发出了关于认真学习军委邓主席"在接见首都戒严部队军以上干部时的讲话"的通知，要求各乡镇人大联组在搞好自身学习的基础上积极织县、乡人大代表进行学习。四是县人大常委会领导深入到基层召开县、乡人大代表座谈会，同广大代表一起学习座谈讨论，进一步加深了对全会精神的认识，从而增强了大家在政治上思想上同党中央保持一致的自觉性。

在深入学习、加深理解、统一思想的基础上，我们注重从制度建设、廉政建设、工作作风等方面不断加强人大常委会的自身建设。一是自始至终坚持了每星期二、五的学习制度，认真学习党的方针政策、宪法以及有关法律法规，进一步提高了大家的政策水平和业务素质。二是继续完善了机关内部岗位责任制，明确规定了各自的职责范围，制定了学习、工作、安全保卫、卫生等各项制度，使常委会机关工作逐步走上制度化、规范化的轨道。三是以《人大工作简报》和《公报》等刊物同外地24个县市进行了工作交流和业务联系，及时学习外地先进经验，开阔了视野。四是围绕廉政建设，制定廉政守则，并严格遵守执行，自觉转变工作作风，从主任到科员外出下乡不大吃大喝，能骑自行车的骑自行车。五是定期召开党员生活会，健全党组、支部会议制度，开展批评与自我批评，使机关内部形成了一种团结一致、心情舒畅、生动活泼的政治局面。所有这些都为常委会机关工作的正常开展奠定了坚实的基础。

二、围绕法律法规的贯彻实施，开展法律监督

加强法律监督，保证宪法、法律和各项法规的正确实施，是人大常委会的一项重要工作。一年来，常委会采取多种形式，改进和加强了对法律实施的监督工作。一是自觉围绕党的工作中心有计划地听取县检察院、监察局、审计局、物价局、公安局、土地管理局、工商局等部门的执法汇报，针对执法工作中存在的问题，提出监督建议，推动法律的贯彻实施。二是有重点地对统计法、矿产资源管理法、计划生育条例等法律法规进行了重点检查。如：为了更好地贯彻执行统计法规，县人大常委会和县政府联合下发《关于开展统计法规执行情况大检查的通知》成立了以人大和县政府主要领导和县直35个有关部门领导参加的领导小组，并配备相应的办事机构，参加检查的达500余人，历时三个月，在自查、互查基础上重点抽查了5个局、12个乡、9个村、10个企业共计36个单位。全县自查自纠了迟报、误报、虚报、瞒报及技术性差错等不符合统计法规行为161项，经过这次大检查，改进了统计工作，完善了统计制度，保证了《统计法》的进一步贯彻落实。三是通过查处违法案件，督促有关部门严格依法办事，推动法律的贯彻实施。去年下半年，县人大常委会接到石家庄地区人大联络处转来河北省人大常务委员会办公厅关于我县水资源办公室与第一钢铁厂因征收水资源费一案后，专门召开主任办公会议，认真研究，并成立由副主任武贵才挂帅、有关科室参加的调查小组，分别向县水资源办公室、县第一钢铁厂、县法院、县政府进行了调查。在调查弄清事实的基础上，依法进行了处理，维护了国家法律的严肃性。四是认真落实执法责任制，明确责任要求，充分调动广大执法部门和执法人员的执法积极性。实行执法责任制就是把各个法律、法规分解到各有关执法部门，明确其执法责任，以推动法律法规的有效实施。为推动这一活动的深入开展，县人大常委会专门召开了“一府两院”所属各部门负责人会议，结合治理整顿，廉政建设的新情况，对进一步完善落实执法责任制提出了明确要求，并在全县各执法部门广泛开展了评选执法先进集体和执法模范工作者活动，经层层评选共评出执法先进集体7个，其中地区级3个，执法模范工作者13名，其中地区级5名。五是从干部任免入手，坚持严格依法办事。一年来，县人大常委会共依法任免县“一府两院”干部25名，撤职1名。如：回舍法庭一名副庭长，利用办理离婚案之机与女当事人长期搞不正当男女关系，影响极坏，人大常委会决定撤销其副庭长和审判员职务并建议有关部门将其调离法院。

三、改进和加强工作监督，推进治理整顿、深化改革和廉政建设

依法实行工作监督，是宪法和地方组织法赋予人大常委会的重要职权。一年来，常委会紧紧围绕落实党的十三届四中、五中、六中全会精神，抓住经济建设这个中心，认真行使职权，取得了新的成绩。

1. 监督省人大《关于加强农业的决议》的执行。一年来县人大常委会紧紧围绕省人大常委会《关于加强农业的决议》（以下简称《决议》）积极开展工作。一是深入调查研究，在摸清近几年影响我县农业发展的主要原因的基础上，常委会认真听取县政府农业局、水利局、县联社的工作汇报，进而作出了《平山县人大常委会关于加强农业的决议》，使省人大常委会的《决议》精神更符合我县实际。二是利用不同形式，开展监督检查，针对存在问题，提出改进建议。县人大常委会的《决议》作出后，我们抓住农业生产的主要环节，由常委会领导带队，深入全县不同类型的八个乡镇，听取乡镇政府关于落实《决议》情况的汇报，并就地召开县、乡人大代表、乡村干部、农业技术人员、基层供销社和电管所负责人座谈会，对如何做好夏收准备工作进行检查了解。根据检查情况，及时向县政府提出“在夏收期间农村用电应采取压工业保夏收的方法，千方百计保证农民及时收打小麦”的建议。县政府及时接受建议，夏收期间除少数几个工业用电必保单位外，其余一律停止供电，支援三夏，使去年三夏期间农村用电情况好于以往任何一年，受到了广大群众的称赞。又如：针对夏收后由于受旱情和虫灾影响，大秋作物苗情长势弱和化肥、农药缺口大等问题，建议县政府要突出重点，狠抓关键，立足抗灾夺丰收。县政府积极采取措施，一方面加强了县内小化肥的生产与管理，一方面积极组织外采，有力地保证了对大秋作物施肥和灭虫农药的需要。由于各级政府和全县人民的共同努力，去年我县粮食总产量达到3.06亿斤，比上年增长13.8%，接近历史最高水平。

2. 为了进一步改善我县中小学办学条件，促进学校危房改造顺利进行。去年5月份，县人大常委会组织部分委员、代表和乡镇人大联组对全县中小学校危房改造情况进行视察，全县24个乡镇人大联组的共组织县、乡人大代表252人次，视察中小学校419所，占全县学校总数的一半以上。在人民代表的监督下，在各级党委政府的领导下，共筹措办学资金370多万元，使全县248所三类学校中的2410间危房到去年年底已全部得到改造和修缮。

3. 围绕廉政建设，开展工作监督。坚决惩治腐败，加强廉政建设，是党的十三届四中全会提出的四件大事之一。为充分发挥权力机关在廉政建设中的作用，常委会会议和主任会议先后听取县检察院、监察局、审计局、科委、工商局等部门关于惩治腐败，加强廉政建设、清理整顿公司、清理职称评定等问题的汇报，促进了惩治腐败工作的开展，自“两院”通告发布后，投案自首的2案5人，其中贪污、受贿2案5人，万元以上的1案1人，挽回经济损失180万元。检察院立案21案26人，其中贪污、受贿16案20人，万元以上的3案5人，涉及党员干部14人。共清理出在职称评聘中有问题的57人，对此，均由有关部门作了处理。

4. 指导乡镇人大联组开展工作。一是召开人大联组工作座会，交流在新形势下做好人大联组工作的经验，使各乡镇联组的同志取长补短。同时利用《人大工作简报》宣传交流外地人大联组工作的好经验、好做法；二是根据某一时期党委工作的中心，向乡镇人大联组交任务、交办法，使之既配合了党的中心，又活跃了联组工作；三是吸收乡镇人大联组的同志参加县人大常委会组织的一些活动，使其从中受到启示，使全县乡镇人代会和人大联组的工作不断有新的进展。

四、广泛联系代表，倾听人民代表的意见和要求，发挥人民代表的监督作用

社会主义民主政治的本质，是人民当家作主，人民代表大会制度是我国的根本政治制度。广大代表来自群众又生活在群众之中。人民群众是我们党的力量源泉和胜利之本。始终保持和发展同人民群众的血肉联系，是我们的事业胜利发展的重要保证。密切联系代表，认真倾听代表的呼声是密切党与人民群众联系的重要渠道，也是人大常委会履行职责的基础。一年来，在这个方面我们主要做了以下三个方面的工作。

一是深入基层走访代表，倾听代表的意见和要求。一是走出去深入乡镇召开座谈会，一年来，4 名驻会正副主任分别深入到 18 个乡镇走访代表 237 人次，共收到县、乡人大代表提出的意见和建议 312 条，召开不同类型的代表座谈会 38 次，所有这些都为人大常委会正确行使职权，提供了科学的依据；二是继续坚持在每次例会前围绕议题走访代表，对代表提出的意见和建议填写人民代表批评建议专用卡片，由主管主任亲自召开“一府两院”有关部门负责人会议进行交办，并限期作出答复。如：县交通局接到三汲乡代表提出尽快修复该乡至王母桥道路的意见后，及时与该乡党委政府联系，多方协商投资 25 万元铺设油漆路 7.5 公里，彻底解决了三汲人民的行路难问题。

二是认真做好人大代表和人民群众来信来访工作。人民来信来访是各级国家机关联系群众的一条重要途径，是了解党的路线、方针、政策和国家法律、法规执行情况的窗口。为认真做好这一工作，常委会把处理人民来信来访工作列入议事日程，分工一名副主任主抓，政法科科长具体负责。4 名驻会正副主任每月农历初五和二十两天坚持定期轮流接待日。一年来，我们共接待人民来信来访 123 人次，处理来信 172 件，其中办理要结果的 10 件，有 8 件已得到了妥善处理。

三是认真办理代表提案。县九届人大三次会议共收到代表提案 134 件，经提案审查委员会审查后，在会议期间向“一府两院”有关部门进行了交办，会后注意跟踪监督，使人民代表的批评意见真正得到落实。如：县人大代表刘成元提出关于王坡乡东王坡村强占王坡中学操场，致使该校的体育课被迫停止两年之久而未能解决的提案后，我们一方面转交有关部门解答，一方面提出办理要求，县人民法院在查清事实的基础上依法做了判决，使长达两年的问题依法得到了处理。

五、认真搞好县、乡两级人代会换届选举工作

根据宪法和《地方组织法》关于县、乡人民代表大会任期的有关规定，今年春季我县全面开展了县、乡两级人代会换届选举工作，这是全县近 30 万选民直接参加的社会主义民主和法制的具体实践。为切实加强对选举工作的领导，县人大常委会决定成立平山县选举委员会，并抽出两名副主任参加县选举委员会的领导工作，在县委的统一领导下，制定了选举方案，建立了办事机构。从今年2月份县召开选举工作会议，开展宣传、选民登记、提名协商代表候选人到选举产生县、乡人大代表，历时两个半月，共选举产生县第十届人大代表240名，乡、镇人大代表1446名。在整个选举过程中，人大常委会的领导经常深入各乡镇和县直各选区了解选举情况，听取选举工作汇报，发现问题及时解决。各乡镇、县直各选区都加强了对选举工作的指导，注意了严格依法办事，尊重选民意愿，保障选民的民主权利，这就从根本上保证了县、乡两级人代会换届选举工作的顺利进行。

总之，一年来，九届人大常委会在全县人民和各位代表的支持配合下，做了一些工作，并取得了一定成绩。但是，用一分为二的观点来衡量，仍然存在不少缺点和问题。主要表现是：有法不依、执法不严、监督不力的现象仍然存在，法律监督需要进一步加强，在联系代表和群众方面还不够深入、广泛，代表作用发挥得还不够充分；内部人员老化，科室职责不清，各科的作用还没有真正发挥出来等等。

各位代表：

十届人大一次会议已经召开，九届人大常委会已经完成了它的历史使命，新的一届常委会即将产生。希望通过全体代表的共同努力，把这次会议开成一个民主团结的大会，振奋精神、稳定大局的大会，推动我县治理整顿和深化改革深入进行的大会。

平山县人大常委会工作报告

——1991年3月27日在平山县第十届人民代表大会第二次会议上

县人大常委会主任　杨锡田

各位代表：

我受县十届人大常委会的委托，向十届人大二次会议报告县人大常委会一年来的工作，请予审议。

一年来，县人大常委会在县委的领导下，在省人大常委会、地区人大工作委员会的指导和各位代表的支持下，以党的十三届五中、六中全会精神为指针，认真履行宪法和法律赋予的职责，对推动我县经济建设和各项事业的发展，发挥了积极作用。概括起来主要有以下几个方面。

一、进一步加强法制建设，认真开展法律监督

对各项法律法规的贯彻实施情况进行监督，是法律赋予人大常委会的重要职责，也是完善和加强社会主义法制建设的一项重要内容。围绕这项工作，去年我们主要抓了三个方面。

1. 紧紧围绕国家的法律法规有针对性地听取有关部门的执法情况汇报，推动法律法规的贯彻实施。去年利用常委会例会先后五次听取县税务局、财政局、物价局、县法院等九个单位的执法情况汇报，并针对存在的问题及时提出监督建议。去年10月份县人大常委会第四次会议听取县税务局贯彻执行税法情况汇报以后，针对执法中存在的具体问题提出了三点建议：（1）要进一步开展税法宣传，提高纳税人员依法纳税的积极性。（2）进一步加强税务干部的自身学习，不断提高执法人员的政治素质和业务素质。（3）要集中力量抓好税收大户和零散税收，对积极纳税的单位和个人要给予表扬，对偷漏税者要公开进行严肃处理。县税务局对此非常重视，积极采取各项措施，严格依法办事。去年累计完成工商各税税收1898.7万元，占年任务的105.84%，比去年增收245.3万元，增长14.8%，增长幅度和税收完成进度在全区均名列前茅。

2. 充分发挥职能作用，积极开展执法检查。实践证明，开展执法检查是增强全民法律意识、纠正违法现象、推动法律实施的重要途径。在开展执法检查中，我们着重从两个方面入手：一是就某一项法律法规的贯彻情况进行专题检查。去年我们组织有关部门先后对《食品卫生法》《土地管理法》《计划生育条例》等五个法律法规进行了专题检查，发现问题及时责成有关部门加以解决。如，去年夏季我们组织卫生、工商、畜牧、计量等有关部门对全县主要集镇的食品厂、店、摊点的卫生状况进行了联合检查。共检查各类食品单位210户，其中饭店27户、肉食加工销售17户、冷饮生产4户、副食品门市83户、饮食摊点77户。对于在检查中发现的违法行为都按照《食品卫生法》进行了处罚。这样做既维护了法律尊严和消费者利益，又稳定了社会秩序，人民群众比较满意。又如，去年下半年我们组织有关部门对我县贯彻《河北省计划生育条例》情况进行了专题检查，发现去年人口普查时有关部门发的文件不符合计划生育条例，部分乡镇对超生罚款使用不当等问题，我们向县政府提出建议，很快作了纠正，使我县的计划生育工作逐步走上了法制轨道，并在地区名列前茅。二是进行全面执法大检查。去年11月份我们在全县各执法部门全面布置开展了执法大检查，成立了以人大常委会副主任齐学彦为组长，政府副县长王金庭，政协副主席封哲斌为副组长的执法检查领导小组，专门召开了执法部门负责人会议。要求各执法单位要对全年的执法情况进行一次认真总结检查。检查开始，县人大常委会向全县人大代表发出了《致全县人大代表一封信》，广泛征求人民群众对执法工作的意见和建议。检查期间，人大常委会领导亲自带队深入到三汲、柏坡等乡镇，面对面听取代表意见，并将代表意见及时转交有关部门，推动了检查活动的深入开展。县法院把人民群众反映大的民事案件久拖不决作为突破口全面开展检查，共清理出半年以上未结的案件450件。利用一个多月的时间突击解决积案400余件，基本清完了积案。为切实解决群众打官司难、告状难等老大难问题，他们还制定了一系列制度，完善了内部监督制约机制，规定了一般民事案件的审结时限，接受全县干部群众的监督，受到了群众的称赞。

3. 对重大案件进行重点监督。如，回舍派出所一名副所长在办案中逼供致人死亡，当时社会上议论很多，说法不一，有的要求从严，有的要求从宽，针对上述情况，县人大常委会主任会议认真听取县法院对此案的审理意见，并共同学习了有关法律条款，最后使此案得到了依法处理，真正体现了法律面前人人平等。

二、围绕经济建设积极开展工作监督

以经济建设为中心，抓住全县范围内的重大事项开展工作监督是人大工作的一条基本原则。一年来，我们着重围绕全县的经济建设、县人代会决议落实情况以及人民群众反映强烈的热点问题，积极开展工作监督，收到了较好的效果。

1. 认真监督县政府对人代会决议的落实情况。县长张秋阳同志在十届人大一次会议上的《政府工作报告》中提出的1990年要为全县人民办成十件实事，为了监督政府落实这一部署，我们于去年8月份组织部分委员、人大代表20多人对十件实事中的液化气站、县医院门诊楼、邮电局电信大楼、南甸至王坡油路路基工程进行了重点视察，并两次在人大常委会上听取汇报。对视察和汇报中提出的合理化建议，县政府很重视，并逐条进行解决，推动了工程的进展。如，在视察南甸至王坡油路路基工程时，南甸镇提出青苗赔偿费不足影响了工程进度，参加视察的常委会领导建议县交通局增拨了3000元赔偿费，加快了工程进度。为使十件实事尽快得到落实，常委会领导还在百忙中抽出时间到平光南路、邮电局电信大楼等施工现场对施工人员进行慰问，大家深受鼓舞。到去年年底，十件实事已全部按计划完成，受到了全县广大干部群众的好评。

2. 围绕工业生产，视察利税大户。去年8月份，常委会针对县工业生产滑坡、市场疲软等问题，组织常委会主任、委员和部分人大代表对县水泥厂、第一钢铁厂、地毯厂三个利税大户的生产情况进行了视察。视察后我们根据企业普遍存在的资金紧缺问题向县政府提出了监督建议。县政府对此非常重视，立即召开县长办公会议进行研究采取措施进行解决。县长张秋阳、主管副县长谢占海和一钢厂领导一起多次到省和北京跑资金，从省、地工商银行解决资金1400万元，基本满足了一钢厂的生产所需。副县长王金庭帮助县水泥厂经过多方的努力，从省人行解决200万元的技措贷款，解决了水泥厂的燃眉之急，为促进企业的正常发展起到了重要作用。

3. 围绕人民群众普遍关心的热点，切实加强对纠风工作的监督。行业不正之风是当前影响党群干群关系的一个重要因素，对纠正行业不正之风工作进行监督，是落实十三届六中全会精神的重要措施。去年下半年，我们认真学习行唐县监督纠正粮食系统不正之风的经验，进一步加强了对纠正行业不正之风工作的监督。人大常委会副主任梁文达和财经科的同志们一起到粮食系统参与纠风工作，听取基层粮站关于开展纠风整训工作的情况汇报，并针对粮食系统的实际情况提出要在纠风整训中搞好“九查”活动的建议，引起了局领导的重视。人大常委会副主任高文存和文卫科的同志专门召开老干部座谈会，征求他们对卫生系统的意见和建议，并及时督促卫生部门改善服务态度提高服务质量，收到了较好的效果。

三、发展社会主义民主，充分发挥人大常委会联系群众主要渠道作用

一年来，县人大常委会把联系代表工作，为代表履行职责服务作为完善人民代表大会制度的一项经常性工作来抓，努力使人大常委会成为联系群众、反映民主、解决矛盾的主要民主渠道，我们的做法是：

1. 密切联系代表，发挥代表作用。一年来，我们自觉把联系代表作为发扬民主履行监督职责的一条重要渠道，通过密切联系代表、体察民情、反映民意来解决人民群众迫切要求解决的问题。去年6名正副主任分别深入到17个乡镇走访代表，召开不同类型的代表座谈会21次，广泛搜集代表们的意见和建议，为依法行使职权提供了科学依据。同时常委会还两次向代表发公开信，广泛搜集人民群众对县人大常委会和“一府两院”的批评意见和建议。为进一步贯彻落实中央六中全会精神，加强人大常委会与人大代表、代表与选民的联系，我们在十届人大常委会第四次会议上制定通过《平山县人大常委会关于县人大代表联系选民工作试行办法》，并印发了《县人大代表联系选民意见卡片》，及时征求选民的意见和建议。各乡镇人大主席团都根据本乡镇实际情况制定出各乡镇人大主席团联系代表、代表联系选民办法，使“双联系”活动逐步形成制度化、规范化。

2. 认真做好人大代表和人民群众的来信来访工作。一年来我们始终把接待人民群众来信来访作为联系代表和群众的一项主要工作来抓，除明确政法科具体负责接待外，重要信访案件均由常委会领导亲自批阅。去年我们共接待人民代表和人民群众来访132人次，处理来信110件，对需要转办的信件均按照对口办案的原则转交有关部门进行办理。其中办理要结果的来信案件11件，已全部办结。

3. 积极组织人大代表和有关部门参与地方性法规的讨论修改。去年我们先后组织人大代表和有关人员参与讨论和修改省人大常委会制定的《渔业管理条例》《水利工程管理条例》《保护侨眷合法权益条例》等地方性法规，间接参与了地方立法工作。

4. 认真办理代表提案。县十届人大代表一次会议共收到代表提案83条。对此，我们在会议期间采用了集中解答和个别接待解答两种方法，面对面地向代表做了答复。在会议期间我们继续坚持设立了人大常委会主任、县长、法院院长、检察院检察长接待室，直接和代表对话，听取代表的批评和建议，当面解答代表提出的问题，进一步提高了代表参政议政的积极性。十届人大一次会议后我们又陆续收到代表提案169条，均转交有关部门进行办理，做到了事事有回音，件件有着落。如，收到小觉镇人大主席团反映十里坪联办中学由于危房致使新招学生不能上学，现有学生得不到巩固的反映后，我们立即和教育局、小觉镇负责人前去调查，并督促教育局和该镇政府组织力量及时进行了修缮，使学生开始正常上课，受到了干部和群众的好评。这样做不仅促进了学校危房改造工作，而且也促进了教学条件的改善和八配套的实现。

5. 充分发扬民主，认真行使任免权。县十届人大常委会组成以后，我们根据有关法律规定，对新的一届政府组成人员重新进行了任命，同时举行了颁发任命书仪式。去年我们共依法任免“一府两院”工作人员110人。在每次任免工作中，我们都始终坚持采用无记名投票方式进行表决，真正发扬民主，尊重委员个人的意志，保证每个主任委员自主行使权力，既有民主，又有自由，既体现了人民当家作主，又依法办事，履行了人大常委会的职责。

四、加强基层民主建设，发挥乡镇人大主席团职能作用

针对去年乡镇人代会换届选举后，各乡镇人大联组改设为乡镇人大主席团的新情况，及时加强对乡镇人大主席团工作的联系与指导。

1. 及时召开培训会议。根据换届选举后大多数乡镇人大主席团成员对人大工作不太熟悉的新情况，我们于去年8月份召开了各乡镇人大主席团常务主席、副主席培训会议。组织大家认真学习了《宪法》《地方组织法》和兄弟市县开展乡镇人大主席团工作的先进经验。人大常委会常务副主任刘永喜就地方人大的性质、地位、作用、人大工作的原则、乡镇人大主席团和常务主席的职责范围和工作方法以及加强乡镇人大主席团自身建设等问题作了指导性讲话。会议期间讨论制定了《平山县乡镇人民代表大会主席团工作试行办法》，使各乡镇人大主席团的同志提高了思想认识，明确了职责范围，学会了工作方法，增强了做好乡镇人大工作的责任感。

2. 总结交流经验，推动全县乡镇人大工作的开展。为了及时交流总结乡镇人大工作经验，我们利用《人大工作简报》向各乡镇人大主席团转发了“两河乡人大主席团关于几项工作制度的规定”和“南甸镇人大主席团代表联系选民试行办法”，对促进各乡镇人大主席团加强制度建设起到了积极作用，同时我们还在去年12月份召开了各乡镇人大主席团常务主席工作座谈会，有18个乡镇人大主席团常务主席介绍了他们开展人大工作的经验，使与会同志受到了很大启发，起到了互相学习、取长补短、共同提高的效果。

五、不断加强自身建设，进一步提高人大机关工作人员的政治素质和业务素质

一年来，县人大常委会在认真履行职责，依法开展工作的基础上，加强了马克思主义理论和法律知识学习，人大机关干部的政治素质和业务素质不断提高，科室工作逐步活跃，人大常委会的工作逐步走上制度化和法律化的轨道。具体来说主要体现在三个方面：一是按照地区的统一安排，组织了新到人大常委会工作的领导同志到赞皇县参加地区组织的业务培训学习。同时认真坚持了机关内部每周二、五下午学习制度。二是加强制度建设。去年常委会根据我县的实际情况，经过自上而下、自下而上的反复酝酿讨论，先后制定了《平山县人大常委会议事规则》等三个方面的工作制度，使人大工作逐步走上制度化、规范化的轨道。三是发挥各科室职能作用。去年下半年，我们对科室人员进行了调整和配备，各科室分别制定了与政府有关部门工作联系试行办法，各科室受人大常委会的委托参加了《土地管理法》《河北省职业技术教育条例》《食品卫生法》《计划生育条例》等有关法律法规的检查，使各科室职能作用得到进一步发挥。

总之，一年来，县人大常委会在全县人民和各位代表的支持和密切配合下，坚持一个中心、两个基本点，围绕加强社会主义民主和社会主义法制建设做了一些工作，对我县的经济建设和社会稳定发展起到了积极的推动作用。但是，仍然存在着一些问题，主要是：（1）有法不依、执法不严、监督不力的现象还依然存在，法律赋予人大常委会的职权还没有得到全面行使。(2)各科室的职能作用和人大代表的作用发挥得还不够充分。（3）对乡镇人大主席团工作指导不够。（4）人大常委会自身建设还需要进一步加强。

各位代表：

1991年是“八五”计划的第一年，是治理整顿、深化改革向高层次发展的一年。随着我国改革不断深化，新的一年全县的各项事业要有新发展，人大工作也要有新突破，人大的性质、地位和作用，越来越被人民群众所认识，人民代表大会制度将会得到进一步加强。在新的一年里，县人大常委会的工作要以党的基本路线为指导，把贯彻党的七中全会精神、保障和促进经济的发展放在首要位置，在县委的领导下，认真贯彻省委召开的人大工作会议精神，进一步落实省委《关于进一步加强人大工作的决定》，全面行使宪法和法律赋予县级人大常委会的决定权、监督权和任免权，继续发扬主动务实的精神，团结一致、同心同德、艰苦奋斗、开拓前进，为促进我县经济建设和社会的稳定做出新的贡献！

平山县人大常委会工作报告

——1992年3月26日在平山县第十届人民代表大会第三次会议上

杨锡田 县人大常委会主任

各位代表：

我受县十届人大常委会的委托，向大会报告工作，请审议。

县十届人大二次会议以来，县人大常委会在县委的领导和地区人大工委的指导下，认真履行宪法和法律赋予的职权，为进一步加强社会主义民主与法制建设、促进全县经济建设和各项事业的发展，发挥了积极作用。概括起来主要有以下几个方面。

一、认真行使决定权，讨论决定重大事项

一年来，我们从本县的实际情况出发，围绕我县的经济发展和社会稳定认真行使决定权，先后做出了《关于依靠科技进步发展平山经济的决议》《关于平山县经济社会科技发展战略的决议》《关于加强法院执行工作的决议》《关于加强预算外资金管理的决议》和《关于加强社会治安、严厉打击刑事犯罪的决议》等，通过决议的贯彻实施，对经济的发展和社会秩序的稳定起了很大促进作用。如十届人大常委会第八次会议通过的《关于依靠科技进步发展平山经济的决议》，执行一年来，对促进全县科技成果的推广应用、基层科技组织和科技机构的建设、科技人才的培养使用及增加科技资金投入发挥了重要作用，促进了“科技兴县”战略的进一步落实。去年，在十届人大常委会第九次会议上听取和审议法院关于法律文书执行难情况的汇报后，针对性地做出了《关于加强县法院执行工作的决议》。根据决议要求，县法院自7月15日开始，全院上下齐动员，集中人力、物力、财力大打执行攻坚战，会战以来共受理新、旧执行案620件，执行482件，占应执行案件总数的77%，结案标的124万余元，彻底扭转了“执行难”的被动局面，执行工作走在了全省前列，受到了省地两级法院表扬。

二、紧紧围绕法律法规的贯彻实施情况，积极开展法律监督

1. 围绕法律法规的贯彻实施情况，利用常委会例会有针对性地听取有关部门的汇报。去年以来，人大常委会先后听取县教育局、司法局、财政局、税务局、计生委、公安局等12个单位的执法情况汇报，针对各单位在贯彻执行国家法律法规中存在的问题及时提出要求和建议，有效地促进了法律法规的顺利实施。在县十届人大常委会第八次会议上，各位主任、委员认真听取并审议县教育局关于《义务教育法》《河北省普及义务教育条例》贯彻实施情况的汇报后，针对县直机关和企事业单位的干部职工子弟大量进入县城就学，造成平山镇校舍紧张，面临着1991年暑假后将有307名小学毕业生不能升入初中的严重状况，为贯彻落实《义务教育法》，人大常委会及时向县政府提出监督建议。县政府对此非常重视，立即召开有关部门参加的会议，研究解决存在的问题。先后从里庄、胜伏两所中学和农技校、教师进修学校筹措6个教室并备齐课桌，使300多名学生都按时入学上课，得到了干部群众以及学生家长的一致好评。

2. 充分发挥监督职能作用，对有关法律法规的实施情况进行专题检查。去年我们组织有关部门先后对《企业法》《义务教育法》《计划生育条例》《食品卫生法》《河北省乡镇财政管理条例》等法律法规进行了专题检查，发现问题及时向有关部门提出改进意见，推动了法律法规的进一步贯彻实施。如，去年7月份，我们组织卫生局、防疫站、工商局、计量局等有关单位在《食品卫生法》颁布八周年之际，对县城及主要集镇的食品厂和部分食品店、饭店进行了一次联合检查。对检查中发现的问题，我们均监督政府主管部门按照《食品卫生法》的要求，分别进行了处理。其中，警告限期改进的24户，罚款9户，责令停业改进的2户，销毁过期变质食品1050公斤，促进了《食品卫生法》的贯彻实施。

三、以经济建设为中心，积极开展工作监督

1. 认真对县政府落实人代会《关于加强畜牧工作的决定》和《关于加强县城建设工作的决定》的情况进行监督。在县十届人大二次会议上，根据全县人民的意愿，做出了《关于加强县城建设的决定》和《关于加强畜牧工作的决定》。一年来为监督政府落实两个决定，人大常委会组织人员深入到南甸、两河、温塘等养牛、养羊基地及市政建设工地进行视察，针对执行中存在的问题及时提出改进意见，取得了明显的效果。县畜牧局以人代会的决定为宗旨，以科技兴牧为先导，以提高经济效益为中心，重点抓了一项改革、二项承包、三项开发、四个实体、十项新技术推广，取得了显著成绩。一是畜牧业实现了10个超历史。即：牛、猪、鸡、兔、鸭的饲养量，牛、猪、兔的出栏率，禽蛋的产量和产值均超历史最高水平；二是畜牧业养殖基地初具规模。以南甸为主的养牛基地、以苏家庄、温塘、北冶为主的养兔基地，以两河、孟贤壁为主的养鸭基地均取得了明显的经济效益；三是畜禽的品种改良工作取得了新进展；四是防病灭病工作取得了显著成绩。经地区抽查，猪瘟防疫密度达98.7%，鸡防疫密度达96.4%，对畜禽危害比较严重的主要疫病基本得到控制。

2. 监督县政府认真办理21件实事。在十届人大二次会议上，县政府在政府工作报告中提出1991年为全县人民办成21件实事。为保证21件实事的落实，人大常委会于9月份组织部分委员和人大代表以及政府有关领导，对县城平光南路硬化、体育馆、兴民渠改线、温塘引水工程、石阎路改造进行了专题视察，并两次在人大常委会上专门听取汇报。经过政府及有关部门的努力，到午底21件实事已全部按照进度要求完成。

四、密切联系人民代表，充分发挥人民代表的监督作用

加强同人大代表的联系，是推进社会主义民主和法制建设、完善人民代表大会制度的基本工作。一年来我们主要抓了四个方面的工作：一是深入基层走访代表。去年以来5名驻会主任分别深入到孟贤壁、两河、南甸、三汲、宅北、孟家庄、温塘等13个乡镇走访代表，召开不同类型的代表座谈会17次，广泛搜集代表的意见和建议。去年上半年，县人大常委会两名主任和县长张秋阳到孟贤壁乡走访人大代表，召开由孟贤壁乡、平山镇、回舍镇等部分人大代表参加的座谈会。人大代表对社会治安、加强农村水利建设、壮大农村集体经济、完善土地承包责任制、企业管理、干部作风等方面提出了不少意见和建议。根据代表对乡派出所的反映，县长张秋阳当即通知县公安局局长到会，共同研究改进措施。县公安局组织力量对派出所进行整顿，代表们感到很满意。二是认真接待和办理人民代表和人民群众的来信来访工作。随着人民群众的民主意识和法律意识的不断提高，给人大常委会来信来访的群众日益增多，信访工作已成为人大常委会的一项重要工作，重要信访案件人大常委会领导亲自接待。一年来共接待人民代表和群众117人次，受理来信来访186件。对需要转办的均按照对口办案的原则转交有关部门进行处理，其中办理要结果的10个案件已全部办结。三是监督政府认真办理代表提案。县十届人大二次会议共收到代表提案70条，涉及交通、城建、林业、水利、文教卫生、社会治安等10个方面。县人大常委会明确一名副主任及代表联络科具体负责代表提案的督查落实工作。由于各有关部门领导重视，措施得力，到5月底已全部办理完毕，办理质量明显高于往年。四是充分发扬民主，认真行使人事任免权。去年在任免干部的工作中，我们正确摆正党管干部与人大常委会任命干部的关系，严格坚持“四化”标准，既充分发扬民主，又保证党委意图的顺利实现。在每次任免工作中坚持真正体现委员意志，以无记名投票的表决方式共依法任免“一府两院”和人大常委会各科室工作人员47名。

五、认真指导乡镇做好评议基层七所八站工作

根据地委、地区人大工委关于组织人大代表评议乡镇基层七所八站的要求，我们从8月份开始在平山镇进行试点，人大常委会几名领导与各科室人员深入下去具体帮助，总结经验，对指导全县的评议工作起到了很好的作用。

在搞好试点的基础上，我们于11月份结合县委整顿七所八站，重点抓了13个乡镇作为第一批评议单位。4名正副主任先后深入到回舍、南甸、三汲、两河、孟贤壁、岗南、宅北等乡镇听取汇报具体指导，帮助乡镇人大主席团解决评议中存在的问题。并于12月5日和1月24日两次召开由部分乡镇党委副书记、人大主席参加的评议七所八站汇报会。县委副书记孙吉明出席会议并讲了具体指导意见，对评议工作发挥了重要作用。通过评议，各乡镇共揭摆出主要问题700多条，包括职业道德差；服务质量低；为部门利益一切向钱看；压级压价克扣群众；特权思想严重，滥用职权随意行政；乱收费、乱摊派、乱涨价；吃、拿、卡、要，以权谋私等6个方面。通过评议共清理纠正了各种行业不正之风问题24项，涉及662人次，金额达6339162元，发现案件线索17起，立案查处8起，对加强廉政建设、遏制行业不正之风起到了积极作用。

六、人大的自身建设得到进一步加强

一是加强了县人大机关的自身建设。在思想建设上，充分利用常委会例会和主任会议认真学习江泽民同志“七一”重要讲话和党的十三届八中全会精神，及省委、地委、县委全会工作会议精神，认真学习党章准则和毛主席的重要著作及中央领导同志关于进一步改革开放建设有中国特色的社会主义、反和平演变的重要论述，充分发挥人大党组和支部的战斗堡垒作用，使整个人大机关在过去的一年中始终与党中央保持高度一致。在国际风云变幻的形势下，保持了坚定的共产主义信念和社会主义理想。进一步认识到人民代表大会制度在中国特色的社会主义中的性质、地位和作用，坚定了大家做好人大工作的信心和决心；在业务建设上，认真学习法律法规和省、地委人大工作会议精神及外地工作经验，广大干部的业务素质进一步提高；在组织建设上，经人大党组研究并报经县委批准，去年我们新任命了4名年富力强的干部担任科室领导，并通过思想教育和纪律整顿，建立健全了各项工作制度，使科室独立发挥职能作用逐步得到加强。二是积极帮助指导乡镇人大主席团加强自身建设。一方面我们根据我县乡镇人大工作薄弱的现状，建议县委及时做出了关于加强乡镇人大主席团工作的决定，以县委文件的形式发至全县，进一步提高了全社会对乡镇人大主席团工作的认识。另一方面坚持不断地召开乡镇人大主席团工作座谈会，及时交流经验，取长补短，有力地推动各乡镇人大工作的开展。

总之，一年来人大常委会的工作虽然取得了一定的进展，但也还存在一些不足。主要是：（1）同代表的联系还不够广泛，组织代表活动还不够经常。（2）各科室职能作用发挥得还不够充分。（3）各乡镇人大工作开展得不平衡，有些经验只停留在点上，面上普及推广不够。（4）人大本身的思想建设和组织建设还有一定差距。

各位代表：在新的一年里，我们要以党的十三届八中全会精神和1992年中央2号文件为指导，认真贯彻省、地人大工作会议精神，在县委的领导下，紧紧围绕一个中心两个基本点按照法律赋予的职责积极开展工作。今年的工作主要是：一是要认真开展法律监督和工作监督，确保国家法律法规在我县的全面落实。二是要继续做好评议工作。今年除搞好乡镇基层七所八站工作评议外，县人大常委会还要组织人大代表对县公安局、法院、检察院的工作进行评议。三是要进一步加强对乡镇人大主席团工作的指导，继续搞好“双联系”活动。四是要进一步加强代表工作和信访工作。广泛联系代表、热情接待来访的代表和群众，使人大常委会真正成为联系代表、反映民意、替人民群众当家作主的权力机关。五是要进一步深入开展调查研究，总结和推广先进经验，促进人大工作的开展。六是要切实加强对人大工作的宣传报道工作，使人大的性质、地位和作用更加深入人心。七是要进一步加强自身建设，不断提高政治素质和业务能力，把人大常委会建成一个高效、务实、团结、廉政的战斗集体，为促进我县政治经济和社会的进一步稳定发展，为尽快把我县建成石家庄地区最富裕的县而努力奋斗！

谢谢大家。

平山县人大常委会工作报告

——1993年2月12日在平山县第十一届人民代表大会第一次会议上

县人大常委会主任　杨锡田

各位代表：

我受县十届人大常委会的委托，向第十一届人大一次会议报告工作。

平山县第十届人大常委会是1990年3月份选举产生的。三年来，在县委的领导和地区人大工委的指导下，坚持党的基本路线，认真执行县十届人民代表大会历次会议的决议，努力履行宪法和法律赋予的职权，为巩固和发展全县稳定的政治局面，保证和促进全县经济发展，推进社会主义民主和法制建设发挥了重要作用。下面我把十届人大以来重点是1992年以来的工作向大会作一报告，请审议。

一、以经济建设为中心，认真开展法律监督

对各项法律法规的贯彻实施情况进行监督，是法律赋予人大常委会的重要职责，也是完善和加强社会主义法制建设的一项重要内容。在法律监督方面，我们主要抓了两点：一是围绕有关法律法规的贯彻执行情况，利用例会先后听取县经委、林业局、计生委、财政局、卫生局、公安局、法院、检察院等21个单位的执法情况汇报，针对存在的问题及时提出要求和建议，促进了国家法律法规的贯彻执行。在县十届人大常委会第十四次会议上，听取县计生委关于贯彻执行《河北省计划生育条例》（以下简称《条例》）的情况汇报后，针对存在问题提出了三点要求：（一）要认真贯彻落实《条例》，解决好超生处罚不到位和落实好奖励政策问题。要进一步摸清底数，分类指导。（二）计划生育工作要实行科学管理，主要是实行育龄妇女合同化管理，要总结经验不断完善。（三）对违反和破坏计划生育的案件要协同有关单位抓紧处理，以保证计划生育工作的正常开展。县政府领导和有关部门对此非常重视，认真落实人大常委会的要求，对推动全县计划生育工作起了很大作用，通过上环、结扎、超生罚款、处理违纪党员干部等措施，近两年来全县的计划生育率、人口出生率、自然增长率，三项指标均达到了地区下达的控制要求，一跃成为全区先进县。为了强化社会治安管理，使全县人民有一个安定的工作和生活环境，每年我们都定期听取县公检法部门的执法汇报，并在新年春节前夕监督县政法部门采取措施，严厉打击各种犯罪活动，让全县人民过一个安宁、文明的节日，受到了广大干部群众的一致好评。二是切实加强对法律法规执行情况进行专题检查。近两年来，我们组织有关部门先后对《企业法》《全民所有制工业企业转换经营机制条例》《土地管理法》《河北省土地管理条例》《食品卫生法》《计划生育条例》等国家有关法律法规进行了专题检查，发现问题及时责成有关部门加以解决。1992 年 7 月份我们组织卫生、防疫、工商、计量、商业、县社、粮食等有关部门对全县食品生产经营单位贯彻落实《食品卫生法》的情况进行了专题检查。重点检查了城关、南甸、回舍、岗南、会口五个主要集镇，检查各类食品生产经营单位 112 个，查出有违法行为的单位 19 个，根据有关法律规定都进行了处理。其中：罚款处理的 7 个，停业整顿的 1 个，限期改进的 11 个。查出并没收霉烂及超期变质不符合卫生要求的食品 200 余斤，并利用集日展览销毁，还通过县电视台向全县曝光，既维护了法律的尊严，又保护了消费者的自身利益，促进了《食品卫生法》在我县的贯彻落实。

二、以经济建设为中心，加强对“一府两院”的工作监督

三年来，我们围绕经济建设这个中心，对“一府两院”的工作在全面监督的基础上重点抓了以下几个方面。

1. 认真监督县政府落实十届人大三次会议通过的《关于大力开展农田水利基本建设的决定》，使全县农田水利建设取得了明显成绩。1992 年全县总开工农田水利基本建设项目 782 项，已完成 608 项，增加灭旱 0.92 万亩，改善面积 1.95 万亩，六条灌渠清淤 215 公里，水土保持治理面积 30 平方公里，为全县的农业丰收提供了可靠保障。

2. 积极做好对公费医疗管理工作的监督。近年来，由于我县财政紧张，公费医疗款不能及时兑现，仅 1990—1991 年全县公费医疗尾欠达 60 多万元。针对这种情况，县十届人大常委会第十四次会议听取审议县政府关于公费医疗管理执行情况的汇报，根据存在问题向县政府提出改进意见。县政府立即召开专门会议，不到 10 天时间就作出了《关于 1992 年公费医疗管理办法的规定》，并以县政府文件下发。县卫生局根据县政府文件精神，制定出《关于 1992 年公费医疗管理办法的实施细则》，配备优秀医务人员，开设公费医疗门诊部。目前，县政府正在积极筹措资金抓紧解决尾欠。

3. 认真监督县政府办好实事。十届人代会以来，县政府每年都向人代会保证要为全县人民办几件关系平山经济建设、人民迫切要求解决的实事，我们每一年也都把此作为监督重点，不断听取汇报、组织检查监督。三年来，经过政府的努力，每年确定的实事都能按时完成。在县十届人大三次会议上县长张秋阳提出 1992 年要为全县人民办成 12 件实事。在人大常委会的监督帮助下，经过县政府及有关部门的努力，到年底，税务局至石阎路硬化工程、县城向黄壁庄水库排水工程、人民银行至运管站街道路基工程、20 个无电自然村通电、建成畜牧培训中心、县城太行贸易市场开工兴建、建成西柏坡新能源示范村等实事已顺利完成。其余几件实事按进度要求亦基本完成。

三、以经济建设为中心，积极帮助政府有关部门搞好外引内联

去年以来，我们在做好本职工作的同时，几名正副主任不顾年老体弱先后到北京、天津、山东、海拉尔、满洲里、石家庄等地帮助粮食局、旅游局、卫生局、畜牧局、交通局、工商联、移民办、轴承厂、大理石厂等单位外出跑资金跑项目，推销产品，积极为我县的经济建设服务。近两年来和有关部门领导共同努力引进资金 400 多万元，推销产品价值 50 多万元。人大常务副主任刘永喜帮助工商联到内蒙古海拉尔、满洲里建立边贸公司，和丝绸公司一起到山东省宁阳县参观蚕桑经验，在我县建立了蚕桑基地。副主任高文存帮助畜牧局引进“三站”款20多万元。副主任齐学彦帮助交通局到北京引进公共项目投资款100多万元，到省有关部门引进建新车站款190万元，并和交通局的负责人一起到深圳、海口等地参观考察，学习外地先进经验。所有这些，都为加快我县经济建设的步伐发挥了重要作用。

四、以经济建设为中心，组织人民代表做好评议“两院一局”和“七所八站”工作

根据地区人大工委的统一部署，1991年至1992年组织人大代表分两批评议了各乡镇“七所八站”。1992年5—8月份县人大常委会又组织县乡人大代表，对县法院、检察院、公安局的工作进行了一次全面评议。为了搞好这次评议，我们成立了办事机构和评议领导小组，被评议单位都成立了接受评议领导小组。4名正副主任组织人大各科室和部分县、乡人大代表分赴10个乡镇25个村组织代表、选民座谈，共召开各种座谈会47次，走访、接待代表和选民320人次，掌握重点材料61件，在认真做好准备的基础上，召开了由各乡镇人大主席、部分人大代表和公检法三个部门中层以上干部参加的评议大会。通过评议进一步摆正了主人和公仆的关系，提高了干部接受监督的自觉性，依法纠正了一些错案，清理了一批久拖不决的案件，促进了“两院一局”的工作，进一步提高了执法水平，改进了工作作风。去年1月20日晚上，下槐镇派出所干警查一辆拉货的三轮车，因车未停，干警追赶，车停后又开枪打坏了三轮车轮胎并罚款800元。评议中代表反映此事后，县公安局经过调查核实，领导不护短、不姑息，严厉批评了干警的特权思想，并同他们一起到当事人家里赔礼道歉，退回了800元罚款。

评议“七所八站”的工作我们已连续抓了两年，全县24个乡镇1991年评议了13个，1992年在评议“两院一局”工作结束后，我们于9—11月份指导乡镇人大主席团组织人大代表对温塘、古月、小觉、下槐、杨家桥、蛟潭庄、合河口等11个乡镇的“七所八站”工作进行了评议，人大常委会4名主任分片包干抓评议，先后深入到温塘、小觉、古月、下槐等乡镇听取汇报具体指导。通过评议，一是提高了各乡镇执法部门认真执行各项法律法规的自觉性，积极为经济建设保驾护航；二是增强了“七所八站”工作人员的公仆意识，促进了工作作风的转变，提高了服务质量；三是强化完善了监督制约机制，促进了廉政建设；四是增强了人大代表的主人翁责任感，促进了人大工作的开展。例如：下槐工商所、税务所筹集资金3万余元帮助下槐村修建面积达7亩的集贸市场，改变了集日摊点拥挤、车辆堵塞的状况，新建市场可增设摊点150多个，既方便群众集市贸易，又保证了车辆畅通。

五、深入调查研究，密切联系代表

调查研究，加强同代表的联系，为人民代表行使职权服务是人大常委会的一项重要工作。在这方面我们重点做了三项工作：一是驻会主任分别深入到城关、孟贤壁、三汲、两河、南甸、下槐等19个乡镇走访代表和选民，召开各种类型的座谈会30多次，广泛征求人民代表的意见和建议，为常委会决策提供了可靠依据。二是认真做好人大代表和群众的来信来访工作。三年来，我们始终把接待人民代表和群众来信来访作为一项重要工作来抓，除明确政法科具体负责接待登记外，重要信访案件均由常委会领导亲自批阅，使一些久拖不决的案件得到了处理。这几年来信来访逐年增多，仅 1992 年我们就接待人民代表和群众来访 294 人次，处理来信来访 153 件，办清 97 件。对需要转办的均按照对口办案的原则转交有关部门办理。其中，办理要结果的案件 26 件，已办结 18 件。例如岗南镇朱豪村承包貂场纠纷一案，县法院出了判决，岗南镇人大代表有不同意见向县人大作了反映，批到县法院以后，院长马经林亲自组织复查，带领申诉庭人员深入案发地调查研究，召开干部会、村民代表会征求意见。在此基础上，经审判委员会研究，对原判作了部分修改。三是认真办理代表提案。在县十届人大三次会议上共收到代表提案 69 条，涉及交通、电力、城建、文教卫生、林业、农业、水利、社会治安等 12 个方面，15 个部门。县人大常委会对代表提案非常重视，明确一名副主任及代表联络科主抓落实，做到了件件有着落，事事有回音。

总之，三年来，县人大常委会在各位代表和全县人民支持和密切配合下，做了一些工作，实践使我们体会到，人大工作和其他部门一样也必须以经济建设为中心，以民主和法制建设为首要职责，以发挥代表作用为基础。虽然我们的工作取得了一些成绩，但还存在着一些不足之处，主要是深入基层不够经常；同代表联系还不够广泛；各科室的职能作用还需要进一步发挥；对各乡镇人大工作缺乏经常性指导。

各位代表：县十届人大常委会已任期届满，在过去的时间里，十届人大常委会的工作得到了全县人民和各部门的大力支持和积极配合，在此，我代表十届人大常委会向大家表示衷心的感谢！

各位代表，平山县第十一届人大一次会议已经召开，十届人大常委会已经完成了她的历史使命。新的一届人大常委会即将产生，让我们在县委的领导下，团结一致，同心同德，贯彻落实十四大和我县第五次党代会精神，为建设繁荣富裕民主文明的新平山而努力奋斗！

谢谢大家。

平山县人大常委会工作报告

——1994年3月23日在平山县第十一届人民代表大会第三次会议上

县人大常委会常务副主任　高文存

各位代表：

我受县十一届人大常委会和主任的委托，向大会报告工作，请予审议。

1993年是平山县第十一届人大常委会任期第一年。一年来，在中共平山县委的领导下，以邓小平建设有中国特色社会主义理论和党的基本路线为指导，全面贯彻党的十四大和十四届三中全会精神，坚持以经济建设为中心，认真履行宪法和法律赋予的各项职权，开拓务实，努力加强民主与法制建设，增强法律监督和工作监督的力度，为推动和促进我县两个文明建设发挥了积极的作用。概括起来主要有以下几个方面。

一、以经济建设为中心，结合平山实际作决定，对推动全县经济发展发挥了重要作用

一年来，人大常委会从我县的实际出发，紧紧围绕发展市场经济和社会稳定这个大局，先后做出了《关于加强路政管理、优化公路交通环境的决定》《关于修改平山县城规划的决议》。依法通过县政府制定的《平山县城镇供水管理暂行办法》和《县政府关于落实〈河北省计划生育条例〉实施办法》，推动了各项工作的开展。县交通局认真落实县人代会决定，解放思想，改革创新，在公路建设和交通管理方面取得了明显的成效。去年改建了小觉至山西闫庄路段，完成了县界至常峪岭慢车道翻修、古月至天桂山旅游路硬化、西柏坡环村路硬化及西柏坡纪念馆旧路维修等工程。在公路养护和管理上，如，开挖边沟、维修桥梁、涵洞等工作都取得了很大成绩。在路政管理上，拆除违章建筑等做了大量工作，交通工作的成绩是比较显著的。县计生委为落实人代会决议，把人口计划执行情况和基础工作水平纳入了各级政府的任期目标责任制，层层签订责任状，并作为考核政绩的重要内容，有力地推动了计划生育工作，圆满实现了上级下达的各项计划生育指标。

二、围绕经济建设，强化监督职能，促进了法律法规的实施和方针政策的落实

对国家法律法规的贯彻实施情况和“一府两院”的工作情况进行监督，是法律赋予人大常委会的重要职责，也是加强社会主义民主和法制建设的一项重要内容。去年以来，人大常委会始终紧紧围绕经济建设这个中心，从促进我县经济发展和社会安定，对“一府两院”认真进行了法律监督和工作监督。

1. 为确保法律法规的全面落实，做到有法必依、执法必严、违法必究，人大常委会先后听取县法院、县检察院、县监察局等执法部门关于执法和廉政情况的汇报。利用各种形式对《土地管理法》《食品卫生法》《义务教育法》《河北省计划生育条例》《企业法》等十多个法律、法规贯彻执行情况进行了专题检查，针对存在的问题及时向有关部门提出意见和建议，促进了法律法规的实施。去年9月份我们组织部分代表及有关部门对《土地管理法》进行了认真检查。为搞好这项工作，我们成立了以人大常委会副主任姜兵虎为组长、政府有关部门领导为成员的执法检查领导小组，专门召开了由各乡镇人大主席、土地管理所所长及县直有关部门参加的土地执法情况汇报会，并利用电视台宣传《土地管理法》有关法律法规文件，明确了检查的具体要求。为搞好这次检查，各乡镇都成立了相应的领导机构，并组织县、乡人大代表对本乡镇1992年以来的违法占地情况进行了全面检查，共查出61个未办手续的单位，占地307亩。对查出的问题常委会及时责成土地管理部门按照有关法律和政策要求进行了依法处理，维护了法律的尊严，受到了群众的欢迎。

2. 一年来，人大常委会采取听汇报、组织视察、调查等多种形式，对政府认真进行工作监督，有效地促进了政府工作的开展。针对人代会做出的《关于加强县城建设的决议》和《关于加快我县旅游资源开发的决议》以及县政府办理10件实事情况，常委会积极加强监督，并大力协助有关部门解决问题，使决议落实收效显著。县旅游局根据决议要求，狠抓天桂山旅游开发，使天桂山景区面貌焕然一新，建设初具规模。自1993年6月6日开放以来，共接待游客12万人次，门票和各项服务收入近30万元，使天桂山成了我县对外交往的窗口，大大提高了平山的知名度。城建工作也取得了令人瞩目的成效，一年来新建街道四条，长2400米；铺设排水管道九条，长6000米；铺设供水管道三条，长3500米；绿化街道三条；并安装了路灯，硬化了人行道路。县政府在办理10件实事中，责任明确，领导重视，到年底，10件实事在人大常委会的监督下，经过政府有关部门和广大施工人员的共同努力，均已经按照进度要求完成了任务，得到了广大干部群众的拥护。

三、圆满完成了乡镇换届，进一步强化了基层建设

在县人大换届选举完成之后，于去年4—5月份又圆满完成了全县乡镇的人大、政府换届工作，充实加强了乡级政府领导班子。目前，各乡镇人大主席团的人员已基本配全，并建立健全了工作制度，工作已步入正轨。

按照上级的要求，参照外地经验，去年我们把在农村建立村民代表会作为一项重要工作下大力来抓。先后对城关、回舍、两河、南甸、温塘、古月6个乡镇的村民代表会组织建设情况进行了调查，发现各村建立了村民代表会之后，都在促进农村政局稳定和经济发展方面发挥了积极的作用。截至7月底，全县已建立村民代表会259个，对加强基层民主政治建设发挥了积极的作用。如，南甸镇寒虎河村建立村民代表会后，对村委进行监督。除建立了议事制度、公开制度外，还建立了财务审计制度和陪客制度，吃喝现象明显减少，干部作风和村风明显好转。

四、坚持调查研究，进一步加强同代表和人民群众的密切联系

密切同代表和群众的联系是常委会工作扎根于群众之中，充满生机和活力的源泉。调查研究、联系代表是人大工作的基础。去年以来，县人大常委会6名正副主任先后分别深入到平山镇、孟贤壁乡、古月镇、孟家庄镇、观音堂乡等15个乡镇走访代表，围绕全县经济建设和广大人民群众普遍关心的热点问题开展调查，广泛搜集代表和群众的意见和建议，为人大常委会决策提供了科学依据。各主任带头搞调查，对科室提出具体要求，收到了良好的效果。去年我们针对代表和群众普遍反映的蚕桑生产问题，组织机关深入到全县5个重点乡镇15个村进行调查研究，根据调查情况及时向政府提出加强蚕桑生产领导的建议，县政府很快进行了专题研究，决定狠抓重点，用典型示范方法推动全面发展。在发挥代表作用上，我们在提高代表素质上入手，去年换届后，人大常委会及时向全体代表发出公开信，对今年的代表活动提出了具体要求。进一步发挥了人大代表参政议政的作用。同时，我们还利用来信来访联系代表和人民群众这个窗口，热情接待代表和群众来信来访200多人次，处理来信来访120件，办清86件，其中办理要结果的案件5件，已办结3件，正在办理的2件。为提高广大代表意识，我们及时组织省、市、县、乡镇代表深入学习代表法，增强了代表参政议政的自觉性。涌现出了不少为民办事的好代表，提高了代表在群众中的威信。

总之，一年来，县人大常委会在各位代表和全县人民的大力支持和密切配合下做了一些工作，取得了一定成绩。但在我们的工作中还存在着一些不足之处，同宪法和法律赋予县人大工作要求和任务还有一定的差距。主要是联系代表还不够广泛；各科室职能作用发挥得还不够充分；对各乡镇人大主席团工作缺乏有力的指导。

各位代表：

1994年是继续改革开放的一年，是全县人民总动员，大干快上奔小康关键的一年。在新的一年里，常委会要继续坚持以邓小平建设有中国特色社会主义理论和党的基本路线为指导，全面贯彻党的十四大和十四届三中全会精神，按照县委要求，紧紧围绕全县人民奔小康这一目标，认真做好人大常委会的各项工作。

一、把搞好法律法规宣传教育作为常委会的一项重要的经常性的工作。监督和督促各有关部门重点宣传与人民群众生产生活关系密切的法律和法规，特别是领导干部要学法、懂法，坚持依法行政，不断为我县创造良好的法制环境。

二、进一步增强法律监督和工作监督的力度，不断提高监督效果。要在不断总结经验的基础上进一步健全监督机制，推动监督工作规范化和程序化。今年要根据群众要求，有针对性地组织更加广泛深入的执法大检查，要注重效果，切实解决问题，要按照“一府两院”的工作报告有选择地进行重点监督。

三、进一步加强同代表的联系。通过不同形式，加强与代表联系，进一步提高代表的参政议政水平，充分发挥人民代表的作用。

四、加强人大常委会的自身建设。首先是提高人大常委会的例会质量，使每个委员都能充分发挥参政议政的作用，使每一次常委会会议都能真正起到管大事、议大事的作用。同时要进一步健全人大机关的自身建设，进一步健全各项规章制度，充分发挥各科室和所有人员的作用。改进工作作风，提高工作效率，经常深入基层调查研究，为各位代表服好务，进一步做好人大工作。

五、加强基层建设。加强对各乡镇人大主席团的工作指导，进一步建立和健全村民代表大会制度。

各位代表：

在新的一年里，我们要依照法律赋予的职责，紧紧依靠各位代表，在代表的监督和支持下尽职尽责地工作，团结全县人民，按照县委要求，为全县人民奔小康做出更大的贡献。

平山县人大常委会工作报告

——1995 年 3 月 30 日在平山县第十一届人民代表大会第四次会议上

杨锡田　县人大常委会主任

各位代表：

我受县十一届人大常委会的委托，向大会报告 1994 年县人大常委会的主要工作，请予审议。

1994 年是平山县第十一届人大常委会任期的第二年。一年来，在中共平山县委的领导下，以邓小平建设有中国特色社会主义理论和党的基本路线为指导，认真贯彻党的十四大和十四届三中、四中全会精神，坚持以经济建设为中心，认真履行宪法和法律赋予的各项职权，开拓务实，努力加强民主与法制建设。认真审议决定重大事项，增强法律监督和工作监督的力度，为促进我县改革开放和经济建设持续、健康发展，维护社会稳定，发挥了积极的作用。概括起来主要有以下几个方面。

一、以经济建设为中心，认真履行宪法和法律赋予的各项职权

1. 围绕市场经济发展决定重大事项。为进一步加强执法工作，保障法律法规的正确实施，县人大常委会第十一次会议作出了关于在“一府两院”各部门实行错案和执法过错责任追究制的决定，为促进决定的贯彻落实，常委会先后听取县法院和技术监督局实行错案和执法过错责任制追究的工作汇报，有力地推动了这项工作的开展。县法院为加强这一工作，专门建立了错案责任追究机构，由一名党组副书记主抓，专门负责对干警所办案件进行逐件评查和查处违法违纪案件，并具体制定了“关于错案责任追究规定”，制定了“错案追究情况统计表”和“错案责任通知书”，建立了“错案责任追究档案”，使错案责任追究工作纳入了规范化、法制化的轨道。在具体工作中，他们动真的，来实的，变被动为主动，并发动全县人民帮助纠查。去年对 7 个错案责任者进行了严肃认真的追究，根据情节轻重，对 5 名责任者和违纪者，分别给予了扣罚奖金、停职检查、记过、记大过和撤职降级处分。通过实行错案责任追究，办案质量明显提高，错案率大幅度下降。他们的做法受到了最高人民法院和省、市人大的一致肯定，省电视台和中央人民广播电台先后两次播放了他们的事迹和经验。

2. 围绕市场经济发展，进一步加大监督力度。常委会依照法律赋予的“在本行政区域内，保证宪法、法律、行政法规和上级人民代表大会及其常务委员会决议的遵守和执行，监督本级人民政府、人民法院、人民检察院工作”的职权，围绕全县经济发展、市场经济、小康建设、政治稳定，采取多种形式强化监督工作。一是利用例会，先后听取“一府两院”及其有关部门工作的汇报十三次，根据汇报中存在的问题，提出了切实可行的改进意见，收到了较好效果。在本届第九次常委会上，认真听取县公安局关于开展春季攻势，打击各种犯罪情况的汇报后，要求县政府及公安部门要认真总结经验，纠正不足，继续做好超前防范，整顿干警队伍，不断提高干警政治业务素质，进一步为我县社会经济发展创造安定环境。根据常委会要求，公安局认真进行组织纪律整顿，调动了干警的积极性，进一步推动了严打和各种专项斗争。全年共破获各类刑事案件 415 起，其中重特大案件 84 起，刑事发案率比去年同期减少 34%，维护了全县社会秩序的安定。二是开展执法大检查。一年来常委会先后组织代表和有关部门对《反不正当竞争法》《农业技术推广法》《农业法》《环境保护法》《食品卫生法》《工会法》《河北省计划生育条例》《会计法》等十多项法律法规的贯彻情况进行专题检查，对发现的问题，建议有关部门进行了处理，促进了各项法律法规的实施。去年春耕农忙季节，我们以全县农资市场为重点，对《反不正当竞争法》贯彻情况进行了认真检查，共涉及 7 个重要集镇，25 个经销玉米种子、化肥、农药、柴油的门市摊点，共查获无检验合格证的玉米种子 2500 多公斤，无证经营、质量可疑的化肥 15 吨，无出厂日期或无使用期限的农药一六零五、甲胺磷、乐果等 17 个品种共 35 件，对 17 个单位存在的问题，根据情节轻重给予了依法处理，有力地打击了市场竞争中的违法行为，既维护了公平竞争，又保护了广大农民的切身利益。三是对县政府贯彻落实县人代会决议情况进行监督。去年县人代会上，县政府提出要为全县人民办好八件实事，为了保证八件实事的及时落实，曾几次通过听汇报、组织代表现场视察等形式进行检查督促，县政府领导及各有关部门千方百计克服困难，说到做到，保证了实事的落实，解决施工中遇到的困难和问题，帮助加快工程建设。电力局率先完成了 10 户以上自然庄通电，回舍至县城 35 千伏输电线路和县城电网建设。县城有线电视台，古月以下乡镇和重点村电话通信并入市话网，干部职工子弟学校，207 国道王岸至十八盘改造等相继完成或开工兴建，基本实现了去年县人代会提出的目标要求。

3. 围绕市场经济发展，认真开展依法治县工作。一年来，为进一步贯彻中央关于“一手抓建设，一手抓法制”的方针，加强我县民主与法制建设，加快依法治县步伐，制订了《平山县依法治县实施方案》，明确了指导思想、基本目标和主要任务，并重点抓了西水碾、烟堡、西街、西洪子店、水峪、桃科、湾子、北策城、曹土沟等依法治村的试点工作。由于这项工作的开展，有力地促进了农村综合治理和各项工作的健康发展。

4. 围绕市场经济发展，依法行使干部任免权。一年来，常委会根据法律赋予的任免权，坚持党管干部与人大任免干部的一致性原则，与党委部门积极配合，采用无记名投票表决方式，充分发扬民主，体现每个委员的意志。去年任免干部 65 名，充实加强了“一府两院”的领导力量，为我县经济建设提供了可靠的组织保证。

二、密切联系代表，充分发挥代表作用

县人大代表是县人民代表大会的主体，人大常委会作为人民代表大会的常设机构，在人代会闭会期间与广大代表保持密切联系，经常反映代表的意见和呼声是县人大常委会的一项重要职责。我县250多名人大代表分布在各个不同的工作岗位，代表着全县43万人民的意愿，充分发挥各位代表在全县两个文明建设中的作用，对加快市场经济体制建设、开放搞活、发展与稳定都具有十分重要的意义。为此，去年我们主要抓了以下四个方面。

1. 不断加强对《代表法》及人民代表大会制度的学习宣传，增强广大代表的参政意识和全社会的人大意识。去年我们两次组织代表学习《代表法》及有关法律法规，深入到代表中总结代表的先进模范事迹，在上级人大主办的刊物上进行宣传报道。去年9月我们利用我国人民代表大会制度建立40周年的有利时机，在全县范围内广泛开展人民代表大会制度宣传活动，各乡镇普遍组织代表进行学习，县人大常委会召开了不同阶层和各方面代表参加的座谈会，学习有关人民代表大会制度的理论文章，畅谈我国人民代表大会制度建立40年来的成就和我县人大常委会建立以来的发展变化，还利用县电视台进行了宣传。通过以上活动，进一步宣传了人大的权利、地位和作用，增强了广大代表的主人翁意识。

2. 经常走访代表联系选民，及时反映民意，为县人大常委会和“一府两院”的重大决策提供依据，为人民群众排忧解难。一年来，常委会7名正副主任和各委员先后深入到平山镇、南甸、古月、两河、观音堂、下口等20个乡镇走访代表，广泛征求代表和选民对县人大常委会和县政府、法院、检察院工作的意见和建议，为领导了解民情、决策问题提供了依据。如在南甸走访代表时，我们根据该镇农田水利基本建设情况，向县政府提出抓住农闲时节在全县广泛开展农田建设的建议，对全县冬春农田建设、五荒拍卖起到了推动作用。与此同时，我们还充分利用代表来信来访这一重要渠道解决群众关心的热点难点。一年来，我们共接待代表和群众来信来访200多件（人）次，其中办理要结果8件。

3. 组织代表开展视察活动，为代表知情知政，参政议政提供机会。去年，我们基本坚持每季组织代表活动，主要是组织代表进行视察。一年来，我们先后组织代表围绕畜牧养殖、高效农业、农田基本建设、石材开发等内容进行视察，收到了较好的效果。去年8月份我们组织部分代表到两河乡郭村和东回舍镇张齐村及部分珍稀皮毛动物养殖场进行了视察。根据视察情况和畜牧局的汇报，代表们建议县政府和畜牧部门要切实加强对养殖业的技术指导，继续抓好试点，典型引路，建立健全社会化服务体系。县畜牧局认真落实代表们的这一建议，在技术指导和社会化服务上大作文章，并聘请外地专家在我县举办了珍稀皮毛动物养殖培训班，广大技术人员深入到村户进行现场技术服务，对促进畜牧业发展起了一定作用。

4. 组织代表评议。去年以来，我们先后组织代表对法院和电力等部门的工作进行了评议，促进了部门工作的开展。去年9月部分代表对法院工作进行评议，法院对此十分重视，评议会结束后，法院专门召开了院长会议对人大代表意见和建议进行了专题研究，制订了改进措施，有效地促进了法院工作。

三、联系指导乡镇人大工作，逐步加强基层建设

加强乡镇级人大工作的建设，是我国人民代表大会制度的重要组成部分，也是加强基层民主政治建设的主要内容。去年以来，我们把联系指导乡镇人大工作，加强基层民主建设作为人大常委会工作的一个侧重点。首先是把各乡镇人代会开好，在搞好试点的基础上，提出了提高全县乡镇人代会质量的具体意见。并组织机关科室人员深入下去进行具体指导，使1994年的乡镇人代会质量较往年有所提高。其次是经常不断地采取不同形式交流各乡镇人大主席团的工作经验，使其工作逐步正规化。下口乡人大主席团积极为经济建设服务，组织代表对全乡的矿山开采加工业、煤炭市场和林业建设进行全面视察。古月镇人大主席团围绕减轻农民负担开展视察，都取得了良好效果。再次是在县委和乡镇党委的大力支持下，各乡镇人大主席团人员已基本配齐。最后是加强对村民代表会工作的指导。去年重点抓了完善和提高，采取以点带面，典型引路的方法，对南甸镇寒虎河村、温塘镇北马冢村、平山镇东关村、两河乡西岳村发挥村民代表会作用的经验进行了认真总结，于9月份召开了各乡镇人大主席会议，四个村的村民代表会主席在会上作了典型发言，推动了全县村民代表会制度的健全和发展。

四、加强自身建设，积极配合完成省市人大和县委交给的工作任务

去年以来，我们围绕提高常委会成员的参政议政水平为目标，组织大家认真学习邓小平建设有中国特色社会主义理论和党的十四届三中、四中全会精神，学习宪法、地方组织法、代表法以及日常监督工作中涉及的一些法律法规，学习全国人大、省、市人大领导关于人大工作的重要论述和外地工作经验，用于指导自身的工作。同时，从完善工作制度入手，讨论制定了人大常委会议事规则和常委会组成人员守则，使常委会的工作进一步规范化。为适应工作需要，今年又调整健全了机关内部机构，配备了各科室人员，使机关内部机制建设有了加强。此外，我们还响应县委号召，办起了经济实体珍稀动物养殖场，取得了较好的经济效益，对充实机关经费，提高干部职工收入起了一定作用。

1994年，县人大常委会的工作，在各位代表的大力支持和密切配合下，取得了较大进展，但是同形势的要求和法律赋予的职责相比较，还存在不少问题和差距。主要是在行使重大事项决定权方面研究不够，对被任命人员的工作和廉政情况监督不力，对各乡镇人大主席团工作缺乏有力的指导，联系代表还不够广泛，为代表服务还很不够。这些问题都有待于在今后工作中认真加以解决。

各位代表：

1995年是深化改革的一年，是动员全县人民大干快上奔小康的一年。在新的一年里，常委会要继续坚持以邓小平建设有中国特色社会主义理论和党的基本路线为指导，全面贯彻党的各项路线方针、政策，要在县委的领导下，继续紧紧围绕经济建设这个中心，认真做好人大常委会的各项工作。

（一）认真行使重大事项决定权。集中精力审议决定好事关改革、发展和稳定的重大事项，重点围绕建立社会主义市场经济体制，强化国有企业改革，大力发展农业和农村经济，促进农村小康建设，以及涉及广大群众切身利益的“热点”问题，广泛深入调查研究，针对存在问题做出相应的决议、决定。

（二）增强监督工作力度。

1. 年内抓好《公司法》《预算法》《审计法》《统计法》《赔偿法》《义务教育法》《教师法》《文物保护法》《计划生育条例》等法律法规的执法检查，对检查中发现的问题及时督促有关部门认真解决。

2. 有计划、有针对性地听取和审议“一府两院”关于财政预算的执行、农村奔小康、减轻农民负担等方面的工作汇报及各部门执法工作情况的汇报，对审议中所提的意见、建议，以常委会文件形式转交“一府两院”办理，限期报告办理结果。

3. 强化对常委会任命干部的监督。继续坚持和完善被任命干部任期目标责任制，下半年要听取一些被任命干部的述职报告，并对其进行客观公正的评价。

4. 抓好县人大常委会关于“错案和执法过错责任追究制”决议贯彻落实情况的监督检查，并运用质询、组织特定问题调查等形式，加强监督力度。

（三）进一步做好代表工作。

1. 认真组织开展代表活动，每季度组织一次代表视察，二、三季度要有选择地对“一府两院”部分部门的工作进行评议，通过组织代表活动，增强代表参政意识。

2. 认真做好代表议案和建议的办理工作，认真地听取办理情况报告，督促有关部门认真办理。

3. 进一步做好代表和群众来信来访工作，要做到件件有结果，事事有着落。

4. 加强同代表的联系工作，常委会组成人员要定期通过走访、座谈等形式深入到代表中去征求意见、建议，发挥代表的作用。

5. 进一步加强乡镇人大主席团组织制度建设，使乡镇人大主席团的工作逐步纳入制度化、规范化。继续强化村民代表会建设，充分发挥村民代表会在发展经济、民主理财、社会稳定中的积极作用。

各位代表：

人大常委会的工作离不开各位代表的关心和支持，同时也希望各位代表在新的一年里，在各条战线都要真正发挥代表的作用，做经济建设的模范，做安定团结的模范，做奔小康的模范，做反映人民意志的模范。我们要在县委领导下和全县人民一道，为实现两个最富目标共同努力奋斗。

以上报告，请予审议。

平山县人大常委会工作报告

——1996年4月3日在平山县第十一届人民代表大会第五次会议上

县人大常委会副主任　张述

各位代表：

我受县十一届人大常委会的委托，向大会报告1995年县人大常委会的主要工作，请予审议。

在过去的一年里，县人大常委会在县委的领导下，坚持以邓小平同志建设有中国特色社会主义理论为指导，认真贯彻党的十四届五中全会精神，把加强社会主义民主与法制建设作为根本任务，紧紧围绕建立和完善社会主义市场经济体制，认真履行宪法和法律赋予的各项职权，为促进我县改革开放和经济的持续、快速、健康发展，维护社会稳定做出了积极的贡献。概括起来主要有以下几个方面。

一、加强和完善法律监督机制，确保国家法律法规的全面贯彻落实

对国家有关法律法规的执行情况实行监督，是宪法和法律赋予人大常委会的重要职权。一年来，县人大常委会始终把加强法律监督和促进严明执法放在重要位置来抓，促进了各项工作的顺利进行。

1. 认真开展执法检查。去年以来，我们先后组织了大人代表对《反不正当竞争法》《义务教育法》《企业法》《河北省计划生育条例》《食品卫生法》《教师法》《产品质量法》《烟草专卖法》等10多项法律法规的贯彻执行情况进行监督检查，对检查中发现的问题都能及时向政府和有关执法部门提出改进建议，对促进法律的实施起到了积极作用，收到了较好的效果。如，去年5月份，我们根据省人大办公厅通知精神，依照《产品质量法》和《烟草专卖法》等有关规定，组织县人大代表和有关部门对部分经营粮油、食品、蔬菜的一些单位和与人民生活密切相关的重点商品以及烟草专卖情况进行了重点检查。共查出注水鸡300公斤，注水猪肉11000公斤，注水生猪560头，不合格面粉3000公斤，假冒啤酒3500多瓶，无标签标识的二锅头酒350件，查出短斤少两的方便面205件和6户超规模、超范围经营户。对查出的问题我们均责成有关部门根据国家有关规定进行处理，从而维护了法律法规的严肃性，维护了消费者的切身利益。

2. 大力推行“两错”责任追究制，促进严明执法工作的开展。自1994年县人大常委会做出了关于在“一府两院”各部门实行错案和执法过错责任追究制的决定后，去年以来，我们专门召开了各执法部门主要领导参加的“两错”责任追究经验交流会，有效地促进了这项工作在全县的开展。去年8月份，在全省“两错”责任追究经验交流会上，县法院做了典型发言。中央电视台、中央人民广播电台、新华社、法制日报社四家新闻单位对县法院的做法进行了专题采访。在县法院的带动下，各执法部门加强领导，严明执法、有错必纠，受到了群众的好评。

二、以经济建设为中心，认真开展对“一府两院”进行工作监督

在做好法律监督的同时，去年我们重点抓好对“一府两院”各部门的工作监督，推动了我县各项工作的开展。

1. 利用常委会例会形式进行工作监督。去年以来我们紧紧围绕经济建设这个中心，每次常委会会议都要有重点、有针对性地听取政府及所属部门和“两院”的工作汇报。去年常委会先后听取县扶贫办、农行、财政局、检察院、矿产管理局、民政局等10多个单位的工作汇报。每次会前都组织人大代表和各科室人员就常委会议程内容深入到基层和乡镇进行调查了解，掌握第一手材料，从而保证了会议质量。如，在人大常委会第十七次会议上，我们听取县矿产管理局关于全县矿产资源开发管理情况的工作汇报后，大家一致认为，我县矿产资源管理工作近年来取得了一定成绩，但从我们会前的调查了解中发现还存在着一些问题。针对存在的问题，会议要求矿产局领导要进一步深入到乡镇村，广泛征求基层干部群众对矿山管理工作的意见和建议，根据存在的问题进行一次组织纪律整顿。会后，矿产局立即召开局领导班子会议和中层股长以上干部会议，找差距，揭摆问题，进行批评和自我批评。而后局领导分成三个小组分赴7个矿管站深入各个矿点，采取调查了解等方法查出问题20多处。针对问题进行了全面整顿，并重新修订了一系列切实可行的制度，使矿山管理进一步规范化。

2. 利用评议形式组织人大代表对政府有关部门进行工作监督。对政府部门工作监督形式多种多样。去年我们根据市人大统一安排，重点组织人大代表对工商行政管理工作进行了评议。整个评议工作从7月份开始到9月底结束，规模大，时间长。经过准备、调查、评议、整改四个阶段。这次评议全县共有238名各级人大代表参加了调查活动，共走访代表和选民1200多人，召开不同类型的座谈会100多次，走访工商企业62个，乡镇企业58个，个体私营企业48个，个体户932家。评议大会上有11位代表发言。根据评议会上11位代表发言提出的意见和建议，县工商局采取有力措施，扎扎实实抓整改，取得了显著成效。通过评议，使工商工作实现了6个方面的新突破，也提高了人大在人民群众中的威信。

3. 利用视察形式对政府报告的落实情况和有关部门进行工作监督。为促进去年县人代会上政府工作报告的落实，去年11月份，我们组织各位主任和部分委员专门听取县政府关于政府工作报告中主要经济指标和农业发展中自立的10个万字号工程、工业企业利税大户生产经营情况及7件实事办理情况的汇报。并对正在施工中的县职教中心、百万只甲鱼养殖亿元工程和平山镇至康乐街拓宽硬化工程、县交警队和县看守所进行了视察。根据视察中存在的问题及时向政府提出了意见和建议，引起了政府的高度重视。

4. 以经济建设为中心，依法治县工作取得新成绩。为切实搞好依法治县工作，去年年初我们召开了全县依法治县动员大会，制定了依法治县实施方案。明确了将依法治村作为工作重点，突出抓了平山镇东关村和下口乡下口村为依法治村重点，以点带面，全面发展。通过一年的努力，全县的依法治村工作成绩显著。东关村和下口村被石家庄市委、市政府授予依法治村先进单位，并推荐东关村参加全省组织的民主管理、依法治理百强村评比。在矿区召开的依法治县工作总结大会上，市有关领导对我县在依法治县方面所取得的成绩给予肯定和表扬。

5. 以经济建设为中心，依法行使干部任免权。去年以来，县人大常委会根据法律赋予的人事任免权，积极坚持党管干部和人大任免干部的一致性原则，密切与党委部门配合，共任免“一府两院”干部36名。为做好对被任命干部的监督，在人大常委会第十八次会议上，我们听取县文化局、农业局、乡镇企业经委、外经委四个部门正职的述职报告，并在各单位和常委会上对上述干部履行职责的情况进行了民主测评，为今后做好干部的任免及监督作了积极探索。

三、充分发扬民主主渠道作用，积极做好人大代表工作

人大代表是地方国家权力机关的组成人员，是人民代表大会的主体。一年来，我们始终坚持依靠代表开展工作，充分发挥代表的作用。

1. 深入基层走访代表，为领导决策提供科学依据。去年以来，县人大常委会7名正副主任先后深入到19个乡镇走访代表和群众，召开不同类型的座谈会，围绕全县经济建设和群众普遍关心的工业、农业、乡镇企业、文教卫生、社会治安等热点问题开展调查研究，广泛收集代表和群众的意见和建议，为领导决策提供了科学的依据。

2. 督促政府认真办理代表批评意见，提高代表参政议政能力。在去年人代会上，各位代表共提出批评意见和建议42条，人代会之后我们又陆续收到代表批评意见14条。对代表的批评意见常委会十分重视，专门召集有关部门领导进行转办，政府有关部门对人大代表的意见也很重视，召开各种会议进行研究，能办的立即办理，不能办的，创造条件办理，对代表提出的意见和建议需要做出解释说明的均进行说明。如，有三名代表提出技术监督局仪表、衡器、量具三个股到棉织厂轮流收费不服务的意见，该局领导非常重视，经调查了解核实情况做出解释说明外，还提出了三条解决意见，受到代表和该厂干部职工的好评。

3. 认真对待群众来信来访帮助群众排忧解难。随着人大知名度的不断提高，到人大反映情况的群众越来越多。去年我们共接待代表和群众来信、来访197件，其中要结果的19件。如，下口村崔拴海于1994年7月份在自己责任田干活，该村一村民打猎时将其误伤。经医院抢救虽已脱险，但肺部、腹部、面部还有5粒铅弹不能取出。住院期间又传染肝病，受害人因铅中毒，肝炎病情恶化。责任方只负担了当时的医疗费，受害人多次找其解决均无效果。在此情况下受害人反映到人大，我们及时将此事转公安局办理，后经调解由责任方付给受害人2万元医疗费，使这案件得到了妥善解决，受害人对此非常满意。

四、积极指导乡镇人大主席团工作，进一步加强基层建设

去年在指导乡镇人大工作和加强基层建设上主要抓了两方面的工作。

1. 指导各乡镇开好人代会。针对1994年以来各乡镇人大主席团主席更换较多的特点，事先对乡镇人代会的开法、议程和大体安排提出了具体意见，各乡镇人代会正式召开时，我们都派常委会一名主任参加指导工作，人代会之后各乡镇人大主席团都建立健全了各项规章制度，充实了人员，工作逐步走上了正轨。

2. 积极指导乡镇充分发挥村民代表会作用。去年以来，我们始终把在农村建立村民代表会作为一项重要工作来抓。为充分发挥村民代表会的作用，县人大常委会专题作出了关于加强村民代表会制度的决议。11月份我们组织平山镇、南甸镇以及民政局到正定参观学习建立村民代表会的经验。在完善村民代表会制度，提高村民代表素质等方面做文章，有效地促进了农村经济建设和奔小康。

总之，去年以来，县人大常委会的工作虽然取得了一定成绩，但与宪法和法律赋予的职权相比还存在一些不足之处。一是对全县经济工作带有方向性、倾向性的问题，调查总结得不够。二是联系代表还不够广泛，深入基层为代表服务还不够经常。三是在对人大性质、地位、作用和人大工作的宣传报道上与其他兄弟县市相比还有一差距。四是对各乡镇人大主席团工作还缺乏经常性的指导。这些不足有待于在今年的工作中加以克服。

各位代表：

1996年是“九五”计划的第一年，也是改革开放向更深层次发展的一年。在新的一年里人大常委会的各项工作要以党的十四届五中全会精神和邓小平同志建设有中国特色社会主义理论为指针，紧紧围绕推进经济体制和经济增长方式两个根本性转变，进一步加大依法行使各项职权的力度。抓大事、办实事、促落实、求实效，大力加强社会主义民主和法制建设，更好地促进我县经济和社会的全面发展，认真做好人大常委会的各项工作。今年我们的主要工作是：

（一）进一步加大监督工作的深度和力度。

今年我们监督的重点主要放在执法干部的工作作风、廉洁自律等方面。监督的形式主要有：

1. 认真开展执法检查。一是围绕国家法律法规对执法部门有关人员的法律知识和每次考核情况要进行通报，以促进执法人员学法、懂法和依法办事的自觉性。二是大力开展调查研究。对群众普遍关心的热点问题和执法部门执法情况以及典型案件，常委会要组织有关人员和人大代表深入进行调查研究，写出调查报告和处理意见，责成相关部门进行解决。

2. 强化案件质询工作。今年要有计划、有针对性地听取公、检、法及其他执法部门对某一典型案件、久拖不决案件等影响较大案件的情况汇报，提出质询，要求执法部门限期报告办理进度和处理结果。

3. 进一步加大对错案和执法过错责任追究制的监督检查。要通过信访、广泛听取代表和群众反映等形式发现错案和过错，做到有错必纠。对性质严重的要大张旗鼓地进行处理。

4. 加强对政府工作报告落实情况的监督。年中和年底分两次对政府工作报告中提出的主要经济指标和重大项目进行重点考核，加强督查活动，强调监督实效，使政府报告真正落到实处。

（二）进一步提高人大常委会会议质量。

为开好人大常委会会议，提高会议质量，今年我们将采取如下办法。

1. 认真做好会前准备。每次常委会前把议题确定后要做好充分准备，分别由主任、委员带队组织人大机关、委员围绕议题内容分头深入基层进行调查研究，掌握第一手材料，为审议做好准备。

2. 加强学习，提高法律和政策水平。常委会前要发安民告示，要求各委员会前认真学习与本次会议议题有关的法律法规和国家的政策，会上发言要做到有事实有法律和政策依据。同时重点抓好对国家新颁布的法律法规和日常工作涉及较多的法律法规的学习。

（三）要进一步发挥代表作用，调动代表参政议政的积极性。

1. 继续建立主任接待日和代表活动日制度。常委会领导要定期接待人大代表和人民群众的来信来访工作。各乡镇要以乡镇为单位由各乡镇人大主席团负责，每季度组织一次代表活动，如召开座谈会、学习会、组织视察等。

2. 加强督查工作。对代表提出的意见和建议的办理情况，要督促有关部门及时反馈，并将办理结果以文字形式反馈有关代表，使代表意见和建议做到件件有着落，事事有回音。

3. 加强代表联系。人大正副主任、“一府两院”的主要领导人各联系一个乡镇或一个系统的人大代表，不断下去征求意见。

（四）进一步加强人大常委会对任免干部的考核工作。

考核的办法一是有选择性地听取被任命干部的述职报告；二是把组织代表评议“一府两院”工作和评议领导干部结合起来；三是有选择性地组织人员考察一些部门的工作。针对存在的问题提出改进意见和建议；四是结合县委组织部门对属于人大常委会任命的干部共同进行考核。政绩突出的给予表彰奖励，工作起色不大的给予批评，以促进各项工作的顺利开展。

五、组织指导各乡镇圆满完成乡级换届选举工作，全县继续推广和完善村民代表会制度，并进一步发挥其作用。

各位代表：

在新的一年里，让我们在县委的领导下，和全县人民一道齐心协力、开拓进取，为实现两个最富目标和农村奔小康做出更大的贡献。

以上报告，请予审议。

认真履行宪法和法律赋予的各项职权努力开创人大工作的新局面

——1997年1月16日在平山县第十一届人民代表大会第六次会议上的工作报告

县人大常委会主任　张述

各位代表：

我受县十一届人大常委会的委托，向大会报告1996年县人大常委会的主要工作，请予审议。

1996年，县人大常委会在县委的领导下，认真贯彻党的十四届五中、六中全会精神，坚持以邓小平建设有中国特色社会主义理论为指导，紧紧围绕经济建设这个中心，认真履行宪法和法律赋予的各项职权，狠抓精神文明建设，推进两个根本转变，实施鱼水工程，开创性地做好各项工作，为我县的经济建设和社会稳定做出了积极的贡献。概括起来主要有以下五个方面。

一、以坚持人民代表大会制度为宗旨，密切联系代表，充分发挥代表作用

人民代表大会制度是我国的根本政治制度，人大代表是人民代表大会的主体，是党和国家联系群众的桥梁和纽带，也是国家事务和社会事务的管理者和监督者。人大工作最根本、最关键的一条是发挥人大代表的作用。一年来，在密切联系代表发挥代表作用方面我们主要抓了以下四点。

1. 广泛开展与代表交朋友活动，保持和代表的密切联系。我县有各级人大代表1500多名，为了充分发挥代表的作用，保持和代表的密切联系，我们在县人大机关和乡镇人大主席中广泛开展了与代表交友活动。县人大机关33名工作人员和23个乡镇的人大主席，每人分别与5名代表结交成工作上、思想上和生活上的朋友，定期到代表工作单位座谈访问，深入到代表家中走访看望，与代表进行书信来往，随时了解他们的疾苦和呼声，帮助他们开展活动，共同谋划发展经济的新路子，解决他们工作和生活中的难题，调动了广大代表认真履行职责的积极性。去年8月份，特大洪灾发生后，为帮助代表解决洪灾造成的各种困难，县人大常委会领导先后深入到温塘、古月、孟家庄、回舍、三汲、两河等乡镇看望了受灾代表，鼓励他们树立起战胜洪灾的信心，积极协助村干部开展生产自救、重建家园工作。不少代表反映：“洪水无情，人有情。”表示要坚定信心，振奋精神，尽快把灾害造成的损失夺回来。

2. 抓好人代会决议和代表所提意见和建议的落实工作。县人代会决议和代表所提的批评意见、建议能否落实，不仅关系到人大常委会的地位和作用，也关系到对全县人大代表的态度和政府的形象，为此县人大常委会把落实人代会通过的决议和代表所提批评意见和建议的办理情况作为一件大事来抓，常抓不懈，狠抓不放，抓出了成效。一是对人代会通过的决议落实情况。在去年人代会期间，我们根据山区人民群众的强烈要求和愿望，做出了解决深山区人民听广播、看电视难的决议。为使决议真正落实，常委会领导和有关科室人员多次深入到基层进行视察，并在人大常委会第25次会议上专门听取县广播局的汇报，针对存在的问题及时提出意见和建议。县政府对人大的决议很重视，专门召开会议进行研究，拨出专款用于此项工作。县广播局及时做出关于建设转播台扩大发射功率，提高县台覆盖率的规划，制定了具体措施。一年来，经过广播局广大干部职工的共同努力，电视发射机由原来的300瓦扩大到了1000瓦，并在孟家庄、小觉、营里、蛟潭庄新建了四个转播台，电视覆盖率达到了80%，使广大人民群众看到了平山电视台的节目。二是督促政府办理人代会代表提出的意见和建议。在去年人代会上，各位代表向政府有关部门提出意见和建议42条，对代表的意见和建议我们及时向政府进行了转办。为落实办理情况，县人大常委会第25次会议专门听取政府的汇报。县政府对代表的意见和建议十分重视。召开会议逐条进行研究，责成有关部门抓紧办理，能办的立即办，需要解释说明的进行说明，到年底42条意见和建议基本上都有了结果。如观音堂乡代表反映西部山区民办和代课教师多，影响教育质量，建议增加山区国办教师数量的意见，县政府采取了四条措施，鼓励大中专毕业生到山区任教，为山区教育做贡献。去年教育局已向苏家庄、古月以上山区乡镇分配了大中专毕业生113人，并决定今后还将逐步加强山区师资力量，充实山区教师队伍。

3. 开展百名优秀代表评选活动，发挥代表的模范带头作用。我县各级人大代表都是来自各行各业的先进人物，代表着全县人民。为了进一步发挥代表作用，年初县人大发出了关于在县、乡人大代表中开展评选百名优秀代表活动的通知，提出了优秀代表的具体条件。为总结宣传表彰他们的模范事迹，我们组织10多名机关人员深入到代表中座谈了解，总结材料。目前已总结出典型材料30多份。其中有领办企业、发展大、贡献大的企业家典型；有五荒开发艰苦创业的农民代表典型；有先富不忘代表职责、带头发展集体经济的典型；有在抗洪救灾中舍小家顾大家舍己救人的典型；有不图安逸、离岗回家改造后进村的典型；有献身山区教育、卫生事业的典型；有仗义直言、参政议政的典型。对这些优秀代表，我们将隆重举行表彰大会，并将出版《平山县人民代表风采录》，大张旗鼓地进行宣传，号召全县人民向他们学习。

4. 经常性做好代表和群众来信来访工作。信访工作是联系代表和群众了解民意的主要渠道。去年为搞好信访工作，专门安装了信访电话，建立了信访工作制度、司法工作监督制度、主任接待日制度等切实可行的规章制度。一年来，我们共接待代表和群众来访389人次，受理来信来访160件，都得到妥善处理，并监督有关部门解决和纠正了一些久拖不决的案件。如1994年11月份柏坡派出所因岗南水库渔网失盗，在没有侦察清楚的情况下，对马峪村刘某某处于1800多元的罚款。刘不服，多次到公安局上访，后来向人大反映情况。我们派人进行调查后，认为对刘某某认定盗网证据不足，对其罚款是错误的，由公安局责令柏坡派出所退回了罚款，并对责任人进行了批评，使久拖不决的案件得到解决。去年以来，凡是到人大信访的案件都做到事事有回音，件件有着落，受到了人民群众的赞誉。“有事找人大，人大给作主”已成为我县城乡人民群众的口头禅。1996年县人大信访科被省市人大评为先进单位。

二、以经济建设为中心，切实加强对全县经济工作的监督

依法对“一府两院”的工作进行监督是宪法和地方组织法赋予人大常委会的一项重要职权。一年来县人大常委会以经济建设为中心，把全县人民普遍关心的热点和难点问题作为一项重要内容来抓，对我县的经济发展起到了推动作用。

1. 切实加强对财政工作进行监督。我县的财政工作一直是全县人民普遍关心的热点问题，特别是去年由于8月份的特大暴雨，使我县财政收入受到极大影响，财政工作成为难度最大的一年。为使财政上台阶，在受灾之后，保证老干部、教师、残疾军人工资及时发放，我们在人大常委会第24次会议上，听取县财政局关于财政预算执行情况及全年财政形势的汇报，根据存在的问题提出了三点建议：一是要开动脑筋，多想一些筹措资金的路子和点子，同时要继续强化预算外资金管理。二是把节支当作今后财政工作的重点来抓，确保抗洪救灾和工资发放，把招待费、购置费、会议费等开支项目要坚决压下来。三是要加强对救灾款物发放工作的财政监督，使有限的款物发挥最大的作用。县政府根据会议要求，采取有力措施，狠抓落实。经过广大财税干部职工的努力，在大灾之年，仍然较好地完成了财税任务，保证了支出，实现了收支平衡。

2. 切实加强对县办工业和乡镇企业的发展情况进行监督。县办工业和乡镇企业是我县财政收入的柱子。但是，近几年来，由于种种原因，经营不够景气，一些企业出现亏损。广大代表和人民群众为此而忧心忡忡。为扭转这种状况，我们专门听取县经贸局关于县办工业企业生产经营情况的汇报，并组织部分市、县人大代表对平山、古月、宅北、下口四个乡镇和西水碾、下口两个村的乡镇企业及全县人民关心的一钢厂、南甸化工厂、白云山水泥厂、甲鱼养殖场、棉织厂等十多个企业进行了调查评议和视察。通过听取汇报，开展调查、视察，摸清了当前企业生产经营状况，针对存在的问题提出意见和建议。如在视察一钢厂时，听到该厂计划开发球墨铸管项目的汇报后，大家一致认为，该项目方向正确，切实可行，无论从长远发展还是从近期效益来看，都能使该厂得到根本性的转变，该项目建成后，将对我县经济发展起到举足轻重的作用。要求厂领导精心组织，统筹规划，尽快筹资，早上马，早见效益。在视察南甸化工厂时，李赶坡接受人大常委会提出的在今后工作中要谋划大业、再展宏图、工作更上一层楼的建议后，信心更足，决心大干一场，使该厂形成苯酚—水杨酸、醋酸—醋酐—阿斯匹林和矿石—铁粉、焦炭—生铁—铸管两条系列生产线，力争20世纪末，使南甸化工厂成为带动全县经济腾飞的龙头企业，为全县经济做出更大贡献。

3. 切实加强对政府工作报告中提出的各项主要指标和十件实事办理情况的监督。为使人代会通过的政府工作报告中提出的主要指标和实事办理情况落到实处，我们在县人大常委会第26次会议上，听取县政府的汇报，并进行了认真审议。大家认为，人代会后县政府为落实报告中提出的各项任务，严格分工，明确责任，狠抓落实。但是由于特大暴雨的影响，各项主要经济指标，虽然没有完成年初计划，仍比去年同期有所增长，县政府的工作是积极的，成绩是肯定的。十件实事只完成了五件，还有三件正在办理中，有两件没有完成，人民群众不太满意。要求县政府要认真总结经验教训，在安排今年的实事中，要根据我县的实际情况，合理安排，量力而行，定了的要办成，办不成的不要定，真正做到安排一件，办成一件。去年没有完成的几件实事，今年内要抓紧办好。县政府对人大常委会的建议十分重视，召开专门会议进行研究，决心在今年的实事办理中，实事求是，全面考虑，统筹安排，争取向全县人民交一份满意的答卷。

4. 扩大和加强了对经济主管部门的联系和监督。去年我们为进一步搞好监督检查，由往年只限于在会议上听取工作汇报的习惯做法，变为常委会领导直接深入基层作调查、视察，由过去侧重监督重点单位改为扩大到经济主管部门、厂矿企业以及农业开发项目上来，直接沟通与经济主管部门的联系。去年以来，我们先后到粮食局、土地局、工商局、林业局、水务局、技术监督局、水产局等单位进行实地检查视察，受到了各经济主管部门的普遍赞誉和欢迎。

三、以提高全县干部群众的法制观念为主线，切实加强法制建设

发展社会主义民主、健全社会主义法制是我国民主政治建设的基本内容。一年来，为提高全县干部群众的法制观念，我们从三个方面入手，狠抓民主法制建设。

1. 发挥村民代表会作用，提高干部群众的民主与法制观念。去年我们在全县推广了东关村发挥村民代表会作用的先进经验，专门组织23个乡镇的人大主席在该村召开现场会，介绍该村建立村民代表会，在农村实行六公开，开展依法治村，由乱到治、由治到富的成功经验。会后，各乡镇人大主席团狠抓村民代表会工作。目前全县大多数村庄都已建立了村民代表会组织，制定了切实可行的规章制度，对村里的大事进行监督。通过建立村民代表会，实行六公开，达到了“给群众一个明白，还干部一个清白”的目的，密切了干群关系，提高了干部群众的法制观念。在依法治村的基础上，发展到依法治厂、依法治校、依法治店，并重点抓了四强公司、南关中学、兴山楼三个试点，以点带面，全面铺开，使广大干部群众的法律意识逐步得到增强。

2. 认真开展两错责任追究制和就案查执法活动，提高“一府两院”执法部门的执法水平。去年我们在开展两错责任追究制的同时，又在公、检、法部门开展就案查执法活动，取得了显著成绩。县公安局在此活动中，对43个刑事治安案件进行了审查，发现存在着四个方面的问题，通过分析研究，对三起案件进行了纠正。县检察院对四个案件进行审查，其中有三个案件得到纠正。县法院共评查案卷1000多件，发现有问题的16件，也全部做了纠正。并对近年来涉及的31名责任人进行了责任追究。县法院的做法得到了省、市人大领导的肯定，并在各级各部门进行推广。最近，市人大常委会还决定向县人民法院授予荣誉称号。

3. 采取灵活多样的监督形式，提高广大干部的法制观念。去年我们采取听汇报、述职、参与行风评议、参与班子建设情况汇报、民主总结会、民意测验等形式，分别对“一府两院”所属十多个执法部门进行监督、检查，收到了明显效果。如在人大常委会第25次会议上，听取公安局局长赵风昌的述职报告后，认为其就任公安局局长以来，抓班子、抓队伍抓住了根本，各项工作都取得了很大成绩，初步扭转了公安工作的被动局面。同时指出了在执法工作中存在的问题，要求公安工作要继续在抓队伍建设上下功夫，要教育干警牢记全心全意为人民服务这个宗旨，时时处处都要塑造公安干警在人民群众中的良好形象。在今年的冬季严打中，人大常委会领导和部分代表又专程到平山、回舍两个战区慰问奋战在严打第一线的公安干警，勉励大家在严打中严格执法，依法办事，夺取严打斗争的全面胜利。

四、以强化和完善县、乡人大的职能作用为目的，切实加强县、乡人大的自身建设

人民代表大会制度是我国的根本政治制度，是人民行使管理国家和行政事务权力的重要组织形式。抓好县乡两级人大自身建设，是充分发挥地方国家权力机关职能作用的保证。一年来，我们以强化和完善县、乡人大的职能作用为目的，切实加强人大自身建设，开创性地开展工作。

1. 对县人大常委会例会的开法进行了改革和完善。为提高县人大常委会会议质量，充分发挥地方国家权力机关的作用，去年我们对例会的开法，进行了改革和完善。一是坚持了会前有主任、委员带队，根据会议议程深入基层调查研究，开展民意测评，掌握第一手材料，为大会审议做好准备；二是实行分组进行背靠背讨论审议，之后，由各小组组长在大会上进行联组发言，解决了代表不愿面对面提意见的顾虑，使人人都有发表意见的机会；三是吸收法院院长、检察院检察长和乡镇人大主席列席会议，扩大了例会规模，提高了会议质量；四是由人大常委会主任当场向被任命干部颁发任命书，体现了依法任命的严肃性。

2. 密切县、乡两级人大的关系，强化对乡镇人大工作的指导。一是指导乡镇人大搞好换届选举工作。去年，是乡镇人大换届选举年，为确保各乡镇换届工作顺利进行，县人大常委会专门召开主任会议，认真研究，提出了具体的指导意见和要求，并建议由县委召开全县乡镇人大换届选举工作会议。按照会议要求，人大各位主任都按照分包乡镇逐乡镇深入下去进行指导。办公室还专门编写有关材料，印发各乡镇。在整个换届选举中，我们突出抓了发扬民主和依法办事两个方面，把宣传工作贯穿始终，把整个选举工作当作推进民主与法制建设的实践过程来抓。在县人大的指导下，各乡镇充分发扬民主，严格依法办事，共选出人大代表1185名，并顺利召开了新的一届乡镇人代会，选举产生了乡镇人大主席和乡镇政府领导成员。此项工作受到了市人大领导的好评，并在全市乡镇人大换届选举经验交流会上做了典型发言。二是及时召开乡镇人大主席培训会，坚定做好人大工作的信心。根据换届选举后，乡镇人大主席经验少、人员新的特点，利用以会代训的方式对人大主席进行培训，重点学习了《代表法》《地方组织法》《乡镇人大主席工作方法》等有关材料。通过学习培训，提高了大家对人大工作的认识，端正了思想，学会了工作方法，明确了工作目标，坚定了做好人大工作的信心。三是指导乡镇人大开展代表议政日活动。代表议政日是闭会期间代表开展活动的重要形式。为搞好这项活动，常委会对开展活动的意义、内容、方法、组织领导等都做了规范性的要求，并在古月镇召开了代表议政日活动现场会。目前，各乡镇都普遍开展了代表议政日活动，进一步提高了代表参政议政意识，促进了乡镇人大工作的开展。

3. 加强县、乡两级人大制度建设，使人大工作逐步走向制度化轨道。为提高县人大机关人员政治思想水平和法律意识，搞好机关制度建设，我们一是坚持每周五下午政治学习制度，组织大家认真学习党的十四届六中全会决议和邓小平建设有中国特色社会主义理论，提高政治思想觉悟。二是定期聘请执法人员讲授法律课。去年，我们先后请法院和卫生防疫站有关人员讲授了《宪法》《行政诉讼法》《民事诉讼法》《食品卫生法》等有关法律法规，提高了机关人员的法律意识和法律水平。三是狠抓了人大制度的宣传报道工作。加强领导，明确责任，建立目标责任制，使我县的宣传报道工作有了很大进步。由 1995 年在全市排位下游，一跃升为上游。四是加强了乡镇人大制度建设。各乡镇先后建立了《人大主席团会议制度》《联系代表制度》《人大主席接待代表制度》等有关规章制度。在硬件建设上，做到了五有，即：有牌子、有代表活动室、有国徽、有制度、有档案存放处。目前大部分乡镇已达到了标准。乡镇人大工作逐步纳入了制度化轨道。

五、牢记全心全意为人民服务的宗旨，全力以赴，投入抗洪救灾，重建家园工作

去年 8 月份，一场特大暴雨，使我县的经济建设和人民生命财产受到巨大损失，灾情发生后，县人大常委会立即召开会议，组织机关全体人员全力以赴投入抗洪救灾工作，为我县的抗洪救灾做出了贡献。

1. 及时把党的温暖送到灾民之中，鼓励受灾群众树立战胜洪灾的信心。洪灾过后，我们急群众所急，想群众所想，明确提出“一切为了救灾、一切服从救灾、一切支援救灾”的口号。为搞好救灾工作，我们从 6 名驻会主任中抽出 4 名参加到县委统一组织的救灾工作中去，和县委、政府领导一起分包乡镇，深入到村、到户察看灾情，组织群众开展生产自救。我们还以常委会名义向全县人民代表发出公开信，号召大家投入救灾工作，协助乡村干部安排好灾民生活，在抗洪救灾、重建家园中发挥模范带头作用。同时从机关抽出 23 名人员组成抗洪救灾工作队，深入到村具体开展救灾工作。在整个救灾中，大家日夜坚守工作岗位，没有休息过一个星期天，始终战斗在第一线。人大常委会各位主任在洪灾过后的两三天内，在断水、断电、断路的情况下，带着干粮步行在泥泞的道路上，把党的温暖和关怀送到灾民之中。人大常委会主任张述踏着泥泞的道路，步行 20 多里，从温塘到西黄泥村、天井村察看灾情，骑自行车往返 40 多里到水库察看险情；李永进副主任，冒雨乘坐小木船，横渡滹沱河赶到三汲乡；姜兵虎副主任步行 40 多里，翻越马蹄山赶到孟家庄镇；左更书副主任带病赶到岗南镇和平山镇。在机关主持工作的高文存、张敬哲副主任抽出时间带病深入到孟家庄、小觉、蛟潭庄等地察看灾情，发动群众进行生产自救。为搞好救灾款物的使用和发放，我们听取县民政局的汇报，要求民政部门加强对发放救灾物资的领导和跟踪监督，坚持公开、公正的原则，真正把救灾物资用到灾民身上，不使一人挨饿、受冻，保证了救灾款物的顺利发放。

2. 积极参与领导修复水毁工程，在生产自救、重建家园中做贡献。在开展生产自救、修复水毁工程中，县人大常委会领导积极参与并组织领导这场战斗，及时向县委和政府提出建设性的意见和建议。人大各主任在县六大灌渠修复工程、冶河、温塘河、柳林河、马中河造地工程中都分别担任了总指挥和副总指挥。在河道治理、万亩灌渠通水、修复水毁道路、水毁土地等项工作中都发挥了重要作用。

3. 积极开展募捐活动，为灾区人民献爱心。全县掀起的募捐活动中，人大常委会全体同志都积极响应县委的号召，带头捐款捐物。除集体组织的捐款外，有的常委会领导还主动向分包的受灾乡镇或灾民捐了款，人大政法科科长谢志义主动向烟堡村三无户捐款300元，受到了群众的好评。在开展向社会募捐活动中，人大常委会原主任杨锡田和现任领导受县委的委托，分别带领人员到北京和天津开展募捐活动，召开各种形式的会议，向社会各界介绍我县的灾情，得到了首都人民和天津人民的积极援助，争取到了大量资金和救灾物资，为我县的抗洪救灾和重建家园做出了积极贡献。

回顾一年来的工作，我们深深感到，一年来，经过各位主任、委员、代表和全体机关工作人员的共同努力，我们的工作取得一定成绩，广大人民群众对人大的性质、地位和作用的认识越来越深刻。可以说1996年是人大常委会团结奋斗的一年，是开拓前进的一年，是开创人大工作新局面的一年。

一年来，县人大常委会的工作虽然取得很大成绩，但是与宪法和法律赋予人大的职权相比，还存在着一些不足之处：一是对我国人民代表大会制度的宣传上力度还不够大，还没有真正做到深入人心；二是对“一府两院”工作的监督力度还不够大，监督效果还不够显著，还有不尽人意的地方；三是对乡镇人大主席团工作指导还不够全面，发展不够平衡。这些都有待于在今后工作中改进和完善。

各位代表：

1997年是我国恢复对香港行使主权并向21世纪迈进的重要一年。在新的一年里，县人大常委会要在县委的领导下，继续坚持以邓小平同志建设有中国特色社会主义理论为指导，全面贯彻党的十四届六中全会精神，大力加强社会主义精神文明建设，紧紧围绕改革、发展、稳定这个大局，把社会主义民主与法制建设作为根本任务，紧紧依靠广大代表和选民，认真履行宪法和法律赋予的各项职权，使人大常委会的工作再上一个新台阶。

1997年，县人大常委会的工作，要在行使好决定权、监督权和人事任免权的基础上，突出抓好以下几项工作：

（一）认真贯彻党的十四届六中全会精神，加强社会主义精神文明建设。在人民代表中广泛开展各种形式的精神文明教育，宣传代表中的好典型，鼓励代表在精神文明建设中发挥模范带头作用；在“一府两院”各执法部门中，广泛开展社会主义职业道德教育，纠正不正之风；在广大农村加强社会主义民主与法制建设，树立社会主义新风尚，全面开展依法治村活动。

（二）以经济建设为中心，强化对政府经济工作的监督力度。今年我们重点要强化对县办工业、乡镇企业、农业综合开发、“四修工程”和扶贫工作的监督力度。深入基层广泛开展调查研究，组织政府及有关部门召开专题论证会和研讨会，根据存在的问题有针对性地提出意见和建议。

（三）进一步加强对人大常委会任命干部履行职责情况的监督。今年要在去年的基础上，增加对被任命干部的述职数量。要求凡是被人大常委会任命的干部，到年底都必须向县人大常委会交一份述职报告。

（四）进一步加强对乡镇人大工作的指导。

（五）积极做好明年县级人代会换届选举的各项筹备工作。

各位代表：

在新的一年里，让我们在县委的领导下，团结一致，同心同德，艰苦创业，开拓前进，以优异成绩迎接党的十五次全国代表大会的胜利召开，为实现跨世纪的宏伟目标，建设繁荣、富强、民主、文明的新平山而努力奋斗！

谢谢大家！

平山县人大常委会工作报告

——1998年2月18日在平山县第十二届人民代表大会第一次会议上

平山县人大常委会主任　张述

各位代表：

我受县第十一届人民代表大会常务委员会的委托，向大会报告本届常委会的主要工作，请予审议。

平山县第十一届人大常委会任期的五年，正值我国改革开放和现代化建设事业进入新的发展阶段，也是我县加快建设经济强县的重要时期。站在世纪之交，我们可以无愧地说，本届县人大常委会在中共平山县委的领导下，在县第十一届人大代表的支持和配合下，不负全县44万人民的重托，坚持以邓小平理论和党的基本路线为指导，紧紧抓住改革、发展、稳定这个大局，认真履行宪法和法律赋予的各项职责，大力加强社会主义民主和法制建设，保障和促进全县改革开放和两个文明建设的顺利进行。在工作部署上，本着“立足全局抓大事，统筹兼顾抓重点，讲求实效抓落实”的原则，谋划工作思路，大胆摸索，开拓进取。经过五年来的努力，各项工作都取得了显著成绩。

一、围绕改革、发展和民主与法制建设的重大事项认真行使决定权

五年来，常委会集中全县人民的意愿，围绕全县的经济和社会发展大局，适应建立社会主义市场经济体制的需要，认真行使决定权。五年来，县人大常委会与县人代会共作出关于加强县城建设、加快我县旅游资源开发、解决深山区人民听广播看电视难、实现九七普九达标、实行两错责任追究制等专项决议、决定13项。在上述决议、决定的制定过程中，我们认真遵循了以下四条原则：一是抓大事原则。即按照彭真同志早就讲过的“大事少一事不如多一事，小事多一事不如少一事”的原则，围绕全县经济和社会发展的重大事项，认真行使决定权；二是集中体现人民意愿的原则。凡决议、决定作出之前，常委会都组织有关人员深入基层调查研究、走访代表，听取广大人民群众的呼声和要求；三是有利于促进全县经济发展和社会稳定的原则。所有决议、决定作出并付诸实施都对平山的发展起到了积极的推动作用；四是民主决策依法决定的原则。即严格依照法律和常委会议事规则的规定，认真实施民主决策，严格履行法律程序，使党的意志及时变为人民的意志。

为了保证决议、决定的有效实施，常委会对作出的决议、决定逐项进行检查督促。如针对普九达标决议的落实，常委会多次会同教育局进行调查研究，并两次视察普九工作，针对

存在的问题提出具体建议，保证了我县普九达标工作顺利通过省级验收。我县普九工作思路和举措，得到了省、市领导的肯定，全县基本上实现了最好的房子是学校，最美的环境是校园。

二、围绕依法行政，认真履行法律监督的职责，促进国家法律、法规在我县的贯彻落实

五年来，常委会开展了一系列的、有一定规模的执法检查活动，先后对《农业法》《土地管理法》《税法》《企业法》《会计法》《产品质量法》《食品卫生法》《教师法》《义务教育法》《工会法》《环境保护法》《劳动法》《人民银行法》《反不正当竞争法》《水法》等94部法律、法规的贯彻实施情况进行了137次检查，均取得了一定成效。如针对每年春季农资市场存在的假农药、假化肥、假种子坑农民利益的行为，开展对《反不正当竞争法》和《农产品质量法》检查，依法打击市场竞争中的违法行为，保护了广大农民的切身利益；针对部分企业和职工的合法权益受到影响的问题，对《劳动法》《工会法》贯彻情况进行检查，向县政府提出了要依法加大对养老保险金和失业保险金的征收力度，解决职工后顾之忧的建议，并使一些乡镇企业的劳动用工管理也纳入了法制化的轨道；针对银行信贷资产质量普遍低下和贷款收息率低的问题，开展对《人民银行法》《商业银行法》和《票据法》执行情况的检查，引起了各有关单位领导的重视，1997年全县各银行累计清理收回呆账资金6500多万元；针对每年夏季的食品卫生问题和秋冬季节日市场供应，开展对《食品卫生法》执法检查。仅1997年就查出各类违法行为394起，其中大要案53起，销毁假冒伪劣商品270多件，价值十多万元。

所有这些执法检查活动，我们都坚持“两有”：一是有计划。即在每年制订的常委会工作要点中都把执法检查作为一项重要内容，认真研究，合理安排；二是有重点。即每项检查的内容都是涉及全县经济发展的大事和广大人民群众普遍关注的热点、难点。同时还要做到“三要”：一要严格依法办事，每项检查都严格按照法律所规定的内容和要求认真实施；二要解决问题，不搞形式、不摆花架子、不走过场，力争使每次检查都能解决一些实际问题；三要使检查过程变为法制宣传、法制教育的过程。使人民群众和执法者受到一次次生动活泼的法制教育，有效地促进了法律法规在我县的贯彻实施。

三、以经济建设为中心，切实加强对全县经济工作的监督

五年来，常委会始终坚持以经济建设为中心，把全县人民普遍关心的工农业生产、财政上台阶、脱贫出列、非公有制经济发展等问题作为重要内容来抓。主要是：

1. 切实加强对农业发展情况的监督。我县46万亩耕地，其中旱地23万亩。平山县农业发展的问题在旱地，潜力在旱地，希望也在旱地。农业生产要想再上新台阶，必须推行农业发展新技术，狠抓旱作农业。根据这一现实状况，常委会先后深入全县各个不同类型的乡村开展了一系列的调查研究，大力支持了农业局提出的“抓好旱作农业示范区”的建议。县政府狠抓落实，1997年先后建立了四个旱作农业示范区，即深山区以合河口为中心的地膜覆盖脱毒马铃薯和种薯繁殖基地；浅山区以六亩元为中心的覆膜玉米高产基地；丘陵区以两河乡胡家町为主的覆膜花生优种生产基地；以回舍镇屯头村为主的旱地小麦沟播示范基地。推行实施了种子包衣、小麦地膜穴播、水稻抛秧等新技术，并狠抓了小麦种子统繁统供和玉米种子生产基地建设，有效地促进了全县农业的逐年增长。1997年在夏粮单产总产双超历史的基础上，秋粮生产也取得了较好收成，总产达19.4万吨，超计划1200万公斤。

2. 切实加强对财税工作的监督。财税工作是经济工作的重要组成部分，体现着一方经济发展的水平，关系着一方的社会安定。1996年洪灾，我县经济损失惨重。人大常委会先后深入到一些县乡企业和私营企业及乡镇、村户进行调查研究。在此基础上人大常委会专题听取县政府财政工作汇报，会上，常委会向县政府提出了进一步严格依法治税、整顿税收秩序、狠抓节流、加强预算外资金管理的建议，并分析了一些新的税收增长点，引起了政府的高度重视。县政府及财税部门根据灾后重建的现实状况，积极制订并采取了一系列措施，为完成全年财政收入发挥了重要作用，保证了全县老干部、教师、残疾军人和在职干部职工工资的及时发放，维护了全县政治稳定。1997年以来，县人大常委会例会又两次听取县财政工作汇报，主任会专题听取国税、地税工作汇报，根据不同时期的不同特点有针对性地提出意见和建议，有效地促进了全县财税工作的开展。全年完成财政总收入任务8770万元，比去年同期增长24.67%，实现了财政上台阶。

3. 加强对县政府落实人代会政府工作报告和办实事情况的监督。一年一度的人代会政府工作报告是在人代会上全体与会代表表决通过的，其中的一些主要经济和发展目标能否如期实现，也是全县人民所瞩目的。为此，常委会每年都及时听取县政府关于人代会政府工作报告中主要经济指标完成情况和所办实事完成情况的汇报，针对报告执行中存在的问题，提出监督建议，保证了历年政府主要经济指标的完成。五年来，常委会共监督政府为全县人民办实事41件，内容涉及县城建设、交通建设、教育、卫生设施建设、电力、通信设施建设、深山区人民生产生活等等。对此，常委会均坚持既监督又支持的原则，除每年组织代表对所办实事进行视察之外，对一些重点问题都亲自帮助出谋划策，协助实施，使五年来所列的实事项目均落到了实处。

4. 拓宽和加强了对政府经济部门的联系和监督。为进一步加强对经济工作的监督，我们本着多参与、多了解，不调查就没有发言权的原则，由过去的侧重监督重点部门改为直接延伸到厂矿企业和农业开发项目上来，直接掌握和了解基层的真实情况，由过去的常委会听取汇报，延伸到主任会议也主要听取经济部门汇报。五年来，我们先后到粮食、土地、工商、林业、水务、农业、水产、技术监督局等单位进行实地检查，共有教育、卫生、邮电、电力等十多个政府部门，县一钢厂、白云山水泥厂、南甸化工厂等十余家企业，柏坡、孟家庄、下口、古月等十多个乡镇主动邀请常委会去视察指导企业生产和项目建设等工作，为常委会监督政府经济工作奠定了基础。

四、坚持党的领导，认真做好人事任免工作，为改革和建设提供可靠组织保证

人事任免工作是常委会的重要职权，我们始终把服从于党的中心和坚持依靠党的领导作为一条根本原则。在任免过程中，既要体现和维护党的意志，又要保证每个委员自由行使民主权利，并在任免干部的同时，让被任命干部当场发表就职演说，当场颁发任命书。五年来，常委会共任免我县国家机关工作人员293名，其中决定任命副县长12名，政府部门局长、主任 71 人，任命法院、检察院工作人员 111 人。

在做好任免工作的同时，常委会还加强了对被任命干部履行职责情况的监督。每年都安排一部分局长向常委会进行述职，述职前人大领导带领部分委员和代表深入到各部门召开座谈会，组织干部职工对被任命人员进行民主评议，有效地提高了被任命干部对人民负责的工作责任心和法律意识。

五、围绕发挥代表作用做文章，加强和改进代表工作，充分发挥代表在全县两个文明建设中的积极作用

人民代表大会制度是我国的根本政治制度，人大代表是人民代表大会的主体，是党和国家联系群众的桥梁和纽带，也是国家事务和社会事务的管理者和监督者。人大工作最根本、最关键的一条是发挥人大代表作用。在这方面我们主要抓了以下两点：一是开展与代表交朋友活动。通过与代表交朋友，想代表之所想，急代表之所急，了解群众关心的热点难点问题，帮助代表解决工作生活上的难题。借此总结宣传代表的光辉业绩，进一步调动起人大代表在各方面发挥模范作用的积极性。为此，1996 年县人大在全县开展了评选百名优秀代表的活动，广大代表积极响应，投身全县经济建设的主战场，在各个行业，不同岗位发挥先锋模范作用。为表彰优秀代表作出的突出贡献，常委会专门召开了由全体县人大代表和部分乡镇人大代表参加的百名优秀代表表彰会，省人大常委会副主任张建新、市人大常委会主任徐增厚专程到会指导，并向百名优秀代表颁发了荣誉证书。会后，我们又专门组织人员对优秀代表的先进事迹进行整理，编印了《人大代表风采录》一书，使人大代表的光荣事迹永载史册。二是抓好人代会代表所提意见和建议的落实工作及代表和群众来信来访工作。五年来，常委会始终把落实人代会代表议案和代表所提批评意见和建议办理情况作为一件大事常抓不懈，抓出了成效。五年来，县人代会共收到代表议案和批评意见建议 251 条，内容涉及工农业生产、交通、城建、电力、文教卫生、社会治安等方面。为认真督促政府做好办理工作，常委会每年都专门听取政府的汇报，县政府对代表的意见和建议都十分重视，及时召开会议进行研究，责成有关部门抓紧办理，能办的积极办，需要解释说明的进行说明，使每年的意见和建议基本做到了条条有答复，件件有着落。同时，我们也十分注重做好代表和群众的来信来访工作，重要信访案件主任、副主任亲自接待，并按照归口办案原则转交有关部门认真办理，使一些久拖不决的信访案件得到解决，县人大的威望也与日俱增。据不完全统计，五年来，县人大共接待群众来信来访 1500 多件次，平山县人大被省、市人大评为信访工作先进单位。

六、围绕强化基层政权建设，不断加强对乡镇人大工作的指导

乡镇人民代表大会是我国人民代表大会的重要组成部分，县人大有责任有义务加强对乡镇人大工作的指导。指导的重点：一是推广高邑县“五有五上墙”的经验，完善人大主席团组织建设和制度建设，使乡镇人大工作做到年度有计划，季度有安排，活动有通知、有检查，并召开了乡镇人大工作现场会，使各乡镇人大先后建立了人大主席团会议、联系代表、评议、信访等九项制度。在硬件建设上做到了有牌子、有国旗、有制度、有档案存放处等、使乡镇人大工作走上了规范化、制度化轨道。二是指导乡镇人大搞好换届选举工作。1996 年是乡镇人大换届选举年，为确保各乡镇换届工作顺利进行，县人大常委会专门召开主任会议认真研究，提出了具体的指导意见和要求，人大各主任分包乡镇逐乡进行指导，共依法选举产生乡镇人大代表1185名，顺利召开了新的一届乡镇人代会，选举产生了乡镇人大主席和乡镇政府领导成员。三是指导乡镇抓好村民代表会工作，开展依法治村。1996年我们在全县推广了东关村发挥村民代表会作用的先进经验，专门组织23个乡镇的人大主席在该村召开现场会，介绍该村建立村民代表会，在农村实行六公开，开展依法治村，由乱到治、由治到富的成功经验，指导各乡镇人大主席团狠抓村民代表会工作，使全县大多数村庄都建立起村民代表会，制订了切实可行的规章制度，对村里的大事进行监督。通过建立村民代表会，实行六公开，达到了“给群众一个明白，还干部一个清白”的目的，密切了干群关系，提高了干部群众的法律意识和法制观念，推动了依法治村工作的顺利进行。

七、围绕县委中心工作，为全县的改革开放、经济发展、社会稳定发挥作用

在做好人大自身业务工作的同时，常委会还积极配合县委、县政府开展中心工作，为全县的改革开放、经济发展、政治安定、社会稳定做出了积极贡献：一是全力投入抗洪救灾工作。1996年8月份的特大暴雨，使我县的经济建设和人民生命财产受到巨大损失。灾情发生后，县人大常委会立即召开会议，组织机关全体工作人员全力以赴，投入抗洪救灾工作，人大常委会领导积极参与到这场生产自救、重建家园的战斗中，积极开展募捐活动，为灾民献爱心。一些常委会领导还配合县委、县政府到外地开展募捐，为我县争取到了大量资金和救灾物资，为我县抗洪救灾和重建家园做出了积极贡献。二是配合县委、县政府狠抓计划生育工作，扭转了我县计划生育工作的被动局面。三是同全县五大班子一道常年分包乡镇和贫困村，坚持为基层分忧，为农民办实事，受到了社会各界的好评。四是广泛参与县委、县政府组织的各种招商引资和各类联谊活动，为宣传平山，加强我县与外界的联系做出了积极贡献。

八、做好县级人代会的换届选举工作

为切实做好1998年度的县级换届选举工作，根据法律规定，我们成立了平山县选举委员会，专门负责选举工作，全县共分为94个选区进行选举，办公地点设在县人大办公室，并设立了联系电话。为组织好选举工作，根据《宪法》《地方组织法》《选举法》和《河北省县、乡两级人民代表大会选举实施细则》的规定及上级有关政策、法规，结合我县实际情况，制订出了我县换届选举工作实施方案，并召开了全县县级人大换届选举工作会议。按照会议要求，人大各位主任分包乡镇逐乡进行检查指导。在整个换届选举中，我们突出抓了发扬民主和依法办事两个方面，把宣传工作贯穿始终，把整个选举过程当作推进民主与法制建设的实践过程来抓。在县选举委员会的具体组织下，各选区充分发挥民主，严格依法办事，共选出人大代表217名，为这次换届选举的顺利进行奠定了基础。

九、围绕坚持人民代表大会制度，搞好人大自身建设

加强人大自身建设是做好人大工作的基础，这方面我们主要抓了三点：一是加强思想建设，不断提高人大干部队伍的政治素质和法律、政策及业务水平。常委会机关始终坚持了每周五下午学习日制度，认真学习邓小平同志建设有中国特色社会主义理论，学习党的基本路线和方针政策，提高政治思想觉悟。除此之外，我们还聘请法院、电力局、工商局、邮电局、卫生防疫站等有关人员讲授了《宪法》《行政诉讼法》《民事诉讼法》《食品卫生法》等有关法律法规，使机关人员政治素质和法律意识得到了较大的提高。二是加强组织建设，做好人大机关干部的提拔交流工作。各位主任发挥言传身教的“传帮带”作用，使机关的中青年干部迅速成长。五年来，县人大机关共有12名干部提拔到科室领导岗位，使人大机关始终充满了活力。三是加强制度建设。为确保人大常委会依法行使职权，常委会先后制订实施了《人大常委会议事规则》《人大常委会组成人员守则》《代表批评意见办理办法》等一系列工作制度，增强了人大工作的可操作性和规范性。四是做好人大宣传信息工作，不断提高干部群众对人大及其常委会性质、地位和作用的认识。常委会坚持把人大宣传报道工作作为推动社会主义民主政治建设的重要任务来抓，加强对宣传信息工作的领导，建立健全有关制度，使我县人大宣传报道工作取得突破性进展。1996年全市评比，由1995年的第19名一跃进入前5名，1997年在全市夺冠。

几分耕耘，几分收获。五年来，县人大机关全体干部用自己辛勤的汗水和努力赢得了社会各界的普遍赞誉，县人大的地位和作用与日俱增，常委会的各项工作都有了很大的发展，同时也积累了一些经验。主要是：第一，人大工作必须坚持和依靠党的领导，把对党负责和对人民负责统一起来。第二，人大工作必须依法办事，围绕法律赋予的职责，大胆进行工作。第三，人大工作必须密切同代表和群众的联系，充分发挥代表作用，否则，人大工作就成了无本之木，无源之水。但我们也清醒认识到，常委会的工作与宪法和法律赋予人大的职权相比，对照建立社会主义市场经济体制新形势的客观要求，对照全县人民的期望，还存在着一些不足之处。主要是：法律赋予县级人大常委会的职权，还没有得到全面有效的实施；各项监督工作力度还须强化，存在着不尽人意的地方等等。

各位代表：

平山县第十二届人民代表大会第一次会议已经召开，十一届人大常委会已经完成了历史赋予的光荣使命。在十一届人大常委会任职的五年，我们的工作得到了全体代表及全县44万人民的大力支持。在此，我谨代表十一届人大常委会向全县人民表示崇高的敬意，向关心、支持县人大工作的各级领导和单位表示衷心的感谢。又是一年春草绿，又是一个艳阳春。在新的一年里，让我们在县委领导下，同全县人民一道，同心同德，奋力拼搏，艰苦创业，面对新挑战，迎接新世纪，携手共创平山光辉灿烂的美好明天。

谢谢大家！

平山县人大常委会工作报告

——1999年3月11日在平山县第十二届人民代表大会第二次会议上

平山县人大常委会主任 白云亭

各位代表：

我受县第十二届人民代表大会常务委员会的委托，向大会作工作报告，请予审议。

去年3月换届以来，在县委的领导下，在上级人大的指导和全体代表的支持配合下，县人大常委会坚持以邓小平理论和党的十五大精神为指导，紧紧围绕经济建设这个中心，从改革、发展、稳定的大局出发，认真贯彻依法治国，建设社会主义法治国家的基本方略，依法履行宪法和法律赋予的各项职权，先后举行常委会会议7次，审议议题14项，依法任免国家机关工作人员72人次，作出决议决定2项，主任会议听取和审议议题13个，进行较大规模的视察、调查、执法检查10余次，有效地推动了我县民主法制建设，促进了全县改革开放、经济建设和各项事业的顺利进行。

一、认真贯彻依法治国方略，切实加强执法监督，积极推进依法治县进程

为保证党的十五大提出的依法治国基本方略在我县的贯彻落实，县人大常委会及时作出《关于进一步加强依法治县的决议》，从思想认识、推进普法和加强执法监督等方面，提出明确要求，动员全县各机关认真付诸实施。

积极组织开展依法治县和普法知识竞赛。为促进依法治县决议的落实，县人大常委会在全县广泛组织开展了依法治县和普法知识竞赛。向各乡镇和县直单位发放各种学习宣传材料3000多份，县直70多个部门选派干部200多名参加了全县的竞赛活动，一些部门的局长亲自带队参赛。经过预赛，选出公安、交通、地税、国税、法院、电力6个队进行了电视公开赛，地税、国税、公安三个队被评为前三名。在此基础上，我们又组队参加了全市的依法治市和普法知识竞赛，获得了组织奖、优秀奖。在中共石家庄市委召开的依法治市工作会议上，县人大常委会作了典型发言。

抓住法律法规实施中的突出问题，加大执法检查力度。依法治县必须严格执法，常委会把执法监督列入重要议事日程，围绕解决违法施政、司法不公、执法犯法等问题，有针对性地听取和审议执法工作报告，集中力量开展了政法系统、矿产资源和矿山安全、食品卫生、农资市场、劳动保险、环境保护等一系列的执法检查，采取自查自纠、普遍检查和重点抽查相结合的方法，从查处具体案件入手，查找原因，追究责任，惩治腐败，整顿队伍，督促依法纠正“两错”案件86件，取缔非法矿点8个，处理越界开采3家，查处劣质食品95公斤，对20户违反《食品卫生法》的商户行为进行了处罚，查处假冒伪劣农药3吨，劣质种子25.65吨，化肥52吨，劣质柴油4.5吨，一些不符合环保要求的企业厂矿得到有效治理，督促各企业单位按时上缴养老保险金等等，有效地促进了这些法律法规的贯彻实施。

抓住深化内部制约机制这一关键环节，深化“两错”责任追究制。推行“两错”追究是解决有法不依、执法不严、违法不究的有效措施。常委会把深化“两错”追究作为贯彻依法治国方略、推进依法治县的切入点。重点督促“一府两院”净化内部监督制约机制，组织主任、委员和部分人大代表多次听取执法工作汇报，深入法院、检察院和公安、土地、工商等部门及其基层单位进行视察、调查。常委会会议还专题听取和审议公安局、检察院关于深化“两错”责任追究情况的报告。县法院被市人大常委会授予“执法楷模”基础上的荣誉称号，成绩面前找差距，自我加压再努力，“两错”追究、庭审改革、干部竞争上岗等各项工作不断取得新进展，去年又代表全市顺利地接受了全国人大代表、省人大代表的视察和庭审观摩，得到了各级领导和人大代表的一致好评。

加强对被任命干部的法律知识教育。依法治国方略的实施，关键在于提高各级领导干部和执法人员的法律意识和法律素质。法律赋予县人大常委会任免“一府两院”国家机关工作人员的重要职权，为了使新任命的国家机关工作人员具有良好的法律素质，常委会对所有被任命干部根据不同的工作岗位和职业特点，全部进行任前法律知识考试，考试不及格不予任命。同时，对政府各行政执法部门的执法人员进行了上岗考试，使全县的国家机关工作人员具备了良好的法律素质。所有这些都为全面贯彻依法治县决议产生了积极而深远的影响。

二、紧紧围绕改革、发展、稳定的大局，抓住制约全县经济和社会发展的焦点、热点、难点问题，深化工作监督

围绕全县改革开放和现代化建设的重大问题和人民群众关注的热点问题进行监督，是人大常委会工作监督的重点。一年来，县人大常委会在深入调查研究的基础上，先后听取和审议县政府关于1998年国民经济和社会发展主要指标完成情况和六件实事办理、绿色食品开发、初级卫生保健、旱作农业新技术推广、个体私营经济发展、县办工业生产情况等十余项专题报告，针对存在的问题，提出意见和建议，支持、督促政府加强和改进工作。

高度关注和全力支持政府完成1998年国民经济和社会发展目标。1998年全县的国民经济和社会发展的计划目标是经过县人代会通过并作出决议的，新一届常委会始终把此列入重要议事日程，积极开展工作。4月份听取县财政局关于一季度财政收入开门红情况的汇报，8月份听取财政双过半情况汇报，其间，组织主任委员对县办工业和乡镇企业发展、个体私营经济发展、山区综合开发等进行视察，9月份听取国税、地税关于税收情况汇报，12月份到县直有关部门和西部深山区部分乡镇对六件实事办理情况进行视察、检查，并在常委会上专题听取县政府关于1998年主要经济指标和六件实事办理情况的汇报。每次汇报和视察都针对经济运行中的一些矛盾和问题提出具体意见和建议，县政府积极制定相应的对策和办法，采取有效措施，保证了1998年全县国民经济和社会发展计划目标的全面完成。

加强对绿色食品开发工作的监督力度。发展绿色食品是县第十二届人民代表大会第一次会议作出的决定，是发展平山特色经济的重要途径。为促进这项工作的开展，县人代会刚一结束，主任会议就专题听取县政府关于发展绿色食品安排意见的汇报，并提出了相应建议。县政府积极采取措施，及时拨付绿色食品检测专项资金，县人大常委会领导还多次到绿色食品基地检查指导，有效地促进了此项工作的开展。10月，是收获的季节，常委会组织全体主任和部分委员重点到南、北滚龙沟和元坊进行视察。根据视察中存在的收购资金不到位问题，及时与政府取得联系，积极与银行部门协调，使问题得到及时解决。

认真监督县政府做好初级卫生保健达标和旱作农业新技术的推广工作。为落实中国政府向世界提出的到2000年人人享有卫生保健的承诺，搞好我县的初级卫生保健工作。县人大常委会专题作出了关于实现初级卫生保健达标的决议。为促进决议的实施，县人大常委会先后组织主任、委员深入到平山镇的里庄、胜伏和回舍、岗南、霍宾台等卫生院及部分村级卫生保健所和县医院、中医院、妇幼院、防疫站进行调查和视察，及时提出监督建议，县政府及主管部门狠抓落实，取得了显著成效，于去年10月份顺利通过全市的达标验收。旱作农业新技术是近年来我县探索总结的一条加快农民致富的成功之路，平山46万亩耕地，其中旱地23万亩，平山农业发展的矛盾和问题在旱地，希望和潜力也在旱地。因此，常委会将旱作农业新技术推广作为一项重要工作去抓，常委会例会专题听取县农业局的汇报，到南甸西相公庄、回舍北水、常峪岭等地进行了实地考察。同时决定县人大常委会6名驻会主任每人抓一个点，以便及时指导了解情况。由于新技术的推广，农作物产量显著增长，基本解决了困扰祖祖辈辈山区人民的温饱问题，有效地实现了农业增产、农民增收、农村稳定的目标，加快了全县人民脱贫致富奔小康的步伐。

及时任命新一届政府组成人员，并开展评议监督，人大常委会任命国家机关工作人员，并对其实施监督，是宪法和法律赋予的重要职权，是代表人民行使权力。换届后，常委会及时对新一届政府组成人员进行了依法任命，召开了隆重的颁发任命书大会，提出严格要求，促使政府组成人员努力为人民掌好权、用好权。为强化监督，促进被任命干部和政府部门进一步改进工作，在年初向人大常委会递交年度目标责任书的基础上，常委会先后对土地局局长、司法局局长、物价局局长、畜牧局局长、教育局局长、城建局局长履行职责的情况进行述职评议。评议紧紧围绕依法行政、廉政建设，落实人大决议，促进改革、发展、稳定等方面的情况进行。为提高评议效果，每次评议前，常委会由一名主任带队深入到被评议单位，召集机关全体干部职工和下属单位负责人进行座谈，开展民主测评，力争全面了解被任命人员的工作情况。在此基础上，由被任命干部向常委会议述职，接受评议。除上述6名局长向常委会述职外，年底常委会组织专门人员对其他局长履行职责完成责任目标的情况也进行了统一考核和评议。评议中，既实事求是地肯定评议对象的工作成绩，又客观公正地指出存在问题，并提出具有较强针对性的意见和建议，表现了对被评议干部的关心、爱护、帮助和支持。使被评议干部进一步增强了对人民负责、受人民监督的自觉性，增强了努力做好工作的动力和信心。

三、突出代表的主体地位，拓宽代表活动渠道，加强同代表和人民群众的联系

人大代表是国家权力机关的组成人员，做好代表工作，人大及其常委会的工作才会更有成效。新一届人大常委会认真贯彻执行《代表法》，积极为代表履行职责创造条件。

加强同代表的联系，为代表履行职责搞好服务。为组织好县人大代表的活动，常委会指导各乡镇建立了代表活动小组，并完善活动制度，印发有关学习材料。各小组定期组织代表学习有关法律法规，落实法律规定的代表权益。为加强与代表的联系，常委会各主任定期走访代表，征求代表意见，并组织代表对全县的一些重点工作开展视察。有的代表还被公安、法院、检察院、交通、电力等部门聘为行业作风监督员，使他们较好地发挥了人大代表管理地方国家事务的作用。

尊重代表权利，认真办理代表批评意见建议。人大代表来自人民，代表人民行使国家权力。常委会把认真办理代表批评意见建议作为保障代表权利的重要体现。人大常委会会议专题听取县政府关于办理县十二届人大一次会议代表意见和批评建议情况的报告，对一些重点建议办理情况开展检查，使十二届人大一次会议期间代表提出的47件意见建议全部办结。如南甸代表团提出尽快拓宽修复南甸路的建议后，政府及有关部门非常重视，在资金紧张的情况下，采取自筹与集资相结合的办法，保证了工程的顺利开工。该工程预计今年7月初竣工，届时将成为我县地方路建设中一条标准最高、设施最全的样板路。

加大人大信访工作力度，加强与人民群众的联系。人大信访是人民群众反映意见、申诉、控告的重要渠道，也是人大常委会了解社情民意的窗口，针对信访量逐年增加的情况，县人大常委会进一步加强了对信访工作的领导，修订和完善了《关于加强全县人大信访工作的意见》，进一步理顺了关系，健全了组织。一年来常委会共受理群众来信来访和申诉、控告案件237件950人次，使一批群众申诉案件和问题得到了纠正或解决。在全市人大信访工作会议上，我县两次介绍经验，受到了市人大常委会领导的好评。

四、密切与乡镇人大的联系，加强工作指导，推基层民主政治建设顺利开展

基层民主是社会主义民主政治的重要组成部分，是实现人民群众当家作主的具体体现。常委会不断研究基层民主建设的新情况和新问题，经常深入各乡镇及厂矿企业、农村了解掌握情况，总结推广基层创造的新经验和好做法，督促有关部门进一步推动全县基层民主政治建设的健康发展。

进一步加强对乡镇人大工作的指导，提高乡镇人大工作的水平。加强与乡镇人大的联系，互相学习借鉴，有利于做好全县的人大工作。围绕乡镇人大规范化建设，常委会组织部分人员深入到各乡镇进行调研，督促乡镇人大认真落实代表活动制度，代表联系选民制度，办理代表建议制度、主席团例会制度，研究探索开好乡镇人代会的经验，指导各乡镇开展了评议“七所八站”的活动。为提高乡镇人大主席的业务素质和工作水平，坚持邀请乡镇人大主席列席县人大常委会例会，上下联动开展了多项调查、视察和执法检查活动。

依法指导乡镇做好换届选举工作。根据法律规定和省、市人大常委会的统一安排，按照“党委领导、人大主办、各方配合”的原则，常委会对全县的乡镇人大换届选举工作进行了认真的安排部署，成立了乡镇换届选举办公室，抽调专人，协同新闻单位定期到乡镇进行检查指导和督促，把这次乡镇人大换届选举作为对选民进行民主法制教育的重要内容，加大宣传力度，广泛动员选民参选，提高选民当家作主的民主意识和法制观念，珍惜自己的民主权利，选好人大代表，并通过人大代表选好乡级国家机关领导成员，搞好乡级政权建设。目前，部分乡镇已召开了人代会，其他乡镇的人代会也将在近期开完。

五、注重常委会及机关自身建设，不断提高整体素质，努力开创人大工作新局面

常委会组成人员和机关工作人员的素质，直接关系到常委会的工作质量和效率。新一届人大常委会把提高整体素质放在十分重要的位置，以新的姿态、新的面貌、新的作风努力开创人大工作新局面。

思想建设得到加强。新一届人大常委会组成人员 23 人中有 17 人是新进入常委会的。为尽快适应工作，提高业务素质，常委会第一次会议就把学习列入重要日程。通过学习邓小平理论和十五大精神，学习《宪法》《地方组织法》，认真开展解放思想大讨论，明确了人大工作的方向。在日常工作中，结合实际邀请有关部门长期从事执法工作的行家进行法律学习辅导，提高了大家的法律素质，为做好人大工作奠定了基础。

各项制度逐步完善。根据工作实际，为使本届人大常委会的工作更加规范，常委会先后制定并通过《人大常委会议事规则》《人大常委会组成人员守则》。同时，对人大机关内部的各项规章制度也进行了修订和完善，使常委会的工作进一步制度化、规范化。

调研活动深入开展。常委会把调研工作作为提高议事质量和工作水平的一项基本功，在审议"一府两院"重要报告之前，常委会都组织人员深入开展调查研究，尽量多掌握和了解情况，以增强审议的针对性。同时，各主任积极参与县委安排的各项调研活动，为全县的扶贫工作、小康建设、山区综合开发、新一轮土地延期承包、社会稳定、基层民主政治建设献计献策，有效地配合和促进了全县两个文明建设的深入开展。

人大宣传工作继续加强。贯彻依法治国方略，需要营造强大的舆论氛围。常委会高度重视民主法制和人大制度的宣传，进一步扩大宣传队伍，拓宽宣传领域，深化宣传主题，提高宣传效果。去年在市以上信息及公开报刊发稿 59 篇，并实现了在《全国人大工作通讯》发稿的新突破。对进一步宣传人民代表大会制度，指导和促进人大工作发挥了积极作用。

回顾一年来的工作，我们也清醒地看到新一届人大常委会的工作与宪法、法律赋予的职权，与党和人民的要求，仍有不少差距和不足。主要是对人大的地位、性质、作用还缺乏应有的认识，法律赋予人大常委会的各项职权行使不到位，尤其是监督工作仍然比较薄弱，推行依法治县和人民代表大会制度及法律、法规的宣传尚需不断加强，常委会组成人员和机关工作人员的政治业务素质有待进一步提高。这些都需要在今后工作中引起高度重视，努力加以改进。

各位代表，1999 年是中华人民共和国建国 50 周年和澳门回归年，在这承前启后、继往开来的世纪之交，县人大常委会的指导思想是：在县委的领导下，高举邓小平理论伟大旗帜，深入贯彻党的十五大和十五届三中全会精神，紧紧围绕经济建设中心，把加强社会主义法制建设，推进依法治县作为根本任务，依法行使各项职权，突出重点，讲求实效，开拓创新，保障和促进全县改革开放和现代化建设的顺利进行。

继续推进依法治县。围绕县人大常委会关于开展依法治县的决议，结合《宪法》颁布45周年和“三五”普法，积极抓好“三个意识”教育，即重点抓好对人大选举和任命干部的法制教育，深化政府工作人员依法行政，自觉接受人民监督的意识；“一府两院”工作人员依法办案、公正执法、严肃执法的意识；全体人民自觉学法、用法、守法的意识，增强全体人民的法制观念，夯实依法治县的思想基础。

强化监督工作。围绕全县改革、发展、稳定的大局抓住国民经济和社会发展计划及预算执行情况和人民群众关心的热点、难点，积极开展执法监督和工作监督。要有计划，有重点地听取和审议“一府两院”关于依法行政严肃执法的工作报告，广泛组织代表开展视察检查和评议工作，继续深化“两错”责任追究制，坚决贯彻“有法必依、执法必严、违法必究”的社会主义法制原则，做到执法权限法定化、执法责任明晰化、执法监督经常化。

推进基层民主政治建设。围绕贯彻党的十五届三中全会精神，强化乡镇人大工作和村级民主政治建设，引导基层搞好村务公开、政务公开、厂务公开、校务公开。继续指导完善和规范村民代表会、议政日等活动，大力推行民主选举、民主决策、民主管理、民主监督。认真做好代表工作。进一步加强代表闭会期间的活动，围绕常委会有关议题组织代表开展调查、视察，定期走访代表，广泛征求代表意见，认真督办代表议案及建议批评意见，充分发挥人大代表的作用。

加强常委会的自身建设。认真开展“三讲”教育，深入学习邓小平民主法制思想。进一步转变工作作风，开展调查研究，以改革创新的精神，大胆探索加强和改进人大工作的新途径、新形式，进一步加强人民代表大会制度和民主法制建设的宣传，为人大工作创造良好的社会舆论环境。

各位代表，人大及其常委会对加强社会主义民主法制建设，推进依法治国负有重大责任，我们的职责光荣而崇高，肩负的任务繁重而艰巨。我们一定要在县委的领导下，以对党和人民高度负责的态度，认真履行职责，扎扎实实工作，以优异成绩庆祝建国50周年和澳门回归，迎接21世纪的到来。

平山县人大常委会工作报告

——2000年2月17日在平山县第十二届人民代表大会第三次会议上

平山县人大常委会常务副主任　张晓涛

各位代表：

我受县人大常委会委托，向大会做工作报告，请予审议。

1999年县人大常委会在县委的领导下，坚持以邓小平理论和党的十五大及十五届三中、四中全会精神为指导，认真执行县十二届人大二次会议决议，紧紧围绕改革开放和现代化建设的大局，贯彻落实依法治国的基本方略，积极履行宪法和法律赋予的职责，议大事，抓重点，上水平，各项工作取得了新进展。

——推行执法责任制工作取得成效。为促进执法责任制工作的落实，人大常委会召开县直部门“一把手”参加的推行执法责任制工作会议，确定了交通局、公安局、国税局、工商局、城建局等13个单位为试点，并组织他们到辛集进行了对口参观学习。在县委统一领导下经与“一府两院”共同努力，共确认县直执法主体48个，将474部法律法规落实到有关执法部门，明确了执法责任，同时抓住建立有效的执法责任机制、执法运行机制、执法保障机制和执法惩戒机制等关键环节，深入到48个执法部门进行组织指导，针对性地解决工作中出现的问题。9月份又在全县召开了推行执法责任制工作再动员、再布置会议，县检察院、交通局、工商局、技术监督局等4个单位在会上做了典型发言，为我县推行执法责任制工作树立了榜样。截至目前，全县政府的执法部门及法院、检察院系统，全部按要求完成了执法责任制方案制定，将执法任务分解落实到股室或个人。为便于群众监督，这些单位还建立了较为规范的公示牌。执法责任制的全面推进，促进了严格执法和公正司法，切实把我县民主法制建设向前推进了一步。

——执法检查工作扎实。按照省、市人大的要求，在县委的领导下，对《河北省计划生育条例》《税收征管法》《食品卫生法》《教师法》《岗黄水库污染防治条例》《工会法》《劳动法》等十多部法律法规的执行情况开展了执法检查，有针对性地解决了执法中存在的问题，促进了这些法律法规的贯彻实施。如，针对夏季的食品卫生状况进行检查，对无证经营出售伪劣食品的经营者进行了处罚，净化了食品市场；针对企业养老金上缴中存在的问题进行检查，对前三名进行表扬，对后三名通过电视进行曝光提出批评，促进了全县养老金收缴工作的顺利开展。

——工作监督力度不断加大。一年来人大常委会把贯彻党的基本路线与贯彻依法治国基本方略有机结合起来，紧紧围绕经济建设这个中心和改革、发展、稳定的大局，依法开展工作监督，共组织开展各项调查、视察7次。在调查、视察的基础上，人大常委会会议先后听取并审议县政府关于土地延期承包30年不变及确权发证；非公有制经济发展、绿色食品发展；山区综合开发资金安排使用；1999年主要经济指标完成情况和实事办理等专项工作报告18次，提出重要意见建议47条，为推动"一府两院"工作开展发挥了积极作用。

——依法搞好人事任免。一年来，县人大常委会按照充分发扬民主、严格依法办事的原则，决定并任免国家机关工作人员42名。任免中，始终坚持党管干部和人大任命干部的一致性，既体现了党的意志，又保证了每个委员自由行使民主权利。为促使被任命人员忠于职守，为人民掌好权，还坚持了任前组织法律知识考试，任后颁发任命书，要求被任命人员增强公仆意识、法制意识和国家意识。

——积极活跃代表工作。为充分发挥代表的主体作用，人大常委会在全体县人大代表中倡导开展了以增强职责意识为主题的"国徽在心，责任在身"活动。对全县的一些重点工作和重大工程项目开展视察，进一步密切了与代表的联系，拓宽了代表活动的渠道。人大常委会还认真负责地督促"一府两院"办理好代表提出的批评意见和建议。通过各方面努力，代表在县十二届人大二次会议期间提出的47件批评意见和建议，已全部办结并答复代表，其中代表所提建议已经解决和基本解决的23件，向代表进行了解释说明的19件，5件已列入规划。从收回的代表反馈意见看，办理质量和代表满意率都有提高。同时我们还对闭会期间代表提出的关于县医院病房楼不能尽快投入使用问题，督促政府帮助解决资金50万元，促进了病房楼的尽快投入使用，赢得了社会各界的好评。

——加强对乡镇人大工作的指导。99年是乡镇人大换届年，为做好这次工作，人大常委会成立了乡镇人大换届选举办公室，对全县23个乡镇的换届工作进行统一安排、统一布置，并分工负责加强对此项工作的督促指导，使23个乡镇圆满依法完成了换届选举任务。坚持邀请各乡镇人大主席列席县人大常委会会议，密切了与乡镇人大的联系。通过召开全县人大主席座谈会，举办培训班，交流工作，沟通情况，互相学习，取长补短，达到了共同提高的目的。同时组织部分乡镇人大主席走出去学习外地经验，完善和提高乡镇人大的制度建设，为规范乡镇人大工作提供了制度保障。

——高度重视人大信访工作。人大常委会把人大信访工作作为了解社情民意的窗口和受理人民群众申诉控告、化解社会矛盾的重要途径，切实加强领导，充实力量，并指导各乡镇人大设置了信访专门机构，扩大了网络组织，明确了人大信访网络员的职责和要求，并一季一上站，共同学习，总结经验，在我县信访工作中，起到了很好的作用。一年来，县人大机关共受理人民群众来信来访、信访电话160件次，发出建议107件，监督纠正错案37件，化解矛盾46件，为维护公民的合法权益，促进社会稳定发挥了积极作用。我县人大信访工作受到了省、市人大领导的肯定。

——加强人大机关自身建设。在人大常委会组成人员和机关干部职工中开展了政治思想学习，坚持了每周五下午学习制度，使大家的思想认识进一步提高，工作作风明显转变，为搞好人大常委会工作提供了强有力的政治保障和组织保证。通过健全完善机关干部工作目标责任制，加强机关管理，组织干部培训，开展庆祝建国50周年和创建文明机关活动，提高了人大干部的理论水平和业务素质。人大常委会还把调查研究工作作为提高人大工作质量和培养锻炼人大干部的途径，要求把常委会例会中每个议题作为调查研究的内容，保证和提高了每次常委会例会的会议质量。

各位代表，人民代表大会制度作为我国的根本制度，需要不断探索、不断实践、不断完善、不断发展。县人大常委会正是基于这样的认识，在探索和实践人民代表大会制度，加强社会主义民主政治建设方面，结合我县的实际，进行了一些有益的尝试。

一是坚持自觉接受党对人大工作的领导。常委会把坚持和依靠党的领导，作为推进人民代表大会制度建设和做好人大工作的根本原则。自觉置于党的领导之下，紧紧围绕党的中心工作开展人大工作。在平时工作中，坚持做到根据县委的工作重点，安排部署人大工作，凡人大常委会讨论决定的重大问题，开展的重要工作和活动，事先都以人大党组的名义报请县委原则同意，事后及时汇报，吸取意见，取得支持，保证了人大工作的顺利进行。

二是坚持正确的人大工作指导思想。常委会认真学习邓小平民主法制建设理论，在总结人大工作实践的基础上，努力探索人大工作规律，提出了“听命于党、立足于法、取信于民、着力于做”的“十六字”指导思想，并贯彻到人大工作的全过程。一年来，认真贯彻党的路线、方针、政策和县委的决策，紧紧围绕经济建设这个中心开展人大工作，努力把党的主张通过法定程序变为国家意志，坚持依法开展人大工作，严格按照法律规定履行职权，努力做到“言必称法、行必依法”，坚持人民利益高于一切，一切从全县人民的利益出发，用维护人民群众根本利益及合法权益的实际行动，取得人民群众的信赖和支持。坚持以办实事、求实效树立人大形象，以有作为树人大权威，做到深入基层，听取意见，集中民智，抓住社会影响较大的重点、难点、热点问题进行监督，促进问题的解决。

三是坚持以依法治县总揽人大工作全局。保障宪法、法律及法规在本行政区域内的实施，是依法治国的基本要求，也是人大及其常委会的重要职责。人大在推进依法治县中处于重要地位，具有不可替代的作用。因此，我们始终抓住依法治县这个纲领，突出法律监督这个重点，把推行执法责任制开展执法检查和进行执法评议有机地结合起来，三项举措环环相扣，步步延伸，将人大的外部监督与“一府两院”的内部制约紧密结合，增强了监督的力度和效果。

四是坚持不断增强人大干部的责任意识。省委在会省依法治省和人大工作会议上提出，在各级党委机关中开展增强国家意识教育，在人大机关中开展增强责任意识教育，在“一府两院”机关中开展增强人大意识教育，在全体公民中开展增强法制意识教育。开展“四个意识”教育，是实施依法治国基本方略，加强人大工作的重大举措，具有很强的针对性和现实意义。为此，县人大常委会认真开展了强化责任意识教育活动。通过召开学习宪法及宪法修正案，举办法制讲座，提高人大干部对人大制度和人大工作重要地位、作用的认识，掌握履行职责所必需的业务知识。通过创建文明机关活动，增强人大干部的责任意识。通过完善工作制度，强化目标责任，促进人大干部振奋精神，做好工作。开展责任意识教育，使常委会组成人员和机关干部的思想觉悟明显提高，事业心、责任感明显增强，工作作风明显转变，对提高人大工作水平起到了重要作用。

各位代表，一年来，常委会的工作虽然取得了一定成效，但与宪法和法律赋予的职权相比，与人民群众的期望和要求相比，仍有不少差距和问题。

一是对人大制度的研究和对人大工作规律性的探讨还不够深入。尽管强调人大工作要服从于经济建设这个中心，但在理论研究和实际探讨中还缺乏深度和广度。有些工作与经济建设贴得不够紧；在落实依法治国基本方略，推进依法治县进程中，虽然做了一些工作，但发挥权力机关的作用还不够，对如何有效地行使宪法和法律赋予人大及其常委会的职权，还缺乏深入研究和探索。

二是监督工作存在不到位和力度不够的问题。存有监督多了怕越权，监督少了怕失职的“两难”思想，不能很好地做到既敢于监督又善于监督。在实际工作中，存在程序性监督多，实质性监督少，对事监督多，对人监督少，对面上监督多，对个案监督少，对基层监督多，对县本级的执法主体监督少等问题。尤其是对司法腐败案件监督还很不够。

三是人大常委会与代表和广大人民群众的联系还不够紧密，联系面还不够宽，及时听取代表和群众的意见、建议和要求不够多，发挥代表的主体作用不够充分。常委会组成人员在工作作风方面也还存在一些问题。对此，我们一定在今后的工作中认真加以改进。

在新的一年里，县人大常委会将继续高举邓小平理论伟大旗帜，以党的十五大和十五届三中、四中全会精神为指导，在县委的领导下，紧紧围绕经济建设这个中心，认真贯彻依法治国基本方略，认真行使职权，开拓创新，讲求实效，为促进全县改革开放和现代化建设顺利进行做出新贡献。

一、切实加强法制建设，进一步推进依法治县进程

重点围绕经济发展、社会保障、环境保护方面的法律法规执行情况进行检查。采取全县统一部署，上下联动，全面自查与重点抽查相结合，主要检查执法主体落实执法责任制和执法是否到位。同时，还要检查城市规划法、土地法、企业法等法律法规的执行情况。督促执法机关改善执法状况，提高执法水平。

把推行执法责任制、“两错”责任追究制和加强个案监督作为依法治县的关键环节，督促行政机关和司法机关依法行政，公正司法。上半年对县直执法部门执法责任制落实情况进行视察和检查，必要时开展执法评议。加强对重大典型违法案件的监督，拓宽发现违法案件的渠道。热情接待和处理群众来信来访，认真受理人民群众的申诉、控告和涉法案件，从中发现社会影响大、人民群众反映强烈的典型违法案件，实施重点监督，进一步解决有法不依、执法不严、违法不究的问题。

二、认真审议决定重大事项，加大工作监督力度

抓住事关全县改革、发展、稳定的重大问题和人民群众普遍关心的热点问题，适时作出决议、决定，并加强督办，抓好落实。工作监督重点听取和审议县政府关于预算执行情况、县办企业改革和发展、基层民主政治建设、非公有制经济发展、综合开发资金和扶贫资金使用情况、旅游开发管理情况报告。

在做好人事任免工作的同时，开展对被任命人员的述职评议。不断总结评议经验，改进评议方法，提高评议效果，促进被任命人员增强法律意识、民主意识和国家观念，尽职尽责地做好工作。

三、强化代表主体地位，充分发挥代表作用

继续开展以“国徽在心，责任在身”为主题的代表活动，及时总结和推广先进经验，实行典型引路，推动代表活动向经常化、宽领域、实效性方向发展。在代表中开展争先创优活动。建立“一府两院”向县人大代表通报重要工作和重大事项的制度，经常征求代表对各方面工作的意见和建议，为代表履行职责创造良好的环境。

认真负责地督办代表议案及建议、批评意见，落实代表建议办理责任制，进一步加大督促、协调力度。适时听取“一府两院”关于代表建议办理情况的报告。组织代表对部分重点建议办理情况开展视察和评议，力争使代表建议办理工作取得新成效，在解决实际问题上取得新进展。

四、加强常委会自身建设，努力提高人大工作水平

继续探索提高常委会会议质量的有效途径。精选议题，保证时间，充分做好会前准备，改进审议方法，提高审议水平。建立健全常委会组成人员出席会议、参加活动的登记、考核、通报制度。适时召开常委会组成人员工作会议，集中学习人大制度理论和相关法律、法规，研究人大工作规律。坚持邀请各乡镇人大主席列席县人大常委会会议制度，适时召开各乡镇人大主席座谈会，交流工作，沟通情况，总结推广乡镇人大建设的成功经验。

加大对人民代表大会制度、民主法制建设和人大工作宣传力度。拓宽宣传渠道，扩大宣传内容，改进宣传方式，增强宣传效果。积极开展同兄弟县市的工作交流，相互借鉴，相互促进。

加强人大干部队伍建设。坚持高标准、高起点，狠抓干部的理论学习和法律学习，认真开展廉政教育和思想政治工作，抓好干部培训、交流和使用，强化服务职能。进一步完善各项工作制度，推行工作目标责任制。继续开展创建文明机关活动，充分调动机关工作人员的积极性和创造性。

各位代表，世纪之交赋予了我们新的任务，人民的重托对我们提出了新的要求。我们一定要在中共平山县委的领导下，高举邓小平理论伟大旗帜，认真履行职责，开拓奋进，扎实工作，为推动我县民主法制建设和各项事业的健康发展做出新的贡献。

平山县人大常委会工作报告

——2001年1月6日在平山县第十二届人民代表大会第四次会议上

平山县人大常委会主任　白云亭

各位代表：

我受县人大常委会的委托，向大会做工作报告，请予审议。

一年来，县人大常委会在县委的领导下，坚持以马列主义、毛泽东思想、邓小平理论、党的十五大精神和江泽民同志的“三个代表”为指导，紧紧依靠各位代表，认真履行宪法和法律赋予县级人大常委会的职权，先后举行常委会会议8次，审议议题24项，依法任免国家机关工作人员28名，主任会议听取和审议议题10个，组织开展较大规模的视察、调查、执法检查11次，为促进全县的改革、发展、稳定和民主法制建设作出了积极的贡献。

一、认真贯彻依法治国方略，积极履行法律监督职责

实行依法治国，是党的十五大提出的战略目标，人大常委会的工作要用依法治国总揽全局。为此，我们首先从执法检查入手，并辅之以普法宣传和深化部门执法责任制，对促进法律法规在全县的贯彻实施起到了促进作用。

围绕法律法规的贯彻执行情况开展深入检查。去年常委会先后组织对《环境保护法》《义务教育法》《消费者权益保护法》《土地管理法》《食品卫生法》《公路法》等10多项法律法规的贯彻情况进行检查，均收到了较好的效果。如在对《环境保护法》贯彻情况进行检查时，我们采取了与省、市共同配合、上下联动的方式。充分利用省、市造成的舆论声势，督促改进我县的执法工作。检查期间，常委会领导分别到县环保局、平山镇、下口乡、宅北乡、化肥厂、化工厂、玻璃工艺厂进行现场督导。为突出重点，保证效果，我们把群众反映强烈的污染重、易反弹的“十五小”和“新六小”企业作为重点，多次组织环保、公安、电力、工商、技术监督等部门对死灰复燃的小水泥、小炼金依法进行处理。仅此一项，全县企业排污量削减30%，减少废水排放700万吨。通过检查，企业环保意识进一步增强。在对《消费者权益保护法》执行情况检查时，我们首先在县电视台将检查事项向广大消费者进行公告。3月15日消费者权益保护日，我们组织政府有关部门和服务单位在工人俱乐部广场举行《消费者权益保护法》宣传活动，共发放宣传材料2000余份。我们先后协同有关部门深入到平山、回舍、温塘、古月、下槐等集镇进行现场检查，共接受消费者投诉30余起，总价值12.9万元，直接赔偿消费者损失4.06万元。

集中开展农村法律法规宣传。根据省、市统一安排，从去年4月份到11月份在全县广大农村开展了国家四部和省八项农村法律法规的集中宣传活动。整个宣传活动分为准备、动员部署、集中宣传贯彻、总结验收四个阶段。县人大常委会主管主任亲自在县电视台发表讲话，全县统一组织各乡镇及部分村主要干部在县委党校举办培训班，培训班结束后，又组织讲课人员深入各乡镇、村，为乡镇干部和村“两委”班子宣讲。为进一步提高宣传效果，我们结合实际对“四法八条例”的重点条款进行了精选细编，制作了光盘发到乡镇。同时编写通俗易懂针对性强的明白纸，打印下发到乡村。县政府各执法主体还抓了一批以案说法的典型案例，在县电视台进行播放。强大的宣传舆论氛围，对促进法律法规的贯彻实施起到了强有力的推动作用。在年终省、市召开的总结表彰会上，我县分别被评为全省先进县和全市先进单位。

进一步推进和深化执法责任制。推行执法责任制的目的在于明确各执法主体的责任，促进严格执法、公正司法。去年，我们把建立健全执法责任、规范执法程序、强化执法责任追究作为重点，以全面提高执法人员的自身素质，进一步改善执法状况为目的。督促“一府两院”从以下5个方面进行了改进和深化：一是执法责任制基础工作进一步加强。二是法律文书进一步规范。三是执法人员的培训得到落实。四是加大“两错”责任追究力度。五是强化执法责任考核制。同时，县人大常委会制定并完善了《关于实施个案监督的试行办法》和“一府两院”向人大通报重要工作和重大事项的规定。人大常委会会议先后听取法院、检察院、公安局等8个单位的执法情况汇报，并组织代表和委员对全县11个执法部门实施执法责任制情况进行视察，有效地推动了执法责任制工作的落实和开展。

二、围绕经济建设中心，深化工作监督

以经济建设为中心，围绕全县改革开放及经济建设的重大问题和人民群众关注的热点问题进行监督，是人大常委会工作监督的重点。一年来，常委会在深入调查研究的基础上，先后听取和审议县政府16个部门的专题报告，针对存在的问题，提出意见和建议，支持促进了政府工作。

督促和支持县政府完成2000年国民经济和社会发展目标任务。国民经济和社会发展指标是一个区域经济水平和社会文明进步、发达的标志。为促进这一目标的顺利完成，年初我们就在常委会上对2000年各项经济指标的制定进行了认真审议讨论。年中听取县政府关于扶贫资金安排使用情况的汇报和村民委员会换届选举情况的汇报；听取财政局关于上半年预算执行情况的汇报和地税局国税局关于全年税收任务完成情况的汇报。其间，又对生态工程、交通建设等项目建设情况进行视察。11月份又围绕全年国民经济和社会发展任务目标完成的进度情况，深入到部分乡镇、村、户和县、乡企业进行摸底调查。每次汇报、调查都针对发现的问题向政府提出具体的意见和建议，保证了2000年全县国民经济和社会发展计划目标的全面完成。

围绕年初全县确定的五项重点工作，监督政府抓好落实。农业结构调整、非公有制经济发展、县乡工业改革、旅游开发和县城建设是2000年确定的政府工作的重点。抓好上述五项工作的落实，对于构建起平山特色的经济格局具有十分积极的作用。为此，县人大常委会自党将五项工作列为工作监督的重中之重。从3月份开始到9月份，利用半年时间，各主任、委员先后深入下去，对药材种植示范区、旱作农业示范区、花卉苗木示范区、食用菌示范区以及开发荒山荒坡，实施大规模酸枣嫁接大枣工作及瘦肉型美国迪卡猪、锦江肉兔、貉、狐、山鸡等特种养殖和名、优、特水产养殖等项目进行视察。围绕非公有制经济发展，深入到南甸化工厂、西柏坡锅炉厂、东方巨龟苑及部分乡村个体私营企业走访调查。围绕县办工业改革，到县水泥厂、轴承厂、化工厂、四强集团等14个企业进行调研。围绕县城建设，对《城市规划法》执行情况进行检查。围绕旅游开发管理，到邻近的灵寿、鹿泉进行考察。在经过大量深入调查研究的基础上，分别听取县政府关于上述五个方面的专题工作汇报。针对汇报和调查中发现的问题，提出改进的意见和建议，对县政府做好五项重点工作起到了推动和促进作用。

抓住群众关注的热点问题，督促帮助县政府做好社会保障工作。随着各项改革的不断深化和发展，社会保障工作日益成为全社会关注的热点和焦点。做好这项工作对于保持社会稳定、促进经济发展具有十分重要的意义。为此，从5月份开始，我们首先深入到社会保险局、劳动就业局、五金一厂、冷冻厂等单位就社会保险基金的收缴情况进行调查研究。主任会议又专题听取县劳动人事局和社会保险局的工作汇报，针对存在的问题，提出改进的意见和建议。县社会保险局狠抓落实，取得了显著成效，一是收缴力度进一步加大，全年养老金征收额突破千万元大关，圆满完成上级下达的任务。二是养老保险覆盖范围进一步扩大，全年新增参保职工1400人。三是部门依法征缴意识进一步增强，使全县的社会保障工作逐步走上了规范化、法制化的轨道。

三、坚持党的领导，依法做好人事任免工作

人事任免权是法律赋予县级人大常委会的又一项重要职权。做好人事任免工作，必须坚持和依靠党委领导。在任免过程中，既要体现和维护党的意志，又要保证每个主任、委员自由行使民主权利，体现每个主任、委员的意愿，保证整个任免工作合法有序的顺利进行。为体现干部任免工作的严肃性，我们一是坚持做到任前对所有被任命干部进行法律知识考试，不及格的不予任命。二是对“一府两院”及政府组成人员的任命，由常委会主任当场颁发任命书，并由被任命干部发表就职演说。在做好任免工作的同时，加强了对由人大选举和常委会任命干部的监督和评议。一是接受述职评议的范围上至政府各位副县长，下至法院副院长、检察院副检察长。二是每次述职评议后，由每个主任、委员对每一个述职进行投票测评。使被评议干部进一步增强了对人民负责，为人民掌权，受人民监督的自觉性，增强了做好工作的责任和动力。

四、突出代表主体地位，加强与代表和人民群众的联系

人大代表是国家权力机关的组成人员，是人民代表大会的主体。做好代表工作，人大常委会的工作才会富有成效。为此，我们始终抓住如何发挥代表作用这一主题做文章。一是继续开展“国徽在心，责任在身”活动，强化代表的主人翁意识和责任意识，年底组织开展了部分人大代表向选民述职活动。二是常委会制定并通过《平山县国家机关联系代表办法》，使县人大常委会、县政府、法院、检察院同人大代表的日常联系工作有章可循。三是坚持人大常委会每次例会之前，围绕会议议题走访代表，召开代表座谈会，广泛征求意见建议，使常委会审议决策体现代表和人民的意愿。四是尊重代表权力，督促“一府两院”认真办理代表批评、意见、建议。人大常委会专题听取县政府关于人大代表批评、意见、建议办理情况的汇报，并与县政府联合召开人大代表批评意见建议承办工作会议，对承办工作做得好的单位和个人进行表彰，使去年政府承办的代表批评、意见、建议速度快，质量也有所提高。五是加大人大信访工作力度，加强同代表和人民群众的联系。全年人大机关共接待信访270人次。按照归口办案的原则，都在向当事人做好解释说明的基础上转交有关部门办理。其中，办理省、市和领导交办的信访案件14件，要结果8件，全部落实。并通过信访渠道实施个案监督纠正错案两件。

五、密切与乡镇人大的联系，加强对乡镇人大工作的指导

乡镇人民代表大会是我国人民代表大会的重要组成部分，做好乡镇人大工作对于加强基层政权建设具有十分重要的意义。一是督促指导各乡镇于3月底前顺利召开了乡镇人民代表大会，有补选任务的乡镇，均按法律程序进行了补选。二是组织对全县乡镇人大工作目标责任制落实情况进行了检查。三是组织部分乡镇人大主席到外地参观学习，建立健全有关工作制度。四是组织各乡镇人大与县人大常委会上下联动，相互配合，共同开展对法律法规的宣传活动和执法检查活动。既促进了法律法规在当地的贯彻实施，也有力地推动了全县的执法工作。

六、努力加强常委会和机关自身建设

加强人大常委会自身建设是做好人大工作的基础，直接关系到常委会的工作效率和工作质量。在此方面，我们主要抓了以下几点：一是按照上级要求在人大常委会班子中开展了“三讲教育”和“三讲教育回头看”活动。通过学习、剖析、整改等阶段的教育，人大班子的整体素质得到提高。二是结合我县发生的典型案件，广泛开展警示教育活动。进一步明确了为谁掌权，如何掌好权，用好权的问题。三是进一步加强常委会制度建设。经主任会议决定，从去年开始，凡是提交人大常委会审议的议题，都由常委会组成人员根据会前调查和平时掌握的情况及汇报情况对每个议题进行无记名投票测评，给予客观公正的评价。四是在人大常委会机关内部继续坚持了每周五下午集中学习的制度，学习党的方针、政策，国家法律法规及外地人大工作的经验，通过学习使机关干部的政治业务素质不断有所提高。五是按照县委统一安排在人大常委会机关内部开展思想作风教育整顿。整顿中严格按照县委的统一要求，认真学习必读篇目，并对自身存在的问题和不足进行认真剖析，针对存在的问题制定出切实可行的整改措施。通过整顿，机关干部的思想观念、精神面貌、工作作风有了一个明显的改观。

回顾一年来的工作，我们也清醒地认识到，常委会的工作与宪法和法律赋予的职权和地位与党和人民的期望还有许多不足和差距。主要是：对人大及其常委会的性质、地位、作用的认识还需要提高；法律赋予的职权还没有得到全面行使；监督力度还不够大，有的监督效果还不够明显，监督方式、方法还需进一步完善；在监督工作中存在程序性监督多，实质性监督少的问题；在任免工作中，还欠缺一定的公开度和透明度；代表工作需要进一步加强等等。

这些都需要在今后的工作中努力加以改进。

各位代表：

2001年是进入新世纪、实施“十五”计划的第一年，新世纪要有新气象，人大工作也要有新起色。今年县人大常委会的工作，要在县委的领导下，高举邓小平理论伟大旗帜，以江泽民同志“三个代表”重要思想为指导。认真履行宪法和法律赋予的职权，坚持一个中心，两个基本点，全力推进依法治县进程，加大监督工作力度，提高工作质量和效率，努力开创全县人大工作的新局面，具体要抓好以下几个方面工作。

一是围绕推进依法治县，加大执法监督力度。从年初开始到年底结束，明确2—3部法律为重点进行深入扎实的检查。同时继续监督“一府两院”落实好错案和执法过错责任追究制，真正体现有法可依、有法必依、执法必严、违法必究的社会主义法制原则。

二是围绕政府工作报告确定的各项指标和任务的落实，认真开展工作监督。人代会政府工作报告要经代表表决通过，通过之后就是全年政府工作的总纲，必须紧紧抓住不放。人大常委会的工作要以督促和帮助政府完成全年经济和社会发展目标为己任，为全县的改革、发展、稳定做贡献。

三是进一步做好任免工作，凡提交人大常委会任命的干部都要广泛征求社会各界的意见建议，提高任免工作的公开性和透明度。

四是要围绕贯彻《代表法》，以开展好闭会期间的代表活动为重点，做好代表工作。加强同代表的联系，以代表小组为基本活动单位，每季度至少活动一次，活动内容由县人大常委会统一确定。继续实行各主任分片联系代表制度，年内力争普遍走访一次。同时要开展好“两个活动”，即开展评选优秀人大代表和优秀代表批评、意见、建议活动，进一步提高全县人大代表的主人翁意识和责任意识。

五是加强对乡镇人大工作的指导力度，乡镇人大工作要整体上水平。乡镇人大工作要以贯彻落实《河北省乡镇人民代表大会条例》为宗旨，以全面行使乡镇人大职权为己任，认真抓好执法监督、调查、评议和乡议政、村议事活动，积极筹备开好今年的乡镇人代会，充分发挥乡镇人大代表在依法治国中的作用，推进基层的依法治理。年初各乡镇人大主席都要制定出本年度的工作计划，交县人大常委会备案。年中，由县人大常委会组织人员对工作计划完成情况进行检查。同时，加大县人大常委会对乡镇人大工作的指导力度。凡是县人大常委会安排的重要活动，都要采取上下联动的方式，共同配合，全方位带动，使全县乡镇人大工作有一个整体推进。

各位代表：

人大及其常委会对加强社会民主和法制建设，推进依法治国负有重大责任，法律赋予我们的职责光荣而崇高，党和人民赋予我们的任务繁重而艰巨。让我们在县委的领导下，以对党和对全县人民高度负责的态度，认真履行职责，扎实有效地工作，为平山经济和社会的大发展、大进步做出更大的贡献。

平山县人大常委会工作报告

——2002年3月3日在平山县第十二届人民代表大会第五次会议上

平山县人大常委会主任 白云亭

各位代表：

我受县第十二届人民代表大会常务委员会的委托，向大会做工作报告，请予审议。

一年来，在县委的领导下，县人大常委会坚持以“三个代表”重要思想和十五届六中全会精神为指导，紧紧围绕经济建设这个中心，认真履行宪法和法律赋予的各项职权，从改革、发展、稳定这个大局出发，积极开展工作。先后举行常委会会议7次，听取和审议议题23项，依法任免国家机关工作人员67名，主任会议听取和审议议题14项，进行较大规模的调查、视察、执法检查11次，组织人大代表评议3次，为进一步加强社会主义民主与法制建设，巩固和发展我县安定团结的政治局面，做出了积极的贡献。

一、努力实践“三个代表”重要思想的要求，围绕实施依法治国和以德治国基本方略，认真履行监督职责，确保法律法规的贯彻实施

1. 努力营造良好的法制环境，认真组织开展执法检查。为了保证法律法规得以全面贯彻落实，逐步改善执法状况，促进市场经济健康有序发展，保持社会稳定，我们逐步把加强执法检查，搞好法律监督放到重要位置。去年以来，常委会在抓土地管理、产品质量、城市规划三项执法检查的同时，又先后开展了对《商业银行法》《票据法》《担保法》《食品卫生法》《矿产资源法》等13部法律法规执行情况进行了检查。在检查方法上我们把执法主体作为检查重点，采取常委会领导与人大代表相结合，专门调研与群众反映相结合，执法检查与修改完善有关法规相结合，加强宣传教育与就案查执法相结合，加强了对重点地区、重点市场、重点案件的督导，有针对性地提出意见和建议，督促有关部门认真加以整改落实，推动了有关法律法规的实施，保障了经济和社会的健康发展。在土地管理法检查中，对土地隐形市场进行了重点督查，共查出141个单位，补交土地出让金700余万元，规范了土地市场，并在全市经验交流会上做了重点发言。在《食品卫生法》《矿产资源法》检查中，重点对与人民群众生产、生活密切相关的一系列问题进行坚决纠正，维护了消费者的切身利益。

2. 继续推行“两制”，加大个案监督力度。常委会以不断完善监督机制、促进执法部门和司法机关依法行政、公正司法为目的，继续推行执法责任制和“两错”责任追究制的深化和落实。会同有关部门对全县13个行政执法部门及法院、检察院落实执法责任制情况进行了检查，并就有关问题进行了调查研究，召开专题会议，总结交流经验。常委会还有针对性地加强对个案监督的力度，对由上级人大交办、领导交办和群众反映的60件案件，认真审阅案件材料，精心筛选6件典型案件，均存在着程度不同的法律争议。为此我们组织人员进行详细调查，写出了案件分析报告，经主任会议研究，及时向有关部门发出了法律监督书，强化跟踪督办。到年底6案全部办结，维护了当事人的合法权益，促进了司法公正。

3. 加强民主法制建设，深化基层依法治理。基层乡镇的法制建设既是国家法律法规和各项政策自上而下贯彻到基层群众的接合部，又是直接联系群众及各类问题产生的集中点。只有在基层乡镇真正形成依法行政和民主管理为重点、行业依法治理和农村依法治理为基础的法治格局，才能把经济、社会生活中的大量矛盾和问题化解在基层，减少相互摩擦和利益冲突，调动人民群众的积极性，促进生产力发展。为此，我们在城关、南甸、温塘三个乡镇开展了以依法行政、政务公开、依法治村、民主管理为内容的依法治理试点工作。这些乡镇均制定了具体的依法治理方案，把应公示的内容公布上墙，接受监督，群众反映很好，进一步推动了依法治县的开展。

二、围绕县委中心工作，不断深化工作监督

1. 切实加强对财政工作进行全程监督。地方国家权力机关对政府组织和管理经济与社会事务的监督，重要的是对预算的编制及其执行调整的监督。去年我们根据宪法和法律的有关规定，把对预算执行情况的监督贯穿全年工作的始终，多次听取财政部门工作汇报，不断总结我县预算监督的实践，增加了对预算细化、量化及预算外资金的监督内容，严格界定了预算调整范围，进一步规范了对预算的监督工作。在县人大常委会第26次会议上，我们专门听取财政部门关于预算执行情况的汇报，针对存在的问题提出具体的意见和要求。县政府采取有力措施，狠抓落实，使财政工作实现了全年收支平衡。

2. 切实加强对政府工作报告中提出的主要经济指标和八件实事进行重点监督。为使人代会通过的政府工作报告中提出的主要经济指标和实事办理落到实处，我们组织主任、委员和人大代表进行了监督检查，并在县人大常委会第28次会议上听取县政府汇报，提出了意见和建议。经过县政府的努力，各项主要经济指标和八件实事均已按照要求完成任务。特别是县医院医技楼和小觉、乱泉两座改建的电视转播塔的建成，使平山台人口电视覆盖率达到了90%以上，进一步解决了我县人民看病难和西部山区看电视难的问题。

3. 切实加强对人代会通过的决定进行跟踪监督。去年县十二届人大四次会议上，根据广大代表和全县人民的要求，做出了《关于实施封山育林和林木禁伐的决定》。为监督《决定》的落实，常委会五位主任亲自带队开展专题调研活动，两次听取汇报，并组织人大代表和有关部门深入到下槐、小觉、营里、蛟潭庄等乡镇进行视察，根据存在的问题提出改进意见和建议。县政府及主管部门认真采纳人大的建议，严厉查处和打击了乱砍滥伐林木、违法经营加工及违法运输木材的行为，确保了《决定》的落实。

4. 切实加强对市场经济秩序进行专项监督。为进一步营造我县国民经济持续、快速、健康发展的良好环境，在整治行风、制止“三乱”的基础上，去年6—7月份先后组织了工商、技术监督、公安、药监等17个执法部门60多人参加的联合执法大检查。对关系到人民切身利益的生活用品、生产资料、建筑材料、医药器械等市场进行了集中打假检查。共查出标识不全的种子、农药、电料、农机具配件等假冒伪劣产品总价值10万多元，对查出的假冒伪劣产品进行了集中销毁，促进了市场经济秩序的健康发展。

5. 切实加强对政府工作报告中提出的重点项目进行逐项监督。去年先后10多次组织主任、委员和人大代表及有关部门围绕农业结构调整、增加农民收入这一主题开展视察，进行监督。在工程项目建设上，我们分别深入到平山镇、回舍、西柏坡、两河、温塘等13个乡镇对中低产田改造、农田节水工程、酸枣嫁接大枣、扶贫项目建设、小型水利产权制度改革、畜牧水产养殖、公路建设等关系到国计民生和直接增加农民收入的项目进行了视察，针对存在的问题提出建议。在视察农业结构调整时，提出要进一步加快步伐，抓龙头、抓名牌、用龙头带动、用政策启动，在特色上、规模上加大力度的建议。县政府认真采纳，在种植业上已建立了六大科技示范基地。在畜牧养殖业上建立了良种繁育工程和肉牛育肥工程，并建立了两个奶牛养殖小区。在水产业上重点发展了一些名贵鱼种，扩大了中小水库、库湾和电厂热水养殖面积，使水产品产量达到1万多吨，产值达1亿多元。在视察小型水利工程产权制度改革时，对古月镇3户农民分别采用承包、股份、个体三种不同形式的改革均取得了很好的效益后，提出因地制宜、产权明细、机制灵活的改革建议。县政府迅速采取措施，使全县5373处小型水利工程中，完成产权制度改革的有3207处，收到了很好的效果。

6. 切实加强对乡镇财政运行情况进行延伸监督。一年来，我们组织有关科室人员先后深入到城关、回舍、温塘、下槐等乡镇，对乡镇财政运行情况进行调查。对发现的个别乡镇存在的拖欠公教人员工资等方面的问题及时写出书面材料向领导进行反馈，政府对合理化意见和建议及时采取改进措施，促进了乡镇财政的良性运转。

三、积极履行人大任免职权，认真做好人事任免工作，为改革和建设提供可靠的组织保证

依法任免国家机关工作人员是宪法和法律赋予人大常委会的一项重要职权。在任免工作中，人大常委会认真坚持党管干部的原则，严格任免程序，坚持“四化”标准，坚持进行任前闭卷考试，对法律知识考试不及格者不予任命，严把任免关，保证人大程序公开化，增加透明度。本着向全县人民高度负责的精神，去年以无记名投票的表决方式共任免“一府两院”工作人员67名，同时强化对被任命干部的监督，组织开展了对三名副县长、三名局长、一名法院副院长、一名检察院副检察长的述职评议。评议前，组成评议检查组，对接受述职人员进行调查和测评，广泛听取意见，全面客观地了解情况。评议中，坚持实事求是、客观公正，既肯定成绩又指出存在的问题，并提出改进工作的意见和建议。被评议的干部主动接受和认真配合常委会的评议监督，进行认真整改。通过述职评议，被任命人员进一步增强了法律意识，提高了勤政为民的自觉性。

四、围绕强化基层政权建设，不断改进对乡镇人大工作的指导，进一步推进基层民主政治建设

1. 指导乡镇人大主席团开好人代会。按照县人大常委会工作计划，5月底以前督促各乡镇顺利地召开了乡镇人民代表大会，有补选任务的乡镇都按照法定程序进行了选举。

2. 指导各乡镇人大组织代表开展活动。对各乡镇代表活动内容每季度由县人大常委会提前发出通知。一年来，指导各乡镇人大组织代表先后学习了《组织法》《代表法》《河北省乡镇人民代表大会条例》《土地管理法》《选举法》《河北省选举实施细则》等有关法律法规，并对乡镇土地所和派出所进行了评议，为搞好乡镇人大工作奠定了基础。

3. 进一步完善乡镇人大制度建设。一年来，我们组织县人大有关科室负责人对全县23个乡镇人大主席团制度建设情况进行了检查。对5个乡镇人大主席团制度不健全的提出了改进意见进行了完善，使乡镇人大逐步走上制度化、规范化的轨道。

五、围绕发挥代表作用，加强和改进代表工作，充分发挥代表参政议政的积极性

人大代表是人民代表大会的主体，密切同代表的联系，提高代表的素质，发挥代表的作用，是做好人大工作的基础，也是实践“三个代表”的基本要求。常委会按照“代表法”的要求，进一步加强了同代表的联系，较好地发挥了代表作用。

1. 认真组织代表学习，强化代表的法律意识和责任意识。去年常委会继续组织代表深入开展了“国徽在心，责任在身”活动，并组织代表学习达1300多人次，重点学习了《代表法》《选举法》《组织法》《河北省选举实施细则》等有关法律法规，为代表履行职责打下了良好的基础。

2. 积极组织代表听取工作汇报，参加调查、视察活动。我们组织市、县人大代表听取县土地局、技术监督局、水产局、计划局、经贸局、法院等单位关于贯彻执行国家有关法律法规和工作情况的汇报，并组织大家到供电局正在施工的220千伏变电站和邮政大楼施工现场、五金一厂、兴山楼商场、水产养殖场、岗南鱼种场、通家口库湾养殖场等处进行了视察，针对存在的问题提出了意见和建议。通过听取汇报和参加视察活动进一步提高了代表参政议政的能力。

3. 积极组织代表开展评议活动。评议政府工作是实施法律监督和工作监督的有效形式。根据各级人大代表和广大群众的要求，县人大常委会在年初工作计划中安排对工商局、公安局、交通局三个执法部门进行评议，并制定了相应的实施方案。在组织人大代表开展评议活动中，县人大常委会和乡镇人大主席团层层动员，协调联动，上下结合，组织300多名人大代表，组成36个小组，深入到87个厂矿、企业、市场、个体户、基层站所、农村等走访群众3000多人次。召开各种类型座谈会42次，发征求意见信150余封，收集意见和建议34件。在充分调查的基础上，县人大常委会分别召开了评议大会，针对三个执法部门执法执纪、管理服务、队伍建设等方面存在的问题提出了12条重要意见和建议。三个执法部门按照县人大常委会的要求，把整改工作贯穿到评议工作的始终，坚持自查自纠，未评先改，边评边改，自觉地完善内部制约机制，健全各种规章制度。交通局通过代表评议，更加激发了干部职工干好工作的热情。在去年开工的七项工程中，在资金短缺、技术力量不足的情况下，克服种种困难，在全县率先完成了投资总额及新建里程居全市第一位，干线公路养护第一名的好成绩，为我县赢得了荣誉。通过开展评议活动，不仅对工商、公安、交通三个执法部门的工作起到了推动作用，而且对各级行政执法部门和司法机关坚持依法行政、依法办案、提高工作效率起到鞭策和促进作用。

4. 积极办理代表意见和建议。人大代表在人代会期间提出意见和建议是充分反映民意、主动参政议政的一种重要形式。县人大常委会从尊重代表民主权利的高度，加强对代表意见和建议的办理工作。为此，责成专人对人大四次会议以来，代表提出的74件批评意见和建议进行督办，并召开座谈会，听取9个部门的汇报，深入到部分乡镇开展调查研究，掌握办理情况和效果，使74件意见和建议基本上做到了事事有回音，件件有着落。

5. 开展县人大代表向选民述职和评选优秀代表活动。为充分调动代表的积极性，经常委会研究决定在人大代表中开展向选民述职和评选优秀代表活动。常委会要求县人大代表如实向选民述职，接受选民监督，并对评出的29名优秀代表进行大力表彰。

6. 加大人大信访力度，为民排忧解难。人大信访是人大代表和人民群众反映问题的主要渠道，也是人大常委会了解社情民意的窗口。为搞好信访接待工作，我们进一步加大了信访工作力度，继续坚持主任接待制度和来信来访登记制度。一年来，共收到来信来访案件107件，接待来访者300多人次。对来访案件按照归口办案的原则，均转交有关部门明确专人办理。其中办理全国人大、省、市人大和上级领导交办的信访案件15件，要结果的6件已有5件落实，使一些人大代表和人民群众申诉的案件和问题得到了纠正和解决。

六、围绕坚持人民代表大会制度搞好人大自身建设，努力开创人大工作新局面

1. 加强政治思想建设，不断提高干部队伍的政治觉悟和理论水平。随着人民代表大会制度的逐步完善，人大常委会的任务越来越艰巨，整体素质的高低将直接关系到常委会工作的质量和效率。一年来，常委会机关始终坚持每周五下午学习制度，把学习江总书记“三个代表”“七一”重要讲话和十五届六中全会决定放在第一位，并结合法律学习开展警示教育、思想作风教育整顿，联系机关实际抓学习，抓思想教育。在学习中，我们成立了领导小组，制定了系统的学习计划，建立了考勤制度，并组织机关15名干部深入到城关镇15个村450户村民中深入了解群众在想什么，盼什么，要求干部干什么的问题，人人写出了调查报告，提出了意见和建议。通过学习提高了干部队伍的政治觉悟和理论水平，为更好地开展人大工作打下了坚实的基础。

2. 加强工作作风建设，不断改进工作方法，提高工作水平。一是认真实行民主集中制原则。常委会在重大问题的决策上做到了充分发扬民主，进一步提高了审议质量和决策水平。二是在会议的安排上紧密联系实际，围绕经济建设这个中心，集中精力抓大事，议大事，决定大事。三是深入基层深入群众，体察社情民意，增强了以民为本的公仆意识。四是加强了会议、决议、决定和审议意见的督办工作，坚持跟踪监督务求实效，不搞形式。五是积极响应县委号召，认真搞好“双百”工程和保稳定、奔小康活动。

3. 加强制度建设，不断提高组织纪律观念。一是重新修订了节假日值班和安全保卫制度。二是制定了人大办公室例会制度。三是完善了财务支出和接待工作制度。四是修订了车辆管理和车辆维修制度等项规章制度。机关工作人员的组织纪律性得到了进一步加强，使机关建设逐步走上了制度化和规范化的轨道。

4. 加强与兄弟省、市、县人大的工作交流。去年是建党80周年，我县是革命圣地西柏坡所在地，接待任务十分繁重。我们充分利用这一优势，扩大平山的对外宣传，光大了平山的形象，增进了我县人大与兄弟省、市、县人大的友谊。

5. 加强人大宣传报道工作，不断提高干部群众对人大性质、地位、作用的认识。常委会坚持把宣传报道工作当作推进社会主义民主政治建设的重要任务来抓，加大对宣传报道工作的领导，修改和完善了岗位目标责任制，调动了大家的积极性，使宣传报道工作取得了突破性进展。一年来先后在市级以上报刊上稿58篇，并有11篇稿件分别在《中国人大》《中国人大新闻导刊》《中国人大新闻网站》《人民代表报》和《人民之声报》刊登，扩大了我县人大工作的对外宣传，提高了知名度。

一年来，县人大常委会的各项工作取得了新的进展，这是在县委的正确领导下，常委会机关全体人员和人大代表共同努力的结果，也是各有关方面积极配合，全县人民关心支持的结果。回顾一年的工作，我们也清醒地看到与宪法和法律的要求，与人民群众的期望相比还有不少差距。一是监督力度不够大，方法不够活，效果不够好。二是与代表的联系不够紧，面不够宽，发挥代表的主体作用还不够充分。三是对乡镇人大主席团指导不够全面，发展不平衡。四是自身建设仍需不断加强，人大干部队伍素质还有待提高。

2002年是我们党和国家历史上具有重大意义的一年，是实施“十五”计划的关键一年。县人大常委会工作的指导思想是：以邓小平理论和江泽民同志“三个代表”重要思想为指导，全面贯彻党的十五届六中全会精神，紧紧围绕县委提出的“一年起步，两年发展，三年大变”的目标，紧紧依靠广大代表和选民，认真履行宪法和法律赋予的各项职责，突出重点，讲求实效，开拓创新，使人大常委会的工作再上一个新台阶。

一、认真审议决定重大事项，进一步加大监督力度。围绕县委中心工作，重点抓住事关全县改革、发展、稳定的重大问题和人民群众普遍关心的热点问题，适时作出决议、决定，并加强督办，狠抓落实。在法律监督上，进一步加强对法律法规实施情况的监督检查。听取和审议执法部门的情况汇报，督促执法部门改善执法状况，提高执法水平。热情接待和处理群众来信来访，对典型违法案件进行重点监督，切实解决有法不依、执法不严、违法不究的问题。在工作监督上，重点听取和审议县政府关于预算执行、主要经济指标完成、实事办理、旅游开发、矿业开发、项目建设、城市建设、农业产业结构调整等情况的汇报。对旱作农业发展、“双百”工程进展情况进行视察。针对存在的问题提出改进意见和建议，督促和支持政府更有效地开展工作。在搞好人事任免的基础上，继续抓好对被任命人员的述职评议活动，促进被任命人员增强法律意识，尽职尽责地做好本职工作。

二、进一步加强对乡镇人大主席团工作的指导，促进基层人民代表大会制度建设。督促和指导乡镇人大搞好换届选举工作，继续坚持对镇人大制度建设情况进行监督检查和乡镇人大主席列席县人大常委会会议制度。并对乡镇人大主席团主席进行一次全面培训，进一步提高乡镇人大主席的政治素质和业务水平，发挥乡镇人大的作用。

三、进一步加强代表工作，发挥人大代表在各项工作中的带头作用。本届以来，县人大代表认真执行代表职务，为活跃我县的人大工作、推动全县的改革和建设做出了积极的贡献。今年是本届人大代表任期的最后一年，为保证代表依法履行职责，善始善终地做好工作，常委会要继续深入开展“国徽在心，责任在身”活动，有计划地组织代表围绕全县的重大问题以及人民群众关心的热点问题，开展调查、视察、检查和评议活动。及时向代表通报重要工作和重大事项，经常征求代表各方面的意见和建议，认真负责地督办代表议案、建议、批评、意见。继续推行代表述职评议，认真做好代表和群众来信来访工作，抓好重要信访案件的督查，积极为代表和群众排忧解难。

四、进一步加强常委会自身建设，提高机关整体素质。继续深入学习贯彻党的十五大和十五届六中全会精神，努力实践“三个代表”重要思想。下半年，要认真组织学习贯彻党的十六大精神，进一步加强常委会的思想、组织和作风建设。不断完善常委会议事制度和工作制度。围绕常委会议题，认真搞好调查研究，提高常委会会议的审议质量。积极探索新形势下履行好职责的新途径，推动人大工作不断创新。进一步加强对人民代表大会制度和人大工作的宣传，拓宽宣传渠道，改进宣传方式，增强宣传效果。继续加强法律知识、人大业务知识以及市场经济、世贸组织规则和现代科技知识的学习，不断提高常委会组成人员及机关工作人员的整体素质和工作水平。

各位代表，随着我国加入世贸组织，我国的改革和发展进入一个新阶段，人大担负的任务越来越繁重。让我们在中共平山县委的领导下，认真履行宪法和法律赋予的职责，进一步解放思想，更新观念，开拓进取，与时俱进，积极推进全县的民主法制建设，为实现“加快发展、富民强县”的总体目标和会议确定的各项任务而努力奋斗！

平山县人大常委会工作报告

——2003年4月28日在平山县第十三届人民代表大会第一次会议上

平山县人大常委会主任　白云亭

各位代表：

我受县十二届人民代表大会常务委员会的委托，向大会报告本届常委会的主要工作，请予审议。

平山县第十二届人大常委会任期的五年，是我县人大工作不断开拓创新的五年。在县委领导下，人大常委会坚持以邓小平理论和“三个代表”重要思想为指导，全面贯彻党的十五大、十六大精神，紧紧围绕我县改革、发展、稳定这个大局，认真履行宪法和法律赋予的各项职责，大力推进民主法制建设，为强县富民、全面建设小康社会做出了应有的贡献，各项工作都取得了较好的成绩。

一、努力实践“三个代表”要求，认真贯彻依法治国基本方略，积极推进依法治县进程

党的十五大提出了依法治国的基本方略，这是我们党执政方式的重大转变。常委会认真贯彻实施这一基本方略，立足推进依法治县进程，积极开展工作。

（一）紧紧围绕“提高广大干部群众的民主法制意识”，积极开展依法治县和民主法制宣传活动。1998年常委会及时做出了《关于进一步加强依法治县的决议》，在全县广泛开展了依法治国普法知识竞赛活动，并参加了全市普法知识竞赛，荣获组织奖、优秀奖，在市委依法治市会议上，我县做了典型发言。几年来，人大常委会及时听取和审议县政府关于“三五”“四五”普法实施情况的汇报。协同有关部门，采取多种形式对规划法、环保法、税收征管法等10多部法律法规进行宣传。2000年在开展农业法、村民委员会组织法等国家四部法律法规和土地承包管理条例、村集体财务管理条例等省级八项地方性法规宣传活动中，人大主管领导发表电视讲话，举办培训班，组织宣讲团，进村入户进行宣传。在平山、南甸、温塘三个乡镇开展了依法行政、民主管理的试点工作。我县被评为全省先进县和全市先进单位。

（二）紧紧围绕“突出重点，讲求实效”，加大执法监督力度。五年来，常委会为了保证法律法规得以全面贯彻落实，始终把法律监督放在重要位置，针对影响司法公正的突出问题，强化执法监督。先后对《环境保护法》《土地管理法》《矿产资源法》等30多部法律法规贯彻执行情况进行了执法检查。在检查方法上，我们把执法主体作为检查重点，采取常委会领导与人大代表相结合；专门调研与群众反映相结合；加强宣传教育与就案查执法相结合。

加强对重点地区、重点市场、重点案件的督导，提出意见和建议，督促有关部门认真落实，推动了有关法律法规的实施，保障了经济和社会的健康发展。为保障《石家庄市岗南、黄壁庄水源污染防治条例》在我县的贯彻落实，让省会人民吃上放心水，1999年、2000年连续两年多次组织有关部门对岗南水库周边的村镇及厂矿企业进行检查，会同有关部门对查出的问题进行了处理，大大改善了岗南水库的水质。在对《矿产资源法》的执法检查中，我们责成执法部门严格按照“三不留一毁闭”的标准，取缔无证矿山，实现了矿业秩序的根本好转。在对《食品卫生法》《水土保持法》《义务教育法》等法律法规的检查中，重点对与人民群众生产、生活密切相关的一系列问题进行了坚决纠正，取得了明显的效果。

（三）紧紧围绕“强化内部制约机制”，大力推进执法责任制，加大个案监督力度。推行执法责任制和执法过错责任追究制，是解决有法不依、执法不严、违法不究的有效措施。2000年，人大常委会制订了《关于实施个案监督的试行办法》和“一府两院”向人大通报重点工作和重大事项的规定。2001年以来，对全县21个行政执法部门及法院、检察院落实执法责任制情况进行检查，就有关问题调查研究，总结交流经验。对上级人大交办、领导交办和群众反映强烈的92件案件，认真审阅材料，精心筛选11件典型案件，组织人员深入调查，由主任会议研究决定，及时向有关部门签发法律监督书，跟踪督办，11案全部办结，促进了司法公正。

二、积极服从服务于党的中心工作，认真履行监督职责

人大常委会坚持与县委合拍、与政府合力、与人民群众合心，听取和审议“一府两院”工作报告138项，及时做出决议、决定，提出意见和建议，促进了我县改革和建设事业的长足发展。

1. 切实加强对财政工作进行监督。常委会根据宪法和法律的有关规定，五年来，多次听取财政部门工作汇报，不断总结预算监督的经验。2001年又新增对预算细化、量化及预算外资金管理的监督内容，界定了预算调整范围，进一步强化了对预算的监督工作。县政府针对提出的意见和建议，及时采取有力措施狠抓落实，实现了连年收支平衡，确保了全县公教人员、离退休干部工资的及时发放。同时，我们还组织有关科室人员对部分乡镇财政运行情况进行调查，发现问题及时向领导反馈，会同财政部门认真解决，提高了乡镇财政工作的运行质量。

2. 切实加强对人代会、常委会通过的决议、决定进行监督。县人代会、常委会先后做出《关于加快绿色食品产业发展的决定》《关于加强农业和农村工作的决定》《关于实施封山育林和林木禁伐的决定》《关于加强初级卫生保健工作的决议》《关于建设县城文化商贸广场的决定》。为监督《决议》《决定”的落实，五位主任亲自带队开展专题调研，多次听取汇报，并组织部分委员、人大代表和有关部门到宅北、孟家庄、下槐等19个乡镇进行视察，针对存在的问题，提出改进意见和建议。政府会同主管部门逐条落实兑现。在监督实施封山育林和林木禁伐的决定落实情况时，常委会领导及有关人员深入乡镇通过调查、视察，责成有关部门查处了滥砍、滥伐、违禁放牧等案件，有效地推动了封山育林工作，确保了《决定》的全面落实。

3. 切实加强对政府工作报告提出的主要经济指标和实事办理情况进行监督。为使主要经济指标和实事办理落到实处，我们每年组织主任、委员和人大代表进行督促检查，常委会例会听取县政府汇报，提出意见和建议。为解决山区人民看电视难问题，我们多次组织有关部门深入到山区乡镇听汇报、搞调研，提建议。县政府将解决看电视难列入2001年实事之一，分别在乱泉、小觉建立了两座电视转播台，使平山电视台覆盖率达到90%以上。五年来，多次听取经济部门汇报，政府及时解决存在问题，使全县国内生产总值、财政收入、全社会固定资产投入逐年增长，件件实事如期圆满完成。

4. 切实加强对三大支柱产业发展情况进行监督。近年来，县委、政府立足我县资源优势，把旅游、绿色食品、矿业开发作为发展我县经济的三大支柱产业。为支持和促进三大支柱产业的发展，常委会五位主任亲自带队，先后深入到平山、岗南、小觉等13个乡镇和天桂山、驼梁山旅游路拓宽改造工程及西柏坡石材工业园区等开展调查、视察。县政府根据人大建议，进一步加大了对发展三大支柱产业的工作力度。去年全县旅游收入达到5000多万元，接待游客100多万人次。绿色食品开发实现了由资源优势向经济优势的转化，并在省会成功地举办了两届绿色食品展销会，取得了明显的效果。矿业开发，实现了矿产品销售由就地分散型向规模市场型转变，我县成功地举办了首届西柏坡石材展贸会，为矿业大开发开辟了广阔的市场前景。

5. 切实加强对市场经济秩序进行监督。为进一步营造我县国民经济持续、快速、健康发展的良好环境，在整治行风、制止“三乱”的过程中，我们始终把优化发展环境放在首位。人大常委会第31次会议，专题听取县政府关于优化经济环境的汇报，与会代表建言献策。县政府认真采纳代表建议，不仅集中了规费收入，而且设立了平山县行政服务大厅。本届人大每年组织一两次由工商、技术监督等执法部门参加的联合执法大检查。对关系到人民切身利益的生产、生活用品、建筑材料、医药器械等市场展开集中打假。五年来查处销毁标识不全的种子、农药、食品、电料等17种假冒伪劣产品，价值50多万元，促进了市场经济秩序的健康发展。

6. 切实加强对政府确定的重点项目、重点工作进行监督。人大常委会先后50多次组织主任、委员、人大代表和有关部门对农业结构调整、山区综合开发、小型水利工程产权制度改革、非公有制经济发展、县办工业改制等关系国计民生的项目进行视察。在视察小型水利工程产权制度改革时，借鉴古月镇3户农民采用承包、股份、个体三种改制形式取得明显效果的范例，提出了因地制宜、产权明晰、机制灵活的改革建议。县政府水利部门采取有力措施在较短的时间内完成了3000多项产权制度改革，使水利事业迅猛发展。

7. 切实加强对人民群众普遍关心的热点、难点问题进行监督。五年来，人大常委会为解决山区群众看病难、教师工资发放不及时和群众关注的学校撤并等热点问题，组织主任、委员、人大代表及有关部门深入到小觉、营里、蛟潭庄等15个乡镇进行调查，召开各种类型座谈会30多次，及时提出建议，收到了良好效果。县医院病房楼因缺少资金不能投入使用，人大常委会通过主任、委员、人大代表视察，向县政府提出建议，拨款55万元使病房楼交付使用，而后又新建了医技楼，从根本上改变了县医院的医疗条件。为解决山区人民群众看病难，县政府根据人大常委会的意见和建议投资100多万元，分别在驼梁山景区、观音堂乡、杨家桥乡建立了3所卫生院，同时筹建了18所高标准甲级村卫生所，改善了农村群众的就医环境，看病难问题有所缓解。为确保教师工资及时发放，我们组织财政局、教育局深入到有关乡镇调查，向政府积极建议，自2002年1月份起乡镇教师工资由县财政统一发放，杜绝了拖欠教师工资的现象。在学校撤并工作中，我们协同教育局先后在古月、温塘召开由乡镇领导、学校中心校长、教师、村干部、学生家长参加的座谈会，切准问题，提出建议，解决了一些学生就读难问题，并为搞好下一步学校撤并奠定了良好基础。

8. 切实加强人事任免和被任命干部工作监督。依法任免国家机关工作人员是宪法和法律赋予人大常委会的一项重要职权。在人事任免工作中，人大常委会坚持党管干部的原则和“四化”标准，严格任免程序，坚持任前闭卷考试，法律法规考试不及格者不任命。五年来，以无记名投票的表决方式共任免“一府两院”工作人员236名，对9名副县长、24名局长、2名法院副院长、2名检察院副检察长进行述职评议。同时组织代表对基层法庭、派出所、县工商行政管理局、公安局、交通局、供电局工作进行了评议，共召开动员和评议大会8次，座谈会60多次，走访代表和选民3000多人次。评议前，对接受述职人员进行测评，广泛听取意见。评议中，坚持实事求是，客观公正，通过述职评议，使被任命人员进一步增强了民主法制意识，提高了勤政为民的自觉性。

三、加强民主政治建设，保障人民民主权利

保障人民民主权利是落实“三个代表”重要思想的基本要求，人大常委会从人大工作实际出发，积极做好相关方面的工作。

1. 密切联系代表，充分发挥代表作用。第一，在代表中开展了“国徽在心、责任在身”活动，依托代表密切同人民群众的联系。第二，组织代表学习《代表法》《选举法》《河北省选举实施细则》等与代表工作有关的法律法规，提高了代表的责任意识和法律意识。制定了《国家机关联系县人大代表办法》《县、乡人大代表中开展“国徽在心、责任在身”活动的意见》《关于开展评选优秀人大代表的意见》《关于进一步做好人大代表议政日工作的意见》等文件，有力地促进了代表工作的开展。第三，组织代表开展闭会期间的活动。每年以常委会文件形式，把代表视察、评议等活动进行统一安排，并积极组织实施。五年来：共组织代表开展调查、视察活动39次，听取国土资源局、技术监督局、经贸局等20多个单位的工作汇报，对县邮政大楼施工现场、县供电局220千伏变电站等处进行了视察。第四，认真办理代表意见和建议。本届人大对代表提出的271件批评、意见和建议进行督办，办理结果与代表见面，满意率达到96%。特别是在2002年督办祁兵芳代表提出的解决石闫路排水问题，县人大主管主任和政府主管县长亲临现场多次召开协调会，责成有关部门解决了久拖不决的问题，受到了代表的好评。第五，开展县人大代表向选民述职和评选优秀代表活动。自2001年起，每年对3名市人大代表在常委会上进行述职评议，2002年县十二届人大五次会议上对评选出的29名优秀人大代表进行了表彰奖励。

2. 加强人大信访工作，倾听群众呼声。人大常委会把认真受理人民群众的来信来访和申诉、控告作为了解社情民意的窗口和保障人民合法权益的重要途径，坚持依法治访，制定和完善了平山县人大信访接待规定、人大信访督办卡制度和主任接待日制度。五年来，共接待来信来访1318人次。按照归口办案的原则，均转交有关部门明确专人办理。对全国人大及省、市人大和上级领导交办的118件信访案件，责成有关部门，妥善解决，在群众中树立了人大信访诚信为民的良好形象。

3. 加强对乡镇人大工作的指导，积极推进基层民主政治建设。一是指导乡镇人大开好人代会。本届任期内，乡镇人大两次换届，1998年县乡同时换届，2002年乡镇换届又逢机构改革，针对新情况，常委会精心组织，周密安排，分工负责，加强督导，23个乡镇依法完成了换届选举任务。同时，每年督导乡镇及时召开人代会，依法完成了补选任务。二是指导乡镇人大组织代表开展活动。组织代表学习了《代表法》《选举法》等20多部法律法规。评议乡镇站所，开展了代表向选民述职活动。三是进一步加强制度建设。多次组织人大主席考察学习，建章立制，使乡镇人大走上制度化、规范化的轨道。

四、加强自身建设，不断提高人大工作水平，努力开创人大工作新局面

本届人大常委会按照宪法和法律的要求，结合我县民主与法制建设的实际，不断加大研究探索力度，推动了人大工作的创新和发展。

1. 不断完善人大工作新思路。人大常委会从我县人大工作实际出发，确立了“听命于党、立足于法、取信于民、着力于做”的工作思路。在工作中把坚持党的领导和依法行使职权有机地统一起来，紧紧围绕党委的中心工作开展人大工作。与“一府两院”正确处理监督与支持的关系，使“一府两院”集中精力搞好经济建设和其他方面的工作，推进了政治文明建设。

2. 努力改进监督工作的方式方法。为提高人大常委会会议的审议质量，借鉴外地经验，完善了常委会、主任会议事规则，改进了会议的组织工作。常委会例会实行分组审议、联组发言，以无记名投票方式对汇报单位和述职人员按照满意、基本满意和不满意三个档次进行测评、公布结果，使汇报单位和述职人员增加了事业心和责任感。

3. 切实加强人大常委会及机关的自身建设。一是组织常委会组成人员和机关干部职工，坚持每周集中学习日，认真学习邓小平理论、党的十五大、十六大精神和“三个代表”重要思想，学习胡锦涛总书记在西柏坡的重要讲话，把学政治、学法律同做好新时期人大工作相结合，不断深化学习效果。同时深入开展“三讲”教育、警示教育、思想作风整顿和廉政勤政活动，为做好人大工作提供了强有力的思想保证。二是围绕党的中心工作，常委会深入基层、深入群众体察社情民意，广泛开展调查研究，努力提高决策水平，增强了以民为本的公仆意识。三是机关内部建立完善岗位目标责任制，以制度建设规范机关工作。使机关干部职工的组织观念不断增强。四是加强人大宣传报道工作，提高干部、群众对人大性质、地位、作用的认识。常委会加大工作力度，使宣传报道工作连续五年在全市被评为先进。先后在市级以上报刊上稿233篇，其中有51篇稿件分别在《中国人大》《中国人大新闻导刊》《中国人大新闻网站》《人民代表报》《人民之声报》刊登。五是为改善机关干部职工的住房条件，1998年新建集资楼和老干部活动室各一座。六是圆满完成了县委交给的“双百”工程、西林山绿化、致富奔小康、后进班子转化、扶贫搬迁等工作。

回顾过去五年的工作，我们深刻地体会到，要坚持和完善人民代表大会制度，更好地发挥地方国家权力机关的作用，就必须始终坚持和依靠党的领导，自觉把人大工作置于党委领导之下；必须始终坚持以邓小平理论为指导，各项工作努力体现“三个代表”重要思想的要求；必须始终坚持服从和服务于经济建设这个中心，紧紧围绕全县改革、发展、稳定的大局开展工作；必须始终坚持把加强社会主义民主法制建设，推进依法治县作为根本任务，全面履行宪法和法律赋予的各项职责；必须始终坚持与时俱进，推动人大工作开拓创新；必须始终坚持充分发挥人大代表的主体作用，依托代表开展工作；必须始终坚持加强常委会自身建设，提高人大干部队伍的素质，从而保证各项工作顺利开展。

各位代表，十二届人大常委会在县委的领导下，在全县人民的支持和监督下，在“一府两院”及乡镇人大主席团积极配合下，经过人大代表的共同努力，胜利完成了自己的历史使命。我代表十二届人大常委会，向人大代表和全县人民，向关心和支持人大工作的各级领导和单位表示衷心的感谢！

在总结成绩的同时，我们必须清醒地认识到，人大常委会的工作与宪法和法律赋予的职责相比，与人民群众的期望相比还存在不少差距，主要是监督工作不到位、力度不大、方法单一，监督实效有待于进一步强化；与代表的联系不广泛，发挥作用不全面；常委会及机关自身建设有待于进一步加强等，这些都需要在我们今后的工作中不断改进。

各位代表，2003年是全面贯彻落实党的十六大精神的第一年。党的十六大报告明确提出：发展社会主义民主政治，建设社会主义政治文明，是全面建设小康社会的重要目标。这就为民主法制建设进一步指明了方向，给人大工作提出了更高要求。我们建议，新一届人大常委会要探索新思路，实现新突破，开创新局面，采取新举措，努力做好四个方面的工作。

一要继续把监督工作放在重要位置。紧紧围绕增强监督实效，认真贯彻依法治国方略，继续推进依法治县进程，加强对宪法和法律的实施监督，加强对“一府两院”工作的监督，进一步实现工作的规范化、法律化、程序化。

二要继续保持同人民群众的密切联系。认真做好代表联系工作，并以此为纽带，加强同人民群众的密切联系，更好地发挥人大作用，扩大公民对人大工作的知情权和有序的参与权，使人大工作更好地代表人民意志，符合最广大人民群众的根本利益。

三要继续围绕党的中心工作发挥职能。发展是执政兴国的第一要务，经济建设是全党工作的中心，全面建设小康社会是农村工作的重点。人大工作要围绕“加快发展和农民增收”，加强视察和监督，发挥代表作用，拓宽工作领域，强化自身职能。

四要继续加强人大常委会的自身建设。按照“三个代表”要求和“三个有利于”标准，努力建设一支高素质的机关干部队伍，以适应新形势下人大承担的繁重任务，积极探索人大及其常委会履行职责的新途径，努力把人大工作再提高到一个新水平

各位代表，党的十六大对我国新世纪、新阶段的改革开放和社会主义现代化建设作出了

全面部署，对人大工作提出了更新、更高的要求，面对新形势、新任务，十三届人民代表大会的工作任重而道远，让我们在县委的领导下，担负起时代赋予的重任，以对全县人民高度负责的精神，把人大工作做得更加出色，为实现全面建设小康社会的宏伟目标做出更大贡献。

平山县人大常委会工作报告

——2004年2月3日在平山县第十三届人民代表大会第二次会议上

平山县人大常委会主任 郝书文

各位代表：

我受县人大常委会委托，向大会报告县十三届人大一次会议以来常委会的工作和今年的主要工作安排，请予审议。

新一届人大常委会在县委的正确领导下，以“三个代表”重要思想和十六大精神为指导，认真履行宪法和法律赋予的各项职责，围绕全县改革、发展、稳定大局，突出重点，强化监督，有效地推动了民主法制建设，促进了改革开放，加快了经济建设和社会各项事业的顺利进行。

一、紧紧围绕经济建设这个中心，认真搞好工作监督，积极服务改革、发展、稳定大局

一是围绕重点工作和主导产业抓监督。第十三届人民代表大会第一次会议通过县政府工作报告的决议，为使决议落到实处，主任会、常委会认真听取和审议“一府两院”28个部门19项工作汇报，会前做了相应的调查、视察，并及时向县委、政府反馈了有关意见和建议。五月份，县人大常委会紧紧抓住既富县又富民的旅游景区建设、退耕还林、山区开发等重点工作进行了调查、视察。组织3个调查组对营里、孟家庄、观音堂等6个乡（镇）18个村96户退耕还林粮款兑现情况进行了调查，视察两河、南甸、大吾、岗南等乡镇退耕还林和山区综合开发工程。听取和审议林业局、山区开发办的工作，就审议中发现的山区综合开发的效益问题、退耕还林兑现粮食质量问题及时反馈，收到了明显效果。为促进旅游主导产业的发展，去年下半年，会同有关部门先后深入旅游景区开展调研活动。从地理位置、政治优势、旅游发展现状和今后旅游业的发展前景，提出了具体的意见和建议，及时向市人大做了专题汇报，建议省会有关部门和石家庄市重点支持平山的旅游业发展，引起了上级人大的高度重视，我县代表石家庄市接待了省、市人大代表的视察，视察团充分肯定了我县旅游业规划好、发展快、景区建设标准高。为进一步搞好旅游路建设，组织主任、委员和人大代表对正在改建的蛟潭庄至合河口旅游路工程进行了视察，通过听取交通局工作汇报，提出了修路旅游两不误的意见要求。交通部门认真落实人大提出的建议，在旅游高峰期科学安排施工时间，加强组织领导，晚上加班加点，高标准、高质量地完成了旅游路的拓宽改造。

二是围绕计划、预算执行情况抓监督。人大常委会不断改进监督方式方法，努力推进对计划和预算的监督，由程序化向实质性转变。先后两次组织主任、委员对敬业集团、磷肥厂、正元化肥厂、玻璃工艺厂等9个企业和温塘、回舍等3个乡镇新上项目进行调研。县人大常委会第一次会议听取发展计划局关于2003年重点项目规划与落实情况的汇报。通过调查和听取汇报，指出了在项目筛选和立项上存在的发展不平衡等问题，提出了进一步加强协调的意见。计划局认真研究，加大跟踪督办力度，项目工作有效带动了全县经济的大发展。同时，我们注意加强对财政预算执行情况的监督。县人大常委会第二次会议专门听取县财政局关于预算执行情况的汇报，针对存在的问题，以常委会审议意见、建议的形式及时向政府和财政部门进行反馈。如建议加大对乡镇完成税收任务的考核力度，并在发展工业企业、民营经济和第三产业上下大力，培育新的经济增长点。对税费收入要做到应收尽收，不留死角。县政府及财税部门对常委会的建议非常重视，采取积极有效措施，强化征管，广辟税源，厉行节约，确保了全县收支平衡，保证了全县公教人员和离退休人员工资的及时足额发放，超额完成了年初确定的目标任务。

三是围绕热点、难点问题抓监督。县城社会治安状况和集中供热一度成为县城居民关注的热点。对此，县人大常委会组织部分委员、城区部分县人大代表，对城区治安状况进行了视察，针对存在问题提出了四条建议，促进了城区治安规范化管理。进入寒冬季节，县人大常委会对县城居民关心的集中供热问题，组织全体主任和部分委员对桥东、桥西两个热力公司和几处交换站进行了视察，针对桥东延期供热问题，提出了意见和建议，县政府加大协调督办力度，供热公司采取措施，集中人力、物力加班加点进行抢修，使供暖问题得到及时缓解。

二、紧紧围绕依法治县这个目标，认真搞好法律监督，推进法制化建设

1. 针对法律实施中的突出问题，深入开展执法监督。人大常委会把执法检查作为强化执法监督的重要手段，先后对《森林法》《职业教育法》《工会法》《职业病防治法》《环保法》等10多部法律法规的贯彻落实情况，认真开展了执法检查。把执法主体作为检查监督的重点，采取执法检查与听取汇报相结合，执法检查与完善执法责任制相结合等方式，有针对性地提出意见和建议。县政府及有关部门积极搞好自查自纠，认真落实常委会的意见和建议，进一步加大了执法力度。通过对《森林法》《环保法》的执法检查，提高了全民爱护森林、保护环境的法律意识，有效地遏制了乱砍滥伐现象，规范了排污企业的治理。环保执法工作，受到省、市人大和主管部门的肯定和表扬。林业执法工作，去年在温塘全省召开的森林法执法检查总结大会上，郄贵庭副主任代表我县发了言，获得了省、市人大的好评。

2. 认真做好信访工作，努力为人民群众排忧解难。人大常委会始终把信访工作作为了解民情、反映民意、加强监督的重要渠道，对上访群众热情接待，积极受理，坚持依法治访。去年共受理人民群众来信来访120余件、360多人次，均按分级负责归口办理的原则，转交有关部门明确专人办理，解决了一批实际问题，在人民群众中树立了人大诚信为民的良好形象。

3. 积极开展法制宣传教育，增强全社会法制意识。人大常委会把法制宣传列入重要工作内容，会同有关部门加强对《宪法》《地方组织法》等有关法律法规的宣传，听取司法局关于“四五”普法工作汇报，在全国第三个法制宣传日，组织开展了以“依法治国、执政为民”为主题的宣传活动。同时，我们还注意把人大的法律监督与舆论监督结合起来，加强闭会期间常委会重要工作和人大代表履行职责的宣传报道，使人大的性质、地位和作用更加深入人心。去年，市级以上报纸、刊物发表人大宣传信息稿件32篇，广泛宣传了我县民主法制建设成果。

4. 积极拓展司法监督新途径。理顺司法监督程序是人大司法监督程序化、具体化的一项重要工作。针对检察院、法院在民事行政诉讼中存在的检察建议书约束力不强的问题，起草通过《平山县人大常委会关于检、法两院在民事行政诉讼中运用检察建议的暂行规定》《平山县人大常委会关于规范行政执法行为，维护社会主义市场经济秩序的决议》。两个决议的出台进一步规范了司法和行政执法程序，拓宽了人大司法监督的渠道，为搞好司法监督奠定了基础。

三、紧紧围绕基层民主政治建设这个基础，切实加强人大任免干部监督和代表工作

1. 依法行使任免权和监督权。人大常委会根据法律规定和工作需要，及时任命了新一届“一府两院”组成人员，召开了颁发任命书大会，被任命人员代表作了表态发言，法、检两院被任命人员向县人大常委会进行集体宣誓。在人事任免工作中，我们还重新对96年的《人事任免办法》进行了修订，增加了任免议案和说明两项内容。坚持任前法律知识考试制度，不及格不提名、不任命，对人大任命的人员采取考核、测评、述职、评议等方法，提高干部的民主法制意识。为加强对被任命人员的监督，对一名政府副县长及农业局、卫生局两名局长和县法院一名副院长、检察院一名副检察长进行了述职评议。

2. 积极为代表履行职责创造条件。坚持依托代表开展工作，充分发挥代表作用。为了便于工作，将全县市、县人大代表进行分组，建立了阶梯式的代表联系网络，明确了相互联系的代表名单，要求每位代表联系10名选民，每年至少联系两次，联系情况要有记录，重大问题要写出专题报告，并报送同级人大机关。为进一步规范代表评议活动，在县人大常委会第一次会议上，通过《平山县人大常委会组织代表评议办法》，利用两个月的时间对全县部分人大代表进行了走访。继续开展了“国徽在心、责任在身”活动，围绕县人大常委会有关议题，开展调查研究，就有关方面的工作提出意见和建议，较好地发挥了代表参政议政的作用。

3. 加大代表意见和建议的督办力度。在县十三届人大一次会议期间，代表共提出意见和建议35条。人代会闭会后，及时转交县政府及有关部门。县政府对代表提出的建议十分重视，积极办理，组织有关部门召开协调会、座谈会，走访代表征求意见。在人大常委会第三次主任会议上专门听取县政府关于办理代表意见和建议的情况汇报。在35件代表建议中，有8件已经办结，有10件正在办理，有12件已列入规划，对于不能办理的5件已向代表做了解释说明，代表满意率达到95%以上。

4. 积极组织人大代表开展评议活动。按照工作部署，我们对国土资源局工作进行了评议。县、乡人大代表通过听取汇报，走访座谈，自下而上地征求意见，六位乡镇人大主席在会上作了专题发言，对国土资源局的工作做了客观、公正的评价。县政府主管县长对这次评议非常重视，亲自安排指导，并对今后的工作提出了新的要求。国土资源局对人大代表提出的意见和建议非常重视，积极采取整改措施，收到了较好的效果。这次评议为国土资源局依法管好用好土地，落实好国土资源部《关于进一步采取措施落实严格保护耕地制度的通知》，坚守基本农田线“五不准”，全面加强土地管理工作，发挥了重要的作用。

5. 积极指导乡镇人大开展工作，推动基层民主政治建设。基层民主建设是发展社会主义民主的基础性工作。人大常委会从落实群众的民主权利出发，加大对基层民主政治建设的指导力度。一是指导各乡镇顺利召开了乡镇大代会，有补选任务的乡镇按照法定程序依法选举。23 个乡镇共补选乡（镇）长 7 名，副乡（镇）长 32 名，乡镇人大主席 2 名，副主席 7 名。二是指导乡镇人大组织代表开展活动。加强对县、乡人大代表的培训，组织学习《人大代表手册》《常用法律法规汇编》等，让代表充分认识自己的责任，同时组织代表对乡镇土地所进行评议，深入厂矿、企业、农村开展调查研究，通过一系列活动，增强了代表的使命感和责任感。三是进一步完善乡镇人大制度建设。对全县 23 个乡镇人大制度建设进行了全面督导检查，对代表活动登记和档案管理不完善的个别乡镇提出了限期整改要求，使乡镇人大工作逐步规范化、制度化。

四、紧紧围绕抗击“非典”斗争，充分发挥人大职能作用

去年春夏之交，面对突如其来的“非典”疫情，县人大常委会把保障人民群众的身体健康和生命安全作为头等大事来抓，在县委的领导下，讲政治、顾大局，积极做好相关方面的工作。一是深入一线开展工作。去年，人代会刚刚结束后，我们组织部分委员及工作人员视察公路监测站、胜伏卫生院隔离点，看望了医护人员和一线工作人员。各位副主任还多次到营里、孟家庄、西柏坡、北冶、三汲、两河、岗南、古月等 16 个乡镇 20 多所学校 5 所卫生院督导防治非典工作。二是认真履行监督职责。县人大常委会第一次主任会议听取县政府及卫生、工商、公安、物价、药监防治“非典”工作专题汇报。根据社会普遍关心的县城环境卫生、医疗行业废水处理、饮水质量等问题，积极提议有关部门大力开展爱国卫生运动，加大对医疗废弃物的监管力度。三是加大宣传力度，在县电视台作了依法做好防治非典工作的电视讲话。在第二次主任会议上专门听取县卫生局关于宣传贯彻《传染病防治法》和《突发性公共卫生事件应急条例》的工作汇报，针对存在的问题，就克服重治轻防思想，加大对公共卫生事业的投入，对加强卫生防疫组织建设，强化应急处理措施等提出了建议。

五、紧紧围绕“立党为公、执政为民”这个根本，切实加强常委会自身建设

一是思维创新。换届后的几位人大主要领导，多数是从县委、政府领导岗位上转任过来的，角色的转位、思想的转换是个新课题。各位主任一致认为，虽然从县委、政府转到了人大，但是只要在岗就应尽职，只要在职就应尽责。尽管到了人大，工作任务和性质发生了变化，但责任没有变，任务更艰巨，思维更需要创新，应把监督作为思维创新的主课题，勇于在实践中创新，在创新中发展，力求以监督促发展。

二是知识创新。人大工作与县委、政府工作具有本质上的一致性，又有自身的特殊性。学习新知识，“充电、洗脑”是基本功。为此，我们注意抓好三个方面的学习：一是学习邓小平理论、“三个代表”重要思想，用中央的精神指导新时期的人大工作。二是认真贯彻县委的指导思想和工作精神，努力做到围绕中心、把握全局、吃透要旨、积极工作。三是根据工作安排在开展调查、视察活动前，先学习有关法律法规，力求做到不懂先学，遇到新问题自觉学，在新的岗位上，学习新知识，增长新才干，创造新业绩。

三是工作创新。工作创新是与时俱进的时代要求，我们主要突出了四个方面：（1）参与中抓监督，各位副主任既分别具体抓石材园区、信访稳定、科技园区和计划生育等，又积极监督，提出了很多好的建议和意见。（2）改革评议办法，实行反馈制度。我们认真解决评议无“下文”的问题，将每次人大组织的视察、调查、评议、审议情况，及时向县委、政府主要领导及被评议单位和个人进行反馈，收到了良好的效果。（3）深化调查、视察工作。凡主任会、常委会听取的汇报或审议的事项，都组织主任、委员进行专题、专项调查。（4）实行中心发言人制度，着力解决了评议、审议发言无准备、没重点、不慎重、随意性较大的问题。中心发言人制度，既强化了发言人责任心，又提高了人大评议、审议质量。

四是机制创新。为规范工作要求，经过反复讨论和征求意见，制定通过第十三届人大常委会《议事规则》《组成人员守则》《人事任免办法》《组织代表评议办法》等，使人大常委会的各项工作进一步法制化、规范化。

一年来，在县委的正确领导下，在人大常委会组成人员的共同努力下，做了大量富有成效的工作，人大干部精神面貌新，工作有活力，节奏感快，办事效率高，对今后工作的开展打下了良好的基础。过去的一年，我们虽然取得了一定的成绩，但与宪法和法律赋予的职责要求，与人民群众的期望相比还存在不少差距。主要是围绕中心工作，监督的重点还不够突出，监督实效有待进一步增强；常委会组成人员联系一线代表不经常，代表活动渠道不宽，发挥代表作用还不够；常委会自身建设还不能完全适应形势和任务的需要，人大干部队伍的整体素质还有待进一步提高。对此，人大常委会将认真研究，加以解决。

各位代表：

2004 年，是实现“十五”计划的关键一年，也是深化改革、扩大开放、促进发展的重要一年。县人大常委会在县委的正确领导下，以邓小平理论、“三个代表”重要思想为指导，认真贯彻落实十六大和胡总书记在西柏坡的重要讲话精神，以发展为第一要务、全面建设小康社会为主题，认真履行宪法和法律赋予的各项职责，围绕全局，服务中心，突出监督重点，注重监督实效，加强自身建设，不断创新人大工作，为强县富民再做新贡献。

深入学习贯彻“三个代表”重要思想，认真开展“立党为公、执政为民”教育。人大常委会组成人员和机关干部要认真学习、深刻领会“三个代表”重要思想，全面贯彻落实党的十六大和十六届三中全会精神，坚持“立党为公、执政为民”，牢固树立党性观念、大局观念、政治观念和群众观念，立足于宪法和法律赋予的职权，坚持依靠代表和人民群众，认真履行各项职责，保证人大工作更好地体现人民的利益和意志。

自觉服从和服务于工作大局，围绕促进经济、社会全面发展，开展人大工作。适应改革发展的新形势，把促进经济发展和社会的全面进步作为人大工作的第一要务，通过深入开展调查、视察，听取和审议有关工作汇报，针对改革、建设中存在的问题，及时提出意见、建议。依法就有关重大事项作出决议、决定，支持政府做好工作，进一步加快全县经济社会事业发展。把坚持和完善人民代表大会制度，加强民主法制建设，推进政治文明进程，作为人大工作的主题，强化执法监督，做好代表工作，扎实稳妥地推进基层民主政治建设，促进“一府两院”依法行政、公正司法，推动社会主义精神文明、物质文明和政治文明协调发展。

突出监督和代表工作重点，切实增强工作实效。在监督工作上，要坚持少而精的原则，紧紧围绕“三农”问题，深化企业改革，加强环境保护，维护社会稳定及群众关心的热点、难点问题开展监督。改进监督方法，加大监督力度，增强监督实效，切实促进行政部门、司法机关依法行政、执法为民。做好群众来信来访工作，维护好人民群众的合法权益。坚持党管干部的原则，依法搞好人事任免工作，注重任命干部的廉政勤政效能监督。认真贯彻《代表法》，加强同人大代表的联系，拓宽人大代表参与管理地方国家事务的渠道，积极为代表执行职务创造条件，加强对闭会期间代表活动的组织和指导。认真做好代表意见、建议的督办工作，提高办理效率和质量。加强对乡镇人大主席团工作的指导，使乡镇人大工作纳入制度化、规范化轨道。

认真做到“四个坚持”，进一步提高工作水平。一要坚持党的领导。认真贯彻党的路线、方针、政策和县委的工作部署，充分发挥人大机关的职能作用，及时把党委的主张和决策通过法定程序变为国家意志。二要坚持依法履行职权。正确处理人大与“一府两院”的关系，做到既不失职也不越位，支持“一府两院”依法履行职责。三要坚持开拓创新、与时俱进。在发扬和总结以往成功经验的基础上，勤于思考，勇于创新，不断研究新情况，解决新问题，探索和加强人大履行职责的新途径、新方法，使人大各项工作在改革中前进，在创新中发展。四要坚持搞好人大常委会及机关的自身建设。切实加强思想建设，健全工作制度，改进工作作风，进一步密切同人民群众的联系，自觉接受代表和群众的监督。认真落实民主集中制，坚持重大问题民主讨论，集体决策，努力提高常委会的议事水平和工作质量。

各位代表：

新的时代赋予我们新的任务，让我们在中共平山县委的领导下，进一步解放思想，实事求是，与时俱进，务实求新，认真履行各项法定职责，扎扎实实做好各项工作，为实现强县富民的目标而努力奋斗！

谢谢大家！

平山县人大常委会工作报告

——2005年1月18日在平山县第十三届人民代表大会第三次会议上

平山县人大常委会主任　郝书文

各位代表：

我受县人大常委会委托，向大会报告县十三届人大二次会议以来常委会的工作和今年的主要工作安排，请予审议。

一、坚持发展第一要务，充分发挥职能作用，积极为经济建设服务

发展是党执政兴国的第一要务。一年来，常委会始终坚持发展第一要务，充分发挥职能作用，在监督中支持，在支持中参与，在参与中服务，积极为经济建设献计出力。

一是支持经济建设。常委会把听取和审议政府经济工作报告作为工作的重点。去年，共听取有关经济发展的工作报告三次，并听取和审议政府分管经济工作副县长的述职。在听取报告前，常委会组织委员和部分人大代表开展了认真细致的调查研究，把工作重点放在出主意、想办法和抓落实上。六月份，常委会在听取和审议县政府关于工业小区建设与经济结构调整的情况汇报后，提出了围绕“三大支柱产业”进一步加大经济结构调整力度，加强工业园区管理和行业管理的建议。常委会还十分注重人大代表和广大人民群众对经济建设的意见，在走访代表活动中，广泛听取他们对加快县域经济发展的建议和良策，归纳整理后，向县政府和有关部门反馈，对促进全县经济发展起到了积极作用。

二是参与经济建设。人大常委会坚持把参与经济建设当作自己的一项重任。常委会组成人员更新思想观念，发挥自身优势，积极投身于经济建设和社会各项事业中，与县委、政府同唱经济建设一台戏。常委会号召全县人大代表积极参与经济建设，涌现出了一批经济建设的带头人。省人大代表李赶坡善于谋大事、创大业，企业利税大幅度增长，敬业集团成为支撑我县财税的半壁江山；市人大代表杨明华成绩面前不满足，继续扩大企业规模，使玻璃工艺厂成为我县出口创汇的最大企业；县人大常委范海庭创建的东方巨龟苑被评为全国农业旅游示范点。大家的参与为我县的经济建设注入了勃勃生机，有力地拉动了全县经济的大发展。

三是服务经济建设。服务经济建设，重点是为经济发展营造宽松的环境。围绕服务经济建设，县人大常委会明确要求把解决企业的困难和问题作为工作重点，深入调查研究，提出解决问题的改进意见，尽力为企业提供参谋服务。同时注意检查落实县委、政府制定的“开放搞活”的优惠政策，要求政府各部门把依法行政和提高政府服务能力有机结合起来，努力在全县营造依法、高效、宽松的经济发展环境。良好的经济发展环境，促进了经济建设，结出了丰硕成果。我县的项目建设、经济发展出现了前所未有的好形势，全县经济真正实现了大发展、跨越式发展，为全面实现小康社会的目标奠定了坚实的基础。

二、紧紧围绕“依法行政，公正司法”这条主线，突出监督重点，不断增强监督实效

一是以科学发展观为指导，从政府工作的重点入手，人民群众关注的热点难点入手，加强工作监督。

一年来，主任会、常委会围绕全县工作重点认真听取和审议“一府两院”16个部门21项工作汇报。国民经济发展计划、财政预算的执行事关全县经济发展大局。常委会把国民经济发展计划、财政预算的执行作为监督重点，先后听取和审议县财政局关于2004年上半年预算执行情况，县发展计划局关于2004年上半年国民经济和社会发展计划执行情况及财政局关于2004年预算调整情况汇报，提出了坚持和运用积极的财政政策，不断强化依法理财意识和进一步加强审计、强化监督的建议，保证了全县财政的良好运转。

工业园区建设与经济结构调整是县委、政府提出“强县富民”的重要举措。常委会以科学发展观为指导，围绕“强县富民”和“全面实现小康社会”这个奋斗目标，对工业小区、奶牛养殖小区、山区开发重点项目进行了全方位的调查、视察。听取和审议县政府关于工业小区建设与经济结构调整和畜牧局、林业局的工作汇报，就审议中提出的市场竞争力不强、经济效益不高、缺乏品牌企业和名牌产品等问题及时反馈，收到了较好效果。常委会还非常关注全县教育卫生事业的发展，听取教育局2004年高考情况汇报，视察乡镇卫生院改制工作，为促进全县文教卫生事业的发展起到了促进作用。

交通道路建设始终是全县人民和人大代表关注的热点。九月份和十月份，常委会组织主任、委员和部分人大代表分别对新井线、石闫线的改建工程以及王母、长桑、小觉三座大桥建设情况和村村通工程进行了视察。市、县人大代表一致认为县委、政府高度重视交通道路建设，县交通局干部职工积极跑项目、引资金，争时间、抢速度，突击施工，使平山交通事业成为历史上项目最多、建设里程最长、投资额最大的一年，是交通事业大发展的一年。同时，针对施工现场点多、线长的情况，提出了交通、施工两不误的建议，交通部门认真落实人大提出的建议，科学规划、精心施工，顺利完成了施工任务。

二是以保证宪法和法律的实施为重点，认真开展普法宣传、执法检查、个案监督。

1. 狠抓宪法、法律的宣传、学习，切实增强人民群众的法制观念。以《宪法修正案》颁布为契机，通过多种形式在全县掀起学宪法学法律的热潮。专门印发了《关于认真组织学习〈宪法修正案〉的通知》，利用平山报、电视台开展了人大知识系列讲座。根据省、市的安排开展了一系列纪念人民代表大会制度建立50周年活动。县委专门召开了会议，就加强人大工作提出了新的要求，认真组织参与了市人大举办的“人大制度建立50周年法律、法规知识竞赛”，并荣获全市竞赛组织先进奖。在全国第四个法制宣传日，以“弘扬宪法精神，增强法制观念”为主题，组织二十多个部门上街宣传，印发宣传材料三万多份。通过一系列的学习、宣传活动，进一步提高了人民群众的宪法意识和法制观念。

2. 以宪法和法律的实施为重点，认真开展执法检查。常委会先后对《消费者权益保护法》《矿山安全法》《环保法》等法律法规的执法情况进行了检查。为增强执法检查的实效性，在检查中积极发挥新闻媒体和公众参与的作用，把执法检查和舆论监督、社会监督有机结合起来，督促工商、地矿、环保等部门严格执法，并就市场经营、环境保护和维护消费者权益等方面提出了强化监督检查的建议。

3. 积极开展个案监督。常委会根据群众来信来访筛选了反映强烈、代表性强的案件，通过个案调查、听取汇报，报告结果，召开法律咨询会和案件督办会等形式，开展个案监督。先后向司法机关发出个案监督专函3件，调阅司法机关办结案件3起，通过法定程序进行专项监督，使拖延多年的涉法信访案件得到了解决。特别是去年7月份，人大常委会协调信访局、城建局、土地局圆满调处了一起历经十年上访至全国人大的案件，得到了全国人大和省市人大的好评。

三是以促进依法行政和公正司法为重点，不断创新监督方法。

1. 观念创新。没有创新的观念，就没有创新的思维和发展的举措。常委会一班人积极转变思想观念，牢固树立监督既是支持，又是服务的工作理念。在检查法院工作时，一方面提出要树立执法为民、公正司法，加强法官队伍建设的建议。另一方面提出如何支持法院解决执行难的问题。结合法院一起调查研究，解剖典型案件等，并建议各级部门都要支持法院的执行工作。除此之外，常委会组成人员积极参与全县重要活动和重大社会事务，寓监督于支持之中，努力把支持和服务的观念贯穿于整个人大工作，处处体现支持服务，赋予了人大监督工作的全新理念。

2. 程序创新。我国宪法和法律规定的监督方式都是在会议上行使的，但会议少、会期短、议程多、代表和委员审议时间有限，影响审议的质量和效果。为此，常委会变等为促，要求“一府两院”有关部门的工作报告必须在会议召开半个月前报送人大常委会，便于代表和委员开展审议和调研。实践证明，这一做法是有效的，它给予代表和委员充足的审议时间，提高了代表和委员依法履行职责，参政议政，参与管理国家事务的能力。

3. 人事监督创新。去年，常委会共听取和审议两名副县长和一名局长的工作述职。述职前，常委会组织部分代表、委员分别到分管的系统和乡镇进行了专题调查，听取各方面的意见和建议，对述职人员做到了全面了解，审议中实事求是地提出了改进意见。述职人员对会议提出的意见建议十分重视，积极整改并及时向常委会汇报，从而提高了人事监督工作的质量，促进了“一府两院”工作人员依法行政、公正司法。在人事任免上，人大常委会本着对人民群众负责，对平山发展负责的精神，认真把好法律知识、代表意见、任职资格三个关，努力做到德、能、勤、绩综合评定，依法对81名干部进行了任免。

三、充分发挥代表作用，加强同代表、群众和基层人大的联系

2004年，常委会十分重视代表工作，积极探索与代表联系的途径和渠道，不断提高为代表服务的质量和水平，促进了代表参政议政的能力和代表作用的发挥。

1. 加强代表培训工作，提高代表法律素质。以《宪法修正案》《行政许可法》《地方组织法》

和《代表法》等法律知识为主要内容，分期分批组织和委托乡镇人大组织的形式，加强对市、县、乡三级人大代表的学习培训。认真学习中央、省、市领导在人民代表大会制度建立50周年纪念会上的讲话，通过学习，对人大的性质、地位和作用有了全面了解，对代表享有的权利和义务有了深刻的认识，充分调动了代表依法履行职责的自觉性和积极性。

2. 坚持与代表联系制度，充分发挥代表参政议政的作用。常委会非常重视与代表的联系和沟通工作，在充分发挥阶梯式代表联系网络的基础上，常委会组成人员分组利用两个月的时间，对全县的人大代表进行走访，先后召开了各种类型的座谈会10多次，走访代表150人余次，收到代表反映的意见建议30多条。代表和群众的意见通过常委会认真督办，大多数得到了较好的解决。

3. 认真组织好代表视察、评议工作。去年，我们先后组织代表对旅游开发重点项目、奶牛养殖小区、城市电网改造、城建重点工程等9个方面的工作进行了视察，并在视察中不断总结，努力探索和研究代表视察工作的新形式、新方法，使代表视察工作质量有了较大提高。在评议法院工作中，各评议小组按照评议方案进行了认真走访、调查，听取县法院刑事民事审判工作汇报，六位常委会委员做了专题发言，实事求是评价工作，提出意见。县法院对这次评议非常重视，积极采取有效措施，收到了较好的效果。

4. 重视人民来信来访。信访工作是反映民情、了解民意的重要窗口。去年以来，我们认真贯彻全国人大常德会议精神，重新修订了《平山县人大常委会接待处理人民代表和人民群众来信来访暂行办法》《平山县人大常委会实施个案监督办法》，规范了乡镇人大主席团信访工作制度，有力地促进了全县人大信访工作有序进行，在全省人大信访工作会议上，我县做了典型发言。全国人大信访局带领部分全国人大代表、省市人大常委会有关人员视察和观摩了我县的信访工作，给予了很高的评价。

四、抓住加强党的执政能力建设这一根本，切实加强常委会自身建设

1. 加强学习，不断提高自身素质。一年来，常委会组成人员认真学习了党的十六届四中全会精神和胡锦涛总书记在纪念人民代表大会制度建立50周年会上的讲话及《宪法修正案》《地方组织法》等法律法规，通过学习，深化了对人民代表大会制度的认识，厘清了人大工作思路，增强了做好人大工作的信心，为进一步做好今后的工作打下了基础。

2. 加强作风建设，密切同人民群众的联系。常委会十分重视机关作风建设，进一步完善了工作、学习制度。牢记“两个务必”，深入实际，联系群众，广泛集中民智，充分反映民意，积极为群众排忧解难，热情接待上访群众，杜绝冷、硬、横、推现象。去年，共接待群众来信来访378人次，转办、督办信访案件175件，大部分得到了解决。

3. 坚持以人为本，创建和谐的人大机关。党的十六届四中全会把构建社会主义和谐社会作为提高执政能力的一大着力点。常委会认真学习十六届四中全会精神，坚持以人为本，创造“得其所，尽其能”的工作环境，努力创建和谐的人大机关。尊重人才、尊重知识，向全体机关人员提供平等的发展机会，让大家在各得其所的基础上奋发有为。同时注重发挥每个人的积极性、创造性，切实增强爱岗敬业的主人翁意识，增强进一步做好人大工作的自觉性和主动性。

过去的一年，县人大常委会工作取得了一些成绩，这是县委正确领导和全体代表共同努力的结果，是全县人民大力支持的结果。在此，我代表十三届人大常委会向各位代表并通过你们向全县人民表示衷心的感谢！在肯定成绩的同时，也要清醒地看到人大工作中存在的不足，主要是监督方式还要进一步完善，代表作用和指导基层人大工作有待进一步加强，宣传人大制度、完善社会主义民主法制、加强政治文明建设还应倍加努力。对此，我们将高度重视这些问题，采取有效措施逐步加以解决。

各位代表：

2005年是“十五”计划的最后一年，也是完成本届人大及其常委会各项任务的关键一年。新的一年，常委会工作总的要求是全面贯彻落实党的十六届四中全会精神，以提高党的执政能力为重点，围绕全县中心工作和改革、发展、稳定大局，进一步坚持和完善人民代表大会制度，认真履行宪法和法律赋予的各项职权，继续加强社会主义民主法制建设，不断推进物质文明、精神文明和政治文明协调发展，为强县富民和全面建设小康社会提供有力的法制保障。

坚持和依靠党的领导，把握人大工作正确方向。常委会要进一步增强党性观念，在工作中自觉把坚持党的领导、人民当家作主和依法治国有机统一起来，认真贯彻执行党的路线、方针、政策和县委的重要工作部署。

坚持发展第一要务，促进经济发展。要进一步坚持和完善人民代表大会制度，不断推进民主法制建设，协调好各种社会关系，及时化解人民内部矛盾，为创造团结互助、融洽和谐的社会贡献力量。

依法做好监督工作，努力提高监督实效。要以“法律监督抓公正，工作监督促效率”为主线，以提高监督实效为核心，努力促进依法行政、公正司法。在工作监督方面，要围绕全县工作中心、政府工作重点，按照科学发展观的要求，认真听取和审议“一府两院”有关工作报告，深入调查研究，提出审议意见或作出决议、决定，督促有关地方国家机关改进工作，保证党的决定部署得到落实。在法律监督方面，要不断改进执法检查的方式方法，完善和落实执法责任制和“两错”责任追究制，坚决防止有法不依、执法不严、违法不究的现象。在人事监督方面，要认真贯彻《党政领导干部选拔任用条例》和《党内监督条例》，按照市、县领导关于加强干部监督的要求，依法搞好选举任免工作，深入开展述职评议活动，把对事的监督与对人的监督结合起来，督促被选举和任命人员增强法制意识，更好地为人民掌好权、用好权。

加强同基层代表的联系，充分发挥人大的民主渠道作用。要进一步加强同人大代表的联系，逐步形成深入了解民情、充分反映民意、广泛集中民智的决策机制。人大常委会要不断创新代表工作，不断改进人民代表大会会议的组织工作，组织代表积极参加人代会，审议决定好事关改革发展、稳定大局的重大事项。要紧紧围绕全县的中心工作和人民群众关心的热点问题，组织好代表在闭会期间的视察、检查和评议等活动，并督促“一府两院”认真负责地办理好代表提出的议案、意见和建议，切实提高代表所提议案、意见和建议的办理实效。

坚持与时俱进，求真务实，努力开创人大工作新局面。加强党的执政能力建设对地方人大及其常委会自身建设提出了新的要求，人大工作要适应新形势，必须加强自身建设。人大常委会组成人员要认真学习邓小平理论和“三个代表”重要思想，学习党的路线、方针、政策和有关法律法规知识，努力提高政治理论水平和业务能力。要坚持求真务实做好调查研究工作。要善于思考，准确地了解和把握当前形势，注意研究新情况、新问题，要做深入理性思考和规律性研究，立足现实，着眼长远，站在改革发展稳定的大局中选课题。从制约发展的观念、体制、机制等方面深入研究提出解决的意见和建议。要切实搞好人大机关的自身建设。要创建“学习型机关”，通过政治业务学习，努力建设一支政治素质高、业务素质好、工作作风硬、法制观念强的人大干部队伍。

各位代表：

当前正处在加快发展的重要战略机遇期，新的形势和任务要求我们进一步提高人大工作水平，更好地为平山的经济和社会发展服务。我们一定要以“三个代表”重要思想为指导，在中共平山县委的正确领导下，解放思想，开拓创新，团结奋进，扎实工作，为圆满完成本次大会确定的各项任务，实现全面建设小康社会的目标做出更大的贡献！

谢谢大家！

平山县人大常委会工作报告

——2006年3月9日在平山县第十三届人民代表大会第四次会议上

平山县人大常委会主任　郝书文

各位代表：

我受县人大常委会委托，向大会报告县十三届人大三次会议以来常委会的工作和今年的主要工作安排，请予审议。

2005年，人大常委会在县委的领导下，以“三个代表”重要思想为指导，深入贯彻党的十六届四中、五中全会精神，坚持发展第一要务，紧紧围绕经济建设中心，认真履行宪法和法律赋予的各项职责，较好地完成了县十三届人大三次会议确定的各项任务，为建设经济强县、构建和谐平山做出了新的贡献。

一、强化发展意识，积极推进经济和社会各项事业全面发展

发展是执政兴国的第一要务，科学发展观首先是促进发展。常委会坚持以科学发展观为指导，围绕中心，突出重点，关注热点，积极推动全县经济和社会各项事业的全面发展。

一是围绕中心，注重项目建设。项目是发展的载体，没有项目就没有发展，抓发展必须上项目。常委会高度重视全县项目建设，始终把项目建设作为全年工作的重中之重，多次就项目建设开展视察调研，围绕工业重点项目及规模以上扩建、改建等多个项目建设，认真听取汇报，实地查看项目建设进展情况，积极帮助协调项目建设中存在的占地补偿、供水供电等实际问题，促进了项目建设。同时，针对我县项目建设，提出了要进一步优化发展环境，强化协调服务，加大项目建设力度的建议。县政府及有关部门十分重视，咬定发展不放松，坚持不懈抓项目，我县项目建设一年一个新台阶，西柏坡电厂三期工程、圣元纺织十万纱碇和化肥厂技改扩建、南甸路改线等一大批支撑全县经济发展的好项目正逐步成为拉动全县经济增长的新亮点。

二是突出重点，重视“三农”问题。我县是一个农业大县，农业产业结构调整事关全县经济发展大局，也是解决农村发展、农民增收、农业增效的有效途径。去年，常委会把农业产业结构调整列入重要议事日程，围绕农业产业结构调整，组织人员入乡到村，实地调研，视察绿色食品基地建设，听取县政府关于农业产业结构调整工作的汇报。在此基础上，广泛听取科技人员、直接从事农业一线人员的意见，提出了以市场为导向，正确引导农业产业结构调整，做到调整围着市场转，产品跟着市场走，效益要向市场要的建议，促进了我县农业经济的快速发展。

三是关注热点，解决关系人民群众切身利益的问题。认真解决好人民群众关注的热点问题是常委会工作的出发点和落脚点。县城建设直接关系到广大人民群众的生活环境，也备受社会各界的广泛关注。去年国庆节前，组织建设局、交通局、平山镇等有关部门对建设大街、正义路小游园、建材街等部分城镇基础建设进行了视察，就视察中发现的一些街道管理，分工不够明确，部门之间还存在推诿扯皮的现象及时与政府有关部门进行了沟通。对此，县政府高度重视，在十月份开展了县城整治月活动，对车辆乱停、垃圾乱倒、广告牌匾不规范、交通秩序混乱现象进行了集中整治，收到了明显的效果。食品卫生安全是人民群众关注的又一个热点。为了保证广大人民群众吃上安全放心的食品，常委会在经常性检查的基础上，重点对“双节”食品市场进行了检查，督促政府及主管部门树立发展与管理并重的观念，严格执行市场准入标准，切实加大节假日期间和重点区域食品卫生的监管工作，全县食品卫生安全状况有了明显改善。

二、依法履行职责，积极服务改革发展稳定大局

充分发挥人大常委会的职能作用，积极服务改革发展稳定大局，始终是常委会坚持的工作方向。一年来，主任会、常委会认真听取和审议“一府两院”17个部门22项工作报告。通过听取汇报，查找问题，提出意见建议，促进“一府两院”依法行政，公正司法。

（一）工作监督抓重点，依法决定重大事项

严格执行计划和预算是维护计划和预算的严肃性，促进全县国民经济和社会各项事业健康发展的客观要求。常委会始终把计划、预算的执行作为工作重点，加强监督，听取和审议2005年上半年财政预算执行情况和国民经济计划执行情况及财政局预算外收支管理情况的汇报。针对下半年财政支出因素增多，法定要求的各项投入逐步增加的情况，要求财税部门进一步增强预算意识，完善部门预算，加强税收征管，确保了全县财政收支平衡，超额完成了年初确定的各项目标任务。2005年是我县主要经济指标增长最快的一年，县财政收入实现了历史性的突破。

安全生产无小事。针对全国矿产安全事故不断发生的严峻形势，六月份，常委会及时听取县安监局安全生产工作汇报，提出安监局要站在对广大人民群众生命财产安全负责的高度，进一步完善安全生产目标管理责任制，加强安全生产监督管理和综合整治的建议。同时，督促政府部门严格按照《安全生产法》的要求，做好经常性的安全检查工作，全县安全生产形势好于往年。

依法做出决议、决定是宪法和地方组织法赋予人大及其常委会的一项重要职能。近年来，我县乡村公路得到了彻底改善，实现了村村通水泥路。为了进一步加强乡村公路养护管理，常委会组织人员，对全县乡村公路建设养护现状，做了深入细致的调查，在第十二次常委会会议上通过《关于加强乡村公路养护管理的决定》，县政府及交通局对此决定非常欢迎也十分重视，认真落实决定精神，制订了《平山县乡村公路养护管理办法》，进一步强化责任，落实资金，切实做好乡村公路的养护管理。

（二）法律监督求实效，努力推进依法治县进程

1. 开展执法检查。常委会把执法检查作为强化法律监督的重要手段，先后对《传染病防治法》《行政许可法》《食品卫生法》《环保法》等六部法律法规的贯彻落实情况，开展了执法检查。在检查中，采取执法检查与听取汇报相结合，执法检查与完善执法责任制相结合等方式，有针对性地提出意见。县政府及有关部门积极搞好自查自纠，认真落实常委会的意见建议，进一步加大了执法力度。通过《行政许可法》的检查，进一步规范了行政机关的审批行为，强化了服务意识。在《环保法》执法检查中，我县代表河北省参加了全国人大组织的中华环保世纪行活动，全国人大对我县在环保工作中取得的成绩给予了充分肯定。

2. 加强司法监督。一是开展旁听法院庭审活动。结合市人大开展的人大代表旁听法院庭审调研活动，采取旁听与评议相结合的做法，组织部分代表，到法院和基层法庭旁听庭审实况，收到了较好效果。二是关注法院执行工作。“执行难”一直是困扰各级法院的一大难题。早在2004年评议法院工作时，就提出了进一步加大执行力度的建议。为保持工作的连续性，常委会专门安排听取法院执行工作汇报，肯定了县法院加强执行工作取得的成绩，同时针对当前执行中的困难和问题提出了意见建议，有关部门互相配合，开展了司法、人民、行政三位一体的大调解，政府积极支持筹措资金，实行了司法救助，有力地推动了法院的执行工作。三是重视预防职务犯罪。去年，常委会听取和审议检察院工作汇报，针对预防职务犯罪，提出建立健全长效预防机制，加强预防措施，堵塞漏洞，完善监督制度，避免发案或减少发案的建议。

3. 重视人民来信来访。接待和处理人民群众来信来访是人大及其常委会联系人民群众、了解社情民意的重要渠道。常委会站在对人民负责、受人民监督，维护广大人民群众利益的高度，认真办理群众来信来访。接访中，我们注意发现和研究信访中反映的敏感事件和共性问题，加强对信访动态的综合分析，认真做好信访案件的交办、督办工作。去年，共受理群众来信来访290多件次，督促转办上级要结果的信访案件20件。

（三）人事任免抓规范，强化对任命干部的监督

依法任免“一府两院”组成人员是人大常委会的又一主要职责。坚持党管干部和人大依法任免的一致性，严格按照选举、任命的程序，坚持德才兼备标准，实行任前法律考试和实绩考察，广泛征求社会各界对被任命人员的意见，严格选拔和任免了9名干部。同时，分期分批、有计划地实行定期述职，通过述职，指出存在的不足和问题，提出努力和改进的方向，督促被任命人员自觉履行职责，严格依法办事，做到立党为公、执政为民。

三、发挥代表作用，夯实人大工作基础

代表工作是人大及其常委会工作的基础。一年来，常委会努力为代表履行职责提供服务，积极组织代表开展活动，不断加大代表意见建议办理力度，代表作用得到进一步发挥。

1. 为代表知情知政提供服务。一是定期向乡镇人大主席团通报常委会重要工作安排和重要活动情况，寄送常委会公报、人大简讯和“一府两院”重要会议情况等有关资料，让代表及时了解常委会和“一府两院”的工作动态，为代表知情知政创造条件。二是坚持邀请人大

代表列席常委会议和重要活动，充分听取代表对常委会及“一府两院”工作的意见和建议，为代表议政提供服务。三是加强代表培训。组织乡镇人大主席，认真学习了中央9号文件精神，学习了宪法、组织法和代表法等有关法律法规。通过学习，进一步明确了人大的地位、性质和作用，为进一步做好工作打下了基础。

2. 组织代表开展视察评议活动。坚持有计划、有针对性地组织代表围绕改革发展稳定中的重点、难点问题，开展视察调研，广泛听取他们的意见建议。组织代表对广播电视网络村村通工程、中医中药发展管理情况、“双节”市场管理等11个方面的工作进行了视察。注重改进视察方式，努力在实效上下功夫，把代表对“一府两院”的意见建议用人大简讯的形式，及时向“一府两院”反馈，收到了明显效果。去年，我们还组织市人大代表到辛集进行异地考察，学习了经验，开阔了视野，受到了启发。

3. 认真办理代表议案建议。抓好代表议案和建议办理工作，是保证代表履行管理国家事务的权力，督促地方国家机关转变作风，改进工作的重要途径。在十三届人大三次会议上，常委会对代表提出的建议整理后集中交办。闭会后，通过听取汇报、召开座谈会、实地考察等形式，督促承办单位在法定的时限内认真办理。主任会议专门听取县政府关于人大代表意见建议办理情况的汇报，要求政府及有关部门要进一步加大办理力度，并切实做好回访工作，代表意见建议办理工作取得了一定的实效。截至去年底，常委会交办的40件代表建议中，12件已经办结，13件正在办理当中，代表满意率达到了90%以上。

四、加强自身建设，努力提高常委会履职能力和水平

人大及其常委会是国家权力机关，担负着宪法赋予的重要职责。面对新形势，新任务，我们不断加强常委会自身建设，始终把自身建设摆在突出位置来抓。

一是加强理论学习，不断提高自身素质。结合保持共产党员先进性教育活动，大力开展创建“学习型机关”，不断加强政治业务学习。认真学习党的十六届五中全会和中央9号文件精神，学习宪法、地方组织法和其他相关法律知识，通过学习，常委会组成人员党的观念、政治观念、大局观念和群众观念进一步增强，坚持党的领导、人民当家作主和依法治国有机统一的自觉性进一步提高，保证了常委会工作始终沿着正确的政治方向，始终服从服务于全县工作大局，更好地发挥了国家权力机关的作用。

二是规范制度建设，全面提升人大工作水平。坚持民主集中制原则，充分发扬民主，严格依法办事，集体行使职权。认真修改制订了《平山县人大常委会关于加强和规范县人大代表在闭会期间的活动意见》《平山县人大常委会关于加强和改进县人大代表议案工作的意见》《平山县人大常委会关于加强和改进县人大代表建议、批评和意见工作的意见》，为进一步规范代表活动，保障代表在闭会期间依法履职起到了积极作用。

三是转变工作作风，密切同人民群众的联系。坚持重实际、说实话、办实事、求实效，大力倡导求真务实的工作作风，要求常委会组成人员了解和掌握经济社会发展的真实情况，不断促进常委会工作更加符合客观实际，更好地服务全县发展大局。以保持共产党员先进性教育活动为契机，深入基层，倾听群众呼声，关心群众疾苦，反映群众心声。各位主任和机关工作人员深入联系单位和帮扶乡村，积极为他们的发展想办法、出主意，办实事，树立了人大干部的良好形象。

各位代表：

一年来，常委会的各项工作取得了一定成绩，这是县委正确领导的结果，是广大人民群众及各位代表积极支持的结果，在这里，我代表县人大常委会向各位代表并通过你们向全县人民表示衷心的感谢！在肯定成绩的同时，我们也清醒地看到，我们的工作同广大人民群众的要求，和依法治国、全面实现小康社会的宏伟目标还有很大差距，主要是监督方式还需进一步完善，监督力度还需进一步加大，代表作用还需进一步发挥，对这些问题，我们要高度重视，采取有效措施认真加以解决。

各位代表：

2006 年是实施“十一五”规划的开局之年，也是加快全面建设小康社会的重要一年。新的一年，常委会工作总的要求是以十六届五中全会和中央经济工作会议精神为指导，全面贯彻落实科学发展观，认真履行宪法和法律赋予的各项职责，不断创新监督方式，努力加大监督力度，切实提高监督实效，为全面实现小康社会做出新贡献！

一是进一步坚持和完善人民代表大会制度。人民代表大会制度是我国的根本政治制度。坚持和完善人民代表大会制度，加强社会主义民主法制建设，是人大及其常委会的首要任务，也是构建社会主义和谐社会的必然要求。要坚持党的领导，继续坚持重大事项向党委请示报告制度，使人大工作总体安排、工作目标、具体措施都服从服务于党委的中心工作。要进一步发展基层民主，支持人民群众依法行使选举权、知情权、参与权和监督权，努力实现好、维护好、发展好最广大人民群众的根本利益。要坚持依法治国基本方略，确保宪法和法律在我县的有效实施。进一步推进依法治县进程，促进“一府两院”依法行政、公正司法。

二是进一步发挥代表作用，支持、规范和保证代表依法履行职责和行使权利。采取多种形式加强和改进代表培训工作，不断提高代表履职的能力和水平；努力为代表知情知政提供信息；坚持常委会组成人员走访代表制度，引导督促代表充分履行权利和义务；加大代表建议意见的督办力度，督促“一府两院”加强和改进办理方式，提高办理质量和实效，争取使代表对意见建议办理的满意度进一步提高。

三是进一步履行监督职能，努力提高监督的实效。按照围绕中心、突出重点、讲求实效的要求，紧紧围绕全县工作大局，关系人民群众切身利益的热点难点，选准题目，抓住关键，综合运用听取和审议专题报告、述职评议、执法检查等监督工作的基本形式，不断改进和加强监督工作，进一步提高监督实效，促进各项工作。

四是进一步加强自身建设，不断提高议事水平和履职能力。要加强学习，牢固树立和落实科学发展观，进一步解放思想，更新观念，与时俱进，努力增强践行“三个代表”重要思想的自觉性。要切实加强作风建设，坚持深入群众，深入实际，认真做好调查研究工作，不断提高常委会民主化、科学化的决策水平。要不断研究人大工作新情况，解决新问题，推动人大工作的制度创新和工作创新，促进人大工作的制度化、法制化和规范化。

各位代表：

新的一年，全县经济社会发展的任务繁重而艰巨，我们一定要在中共平山县委的领导下，坚持以十六届五中全会精神为指导，团结一致，同心同德，开拓创新，锐意进取，为实现经济强县和绿色平山的目标而努力奋斗！

谢谢大家！

平山县人大常委会工作报告

——2007年4月13日在平山县第十四届人民代表大会第一次会议上

平山县人大常委会主任 郝书文

各位代表：

我受县人大常委会委托，向大会报告本届常委会四年来的主要工作，请予审议。

平山县第十三届人大常委会任期的四年，是人大历史上很不寻常的四年：2004年，全国各界隆重集会，纪念人民代表大会制度成立50周年，胡锦涛总书记发表重要讲话；2005年5月，中共中央转发全国人大常委会党组《关于进一步发挥全国人大代表作用，加强全国人大常委会制度建设的若干意见》；去年8月份，十届全国人大常委会第二十三次会议通过《中华人民共和国各级人民代表大会常务委员会监督法》。胡锦涛总书记的重要讲话、中共中央9号文件精神和《监督法》的颁布实施，为进一步坚持和完善人民代表大会制度，做好人大及其常委会的各项工作指明了方向。四年来，县人大常委会在中共平山县委的领导下，以十六大精神为指导，深入学习贯彻胡锦涛总书记重要讲话和中共中央9号文件精神，坚持党的领导、人民当家做主和依法治国的有机统一，认真履行宪法和法律赋予的各项职责，圆满完成了各项工作任务，为促进我县物质文明、政治文明和精神文明的全面协调发展做出了积极努力。

一、以科学发展观为指导，加强工作监督，促进经济社会全面发展

科学发展观是指导发展的世界观和方法论。常委会牢固树立和落实科学发展观，按照围绕中心、突出重点、讲求实效的思路，不断加强工作监督，认真听取和审议“一府两院”工作报告，及时作出决议决定，提出意见建议，促进了我县经济社会全面发展。

1. 围绕中心，突出发展主题。发展是党执政兴国的第一要务。实现更好更快发展，是全面落实科学发展观的本质要求。四年来，常委会紧紧围绕发展主题，坚持“好”与“快”的辩证统一，在监督中支持，在支持中参与，在参与中服务，积极为经济建设献计出力。2003年，常委会抓住既强县又富民的旅游景区建设、退耕还林、山区开发等重点工作进行了调查、视察。2004年，听取和审议县政府关于工业小区建设与经济结构调整工作汇报。去年，常委会组织部分委员、代表视察土地开发项目、林业重点项目和全县工业项目建设情况，听取和审议县国土资源局土地管理、全县的环境保护工作、县国民经济和社会发展计划执行情况的汇报，提出以项目建设为突破口，全力推进经济社会又好又快发展和把好项目入口关，减少环境污染、合理利用当地资源的审议意见。县政府及有关部门认真落实审议意见，始终抓住发展第一要务不放松，全面贯彻落实科学发展观，依托资源，突出特色，发挥优势，凝心聚力促发展，我县经济继续保持了快速发展的良好局面。

我县是移民大县。本届常委会十分重视全县移民工作，积极联系市人大代表连续十年向市人大常委会提出改善岗南、黄库区移民生产、生活条件的议案。此议案被确定为市人大常委会重点建议来办理。去年8月份，组织部分委员、代表实地查看了西柏坡镇梁家沟村、陈家峪村、盖家峪村和下槐镇东黄泥部分移民村的发展项目，建议进一步加大移民扶持资金跑办力度。县移民办积极引资金、跑项目，移民工作有了新的进展。2006年，我县移民扶持资金突破二千万元大关，为移民村新一轮的发展注入了活力。

2. 抓住重点，增强监督实效。财政是经济工作的“晴雨表”，也是人大及其常委会始终关注的重点工作。几年来，常委会多次听取财政部门工作汇报，不断创新预算监督方式方法，努力提高预算监督实效。一是成立预算审查监督委员会，专门加强财政预算监督工作。我县成立预算审查监督委员会，在全省县级人大常委会中开先河，得到了省、市人大的充分肯定，并在市人大组织的财经工作经验交流会上作了典型发言。二是借助审计职能，加强预算监督。主任会议每年听取前一年度预算执行情况审计报告，对审计出的问题要求有关部门认真加以整改。并且强调，经济越是发展，越要加强经常性的审计工作。去年，为进一步增强审计工作透明度，常委会要求将审计工作报告在平山通讯全文刊登，接受社会监督。三是听取部门工作汇报。主任会、常委会分别听取和审议国税局、地税局、财政局工作汇报，建议县政府及财政部门要严格依法治税，认真分析收入形势，开源节流，加强管理，努力提高预算工作的准确性，确保全年任务的完成。

3. 关注热点，倾听群众呼声。人大及其常委会不仅是国家权力机关，同时又是民情民意机关。认真听取和反映人民群众的呼声，实现好、维护好、发展好最广大人民群众的根本利益是人大及其常委会义不容辞的责任。本届常委会积极组织各级人大代表、机关科室，经常深入基层，了解民情，反映民意，紧紧围绕群众最关心、最直接、最现实的利益问题开展工作。近年来，随着钢铁价格的持续攀升，私采滥挖、无证偷挖铁矿现象屡禁不止，不仅破坏了生态环境，而且造成了地质灾害隐患，严重影响了广大人民群众的生命财产安全。对此，社会反映强烈，群众意见较大。常委会及时成立调研组，多次检查回舍、古月、下口、温塘等乡镇的矿山开采治理工作，听取有关部门工作汇报，及时提出整改意见。去年7月份，县人大常委会组织部分人大代表对地矿办工作进行评议，要求地矿部门进一步加大矿业秩序整顿力度，全力保护生态环境和矿产资源，严防地质灾害。对此，县委、政府高度重视，地矿部门认真接受监督，切实加强整改，我县的矿业秩序整顿取得实效，有效遏制了私采滥挖现象，几年来没有发生大的地质灾害。同时，常委会还先后对群众关心的社会治安问题和城市建设管理、供热、用电、供水等公用事业进行了监督，集中反映了人民群众的意见，使群众关心的问题得以顺利解决。

4. 积极参与，推进社会事业发展。社会事业的全面进步是经济发展的必然要求。随着我县经济实力的不断增强，常委会更加自觉地把推进社会事业发展摆到重要位置。先后听取县民政局村镇低保工作、卫生局新型农村合作医疗工作、县教育局关于私立学校发展及全县寄宿制学校建设情况、县广电局电视网络“村村通”工程建设工作汇报，并在第十九次常委会会议上通过《平山县新型农村合作医疗监督管理办法》，促进了我县农村合作医疗工作的制度化、规范化。常委会领导班子成员还适当调整工作安排，积极参与全县中心工作，主动协调陈孟线改建、南甸路开工、工业园区、计划生育、教育基础设施建设等工作，有力配合了全县工作的顺利开展。

二、以保证宪法和法律的全面正确实施为目标，加强法律监督，推进依法治县进程

宪法和法律法规在本区域内的正确贯彻实施，是依法治县的基础。常委会积极开展执法检查，切实强化司法监督，认真办理群众来信来访，不断促进“一府两院”依法行政，公正司法。

1. 严格执法检查。紧紧抓住法律法规实施中的突出问题和人民群众反映比较强烈的问题，对《森林法》《环保法》《矿山安全法》《食品卫生法》《卫生防疫法》《消费者权益保护法》等20多部法律法规的实施情况进行了检查。检查中，不断改进和完善执法检查的方式方法，完善和落实执法责任制和两错追究制，有效防止有法不依、执法不严和违法不究现象。通过对《森林法》《环保法》的执法检查，提高了全民爱护森林，保护环境的法律意识，有效遏制了滥砍乱伐现象，我县的生态环境明显好转。2005年，我县代表河北省参加了全国人大组织的中华环保世纪行活动，全国人大对我县在环保工作中取得的成绩给予了充分肯定。去年三月份，针对农时季节农资需求量大的情况，组织工商局、技术监督局、农业局等多个执法部门开展了农资打假执法检查，查办各类违法案件56起，有效维护了市场经济秩序，保护了广大农民群众的合法权益。四年来，县人大常委会还积极配合省、市人大就《法官法》《检察官法》和《河北省风景名胜景区管理条例》等多部法律法规的实施情况进行了检查，收到了较好效果。

2. 强化司法监督。强化司法监督的关键是维护有法必依、执法必严、违法必究的良好法治环境。为此，常委会一是开展法制宣传教育，增强全社会法律意识。会同有关部门加强对《宪法》《地方组织法》等有关法律法规的宣传，听取县司法局“四五”普法工作汇报和县政府法制办工作汇报，针对一些部门和单位法律意识淡薄、有法不依、执法不严的现象，提出加大法律学习和宣传力度，努力营造人人学法、人人知法和人人守法的法律氛围。二是通过各种形式，加强司法机关的监督，促进公正司法，执法为民。先后组织人大代表旁听了古月法庭、城关法庭的庭审实况，认真听取县法院执行工作和巡回法庭工作汇报，对县法院工作进行了评议。通过这些活动的开展，法官队伍、公诉人、代理人和律师的执法水平有了很大提高。三是听取和审议县检察院自侦和反贪工作汇报。在充分肯定成绩的同时，建议县检察院要努力增强反贪工作的责任感，进一步加大从源头上治理贪污腐败的力度，争取做到不发案或少发案。

3. 督办信访案件。信访工作是人大的又一项重要工作，也是人大了解民情、化解矛盾、促进社会和谐的重要渠道。有事到人大反映，说明人民群众信任人大、尊重人大。为进一步做好人大信访工作，常委会认真制定和完善了来信来访受理、交办、督办和反馈制度，努力把来信来访与了解社会动态、畅通与人民群众联系渠道结合起来，不断提高信访工作水平。四年来，共处理信访案件520多件，接待群众千余人次，认真办理省、市人大常委会要结果的案件60件。同时，常委会还筛选一些苗头性、倾向性的重要案件进行了重点督办，收到了积极的社会效果。

三、以发挥代表作用为依托，加强代表工作，促进民主政治建设进程

代表工作是人大及其常委会工作的基础。四年来，常委会紧密联系代表，认真办理代表建议，切实抓好干部任免，努力推进民主政治建设进程。

1. 紧密联系代表。采取多种形式加强和代表的联系。一是进行走访代表活动，制定了《平山县人大常委会走访县人大代表活动实施方案》，对县人大代表进行了一次普遍走访，看望了一部分贫困代表，帮助他们解决了一批生活中的实际问题。通过走访代表活动，进一步激发了代表参政议政热情，提高了代表履职的能力和水平，为开展工作打下了基础。二是及时向乡镇人大主席团寄送人大简讯、常委会公报等有关资料，并为乡镇人大主席团订阅《中国人大》《公民与法治》等各种报刊，促进代表学习，提高代表素质。三是组织代表学习了《宪法》《代表法》《地方组织法》等有关法律法规，提高了代表的责任意识和法律意识。四是组织代表开展活动。邀请乡镇人大主席列席常委会会议，组织代表参加执法检查、视察调研和评议工作，使代表进一步了解常委会工作情况，了解有关法律的实施情况。四年来，共组织代表开展调查、视察活动40多次，对土地局、县法院、民政局、地矿办四个部门的工作进行了评议。同时，常委会把代表提出的意见建议及时向政府及有关部门反馈，推动了相关工作的开展，提高了代表工作的实效。

2. 办理代表建议。督促“一府两院”认真办理好人大代表提出的批评、意见和建议是常委会的一项重要职责。人代会期间，广泛搜集、认真归纳梳理代表提出的意见建议，县政府对代表提出的意见建议进行了集中答复。闭会期间，组织代表视察意见建议办理情况，做到办理结果与代表见面。四年来，主任会议每年都要专门听取县政府关于代表意见建议办理情况汇报，县政府对代表所提的意见建议高度重视，积极协调，督促有关部门认真办理，代表满意率达到95%以上。

3. 依法任免干部。依法任免干部是地方国家机关组成人员权力合法化的法律保障。四年来，常委会共任免国家机关工作人员15批次，在工作中，坚持党管干部原则，对提请常委会任免的人员，认真酝酿，充分发扬民主，广泛征求意见，坚持民主测评，认真考察，任前法律考试、供职发言，书面述职等制度，促进了人事任免工作的民主化、法制化和规范化。同时，注重干部的任后监督，分期分批听取和审议“一府两院”17名人员的述职，努力做到对人的监督和对事的监督有机统一，从而使广大干部自觉做到“立党为公、执政为民”。

四、以提高综合素质为核心，加强常委会自身建设，不断提升履职的能力和水平

紧紧围绕“政治坚定、业务精通、务实高效、清正廉洁”的要求，不断加强自身建设，常委会组成人员履职的能力和水平有了进一步提高。

1. 加强学习。常委会十分注重组成人员的政治素质和人大代表的履职能力，把学习、培训和调研作为一项制度化的基本工作常抓不懈。组织常委会组成人员和机关干部重点学习了中央9号文件、《监督法》、党的十六届四中、五中、六中全会精神和胡锦涛总书记提出的社会主义荣辱观。通过学习，干部队伍综合素质得到了提升，进一步明确了人大的性质、地位和作用，增强了围绕中心，服务大局，努力开创人大工作新局面的自觉性和坚定性，为全面做好人大工作打下了基础。

2. 健全制度。制度建设带有根本性、全局性、稳定性和长期性。本届以来，常委会始终把制度建设作为一项重要工作来抓。以中央9号文件精神和《监督法》为指导，重新修订了《常委会议事规则》《常委会组成人员守则》《人事任免办法》《组织代表评议办法》等制度，促进常委会各项工作的制度化、规范化。常委会组成人员自觉深入学习人大常委会各项制度，深刻领会社会主义民主法治精神，不断提高人大工作水平。同时，狠抓各项工作制度的贯彻执行，准确把握人大工作规律，巩固制度建设成果，不断推动制度创新，有力推动了人大常委会的各项工作。

3. 转变作风。面对新形势、新任务，树立良好的工作作风势在必行。常委会紧紧围绕“创建人民满意机关”，切实加强作风建设。一是密切联系群众。坚持深入基层，深入群众，倾听群众呼声，反映群众意志，把实现好、维护好、发展好最广大人民群众的根本利益作为人大工作的出发点和落脚点，树立亲民形象。二是坚持求真务实。认真抓好工作落实，注重调查研究，一切从实际出发。坚持说实话，办实事，求实效。三是提高工作效率。按照“双提三效”的要求，从“严、快、实、细”入手，不断创新工作方式、方法，工作效率进一步提高。

各位代表，回顾过去的四年，我们深深体会到，做好人大工作必须始终坚持和依靠党的领导，坚持正确的政治方向；必须坚持围绕大局服务中心开展监督工作，把最广大人民群众关注的热点难点问题作为人大监督的重点，努力为群众排忧解难；必须坚持充分发扬民主，严格依法办事；必须紧紧依靠人大代表，密切同人民群众的联系；必须坚持解放思想、实事求是、与时俱进，勇于创新！

各位代表，十三届人大常委会在县委的领导下，各项工作取得了新的成绩，这是常委会全体组成人员共同努力的结果，是各位代表积极参与和全县人民热情支持的结果。同时，县人大机关各科室协助常委会做了大量富有成效的工作，县政府、县法院、县检察院和各乡镇人大主席团对常委会的工作给予了积极配合。在此，我代表县十三届人大常委会向各位代表、向全县人民、向所有支持人大及其常委会工作的各位表示衷心的感谢！

在肯定成绩的同时，我们也清醒地看到，人大工作离宪法和法律赋予的职责还有很大差距，主要是监督机制还需进一步完善，监督实效需要进一步增强，联系代表、发挥代表作用还有待进一步提高。这些问题都需要在今后的工作中认真加以解决。

各位代表：县十三届人大常委会已任期届满，十四届人大常委会即将产生。新一届人大常委会正处在全面实现小康社会目标，构建和谐社会，建设经济强县的关键时期，我们一定要高举邓小平理论和“三个代表”重要思想伟大旗帜，深入学习贯彻全国人大会议精神，按照监督法的要求，紧紧围绕全县中心工作和广大人民群众关注的热点难点问题，认真履行宪法和法律赋予的各项职责，全面做好今后的各项工作。

一、加强代表工作，充分发挥代表作用。要认真贯彻落实中央和省、市委关于加强代表工作的文件精神，进一步发挥人大代表联系党和人民群众的桥梁和纽带作用，积极拓展代表知情知政渠道，支持代表依法履行职责和行使权力，努力为代表依法履职创造条件，搞好服务。坚持和完善常委会组成人员联系代表制度，继续邀请代表列席常委会会议和常委会组织的各项活动，加强代表在闭会期间的视察、评议等各项活动的组织指导，增强代表活动实效。认真办理代表议案和建议批评意见，加强督办协调力度，不断提高办理质量和代表的满意率。

二、按照监督法要求，全面履行监督职能，促进“一府两院”依法行政，公正司法。《中华人民共和国各级人民代表大会常务委员会监督法》（简称《监督法》）已在今年1月1日实施。要严格按照《监督法》的要求，紧紧围绕关系改革发展稳定大局和群众切身利益，社会普遍关注的问题，认真开展各项工作。要继续听取和审议县人民政府关于计划和财政工作情况汇报。要认真开展执法检查，不断推进“五五”普法和依法治县进程，促进各项法律法规在本县区域内的有效实施。同时，要充分运用工作评议、干部述职和视察调研等方法，围绕全县经济发展、社会稳定和人民群众普遍关注的热点问题开展监督，促进经济社会的全面协调发展。

三、进一步加强常委会自身建设，努力提高依法履职的水平和能力。要始终把加强学习放在突出位置，按照建设学习型人大机关的要求，深入学习贯彻“三个代表”重要思想和党的理论路线方针政策，学习相关的法律和人大业务知识。要始终坚持正确的政治方向，重大事项及时向党委请示汇报。要围绕县委和政府中心工作，认真搞好调查研究。要深入基层、深入群众，了解民情，反映民意，自觉做到察民意、虑民计、为民生、谋民利。要加强常委会机关建设，继续高扬“树正气、讲团结、求发展”的主旋律，带着感情、责任、追求，努力干事、创业、为民。

各位代表：

千川汇海阔，风正好扬帆！新形势、新任务对人大工作提出了新的更高的要求。让我们高举邓小平理论和“三个代表”重要思想伟大旗帜，在中共平山县委的领导下，紧紧依靠全县人民，振奋精神，扎实工作，与时俱进，开拓创新，为实现我县经济社会更好更快发展，推进和谐平山建设做出新的更大的贡献！

平山县人大常委会工作报告

——2008年1月21日在平山县第十四届人民代表大会第二次会议上

平山县人大常委会主任 郝书文

各位代表：

我受县人大常委会委托，向大会报告县十四届人大一次会议以来常委会的工作和今年的主要工作安排，请予审议。

2007年，县人大常委会在县委的领导下，以邓小平理论和“三个代表”重要思想为指导，坚持以科学发展观统领人大工作，紧紧围绕全县发展大局和重点工作，认真履行宪法和法律赋予的职责，为促进全县经济社会又好又快发展做出了积极贡献。

一、强化工作监督，促进经济社会又好又快发展

监督是宪法和法律赋予人大及其常委会的一项重要职权。换届以来，常委会认真贯彻落实《监督法》，围绕中心，服务大局，突出重点，讲求实效，认真听取和审议“一府两院”工作汇报，及时提出意见建议，努力推动经济社会又好又快发展。

1. 坚持发展第一要务，推动县域经济发展

发展是党执政兴国的第一要务。常委会牢固树立发展意识，紧紧围绕“促进县域经济又好又快发展”这一主题，积极开展工作。5月份，听取县发展改革局、工业促进局工业项目建设工作汇报。建议县政府及有关部门充分认识工业项目在县域经济建设中的重要作用，积极谋划新项目，切实抓好在建项目。11月份，为全面了解工业项目开工建设情况，组织部分委员、代表深入敬业集团、科技工业园区、正元化肥、华莹玻璃等项目建设工地，实地查看工业项目建设，全面分析我县项目建设存在的问题。针对项目建设情况，提出了进一步增强服务意识，提高办事效率，为项目建设创造良好环境。县政府及有关部门狠抓落实，全县上下形成了找信息、引资金、上项目的浓厚氛围，敬业集团中厚板、正元化肥技改、三环阀门的引进等一批大项目、好项目相继上马，有力支持了我县经济的大发展、快发展。去年，我县提前两个月完成全年财政收入任务，成为全市财政收入第一个跨10亿的县。

旅游业是我县“三大支柱”产业之一。为进一步把旅游业做大做强，主任会议听取关于创建旅游强县的工作汇报。在充分肯定成绩的同时，建议要紧紧抓住步入“中国旅游强县”的有利时机，突出工作重点，加强行业管理，加快旅游业发展。县政府对此十分重视，大力整合旅游资源，狠抓景区环境建设，努力完善旅游服务体系，推动了我县旅游业的持续快速

健康发展。西柏坡、天桂山、驼梁山、东方巨龟苑四个景区被省旅游局命名为“河北省诚信旅游景区”，我县旅游业的知名度进一步提升。一年来，常委会组成人员还充分发挥既是监督者又是参与者，既是支持者又是干事者的重要作用，主动投入县域经济建设，积极参与城镇建设、道路交通、拆迁征地等县委、政府的重点工作，主动为县域经济建设献计献策，增砖添瓦。

2. 加强预算监督，确保财政快速稳定增长

财政预算监督始终是人大及其常委会的工作重点。为切实做好财政预算监督，实现财政预算监督由程序性向实质性转变，常委会一是加强和财政部门的联系。换届伊始，常委会即组织财政局、税务局和金融部门召开座谈会，全面分析我县财政状况，进一步了解全县税收形势，要求财政部门定期向人大常委会报告工作，反馈信息，加强联系，努力加大经常性监督力度。二是认真审议工作汇报。听取和审议2006年财政决算和2007上半年预算执行情况报告。作出进一步加强财源建设，优化支出结构，强化征管措施，做到应收尽收的审议意见。财税部门狠抓落实，大力开展税收整治，依法治税，我县财政收入大幅度、跨越式增长，实现了新的历史性突破，全年财政收入突破14个亿，成为石家庄市县级财政第一县。三是发挥审计职能作用。按照《监督法》要求，常委会及时改变以往由主任会听取审计报告的惯例，在第三次常委会上听取和审议县审计局2006年县本级预算执行和其他财政收支情况的审计报告，进一步扩大审计监督面，增强审计监督的透明度，审计监督作用进一步发挥。

3. 密切关注民生，促进社会和谐

群众利益无小事，民生问题大如天。关注民生、重视民生、改善民生始终是人大及其常委会的重要职责。去年，常委会就群众最为关注的卫生、教育、环保、网吧等方面的问题开展工作，努力做到在倾听民声中关注民情，在审议发言中反映民意，在督促落实中改善民生。近年来，网络技术日新月异，网吧行业发展迅速，但部分网吧超时经营、违规经营、容纳未成年人现象屡禁不止，严重影响了青少年身心健康。对此，社会反映强烈，群众意见较大。常委会根据县委的意见，及时成立调研组，对县城和乡镇所在地网吧经营状况进行了调查。随后，在第二次常委会会议上听取和审议县文化局网吧整治工作汇报。要求文化、公安、工商、网通等有关部门从严审批，强化管理，切实加大网吧整治力度，网吧整治工作取得了明显成效。常委会还组织部分委员、代表对群众关心的新型农村合作医疗、乡镇卫生院建设、移民扶持资金的利用、县级中学建设等工作进行了视察、调研，督促解决事关民生的有关问题，取得了较好效果。

二、狠抓法律监督，推进依法治县进程

加强法律监督，敦促宪法、法律和法规在全县的正确实施，督促“一府两院”依法行政、公正司法是人大及其常委会的又一项重要职责。一年来，常委会认真开展执法检查，不断强化法律监督，积极做好人大信访工作，努力推进依法治县进程。

一是开展执法检查。执法检查是人大及其常委会加强法律监督，促进公正司法的有效途径。常委会紧紧围绕关系改革发展稳定大局和事关群众切身利益、社会普遍关注的热点问题，

开展执法检查。先后配合市人大常委会对《石家庄市非公有制企业工会条例》《中华人民共和国城市规划法》《中华人民共和国矿产资源法》《中华人民共和国档案法》实施情况进行了检查。检查中采取集中检查与专项检查相结合，自查自纠与督促整改相结合等方式，努力提高执法检查实效。通过《矿产资源法》执法检查，我县私采滥挖、乱采乱挖现象得到有效控制，地质灾害治理取得一定成效，全年没有发生大的地质灾害。通过实施《城市规划法》执法检查，县政府及时完善了县城总体规划，“1+3”组团式生态型文化旅游城市发展框架初步形成。同时，县政府还对乱停乱放、乱搭乱建、乱设广告等不良行为进行了统一整治，县城容貌治理取得了明显成效。我县在2007—2008年度河北省宜居城市环境建设“燕赵杯”竞赛评比活动中取得优异成绩，受到了省、市领导的高度评价。

二是强化司法监督。常委会紧紧抓住政法、公安工作的薄弱环节开展司法监督。去年5月份，主任会议听取县公安局队伍建设工作汇报，提出要进一步加强公安队伍管理，树立为人民群众主动办事，善于办事的观念。群众办事难的问题，仍然是影响政法、公安队伍形象的一个大问题。对此意见，县公安局高度重视，认真开展服务群众的教育活动，下大力解决门难进、话难听的问题。同时，积极开展岗位练兵，大力打击入室盗窃、飞车抢包等危害人民群众生命财产安全的案件，我县社会治安形势进一步好转，公安队伍形象明显提升。针对法院执行工作，常委会要求县法院积极采取有效措施，加强同公安、金融、工商等有关部门的协调，加大案件执行力度，切实保护当事人合法权益，案件执结率逐步提高。

三是做好信访工作。信访工作是常委会听取群众意见，了解社情民意的重要渠道。积极为人民群众排忧解难是人大常委会的重要职责。连续几年，人大常委会始终重视信访工作，认真贯彻落实《信访工作条例》，严格规范信访工作制度和接待程序，热情接待来信来访，认真登记，及时转办，并切实做好息诉罢访工作。全年共接待来信来访82件，督办上级人大转办案7件，对维护全县稳定、促进社会和谐起到了积极作用。

三、发挥代表作用，畅通民意渠道

充分发挥代表作用，促进代表依法履职，是做好人大及其常委会工作的重要保证。新一届常委会高度重视代表工作，积极组织代表开展活动，认真督办代表意见建议，全面加强代表工作。

激发代表履职热情。一是从基层抓起，激发代表履行职责。加强对乡镇人大工作的指导，精心指导乡镇人大开展好代表工作、乡镇人大主席团工作，周密部署，圆满完成乡镇本级人大代表选举及乡镇人大、政府领导班子换届选举工作。二是强化学习培训。以集中培训、以会代训等方式培训乡镇人大主席。去年6月份，以县委培训乡镇新任职干部为契机，加强对乡镇人大主席的培训，集中学习了乡镇人大的性质、地位和作用，为新任职乡镇人大主席开展工作打下了基础。三是评选优秀代表。按照市人大常委会要求，以工作述职、民主测评、投票表决的形式选出三名优秀市人大代表，并进行表彰，大大激发了代表履行职责的热情。

广泛开展代表活动。代表活动是代表工作的载体。按照中央9号文件的要求，认真组织代表开展视察、调研、评议活动。一年来，组织代表视察煤炭市场建设、土地整理开发、雨季造林等10项工作，并将视察中发现的问题和代表提出的合理化建议及时向“一府两院”反馈，促进了有关方面的工作开展。同时，常委会注重加强和代表的联系。制订了《常委会组成人员联系代表办法》，完善了常委会领导分包乡镇工作办法，积极开展走访代表活动，认真采纳代表意见建议，倡导代表加强与原选区的联系，委托乡镇人大主席团组织好本区域代表活动。通过开展代表活动，代表履职的水平和能力明显提高，民意渠道进一步畅通。

积极办理代表建议。去年人代会期间，代表共提出意见建议38件。常委会认真梳理代表意见建议，及时转交县政府办理。人代会上，县政府对代表提出的意见建议集中进行答复，承诺办理时限和质量。会后，县人大有关科室深入重点承办单位了解情况，及时通报，对办理不满意的代表建议加大督办力度。11月份，视察了重点意见建议办理情况，主任会议专门听取县政府关于代表意见建议办理工作的情况汇报，针对部分代表建议办理不到位的实际情况，要求“一府两院”有关部门进一步加大代表意见建议办理力度，认真向代表说明情况，查明原因，努力取得代表谅解。今年代表所提建议中，落实12件，正在办理的14件，代表满意率92%。

认真做好人事任免。去年县乡人大同步换届，人事任免人员较多。为切实做好这项工作，常委会坚持党管干部和人大依法任免相统一的原则，认真做好任免工作。深入被任命人员单位广泛征求意见，全面了解考察，严格法律考试和实绩考察，把好依法任命这一关，全年共任免“一府两院”38名干部，保证了县委意图顺利实现。同时，通过视察调研、听取汇报、工作评议等方式，切实加强干部的任后监督，努力使被任命人员做到科学执政、民主执政、依法执政。

四、加强自身建设，提高履职能力

加强自身建设，是人大及其常委会的一项长期性工作。新一届常委会进一步注重人大干部队伍建设，切实加强调查研究，密切联系群众，不断提高人大干部自身履职能力。

1. 全面加强机关队伍建设。人大机关是广大代表和常委会的服务机构。抓好人大机关建设，对于提高人大及其常委会工作质量具有十分重要的作用。一是抓学习。人大常委会领导班子积极参加县委中心组学习，机关干部职工坚持每周学习日制度，深入学习十七大精神，积极开展解放思想大讨论活动，努力用十七大精神武装头脑、指导实践、推动工作。二是抓制度。重新修订完善了《常委会议事制度》《机关学习制度》《岗位目标责任制度》等一整套工作制度，努力做到用制度管人、管事。三是抓作风。全面加强思想、工作作风建设，牢固树立“八个方面”的优良作风。积极开展“为民、务实、清廉”主题教育活动，大力倡导“用心想事、用心谋事、用心干事”良好风气，人大机关的工作效率进一步提高。

2. 认真开展调查研究。调查研究是谋事之道、成事之基。常委会始终把调查研究作为一项基础性工作常抓不懈。一年来，围绕全县中心工作和人民群众关注的热点难点问题，先后对公安交通管理、行政服务中心建设、县城总体规划、畜牧水产养殖等多项工作开展调研。通过调研了解社情民意，提高常委会组成人员综合素质，促进相关工作开展。通过对公安交通管理工作的调研，常委会对交通事故频发现象提出加强交通管理，杜绝重特大交通事故的意见。

3. 进一步密切联系群众。一年来，常委会组成人员牢固树立群众观念，深入基层，深入群众，真诚倾听群众呼声，真实反映群众愿望，真情关心群众疾苦，始终把实现好、维护好、发展好最广大人民群众的根本利益作为各项工作的出发点和落脚点，围绕新型农村合作医疗、“双节”食品安全、县城集中供热开展重点视察，认真做好分包后进村转化工作。主动为帮扶村群众解决用水、用电、行路难的问题。积极响应县委号召，开展“送温暖、献爱心”活动。认真督导县政府承诺的十件实事落实工作。通过为群众办实事、解难事、做好事，自觉做到权为民所用、情为民所系、利为民所谋。

各位代表：

一年来，常委会的工作取得了一定成绩，这是县委正确领导的结果，是广大人民群众及各位代表积极支持的结果。在这里，我代表县人大常委会向各位代表并通过你们向全县人民表示衷心的感谢！在肯定成绩的同时，我们也清醒地看到，我们的工作同广大人民群众的要求，和依法治国、全面实现小康社会的宏伟目标还有一定的差距，主要是代表工作还需进一步加强，代表作用还需进一步发挥，监督工作的实效有待进一步提高，依法行政、依法办事的自觉性还需要进一步增强等。对这些问题，我们将高度重视，采取有效措施认真加以解决。

各位代表：

2008 年是深入贯彻落实十七大精神的重要一年。新的一年，常委会工作总的要求是：以十七大精神为指导，全面贯彻落实科学发展观，在县委的领导下，紧紧围绕以经济建设为中心，依法行使宪法和法律赋予的各项职责，充分发挥人大在依法治县中的重要作用，大力推进民主法制建设，保障和促进我县经济、政治、文化和社会事业的全面协调发展。

一、自觉接受党的领导，坚持正确的政治方向。党的领导是人民当家作主和依法治国的根本保证。坚持正确的政治方向就是要始终不渝地坚持党的领导。新的一年，常委会要更加自觉地把人大工作置于县委的领导之下，通过积极主动的工作，使党委的主张经过法定程序成为国家意志、人民意愿，使党组织推荐的人选经过法定程序成为国家机关的领导人员，确保县委意图顺利实现。要紧紧围绕县委工作部署行使职权，重大事项及时向县委请示汇报，重要工作和重大活动事先征求县委意见，争取县委支持，努力做到党的领导、人民当家作主和依法治国的有机统一。

二、认真履行职责，促进“一府两院”依法行政，公正司法。党的十七大对社会主义民主政治建设提出了新的更高要求。新的一年，常委会要以十七大精神为指导，采取听取汇报、组织代表视察调研、开展工作评议等多种方式履行职责，监督和支持“一府两院”更好地开展工作，努力推进我县民主政治建设进程。要认真听取和审议 2007 年预算执行审计和 2008 年预算执行工作汇报，组织代表对城镇农村低保、基层卫生院建设、学校教育管理等方面的工作开展视察调研，积极配合市人大开展执法检查、视察、专题调查和立法调研工作，促进和保证法律、法规在本行政区域有效实施。

三、加强和改进代表工作，夯实人大工作基础。要切实加强和改进代表工作，使人大代表真正发挥桥梁和纽带作用，使代表活动真正成为听取民声，反映民意的载体。要继续加强代表培训工作，不断提高代表履职的能力和水平；要进一步坚持常委会组成人员走访代表制度，引导督促代表充分履行权利和义务；要积极组织好代表视察、评议和调研活动，切实加大代表意见建议督办力度；要帮助代表解决好在执行代表职务中遇到的实际问题，切实维护好代表的合法权益。

四、进一步加强自身建设，不断提高履职能力和服务水平。要切实加强学习，不断提高政治理论和业务水平。要深入开展调查研究，围绕关系改革发展稳定大局、关系科学发展、社会和谐和关注民生的重大问题，广泛开展调查研究，为常委会依法行使职权打好基础。要切实加强队伍建设。按照“政治坚定、业务精通、务实高效、作风过硬、团结协作、勤政廉政”的要求，坚持不懈地抓好思想政治教育、业务素质的提高和工作作风的转变，建设一支高素质的人大干部队伍，更好地为广大代表和常委会提供优质高效的服务。

各位代表：

宏伟蓝图鼓舞人心，奋斗目标催人奋进。当前，我县经济和社会各项事业正在实现持续、快速、健康发展。让我们在平山县委的领导下，坚持以十七大精神为指导，深入贯彻落实科学发展观，高扬“树正气、讲团结、求发展”的主旋律，团结一致，同心同德，开拓创新，锐意进取，为建设“经济强县、绿色平山”，全面实现小康社会目标而努力奋斗！

谢谢大家！

平山县人大常委会工作报告

——2009年2月16日在平山县第十四届人民代表大会第三次会议上

平山县人大常委会主任　郝书文

各位代表：

我受县人大常委会委托，向大会报告去年的工作和2009年的主要工作安排，请予审议。

2008年，县人大常委会在县委的领导下，以党的十七届三中全会精神为指导，深入贯彻落实科学发展观，紧紧围绕“科学发展、富民强县”的目标，认真履行职责，扎实开展工作，为加快社会主义民主法制建设、推进依法治县进程，促进全县经济社会事业持续快速发展，作出了积极努力。

一、工作监督抓发展，促进经济社会又好又快发展

发展是党执政兴国的第一要务。促进全县经济社会又好又快发展是人大及其常委会的首要职责。一年来，常委会紧紧抓住事关发展的项目建设、国民经济发展计划、财政预算目标和广大人民群众关注的重大问题，认真履行监督职责，积极推动我县改革和建设的顺利进行。

1. 围绕经济中心，促进项目建设。项目是发展的载体，大项目大发展，好项目快发展。围绕全县重点项目，多次组织委员、代表进行视察调研。上半年，积极组织协调市人大常委会就县域经济和旅游产业的发展在我县进行了为期四天的视察调研。市人大领导对我县的项目建设给予高度评价，提出在抓好大项目的同时，认真抓好一批中小项目的建议，并始终做好环境保护和节能减排，努力实现又好又快发展。同时，常委会专门听取项目建设工作汇报，建议县政府及综合经济部门要认真筛选项目，大力引进项目，促进全县经济社会持续快速发展。为督促检查项目的落实，常委会对全县新开工项目建设情况进行视察，实地查看西柏坡工业园区、石材工业园区项目建设进展情况，提出要制定完善支持企业和项目发展的政策措施，充分调动各方面抓项目的积极性，确保项目尽快落到实处。县政府高度重视常委会提出的意见建议，多次召开项目建设调度会，进一步优化发展环境，积极抓园区、上项目、强工业，三环阀门、正元化肥技改等一批大项目、好项目陆续开工建设，成为建设经济强县的源头活水。

我县是农业大县。“三农”问题事关全县经济社会发展大局。为督促有关部门认真落实国家支农惠农政策，常委会先后视察了温塘小城镇和北马冢新农村建设，对小麦良种补贴示范基地、芦笋产业、油葵种植和绿色食品基地建设进行了调研，听取和审议县农牧局农业产业结构调整工作汇报，提出农业的出路在于产业结构的调整，产业结构的调整需要龙头企业的带动，需要通过市场的引导，着力提高农副产品附加值。建议要在抓好粮食生产的同时，积极适应市场需求，培育和壮大特色农业，进一步做好产业结构调整，加快农民致富步伐。按照建议要求，县农牧局、林业局等有关部门突出特色抓农业，积极扶持大项目、大基地，变资源优势为产业优势，核桃、花椒、中华寿桃等八个特色农产品正在成为全县农民脱贫致富的好项目。

2. 突出工作重点，促进计划和财政目标的实现。计划和财政指标是经济社会发展的重要体现。常委会认真听取和审议县政府关于国民经济发展计划、财政预算执行和审计工作报告，并作出相应决议，批准年度本级财政决算。根据县政府的提请，及时对预算调整方案和资金使用安排方案作出决定，确保有限的财政资金发挥最大的经济效益。为实现计划、预算的科学性和可操作性，一是提前介入。计划、预算方案初步编制后，常委会组织预算审查委员会深入政府有关部门和利税较大的重点企业进行调研，在人代会审查批准前，提出意见建议，努力使计划和预算编制科学、准确，全面反映我县经济发展情况。二是加强沟通。一方面要求县政府定期将计划、预算执行情况向常委会报告，及时了解计划、财政完成情况；另一方面认真听取和审议有关部门工作汇报。七月份，主任会议听取县国税局、地税局上半年税收入库情况汇报。八月份，常委会听取和审议县发展改革局、县财政局计划、财政预算执行情况的工作汇报，在充分肯定成绩的同时，提出要进一步增强预算意识，加强税费征管，加大财政资金使用的监管力度。针对下半年国内外经济形势，12 月份，常委会在认真分析全县财政收入状况的情况下，及时批准县政府财政预算调整方案，确保全县重点工程、民生工程和各项社会建设顺利实施。三是发挥审计监督作用。坚持审计监督与审查批准决算相结合，听取和审议县审计局 2007 年县本级预算执行和其他财政收支情况审计工作报告。要求审计局突出重点抓大事，在保证审计覆盖面，实施全面审计的基础上，突出抓好重点领域、重点部门、重点资金，以及社会关注的热点问题的审计监督，进一步加大对预决算实施情况的监督。

3. 关注热点难点，维护广大人民群众根本利益。实现好、维护好、发展好最广大人民群众的根本利益，始终是人大及其常委会工作的出发点和落脚点。一年来，常委会紧紧围绕群众关注的教育卫生、城乡低保和城市建设等事关民生的重大问题，认真听取工作汇报，积极开展视察调研，及时督促解决热点、难点问题。城乡低保关系广大人民群众切身利益，是全社会关注的热点问题。常委会在广泛征求社会各界意见、认真开展调查研究的基础上，听取和审议县民政局城乡低保工作汇报，建议民政部门要高度重视城乡低保工作，摸清底数，全面覆盖，争取使更多的困难群众享受低保。食品药品安全事关广大人民群众的生命健康，是全社会普遍关注的大事。常委会高度重视食品药品安全，“三鹿奶粉”事件发生后，进一步加大了对食品药品监管工作的监督，及时听取县药监局、县质监局食品药品监管工作汇报，要求县药监局和县质监局要以“吸取教训、转变作风、重塑形象、科学发展”主题实践活动为契机，坚持以人为本，站在对广大人民群众身体健康负责的高度，采取最严格、最有效的措施，毫不放松地抓好食品药品监管，确保广大人民群众用上放心药、吃上放心食品。

2008 年是“三年大变样”开局之年，城市建设管理备受社会关注。常委会坚持围绕中心、服务大局，在监督中参与，在参与中支持，积极支持“三年大变样”工作的顺利开展。组织代表视察迎宾路拆迁绿化、北环路建设、旧桥改造工程和温塘小城镇建设，认真听取和审议县建设局城建工作汇报，强调“三年大变样”的根本目的是推动城乡一体化建设，进一步优化发展环境，完善城市功能，为广大人民群众创造更加舒适的生活环境。建议县政府及相关部门要高起点规划、高标准建设、精细化管理，确保“三年大变样”见实效。按照县委分工，常委会各位领导解放思想，更新观念，立足本职工作，发挥人大优势，积极参与迎宾路拆迁绿化、北街违章建筑拆除、南贾壁城中村改造等各项重点工作。同时，向全县人大代表印发《万众一心众志成城全力以赴投身城镇建设攻坚战》倡议书，号召广大代表服从大局，全力支持，加快“三年大变样”建设步伐。

二、法律监督抓公正，促进依法治县进程

努力实现社会公平正义，促进宪法和法律在本行政区域内正确实施是法律监督的最终目标。常委会紧紧围绕公平正义这一主题，认真开展执法检查，切实加强司法监督，积极做好人大信访工作，不断促进依法治县进程。

1. 开展执法检查。积极配合市人大先后对《食品卫生法》《动物防疫法》《环境保护法》《河北省旅游景区管理条例》等多部法律法规的实施情况进行了检查。检查组认真听取县政府有关部门工作汇报，深入现场进行调研视察，召开人大代表、相关执法部门和企业负责人参加的座谈会，广泛听取意见，进一步提高执法检查的实效。通过对《食品卫生法》检查，县政府及有关部门高度重视食品安全工作，特别是在重要节假日，政府主要领导亲自视察食品市场，采取有效措施，保障全县人民的饮食安全。执法检查促进了工作的开展，在《动物防疫法》执法检查中，县政府及农牧部门积极主动地建立动物防疫监督分站，招聘村级防疫员。动物防疫机构和村级防疫员队伍的建立，保证了动物防疫工作的广泛开展。

2. 加强司法监督。司法公正是维护社会公平正义的重要保证，事关社会和谐稳定。常委会始终把维护司法公正作为监督工作的重要内容。一是重视法律宣传。听取县司法局“五五”普法工作汇报，建议要继续加大法制宣传力度，努力营造全社会学法守法的浓厚氛围。以“12•4”法律宣传日为契机，组织人大机关和县直有关部门深入宣传《宪法》《地方组织法》等法律法规，进一步提高群众的法律意识。二是突出司法队伍的监督。建立一支高素质的司法队伍是确保司法公正的前提。常委会选取人民群众关注的政法队伍建设进行监督，重点听取法院、检察院和公安局队伍建设工作汇报，要求政法队伍要讲政治、顾大局、积极服从全县中心工作，为全县经济建设保驾护航。三是关注社会治安。进入冬季以来，入院入室盗窃等多发性侵财案件明显增多。应广大人民群众呼声，12 月份，常委会对全县社会治安工作进行了视察，认真听取和审议县公安局治安管理工作汇报，建议县公安局要以冬季严打为契机，始终保持高压态势，有效打击各种违法犯罪活动，确保政治稳定，社会安定。

3. 做好信访工作。2008 年大事多、难事多，既是“奥运”年，又是“三年大变样”开局之年，信访稳定任务十分繁重。常委会狠抓信访不放松，确保稳定促发展。按照县委分工，常委会领导定期到分包乡镇检查指导工作，积极开展大接访，接待和调处了一批缠访、群访案件。

人大信访科、政法科加强和信访局、法院等单位沟通联系，分析案情，化解矛盾，努力为人民群众排忧解难。去年，共接待上访群众278人次，转办督办信访案件78起，对化解矛盾，维护稳定起到了积极作用。

三、代表工作抓基础，发挥代表主体作用

人大代表是人大及其常委会的主体。认真做好代表工作是提高常委会工作质量的前提和基础。常委会紧紧依靠各级代表，认真组织代表活动，加大代表意见建议督办力度，代表主体作用进一步发挥。

提高代表履职能力。一是加强代表培训。组织市人大代表、乡镇人大主席和部分县人大代表进行集中培训，认真学习《宪法》《地方组织法》和《代表法》等法律法规。选派10名乡镇人大主席参加市人大组织的乡镇人大主席培训班，通过学习培训使广大代表熟练掌握人大工作的程序、方法和内容，为更好地履职打好基础。二是加强沟通联系。实行常委会领导分包乡镇联系代表制度，通过个别走访、召开座谈会等形式听取代表心声、了解代表意愿，努力为广大代表解难事、办实事。三是提高服务质量。邀请乡镇人大主席参加常委会，定期向乡镇人大主席团通报“一府两院”和人大常委会重要工作情况，保障代表的知情权、参与权。

增强代表活动实效。代表活动是代表工作的载体，认真组织好代表开展调研视察活动是增强代表工作实效的有效途径。一方面，人代会前，要求乡镇人大主席团组织本区域人大代表开展会前视察，提前征求群众意见建议，为代表在人代会期间更好地履职创造条件。一方面，闭会期间，选择事关全县改革发展稳定大局的重大问题和广大人民群众关注的热点、难点问题开展视察调研，督促“一府两院”转变作风，改进工作。去年，围绕社会治安管理、县级中学建设、基层卫生院建设、农业产业结构调整、工业项目建设、县城供水、集中供热等8个方面的问题进行视察调研，取得了较好效果。同时，广大代表积极参加各种座谈会、听证会、行风评议等活动，进一步关注、参与、支持全县经济社会建设，50多名县人大代表担任了执法监督员、行风监督员。通过组织开展代表活动，代表参与管理地方国家事务的积极性不断提高，代表作用进一步发挥。

办理代表意见建议。督促“一府两院”认真办理代表意见建议是人大及其常委会的一项重要职责。上次人代会期间，代表共提出意见建议42条。会上，议案审查委员会对代表提出的意见建议进行了认真梳理并集中交办。4月份，县政府印发《2008年人大代表建议承办工作意见》，专门召开会议进行安排部署。9月份，县人大常委会主任会议听取县政府关于人大代表建议办理情况汇报，进一步加大了办理工作力度。县政府加强协调，跟踪督办，有关部门积极抓好落实，代表意见建议办理工作取得了明显成效。截至年底，25件建议已经办结，10件列入有关部门工作计划。同时，注重收集闭会期间代表提出的意见建议，去年3—5月份，常委会在走访代表时，共征求代表意见建议11类50多条。对代表提出的意见建议认真梳理，在会议期间一并提交县政府办理，督促解决了一批广大代表关注的问题。

四、自身建设抓经常，不断提高履职能力

抓好常委会和人大机关自身建设始终是常委会的一项重要职责。按照政治坚定、业务精通、务实高效、勤政廉洁的要求，切实加强思想建设，积极转变工作作风，常委会和机关工作质量进一步提高。

一是加强思想建设。思想建设是自身建设的灵魂。常委会坚持把思想建设作为一项经常性的工作常抓不懈，组织常委会组成人员和机关干部认真学习中国特色社会主义理论，党的十七届三中全会精神，深入贯彻落实科学发展观，努力用党的最新理论成果武装头脑、指导实践、推动工作。认真开展解放思想大讨论和“双创双树”主题实践活动，牢固树立大局意识、发展意识和服务意识，积极支持县委、政府中心工作，以更加奋发有为的精神状态积极做好人大及其常委会的各项工作。

二是转变工作作风。以全市开展的“吸取教训、转变作风、重塑形象、科学发展”主题实践活动为契机，下大力抓好机关作风建设。大兴勤政为民之风，心系群众，深入基层察民情、解民忧。常委会组成人员经常深入各自联系点，积极为广大群众办实事、解难事，帮助5个后进村进行了转化，解决了3个村行路难和吃水难的问题。大力弘扬求真务实精神，大兴求真务实之风，切实做到动真情、讲实话、办实事、求实效。坚持围绕常委会议题深入调查研究，掌握全县经济建设和社会发展中的新动向、新问题，使常委会通过的决议、审议意见更加符合我县实际。组织常委会委员和机关工作人员围绕新型农村合作医疗、电气化新农村建设认真开展调研，广泛征求意见，及时把广大人民群众反映的重点问题向有关部门反馈，督促解决了一批群众关心的问题，取得了较好效果。

三是抓好机关建设。人大机关是常委会和广大代表的服务机关，始终抓好机关建设，不断提高机关工作质量是做好人大及其常委会各项工作的重要保证。切实加强制度建设。在日报告、周例会、月交流的基础上，进一步建立健全《学习制度》《机关科室主要职责》《考勤制度》等各项管理制度，努力使机关工作规范化、制度化。围绕常委会工作要点，加强与“一府两院”及相关部门和广大代表的沟通联系，认真组织好会前调研，并将调研情况通过《人大简讯》及时向“一府两院”和各乡镇人大主席团通报，增强工作针对性。积极向上级人大报送信息稿件，宣传我县人大工作经验，连续三年被省、市人大评为人大信息宣传先进单位。

各位代表：

2008年，常委会各项工作取得了一定成绩，这是县委正确领导的结果，是广大人民群众及各位代表积极支持的结果，在这里，我代表县人大常委会向各位代表并通过你们向全县人民表示衷心的感谢！在肯定成绩的同时，我们也清醒地看到，我们的工作同党和广大人民群众的期望还有很大差距，主要是监督实效还需进一步增强，代表整体素质有待进一步提高，为代表服务的机制有待进一步完善，常委会和人大机关自身建设还需进一步加强。我们要高度重视这些问题，采取有效措施认真加以解决。

各位代表：

2009年是推进“十一五”规划实施的关键一年，也是实施“保增长、保稳定、保民生”战略任务，打好“三年大变样”攻坚战的重要一年。新的一年，常委会工作总的要求是：以十七届三中全会及市委八届四次全会精神为指导，深入贯彻落实科学发展观，围绕中心、服务大局，认真履行宪法和法律赋予的各项职责，不断创新监督方式，继续加大监督力度，努力提高监督实效，为全面实现小康社会做出新贡献！

进一步加强和改进监督工作。要认真贯彻《监督法》，围绕“科学发展、富民强县”的目标和“三年大变样”要求，认真听取和审议“一府两院”专项工作报告，针对经济和社会事业发展中的重大问题，及时作出决议决定，督促有关部门改进工作，促进县委的决策部署落到实处；要围绕“三农”问题、教育卫生、城乡居民社会保障以及食品药品安全、产品质量等关系广大人民群众切身利益的问题，积极开展视察调研，提出意见建议，努力实现好、维护好、发展好最广大人民群众的根本利益。要围绕政法队伍建设、案件执行、社会治安等工作，认真开展执法检查，促进依法行政、公正司法。要认真贯彻《党政领导干部选拔任用条例》和《党内监督条例》，开展任前法律考试，任中评议述职等活动，努力把监督人与监督事有机结合起来，加大对被选举干部的监督力度，督促干部增强法制意识、群众意识、奉献意识，切实做到依法执政、科学执政、民主执政。

进一步加强代表工作。要以集中培训、以会代训等方式，进一步加大代表培训力度，全面提高代表素质，为代表更好地履职打好基础；要切实组织好闭会期间的代表活动，不断扩大代表参与面，努力为全县经济社会又好又快发展建言献策；要切实做好代表意见建议办理工作，督促“一府两院”认真负责地办理好代表意见建议，进一步提高代表意见建议办理时效；要继续加强和代表联系，邀请人大代表参加常委会的各项活动，及时向广大代表通报“一府两院”和人大常委会重要工作情况，确保代表知情知政，发挥代表参政议政的积极性。

进一步加强常委会自身建设。要以开展学习实践科学发展观活动为契机，认真学习邓小平理论和“三个代表”重要思想，学习党的路线、方针、政策和有关法律法规，不断提高政治理论水平和业务素质；要切实搞好调查研究，围绕影响科学发展的重大问题，深入实际，全面客观地了解情况，反映问题，提出解决的意见；要深入基层，与群众面对面地交心谈心，了解群众所思所想，努力做到问政于民、问计于民；要切实加强人大机关的思想作风建设，进一步密切与广大人民群众的联系，自觉做到深入基层察实情、不图虚名说实话，心系群众办实事。

各位代表：

当前，我县政通人和，经济社会各项事业稳定持续发展。面对国际国内经济形势，我们既面临严重挑战，又面临新的发展机遇。让我们在中共平山县委的领导下，高举邓小平理论伟大旗帜，深入贯彻落实科学发展观，变压力为动力，化挑战为机遇，进一步解放思想，开拓创新，锐意进取，奋力拼搏，为把平山的明天建设得更加美好而努力奋斗！

谢谢大家！

平山县人大常委会工作报告

——2010年3月5日在平山县第十四届人民代表大会第四次会议上

平山县人大常委会主任　郝书文

各位代表：

我受县人大常委会委托，向大会报告工作，请予审议。

2009年，县人大常委会在县委的领导下，深入贯彻落实党的十七届三中、四中全会精神，坚持以科学发展观统领人大工作，紧紧围绕县委、政府中心工作，认真履行宪法和法律赋予的各项职责，圆满完成了县十四届人大三次会议确定的各项目标任务，为我县经济社会平稳较快发展做出了积极贡献。

一、围绕中心，服务大局，推动科学发展促进社会和谐

推动科学发展，促进社会和谐是时代的主旋律。一年来，常委会坚持以科学发展观为指导，积极服务经济建设，着力解决民生问题，促进经济社会又好又快发展。

1. 支持服务经济建设。支持经济建设，服务经济建设始终是人大及其常委会的首要职责。针对去年国内外严峻的经济形势，常委会把推动中央、省、市重大决策部署作为工作的重点，认真听取和审议县政府上半年计划执行情况和节能减排工作汇报，要求县政府在危机中抓机遇，逆境中求突破，变压力为动力，化挑战为机遇，强力推进项目建设。同时，认真把好项目入口关，努力做到又好又快，把“保增长”和节能减排有机结合起来，不断提高科学发展水平。为促进“保增长、调结构、强园区，全力打好工业发展攻坚战”会议精神的落实，实地查看了敬业集团棒线材、圣源纺织二期扩建和三环阀门整体搬迁扩建工程，建议要进一步优化发展环境，狠抓投资和项目建设不放松，确保实现“保增长”目标。县政府及有关部门对此十分重视，大力开展项目建设年活动，成功举行了重点项目集中开工仪式，华莹玻璃全自动生产线，敬业200万吨螺纹钢，正元10万吨甲醚等34个重点项目顺利落地，成为经济发展新的增长点。

《石家庄市岗南、黄壁庄水库水源污染防治条例》事关我县经济社会发展大局。我县市人大代表曾联系井陉、灵寿、鹿泉三个县市人大代表连续10年提出修改《石家庄市岗南、黄壁庄水库水源污染防治条例》的议案。但由于种种原因，一直未获通过。多年来，县人大常委会矢志不移，积极奔走，同市人大及社会各界代表多次沟通交换意见，邀请市人大常委会领导来我县调研，就《石家庄市岗南、黄壁庄水库水源污染防治条例》的修改做了大量工作。

2009年11月28日，修正案经河北省第十一届人大常委会第十二次会议审议通过。这是该条例1998年制定后的首次修改，修改后的条例不仅为我县敬业集团等工业项目建设快速发展提供了充足空间，而且为广大移民增收致富注入了不竭动力。

2. 高度关注民生问题。坚持以人为本，着力解决民生问题是和谐社会的题中应有之义。常委会牢固树立为民理念，切实强化为民意识，进一步落实为民举措，关注解决广大人民群众反映的热点难点问题。新型农村合作医疗是有效解决广大农民群众看病难、看病贵的惠农政策。五月份，组织委员代表深入两河、南甸、温塘、回舍等基层卫生院，就新型农村合作医疗几年来的运行情况实地开展调研，广泛征求意见。同时，建议县卫生局要认真落实党中央、国务院《关于深化医疗卫生体制改革意见》，抓住国家扩大内需的有利时机，下大力引资金、跑项目，加强和改善乡镇卫生院医疗基础设施建设，为广大人民群众提供更好的医疗环境。

集中供热涉及千家万户、关系百姓冷暖，是人民群众关注的热点问题。入冬伊始，我县遭遇了历史罕见的暴雪灾害，天气骤然变冷，供热迫在眉睫。常委会督促有关部门认真检查桥东、桥西两个供热站和圣府怡苑、锦绣花园等部分小区换热站供热准备工作，要求集中力量，突击施工，确保及时正常供热。为进一步解决好县城集中供热问题，常委会及时作出《平山县人大常委会关于加强集中供热工作的决定》，努力使县城集中供热逐步走向规范化、科学化、法制化轨道，做到供热质量越来越好，覆盖范围越来越大，受益群众越来越多。

3. 积极投身“三年大变样”。2009年是“三年大变样”承前启后的关键一年。常委会围绕中心，服务大局，充分发挥既是监督者又是参与者，既是支持者又是干事者的特殊作用，积极参与“三年大变样”。组织人大老干部和部分代表视察了西柏坡一级路、冶河两岸开发建设、西柏坡商贸中心、县医院整体搬迁等重点工程进展情况，认真听取县建设局“三年大变样”工作汇报，强调“三年大变样”是省委、省政府实施城镇化战略的重要举措，是改变我县城乡面貌，建设美好新平山的重要机遇，提出进一步统一思想认识，抢抓机遇、强力推进，制定和落实好城市规划，切实解决好群众关注的实际问题等意见建议，对促进县政府和有关部门采取有力措施，积极推进“三年大变样”工作，发挥了重要作用。针对工程项目建设时间紧，一次性投入量大，县财政短期内难以安排建设资金的实际情况，常委会深入财政、金融部门进行调研，及时批准了《平山县人民政府关于城建投资公司向中信银行石家庄分行申请短期贷款有关情况的报告》，为保证项目顺利实施提供了有力支持。同时，常委会各位主任积极投身“三年大变样”工作，全面参与了北街、西街、南贾壁拆迁和冶河公园建设等各项工程的组织指挥。全县各级人大代表以身作则，率先垂范，带头参与拆迁改造，有力促进了我县城乡“三年大变样”工作的顺利开展。

二、突出重点，依法履职，不断增强监督实效

依法行使好监督权是宪法和法律赋予人大及其常委会的一项重要职责。紧紧围绕财政预算、司法公正和人事任免等重点工作，综合运用多种监督手段，切实加强跟踪监督，监督实效进一步增强。

1. 加强计划和预算监督，确保经济平稳运行。严格执行计划和预算是维护计划和预算严肃性，确保经济平稳运行的重要保证。常委会始终把计划和预算的执行作为工作重点，加强监督，听取和审议2009年上半年国民经济计划执行情况和财政预算工作汇报。在批准县政府2008年财政收支决算的同时，常委会认真分析经济形势，着眼全县经济社会发展大局，提出了要严格预算监督和切实加强审计工作的建议。要求县政府和财政部门牢固树立“预算即法”的理念，切实加强预算管理，努力提高预算执行的严肃性，审计部门要严格落实《中华人民共和国审计法》和《河北省预算审查监督条例》，充分发挥审计职能作用，加强预算执行情况审计，确保使有限的财政资金发挥最大的经济社会效益。

2. 加强法律监督，促进司法公正。一是开展执法检查。先后对《食品安全法》《农产品质量安全法》《职业教育法》《村民委员会组织法》等法律法规的贯彻实施情况，开展了执法检查，较好地保证了宪法和法律法规在我县的正确贯彻实施。特别是在全省《农产品质量安全法》执法检查中，我县农业、林业、畜牧等有关部门认真组织宣传，强化市场监管，严格依法办事，全县没有出现农产品质量安全问题，受到了省执法检查指导组的一致好评。二是听取工作汇报。听取工作汇报是人大常委会行使监督职责的重要手段。针对去年涉法信访案件突出的问题，常委会在听取法院涉法信访工作汇报后，提出县法院要做好过细的案件审理工作，努力把案件审判好、执行好，不断提高化解矛盾，维护稳定的能力。普及法律知识是司法部门的重要职责，常委会要求司法局要在举办法制培训班的同时，积极组织法律进学校、进企业、进农村，特别是要加强对青少年的法制教育，使学法、懂法、用法的观念不断深入人心。三是旁听法院庭审实况。组织部分人大代表现场旁听法院庭审实况，深入法院立案庭、执行庭进行调研，通过旁听案件审理，并同办案人员进行交流，进一步加强了联系，沟通了情况，增强了审判员庭审工作的责任心、提高了依法办案、依法办事的自觉性。

3. 加强人事任免监督，依法行使任免权。依法任免“一府两院”组成人员，是人大及其常委会的又一项重要职权。坚持党管干部和人大依法任免的一致性，严格按照选举、任命的程序，坚持德才兼备标准，实行任前法律考试和实绩考察，广泛征求社会各界对任命人员的意见，严格选拔和任命了19名干部。同时，把行使监督权同人事任免权更好地结合起来，采取听取工作报告、述职评议、工作评议等方式，加强对任命人员的任后监督。去年，常委会先后听取县广播电视局、国土资源局、旅游局、教育局等19个部门工作汇报，通过听取汇报指出存在的问题和不足，提出今后努力和改进的方向，督促被任命人员自觉履行职责，严格依法办事，做到科学执政、民主执政、依法执政。

三、加强联系，搞好服务，充分发挥代表作用

人大代表是人大及其常委会的主体，是人大行使职权的基础。一年来，常委会认真办理代表意见建议，积极组织代表活动，切实加强上下级联系，代表作用进一步发挥。

1. 认真办理代表建议。督促办理好代表意见建议是常委会的重要职责，也是促进“一府两院”工作的有效途径。人代会期间，对代表提出的意见建议认真汇总，集中交办。闭会后，在实地查看县政府意见建议办理情况的基础上，主任会议听取县政府关于代表意见建议办理工作的汇报，要求县政府要建立健全代表意见建议办理长效机制，对代表关注的热点难点问题要跟踪督办，做到一抓到底，认真办结。对此，县政府高度重视，集中财力，突出重点，大力解决民生问题。承办单位积极主动，尽职尽责，积极研究办理意见，有力推动了代表意见建议办理工作。去年人代会上，代表提出的51件意见建议全部办复，答复规范率100%，代表满意率95%，利用西电余热实施集中供热、切实加强核桃后期管理和群众行路难、看病难等一批涉及民生的问题逐步得到解决。

2. 扎实开展代表活动。开展丰富多彩的代表活动是锻炼代表，提高能力的有效途径。积极组织各级人大代表参加业务培训班和社会调研视察，努力提高代表履职能力和参政的积极性。去年，组织部分人大代表开展“代表活动日”，对全县科技发展、就业再就业、核桃基地管理工作进行调研，视察了“三年大变样”工程、交通事业发展、文化教育等13个方面的工作，全县各级人大代表积极参加行风评议、民主测评、听证会议等各类活动。通过开展代表活动，不仅提高了广大代表参与管理地方国家事务的积极性，而且代表素质和履职能力得到进一步提高。

3. 加强上下级人大联系。积极参加上级人大组织的执法检查、视察调研等各项活动，主动邀请省市人大领导到我县检查指导工作，积极帮助做好协调服务工作。去年，省市人大在我县举办各种培训班、视察调研、执法检查7次，通过参加省市人大活动，加强了交流，学到了经验，为县人大常委会更好地开展工作打下了基础。切实加强对乡镇人大工作指导，邀请乡镇人大主席列席常委会议，及时通报“一府两院”和常委会重大活动，定期向人大主席团寄送各种学习资料，促进了乡镇人大工作顺利开展。

四、提升素质，转变作风，切实加强自身建设

自身建设事关人大及其常委会职权的正确行使和作用的充分发挥。常委会始终把自身建设作为一项重要任务来抓，不断加强学习，切实转变作风，履职能力和水平进一步提高。

一是切实加强学习。学习是提高素质，增强本领，干好工作的重要基础。认真开展学习实践科学发展观活动，学习党的十七届四中全会和中央经济工作会议精神，系统掌握中国特色社会主义理论体系，深刻理解科学发展观的科学内涵和精神实质，全面把握科学发展观的具体要求，努力用科学发展观武装头脑，指导实践，推动工作。进一步建立健全学习制度，切实加强对《宪法》《地方组织法》《监督法》等法律法规的学习，不断提高常委会和机关工作人员业务水平。

二是积极转变作风。结合省市开展的“干部作风建设年”活动，大力加强机关作风建设，努力做到讲党性修养，树良好形象，促科学发展。坚持求真务实，一切从实际出发，深入基层深入一线察实情，沉下身子静下心来想实招，开动脑筋创新思路破难题，努力创造实实在在的新业绩。坚持以人为本，始终把实现好、维护好、发展好最广大人民群众的根本利益作为工作的出发点和落脚点，真诚倾听群众呼声，真实反映群众意愿，真切关心群众疾苦。一年来，常委会组成人员和机关干部深入各自联系点，察民情、聚民意、解民忧，积极协调上级人大和县直有关部门为3个村建立了图书室，帮助7个村实施了“万树进村”活动。同时，围绕基层文化建设、交通安全、城市建设等问题开展视察调研，提出改进意见建议，收到了较好效果。

三是做好信访工作。信访工作是反映实际工作的重要窗口。带着感情做好信访工作，对群众来信来访，热情接待，认真登记，及时转办。常委会领导主动参与信访接待，组织市人大代表开展“代表接访日”活动，为群众答疑释惑，排忧解难，督促有关部门认真解决群众合理诉求，努力维护好广大人民群众的合法权益。去年，共收到群众来信来访202件，转办上级人大交办案件12件，协调解决了一批涉法涉诉案件，为维护社会稳定做出了积极努力。

2009年，常委会各项工作取得了一定成绩，这是县委正确领导的结果，是广大人民群众及各位代表积极支持的结果。在此，我代表县人大常委会向各位代表并通过你们向全县人民表示衷心的感谢！在肯定成绩的同时，我们清醒地看到，我们的工作同党和广大人民群众的期望还有很大差距，主要是监督的方式方法还需要进一步探索创新，监督工作的实效还需要进一步提高，为代表服务的机制还需要进一步完善等。我们要高度重视这些问题，按照宪法和法律的规定，进一步采取有效措施，认真加以解决，努力使人大及其常委会的工作提高到一个新水平。

2010年是实施“十一五”规划的最后一年。新的一年，常委会工作总的要求是，以十七届四中全会和中央经济工作会议精神为指导，全面贯彻落实科学发展观，坚持党的领导、人民当家作主和依法治国的有机统一，认真履行法定职责，扎实做好各项工作，为加强社会主义民主法制建设，推进依法治县进程，保障和促进全县经济社会更好更快发展做出新的贡献。

一是更好地用科学发展观统领人大工作。科学发展观是人大及其常委会依法履行职责的重要指导方针。要把科学发展观贯彻到人大依法行使职权的各项工作中，努力解决影响制约科学发展的突出问题。要积极探索新思路、新方法、新举措，进一步增强人大工作的生机和活力，努力使人大工作有新意，有实绩，更活跃。要坚持以人为本，不管是人大常委会组成人员、人大代表还是机关工作人员，都要坚定不移地坚持以人为本的工作理念，努力把最广大人民群众的根本利益实现好、维护好、发展好。

二是更好地开展监督工作。要进一步加强监督工作，从群众最关心、最直接、最现实的利益问题做起，通过视察调研、听取工作汇报、执法检查等方式，不断强化监督工作，督促“一府两院”依法行政，公正司法。要进一步明确监督重点，坚持抓大事，议大事，加大跟踪监督力度，对带有普遍性、倾向性和广大人民群众关注的热点、难点问题要一抓到底，务求实效。要正确处理加强人大监督与支持“一府两院”依法行使职权的关系，既要依法履行监督职责积极作为，又要寓监督于支持之中和政府一道做好各项工作。

三是更好地发挥人大代表的作用。要认真做好代表培训工作，使代表更好地掌握党的理论方针政策和各种专业知识。要进一步加大代表意见建议办理工作力度，不管是会议期间还是闭会期间代表提出的议案和建议，都要督促有关部门认真办理，及时答复。要积极创造条件，扩大代表知情知政渠道，继续邀请代表列席常委会会议和参加执法检查等活动，努力把代表依法履职的积极性保护好、引导好、发挥好。

四是更好地加强自身建设。要切实加强政治理论特别是科学发展观的学习，不断提高政治理论水平和业务素质。要大兴调查研究之风，围绕影响科学发展的重大问题，深入基层，深入一线开展调研，倾听群众呼声，了解群众意愿，集中群众智慧，为县委、政府的决策提供全面正确的意见。要切实加强人大机关建设，努力把人大及其常委会的法定职责履行好、法定权力行使好、法定作用发挥好。

各位代表，新形势、新任务赋予我们新的使命。让我们在中共平山县委的领导下，高举中国特色社会主义伟大旗帜，以邓小平理论和“三个代表”重要思想为指导，以昂扬向上的时代风貌、求真务实的工作态度、奋发有为的精神状态，锐意进取、奋力拼搏、开拓创新，为实现“科学发展、富民强县”和建设西柏坡市的总体目标做出新的更大贡献！

平山县人大常委会工作报告

——2011年2月15日在平山县第十四届人民代表大会第五次会议上

平山县人大常委会主任　郝书文

各位代表：

我受县人大常委会委托，向大会报告工作，请予审议。

2010年是我县全面完成“十一五”规划，经济社会发展取得显著成效的一年。在县委的领导下，县人大常委会以党的十七届四中、五中全会精神为指导，深入贯彻落实科学发展观，坚持党的领导、人民当家作主和依法治国的有机统一，积极履行宪法和法律赋予的各项职责，较好地完成了县十四届人大四次会议确定的目标任务，为“科学发展、富民强县”做出了积极努力。

一、依法履职，积极支持，努力推动科学发展

推动科学发展是社会进步的永恒课题，也是人大及其常委会履职的第一要务。常委会紧紧围绕经济发展这一中心，积极支持项目建设，加快产业结构调整，促进经济发展方式转变，认真解决民生问题，努力推动科学发展。

1. 支持服务项目建设。常委会牢固树立抓项目就是抓发展的工作理念，围绕县委、政府抓项目、保增长、强园区，突出抓好工业的决策部署，把监督工作融入全县经济社会发展大局。5月份，听取县发展改革局全县项目建设工作汇报，重点听取审议原工业促进局工业项目建设工作。事实证明，工业是经济发展的支撑，只有大力发展工业，才能为科学发展、富民强县打下坚实的经济基础，建议要倍加珍惜发展机遇，全力推进项目建设，进一步推动工业园区上规模、上品位。组织代表先后视察了工业园区建设、县水务局、移民办、扶贫办等部门的项目建设情况，要求县政府及有关部门用好政策，做优环境，加大项目和工业园区建设力度，全力推进科学发展。县政府认真落实审议意见，紧紧抓住建设“大西柏坡”的历史机遇，认真研究国家政策，继续加大跑办力度，投资35亿元的国大温泉小镇、投资8亿元的石家庄邮电职业技术学院西柏坡校区和投资4亿元的大唐石材等11个上亿元的大项目列为省、市重点项目，实现了我县项目建设史上的新突破。

安全生产是发展的前提。为进一步加强我县安全生产监管，常委会实地查看敬业集团、正元化肥、马家选矿厂、三环阀门四个重点企业的安全生产情况，认真听取县安监局工作汇报，要求县安监局要始终坚持“安全生产永不言好”的指导思想，扎实开展安全监管，积极消除安全隐患，确保生产安全。各单位认真落实安全管理的各项制度，切实加强安全管理，一年来，我县没有发生大的安全生产事故，为全县经济社会稳定发展创造了和谐稳定的环境。

2. 促进产业结构调整。调整产业结构是促进经济发展方式转变，实现可持续发展的必然要求。针对我县“钢、电独大”，产业结构不合理的实际情况，常委会深入财政、农业、林业、旅游等有关部门进行调研，提出要统筹考虑一产、二产和三产的发展，不断优化产业结构，努力培育新的经济增长点。旅游服务业是调整产业结构，加快群众致富的朝阳产业。围绕全县旅游业发展，组织委员、代表视察了温塘、天桂山、驼梁山、东方巨龟苑等主要景区，邀请石家庄市人大常委会组织市区人大代表到我县跨区视察旅游业发展情况，听取县旅游局环境综合治理工作汇报，建议要做足做好以旅游为龙头的三产服务业。县旅游局进一步明确发展思路，不断理顺管理体制，切实加强综合整治，我县的旅游业得到了长足发展，在第六届中国旅游城市发展大会上，我县荣获中国优秀红色文化旅游县和中国优秀温泉旅游县两项殊荣，有力地提升了我县知名度和美誉度。11月份，积极协调市人大常委会全体领导班子成员，专门视察了“大西柏坡”建设项目进展情况，对我县进一步推进“大西柏坡”建设，努力打造全国一流的红色旅游基地，给予了很高的评价。

核桃特色产业是县委、县政府确定的一项富民工程。通过近几年的发展，我县核桃产业初具规模，栽植面积已达30多万亩。如何做好核桃栽植和管理工作，使之真正成为人民群众致富的重要产业，是广大代表和人民群众十分关注的问题。为扎实推进核桃特色产业发展，常委会专门听取和审议县林业局核桃特色产业发展情况汇报。会上，大家踊跃发言，从栽植规模、打造品牌、技术管理、核桃深加工等不同角度提出了具体明确的意见。常委会在综合委员发言的基础上，建议要坚持植管并重，加强管理，推动深加工，延长产业链条，扎实推进核桃特色产业发展。对此，县委、县政府非常重视，及时以简报的形式转发委员的建议发言，要求各乡镇和县直有关部门认真学习，抓好落实，促进我县核桃特色产业健康快速发展。

3. 努力解决民生问题。保障和改善民生是发展的根本目的。认真解决好广大人民群众最关心、最直接、最现实的利益问题是人大及其常委会的重要职责。常委会坚持以人为本，履职为民，积极畅通民意渠道，切实关注民生诉求，努力为广大人民群众排忧解难。就业是民生之本，社会保障是民生之基。10月份，常委会听取和审议县人事劳动和社会保障局的工作汇报，针对我县实际情况，建议县政府要进一步开辟就业渠道，重视低收入群众生活困难，特别是帮助下岗职工、农村贫困人口和城镇贫困居民解决实际问题，努力做到老有所养，病有所医。城乡低保关系广大人民群众的切身利益，是全社会关注的热点问题。常委会在广泛征求社会各界意见，认真研究的基础上，听取和审议县民政局城乡低保工作汇报，要求民政部门要高度重视城乡低保工作，摸清底数，严格审批，进一步扩大低保保障面，做到公开、公平、公正，争取使更多的困难群众享受低保。一年来，常委会还围绕教育、卫生、食品安全等社会关注的问题，开展调研、听取汇报，强化监督，督促解决了一批群众迫切需要解决的问题。

二、突出重点，增强实效，推动民主法治建设

推动民主法制建设，促进依法治国进程是人大及其常委会的基本职责。一年来，常委会突出监督重点，关注司法公正，扎实做好信访工作，努力推进民主法治建设进程。

1. 认真开展计划预算审查监督。计划预算的顺利实施，事关经济社会发展全局。围绕计划预算的执行，常委会一是全面掌握财政、税收情况。组织预算审查委员会深入财税部门和厂矿企业调查研究，及时了解税收征管进度，全面分析税收形势。在此基础上，主任会议定期听取县财政、国税、地税关于财政、税收工作汇报，要求财税部门要抓大不放小，抓新不放旧，切实加大征管力度，做到应收尽收，确保按时完成任务。去年我县财政收入达15.3亿元，实现了历史新突破。二是强化预算审查监督。常委会全程跟踪监督计划预算执行情况。年初，全面审查计划、预算编制情况。8月份，听取和审议县发展改革局上半年国民经济计划执行和县财政局上半年财政预算执行汇报。12月下旬，又专门组织预算审查委员会深入财政局调研全年财政入库，税收完成情况，及时批准县政府预算调整工作报告，并对2011年财政初步预算计划方案分析研究，提出要创新征管手段，加大综合治税力度，确保财政收入稳定较快增长。三是发挥审计监督作用。加强审计监督是经济健康平稳运行的重要保障。常委会认真听取和审议县审计局关于2010年预算执行情况审计报告，强调经济越发展，越要加强审计监督工作。建议县审计局要在加强预算审计监督的基础上，切实加大“三年大变样”各项工程项目资金的审计力度，确保全县经济社会健康发展。

2. 全面加强法律监督。一是营造良好法治环境。配合上级人大对《工会法》《计划生育法》《环境保护法》等多部法律法规的实施情况进行检查，听取县司法局“五五”普法工作汇报，指出经济社会的健康稳定发展离不开优良的法治环境，建议县司法局要围绕全县工作大局，努力做好普法工作，使学法、懂法、守法的观念深入人心，为实现“科学发展、富民强县”和建设西柏坡市的总目标营造良好法治环境。二是加大司法监督力度。组织部分委员、代表旁听法院庭审实况，视察县公安局治安防范工作，听取和审议县检察院法律监督和县法院民事审判工作汇报，要求司法部门要以法律为准绳，以事实为依据，公正执法，廉洁办案，确保社会公平正义。三是积极推进依法行政。认真听取县监察局行政效能监察工作汇报，督促县监察局对广大人民群众关注的乱收费、乱查车、乱罚款等行政不作为、乱作为问题加大查处力度，维护群众利益，推进依法行政，优化发展环境。

3. 扎实做好信访工作。信访工作是人大及其常委会联系群众、了解民意的重要渠道。带着感情和责任做好信访工作，深入基层群众了解真实情况，认真听取涉法涉诉案件办理汇报，积极参加上访案件听证会，督促解决广大群众反映的热点难点问题。一年来，共受理代表和群众来信来访50多件次，转办上级要结的信访案件5件，重点督办案件11件。

三、强化服务，创新方法，着力改进代表工作

人大代表是国家权力机关的组成人员。代表工作是人大工作的基础。常委会认真组织开展代表活动，积极办理代表意见建议，扎实做好人事任免，代表作用进一步发挥。

1. 开展代表活动。代表活动是发挥代表作用的载体。一是努力提高代表素质。通过以会代训，专家授课，参加培训班等不同方式，加强代表学习，提高履职本领。今年以来，共组织部分代表参加省、市人大举办的培训班三次，通过学习，进一步提高了代表履职的能力。二是激发代表履职积极性。组织市人大代表参加优秀市人大代表和优秀代表建议评选活动，杨全友、左小英两名代表被评选为市级优秀人大代表，我县《关于加强山区农业水利基础设施建设》的建议，恰好迎合了中央关于加强水利基础设施的意见，同时也符合全市现实情况，被市人大评为2010年优秀代表建议，此举有效提高了代表履职的积极性。三是开展视察调研活动。对“三年大变样”、城乡低保、太行山绿化、县城集中供热和工业项目、农业项目建设等11项工作进行视察，对代表提出的意见建议及时向“一府两院”有关部门通报，收到了较好效果。

2. 办理代表建议。代表意见建议是畅通民意的主要渠道，反映了广大人民群众的心声。常委会高度重视代表意见建议办理工作，对代表提出的意见建议认真归纳，及时交办，集中答复。9月份，组织委员和代表就“利用电厂余热供暖工程”“刘家会核桃种植基地建设”“北白楼村至王母道口公路建设”等重点意见建议办理情况进行视察。10月份，主任会议听取县政府代表意见建议办理情况汇报，要求县政府要进一步加大跟踪督办力度，努力提高代表意见建议办理实效。去年人代会上，代表提出的47件意见建议全部办复，代表满意率达95%以上，解决了一批广大人民群众关心的热点难点问题。

3. 做好人事任免。坚持党管干部和依法任免相结合，继续实施任前全面考察、法律知识考试，任职表态发言和定期报告工作制度，督促被任命人员恪尽职守、依法行政，廉洁从政。去年共任免“一府两院”人员60名。同时，常委会通过听取汇报，视察调研、召开座谈会等方式，全面掌握被任命人员履职情况，督促被任命人员科学执政、依法执政、民主执政。认真听取林业局、公安局、卫生局、国土局、工商局等20个部门的工作汇报，对这些部门的意见建议，常委会当面提出或以简讯方式及时通报，促进了相关工作的顺利开展。

四、求真务实，锐意进取，不断加强常委会自身建设

加强常委会和机关自身建设是做好人大工作的重要保证。一年来，常委会坚持不懈抓学习，求真务实强作风，努力提高履职的能力和水平。

1. 建设学习型机关。建设学习型机关是贯彻落实科学发展观，提高干部素质，增强科学发展本领的重要举措。常委会领导积极参加县委中心组学习，带头学理论、学政策、学法律、学业务，营造浓厚学习氛围。人大机关干部认真坚持学习制度，积极参加各种培训活动，通过多种方式加强学习。为扩大学习面，常委会为机关干部订阅《人民代表报》《人民之声报》《中国人大》《民主与法制》等十几种专业报刊，进一步丰富学习内容，努力提高学习效果。一年来，常委会还组织机关干部认真学习《宪法》《地方组织法》《选举法》和党的十七届五中全会和中央经济工作会议精神，努力用新理论、新知识武装头脑，指导实践，推动工作。

2. 进一步转变作风。以开展“创先争优”活动为契机，大力加强作风建设，做到在岗位上创先进，在工作中争优秀。一是坚持求真务实。一切从实际出发，坚持说实话、出实招、办实事、求实效。不管是提出意见建议还是作出审议意见，都要讲真话，说实话，努力反映广大人民群众的呼声。二是深入调查研究。调查研究是人大工作的基本功。常委会深入基层、深入群众，查民情、访民意、解民忧。一年来，组织代表委员围绕城乡统筹发展、加快城镇建设、村级班子建设、社会治安管理、基层卫生院建设、乡镇文化站等多项工作开展调查研究，全面掌握基层政权建设和经济社会发展情况，为更好地开展工作掌握第一手资料。三是狠抓工作落实。牢固树立抓落实的工作理念，对广大人民群众关注的热点难点和事关经济社会发展大局的问题，跟踪督办、一抓到底，督促“一府两院”解决实际问题，提高人大监督实效。特别是对分包的中心工作和重点工作，人大领导班子成员尽职尽责，靠前指挥，狠抓落实，较好地完成了任务。

3. 指导乡镇人大工作。乡镇人大是最基层的国家权力机关，是人民代表大会制度的重要组成部分。常委会切实加强工作指导，努力提高乡镇人大工作水平。深入乡镇指导召开人代会，邀请乡镇人大主席列席常委会，及时为乡镇人大主席团寄发《人大简讯》《常委会公报》和向县人大常委会工作通报开展情况，继续实施常委会主任分包乡镇制度，不定期走访基层代表，全面征求代表对人大工作的意见建议并切实加以改进，努力开创我县人大工作新局面。

在过去的一年里，常委会各项工作取得了一定成绩，这是县委正确领导的结果，是广大人民群众及各位代表积极支持的结果。在此，我代表县人大常委会向各位代表并通过你们向全县人民表示衷心的感谢！在肯定成绩的同时，我们也认识到，人大的工作同党和广大人民群众的期望还有很大差距，主要是监督的方式方法创新不够，监督工作的实效有待提高，代表作用还需要进一步发挥，常委会自身建设仍需倍加努力等。对此，我们要高度重视，在今后的工作中认真研究并加以改进，努力使人大及其常委会的工作提高到一个新水平。

各位代表：

2011 年是中国共产党成立 90 周年，也是实施“十二五”规划的开局之年。新的一年，常委会工作总的要求是，在县委领导下，全面贯彻党的十七届五中全会、中央经济工作会议和省、市、县委全会精神，以科学发展观为指导，紧紧围绕全县工作大局和人民群众最关心、最直接、最现实的利益问题，认真履行宪法和法律赋予的职责，充分发挥地方国家权力机关的职能作用，切实加大监督力度，不断增强监督实效，为全县经济社会更好更快发展做出积极贡献。

一、紧紧围绕全县中心，强化工作监督

以科学发展观为指导，充分发挥人大常委会的职能，坚持支持与监督并重，寓支持于监督之中，在监督中支持，在支持中服务，推动全县工作顺利开展。围绕转变经济发展方式，认真听取和审议县政府计划预算执行、节能减排、项目建设和特色农业发展工作汇报。围绕“十二五”规划纲要的落实、“大西柏坡”建设的推进，瞄准建设西柏坡市的目标，重点关注市委提出的“西部发展战略”，平山成为西部发展的龙头、中等城市、生态建设等大的目标，全方位支持，大力度推进落实。要突出抓好工业这个经济增长的支柱，高度重视，继续大力支持，上门服务敬业集团、柏坡电厂两大龙头企业发挥带动作用。大力培育能够接替敬业、西电财政支撑的新型企业和新型产业，这样我们的县域经济才有把握很快进入全省三十强，财政收入突破三十亿的目标。同时进一步重视社会保障、劳动就业、城镇建设、城乡低保、县城集中供热和新医改等社会关注的热点问题，通过组织代表视察调研、听取工作汇报等方式，促进相关工作顺利开展。

二、紧紧围绕公正司法，强化法律监督

积极配合上级人大开展执法检查，听取县法院执行工作、县检察院惩治和预防职务犯罪、县公安局大案要案侦破、县监察局优化发展环境提高行政效能工作汇报，组织代表开展旁听法院庭审活动。继续加大法律法规的学习宣传力度，听取司法局律师行业规范管理工作汇报。积极参与行风监督、检查、评议活动。带着感情做好信访工作，大力度化解矛盾和纠纷，督促解决关乎人民群众切身利益的实际问题。

三、紧紧围绕发挥代表作用，努力做好代表工作

切实加强和改进代表工作，支持、规范和保证代表依法履行职务。努力加大与代表的沟通联系，继续组织代表参加执法检查、工作视察、专题调研活动，积极为代表知情知政、履行职责创造条件、提供服务。进一步加强代表培训，通过开展集中培训、学习考察等方式，不断提高代表依法履职的能力和水平。进一步加大代表议案、建议批评和意见办理工作力度，努力提高办结率和代表满意率。

四、紧紧围绕提高履职能力，进一步加强自身建设

认真学习党的十七届五中全会和中央经济工作会议精神，学习法律和人大业务知识，准确把握监督法的精神实质，更好地发挥地方国家权力机关作用。进一步加强调查研究，紧紧围绕常委会工作计划和审议议题，深入实际调查研究，广泛听取意见建议，努力提高会议质量。认真抓好干部作风建设，强化勤政廉洁教育，自觉接受群众监督，树立人大良好形象。

各位代表，宏伟蓝图鼓舞人心，远大目标催人奋进。让我们在中共平山县委的领导下，进一步解放思想，振奋精神，扎实工作，为“十二五”规划开好局、起好步，为实现“科学发展、富民强县”和建设“大西柏坡”的目标而努力奋斗！

平山县人民代表大会常务委员会工作报告

——2012年2月11日在平山县第十五届人民代表大会第一次会议上

平山县人大常委会主任 郝书文

各位代表：

我受县十四届人大常委会委托，向大会报告本届常委会五年来的主要工作，请予审议。

平山县第十四届人大常委会任期的五年，是我县经济发展最快的五年，城乡面貌变化最大的五年，人民群众得实惠最多的五年。五年来，在中共平山县委的领导下，我们战胜了世界金融危机的巨大冲击，圆满完成了奥运火炬传递任务，积极组织援助“5·12”汶川特大地震灾区，大力实施“三年大变样”和“大西柏坡”建设，经济建设突飞猛进，城乡面貌日新月异，人民生活蒸蒸日上，各项社会事业取得了新的进展。

五年来，县人大常委会以十七大精神为指导，认真贯彻落实科学发展观和十七届四中、五中、六中全会及省、市党代会精神，始终坚持党的领导、人民当家做主和依法治国的有机统一，认真履行宪法和法律赋予的职责，圆满完成了工作任务，为促进我县经济社会持续稳定发展做出了积极贡献。

一、始终坚持科学发展观，推动经济社会全面发展

发展是党执政兴国的第一要务，坚持这一要务的根本要求就是坚持科学发展。五年来，常委会以科学发展观为统领，围绕中心、服务大局、突出重点、讲求实效，认真听取和审议“一府两院”工作报告，定期组织开展视察调研，及时提出意见建议，全力推进经济社会全面发展。

1. 围绕主题主线，促进科学发展。以科学发展为主题，以加快经济发展方式转变为主线是推动经济社会持续稳定发展的必由之路。常委会紧紧围绕主题主线，强化监督求实效，积极履职促发展，努力为全县科学发展献计出力。紧紧抓住项目建设，促进经济快速发展。常委会每年都要听取和审议县政府项目建设工作汇报，2008年积极协调市人大，对县域经济和旅游产业的总体发展进行深入调研，提出在抓好大项目的同时，认真抓好一批中小项目的建议，并始终做好环境保护和节能减排，努力实现又好又快发展。2009年针对国内外严峻的经济形势，常委会建议县政府要开动脑筋，创新思路，在危机中抓机遇，在逆境中求发展，变压力为动力，把“保增长”和节能减排有机结合起来，不断提高科学发展水平。去年4月份，常委会组织部分委员和代表视察了我县工业项目和“大西柏坡”建设情况，听取和审议县政府转变经济发展方式和节能减排工作汇报，要求县政府及经济部门要牢固树立抓项目就是抓发展，抓大项目就是抓大发展，抓好项目就是抓发展方式转变的工作理念，建议要紧紧抓住建设“大西柏坡”这一重大机遇，积极主动跑项目，集中精力抓项目，只争朝夕建项目。敬业集团矿渣微粉、盈德气体、华润希望小镇、西柏坡圣地城、西柏坡干部学院等一批大项目、好项目先后建设投产，为全县经济腾飞插上了有力的翅膀。

核桃特色产业是县委、县政府确定的一项重点工程，也是农业产业结构调整的重要内容。为进一步促进核桃特色产业发展，常委会多次视察了刘家会、南西焦、元坊村等核桃基地建设，专门听取和审议县政府关于核桃特色产业发展情况报告，从栽植规模、打造品牌、技术管理、核桃深加工等各个方面提出了具体明确的建议，有效促进了我县核桃产业的快速发展。目前，全县核桃栽植面积已达30多万亩，被中国经济林协会命名为“中国核桃之乡”，我县10万亩“全国绿色食品原料（核桃）标准化基地”，顺利通过农业部验收，真正成了名副其实的核桃大县。

五年来，我们还积极配合全国人大开展中华环保世纪行，省人大《农产品质量安全法》执法检查和市人大关于“大西柏坡”红色旅游发展情况视察等上级人大安排的活动10余次，特别是2009年，常委会多方奔走，积极协调，促成了《石家庄岗南黄壁庄水库水源污染防治条例修正案》，为进一步加快发展，拓宽了空间。

2. 突出监督重点，增强监督实效。加强计划和财政预算执行的监督，保证计划财政目标的顺利实现，始终是人大及其常委会的重点工作。围绕计划和财政预算的执行，常委会坚持，年初全面审查计划、预算编制情况；年中，听取和审议上半年国民经济计划执行和财政预算执行汇报；年末，组织预算审查委员会深入调研全年财政入库，税收完成情况，及时审查批准县政府预算调整工作报告，并对下一年财政初步预算计划方案认真分析研究，确保财政收入稳定较快增长。去年，我县财政收入实现新跨越，首次突破20亿。同时，按照《监督法》要求，常委会认真听取和审议县审计局年度预算执行情况审计报告，建议县审计局要在加强预算审计监督的基础上，切实加强“三年大变样”和“大西柏坡”建设各项工程项目资金的审计，确保有限的财政资金发挥最大的经济社会效益。

3. 紧扣社会热点，着力保障民生。解决社会关注的热点、难点问题，着力改善和保障民生是人大及其常委会义不容辞的责任。积极组织各级人大代表和机关科室深入基层，了解民情，反映民意，努力为广大人民群众做好事、办实事、解难事。集中供热涉及千家万户、关系百姓冷暖。连续五年，常委会每年入冬前，都要组织视察县城集中供热准备工作。特别是2009年，我县在供暖期到来之前，遭遇了历史罕见的暴雪灾害，常委会及时组织城建、供水、供热等有关部门认真研究供热应急预案，作出《关于加强集中供热工作的决定》，要求提前准备，集中力量，突击施工，确保广大人民群众过一个温暖的冬天。食品药品安全事关广大人民群众的身体健康，是人命关天的大事。为此，常委会认真听取县食品药品监督管理局工作汇报，建议要加大执法检查力度，及时掌握全县食品药品安全动态，努力把食品药品安全隐患消灭在萌芽状态，确保广大人民群众吃上放心食品，用上放心药。去年，针对全国校车事故频发的严峻形势，常委会及时视察了县教育局改善教学条件和校园安全管理工作，在此基础上，主任会议专门听取县公安局交通管理工作汇报，要求教育、交通等有关部门要加强经常性的监管，千方百计地预防和控制事故，保证学生出行安全。五年来，常委会还围绕社会治安、民政救灾、扶贫济困、农村合作医疗、城乡文化建设等问题，开展调研、听取汇报，强化监督，解决了一批广大人民群众迫切需要解决的问题。

4. 积极参与服务，支持“三年大变样”。实施城镇建设“三年大变样”是省委、省政府的重要战略举措，是建设美好新平山的重要机遇。常委会坚持在监督中参与，在参与中服务，全力支持“三年大变样”。积极组织代表视察迎宾路拆迁绿化、北环路建设、旧桥改造工程和温塘小城镇建设，及时批准县政府关于从中信银行石家庄分行申请短期贷款和冶河综合治理工程项目委托代建模式的请示，作出了同意将冶河综合整治工程项目建设资金列入财政专项预算的决定。同时，向全县人大代表印发《万众一心众志成城全力以赴投身城镇建设攻坚战》倡议书，号召广大代表服从大局，全力支持，加快“三年大变样”建设步伐。常委会各位领导还全面参与北街、西街、南贾壁拆迁和冶河公园建设等多项工程的组织指挥，有力地推动了“三年大变样”建设工程向纵深发展。

二、始终坚持公平正义，积极推进依法治县进程

努力实现社会公平正义，保证宪法和法律在本行政区域内有效实施是法律监督的最终目标。常委会紧紧围绕公平正义这一主题，大力开展执法检查，切实加强司法监督，扎实做好信访工作，不断推进依法治县进程。

1. 大力开展执法检查。执法检查是人大及其常委会加强法律监督，促进公正司法的有效途径。常委会紧紧围绕关系改革发展稳定大局、事关群众切身利益和社会普遍关注的热点问题开展执法检查。先后对《食品安全法》《城市规划法》《河北省土地管理条例》《河北省旅游景区管理条例》《农产品质量安全法》《未成年人保护法》等20多部法律法规实施情况进行了检查。通过对《河北省土地管理条例》执法检查，我县地质灾害治理取得一定成效，五年来没有发生大的地质灾害。通过实施《城市规划法》执法检查，县政府依托“两湖两河”及时完善了县城总体规划，“1+3”组团式生态型文化旅游城市发展框架初步形成。同时，县政府还对乱停乱放、乱搭乱建、乱设广告等不良行为进行了统一整治，县城容貌治理取得了明显成效。

2. 切实加强司法监督。司法公正是维护社会公平正义的重要保证，事关社会和谐稳定。常委会坚持把维护司法公正作为监督工作的重要内容。一是重视法律宣传。听取县司法局“五五”普法工作汇报，建议县司法局、人大机关和县直有关部门要充分利用每年的“12·4”法制宣传日，深入宣传《宪法》《地方组织法》《未成年人保护法》等法律法规，进一步提高广大群众特别是青少年的法律意识，努力营造全社会学法守法的浓厚氛围。二是加强队伍监督。高素质的司法队伍是确保司法公正的保证。常委会针对人民群众关注的政法队伍建设进行监督，重点听取县法院、县检察院、县公安局队伍建设以及司法局律师行业规范管理工作汇报，要求政法队伍要讲政治、顾大局、积极服从全县中心工作，为经济建设保驾护航。三是突出司法程序监督。组织部分人大代表现场旁听法院庭审，深入法院立案庭、执行庭进行调研，认真听取县法院执行工作和县检察院惩治和预防职务犯罪工作汇报，结合庭审情况，对审判、检察人员提出意见建议，分别反馈给法院和检察院促其改进工作，提高了依法办案、公正办案的自觉性。

3. 扎实做好信访工作。信访工作是人大听取群众意见，了解社情民意的重要渠道。常委会认真贯彻落实《信访工作条例》，严格规范信访工作制度，热情接待来信来访，切实做好息诉罢访工作。五年来，共接待来信来访410件次，督办上级人大转办案96件，重点督办案件11件，对维护全县稳定、促进社会和谐起到了积极作用。

三、始终坚持做好代表工作，不断加强民主政治建设

人大代表是国家权力机关的组成人员，代表工作是人大工作的基础。五年来，常委会认真组织开展代表活动，积极办理代表意见建议，扎实做好人事任免，代表作用得到进一步发挥。

1. 不断丰富代表活动。代表活动是常委会履职最基本的载体，也是提高代表履职能力的有效途径。常委会以贯彻实施新修订的《代表法》为契机，组织代表认真学习《宪法》《地方组织法》和《代表法》，进一步明确代表的权利义务，规范代表的履职行为。坚持邀请乡镇人大主席列席常委会会议，向广大代表寄发简报资料，及时向代表通报有关情况，切实保障代表的知情知政权利。组织市人大代表参加市人大举办的优秀代表建议评选活动，我县《关于加强山区农业水利基础设施建设》等5件代表建议被评为优秀建议。积极组织代表开展视察调研活动，五年来，共组织代表对农田水利基础设施建设、山区道路交通建设、太行山绿化、“大西柏坡”建设等40多项工作进行视察。同时，把代表提出的意见建议及时向政府及有关部门反馈，推动了相关工作的开展，提高了代表工作的实效。

2. 积极督办代表建议。办理好代表意见建议既是对广大代表积极参政议政的重视和支持，又是促进“一府两院”工作的有效途径。年初人代会上，认真归纳梳理代表提出的意见建议并及时交办，县政府对代表提出的意见建议进行了集中答复。闭会后，主任会议专门听取县政府关于代表意见建议办理情况汇报。对代表意见建议落实情况，组织代表实地检查，努力做到事事有结果，件件有回音。五年来，代表提出的219条建议均按时办结，广大代表和群众关心的山区人畜饮水、乡村幼儿园建设、卫生室建设、道路建设、有线电视覆盖和西部深山区通信难等问题大都得到较好解决，部分没有解决好的正在稳步推进，不断完善，代表对办理结果的满意率逐年提高。

3. 依法做好人事任免。依法任免干部是地方国家权力机关的重要职权。工作中，坚持党管干部原则，对提请常委会任免人员，认真酝酿，充分发扬民主，广泛征求意见，坚持任前法律考试、就职表态发言、书面述职等制度，促进了人事任免工作的民主化、法制化和规范化。本届常委会先后任免国家机关工作人员17批次，任免“一府两院”干部180名。认真做好县乡两级人大换届选举工作，严格贯彻实施新修订的《选举法》，指导各选举单位按照城乡相同人口比例选举县乡人大代表，着力优化代表结构，保障选民民主权利，增强了人民群众的主人翁责任感。

四、始终坚持抓好人大自身建设，努力提升履职能力和水平

加强常委会和机关自身建设是做好人大工作的根本保证。常委会坚持不懈抓学习，求真务实强作风，努力提升履职能力和水平。

一是全面加强学习，提高综合素质。学习是全面提高素质、增强工作能力的重要基础。常委会始终把加强学习放在首要位置，一方面组织委员和机关干部深入学习贯彻党的十七届五中、六中全会和省第八次、市第九次党代会精神，认真学习贯彻胡锦涛总书记“七一”重要讲话，全面加强领导班子和干部队伍的思想政治建设，保证人大工作正确的政治方向；另一方面，结合民主法制建设和人大工作实际，坚持把学习党的十七大以来关于人民代表大会制度建设的重要方针政策和党的政策相结合，把学习宪法和法律法规知识与社会主义市场经济知识相结合，切实抓好现代经济知识、科技知识、社会管理等方面的学习，加快知识更新，完善知识结构，不断提高人大常委会组成人员及机关干部的政治理论水平和依法履职能力。

二是积极转变作风，增强工作实效。作风建设是自身建设的核心内容，是提高工作效率的根本要求。以“创先争优”和“效能革命”活动为契机，积极转变工作作风，努力增强工作实效。大力弘扬求真务实之风。坚持说实话、办实事、求实效。听汇报、议报告、评干部，实事求是，不夸大成绩，不隐瞒缺点；思考问题有深度、有高度，努力提出符合我县实际、切实可行的审议意见。大兴调查研究之风。坚持“没有调查就没有发言权”，要求常委会组成人员及机关干部在听取汇报、评议干部、做出决定前都要深入基层、深入一线，倾听群众呼声，了解群众意愿，集中群众智慧，努力找到解决问题的有效方法。认真抓好工作落实。常委会紧紧围绕县人民代表大会决议决定，督促“一府两院”按照既定目标，强化措施，落实责任。特别是对广大人民群众关心的城乡低保、困难职工群众救助、上学就业、医药费报销、民间疑难纠纷等问题紧抓不放，跟踪问效，取得了较好效果。五年来，县人大常委会还协助省、市人大在我县召开座谈会、培训会、视察调研等活动30多次，县人大机关工作人员热情接待，周到服务，受到了省、市人大领导的一致好评，树立了人大机关的良好形象。

三是建立健全制度，规范机关建设。按照《监督法》的要求，在认真总结实践经验的基础上，不断探索和完善依法监督程序，创新工作机制，着力提高人大常委会监督能力。先后修订了《常委会组成人员守则》《常委会议事规则》《主任会议议事规则》《人事任免办法》《组织代表评议办法》《信访工作制度》等规章制度，努力做到用制度管人、管事。常委会组成人员及机关干部自觉遵守各项规章制度，有力地推动了人大常委会的各项工作。

各位代表，回顾五年来的工作，我们深深体会到，做好人大工作必须坚持和依靠党的领导，保持人大工作正确的政治方向；必须坚持围绕大局、服务中心，以科学发展观统领人大工作；必须坚持以人为本，把维护人民群众根本利益作为人大工作的出发点和落脚点，努力为广大人民群众排忧解难；必须坚持充分发扬民主，正确处理人大与“一府两院”的关系，在监督中支持，在支持中服务；必须紧紧依靠广大代表，密切同人民群众的血肉联系；必须坚持解放思想、实事求是、与时俱进，推动人大工作不断创新！

各位代表，县十四届人大常委会在县委的领导下，各项工作取得了新的成绩，这是全体代表积极参与和全县人民关心支持的结果，是常委会组成人员及机关工作人员辛勤工作的结果，是县政府、县法院、县检察院和各乡镇人大主席团密切配合的结果。在此，我代表县十四届人大常委会向各位代表、向全县人民、向所有支持人大及其常委会工作的各位表示真诚的感谢！

各位代表，县十四届人大常委会已任期届满。十五届人大常委会即将产生并肩负承前启后、继往开来的光荣使命。在此，我代表平山县第十四届人大常委会就今后的工作提出建议，希望新一届人大常委会要在中共平山县委的领导下，坚持以邓小平理论和“三个代表”重要思想为指导，深入贯彻落实科学发展观，按照监督法的要求，紧紧围绕县委、政府的重大决策、重要工作，认真履行宪法和法律赋予的职责，努力推进社会主义民主法制建设，开创人大工作新局面。

一、进一步加强和改进监督工作。要认真贯彻实施《监督法》，紧紧围绕县委、政府中心工作，特别是关系改革发展稳定大局和涉及群众切身利益，社会普遍关注的民生问题，进一步加强和改进监督工作。要认真听取和审议“一府两院”专项工作报告，针对有关重大问题及时作出决议决定；要积极开展执法检查，促进法律法规在本区域内的有效实施，不断推进依法治县进程；要充分运用工作评议、干部述职和视察调研等方法，围绕全县经济发展、社会稳定和人民群众普遍关注的热点难点问题开展监督，促进经济社会全面协调可持续发展。

二、进一步加强和改进代表工作。要从发展社会主义民主政治，保证人民享有更多更实际民主权利的高度出发，切实加强和改进代表工作。要充分发挥人大代表联系党和人民群众的桥梁和纽带作用，积极拓展代表知情知政渠道，支持代表依法履行职责和行使权力；要切实加强代表培训，不断提高代表履职能力，引导代表提出高质量、真正反映民意的意见建议；要进一步加大代表意见建议办理力度，不断提高办理质量和代表的满意率。

三、进一步加强常委会及机关建设。要继续把加强学习放在突出位置，认真学习科学发展观和党的路线方针政策，学习法律法规和人大业务知识，努力提高政治理论水平和依法履职能力；要进一步完善常委会有关的议事制度和工作制度，努力提高常委会会议的质量和效果；要切实抓好作风建设，认真搞好调查研究，自觉做到深入基层察实情，不图虚名说实话，心系群众办实事；要积极探索人大及其常委会履职的新途径，不断掌握人大工作的新规律，新方法，努力把我县人大工作提高到一个新水平。

各位代表：

新的形势催人奋进，新的目标任重道远，新的任务光荣艰巨。让我们在中共平山县委的领导下，高举中国特色社会主义伟大旗帜，以邓小平理论和“三个代表”重要思想为指导，深入贯彻落实科学发展观，进一步解放思想，开拓创新，锐意进取，奋力拼搏，为实现“科学发展、富民强县”和建设西柏坡市的总目标而努力奋斗！

平山县人民代表大会常务委员会工作报告

——2013年3月26日在平山县第十五届人民代表大会第二次会议上

平山县人大常委会主任　张大平

各位代表：

我受县人大常委会委托，向大会报告一年来的主要工作，请予审议。

2012年是十五届人大常委会履职的第一年。一年来，县人大常委会在县委的正确领导下，深入贯彻落实科学发展观，坚持党的领导、人民当家作主和依法治国的有机统一，认真履行宪法和法律赋予的职责，较好地完成了各项目标任务，为促进全县经济社会持续稳定健康发展做出了积极努力。

一、推动科学发展，服务经济建设取得新成效

科学发展是推动经济社会更好更快发展的前提。一年来，县人大常委会认真落实科学发展观，围绕全县中心工作，积极服务发展大局，努力推动科学发展，促进社会和谐。

1. 围绕中心，服务发展。围绕全县中心工作，服务经济发展大局是人大常委会的重要职责。针对去年严峻的经济形势，常委会紧紧抓住事关全县经济发展的项目建设、金融工作、特色农业等重要工作依法开展监督，认真听取和审议发展改革局项目建设和工信局支持中小企业发展工作汇报，建议县政府正确认识、科学分析经济形势，切实强化“抓项目就是抓经济，抓项目就是抓发展”的工作理念，想方设法跑项目，千方百计优环境，扎扎实实抓落实。同时，建议政府部门用足用好国家政策，简化办事程序，提高服务水平，大力支持中小企业，不断增强发展后劲。为充分发挥金融系统促进地方经济发展的作用，常委会认真听取金融系统工作汇报，要求金融系统要以支持地方经济发展为己任，严格落实国家政策，努力创新服务形式，不断提高服务质量，全力支持经济发展。县政府及有关部门认真落实意见建议，建立了项目建设联席会议制度，及时解决项目建设中存在的问题，为项目建设营造了宽松的发展环境。葫芦峪农业产业基地、河北迪山260万吨涂镀板、华奥新型环保材料等一批低排放，产出快、效益高的好项目开工建设，成为经济发展新的增长点。

发展文化产业是转变经济发展方式、推动科学发展的重要举措。为加快我县文化产业的发展，常委会专门听取县文广新局文化产业发展工作汇报，建议县文广新局要紧紧抓住国家大力推动文化产业发展的重大机遇，充分利用我县深厚的文化资源，以打造“古国中山圣地柏坡”文化品牌为中心，大力实施项目带动战略，重点培育优势产业，努力打造极具平山特色的文化产业。对此，县政府高度重视，积极引导，有关部门全力参与，大力支持，涌现出了大型音乐剧《白鹿缘泉》、河北梆子现代戏《白毛女》等堪称经典的文化产品，文化产业对经济发展的拉动作用逐步显现。

2. 突出重点，强化监督。加强国民经济和社会发展计划以及财政预算执行情况的监督，始终是人大及其常委会的工作重点。常委会综合运用视察调研、审议专项工作汇报、执法检查等方式对计划、财政实施跟踪监督，确保人代会确定的目标顺利实施。7 月份，主任会议认真听取国税、地税两个部门 2012 年上半年税收完成情况汇报。8 月份，常委会专门听取和审议 2012 年上半年国民经济计划执行情况和财政预算工作汇报。12 月份，组织预算审查委员会对全县财政工作进行深入调研，要求财税部门要准确把握形势，既要看到有利条件，增强做好财政工作的信心，严格管理，扎实工作，又要看到不利因素，积极采取应对措施，统筹兼顾，开源节流，扎实做好财政税收工作。同时，常委会根据全县财政税收的实际情况，批准了《县政府 2012 年财政预算调整工作报告》。为充分发挥审计监督职能作用，8 月份，常委会听取和审议县政府 2011 年预算审计报告，要求审计部门要进一步创新工作、加大力度、严格审计，努力为我县经济社会转型升级、跨越发展保驾护航。

3. 关注热点，改善民生。保障和改善民生，努力为广大人民群众排忧解难是人大及其常委会义不容辞的责任。围绕群众关注的城市建设、文教卫生、社会治安等热点难点问题，常委会积极开展调研，深入了解情况，努力为广大人民群众做好事、办实事、解难事。县城管理直接关系人民生活质量。常委会组织代表、委员视察了冶河公园停车场、建筑工地围挡、公厕改造、垃圾中转站和部分小游园建设管理情况，建议城建部门要进一步创新措施，强化责任，努力为广大人民群众创造更加舒适、便捷、优美的人居环境。校园和校车安全关系到每一个家庭的幸福安宁和全社会的和谐稳定。针对去年校车和校园安全事故频发的严峻形势，听取和审议县教育局校园安全和校车管理工作报告，要求县教育局要站在维护全县改革发展稳定大局和保证下一代健康成长的高度，认真负责地抓好校园和校车安全，确保不发生事故。一年来，常委会还围绕食品安全、集中供热、治安防范、城市公交等社会关注的热点难点问题，积极开展视察调研、认真听取工作汇报，切实加强工作监督，解决了一批群众迫切需要解决的问题。

二、维护公平正义，促进依法治县取得新进展

保障宪法和法律在本行政区域内的贯彻实施，不断推进依法治县进程是人大及其常委会的重要职责。一年来，常委会积极推动法制宣传教育、认真开展执法检查、切实督办信访案件，依法治县进程取得新进展。

1. 依法推进法制教育。加强法制宣传，提高全民法律素质，是推进依法治县的重要基础。认真听取县司法局“六五”普法工作汇报，建议要开展经常性的法律下基层、进校园活动，并充分利用网络、电视等媒体进一步加大法律法规宣传力度，全面提高广大群众法律意识，为依法治县奠定坚实基础。积极组织人大代表深入法院、检察院、公安局进行调研，现场旁听法院庭审，通过实实在在的案件，受到法律教育，起到了在办案中宣传法律，在执行中普及法律的良好效果。常委会还要求广大代表积极宣传法律，模范遵守法律，为普法工作营造浓厚的社会氛围。

2. 切实加强执法检查。大力开展执法检查是加强法律监督，促进司法公正的有效措施。常委会结合我县实际，紧紧围绕“两个环境”建设对《森林法》、《河北省土地管理条例》开展了执法检查，提出了合理的整改意见，我县乱砍滥伐、破坏植被，私采滥挖的行为得到有效遏制。在《城市规划法》执法检查中，县政府进一步完善县城建设规划，加大在建和续建项目建设力度，大力实施县城建设三年上水平，我县的城市管理、环境卫生、道路交通等方面有了明显改善，城市功能日臻完善，人居环境日益优美。去年，我们还配合省、市人大就饮用水源地污染防治、食品安全、酒类管理等一批事关群众生活的热点、难点问题开展了检查，取得了较好效果。

3. 扎实做好信访工作。信访工作是联系广大人民群众的桥梁，也是维护社会稳定的重要途径。特别是在党的十八大召开期间，我县的信访稳定任务十分繁重。按照分工，常委会领导定期到分包乡镇检查指导工作，积极开展大接访，接待和处理了一批缠访、群访案件。人大信访科、政法科加强和信访局、公、检、法机关的沟通联系，帮助分析案情，化解矛盾，努力为人民群众排忧解难。去年共接待来信来访212件次，督办上级人大转办案25件，有力地维护了全县经济社会和谐稳定。

三、抓好代表工作，民主政治建设取得新突破

代表工作是人大工作的基础和核心。一年来，常委会狠抓代表素质提升，强化代表建议督办，依法规范人事任免，我县民主政治建设取得新突破。

1. 丰富代表活动。本届人大代表是新的选举法实施以后，首次按城乡同比例选举产生的，新代表多，农村代表多。针对实际情况，常委会一是搞好培训。一方面积极组织部分代表参加省、市人大举办的学习培训班，集中学习《宪法》《代表法》《监督法》等法律法规，不断提高代表法律素质。一方面要求广大代表积极参与城镇建设和特色农业发展等中心工作，通过实际行动，锤炼建言献策能力。二是加强联系。开展常委会领导走访代表活动，加强和乡镇人大主席团的联系，及时征求广大代表意见建议，努力改进常委会工作；定期寄送人大简讯、公报等常委会工作动态，为代表知情知政奠定基础；订阅《石家庄人大》《中国人大》《人民代表报》等杂志，开阔代表视野，提高理论水平。三是开展活动。坚持乡镇人大主席列席常委会制度，组织代表参加视察调研，推荐代表担任社会监督员，参加市人大优秀代表评选活动，增强代表的责任感、使命感。去年，共组织代表对森林防火、社会治安、核桃后期管理等12个方面的工作进行了视察调研，焦彦忠、韩文瑞两名代表被评为石家庄市优秀人大代表。

2. 办理代表建议。认真督办议案建议批评和意见，是人大常委会的一项重要工作。去年10月份，主任会议认真听取县政府关于代表意见建议办理情况汇报。建议县政府和承办部门要进一步建立健全督办机制，不断加大办理力度，努力提高办理实效。截至2012年底，人代会上收到的53件意见建议，已全部办复，做到了事事有结果，件件有回音，代表满意率达

95%以上。广大代表和群众关心的县城环境治理、山区学校管理、乡村卫生室建设、道路交通建设和西部深山区通信难的问题大都得到较好解决，部分没有解决好的正在制订规划、稳步推进。

3. 做好人事任免。坚持党管干部和依法任免的有机统一，认真负责地做好“一府两院”推荐的人事任免；坚持任前法律知识考试，不断提高被任命人员的法律素质；坚持任中表态发言，增强被任命人员公仆意识、责任意识。去年，常委会依法任免“一府两院”干部59名。为加强任后监督，常委会创新监督机制，在听取工作汇报、视察调研的基础上，对政府新任职副县长开展了述职评议，有效提高了政府组成人员的法律意识和民主意识，为科学执政、民主执政、依法执政奠定了基础。

四、加强自身建设，依法履职水平有了新提高

“打铁还需自身硬”。人大及其常委会不仅是国家权力机关，也是民情民意机关。面对新形势、新任务，必须要有新形象、新业绩。

一是抓学习，提素质。学习是提高素质的重要基础，做好人大及其常委会的工作，必须狠抓学习不放松。切实加强政治学习。十八大召开后，常委会组织部分委员和机关全体干部及时传达学习了十八大精神，深刻领会十八大提出的新论断、新任务、新举措，努力用新的理论武装头脑、指导实践、推动工作。不断加强业务学习。开展《宪法》《地方组织法》《代表法》《监督法》等人大当家法和业务知识培训，并进行书面考试，把成绩当作年终评优和提拔干部的重要内容，努力解决学不学一个样，干不干一个样的问题，极大地提高了全体干部的学习积极性和责任意识。积极开展学习交流。认真参加省、市人大举办的各种培训班和交流会，协助市人大成功举办了“全国部分在建党和建军史上具有重大影响的革命老区人大常委会主任联系会”。加强同市人大和兄弟县人大的学习交流，认真学习先进县市工作经验，努力开阔眼界、提高水平。

二是抓作风，求实效。工做好不好，作风是关键。坚持说实话，办实事，求实效，用工作业绩检验干部作风。坚持抓落实，用创新求突破，以实干求实效，努力把各项工作任务真正落到实处。坚持搞调研。研究工作，布置任务，听取汇报都要坚持调查研究，努力说新话，说短话，说有用的话，做到有的放矢。积极参加加强基层建设年活动，选派三名有乡镇基层工作经验的深入分包村，帮助排忧解难，荣获优秀驻村工作组称号。全力协助上级人大开展工作。去年，省、市人大在我县成功举办七次较大规模的会议和活动，县人大机关全力配合、热情接待、精心服务，展示了我县人大队伍的良好形象。

三是抓制度，促规范。去年是石家庄市人大成立三十周年，市委专门召开了市委人大工作会议，并作出了《关于进一步加强人大工作的决定》。常委会积极贯彻落实市委人大会议精神，严格按照《决定》要求，重新修订了《常委会议事规则》《常委会组成人员守则》《人事任免办法》《组织代表评议办法》等制度并起草了我县《进一步加强人大工作的决定》。县委对此非常重视，专门研究了人大工作，以县委文件的形式作出了《进一步加强人大工作的决定》，为进一步做好人大及其常委会工作指明方向。同时，协调编办对现有机构设置进行了合理调整，理顺了关系，加强了沟通，为进一步开创人大工作新局面打下了坚实基础。

一年来，常委会各项工作取得了一定成绩，这是县委正确领导的结果，是广大人民群众及各位代表积极支持的结果。在此，我代表县人大常委会向各位代表并通过你们向全县人民表示衷心的感谢！在肯定成绩的同时，我们也清醒地认识到，我们的工作同党和广大人民群众的期望还有很大差距，主要是监督方式方法不够灵活；代表活动和履职能力仍需进一步提高；常委会自身建设还有待进一步加强等。对这些问题，在今后的工作中，我们要认真研究并加以改进，努力使人大及其常委会的工作提高到一个新水平。

各位代表：

2013年是全面贯彻落实党的十八大精神的开局之年，是实施“十二五”规划承前启后的关键一年。新的一年，常委会工作总的要求是，在县委的领导下，全面贯彻落实党的十八大、中央经济工作会议和省、市、县委全会精神，以科学发展观为指导，紧紧围绕全县工作大局和广大人民群众最关心、最直接、最现实的利益问题，认真履行宪法和法律赋予的职责，努力加大监督力度，不断增强监督实效，努力为全县经济社会更好更快发展做出积极贡献。

一、不断创新监督方式，切实增强监督实效

监督“一府两院”工作，是宪法和法律赋予人大及其常委会的重要职权。要紧紧围绕县委、政府中心工作，坚持“抓大事、议大事、求实效”的原则，充分发挥监督作用，真正把科学发展观贯穿于工作的全过程。要综合运用审议专题汇报、执法检查并积极探索工作评议、述职评议和质询询问等监督形式，进一步增强监督工作的针对性和实效性，确保在行使职权中做到到位不越位、尽职不失职，努力为我县经济社会又快又好地发展创造良好环境。

二、不断丰富代表活动，充分发挥代表作用

要积极探索完善人大常委会组成人员和“一府两院”联系代表、代表联系选举单位和选民制度，认真听取和采纳代表的意见建议。要大力帮助乡镇人大主席团开展工作，把监督工作延伸到最基层。要进一步丰富代表活动，组织代表参加执法检查、工作视察、专题调研等活动，积极为代表知情知政、履行职责创造条件、提供服务。要进一步加大代表议案、建议批评和意见办理工作力度，努力提高办结率和代表满意率，促进广大人民群众关心的热点难点问题尽快得到解决。

三、不断加强自身建设，努力提高履职能力

加强自身建设是一个永恒的课题。要继续深入学习领会党的十八大和中央经济工作会议精神，把学习科学发展观和党的重要理论成果与学习宪法和法律法规知识、市场经济知识结合起来，不断提高人大常委会组成人员及人大机关干部的政治理论水平和依法履职能力。要切实抓好作风建设和机关效能建设，扎实开展群众路线教育实践活动，以昂扬的精神状态、务实的工作作风，真正为群众解难事、做好事、办实事。要认真总结新经验，积极探索新思路，努力提高做好工作的能力和水平，通过扎实创新的工作，开创我县人大工作新局面。

各位代表，党的十八大为我们描绘了新蓝图，树立了新目标，指明了新方向。让我们在中共平山县委的正确领导下，高举中国特色社会主义伟大旗帜，以邓小平理论、“三个代表”

重要思想和科学发展观为指导，进一步解放思想，开拓创新，锐意进取，奋力拼搏，为早日实现“科学发展、富民强县”和建设西柏坡市的目标而努力奋斗！

平山县人民代表大会常务委员会工作报告

——2014年1月24日在平山县第十五届人民代表大会第四次会议上

平山县人大常委会主任　张大平

各位代表：

我受县人大常委会委托，向大会报告一年来的主要工作，请予审议。

刚刚过去的2013年，是我县经济社会发展面临严峻挑战的一年。新一届县委团结带领全县干部群众，大力弘扬“激情创业、和谐共事、争先作为、实干建市”的平山时代精神，经受住了经济增长动力不足、生态环境制约趋紧等严峻考验，县城建设有了新突破，招商引资实现了大发展，民生事业取得了新成就。

一年来，县人大常委会在县委的正确领导下，深入贯彻落实中央和省市一系列决策部署，坚持党的领导、人民当家作主和依法治国的有机统一，认真履行宪法和法律赋予的各项职责，较好地完成了各项目标任务，为促进全县经济社会持续稳定健康发展做出了积极努力。

一、围绕中心，推动县委重大决策部署贯彻落实

围绕经济转型升级推动落实。常委会聚焦发展第一要务，以项目建设为重点，积极开展视察调研，推动我县经济转型升级。为实施工业强县战略，组织视察了发展改革局项目建设情况，听取和审议县工信局工业项目建设工作汇报，支持政府强力推进项目建设和工业升级。为促进全县经济结构转型，听取和审议县文广新局“古都中山国圣地西柏坡”文化品牌建设工作汇报、县旅游局工作汇报，要求两个部门联起手来，相互协作，倾力打造一批在全国、全世界都叫得响的知名文化旅游产业品牌项目，不断提高文化旅游产业在产业结构中的比重。县人大常委会积极参与全县文化建设，牵头成立了平山县中山文化研究会，并创建会刊《中山春秋》。同时，协助县文广新局积极申办“中山国国家遗址公园”项目，目前，该项目已经省政府批准，为进一步发展壮大我县文化旅游产业，打下了坚实基础。为促进县域经济协调发展，认真研究讨论市人大“关于加快实施中东西三大区域经济协调发展战略的决议”，专题调研特色农业，督促加大招商力度，建议以招商引资和项目建设为抓手，加速产业聚集，努力把我县经济做大做强。

围绕建设中等城市监督助力。把县城做大做强是省委八届五次会议提出四大攻坚战之一。我们及时组织代表、委员就县城建设进行了调研，提出了要强化县城规划的刚性以及县城建设要“南延北拓”的发展思路。县政府积极采纳，适时做出了“城镇建设三年上水平出品位”

的重大决策和建设平山新区的重大战略。为加快推进城市建设，常委会积极发挥经验丰富、情况熟悉的自身优势，积极参与旧城改造及拆迁工作。目前，常委会各位主任主抓的丽水湾小区已基本完工，成为全县环境最优美的居民小区之一；南关村拆迁顺利进行，正在建设；孟贤壁改造和钢城路南延等工程也接近尾声，为进一步拓展县城发展空间奠定了良好基础。针对县城建设资金不足的实际问题，我们就成立城投公司的可行性、发展前景等进行了深入调研，给予有力支持，推动了城投公司的成立及健康运行。8 月份和 10 月份石家庄市人大常委会副主任楚行宇带领市人大督导组两次到我县就县城建设进行调研和督导，实地查看了我县城市建设现状，对我县城市建设给予充分肯定。9 月份，我县被省政府评为省级园林城市。常委会还向全县人大代表发出了“万众一心，众志成城，全力以赴投身城镇建设上水平出品位攻坚战”的倡议书，号召全县人民积极支持县城做大做强做美。

围绕改善“两个环境”积极作为。发展环境和生态环境事关全县经济社会发展大局，是广大人民群众关注的大事。4 月份，常委会专题听取和审议县政府两个环境建设工作汇报，10 月和 12 月份，分别听取旅游局和交通局环境综合整治工作汇报，建议县政府及相关部门要切实增强责任感，以钢铁般的意志优化发展环境。为大力优化旅游环境，常委会组织驼梁景区管委会及交通、房管、规划、旅游等多个部门对驼梁景区旅游路沿途环境和建筑市场进行大力度整治，景区环境得到明显改善。为进一步改善生态环境，联合政协共同对护林防火、植树造林、水利工程建设及防汛工作进行视察调研，提出要造林防火两不误，防洪建设两不误，确保全县生态环境持续改善。积极配合市人大对我县大气污染防治工作进行视察，建议县政府严格按照全市总体部署，不折不扣地将各项整改措施落到实处。县政府积极作为，采取有力措施，强力治理大气污染，全县大气质量明显改善，市人大领导对我县大气污染防治工作给予充分肯定。常委会还组织代表开展了“我为大气污染防治做贡献”活动，号召全县人民为保护我县天蓝、水净、地绿、山青的生态环境做贡献。

二、围绕中心，切实加强监督工作

常委会始终把工作监督和法律监督作为工作重点，紧紧围绕事关全局和民生的重大问题，加大监督力度，提高监督实效。

保障经济平稳运行。加强国民经济和社会发展计划以及财政预算执行情况的监督，保障经济平稳运行是人大及其常委会的重点工作。主任会议专门听取国税、地税两个部门 2013 年上半年税收完成情况汇报。常委会会议专题听取和审议 2013 年上半年国民经济计划执行情况和财政预算工作汇报。要求财税部门切实强化财税征管，继续加强对房地产行业进行清理整顿；严格执行财政预算，勤俭办事、厉行节约，积极支持低碳、环保、文化、旅游等新兴产业，推动经济结构转型升级。12 月份，组织预算审查委员会对全县财政预算工作进行深入调研，并在第十五次常委会上批准了《县政府 2013 年财政预算调整工作报告》，通过《县人大常委会关于加强预算审查监督工作的决定》，为进一步提高预算的刚性打下了基础。为充分发挥审计监督作用，听取和审议了县政府 2012 年预算审计报告，要求加强对重点预算部门、重点建设项目、民生工程和专项资金的跟踪审计监督，特别是加强对查出问题的整改落实，确保整改效果，切实保证我县经济社会平稳运行。

着力促进民生改善。保障和改善民生，努力为广大人民群众排忧解难是人大及其常委会义不容辞的责任。近年来，随着县城建设的快速推进，县城人口急剧增长，群众消费、上学、就医等社会问题日益突出。针对县城市场建设，组织部分委员代表视察了宝联商城、365生活超市经营情况和部分酒类专营店，要求商务部门要结合县城建设实际，合理布局商业网点，加强货源供需监控，保证商品不断档、高质量，打造老百姓放心的购物环境。针对上学难的问题，主任会议听取县教育局学校建设工作汇报，县人大教科文卫委就县城中小学校布局进行了专题调研，在掌握第一手材料的基础上建议县政府科学规划、合理布局，加大投入、强化管理，扎实做好学校建设和教育管理工作，努力使我县的教育环境、教育质量进一步优化提升。针对社会养老问题，听取县人力资源社会保障局关于我县城乡居民社会养老保险工作汇报。要求进一步加大宣传力度，不断提高参保率。同时，要加强资金监管，提高服务水平，最大限度地方便群众。针对就医难的问题，专门听取县卫生局关于乡村两级卫生事业发展及新建县医院搬迁进展情况汇报，建议要科学布局医疗网点，加快县医院搬迁速度，积极引进专业人才，不断推进我县医疗卫生事业的快速发展，真正满足人民群众的就医需求。一年来，常委会还围绕县城供水、集中供热、治安防范、人口健康等群众关心的热点难点问题，积极开展工作监督，提出了切实可行的意见建议。县政府认真采纳常委会的意见建议，积极做好相关工作，有效解决了一批民生问题。

深入开展法律监督。为保证法律法规的贯彻实施，配合市人大对《中华人民共和国统计法》实施情况进行了执法检查。为促进司法公正，认真听取和审议县法院执行工作汇报，要求县法院认真抓好审判执行工作的每一个环节，以事实为依据，以法律为准绳，做到依法依规、公平公正。同时，常委会还任命了48名人民陪审员，为人民群众参加审判活动，参与司法监督提供了良好平台。为净化干部队伍，优化发展环境，听取和审议县检察院预防和惩治职务犯罪工作汇报，建议要始终保持对渎职、侵权等犯罪行为的高压态势，更加注重从源头上防治腐败。为充分发挥人民检察院的职能作用，根据相关法律规定，常委会作出了《关于加强检察建议工作的决议》，为检察建议更好地落实打下了基础。县法院、县检察院自觉接受人大监督，保持经常性业务沟通，依法规范和加强了各项工作，为经济社会发展提供了有力的司法保障。

积极维护社会稳定。认真贯彻落实《信访工作条例》，专门设立人大信访工作办公室，热情接待来信来访，切实做好息诉罢访工作。坚持常委会领导包项目包案件制度，几位主任带着感情和责任深入群众，了解情况，积极化解疑难纠纷，督促解决了东街、南关、北街拆迁改造中的许多热点难点问题。同时，信访办积极参与全县维稳工作，加强同政法工委和信访局、法院等单位的联系沟通，共同分析案情，齐心化解矛盾，收到了明显效果。2013年，共收到群众来信来访156件，省、市人大转办信访案件14件，重点督办案件15件次，协调解决了东街村民与职教中心占地等一批涉法涉诉疑难案件，为维护全县发展稳定大局做出了积极努力。

三、围绕中心，强化民主政治建设

常委会尊重代表主体地位，积极支持和保障代表依法履职，注重依靠广大代表，扎实推进我县民主政治建设。

不断深化代表工作。以发挥代表主体作用为重点，组织开展专题学习培训活动，组织我县市人大代表分4批参加了市人大举办的代表培训班，进一步明确代表的权利和义务，规范代表的履职行为。继续坚持开展常委会领导走访代表活动，加强和乡镇人大主席团的联系，及时征求广大代表意见建议；定期寄送人大简讯、公报，订阅《石家庄人大》《中国人大》等杂志，拓宽代表知情知政渠道。坚持组织代表参加相关视察调研活动，并有重点地组织代表参与旁听法院庭审等活动，不断增强代表的责任感和积极性。9月份，我们还协助市人大就如何发挥兼职委员作用进行专题调研，取得了很好效果。

加强代表建议督办工作。认真督办议案建议批评和意见，是人大常委会发挥监督作用的重要渠道。9月份，主任会议认真听取县政府关于代表意见建议办理情况汇报。建议县政府和承办部门要进一步抓好建议督办，特别是抓好代表建议的落实和答复两个环节，彻底扭转重交办轻督办、重解释轻落实的不良局面。截至2013年底，收到的72件建议已全部办复，答复规范化率100%，代表满意率达96%以上。广大代表和群众关心的县城环境治理、社会养老保险、基础医疗服务、道路交通建设等问题大都得到较好解决，部分暂时没有解决的正在积极制订规划、稳步推进。

依法做好任免和选举工作。常委会始终坚持党管干部和依法任免的有机统一，坚持实施任前法律知识考试，任中表态发言，不断提高被任命人员的法律素质和公仆意识、责任意识；同时，为加强对任命人员的任后监督，常委会创新工作，对政府新任职副县长分批开展述职评议，有效提高了政府组成人员的法律意识和民主意识。今年以来共任免干部20名，对3名副县长进行述职评议。根据市委要求和法律规定，组织召开了第十五届人民代表大会第三次会议，选举董晓航为平山县人民政府县长，为我县经济社会健康稳定发展提供了强有力的组织保障。

四、围绕中心，不断加强自身建设

自身净、自身正、自身强，才能更好地监督支持“一府两院”的工作。常委会坚持不懈地加强自身建设，努力提高做好工作的能力和水平。

切实加强思想建设。思想是行动的先导。要保持正确的政治方向，思想建设必须常抓不懈。常委会机关全体干部认真学习党的十八大和习近平总书记一系列重要讲话精神，深刻领会十八届三中全会提出的新论断、新任务、新举措，积极开展群众路线教育、解放思想大讨论、加强基层建设年等主题活动，切实把思想和行动统一到中央和省、市、县委的决策部署上来，进一步增强常委会组成人员的政治意识、大局意识和责任意识。

着力提升履职能力。为进一步增强履职能力，常委会组织机关干部通过业务培训、法律知识考试等形式，强化对《宪法》《地方组织法》《代表法》《监督法》等法律法规的学习，进一步增强对人民代表大会制度的认识。认真落实市委人大工作会议精神和县委《关于进一步加强人大工作的决定》，合理调整机构设置，理顺关系，加强沟通，提高效率，为进一步开创人大工作新局面提供了组织保证。市委、市人大对我县贯彻落实市委人大工作会议和市委决定精神情况进行专项督查，对我县取得的成绩给予充分肯定。

积极转变工作作风。不折不扣地落实中央八项规定和整治“四风”问题等有关要求，始终保持艰苦朴素，勤奋为民的工作作风。深入开展“三带三情”下访解难专项行动，帮助群众解决生产生活中的问题和困难。人大机关驻村干部刘国平被评为河北省基层建设年活动先进个人、马晓波被评为市级先进个人。为进一步改进作风，及时组织机关干部联系自己的思想和工作实际，重点查找存在的问题和不足，自我教育、自我提高、自我完善。通过开展一系列活动，机关干部职工的精神面貌、队伍形象和干部作风焕然一新。

各位代表，一年来，常委会各项工作取得了一定成绩，这是县委正确领导的结果，是广大人民群众及各位代表积极支持的结果。在此，我代表县人大常委会向各位代表并通过你们向全县人民表示衷心的感谢！在肯定成绩的同时，我们也清醒地认识到，我们的工作同党和广大人民群众的期望还有许多不足，主要是监督方式需要进一步创新；代表工作还需进一步加强；常委会自身建设还有待进一步提高等。对这些问题，在今后的工作中，我们要认真研究并加以改进，努力使人大及其常委会的工作提高到一个新水平。

各位代表，2014年是全面贯彻落实党的十八届三中全会精神、全面深化改革的第一年，是实现“十二五”规划的关键一年。新的一年，常委会工作总的要求是，在县委的领导下，全面贯彻落实党的十八届三中全会、中央经济工作会议和省、市、县委一系列会议精神，以科学发展观为指导，紧紧围绕全县工作大局和广大人民群众最关心、最直接、最现实的利益问题，认真履行宪法和法律赋予的职责，不断加大监督力度，切实增强监督实效，努力为全县经济社会更好更快发展做出积极贡献。

一、解放思想、创新方式，务求监督实效

十八届三中全会提出要“推动人民代表大会制度与时俱进”“推进人民代表大会制度理论和实践创新”，这就要求我们必须打开“解放思想”这个阀门，冲破“利益固化”这个藩篱，解决“不善创新”这个难题，才能使人大工作常做常新，更加符合实际和人民群众的期待。要紧紧围绕县委、政府中心工作，按照《监督法》的要求，积极开展工作评议、专题询问、跟踪监督等更有力度的监督形式，增强监督工作的针对性和实效性。

二、丰富活动，强化沟通，激发代表活力

要尽可能多地组织代表参加执法检查、工作视察、专题调研等活动，为代表知情知政、履行职责创造条件、提供服务。要进一步完善人大常委会组成人员和“一府两院”联系代表、代表联系选举单位和选民制度，探索设立代表活动室，代表活动日等联系方式，认真听取和采纳代表的意见建议。要进一步加大代表议案、建议批评和意见办理工作力度，努力提高办结率和代表满意率，促进广大人民群众关心的热点难点问题尽快得到解决。

三、改进作风，联系群众，提升自身水平

要进一步学深学透十八届三中全会精神和习近平总书记一系列重要讲话精神，用党的最新理论成果武装自己。要严格按照中央改进工作作风、密切联系群众的八项规定的要求，联系自己思想工作实际，着力查找自身存在的“四风”问题。要扎实开展群众路线教育实践活动，积极开展批评与自我批评，做到自我教育、自我提高、自我完善，以昂扬的精神状态、务实的工作作风，真正为群众解难事、做好事、办实事。要认真总结人大工作新经验，积极探索监督工作新思路，努力提高做好工作的能力和水平，通过扎实创新的工作，开创我县人大工作新局面。

各位代表，党的十八届三中全会吹响了全面深化改革的号角，为我们勾画了美好蓝图，指明了前进方向，让我们在中共平山县委的正确领导下，高举中国特色社会主义伟大旗帜，以邓小平理论、“三个代表”重要思想和科学发展观为指导，进一步解放思想，锐意改革，开拓进取，奋力拼搏，为早日建成“生态、富裕、文明、和谐”的中等城市而努力奋斗！

平山县人民代表大会常务委员会工作报告

——2015年3月3日在平山县第十五届人民代表大会第五次会议上

平山县人大常委会主任 张大平

各位代表：

我受县人大常委会委托，向大会报告一年来的主要工作，请予审议。

2014年是我县经济社会发展进程中极不寻常的一年。面对复杂多变的经济形势和大气污染治理的艰巨任务，全县人民在县委的带领下，紧紧围绕转型升级、跨越赶超、绿色崛起和建设中等城市的目标，积极抓项目、促发展、惠民生，全县经济社会呈现出经济企稳向好，项目强势推进，城建加快发展，社会和谐稳定的良好局面。

一年来，县人大常委会在县委的正确领导下，深入贯彻落实党的十八届三中、四中全会精神和省、市委一系列重大决策部署，坚持党的领导、人民当家做主和依法治国的有机统一，围绕中心、服务大局，认真履行宪法和法律赋予的各项职责，充分发挥地方国家权力机关作用，为推动全县经济社会持续稳定发展做出了积极努力。

一、围绕中心，推动全县经济和社会事业稳定发展

常委会坚持围绕中心、服务大局，充分发挥自身作用，积极参与中心工作，努力保障民生和其他社会事业又好又快发展。

着力推动经济转型。受大气污染防治、淘汰落后产能等不利因素影响，我县经济形势异常严峻，产业结构转型升级势在必行。为推动转型升级取得新突破、项目建设取得新进展，常委会专题听取和审议县政府项目建设情况汇报和“两个环境建设”工作汇报，要求政府有关部门强化服务意识、加大招商力度，有针对性地帮助企业解决困难和问题，大力引进一批带动力强、发展前景好、环保高效的好项目。县政府利用拆除水泥企业置换的土地资源，谋划了占地5平方公里的西柏坡绿色产业经济开发区，吸引了嫦娥奔月科技城、香港瑞鑫新材料等一批高新技术项目签约，为推动我县产业结构调整奠定了坚实基础。为促进现代农业快速发展，听取和审议县农牧局现代农业发展情况汇报，建议充分利用市场化手段，重点发展规模经营，形成一批现代高效农业园区。县政府高度重视，制定了扶持农业园区发展的具体措施，培育发展了葫芦峪、生态谷、金鑫乳业等龙头企业。大吾生态谷旅游项目被列为省重点项目，葫芦峪农业开发园区作为农业开发典型在全省推广。这些项目的进一步发展壮大为我县经济结构调整注入了活力，成为加快转型升级、绿色崛起的强有力引擎。

我县旅游文化资源丰富，发展旅游文化服务产业是调整产业结构的必然选择。为进一步做大做强旅游文化产业，组织视察了全县旅游业发展现状，主动邀请市人大有关领导到我县视察旅游工作，为全县旅游业发展献计献策。旅游局认真抓好落实，大力整合我县旅游文化资源，积极引进大企业、大集团参与旅游开发，全面提升景区品位，涌现出一批品位高、服务好、环境优美的新旅游景区，去年我县先后荣获“中国最美文化生态旅游名县”“美丽中国十佳旅游县”等国家级殊荣。

积极支持县城建设。一是在广泛调研论证的基础上，及时召开常委会会议，审查批准了《平山县城乡总体规划（2013—2030）》。同时，要求政府部门强化规划意识，加大对各类违规建设项目的查处力度，坚决维护规划的严肃性、权威性。二是为推进城市建设上水平、出品位，听取县住建局县城建设工作汇报，建议狠抓城中村改造、县城容貌综合治理和建筑市场管理，特别是要尽快打通断头路，宽开旧城街道，为县城发展延伸空间。三是为切实解决县城建设融资难题，在深入调研城投公司运行情况的基础上，建议城投公司进一步解放思想，更新观念，拓宽融资渠道，加大融资力度，想方设法融纳八方资金，为县城基础设施建设提供充足的资金支持。四是常委会各位主任发挥经验丰富、情况熟悉的优势，积极参与支持旧城改造工作。目前，常委会领导分包的南关村拆迁改造、钢城路南延、丽水湾高速路两侧绿化等项目基本完成。特别是革命历史文化园建设项目进展顺利，完成了园区总体规划、纪念碑设计和烈士名录征集工作。常委会还积极和市人大沟通，争取石家庄市第一届人民代表大会会址复原选址我县，选址的基本情况已报市人大常委会。

切实关注民生热点。关注民生热点，积极为广大人民群众解决实际问题是我们工作的重中之重。随着县城人口的不断增长，县城适龄儿童入园难、上学难的问题日益突出。县人大常委会组织部分委员代表，对县城小学幼儿园逐个走访，实地掌握学校规模、学生人数，并召集教育局、规划局、住建局及部分开发商进行了座谈，撰写了《关于城区小学布局的调研报告》，县委、政府高度重视，及时将教育局纳入县规委会成员，对规模较大的新建小区提出配建小学幼儿园的要求。教育局对中小学幼儿园布局进行了重新规划，扩建了部分原有学校，正在筹划建设几所新的学校，县城居民上学难的问题正在逐步缓解。

近几年，农村专业合作社发展迅速，群众反映有的农村专业合作社不务正业，沦为非法吸储的工具。常委会认为这个问题如果属实，将极大损害群众利益，也会为社会稳定带来无穷后患。为了解真实情况，常委会对全县部分农业专业合作社进行了暗访调查，将调查到的情况及时报告县委、政府主要领导。由于我县提前控制、及时提醒，群众损失降到了最低。县城居民饮水安全始终是常委会关注的重点问题。为切实保障县城居民饮水安全，组织视察了县城饮用水水源地保护情况，要求政府制定城市饮用水水源地保护方案，确保饮用水安全。截至目前，王母村县城饮用水水源地保护区与20余户村民签订协议，保护区面积达到160亩，有效保障了县城居民饮水安全。一年来，常委会还围绕集中供热、城镇低保、公交运行、便民服务等群众关心的热点难点问题，开展视察调研，提出意见建议，解决了一批民生问题。

二、服务大局，扎实开展各项监督工作

常委会以服务全县经济发展大局为抓手，以推进民主法治建设为重点，扎实开展工作监督和法律监督。

维护经济秩序稳定。维护财经秩序安全、保障经济平稳运行是人大及其常委会的重要职责。为准确掌握全县经济运行和财政预算执行情况，一是加强跟踪监督。认真落实常委会《关于加强预算审查监督工作的决定》，坚持每季度听取一次预算执行情况汇报，了解存在的问题，及时提出意见建议，保障经济秩序稳定。二是听取专项汇报。主任会议专门听取国税、地税两个部门税收完成情况汇报。常委会专题听取和审议国民经济计划执行情况和财政预算工作汇报。要求财税部门坚决执行勤俭节约、反对浪费相关规定，从严控制预算追加，积极防范财政风险，确保财政资金发挥最大效益。三是发挥审计监督作用。听取和审议县政府2013年预算审计报告，要求把审计监督贯穿预算管理全过程，维护预算的权威性和严肃性。特别是加大对临时性大额资金的跟踪审计，确保财政资金安全，保障预算顺利执行。四是对专项资金进行检查。通过听取汇报、查看账目、随机走访等形式，对优抚、扶贫资金使用情况进行了专项监督检查，全面了解优抚、扶贫资金运行情况，提出了科学合理的意见建议，为促进专项资金依法规范、安全有效、及时足额落实起到了积极作用。

切实加强法律监督。常委会配合市人大就旅游市场经营秩序、旅游纠纷处理、强迫游客消费等问题，对《中华人民共和国旅游法》实施情况进行了执法检查，提出了强化旅游市场监管，综合整治景区及周边区域治安、交通、环境卫生以及食品安全，为广大游客营造舒适安全的游览环境等建议。针对私采滥挖矿产资源现象，对《矿产资源法》实施情况进行了检查，就矿产资源开发管理、大气污染防治和矿山环境治理提出了合理的意见建议。为促进司法公正，让人民群众在每一个司法案件中都感受到公平正义，常委会定期组织代表委员旁听法院审判活动，积极与法、检两院沟通交流、分析案情，努力做到公平、公正、公开。同时，为加强基层法庭人民陪审员队伍建设，协调组织部、纪检委对拟任命的人民陪审员进行筛选，依法任命了126名政治素质高、法律意识强、有较高群众基础的人民陪审员，为人民群众参与审判活动和司法监督提供了良好平台，有力推进了我县民主法治进程。

常委会还积极参与省市人大的立法活动，配合全国人大港澳基本法委员会和省市人大，对有关法律法规的修订，进行了调研，提出了具体的修改建议。

扎实做好信访工作。人大机关是社情民意机关，人大代表是联系群众的桥梁，群众有难事经常到人大反映。常委会坚持领导约访接访制度，充分发挥信访办公室的作用，热情接待来信来访，积极化解疑难纠纷，扎实做好息诉罢访工作。几位主任扎实践行群众路线，带着感情、真情和责任，深入联系点，摸实情、理思路、想办法，协调解决了北马冢村稳定发展问题、东街村与职教中心占地纠纷及南关村、孟贤壁村拆迁改造过程中的矛盾纠纷。信访办加强同“一府两院”的沟通联系，及时转办、交办信访案件，加大案件督办力度，全年共转交督办群众来信来访73件次，省市人大转办案件24件次，重点督办20件次。特别是主动邀请市人大信访办到我县实地调研、听取汇报、分析症结，解决了上级人大督办、跨时12年未能解决的郝

某交通事故伤害案，达到案结事了，双方满意的效果，为维护群众利益和社会稳定做出了积极努力。

三、强化服务，深入细致做好代表工作

人大工作的主体是代表、潜力在代表、发展靠代表。常委会尊重代表主体地位，发挥代表主体作用，支持和保障代表依法履行职权，努力增强代表工作实效。

不断丰富代表活动。常委会把丰富代表活动、提高代表素质作为代表工作的重要环节来抓，不断夯实人大工作基础。一是结合群众路线教育实践活动，采取集中培训与自学相结合的方式，组织学习了十八大以来中央关于人大工作的重要论述及《代表法》《监督法》等内容，进一步明确代表的权利和义务，强化了代表对自身地位和作用的认识。二是为纪念全国人大成立60周年，深入宣传人民代表大会制度，广泛普及人大知识，积极参与市人大组织举办的纪念全国人大成立60周年征文活动和知识竞赛。我县100多名代表参加竞赛，部分代表的作品在全市获得一等奖。通过一系列的宣传教育，进一步坚定了坚持人民代表大会制度的信心和决心。三是坚持组织代表参加相关视察调研活动，及时了解全县经济社会发展动态，增强代表履职的责任感和积极性。去年，我们还组织人大代表参观了市人大代表王军旗在我县举办的珍品邮票展和著名画家陈承齐举办的“光耀太行”大型油画展，进一步丰富闭会期间的代表活动。

积极搭建履职平台。为有效改变人大代表“有组织、无阵地，有活动、不经常”的状况，常委会组织部分乡镇人大主席到晋州市、栾城县、长安区三个县市区考察学习“人大代表之家”活动室的创建工作。在此基础上，经市人大指导，我县“人大代表之家”创建工作全面铺开。截至目前，全县23个乡镇创建工作基本完成，统一制作了“人大代表之家”“人大代表联络站”标志牌，制定了开展“人大代表之家”活动五项制度和代表公示牌，还为每个活动站统一制作了“代表活动登记簿”“联系群众登记簿”“述职登记簿”“建议办理情况登记簿”等，为办好“人大代表之家”奠定了坚实基础。

认真办理代表建议。认真办理好代表意见建议是“一府两院”践行党的群众路线，主动接受群众监督的具体体现。去年人代会期间，县政府集中解答代表建议后，县人大各委办积极与承办部门沟通联系、跟踪督办、形成合力，共同推动代表建议办理。9月份，组织部分代表对建议办理情况进行了视察。主任会议听取县政府意见建议办理情况汇报，对一年来的办理工作进行点评，提出改进意见。截至到目前，收到的77件建议已全部办复，答复规范化率100%，代表满意率达95%以上。其中关于农村垃圾处理等建议得到县政府高度重视，专门出台了《平山县农村垃圾处理实施方案》，农村人居环境、农民生活品质初步得到改善。广大代表和群众关心的农村养老保险、县城环境治理、旅游市场整治、教育基础设施建设等问题大都得到较好解决，部分暂时没有解决的正在积极制定规划、稳步推进。

四、深入践行群众路线，自觉加强自身建设

打铁先要自身硬。人大及其常委会担负重要职责，肩负神圣使命，必须进一步密切联系群众，下大力改进工作作风，不断适应新形势新任务新要求。

深入开展群众路线教育实践活动。按照“照镜子、正衣冠、洗洗澡、治治病”的总要求，紧扣“为民、务实、清廉”主题，聚焦“四风”突出问题，认真组织开展群众路线教育实践活动，扎扎实实完成了学习教育、听取意见，查摆问题、开展批评，整改落实、建章立制三个环节的工作任务。常委会领导严格按照县委分工，分别深入各自联系的乡镇村进行指导，保证了乡镇教育实践活动不虚不偏不空。经过群众路线的洗礼和锻炼，人大机关党员干部的思想认识与宗旨意识明显增强，工作作风与精神风貌明显提升，党群干群关系明显改善。

切实抓好理论学习。为提升常委会理论水平和业务能力，进一步用党的先进理论武装头脑，组织党员干部深入学习了党的十八大以来的重要理论成果和习近平总书记系列讲话精神等规定篇目，特别是认真研读了十八届四中全会通过的《中共中央关于全面推进依法治国若干重大问题的决定》、习近平总书记在纪念全国人大成立60周年大会上的重要讲话、栗战书同志在中办做的《忠实践行“五个坚持”，做党性坚强的中办人》讲话等内容，不断提高理论水平，提升思想境界。积极参加全国人大举办的“县级人大常委会负责人学习班”，深入学习了习近平总书记关于完善和发展中国特色社会主义制度的重要论述，贯彻实施《选举法》《地方组织法》和地方人大工作等内容，为进一步做好人大各项工作打下了坚实基础。

扎实转变工作作风。以群众路线教育实践活动为契机，进一步加强作风建设，严格执行中央八项规定和省、市、县委相关要求，及时召开会议，研究制定了一系列措施，着力改进文风、会风。按要求清理规范办公用房、超编车辆，严格接待标准，严控三公经费，保持了清正廉洁的形象。去年，常委会依托“爱平山网”开通了“平山县人大常委会网站”，使常委会的各项工作更加透明公开。一年来，常委会组成人员和机关干部不断强化责任意识和担当意识，以敢于负责的工作态度、昂扬向上的精神状态，更加积极主动地做好分管工作，得到社会各界的一致肯定。

建立健全各项制度。制度具有根本性、长远性。常委会坚持立行立改与建章立制相结合，努力把群众路线教育实践活动成果转化为常委会今后工作的基本遵循。研究制定了《关于精简公务活动的规定》《关于严格公务活动纪律的规定》《关于厉行节约反对浪费的规定》《关于加强和改进监督工作的意见》4项制度，进一步修订完善了《县人大常委会议事规则》《主任会议议事规则》《联系代表制度》《集中学习制度》《关于预算审查监督的规定》等制度，通过指导力强的长效机制，把作风建设、队伍建设、能力建设等方面的活动成果和成功经验坚持下去，用制度管人管事，推动工作。

各位代表，一年来，常委会各项工作取得了一定成绩，这是县委正确领导的结果，是广大人民群众及各位代表积极支持的结果。在此，我代表县人大常委会向各位代表并通过你们向全县人民表示衷心的感谢！在肯定成绩的同时，我们也清醒地认识到，我们的工作同党的要求和人民的期望还有很大差距，主要是监督力度不够；代表工作不细不实；工作作风仍需进一步转变等。对这些问题，在今后的工作中，我们会认真研究并加以改进，努力把人大及其常委会的工作提高到一个新水平。

各位代表，2015年是全面完成“十二五”规划的收官之年，是全面深化改革的关键之年，也是全面推进依法治国的开局之年。新的一年，常委会工作总的要求是，在县委的领导下，全面贯彻落实党的十八届四中全会、中央经济工作会议和省、市、县委一系列会议精神，紧紧围绕县委重大决策部署，紧紧围绕全面深化改革、实施依法治国、推动绿色崛起、积极改善民生等重点工作，认真履行法定职责，敢于担当、敢于监督，为推动全县“转型升级、绿色崛起”做出积极贡献。

一、深化监督工作，在加大监督力度，增强监督实效上有新进展。监督工作涉及面很广，要紧紧抓住事关全局的重大问题、事关长远的难点问题、事关民生的热点问题作为监督工作的重点，特别是要紧紧围绕全口径预算体系，对一般公共预算、政府性基金、国有资本经营和社会保险基金开展全方位监督。要坚持问题导向，综合运用听取和审议专项报告、执法检查、开展专题询问等多种监督手段，加大监督力度，维护人大监督的权威性和严肃性。要切实加强审议意见的督办落实，组织专门力量抓跟踪、抓评估、抓问效，做到问题不解决不放过、工作不改进不放过、落实不到位不放过，确保监督工作有力度、出效果。

二、深化代表工作，在丰富代表活动，发挥代表作用上有新成效。人大代表身处联系群众的第一线和人大工作的最前沿，充分发挥代表作用，对于增强人大工作生机与活力至关重要。要把“代表之家”创建活动，作为加强和改进代表工作的重大机遇，努力把“代表之家”这个平台管好、用好，真正把代表组织起来，搞好培训、开展活动，进一步密切与基层代表、代表与选民的沟通联系。要有计划、有组织、有目的地组织代表参与视察、检查、专题调研等活动，拓宽代表知情参政渠道。要加强代表意见建议办理工作，以推动问题解决为目的，切实加强跟踪督办，对当年办不完或者办理结果不满意的建议，要结转下年继续办理，直到满意为止。

三、深化培训学习，在提高干部素质、强化法治意识上有新突破。党的十八届四中全会作出了依法治国的重大决定，新的《预算法》《环保法》于2015年1月1日颁布实施。学习贯彻十八届四中全会《决定》和一批新的法律法规是今年的紧迫任务。要邀请相关专家学者，采取分期分批集中学习的形式，对人大机关干部、市县人大代表和党政部门有关负责人进行培训，认真学习十八届四中全会精神、新预算法等有关内容，进一步提高各级干部及人大代表的思想素质和法治意识，确保依法治国基本方略和新预算法在我县得到贯彻实施。

四、深化自身建设，在保持政治坚定，强化责任担当上有新提升。要继续深学细读十八届三中、四中全会和习近平总书记系列重要讲话精神，进一步增强道路自信、理论自信、制度自信，站在政治的高度把握人大工作，确保人大工作不违法、不失误、不跑偏。要强化责任担当，敢于坚持原则，敢于“揭短亮丑”、敢于动真碰硬，不当老好人、不怕得罪人，做到瞪大眼睛找问题，拉下脸来说问题，真心实意解决问题，更好地为人民掌好权、履好职、尽好责。要保持作风建设新常态，把实践活动的成果坚持下去，持之以恒地推动作风转变，自觉做到严以修身、严以用权、严以律己，以健康向上的精神状态推动人大工作再上一个新台阶。

各位代表，党的十八届四中全会吹响了全面推进依法治国的号角。让我们在中共平山县委的正确领导下，高举中国特色社会主义伟大旗帜，以邓小平理论、“三个代表”重要思想和科学发展观为指导，主动顺应新常态、紧紧抓住新机遇，乘势而上、顺势而为，为实现转型升级、跨越赶超、绿色崛起，早日建成“生态、富裕、文明、和谐”的中等城市而努力奋斗！

平山县人民代表大会常务委员会工作报告

——2016年1月29日在平山县第十五届人民代表大会第六次会议上

平山县人大常委会主任　张大平

各位代表：

我受县人大常委会委托，向大会报告一年来的主要工作，请予审议，并请列席会议的同志提出意见。

2015年是全面推进依法治国的开局之年，也是全面完成“十二五”规划的收官之年。一年来，县人大常委会在县委的正确领导下，深入贯彻落实党的十八届三中、四中、五中全会精神和省、市委一系列重大决策部署，坚定不移地坚持党的领导、人民当家做主和依法治国的有机统一，以“三严三实”专题教育和“解放思想大讨论”为契机，围绕县委决策部署、“一府两院”重点工作和群众普遍关心的热点问题，勇于担当，主动作为，依法履职，圆满完成了县十五届人大五次会议确定的各项工作任务，为我县经济社会发展做出了积极贡献。

一、围绕县委重大决策部署，积极发挥职能作用

常委会紧紧围绕全县中心工作，切实加强对影响经济社会发展的重点工作开展监督，确保县委重大决策部署得到落实，推进我县经济平稳健康运行。

推进经济结构转型。2015年是我县调结构、促转型，实现绿色崛起的关键之年。为及时掌握全县产业结构调整和国民经济发展情况，常委会听取和审议县发展改革局2015年上半年国民经济和社会计划执行情况报告。要求充分认识当前的经济形势，紧紧围绕“转型升级、绿色崛起”目标，切实加大招商引资力度，想方设法引进绿色、环保、低碳的新兴产业项目，推动全县经济实现转型升级、绿色崛起。为推动政府部门切实转变职能，优化发展环境，增强发展活力，常委会组织部分委员、代表，深入县国土局、县工商局、县住建局、县发展改革局，对《行政许可法》贯彻实施情况进行了执法检查，实地查看了各部门审批目录，审批案卷和“三公开、三个清单”制度建设情况。要求相关部门对行政许可事项进行全面清理，该取消的取消，该下放的下放，并对保留的许可项目、工作流程、办理时限、审批结果向社会全面公开，增强了政府工作透明度，提高了办事效率和服务质量。

常委会还积极配合省市人大就农村金融改革创新和服务“三农”情况进行了视察调研，为更好地促进农业增效、农民增收和农村经济快速健康发展献计出力。

推进财政平稳运行。常委会听取和审议2014年财政决算、2015年预算执行情况的报告，要求财政部门进一步牢固树立“过苦日子、紧日子”的意识，扎实做好预算调研，科学合理安排预算，切实维护预算的权威性和严肃性。根据形势和任务变化，常委会审议批准了2015年公共财政收支调整和年度预算收入调整方案，财政审查监督得到进一步加强和改善。听取和审议2014年财政同级审计情况的报告，要求重视发挥审计监督作用，督促加强整改，落实审计建议。同时，为促进金融系统加大支持县域经济发展力度，常委会组织召开金融工作座谈会，建议金融系统以服务发展为宗旨，不断推进金融创新、积极调整信贷结构，着力提升服务水平，为推动全县经济发展和维护金融秩序稳定做贡献。

参与支持中心工作。在扎实做好本职工作的同时，常委会发扬勇于担当，敢于负责的精神，积极参与县委中心工作，牵头负责涉及全县改革发展稳定的一系列急、难、险、重问题。妥善解决了北马冢发展稳定、省重点项目大吾生态谷建设中的矛盾纠纷；组织人大办、安监局、民政局等有关部门及时参与并圆满处理了驼梁景区因特殊天气造成的意外事故；协调市地税局为观音堂乡争取帮扶资金30万元；积极参与革命历史文化园和西柏坡美丽乡村建设。各位副主任身体力行，各负其责，积极做好分管的委办工作，围绕全县经济社会发展大局开展调研，就县城房地产开发、农村合作社融资、县城中小学布局等重大问题提出了一系列符合我县实际的意见建议。

二、围绕促进民生改善，切实加强视察调研

常委会始终把民生幸福摆在重要位置，积极回应群众关切，着力推动民生问题解决。

切实关注中小学教育。教育事业涉及千家万户，关系下一代的茁壮成长。为满足县城新增居民教育需求，切实解决县城适龄儿童入园难、上学难的问题，常委会在2014年对城区学校布局调研的基础上，又专门召开常委会听取和审议县城新建及改扩建学校建设情况汇报。要求县政府科学规划城区学校布局，合理安排新建学校，建议新建住宅小区配建教育基础设施；同时，加强与各部门之间的协调，积极解决学校建设中遇到的困难和问题，确保学校工程建设顺利进行。此外，我们还积极配合市人大对学前教育工作进行了调研，要求教育行政部门加强对幼儿园的管理指导，规范办园行为，加大公办幼儿园建设力度，更好地满足群众对优质学前教育的需求。

切实关注居民医疗健康。城镇职工医疗保险和新型农村合作医疗都是党和政府为解决城乡居民“看病难、看病贵”的重要举措。为确保两项惠民政策真正惠及广大群众，专门召开常委会会议听取县卫生局新型农村合作医疗工作汇报和县人社局城镇职工医疗保险工作汇报。要求县政府及相关部门要站在对群众负责的高度，创新工作思路，严格资金管理，提升服务水平，积极与省市医疗部门沟通协调，力争做到省内所有医疗机构都能实现出院即报，让广大群众切实享受到高效便捷的医保服务。

切实关注电梯运行安全。电梯运营安全是涉及群众生命安全的大事。去年以来，全国各地曾连续发生几起电梯事故，造成人员伤亡。为保证我县电梯运行安全，避免发生意外事故，常委会组织部分委员、代表深入中天神韵、丽水湾、县医院、冶河明珠、福美嘉商场实地查看电梯的使用、运行、维护情况，检查了小区物业电梯维修保养档案，听取县质监局电梯质量安全工作汇报。要求县政府切实增强责任意识，把居民安全放在首位，扎实做好电梯安全运行工作。县政府高度重视，研究制定了《平山县电梯安全集中整治行动实施方案》，县质监局督促使用管理单位逐台检查在用电梯，努力消除安全隐患，有效保障了全县电梯的运行安全，为维护广大人民群众生命安全做出了积极贡献。

一年来，常委会还围绕移民、扶贫、集中供热、物业管理等进行视察调研，认真解决了一批群众普遍关注的热点问题。

三、围绕推进依法治县，认真履行监督职责

常委会依照宪法和法律规定，依法加强法律监督，严格进行人事任免，扎实做好信访稳定，持续推进依法治县进程。

以执法检查促依法行政。为深入贯彻十八届四中全会精神，促进政府依法行政，常委会结合省市人大安排部署，组织开展了一系列执法检查活动。4月份，配合市人大对《中华人民共和国森林法》和《河北省义务植树条例》实施情况进行执法检查，全面了解我县“一法一条例”落实情况，总结经验、发现问题，为促进我县生态环境建设，实现绿色崛起提出了合理化建议。5月份，组织开展《劳动合同法》执法检查，认真查找《劳动合同法》实施过程中存在的突出问题，为维护广大劳动者合法权益，提高劳动者社会保障水平奠定了坚实基础。为深入贯彻落实新修订的《环保法》，9月份，在省、市人大的指导下，就新《环保法》的宣传教育、执法监管、打击违法行为等情况进行检查，同时对修改完善我省环保法规提出了具体意见建议。此外，为协助省人大常委会做好《河北省旅游条例》修订工作，我们于5月底，热情接待了省人大常委会调研组，就我县旅游业发展及《河北省旅游条例》修订工作提出了意见建议，得到了省人大常委会的充分肯定。

以选举任免促民主发展。坚持充分发扬民主、严格按照程序，依法履行人事任免职责。2015年，依法任命副县长2名，政府组成部门工作人员20人，人民陪审员、检察委员16名，圆满实现了县委各项人事安排意图。按照全国人大和省市人大要求，探索建立宪法宣誓制度，积极谋划建设宪法主题广场，全面提升新任职人员忠于宪法、遵守宪法、维护宪法和运用宪法的自觉意识。

以热情接待促信访稳定。常委会把信访工作作为畅通民意渠道、维护人民利益的常态工作来抓，坚持热情接访与解决问题相结合，注重依法疏导，加大督办力度，努力为群众协调解决问题；坚持将信访问题与监督工作相结合，注意从信访案件中筛选社会热点问题开展监督，使常委会的监督工作更具针对性、时效性。一年来，共转交督办群众来信来访168件次，省市人大转办案件8件次，重点督办20件次，为维护群众利益和社会稳定发挥了积极作用。

四、围绕发挥代表作用，努力提升服务水平

常委会着眼发挥代表作用，完善代表活动载体，丰富代表活动内容，扩大代表有序参与，不断提高代表服务保障水平。

组织代表活动有亮点。常委会以提升代表素质，丰富代表活动为抓手，不断增强人大工作的生机和活力。一是抓好学习培训。为提高代表履职能力，3月份，组织部分代表参加了市人大常委会城建环资委举办的有关法律法规、业务知识培训班；4月上旬，组织县人大财经委负责人和部分市人大代表参加了市人大组织的新《预算法》专题培训。二是搞好“双联”活动。为进一步密切与群众之间的联系，常委会组织开展“双联”活动。常委会领导和县人大代表深入田间地头，农家院落，进行蹲点调研，积极与广大群众沟通交流，真正了解了群众所思所想、所求所盼。三是做好代表评议活动。根据市人大常委会安排部署，县人大常委会于10月份召开的第二十九次常委会上听取和审议部分市人大代表述职报告，现场打票，进行满意度测评，切实增强了代表依法履职的责任感和使命感。

服务代表履职有成效。自2014年开展创建“人大代表之家”以来，在常委会的精心指导下，全县23个乡镇全部建立了“人大代表之家”活动室，完善了相关制度，建立了工作台账，配全了办公设备。常委会还积极与县政府沟通协调，把乡镇“人大代表之家”活动经费列入县财政预算，为开展代表活动提供了物质保障。为扩大代表知情知政渠道，县人大常委会坚持把常委会的工作动态以公报、简讯等形式寄送至每个代表手中，同时将县人大机关刊物《中山春秋》等书刊资料赠送给“人大代表之家”活动室，供代表参阅，增强了代表的归属感、激发了代表的履职责任心和自觉性。

督办代表建议有创新。常委会对县十五届人大五次会议期间提出的68件意见建议及时整理交办，狠抓督办落实，形成了政府领导牵头，县人大相关工委与县政府督查室联合督办的新机制，有效地推动了承办工作的顺利开展。为改变重答复、轻落实的局面，县人大相关工委及时进行督查调研；常委会改变以往由主任会议听取县政府代表意见办理情况的惯例，于9月份召开第二十九次会议专题听取和审议县政府代表意见建议办理情况报告；会后，以常委会文件形式将办理情况寄送至每位代表手中，做到了件件有回应，大大激发了代表履职热情。

五、围绕转变作风，扎实抓好自身建设。

常委会以提高履职能力为抓手，着力提升常委会组成人员和机关干部的思想政治水平和业务素质能力，为人大工作创新奠定了坚实基础。

扎实开展“三严三实”专题教育活动。按照县委安排部署，巩固群众路线教育实践活动成果，深入开展“三严三实”专题教育活动，同时，紧密结合“解放思想大讨论”活动，集中开展形势政策、法律法规及人大业务知识培训，引导常委会组成人员和全体机关干部以“严”和“实”的作风，积极担当、勇于负责、认真履职，以旺盛的精力、蓬勃的朝气、无限的活力，投入工作。

切实加强机关内部建设。常委会党组认真落实“两个责任”，把纪律和规矩挺在前面，特别是把严守政治纪律和政治规矩放在第一位，持续加强党风廉政和反腐教育。组织深入学习《中国共产党廉洁自律准则》和《中国共产党纪律处分条例》，并进行了学习情况考试，教育引导党员干部在思想上、政治上、行动上始终与党中央保持高度一致，坚决维护中央权威，绝不妄议中央，保持对党的绝对忠诚。同时，为了适应新形势、新任务、新要求，常委会修订完善了会议、学习、出勤、车辆和财务管理等机关制度，确保机关有序高效运转。

着力加强乡镇人大工作。为落实中发18号文件精神，切实加强对乡镇人大工作的指导，县人大常委会出台了《关于加强乡镇人大工作的实施方案》，督促乡镇按期依法开好人民代表大会，对乡镇人代会重要环节提出了具体指导意见。积极组织乡镇人大主席参加市人大举办的乡镇人大干部培训班，提升了乡镇人大主席业务素质和工作能力。分期分批组织乡镇人大主席座谈会，交流经验，推动工作。同时，积极指导乡镇人大主席团开展代表活动、督办代表建议、搞好自身建设等具体工作，力促乡镇人大工作提上一个新水平。

各位代表，过去的几年，县人大常委会的工作取得了一定成绩，这是在县委正确领导、“一府两院”协同配合的结果，是各位人大代表、常委会委员辛勤工作的结果，是乡镇人大主席团和全县人民以及社会各界大力支持的结果。在此，我代表县人大常委会表示崇高的敬意和衷心的感谢！

回顾过去的工作，虽然取得一些成绩，但我们也清醒地看到，常委会的工作与党的要求和人民群众的期待还有不少差距。监督工作的刚性和实效性尚需进一步增强，解决民生热点问题尚需进一步努力，人大代表联系群众的途径和方式尚需进一步拓展，常委会机关的履职能力和水平尚需进一步提升。对于这些问题，要在今后工作中，认真研究并加以改进，努力把县人大及其常委会的工作提高到一个新水平。

各位代表，2016 年是实施“十三五”规划的开局之年，也是全面深化改革的重要一年。新的一年，常委会工作总的要求是，在县委的领导下，全面贯彻落实党的十八届四中、五中全会和习近平总书记系列重要讲话精神，紧紧围绕省、市、县委重大决策部署，紧紧围绕全面深化改革、实施依法治国、推动绿色崛起、积极改善民生等重点工作，认真履行法定职责，勇于担当、敢于监督，努力在全面建成小康社会、全面深化改革、全面推进依法治县进程中发挥更大作用。

1. 进一步加强和改进监督工作。要深入贯彻实施《监督法》，紧紧围绕县委、政府中心工作，特别是关系改革发展稳定大局和涉及群众切身利益，社会普遍关注的民生问题，综合运用视察调研、执法检查、评议质询等手段切实加强监督，增强监督工作的刚性和实效性。

2. 进一步加强和改进代表工作。要管好用好“人大代表之家”活动室这个平台，切实加强代表培训，不断提高代表履职能力；要把人大代表作为联系党和人民群众的桥梁和纽带，积极引导代表提出更多高质量的意见建议；要进一步加大代表意见建议办理力度，以解决问题为目标，不断提高办理质量和代表的满意率。

3. 进一步加强常委会及机关建设。要继续把加强学习放在突出位置，深入学习贯彻十八大以来党的方针政策，特别是要继续深学细读习近平总书记系列讲话精神，确保人大工作正确的政治方向。要以钉钉子的精神，巩固“三严三实”专题教育活动成果，扎实开展“解放思想大讨论”活动，持之以恒地推动作风转变，自觉做到严以修身、严以用权、严以律己，以昂扬向上的精神状态推动人大工作提上一个新水平。

各位代表，进军“十三五”的号角已经吹响，我们踏上了全面建成小康社会的新征程。让我们紧密团结在以习近平为总书记的党中央周围，高举中国特色社会主义伟大旗帜，在中共平山县委的坚强领导下，解放思想、抢抓机遇，振奋精神、埋头苦干，为实现转型升级、绿色崛起，建设生态、富裕、文明、和谐的新平山而努力奋斗！

平山县人民代表大会常务委员会工作报告

——2017年2月26日在平山县第十六届人民代表大会第一次会议上

平山县人大常委会主任　李海明

各位代表：

我受县十五届人大常委会委托，向大会报告本届常委会五年来的主要工作，请予审议。

平山县十五届人大常委会履职的五年，是我县推动经济转型升级、绿色发展，坚决打赢脱贫攻坚战，全面建设小康社会的关键五年，也是我县人民民主稳步发展、法治建设扎实推进、人大工作取得显著成绩的五年。五年来，在中共平山县委的正确领导下，县十五届人大常委会坚决维护以习近平同志为核心的党中央权威，以习近平总书记系列重要讲话为指导，深入贯彻落实党的十八大、十八届三中、四中、五中、六中全会精神，更加注重在服务大局中推动经济发展，更加注重在发展民主中维护民生，更加注重在创新履职中谋求工作实效，充分发挥了县级国家权力机关的职能作用，有力地促进了全县社会和谐稳定，经济快速发展。五年来，共召开常委会会议40次，听取和审议“一府两院”专项工作报告72项，开展执法检查15次，视察调研60次，为建设生态、富裕、文明、和谐的中等城市做出了积极贡献。

一、围绕人大重点工作，依法履行监督职责

常委会坚持从实际出发，突出监督重点，加大监督力度，增强监督实效，努力推动“一府两院”依法行政、公正司法。

（一）加强预算监督。预算审查监督是人大监督工作的重中之重。为进一步提高预算监督实效，一是批准通过《关于加强预算审查监督工作的决定》，实行每季度听取一次预算执行情况汇报，及时了解预算执行中存在的问题，并及时提出改进意见建议，确保完成人代会批准的预算方案。二是加强对财政专项资金的管理。通过听取汇报、查看账目、随机查访的形式，对优抚、扶贫等专项资金使用情况进行专项监督检查，促进专项资金依法规范及时足额落实到位。三是充分发挥预算审查委员会作用，对预算的编制、执行、调整全程监督，不断提高预算执行的力度和效益。五年来，共听取财政、税收等涉及预算方面的专项报告15项，开展专题调研5次。

（二）加强法律监督。保证宪法和法律法规在本行政区域内正确实施，是人大及其常委会的又一项重要职责。紧紧围绕“依法行政、公正司法”和法律法规实施中的突出问题，先后对《行政许可法》《安全生产法》《环保法》《律师法》等十五部法律法规的实施进行了检查，推动“一府两院”完善执法机制，改进执法工作，提高执法的水平和质量。听取审议司法局“五五”普法工作汇报，提出改进意见建议，推动普法工作顺利开展。组织部分委员代表视察县检察院工作，实地查看了检察院服务大厅、“两法”衔接办公室、办案工作区等业务功能区，要求县检察院牢记宗旨、执法为民，依法维护人民群众的切身利益。切实加强与县法院的沟通联系，组织代表参加法院庭审活动和信访听证会，了解法院办案程序，监督县法院恪尽职守、公正执法，真正让广大人民群众在每一个司法案件中都感受到公平正义。

（三）依法行使人事任免权。常委会坚持党管干部和依法任免相结合的原则，进一步规范提名审查、法律考试、任免公布等程序，严格依法进行人事任免。为进一步加强任后监督，常委会通过听取述职报告、视察工作和听取群众意见等形式，全面了解被任命干部的工作情况，把干部监督贯穿于经常性工作之中，促进被任命人员依法行政，勤勉工作。五年来，共依法选举和任免“一府两院”工作人员15批次，118人，听取3名副县长和10名局长述职报告。

（四）扎实做好信访工作。信访工作是常委会听取群众意见，了解社情民意的重要渠道。积极为人民群众排忧解难是人大常委会的重要职责。常委会高度重视信访工作，认真贯彻落实《信访工作条例》，严格规范信访工作制度和接待程序，热情接待来信来访，并切实做好息诉罢访工作。五年来，共接待来信来访673件次，督办上级人大转办案77件，对维护全县稳定、促进社会和谐起到了积极作用。常委会领导坚持约访接访制度，亲自牵头参与信访件的督办，力求信访件得到快速、有效办理。牵头处理了中山世纪广场、东街时代城上访等重点信访案件，群众诉求得到了较好解决。

二、扎实做好代表工作，夯实人大工作基础

人大代表是国家权力机关组成人员，代表工作是人大工作的基础。五年来，常委会认真组织开展代表活动，积极办理代表意见建议，代表作用得到进一步发挥。

（一）认真组织代表活动。代表活动是锻炼代表，提高能力、发挥作用的有效途径。常委会积极组织人大代表开展丰富多彩的代表活动，努力提高代表履职能力和实效。一是加强学习培训。先后3次组织部分代表参加省、市人大举办的培训班；1月10日，组织200多名县级一级预算单位主管副职和会计，各乡镇人大主席、财政所长，举办了《监督法》《预算法》培训班，通过学习培训，使广大代表和人大干部学习领会了有关法律法规和业务知识，交流了乡镇代表工作经验和履职体会。为代表订阅《中国人大》《民主与法制》《人民代表报》等有关人大工作的报纸杂志，寄送学习资料和人大工作通报，丰富代表学习内容，增强代表履职能力。二是搭建履职平台。按照市人大安排，在我县23个乡镇全部创建了“人大代表之家”活动室，制作了标志牌，制定了活动制度，统一配备了“代表活动登记簿”“联系群众登记簿”“述职登记簿”“建议办理情况登记簿”等，积极为代表履职搭建平台，在去年市人大评选中，平山镇、回舍镇“人大代表之家”被评为市人大优秀“代表之家”。三是开展视察调研活动。五年来，常委会围绕森林防火、集中供热、物业管理、非法融资、校园安全、城市公交、食品安全、居民饮水、便民服务等组织代表进行视察调研，推动解决了一批群众普遍关注的热点问题。

（二）加大代表建议办理力度。督办好代表意见建议是人大及其常委会的重要职责。人代会期间，广泛搜集、认真归纳梳理代表提出的意见建议，及时交有关部门办理。县政府对代表提出的意见建议在人代会上进行集中答复。闭会期间，主任会议每年都要听取县政府本年度代表意见建议办理工作汇报，全面了解办理情况。为提高议案建议办理的质量和实效，对一些重要的议案建议和代表反馈不满意的议案建议，通过视察督导、现场办理、听取汇报等形式，进一步加大办理力度。比如，针对代表提出的打通丽水湾大堤断头路，整修冶河旧桥至丽水湾道路的建议，经过常委会积极督办，县政府多次召开专门会议研究解决方案，目前该工程已经进入实施阶段。针对代表提出的建设璐王公园和东川街北延工程等建议，经过常委会的积极协调催办，目前也已经全部纳入县城整体规划，其中东川街北延工程正在收尾阶段。截至目前，本届常委会收到代表意见建议351件，目前已全部按时办理答复完毕。

（三）认真做好换届选举工作。去年是全县县乡人大代表集中换届选举年，任务大、程序多、责任重。按照省市人大安排，常委会及时召开会议，研究部署我县换届选举工作。成立选举委员会，要求各乡镇党委和人大主席团要高度重视，提前准备、大力宣传、严格程序，公平公正地做好选区划分、选民登记、投票选举、结果公布等工作。通过各级选举委员严格依法、认真细致的工作，圆满完成了县乡两级人大代表换届选举工作，为十六届人民代表大会更好地履行职责，完成使命打下了坚实基础。

三、坚持关注民生，积极维护广大人民群众利益

为广大人民群众排忧解难是人大及其常委会的重要职责。五年来，始终坚持关注民生，督促解决人民群众关心的热点难点问题，积极为广大群众办实事、解难事、做好事。

（一）切实关注县城中小学教育。教育事业涉及千家万户，关系下一代茁壮成长。近年来，随着县城建设的快速发展，县城人口急剧增长，县城教育资源趋紧，为满足县城居民教育需求，切实解决县城适龄儿童入园难、上学难的问题，常委会从2014年开始，连续三年对县城学校规划布局与管理工作进行视察调研，特别是去年，组织部分常委、代表及教育局、规划局、住建局、国土局、城管局、房管办负责人对县城中小学校布局规划工作进行专题视察，听取和审议县政府关于县城学校规划布局与管理工作报告。建议县政府认真落实《石家庄市教育设施规划建设管理条例》，科学规划城区学校布局，合理安排新建学校，积极解决新建住宅小区教育配套问题。这次视察调研得到了县委、县政府主要领导的高度重视，并做出批示，要求相关部门按照县城总体规划，优化学校布局，整合教育资源。其中新建孟堡学校、南贾壁小学项目已经按照项目进度时间表进入实质性操作阶段，王子小学已建成投入使用。此外，去年我们对学前教育工作进行了调研，要求教育行政部门加强对幼儿园的管理指导，规范办园行为，加大公办幼儿园建设力度，更好地满足群众对优质学前教育的需求。

（二）切实关注县城建设。规划是城市建设的总纲。常委会在充分论证的基础上，审查批准了《平山县城乡总体规划（2013—2030）》，要求政府部门强化规划意识，加大对各类违规建设项目的查处力度，坚决维护规划的严肃性、权威性。为推进城市建设上水平、出品位，常委会听取县住建局县城建设工作汇报，建议狠抓城中村改造、县城容貌综合治理和建筑市场管理，特别是要尽快打通断头路，硬化、美化旧城街道，为县城发展延伸空间。县政府及有关部门认真落实意见建议，加快施工进度，康乐街南延、钢城路南延、南街、北街、东街等城中村道路硬化、绿化工程已全部完成，进一步提升了县城品位，方便了群众出行。

（三）切实关注电梯安全。电梯运营安全是涉及群众生命安全的大事。近年来，随着县城的快速发展，我县在用电梯数量成倍增加。为保证我县电梯运行安全，避免发生意外事故，常委会组织部分委员、代表深入中天神韵、丽水湾、县医院、冶河明珠、福美佳商场实地查看电梯的使用、运行、维护情况，检查了小区物业电梯维修保养档案，听取县质监局电梯质量安全工作汇报。要求县政府切实增强责任意识，把居民安全放在首位，扎实做好电梯安全运行工作。县政府高度重视，研究制定了《平山县电梯安全集中整治行动实施方案》，县质监局督促使用管理单位逐台检查在用电梯，努力消除安全隐患，有效保障了全县电梯的运行安全。

四、积极参与中心工作，服务经济社会发展

常委会始终坚持围绕中心、服务大局，紧紧围绕县委、政府重点工作开展活动，助推全县经济社会平稳较快发展。

（一）积极投入抗洪救灾。去年“7.19”“7.24”两次特大暴雨突袭我县。面对灾情，常委会迅速向全县各级人大代表发出《防汛救灾倡议书》，动员全县各级人大代表和机关全体工作人员，紧急行动，积极投身防汛救灾攻坚战。常委会主动与裕华区人大沟通联系，及时通报灾情，争取对口援助，短短几天就为我县捐助爱心款物20多万元。常委会机关全体干部职工自发开展捐款活动，共捐献善款1.2万元。在灾后重建中，常委会要求全县各级人大代表结合自身实际，深入开展调研，为灾后重建提出意见建议。其中高增山、马秋平等代表提出的《关于加快对冶河东岸堤坝整治工作》的建议，引起了县政府高度重视，县长亲自批示，责成水务部门抓紧研究治理，以绝后患。同时，县人大财经委加强与财政及相关部门的沟通协调，加强救灾资金监管，全程参与监督救灾资金、物资的管理使用，确保救灾资金专款专用。

（二）专题调研美丽乡村建设。美丽乡村建设，是全面建成小康社会、统筹城乡发展、促进农业农村工作上水平的有力抓手。按照省、市、县委提出的“四美”要求，先后多次组织委员代表深入平山镇西义羊村、孟堡村，大吾乡南荣村、东大吾村、东李家庄村，回舍镇南庄村，岗南镇李家庄村，西柏坡镇讲里村、梁家沟村、陈家峪村，宅北乡陈家院村等30多个乡村进行考察调研，通过实地考察、走访群众、组织乡镇村干部座谈会，共同探讨美丽乡村建设现状。针对一些乡村出现的规划设计滞后、建设资金不足、村级产业支撑不强等问题，提出了许多针对性很强的建议，要求各乡镇各部门进一步解放思想，大胆创新，充分运用现代融资方式，选准产业发展方向，凝心聚力，大胆工作，进一步加快美丽乡村建设步伐。

（三）全力支持扶贫攻坚工作。常委会先后到三汲乡、回舍镇、苏家庄乡及岗南镇泓润庄园、润众农业园区实地查看了农业光伏扶贫、产业扶贫和新民居建设。建议有关部门创新扶贫方式，因村因户施策，做到精准扶贫。常委会还及时批准《平山县政府关于农村基础设施扶贫开发项目购买服务资金列入县级财政预算的议案》，为我县打赢脱贫攻坚战提供有力的资金支持。各位主任切实加强包村结对帮扶，向回舍镇南庄村派驻了扶贫工作队，抽调15名干部与贫困户一对一结对帮扶，利用自身的资源和优势，为贫困群众提供信息、技术等方面的支持和帮助。

五、认真做好宪法宣誓工作

宪法是国家的根本大法，是治国安邦的总章程。常委会始终恪守宪法原则，大力弘扬宪法精神，坚决维护宪法权威，保证宪法宣誓工作全面有效实施。

（一）建立宪法宣誓制度。2015年7月1日，第十二届全国人民代表大会常务委员会第十五次会议表决通过实行宪法宣誓制度的决定。遵照全国、省、市人大常委会宣誓工作的有关规定，常委会审议通过《平山县人大常委会关于宪法宣誓工作实施办法》，要求各级人民代表大会及常务委员会选举或者决定任命的国家工作人员，以及各级人民政府、人民法院、人民检察院任命的国家工作人员，在就职时应当公开进行宪法宣誓，激励和教育国家工作人员忠于宪法、遵守宪法、维护宪法，加强宪法实施和监督。

（二）建设宪法宣誓广场。为认真落实好全国人大关于实施宪法宣誓制度的规定，解决大型宣誓活动场所和方便“一府两院”有关人员向宪法宣誓，常委会经过认真考察研究决定修建宪法宣誓广场。宪法宣誓广场坐落在王子村华北人民政府旧址院内，于去年3月开始谋划建设，7月19日圆满竣工。我县宪法宣誓广场的建成和投入使用，在全省县级人大实现了宪法宣誓活动有场所、常态化，对于进一步增强国家机关工作人员的使命感和责任感，提高全社会尊崇、维护宪法意识，促进宪法实施具有重大意义，也成为平山县弘扬宪法精神，彰显宪法权威的一道靓丽风景和全面推进“依法治县、依法行政”的重要里程碑。

（三）组织宪法宣誓活动。宪法宣誓广场建成后，常委会组织县政府、法院、检察院和乡镇100多人在宪法宣誓广场向宪法庄严宣誓。去年“12.4”宪法日，常委会组织司法局、工商局、药监局等20多个行政执法部门开展了宪法宣传活动，对广大国家机关工作人员进行再教育、再激励，使其永远铭记誓言、切实履行承诺，努力做宪法的忠实崇尚者、自觉遵守者和坚定捍卫者。

六、加强自身建设，不断提高人大依法履职水平

加强自身建设是提高人大及其常委会工作水平，做好各项工作的重要保证。五年来，常委会切实加强制度建设，坚持不懈抓学习，求真务实强作风，不断提升履职能力。

（一）切实加强学习。常委会始终把学习放在突出位置，深入学习习近平总书记系列重要讲话、十八大以来系列重大决策以及中央和省、市、县历次党代会精神，扎实开展党的群众路线教育实践活动、“三严三实”活动和“两学一做”学习教育，着力强化常委会及其工作机构的政治意识、大局意识、核心意识和看齐意识，确保人大工作正确的政治方向。注重法律法规和业务知识学习，为常委会组成人员和机关干部印发《人大代表履职法律法规选编》，坚持在执法检查、工作评议、听取报告等工作之前，学习相关法律法规，举办了安全生产、乡镇人大工作、换届选举等专题讲座，常委会组成人员的履职水平进一步提升，监督工作更加精准有效。

（二）完善工作制度。常委会注重依法建制、以制履权，着力在总结工作规律、创新工作机制、提高工作水平上下功夫。去年，为规范履职行为，常委会修订了《平山县人大常委会关于宪法宣誓工作实施办法》《平山县人民代表大会议事规则》《平山县人大常委会会议议事规则》《平山县人大常委会主任会议议事规则》《平山县人大常委会人事任免和监督办法》《平山县人大常委会调研、视察、执法检查工作实施办法》《平山县人大常委会关于对县人民法院法官和县人民检察院检察官开展履职评议的暂行办法》《平山县人大常委会听取和审议"一府两院"专项工作报告》《县人大代表建议、批评和意见的提出和办理的规定》《受理人民群众申诉和意见的规定》等10个规范性文件，进一步建立健全了常委会各项制度办法，使常委会工作逐步制度化、规范化，为依法行使职权，开展工作提供了制度保障。

（三）狠抓作风建设。以开展"两学一做""三严三实"和"群众路线教育活动"为契机，狠抓常委会作风建设。一是坚持求真务实。一切从实际出发，坚持说实话、办实事、求实效。不管是提出意见建议还是作出审议意见，都要讲真情，说实话，真实反映广大人民群众的呼声。二是深入调查研究。没有调查研究就没有发言权。五年来，常委会组织代表委员深入基层、深入群众，查民情、访民意、解民忧。围绕转型升级、城镇建设、社会治安管理等多项工作开展调查研究，全面掌握全县经济社会发展情况，为更好地开展工作掌握第一手资料。三是狠抓工作落实。一切工作要想取得成效关键在于抓好落实。五年来，常委会紧紧围绕县人大常委会的决议决定，督促"一府两院"按照既定目标，强化措施，落实责任，完成任务。对广大人民群众关注的热点难点和事关经济社会发展大局的问题，跟踪督办、一抓到底，督促"一府两院"解决实际问题，提高人大监督实效。特别是对分包的中心工作和重点工作，人大领导班子成员尽职尽责，靠前指挥，狠抓落实，较好地完成了任务。

各位代表，人民代表大会制度是我国的根本政治制度，必须长期坚持，不断完善；人大工作是党和国家的重要组成部分，必须围绕中心，服务发展；地方人大工作是人民代表大会制度的生动实践，必须与时俱进，开拓创新。五年来，县人大及其常委会在建设"生态、富裕、文明、和谐的中等城市"进程中，发挥了不可替代的作用。回顾五年来的工作，我们深切地体会到，做好常委会的工作，必须坚持党的领导、人民当家作主、依法治国的有机统一，坚持正确的政治方向；必须坚持服务大局，促进民生，推动科学发展，认真履行法定职责；必须坚持立足县情，求真务实，改革创新，开创人大工作新局面。

各位代表，十五届人大常委会在五年任期内，对党忠诚、为民尽责、依法履职、勤奋工作，取得了一些成绩。这些成绩的取得，是中共平山县委正确领导的结果，是全体代表和全县人民关心支持的结果，是常委会组成人员及机关工作人员辛勤工作的结果，是"一府两院"和各级各部门紧密配合的结果。在此，我代表县十五届人大常委会，向所有关心、支持人大工作的同志们、朋友们，表示衷心的感谢和崇高的敬意！

各位代表，我们平山人杰地灵，人才辈出，具有广阔的发展前景。目前我们正站在新的历史起点上，只要咬定青山不放松，心无旁骛抓发展，充分调动全县50万人民的积极性，"智者尽其谋，勇者竭其力，仁者播其惠，信者效其忠"，汇聚起"热爱家乡、建设家乡"的强大正能量，就一定能把我们的家乡建设得更美好，谱写出人民幸福生活的新篇章。人大常委会和全体人大代表要不负重托，不辱使命，紧密团结在以习近平同志为核心的党中央周围，高举中国特色社会主义伟大旗帜，在中共平山县委的坚强领导下，不忘初心、继续前行、真抓实干、开拓创新，为实现“生态、富裕、文明、和谐”中等城市的奋斗目标，全面建成小康社会做出新的更大贡献，以优异成绩迎接党的十九大胜利召开！

平山县人民代表大会常务委员会工作报告

——2018年2月3日在平山县第十六届人民代表大会第二次会议上

平山县人民代表大会常务委员会主任　焦习军

各位代表：

我受县人大常委会委托，向大会报告一年来的主要工作，并提出2018年主要工作目标，请予审议，并请列席会议的同志提出意见。

刚刚过去的2017年，是县十六届人大常委会履职的第一年，也是全面贯彻中央和省、市委加强和改进基层人大工作会议精神，推进人大工作创新发展的关键一年。2017年，县人大常委会在县委的正确领导下，深入学习贯彻党的十九大精神，坚持以习近平新时代中国特色社会主义思想为引领，坚持党的领导、人民当家作主和依法治国的有机统一，认真履行宪法和法律赋予的职责，较好地完成了各项目标任务，为促进全县经济社会持续稳定发展做出了积极努力。

一、围绕中心，强化工作监督，积极推动全县经济社会高质量发展

服务发展、推动发展是人大工作的首要任务。常委会紧扣发展这个中心，切实加大监督力度，着力推动工作落实。

推动经济转型。常委会牢固树立创新、协调、绿色、开放、共享发展理念，围绕“转型升级、绿色发展”这个主题，开展工作监督。专题听取县政府项目建设情况汇报，视察了开发区新兴产业发展情况，力推全县经济结构加速转型。县政府积极培育电子信息、节能环保、装备制造等新兴产业，中联光光纤光缆、博欧金属智能制造、泽宏科技研发基地等战略支撑项目加速兴起；大力支持敬业集团转型发展，建成了增材制造（3D）打印、法兰制造等重点项目，为我县经济高质量发展奠定了坚实基础。

发展文化旅游产业，是产业转型的重要方向。我县是文化旅游大县，首批列入创建“国家全域旅游示范区”名单。2018年，石家庄市第三届旅发大会将在我县召开。如何举办一届有气势、有品位、有特色的高水平旅游盛会，推动全县文化旅游产业高质量发展，成为常委会关注的重大问题。为此，常委会深入调研全县旅游发展情况，提出在抓好景区开发数量的基础上，深度挖掘我县历史文化资源，塑造平山旅游的文化之魂，推动我县文化旅游产业出品位、上水平、树品牌；推动实施了荣盛岗南片区风情小镇、富力国际养老基地等文化旅游项目，白鹿红崖谷、敬业黄金寨等一批新景区新景点陆续建成开放，旅游业态不断丰富。另外，中山古城国家考古遗址公园成功立项，大型纪录片《中山记忆》完成拍摄；纪录片《平山记忆》及新编河北梆子现代戏《没有共产党就没有新中国》荣获国家和省级优秀作品奖，独具平山特色的旅游文化品牌逐步形成。

维护财经秩序。为准确掌握全县财政预算执行情况，县人大财经委每季度召开一次预算执行分析会，及时了解情况，发现问题，督促有关部门进一步提高预算意识，维护预算权威。为加强经常性监督，常委会分别在8月份、12月份听取和审议县财政预决算报告，督促县政府进一步规范预决算编制，提高财政预决算的透明度。同时，常委会认真听取县政府审计问题整改情况报告，要求加大整改力度，推动问题解决，确保全县财经秩序平稳运行。去年，常委会还审查批准了《平山县2017年新增政府债务限额分配及基金预算调整方案》，全力支持全县公共设施、基础设施和民生工程建设。

促进民生改善。人民对美好生活的向往，就是我们的奋斗目标。常委会深入贯彻以人民为中心的发展理念，紧紧抓住人民最关心、最直接、最现实的利益问题，强化监督问效，让人民的获得感、幸福感、安全感更加充实，更有保障，更可持续。为切实解决县城中小学“入学难”问题，常委会专题听取教育工作汇报，推动加快县城中小学布局、调整、建设步伐。为避免和减少电梯意外事故，常委会视察了部分小区和商场电梯运行情况，并提出了明确的整改要求。此外，常委会还就低保社保政策落实、移民避险解困、集中供热等群众关注的热点难点问题进行监督，取得了较好的社会效果。

在认真做好监督工作的基础上，常委会按照县委安排部署，积极参与支持中心工作。一是助力脱贫攻坚。常委会各位主任积极分包贫困乡镇，指导制定脱贫规划，协调解决产业发展、基础设施建设中的具体问题。先后协调藁城区廉州镇为北冶乡黄安村筹措资金100万元；协调河北翼辰集团支持古月镇井沟村30万元，修建护村坝、出村道路等项目。派出帮扶工作组，协同回舍镇南庄村制订脱贫规划，全力打好南庄村脱贫攻坚战。全年共拓宽通村路830米，硬化村内街道15400平方米；新建避险解困用房60套，共计4200平方米，改善了贫困户居住环境。机关24名工作人员坚持结对帮扶，定期到贫困户家中了解生产生活情况，宣传脱贫政策，帮助解决生产生活中的实际困难。二是推动驼梁环境整治。国家和省、市部署“绿盾2017”专项行动以来，县委成立了驼梁环境整治专项领导小组，县人大常委会积极参与，认真谋划，协调相关部门对保护区所有违规项目，列出清单，建立台账，不断巡查，发现问题第一时间查处整改。目前，已圆满完成阶段性工作任务。三是推动县医院改革。为促进县医院良性运行，县人大常委会副主任齐明国按照县委安排，主持县医院工作，积极推动县医院改革，于12月28日与省人民医院签订合作协议，组建省人民医院平山县医院医联体，进一步改善和提升县医院医疗服务能力和技术水平。四是促进全县稳定。2017年是党的十九大召开之年，我县的信访稳定任务十分繁重。常委会各位主任按照县委安排，轮流进京信访值班；定期到分包乡镇检查指导工作；积极开展大接访活动，全年共接待来信来访98件次，督办上级人大转办案10件，为维护全县社会稳定做出了积极贡献。

二、服务大局，狠抓法律监督，加快推进全面依法治县进程

常委会支持和督促“一府两院”依法行政、公正司法，不断推进依法治县进程。

深化监察体制改革。国家监察体制改革是贯彻落实党的十九大精神的重大战略举措。常委会认真学习《全国人大常委会关于在全国各地推开国家监察体制改革试点工作的决定》，严格相关程序，抓住关键环节，积极工作，稳步推进，为依法依规做好监察体制改革工作打下了良好基础。

加强司法工作监督。依法加强对法院和检察院的工作监督。先后听取和审议县法院、县检察院工作报告，督促两院进一步完善审判和检察工作机制，重点围绕公正执法、执行难等重点工作进行督导，维护社会公平正义。常委会认真听取县“七五”普法工作汇报，要求司法局立足全县大局，开拓工作思路，创新普法宣传，努力为全面推进依法治县进程做贡献。

开展专项执法检查。按照上级要求，结合我县实际，就《预算法》《河北省预算审查监督条例》贯彻实施情况开展执法检查，推进了预算管理和预算监督工作规范化。组织开展了《水污染防治法》《河北省水污染防治条例》《大气污染防治法》和《河北省大气污染防治条例》执法检查，督促县政府及相关部门严格依法行政，保证了相关法律法规在我县得到贯彻实施。

三、搭建活动平台，提升代表素质，不断提高代表依法履职水平

常委会支持和保障代表依法履职，积极搭建履职平台，不断强化素质培训，激发代表履职热情。

全面提升代表之家。贯彻落实省委推进县乡人大工作会议精神，坚持以点带面，扎实做好“人大代表之家”和“代表联络站”面貌提升工作。打造了西柏坡镇“人大代表之家”和岗南镇李家庄“代表联络站”两个样板；组织全县23个乡镇人大主席召开“人大代表之家”和“代表联络站”面貌提升工作现场会议，统一了思想，凝聚了力量，为全县人大代表依法履职打下了坚实基础，受到市人大领导的一致肯定，被评为基层人大工作“新典型”。

着力提高代表素质。坚持定期组织培训学习。围绕全县中心工作，组织代表进行脱贫攻坚知识培训；围绕预算审查，于8月份安排了《预算法》和《河北省预算审查监督条例》培训；9月份，邀请省人大选任委副主任李建军为全体代表详细讲解了《代表法》《人大制度概述》等相关知识。通过学习，各级人大代表的履职意识、履职水平显著提高。

狠抓代表建议办理。常委会坚持把督办代表建议与推动改进工作结合起来，于9月份、12月份组织部分代表对建议办理工作进行了集中视察调研。为切实推动问题解决，主任会议和常委会会议分两次听取重点建议办理汇报，督促县政府及相关部门加大力度，抓紧落实。截至年底，县十六届人大一次会议提出的79件建议，56件已经办结，10件正在办理，3件列入部门计划，10件受客观条件限制，年内不能办理，已向代表解释说明，解决了一批代表和群众普遍关注的困难和问题。

依法做好人事任免。2017年是换届后的第一年，常委会坚持党管干部和依法任免的有机统一，于3月份对县政府提请任命的3名挂职副县长，26名政府组成人员依法进行了集中任命。常委会严格按照程序对新任命人员进行了任前法律知识考试；集中进行了宪法宣誓仪式；

对3名政府组成人员开展了任后述职评议，增强了被任命人员的法律意识和公仆意识，为更好地依法行政奠定了基础。

四、坚持党的领导，加强政治建设，不断提高自身建设水平

常委会把自身建设放在重要位置，强化理论武装，狠抓政治建设，完善工作机制，着力提升履职能力和工作水平。

坚持党的领导。党政军民学，东西南北中，党是领导一切的。常委会自觉把人大工作置于县委领导之下，紧紧围绕县委决策部署，安排部署人大工作。研究制定了《平山县人大常委会党组关于向县委报告重大事项工作制度》，凡是人大及其常委会的重要会议、重点工作、重大活动都主动及时向县委请示报告，做到思想上同心，目标上同向，行动上同步，确保人大工作沿着正确的政治方向前进。

加强思想政治建设。常委会把加强思想政治建设摆在首位，深入推进“两学一做”学习教育常态化、制度化。深入学习贯彻党的十九大精神，不断增强“四个意识”、坚定“四个自信”，切实用十九大精神武装头脑、指导实践、推动工作。常委会持之以恒落实中央八项规定精神，驰而不息纠正“四风”，进一步规范公务接待，精简会议活动，改进调查研究，坚决防止不良风气反弹，机关干部作风焕然一新。

规范完善各项制度。按照少而精、务实管用的原则，对《县人大常委会议事规则》《主任会议议事规则》《代表工作办法》等规章制度和工作人员岗位职责进行了全面修改完善，形成了用制度管人、管事、管权的长效机制。重视年轻干部的教育培养和管理使用，规范机关建设，严格制度执行，确保了机关有序高效运转。

一年来，常委会取得的成绩，是县委正确领导的结果，是常委会组成人员和全体人大代表共同努力的结果，是“一府两院”和各乡镇、各部门积极配合的结果，也是全县人民和社会各界人士大力支持的结果。在此，我谨代表县人大常委会，向所有关心、支持人大工作的，表示衷心的感谢！

看到成绩的同时，我们也清醒地认识到，常委会的工作与党和人民群众的期望相比，还有很大差距和不足，主要是自身建设还有待进一步加强；监督实效仍需进一步增强；代表建议督办力度有待进一步加大；对乡镇人大工作指导不够等。对这些问题，在今后的工作中，我们要认真研究并加以改进，努力使人大及其常委会的工作提高到一个新水平。

各位代表，2018年是贯彻党的十九大精神的开局之年，是改革开放40周年，是决胜全面建成小康社会、实施“十三五”规划承上启下的关键一年。新的一年，常委会工作总的要求是，在县委的正确领导下，全面贯彻党的十九大精神，坚持以习近平新时代中国特色社会主义思想为引领，全面落实中央经济工作会议和省、市、县委全会精神，牢牢把握高质量发展根本要求，坚持稳中求进总基调，认真贯彻落实新发展理念，紧盯“三件大事”“八大硬仗”，聚焦全县人民的诉求关切，依法履行宪法和法律赋予的职责，为促进经济社会高质量发展，尽快建成生态、富裕、文明、和谐的中等城市做出积极贡献。

第一，紧扣中心工作，创新监督方式，力求监督工作取得新成效。要围绕全县中心工作，创新监督方式，加大监督力度。紧紧抓住“扶贫成效巩固提升、全市第三届旅发大会承办、中山古城国家考古遗址公园建设”这三件大事，依法行使重大事项决定权，适时做出决议决定，及时把县委决策部署通过人民代表大会转化为人民意志，推动县委决策部署贯彻落实。紧紧围绕“结构调整、项目建设、城市建设、乡村振兴、生态建设、防范风险、维护稳定、改善民生”这八大硬仗，选准选精监督议题，广泛运用视察、调查、评议、检查等监督形式，探索实行询问、质询等刚性监督方式，加强对重点工作的监督支持，推动工作顺利开展。

——重点加大对政府全口径预算决算的审查和监督，定期听取县政府预决算执行情况、国民经济和社会发展计划执行情况报告；加强对重大事项、重大项目、专项资金的监督问效。

——围绕深化经济体制改革，支持产业结构转型升级，打好项目建设硬仗。适时对西柏坡经济开发区“一区三园”基础设施、招商政策落实、推动工业振兴等工作进行视察调研，推动我县经济社会高质量发展。

——围绕加强社会建设，支持城镇建设和社会管理。适时对道路建设、县城管理、上学难、停车难等问题开展专题视察，切实保障改善民生，提升广大人民群众幸福感。

——围绕加强生态文明建设，支持推进乡村振兴计划。适时对“四个村庄”建设，大气污染、水污染等问题开展专题询问，维护我县天蓝地绿水清的生态环境，助力全域旅游发展。

——围绕推动司法公正，维护社会公平正义。适时对监察委、法院、检察院等司法机关进行执法检查，促进公正司法，破解执行难题等问题，让人民群众在每一个司法案件中的都能感受到公平和正义。

——围绕促进依法行政，开展履职评议。进一步健全政府组成人员履职评议制度，积极探索与市委督导组、县监察委及“两办”督查室紧密结合、协调联动的履职评议办法。要全面提高履职评议实效，坚决不走过场，力戒形式主义；要坚持实事求是，确保评议结果客观实际、公正公开；要合理安排、掌握节奏，力争在本届任期内，完成对所有政府部门组成人员的履职评议，使每位政府组成人员都感受压力、增添动力，促进依法行政，推进各项工作更有成效。

第二，密切联系代表，保障代表权利，推动代表工作实现新提升。

——要进一步提升“人大代表之家”建设水平。人大代表之家是闭会期间人大代表活动的主要平台。要借鉴兄弟省市和去年的工作经验，进一步做好人大代表之家提升工作，重点打造梁家沟、天桂山、驼梁、敬业集团、泓润庄园5个代表联络站；重点提升平山镇、温塘镇、杨家桥乡、三汲乡4个代表之家，真正把基层代表平台建设好、做到位，推进闭会期间代表履职活动常态化、规范化。

——要进一步健全代表建议督办机制。本次会议召开前，县人大已对各级人大代表意见建议进行了收集整理。会后，要进一步进行梳理归类，集中转交政府办理。县人大常委会将把督办代表建议作为代表工作的重点，积极与县政府沟通协调，进一步规范办理程序，强化挂牌督办、分工督办、现场督办、跟踪督办力度，不断提升办理工作质量和实效。

——要进一步健全代表学习培训机制。加强代表培训，着力强化思想政治学习，抓好十九大精神培训，用十九大精神武装头脑，引领工作；要加强《预算法》《监察法》等法律法规知识培训，着力提高代表综合素质，不断提升依法履职的能力和水平。

——要进一步加强对乡镇人大工作的指导。建立定期沟通交流机制，定期组织业务知识培训，满足乡镇人大干部对人大工作的各种需要，提升基层人大干部的业务能力和水平。

第三，用十九大精神武装头脑，推动自身建设再上一个新水平。党的十九大确立了习近平新时代中国特色社会主义思想的历史地位，提出了面向新时代的政治宣言和行动纲领。要继续深学细读党的十九大精神，全面贯彻习近平新时代中国特色社会主义思想，以党的十九大精神引领新时代人大工作。要进一步增强政治意识，把坚决维护和捍卫习近平总书记核心地位作为最大的政治，牢固树立“四个意识”，不断增强“四个自信”，坚定政治立场、提升政治素养、强化政治担当。要切实抓好“不忘初心，牢记使命”主题教育，以昂扬的精神状态、务实的工作作风，积极探索新思路，不断提升做好工作的能力和水平，努力开创我县人大工作新局面。

各位代表，同志们，潮平岸阔风正劲，扬帆起航正逢时！党的十九大开启了全面建设社会主义现代化国家的新征程，具有光荣革命传统的平山人民创造了平山光荣的过去和现在，也必将凝聚起强大的智慧和力量，谱写出更加辉煌灿烂的未来！让我们更加紧密地团结在以习近平同志为核心的党中央周围，坚持以习近平新时代中国特色社会主义思想为统领，在中共平山县委的坚强领导下，强化政治担当，锐意开拓进取，奋发砥砺前行，为建设“生态、富裕、文明、和谐”的中等城市做出新的更大贡献！

平山县人民代表大会常务委员会工作报告

——2019年1月12日在平山县第十六届人民代表大会第三次会议上

平山县人民代表大会常务委员会主任　焦习军

各位代表：

我受平山县第十六届人大常委会委托，向大会报告一年来的主要工作，请予审议，并请列席会议的同志提出意见。

2018年工作回顾

刚刚过去的2018年，是贯彻落实党的十九大精神的开局之年，是平山发展史上波澜壮阔、雄壮激越的一年，是具有“里程碑”和“转折点”意义的一年。全县人民认真贯彻落实党中央和省、市、县委重大决策部署，全力以赴攻重点、克难题，破“瓶颈”、强基础，全县呈现出经济健康快速发展、城镇建设加速推进、民生事业持续改善、社会大局和谐稳定的良好局面。

一年来，在县委的坚强领导下，县人大常委会以习近平新时代中国特色社会主义思想和党的十九大精神为指导，深入学习贯彻习近平总书记关于坚持和完善人民代表大会制度的重要思想，紧紧围绕省、市、县委重大决策部署，依法履行宪法和法律赋予的职责，各项工作取得了新的成绩，为全县经济社会各项事业高质量发展做出了积极贡献。

一、坚持党的领导，确保人大工作正确政治方向

坚持党的领导是坚持和完善人民代表大会制度的根本。常委会坚持把党的领导贯穿于依法履职的全过程，着力推动人民代表大会制度和人大工作与时俱进。

切实提高政治站位。常委会始终把政治建设摆在首位，充分利用党组理论中心组、集体学习、学习交流会等形式，深入学习贯彻习近平新时代中国特色社会主义思想和党的十九大精神，自觉树牢“四个意识”，坚定维护以习近平同志为核心的党中央权威和集中统一领导，切实做到在理论上深刻认同、政治上坚决拥护、行动上始终紧跟。

不断强化道路自信。习近平总书记关于坚持和完善人民代表大会制度的重要思想，是做好新时代人大工作的根本遵循。常委会以承办“石家庄市学习习近平总书记关于坚持和完善人民代表大会制度的重要思想交流会”为契机，组织常委会组成人员深入学习，深刻理解“十个坚持”的丰富内涵和精神实质，进一步强化了坚持和完善人民代表大会制度的信心和决心。

自觉接受党的领导。常委会始终坚持自觉主动地接受县委领导，严格执行县人大党组向县委请示报告制度，做到整体工作及时向县委请示，重要工作及时向县委报告，阶段工作及时向县委沟通，人大与县委同心同向、同步同行，保证了人大工作沿着正确的政治方向前进。

二、坚持正确监督、有效监督，积极服务全县发展大局

推动经济社会高质量发展是全县工作的大局。常委会坚持正确监督、有效监督理念，围绕全县中心工作，紧紧抓住"三件大事""八大硬仗"，广泛运用视察、调研、评议、检查等监督形式，加强对重点工作的监督支持，推动工作顺利开展。

围绕推动经济转型升级开展监督。为掌握全县经济运行与经济结构转型情况，听取和审议县政府2018年经济社会发展计划执行和项目建设情况，并进行满意度测评；专题调研西柏坡经济开发区"一区三园"基础设施、招商政策落实、新兴产业发展等工作；视察敬业集团增材制造、中国CL建筑体系、泽宏科技等项目进展情况，着力推动经济结构转型。专题听取旅发大会筹备情况汇报、旅游路网规划建设情况汇报；视察旅发大会项目进展情况，号召全体人大代表主动参与、自觉支持、共同推进旅发大会各项筹备工作，有效助推全域旅游发展。

围绕扶贫脱贫攻坚、大气污染防治、优化营商环境，扎实开展三项联动监督。三项联动监督是省、市人大加强监督的创新之举。常委会严格按照上级要求，迅速抽调四级人大代表共447人，深入开展走访调研收集问题活动，发放问卷调查400多份，收集各类问题线索373条，归纳汇总22条，其中扶贫脱贫攻坚方面8条，大气污染防治方面7条，优化营商环境方面6条。及时将问题线索转交政府，并组织代表对整改情况进行调研视察，对住建、商务、工信、人社、卫计等部门进行评议，有力推动了扶贫脱贫攻坚、大气污染防治、优化营商环境等相关工作的落实。

围绕保障改善民生开展监督。积极回应人民群众的期盼和关切，努力把工作往老百姓身边做，往老百姓心坎上做。针对县城停车难、交通拥堵等问题，组织开展专题视察，提出了建设桥西地下停车场、改造临街停车位、打通断头路等意见建议，助力县城建设提档升级。针对县城教育资源匮乏的现状，对县城入学难和幼儿园管理等进行深入调研。针对群众就医难问题，听取和审议县医疗卫生改革情况汇报，调研乡镇卫生院运行情况，推动医疗改革成果惠及于民。认真办理群众来信来访32件起、65人次，协调解决了一批热点难点问题，提升了广大人民群众幸福感。

围绕法治建设开展监督。为加强司法工作监督，促进公平正义，今年首次对法官、检察官进行履职评议。评议小组深入法、检两院，随机抽取5名法官、3名检察官，查阅卷宗80件，旁听案件5起，回访当事人和律师20人。常委会专题听取8名法官、检察官履职报告，推动了司法干部依法履职、公正司法。加强宪法宣传教育，邀请市委党校谷建恩教授进行宪法知识培训；在宪法宣誓广场增设宣传专栏，广泛开展宣传，增强了全社会宪法意识。

一年来，常委会各部门参与全国人大和省、市人大组织的立法调研、执法检查、工作视察20余次，有力配合了上级人大工作，保证了各项法律法规在我县得到贯彻实施。

三、坚持依法决定重大事项，推动县委决策部署贯彻落实

常委会立足全局、把握大势，认真行使重大事项决定权，及时将县委决策部署通过法定程序转化成全县人民的共同意志。

审议决定重大事项。以年初人代会听取和审议“一府两院”工作报告，确定2018年经济社会发展目标为基点，常委会适时对经济社会发展中的重要问题作出决议决定。年中，听取和审议县政府2018年上半年国民经济和社会发展计划执行情况的报告、县政府预算执行情况的报告、县政府2017年决算情况的报告、县政府2017年审计工作报告。年末，审议和批准了县政府关于调整预算的报告，推动了2018年预算顺利执行，确保经济社会健康发展。

依法作出决议决定。为提高债券资金使用效益，依法作出了《平山县人大常委会关于批准平山县2018年新增政府债务限额分配及预算调整方案的决定》。为切实加强对国家利益和社会公共利益保护，作出了《平山县人大常委会关于加强检察机关提起公益诉讼工作的决定》。

规范相关制度办法。深入贯彻落实中办发〔2017〕10号文件精神和省、市、县委相关文件精神，规范行使重大事项决定权，依法通过《平山县人大及其常委会讨论决定重大事项暂行办法》。为建立全面规范、公开透明的国有资产管理制度，制定《县政府向县人大常委会报告国有资产管理情况办法》，促进了国有资产管理工作。

四、坚持依法选举任免，保障国家机关政权建设

常委会坚持党管干部原则与人大依法选举任免相统一，依法依规行使选举任免权，确保县委重要人事安排意图顺利实现。

依法进行选举任免。坚持法定程序，充分发扬民主，不断完善任前见面、民主酝酿、无记名票决、任后表态、颁发任命书等办法，严格选举任免工作。一年来，先后任免县政府组成人员和县监察委工作人员15名，为全县高质量发展提供了有力的组织保障。

认真组织宪法宣誓。恪守宪法原则，依法组织11名被任命人员进行宪法宣誓，进一步增强国家机关工作人员的宪法意识、公仆意识。

深入开展任后监督。干部任后监督，是人大任免职能的延伸。去年，常委会对5名法官、3名检察官进行了履职评议，并对县政府2名副县长进行了履职评议，有效促进了依法行政、规范从政。

五、坚持代表主体地位，有效发挥代表作用

常委会坚持尊重代表、依靠代表，不断深化活动平台建设，积极为代表履职提供保障、做好服务，努力提升工作水平。

深化提升履职平台建设。人大代表之家（站）是有效发挥代表作用的重要平台。为抓实家站建设工作，在借鉴先进地区经验的基础上，对标对表，高标准建设了温塘镇、西柏坡镇和李家庄、泓润生态园4个各具特色的精品家（站）。2018年11月，全市“人大代表之家建设现场交流会”在我县召开，我县的家（站）建设成效，受到市人大常委会主任司存喜的高度评价和与会人员的一致好评，展示了平山人大工作的良好形象。今后，将逐步对全县23个乡镇人大代表之家进行改造，实现整体提升、全面覆盖。

不断加强代表培训管理。代表素质是履职水平的基础。常委会把代表家（站）作为提升素质的课堂，定期举办培训班，对脱贫攻坚知识、《预算法》《河北省预算审查监督条例》《代表法》《人大制度概述》等进行培训学习。免费为代表订阅《中国人大》《石家庄人大》《人民代表报》等杂志，全县各级人大代表的综合素质和履职水平明显提高。深入开展"双联"活动，完善人大常委会组成人员联系代表和代表联系选民制度，建立代表履职档案。拓展参与渠道，通过邀请代表参加视察调研、列席会议等多种形式，保障了代表的知情知政权利，增强了广大代表的责任感和使命感。

办实办好人大代表建议。建立了主任会议成员牵头督办、专门委员会和工作机构分类督办、代表工委统筹督办的工作机制，切实加强与"一府两院"的沟通协调，促进了代表建议的办理落实。县十六届人大二次会议以来，代表提出的73条建议，53件已经办结，9件正在办理当中，3件列入部门计划，受客观条件限制不能办理的8件，已做了解释说明，办理质量有新的提高。

六、坚持提升自身素质，全面增强依法履职本领

新时代有新使命，完成新使命必须有新作风，常委会对照中央和省、市、县委要求，全面加强作风建设、队伍建设和能力建设，不断提高工作水平。

加强纪律作风建设。坚持把作风建设贯穿始终，严格落实中央八项规定，严格遵守《准则》和《条例》，始终把党的政治纪律和政治规矩挺在前边。深入推进"两学一做"学习教育常态化，开展机关作风整顿，促进机关工作规范化。严格对照中央和省、市、县委巡视整改反馈问题清单，扎实做好问题整改，把全面从严治党引向深入，保证人大工作的政治纪律和政治规矩不动摇、不放松。

加强队伍素质建设。把加强对外交流作为提升干部素质的重要途径，组织机关干部、人大代表带着课题外出学习，吸收借鉴先进经验。先后赴上海静安、四川夹江、重庆奉节、江苏溧阳和我市的晋州、正定、栾城等地进行考察，找差距、知不足，开阔视野、解放思想，从思想深处激发工作动力。组织学习宪法法律、人民代表大会制度理论，增强法治思维和法治意识，进一步提升人大干部队伍的综合素质。

加强乡镇人大建设。坚持邀请乡镇人大主席列席常委会及其他重要会议、重要活动；定期组织乡镇人大主席工作座谈会，密切与乡镇人大的工作联系；分期分批组织乡镇人大干部参加各级各类培训学习；加强乡镇人大规范化建设，出台了《关于加强乡镇人大工作的指导意见》；加强对乡镇人大工作的调研和指导，帮助建立健全乡镇人大的有关制度，促进了乡镇人大工作的规范化、制度化。

一年来，常委会的工作取得了一定成绩，这是县委正确领导的结果，是常委会组成人员和全体人大代表共同努力的结果，是"一府一委两院"和各乡镇、各部门积极配合的结果，也是全县人民和社会各界人士大力支持的结果。在此，我谨代表县人大常委会，向所有关心、支持人大工作的同志，表示衷心的感谢！看到成绩的同时，我们也清醒地认识到，常委会工作与党和人民群众的期望和新时代的要求相比，还存在很大差距和不足，主要是监督方式有待进一步创新；代表活动仍需进一步深化；自身素质还必须进一步提升等。对这些问题，在今后的工作中，我们要认真探索并加以改进，努力使人大及其常委会的工作适应新时代的要求，跟上新时代的步伐。

2019年工作思路

各位代表，2019年是新中国成立70周年，是习近平总书记到西柏坡考察调研6周年，也是决胜全面建成小康社会第一个百年奋斗目标的关键之年。新的一年，常委会工作总的要求是：在县委的正确领导下，坚持以习近平新时代中国特色社会主义思想为指导，全面贯彻党的十九大和十九届二中、三中全会精神，认真落实省委、市、县委全会精神，聚焦发展大局、聚焦法治建设、聚焦民生改善，依法履职、担当尽责，奋力朝着“打造市域次中心，建设生态、富裕、文明、和谐中等城市”目标迈进，以优异的成绩庆祝中华人民共和国成立70周年。

一是在加强自身建设中适应新要求。新时代、新任务对人大工作提出了新要求。要把学习习近平新时代中国特色社会主义思想摆在首位，树牢“四个意识”，坚定“四个自信”，践行“两个维护”。特别是要把习近平总书记关于坚持和完善人民代表大会制度的重要思想作为根本遵循，认真学习、学深吃透、深刻领会。要认真学习贯彻习近平总书记在庆祝改革开放40周年大会上的重要讲话精神，不断解放思想、更新观念，推动人大工作与时俱进、创新发展。要牢牢把握人大工作正确的政治方向，始终把坚持党的领导贯穿于人大工作的各方面和全过程。要强化常委会党组的组织力，发挥党组的领导作用和政治功能，坚持重大事项向县委请示，重要工作向县委报告，县委交办的任务高效完成。

二是在服务全县大局中推动新发展。要紧紧围绕“打造省会市域次中心，建设生态、富裕、文明、和谐中等城市”目标，紧扣产业发展、城乡建设、生态保护、民生事业等工作，突出重点，抓住关键，按照七个“坚定不移”的要求，从七方面开展监督工作，着力推动全局活跃、整体提升。

——围绕加快现代产业发展，强化对传统产业转型、新兴产业壮大、民营企业发展、重点项目落地等工作的视察调研，提升产业发展层次和水平，着力构建现代产业体系，不断积蓄中等城市建设的动能和势能。

——围绕推进县城建设管理，加强对城市规划、城市建设、城市风貌、城市管理等工作调查研究，适时听取相关专题汇报，推动文化县城、美丽县城、红色县城、政治县城建设，全面增强中等城市建设的能级和量级。

——围绕打造全域旅游高地，瞄准协办第四届全省旅发大会、中山古城遗址公园建设、创建国家全域旅游示范区，开展系列主题监督活动，强化监督支持，挖掘文化内涵、提升整体形象，持续提升中等城市建设的品质和品位。

——围绕巩固扶贫脱贫成效，着眼完善长效机制、增强扶贫产业带动力、激发乡村振兴新活力，深入调研视察，推动脱贫成效持续巩固，筑牢中等城市建设的基石和基础。

——围绕推动生态环境提升，针对大气污染防治、水土污染防治、综合治理修复等，开展相关法律法规执法检查，以强有力的监督举措，保护好省会西部生态屏障，全力厚植中等城市建设的优势和锐势。

——围绕全面深化改革开放，重点对行政审批、营商环境、园区建设、便民服务等进行视察调研、专题询问，推动改革开放向纵深发展，深度激发中等城市建设的动力和活力。

——围绕加大民生改善力度，持续关注入学、停车、就医、供热等问题，实实在在为群众办实事、办好事、解难事，不断满足人民对美好生活的向往，倾力共享中等城市建设的成果和成效。

三是在创新监督方式上抓出新成效。要坚持正确监督、有效监督的原则，积极学习借鉴外地先进经验，创新监督方式方法，推动监督工作实现新突破。要扎实用好视察、调查、评议、检查等常规监督形式，不走过场、不搞形式，实施精准监督。要探索实行询问、质询等刚性监督方式，加强对热点难点问题的监督力度。要全面推行预算联网监督，加大对政府全口径预算决算的审查和监督；要强化对法律法规实施情况的执法检查，推进依法行政、公正司法，确保中央和省市法律法规在我县得到贯彻实施。

四是在发挥代表作用中激发新动力。要进一步深化“人大代表之家（站）”建设，深入开展“双联双评”活动，推进闭会期间代表履职活动常态化、规范化。要进一步健全完善代表学习培训机制，加强代表培训，着力提高代表依法履职能力。要进一步健全完善代表建议督办机制，规范办理程序，强化督办力度，不断提升办理工作质量和实效。要进一步加强和改进乡镇人大工作，建立健全相关工作制度，不断提升乡镇人大工作的层次和水平。

各位代表，征程万里催快马，乘势飞上万重山！新时代的平山已经站在了新的起点，新起点、新使命、新征程！让我们更加紧密地团结在以习近平同志为核心的党中央周围，坚持以习近平新时代中国特色社会主义思想为统领，在中共平山县委的坚强领导下，不忘初心、牢记使命，担当尽责、锐意进取，奋力朝着“打造市域次中心，建设生态、富裕、文明、和谐中等城市”的目标前进，以优异的成绩庆祝中华人民共和国成立70周年！

平山县人民代表大会常务委员会工作报告

——2020年1月19日在平山县第十六届人民代表大会第四次会议上

平山县人民代表大会常务委员会主任　焦习军

各位代表：

我受平山县第十六届人大常委会委托，向大会报告一年来的主要工作，请予审议，并请列席会议的同志提出意见。

2019年工作回顾

2019年是新中国成立70周年，也是全面建成小康社会的关键之年。一年来，常委会在县委的坚强领导下，坚持以习近平新时代中国特色社会主义思想为指导，深入贯彻落实习近平总书记关于坚持和完善人民代表大会制度的重要思想，坚持党的领导、人民当家作主、依法治国有机统一，强化政治引领，践行初心使命，更加注重围绕中心、主动作为；更加注重履职为民、敢为善为；更加注重与时俱进、创新有为，圆满完成各项工作任务，为全县经济社会各项事业高质量发展做出了积极贡献。

一、坚持政治站位，在加强政治建设上更加自觉。常委会坚持以政治建设统领人大各项工作，自觉坚持县委领导，坚定不移从讲政治的高度谋划和推进人大工作。

持续强化理论武装，不断提高政治站位。常委会把深入学习贯彻习近平新时代中国特色社会主义思想作为首要政治任务，充分利用党组理论中心组、集体学习、学习交流会等形式，深入学习党的十九大和十九届二中、三中、四中全会精神，自觉树牢“四个意识”，坚决做到“两个维护”，确保在理论上深刻认同、政治上坚决拥护、行动上始终紧跟。深入学习贯彻习近平总书记关于坚持和完善人民代表大会制度的重要思想，深刻理解人民代表大会制度在国家治理体系中的重要作用，用科学的理论武装头脑，增强坚持和完善人民代表大会制度的信心和决心。

始终坚持党的领导，保证人大工作的正确政治方向。党的领导是做好人大工作的前提和保证。一年来，县委高度重视人大工作，专题听取人大党组工作汇报，对人大工作提出了更高要求。常委会自觉主动接受县委领导，严格执行县人大党组向县委请示报告制度，对年度工作计划、拟出台的制度办法等重要工作及时向县委请示；对民生实事项目、深化三项联动监督等阶段工作主动与县委沟通；对重大会议、活动等重要事项，主动向县委报告，做到人大与县委同心同向、同步同行，保证了人大工作沿着正确政治方向前进。

扎实开展“不忘初心、牢记使命”主题教育。按照第二批“不忘初心、牢记使命”主题教育统一安排部署，紧紧围绕主题主线，牢牢把握根本任务和总体要求，深入开展学习教育、调查研究、检视问题、整改落实。坚持开门搞教育，广泛征求意见建议，坚持刀刃向内，召开高质量专题民主生活会。主题教育期间，党组成员参加学习研讨 9 次，撰写心得体会 12 篇，完成调研报告 6 篇，讲党课 6 场，征求各方面意见建议 1000 多条，党组及党组成员共检视问题 97 个，制定整改措施 97 条，主题教育成效显著，做到了“理论学习有收获、思想政治受洗礼、干事创业敢担当、为民服务解难题、清正廉洁做表率”。

二、坚持围绕中心，在服务高质量发展上更加主动。常委会立足正确监督、有效监督，紧扣全县中心工作，积极回应人民关切，扎实开展工作监督。共听取审议“一府两院”专项工作报告 23 项，视察调研 12 次，配合省市人大开展调研 9 次。

倾力推动高质量发展。围绕加快工业结构转型，听取和审议计划执行情况、产业转型攻坚、优化营商环境、培育市场主体等工作报告；视察重点项目开工建设情况，着力推动工业经济转型升级。围绕农业产业结构调整，专题视察农业特色园区发展，实地查看大吾香菇基地、文都葡萄产业园，着力推动现代农业发展，加快推进乡村振兴。围绕全域旅游发展，听取县政府协办河北省第四届旅发大会情况汇报；视察中山国遗址公园建设情况；调研传统文化振兴及县剧团发展情况，推动文化和旅游高度融合，为创建全域旅游示范区打下坚实基础。

着力强化预算监督。围绕财政预算执行，听取审议县政府 2019 年预算执行情况和 2018 年决算报告、审议预算调整方案，作出相关决议决定。充分发挥预算审查委员会作用，坚持每季度听取一次预算执行情况汇报，了解存在的问题，及时提出改进意见建议。积极探索预算联网监督，按照上级要求，建立省市县预算联网平台，成立预算联网监督工作室，提升了预算监督能力和水平。听取审议《县本级预算执行和其他财政收支审计报告》，督促抓好审计整改，着力维护财经秩序平稳和《预算法》的权威。

全力促进民生改善。扎实做好民生实事项目督办。对 2019 年人代会票决产生 11 件民生实事，专题听取学校建设工程、就业服务工程、城市建设管理工作汇报；专题视察安全饮水、便民市场、供热提升等工程；深入调研体育健身、绿地游园建设等项目；专题审议县政府 2019 年度民生实事项目办理工作报告，有力推动了民生实事项目工程的实施进度。此外，常委会还针对群众关注的县城停车难、农村就医难等热点难点开展视察调研，推动解决了一批群众关注的烦心事、揪心事。

强力助推三大攻坚战。在督促防范化解重大风险方面，首次听取国有资产管理工作报告，重点审议债券资金使用方案，推动政府隐性债务风险的化解。在推进精准脱贫攻坚方面，对《河北省农村扶贫开发条例》实施情况开展执法检查，对扶贫产业后续发展进行视察，持续推动脱贫成效巩固。在推动污染防治攻坚方面，听取审议县政府生态环境目标完成情况报告，积极开展护林防火、防汛抗旱、大气污染、水污染防治视察，推动全县生态环境明显改善。

三、坚持依法治县，在推动法律实施上更加深入。常委会坚持宪法和法律至上，充分发挥人民代表大会这一根本政治制度优势，在履职监督中扎实推进依法治县进程。

加强宪法宣传。积极参与全县普法效果评估工作，督促开展“七五”普法。通过“12·4”国家宪法日、宪法专题讲座及各类新闻媒体宣传，掀起全县法治宣传热潮。严格执行宪法宣誓制度，组织新任职人员集体宣誓 30 人次，增强国家机关工作人员宪法意识，自觉维护宪法权威。

保障法律实施。围绕法律法规实施情况，对《河北省扶贫工作条例》《河北省优化营商环境条例》、大气污染防治“一法一条例”等开展执法检查，确保国家法律法规在我县得到贯彻实施。配合省市人大对《野生动物保护条例》《城市绿化条例》《城管执法条例》等法律法规开展立法调研，征求意见。加强规范性文件备案审查工作，制定规范性文件备案审查实施办法，加强规范性文件的合宪合法性审查工作。

加强司法监督。听取审议县法院执行工作报告，支持法院健全执行工作机制，依法保护群众合法权益。听取审议县检察院公益诉讼工作报告，督促检察机关进一步加大公益诉讼工作力度，切实维护公共利益。听取扫黑除恶专项斗争工作报告，发挥人大代表在平安建设、扫黑除恶等工作中的宣传、教育、引领和示范作用，共同维护社会和谐稳定。

做好人大信访工作。高度重视人大信访工作，接待群众来信来访、受理信访案件 34 件次，上级转办 5 件次，全部转交有关单位进行办理并答复本人。参加全市人大信访工作交流会，提升做好人大信访工作的能力和水平，为更好维护稳定打下坚实基础。

四、坚持代表主体地位，在服务代表工作上更加紧密。常委会坚持突出代表主体地位，支持和保障广大代表为民代言、依法履职，让代表履职有底气、聚人气、接地气、更硬气。

强化代表素质培训。坚持把加强代表培训作为提高履职能力的基础，举办为期 3 天的人大代表培训班，邀请国防大学、省社会主义学院、市委党校相关专家，对各级人大代表、专门委员会组成人员、各乡镇人大主席进行培训，增强依法履职的自信心和责任感。召开全县代表之家（站）建设现场会，各乡镇人大主席实地考察了西柏坡人大代表之家、李家庄人大代表联络站建设使用情况，增强了代表家（站）建设的主动性和自觉性。

深入开展“双联双评”活动。坚持常委会组成人员联系代表制度，每位组成人员与 3 名以上基层人大代表建立直接联系，定期参加代表之家接待日活动，了解选举单位各方面工作情况，听取各个层级代表意见建议。全面落实代表联系选民制度，鼓励和支持各级代表定期联系接待选民，就近就地参与联系选民的各类主题活动，常态化直接倾听基层民众心声。今年我县 31 名市人大代表全部进行履职评议，常委会组成人员和县人大代表在本选区进行联系接待活动 200 多场次，面向基层群众征集意见建议 900 多条，解决了一批群众关心的热点问题。

加强代表建议办理。完善代表建议办理机制，形成了主任会议交办、各委员会督办、相关部门具体承办的规范机制。对十六届人大三次会议期间提出的 46 件建议，由主任会议成员牵头，组织相关委办、相关代表进行视察督办；12 月份听取县政府 2019 年人大代表建议办理情况报告，并进行满意度测评，取得了很好效果。截至目前，交办的 46 件建议，37 件已经办结，由于各种原因暂时不能办理的 9 件，已向代表做了解释说明，办理质量和代表满意率稳步提升。

依法做好人事任免。坚持党管干部与人大依法任免有机统一，严格执行任前法律考试、任职资格审查、任职表态发言、审议投票表决、组织宪法宣誓等程序，圆满实现党委人事安排意图，全年共选举任命国家机关工作人员30名，组织宪法宣誓30人次。持续加强任后监督，依法对1名副县长和发改、民政、行政审批、医疗保障4个局长进行述职评议、满意度测评，促进了被任命人员不忘初心、牢记使命，依法行政、履职为民。

五、坚守初心使命，在提升自身建设上更加严格。常委会坚守初心，牢记使命，切实把加强自身建设放在突出位置，打牢履职尽责根基，练实干事“基本功”。

加强机关建设。把学习贯彻习近平新时代中国特色社会主义思想和党的十九届四中全会精神作为重大政治任务，紧密结合“不忘初心、牢记使命”主题教育，定期组织集中学习研讨，充分利用“学习强国”“党建云”等学习平台，全面提升机关干部政治理论水平。规范机构设置，对县人大机关内设机构职能、人员编制进行调整规范；选举产生了社会建设委员会，建立了社会建设委员会工作规则、联系制度，明确了工作机构和人员，机关整体效能进一步提升。

加强作风建设。常委会党组按照“守初心、担使命、找差距、抓落实”的总要求，对主题教育中发现的问题，扎实有效进行整改，力戒形式主义、官僚主义。强力推进机关“效能革命”，开展机关作风整顿，着力解决慵懒散问题。大兴调查研究之风。常委会主任会议成员带头调研，机关各部门深入基层群众开展调研，共完成调研报告12篇。加强党风廉政建设。严格落实党风廉政建设主体责任和监督责任，认真贯彻执行中央八项规定精神，营造良好的政治生态。

加强对外交流。信息宣传成果显著，今年以来，在《石家庄日报》《公民与法治》《河北人大通讯》《石家庄人大》等刊物发表信息文章20多篇，展现了我县人大工作的新风貌。对外交流硕果累累，全年共接待全国各地人大赴我县考察学习团队30多批次，共计485人次，扩大了我县的知名度、美誉度。同时，我们于4月份组织部分代表赴广东、浙江等地考察学习，开阔了眼界，借鉴了经验，提升了进一步做好人大工作的能力。

各位代表，常委会一年来各项工作取得的成绩，是习近平新时代中国特色社会主义思想科学指引的结果，是县委坚强领导的结果，是全体代表、常委会和专门委员会组成人员辛勤工作的结果，是“一府一委两院”密切配合、团结协作的结果，也是全县人民和社会各界充分信任、大力支持的结果。在此，我谨代表县人大常委会向大家表示崇高的敬意和衷心的感谢！

看到成绩的同时，我们也清醒地认识到，常委会的工作与党和人民群众的期望和新时代的要求相比，还存在很大差距和不足，主要是做好监督工作的思路不宽、方式不新；民生实事项目督办力度不够大；代表素质仍需提高、代表活动不够深入；自身建设仍需进一步提升等。对这些问题，在今后的工作中，我们要认真探索并加以改进，努力使人大及其常委会的工作更加务实有效。

2020年工作思路

各位代表，2020年是全面建成小康社会和“十三五”规划收官之年，做好今年的工作意义重大。新的一年，常委会工作总的要求是坚持以习近平新时代中国特色社会主义思想为指导，全面贯彻党的十九大和十九届二中、三中、四中全会精神，在县委的坚强领导下，坚持党的领导、人民当家作主、依法治国有机统一，践行党的初心使命，聚焦发展大局、聚焦法治建设、聚焦民生改善，按照“五区同创”工作思路，依法履职、担当尽责，切实将人民代表大会制度优势转化为强大的治理效能，为“打造市域副中心，建设生态、富裕、文明、和谐中等城市”做出新的更大贡献。

刚刚闭幕的县委十届七次全会，对今年全县经济社会发展作出了全面部署，思路清、作风实、措施硬、劲头足，极大地提振了全县上下大干快上的精气神，为我们做好今年各项工作指明了前进方向、明确了行动指南、增添了前进动力。县人大常委会要牢牢把握新形势新要求，努力实现新的更大作为。

一、着力提高政治站位。坚持把政治建设摆在首位，以政治建设统领人大各项建设，始终把习近平新时代中国特色社会主义思想作为人大工作的思想旗帜、理论指引、根本遵循。学深悟透习近平总书记关于坚持和完善人民代表大会制度的重要思想，树牢“四个意识”，坚定“四个自信”，坚决做到“两个维护”。始终坚持县委对人大工作的领导，坚持重大事项报告制度，坚持把县委的决策部署贯穿于人大工作实践的全过程，确保县委的主张通过法律程序转化为全县人民的共同意志和自觉行动。

二、着力服务发展大局。围绕全县高质量发展和县委中心工作主动融入、担当作为，充分发挥人大职能作用，推动县委决策落到实处。一是聚焦发展大局开展工作。贯彻县委十届七次全会精神，以创建现代化产业集聚区、高品质城市引领区、乡村振兴示范区、涵养功能支撑区、和谐幸福首善区“五区同创”为抓手，对产业提级、县城提档、乡村提速、生态提质、民生提效等开展视察调研。二是聚焦民生改善开展工作。坚持以人民为中心的发展思想，高度关注群众关切的教育、医疗、就业、出行等操心事、烦心事、揪心事，不断提升人民群众的获得感、幸福感、安全感。要深化民生实事项目人大代表票决制，推动民生实事项目人大代表票决制向乡镇一级推进。三是聚焦法治建设开展工作。深入推进预算联网监督机制，依法加强预算执行监管；完善规范性文件备案审查程序，确保各项决议决定、规章制度合宪合法。依法做好重大事项决定，及时讨论决定事关全局性、长远性的重大问题；依法加强司法监督工作，让人民群众在每一个司法案件中感受到公平正义。

三、着力发挥代表作用。坚持代表主体地位，更好发挥人大代表作用，加强与人民群众的联系，使人大及其常委会成为同人民群众密切联系的代表机关。进一步强化“代表之家（站）”建设，在抓实“代表家站”建设的基础上，抓好网上“家站”建设，实现代表工作从“面对面”到“键对键”。完善和落实代表培训、代表履职档案管理、代表小组活动、常委会组成人员联系代表、代表联系选民等各项工作制度，为代表履职创造良好条件。完善代表议案建议办理督办机制，督促有关部门加强和改进议案建议办理工作，使议案建议办理的效率更高、质量更优、代表更满意。充分发挥人大代表联系广泛、人才荟萃的优势，不断提高人大代表参政议政意识，使代表工作更好适应时代发展要求。

四、着力深化自身建设。以党的建设为统领，加强常委会和机关建设，把从严从紧从实贯穿始终。加强政治建设，坚定政治立场，提升政治能力，严明政治纪律和政治规矩。加强思想建设，巩固扩大“不忘初心、牢记使命”主题教育成果，推动学习贯彻习近平新时代中国特色社会主义思想往深里走，往心里走，往实里走。加强作风建设，开展机关作风整顿，促进机关管理规范化。加强能力建设，把干部能力提升作为重点，积极吸收借鉴先进经验，提升工作水平和能力，为开创新时代人大工作新局面、助推平山高质量发展做出新贡献。

各位代表、同志们，敢为担当天地阔，实干扬帆破浪行。让我们更加紧密地团结在以习近平同志为核心的党中央周围，高举习近平新时代中国特色社会主义思想伟大旗帜，在县委的坚强领导下，不忘初心、牢记使命，奋发作为、拼搏竞进，持续推进县域治理效能提升，不断开创新时代人大工作新局面，为加快打造市域副中心、建设生态富裕文明和谐中等城市而努力奋斗！

平山县人民代表大会常务委员会工作报告

——2021年3月9日在平山县第十六届人民代表大会第六次会议上

平山县人民代表大会常务委员会主任　焦习军

各位代表：

我受平山县第十六届人大常委会委托，向大会报告一年来的主要工作，请予审议，并请列席会议的同志提出意见。

2020年工作回顾

2020年是全面建成小康社会、决战决胜脱贫攻坚和“十三五”规划的收官之年。面对突如其来的新冠肺炎疫情，县人大常委会在县委的坚强领导下，坚持以习近平新时代中国特色社会主义思想为指导，全面贯彻落实党的十九大和十九届二中、三中、四中、五中全会精神，坚持党的领导、人民当家作主和依法治国有机统一，依法履行职权，主动担当作为，圆满完成各项任务，为推动疫情防控和经济社会发展双胜利做出了积极贡献。

一、提高政治站位，牢牢把握人大工作正确政治方向

常委会始终注重加强政治理论学习，自觉坚持党的领导，牢牢把握正确的政治方向。

坚持强化理论武装。始终把学习习近平新时代中国特色社会主义思想作为重要政治任务，列入党组、中心组学习重要议题，深学细读。认真组织学习党的十九届五中全会精神，通过领学、组织宣讲、撰写体会文章等多种形式，全面加深对全会精神的理解，自觉用习近平新时代中国特色社会主义思想和十九届五中全会精神统领思想和行动，进一步增强“四个意识”、坚定“四个自信”、做到“两个维护”，提高政治站位、提升政治素质。

坚持党对人大工作的全面领导。坚决维护县委总揽全局、协调各方的领导核心地位，自觉接受县委领导，服从县委决定。自觉把人大工作放到党委工作全局中去思考、谋划和推进，确保党的路线、方针、政策和县委的决策部署在人大工作中得到全面贯彻落实。坚持重大事项向县委请示报告制度，2020年向县委专题请示报告19次，确保人大工作正确的政治方向。

坚决贯彻落实县委重大决策部署。一是坚决打赢疫情防控阻击战。面对突如其来的新冠疫情，常委会认真贯彻落实中央和省市县疫情防控工作部署，扎实做好分包的平安二区、人大家属院、纺织品小区3个社区疫情防控工作，定方案，设机构，明责任，严格落实各项防控措施。其间，共计发放宣传资料400余份，机关干部累计捐款5700元。常委会各位主任勇挑重担，奔赴一线，周振海、齐明国主任分别牵头西柏坡电厂、敬业集团防控专班；刘国英、魏尊一、李新海三位主任分别负责温塘会展中心、天富宾馆、红湾酒店隔离点服务保障工作。同时，深入北冶、杨家桥、两河、小觉、合河口等分包乡镇，进行疫情防控工作指导，为打赢疫情防控攻坚战做出了积极贡献。二是坚决打赢扶贫脱贫攻坚战。常委会高度重视扶贫产业后续发展，多次深入分包乡镇调研指导扶贫产业发展中存在的具体问题，积极协助跑办项目，争取资金支持，培育了回舍镇南庄村香椿种植、茶面加工等特色扶贫产业，有力推动贫困户增收致富。机关干部认真落实帮扶责任，逐人逐户对接，明确帮扶措施，确保中央扶贫政策落到实处。在常委会的正确领导下，人大驻南庄工作组，充分发挥自身优势，帮助南庄村硬化田间路1200米、通村路700米；争取投资405万元，对地下管网改造；建设1500平方米文化广场，安置健身器材10套件；安装太阳能路灯120盏；新上350千伏安变压器一台。同时，对学校及全村的民居环境进行了全面提升，全村面貌发生了翻天覆地的变化。三是坚决打赢驼梁生态环境保卫战。驼梁国家级自然保护区环境整治是省市县委高度关注的重点工作，难度大，历史遗留问题多。按照县委部署，县人大常委会主要领导牵头负责驼梁环境整治工作，常委会副主任周振海、李新海积极参与，组成专班，综合协调相关部门对保护区所有违规项目，列出清单，建立台账，狠抓整改，经过三个多月的时间，拆除违规建筑8795.04平方米，驼梁区域违法违规项目彻底清零。

此外，常委会还积极参与敬业铁路专线建设、重大项目建设等中心工作，有力推动重点工作加快推进。

二、充分发挥监督职能，着力推动经济社会高质量发展

常委会紧紧围绕全县中心工作和人民群众普遍关注的热点难点问题，坚持正确监督、有效监督，全年共开展专题询问7次、执法检查6次、专题调研9次，听取审议专项工作报告22项，保证了县委重大决策部署贯彻落实，有效推动法律法规贯彻实施。

围绕全县工作的重点加强监督，在助推经济高质量发展上主动作为。加强产业发展监督，听取和审议产业转型及园区经济工作汇报、优化营商环境工作情况报告，对敬业集团转型和全县重点项目落地建设情况进行视察，梳理出项目用地难、重招商轻服务等问题，推动重点领域改革，优化全县营商环境。加强经济运行监督，听取和审议平山县2020年国民经济和社会发展计划执行情况报告、国民经济和社会发展第十四个五年规划纲要编制情况报告。加强预算审查监督，听取和审议2019年决算报告、2020年预算执行和其他财政收支审计查出突出问题整改情况报告、2020年预算调整方案及2020年新增政府债券安排使用情况报告，持续推进人大预算联网监督系统建设，系统硬件设备安装调试，投入使用，强化了项目经费的监管和资金使用的监督。首次听取和审议县政府关于行政事业性国有资产管理情况专项报告，推动国有资产管理监督常态化。

围绕城市建设的难点加强监督，在推动县城建设提档升级上主动作为。县城建设提档升级是县委十届七次全会确定的重点工作，为促进县城品位显著提升。常委会专题听取和审议县城管理和建设项目进展情况汇报；暗访滨河西路、孟贤壁大街、冶河西路等街道的机动车停放及环境卫生管理情况；实地查看建设大街北延、柏坡西路改造、冶河两岸提升等工程进展情况，及时将发现问题转交县政府处理解决，促进县城环境和交通秩序进一步改善提升。

围绕人民群众关注的热点问题加强监督，在促进民生持续改善上主动作为。持续关注民生实事办理，两次专题听取2020年度民生实事办理情况汇报，专题调研乡村道路交通建设情况，推动民生项目落实落地。持续关注教育发展，对县城中小学入学难问题进行实地调研，撰写《关于全县学校布局调整及中小学入学难问题的调研报告》，推动科学谋划学校布局调整，加快学校建设，有效缓解城区中小学校“大班额”“入学难”问题。持续关注医疗改革，对我基层卫生院建设情况进行调研，着力解决基层群众“看病难”问题。常委会还针对就业创业、养老服务、供热管网改造、空心村治理等开展视察调研，积极回应社会关切，努力增进人民福祉。

扎实开展“6+1”联动监督工作，在解决重点难点问题上主动作为。“6+1”联动监督工作是省人大2020年重点工作。县委书记董晓航同志高度重视，亲自审阅《中共平山县人大常委会党组关于开展“6+1”联动监督工作的实施意见》，提出明确指导意见。常委会坚持“党委领导、人大监督、政府主责、部门履职、分级负责、上下联动”的总要求，突出问题导向、目标导向、结果导向，统筹运用视察检查、代表评议、专题询问等监督方式，动员省市县乡四级人大代表共558人参与，组建7个县级代表活动小组，23个乡镇代表活动小组，深入发现问题，督促清理规范，打出了一套富有特色的监督工作“组合拳”。其间，共清理规范违法违规占用土地554宗、违法违规建设项目106个；清理规范资源能源项目15个、矿山综合治理14个、房地产开发项目1个；解决公共卫生管理方面问题7个，有力推动了一大批历史遗留问题的解决，回应了群众关切，优化了营商环境，促进了长效机制的建立，被省人大评为“6+1”联动监督工作先进单位。

三、依法决定重大事项，着力推动法治社会建设

常委会充分发挥人民代表大会这一根本政治制度优势，依法决定重大事项、积极开展法律监督，在履职监督中扎实推进依法治县进程。

依法决定重大事项。按照省人大《关于推进县乡人大依法行使重大事项决定权的通知》要求，县委转发了县人大常委会制定的贯彻落实意见，召集县政府相关部门进行专题座谈研讨，推动行使重大事项决定权经常化和制度化。2020年，常委会依法作出《关于深入学习宣传民法典的决定》《关于持续深化“6+1”联动监督的决议》《关于批准2020年抗疫特别国债和新增地方债务限额分配及预算调整方案的决定》等14个决议决定，有效促进了科学决策、民主决策、依法决策。

依法做好选举任免工作。坚持党管干部与人大依法任免有机统一，依法加开人代会一次，选举县长1名、监察委主任1名。依法任免人大机关干部7人、政府组成人员9人、人民陪审员171人、检察官7人。干部任免过程中，严格执行任前法律考试、供职表态发言、进行宪法宣誓等程序，圆满实现了县委意图，保证了国家机关的正常运转。

依法开展法律监督工作。为了更好地维护群众利益、维护公平正义，听取和审议了县法院审判监督工作汇报、县检察院刑事检察工作汇报，支持法检两院全面优化办案流程，不断提升办理质量，让群众在每一个案件中都能感受到公平和正义。加强普法宣传，听取和审议县“七五”普法工作报告，利用“12·4”国家宪法日，开展宪法宣传教育，在全县掀起法治宣传热潮。

依法做好人大信访工作。认真办理群众来信来访，全年共受理群众来信来访10件次，20余人次，重点督办上级人大转办、交办的信访件，及时转交“一府两院”有关部门，并督促其做好办理工作，妥善解决了一批群众反映强烈的信访问题，促进了社会和谐稳定。

四、扎实做好代表工作，着力为代表履职尽责提供支持保障

常委会立足“代表机关”定位，尊重代表主体地位，全力支持和保障人大代表依法履职行权、充分发挥作用。

强化代表履职保障。持续做好代表履职平台建设，进一步提升西柏坡、李家庄、泓润生态园人大代表家（站）软硬件水平，为代表活动创造良好环境；加强代表学习培训，在人大代表之家发放学习资料，组织学习培训，不断提高代表的思想素质、法治素养和履职能力。邀请代表列席常委会会议8次、参加调研6次、开展执法检查7次，进一步拓宽代表参与人大工作的渠道。

创新开展代表活动。坚持和完善“双联双评”制度，常委会组成人员采取走访、调研等方式，联系基层代表120多人次。认真组织代表述职评议活动，215名县级人大代表通过不同方式，全部向原选区选民进行述职。开展人大代表接待日活动，广泛联系人民群众，使人大工作更接地气、更察民情。在疫情防控中，常委会积极倡导各级人大代表投身情防控工作一线，涌现出李慧明、孙伟、刘素军、李伟国等先进代表，各级代表积极捐款捐物，采购物资，全力支援防疫工作，诠释了“人民代表为人民”的深刻内涵。

提高代表建议办理质量。常委会坚持把督办代表建议与解决民生实事相结合，建立常委会领导领衔督办代表建议机制，定期听取汇报，协调解决问题，切实做到事事有着落、件件有回音。于8月份听取县政府民生实事及建议办理情况汇报；对陈孟线敬业能源路至东王坡段改造工程、G338（原省道石闫线）温塘至王岸段中修工程进行视察，督促相关部门加大力度，抓紧落实。十六届四次人代会期间提出的46件建议已全部办复，其中，“丽水湾神水园接通天燃气”“提升改造孟南路县城段”“解决西阜高速建成通车后遗留问题”等36件已经办结或取得阶段性成果，6件正在办理当中；因受客观条件制约，暂时不能办理的4件，已向代表做了解释说明，答复规范化率100%。

五、强化自身建设，着力提高依法履职能力和工作水平

常委会主动适应新形势新要求，持续抓好自身建设和人大机关建设，不断提升履职能力和工作水平。

加强思想政治建设。始终把政治建设放在首位，不断加强机关党的建设，坚持和完善党组理论中心组学习制度，带头加强党的创新理论武装，以理论上的清醒保持政治上的坚定。认真落实民主生活会、组织生活会、谈心谈话、民主评议、“三会一课”等党的组织生活制度。举办常委会组成人员、人大宣传干部等培训班，不断提升常委会组成人员和机关干部政治素养和履职能力，为推进人大工作提供坚强的政治保证。

加强纪律作风建设。严格履行全面从严治党和党风廉政建设两个主体责任，严格执行中央八项规定，自觉接受县委第一巡查组全面巡查，对巡察反馈问题照单全收，积极整改。加强廉政教育，深入学习党章党规党纪，进一步提高人大机关党员干部的廉洁意识。结合县委开展的“查问题、转作风、鼓干劲、争上游”行动，切实推进作风问题整改，有效促进人大机关干部作风好转。

加强人大宣传工作。通过平山融媒、“圣地平山”微信公众号等新媒体，加强对人大重要会议、重要工作、重要活动的宣传报道，讲好人大故事。注重在上级刊物刊发工作动态、工作经验。先后在省市刊物上刊发稿件20多篇，特别是《传承红色基因发扬民主传统扎实做好人大代表之家建设工作》一文，在《河北人大通讯》刊发后，由全国人大常委会办公厅联络局印发各省市学习参考，扩大了平山人大工作的影响力。

各位代表，2020年县人大常委会在新冠肺炎疫情突发和常态化防控的大环境下较好地完成了工作目标任务。这是县委坚强有力领导的结果，是全体人大代表、常委会组成人员依法履职、主动作为的结果，是“一府一委两院”通力配合的结果，也是全县人民以及社会各界大力支持的结果。在此，我谨代表县人大常委会表示衷心的感谢！

在看到成绩的同时，我们也清醒地认识到，面对新时代人大工作的新任务，面对人民群众的新期盼，常委会工作还存在不少薄弱环节和不足。主要是重大事项决定工作有待进一步加强，监督实效有待进一步提升，服务代表渠道有待进一步拓展，代表建议办理力度有待进一步加大，常委会机关自身建设有待进一步强化。这些都需要我们在今后的工作中加以改进。

2021年工作思路

各位代表，2021年是实施“十四五”规划、开启全面建设社会主义现代化国家新征程的第一年，也是我们党成立100周年。新的一年，常委会工作总的要求是坚持以习近平新时代中国特色社会主义思想为指导，全面贯彻党的十九大和十九届二中、三中、四中、五中全会精神，在县委的坚强领导下，坚持党的领导、人民当家作主、依法治国有机统一，紧紧围绕疫情防控、经济社会发展和民生工作，认真履行各项法定职责，为“十四五”规划开好局、起好步，助推全县高质量发展做贡献。

一是进一步提高政治站位。坚持把政治建设摆在首位，持续深入学习贯彻习近平新时代中国特色社会主义思想和党的十九届五中全会精神，深入学习贯彻习近平法治思想和习近平总书记关于坚持和完善人民代表大会制度的重要思想，努力提高政治判断力、政治领悟力、政治执行力，使党的创新理论成为推进人大事业蓬勃发展的强大精神力量。始终坚持县委对人大工作的领导，严格执行重大事项报告制度，坚决贯彻落实中央和省市县委决策部署，确保人大工作正确的政治方向。

二是进一步强化监督实效。紧密结合“三重四创五优化”活动，围绕经济运行，专题审议计划执行、项目建设、发展环境等专项工作报告。围绕县城建设，对滨河新区土地收储、建设大街拓宽工程、钢城路南延工程进行专题调研。围绕底线红线，对疫情防控、安全生产、森林防火等工作进行专题视察。围绕民生热点，对2021年度民生实事工程及入学难、看病难、停车难等民生实事开展专题询问。同时，综合运用多种监督方式，加强乡村振兴、生态环境保护、法治政府建设等方面的工作监督。

三是依法行使好决定权和任免权。紧紧围绕“十四五”规划开好局、起好步，依法行使重大事项决定权，切实推动事关全局、事关群众利益的重大问题得到有效解决。健全决议决定贯彻落实情况监督机制，确保常委会作出的决议决定得到全面实施。坚持党管干部与人大依法选举任免有机统一，认真做好人事任免工作，为经济社会发展提供强有力的组织保障。

四是不断深化和拓展代表工作。深化拓展常委会组成人员同人大代表、人民群众的联系。规范人大代表之家（站）等履职平台的建设和管理，不断丰富代表闭会期间活动的形式和内容，做好代表述职及履职交流评议工作。进一步健全领导领衔督办代表建议机制，提升代表建议办理工作质量和水平。开展“人民选我当代表、我当代表为人民”主题活动，倡议和号召各级人大代表在疫情防控、经济发展中彰显担当作为。

五是持续加强自身建设。深入开展党史学习教育，通过学史明理、学史增信、学史崇德、学史力行，真正做到学党史、悟思想、办实事、开新局。切实加强作风建设，发扬孺子牛、拓荒牛和老黄牛精神，以矢志不渝的信念、坚韧不拔的毅力、只争朝夕的干劲，持续推进全县人大工作再上新台阶。切实加强能力建设，定期组织常委会组成人员和机关干部培训教育，不断提高履职能力。切实加强人大机关信息化建设、加强人大理论宣传研究、加强上下级人大沟通联系，全面提升人大工作水平，推动县乡人大工作创新发展。

各位代表、同志们，蓝图已经绘就，号角已经吹响。让我们更加紧密地团结在以习近平同志为核心的党中央周围，高举习近平新时代中国特色社会主义思想伟大旗帜，在中共平山县委的坚强领导下，不忘初心、牢记使命，担当尽责、奋发作为，奋力开创老区平山改革发展新局面，以优异成绩庆祝建党100周年。

平山县人民代表大会常务委员会工作报告

——2021年7月24日在平山县第十七届人民代表大会第一次会议上

平山县人大常委会主任　武自军

各位代表：

我受平山县第十六届人大常委会委托，向大会报告本届工作，请予审议，并请列席会议的同志提出意见。

县十六届人大常委会工作回顾

县十六届人大常委会在中共平山县委的坚强领导下，坚持以习近平新时代中国特色社会主义思想为指导，坚持党的领导、人民当家作主和依法治国有机统一，认真履行职责，主动担当作为，召开常委会会议37次、主任会议42次，听取审议“一府两院”工作报告75项，组织代表视察调研51次，开展专题询问7次，执法检查16次，配合省市人大开展调研19次，圆满完成了各项工作任务，为全县经济社会高质量发展做出了积极贡献。

一、始终坚持政治站位，保持人大工作正确政治方向

一是不断提高政治能力。县人大常委会把学习贯彻习近平新时代中国特色社会主义思想作为首要政治任务，不断增强“四个意识”、坚定“四个自信”、做到“两个维护”，全面夯实依法履职的思想政治基础。深入学习贯彻习近平总书记关于坚持和完善人民代表大会制度重要思想，深刻理解人民代表大会制度在国家治理体系中的重要作用，用科学理论武装头脑，切实增强贯彻落实的思想自觉、政治自觉、行动自觉。

二是坚持党的全面领导。县委高度重视人大工作，定期听取人大党组工作汇报，积极解决人大工作中的困难和问题。县人大常委会认真把握党领导下的政治机关定位，主动接受县委领导，严格执行请示报告制度，对年度工作计划、拟出台制度文件等重大事项，及时向县委请示；对民生实事、联动监督等重点工作，主动与县委沟通；对重要会议、重大活动等重点事项，主动向县委报告，做到思想上同心、目标上同向、行动上同步。

三是坚决贯彻县委决策部署。县人大常委会充分发挥自身优势，各主任身先士卒，较好完成了县委交办的一系列急难险重任务。积极投身疫情防控，按照县委工作安排，认真细致抓好分包平安二区、人大家属院、纺织品小区的人员摸排、管控、物资保障等工作；各位副主任分别牵头负责西柏坡电厂、敬业集团等重点企业和温塘会展中心、天富宾馆、红湾酒店等医学观察隔离点的管理服务工作；深入北冶、杨家桥、两河、小觉、合河口等乡镇，指导防控工作开展，为打赢疫情防控阻击战，做出了积极贡献。全面助力脱贫攻坚，县人大常委会组成人员长期深入分包乡镇，督导指导工作开展，先后协调藁城区廉州镇为北冶乡黄安村筹措资金100万元，河北翼辰集团支持古月镇井沟村30万元，帮助修建护村坝、出村路，发展扶贫产业。派出回舍镇南庄村帮扶工作队，帮助拓宽通村路830米、硬化街道1.5万多平方米、新建避险解困用房60套，有效改善了农村人居环境；同时，积极扶持扶贫产业，培育了香椿种植、茶面加工等特色产业。全力推进驼梁生态环境整治，县人大常委会主要负责人和两名副主任，与县委、县政府有关领导、有关单位，共同组建工作专班，深入驼梁开展“绿盾”专项行动，协调相关部门对保护区所有违规项目，列清单、建台账、抓整改，取得重大阶段性进展。此外，常委会还积极参与西柏坡北庄区域规划建设、敬业铁路专用线建设、县医院改革、时代城解遗等中心工作，有力有效完成了县委交办的各项任务。

二、始终坚持围绕中心，主动服务高质量发展大局

一是全力推动产业转型。聚焦工业转型升级，听取和审议年度计划执行、传统产业转型、新兴产业壮大、市场主体培育、营商环境优化等工作报告；连续视察西柏坡经济开发区基础设施建设、招商政策落实等工作；重点调研敬业增材制造、泽宏科技产业创新项目，推动了工业转型升级。聚焦农业特色产业发展，实地查看大吾香菇、文都葡萄等园区，提出意见建议，推动农业产业结构调整。聚焦全域旅游示范区建设，专题听取旅发大会筹备、旅游路网规划汇报，推动荣盛岗南片区风情小镇、富力国际养老基地、白鹿红崖谷、敬业黄金寨、滹沱河景观大道等新景区、新景点陆续建成开放。推动文化与旅游高度融合，中山古城国家考古遗址公园成功立项，大型纪录片《中山记忆》完成拍摄；纪录片《平山记忆》、河北梆子现代戏《没有共产党就没有新中国》荣获国家和省级优秀作品奖，独具特色的旅游文化品牌逐步形成。

二是着力强化预算监督。定期听取财政预决算报告、债券资金分配、预算调整编制、审计查出问题整改情况报告。充分发挥预算审查委员会作用，每季度召开一次预算执行分析会；及时了解情况、发现问题，提出意见建议。同时，建立省市县预算联网监督平台，提升预算监督信息化水平。首次听取和审议行政事业性国有资产管理情况专项报告，推动国有资产管理监督常态化。

三是倾力促进民生改善。坚持“人民至上”理念，积极回应群众关切，努力把工作往老百姓身边做，做到老百姓的心坎上。持续关注民生实事，2018年以来，共票决实施民生实事32件，全部列入年度工作计划，定期听取汇报，及时视察调研，有效推动实事项目落实落地。持续关注教育发展，连续三年对县城中小学布局进行调研视察，撰写《关于全县学校布局调整及中小学入学难问题的调研报告》，推动加快学校布局调整，缓解城区“入学难”问题。持续关注县城建设，专题视察县城停车难、交通拥堵问题，提出建设中山广场停车场、改造临街停车位、打通断头路等意见建议，助力县城建设提档升级。持续关注医疗改革，听取和审议县医疗卫生改革情况汇报，调研乡镇卫生院运行情况，着力解决基层群众“看病难”问题。

持续关注热点难点问题，针对电梯运行安全、农村安全饮水、便民市场建设、供热改造提升、体育健身设施、绿地游园建设等问题开展视察调研，解决了一批群众关注的热点、难点问题。

四是强力开展联动监督。联动监督是省人大常委会加强工作监督的创新之举。2018 年以来，省人大常委会围绕扶贫脱贫攻坚、大气污染防治、优化营商环境、违规占用土地、违规建设项目、资源能源项目、房地产开发项目、矿山综合治理、公共卫生管理等重点工作，陆续开展“三项联动监督”“6+1 联动监督”“四项联动监督”活动。县人大常委会坚持“党委领导、人大监督、政府主责、部门履职、分级负责、上下联动”的总要求，突出问题导向、目标导向、结果导向，统筹运用视察检查、代表评议、专题询问等监督方式，发现问题、督促整改，推动了一批遗留问题的解决，被省人大评为“6+1”联动监督先进单位。

三、始终坚持依法治县，深入推动法律法规贯彻执行

一是加强法律宣传。以“12·4”国家宪法日为节点，举办专题讲座、增设宣传展板、开设新闻专栏，在全社会掀起法治宣传热潮。听取县“七五”普法工作汇报，参与全县普法效果评估，督促职能部门强化法律法规宣传普及，全民法治意识得到进一步增强。

二是保障法律实施。县人大常委会坚持宪法和法律至上，对《预算法》《水污染防治法》《大气污染防治法》《河北省扶贫工作条例》《河北省优化营商环境条例》等 10 多部法律法规执行情况开展执法检查；参与起草《石家庄市西柏坡红色旅游区保护与管理条例》；配合省市人大对《野生动物保护条例》《城市绿化条例》《城管执法条例》等法律法规草案进行立法调研，保证了国家和省市法律法规在我县得到贯彻实施，推动了相关法律法规的加快制定。

三是强化司法监督。全面推进依法治县进程，听取审议县法院执行工作、审判监督工作报告；听取审议县检察院公益诉讼、刑事检察工作报告；深入法检两院查阅卷宗 80 件，旁听案件 5 起，对 8 名法官、检察官进行履职评议，督促优化办案流程，提升办案质量，让群众在每一个案件中都能感受到公平和正义。听取扫黑除恶专项斗争工作报告，发挥人大代表在平安建设、扫黑除恶工作中的宣传、教育和引领作用，有效维护了社会和谐稳定。

四是做好信访工作。县人大常委会坚持把信访工作作为了解社情民意的重要窗口，共接待群众来信来访 174 件次，办理省、市人大转办交办的信访案件 15 件次，为有效化解各类矛盾发挥了积极作用。

四、始终坚持代表主体地位，有效激发代表履职活力

一是加强履职平台建设。全县 23 个乡镇全部建立了制度完善、设备齐全的“代表之家”；借鉴上海、杭州等地先进经验，抓典型、出品位，高标准建设了温塘镇、西柏坡镇和李家庄、泓润生态园 4 个各具特色的“精品家站”。2018 年 11 月，全市“人大代表之家建设现场交流会”在西柏坡召开，我县“家站建设”，受到市人大常委会的高度评价，得到兄弟县市的一致好评，展示了平山人大工作的良好形象。

二是加强代表培训学习。为提高代表依法履职能力，定期举办培训班，邀请国防大学、省社会主义学院、市委党校相关专家，对《预算法》《代表法》《人大制度概述》进行讲解；免费为代表订阅《中国人大》《石家庄人大》《人民代表报》等杂志；邀请代表参加视察调研、列席常委会会议，全县人大代表的素质能力不断提高，作用得到充分发挥。

三是加强与代表沟通联系。坚持和完善“双联双评”制度，鼓励支持各级代表定期联系接待选民，常态化倾听基层群众心声。本届以来，31 名市级人大代表、215 名县级人大代表，通过不同方式，全部向原选区选民进行述职。县人大常委会组成人员在本选区进行联系接待活动 200 多场次，面向基层群众征集意见建议 900 多条。特别是在疫情防控中，各级人大代表积极投身一线，捐款捐物、采购物资，涌现出李慧明、孙伟、刘素军、李伟国等一批先进代表，诠释了“人民代表为人民”的深刻内涵。

四是加强代表建议办理。建立县人大常委会领导领衔督办代表建议机制，把督办代表建议与解决民生实事相结合，定期听取汇报，协调解决问题，做到了事事有着落、件件有回音。本届各次人代会期间共收到代表意见建议 244 件，182 件已经办结，办理质量和代表满意率稳步提升。

五是依法做好人事任免。坚持党管干部与人大依法任免有机统一，严格执行任前法律考试、任职资格审查、任职表态发言、依法投票表决、公开宪法宣誓等程序，圆满实现党委人事安排意图。本届依法加开人代会一次，选举县长 1 名、监察委主任 1 名。依法任命国家机关工作人员 98 名，人民陪审员 171 人、检察官 7 人，为全县高质量发展提供了有力的组织保障。

五、始终坚守初心使命，不断提升自身建设水平

一是加强机关建设。始终把政治建设放在首位，扎实开展“两学一做”“不忘初心、牢记使命”及党史学习教育。认真落实“三会一课”制度，充分利用“学习强国”“党建云”等学习平台，全面提升机关干部政治理论水平。深化人大机关改革，规范机构设置，设立社会建设委员会，制定工作规则、联系制度，明确工作机构和人员，机关整体效能进一步提升。

二是加强作风建设。把党的政治纪律和政治规矩挺在前边，严格执行中央八项规定精神，认真履行全面从严治党和党风廉政建设主体责任，自觉接受县委第一巡查组全面巡查；对照中央和省、市、县委巡视整改反馈问题清单，扎实做好整改落实，机关干部作风明显好转。

三是加强能力建设。把对外学习交流作为提升干部素质的重要途径，组织机关干部先后赴上海、浙江、广东，以及晋州、正定、栾城等地，学习代表之家建设、预算联网监督、专题询问质询等先进经验；热情接待全国各地人大赴我县考察学习团队 80 多批次。通过广泛交流互鉴，进一步解放了思想、开阔了视野，人大干部队伍干事激情和履职能力明显提升。

四是加强宣传工作。通过平山融媒、“圣地平山”微信公众号等新媒体，加强对人大重要会议、重要工作、重要活动的宣传报道，讲好人大故事。注重对上工作交流，先后在省市刊物刊发稿件 40 多篇，《传承红色基因发扬民主传统扎实做好人大代表之家建设工作》一文，由全国人大常委会办公厅印发各省市学习参考，展现了我县人大工作的新风貌。

各位代表，十六届人大常委会以对党忠诚、为民造福的政治担当，依法履职、勤奋工作，为全县经济社会高质量发展做出了积极贡献。成绩的取得，是中共平山县委正确领导的结果，是全体代表和全县人民关心支持的结果，是“一府两院”和各级各部门紧密配合的结果。在此，我代表县十六届人大常委会，向所有关心支持人大工作的同志们、朋友们，表示衷心的感谢和崇高的敬意！

在看到成绩的同时，我们也清醒地认识到，面对新时代、新任务，县人大常委会工作还存在不少薄弱环节，特别是在决定重大事项、创新监督方式、服务代表渠道、机关自身建设等方面还有待进一步强化，这些都需要我们在今后的工作中加以改进。

今后的工作思路

各位代表，今年是中国共产党成立100周年，是实施“十四五”规划、开启全面建成社会主义现代化强国新征程的第一年。县委常委会要坚持以习近平新时代中国特色社会主义思想为指导，在县委的坚强领导下，坚持党的领导、人民当家作主、依法治国有机统一，紧紧围绕县城建设、招商引资、项目推进、乡村振兴、基层组织建设5个方面，认真履行各项法定职责，为建设产业振兴、生态宜居、和谐安定、充满活力的新平山，做出应有贡献。

一是进一步提高政治站位。坚持把政治建设摆在首位，高举习近平新时代中国特色社会主义伟大旗帜，深入学习习近平总书记在庆祝中国共产党成立100周年大会上的讲话精神，增强“四个意识”、坚定“四个自信”、做到“两个维护”。始终坚持县委对人大工作的领导，坚决贯彻落实中央和省市县委决策部署，确保人大工作正确的政治方向。

二是进一步强化监督实效。紧密结合“五项重点工作”，围绕经济运行，专题审议计划执行、项目建设、发展环境等专项工作报告。围绕县城建设，对时代城解遗项目、钢城路南延工程进行专题调研。围绕守住底线红线，对疫情防控、安全生产、森林防火等工作进行专题视察。围绕民生热点，对2021年度民生实事，以及入学难、看病难、停车难开展专题询问。同时，综合运用多种监督方式，加强乡村振兴、生态环境保护、法治政府建设等方面的工作监督。

三是依法行使好决定权和任免权。紧紧围绕“十四五”规划开好局、起好步，依法行使重大事项决定权，推动事关全县全局、事关群众利益的重大问题得到有效解决。健全决议决定贯彻落实监督机制，确保县人大常委会作出的决议决定得到全面实施。坚持党管干部与人大依法任免有机统一，认真做好人事任免工作，为经济社会发展提供强有力的组织保障。

四是不断深化和拓展代表工作。深化常委会组成人员同人大代表、人民群众的联系。规范人大代表之家（站）建设和管理，做好代表述职及履职交流评议工作，不断丰富代表闭会期间活动的形式和内容。进一步健全领导领衔督办代表建议机制，提升代表建议办理工作质量和水平。开展“人民选我当代表、我当代表为人民”主题活动，倡议和号召各级人大代表在疫情防控、经济发展中彰显新担当、新作为。

五是持续加强自身建设。深入开展党史学习教育，通过学史明理、学史增信、学史崇德、学史力行，真正做到学党史、悟思想、办实事、开新局。切实加强作风建设，讲团结、讲规矩、讲实干、讲廉洁，凡事做到“严、细、深、实、快”，以矢志不渝的信念、坚韧不拔的毅力、只争朝夕的干劲，持续推进全县人大工作再上新台阶。切实加强能力建设，定期组织常委会组成人员和机关干部培训教育，不断提高履职能力。切实加强人大机关信息化建设、加强人大理论宣传研究、加强上下级人大沟通联系，全面提升人大工作水平。

各位代表、同志们，让我们更加紧密地团结在以习近平同志为核心的党中央周围，在中共平山县委的坚强领导下，不忘初心、牢记使命，担当尽责、奋发作为，为建设产业振兴、生态宜居、和谐安定、充满活力的新平山而努力奋斗！

平山县人民代表大会常务委员会工作报告

——2022年1月28日在平山县第十七届人民代表大会第二次会议上

平山县人大常委会主任　武自军

各位代表：

我受平山县第十七届人大常委会委托，向大会报告十七届人大一次会议以来的主要工作，请予审议，并请列席会议的同志提出意见。

十七届人大一次会议以来的主要工作

刚刚过去的2021年，是中国共产党成立100周年，也是“十四五”规划开局之年。县人大常委会换届以来，坚持以习近平新时代中国特色社会主义思想为指导，认真践行习近平总书记关于坚持和完善人民代表大会制度重要思想，全面落实中央和省委、市委人大工作会议精神，在新一届县委的坚强领导下，坚持讲团结、讲规矩、讲实干、讲廉洁，落实“严、细、深、实、快”工作标准，依法履行职权，主动担当作为，为全县经济社会高质量发展做出了积极贡献。

换届以来，常委会认真行使监督权、决定权、任免权，共组织召开常委会会议4次，主任会6次，调研视察5次，做出决议决定6件，任免国家机关工作人员38人，各项工作取得了新进展新成效。

一、始终坚持党的领导，牢牢把握正确政治方向

一是切实提高政治站位。坚持把政治理论学习摆在重中之重，深入学习习近平总书记系列重要讲话精神，全面贯彻党的十九大和十九届历次全会精神。深入开展党史学习教育，通过全面系统学、聚焦履职学、融入日常学等，引导广大代表、机关干部，坚决拥护“两个确立”，不断增强“四个意识”、坚定“四个自信”、做到“两个维护”。

二是自觉接受县委领导。县人大常委会始终把牢党领导下的政治机关定位，始终把人大工作放在县委“5454”整体工作思路中谋划，在县委领导下统筹安排和有序推进依法监督、重大事项决定、人事任免、代表履职和自身建设等工作。严格执行县人大党组向县委请示报告制度，对年度工作计划、拟出台制度办法等重大事项，及时向县委请示；对“6个专项行动”“四项联动监督”、民生实事项目等重点工作，主动与县委沟通；对重大会议、重要活动等重要事项，积极向县委报告。

三是全面加强党的建设。对中央和省、市、县委重大决策，及时召开党组会议研究部署贯彻落实意见，充分发挥党组在人大工作中把方向、管大局、保落实的作用。认真贯彻新时代党的建设总要求，切实履行全面从严治党主体责任，严格执行中央八项规定及其实施细则精神，落实意识形态工作责任制，严格执行民主集中制、“三会一课”等制度，不断提高机关党建工作质量和水平。

二、认真履行职责，推动重点工作提质增效

积极助力疫情防控。认真落实新冠肺炎疫情防控工作部署，县人大常委会各副主任主动抓好温塘九华山庄、西苑温泉、天富宾馆、太行善缘酒店等隔离点的服务保障工作；坚持经常性指导检查，深入北冶、杨家桥、下槐、小觉、合河口、宅北等分包乡镇，督促指导做好各项工作，为全县疫情防控做出了积极贡献。扎实做好平安家园二期、人大家属院、纺织品小区等分包居民区疫情防控工作。

依法参与县城建设。根据县委统一安排部署，县人大常委会各主任经常深入分包街道和社区督导参与文明县城创建、卫生县城创建等工作。积极参与孟贤壁城中村改造征迁，冶河新区征迁工作，以及时代城房地产遗留问题处理等县城建设重点工作，并取得了积极成效。

全面助推乡村振兴。按照“干部当代表、单位做后盾、一把手负总责”的要求，深入分包乡镇，听取驻村工作汇报，制定年度工作任务帮扶清单，加强驻村工作队管理，主动为分包乡镇和脱贫村引资金、跑项目，助力乡村特色产业发展。积极参与农村人居环境整治提升观摩拉练，对分包的5个乡镇开展“三拆五清三整治”活动，顺利通过省市人居环境提升检查。县人大常委会组织有关部门和乡镇认真审阅《石家庄市滹沱河保护条例（草案）》，提出意见建议，为发挥河流防洪功能和生态保护做出了积极贡献。

三、依法正确有效监督，服务经济社会发展大局

强化经济运行监督。着眼推动高质量发展，听取和审议平山县2021年国民经济和社会发展计划执行情况报告、2020年决算报告、审计报告和审计查出问题整改情况报告、县政府国有资产管理情况年度综合报告等。围绕落实主要经济指标，组织人大代表深入调研财政、税收预算收入执行情况，听取预算收支情况汇报，并对预算执行提出针对性的意见建议。认真听取和审议县政府2021年新增地方政府债券限额分配及预算调整方案报告，有效推动政府优化支出项目，用好政府债券资金。

着力做好联动监督。高度重视全省人大系统四项联动监督暨“6+1”联动监督“回头看”工作，坚持“全覆盖、抓重点、做到位、见实效”总要求，制定工作方案，成立联动监督领导小组、执法检查小组、代表小组，动员省市县乡四级人大代表265人参与监督工作。各专班、各小组深入项目现场，对问题整改落实情况进行明察暗访，督促查找制度漏洞和问题根源，建立健全日常管理工作长效机制，有力推动专项整治工作的开展。

深化重点领域监督。认真听取和审议县政府转型升级和项目建设工作情况、环境状况和环境目标完成情况，并依法作出相关决议。对产业转型升级、项目建设、巩固脱贫成果建立长效机制、旅游业发展、招商引资，以及“蓝天、碧水、净土”三大行动，提出改进建议。

对县政府民生实事项目完成情况和代表建议办理情况，进行满意度测评。通过视察调研、民主测评、会议决定等方式，推动事关群众切身利益的社会保障、上学就业、医疗卫生、住房交通等问题得到有效解决。

加强司法工作监督。依法加强对法院和检察院的工作监督，先后听取和审议县法院、县检察院工作报告，重点围绕公正司法、执行难等工作进行监督调研，督促“两院”进一步完善审判和检察工作机制。利用“12·4国家宪法日”，倡议各级人大代表开展学习宪法活动，营造了尊崇宪法、学习宪法、遵守宪法、维护宪法、运用宪法的良好氛围。着眼促进宪法法律的有效实施，将合宪性审查作为规范性文件备案审查的首要内容，依法审查了政府提交的四个规范性文件，确保政府决策依法有据。加强和改进信访工作，共办理群众来信来访29件次，依法及时解决了群众的合理诉求。

四、做好服务保障工作，充分发挥代表主体作用

规范联系代表制度。制定了平山县人大常委会《关于开展县乡两级人大代表述职评议活动的实施方案》《关于在市人大代表中组织开展“双联”活动的实施方案》，定期开展代表向选民述职、代表联系群众活动。健全专项工作满意度测评机制，制定《关于开展专项工作满意度测评的指导意见》，组织部分代表述职，征求选民对代表履职情况的意见建议，提高人大代表为民服务的意识。

提高代表履职能力。围绕全县中心工作，组织代表进行乡村振兴知识培训；围绕预算审查监督，对《预算法》《河北省预算审查监督条例》等有关知识开展专题培训；组织部分代表到石家庄市城市馆参观学习“首届人民代表大会历史陈列展”，到北庄村参加“团结就是力量”主题活动。邀请省人大选任委专家，为全体代表详细讲解《代表法》《人大制度概述》等相关知识。通过学习，全县各级人大代表的履职意识、履职水平显著提高。

畅通代表履职渠道。充分发挥人大代表家（站）的作用，制定了《人大代表之家（站）建设管理办法》，续建了城区人大代表联络站，建设了网上“代表之家”，开通“网络直通车”，实现了线上学习培训、联系群众、议政监督等功能。打造“诉求有码”工作新模式，代表联络站张贴“二维码”，把“网上联系选民”作为一项便民之举，打造人大代表履职网络“快车道”，进一步密切了代表与群众的联系。目前，全县所有家（站）稳固发挥阵地作用，全力护航“全过程人民民主”。

加强代表建议办理。坚持把督办代表建议与推动改进工作结合起来，组织部分代表对建议办理工作进行集中视察调研，召开主任会、常委会听取重点建议办理情况，督促相关部门加大推动问题解决力度。截至目前，县十六届人大六次会议提出的61件建议，42件已经办结、7件正在办理中、1件列入部门计划，11件受客观条件限制不能办理的，积极向代表进行了解释说明。另外，还组织人大代表对县政府承诺的10件民生实事进行了有效监督，截至目前均已完工或达到年度计划进度。

五、加强常委会自身建设，提升人大工作整体实效

突出抓好政治建设。坚持把政治建设摆在首位，从党组和机关两个层面，建立健全理论学习、民主生活会等制度，充分运用好批评与自我批评武器，不断提高政治判断力、政治领悟力、政治执行力。坚持把政治纪律和政治规矩挺在前面，认真履行党建主体责任，增强忧患意识，砥砺奋斗精神。

持续推进作风转变。严格遵循法律法规和常委会议事规则，学习借鉴省市人大常委会经验做法，结合实际探索改进“三会”流程，不断提高“三会”的质量和效率。特别是着力改进县人大常委会会议，积极探索实行会前围绕议题集中学习、会议分组审议、与会常委逐人发言、列席人员重点发言等措施，进一步增强会议审议的针对性和实效性。聚焦纠“四风”，特别是聚焦纠正形式主义、官僚主义，修订完善机关公文运转、会议管理、经费使用等规章制度，不断增强制度执行力，确保机关作风持续好转。

有效凝聚工作合力。注重加强与省市人大常委会的沟通，自觉接受法律监督和业务指导，积极配合上级人大对改厕、房地产遗留项目等开展调研、视察、执法检查，收到了良好效果。加强对乡镇人大主席团的指导，常委会负责人分片定期深入各乡镇指导开展工作，推动基层人大规范化建设。通过邀请乡镇人大主席列席常委会会议、举办县乡人大干部履职能力提升培训班等形式，指导工作提质提效。强化上下联动，组织省、市、县、乡四级人大代表，对农村环境提升开展调研，形成监督合力。

全面抓实舆论宣传。始终坚持正确的政治方向和舆论导向，深入宣传县乡人大学习贯彻习近平新时代中国特色社会主义思想、坚持和完善人民代表大会制度等，推动国家根本政治制度家喻户晓、深入人心。持续加强人大宣传工作，通过平山融媒、“圣地平山”微信公众号等新媒体，加强对人大重要会议、重要工作、重要活动的宣传报道，不断扩大人大工作影响力。

各位代表，这些成绩的取得，是县委坚强领导的结果，是全体人大代表、常委会组成人员，以及县人大机关工作人员，依法履职、主动作为的结果，是“一府一委两院”密切配合、通力协作的结果，是全县人民充分信任、大力支持的结果。在此，我代表县人大常委会，向支持、关心人大工作的单位和全县广大人民群众，表示崇高的敬意和衷心的感谢！

工作中，我们也清醒地认识到，面对人大工作的新形势、人民群众的新期盼，我们的工作还存在不少差距和不足。主要是重大事项决定工作有待进一步加强，监督实效有待进一步提升，服务代表渠道有待进一步拓展，代表建议办理力度有待进一步加大，常委会机关自身建设有待进一步强化等等。对这些问题，常委会将在今后的工作中认真改进。

今年的主要任务

今年是党的二十大召开之年，是实施“十四五”规划的关键一年。县人大常委会要紧紧围绕全县工作大局，聚焦县委工作重点，依法决定重大事项，切实增强监督实效，充分发挥代表作用，不断加强自身建设，为推动全县经济社会高质量发展贡献人大智慧和力量。

一、坚决贯彻党对人大工作的领导。要旗帜鲜明讲政治，在推动人大工作与时俱进上有新境界。把坚持党的全面领导作为最高政治原则，严守党的政治纪律和政治规矩，严格执行重大事项请示报告制度，以绝对忠诚拥护“两个确立”，以担当作为践行“两个维护”。要深入贯彻中央和省委、市委人大工作会议精神，在服务全县大局上精准发力，切实做到县委工作重心在哪里，县人大工作就跟进到哪里，力量就汇聚到哪里，作用就发挥到哪里。不讲条件、不打折扣、不怕困难，坚决完成县委交办的各项工作任务。

二、紧紧围绕县委决策依法履职尽责。要聚焦高质量发展履职尽责，坚持以新发展理念为引领，综合运用听取报告、执法检查、专题询问等手段，推动县委重大决策部署的贯彻落实。要聚焦保障和改善民生履职尽责，带头践行以人民为中心的发展思想，围绕乡村振兴、教育卫生、城市建设和供热供气等工作开展视察调研，反映群众呼声，努力解决群众最关心、最期盼的实际问题。要聚焦选举任免履职尽责，严格法定程序，履行法定职责，认真做好选举任免工作，确保党委人事安排意图顺利实现。要进一步加强和改进向县委请示报告制度，保证县委的决策意图，通过法定程序变为全县人民的共同意志。

三、更好发挥人大代表主体作用。要强化理论武装，继续加强对常委会组成人员、人大代表专题培训，学习掌握人大制度理论和宪法法律知识，弘扬宪法精神，树牢宪法权威，夯实依法治国思想根基。要加强代表履职保障，深入推进人大代表家（站）、网上代表之家建设，健全吸纳民意、汇集民智工作机制，推进代表联络工作站规范化建设，真正“建好家”“管好家”“用好家”。要提高代表建议办理质效，引导代表积极建言献策，定期听取审议代表建议办理情况报告，完善代表建议重点督办机制，促进问题解决率和代表满意率“双提升”。

四、切实加强人大机关自身建设。要加强学习培训，组织人大机关干部和广大代表加强对《宪法》《地方组织法》《代表法》等法律法规的学习，努力做到言必称法，行必依法。要认真学习经济建设、乡村振兴、招商引资等方面的专业知识，努力使人大干部参政参到点子上，议政议到关键处。

各位代表，新的目标开启新的希望，新的征程承载新的使命。让我们更加紧密地团结在以习近平同志为核心的党中央周围，坚持以习近平新时代中国特色社会主义思想为引领，在县委的坚强领导下，踔厉奋发、笃行不怠、依法履职、不负重托，为建设产业振兴、生态宜居、和谐安定、充满活力的新平山，做出新的更大贡献，以优异成绩迎接党的二十大胜利召开！

平山县人民代表大会常务委员会工作报告

——2023年1月13日在平山县第十七届人民代表大会第三次会议上

平山县人大常委会主任　武自军

各位代表：

受平山县第十七届人大常委会委托，我向大会报告工作，请予审议，并请列席会议的同志提出意见和建议。

过去一年的主要工作

2022年，是进入全面建设社会主义现代化国家新征程、向第二个百年奋斗目标进军新征程的重要一年。县人大常委会深入学习贯彻党的二十大精神，认真践行习近平总书记关于坚持和完善人民代表大会制度的重要思想，牢固树立“平山发展、人大尽责”理念，在县委的坚强领导下，紧贴全县人民美好生活需求，发展全过程人民民主，坚定不移深化改革开放，用心用情用力改善民生福祉，交出了一份人民满意的答卷。

一年来，县人大常委会充分行使监督权、重大事项决定权、选举任免权等各项法定职权，共组织召开常委会会议9次，主任会议12次，调研视察63次，做出决议决定15件，组织专题询问、履职评议、满意度测评36次，圆满完成各项工作任务，为平山经济社会高质量发展做出了积极贡献。

一、坚持把政治建设摆在首位，确保人大工作正确的政治方向

坚持党的全面领导是人大工作的首要政治原则。县人大常委会深刻领悟“两个确立”的决定性意义，增强“四个意识”、坚定“四个自信”、做到“两个维护”，不断提高政治判断力、政治领悟力、政治执行力。

加强思想理论武装。认真落实“第一议题”制度，深入研读《习近平谈治国理政》第四卷等内容，切实用党的创新理论武装头脑。特别是把学习宣传贯彻党的二十大精神作为首要政治任务，认真组织专题学习、研讨交流，在全县人大系统掀起学习宣传贯彻的热潮。

自觉接受县委领导。持续加强党对人大工作的全面领导，第一时间传达学习中央和省委、市委、县委重要会议和文件精神。充分发挥人大常委会党组把方向、管大局、促落实的作用，主动把县委的工作要求转化为具体任务，创造性开展工作，确保工作落地落实。认真执行重大事项请示报告制度，全年向县委请示报告41次，确保各项工作始终在党的领导下推进。

提高机关工作质效。坚持以党的政治建设为统领，全面对标“四个机关”定位，抓班子、带队伍，强基础、提素质，以自身建设改革创新推动人大工作高质量发展。修改完善《常委会议事规则》和《常委会组成人员守则》，进一步强化人大履职中的政治意识、规矩意识。开展人大系统履职培训学习，不断提高人大代表和机关干部综合能力。加强机关“数字化”建设步伐，通过改革创新，完善了机关运行体制机制，提升了工作质效。严格落实中央八项规定精神，持续纠正“四风”，维护了人大机关风清气正的政治生态。

二、坚决落实县委重大决策部署，积极参与全县中心工作

县人大常委会围绕县委提出的发展思路和工作重点，主动将人大工作置于全县大局中谋篇布局，充分履行监督、决定、任免等各项法定职能，寓支持于监督之中，与“一府一委两院”齐心协力，确保县委决策部署落地生根、开花结果。

积极助力疫情防控。在去年疫情防控攻坚战中，县人大常委会主要领导主动分包回舍镇部家庄村、岗南镇等疫情最严重的地区，各副主任坚守在温塘九华山庄、西苑温泉宾馆、西柏坡会馆、天富宾馆、太行善缘酒店等隔离点，全力做好服务保障；坚持经常性深入北冶、杨家桥、宅北、合河口、下槐等分包乡镇，督促指导做好各项工作。发放《致全县人大代表的一封公开信》，号召各级人大代表积极参与疫情防控志愿服务。扎实做好机关分包小区疫情防控工作，以实际行动为全县疫情防控做出了积极贡献。

依法参与县城建设。按照县委统一安排，县人大积极参与省级文明城、卫生城、洁净城创建工作，各副主任深入分包街道一线督导落实，为顺利通过省级复检贡献力量。积极参与孟贤壁城中村改造征迁、冶河南岸片区征迁工作，半年征地2800亩。积极参与交通运输公司区域35户住宅和商铺拆迁安置工作以及时代城房地产遗留问题处置，闲置多年的项目重新启动，赢得了群众满意。

全面助推乡村振兴。按照“干部当代表、单位做后盾、一把手负总责”的要求，县人大常委会班子成员经常深入分包乡镇和联系村，听取乡村振兴专项工作汇报，制定针对性帮扶计划，积极帮助引资金、跑项目，推动了特色产业发展。积极参与编制北冶乡村振兴规划，倾力打造有特色、有亮点的乡村振兴模板。加强对机关驻村工作队的管理，切实提高工作质量。另外，积极参与驼梁违规违法房地产项目整治，维护了大局稳定。

三、突出监督刚性和实效，用好宪法法律赋予的监督权

推动经济社会高质量发展是全县工作的大局。围绕全县中心工作，人大常委会坚持正确监督、有效监督理念，运用视察、调研、评议、检查等监督形式，加强对重点工作的监督支持，推动工作顺利开展。

强化经济运行监督。着眼推动高质量发展，听取和审议县政府预算决算执行、审计问题整改、国资管理报告、新兴产业振兴、社会消费扩容等情况报告，并对县政府2022年新增地方政府债务限额分配及预算调整方案作出决定，有效推动政府优化支出项目，用好政府债券资金。

着力做好联动监督。高度重视全省人大系统五项联动监督暨“6+1”联动监督“回头看”

工作，制定工作方案，成立联动监督领导小组、监督指导小组、工作专班代表小组，动员省市县乡四级人大代表263人参与监督工作。各专班、各小组深入项目现场，对问题整改情况明察暗访，查找制度漏洞和问题根源，建立健全日常管理长效机制，推动专项整治高效开展。在做好五项联动监督规定动作的基础上，将生态环境保护和打击违法采矿采砂，纳入农村人居环境提升专项监督内容，做到自选动作有特色，受到省、市人大的肯定和表扬。

深化重点领域监督。听取和审议县政府钢铁产业转型升级、县城提质升级、基础设施建设、生态环境治理、应急管理等方面的工作报告，审议代表建议办理、2022年度民生实事项目办理情况，并依法作出相关决议。现场视察了教育设施建设、防汛防火、农村人居环境整治、文旅项目建设、小街小巷整治、石闫路大修等情况。对钢铁产业转型、县城建设、交通运输、市场监管等提出改进建议，对民生实事和代表建议办理情况进行满意度测评。通过视察调研、民主测评、会议决定等方式，推动社会保障、上学就业、医疗卫生、住房交通等问题得到有效解决。

加强司法工作监督。依法加强对法院和检察院的工作监督，先后听取和审议县法院民商事审判、县检察院公益诉讼工作报告，并依法作出决议。听取和审议县政府社会治理、备案审查工作报告，进一步提高备案审查工作质量。加强和改进信访工作，共办理群众来信来访30件次，依法及时解决了群众的合理诉求。听取“一府一委两院”部分组成人员述职报告，深入学习先进的履职评议工作模式，认真总结我县人大在“两官”履职评议工作上的主要做法和创新经验，努力探索履职评议的“平山模式”，打造司法监督的“平山样板”。

四、做好服务保障工作，充分发挥代表主体作用

人大及其常委会是全过程人民民主的主要渠道。县人大常委会要依法保障代表行使职权，确保人民群众真正享有知情权、参与权、表达权、监督权。

规范联系代表制度。制定了《开展县乡两级人大代表述职评议活动的实施方案》《在市人大代表中组织开展“双联”活动的实施方案》，定期开展代表述职、代表联系群众活动。健全专项工作满意度测评机制，制定了《开展专项工作满意度测评的指导意见》，组织部分代表述职，征求选民对代表履职情况的意见建议，提高人大代表的为民服务意识。

提高代表履职能力。围绕全县中心工作，组织广大代表学习经济建设、乡村振兴、招商引资等方面知识；围绕预算审查监督，对《预算法》《河北省预算审查监督条例》等有关知识开展专题培训；加强代表对《宪法》《地方组织法》《代表法》等法律法规的学习，全县各级人大代表的履职意识、履职水平明显提高。

畅通代表履职渠道。充分发挥人大代表家（站）的作用，完善《人大代表之家（站）建设管理办法》，将“网上人大”拓展到“掌上人大”，架起了代表联系群众的“数字桥梁”。大力开展“局长进代表联络站”，聆听选民之声，解决民众之忧。充分利用“家”“站”多平台合一技术，组织开展学习交流、参政议事、收集社情民意等活动，护航“全过程人民民主”。

加强代表建议办理。坚持把督办代表建议与推动改进工作结合起来，组织部分代表对建议办理工作进行集中视察调研，召开主任会、常委会听取重点建议办理情况，督促相关部门加大推动问题解决力度。截至目前，县十七届人大二次会议提出的51件建议已经全部办结。另外，还组织人大代表对县政府承诺的10件民生实事进行了有效监督，截至目前均已完工或达到年度计划进度。

五、加强常委会自身建设，提升人大工作整体实效

新时代，新使命，完成新使命必须有新作风。常委会对照中央和省、市、县委要求，全面加强政治建设，推进作风转变，凝聚工作合力，抓实舆论宣传，不断提高工作水平。

突出抓好政治建设。坚持把政治建设摆在首位，从党组和机关两个层面，建立健全理论学习、民主生活会等制度，充分运用批评与自我批评，不断提高政治判断力、政治领悟力、政治执行力。坚持把政治纪律和政治规矩挺在前面，认真履行党建主体责任，增强忧患意识，砥砺奋斗精神。

持续推进作风转变。严格遵循法律法规和常委会议事规则，学习借鉴省、市人大常委会经验做法，结合实际探索改进“三会”流程，不断提高“三会”的质量和效率。特别是着力改进县人大常委会会议，积极探索会前集中学习、会议分组审议、常委逐人发言、列席人员重点发言等措施，增强了会议审议的针对性和实效性。持续纠治“四风”，坚决反对形式主义、官僚主义，修订完善机关公文运转、会议管理、经费使用等规章制度，不断增强制度执行力，确保机关作风持续好转。

有效凝聚工作合力。注重加强与省市人大常委会的沟通，自觉接受法律监督和业务指导，积极配合上级人大对旅游、太行鸡畜禽遗传资源开发项目等开展调研、视察、执法检查，收到了良好效果。加强对乡镇人大主席团的指导，经常深入乡镇指导工作，定期邀请乡镇人大主席列席县人大常委会会议，举办干部履职能力提升培训班，推动基层人大规范化建设。强化上下联动，组织省、市、县、乡四级人大代表，对农村人居环境提升、优化营商环境、民生实事建设开展调研，凝聚了监督合力。

全面抓实舆论宣传。始终坚持正确的政治方向和舆论导向，深入学习宣传习近平新时代中国特色社会主义思想、人民代表大会制度等，推动国家根本政治制度家喻户晓、深入人心。持续加强人大宣传工作，通过平山融媒、“圣地平山”“网上代表之家”微信公众号等新媒体，加强对人大重要会议、重要工作、重要活动的宣传报道，不断扩大人大工作影响力。

各位代表，这些成绩的取得，是县委坚强领导的结果，是全体人大代表、常委会组成人员，以及县人大机关工作人员，依法履职、主动作为的结果，是“一府一委两院”密切配合、通力协作的结果，是全县人民充分信任、大力支持的结果。在此，我代表县人大常委会，向关心支持人大工作的单位和全县广大人民群众，表示崇高的敬意和衷心的感谢！

工作中，我们也清醒地认识到，面对人大工作的新形势、人民群众的新期盼，我们的工作还存在不少差距和不足。主要是重大事项决定工作有待进一步加强，监督实效有待进一步提升，服务代表渠道有待进一步拓展，代表建议办理力度有待进一步加大，常委会机关自身建设有待进一步强化，等等。对这些问题，常委会将在今后的工作中认真改进。

今年的主要任务

2023年是全面贯彻落实党的二十大精神的开局之年，县人大常委会要紧紧围绕全县工作大局，聚焦县委工作重点，依法决定重大事项，切实增强监督实效，充分发挥代表作用，不断加强自身建设，为推动全县经济社会高质量发展贡献人大智慧和力量。

一、坚决贯彻党对人大工作的领导

要旗帜鲜明讲政治，在推动人大工作与时俱进上有新境界。把坚持党的全面领导作为最高政治原则，严守党的政治纪律和政治规矩，严格执行重大事项请示报告制度，以绝对忠诚拥护“两个确立”，以担当作为践行“两个维护”。要深入贯彻中央和省委、市委人大工作会议精神，在服务全县大局上精准发力，切实做到县委工作重心在哪里，县人大工作就跟进到哪里、力量就汇聚到哪里、作用就发挥到哪里。不讲条件、不打折扣、不怕困难，坚决完成县委交办的各项工作任务。

二、紧紧围绕县委决策依法履职尽责

要聚焦高质量发展履职尽责，坚持以新发展理念为引领，综合运用听取报告、执法检查、专题询问等手段，推动县委重大决策部署的贯彻落实。要聚焦保障和改善民生履职尽责，带头践行以人民为中心的发展思想，围绕乡村振兴、教育卫生、城市建设和供热供气等工作开展视察调研，反映群众呼声，努力解决群众最关心、最期盼的实际问题。要聚焦选举任免履职尽责，严格法定程序，履行法定职责，认真做好选举任免工作，确保党委人事安排意图顺利实现。要进一步加强和改进向县委请示报告制度，保证县委的决策意图，通过法定程序变为全县人民的共同意志。

三、更好发挥人大代表主体作用

要强化理论武装，继续加强对常委会组成人员、人大代表专题培训，学习掌握人大制度理论和宪法法律知识，弘扬宪法精神，维护宪法权威，夯实依法治国思想根基。要加强代表履职保障，深入推进人大代表家（站）、网上代表之家建设，健全吸纳民意、汇集民智工作机制，推进代表联络工作站规范化建设，真正“建好家”“管好家”“用好家”。要提高代表建议办理质效，引导代表积极建言献策，定期听取审议代表建议办理情况报告，完善代表建议重点督办机制，促进问题解决率和代表满意率“双提升”。

四、切实加强人大机关自身建设

要加强学习培训，组织人大机关干部和广大代表加强对《宪法》《地方组织法》《代表法》等法律法规的学习，努力做到言必称法、行必依法。要认真学习经济建设、乡村振兴、招商引资等方面的专业知识，努力使人大干部参政参到点子上、议政议到关键处。

各位代表，新的目标开启新的希望，新的征程承载新的使命。让我们更加紧密地团结在以习近平同志为核心的党中央周围，坚持以习近平新时代中国特色社会主义思想为引领，在县委的坚强领导下，踔厉奋发、笃行不怠、依法履职、不负重托，为建设产业振兴、生态宜居、和谐安定、充满活力的新平山，做出新的更大贡献！

平山县人民代表大会常务委员会工作报告

——2024年2月1日在平山县第十七届人民代表大会第四次会议上

平山县人大常委会主任　武自军

各位代表：

我受平山县第十七届人大常委会委托，向大会报告工作，请予审议，并请列席会议的同志提出意见和建议。

过去一年的主要工作

2023年，是全面贯彻党的二十大精神的开局之年，也是我县高质量发展进程中极不寻常、极不平凡的一年。这一年，县委团结全县上下，深入学习贯彻习近平总书记视察河北重要讲话精神，解放思想、奋发进取，推进全县经济社会保持了良好发展态势，取得了有目共睹的崭新业绩。

一年来，在县委的坚强领导下，县人大常委会坚持以习近平新时代中国特色社会主义思想为指导，坚持党的领导、人民当家做主、依法治国有机统一，紧紧围绕党中央和省委、市委、县委重大决策部署，紧紧围绕县域经济社会高质量发展，紧紧围绕全县人民对美好生活的需求，依法履职行权，组织召开人大常委会会议14次，主任会议14次，作出决议决定12项，听取审议报告23项，开展视察调研63次，组织专题询问1次，满意度测评36次，履职评议63人，圆满完成各项工作任务，为全县经济社会高质量发展贡献了人大力量。

一、强化政治引领，牢牢把握人大工作正确政治方向

常委会始终把坚持党的全面领导作为最高政治原则，不断提高政治判断力、政治领悟力、政治执行力，忠诚捍卫“两个确立”、坚决做到“两个维护”。

一是强化理论武装。坚持把党的政治建设摆在首位，认真学习贯彻习近平新时代中国特色社会主义思想，自觉用党的创新理论武装头脑、指导实践、推动工作。认真落实“第一议题”制度，制定人大常委会党组学习导则，健全党组理论学习制度，创新领学领读模式，全年组织理论学习15次，举办专题学习会和主题读书会22次，开展专题讲座5场。扎实开展第二批主题教育，组织专题党课、读书班等33次，开展调查研究25次，检视整改问题28项，切实做到以学铸魂、以学增智、以学正风、以学促干。

二是强化党的领导。县委高度重视人大工作，张前锋书记多次作出批示指示，把县人大工作纳入党委工作全盘，一体谋划、一体部署、一体推进，全力支持人大依法履行职责，使人大工作抓手更加具体、作用充分发挥。县人大常委会党组坚持把党的全面领导贯穿人大工作全过程、各方面，重大事项及时向县委请示报告，重要议题提请县委常委会研究，按照县委要求和法定程序抓好贯彻落实。县人大常委会坚持党管干部原则，依法选举任免县级机关工作人员19名，组织宪法宣誓19人，确保了党的人事意图通过法定程序成为国家意志，确保了党委的决策在人大常委会依法履职中得到落实。

三是强化政治建设。牢牢把握人大机关的政治属性，坚持把政治纪律和政治规矩挺在前面，认真履行管党治党主体责任，严格执行“三会一课”制度，扎实做好民主评议、谈心谈话、积分量化考核等事项，严格落实中央八项规定精神，推进全面从严治党向纵深发展。着力提升人大履职能力，健全了党组会议集体学习、常委会会前学法、人大代表培训等工作机制，组织集中学习17次、研讨交流13次，推动形成了重学习、强素质、优作风、比业绩的浓厚氛围。

四是强化履职尽责。紧紧围绕县委工作思路，聚焦“五项重点工作”和“四个底线任务”，认真谋划人大常委会年度工作任务，围绕监督、视察、决议决定、代表工作等制定了15项重点工作，确保县委的工作重心在哪里，人大工作就跟进到哪里、力量就汇聚到哪里、作用就发挥到哪里。县人大常委会坚决服从县委安排，认真落实领导干部包联责任，特别是在乡村振兴、防火防汛、应对雨雪冰冻天气等方面，第一时间进驻一线，全力督促指导、推进落实；同时，积极发挥聚民心、议大事、保落实、促善治作用，与县政府有关部门和乡镇协同配合，共同完成了县委交办的各项任务，人大干部也经受了考验、得到了锻炼。

二、围绕中心大局，助推全县经济社会高质量发展

常委会紧紧围绕县委确定的县域经济、乡村振兴两条主线，充分发挥人大干部和人大代表作用，主动在大局中找定位、在发展中添动力，全力推动县委决策部署落地落实。

一是助力县域经济发展壮大。坚持“既督战、又参战”的理念，积极融入县域经济发展中，全力支持3个项目建设指挥部开展工作，选派2名副主任分别参与到工业、农旅指挥部中，主动担起重任，靠前协调推动，贡献了应有力量。坚持统筹观念，与县政协联合成立监督指导领导小组，围绕工业、城建、农旅等重点项目建设，每周了解一次进展情况，每月开展一次视察调研，每季度听取一次工作汇报，召开联席会议交流情况，提出36条针对性建议，实现了“1+1>2”的监督实效，促进了工作高质高效开展。

二是助力乡村振兴全面推进。聚焦县委关于乡村振兴考核这个总抓手，县人大积极发挥监督作用，选派代表参与考核评分，力求公开公平公正，助力激发干部干事创业的热情。围绕农业五大特色产业，紧盯农业项目建设、种养基地发展、农产品品牌推广等，组织代表调研8次，认真查找问题，提出解决思路，助力产业加快振兴。在筹办全国厕所革命现场会工作中，县人大坚决落实县委安排，与县政府协同配合，精心做好各环节组织和保障工作，得到了农业农村部领导和与会嘉宾的一致好评。在平山一号公路建设中，按照县委决策部署，县人大与县政府协同配合，积极抓好落实，召开多次指挥部会议，组织7次实地勘查，外出学习溧阳一号公路、邢台抗大路建设经验，与设计团队充分对接，强力推进项目实施，努力打造平山最美旅游公路、乡村振兴示范之路。

三是助力生态环境持续改善。积极配合市人大对《岗南黄壁庄水库饮用水水源污染防治条例》的修正工作，去年9月20日岗黄水库二级水源地保护区优化调整正式生效，实现了饮用水水源更加科学精准地保护，也为平山县城高质量建设、民生改善、产业项目落地提供了强有力的支撑。紧盯生态环境保护底线，听取审议大气污染防治汇报，围绕生态环境持续改善开展专题询问，成立调研组深入基层调查了解，推动生态环境持续向好，2023年我县空气质量排全省倒57，为历史最高水平。全力推进驼梁国家级自然保护区优化调整，狠抓驼梁违规违法房地产项目整治，积极向上沟通问计，力促调规工作尽快完成，保护好平山的青山绿水。

四是助力社会治理效能提升。针对我县社会矛盾纠纷和信访工作形势，积极加强和改进人大信访工作，发挥人大监督作用，全力维护社会稳定。在制度机制上，县人大常委会制定出台了关于接待处理人民代表和人民群众来信来访暂行办法、重要信访案件办理办法、实施个案监督办法等文件，全力做好接访、办理、监督等各环节工作。在职能落实上，把每月5日、15日、25日作为信访接待日，结合县政府主管领导、相关部门负责人，现场接受咨询，推动问题化解。在作用发挥上，紧抓县人大承担的信访工作任务，积极协调水印长滩、德缘养老、茗秀苑等信访积案，推动解决房地产领域拖欠农民工工资等遗留问题，全年办理群众来信来访31件次，依法解决群众合理诉求，在维护全县稳定大局中贡献了人大力量。

三、发挥监督作用，推动各项任务更好落地落实

县人大常委会紧扣县委决策部署和广大群众关切，坚持正确监督、有效监督、依法监督，议大事、抓要事、解难事，努力让人大的监督更有力量、更富成效。

一是强化经济运行监督。聚焦经济建设这一中心工作和高质量发展这一首要任务，听取和审议县政府预算决算执行、审计问题整改、国有资产管理、新兴产业振兴、社会消费扩容等情况报告，提出意见建议，并对县政府2023年新增地方政府债务限额分配及预算调整方案作出决议，有效推动政府优化支出。紧盯敬业钢铁装备升级改造、3D打印超级工厂（一期）、敬业特种钢宽厚板、冷轧二期、西电四期机组扩容、国电投储能设备制造等项目建设，组织各工委联组监督、人大代表实地调研10次，促进和扩大社会投资，助力增强发展动能。强化预算管理刚性约束，开展预决算审查监督，督促政府约谈预算绩效管理排名靠后的3个单位。聚焦审计监督“后半篇文章”，强化对问题整改的跟踪督查，助力发挥好审计监督“利剑”作用。

二是抓好各项联动监督。扎实开展省市人大部署的联动监督，聚焦优化营商环境、促进种业振兴、科技成果转化、旅游发展等工作，制定监督方案，成立联动监督专班，动员289名省市县乡四级人大代表参与，深入部门、乡镇和项目现场，查看工作情况，查找制度漏洞，对问题整改情况明察暗访，实施台账管理和销号制度，推动专项整治高质高效开展。在做好规定动作的同时，把打击违法采矿、生态环境治理，作为联动监督自选动作，视察矿山治理情况，专题调研生态环境治理工作，有力维护了公平正义，推动改善了生态环境，做到规定动作不走样、自选动作有特色，受到了省、市人大的表扬。

三是深化民生领域监督。立足老有所养、医有所保，听取和审议医疗保障工作情况汇报，开展养老保险专题视察，对参保扩面提质、加强医保基金监管等提出意见建议，督促政府进一步兜牢社会保障底线。聚焦教育工作，现场视察教育基础设施建设、现代职业教育、“双减”工作等情况，对中小学布局、教育质量提升、青少年保护等提出改进建议，助力办好人民满意的教育。围绕增强群众安全感，听取和审议安全生产、食品安全工作专项报告，督促落实安全主体责任、抓好问题整改，助力营造安全稳定的社会环境。紧盯民生实事办理情况，组织人大代表对县政府承诺的10件民生实事进行监督，听取4次汇报，开展了5次视察、1次投票测评，助推社会保障、上学就业、医疗卫生、住房交通等问题有效解决，让保障更有“温度”、民生更有“厚度”。

四是加强司法工作监督。组织代表旁听法院庭审，不断提高司法监督能力。听取和审议县公安局社会治安、县司法局“八五”普法等情况报告，对政法机关加大法律法规宣传力度等工作提出意见建议，助力增强全民法制观念。积极配合上级人大开展立法调研，就《河北省防汛避险人员转移条例》《河北省电力条例》等，广泛征求意见建议，充分反映民情民意，得到了上级人大的肯定。强化备案审查工作，听取和审议县政府社会治理、备案审查等工作报告，进一步提高了备案审查工作质量。

四、加强代表工作，充分发挥代表的主体作用

人大工作的活力在代表、动力在代表、潜力在代表。县人大常委会全面加强和改进代表工作，密切联系代表，紧紧依靠代表，积极服务代表，推动代表工作全面提质增效。

一是深化拓展“双联”工作。认真学习贯彻习近平总书记关于“密切常委会同人大代表的联系，密切人大代表同人民群众的联系”重要指示精神，35名县人大常委会组成人员固定联系全县人大代表，186名县人大代表固定联系930名群众，实现“两个密切联系”常态化、全覆盖。丰富代表联系人民群众的内容和形式，每月18日开展“代表活动日”集中活动，听取群众意见建议，解决群众生活中的“急难愁盼”问题69件。

二是提高代表履职能力。围绕人大视察、调研、评议、执法检查等履职内容，结合我县中心工作，组织人大代表学习经济建设、乡村振兴、招商引资等业务知识，就《预算法》《河北省预算审查监督条例》等开展专题培训，加强《宪法》《地方组织法》《代表法》等法律法规的学习，不断提升人大代表履职能力。定期开展县乡两级人大代表述职评议活动，对专项工作进行满意度测评，征求选民对代表履职情况的意见建议，不断提高人大代表的为民服务意识。

三是拓宽代表履职渠道。完善《人大代表之家（站）建设管理办法》，将“网上人大”拓展到“掌上人大”，架起了代表联系群众的“数字桥梁”。充分发挥人大代表家（站）作用，深入开展“局长进代表联络站”活动，充分利用“家、站”多平台合一技术，开展学习交流、参政议事、联系群众等活动，进一步夯实了全过程人民民主的基础。去年12月，市人大在我县城区代表之家设立“立法联系点”，搭建起群众找代表的“直通车”，必将更好地发挥人大代表接地气、察民情、聚民意的作用。

四是加强代表建议办理。县人大常委会高度重视代表建议督办工作，制定工作清单，严格办理责任，明确办理时限，用情用力督办落实。完善代表建议重点督办和跟踪督办制度，召开主任会、常委会听取重点建议办理情况，组织部分代表对建议办理工作进行集中视察调研，督促相关部门加大问题解决力度，推动代表建议办理工作从“答复型”向“落实型”转变，县十七届人大三次会议期间代表们提出的36件建议已全部办结，做到了件件有回应、事事有落实。

各位代表，这些成绩的取得，根本在于习近平新时代中国特色社会主义思想的科学指引，得益于县委的坚强领导，得益于“一府一委两院”的紧密配合，离不开全体常委会委员、专委会委员和人大代表的努力付出，离不开县政协、各民主党派、人民团体和社会各界的大力支持。

工作中，我们也清醒地认识到，常委会工作还存在差距和不足，主要是敢于监督、善于监督、持续监督的力度有待进一步加强，代表工作的方法机制有待进一步改进，密切联系群众的广度深度有待进一步拓展；借助数字化改革推进人大数字赋能、高效协同的能力有待进一步提高。这些问题，我们高度重视，认真改进。

今年的主要任务

2024年是中华人民共和国成立75周年，是实现“十四五”规划目标任务的关键一年，也是我县加快高质量发展的重要一年。县人大常委会将坚持以习近平新时代中国特色社会主义思想为指导，全面贯彻党中央决策部署，认真落实省委、市委、县委全会部署要求，紧紧围绕高质量发展这一首要任务，把推进中国式现代化作为最大的政治，忠诚履职、依法履职、为民履职，为全县经济社会高质量发展贡献人大力量。

一、始终把政治建设摆在首位。坚持政治站位，始终把人大工作置于党的领导之下，深入学习贯彻习近平新时代中国特色社会主义思想，特别是习近平法治思想、习近平总书记关于坚持和完善人民代表大会制度的重要思想，不断强化政治自觉、思想自觉、行动自觉，忠诚捍卫“两个确立”、坚决做到“两个维护”。时刻对标党中央决策和省委、市委要求，紧跟县委步伐，积极依法履职，做到思想上同心、目标上同向、行动上同行，不讲条件、不打折扣、不怕困难，坚决完成县委交办的各项工作任务。

二、依法高效履职助推发展。紧紧围绕县委全会确定的“2345”工作思路，自觉融入全县工作大局，主动服务经济社会发展全局，找准履职尽责的切入点、结合点。监督工作聚焦县域经济、乡村振兴两条主线，跟进工业、县城、农旅等重点项目建设，紧盯招商引资、项目建设、县城建设、乡村振兴等重点领域，关注安全生产、防火防汛、生态环保、信访稳定等底线任务，抓好平山一号公路、驼梁国家级自然保护区优化调整等重大事项，综合运用多种监督手段，助推县委部署有力落实、群众利益有效维护，助力全县经济社会加快高质量发展。

三、积极践行全过程人民民主。充分发挥人大代表作用，拓展深化“两个密切联系”，持续开展代表主题活动，完善代表列席常委会会议、参加常委会活动制度机制，确保届内实现全覆盖。丰富和活跃代表工作，完善代表“家、站、点”运行机制，建好用好联络站、立法联系点，倾听人民意见建议，积极回应社会关切，打造平山人大联系品牌。抓好代表培训管理，拓展代表参与渠道，完善考核评价机制，教育和引导广大代表感党恩、听党话、跟党走，积极贡献智慧和力量。扎实做好代表建议办理工作，完善交办督办机制，不断提高代表建议的解决率、满意度。

四、持续加强常委会自身建设。强化抓班子、带队伍，不断完善常委会会议制度、议事程序、工作规则，大力推进工作理念、机制、方式创新，发挥好县人大组成部门作用，不断提高工作效能，增强服务大局的能力、依法履职的能力、开拓创新的能力，大力建设让党放心、人民满意的政治机关、国家权力机关、代表机关、工作机关。扎实履行全面从严治党主体责任，深入推进党风廉政建设，认真落实中央八项规定精神，努力打造政治坚定、服务人民、尊崇法治、发扬民主、勤勉尽责的人大工作队伍。

各位代表，风劲帆满，自当破浪前行；征途漫漫，更需快马加鞭。让我们更加紧密地团结在以习近平同志为核心的党中央周围，在县委的坚强领导下，团结一心、奋发进取，努力开创平山人大工作新局面，为加快建设产业振兴、生态宜居、和谐安定、充满活力的新平山做出新的更大贡献。

后 记

时光荏苒。自1940年平山县召开第一届县议会至今已八十多年，自1954年平山县人民代表大会制度正式确立至今已70周年，其发展与变革，凝聚着许多革命前辈、老领导、老同志及各界代表、各界人士和广大人民群众的心血和智慧，同时见证了人民民主和法治建设在这片土地上的生根发芽、茁壮成长。

为了存史资政，更好地发挥人大及其常委会在全县政治、经济和社会发展工作中的重要作用；留存历史记忆，系统、全面地记录平山县人大工作的发展历程；总结经验教训，为今后工作提供有益借鉴，推动人大工作不断改进和完善；促进民主法治建设，展示平山县人大在推进民主法治进程中的作用和成就，增强全社会对人民代表大会制度的认识和理解；传承文化精神，反映平山县的政治文化和精神风貌，增强地方的文化凝聚力和认同感，县第十七届人大常委会主任会议决定并报县委同意，于2023年11月成立编委会和编辑部编纂《平山县人大志（1940—2023）》，2024年9月完成编辑任务。

在编纂过程中，坚持以马克思列宁主义、毛泽东思想、邓小平理论、“三个代表”重要思想、科学发展观、习近平新时代中国特色社会主义思想为指导，坚持辩证唯物主义和历史唯物主义的立场、观点和方法，坚持实事求是的思想路线，坚持依法修志、科学修志、民主修志的原则，以对历史负责、对人民负责、对后代负责的态度，认真做好资料收集、整理、编纂和审校等工作，力求做到资料翔实、内容丰富、体例规范、文字精炼、表述准确。编纂初期先后组织编辑人员到赞皇县、井陉县进行人大志编纂的学习交流。在编纂过程中，得到了众多领导和同仁的关心与支持。十七届人大常委会主任武自军高度重视，经常指导编纂工作；人大常委会副主任魏尊一亲自调度、把关和组织推进；县人大办公室主任乔新伟、李建明为编纂工作提供了坚实的组织和后勤保障；人大教科文卫工委主任何立强从最初起草大纲、搜集整理历史资料到具体编写和校对志书，做了大量工作，付出了许多心血；闫新华、张彦明、侯聪利几位同志，积极认真地助力编写志书；各乡镇人大主席亲自查阅并提供资料；邢铁柱、侯红旭、康乐、印力凝、程小娟、封雅欣、刘倩倩、邢梓轩、王嘉红、张娜、张聪慧等认真编辑志书；从人大退休的老领导、老同志，对志书的编纂工作提供了宝贵支持；还有许多关注志书编纂工作的社会各界人士，给予了热情帮助。在此一并表示感谢！

编纂本志的过程也是我们不断学习的过程。通过编纂本志，我们更加了解了平山人大的发展历史，进一步加深了对人民代表大会制度的认识，深深体会到：只有坚持党的领导，坚持人民代表大会制度，才能切实地做到一切服务人民、一切为了人民，一切权力属于人民，才能凝心聚力，集中广大人民群众的伟大智慧和坚强力量，加快推动经济发展和社会进步，进而实现中华民族的伟大复兴。

《平山县人大志（1940—2023）》的编纂工作是一项浩繁而艰巨的系统工程。由于时间跨度长，涉及面广，资料收集难度大，加之我们的水平和能力所限，难免存在不足之处。希望社会各界人士和广大读者对本志书提出宝贵意见和建议，以便进一步改进完善我们的工作。

编者

2024年9月